WISSENSCHAFTLICHES JAHRBUCH 2007

ZEPPELIN MUSEUM FRIEDRICHSHAFEN

TECHNIK UND KUNST

HERAUSGEGEBEN VON

Zeppelin Museum Friedrichshafen

GESTALTUNG UND DRUCK

f 451, Freiburg
Bodensee Medienzentrum Tettnang

VERLAG

Verlag Robert Gessler
Auslieferung durch Zeppelin Museum Friedrichshafen, Museumshop

ISBN: 978-3-86136-126-8

INHALT

VORWORT

Der zehnte Band des Wissenschaftlichen Jahrbuchs des Zeppelin Museums liegt vor Ihnen. Mit dieser stattlichen Reihe blickt unsere Publikation zu Themen rund um unsere Sammlungs- und Forschungsbereiche schon auf eine eigene Tradition zurück. Der zehnte Band ist auch der bisher umfangreichste und verdeutlicht die Vielfalt der Themen und Fragestellungen, die sich aus über zehn Jahren Zeppelin Museum und seinem interdisziplinären Ansatz – der Verbindung von Technik und Kunst – ableiten lassen. Diese Themenvielfalt ist über die Jahre gewachsen und wurde und wird sowohl von externen Wissenschaftlerinnen und Wissenschaftlern als auch von den am Museum Tätigen kontinuierlich bearbeitet. In diesem Zusammenhang ist auch die Rolle des Archivs der Luftschiffbau Zeppelin GmbH hervorzuheben, das sich zusammen mit dem Museum inzwischen als weltweit anerkannter Forschungsschwerpunkt etabliert hat.

Swantje Kuhfuss-Wickenheiser verdanken wir einen Beitrag über die Zeppelinplakate von Jupp Wiertz im Zusammenhang mit seinem graphischen Gesamtwerk in den Jahren zwischen 1919 und 1937. Gudrun Ritscher bearbeitete die Geschichte und die Verwendung des Spähkorbs während des Ersten Weltkriegs und bis in die dreißiger Jahre. Den größten Anteil an dem ungewöhnlichen Umfang des Jahrbuches 2007 hat die biographische Dissertation aus der Feder von Christian Rainer Salewski zu Johann Schütte, dem großen Konkurrenten des Grafen Zeppelin und der Luftschiffbau Zeppelin GmbH, die eine alte Lücke in der luftfahrtgeschichtlichen Literatur schließt. Ausgehend von der Hafenszene des Malers Franz Stirnbrand aus dem Bestand des Zeppelin Museums hat Heike Vogel dessen Werk und seine Bezüge zur Revolution von 1848 einer intensiven Betrachtung unterzogen und setzt damit ihre im Vorjahr begonnene Reihe zu Kunstwerken aus den Sammlungen des Zeppelin Museums fort. Seinen Abschluss findet das Jahrbuch schließlich mit dem Aufsatz von Sandra Wolf zum künstlerischen Reformkleid Gustav Klimts und Emil Flöges, der aus ihren laufenden Forschungen zur Ausstellung „1908 – Von Abstraktion bis Zeppelinstiftung" entstanden ist, die im Sommer 2008 im Zeppelin Museum zu sehen sein wird.

Der Dank des Museums gilt allen Autorinnen und Autoren für ihre Arbeit sowie dem Bodensee-Medienzentrum, allen voran Stefan Lohwasser. Bei ihm und seinem Team lagen Gestaltung und Produktion des Wissenschaftlichen Jahrbuches 2007 in wie immer sehr engagierten und umsichtigen Händen.

Jürgen Bleibler

IN 2 TAGEN NACH NORD-AMERIKA!
DEUTSCHE ZEPPELIN-REEDEREI

Swantje Kuhfuss-Wickenheiser

DIE ZEPPELINPLAKATE VON JUPP WIERTZ IM KONTEXT SEINES GEBRAUCHSGRAPHISCHEN ŒVRES DER JAHRE 1919 BIS 1937

1. DIE ZEPPELINPLAKATE VON JUPP WIERTZ

1937 entwarf der in Berlin ansässige Graphiker Jupp Wiertz im Auftrag der Deutschen Zeppelin-Reederei[1] zwei Werbeplakate, mit denen sowohl in Deutschland als auch in ganz Europa und in den Vereinten Staaten von Amerika für die regelmäßige Transatlantikroute bzw. für die Südamerikaroute des im März 1936 in Dienst gestellten, mit Aluminiummöbeln und gespritzten Seidendekorationen ultramodern ausgestatteten Luftschiffs LZ 129 *Hindenburg* geworben wurde.

Insbesondere das Plakat „In zwei Tagen nach Nord-Amerika"[2] erzielte einen hohen Bekanntheitsgrad und wird noch heute als Nachdruck von zahlreichen Postergalerien immer wieder neu aufgelegt und in Umlauf gebracht. Das beweist, welche Faszination und Anziehungskraft Wiertz' Komposition noch heute auf die Betrachter ausübt. Worin liegt im Detail die Finesse seiner Gestaltungsweise?

Jupp Wiertz wählte als Motiv für die untere Hälfte seines Entwurfes die markante Silhouette der Millionenstadt New York und ließ dabei die charakteristische Skyline wie von Nebel und Dunst umgeben nur schemenhaft erscheinen, so wie sich einem Passagier der *Hindenburg* nach zweitägiger Fahrt über den Atlantik aus einiger Entfernung die Umrisse der Skyscraper dargestellt haben mögen. Dazu bediente er sich der Spritztechnik[3], bei der mittels eines Spritzapparates und Druckluft die flüssige Farbe fein zerstäubt auf den Maluntergrund aufgetragen wurde, so dass sowohl zarteste Farbübergänge als auch nebelartige Effekte bestens erzielt werden konnten. Wiertz hat in seinem Entwurf exakt den Moment festgehalten, der die meiste Faszination auf die Fahrgäste ausgeübt haben dürfte: endlich, nach mehrtägiger Überfahrt über die Endlosigkeit des Atlantiks ist die markante Silhouette der Weltstadt zu erkennen! Geschickt steigerte der Künstler die Wirkung seiner Darstellung, indem er sich den wolkenverhangenen Himmel gerade an der Stelle ein Stück aufklaren ließ, an der im oberen Drittel des Plakates die *Hindenburg* über der Skyline entlang zieht. So erstrahlt der Zeppelin in hellem Licht und hebt sich von der ansonsten überwiegend grauen Darstellung deutlich ab. Wiertz akzentuierte das zu umwerbende, silberweiß glänzende High-Tech-Verkehrsmittel farblich dadurch, dass er einen Abschnitt strahlend blauen Himmels direkt hinter dem Zeppelin positionierte und so

gleichsam mit der Visualisierungmethode der visuellen Gradation[4] als hervorhebendes optisches Umrandungszeichen die Aufmerksamkeit des Betrachters auf das Luftschiff lenkte. Zusätzlich potenzierte Wiertz den Effekt, da er von dem Stück des blauen Himmels einen Sonnenstrahl auf das Empire State Buildings treffen ließ, der die Spitze dieses imposanten Wolkenkratzers in ein goldenes Licht taucht. Gleichzeitig weist diese Gebäudespitze direkt auf den Bug des Luftschiffes und fokussiert so die Blicke der Betrachter wiederum auf den Zeppelin.

Bereits zwei Jahre zuvor hatte Wiertz ebenfalls einen Zeppelin dominant auf einem Plakat positioniert, das mit der Aufschrift „A Pleasant Trip to Germany" bei einem internationalen Publikum für Deutschland als Reiseziel werben sollte[5]. Im unteren Bilddrittel versammelte Wiertz daher touristische Anziehungspunkte bekannter deutscher Städte, wie das Brandenburger Tor und die Münchner Frauenkirche, die scherenschnittartig als dunkle Silhouette dargestellt wurden und mit dem schwarzen Hintergrund der Textzeile verschmelzen. Jedoch ist das Luftschiff hier auf diesem Entwurf nur eine mögliche Variante eines modernen Reiseverkehrsmittel neben dem Flugzeug und dem Schnelldampfer, die unterhalb des Zeppelins als mögliche weitere dynamische Reisealternativen dargestellt wurden. Auch hier findet sich die wie aus Nebel auftauchende markante Skyline New Yorks im Zentrum der Darstellung. Allerdings ist es Wiertz in seiner oben erwähnten, zwei Jahre späteren Gestaltung für die Zeppelin-Reederei durch differenziertere Lichtführung viel überzeugender gelungen, die Aufmerksamkeit der Betrachter für sich einzunehmen.

Das Pendant zum Plakat von 1937 „In 2 Tagen nach Nord-Amerika" bildet der Entwurf „In 3 Giorni nel' America del Sud", ebenfalls von der Deutschen Zeppelin-Reederei in Auftrag gegeben. Hier versuchte Wiertz an das Fernweh der Rezipienten zu appellieren, indem er eine einsam in der Weite des Meeres liegende und von den Schaumkronen der Brandung umspülte, Palmen bewachsene Insel darstellte, über die die *Hindenburg* völlig ruhig hinweg schwebt.

Beide Entwürfe für die Zeppelin-Reederei entstanden auf dem Höhepunkt der gestalterischen Karriere des Graphikers Jupp Wiertz, die durch den plötzlichen Tod des Künstlers bereits zwei Jahre später ihr tragisches Ende fand.

Im folgenden werden nach kurzen Ausführungen zur Biographie des Künstlers sowohl ausgewählte gebrauchsgraphische Werke für die Kosmetikindustrie als auch Entwürfe für touristische Ziele der 1920er und 1930er Jahre exemplarisch präsentiert, um einen Einblick in die außerordentliche Schaffenskraft eines der bekanntesten und erfolgreichsten deutschen Graphikers seiner Zeit zu gewinnen.

„In 2 Tagen nach Nord-Amerika – Deutsche Zeppelin Reederei"
1937, Zeppelin Museum Friedrichshafen

„In 3 Giorni nel' America del Sud – Deutsche Zeppelin Reederei"
1937, Zeppelin Museum Friedrichshafen

2. BIOGRAPHISCHES ZU JUPP WIERTZ

Jupp Wiertz, am 5.11.1888 in Aachen als Sohn eines Metzgers geboren, besuchte an der Städtischen Kunstgewerbeschule Aachen die Mal- und Zeichenklasse von Eugen Klinkenberg[6]. Im Anschluss daran vertiefte er um 1912/13 seine Ausbildung durch ein Studium an der Kunstgewerbeschule in der Hauptstadt Berlin unter dem Maler und Graphiker Ernst Neumann sowie durch eine Lithographen-Ausbildung in Leipzig. 1914 verlegte er seinen Wohnsitz wieder in die Metropole Berlin, wo er 1916 mit dem Gewinn des dritten Preises bei einem von der AEG ausgeschriebenen Plakatwettbewerb für die „AEG Nitralampe" seinen künstlerischen Durchbruch erzielte.

In der Folgezeit arbeitete Wiertz als Graphiker für die „Ateliers Neumann" , wo er unter anderem Plakate für die Daimler-Motoren-Gesellschaft entwarf. So sind beispielsweise aus dem Jahr 1916 zwei graphische Entwürfe für „Mercedes" Fahrzeuge belegt, wobei Wiertz jeweils in der einen Anzeigenhälfte eine bildliche Darstellung des jeweiligen Automobils sowie des Markenschriftzuges und des Markenzeichens, dem Mercedesstern, platzierte, daneben jeweils die zusätzliche textliche Information[7] anordnete. Während der Künstler auf dem einen Inserat den offenen Tourenwagen Mercedes 28/95 mit seinem markanten Spitzkühler in einer dramatischen Dreiviertel- Untersicht effektvoll in Szene setzte und durch ein darüber hinweg fliegendes Propellerflugzeug zugleich auch auf die Kompetenz der Daimler-Motoren-Gesellschaft im Flugzeugmotorenbau verwies, platzierte Wiertz auf einer zweiten Anzeige zwei Soldaten frontal vor der Seitenansicht eines geschlossenen „leichten Nutzwagens", die durch ihre Uniform und Pickelhauben deutlichen Bezug herstellen zu dem noch andauernden 1. Weltkrieg. Neben seiner Arbeit als Graphiker für die „Ateliers Neumann" gab Jupp Wiertz sein gestalterisches Können bereits in den Jahren von circa 1914 bis 1916[8] als Lehrer an der seinerzeit weit über Deutschland hinaus bekannten Berliner Reimann-Schule[9] weiter, denn die Lehrtätigkeit von „Jupp Wiertz, Maler und Graphiker" ist belegt unter der Auflistung „Ehemalige Lehrkräfte" in der Festschrift, die zum 25jährigen Bestehens dieses berühmten Ausbildungsinstituts publiziert wurde[10] . Albert Reimann hatte seiner Lehranstalt bereits im Jahre 1911 eine „Klasse für Plakatkunst" angegliedert, in der u.a.. die bekannten Gebrauchsgraphiker Julius Klinger, Wilhelm Deffke, A.M. Cay und langjährig Max Hertwig (Gebrauchsgraphik, Schriftzeichnen und Ornament 1913 – 1942) ihr Können und ihre Erfahrung in der Plakat- und Werbegestaltung einem aus ganz Europa stammenden Schülerkreis vermittelten.

Doch Jupp Wiertz dürfte auch nach 1916 der Reimann-Schule und ihren Lehrkräften freundschaftlich verbunden gewesen sein, denn gemeinsam mit dem dort dreißig Jahre lang aktiven Max Hertwig gründete er 1919 den „Bund Deutscher Gebrauchsgraphiker" [11]mit dem Ziel, die weitläufige Anerkennung des Berufes des Gebrauchsgraphikers zu erreichen, durch kompetent gestaltete Werbeplakate und -anzeigen mitzuhelfen einen „Zeitstil" zu schaffen und die künstlerische Qualität der Gebrauchsgraphik im Allgemeinen anzuheben. Zugleich verfolgten sie auch geschmackserzieherische Absichten, denn sie charakterisierten Plakatflächen und Litfaßsäulen als die „Bildergalerie des Mannes der Straße"[12] und wollten durch „künstlerische Formgestaltung die Kunst in das Leben des Alltags" integrieren.

1918 hatte Wiertz erneut bei einem Plakatwettbewerb Erfolg, denn er gewann den mit 750 Mark dotierten zweiten Preis bei dem vom Verein der Plakatfreunde ausgeschriebenen Wettbewerb für die „Deutsche Frauenhaar-Sammlung" des Roten Kreuzes. Im selben Jahr konnte Wiertz auf die erste Einzelausstellung seines graphischen Werkes im Deutschen Kulturmuseum in Leipzig verweisen.

1919 kreierte er mehrere Werbeplakate für die aufblühende Vergnügungsindustrie, u.a. für Kabarett- und Theatervorstellungen.

Im Jahre 1920 illustrierte Wiertz gemeinsam mit dem Maler Hans Leitner mehrere wieder aufgelegte Bücher des Berliner Satirikers Alexander Otto Weber, u.a. auch die Ausgabe „Frech und Froh". Diese

Buchillustration, aus: A. O. Weber, Frech und Froh, Berlin 1920, S. 119.

Buchillustrationen stehen mit ihrer lockeren Konturzeichnung noch ganz in der Tradition der von Henry de Toulouse-Lautrec dominierten Graphik der Jahrhundertwende.

Als Beweis für die exponierte Stellung, die Wiertz inzwischen innerhalb der Berliner Plakatgestalter einnahm, kann ein 16-seitiger Artikel mit zahlreichen Abbildungen seiner Werke in der renommierten Fachzeitschrift „Das Plakat" gelten, der im April des Jahres publiziert wurde. Um 1916/17 entwickelte Wiertz seine typische Signatur zur Kennzeichnung seiner graphischen Werke [13], indem er die vier Buchstaben seines rheinischen Vornamens halbkreisförmig über seinen Nachnamen setzte und so eine einprägsame Signatur kreierte, die auch dem heutigen Betrachter seines umfangreichen gebrauchsgraphischen Oevres eine unproblematische Zuordnung der Entwürfe ermöglicht [14]. Zugleich betonte Wiertz durch die Verwendung einer Signatur seine künstlerische Herkunft[15].

Zu Anfang der zwanziger Jahre schuf Wiertz zahlreiche Illustrationen für die Zeitschriften „Der Junggeselle", „Reigen. Internationale Revue für Kunst und Satire", „Die Dame", „Sport im Bild" und „Die Woche". Im Laufe der zwanziger Jahre erhielt Wiertz von bekannten Markenherstellern der Kosmetik-, Mode- und Genussmittelindustrie unzählige Aufträge für Graphik-Entwürfe aller Art – von Plakaten, Inseraten, Broschüren über Verpackungen bis hin zu Illustrationen –, die ihn, wie Adam C. Oellers treffend feststellte[16], zu einer Art Star-Designer aufsteigen ließen.

Für das Jahr 1921 ist ein Entwurf von Wiertz abseits der Printmedien belegt: er gestaltete nämlich das Motiv für den Porzellanteller, den die renommierte Porzellanmanufaktur Rosenthal jährlich zum Weihnachtsfest auf den Markt brachte[17]. Auf dem kreisförmigen, in Unterglasurblau gestalteten Motiv mit dem Titel „Weihnachten im Gebirge" präsentierte Wiertz einen verschneiten steinernen Bildstock mit einer Maria mit dem Kinde darstellenden Skulptur unter einem verzierten Baldachin vor dem Hintergrund einer Gebirgslandschaft. Rechts unten konnte Wiertz seine Signatur platzieren, allerdings fehlt hier die bogenförmige Anordnung der Buchstaben seines Vornamens[18].

In den dreißiger Jahren gewann Wiertz zunehmend große Konzerne als Kunden sowie: neben der Deutschen Zeppelin-Reederei Friedrichshafen wurde er für die Deutsche Lufthansa tätig, für die Daimler-Benz Aktiengesellschaft, die Deutsche Reichspost und die Reichsbahnzentrale für den Deutschen Reiseverkehr (RDV)[19]. Damit traten jetzt moderne, dynamische Verkehrsmittel wie Zeppeline, Flugzeuge, Automobile, Omnibusse, Eisenbahnen und Schiffe als zu umwerbende Objekte in den Mittelpunkt seiner künstlerischen Tätigkeit sowie Städ-

Weihnachtsteller 1921 „Weihnachten im Gebirge".
Entwurf Jupp Wiertz, Firma Rosenthal /Selb

te- und Landschaftsdarstellungen für unzählige Tourismusprospekte. Sie lösten die luxuriösen Parfüm- und Kosmetikentwürfe des vorangegangenen Jahrzehnts ab. Exemplarisch sei an dieser Stelle nur auf das Plakat des Künstlers zur Ausstellung anlässlich des 100jährigen Jubiläum der Eisenbahn hingewiesen, das er im Auftrag der Reichsbahn konzipiert hat[20]. Eine monumentale, stark stilisierte, als riesiges Viadukt ausgebildete „100" verbindet hier die Vergangenheit, für die symbolisch der erste, von der „Adler"-Lokomotive angetriebene Eisenbahnzug von Nürnberg nach Fürth aus dem Jahr 1835 im unteren Drittel steht, mit der Gegenwart und Zukunft, die in Gestalt der neuen Stromlinien-Weltrekordlok der Baureihe 05 über den Viadukt hinweg rast[21].

Auch in diesem Entwurfsbereich war Jupp Wiertz äußerst erfolgreich, wie der Gewinn eines 11 kg schweren Goldpokals als erster Preis für sein Tourismus – Plakat „Passionsspiele Oberammergau" beim internationalen Wettbewerb des „Conseil Central du Tourisme International" im Jahr 1934 beweist. 1937 konnte er beim gleichnamigen Wettbewerb im Rahmen der Pariser Weltausstellung mit seinem Pla-

kat „Bad Elster" erneut den ersten Preis gewinnen und wurde zugleich für seine Gestaltung „Erlebe den Harz – Das Wunder des deutschen Waldes" mit dem zweiten Preis ausgezeichnet.

Im Frühjahr 1938 verletzte sich Jupp Wiertz in seinem Atelier beim Hantieren mit den Spritzapparaten und erlitt eine Blutvergiftung, da Farbe in eine offene Wunde seiner Hand gelangte. An den Folgen dieser zunächst nicht beachteten Verletzung starb Wiertz am 7. Januar 1939, nachdem er im November 1938 gerade einmal 50 Jahre alt geworden war.

3. AUSGEWÄHLTE WERBEANZEIGEN UND PLAKATE DER ZWANZIGER JAHRE

Beim Durchblättern historischer Journale sticht dem heutigen Betrachter sofort ins Auge, dass die damaligen Markenartikelhersteller in den Mode- und Gesellschaftsmagazinen nicht – wie es dagegen in heutigen Zeitschriften öfters der Fall ist – ein einmal entworfenes Werbemotiv über drei bis vier Ausgaben unverändert abdrucken ließen, sondern den immensen Aufwand betrieben, für jede Ausgabe ein neu konzipiertes Werbeinserat mit einem andersartigen Motiv, das auch noch auf die jeweilige Jahreszeit einging, gestalten zu lassen. Daher finden sich im Werk von Jupp Wiertz für mehrere Markenprodukte jeweils viele verschiedene Inseratvarianten – zum Teil über einige Jahre hinweg entstanden –, die uns noch heute die außergewöhnliche Kreativität dieses Künstlers vor Augen führen, zugleich auch die Entwicklung seines künstlerischen Stils nachvollziehen lassen. Darüber hinaus besteht natürlich auch die Option, aus ihnen die Modifikationen des Zeitgeschmacks, der Mode und des Frauenbildes abzulesen.

3.1 WERBEANZEIGEN FÜR „ODOL"

Exemplarisch für Wiertz' äußerst umfangreichen Schaffensbereich der Inseratgestaltung im Auftrag von Markenartikel-Firmen sei hier zuerst auf eine Serie von Werbeanzeigen für das berühmte Mundwasser „Odol" angeführt, die Wiertz von Frühjahr bis Dezember 1920 in der renommierten Mode- und Kulturzeitschrift „Die Dame"[22] veröffentlicht hat . Dieses 1893 von Karl-August Ligner entwickelte antiseptische Mundwasser war dem Publikum bereits zur Jahrhundertwende – zu einer Zeit, als Zahn- und Mundpflege kaum verbreitet waren – mit der größten Werbekampagne seiner Zeit und einem Werbeaufwand von über einer Million Reichsmark bekannt gemacht und so die Marke „Odol" im Bewusstsein der Öffentlichkeit verankert worden. „Odol", verpackt in der markanten weißen, gläsernen Seitenhalsflasche, wurde zum Pionier der modernen Mundhygiene. Noch heute steht der Markenname stellvertretend für eine ganze Produktgattung [23].

Auch in den Zeitschriften der zwanziger Jahre ist die Marke Odol stets präsent. Jupp Wiertz' Inseratentwurf „Odol – Mein Mundwasser" vom Februar 1920 stellt – entsprechend der Visualisierungmethode [24] der Konnexion – eine modisch im Stil der Zeit gekleidete Dame, die einen Dreiviertel langen weit schwingenden Rock tragend seitlich auf einem Hocker sitzt, in den Mittelpunkt seiner Darstellung. Ihre Kleidung entspricht mit dem ausladenden, Krinolinen gestützten Rock ganz dem modischen Ideal der Zeit, den sogenannten „Stilkleidern", die sich stilistisch an die Moden vergangener Zeiten anlehnten und

„Odol – Das Geheimnis meiner Schönheit",
abgeb. in: „Die Dame" 1920 Heft 11 März

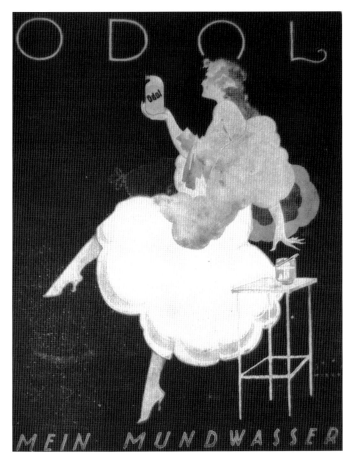

„Odol – Mein Mundwasser", Jupp Wiertz,
abgeb. in: „Die Dame", Ullstein Verlag Berlin 1920 Heft 10 Februar

im Rückgriff auf die Krinoline den Modestil der französischen Kaiserin Eugenie (1826 – 1920, Kaiserin bis 1870) von der Mitte des 19. Jahrhunderts wiederaufleben ließen. Wiertz' Dame präsentiert auf ihrer rechten, hoch nach oben ins obere Bilddrittel ragenden Handfläche die Odolflasche, die sich auffällig von dem dunklen Hintergrund absetzt und dem Leser ins Auge sticht. Geschickt wird hier also von Jupp Wiertz das zu umwerbende visuelle Aussage-Objekt mit einem anderen visuellen Zeichen verkoppelt, um eine deutliche semantische Positionierung vorzunehmen und die Aura der eleganten, modischen Dame auch auf das Markenprodukt zu übertragen.

Nach dem gleichen Prinzip der Konnexion ist sein Inseratentwurf „Odol – Das Geheimnis meiner Schönheit" im März 1920 konzipiert, auf dem uns eine im Ohrensessel vor ihrer Frisierkomode sitzende junge Frau präsentiert wird, die ihr Spiegelbild voller Wohlwollen in einem großen ovalen Standspiegel begutachtet, wobei die Mundwasserflasche diesmal kompositorisch exakt im Mittelpunkt der Darstellung auf der Frisierkommode stehend präsentiert wird.

„Mein Odol", abgeb. in: „Die Dame" 1920 Heft 12 März

„Odol – Mein unentbehrlichstes Schönheitsmittel",

abgeb. in: „Die Dame" 1920 Heft 13 April

Zwei Wochen später, ebenfalls im März 1920, wählte Jupp Wiertz ein anderes Gestaltungsmittel, um die Aufmerksamkeit des Lesers auf das Produkt zu lenken, nämlich die visuelle Gradation, eine Steigerung durch übertreibende Vergrößerung des Produktes (Hyperbel): Hier stellte der Künstler im Entwurf „Mein Odol" eine überdimensional große Odolflasche ins Zentrum seines Inseratentwurfs, die von einer Dame fast zärtlich hochgehoben wird, wobei sie sich verträumt an die Flasche anschmiegt.

Im April 1920 griff Jupp Wiertz in einer neuen Gestaltungsvariante unter der Überschrift „Odol – Mein unentbehrliches Schönheitsmittel" erneut zur Visualisierungsmethode der Verkoppelung, jetzt allerdings zu einer situativen Verkoppelung, indem er das Produkt gleichsam wie in einem Genrebild auf einem Tablett präsentierte, das von einer Kammerdienerin zu der im Vordergrund in ihrem Sessel voller Zufriedenheit thronenden feinen Dame der Gesellschaft getragen wird. Ein Flair von Luxus ist hier wohl bewusst beabsichtigt und wurde vom Künstler durch das Einbeziehen der Dienerschaft als auch durch den auf der Stuhllehne sitzenden exotischen Papagei der Herrin bewusst intendiert.

Eine weitere Variante seines Einfallsreichtums führte der Künstler dem Betrachter im August 1921 vor Augen: auch hier griff Wiertz wieder zur Visualisierungsmethode der Steigerung durch Vergößerung, indem die im Mittelpunkt der Anzeige präsentierte Odol-Flasche erneut vielfach vergrößert wurde. Doch im Vergleich zu der Inseratgestaltung von März 1920 wirkt die Version vom August 1921 mit der großen, diagonal ins Bild gehaltenen Flasche sehr viel offensiver. Auch die Dame wirkt weniger verträumt, sondern scheint mit ihrem lasziven Augenaufschlag verdeutlichen zu wollen, dass alle potentiellen Verehrer um bei ihr Erfolg zu haben, zwingend zum Mundwasser der Marke „Odol" greifen müssen.

Ganz anders konzipierte Wiertz dagegen sein Inserat für Odol im Dezember 1921, denn hier verzichtete er vollkommen auf Konnexionen. Einzig eine Frontansicht der markanten Glasflasche steht hier im Mittelpunkt der bildlichen Gestaltung. Jedoch wird das Produkt auch hier durch die Visualisierungsmethode der Steigerung, verbunden mit der Kommunikations-Funktion der Dramatisierung, akzentuiert, und zwar zum einen durch das hervorhebende Umrandungszeichen der

„Odol", abgeb. in: „Die Dame" 1921 August

„Odol", abgeb. in: „Die Dame" 1921 Dezember

weißen Raute, welche die Flaschendarstellung umgibt, zum anderen durch die typographische Mehrfachwiederholung des Markennamens „Odol" in jeder Ecke der Werbeanzeige. Die Signatur „Jupp Wiertz" wurde vom Künstler in dieser äußerst sachlichen und klaren Anzeigengestaltung direkt an prominenter Stelle in der Mitte unterhalb der Produktdarstellung platziert und demonstriert das Selbstbewusstsein, das Wiertz als einer der renommiertesten Gebrauchsgraphiker der zwanziger Jahre zu dieser Zeit bereits inne hatte.

3.2 INSERATGESTALTUNGEN FÜR DEN PARFÜMHERSTELLER LOHSE

Eine weitere Serie von Inseratentwürfen formierte Jupp Wiertz in den zwanziger Jahren für den Berliner Seifen- und Parfumhersteller Gustav Lohse. So postierte er im Dezember 1921 in seinem Entwurf eine schlanke, in ein langes fließendes Gewand gekleidete Frauenfigur ins Zentrum der Aufmerksamkeit, die sich an die übergroße Majuskel, die der Künstler aus dem im unteren Drittel der Darstellung platzierten Markennamen über die volle Diagonale des Bildes bis in die obere rechte Ecke hingezogen hat, gleichsam wie an eine schräg stehende Säule anzulehnen scheint. Die dargestellte Dame evoziert durch ihr weites fließendes Gewand, die lange, zu beiden Seiten bis auf den Boden reichende Stola sowie durch ihren im Profil abgebildeten Kopf beim Betrachter Assoziationen an eine griechische Göttin. Das lag durchaus in der Intention des Künstlers und geht konform mit dem Markennamen „Lohses uraltes Lavendelwasser", der vermuten lassen soll, schon in der Antike sei dieses Produkt begehrt gewesen.

Einen sportlicheren Touch beabsichtigte die Marke Lohse knapp drei Jahre später zu gewinnen, weshalb Wiertz auf seiner Inseratgestaltung von Februar 1924 eine dementsprechende deutliche semantische Positionierung vornahm und eine sportliche Schlittschuhläuferin in voller Bewegung in den Fokus des Betrachters rückte. Ihr Gewicht hat sie auf einen Fuß verlagert und streckt das andere Bein waagerecht nach hinten weg, wobei sie mit den Armen ausbalanciert um das Gleichgewicht zu halten. Ihr weiter, wadenlanger Rock schränkt ihre Bewegungsfreiheit ebensowenig ein wie ihr kurzärmliger Jumper, zu dem sie hohe Handschuhe sowie einen langen Schal kombiniert hat.

Sportlichkeit, Natürlichkeit und Jugendlichkeit waren Ideale, die in den zwanziger Jahren verstärkt an Bedeutung gewannen und zu dem

„Lohses uraltes Lavendelwasser", abgeb. in: „Die Dame"
1921 Dezember

„Lohses uraltes Lavendelwasser", abgeb. in: „Die Dame"
1924 Februar

neuen Schönheitsideal aufstiegen. Dieser Trend hin zum sportlichen jungen Frauenbild manifestierte sich deutlich auch in den Modezeichnungen der Zeit sowie in den Werbeinseraten, wie auch an dieser Inseratgestaltung von Jupp Wiertz erkennbar ist. Während des ersten Weltkrieges hatten viele Frauen ihre körperliche Leistungsfähigkeit entdeckt und begannen jetzt ihren Bewegungsdrang auszuleben, nachdem sich auch die Mode endlich vom einzwängenden Korsett verabschiedet hatte und die Kleidung im Vergleich zu derjenigen der Jahrhundertwende endlich bequemer geworden war. Schon um 1900 waren sowohl unter Führung von Medizinern als auch von Künstlern Intentionen aufgekommen, die Frauenkleidung unter Abkehr vom Korsett gesünder zu machen und zu reformieren [25], allerdings damals noch ohne weitreichenden Erfolg [26].

Sport war in den zwanziger Jahren erstmals in den Mittelpunkt des gesellschaftlichen Interesses gestoßen und hatte vollkommen in das Leben der begüterten Bevölkerung – Mann wie Frau – Eingang gefunden, wie zahlreiche Titelbilder der Zeitschrift „Sport im Bild" belegen, auf denen ganz selbstverständlich sporttreibende Damen abgebildet wurden. Damen der Gesellschaft, die Geld und Zeit dazu hatten, begannen jetzt die verschiedendsten Sportarten auszuüben, wie etwa Tennis- und Golfspielen, Reiten, Bergsteigen, Jagen, Schwimmen, Skilaufen sowie Rad- und Autofahren und sich in allen Bereichen auch sportlich zu emanzipieren. Für alle diese Freizeitbetätigungen wurde jetzt zweckmäßige, bequemere Kleidung entworfen [27]. Das Ideal der sportlichen modernen, jugendlichen Frau wurde in den Modezeitschriften euphorisch propagiert und direkt in Verbindung gesetzt mit inneren Werten, so etwa wie folgt: Die Frau „hat durch Sport Geistesgegenwart, Kraft, Gewandtheit, Mut, Schönheit errungen – ein freier Weg steht ihrem Leben offen" [28]. Die Werbegraphiken der Zeit – so auch die Entwürfe von Jupp Wiertz – trugen entschieden dazu bei dieses moderne sportliche Frauenbild als neues Schönheitsideal im Bewusstsein der Öffentlichkeit zu verankern.

Doch muss an dieser Stelle darauf hingewiesen werden, dass das in den Modezeitschriften propagierte Frauenbild zwischen Femme Fatale und Garconne[29] nur für einen Bruchteil der Gesellschaft der Weimarer Republik galt, denn Millionen Menschen hatten zwischen Inflation und Weltwirtschaftskrise täglich andere Sorgen als nach der neuesten Mode gekleidet zu sein, moderne Sportarten auszuüben oder einfach nur sich dem Müßiggang gesellschaftlicher Vergnügungen hinzugeben.

Ein weiterer Trend der Anzeigengestaltung der zwanziger Jahre ist die Vorliebe für exotische Motive, insbesondere Asiatika. Prägnant verkörpert das eine weitere Anzeige, die Wiertz im Februar 1924 ebenfalls für Gustav Lohse, doch dieses Mal für das von dieser Firma unter dem Markennamen „Lelia" auf den Markt gebrachte Parfum, entworfen hat. In diesem Jahr hatte die Vorliebe für alles Asiatische ihren Höhepunkt erklommen, und sowohl die Frisurenmode nahm mit schwarzen kinnlangen Pagenköpfen deutliche Anleihen an Japan und China, ebenso sind in der Mode mit Kimono-Schnitten klare Reminiszenzen an diese Länder festzustellen[30].

Wiertz kam dieser Präferenz für Asiatika in seiner Inseratgestaltung durch den mit einfachen Linienzeichnungen angedeuteten Hintergrund, auf dem kimonotragende Japanerinnen umher wandeln,

„Lohses Parfüm Lelia – Das Parfüm der verwöhnten Frau",
abgeb. in: „Die Dame" 1924 Februar

„Lohse Perlen – Das Parfüm der Dame",
abgeb. in: „Die Dame" 1924

ebenso nach wie bei der Gestaltung der Vase mit asiatischen Dekor, die auf einem Blumenständer links neben der eleganten, einen großen Schal tragenden Dame präsentiert wird und erneut nach dem Prinzip der Situations-Konnexion mit semantischer Positionierung gewählt wurde.

Im gleichen Jahr wurde ein weiterer Inseratentwurf von Wiertz für „Lohse Perlen – Das Parfüm der Dame" in der Zeitschrift „Die Dame" publiziert. Hier werden die zu umwerbenden Seifen, Parfüms und Parfümflakons vom Künstler im Vordergrund der Anzeige am unteren Bildrand positioniert und im Hintergrund mit einer durch einen bizarren Kirschblütenzweig, einer Bergsilhouette sowie einer japanischen Brücke angedeuteten asiatischen Landschaft komplettiert.

1925 entwarf Wiertz für Gustav Lohses „Uralt Lavendel Seife"[31] noch ein völlig andersartiges Inserat, das neben der fotografischen Abbildung des Produktes sowie einer Seifenset-Schachtel einzig durch typographische und ornamentale Gestaltung die Aufmerksamkeit des Betrachters auf sich zieht. Das schlanke, hoch rechteckige Inseratformat wird gleichsam wie von einem mit hellen linienförmigen Ornamenten auf schwarzem Fond versehenen Spiegelrahmen umfasst. Dabei setzen sich die Ornamente aus Winkel-Zirkelschlag-Motiven[32] zusammen, einem Leitmotiv des Art Deco in Deutschland, das auch

„Uralt Lavendel Seife", abgeb. in:
„Velhagen & Klasings Monatshefte", 1926 Januar

„Lohses Uralt Lavendel Seife", abgeb. in: „Die Dame" 1925 Heft 4 im Bauschmuck jener Zeit, z.B. als Verzierung von Portalen oder Treppengeländern, zahlreiche Verwendung fand[33] und ebenso im Porzellandekor dieser Zeit zu finden ist. Es setzt sich aus zwei vollkommen konträren Leitmotiven zusammen, nämlich dem C-Schwung und der Stufenlinie, die Wiertz hier mit stilisierten, stark geometrisierten Blattformen sowie mit dem Lohse Markenzeichen kombinierte. Eine querrechteckige Variante dieses Entwurfs von Wiertz für „Lohse Seife" wurde im Januar 1926 in „Velhagen & Klasings Monatsheften" publiziert, wobei hier neben den Winkel-Zirkelschlag-Motiven auch zahlreiche, die Aura einer Seife potenzierende, stark stilisierte Accessoires wie Puderdosen, Spiegel, Ringe, Blumen und Vasen in streng minimalistischer Darstellungsweise zu finden sind, die vom Künstler einzig aus der Verbindung von Kreisteilen und Geraden entwickelt wurden.

3.3 ANZEIGEN FÜR DAS PARFÜM „VOGUE" DER KARLSRUHER FIRMA WOLFF & SOHN

Für einen weiteren Luxusartikel, das Parfum „Vogue" der Karlsruher Firma Wolff & Sohn, kreierte Wiertz ebenfalls eine ganze Reihe von Inseratgestaltungen. Im Dezember 1926 wurde unter dem Namen „Vogue – Das Parfüm der Saison" ein ganz in Violetttönen gehaltener Entwurf in der Zeitschrift „Die Dame" publiziert, der das Gestaltungsprinzip der Konnexion dem Betrachter erneut treffend vor Augen führt: Ähnlich wie in heutiger Parfümwerbung steht keinesfalls der Parfümflakon selbst prominent im Mittelpunkt, sondern eine elegante, ganz dem Schönheitsideal der Zeit entsprechende selbstbewusste Dame voller erotischer Anziehungskraft[34] mit modisch kurzer Garçonne-Frisur, langen Ohrringen und tief rot geschminkten Lippen. Ihren weiten, mit großen Blüten bedruckten seidenen Morgenmantel hat sie so um sich drapiert, dass ihre rechte Schulter entblößt dem Betrachter entgegengestreckt wird, wobei der Künstler diese besondere Körperstelle erotischer Anziehungskraft durch ein breites Glanzlicht besonders akzentuierte. Zugleich betonen ihr auf diese nackte Schulter gerichteter lasziver, offensichtlich vom betörenden Duft verzückter Blick sowie ihre ausgestreckte, unterhalb des Glanzlichtes den hinab rutschenden Mantel notdürftig fixierende linke Hand diese entblößte Körperstelle. Diese Inseratgestaltung führt eindringlich Wiertz' Fähigkeit vor Augen, mit seinen Entwürfen „nicht Parfüm, sondern Eleganz" zu verkaufen, „nicht Seife, sondern Schönheit"[35], wobei beim Kunden der Eindruck evoziert werden soll, mithilfe dieses Parfüms selbst diese

„Vogue – Das Parfüm der Saison", abgeb. in: „Die Dame", 1926 Dezember

Schönheit und Ausstrahlung erreichen zu können. Treffend hatte Wiertz erkannt, dass der Rezipient das zu umwerbende Produkt besser wahrnimmt, wenn er zuvor mittels einer sensitiven Einstimmung durch ästhetische Bilder darauf hin geführt wurde.

Ein Jahr später, im Dezember 1927, griff Wiertz erneut zur Gestaltungsmethode des situativen Arrangements, um die Werbeaussage des Parfüm „Vogue", dem „Lieblingsparfüm der eleganten und verwöhnten Frau" zu visualisieren. Entsprechend der erläuternden Bildunterschrift: „Ein kleines Tröpfchen genügt, um Ihnen jenen berückenden Hauch zu verleihen, der die Dame von Welt wie ein unsichtbares

Etwas umgibt" deutet der Künstler auf seiner Komposition die Lebenswelt dieser Dame von Welt an: Madame sitzt perfekt geschminkt und gekleidet in einer schulterfreien, ärmellosen knielangen Nachmittagsrobe in einem von Wiertz meisterhaft mit wenigen Pinselstrichen angedeuteten Sessel, ihr schlanker linker Arm präsentiert mit ausgestreckter Handfläche einen Flakon der zu umwerbenden Duftessenz. Ihr ärmelloses Kleid lässt viel Platz für etliche Armreifen. Die hinter der Dame zu sehenden edlen Porzellanvasen und Blumensträuße steigern das herrschaftliche Ambiente ebenso wie die am rechten Bildrand mit der Hutschachtel und dem Cape der Hausherrin sich nähernde Dienerin und der zu ihren Füßen sitzende weiße Terrier. Sicherlich erwachte bei den damaligen Betrachterinnen dieses Inserates der „Dame" sofort der Wunsch, diesen exquisiten Duft zu erwerben, um

sich mit der Aura einer solchen Dame zu umgeben und der Illusion zu verfallen, mithilfe des Duftes eine entsprechende Diva zu werden. Und damit war Wiertz' Intention, die seiner Gestaltung zugrunde lag, erfolgreich aufgegangen.

Noch prägnanter und eindringlicher wirkt die zwei Monate später im Januar 1928 veröffentlichte, schwarz-weiße Werbeanzeige von Wiertz für „Vogue" Parfüm, die vollkommen das moderne Frauenbild der androgynen Garconne verkörpert und vom markanten Profil einer sitzenden, festlich mit tief dekolletiertem, hoch geschlitzten Abendkleid und pelzbesetzten Cape gestylten Dame bestimmt wird, deren extrem kurzer, nach hinten gegelter Bubikopf[36] die Silhouette ihres Kopfes deutlich betont und ihre auffallenden, fast bis auf die Schultern reichenden Perlen verzierten Ohrgehänge deutlich zur Wirkung bringt. Konzentriert ist ihr Blick auf ihr über ein Meter langes, quastengeschmücktes Perlen-Sautoir[37] gerichtet, das sie mit dem rechten abgewinkelten Arm nach vorne streckt, um die einzelnen Perlen zu betrachten. Eindringlich verstand es Wiertz, uns die manierierte Eleganz des Kundenkreises dieses mit 3,50 bzw. 7,00 Reichsmark sehr luxuriösen Duftes durch seine graphische Darstellung zu illustrieren.

Auch im Februar 1929 verdeutlichte der Künstler durch seine graphische Darstellung in dem Werbeinserat „Vogue – Das Parfüm dieses Winters" klar, wer die Zielgruppe dieses Duftes war: die moderne, sportlich-elegant gekleidete Dame der gehobenen Gesellschaft, die im Winter zeitweise in mondänen Badeorten der südlichen Gefilde verweilt. Sie ist – trotz des Winters – mit einem ärmellosen Nachmittagskleid bekleidet, sodass ihre zahlreichen Armreifen zur Schau gestellt werden können. Ihre Stirn wird von einem weit ins Gesicht ragenden, eng anliegenden, helmartigen, kontrastreich großflächig gemusterten Topfhut verdeckt, der gerade noch die grünblau betonten Augenlider darunter hervor blitzen lässt. Lange, stabförmige Ohrringe betonen optisch die schlanke Silhouette. Ihre grazilen, mit vielen Ringen geschmückten Finger hat die Dame leicht vor dem Oberkörper verschränkt. Diese Anzeigengestaltung von Jupp Wiertz offenbart

„Vogue – Das Parfüm dieses Winters", abgeb. in: „Die Dame" 1929 Februar

in ihrer betonten Flächigkeit, die körperliche Plastizität vermeidet und Kleid, Hut und Hintergrund der Figur ganz in geometrische Formen aufteilt, starke Inspiration durch konstruktivistische Kunst eines Kasimir Malewitsch oder Piet Mondrian sowie durch die Arbeiten von Sonia Delaunay (1888 – 1979)[38]. Delaunay, die zugleich Malerin und Modeentwerferin war und gemeinsam mit ihrem Mann Robert Delaunay die Theorie der simultanen Malerei entwickelt hatte, eröffnete bereits 1923 in Paris ein eigenes Modeatelier, in dem sie ihre geometrischen Stoffdessins, Accessoires und Modeentwürfe, die „Robes simultanées", präsentierte, die seit Mitte der zwanziger Jahre die Pariser Modeschöpfer stark inspirierten. Delaunays Ziel war es in ihren Modeentwürfen Schnitt, Funktion und Farbgestaltung als Einheit zu betrachten. Den Höhepunkt ihrer Karriere als Textilgestalterin errang Delaunay 1925 mit der von ihr entworfenen „Boutique simultanée" auf der Internationalen Kunstgewerbeausstellung in Paris[39]. Die Stoffdessins der Künstlerin hatten weitreichenden Einfluss auf die gesamte europäische Textilindustrie, welche die Anregungen der Entwerferin aufnahm und bestimmte Elemente, wie etwa aus Dreiecken und sich überlagernden Kreisformen zusammengesetzte geometrische Musterungen in ihrer Produktion rezipierte[40].

Auch das auf hier von Wiertz vorgestellte Kleid der Dame spiegelt in seiner großflächigen plakativen geometrischen Flächen- und Farbgestaltung diesen Trend in der Kleidgestaltung wieder, der darüber hinaus von Wiertz durch seine flächenbetonte Darstellungsweise akzentuiert wird. Mit diesem Plakatentwurf, der von der genauen Ausbalancierung der Farbflächen lebt, war Wiertz 1929 auf der bedeutenden Münchner Ausstellung „Das Internationale Plakat" vertreten, auf der auch internationale Künstler wie A.M. Cassandre und Jean Carlu ihre Arbeiten präsentierten, und konnte damit neben der weltweiten Konkurrenz durchaus bestehen.

3.4 INSERATE UND PLAKATE FÜR „KALODERMA"-SEIFE

Anhand einer weiteren Anzeigenserie des Graphikers Wiertz für die Karlsruher „Parfümerie und Toiletteseifenfabrik Wolff & Sohn"[41] kann die stilistische Entwicklung der Werbegraphik der Jahre 1926 – 1930 sehr anschaulich nachvollzogen werden. Wiertz kreierte sie für das bekannte Markenprodukt „Kaloderma – Seife"[42], die schon in ihrem aus dem Altgriechischen stammenden Namen (von: „kalos" = schön; „derma" = Haut) den Wunsch der weiblichen Kundschaft nach makelloser, gepflegter Haut pointiert.

„Zur Schönheitspflege Kaloderma Seife", abgeb. in: „Die Dame" 1926 November

1926 ist Wiertz' Darstellungsweise noch als relativ naturalistisch zu charakterisieren, wie es ein Inserat vom November 1926 beweist, auf dem der Künstler zwei Damen in den Mittelpunkt stellte. Während die eine Frau sitzend zufrieden ihr Spiegelbild in einem Handspiegel betrachtet, hat die zweite Dame dahinter stehend wohlwollend die Hände auf die Schultern der Sitzenden gelegt und scheint ihr auch noch einmal durch Worte die erfolgreiche Wirkung der Schönheitsseife zu bestätigen. Hier modulierte der Künstler die Körper der beiden Damen durch seine malerische Darstellungsweise, indem er die Binnenflächen nicht flächig anlegte, sondern im Verlauf, bis hin zu Glanzlichtern an besonders dem Licht zugewandten Stellen, so dass Plastizität entstand.

Ganz anders dagegen präsentiert sich uns der ein Jahr später 1927 entstandene Plakatentwurf des Künstlers für dasselbe Produkt, der durch Finesse noch heute beeindruckt und als ein evidentes Meisterwerk der Reklamekunst gelten kann[43]. Neben den Zeppelin-Plakaten

ist es das bekannteste und am häufigsten veröffentlichte Plakat von Jupp Wiertz:

Dieses gebrauchsgraphische Meisterstück ist im Vergleich zum Vorjahr äußerst flächig gehalten, vermeidet körperliche Plastizität, beeindruckt durch stilisierte Linienführung und lässt dadurch Inspiration durch die Malerei der Neuen Sachlichkeit vermuten. Das zentrale Motiv bildet hier eine im sommerlichen, leuchtend gelben Jumperkleid sitzende Dame voll gezierter fast manierierter Eleganz, die ihren hellen Porzellanteint mit einem großen runden, in Orange- und Rottönen gehaltenen japanischen Sonnenschirm[44], den sie hinter ihrem dunklen Bubikopf kreisförmig ausgebreitet hat, vor der heißen Som-

„Kaloderma" 1927, Plakat Fablithografie 118,5 x 81,5 cm, Deutsches Historisches Museum Berlin

mersonne schützt. Die kreisförmige Darstellung des Sonnenschirms mit den strahlenförmig überstehenden Spannstäben am äußeren Rand sowie die kräftige, fast signalhaft kolorierte Farbabstufung von Dunkelrot über Hellrot nach Orangefarben rückt – gleichsam als hervorhebendes, steigerndes Hinweiszeichen – den modischen Bubikopf der Dame wie durch eine Mandorla, einen strahlenförmigen Heiligenschein, betont, sofort ins Zentrum der Aufmerksamkeit der Betrachter. Da die junge Frau ihren Blick, scheinbar schamhaft, nach unten richtet, werden ihre dunkel betonten Augenlider sichtbar. Der Betrachter kann sich der Faszination der Dargestellten nicht entziehen und folgt ihrem Blick unwillkürlich. Ein geschickter Schachzug des Künstlers, denn so wird die Aufmerksamkeit des Rezipienten automatisch auf das mittig im unteren Bilddrittel von Wiertz dargestellte Produkt[45], die Kaloderma Seife, sowie auf den in roten Versalien gedruckten Schriftzug des Markennamens gelenkt. Die Intensität der vom Künstler gewählten Farben Rot, Orange, Gelb und Hellgrün wird durch den starken Kontrast zum schwarzen Hintergrund deutlich gesteigert. Die emanzipierte junge Frau voller Lebensfreude, die ihre wirtschaftliche Unabhängigkeit auch durch ihre vielen Schmuckstücke zum Ausdruck bringt, steht hier im Mittelpunkt der Darstellung, sie bedarf keiner Bediensteten mehr wie die Damen auf früheren Werbeinseraten, um ihren Rang und gesellschaftliche Stellung zu verdeutlichen, denn allein durch ihre Schönheit kann sie alles erreichen.

Im Inseratentwurf „Kaloderma Seife – täglich benutzt und ihre Haut wird schimmernden Perlen gleichen" setzte Wiertz im Juni 1928 mit äußerster Prägnanz und Reduktion die Visualisierungsmethode des Beweises durch Gegenüberstellung (visuelle Konfrontation) ein, im Speziellen eine veranschaulichende Gegenüberstellung. Im Zentrum seines Entwurfs positionierte der Künstler das Brustbild einer uns frontal anblickenden jungen Frau, deren kurzer Bubikopf mit langem, das linke Auge verdeckendem Pony und sorgfältig kräftig rot geschminkter Kussmund ganz dem modischen Schönheitsideal der Zeit entsprechen und graphisch sehr stilisiert und betont flächig dargestellt sind[46]. Die jugendliche Schönheit hat sich mit einer langen Perlenkette[47], dem Sautoir, geschmückt, die sie über ihre rechte Hand gleiten lässt und dem Betrachter entgegen hält. Durch diese Gegenüberstellung der schimmernden Perlenkette mit der makellosen Haut der Dame soll die Wirkung der Schönheitsseife veranschaulichend dokumentiert werden.

Die Schmuckgestaltung in den zwanziger Jahren wurde genauso wie das Textildesign von Sonia Delaunays geometrischen Stoffdessins

„Kaloderma Seife – täglich benutzt und ihre Haut wird schimmernden Perlen gleichen", abgeb. in: „Die Dame" 1928 Juni

sowie auch von den am Weimarer und Dessauer Bauhaus geschaffenen Gestaltungsentwürfen inspiriert, denn auch in diesem Segment wurden ab 1925 bestechend klare Formen bestimmend, die auf einfachen geometrischen Grundformen basieren[48]. Das galt sowohl für den von renommierten Juwelieren gefertigten Schmuck aus edlem Material als auch für den um diese Zeit neu aufgekommenen, aus Nickel, Email und Galalith gefertigten sogenannten „Modeschmuck"[49]. Diesem Trend folgend sind auch die langen, schmal rechteckförmigen Ohrringe der von Wiertz hier präsentierten Dame nur aus sich überschneidenden Metallstegen zusammen gesetzt und wirken – dieser Vergleich sei erlaubt – wie ein verkleinerter Mondrian, worin sich die Rezeption von ästhetischen Prinzipien der niederländischen Künstlergruppe „De Stijl" durch zeitgenössische Schmuckentwerfer reflektiert.

**„Kaloderma Seife – Zart wie eine Blume ist die Haut der Frau",
abgeb. in: „Die Dame" 1930 Juli**

Völlig gewandelt jedoch zeigt sich Wiertz' Darstellungsweise auf der im Juli 1930 publizierten Werbeanzeige „Kaloderma Seife – zart wie eine Blume ist die Haut der Frau...". Wiertz hat sich hier von dem flächigen, stilisierten, plakativ wirkenden Darstellungsstil der Jahre 1927 – 1929 wieder entfernt, wie man deutlich an seiner sehr malerischen und die Dreidimensionalität der Blüten betonenden Wiedergabe des im Vordergrund stehenden Tulpenstraußes sowie am dahinter positionierten Damenportrait erkennen kann. Die verbale Aussage „Zart wie eine Blume ist die Haut der Frau" visualisierte Wiertz durch das Gestaltungsprinzip der veranschaulichenden Gegenüberstellung, indem

er eine finessenreiche Komposition aus den im Vordergrund in einer asiatisch wirkenden Vase angeordneten zarten Tulpenblüten und dem dahinter platzierten makellosen Profil einer gepflegten Dame schuf, die ihre gepflegte Haut dem Betrachter präsentiert.

Wie ist dieser Wandel zu erklären ?

Im Jahre 1929 begann sich die Mode – zuerst fast unbemerkt – langsam zu wandeln. Die Modeschöpfer kehrten vom Typus der sportlichen Garconne, die die letzten fünf Jahre modisch dominiert hatte und deren Typus bis zum äußersten ausgereizt worden war, ab und entdeckten eine neue Linie, die durch einen nunmehr von betonter Weiblichkeit geprägten Frauentypus charakterisiert wurde[50]. Der New Yorker Börsenkrach und die dadurch bedingte Weltwirtschaftskrise verstärkten diese Veränderungen. Nun war damenhafte Eleganz wieder gefragt, die sich auch in der Abkehr von der Frisur des Bubikopfes und in der Vorliebe für gescheitelte Wellenfrisuren manifestierte. Zugleich wurden die Kleider wieder länger und körperbetonter. Jedoch ist festzuhalten, dass dieser Umschwung in Deutschland deutlich vor Hitlers Machtergreifung einsetzte[51] und sich von Paris her weltweit ausbreitete.

Denn die Pariser Modeschöpferin Madeleine Vionnet hatte durch den von ihr favorisierten Schrägschnitt beim Zuschnitt der Kleiderstoffes eine neue Mode kreiert, die den Frauenkörper nicht mehr wie bisher wie ein Sack verhüllte, sondern seine Rundungen stärker modellierte. Diese weiblichere Gestaltungsrichtung manifestierte sich in der Kreation von schlank fallenden, den Körper betonenden Abendkleidern. Auch wurde im Zuge dieses Wandels die Vorliebe für plakative geometrische Stoffdessins, wie sie in den Vorjahren beliebt gewesen waren, überwunden und statt dessen klein gemusterte, oder unauffällige florale Musterungen präferiert. Diese Wende in der Mode- und Textilgestaltung beruhte nicht auf dem Einfluss des Nationalsozialismus und war genauso deutlich ablesbar in anderen europäischen Ländern. Sie fundierte vor allem auf dem simplen Wunsch nach modischer Veränderung, denn nach rund sieben Jahren überwiegend geometrisch gemusterter Textilien und Accessoires kam der Wunsch nach gegenständlicheren Dessins wieder auf und kleinteiligere florale Muster wurden en Vogue[52].

Auch der Zeichenstil von Jupp Wiertz passte sich diesem sich modifizierenden Frauenbild an, in dem der Künstler seinen Damen jetzt weichere Züge verlieh, ohne auf die bisherige Eleganz der Darstellung zu verzichten. Diesen im Vergleich zum betont flächigen Kaloderma Plakat von 1927 völlig zur malerischen Gestaltungsweise transformierten Darstellungsstil demonstrierte auch Wiertz 1929/30 entstandenes Werbeplakat für Kaloderma, auf dem er eine Schönheit mit blonder ondulierter Wellenfrisur im fliederfarbenen, den Körper modellierenden Seidenkleid vor einem rokokohaften Gemälde die Kaloderma Seife präsentieren ließ[53].

4. TOURISMUSREKLAME DER DREISSIGER JAHRE

Äußerst umfangreich ist auch Jupp Wiertz graphisches Oevre im Bereich der Tourismus- und Städtereklame der 1930er Jahre, denn der Künstler war neben seiner Tätigkeit für die Zeppelin-Reederei auch für die Reichsbahn, die Lufthansa, Shell und zahlreiche deutsche lokale Tourismusgesellschaften und Landesfremdenverkehrsverbände entwerfend tätig. Exemplarisch für diesen Schaffensbereich sei hier auf den 1937 gedruckten Städteprospekt „Heidelberg" verwiesen, dessen Umschlag vom Künstler besonders reizvoll konzipiert wurde: Die 16-seitige Broschüre weist eine Z-Faltung auf, daher griff Wiertz zu dem Kunstgriff, die Stadtansicht sowohl im ausgeklappten als auch im zusammengefalteten Zustand in sich schlüssig und vollständig erscheinen zu lassen[54]. Das äußere Umschlagblatt wurde von Wiertz daher als eine Ansicht konzipiert, welche die markanten touristischen Anziehungspunkte dieser Neckarstadt vedutenhaft in sich versammelt. Indem der Blick des Betrachters von dem hoch gelegenen Aussichtspunkt der Scheffelterrasse auf das in der linken Bildhälfte liegende fast gleich hohe, über der Stadt thronende berühmte Renaissanceschloss geführt wird, auf der rechten Bildhälfte aber gleichzeitig auch die markante Stadtsilhouette mit der Heiliggeistkirche und der Neckarbrücke präsentiert wird, schuf der Graphiker zwei gleichwertige Bildhälften, die jede für sich in sich schlüssig und ausgewogen sind . Durch die Aufschrift „Heidelberg", die am oberen Bildrand der Broschüre in weißen Versalien zweimal nebeneinander angeordnet ist, erschließt sich dem Betrachter sofort die dargestellte Stadtansicht, auch wenn im zusammengefalteten Zustand dem Betrachter nur eine Bildhälfte vor Augen geführt wird. Gleichsam kulissenhaft gerahmt wird die Stadtansicht durch zwei angeschnittene Laubbäume, welche jeweils am linken und rechten Bildrand emporwachsen sowie durch die meisterhaft stilisiert dargestellte prächtige Waldflora, die sich am unteren Bildrand mit Farnen, Pilzen und Bodendeckern ausbreitet und im rechten unteren Drittel die markante weiße Künstlersignatur erkennen lässt.

In den 1930er Jahren gestaltete Wiertz darüber hinaus auch über 200 Tourenkarten für den Mineralölhersteller Shell, die als wirkungsvolles Marketingmittel die Kraftfahrer zugleich an die Shell-Tankstellen binden sollte, denn nur dort waren diese Karten erhältlich. Vom

Shell Tourenkarte Nr. 250/251 „An die Spree / In die Sächsische Schweiz"

heutigen Standpunkt aus handelt es sich dabei um äußerst einfache Autokarten, die jeweils nur aus einem 22 cm x 34,5 cm großen, in Drittelfaltung zusammengeklappten beidseitig bedruckten Bogen

Geprüft LFV. Baden.   1937 ff.   Schutzgebühr 10 Pfg.

„Heidelberg", 16-seitiger Werbeprospekt, 1937

bestanden und dem Automobilisten die über 250 schönsten Touren Deutschlands präsentierten. Auf diesen wurde der Streckenverlauf in einer stark stilisierten Skizze jedoch nur grob angedeutet und in der Tourenbeschreibung die wichtigsten Sehenswürdigkeiten der Strecke stichpunktartig erwähnt. Auf dem hochformatigen Umschlag der Tourenkarte findet sich jeweils eine aquarellierte Darstellung der typischen Landschaft der vorgestellten Reiseregion Deutschlands sowie das charakteristische bogenförmige Signet des Künstler. Beispielsweise stellte Jupp Wiertz auf der Tourenkarte Nr. 250/51 in den Mittelpunkt seiner sehr malerisch wirkenden Darstellung die imposanten, bizarr geformten Felsen des Elbsandsteingebirges, das sich hoch über dem Flussbett der Elbe dem Himmel entgegen streckt und auch in den dreißiger Jahren viele Wanderer und Ausflügler in seinen Bann zog.

5. RESÜMEE

Jupp Wiertz' Oevre, aus dem in den vorliegenden Ausführungen nur ein Bruchteil vorgestellt werden konnte, demonstriert eine beeindruckende Vielfältigkeit. Es gelang dem Künstler für die verschiedensten Branchen überzeugende graphische Entwürfe zu entwerfen und die Werbebotschaften eindrucksvoll zu vermitteln, indem er bei den Rezipienten – meist durch visuelle Konnexion – primär positive Gefühle weckte, sie emotional ansprach, damit diese dann die Werbeaussage wie beabsichtigt aufnehmen konnten. Geschickt verstand es Jupp Wiertz das sich wandelnde Frauenbild und das jeweilige Schönheitsideal zu adaptieren und in seine Gestaltungen zu integrieren. Sowohl Wiertz' narrative Entwürfe, die jeweils einen situativen Kontext in den Mittelpunkt stellten, als auch seine reduzierten, betont flächigen Gestaltungen aus der zweiten Hälfte der zwanziger Jahre, mit denen er eine plakative, flächig stilisierte Gestaltungsweise begründete und propagierte, können innerhalb der deutschen und europäischen Graphik-Design-Szene der Zeit als äußerst gelungene Werbegestaltungen gelten. Auch in den dreißiger Jahren blieb er seinem eigenen Stil treu und schuf mit den Plakaten für die Zeppelin-Reederei graphische Meisterwerke, die noch heute große Attraktivität und Faszination besitzen und dazu beitrugen, diesem dynamischen modernen Reiseverkehrsmittel zu weltweiter Bekanntheit zu verhelfen.

ANMERKUNGEN

[1] Die Deutsche Zeppelin-Reederei GmbH war im März 1935 in Berlin gegründet worden. Aufgabe des Unternehmens waren: „Verkehr mit Luftschiffen (durchführen) nebst allen damit zusammenhängenden Geschäften, insbesondere die Errichtung und der Betrieb regelmäßiger Luftschifflinien für Personen- und Frachtbeförderung" (zitiert nach: Lutz Tittel, LZ 129 Hindenburg, Friedrichshafen 1987, S.30). Jedoch war der Bau von Luftschiffen ausdrücklich ausgeschlossen, denn dieser verblieb weiterhin bei der Luftschiffbau Zeppelin GmbH in Friedrichshafen

[2] Dasselbe Motiv findet sich auch auf dem Plakat von Wiertz mit dem Titel „2 Days to Europe", das ebenfalls 1937 in Umlauf gebracht wurde.

[3] Die Spritztechnik fand seit der zweiten Hälfte der zwanziger Jahre nicht nur in die Gebrauchsgraphik Eingang, sondern wurde ebenso eingesetzt zur Dekoration von Keramik („Spritzdekorkeramik"), in der Textilgestaltung („May-Stoffe"), freien Kunst (Laszlo Moholy-Nagy, Wassili Kandinsky, Paul Klee) sowie natürlich auch in der Innendekoration, etwa zur Wandgestaltung der Fahrgastkabine der *Hindenburg* (vgl. dazu Swantje Kuhfuss-Wickenheiser, Maria May – Aktive Mitgestalterin der Wanddekorationen im Luftschiff LZ 129 *Hindenburg* und Protagonistin der Spritzdekortechnik im Deutschland der 20er und 30er Jahre", in: Wissenschaftliches Jahrbuch 2005, Zeppelin Museum Friedrichshafen S.34-63).

[4] Die Analyse von Werbegraphiken entsprechend einer Zuordnung nach den Methoden ihrer Visualisierung beruht auf den von Prof. Werner Gaede entwickelten Kategorien der Visualisierungsmethoden (vgl. Werner Gaede, Vom Wort zum Bild, Kreativmethoden der Visualisierung, München, 2. Auflage 1992)

[5] Abgebildet in: „Die Femme Fatale im Tempo der Großstadt – Der Meister-Designer Jupp Wiertz (1888-1939)", Aachen 2003, S.54

[6] Die folgenden biographischen Angaben zum Künstler beruhen überwiegend auf den von Roland Rappmann im Ausstellungskatalog „Die Femme Fatale im Tempo der Großstadt – Der Meister-Designer Jupp Wiertz (1888-1939)", Aachen 2003, zusammen gestellten „Biographischen Notizen" (S.25-31).

[7] „Stadtwagen – Tourenwagen – Leichte Nutzwagen – Kranken-Automobile – Schnell-Omnibusse – Luftfahrzeug-Motoren – Eigene Karosserie-Fabrik"

[8] Wiertz wird in der seit 1916 erschienen Publikationen der Reimann-Schule „Mitteilungen der Schule Reimann" bzw. „Farbe und Form" nicht als aktives Mitglied des Lehr-

körpers genannt. Daher kann seine Dozentur längstens bis Frühjahr 1916 gedauert haben.

[9] Vgl. dazu Swantje Wickenheiser, Die Reimann Schule in Berlin und London /1902-1943) unter besonderer Berücksichtigung von Textil- und Modeentwurf, Dissertation Bonn 1993

[10] Vgl. Farbe und Form. Monatsschrift für Kunst und Kunstgewerbe, 25 Jahre Schule Reimann 1902-1927, Berlin 1927, S.10.

[11] vgl. Wickenheiser 1993, S.554 f.

[12] So Max Hertwig, „Werbegraphik", in: Farbe und Form, Berlin April 1928, S.70. Adolf Behne bezeichnete 1929 in ganz ähnlicher Wiese die Schaufenster und Giebelfronten der großen Einkaufsstraßen Berlins als „schönste Kunstausstellung Berlins" (Adolf Behne, Kunstausstellung Berlin, in: „Das neue Berlin" 1929, H.8., S. 150 f.)

[13] Vgl. „Die Femme fatale im Tempo der Großstadt", Aachen 2003, S.10.

[14] Vgl. etwa auch die Webseite www.travelbrochuregraphics.com des amerikanischen Sammlers David Levine, der auf eine umfangreiche Sammlung von Prospekten, Plakaten und sonstigen Druckerzeugnissen zur europäischen Tourismuswerbung der 1920er und 1930er Jahre zurückgreifen kann und die von Wiertz entworfenen Motive aufgrund der markanten Signatur eindeutig zuordnet.

[15] Nach dem zweiten Weltkrieg war es unter Graphikern allgemein kaum noch üblich die eigenen Entwürfe zu signieren. Ausnahmen bestätigen auch hier die Regel, man denke

nur an die Entwürfe des Franzosen René Gruau.

[16] Adam C. Oellers, Jupp Wiertz – Zum Werk, in: „Die Femme fatale im Tempo der Großstadt- Der Meister-Designer Jupp Wiertz 1888-1939", Aachen 2003, S.13.

[17] Rosenthal knüpfte mit der Herausgabe des ersten Weihnachtstellers des Hauses im Jahre 1910 an die Tradition der erfolgreichen Weihnachtsteller der dänischen Manufaktur Royal Copenhagen an, die beginnend von 1908 bis heute jährlich zur Weihnachtszeit ein neues Motiv für einen in Unterglasurblau dekorierten Teller anbietet.

[18] Auf der Rückseite des Tellers ist zu lesen: „Weihnachtsteller 1921. Motiv: "Weihnachten im Gebirge" Entwurf von Jupp Wiertz. Rosenthal"

[19] Diese erste Marketingabteilung der Reichsbahn bestand schon seit 1920 und war ein bedeutender Auftraggeber für Gebrauchsgraphiker in den zwanziger und dreißiger Jahren.

[20] Abgebildet in: „Im Dienst von Demokratie und Diktatur. Die Reichsbahn 1920-1945", DB Museum Deutsche Bahn AG (Hrsg.), Regensburg 2002, S.85.

[21] Für die Reichsbahn schuf Wiertz 1933-1938 außerdem den jährlichen „Reichsbahnkalender".

[22] zur Zeitschrift „Die Dame" (erschienen 1912-1943 im Berliner Ullstein Verlag) vgl. auch „Die Dame – Ein deutsches Journal für den verwöhnten Geschmack 1912-1943", zusammengestellt von Christian Ferber, Berlin 1980; Gretel Wagner, „Zeitschriften à la mode",

in: Europäische Moderne – Buch und Graphik aus Berliner Kunstverlagen 1890-1933, Kunstbibliothek Berlin 1989, S. 191-209.

[23] Vgl. Deutsche Standards – Marken des Jahrhunderts, Hrsg. Jörg Krichbaum, Köln 11. Auflage 1998

[24] Die folgende Analyse von Werbegraphiken entsprechend einer Zuordnung nach den Methoden ihrer Visualisierung beruht auf den von Prof. Werner Gaede entwickelten Kategorien der Visualisierungmethoden (vgl. Werner Gaede, Vom Wort zum Bild, Kreativmethoden der Visualisierung, München, 2. Auflage 1992)

[25] Vgl. „Die Frau im Korsett. Wiener Frauenalltag zwischen Klischee und Wirklichkeit", Ausstellungskatalog Wien 1984; „Die zweite Haut. Zur Geschichte der Unterwäsche", Ausstellungskatalog Frankfurt 1988.

[26] Die damalige sogenannte „Reformkleidbewegung" blieb auf den Kreis einer relativ kleinen Avantgarde beschränkt, angeführt vom Mediziner Dr. Lehmann und dem Architekten und Gestalter Hermann Muthesius, dessen Frau Anna Muthesius und Henry van de Velde.

[27] Die Sportkleidung nahm ihrerseits wiederum auf die Tagesmode Einfluss, so etwa der Faltenrock der Tennisspielerin sowie ihr V-förmig ausgeschnittener Pullover.

[28] Vgl. „Hellas ist übertrumpft" in: „Die deutsche Elite" 1926.

[29] Garconne = eigentlich „Junggesellin", androgyner Frauentyp der zwanziger Jahre, benannt nach dem 1922 erschienenen gleichna-

migen Roman von Victor Margueritte (1866-1942)

[30] Vgl. etwa auch die 1924 in der Modezeitschrift „STYL" veröffentlichte Modezeichnung von Kenan „Das Frühstück", auf der sich zwei in schlanke kimonoartige Gewänder gekleidete Damen mit kurzen dunklen Pagenköpfen vor einem Paravent präsentieren, der asiatische Szenen sowie pagodenartige Bauten erkennen lässt.

[31] Die Dame 1925 Heft 4

[32] Dieses Ornament wurde von Catharina Berents in der von ihr im Rahmen ihrer Dissertation „Art Deco in Deutschland – Das moderne Ornament" zusammengestellten Phänomenologie als ein Leitmotiv des Art Deco in Deutschland bezeichnet (Frankfurt 1998, S.38-41).

[33] Vgl. die Ausführungen und Abbildungen bei Berents 1998.

[34] Heutige Parfümwerbung ist oftmals nach demselben Prinzip aufgebaut, vgl. dazu auch eine Anzeige für das Parfüm „Opium" von Yves Saint Laurent aus dem Jahr 2004, auf der das Model Kate Moss mit ähnlichem Gesichtsausdruck wie Wiertz Dame posiert (abgeb. in: Jürgen Döring (Hrsg.), Parfüm – Ästhetik und Verführung, München 2005, S.104.

[35] Helmut Rademacher, Das deutsche Plakat – von den Anfängen bis zur Gegenwart, Dresden 1965, S. 220

[36] Die Frisuren von Männern und Frauen hatten sich zu dieser Zeit bereits so sehr angeglichen, dass man sogar von einer „Unisex-Frisur" sprach (vgl. Die Dame 1923/24, März 1924, H.11).

37 Definition nach Christiane Weber (Art Deco Schmuck, München 2000, S.342): „Sautoir: Kette aus Perlen oder Metallgliedern, die bis über einen Meter lang sein kann, oft mit einem Quastenanhänger".

38 Sonia Delaunay-Terk wurde in der 1885 in der Ukraine geboren, wuchs in St. Petersburg auf und studierte Malerei in Karlsruhe und Paris; vgl: Sonia Delaunay – Art into Fashion", New York 1986; Isabelle Anscombe, A Women's Touch – Women in Design from 1860 to the present day, London 1984, S.118-120.

39 Für diese Ausstellung ließ Delaunay sogar das Auto des Journalisten Kaplan mit simultanfarbenen Rechtecken lackieren und entwarf passende Accessoires, wie z.B. Autofahrerinnen-Kappen mit geometrischen Mustern.

40 Diese wurden auch als sogenannte „kubistische Muster" bezeichnet.

41 Die Firma wurde 1857 von Friedrich Wolff (1833-1920) in Karlsruhe gegründet. 1973 wurde das Unternehmen an die Hans Schwarzkopf GmbH verkauft und anschließend 1974 die Produktion in Karlsruhe geschlossen. Schwarzkopf wiederum veräußerte die Firma 2001 an „Berlin Cosmetics GmbH & Co KG", welche die Marke Kaloderma noch heute erfolgreich weiter führt.

42 Die Wortschöpfung „Kaloderma" stammt von dem Karlsruher Fabrikanten Friedrich Wolff, der erste „Kaloderma"-Artikel 1881 erfolgreich als Markenprodukte positionierte, indem er insbesondere das aufstrebende Bürgertum durch gezielte Werbekampagnen für „Kaloderma" gewinnen konnte. Friedrich Wolff entwickelte den kosmetischen Grundstoff Lanolin als Grundlage für Cremes, Seifen und Pomaden. „Kaloderma" verhalf Wolffs Unternehmen, das sich um die Jahrhundertwende mit 1100 Beschäftigen zum größten der Kosmetikbranche in Deutschland entwickelte, zu weltweitem Bekanntheitsgrad.

43 In zahlreichen Kompendien zur Geschichte der Werbekunst ist dieses Kaloderma Plakat von Jupp Wiertz veröffentlicht, exemplarisch seien genannt: Klaus Popitz, Plakate der zwanziger Jahre, Bilderhefte der Staatlichen Museen Preußischer Kulturbesitz Berlin Heft 30/31, Berlin 1977 (Abbildung als Titelbild); Jörg Meißner (Hrsg.),Strategien der Werbekunst 1850-1933, Ausstellungskatalog Deutsches Historisches Museum Berlin 2004. Auch auf der Monografie zu Jupp Wiertz „Die Femme Fatale im Tempo der Großstadt – Der Meister-Designer Jupp Wiertz (1888-1939), Aachen 2003, findet sich dieses Kaloderma Plakat mit auf dem Titelblatt

44 Die Wahl eines japanischen Sonnenschirmes verweist auf die Vorliebe der Zeit für alles aus Asien stammende. Jupp Wiertz persönlich sammelte asiatische Kunstschätze in seiner Charlottenburger Wohnung.

45 Die detaillierte Darstellung der Seifenverpackung steht im Kontrast zur ansonsten sehr stilisierten und flächigen Gestaltungsweise des Künstlers auf diesem Plakat. Doch war die genaue Abbildung des Produktes vom Auftraggeber dem Graphiker Jupp Wiertz sicherlich zur Auflage gemacht worden, um ein sicheres Wiedererkennen der Seife durch die Kunden zu gewährleisten.

46 Bereits im April 1928 hatte Wiertz ein Werbeinserat für Schallplatten entworfen, das vom Stilisierungsgrad her den Kaloderma-Entwurf noch übertrifft. Hier ging Wiertz sogar dazu über, sich auf rein lineare Darstellungsmittel zu beschränken, vgl: „Odeon – Parlophon – Columbia – Musikplatten und Musikapparate", abgeb. in „Die Dame" April 1928.

47 Lange Perlenketten waren in den zwanziger Jahren groß in Mode. Nachdem in Japan 1916 das von Kokichi Mikimoto entwickelte Verfahren der Zuchtperlen patentiert worden war, standen gezüchtete Perlen ab 1921 in größerem Umfang auch auf dem europäischen Markt zur Verfügung und die Seltenheit natürlich gewachsener Perlen spielte in der Folgezeit keine Rolle mehr; vgl. Christiane Weber, Art Deco Schmuck, München 2000.

48 Völlig neuartige Schmuckstücke in absolut geometrischen Formen schuf Ende der zwanziger Jahre, sicherlich von den Gestaltungsideen des Bauhauses angeregt, der Hanauer Goldschmied Siegfried Männle, z.B. indem er schmale Silberrechtecke mit matt geschliffenen Glasscheiben und einer Achatscheibe kombinierte (vgl. Christiane Weber, Schmuck der 20er und der 30er Jahre in Deutschland, Stuttgart 1990, S. 249).

49 In Deutschland lieferte insbesondere die Modeschmuck-Firma „Theodor Fahrner" überzeugende Beispiele rein geometrischer Schmuckgestaltung, die regelmäßig u.a. in der Zeitschrift „Die Dame" angespriesen wurden (z.B. Die Dame 1929 H.4 S. 58; 1929 H.12 S. 59; 1930 H.13 S. 41; 1930 H.17 S. 45).

50 Vgl. dazu auch Barbara Mundt, Metropolen machen Mode, Berlin 1977, S.87-90.

51 Die Nationalsozialisten nahmen – abgesehen von den offiziellen Parolen „Die deutsche Frau schminkt sich nicht und raucht nicht" – kaum direkten Einfluss auf die Mode. Und gerade die Damen der Nazigrößen befolgten diese offizielle Propaganda am wenigsten, wie die Beispiele von Magda Goebbels und Eva Braun beweisen. Paris gab auch nach 1933 in Deutschland modisch den Ton an.

52 Vgl. auch die Tapetenmode der Zeit: so brachte die Firma Rasch im Jahre 1930 eine florale „MAY-Tapeten" Kollektion heraus, die neben der schlichteren „Bauhaus" Serie von 1929 durchaus Bestand hatte.

53 Abgeb. als Kat. Nr. 16 in: „Die Femme Fatale im Tempo der Großstadt", Aachen 2003, S.40.

54 Ganz ähnlich konzipierte Wiertz auch die Broschüre „Bonn am Rhein", um 1935.

Gudrun Ritscher

SEHEN OHNE GESEHEN ZU WERDEN –
DER EINSATZ DES SPÄHKORBES IN DER LUFTSCHIFFFAHRT

„Dann ging es los. Dabei war nicht die Frage: Wer mußte als erster in den Korb – wie man vielleicht annehmen könnte – sondern: wer darf in den Korb. Die jungen Leute haben sich fast darum geschlagen. Deswegen mußte ich das Los entscheiden lassen!"[1]

EINLEITUNG

Während des Ersten Weltkrieges wurden Luftschiffe bei Heer und Marine zur Aufklärung und zum Bombenabwurf über den feindlichen Ländern eingesetzt. Die militärische Anforderung an die Luftschiffe bei diesen Einsätzen war es, lautlos und in großer Höhe den Feind zu beobachten, ohne selbst gesehen zu werden. Diese Einsätze konnten nur gut gelingen, wenn es weder eine klare Sicht noch Vollmond gab. Jedoch machten es Wolken und Nebel den Navigationsoffizieren der Luftschiffe auch nicht leicht. Durch die wechselnde Wetterlage war es oft notwendig mit dem Luftschiff unter eine niedrige Wolkendecke zu fahren, um überhaupt navigieren zu können. Das Luftschiff war in diesem Augenblick in größter Gefahr, da es in geringer Höhe leicht von der feindlichen Bodenabwehr beschossen werden konnte.

Es wurden hauptsächlich die Luftschiffe des Heeres mit Spähkörben ausgerüstet, die man an einem Stahlseil aus dem Luftschiff abließ. Mittels des Spähkorbes konnte aufgeklärt werden. Er diente zur Navigierung des Luftschiffes, das sich über den Wolken befand und nicht vom Feind gesehen wurde. Der Spähkorb war eine strömungsgünstig geformte Gondel für einen Mann der dem Navigationsoffizier den Kurs durchgeben und somit auch den Bombenabwurf leiten sollte. Nach dem Ersten Weltkrieg, kam der Spähkorb noch einmal in den 30er Jahren des 20. Jahrhunderts zum Einsatz.

DIE ERSTEN VERSUCHE MIT EINEM BUTTERFASS

Als einer der ersten hatte Ernst August Lehmann, der Kommandant des Heeresluftschiffes LZ 26 (Z XII), die Idee zu einem Spähkorb. Auf der Fahrt am 14. Dezember 1914 wurden die ersten Versuche unter-

Der Spähkorb unter dem Luftschiff LZ 26 (Z XII), um 1914/1915, Archiv der Luftschiffbau Zeppelin GmbH Friedrichshafen (im Folgenden LZ-Archiv), Bildnummer LZF 26/2

Kapitän Ernst A. Lehmann, um 1930, LZ-Archiv: LZF 183/1

nommen. Als Korb diente ein Butterfass, dass an einem Stahlseil durch eine Hand betriebene Winde herabgelassen wurde.

Ernst Lehmann schrieb über den ersten Versuch: „Nachdem ich dem Steuermann auf dem Kommandostand die Augen verbunden hatte, kroch ich in das Butterfaß und gab den Befehl, es herabzulassen. Das ging anfangs ganz glatt, das Stahlseil begann ächzend und quietschend abzurollen, und ich sank wie der Eimer im Brunnen. Aber als ich ungefähr 150 Meter unter dem Schiff hing, bekam die alte Handwinde ihre Mucken. Das Seil begann zu rucken und zu pendeln, ich wurde peinlich herumgestoßen und hatte Mühe, mich in meinem Butterfaß zu behaupten. Misstrauisch schielte ich nach dem Kabel, das nicht allzu widerstandsfähig war, und fürchtete jeden Augenblick, die Winde über Bord gehen zu sehen. Dieses unbehagliche Gefühl beschleunigte die Berechnungen, die ich dabei anstellte. Mit einem Taschenkompaß bestimmte ich die Richtung, die das Schiff nehmen sollte, und gab danach telefonisch meine Befehle an den blinden Steuermann in der Führergondel. Die Befehle wurden

Die Besatzung des Heeresluftschiffes LZ 26 (Z XII) mit ihrem Kommandanten Ernst A. Lehmann, 1914, LZ-Archiv: LZF 26/4

prompt ausgeführt und das Schiff bewegte sich wie und wohin ich es haben wollte. Zufrieden mit diesem Ergebnis ließ ich mich wieder nach oben kurbeln."[2]

Nach den ersten gelungenen Versuchen, gab Lehmann für das Luftschiff LZ 26 (Z XII) einen aus Weidenruten geflochtenen Korb bei einer Kölner Korbflechterei in Auftrag. Der Korb wurde mit Hüllenstoff bespannt und mit einem 700 Meter langen Stahlkabel ausgerüstet, in dem sich ein Kupferdraht als Telefonleitung befand.[3] In den Spähkorb montierte man einen Stuhl, einen Kartentisch, einen Fernsprecher, einen Blitzableiter, elektrisches Licht sowie einen Kompass.[4]

Nach dem erfolgreichen Einsatz des Spähkorbes im Luftschiff LZ 26 (Z XII) überlegte man in mehreren Luftschiffen eine Spähkorbanlage einzubauen. Bei einer Besprechung am 31. März 1915 in Mannheim trafen sich die wichtigsten Unternehmer und Militärs der damaligen Luftfahrt und Luftfahrtindustrie, um über den Einsatz von Spähkörben zu diskutieren. Man einigte sich darauf, dass sowohl die Luftschiffe der Luftschiffbau Zeppelin GmbH und die Luftschiffe der Firma Schütte-Lanz mit Spähkörben ausgestattet werden sollten, die vor allem schnell ein- und auszubauen waren und in ihrer Form einem Tropfen glichen, an dem eine Schwanzflosse angebracht werden sollte. Es gab auch die Idee den Spähkorb für zwei Mann zu bauen.

Der Spähkorb des Luftschiffes LZ 26 (Z XII) mit Besatzungsmitglied, um 1914/1915, LZ-Archiv: LZF 26/3

Aufgrund der Beweglichkeit des Korbes unter dem Schiff hielt man es für schwierig Bomben aus dem Luftschiff zu werfen ohne den Korb dabei zu treffen. Man wollte sie daher mit in den Spähkorb nehmen, was aber durch ihr hohes Gewicht nicht möglich war. Weitere Versuche des Kommandos Z XII zeigten, dass man Bomben abwerfen konnte während der Korb herabgelassen war, da sie fast senkrecht zur Erde fielen und so der Abstand zum Spähkorb groß genug war.[5] Aus dem Protokoll der Besprechung am 31. März 1915 geht hervor, dass bereits zu diesem Zeitpunkt die Marine kein großes Interesse am Einsatz von Spähkörben hatte, obwohl es in der folgenden Zeit auch Versuche mit dem Marine-luftschiff L 17 gegeben hatte.[6] Endgültig benachrichtigte der Staatsse-

kretär des Reichs-Marine-Amtes am 9. Oktober 1916 die Luftschiffbau Zeppelin GmbH, dass die Marine während der Dauer des Krieges von weiteren Versuchen und Einbauten von Spähkörben absehe.[7]

DIE SPÄHKORBANLAGE

Zur Spähkorbanlage gehörte ein Windenantrieb mit zwei Motoren. Auf die Winde war ein Stahlkabel aufgewickelt, an welchem der Spähkorb hing. Das Kabel lief weiter über zwei Rollen, die im Laufgang des Luftschiffes aufgehängt waren. Durch eine Öffnung im Boden des

Laufganges wurde die Gondel bis zu 2000 Meter unter das Schiff abgelassen. Die Winden wurden von einer Reibrolle und einem Schneckengetriebe von Motor 1 der hinteren Maschinengondel angetrieben. Eine Reibscheibe trieb die Reibrolle an, die auf der Schneckenwelle verschiebbar war. Dadurch ließen sich die Umlaufzahlen verändern und die Bewegungen umkehren, also der Spähkorb ab- und auflassen. Die Windentrommel enthielt das Stahlseil. Der Motor 2 ermöglichte einen zusätzlichen Notantrieb. Versagten beide Motoren, wurde eine Handkurbel auf die Schneckenwelle aufgesteckt.[8]

Das häufige Versagen des Windenantriebes war bei vielen Spähkorbeinsätzen ein großes Problem. Mit Hilfe von mehreren Männern musste dann der Korb per Hand in mehrstündiger Arbeit ins Schiff gekurbelt werden.[9] Die Luftschiffe LZ 86, LZ 87, LZ 93, LZ 103 und LZ 112 sollten Anfang August 1916 noch mit Winden der Luftschiffbau Zeppelin GmbH ausgerüstet werden, die nachfolgenden Luftschiffe mit Winden der Firma Pohlig aus Köln-Zollstock.[10] Nicht nur technische Probleme und das Wetter führten immer wieder zu Schwierigkeiten beim Einsatz der Spähkörbe, es konnte mehrere Monate dauern, bis überhaupt ein Spähkorb für das jeweilige Luftschiff bereit stand. Aufgrund des Arbeitermangels durch den Krieg kam es immer wieder zu Lieferschwierigkeiten.[11]

Eine gesamte Spähkorbanlage konnte zwischen 300 und 500 Kilogramm wiegen.[12] Die Länge des Spähkorbes betrug bis zu 4,5 Meter, seine Höhe bis 1,5 Meter. Der Beobachter im Korb gab seine Informationen an vier Anschlussstellen im Luftschiff weiter: In die Führergondel, in den Zielraum, zwischen die Bombenräume und an die Spähkorbplattform. Alle Anschlussstellen besaßen Kopfhörer und Brustsprachrohr. Zur Beobachtung standen ein Schiffskompass, ein Höhenmesser und ein Zielfernrohr zur Verfügung. Die Einrichtung des Spähkorbes bestand auch weiterhin aus einem Sitz mit Sicherheitsgurt, einem Kartentisch mit elektrischer Beleuchtung und einer Telefonanlage.[13]

Spähkorbwinde in der hinteren Gondel von LZ 26, 1915,
LZ-Archiv: LZF 26/5

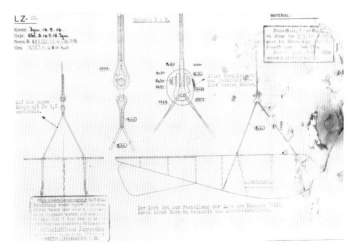

Skizze Spähkorb LZ 63, 1916,
LZ-Archiv: LZA 16/12

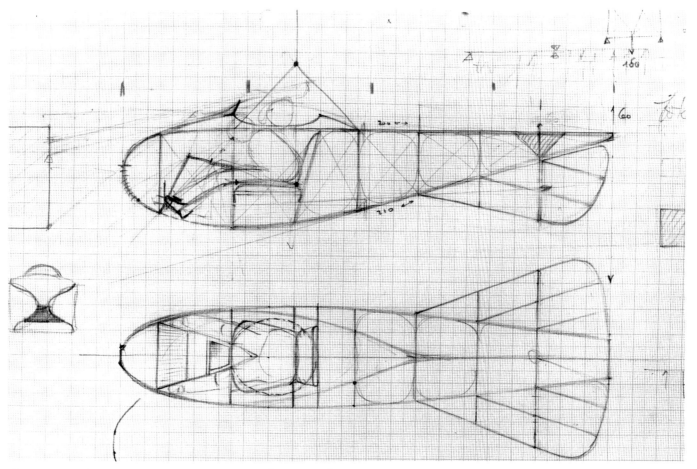

Skizze Mann auf dem Spähkorbsitz, um 1916, LZ-Archiv: LZA 16/8

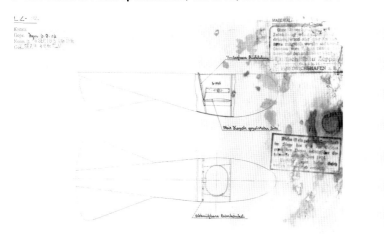

Skizze Spähkorb LZ 82, 1916, LZ-Archiv: LZA 16/12

Skizze Mann im Spähkorb, um 1916, LZ-Archiv: LZA 16/8

WEITERENTWICKLUNG UND VERSUCHE

Im Laufe der Weiterentwicklung des Spähkorbes entstanden unterschiedliche Korbtypen. Die Firma Luftschiffbau Zeppelin GmbH Friedrichshafen bekam im Juli 1916 den Auftrag die Luftschiffe LZ 86, LZ 87, LZ 93, LZ 103 und LZ 112 mit Spähkörben auszustatten.[14] Diese Spähkörbe sollten die Form eines rechteckigen Metallkörpers haben und somit einem Flugzeugrumpf gleichen.[15] Die Firma Schütte-Lanz fertigte für die Luftschiffe SL 8 und SL 9 Spähkörbe mit Holzgerippe und Stoffüberzug. Auch die Luftschiffbau Zeppelin GmbH fertigte für Schütte-Lanz Spähkörbe an.[16] Anschließend wurden Spähkörbe mit Stoffüberzug und eingezogener Flossenhinterkante entwickelt. Die Luftschiffe LZ 97, LZ 107, SL 12 und SL 15 wurden mit diesem Korb

Mann im Spähkorb, Bauart Schütte-Lanz, o. J., Bildquelle: Schütte-Nachlass des Landesmuseums für Kunst und Kulturgeschichte Oldenburg im Archiv des AERONAUTICUM Nordholz (Inv. Nr. 9798)

ausgerüstet. Der Spähkorb des Heeresluftschiffes LZ 120 hatte einen Metallkörper und verstärkte Heckflossen, um eine bessere Stabilität zu garantieren. Die Besonderheit dieses Spähkorbes war eine Matratze, auf welcher ein Mann liegend Beobachtungen anstellen konnte.[17]

Im Laufe der Zeit wurden viele Versuche mit dem Spähkorb durchgeführt: Versuche bei unterschiedlichen Wetterlagen zeigten, dass das Stahlkabel ein guter elektrischer Leiter war. Deshalb musste bei Gewitterstimmung auf ein Herablassen des Korbes verzichtet werden.[18] Das Experiment bewegliche Hinterflossen einzubauen, um den Korb selbst steuerbar zu machen, zeigte sich als nicht sinnvoll. Von der Abteilung IV der Verkehrstechnischen Prüfungskommission in Berlin wurde beschlossen, dass weiterhin Körbe mit einer festen Dämpfungsfläche zu bauen seien.[19] Auch der Versuch, den Spähkorb mit einem Propeller zu betreiben, scheiterte: Das Gewicht war zu groß. 1916 wurde bei dem Heeresluftschiff LZ 72 der Verlauf der Seilkurve beim herabgelassenen Spähkorb durch ein Fahnenmodell untersucht. An das Stahlseil wurden bunte Tuchfahnen abgebracht. Somit war das Seil für ein zweites, parallel laufendes Luftschiff sichtbar.[20]

VERSUCHE BEI DER MARINE

Auch bei der Marine wurden Versuche mit dem Spähkorb unternommen. Die Luftschiffbau Zeppelin GmbH bekam im Mai 1915 den Auftrag Marineluftschiffe mit Spähkörben auszurüsten.[21]

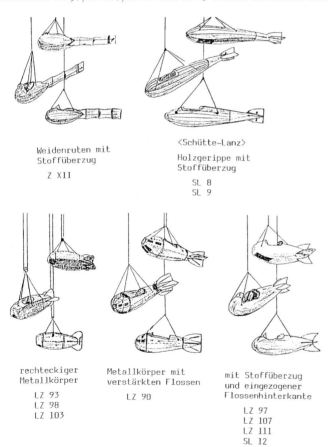

Weidenruten mit
Stoffüberzug

Z XII

<Schütte-Lanz>

Holzgerippe mit
Stoffüberzug

SL 8
SL 9

rechteckiger
Metallkörper

LZ 93
LZ 98
LZ 103

Metallkörper mit
verstärkten Flossen

LZ 90

mit Stoffüberzug
und eingezogener
Flossenhinterkante

LZ 97
LZ 107
LZ 111
SL 12
SL 15

Skizze verschiedener Spähkorbtypen, Puzicha, Kurt (Hg.): Heft der Marine-Luftschiffer-Kameradschaft, Heft II, Der Spähkorb, Hamburg 1989, S. 7

Im November 1915 wurde eine Spähkorbanlage in das Luftschiff L 17 eingebaut.[22] Es gab auch hier immer wieder Probleme mit der Winde und der Telefonanlage, so dass die Versuche im Januar 1916 vorläufig eingestellt werden mussten, bis ein Monteur der Luftschiffbau Zeppelin GmbH die Fehler beheben konnte. Die Versuche konnten somit erst einen Monat später weitergeführt werden.[23]

„Wir hatten selbst die Versuche mit unserem L 17 gemacht: Ein Spähkorb nach Art eines Beiwagens für Motorräder gebaut, wurde durch eine Spillmaschine geführt und geheizt und konnte bis auf 1000 Meter unter das Schiff gelassen werden. Eine eigene Steuerung war an kleinen Stabilisierungsflächen angebracht, alles fachgemäß nach der Theorie hergestellt; aber die praktischen Versuche verliefen recht wenig befriedigend. Der Spähkorb gierte entsetzlich hin und her, das Aufheizen dauerte bei dauernder Inanspruchnahme von zwei Mann eine halbe Stunde, außerordentliche Gewichte wurden in das Schiff gebracht… nur Nachteile. So wurde von der Einführung abgesehen und es war gut so; denn der Hauptfeind des Luftschiffes vom Herbst 1916 an war der Flieger; […].“[24]

Modell des Marineluftschiffes LZ 62/ L 30 mit Spähkorb, Unterweser-Modellbau, 1991, LZ-Archiv: LZF 62/8

Das Luftschiff LZ 26 (Z XII) in Fahrt, 1914, LZ-Archiv: LZF 26/1

EINSÄTZE

Das Heer benutzte den Korb nicht nur zur Aufklärung, sondern auch zum gezielten Bombenabwurf. Doch nur wenige Angriffe verliefen im Ersten Weltkrieg dank des Spähkorbes erfolgreich. Selten war die Wetterlage für den Einsatz des Spähkorbes günstig. Einer der wenigen erfolgreichen Angriffe im Ersten Weltkrieg bei denen ein Spähkorb eingesetzt werden konnte, war die Angriffsfahrt des Heeresluftschiffes

LZ 26 (Z XII) auf Calais am 17. März 1915. Man hatte vor England anzugreifen, musste diesen Versuch wegen Nebel aber abbrechen. LZ 26 (Z XII) suchte sich ein neues Ziel: Calais. Eine in 1000 Meter gelegene Wolkendecke ließ den Einsatz des Spähkorbes zu und es konnten ca. 3000 kg Bomben abgeworfen werden.[25]

„Der Angriff erfolgte von der Seeseite, der Beobachter wurde so rechtzeitig abgefiert, dass vor der eigentlichen Anfahrt eine Verständigung über die Orientierung erfolgen konnte. Die drei Sprechstellen

(Führer, Abwurfraum, Korb) arbeiteten programmässig zusammen [...]. Das Schiff hielt sich bis zum zweiten Abwurf an der unteren Grenze (rund 1500 m), um den Beobachter möglichst nah an den Boden zu bringen. [...] Nach Zeitungsberichten ist das Schiff während des 40 Minuten dauernden Angriffs von unten nicht gesehen und nur nach dem Geräusch, allerdings mit überraschender Genauigkeit beschossen worden."[26]

Nur sehr wenige Angriffe von Luftschiffen, die mit Hilfe eines Spähkorbes durchgeführt wurden, sind bekannt. Am 16. Februar 1917 unternahm das Luftschiff LZ 77 (LZ 107) einen Bombenangriff gegen die Stadt Boulogne bei der durch den Einsatz des Spähkorbes 1440 kg Bomben abgeworfen werden konnten. Bei dieser Fahrt versagte später die Spähkorbwinde und der Korb musste von der Mannschaft per Hand in stundenlanger Arbeit hochgezogen werden.[27]

„Der gute Wrangel hat allerdings 13 Stunden in seiner Badewanne schaukeln dürfen. Dann war er natürlich leicht durchgedreht."

„Kunststück bei dem Saufeuer über Boulogne", knurrte Stabbert, ohne den Spähkorb aus den Augen zu lassen. „Bei uns im Graben ist auch einiges fällig, aber es muß doch peinlich sein, da mutterseelenallein an der Strippe zu hängen und zu warten, bis einem ein Granatsplitterchen den Faden abschneidet." „Da hängt das Leben buchstäblich an einem Faden."[28]

Der Einsatz im Spähkorb wurde von vielen Besatzungsmitgliedern der Luftschiffe als einsamster Platz der Welt gesehen, kein Wunder – mussten sie doch oft stundenlang in dem Korb bis zu 2 Kilometer unter dem Schiff ausharren. Ein Besatzungsmitglied beschreibt den Einsatz eines Kameraden im Spähkorb des Heeresluftschiffes LZ 97:

„Viel schlimmer ist es, Stunden hindurch so solo durch den Nebel zu schlittern. Ein paar Meter Tau ist bestenfalls zu sehen. Sonst nur Waschküche. Nach 5 Minuten ist das langweilig, nach 10 will man aussteigen. Nach einer halben Stunde könnt' man die Wände hochgehen…" „Wenn bloß welche da wären", grinste Rothe. „Und dabei war

LZ 77 (LZ 107) mit Spähkorb, o. J., Archiv Deutsches Luftschiff- und Marinefliegermuseum – AERONAUTICUM –, Nordholz (G1959)

alles noch gar nichts, denn jetzt fängt's überhaupt erst an. Nach drei Stunden bekommt man die fixe Idee, die Brüder oben hätten einen vergessen und lägen zu Hause längst in der Halle." „Haben einen einfach an'ner Wolke angehakt!" sagte Rothe."[29]

Das Heeresluftschiff LZ 120 nahm am 2. September 1916 an einem Geschwaderangriff von 16 Luftschiffen auf England teil. Die Besatzung musste zur Gewichtserleichterung den Spähkorb samt Winde aus dem Luftschiff abwerfen. Der Spähkorb wurde bei East Anglia gefunden. Er wurde dann wieder instandgesetzt und ist bis heute im Imperial War Museum in London ausgestellt.[30] Das Luftschiff LZ 120 sollte danach einen neuen Spähkorb erhalten. Zuerst war ein Spähkorb der Luftschiffbau Zeppelin GmbH vorgesehen. Man einigte sich dann Ende Dezember 1916 darauf, dass eine Spähkorbanlage mit einem Windensystem der Firma Pohlig aus Köln-Zollstock und ein Spähkorb der Firma Oertz eingebaut werden sollte. Die Telefonanlage wurde von Siemens geliefert. Der bei der Luftschiffbau Zeppelin GmbH bestellte Spähkorb wurde dann im August 1917 an das Kommando des LZ 26 (Z XII) nach Hannover versand. Es gab vorher bereits Diskussionen darüber, dass der Korb für das 26000 cbm Luftschiff Z XII gar nicht passen könne, da er für den Luftschifftyp 55000 cbm bestimmt war. Ob der Spähkorb tatsächlich noch eingebaut wurde, kann nicht nachgewiesen werden.[31]

MESSKORB UND „SPY BASKET" IN DEN 30ER JAHREN

Im April 1939 wurden in Deutschland wieder Versuche mit einem Spähkorb unternommen. Bei Funkmessfahrten des Luftschiffes LZ 130 *Graf Zeppelin* fand der Spähkorb seine neue Verwendung. Der Chefelektriker der Luftschiffbau Zeppelin GmbH Hilligardt entdeckte in den alten Beständen des Unternehmens einen Spähkorb aus dem Ersten Weltkrieg. Dieser Korb war aus Weidenruten geflochten und mit Stoff bezogen. Aufgrund der Metallkonstruktion des Schiffes konnten die drehbaren Richtantennen keine Ultrakurzwellen empfangen. Ein guter Empfang war nur außerhalb des Schiffes möglich. Der Messkorb war hierfür ein gefundener Ort, da durch das Korbgeflecht kein Metall die Ergebnisse der Messungen beeinträchtigen konnte. Brauchten die Spähkörbe im Ersten Weltkrieg noch ein Telefonkabel, wurde dieser Korb mit einer UKW-Sprechfunkverbindung und einer Drehantenne ausgestattet.

Der Spähkorb sollte wieder militärischen Nutzen haben. Man suchte im Luftschiff Frequenzen von ausländischen UKW-Sendern und

stellte dann eine gefundene Frequenz auf dem Empfänger im Spähkorb ein. Durch die Peilung ermittelte der Mann im Korb die Richtung des Senders.[32]

Auch bei diesem Einsatz des Korbes kam es zu einem Zwischenfall: „Als wir Herrn Seiler wieder einholten, blieb er bei Übersteigen in das Schiff mit dem Reißgurt seines Fallschirms in einer der Korbverspannungen hängen. Dadurch öffnete sich der Schirm, Sailer wurde aus dem Schiff herausgerissen und verschwand durch die Luke. Natürlich sind wir alle furchtbar erschrocken. Ich telefonierte sofort in die Führergondel „Mann über Bord, sofort beidrehen!" [...] Als das Schiff

Spähkorb in der Gondel des US Army-Blimp TC 13, 1934, entnommen aus: *Die Sirene,* **Illustrierte Zeitschrift mit den Mitteilungen des Reichsluftschutzbundes, Nr. 9, erstes Märzheft, Berlin 1934, S. 4**

gewendet hatte, konnten wir erleichtert aufatmen: wir sahen Seiler am geöffneten Schirm hängen. Ja, wir konnten sogar beobachten, wie er landete. [...] Von dem Tag musste ich meine Garde hüten wie ein Mädchenpensionat; die wollten nämlich alle einmal vom Schiff abspringen."[33]

Bereits am 29. April 1932 wurde in den USA der einzige Versuch des Luftschiffes *Akron* der US Navy mit einem Spähkorb ("spy basket") unternommen. Der "spy basket" erwies sich jedoch als instabil. Das Army Air Corps machte auch Versuche mit Spähkörben, die unter Blimps eingesetzt wurden, aber auch keinen Erfolg brachten.[34] Einige Zeit später führte das Luftschiff *Macon* zahlreiche Tests mit einem unbemannten Spähkorb durch. Am 27. September 1934 wurde das erste Mal ein bemannter Korb abgelassen. Man benutze den Korb nur wenige Male, da er für die US Navy keine militärische Bedeutung hatte.[35] Auch die Versuche in Deutschland blieben von geringem Erfolg. Bei der Aufklärungsfahrt des LZ 130 *Graf Zeppelin* vom 2. – 4. August 1939 entlang der englischen Küste kam der Messkorb das letzte Mal zum Einsatz.

Ein aufklärendes Luftschiff musste in die Wolken hinaufsteigen, um nicht in das Feuer der feindlichen Luftabwehr zu geraten. In diesem Fall ermöglichte der Spähkorb die Bodensicht. Die zahlreichen Versuche und Einbauten in Luftschiffe standen nicht im Vergleich zu ihrer Leistung. Technische Mängel und schlechte Wetterbedingungen ließen oft überhaupt keinen Einsatz des Spähkorbes zu.

Auch als Luftschiffer im Spähkorb hatte man es nicht leicht. Die Einsamkeit und das Warten wurden aber letztendlich belohnt, war der Spähkorb doch der einzige Platz an dem es Besatzungsmitgliedern erlaubt war zu rauchen.

Herabgelassener Spähkorb unter dem US Army-Blimp TC 13, 1934, entnommen aus: *Die Sirene*, Illustrierte Zeitschrift mit den Mitteilungen des Reichsluftschutzbundes, Nr. 9, erstes Märzheft, Berlin1934, S. 4

ANMERKUNGEN

1 Sammt, Albert: Ein Leben für die Luftschiffahrt, Manuskript, bearbeitet von Wolfgang von Zeppelin und Peter Kleinheins, Wahlwies o. J., S. 168.

2 Lehmann, Ernst A.: Auf Luftpatrouille und Weltfahrt. Erlebnisse eines Zeppelinführers in Krieg und Frieden, Leipzig 1938, S. 66.

3 Bericht des Kommandos Z XII, Maubeuge 20. März 1915, Archiv der Luftschiffbau Zeppelin GmbH Friedrichshafen (im Folgenden LZ-Archiv FN), LZA 04/317.

4 Lehmann, Ernst A.: Auf Luftpatrouille und Weltfahrt. Erlebnisse eines Zeppelinführers in Krieg und Frieden, Leipzig 1938, S. 67. Vgl. auch Brief vom 17.12.1915, Abteilung der Verkehrstechnischen Prüfungskommission Berlin an die Luftschiffbau Zeppelin GmbH Friedrichshafen, LZ-Archiv FN, LZA 04/317.

5 Bericht des Kommandos Z XII, Maubeuge 20. März 1915, LZ-Archiv FN, LZA 04/317.

6 Besprechungsprotokoll vom 31. März 1917 in Mannheim, LZ-Archiv FN, LZA 04/317. Anwesend waren unter anderem Graf von Zeppelin, Major Lohmüller, Freiherr von Gemmingen, Lt. z. See. Lehmann, Kapitän Strasser und Geheimrat Schütte. Brief vom 09.10.1916, Staatssekretär des Reichsmarineamtes an die Luftschiffbau Zeppelin GmbH Friedrichshafen, LZ-Archiv FN, LZA 18/120.

7 Brief vom 09.10.1916, Staatssekretär des Reichsmarineamtes an

die Luftschiffbau Zeppelin GmbH Friedrichshafen, LZ-Archiv FN, LZA 18/120.

8 Puzicha, Kurt (Hg.): Heft der Marine-Luftschiffer-Kameradschaft. Zeitgeschichtliche Forschungsdokumentation der ehemaligen deutschen Marine- und Heeresluftfahrt, Heft II, Der Spähkorb, Hamburg 1989, S. 4-5.

9 Goote, Thor: Der F.d.L. Führer der Luftschiffe, Frankfurt am Main 1938, S. 89.

10 Brief vom 14.08.1916 Abteilung IV der Verkehrstechnischen Prüfungskommission Berlin an die Luftschiffbau Zeppelin GmbH Friedrichshafen, LZ-Archiv FN, LZA 18/345.

11 Brief vom 07.08.1916, Luftschiffbau Zeppelin GmbH Friedrichshafen an die Abteilung IV der Verkehrstechnischen Prüfungskommission Berlin, LZ-Archiv FN, LZA 18/345.

12 Brief vom 28.09.1915, Luftschiffbau Zeppelin GmbH an den Staatssekretär des Reichs-Marine-Amtes, LZ-Archiv FN, LZA 18/95.

13 Bericht des Kommandos Z XII, Maubeuge 20. März 1915, S. 4, LZ-Archiv FN, LZA 04/317.

14 Brief vom 01.08.1916, Abteilung IV der Verkehrstechnischen Prüfungskommission an die Luftschiffbau Zeppelin GmbH Friedrichshafen, LZ-Archiv FN, LZA 04/415.

15 Brief vom 11.07.1916, Abteilung IV der Verkehrstechnischen Prüfungskommission an die Luftschiffbau Zeppelin GmbH Friedrichshafen, LZ-Archiv FN, LZA 18/344.

16 Brief vom 16.08.1917, Kommando

der Luftschiff-Versuchs-Anstalt Berlin an die Luftschiffbau Zeppelin GmbH Friedrichshafen, die Luftschiffbau Zeppelin GmbH wird darauf hingewiesen eine Rechnung über einen Spähkorb in Höhe von 1439,60 RM nicht direkt an die Firma Schütte-Lanz zu schicken, sondern an die Königliche Motorenwerkstatt Reinickendorf, LZ-Archiv FN, LZA 18/415.

17 Puzicha, Kurt (Hg.): Heft der Marine-Luftschiffer-Kameradschaft. Zeitgeschichtliche Forschungsdokumentation der ehemaligen deutschen Marine- und Heeresluftschiffahrt, Heft II, Der Spähkorb, Hamburg 1989, S. 7.

18 Bericht vom 25.11.1915 Luftschiffbau Zeppelin GmbH Friedrichshafen an die Verkehrstechnische Prüfungskommission zur Erprobung des Spähkorbes im LZ 87, LZ-Archiv FN, LZA 18/329.

19 Brief vom 01.08.1916, Abteilung IV der Verkehrstechnischen Prüfungskommission Berlin an die Luftschiffbau Zeppelin GmbH Friedrichshafen, LZ-Archiv FN, LZA 18/346.

20 Brief vom 12.09.1916, Abteilung der Verkehrstechnischen Prüfungskommission (Bauaufsicht) an die Luftschiffbau Zeppelin GmbH Friedrichshafen, LZ-Archiv FN, LZA 18/360.

21 Brief vom 16.05.1915, Luftschiffbau Zeppelin GmbH Friedrichshafen an den Staatssekretär des Reichs-Marine-Amtes. Hier schreibt die Luftschiffbau Zeppelin GmbH, dass sie aufgrund der großen Nachfrage

an Spähkörben im Heer, das bereits im Bau befindliche Luftschiff L 12 noch nicht mit einem Spähkorb ausrüsten kann. LZ-Archiv FN, LZA 18/85. Es gab auch die Idee nachträglich in die Luftschiffe L 9, L 10 und L 11 Spähkörbe einzubauen. Vgl. Brief vom 18.06.1915, Staatssekretär des Reichs-Marine-Amtes an die Luftschiffbau Zeppelin GmbH Friedrichshafen, LZ-Archiv FN, LZA 18/85.

22 Im Dezember 1915 erhält L 17 eine Telefonanlage von den Deutschen Telefonwerken mit 5 Anschlussstellen. Brief vom 11.12.1915, Kommandant des L 17 an die Luftschiffbau Zeppelin GmbH, LZ-Archiv FN, LZA 18/85.

23 Brief vom 19.01.1916, Luftschiffbau Zeppelin GmbH an den Staatssekretär des Reichs-Marine-Amtes, LZ-Archiv FN, LZA 04/394. Und Brief vom 09.02.1916, Luftschiffbau Zeppelin GmbH Friedrichshafen an die Baubeaufsichtigung des Reichs-Marine-Amtes, LZ-Archiv FN, LZA 18/94.

24 Strahlmann, Fritz: Zwei deutsche Luftschiffhäfen des Weltkrieges. Ahlhorn und Wildeshausen, Oldenburg 1926, S. 65.

25 Dieckerhoff, Otto: Deutsche Luftschiffe 1914-1918. Betrachtungen und Tabellen, Walluf 1973, S. 21.

26 Bericht des Kommandos Z XII, Maubeuge 20. März 1915, S. 5-6, LZ-Archiv FN, LZA 04/317.

27 Dieckerhoff, Otto: Deutsche Luftschiffe 1914-1918. Betrachtungen und Tabellen, Walluf 1973, S. 31-32.

28 Goote, Thor: Der F.d.L. Führer der

Luftschiffe, Frankfurt am Main 1938, S. 89.

[29] Goote, Thor: Der F.d.L. Führer der Luftschiffe, Frankfurt am Main 1938, S. 89.

[30] Robinson, Douglas H.: Deutsche Marine-Luftschiffe 1912-1918, Hamburg – Berlin – Bonn 2005, S. 191.

[31] Brief vom 07.08.1917, Inspektion der Luftschiffertruppen an die Luftschiffbau Zeppelin GmbH Friedrichshafen, LZ-Archiv FN, LZA 18/415. Vgl. auch Brief vom 28.07.1917, Luftschiffbau Zeppelin GmbH Friedrichshafen an die Inspektion der Luftschiffertruppen Berlin, LZ-Archiv FN, LZA 18/409.

[32] Sammt, Albert: Ein Leben für die Luftschiffahrt, Manuskript, bearbeitet von Wolfgang von Zeppelin und Peter Kleinheins, Wahlwies o. J., S. 167.

[33] Sammt, Albert: Ein Leben für die Luftschiffahrt, Manuskript, bearbeitet von Wolfgang von Zeppelin und Peter Kleinheins, Wahlwies o. J., S. 170.

[34] Smith, Richard K.: The Airship Akron & Macon. Flying Aircraft Carriers of the United States Navy, Annapolis 1965, S. 133.

[35] Ventry, Lord/ Kolesnik, Eugène M.: Airship Saga. The history of airships seen through the eyes of the men who designed, built and flew them, Dorset 1982, S. 154.

Christian Rainer Salewski

EIN LUFTFAHRTPIONIER AUS NORDWESTDEUTSCHLAND: BIOGRAPHISCHE STUDIEN ZU JOHANN HEINRICH SCHÜTTE (1873–1940)

VORWORT

Die Gelegenheit, mit einer Biographie über Johann Heinrich Schütte zu promovieren, ergab sich aus dem Arbeitszusammenhang des durch die EU von Dezember 2001 bis Mai 2005 geförderten Projektes „Unternehmen Museum". In diesem Projekt waren die Universität Oldenburg und das Deutsche Luftschiff- und Marinefliegermuseum Aeronauticum in Nordholz bei Cuxhaven als Partner beteiligt. Ziel dieses Vorhabens war, das private, bis 2002 ehrenamtlich geführte Haus in Nordholz zu professionalisieren. Dieses Ziel bezog sich auch auf die klassischen Museumsaufgaben des Sammelns, Erschließens und Bewahrens. Deshalb baute ich als wissenschaftlicher Mitarbeiter der Universität Oldenburg das Museumsarchiv auf. Außerdem konservierte, erschloss und ergänzte ich den wertvollsten Bestand des Archivs, den Nachlass Schüttes aus dem Landesmuseum Oldenburg, um Dokumente aus etlichen anderen Archiven. In der Auseinandersetzung mit dem umfangreichen Bestand – allein seine Akten umfassen 40 laufende Meter – wuchs mein Interesse an der frühen Geschichte der Luftfahrt und an der Person Schüttes. Ich griff daher sehr gerne eine Anregung des Projektleiters, Herrn Professor apl. Dr. Reich, auf, eine Lebensbeschreibung Schüttes als erste wissenschaftliche Qualifikationsarbeit zu verfassen.[1]

Bei der Erarbeitung der vorliegenden Arbeit haben mich viele Menschen unterstützt. Ihnen allen an dieser Stelle endlich auch öffentlich meinen Dank auszusprechen, ist für mich keine bloße Pflichtübung, sondern ein großes Vergnügen. Zu danken habe ich zunächst meinem Doktorvater, Professor em. Dr. Klaus Saul, der – obwohl nicht im Projekt „Unternehmen Museum" involviert – ohne zu Zögern bereit war, mein Promotionsprojekt zu betreuen, den Fortschritt meiner Arbeit stets mit großem Interesse verfolgte und der mir mit zahlreichen wertvollen Anregungen und Hinweisen die Arbeit an der Dissertation sehr erleichterte. Auch Herrn Privatdozent Dr. Bernhard Parisius, dem Leiter des Staatsarchivs Aurich, schulde ich Dank für seine Bereitschaft, sich trotz all seiner dienstlichen Verpflichtungen schnell und gründlich mit der Thematik meiner Arbeit auseinanderzusetzen, sowie für sein großes Interesse, für seine Ideen und Ratschläge. Nicht nur für seine Anregung, eine Schütte-Biographie zu schreiben, sondern auch für die Bereitwilligkeit, mir als Leiter des Projekts „Unternehmen Museum" für mein Promotionsvorhaben jede mögliche Unterstützung zu gewähren, möchte ich auch Herrn Professor apl. Dr. Gert Reich danken. Mein Dank gilt ebenso Herrn Professor Dr. Hartmut Berghoff, dem Direktor des Instituts für Wirtschafts- und Sozialgeschichte an der Universität Göttingen, Herrn Professor Dr. Georg Spöttl, Sprecher des Instituts Technik und Bildung an der Universität Bremen, Herrn Dr. Hartmut Bickelmann, Stadtarchivar Bremerhavens, und Frau Dr. Katharina Hoffmann vom Oldenburger Gesprächskreis

für Geschichte. Sie alle ermöglichten mir, dass ich die Ergebnisse meines Projekts einem breiten Publikum vorstellen konnte. Ferner schulde ich dank allen Führungskräften und Beschäftigten der Archive bzw. Museen. Besonders zu erwähnen sind dabei Herr Professor Dr. Küster, der Leiter des Landesmuseums Oldenburg, der mir auch nach Ablauf des Projekts „Unternehmen Museum" die Benutzung des Schütte-Nachlasses gestattete, der Leiterin des Staatsarchivs in Gdańsk, Frau Dr. Aniela Przywulska, für die ausgesprochen unbürokratische Bereitstellung der Quellen zu Schüttes Lehr- und Forschungstätigkeit an der TH Danzig, und Frau Barbara Waibel, M. A, vom Archiv des Zeppelin-Museums in Friedrichshafen, die mir mit Hinweisen eine vergleichsweise schnelle Durchsicht des voluminösen Bestands der LZ GmbH ermöglichte. Dankbar bin ich außerdem Herrn Dr. Jandirk Schütte, dem Enkel von Johann Heinrich Schütte, und Herrn Jan George, dessen Patensohn, für ihre Informationen über den Großvater bzw. Patenonkel Schütte sowie für ihre Bereitschaft, Photos aus ihren privaten Beständen bereitzustellen, der Ärztin Frau Marion Stiller für ihr Auskünfte zu psychiatrischen Methoden und Krankheitsbildern, meiner Tante Frau Eva Pingel, geborene Somnitz, für ihre detailreiche Schilderung des Danziger Stadtteils Langenfuhr, Schüttes langjährigem Wohnort, vor dem Zweiten Weltkrieg und Herrn Kapitänleutnant a. D. Peter Brandt vom Archiv des Aeronauticum für seine kenntnisreichen Informationen über die militärische Luftfahrt vor und im Ersten Weltkrieg. Ganz besonders möchte ich mich bei dem ehemaligen Leiter des Zeppelin-Museums, Herrn Dr. Meighörner, und bei Herrn Dipl.-Bibl. Jürgen Bleibler, dem Leiter der Zeppelinabteilung dieses Hauses, für ihre wertvollen Hinweise zur Zeppelin-Luftschifffahrt und für ihre konsistente Bereitschaft, meine Arbeit im Wissenschaftlichen Jahrbuch des Zeppelin-Museums im Jahr 2007 zu veröffentlichen, bedanken.

Für kostenfreie Unterkunft und Verpflegung sowie über die Möglichkeit auf langen Spaziergängen am Rande des schönen Hamberger Geestrückens über das Promotionsvorhaben zu sprechen, möchte ich meinen Eltern, Heidi und Bernd Salewski danken. Meinen Kollegen, Herrn Dr. Reinhard Meiners und Herrn Dr. Ralf Springer, sowie Herrn Dipl.-Ing. Jochen Lehmann, Frau Peggy Stein, meiner Schwiegermutter, und Herrn Wolfgang Dewenter bin ich dankbar für die vielen Diskussionen, die Hinweise und Denkanstöße sowie für das Korrekturlesen. Dafür sowie für die große Unterstützung in allen schwierigen und nicht immer stressfreien Phasen der Entstehung meiner Arbeit gilt mein Dank ganz besonders meiner Frau, Dipl.-Psych. Iris A. Stein.

Widmen möchte ich meine Arbeit meiner Großtante, Frau Anna Lohmann (1904–1986), und meinem Schwiegervater, Herrn Dipl.-Math. Manfred O. Stein (1936–2005). Beide haben das ihrige zu meinem wissenschaftlichen Werdegang oder zur Entstehung der Dissertation beigetragen, ohne dass ich mich noch dafür bei ihnen bedanken konnte.

INHALTSVERZEICHNIS

1 EINLEITUNG

1.1 ZUR RELEVANZ EINER SCHÜTTE-BIOGRAPHIE

Warum sollte ein Historiker eine Biographie über den Ingenieurwissenschaftler, Luftfahrtpionier und Unternehmer in der Luftschiff- und Flugzeugindustrie, Professor Dr.-Ing. e. h. Johann Heinrich Schütte (1873–1940) aus Oldenburg, schreiben? Diese Frage stellte sich für seine Zeitgenossen kurz nach seinem Tod nicht: Die gesamte Presse im Deutschen Reich würdigte seine Leistungen und schon bald befassten sich Oldenburger mit dem Plan, seine Lebensbeschreibung zu verfassen.[2] Heute dagegen ist Schütte nur noch in Fachkreisen bekannt und zumindest in Oldenburg diskreditiert, da er beispielsweise mit seiner Eintragung in das goldene Buch der Stadt Ende der dreißiger Jahre nur zu deutlich seine Nähe zu den nationalsozialistischen Machthabern demonstrierte.[3] Dennoch gibt es gewichtige Gründe, das Projekt einer Schütte-Biographie mit Nachdruck zu verfolgen:

Zunächst ist es unzweifelhaft, dass Schütte als Ingenieurwissenschaftler einen bedeutenden Teil zur Entwicklung des Schiffbaus und der Luftschifffahrt beigetragen hat. So hat er schon in jungen Jahren in seiner Eigenschaft als Leiter der so genannten Schlepp-Modellversuchsstation des Norddeutschen Lloyd wichtige Beiträge zur Entwicklung der hydrodynamisch günstigsten Schiffsform geleistet. Außerdem gab er mit dem Bau der Luftschiffe SL 1 und 2 der Entwicklung des deutschen Luftschiffbaus und damit der Entwicklung der Luftfahrt wichtige Impulse u. a. im Hinblick auf die aerodynamische Form von Luftschiffen. Im Ersten Weltkrieg konnte Schütte als Unternehmer bzw. Manager in der Luftschiff- und Flugzeugindustrie aus heutiger Sicht eher zweifelhafte Erfolge feiern: Unter seiner Leitung baute der „Riesenbetrieb" Luftschiffbau Schütte-Lanz neben etlichen hunderten Kampfflugzeugen zwanzig weitere Groß-Luftschiffe des starren Typs. Diese Schiffe wurden an allen Fronten eingesetzt, wurden aber vor allem durch die Bombardierung ziviler Ziele in England militärisch wirksam und entwickelten sich so zum dauerhaften Schaden für die Beziehung des Deutschen Reichs insbesondere zu seinen englischen Gegnern. Schütten machten sie zum schärfsten Konkurrenten des Luftschiffbaus Zeppelin und zum gefragten Experten im Starrluftschiffbau. In den zwanziger Jahren des letzten Jahrhunderts mutierte Schütte nolens volens zum Visionär eines zivilen Weltluftverkehrs: Entsprechende Ideen entwickelte er im Zuge seiner erfolglosen Versuche, im Ausland Passagier- und Frachtluftschiffe zu bauen.

Geschichtswissenschaftlich relevant wird die Arbeit an einer Schütte-Biographie, weil sie Erkenntnisse liefern kann, die Defizite in einigen Teilbereichen der historischen Forschung abzubauen helfen: So kann sie, die Anwendung der Methoden der neueren historischen Biographie vorausgesetzt,[4] die sozialen, wirtschaftlichen und politischen Voraussetzungen, Gründe und Folgen des individuellen Handelns von Wissenschaftlern, Unternehmern und Managern in der jungen, im Entstehen begriffenen Luftschiff- und Flugzeugindustrie im ersten Drittel des 20. Jahrhunderts näher beleuchten. In ähnlicher Weise kann sie Antworten liefern auf die technikgeschichtlichen Fragen nach dem individuellen Anteil an Innovationsverläufen in soziotechnischen Groß-Systemen und nach den Handlungsspielräumen von Akteuren innerhalb solcher Kontexte. Ferner ist eine Schütte-Biographie in der Lage, der Elitenforschung Antworten auf verschiedene, bisher kaum geklärte Fragen nach den unternehmerischen bzw. technisch-wissenschaftlichen Eliten Nordwestdeutschlands im Kaiserreich zu geben.

Gerade die Frage nach der historischen Entwicklung der Luft- und Raumfahrtindustrie und nach der Bedeutung von individuellem Handeln in diesem Kontext sind von besonderer Bedeutung vor dem Hintergrund der in Deutschland jüngst entbrannten Debatte über den Bombenkrieg im Zweiten Weltkrieg,[5] den beeindruckenden technischen Leistungen dieser Branche, wie sie die Presse jüngst vermeldete,[6] sowie der Intensität und Selbstverständlichkeit, mit der die Menschen überall auf der Welt die Produkte dieser Branche, abhängig von Geldbeutel und beruflicher Funktion, von Fernurlaub zu Fernurlaub bzw. von Tag zu Tag nutzen.[7]

1.2 FORSCHUNGSSTAND

Trotz dieser fraglos gegebenen Aktualität und Relevanz einer Schütte-Biographie fällt schon bei einer oberflächlichen Durchsicht der gegenwärtigen Forschungsliteratur, die sich mit Johann Heinrich Schütte näher beschäftigt, auf, dass sie im Gegensatz zu entsprechenden Arbeiten über Zeppelin nicht sehr umfangreich ist. Eine Dissertation,[8] ein Kapitel in einer Monographie[9] und ein Ausstellungskatalog, welcher drei Aufsätze über ihn als Person enthält,[10] sowie zwei kurze Einträge in Nachschlagewerken[11] sind alles, was eine intensive Literatursuche ergab. Diese Publikationen stellen — je nach Erkenntnisziel — Schütte teils mehr, teils weniger in den Mittelpunkt ihres Interesses,[12] wobei diese Fokussierung fraglos auch den begrenzten Forschungszusammenhängen geschuldet ist. Die Erforschung von Schüttes Leben ist also keineswegs abgeschlossen.

In der Tat ergibt eine kritische Durchsicht der vorhandenen Forschungsliteratur zum Teil große inhaltliche Lücken und methodische Mängel: Gravierende inhaltliche Defizite zeigen sich bei der Untersuchung besonders wichtiger Lebensphasen bzw. -bereiche. In Bezug auf Schüttes Leben als Luftschiff- bzw. Flugzeugbauer sind in der Schütte-Forschung die wichtigen Fragen nach seiner Motivation, Luftschiffe zu bauen,[13] und nach der Bedeutung seiner Beziehungen zum Militär bei der Verwirklichung seiner Luftschiffpläne[14] nur in Ansätzen beantwortet worden. Zudem ist weder die Rolle Schüttes bei der Realisierung des Versuchsluftschiffs SL 1 ausreichend geklärt noch seine Aktivitäten bei der Verwirklichung seines bedeutendsten Luftschiffprojekts, des Baus von SL 2.[15] Nur oberflächlich untersuchte die Forschung Schüttes Verhältnis zum Flugzeugbau.[16] Offen blieben letztlich auch die Fragen nach Schüttes Motiven, Strategien und Erfolgen als Unternehmer bei der Führung des Luftschiffbaus Schütte-Lanz – einem Unternehmen, an dem Schütte und die Firma Heinrich Lanz beteiligt war – insbesondere unter den schwierigen Bedingungen des Ersten Weltkriegs und der Nachkriegszeit.[17] Ferner wurde seine Wandlung vom experimentierfreudigen Wissenschaftler vor dem Krieg zum Unternehmer in der Luftfahrzeugindustrie während des Krieges in ihren Ursachen nicht geklärt.[18] In Bezug auf sein unternehmerisches Handeln blieb zudem unbestimmt, welchen Anteil Schütte an dem Scheitern der Rettungsversuche für sein Unternehmen hatte, etwa an den erfolglosen Versuchen, Luftschiffe in den USA zu bauen, oder an den Prozessen gegen den Reichsfiskus und gegen die Firma Zeppelin wegen Patentverletzungen. Unklar blieb auch, inwieweit dafür die ungünstigen wirtschaftlichen Rahmenbedingungen in der Luftschiff- und Flugzeugindustrie der frühen 20er Jahre des 20. Jahrhunderts verantwortlich waren.[19]

Darüber hinaus untersuchte die Forschung folgende Lebensabschnitte bzw. Aspekte von Schüttes Leben nicht oder nur flüchtig:
– seine Kindheit und Jugend,
– seine Studienzeit und seine ersten Berufsjahre beim Norddeutschen Lloyd als Leiter der Versuchsanstalt für Schleppversuche,
– seine Aktivitäten als Hochschullehrer im Bereich der Hydro- und Aerodynamik,[20]
– sein Verhältnis zu Zeppelin, besonders seine Reaktion auf den Tod Zeppelins 1917,[21]
– seine politische Haltung, die sie sich beispielsweise in seinem Engagement gegen den Waffenstillstand vom November 1918 und gegen den Versailler Vertrag manifestierte,[22]

– seine Rolle als führender Verbandspolitiker innerhalb der Wissenschaftlichen Gesellschaft für Luftfahrt, der Vorgängervereinigung der Deutschen Gesellschaft für Luft- und Raumfahrt Lilienthal-Oberth, und anderer wissenschaftlich-technischer Vereine,[23]
– sein Selbstverständnis als Wissenschaftler und Unternehmer[24] „im Schatten des Titanen"[25] Zeppelin und
– sein Privatleben, also seine physische und psychische Verfassung, seine Vermögensverhältnisse, seine Rolle als Ehemann, Vater und Großvater sowie seine Beziehungen zu Mitgliedern von Aristokratie, Wirtschafts- und Bildungsbürgertum sowie der Bohème.[26]

Aus der Sicht einer modernen, sozialhistorisch orientierten Biographieforschung ergab die Durchsicht der Literatur weitere schwerwiegende Mängel: Zunächst ist die unzureichende und fehlerhafte Ausleuchtung der jeweils relevanten Handlungsstrukturen bzw. -kontexte zu nennen. So fehlt etwa eine Einbeziehung der Diskussionen um die Erweiterung des Universitätssystems und um den Hochschulstandort Danzig bei der Analyse der Umstände der Ernennung Schüttes zum Professor für Schiffbau an der Technischen Hochschule in Danzig.[27] Außerdem fehlt in der Literatur durchgehend die Analyse der Wirkung dieser sich ständig wandelnden Bedingungen auf die Bedürfnisse, auf die Motive, auf die Interessen und auf das Selbstverständnis Schüttes.

Ferner macht sich in der Schütte-Literatur auch ein Mangel an anderen theoretischen Konzepten deutlich bemerkbar. So fehlt gerade in Bezug auf Schüttes Kindheit, Jugend und Adoleszenz ein moderner Sozialisationsbegriff. Darüber hinaus wurden Legenden um Schütte (zum Beispiel die Rolle der Ablehnung seiner Verbesserungsvorschläge durch die Firma Zeppelin bei seinem Entschluss, Luftschiffe zu bauen) nicht kritisch genug hinterfragt.[28] Eine Bewertung der Forschung zu Schütte muss daher zu dem Schluss kommen, dass die vorhandenen Informationen über Schütte in der Literatur verstreut sind, dass dieses Wissen äußerst lückenhaft ist und dass eine umfassende Schütte-Biographie unter Einbeziehung möglichst aller vorhandenen Quellen längst überfällig ist.

In einer noch desolateren Situation als die Schütte-Forschung befindet sich die Biographieforschung, sofern sie sich mit der Geschichte der Luftfahrtforschung und -industrie beschäftigt: So gibt es von historischen Laien eine Fülle von Lebensbeschreibungen über Pioniere im Luftschiff- und Flugzeugbau, die nur allzu häufig nicht nur wissenschaftlichen Standards nicht genügen, sondern auch vielfach eine hagiographisch-apologetische Tendenz besitzen.[29] Auch nicht viel besser sind die Werke, welche sich neuerdings mit dem umstrittenen Luftfahrtpionier Karl Jatho aus Hannover beschäftigen.[30] Geht es in dieser Literatur um die klassische unternehmensgeschichtliche Fragestellung,[31] welchen Anteil Unternehmer an der Entwicklung der jungen Luftschiff- und Flugzeugindustrie im Deutschen Reich im ersten Drittel des 20. Jahrhunderts hatten, wird schnell klar, dass die Rolle des Unternehmers zu Ungunsten struktureller Faktoren überbetont worden ist.[32] Neben der traditionellen Biographik in der Geschichte der Luftfahrtforschung und -industrie gibt es mittlerweile zweifelsohne verdienstvolle Werke über diese Branche in der modernen Unternehmensgeschichtsschreibung, die sich mit diesem Problem beschäftigen. Diese neigen aber wiederum dazu, die Rolle des Unternehmers zu vernachlässigen, da sie im Wesentlichen kontextuellen bzw. strukturell prozessualen Ansätzen folgen, um die Entwicklung dieser Branche als Ganzes nachzuzeichnen.[33] Danach fehlt bei der Erforschung der Geschichte der Luftfahrtindustrie ein integrativer Ansatz, der die Nachteile der traditionellen Biographik und der modernen Unternehmensgeschichtsschreibung vermeidet und der sowohl lebensgeschichtliche als auch strukturelle Ansätze verbindet. Auf diese Weise könnte zunächst die Entwicklung dieser Branche aus der Binnenperspektive der handelnden Unternehmer im Luftfahrzeugbau unter den sich wandelnden Bedingungen der Jahre vor, während und nach dem Ersten Weltkrieg erstmals genauer dargestellt werden und die Frage nach ihren Handlungsgründen und -strategien sowie nach ihren Gestaltungsspielräumen genauer beantwortet werden.

Der Befund, dass ein Ansatz, der individuelles Handeln und gesellschaftliche Strukturen und Prozesse miteinander verzahnt, fehlt, trifft auch auf die technik- bzw. wissenschaftsgeschichtliche Bearbeitung des Komplexes der Geschichte der Luftfahrtforschung zu. Ähnlich wie in der eben behandelten unternehmensgeschichtlichen Forschung existieren biographische Ansätze, die kaum wissenschaftliche Qualität besitzen,[34] neben seriösen strukturell prozessualen bzw. systemischen Ansätzen auf hohem theoretischem Niveau,[35] welche in der Technik- bzw. Wissenschaftsgeschichte derzeit von großer Bedeutung sind.[36] Doch auch sie können nicht die Rolle des Wissenschaftlers, Technikers und Erfinders im Prozess der Innovation vollständig erklären, vor allem, wenn es darum geht, den Einfluss von Residualkategorien wie Kreativität, Spontaneität und Autonomie im Verhältnis zur Wirkung der soziotechnischen Groß-Systeme zu aufzuzeigen. Des Weiteren besteht bei der konsequenten Umsetzung solcher Ansätze die Gefahr, dass die Verantwortung von Individuen für ihr Handeln in solchen Prozessen zugunsten der Eigendynamik solcher Systeme vernachlässigt wird. Damit würde sich aber die technikhistorische Forschung von

Ideen verabschieden, wie derjenigen, dass technische Prozesse prinzipiell gestaltet werden können oder dass das Handeln in technischen Systemen Voraussetzungen und Folgen hat. Solchen Gefahren eines „systemischen Reduktionismus" könnte eine moderne technik- bzw. wissenschaftlichhistorische Biographik entgegenwirken, da diese auch immer nach den individuellen Handlungsspielräumen fragt und Faktoren wie Kreativität berücksichtigt.[37]

Über die umrissenen Fragestellungen der Schütte-Forschung und Technik- und Unternehmensgeschichte hinaus besteht auch in einem relativ neuen Gebiet der Sozialgeschichte, der „Elitenforschung", ein großer Bedarf an Biographien.[38] Ein Blick in die Literatur zeigt schnell, dass entsprechende Werke, die sich auf dieses Forschungsfeld ausgerichtet haben, im Hinblick auf das 20. Jahrhundert und – sofern sie sich auf Nordwestdeutschland beziehen[39] oder sich mit der wissenschaftlich-technischen bzw. unternehmerischen Elite in der Luftfahrtforschung und -industrie zu Beginn des 20. Jahrhunderts befassen[40] – eher selten sind. Daher konnte bisher auch noch nicht anhand einer Biographie exemplarisch die Frage beantwortet werden, aus welchen sozialen Verhältnissen die Mitglieder dieser Elite gekommen sind, welche Bildungs- und Karrierewege sie eingeschlagen haben und welche sozialen und politischen Positionen sie letztlich einnehmen konnten. Ferner ist bisher kaum anhand eines biographischen Beispiels geklärt worden, in welcher Weise innerhalb dieser Eliten gedacht und gehandelt wurde und welche Dispositionen, Einstellungen und Motive diesem Denken und Handeln zugrunde lagen. Darüber hinaus ist bisher offenbar auch darauf verzichtet worden, beispielhaft mit Hilfe einer Biographie über ein Mitglied der technisch-wissenschaftlichen und unternehmerischen Elite in der Luftfahrtforschung und -industrie des 20. Jahrhunderts die dieser Gruppe innewohnenden Konflikt- und Spannungsfelder zu untersuchen, um dadurch diejenigen Machtkonstellationen darzustellen, welche die Beziehungen zwischen den Einfluss- und Machtgruppen untereinander verdeutlichen.[41]

1.3 ZIELE DES FORSCHUNGSVORHABENS

Die vorliegende Arbeit hat sich vorgenommen, das spannende Leben Johann Heinrich Schüttes im Rahmen der wechselvollen wirtschaftlichen, sozialen und politischen Entwicklungen in der Zeit vor, während und nach dem Ersten Weltkrieg, in einer der modernen Geschichtswissenschaft angemessenen Weise möglichst vollständig zu untersuchen und darzustellen.

Damit soll Schütte als bedeutende Forscher- und Unternehmerpersönlichkeit der Stadt Oldenburg und des Landes Niedersachsen wieder auch auf lokaler und regionaler Ebene bekannt gemacht werden. Mit der Darstellung seines Lebens soll ferner ein wichtiger, noch ausstehender Beitrag zur Geschichte der Luftfahrtindustrie und -forschung sowie zur Geschichte der wissenschaftlich-technischen bzw. der unternehmerischen Eliten aus Nordwestdeutschland geleistet werden. Darüber hinaus soll mit dem geplanten Arbeitsvorhaben ein Modell entwickelt werden, wie zukünftig in der Luftfahrtgeschichte bedeutende Luftfahrtpioniere wie etwa Graf Zeppelin umfassend erforscht werden können.

Im Verfolg dieser Ziele wird sich die vorliegende Arbeit im Wesentlichen auf Schüttes berufliche Karriere als Ingenieurwissenschaftler und als Unternehmer in der jungen Luftschiff- und Flugzeugindustrie bis zum Ende des Ersten Weltkriegs konzentrieren. Eine Untersuchung seiner Karriere als Wissenschaftler und Unternehmer *nach* dem Ersten Weltkrieg kann aufgrund der großen Anzahl der insgesamt zur Verfügung stehenden Quellen nur noch als Ausblick erfolgen. Eine Analyse seiner zahlreichen Aktivitäten in wissenschaftlich-technischen Vereinen wie zum Beispiel der Wissenschaftlichen Gesellschaft für Luftfahrt muss aus demselben Grund nahezu ganz unterbleiben.[42] Die vorliegende Arbeit ist daher keine vollständige Biographie über Schütte, sondern behandelt in Form von biographischen Studien die zentralen Abschnitte seines Lebens.

1.4 KONZEPTIONELLE GRUNDLAGEN
1.4.1 DAS KONZEPT DER NEUEREN HISTORISCHEN BIOGRAPHIE

Es ist nahe liegend, dass sich das geplante Forschungsvorhaben eines biographischen Zugriffs als methodischer Grundlage bedient, weil im Mittelpunkt der Untersuchung das Leben eines Menschen, nämlich Johann Heinrich Schüttes, steht: Als geeignet erscheint der Ansatz der heute weithin akzeptierten neueren historischen Biographie.

Seine Vorläufer finden sich in den klassischen Biographien des Historismus des 19. und frühen 20. Jahrhunderts, die nur über Männer von historischer Größe berichten wollten. Diese wurden als *homines clausii* angesehen, also als Menschen, die völlig losgelöst von ihrem gesellschaftlichen Umfeld agierten. Die klassische Historismus-Biographie wollte auf dem Wege eines intuitiven Verstehens und mit Hilfe von Primärquellen den Sinn der Handlungen ihrer „Helden" verstehen.[43] Die Biographie als Methode, geschichtswissenschaftliche Erkenntnisse

zu gewinnen, dominierte die Geschichtsschreibung, weil die Historiker fast allgemein akzeptierten, dass es grundsätzlich nur die großen Persönlichkeiten waren, welche die Geschichte gestalteten.[44]

Gegen diese Art ausschließender individualer Historiographie konnten sich Vertreter einer neuen Generation von Wirtschafts- und Sozialhistorikern in den sechziger und siebziger Jahren des 20. Jahrhunderts mit dem Verweis auf die „realhistorische Entwicklung" der vorangegangenen Jahrzehnte und die darin erkennbare „Durchschlagskraft von Massenphänomenen" wenden und damit einen geschichtswissenschaftlichen Paradigmenwechsel hin zur Strukturgeschichte einleiten: Sie orientierten sich bei ihren Untersuchungen methodisch und theoretisch an den Sozialwissenschaften. Demgemäß betrachteten diese Historiker soziale Strukturen, Prozesse und Massenphänomene und nicht mehr einzelne Individuen als Träger der Geschichte. Sie behaupteten, dass jene Faktoren ausschließlich das menschliche Denken und Handeln bestimmten. Folglich galten jene Größen fortan als die wichtigsten Gegenstände der Geschichtsforschung.[45] Die Analyse des Handelns von einzelnen Individuen erschien entsprechend als überflüssig und eher verwirrend. Historiker empfanden es geradezu als anstößig, biographisch zu arbeiten: kein Wunder, dass noch in den achtziger Jahren des 20. Jahrhunderts von einem „Verfall der Biographie als geschichtswissenschaftliches Genre" gesprochen werden konnte.[46]

An der einseitigen strukturalistischen Sicht auf die Geschichte setzte Ende der 70er Jahre des letzten Jahrhunderts die Kritik einer neuen Historikergeneration mit einem mentalitäts- und alltagsgeschichtlichen Theorieverständnis an: Danach unterschätzen die strukturgeschichtlichen Ansätze die Bedeutung des Individuums für geschichtliche Entwicklungen stark. Ihre Vertreter würden Geschichte ohne die Menschen schreiben und übersähen dabei, dass auch Menschen geschichtliche Entwicklungen auslösen oder fördern können: Die Geschichte des Kaiserreichs – wie es bei Nicolaus Sombart pointiert heißt – sei ohne den Kaiser und die des Wilhelminismus ohne Wilhelm II. geschrieben worden.[47] Der historische Raum sei gleichsam menschenleer geworden.

Ferner bedeutete die Weigerung der Vertreter des strukturgeschichtlichen Ansatzes, Biographien zu schreiben, für die deutsche Geschichtsschreibung insgesamt auch einen Verzicht auf einen wichtigen Zugang zur Geschichte, weil sie damit Dokumente in häufig unbeachteten Privatnachlässen übersehen und die bedeutsamen Aussagen dieser Materialien in Bezug auf das spezifische historische Umfeld, in denen die Nachlasser lebten, unbeachtet gelassen haben. Dieses Desinteresse hat diese Forscher gehindert, die Biographie als methodisches Mittel, d. h. als *Schlüssel* zu benutzen, neue Perspektiven und Fragestellungen zu entwickeln. Es hat sie insbesondere davon abgehalten, die Binnensicht des Individuums und seine Reflexion des Geschehens darzustellen und gerade mit Bezug auf die deutsche Geschichte die Beständigkeit des individuellen Lebens gegenüber den Zäsuren der Geschichte zu verdeutlichen.[48] Ähnliches gilt auch für die Darstellung lebensgeschichtlicher Brüche in Zeiten starken gesellschaftlichen Wandels. Diese theoretischen und methodologischen Einwände gegenüber Methoden der Strukturgeschichte, aber auch die ungebrochene Popularität der Biographie beim Laienpublikum bewirkte ein Umdenken in der Zunft.[49] Die Historiker wandten sich in den achtziger Jahren verstärkt wieder der Biographieforschung zu. Es kam zu einer Renaissance der Biographie.

Die wesentlichen Kennzeichen dieser neueren historischen Biographie bestehen heute darin, dass mit dem Ziel, ihre Bedeutung gegenüber dem gesellschaftlichen Kontext zu betonen, der zu biographierenden Person als einem „wirklichen Menschen" wieder mehr Handlungsautonomie eingeräumt wird, jedoch dass sie dabei viel stärker in die gesellschaftlichen Zusammenhänge eingebunden wird. Ferner wird wesentlich nicht nur nach ihren Erfolgen, sondern auch nach ihren Misserfolgen, Zweifeln, Schwächen und lebensgeschichtlichen Brüchen gefragt. Zudem wird dem Exemplarischen die gleiche Bedeutung eingeräumt wie dem Besonderen, um dem Singulären seinen Schrecken zu nehmen und dem Nichtquantifizierbaren die Rückkehr in die Wissenschaft zu ermöglichen.[50]

Mit der Einbeziehung der gesellschaftlichen Kontexte in der Analyse des Lebenslaufs eines Akteurs entsteht aber in einer Biographie das nach wie vor ungelöste Problem, die Wirkung von strukturellen und individuellen Faktoren auf historische Prozesse zu gewichten: Zum einen ist es angesichts der Komplexität historischen Geschehens außerordentlich schwierig, die Anteile der beiden Faktoren anzugeben. Zum anderen sind damit grundlegende Fragen nach der Offenheit bzw. Geschlossenheit des Menschenbildes und des Geschichtsverlaufs verbunden, die heute schwerer denn je zu beantworten sind.[51]

Ein weiterer zentraler Einwand auch gegen die moderne Biographie ist mit der Frage verbunden, die bei der Erforschung der Handlungsmotive eines Menschen eine große Rolle spielt: Wie ist das Verstehen von historischen, sinnhaften Handlungen einer Person und allgemein von Geschichte möglich? Diese Frage konnte die historistische Biographik mit dem Hinweis auf das intuitive Verstehen bzw. Nacherleben unter der Annahme eines autonom sinnstiftenden Individuums nicht beantworten, denn das Problem des Verstehens ist letztlich nicht lösbar, weil

bei jeder Art von Verstehen aufgrund der prinzipiellen Differenz zwischen dem verstehenden Subjekt und dem Objekt, das es verstehen will, immer ein unverständliches Sinnresiduum übrig bleibt. Die Forscher können sich also immer nur dem Sinn, den der zu biographierende Mensch mit seinen Handlungen verbunden hat, annähern.[52] Folgerichtig besteht das allgemein akzeptierte Ziel in der modernen Biographik auch in der multiperspektivischen Darstellung des zu biographierenden Menschen zur Annäherung an seinen Handlungssinn,[53] denn nur indem der Biograph analytische Elemente als eine Art künstliche Handlungskontexte in seine narrative Darstellung einfügt, kann er den Sinn, den sein „Held" mit seinem Handlungen verbunden hat, näher bestimmen. Die Forschung hat zur Erreichung dieses Ziels verschiedene Wege beschritten: Zunächst sind die Techniken der Psychohistorie zu nennen und die Methode, die symbolisch vermittelten Kommunikationsprozesse, an denen der zu Biographierende teilgenommen hat, zu untersuchen. Diese Ansätze können aber nicht überzeugen. Am Erfolg versprechendsten und praktikabelsten erscheint noch die „multiperspektivische Analyse des gesellschaftlichen Kontextes von Handlungen".[54] Darunter ist zu verstehen, dass zu den narrativen Teilen einer Biographie, die schon aus Gründen der Lesbarkeit in einer Biographie enthalten sein sollten, auch analytische Abschnitte hinzugefügt werden. Sie würden die chronologischen Lebensphasen strukturieren, der zeitlichen-narrativen Darstellung eine oder mehrere analytische Elemente hinzufügen[55] und – nicht zuletzt – aus dem Blickwinkel der historischen Teil- und Nachbardisziplinen den gesellschaftlichen Kontext der Handlungen des zu biographierenden Menschen beleuchten[56] und damit Hinweise auf dessen Handlungssinn geben.

Hinsichtlich des Verhältnisses des Biographen zu seinem Gegenstand wurden schwerwiegende Bedenken laut, dass der Forscher dazu tendiere, nach dem Modell des bürgerlichen Entwicklungsromans im Leben seines „Helden" in einem Rückblick oder in einer Vorausdeutung viel zu stark Sinnzusammenhänge zu konstruieren, die überhaupt nicht existiert haben. Um dieser „biographischen Illusion" (Pierre Bordieu) nicht zu erliegen, ist es unter Verzicht auf ein einheitliches und verbindliches Biographiekonzept auch notwendig, in die Darstellung analytische Elemente einzufügen, die nach den sozioökonomischen, politischen, kulturellen und psychischen Bedingungen menschlichen Handelns fragen.[57] Darüber hinaus ist es ratsam, der Biographie keine These voranzustellen, die im Mittelpunkt der Arbeit steht, die das Denken und Handeln des Biographierten mit einer Absicht zu verknüpfen sucht und die damit eine viel zu subjektiv geprägte Sinnhaftigkeit erzeugt.[58]

Nach diesem kurzen Durchgang durch die Diskussion in der modernen Biographieforschung sollte deutlich geworden sein, dass eine moderne Biographie über Schütte sich darum bemühen sollte, Schüttes Leben in einer Normalbiographie mit seinen Zielen und in seiner Selbst- und Fremdbestimmtheit vor dem Hintergrund der dafür relevanten gesellschaftlichen Kontexte zu untersuchen. Um sowohl seine Handlungsspielräume als auch seine Handlungsmotivationen analysieren zu können, ist es zudem nötig, neben narrativen auch analytische Elemente in die Darstellung aufzunehmen: Nur so können die Auswirkungen der gesellschaftlichen Bedingungen auf Schütte angemessen analysiert werden. Zugleich haben die analytischen Elemente die Funktion, die Konstruktion von nicht existierenden Sinnzusammenhängen zu verhindern. Aus demselben Grund wird der Schütte-Biographie auch keine These über sein Leben vorangestellt, sondern nur nach dessen Verlauf und nach denjenigen gesellschaftlichen Bedingungen, die seine Biographie prägten, gefragt sowie danach, wie seine berufliche Tätigkeit seine Identität und wie seine Identität seine berufliche Tätigkeit formte.

Mit diesem Ansatz, der den Grundsätzen der neueren Biographie folgt, kann nicht nur Schüttes Leben angemessen dargestellt werden, sondern auch die oben skizzierten Nachteile der biographischen und strukturalistischen Richtungen in der Erforschung der Entwicklung der Luftfahrtforschung und -industrie zu Beginn des 20. Jahrhundert vermieden und beide Ansätze integriert werden. Auf diese Weise kann die Entwicklung dieser Branche aus der Binnenperspektive eines handelnden Unternehmers im Luftfahrzeugbau unter den sich wandelnden Bedingungen der Jahre vor, während und nach dem Ersten Weltkrieg erstmals genauer beleuchtet werden, und gleichzeitig die Frage nach seinen Handlungsgründen und -strategien sowie nach seinen Gestaltungsspielräumen detaillierter beantwortet werden. Auch ist es auf diese Weise möglich, Erkenntnisse über das Denken und Handeln der wissenschaftlich-technischen Eliten des Kaiserreichs der Weimarer Republik und des Nationalsozialismus zu erarbeiten.

1.4.2 DAS KONZEPT DES INGENIEURWISSENSCHAFT-LERS UND DES UNTERNEHMERS

Eine Arbeit, die sich die Darstellung des Lebens von Schüttes zum Ziel gesetzt hat, muss sich unbedingt auch mit den zentralen Aspekten seiner beruflichen Karriere auseinander setzen, d. h. konkret mit seinen Aktivitäten als Ingenieurwissenschaftler im Schiffbau und im Luft-

schiffbau sowie als Unternehmer in der Luftfahrzeugindustrie. Daher ist es gerade zu Beginn eines solchen Vorhabens notwendig, sich Klarheit über die Bedeutung der Begriffe „Ingenieurwissenschaftler" und „Unternehmer" zu verschaffen. Als hilfreich erweist sich dabei ein Blick auf die neuere technik- und unternehmensgeschichtliche Literatur.

Dennoch erweist sich die Definition der Bezeichnung „Ingenieurwissenschaftler" zunächst als schwierig, denn es fehlte den deutschen Ingenieuren im 19. und frühen 20. Jahrhundert

„eine sie definierende und von anderen Gruppen deutlich unterscheidende Abgrenzungslinie, die auf Kriterien wie z. B. gemeinsame Herkunft, Ausbildung, Mitgliedschaft in einem Berufsverband, Klassenzugehörigkeit oder gemeinsame Ideologie beruhte".[59]

Die Ausbildung der deutschen Ingenieure war zu dieser Zeit noch ausgesprochen heterogen, obwohl große Anstrengungen unternommen worden waren, die Ausbildung zu verbessern. So arbeiteten Ingenieure mit praktischer Ausbildung und Erfahrung neben Absolventen von Ingenieurstudiengängen der Technischen Hochschulen häufig in ein und demselben Unternehmen. Hinzu kam, dass die Ingenieure nicht nur in unterschiedlichen beruflichen Positionen tätig waren. Man konnte sie sowohl als abhängig Beschäftigte, d. h. als Angestellte in der Industrie und als Bedienstete im öffentlichen Dienst, z. B. als Beamte beim Militär, wie auch als Freiberufler und Unternehmer finden. Darüber hinaus arbeiteten sie als Bau-, Maschinen- und Elektroingenieure, als Chemotechniker, als Eisenhütten- und Bergbauingenieure, um nur die wichtigsten zu nennen, in den unterschiedlichsten Fachgebieten bzw. Branchen.[60] Mit ihrer jeweiligen Ausbildung, mit ihrem jeweiligen Fachgebiet und in ihrer jeweiligen beruflichen Position konnten alle diese Ingenieure auch innovatorisch bzw. wissenschaftlich tätig werden, wofür es einige prominente Beispiele gibt.[61] Jedoch verfügten gerade die Absolventen der Technischen Hochschulen ab Ende des 19. Jahrhunderts über eine höherwertigere und spätestens ab 1899 deutlich sozial aufgewertete Ausbildung und insbesondere über die Kenntnis über die gegen Ende des 19. Jahrhunderts eingeführte, moderne wissenschaftliche Vorgehensweise, die „technische Methode".[62] Beide Merkmale können daher als wesentlich bei einer Definition des zu Beginn des 20. Jahrhunderts im Deutschen Reich tätigen „Ingenieurwissenschaftlers" angenommen werden. Ein deutscher Ingenieurwissenschaftler des ausgehenden 19. und beginnenden 20. Jahrhunderts kann demnach definiert werden als ein Techniker, der an einer Technischen Hochschule ein ingenieurwissenschaftliches Fach studiert und dieses Studium mit dem staatlichen Bauführerexamen oder mit der Prüfung zum Diplomingenieur abgeschlossen hat. Außerdem muss er über Kenntnisse der technischen Methode verfügen und diese bei seinen ingenieurswissenschaftlichen Forschungen – auf welchem Gebiet auch immer – sofort einsetzen.

Zur Klärung des Unternehmerbegriffes eignet sich die Definition des Unternehmenshistorikers Fritz Redlich (1892–1978), weil sie sich auf die ökonomische Funktion des Unternehmers im Unternehmen und in der Wirtschaft konzentriert und nicht z. B. auf seine soziale Position. Dadurch wird sie anwendbar z. B. auf die wichtige Frage nach der Rolle eines Unternehmers in der deutschen Luftschiff -und Flugzeugindustrie des frühen 20. Jahrhunderts. Zugleich ist sie aber breit genug angelegt, um die spezifischen ökonomischen Bedingungen zu berücksichtigen, unter denen sich die Unternehmerschaft in der Luftfahrtbranche herausbilden konnte. Daher ist die Definition Redlichs für empirische Arbeiten wie die vorliegende besonders gut geeignet. Hinzu kommt, dass die ihr zugrunde liegende entscheidungstheoretische Grundidee mit dem in dieser Arbeit gewählten Ansatz der neueren historischen Biographie gut zu vereinbaren ist, denn Entscheidungen werden gewöhnlich von handelnden Akteuren getroffen und Schütte als das Individuum, das in der vorliegenden Arbeit biographiert werden soll, war ein solcher.[63]

Redlichs Auffassung nach zeichnet sich ein Unternehmer allein dadurch aus, dass er hinsichtlich seiner Fähigkeiten und Befugnisse in der Lage ist, strategische, d. h. für das Unternehmen grundlegende Entscheidungen zu treffen. Der Unternehmer bestimme die Zielsetzungen des Unternehmens, seine Struktur und seine Stellung auf dem Markt, und werde dabei insbesondere von Profit- und Rentabilitätsüberlegungen geleitet. Diese Entscheidungen können sich dabei auf die Leitbilder des Unternehmens, auf die „Mobilisierung und die Kombination der Produktionsfaktoren [zur Produktion von Gütern und Leistungen], so vor allem über Investitionen und die Anstellung des leitenden Personals", und auf die Markpositionierung beziehen.[64]

Die Kompetenz des Unternehmers zur Erfüllung der „Unternehmer-Funktion" im Unternehmen bzw. im Wirtschaftsprozess muss unterschieden werden von der Fähigkeit und Befugnis nachgeordneter Führungskräfte, ihre „Manager-Funktion" zu erfüllen. Diese Funktion besteht im Treffen von taktischen Entscheidungen, also von Entscheidungen, die bei der Umsetzung von strategischen Entscheidungen anfallen. Sie beziehen sich auf alle Vorkehrungen und Organisationen, um eine Unternehmerentscheidung zu realisieren, und dabei vor allem auf die innere Struktur eines Unternehmens und auf die Überwachung der darin ablaufenden Prozesse. Die Fähigkeit eines Unternehmers, strategische Entscheidungen zu treffen, ist ferner abzugrenzen von der Fähigkeit, die Kapitalisten-Funktion im Unternehmen bzw. im Wirtschaftsprozess zu erfüllen, d. h. für ein Unternehmen die nötigen Finanzmittel zu beschaffen und damit für das Unternehmen das finanzielle Risiko zu übernehmen. Nach Redlich braucht ein Unternehmer also keine taktischen Entscheidungen zu treffen oder Kapital bereit zu stellen. Er muss nur über die Fähigkeiten und die Befugnisse verfügen, strategische Entscheidungen beeinflussen zu können. Eine deutliche Trennung zwischen den genannten drei Funktionen besteht aber nur in großen Unternehmen, wie etwa in Aktiengesellschaften, in denen es eine große Zahl von Personen und Organisationseinheiten zu ihrer Erfüllung gibt. Je kleiner ein Unternehmen, desto kleiner ist der Personenkreis, auf den diese Funktionen verteilt werden können, und desto eher wird auf ihre Aufteilung verzichtet.[65]

1.5 QUELLENLAGE

Das derart skizzierte Projekt einer Beschreibung von Schüttes Leben setzt umfangreiche Quellenforschungen voraus. Es wird begünstigt durch den Angebotsumfang der zur Verfügung stehenden Quellen, namentlich des Nachlasses von Schütte: Der Bestand, der sich derzeit noch als Leihgabe des Landesmuseums Oldenburg teilweise im Archiv des Deutschen Luftschiff- und Marinefliegermuseums Aeronauticum in Nordholz bei Cuxhaven befindet, stellt in quantitativer wie qualitativer Hinsicht einen äußerst seltenen Glücksfall für die Erforschung der Geschichte der frühen Luftfahrt bzw. der jungen Luftschiff- und Flugzeugindustrie zu Beginn des 20. Jahrhunderts dar. Er füllt damit eine wichtige Lücke: Viele wichtige Akten über die Entwicklung der jungen Luftschiff- und Flugzeugindustrie, die sich in den staatlichen Archiven befanden, sind im Zweiten Weltkrieg vernichtet worden,[66] nur wenige Nachlässe von Luftschiffpionieren in *dieser* Qualität sind interessierten Historikern uneingeschränkt zugänglich: Dazu gehören neben dem Schütte-Nachlass der Nachlass von August Euler im Bundesarchiv Koblenz, der Nachlass von Hugo Junkers im Deutschen Museum in München sowie der Nachlass von Hugo Eckener im LZ Archiv in Friedrichshafen. Dagegen befindet sich der Zeppelin-Nachlass nur zu einem geringen Teil im Archiv des Zeppelin-Museums, ansonsten im Privatbesitz der Familie von Zeppelin, die nur wenigen, ausgesuchten Personen Zugang zu diesem Nachlasssplitter gewährt.

Der Schütte-Nachlass selbst umfasst über 883 Dokumentenmappen bzw. 40 laufende Meter Akten zu den Geschäftsaktivitäten der Firma Luftschiffbau Schütte-Lanz, über 7.500 Zeichnungen und ca. 1.800

Photographien bzw. Glasnegative von ihren Luftschiffen und Flugzeugen, 600 Bücher und 130 Luftschiffteile bzw. -instrumente.[67] Im Aktenbestand findet sich eine Vielzahl von Informationen zur Gründung der Firma, zum Bau der ersten beiden Luftschiffe, zur Luftschiff- und Flugzeugproduktion im Ersten Weltkrieg und zu den Versuchen des Unternehmens, im Luftschiffbau nach dem Ersten Weltkrieg in den USA, in Italien und in Holland Fuß zu fassen.[68] Doch auch ein Blick auf die Quellenlage zu Schütte außerhalb des Nachlasses lässt das Vorhaben von biographischen Studien zu Schütte in einem ausgesprochen positiven Licht erscheinen: Weitere Dokumente zu Schüttes Aktivitäten als Luftschiffkonstrukteur und Luftfahrzeugproduzent konnten im Archiv des Landesmuseums für Arbeit und Technik in Mannheim ausfindig gemacht werden. Wichtige Quellen zu Schüttes geschäftlicher Beziehung zur Firma Zeppelin wurden im LZ Archiv Friedrichshafen entdeckt. Bisher unbekannte Dokumente konnten im Bundesarchiv in Berlin-Lichterfelde aufgespürt werden: Sie behandeln die Verhandlungen Schüttes mit den preußischen Militärbehörden über die Anerkennung des Luftschiffbaus Schütte-Lanz als Heereslieferant im Frühjahr 1912. Der Nachlass von August Euler im Bundesarchiv in Koblenz enthält Quellen zur Tätigkeit Schüttes als „Sachverständiger auf dem Gebiete des Luftfahrtwesens" im Reichsausschuss für das Luft- und Kraftfahrwesen beim Reichsamt für Luft- und Kraftfahrwesen in den Jahren 1918 und 1919.

Darüber hinaus gibt es Unterlagen über Schüttes Leben außerhalb des Luftschiff- und Flugzeugbaus in verschiedenen deutschen und ausländischen Archiven: Dokumente über Schüttes Schulzeit konnten im Schularchiv des Herbart-Gymnasiums in Oldenburg und im Staatsarchiv Oldenburg ausfindig gemacht werden. Im Bestand „Norddeutscher Lloyd" des Staatsarchivs Bremen und im Stadtarchiv Bremerhaven sowie in der Landesbibliothek Oldenburg finden sich aufschlussreiche Unterlagen zu Schüttes Zeit als Leiter der schiffbautechischen Versuchsanstalt des Norddeutschen Lloyd. Eine große Menge von Akten zu Schüttes Aktivitäten als Professor für Schiff- bzw. Luftschiffbau an den Technischen Hochschulen Danzig und Berlin-Charlottenburg wurden im Geheimen Staatsarchiv Preußischer Kulturbesitz in Berlin-Dahlem, im Generallandesarchiv Karlsruhe, im Staatsarchiv Gdańsk, Polen, und im Staatsarchiv Oldenburg entdeckt. Hier fanden sich auch Hinweise zu Schüttes Privatleben. Diese Informationen wurden nicht nur durch Quellenfunde im Geheimen Preußischen Staatsarchiv und in der Landesbibliothek Oldenburg substanziiert, sondern auch durch mündliche und schriftliche Angaben des Enkels von Johann Heinrich Schütte, Herrn Dr. Jandirk Schütte, und

des Patensohns Schüttes, Herrn Jan George.[69] Erst diese breite Quellenbasis ermöglicht es, Schüttes individuellen Lebensweg als Wissenschaftler und Unternehmer vor dem Hintergrund der sozialen, ökonomischen, politischen und wissenschaftlichen Entwicklungen im ersten Drittel des 20. Jahrhunderts detailliert nachzuzeichnen und dabei alle bedeutsamen Aspekte seines Lebens zu berücksichtigen.

1.6 VORGEHEN

Den Ausgangspunkt von biographischen Studien zu Johann Heinrich Schütte bildet die Überlegung, wie man sein Leben am sinnvollsten einteilt. Ein solcher Gedanke sollte sich nicht nur an der Chronologie, sondern besonders auch an Zäsuren und Brüchen des Lebens von Schütte orientieren, weil sonst die Gefahr besteht, dass einzelne Abschnitte seines Lebens hinsichtlich ihrer Bedeutung unterbewertet bleiben. Betrachtet man nun Schüttes Berufsleben genauer, so ergeben sich darin mindestens fünf deutlich erkennbare Zäsuren, nämlich der Arbeitsbeginn beim Norddeutschen Lloyd im Jahre 1898, die Hinwendung zum Luftschiffbau im Jahre 1908, der Ausbruch des Krieges Anfang August 1914, in dessen Verlauf Schütte zunehmend Luftfahrzeuge produzierte und verkaufte, statt sie zu entwickeln, das Ende des Kaiserreichs und der Beginn der Weimarer Republik im November 1918, der für ihn den Anfang des beruflichen Scheiterns, was den Luftschiffbau betraf, markierte, sowie das Jahr 1933, das für das Deutsche Reich das Ende der Weimarer Republik und den Beginn der nationalsozialistischen Diktatur und für Europa den Anfang des Weges in den Zweiten Weltkrieg und in den Völkermord kennzeichnete, für Schütte aber endlich den Beginn der offiziellen Anerkennung seiner wissenschaftlichen Leistungen bedeutete. Aus diesen Zäsuren lassen sich folgende sechs Lebensabschnitte ableiten:

1. Schüttes Kindheit, seine Schul- und Studienzeit,
2. seine berufliche Etablierung als Leiter der Schleppmodellversuchsstation beim Norddeutschen Lloyd und als Professor für Schiffbau an der Technischen Hochschule Danzig von 1898 bis 1908,
3. seine Zeit als Luftschiffentwickler und -produzent in den Jahren 1908 bis 1914,
4. sein Leben als Unternehmer in der Luftschiff- und Flugzeugindustrie im Ersten Weltkrieg,
5. die Zeit des Scheiterns als Unternehmer und der persönlichen Tragödie in der Weimarer Republik und
6. sein Lebensabend in der nationalsozialistischen Diktatur.

1.6.1 KINDHEIT UND JUGEND IN OLDENBURG

Am Anfang einer intensiven Beschäftigung mit Schüttes Leben hat danach die Erforschung seiner Kindheit, Jugend und Schulzeit zu stehen. Die entscheidenden Fragen, die es dabei zu beantworten gilt, lauten: Warum ging Schütte nach Berlin? Aus welchen Gründen entschied sich Schütte für ein Schiffbaustudium an der renommierten Technischen Hochschule Charlottenburg? Entsprechend der in Kapitel 1.4 entworfenen Konzeption ist es folgerichtig, zunächst die wirtschaftliche, soziale und politische Lage Oldenburgs in der Kindheit und Jugend zu untersuchen und dann auf den Beruf, die soziale Position und den damit verbundenen Status der Familie Schütte einzugehen. Sinnvoll, wiewohl problematisch, erscheint auch eine Beschäftigung mit der familialen Sozialisation eines Jungen in einer solchen Familie im letzten Drittel des 19. Jahrhunderts. Auf diese Weise können erste Anhaltspunkte auf Interessen und Neigungen des jungen Schütte gefunden werden. Deutlichere Hinweise sollten sich bei der Analyse seiner Zeit an der „Oberrealschule mit fakultativem Lateinunterricht" in Oldenburg ergeben, wobei es zweckmäßig im Sinne des Konzeptes der neueren historischen Biographie ist, neben den Quellen die Ergebnisse der regionalen historischen Schulforschung zu berücksichtigen. Daneben sollte auch die intellektuelle Entwicklung Schüttes untersucht werden. Auf diese Weise wird die Entscheidung Schüttes für das Schiffbaustudium und für den Plan, dieses Fach in Berlin zu studieren, plausibel.

1.6.2 STUDIENZEIT IN BERLIN

Die wichtigsten Fragen bei der Untersuchung von Schüttes Studienzeit sind diejenigen, die sich auf die Bedeutung dieser Lebensphase für seine berufliche Karriere beziehen: Welcher Stellenwert wurde einem solchen Studium damals in der Industrie zugemessen? Welche inhaltlichen, formellen und informellen Qualifikationen wurden während dessen vermittelt? Wieweit bereitete es auf den Berufseinstieg vor, und inwieweit war es dem beruflichen Fortkommen förderlich? Solche wichtigen Fragen sollen in diesem Abschnitt des Projektes beantwortet werden. Dazu ist es nötig, zunächst die wirtschaftliche und technische Situation des Schiffbaus um die Wende vom 19. zum 20. Jahrhundert zu beleuchten, die Lage der Technischen Hochschulen gegen Ende des 19. Jahrhunderts zu skizzieren, um schließlich den Stellenwert des Faches Schiffbau zu bestimmen. Vor dem Hintergrund dieser Analysen sollte dann Schüttes Entscheidung, das Fach Schiffbau zu studieren, nachvollziehbar werden. Eine Analyse des Studienverlaufs und der Studienerfolge Schüttes wird anschließend daran wichtige Anhaltspunkte dafür liefern, welche Bereiche des Schiffbaus als Wissenschaft und als Branche den Studenten Schütte interessierten.

1.6.3 SCHÜTTE BEIM NORDDEUTSCHEN LLOYD UND ALS PROFESSOR AN DER TECHNISCHEN HOCHSCHULE DANZIG

Zu Beginn der Beschäftigung mit dem Lebensabschnitt Schüttes zwischen 1898 und 1908, also in der Phase seiner beruflichen Etablierung, muss die Tätigkeit Schüttes beim Norddeutschen Lloyd (NDL) thematisiert werden. Den Hintergründen seiner Einstellung bei einer der damals größten Schifffahrtsgesellschaften der Welt wird dabei genauso auf den Grund gegangen werden wie Schüttes Aktivitäten für dieses Unternehmen, seinen Leistungen als Schiffbauer auch außerhalb dieser Reederei und seinen ersten Erfolgen als Wissenschaftler. Insbesondere wird Schüttes Rolle bei der Errichtung und Leitung der Schiffbautechnischen Versuchsanstalt und beim Neubau bzw. bei der Verlängerung der Yacht *Lensahn* des Großherzogs von Oldenburg analysiert werden. Auch wird der Verlauf von Schüttes Privatleben unter Berücksichtigung seiner intimen Beziehung zur zweiten Frau des Großherzogs von Oldenburg, Elisabeth von Mecklenburg-Schwerin, seiner Einkommens- und Vermögensverhältnisse sowie der sozialen Position seiner Familie in jenen Jahren erforscht. Dabei soll sowohl die Lage der Schifffahrt gegen Ende des 19. Jahrhunderts als auch die ökonomische Situation des NDL und des Schiffbaus als übergreifender Handlungskontext berücksichtigt werden. Die entscheidende Frage lautet in diesem Zusammenhang, welche Bedeutung die Zeit beim NDL in Bremerhaven für seine weitere berufliche Karriere gehabt hat.

Die gleiche Frage stellt sich auch in Bezug auf die ersten Jahre Schüttes als Professor an der Technischen Hochschule in Danzig. Deshalb müssen wie zuvor unter Berücksichtigung des gesellschaftlichen Kontextes, d.h. der Gründungsgeschichte dieser 1904 eröffneten Technischen Hochschule vor dem Hintergrund der damals relevanten Entwicklungen in der deutschen Hochschullandschaft und der Bedeutung ihrer Abteilung für Schiffs- und Schiffsmaschinenbau, zunächst die Ursachen und der Verlauf seiner Berufung zum Professor für Schiffbau unter Berücksichtigung der Rolle Wilhelm II. erforscht werden.

Danach werden seine ersten Aktivitäten in Forschung und Lehre thematisiert. Dabei kann der unglückliche Verlauf von Schüttes Einsatz für die Errichtung der Versuchsanstalt für Schiffbau an der Technischen Hochschule in Danzig von 1903 bis 1907 nicht unberücksichtigt gelassen werden, da hier vermutlich eine Ursache zu suchen ist, warum Schütte zum Jahreswechsel 1907/08 in eine berufliche Krise geraten ist und sich vom Schiffbau und vom Universitätsbetrieb erst einmal abgewandt hat. In dieser Situation war es wahrscheinlich für den weiteren Verlauf der beruflichen Karriere Schüttes günstig, dass er bei den Vorbereitungen zur Gründung der Frerichswerft in Nordenham-Blexen Ende 1904/Anfang 1905 schon bemerkt hatte, dass er neben seinen wissenschaftlichen auch wirtschaftliche Talente besaß.

1.6.4 SCHÜTTE ALS LUFTSCHIFFENTWICKLER UND -PRODUZENT

Eine Auseinandersetzung mit dem Lebensabschnitt Schüttes, in dem er zum Luftschiffentwickler und -produzenten wurde, hat mit der Untersuchung des Entwicklungsstandes des Luftfahrzeugbaus und des Luftverkehrs sowie seiner Wahrnehmung und Akzeptanz in der Öffentlichkeit zu beginnen. Erst danach kann untersucht werden, warum sich Schütte dem Luftschiffbau und der jungen Luftschiff- und Flugzeugbauindustrie zu- und von der universitären Schiffbauforschung abgewandt hat. Schüttes Scheitern, eine Versuchsanstalt für Wasser- und Schiffbau an der TH Danzig zu errichten, muss dabei berücksichtigt werden. Dies gilt auch für die Ablehnung der Verbesserungsvorschläge Schüttes durch den Grafen Zeppelins nach dem Unglück des Luftschiffs LZ 4 in Echterdingen im Anfang August 1908. Anschließend ist es dann möglich, sich dem Entwicklungs- und Produktionsprozess von Schüttes erstem Luftschiff, dem Schütte-Lanz 1, und Schüttes Rolle dabei zuzuwenden: Die Entwicklung der ersten Ideen zu diesem Luftschiff, seine ersten Kontakte zur Firma Heinrich Lanz, seine Verbindungen zu den Militärbehörden Preußen-Deutschlands, Schüttes Anstrengungen, die Schwierigkeiten beim Bau seines Luftschiffes zu überwinden und dieses Schiff im In- und Ausland zu vermarkten, sowie seine Reaktion auf das Ende seines ersten Luftschiffs *Schütte-Lanz 1* (SL 1) und auf das Echo in der Presse müssen dabei untersucht werden. In ähnlicher Weise sind der in der Forschung vernachlässigte Bau und der Verkauf des Nachfolgeprodukts, des Luftschiffs des *Schütte-Lanz 2* (SL 2), unter besonderer Berücksichtigung der Aktivitäten Schüttes nachzuvollziehen. Darüber hinaus muss das Verhältnis Schüttes zum Flugzeugbau untersucht

werden. Ferner sind die Ursachen und Auswirkungen von Schüttes physischem und psychischem Zusammenbruch im Winter 1908/1909 unter Berücksichtigung seiner Arbeitsüberlastung und die durch sein Verhältnis zur Großherzogin von Oldenburg ausgelösten Konflikte zu erforschen. Welche Auswirkung die Hinwendung zum Luftschiffbau für seine wissenschaftliche Profilierung nicht nur an der TH Danzig hatte, sollte anschließend geklärt werden. In diesem Zusammenhang ist auch auf die Ursachen und Umstände des gescheiterten Versuchs Schüttes einzugehen, sich als Professor für Flussschiff- und Luftschiffbau an der TH Karlsruhe zu etablieren. Abschließend soll noch erörtert werden, warum Schütte den Geheimratstitel 1913 erst mit einiger Verzögerung erhielt und welche Bedeutung dieser Titel für seine weitere berufliche Karriere hatte. Als Leitmotiv, dem dieser Untersuchungsteil folgt, soll herausgearbeitet werden, welche Bedeutung Schüttes neue Aktivitäten im Luftschiff- und Flugzeugbau sowie an der Technischen Hochschule sowohl für seine weitere berufliche Entwicklung als auch für die Luftschiff- und Flugzeugbauindustrie gehabt haben. Darüber hinaus ist es wichtig, auch die Frage nach seinen Handlungsspielräumen als Luftschiffbauer zu beantworten.

1.6.5 SCHÜTTE ALS UNTERNEHMER IM ERSTEN WELTKRIEG

Bevor mit der Darstellung des eigentlichen Lebens von Schütte im Ersten Weltkrieg begonnen werden kann, müssen sich biographische Studien gemäß den skizzierten konzeptuellen Grundlagen zunächst mit den Rahmenbedingungen dieses Lebens in der ersten Kriegsphase bis 1916 beschäftigen: Dabei sind die militärischen Planungen für den Einsatz von Luftfahrzeugen im Rahmen der damaligen Strategie der militärischen Führung im Deutschen Reich, die Probleme der Luftfahrzeugindustrie bei der Umstellung auf die Kriegsproduktion sowie insbesondere die Lage des Luftschiffbaus Schütte-Lanz zu Beginn des Krieges zu berücksichtigen. Danach kann erst auf die unternehmerischen Ziele und Strategien sowie auf Schüttes Anstrengungen bei der Akquisition von Aufträgen und bei der Überwindung von Produktionsschwierigkeiten in den Jahren 1914/15 und auf seine nach mehreren Anläufen erfolgreichen Bemühungen um die Errichtung einer neuen Luftschiffwerft und um die Produktion von Flugzeugen im neuen Werk in Zeesen eingegangen werden. Auch Schüttes Verhältnis zu seinen führenden Mitarbeitern in Mannheim-Rheinau kann erst vor diesem Hintergrund vollständig verstanden werden.

In ähnlicher Weise ist bei der Analyse des Lebens von Schütte in der darauf folgenden späten Phase des Krieges vorzugehen: Zunächst müssen wieder die gesellschaftlichen Kontexte, d. h. die kriegswirtschaftlichen Planungen im Zusammenhang mit der zunehmenden Rohstoff- und Personalknappheit, die Fortschritte in der Waffentechnik und beim Flugzeugbau sowie die aufgrund dessen veränderten militärischen Planungen als Ursachen für die Krise des Luftschiffbaus im Jahre 1917 näher beleuchtet werden. Danach ist auf die wirtschaftliche Situation des Luftschiffbaus Schütte-Lanz in diesem Jahr einzugehen. Dann erst kann thematisiert werden, ob und inwieweit Schütte sein unternehmerisches Handeln im Hinblick auf diese Krise angepasst hat. Dabei müssen seine Maßnahmen zur Abwehr des Zugriffs des Militärs auf sein Unternehmen, seine Auseinandersetzungen mit seinen Partnern um die Umgründung des Luftschiffbaus Schütte-Lanz und mit den Militärbehörden um die finanzielle Entschädigung für die Nichtabnahme von Luftschiffen und Flugzeugen 1918 berücksichtigt werden. Außerdem muss auch die Konkurrenz und die Zusammenarbeit von Schüttes Unternehmen mit dem Zeppelin-Konzern in jener Zeit beleuchtet werden. Darüber hinaus ist es wichtig, Schüttes Reaktion auf den Tod Zeppelins zu untersuchen, weil sie im Rahmen seiner Versuche zu sehen ist, sein 1917 schon angeschlagenes Unternehmen zu retten, und sich damit sein aggressives Auftreten gegenüber dem Zeppelin-Konzern nach dem Ende des Ersten Weltkriegs zumindest teilweise erklären lässt. Eher am Rande, aber dennoch sollte auch Schüttes Privatleben – namentlich die Entwicklung seiner Vermögensverhältnisse und seiner sozialen Stellung – thematisiert werden. Vor dem Hintergrund des Einsatzes auch der SL-Luftschiffe als strategische Bomber vor allem gegen England und vor dem Hintergrund der sich ständig verschlechternden ökonomischen, militärischen, sozialen und politischen Situation des Deutschen Reichs im Ersten Weltkrieg stellt sich in diesem Untersuchungsabschnitt der Arbeit die Frage nach Schüttes Motiven, Luftschiffe und Flugzeuge zu bauen, und nach seinen Handlungsspielräumen, über die er dabei verfügte.

1.6.6 SCHÜTTE IN DER WEIMARER REPUBLIK UND IM NATIONALSOZIALISMUS

Am Ende der biographischen Studien zu Schütte sollen noch in einem Ausblick seine Aktivitäten als Luftfahrzeugindustrieller von 1919 bis 1935, seine Arbeit als Professor für Schiff- bzw. Luftschiffbau an den Technischen Hochschulen Danzig und Berlin zwischen 1919 und 1938

sowie sein Privatleben von 1919 bis 1940 skizziert werden. Insbesondere die Ursache, der Verlauf und die Ergebnisse von Schüttes Versuchen, seine Luftschiffpatente im Ausland insbesondere in den USA zu verwerten, und seine zahlreichen Bemühungen, Kapital für sein Unternehmen zu akquirieren wie etwa mit seinem Prozess gegen den Reichsfiskus und den Zeppelin-Konzern sowie sein Verhältnis zum Nationalsozialismus werden dabei thematisiert. Wo immer nötig und möglich, soll unter Verwendung der neueren Literatur und neuer Dokumente die bestehende Sicht auf Ursache und Charakter von Schüttes Handeln noch einer eingehenderen Analyse unterzogen und korrigiert werden.

2 DIE FRÜHEN JAHRE

2.1 KINDHEIT UND JUGEND (1873–1892)
2.1.1 GEOGRAPHISCHE UND SOZIALE HERKUNFT DER FAMILIE

Johann Heinrich Karl Schütte wurde am 26.02.1873 als zweites und jüngstes Kind von Heinrich Wilhelm Ludwig Schütte und Christine Sophie Marie, geborene Schütte,[70] in der Bremer Straße in Osternburg bei Oldenburg geboren.[71] Die Nachrichten über die geographische Herkunft der Familie sind spärlich: Johann Heinrich Schüttes Großvater väterlicherseits, Gerhard Schütte (1818–1871), geboren am 12.08.1818 und aufgewachsen in einfachen bäuerlichen Verhältnissen, war von seinem Heimatdorf Hatten nach Osternburg in die unmittelbare Nähe der nur ca. 16 Kilometer entfernten Residenzstadt Oldenburg gezogen. Da er über Kenntnisse und Erfahrungen als Landwirt und Gärtner verfügte, dürfte es Gerhard Schütte nicht schwer gefallen sein, dort und in der nahe gelegenen Residenzstadt beruflich Fuß zu fassen. Auch privat war ihm das Glück in seiner neuen Heimat hold: Er lernte in Osternburg seine spätere Frau, Rebecca Magdalena Meyer,[72] kennen und heiratete sie am 19.05.1840. Am 18.01.1845 brachte Rebecca Schütte einen Sohn zur Welt, den sie und ihr Mann auf den Namen Heinrich Wilhelm Ludwig taufen ließen.[73] Nachdem er seine Kindheit und Jugend in Osternburg verlebt hatte, trat Heinrich Wilhelm Ludwig Schütte (1845–1917) im Jahr 1860 in den Dienst des damals regierenden Großherzogs von Oldenburg, Nikolaus Friedrich Peter (1827–1900), und heiratete Ende der 1860er Jahre. Seine Frau, Christine Sophie Schütte (1846–1902), geboren am 28.05.1846, war die Tochter des Landwirts und Webers, Hermann Bernhard Schütte (1821–1849) und seiner aus Ostfriesland stammenden Frau Anna

Maria, geborene Erck (1820–1891). Hermann Bernhardt Schütte bewirtschaftete bis zu seinem frühen Tod mit seiner Familie einen Hof in Astedte in der Nähe von Neuenburg. Nach seinem Tod im Jahr 1849 führte die Witwe Anna Maria Schütte den Hof vermutlich weiter. Christine Sophie Schütte siedelte demnach kurz nach der Eheschließung zu ihrem Mann nach Osternburg über. Im Jahr 1869 gebar sie dann Schüttes älterer Schwester, Anna (1869–1917), ihr erstes Kind.[74]

Folgt man einem Brief Schüttes, den dieser im August 1937 an einen Freund und ehemaligen Studenten, den Oberregierungsbaurat Betzhold, unter dem Eindruck der Lektüre eines Artikels aus dem „Völkischen Beobachter" über die Bedeutung des Namens Schütte richtete, dann hätten die Vorfahren Schüttes (vermutlich im frühen Mittelalter) in dem Gebiet zwischen Verden und Celle gesiedelt. Sie seien dann über Bremen in das Oldenburgische bzw. durch die Lüneburger Heide nach Holstein abgewandert. Der Oldenburgische Zweig der Familie ließ sich offenbar zunächst in Stedingen nieder, von wo er nach der Schlacht bei Altenesch[75] nach Norden und nach Ostfriesland floh. Als die Zeiten wieder günstiger geworden seien, sei der Oldenburger Zweig der Familie ins Oldenburgische zurückgekehrt und ein Teil davon habe sich südlich von Wardenburg niedergelassen. Ein anderer Teil lebte offenbar im Dorf Moorhausen, ca. 8 Kilometer nordöstlich von Oldenburg: Einer von Schüttes Urahnen sei dort laut Kirchenbuch um 1650 geboren worden und habe dort geheiratet. Bis 1664 seien ihm in Moorhausen mehrere Kinder geboren worden.[76] In der Folgezeit wanderten einige Schüttes vermutlich von dort aus in das ca. 13 Kilometer entfernte Dorf Hatten und siedelten sich dort an.

2.1.2 DIE STADT OLDENBURG

Während Johann Heinrich Schütte im schon fortgeschrittenen Alter offenbar auch die ferne Vergangenheit als einen wichtigen Bezugspunkt im Leben ansah, war für ihn in jungen Jahren mindestens bis zur Aufnahme seines Studiums im Jahr 1892 die Stadt Oldenburg, gelegen im Nordwesten des gerade gegründeten Deutschen Reichs, Hauptstadt des Großherzogtums Oldenburg und Hauptresidenz seiner Großherzöge, von zentraler Bedeutung: Innerhalb der Grenzen dieser Stadt fand im Wesentlichen Schüttes gesamte physische, psychische, emotionale, intellektuelle und soziale Entwicklung vom Säugling bis zum jungen Erwachsenen statt. In dieser Stadt wurde er von seinen Eltern großgezogen, besuchte er die Schule, verbrachte er seine Freizeit mit den Mitgliedern seiner Peergroup.[77] Kurzum: Es war zu erwar-

ten, dass jene Oldenburger Erfahrungen prägend für Schüttes weiteres Leben sein würden. Daher ist es unabdingbar, die sozioökonomische Entwicklung der Stadt Oldenburg in jenen Jahren kurz zu umreißen.[78]

Die Bevölkerung der Stadt wuchs zwischen 1871 und 1895 von 12.825 auf 23.036 Einwohner, d.h. um 79,62 Prozent. Im Vergleich zu anderen Städten wie Hamburg, Leipzig, Hannover oder Bremen, deren Bevölkerungszahlen sich verdrei-, vervier- oder sogar verfünffachten, war das Wachstum Oldenburgs aber verhalten. Im Fall Oldenburgs war dieses Wachstum nicht so sehr durch einen Geburtenüberschuss, sondern im Wesentlichen durch einen Wanderungsgewinn bedingt.[79] In die Stadt wanderten viele ungelernte Zuwanderer und junge Frauen aus den nahe gelegenen ländlichen Gebieten, aber auch zahlreiche Beamte und Angestellte des Staates, des Hofs und später der Banken und Versicherungen sowie etliche ältere Menschen, um hier als Rentiers oder Pensionäre von ihrem Vermögen zu leben. Zusammen mit den Beamten, Angestellten und Militärs bildete diese Gruppe der älteren Menschen wenigstens eine starke Minderheit in Oldenburg.[80] Beide Gruppen vermochten es daher, der Stadt einen beschaulichen, bürgerlichen Charakter zu verleihen, der für eine deutsche Residenzstadt in der zweiten Hälfte des 19. Jahrhunderts so typisch war.

Doch auch ein relativ geringes Bevölkerungswachstum war bereits ausreichend, das Bild der Stadt Oldenburg zu wandeln: Zwar entstanden keine Massenunterkünfte für Arbeiter und ihre Familien, keine „Mietskasernen", und keine Arbeiterviertel, aber es begann sich eine gemischte Wohn- und Sozialstruktur zu entwickeln. Nur in wenigen Stadtteilen bildete sich eine sozial einheitliche Wohnbevölkerung, wie etwa im Dobbenviertel, welches in den späten 1870er Jahren erbaut wurde, und in dem vornehmlich wohlhabende Bürger wohnten, oder im nördlichen Heiligengeistviertel und in dem Viertel am Rande der Innenstadt, in dem eher ärmere Schichten lebten.

Das Bevölkerungswachstum zog außerdem eine Nutzung der Wohnfläche innerhalb der Stadtgrenzen nach sich, die zunächst einen extensiven Charakter besaß, dann aber eine intensivere Form annahm: Zuerst baute die Bevölkerung entlang der Ausfallstraßen, alsdann in den Räumen dazwischen. Schließlich war es dem Wachstum der Bevölkerung geschuldet, dass die Bebauung über die alten Stadtgrenzen hinausgriff, und dass die Grenzen zwischen der Stadt und den benachbarten Dörfern wie etwa Osternburg verschwammen. Rechtlich blieben die Gemeinden einstweilen noch selbständig.

Auch wirtschaftlich gesehen entwickelte sich die Stadt – gemessen an anderen Städten – in der Zeit von 1870 bis 1890 eher gemächlich: In der Zeit von 1870 bis 1880 wurden gerade zwei Fabriken gegründet. Die beiden bedeutendsten Betriebe im weiteren Einzugsgebiet der Stadt, nämlich die Glashütte[81] und die Warpspinnerei,[82] lagen in Osternburg. Der größte industrielle Arbeitgeber in der Stadt waren die Reparaturwerkstätten der Großherzoglichen Eisenbahnverwaltung mit 400 bis 500 Beschäftigten, gefolgt von einer Eisengießerei mit ca. 200 Arbeitern.[83] Diese Entwicklung lag zunächst darin begründet, dass Oldenburg über eine Reihe von Standortnachteilen verfügte, die eine beschleunigte industrielle Entwicklung hemmten. Hierzu gehörten die Randlage der Stadt im Nordwesten des Deutschen Reichs und die Nähe zur Handelsmetropole Bremen, der im Vergleich zur Bremer Konkurrenz sehr viel kleinere Hafen sowie die deutlich schlechteren Eisenbahnanbindungen und Schifffahrtswege. Außerdem fehlten die für die Aufnahme einer industriellen Produktion unabdingbaren Rohstoffvorkommen, und aufgrund der dünnen Besiedlung des Umlandes existierten die für eine gedeihliche Entwicklung einer Industrie nötigen Absatzmärkte nicht.[84] Hinzu kam die ausgesprochene Industriefeindlichkeit der Oldenburger Bevölkerung, welche sich nicht nur gegen eine zunehmende Konkurrenz im Handel durch auswärtige Mitbewerber wandte, sondern auch gegen alle Versuche, das Flair der Residenz- und Beamtenstadt durch Ansiedlung großer Industriebetriebe zu zerstören.[85] Diese Haltung erschwerte die Ansiedlung von Industriebetrieben und damit eine schnellere industrielle Entwicklung noch zusätzlich. Immerhin arbeiteten um 1890 gut 25 Prozent aller Beschäftigten in Industrie und Handwerk. Dem gegenüber war aber die Mehrzahl der Beschäftigten in anderen Branchen z. B. im Verkehrssektor bzw. im Handel oder als Staatsbedienstete tätig: Im Bereich des Handels und Verkehrs waren 15,7 Prozent aller Oldenburger Arbeitnehmer beschäftigt.[86] Eine bessere Anbindung an das Eisenbahnnetz seit den 1860er und 1870er Jahren machten die Stadt leichter erreichbar und boten daher vielen Betrieben des Groß- und Einzelhandels im Zentralort Oldenburg ausreichend Grundlagen zur Existenz. Außerdem entwickelte sich die Stadt mit der Gründung der Oldenburgischen Landesbank als Noten- und Staatsbank im Jahr 1869 zu einem regionalen Bankenzentrum. Hinzu kam, dass Oldenburg auch für die Landwirtschaft durch seine vielen Märkte als Warenumschlagplatz eine wichtige Rolle spielte.[87] Auch der staatliche Sektor war von großer Bedeutung für die Stadt: 22,1 Prozent aller Oldenburger fanden als Beschäftigte des öffentlichen Dienstes eine gesicherte Existenz.[88]

Die wirtschaftlichen Merkmale fanden ihr Abbild in den sozialen Strukturen: Die schwache Industrie, die Dominanz von Handel, Handwerk und Staat machten aus Oldenburg eine durch und durch bürgerliche Stadt:

„Es kann kein Zweifel bestehen, dass die [der sozialen Formation „Bürgertum"] zuzurechnenden Schichten, Gruppen und Berufe in Oldenburg dominierten. Dies hing eng mit der [...] wirtschaftlichen Struktur der Stadt zusammen, die die Entstehung einer quantitativ und qualitativ bedeutenden Industriearbeiterschaft eines selbstbewussten, schlagkräftigen proletarischen Milieus verhinderte. Außerdem fehlte eine die bürgerliche Herrschaftsausübung einschränkende Hocharistokratie."[89]

In der Hierarchie des Oldenburger Bürgertums standen die Wirtschaftsbürger und die höheren Beamten ganz oben, da sie über das größte Einkommen verfügten und den zweit- bzw. dritthöchsten Anteil am Gesamtvermögen besaßen.[90] Dabei kam den letzteren eine höhere Bedeutung als z. B. in vielen Industriestädten zu, da Oldenburg eine Residenz- und Verwaltungsstadt war. Auf einer Stufe mit den Beamten und Wirtschaftsbürgern befand sich aufgrund seines Vermögens ein überdurchschnittlich hoher Anteil an Kapitalrentnern.

Fraglos wurde das Bürgertum in Oldenburg hinsichtlich seiner Struktur, seines Selbstverständnisses und seiner Lebensweise von den externen Faktoren, nämlich dem Hof und dem Militär, beeinflusst. Der Einfluss der Hofhaltung auf das gesellschaftliche Leben war aber um die Jahrhundertwende vom 19. auf das 20. Jahrhundert längst nicht mehr so groß wie in früheren Zeiten. Dies lag an der größeren Einwohnerzahl, an der Differenzierung der Lebensweisen, der ‚gemäßigten Liberalität' des großherzoglichen Hauses und an der eingeschränkten Rolle des Adels. Diese Faktoren minimierten die Wirkung des Hofs als Kristallisationskern des sozialen und politischen Denkens und Handelns. Der Hof spielte nur noch als „Produzent" von Beamten und als Verstärker der Zentrumsfunktion der Stadt eine Rolle.

Anders sah es beim Militär aus: Die ungewöhnlich starke Oldenburger Garnison[91] war anfangs offenbar nicht so ohne weiteres in das Oldenburger Bürgertum zu integrieren. Der preußische Charakter des Militärs und die Dominanz des Adels im Offizierskorps hatten beim Oldenburger Bürgertum noch in den 1870er und 1880er Jahren Misstrauen und zum Teil offene Ablehnung hervorgerufen.[92] Doch

„waren die Konflikte eher seltene Höhepunkte gewisser untergründiger Spannungen als Anzeichen einer grundsätzlichen Gegnerschaft von Militär und Bürgertum, und der militärfreundliche Zeitgeist der wilhelminischen Epoche trug zusätzlich dazu bei, hier keine größeren Unruhen [...] aufkommen zu lassen."[93]

Im letzten Drittel des 19. Jahrhunderts war Oldenburg dem bis hierher Gesagten zufolge eine durchschnittliche Residenzstadt innerhalb des Deutschen Reichs mit einem ausgesprochen bürgerlichen Charakter. Daher ließen die Erfahrungen, die Schütte in dieser Stadt sammelte, es eher als unwahrscheinlich erscheinen, dass er eine berufliche Laufbahn als Ingenieurswisswisschaftler in den Bereichen Schiff- und Luftschiffbau einschlug und später als Unternehmer in der jungen Luftschiff- und Flugzeugindustrie tätig wurde.

2.1.3 BERUFLICHER UND SOZIALER STATUS DER FAMILIE

Heinrich Wilhelm Schütte war von Hause aus offenbar viel daran gelegen, für sich und seine Frau und seine Kinder eine Beamtenexistenz im bürgerlichen Oldenburg zu begründen. Dafür spricht der Verlauf seiner beruflichen Karriere: Im Alter von fünfzehn Jahren, also im Jahr 1860, trat Heinrich Wilhelm Schütte in den Dienst des Großherzogs von Oldenburg, Nikolaus Friedrich Peter.[94] Vermutlich hatte er diese Ausbildungs- und Arbeitsmöglichkeit seinem Vater zu verdanken, der offenbar selbst zu denjenigen Zuwanderern aus dem näheren Einzugsbereich der Stadt Oldenburg gehörte, denen es wohl weniger aufgrund von eigener Leistung, als vielmehr häufiger aufgrund familiärer und verwandtschaftlicher Verbindungen gelungen war, einige der außerordentlich begehrten Beamten- und Angestelltenposten am Großherzoglichen Hof zu besetzen.[95] Gerhard Schütte war wahrscheinlich am Oldenburger Hof in seiner Eigenschaft als Gärtner tätig. Sein Sohn Heinrich Wilhelm Schütte wurde Kapitän der Großherzoglichen Dampf-Yacht *Lensahn I* und erreichte spätestens im Jahr 1874 den Rang eines Wachtmeisters, hatte also zunächst eine mittlere Beamtenstellung inne.[96] Einflussreiche Hofchargen oder der Großherzog selbst schienen in dieser Zeit nicht nur mit seinen seemännischen Fähigkeiten, sondern auch mit seinem Organisationstalent zufrieden gewesen zu sein, denn im Jahr 1875 wechselte Heinrich Wilhelm Schütte von einer mittleren in eine höhere Hofbeamtenposition: Er wurde Hoffourier unter dem 1873 zum Oberhofmarschall ernannten Reinhard Ludwig Karl Gustav Freiherr von Dalwigk zu Lichtenfels (1818–1897).[97] Damit war er zuständig für die Versorgung des gesamten Hofes mit Lebensmitteln und anderen Gegenständen des alltäglichen Bedarfs. Heinrich Wilhelm Schütte verblieb in diesem Amt unter verschiedenen Vorgesetzten bis mindestens 1913.[98] Vom einfachen Hofbeamten stieg er 1883/84 zum Haushofmeister auf und unter dem Sohn von Nicolaus Friedrich Peter, Friedrich August, 1901 zum „Großherzoglich-Oldenburgischen Oberhofkommissär".[99] Die Position eines Rechnungsrates erreichte er im Jahr 1910.[100] Spätestens als Oberhofkommissär stand er im Range eines Staatsbeamten.[101] Zwar stand Heinrich

Wilhelm Schütte als Hoffourier anders als die Hofchargen oder die Kammerdiener nicht im unmittelbaren Kontakt zur Großherzoglichen Familie und damit nicht an der Spitze der Hofbeamtenschaft, doch war seine Tätigkeit hinsichtlich der Hofversorgung zu komplex und zu verantwortungsvoll, als dass man sie einem niedrigerrangigem Beamten überlassen konnte. Für eine vergleichsweise hohe Stellung von Heinrich Wilhelm Schütte in der Hofbeamtenhierarchie spricht auch, dass über ihm nur noch der Hofmarschall und der Kammerfourier standen.[102] Daher ist es wahrscheinlich, dass mit diesem Amt, spätestens aber mit der Beförderung zum Haushofmeister, also zum Hofbeamten mit der Oberaufsicht über das (fürstliche) Hauswesen, ein Einkommen und Sozialprestige verbunden war, das Johann Heinrich Schüttes Vater zu einem gut bezahlten und angesehenen höheren Hofbeamten in Oldenburg machte.[103]

Mit der Karriere von Heinrich Wilhelm Schütte am Hof war auch eine positive Veränderung in den Wohnverhältnissen der Familie verbunden: Wurde Johann Heinrich Schütte noch im Haus des Uhrmachers Meyer in der Bremer Straße geboren, welches in dem sich damals immer stärker industrialisierenden Osternburg mit seiner zunehmenden Arbeiter- und seiner abnehmenden Beamtenbevölkerung lag,[104] so bezogen die Schüttes im Jahr 1878 ein relativ neues Wohnhaus in der Frederikenstraße, das Heinrich Wilhelm Schütte kurz zuvor käuflich erworben hatte.[105] Die Frederikenstraße war eine durchaus bürgerliche Adresse, wie schon ein Blick auf die Nachbarschaft der Schüttes erweist: In vier der sechs der damals schon in dieser Straße errichteten Häuser residierten Beamte mit ihren Familien, wovon wiederum drei die Domizile von Hofbeamten waren. Neben der Familie Schütte waren dies die Familie des Haushofmeisters Anton Dietrich Gustav Oberfelder und des Oberhofmarschalls Reinhard von Dalwigk, also die Familien von Heinrich Wilhelm Schüttes unmittelbaren Vorgesetzten. Im Haus mit der Nummer 7 lebte noch der Oberrealschullehrer Dr. Alfred Adolf August Wilhelm Mohrbutter. In den beiden übrigen Häusern wohnten der Revisor Christian Wilhelm Lipisus und der Kahnschiffer Ahlert Albers, also Menschen mit einem eher kaufmännisch-technischen Hintergrund.[106]

Auch hinsichtlich des Heiratsverhaltens der Familie Schütte lässt sich festhalten, dass ihre Mitglieder bürgerlich dachten und handelten: Sie wählten ihre Partner in höheren bürgerlichen Schichten innerhalb und außerhalb Oldenburgs aus. So ging der um 13 Jahre ältere Cousin Johann Heinrich Schüttes, der spätere Landgerichtspräsident Hermann Carl Friedrich Albert Erck (1860–1934), aus einer solchen Verbindung hervor.[107] Schüttes Schwester Anna heiratete den Handelsschiff-Kapitän Cornelius aus Nordenham.[108]

2.1.4 DIE FRÜHE KINDHEIT

Die Nachrichten über die ersten Lebensjahre von Johann Heinrich Schüttes sind spärlich: Er wurde in eine durchaus bürgerliche Familie hinein geboren. Er besaß eine vier Jahre ältere Schwester, war also das jüngste Kind seiner Eltern und zugleich der erste männliche Nachkomme seiner Familie.

Über den eigentlichen Verlauf von Johann Heinrich Schüttes Kindheit können nur mehr oder weniger gut begründete Vermutungen angestellt werden: So liegt man sicherlich nicht falsch damit, dass Kinder im Hause Schütte als etwas Selbstverständliches galten und dass zugleich seine Geburt grundsätzlich als etwas Positives angesehen wurde. Zum einen war dies in der allgemein Kinder akzeptierenden und kinderfreundlichen Haltung auch in bürgerlichen Schichten begründet; zum anderen darin, dass Schüttes Eltern – wie die meisten Eltern mit einem bürgerlichen Hintergrund zu jener Zeit – Johann Heinrich als den ersehnten Stammhalter ansahen. Das Einkommen des Vaters scheint gewährleistet zu haben, dass Johann Heinrich Schütte und seine Schwester Anna frei von Arbeit und Not einer Erwerbsfamilie aufwachsen konnten. Zweifel, ob Christine Sophie Schütte ihren beiden Kindern ausreichend Zuwendung entgegengebracht und sie angemessen betreut hat, erscheinen angesichts des fest gefügten Rollenmodells für Frauen im letzten Drittel des 19. Jahrhunderts, nämlich für ihren Mann und ihre Kinder da zu sein und den Haushalt zu führen, unangebracht. [109]

Für eine gewisse Gleichgültigkeit der Mutter gegenüber ihren Kindern spricht aber, dass ihr Gesundheitszustand schlecht gewesen sein soll. [110] Diese Überlegung wird belegt durch ein Schreiben Johann Heinrich Schüttes im Jahr 1909 an den erkrankten Direktor der Werft des Luftschiffbaus Schütte-Lanz im badischen Rheinau, Georg Christians, in dem er sich erfreut darüber zeigt, dass Christians wieder gesund sei, da ihn dessen Husten an den Husten seiner Mutter erinnert habe. [111] Demnach lässt sich vermuten, dass Christine Sophie Schütte an einer Lungenkrankheit litt, also vielleicht an einer chronischen Bronchitis oder sogar an Tuberkulose, die damals als Volksseuche galt. [112] Beide Krankheiten sind mit beständigem Husten verbunden. Für eine solche Krankheit bei Christine Sophie Schütte spricht auch, dass sie im Jahr 1902 noch im relativ jungen Alter von 56 Jahren starb. Ein relativ schlechter körperlicher Allgemeinzustand von Christine Sophie Schütte wird dadurch belegt, dass ihr Sohn selbst zeit seines Lebens auch über keine gute gesundheitliche Konstitution verfügt hat und sich daher häufig intensiven ärztlichen

Behandlungen unterziehen musste. [113] Offenbar hatte die Mutter ihre zarte Gesundheit dem Sohn vererbt. All diese Hinweise lassen es möglich erscheinen, dass Christine Sophie Schütte aus gesundheitlichen Gründen nicht in der Lage war, ihren Kindern die nötige Zuwendung und Betreuung zu geben.

Christine Sophie Schütte konnte ihre Kinder frühestens mit der Ernennung von Heinrich Wilhelm Schütte zum Hoffourier im Jahr 1875 besser betreuen, da ihr Mann als Kapitän der *Lensahn* den Großherzog nicht mehr so häufig auf Reisen begleiten musste [114] und da sich mit der Beförderung vermutlich auch Gehalt und soziale Stellung erhöht hatten. Spätestens mit dem Einzug in das verhältnismäßig große Haus in der Frederikenstraße im Jahre 1878 verbesserte sich die Betreuungssituation deutlich: Dies kann daran gelegen haben, dass Heinrich Wilhelm Schütte spätestens zu diesem Zeitpunkt finanziell in der Lage war, seiner kränkelnden Frau eine ausreichende Anzahl von Hausbediensteten zur Entlastung an die Seite zu stellen, damit sie die ökonomisch anspruchsvolle Aufgabe der Haushaltsführung erfüllen konnte. In der Tat findet sich in dem Haus noch heute eine Souterrain-Wohnung, in der Dienstboten wohnen konnten. Hinzu kam, dass im neuen Haus offenbar genügend Platz vorhanden war, um den Kindern im ersten Stock ihren eigenen Lebensraum zu schaffen. Jedenfalls scheint diese Etage groß genug, neben dem elterlichen Schlafzimmer und dem Bad auch noch zwei Kinderzimmer beherbergen zu können. Damit war eine wichtige Möglichkeit gegeben, dass sich Johann Heinrich Schütte individuell entfalten konnte. Hinzu kam, dass das Haus über einen Garten und damit auch über einen Spielplatz verfügte. [115]

Zugleich bekam Johann Heinrich Schütte wahrscheinlich schon sehr früh Kontakt zur bürgerlichen Gesellschaft in Oldenburg und erlernte dabei das in jenen Kreisen angemessene Auftreten, da das Haus offenbar über ein großes, repräsentatives Wohnzimmer verfügte, in dem die Familie standesgemäßen Besuch empfangen konnte. Viel wichtiger für die weitere Entwicklung des Jungen war jedoch, dass die Nähe des Hauses zum Oldenburger Hafen ihm einen ersten Einblick in die Welt des Handels, der Schifffahrt und des Schiffbaus ermöglichte. [116] Heinrich Wilhelm Schütte selbst war es vermutlich, der seinen Sohn anregte und ermutigte, sich mit dieser Welt näher zu beschäftigen. In ähnlicher Weise mochte der Schiffer Albers, der ein Nachbar der Schüttes in der Frederikenstraße war, auf den Jungen eingewirkt haben. [117]

Die Erziehung Johann Heinrich Schüttes – so lässt sich unter Berücksichtigung der damaligen im Bürgertum vorherrschenden Erziehungsideale mit einiger Berechtigung vermuten – war noch autoritär.[118] Darunter ist zu verstehen, dass ihm beigebracht wurde, die Autorität der Eltern und anderer Erwachsener nicht infrage zu stellen und ihren Anweisungen bedingungslos Folge zu leisten. Diese für das 19. Jahrhundert typische Erziehung schloss aber im Gegensatz zu derjenigen, die im 18. Jahrhundert vorherrschte, nicht aus, dass die Eltern ihre Kinder als Individuen wahrnahmen und emotional stark an sie gebunden waren. Dazu gehörte ferner, dass die Eltern ihren Kindern ihre eigenen Bereiche ließen, dass insbesondere die Mütter sich ihren Kinder aufmerksam und liebevoll näherten. Die autoritäre Erziehung des 19. Jahrhunderts bedeutete jedoch in erster Linie, dass die Kinder – in der Regel von der Mutter – dahin gebracht wurden, sich der Ordnung, d.h. „dem, was sich gehört" anzupassen.[119] Vielleicht mag Schüttes Mutter auch noch versucht haben, mit dem Wissen um die eigene eingeschränkte Gesundheit und mit dem Wissen um die immer noch hohe Kindersterblichkeit in den Städten, ihren Sohn gegen Krankheiten abzuhärten.[120]

Doch vermutlich war die vollständige Realisierung der Ziele der autoritären Erziehung im Hause Schütte auch gar nicht beabsichtigt: Ein Junge, der in jenen Jahren aufwuchs, internalisierte im Rahmen der geschlechterorientierten Erziehung im Bürgertum das männliche Rollenmodell, das die ständige Auseinandersetzung mit der Außenwelt und die Führungsposition im Verhältnis zu Frauen und in einer Familie implizierte. Dies war bei Schütte wahrscheinlich umso mehr der Fall, als dass er die Rolle des Stammhalters innehatte. Darüber hinaus konnte ihm sein Vater die Rolle des Mannes als verhältnismäßig erfolgreicher Berufsmensch, als Teil der Arbeitswelt, anschaulich und erfolgreich vorleben, bekleidete er doch wichtige Ämter am Hof des Großherzogs von Oldenburg und stieg auch nach und nach in der Hofhierarchie weiter auf. Ergänzend dazu förderte seine Mutter bei ihm wahrscheinlich die Ausbildung von männlichen Verhaltensweisen und einer ebensolchen Identität durch Kinderbücher und -spielzeug (Zinnsoldaten) und Spiele („kämpferische Außenspiele und Toben"). Außerdem ermöglichten Mutter und Schwester dem Sohn bzw. Bruder durch ihr Vorbild, d. h. zum Beispiel dadurch, dass sie sich bemühten, den Haushalt zu führen und ihrer Rolle als Familienmenschen zu entsprechen, sich vom weiblichen Rollenmodell abzugrenzen.[121] Entsprechend dieser Überlegungen war Schütte im Alter von fünf bis sechs Jahren ein Junge, der begann, sich seiner bevorzugten Stellung in der Familie mit ihren Möglichkeiten und Grenzen bewusst zu werden, der vielleicht schon ein wenig stolz darauf war, dass sein Vater und seine Familie eine relativ privilegierte Stellung im großherzoglichen Oldenburg besaßen.

Anna und Johann Heinrich Schütte

2.1.5 SCHÜTTES SCHULISCHE SOZIALISATION

Zu Ostern 1879 wurde Johann Heinrich Schütte an der seit 1870 bestehenden städtischen Realschule an der Herbartstraße in Oldenburg, der späteren Oberrealschule, eingeschult.[122] Die Schule, die Schütte von nun an bis zu seinem Abitur zu Ostern 1892 besuchte, sollte sich bis zum Ersten Weltkrieg zur attraktivsten Form unter den allgemein bildenden, weiterführenden Bildungseinrichtungen auch in Oldenburg entwickeln. Dies lag zum einen daran, dass ihr in zahlreichen Verhandlungen des zuständigen Oldenburger Ministeriums mit Preußen und durch manche Anpassungen in den Struktur- und Lehrplänen der Real- bzw. Oberrealschule die besonders wichtigen Berechtigungen verliehen wurden, die den Schülern z. B. ein technisches Studium oder den Eintritt in wichtige öffentliche Laufbahnen ermöglichten. Zum anderen hatte sich die Oberrealschule unter Führung ihres Rektors Karl Strackerjahn (1819–1889) zu einer lateinlosen Anstalt, d. h. zu einer Schule mit fakultativem Lateinunterricht entwickelt, in der im Unterschied zum humanistisch-altsprachlichen Gymnasium großen Wert auf die Vermittlung von dem naturwissenschaftlichen Wissen der damaligen Zeit und – im Sinne einer kaufmännischen Ausbildung – Wert auf die Vermittlung von modernen Sprachen wie Englisch oder Französisch gelegt wurde.[123]

Der allgemeine Lehrplan im Bericht über das 48. Schuljahr der Oberrealschule und Vorschule zu Oldenburg 1891/92 bestätigt diese Auffassung.[124] Demnach hatte ein Schüler jener Schule von der Quarta bis zur Prima insgesamt 395 bzw. 393 Stunden und wöchentlich durchschnittlich 30,28 Stunden verbindlichen Unterricht zu besuchen. Diese Stunden waren verteilt auf elf Pflichtfächer. Die meisten Stunden entfielen auf die sprachlichen Fächer — Deutsch (45 Stunden), Französisch (87 Stunden) und Englisch (32 Stunden) — mit insgesamt 164 Stunden, denen dann schon die naturwissenschaftlichen Disziplinen — Rechnen und Mathematik (73 Stunden), Naturkunde (26 Stunden), Physik (11 Stunden) und Chemie (6 Stunden) — mit insgesamt 116 Stunden folgten. Nach den naturwissenschaftlichen kamen die geisteswissenschaftlichen Fächer, nämlich Religionslehre (28 bzw. 26 Stunden), Geschichte und Erdkunde (45 Stunden), Zeichnen (30 Stunden) sowie Schreiben (12 Stunden), mit insgesamt 115 bzw. 113 Stunden. Demzufolge hatten also die sprachlichen Fächer einen prozentualen Anteil an der Gesamtstundenzahl von ca. 42 Prozent. Die naturwissenschaftlichen Bereiche besaßen einen Anteil von ca. 29 Prozent bzw. von sogar fast 37 Prozent, wenn man die im Fach Zeichnen vermittelten Fähigkeiten und Kenntnisse als auch notwendig für die Bearbeitung naturwissenschaftlicher bzw. mathematischer Probleme erachtete. Die geisteswissenschaftlichen Fächer hatten dann nur noch einen Anteil von gut 29 bzw. von knapp 22 Prozent. Der relativ große Anteil des (neu-) sprachlichen Bereichs erklärt sich zum einen durch die Berücksichtigung des Faches Deutsch und zum anderen dadurch, dass in der Konzeption der damaligen Realschule die neueren Sprachen neben den Naturwissenschaften auch zu den ‚Realien' gezählt wurden.[125] Mit dieser eindeutigen Schwerpunktbildung in den Naturwissenschaften und in den neuen Sprachen unterschied sich die Oldenburger Oberrealschule 1892 klarer von den preußischen Realgymnasien als die preußischen Oberrealschulen.[126]

Ein Schüler, der diese Schule im Jahr 1893 einschließlich der Vorschule elf Jahre besucht hatte, erwarb am Ende der Prima das Abitur. Dieses Reifezeugnis gab ihm aber nur eingeschränkte Studienberechtigungen bzw. Berechtigungen für bestimmte Laufbahnen im Staatsdienst. So war er im *oldenburgischen Staatsdienst* berechtigt, die Staatsprüfung im Hochbau-, Bauingenieur- und Maschinenfach zu absolvieren, im *Reichsdienst* sich in den Postdienst aufnehmen zu lassen und sich im Schiff- und Maschinenbaufach der Kaiserlichen Marine prüfen und anstellen zu lassen. In Bezug auf den *preußischen Staatsdienst* war der Absolvent der Oberrealschule Oldenburg autorisiert, Mathematik oder Naturwissenschaften an einer Universität zu studieren und die Prüfung für das Lehramt an höheren Schulen in diesen Fächern abzulegen. Außerdem durfte er sich den Staatsprüfungen im Hochbau-, Bauingenieur- und Maschinenbaufach sowie der Prüfung für den Forstverwaltungsdienst unterziehen. Weiterhin konnte er das „Bergfach" studieren.[127] Die Karrierewege waren also für einen Absolventen der Oberrealschule begrenzt, sofern er eine Beamtenstellung anstrebte: Im Oldenburger oder Preußischen Staatsdienst, bei der Reichspost oder bei der Marine durfte er nur arbeiten, sofern er Ämter anstrebte, die technische Qualifikationen erforderten, sich auf das Lehramt konzentrierte oder eine Universitätskarriere als Mathematiker oder Naturwissenschaftler anstrebte. Er war von der Offizierslaufbahn ausgeschlossen, ebenso von den meisten anderen akademischen Berufen wie Gymnasiallehrer, Jurist oder Mediziner.[128]

Demgegenüber waren seine beruflichen Möglichkeiten in der expandierenden Industrie 1893 tendenziell besser, da hier aufgrund der zunehmenden Bedeutung der Technik immer mehr Maschinenbau-, Schiffbau-, Hoch- und Bergbauingenieure benötigt wurden.[129] Somit waren die Zukunftsaussichten eines Absolventen der Oberrealschule in Oldenburg durchaus viel versprechend, sofern er ein späteres Ingenieursstudium anstrebte.

Doch auch schon die Karriere- und Arbeitsmöglichkeiten des Jahres 1879 haben Heinrich Wilhelm Schütte dazu bewogen, seinen Sohn auf die damals noch städtische Realschule zu schicken. Die gute Ausbildung der Schüler vor allem im naturwissenschaftlichen und neusprachlichen Bereich waren für den ehemaligen Kapitän und den jungen, aufstrebenden Hofbeamten Grund genug, seinen Sohn an jene Schule an der Herbartstraße zu schicken. Für die Realschule sprach aus Sicht Heinrich Wilhelm Schüttes außerdem, dass sie schon 1877 ein Abiturexamen eingeführt hatte. Auch mochte er zum Zeitpunkt der Einschulung seines Sohnes von den Bestrebungen des Direktors Strackerjahn gehört haben, die Realschule in eine Oberrealschule mit fakultativem Lateinunterricht umzuwandeln, um den Schülern wieder die Zugangsberechtigung zu höheren Bildungseinrichtungen (z. B. zum Bergfach) und zum Staatsdienst (z. B. zur Post) zu ermöglichen.[130]

Die Bedingungen für eine erfolgreiche Schullaufbahn des jungen Johann waren günstig: Zunächst verfügte er von Zuhause aus wahrscheinlich schon über gut ausgeprägte so genannte „Sekundärtugenden" wie Betragen, Aufmerksamkeit, Fleiß und Ordnungsliebe, wofür auch die entsprechenden Noten in seinem ersten Oberprima-Zeugnis sprechen.[131] Außerdem kam Johann Heinrich Schütte vermutlich schon mit einer gut ausgeprägten Lernmotivation, einem entsprechenden Ehrgeiz, in die Schule. Das positive Rollenvorbild des aufstrebenden Vaters und entsprechende Erwartungen des Vaters an die schulische Karriere seines Sohnes waren wahrscheinlich dafür verantwortlich.[132] Hinzu kam, dass Schütte seine Schullaufbahn in der Zeit der so genannten „großen Depression"[133] begann, in der viele Eltern finanziell nicht mehr in der Lage waren, ihre Kinder auf höhere Schulen zu schicken.[134] Somit war die Anzahl der Schüler in den Klassen nicht besonders hoch und die Betreuung durch die Lehrer besonders gut. Schütte war in seinem ersten Jahr in der Oberprima an der Oberrealschule Oldenburg im Jahr 1890 nur einer von sechs Schülern.[135] Hinzu kam, dass Schüttes Lehrer, soweit sie ihn in den höheren Klassen unterrichteten, alle fachlich hoch qualifiziert und sehr erfahren waren: So unterrichtete der neue Direktor der Oberrealschule, Dr. Dickmann, Religion, Englisch und Französisch. Er hatte in neueren fremden Sprachen promoviert, war Oberlehrer an einer Oberrealschule und Dozent für neuere Sprachen an der TH Berlin gewesen. Der Oberlehrer Professor Krause unterrichtete Schütte in Physik und Chemie. Er lehrte schon seit 1876 an der Oberrealschule in Oldenburg. Vorher war er Oberlehrer an der Oberrealschule erster Ordnung in Gera gewesen. Der Mathematiker Dr. Schuster vermittelte Schütte Mathematik, und der Oldenburger Historiker und ehemalige Berliner Hilfsgymnasiallehrer Dr. Rüthning Geschichte.[136]

Diese relativ guten Lernbedingungen begünstigten auch die schulischen Leistungen von Johann Heinrich Schütte: Sie lagen in der Regel im oberen Durchschnitt.[137] Diese Aussage wird bestätigt, wenn man Johann Heinrich Schüttes erstes Oberprimazeugnis aus dem Jahr 1890 auswertet, denn aus diesem geht hervor, dass er zu diesem Zeitpunkt der drittbeste von sechs Schülern in seiner Klasse war. Eine besondere Beziehung zu Naturwissenschaften ist in diesem Zeugnis nicht festzustellen. Die Noten in Deutsch, Religion, Geschichte und Zeichnen, in denen Schütte durchweg mit ‚gutem' Fleiß gearbeitet und mindestens genügende Leistungen erbracht hatte, waren ähnlich positiv wie die Noten in Mathematik, Chemie und Physik, in welchen er auch sehr fleißig gewesen war und in welchen er ebenso eine mindestens genügende Leistungsbewertung erreicht hatte. Etwas Probleme scheinen

ihm nur die Fremdsprachen bereitet zu haben, da er beispielsweise in Französisch für seinen Fleiß und für seine mündlichen Leistungen zwar die Note „genügend" bekam, aber für seine schriftlichen Leistungen nur die Note „mangelhaft". Aufgrund dessen kam sein Klassenlehrer, Professor Krause, zu folgender Gesamtbewertung seiner Leistungen in seinem ersten Jahr in der Oberprima: „Er zeigt ein anerkennenswertes Streben, jedoch entsprechen die Fortschritte, zumal in den Sprachen, infolge der früher erwähnten Mängel, nicht ganz seinem guten Willen."[138] Dennoch scheint es wenig verwunderlich, dass Johann Heinrich Schütte die schriftliche Abiturprüfung zu Ostern 1891 bestand.

Im Deutsch-Teil dieser Prüfung wurden dem jungen Schütte und seinen beiden Mitprüflingen offenbar statt des gewohnten Literaturaufsatzes ein zeitgeschichtlich-philosophisches Essay abverlangt, da das Thema „In welchem Sinne kann man das 19. Jahrhundert mit Recht das eiserne Zeitalter nennen?" lautete. Eher mediävistischen Charakter hatte der französische Aufsatz, den die Prüflinge über das Thema *La première croisade* abzuliefern hatten. Dieses Thema war offenbar schon einmal von den Prüflingen in einer Klassenarbeit behandelt worden, setzte aber einen differenzierten Wortschatz und gründliche Kenntnis der französischen Grammatik voraus. In dem Mathematik-Teil der Abiturprüfung musste Schütte recht anspruchsvolle Textaufgaben zur Arithmetik (Algebra, Gleichungen mit 3 Unbekannten), zur Trigonometrie und Geometrie lösen. Alle diese Bereiche der Mathematik waren in den Schuljahren davor im Unterricht intensiv behandelt worden. Die Analysis war nicht Bestandteil der Prüfungen. Im Chemie-Teil sollte Schütte anhand eines Beispiels die wichtigsten chemischen Vorgänge mit Hilfe seiner Kenntnisse aus den Bereichen „Metalloide und Metalle", also aus der anorganischen Chemie, und aus der Stöchiometrie benennen und erläutern. In Physik wurden ihm Aufgaben aus den Bereichen der Mechanik der Massenpunkte und der Thermodynamik gestellt. Beide Bereiche waren auch in der Obersekunda und der Prima im Unterricht behandelt worden. An diese Prüfungsteile schlossen sich dann noch je eine Übersetzung in Französisch und in Englisch an.[139]

Auch in seinen Abiturarbeiten spiegeln sich Schüttes Leistungsstärken und Schwächen wieder, da er in den Fächern Mathematik, Physik und Chemie die Note „genügend" bekam, was auch seinen Leistungen in der Obersekunda entsprach. Nur in Physik hatte er mit einem „fast gut" eine bessere Note bekommen. Dagegen war er im „Englischen Exercitium" durchgefallen, obwohl er noch im Zeugnis der Obersekunda ein „fast genügend" erreicht hatte. Diese schlechte Leistung konnte er aber mit dem französischen Aufsatz wettmachen, da er hier entgegen seinen früheren Leistungen mit „genügend" abschnitt.[140] Daher bestand Johann Heinrich Schütte den schriftlichen Teil seiner Abiturprüfungen und, nachdem er auch seine mündlichen Prüfungen am 04.04.1892 erfolgreich abgelegt hatte, erhielt er sein Abiturzeugnis zu Ostern 1892.

Wie bei vielen anderen Jugendlichen in jenen Jahren war Schüttes Weg zum Abitur vermutlich nicht völlig problemlos verlaufen. Neben der Pubertät und den damit verbundenen Konflikten z. B. mit den Eltern lässt sich gerade auch die Schule als eine mögliche Problemquelle identifizieren: Zunächst ist das drückende Stoffpensum zu nennen, unter dem der junge Schütte trotz des ihm bescheinigten Fleißes gelitten haben mag. Diese Vermutung wird dadurch belegt, dass die Oberrealschule in ihrem Jahresbericht 1891/1892 darauf hinweisen musste, dass die Eltern doch Rücksprache mit den Lehrern halten sollten, wenn sie überlange Hausarbeitszeiten festzustellen meinten.[141] Mitunter war auch das Verhältnis von Lehrern und Schülern der Oberrealschule stark belastet. So bereiteten Schütte und seinen Mitschülern die autoritären Anwandlungen des Historikers Dr. Rüthning oft Probleme. Die daraus resultierenden Konflikte entluden sich oft in rüden Schülerstreichen.[142] Insgesamt schienen gerade die Schüler der höheren Jahrgänge an der Oberrealschule in Oldenburg Freiräume zu vermissen, denn sie hatten schon seit 1886, wie Schüler in anderen Städten auch, eine so genannte „geheime Schülerverbindung" gebildet, wie der Jahresbericht der Oberrealschule von 1891/92 vermeldete.[143] In dieser Verbindung, deren Haupttreffpunkte in der örtlichen Gastronomie lagen, scheinen die Schüler – die studentischen Verbindungen imitierend und vorwegnehmend – etwa in ritualisierter Weise alkoholischen Getränken, zumeist Bier, zugesprochen oder Tabak geraucht zu haben, wobei sie in ihrem Handeln vermutlich ermutigt und gefördert wurden von so genannten „alten Herren" und von so manchen Eltern. Offenbar erfreuten sich die Schülerverbindungen bei Primanern, Obersekundanern und sogar schon bei Tertianern so großer Beliebtheit, dass ihre Aktivitäten zu einem wichtigen Fixpunkt im Schulalltag und darüber hinaus wurden. Dies führte – so der Jahresbericht 1891/92 – zu „Interesselosigkeit" und „Zerstreutheit" und „Schläfrigkeit" „sonst begabter Knaben" und rief daher die Lehrer, Schulleitung, den Stadtmagistrat und sogar die Schulbehörde auf den Plan. Die geheime Schülerverbindung wurde entdeckt, aufgelöst und ihre Mitglieder bestraft. Der junge Schütte gehörte offenbar nicht zu den Rädelsführern dieser Verbindung und hatte sich nicht besonders intensiv an den Aktivitäten der Schülerverbindung beteiligt, dafür

waren seine schulischen Leistungen und sein Verhalten gegenüber den Lehrern zu positiv. Da aber laut Jahresbericht 1891/92 „die äußere Haltung eines nicht geringen Teils der Schüler oberer Klassen" mehr als zu wünschen übrig ließ, kann nicht ausgeschlossen werden, dass Johann Schütte zumindest ein ‚ordentliches' Mitglied der geheimen Schülerverbindung war. Mit anderen Worten: Auf den Leistungsdruck in der Schule und auf die Erwartungen seiner Eltern reagierte der pubertierende Schütte auf für Teenager typische Weise: mit unwillkürlicher Ablehnung und mit mehr oder weniger glücklichen Aufbegehrungsversuchen zusammen mit Mitgliedern der eigenen Peergroup.

Sollte Schütte in der beschriebenen Weise gegen die Anforderungen von Schule und Elternhaus aufbegehrt haben, so währte seine Rebellion aber nicht lange: Zu groß war auch bei Schütte der Respekt vor der Autorität des Vaters, der Schule und der Schulaufsicht und die Angst vor Bestrafung. Daneben mochten auch Schüttes eigener Ehrgeiz und Leistungsorientierung eine jugendliche Rebellion verhindert und seine Aggressionen gegen die ältere Generation in andere Richtungen gelenkt haben.[144] Eine besondere Rolle spielte dabei das im 19. Jahrhundert vorherrschende historische Geschichtsbild, das ausgerechnet der ungeliebte Dr. Rüthning Schütte vermittelt hatte: Demzufolge machten nur große Männer preußisch-deutsche Geschichte, in jenen Tagen zum Beispiel Bismarck, nur sie hatten etwas Bedeutendes geleistet.[145] Diese historischen Persönlichkeiten und ihre militärischen und politischen Leistungen, die – weil sie zur Reichsgründung 1870/71 maßgeblich beigetragen hatten – von vielen Zeitgenossen als sehr bedeutend angesehen wurden,[146] beeindruckten vermutlich auch den jungen Schütte tief. Daher wurden die Protagonisten der Reichsgründung für den ehrgeizigen und leistungsorientierten Schütte zu Vorbildern, mit denen er sich identifizieren und denen er nacheifern konnte, obwohl er von ihnen im Geschichtsunterricht eines von ihm ungeliebten Lehrers Kenntnis erhielt. Aufgrund der allgemeinen Wertschätzung, welche den Reichsgründern allenthalben entgegengebracht wurde,[147] kam auch bei ihm nicht der Gedanke auf, sich mit diesen Heroen kritisch auseinander zu setzen oder gar gegen sie zu revoltieren. Mit anderen Worten: Das im Bürgertum vorherrschende historistische Geschichtsverständnis war mitverantwortlich dafür, dass Schütte sich wie viele andere Männer aus dieser Schicht dafür entschied, danach zu streben, in seinem Leben etwas historisch Bedeutendes zu leisten, statt mit Autoritäten in Familie, Schule und Politik die kritische Auseinandersetzung zu suchen.

Schüttes Ehrgeiz und Leistungsorientierung wurden wahrscheinlich auch durch den Umstand gesteigert, dass er wie viele Männer

Schütte (vermutl. als Primaner)

Ohne die Möglichkeit, sich mit den Erwartungen und Ansprüchen der Erwachsenenwelt kritisch auseinander zu setzen, und konfrontiert mit der Forderung, selbst etwas Bedeutendes zu leisten, das die historische Leistung der älteren Generation noch übertreffen musste, traf der ehrgeizige junge Schütte am Ende seiner Schulzeit wie viele andere Abiturienten seine Berufswahl. Wahrscheinlich ist, dass seine Entscheidung durch seine frühkindlichen Erfahrungen im Oldenburger Hafen, durch das Vorbild und den Rat seines schifffahrtskundigen Vaters und durch den Umgang mit Nachbarn, die in der Schifffahrt arbeiteten, beeinflusst wurde. Spätestens bei der Abiturfeier stand daher sein Berufswunsch fest: Er beabsichtigte Schiffbauer zu werden.[149]

2.2 SCHÜTTES STUDIENZEIT (1892–1898)
2.2.1 DIE ÖKONOMISCHE UND TECHNISCHE SITUATION DES SCHIFFBAUS ZU BEGINN DER 1890ER JAHRE

Für das Wintersemester 1892/93 schrieb sich der 19jährige Johann Heinrich Schütte an der Technischen Hochschule Charlottenburg,[150] der späteren Technischen Universität Berlin, für das Fach Schiffbau ein und nahm das Studium dieses Faches an der Sektion für Schiffbau der Abteilung für Maschineningenieurswesen im Herbst desselben Jahres auf.[151] Bevor dieser wichtige Abschnitt in Schüttes Leben betrachtet wird, ist es zunächst notwendig, die weiteren Bedingungen, unter denen er studierte, näher zu behandeln: 1. der ökonomische und technologische Entwicklungsstand des Schiffbaus zu Beginn der 1890er Jahre, 2. die Situation der technischen Hochschulen im Deutschen Reich in jenen Jahren, 3. der Zustand der Technischen Hochschule Charlottenburg und 4. die Lage des Faches Schiffbau als akademische Disziplin. Die engeren Bedingungen, unter denen Schütte studierte, wie z. B. die Finanzierung oder die Mitgliedschaft in studentischen Vereinigungen, werden im Kapitel 2.2.4 zum Inhalt und Verlauf seines Schiffbaustudiums thematisiert werden.

Schütte begann sein Schiffbaustudium in einer Zeit, als die Arbeitsmarktlage für die Absolventen dieses Studienganges aufgrund der ökonomischen und technischen Entwicklung offenbar besonders günstig war, denn seit den frühen 1870er Jahren war zum Beispiel der deutsche Schiffbau, wenn auch zeitweise schleppend, so doch stetig expandiert. Das lag zunächst daran, dass der deutsche Außenhandel in seinem Volumen stark stieg: Zwischen 1860 und 1913 nahm er um das Vierfache, d h. durchschnittlich um 4 Prozent pro Jahr, zu. Der Export wuchs von 2,3 Milliarden Mark im Jahr 1870 über 3,1 Milliarden Mark

seiner Generation, also diejenigen; die nach 1871 geboren wurden, aufgrund der Verherrlichung des Krieges gegen Frankreich glaubten, ein Epigonendasein zu führen und dass sie daher eine ähnlich große historische Tat vollbringen müssten wie die Männer, die die Reichsgründung erkämpft hatten: In der Vorstellung der Generation Schüttes bestand gegen Ende des 19. Jahrhunderts eine solche Tat darin, das Deutsche Reich über „Seegeltung" zu einer „Weltmacht" zu machen, also etwas zu erreichen, das die Reichsgründung als einen Jugendstreich hätte erscheinen lassen.[148] Zwar lag in einem solchen Denken der männlichen Jugend auch eine starke Unzufriedenheit gegen die Eltern, gegen die ältere Generation und gegen das von ihnen Geschaffene, aber die jungen Männer wollten die Leistungen ihrer Altvorderen übertreffen. Entsprechend lag jungen Männern der Gedanke an eine grundsätzliche Rebellion fern und der Gedanke an einen historisch-politischen Wettbewerb mit der älteren Generation nah.

in den Jahren 1880/84 auf 8,7 Milliarden Mark in den Jahren 1910/13, der Import in der gleichen Zeit von 3,3 Milliarden Mark über 3,1 auf 10,01 Milliarden Mark.[152] Hinzu kam, dass sich die Anzahl der deutschen Auswanderer nach Übersee bis in die 1880er Jahre hinein ständig steigerte und erst in der zweiten Hälfte der 1890er Jahre dramatisch zurückging, was aber durch den Transit von Auswanderern osteuropäischer bzw. ostjüdischer Herkunft kompensiert wurde.[153] Begünstigt wurde diese Entwicklung weiter dadurch, dass das Deutsche Reich den Handelsschiffbau ab 1885 mit dem so genannten „Dampfersubventionsgesetz" förderte.[154] Entsprechend expandierte die deutsche Seeschifffahrt, und die Tonnagezahl der deutschen Handelsflotte stieg von 988.000 (1871) auf 5.400.000 Bruttoregistertonnen (1913).[155] Außerdem erwiesen sich die Ausbaupläne des preußischen Staatsministers und Chefs der deutschen Admiralität, General Albrecht von Stosch (1819–1896), aus dem Jahr 1873 für den deutschen Schiffbau als vorteilhaft: Das Reich baute bis zum Sturz dieses Ministers im Jahr 1877 seine Seestreitkräfte stetig aus, und einige der innerhalb dieses Bauprogramms entworfenen Kriegsschiffstypen durften auch ins Ausland exportiert werden. Von besonderer Bedeutung für den deutschen Schiffbau sollten sich aber die Pläne zum Aufbau einer Schlachtflotte erweisen, die von dem neuen Staatssekretär im RMA, Alfred Tirpitz (1849–1930),[156] konzipiert und ab 1897 realisiert wurden.[157] Aus einigen wenigen Betrieben entwickelte sich dank des stetigen Außenhandelswachstums, des nicht versiegenden Auswandererstroms und dank staatlicher Intervention bald eine leistungsstarke Schiffbauindustrie.[158]

Diese Schiffbauindustrie sah sich im letzten Drittel des 19. Jahrhunderts wachsenden Anforderungen der Reedereien hinsichtlich ihrer Produkte ausgesetzt. Im Wesentlichen bezogen sich diese Anforderungen auf die Aspekte Sicherheit und Wirtschaftlichkeit. Beide Aspekte hingen eng miteinander zusammen. Erlitt ein Schiff einen Unfall oder sank es danach, hatte dies Auswirkungen auf das wirtschaftliche Ergebnis der Reederei, weil deren Kunden das Vertrauen in die Fähigkeit dieses Unternehmens verloren, mit seinen Schiffen einen sicheren Transport der Passagiere oder der Fracht durchzuführen. Aufgrund der großen Konkurrenz auf wichtigen Fahrtgebieten wie etwa dem Nordatlantik konnten sie einfach zu einer anderen Reederei wechseln.[159] Die Reedereien mussten also aufgrund der Konkurrenz von den Werften verlangen, dass deren Schiffe sicher, d.h. hochseetüchtig, waren.

Die Forderung der Reedereien an die Werften, wirtschaftlichere Schiffe zu bauen, war dadurch begründet, dass angesichts der großen Konkurrenz auf wichtigen Fahrtgebieten die Gewinne der Reedereien stagnierten oder sanken. Deshalb setzten sie alles daran ihre Selbstkosten zu senken und forderten von der Werftindustrie, nur noch Schiffe zu bauen, die einen einzigen Zweck erfüllen konnten. Außerdem verlangten sie von ihr immer größere Schiffe zu produzieren, weil sich bei ihnen die Erkenntnis durchsetzte, „dass der Wasserwiderstand bei gleich bleibender Geschwindigkeit, aber zunehmenden Schiffsdimensionen im Verhältnis zur Größe des Schiffs außerordentlich sinkt". Daher bauten die Werften für die Reedereien im letzten Drittel des 19. Jahrhunderts immer größere Schiffe mit einer gleich bleibenden Geschwindigkeit. Dadurch sanken die Betriebskosten, da die großen Schiffe 50 bzw. 33 Prozent weniger Kohlen pro Tonne Verdrängung und pro Tonne Ladung verbrauchten als kleinere mit derselben Geschwindigkeit.[160]

Den Anforderungen der Reedereien hinsichtlich Sicherheit und Wirtschaftlichkeit konnte die Schiffbauindustrie entsprechen, weil sie in der Lage war, eine Reihe von technischen Innovationen zu entwickeln: Dabei ist die Erfindung des Einschrauben- bzw. des Doppelschraubenantriebs, die Einführung des Eisen- bzw. Stahlschiffbaus, die Konstruktion von ausreichend starken Dampfmaschinen in England sowie die Entwicklung von Schiffstypen eigens für einen einzigen Zweck im Verlauf der zweiten Hälfte des 19. Jahrhunderts besonders zu nennen.[161] Mit Hilfe dieser Erfindungen war es möglich, den Bedürfnissen der Reedereien nach sichereren und wirtschaftlicheren Schiffen nachzukommen.

– Jene Schiffe waren *sicherer*, weil im Gegensatz zu Segelschiffen oder Raddampfern mindestens eine Schiffsschraube für einen ausreichend sicheren und gleichmäßigen Vortrieb sorgte.[162] Zu einer weiteren Erhöhung der Sicherheit trug die Verwendung von Eisen bzw. Stahl beim Bau dieser Schiffe bei, weil mit Hilfe neuer Techniken (Nietung) die Bauteile aus den neuen Werkstoffen besser miteinander verbunden und die Schiffskörper mit einer größeren Festigkeit, d.h. solider und dauerhafter, gebaut werden konnten als mit Hilfe von Holz.[163] Auf diese Weise waren die neuen Schiffe in der Lage, auf hoher See unabhängiger von den Naturgewalten zu operieren als Holzschiffe.

– Auch wurden jene Schiffe dank der neuen Technik *wirtschaftlicher*. Dies war im Wesentlichen durch drei Faktoren bedingt: Die Entwicklung von Schnelldampfern für den Transport von Passagieren mit gehobenen Ansprüchen, von langsameren Fracht- und Passagierdampfern für billige Passagepreise mit gleichzeitigem Transport größerer Frachtmengen und von reinen Frachtdampfern, die der jeweiligen Fracht am besten angepasst waren, senkte die Selbstkosten der Reedereien. Die Geschwindigkeit dieser Schiffe und ihre Laderäume waren nämlich ganz denjenigen Passagieren bzw. derjenigen Fracht angepasst, die sie transportieren sollten. Dadurch wurde ihr Einsatz immer rentabler.[164] Außerdem war es aufgrund der besseren Verbindungsmöglichkeiten von Eisen- bzw. Stahlbauteilen möglich, nicht nur Schiffe in einer bis dahin nicht gekannten Widerstandsfähigkeit zu bauen, sondern dabei auch in bis dahin ungeahnte Größendimensionen vorzustoßen, die eine entsprechende Vergrößerung der Laderäume mit sich brachte. Zudem waren diese geräumigen Schiffe im Vergleich zu den bis dahin eingesetzten Schaufelraddampfern in der Lage, mit hohen Geschwindigkeiten zu fahren und zugleich so wenig Kohle zu verbrauchen, dass sie nur eine relativ geringe Menge dieses Betriebsstoffes mit sich führen mussten. Dies lag zum einen daran, dass die neuen Mehrfachexpansionsmaschinen zusammen mit den Schiffpropellern genügend Kraft zum Vortrieb des Schiffes erzeugen konnten. Zum anderen besaßen die Körper der neuen Schiffe aufgrund der neuen Verbindungstechniken, der geringen Menge der mitzuführenden Kohle, und der leichten neuen Maschinen auch ein relativ geringes Gewicht.[165] Auf diese Weise wurde bei diesen Schiffen der Anteil des Eigengewichts am Gesamtgewicht stark gesenkt, so dass ihre Transportkapazitäten noch einmal zunahmen. Dies bedeutete, dass die neuen Eisen- bzw. Stahlschiffe viel größere Mengen Ladung aufnehmen konnten, als die Holzschiffe, also rentabler fuhren als jene.[166]

Auf diese Weise produzierte die Schiffbauindustrie für die Reedereien Schiffe, die immer sicherer und größer wurden und immer wirtschaftlicher arbeiten konnten,[167] und mit deren Hilfe sie den ständig ansteigenden Außenhandel, sofern er nach Übersee ging, ermöglichen konnten. Umgekehrt gingen vom rasch zunehmenden Überseehandel auch wieder starke Entwicklungsimpulse auf den Schiffbau, bessere Schiffe zu bauen, aus.[168]

Die technischen Innovationen im Bereich des zu verwendenden Materials im Bereich der Maschinen und des Antriebs führten aber auch dazu, dass sich die Anforderungen an die theoretische Vorbildung der Schiffbauer stark veränderte: Der Bau von Schiffen aus Eisen verlangte von den Schiffbauern, dass sie im Gegensatz zum noch handwerklich-intuitiv betriebenen Holzschiffbau die *Tragfähigkeit* und die hierdurch bedingte Größe berechnen mussten. Außerdem hatten sie die *Stabilität* des Schiffes, also die Fähigkeit des Schiffes, nach dem Auftreten von krängenden und trimmenden Momenten sich wieder aufzurichten, rechnerisch zu bestimmen. Zudem erwies es sich als notwendig, dass die Schiffbauer im Konstruktionsprozess auch *Schiffsrisse* anfertigten.[169] Eine Ursache für diese neuen Anfor-

derungen bestand darin, dass sich beim Bau von Eisenschiffen derart komplizierte Bedingungen einstellten, weil dabei – anders als im traditionellen Holzschiffbau – auch die verhältnismäßig großen und schweren Schiffsmaschinen berücksichtigt werden mussten. Daher waren die Schiffbauer gezwungen, vor dem Baubeginn die Schiffsdimensionen und Maschinenanlage rechnerisch exakt zu bestimmen. Hinzu kam, dass sie unter solchen komplexen Bedingungen nur noch mit Hilfe von Berechnungen den Wünschen ihrer Kunden entsprechen konnten.[170]

Die Reeder-Kunden forderten von den Schiffbauern, Schiffe mit höheren Geschwindigkeiten und mit erhöhten Ladungskapazitäten zu bauen. Daher mussten diese in der Lage sein, den *Widerstand* eines Schiffes im Wasser rechnerisch genau zu bestimmen, um so die hydrodynamisch günstigste Schiffsform bzw. Schiffsschraube festlegen zu können. Nur auf diese Weise ließen sich Schiffe mit großen Laderäumen bauen, die zugleich sehr schnell bzw. sehr sparsam waren. Die Forderungen der Reederschaft führten auch dazu, dass die Schiffskonstrukteure die Fähigkeit, die *Festigkeit* ihrer Produkte, d. h. die Widerstandsfähigkeit von Eisen bzw. Stahl unter Einwirkung der im Wasser herrschenden Kräfte, also des Seegangs, zu berechnen, ausbildeten. Nur so konnten sie den statischen Kräften Rechnung tragen, die auf bzw. in einem großen Schiff wirkten.

Zudem verlangten viele Unfälle, die zum Verlust von einigen neuen Eisenschiffen ab den 1870er Jahren geführt hatten, sowohl im Marine- als auch im Handelsschiffbau, dass die Schiffbauer in die Lage versetzt werden mussten, besonders die *Stabilität* genau zu berechnen. Dazu gehörte es, dass die Schiffbauer die Stabilität für unterschiedliche Neigungswinkel rechnerisch bestimmten, eine Stabilitätskurve zur Ermittlung der Stabilitätsgrenze konstruierten und die Stabilitätsberechnung bei unterschiedlichen ‚Tiefgangslagen' durchführten. All diese veränderten Anforderungen an die Schiffbauer führten dazu, dass ihre Ausbildung einer Generalrevision unterzogen werden musste.

2.2.2 DIE TECHNISCHEN HOCHSCHULEN UND DIE TH BERLIN-CHARLOTTENBURG IN DEN 1890ER JAHREN
2.2.2.1 DIE LAGE DER TECHNISCHEN HOCHSCHULEN IM DEUTSCHEN REICH

Bevor nun im Einzelnen auf die Auswirkungen der veränderten praktischen Anforderungen in der Konstruktion von Schiffen auf die institutionalisierte Schiffbauerausbildung eingegangen werden soll, ist es notwendig, sich zunächst mit der Situation der Technischen Hochschulen und besonders der TH Berlin-Charlottenburg zu beschäftigen. Ein solcher Schritt erscheint notwendig, weil sich zu Schüttes Studienzeiten die höhere Schiffbauausbildung in Preußen von dem Königlichen Gewerbeinstitut in Berlin bereits an die Technischen Hochschulen verlagert hatte. Hinzu kommt, dass zu Schüttes Studienzeit die TH Charlottenburg die einzige Technische Hochschule im Deutschen Reich war, an der ein Student Schiffbau studieren konnte.[171] Nicht zuletzt war die Hochschule in Charlottenburg über mehrere Jahre Schüttes Lebensmittelpunkt.

Die Vorläufer der Technischen Hochschulen waren die polytechnischen Schulen oder andere vergleichbare Bildungseinrichtungen in Österreich[172] und in den Mittelstaaten des Deutschen Bundes sowie das von Peter Christian Wilhelm Beuth[173] 1821 gegründete Gewerbeinstitut und die 1799 gegründete staatliche Bauakademie in Berlin. Wesentliche Ursache für die Gründung dieser technischen Bildungseinrichtungen war der Rückstand auf dem Feld der Industrialisierung und der Mechanisierung des Fabrikbetriebs im Vergleich zu anderen europäischen Ländern, insbesondere zu England. Diesen Rückstand wollten die so genannten „industriellen Nachfolgestaaten" im Deutschen Bund durch den Aufbau eines technischen Ausbildungssystems verkürzen und den relativen Mangel an Kapital, Rohstoffen und technisch-industrieller Erfahrung wettmachen.[174] In den polytechnischen Schulen wurde von 1806 bis in die 1870er Jahren hinein nach dem Vorbild der 1794/95 gegründeten Pariser École polytechnique[175] eine allgemeine wissenschaftliche (mathematische) Grundbildung vermittelt. Anders aber als in Frankreich schlossen diese Bildungseinrichtungen die einzelnen Fachschulen für Bauwesen, Maschinenbau etc. mit ein. Die Fachschulen vermittelten technisches Wissen für angehende Architekten und Bauingenieure, welche im Staatsdienst tätig werden wollten, und für angehende „Privattechniker", die eine Tätigkeit in der gewerblichen Wirtschaft anstrebten. Das Gewerbeinstitut und die Bauakademie in Preußen waren auch nicht mit der Pariser Einrichtung zu vergleichen, da man hier beim System von getrennten Spezialschulen für staatliche und Industrieingenieure blieb.[176] Daher vereinigten allein die polytechnischen Schulen der deutschen Mittelstaaten die bis dahin getrennte Ausbildung von staatlichen und Industrieingenieuren. Weil sie auch noch die Aufteilung des technischen Studiums in ein Grund- und ein Hauptstudium vorweg nahmen, wurden gerade die polytechnischen Schulen zu den Vorläufern der Technischen Hochschulen im Deutschen Reich.[177]

Ab 1871 waren die aus diesen Vorläufereinrichtungen hervorgegangenen Technischen Hochschulen dann Teil des Hochschulsystems. Dieses System besaß insgesamt innerhalb und außerhalb Deutschlands ein großes Ansehen, schon allein deshalb, weil eine große Anzahl von Nobelpreisen insbesondere in den Bereichen der Naturwissenschaften an deutsche Gelehrte gegangen war. Zudem galt das deutsche Universitätssystem in jenen Jahren trotz mancher Krisensymptome der Humboldtschen Universität aufgrund der „geglückten Verbindung von Forschung und Lehre als weltweit vorbildlich".[178]

Wie die Zahl der Universitäten expandierte im Zuge des von staatlicher Seite betriebenen Ausbaus der höheren Bildungseinrichtungen ebenso die Zahl der Technischen Hochschulen.[179] Gab es im Jahr 1871 schon acht Technische Hochschulen, so kamen bis 1911 vier weitere solcher Einrichtungen teils durch Umwandlung der polytechnischen Schulen bzw. der Berliner Gewerbeakademie, teils durch Neugründung hinzu.[180] Diese Entwicklung war bedingt durch vielerlei Faktoren: Nach der Reichsgründung nahm auch an den Technischen Hochschulen die Zahl der Studenten stark zu. Dies war zurückzuführen auf das allgemeine Bevölkerungswachstum und höhere Abiturientenzahlen.[181] Darüber hinaus benötigte die Industrie in der Phase der Hochindustrialisierung nach der Überwindung der Wirtschaftskrise in den 1890er Jahren immer mehr Ingenieure.[182]

Innerhalb der Mauern der Technischen Hochschulen setze außerdem ein Differenzierungsprozess ein, der den Expansionsdruck seinerseits erhöhte: Die Spezialisierung der Fächer förderte die Entstehung neuer Disziplinen, was die Einrichtung neuer Ordinariate und damit von neuen Lehr- und Forschungseinrichtungen bedeutete.[183] Gefördert wurde diese Entwicklung zum einen dadurch, dass die Professoren ausgesprochen forschungsorientiert arbeiteten. Hinzu kam, dass gerade die naturwissenschaftlich orientierten Fächer gezwungen waren, zur Institutsforschung überzugehen, da die Arbeit einzelner Gelehrter nicht mehr ausreichte, um die gerade in den Naturwissenschaften immer vielfältigeren komplexeren wissenschaftlichen Probleme zu lösen. Hatte eine Technische Hochschule erst einmal ein Institut gegründet, so zog diese Maßnahme zudem in der Regel weitere Gründungen solcher Einrichtungen nach sich, da sich die Hochschulen in einem Konkurrenzkampf um bedeutende Professoren befanden und jene Forscher deshalb auch hohe Ansprüche stellen konnten.[184] Diese Differenzierungs- und Expansionsprozesse innerhalb der Technischen Hochschulen hätten nun aber nicht stattfinden können, wenn nicht wissenschaftlich- und hochschulfreundliche staatliche Behörden wie etwa die preußische Hochschulverwaltung unter dem Ministerialdirektor Friedrich Althoff (1839–1908)[185] die dazu notwendigen erheblichen finanziellen Mittel zur Verfügung gestellt hätten. In den zuständigen staatlichen Stellen war die Erkenntnis weit verbreitet, „dass die Zukunft von Wirtschaft und Gesellschaft in ganz entscheidendem Maße von der Qualität des Hochschulsystems abhängt".[186] Zudem waren sich diese Behörden bewusst, dass sie sich innerhalb des Deutschen Reichs in einer föderalistischen Konkurrenz befanden und dass auch international den Wissenschaften eine hohe Bedeutung zugemessen wurde.[187]

Hatten die Technischen Hochschulen im Gefolge des oben beschriebenen Expansions- und Differenzierungsprozesses mit ähnlichen Schwierigkeiten wie die Universitäten zu kämpfen, so sahen sich die Ersteren aber auch im letzten Drittel des 19. Jahrhunderts vor ein schwieriges hausgemachtes Problem gestellt: Wie sollten sie ihren Studenten die immer weniger praxisrelevanten Kenntnisse vermitteln? Die Frage ergab sich daraus, dass die technische Entwicklung in der Industrie in der Phase der Hochindustrialisierung den wissenschaftlichen Theorien, wie sie an den Hochschulen gelehrt wurden, immer weiter enteilt war. Hatten sich die Technischen Hochschulen noch in der Mitte des Jahrhunderts auf eine immer stärkere Akademisierung konzentriert, um ihrem Streben nach Wissenschaftlichkeit und nach Gleichstellung mit der Bauakademie und Universität konkurrieren zu können, so mussten sie sich nun in ihrem Lehr- und Wissenschaftsbetrieb wieder mehr der industriellen Praxis annähern, wollten sie sich nicht selbst um ihre Existenzberechtigung bringen.[188] Lange Zeit glaubten die Technischen Hochschulen, eine Akademisierung bzw. Verwissenschaftlichung durch eine größere Theorielastigkeit herbeiführen zu müssen: Mathematische Modelle sollten zur Lösung technischer Probleme eingesetzt, die modernen Naturwissenschaften, insbesondere die Physik, einbezogen und ihre Gesetzmäßigkeiten bei der Entwicklung der Modelle berücksichtigt werden. Gegen Ende des 19. Jahrhunderts wandten sich die Technischen Hochschulen unter dem Druck der Industrie von dieser einseitig theoretischen Ausrichtung ab. Sie führten die „technische Methode", d. h. die technisch experimentelle Forschung mit Versuchen, Beobachtungen und Messungen, und damit den Experimentalunterricht und wirklichkeitsnahe Übungen ein. Die Mathematik benutzen sie nur noch als Beschreibungsmittel für technische Regeln, Materialkennziffern usw.[189] Derartige Methoden der Erkenntnisgewinnung und der Wissensvermittlung waren innerhalb der Technischen Hochschulen bis dahin kaum üblich gewesen. „[Es] setzte sich jetzt an den Hochschulen auf akademischer Ebene allgemeiner die Erkenntnis durch, daß in den technischen Fächern

spezifisch experimentelle Lehre und Forschung nötig waren, daß es hier dabei aber der Entwicklung entsprechender eigener, von den Naturwissenschaften verschiedener Methoden bedurfte, systematischer Versuche und Messungen an Maschinen und Materialien in natürlichem Maßstabe und unter der Vielfalt von Bedingungen, die dem wirklichen Betrieb industrieller Praxis entsprachen, und daß hierzu besondere Laboratorien, Meß-, Versuchs, und Prüfungseinrichtungen, apparative Mittel im großen Maßstabe nötig waren."[190]

Diese Erkenntnis setzte in der 1890er Jahren die staatliche Hochschulverwaltung sehr schnell in die Praxis um und bewilligte großzügig die benötigten Lehr- und Forschungseinrichtungen. Stützen konnte sie sich dabei auf massive wirtschaftspolitische Argumentationen, die auf die Bedürfnisse der Industrie und ihre Situation im internationalen Wettbewerb hinwiesen, und aufgrund von wirtschaftspolitisch motivierten wissenschaftspolitischen Entscheidungen. Mit dieser Politik wurde an den Technischen Hochschulen ein Transformationsprozess eingeleitet, in dessen Verlauf

„Systematik und Methoden der technischen Fächer und der Konstruktion immer weiter durchdacht und in orientierender Forschung entwickelt [wurden], mit dem Ergebnis, dass die rationale, die eigenständige wissenschaftliche Struktur [...] eines immer größeren Teiles des technischen Schaffens klarer zu tage trat, und [es] erst damit zur Entfaltung der technischen Wissenschaften im heutigen Sinne [kam]".[191]

Im Verlauf dieser Entwicklung gelang es den Technischen Hochschulen im frühen 20. Jahrhundert, sich einen Großteil der naturwissenschaftlichen Ausbildung zu sichern und darüber hinaus in vielen Bereichen der Forschungen den Universitäten den Rang abzulaufen. Indem sie der Wirtschaft und dem Staat eine große Zahl von gut ausgebildeten technischen Experten lieferten, ermöglichten sie die „außergewöhnliche Dynamik des deutschen Industriekapitalismus vor 1914".[192]

Diese zunehmende Bedeutung der Technischen Hochschulen in der Wissenschaft und im deutschen Universitätssystem fand ihren Ausdruck auch in einem formalen Bedeutungszuwachs: Am Ende des 19. Jahrhunderts war es den Technischen Hochschulen gelungen, bei den staatlichen Stellen ihre rechtliche Gleichstellung gegenüber den Universitäten endgültig durchzusetzen. Wichtige Stationen auf diesem langen Weg markieren die staatliche Genehmigung von Universitätsverfassungen für die Polytechnika im Jahre 1880, die dienstliche Gleichstellung des akademischen Personals an den Technischen Hochschulen mit denjenigen an den Universitäten im Jahr 1892 und die Verleihung des Promotionsrechtes (Promotion zum „Dr.-Ing.") im Jahre 1899 durch den großen Förderer der Technischen Hochschulen, Kaiser Wilhelm II., gegen den erbitterten Widerstand der Universitäten.[193]

Die Technischen Hochschulen im Deutschen Reich gegen Ende des 19. bzw. zu Beginn des 20. Jahrhunderts waren also ein integraler Bestandteil des ausgesprochen leistungsfähigen Hochschulsystems des Deutschen Reichs: Wie der andere Teil dieses Systems waren auch sie gezwungen, aufgrund zunehmender Studentenzahlen zu expandieren und insbesondere aufgrund der Spezialisierung der Fächer ihre inneren Strukturen, zumal in der Forschung, zu differenzieren. Darüber hinaus waren sie gerade dabei, unter dem Druck der Industrie ihre Ausbildungs- und Forschungsmethoden zu reformieren und ihnen eine wissenschaftlich-empirische Ausrichtung zu geben und auf dem besten Wege, ihre rechtliche Gleichstellung gegenüber den Universitäten zu erringen. In einer solchen Umbruchs- und Übergangsphase der Technischen Hochschulen nahm Johann Heinrich Schütte im Jahre 1892 sein Studium des Schiffbaus an der Technischen Hochschule Charlottenburg auf.

2.2.2.2 DIE SITUATION DER TH CHARLOTTENBURG

Die Technische Hochschule Charlottenburg war erst 1879 gegründet worden. Sie war damit 13 Jahre jünger als die TH Karlsruhe, die älteste Bildungseinrichtung dieser Art in Deutschland.[194] Da aber die Vorläuferinstitutionen der Charlottenburger Schule, die Bergakademie, die Ingenieurakademie der Preußischen Armee und die staatliche Bauakademie, schon 1777, 1788 bzw. 1799 in Berlin gegründet worden waren, konnte die TH in Charlottenburg schon im Jahr 1899, also 100 Jahre nach der Gründung der staatlichen Bauakademie, ihr hundertjähriges Bestehen feiern.[195]

Die TH Charlottenburg war gegründet worden, weil in Deutschland und in Preußen zu Beginn der 1860er Jahre die Polytechnischen Schulen expandierten: 1863 wurde der Gründungserlass für das Polytechnikum in Aachen unterzeichnet, das erst sieben Jahre später seine Pforten öffnete, und mit der preußischen Annexion des Königreichs Hannover kam 1866 die Polytechnische Schule in Hannover hinzu. Außerdem wurde jene Bildungseinrichtung deutlich aufgewertet: 1865 wurde dem Polytechnikum in Karlsruhe ausdrücklich der Rang einer „technischen Hochschule" zuerkannt. Dem Polytechnikum im damals preußischen Aachen wurde dieser Titel 1870 verliehen. Daher

blieb es nicht aus, dass vor dem Hintergrund des raschen sozialen und wirtschaftlichen Wandels und des sich beschleunigenden Tempos des technisch-industriellen Fortschritts einflussreiche Instanzen wie das preußische Abgeordnetenhaus eine Weiterentwicklung auch der höheren technischen Bildungsinstanzen in Berlin vorantrieben und vehement eine Vereinigung der Berg-, Ingenieur- und Bauakademie zu einem Polytechnikum bzw. später zu einer Technischen Hochschule forderten. Diese Bestrebungen wurden immer wieder durch die preußischen Behörden, insbesondere durch das preußische Kultusministerium, verhindert, das lieber die bestehenden höheren technischen Bildungseinrichtungen fördern wollte. Erst als das Abgeordnetenhaus im Jahre 1876 die Unterstützung der preußischen Regierung fand, war der Kampf um die Technische Hochschule in Berlin entschieden. Im Jahr 1879 beschloss das Abgeordnetenhaus dann abschließend, die bestehenden höheren technischen Bildungseinrichtungen zu vereinigen.[196]

Die Aufgabe der neuen Bildungseinrichtung wurde nun dahin gehend festgelegt, dass sie „für den technischen Beruf im Staats- und Gemeindedienst, wie im industriellen Leben die höhere Ausbildung zu gewähren, sowie die Wissenschaften und Künste zu pflegen [hat], welche zu dem technischen Unterrichtsgebiet gehören".[197] Auf diese Weise war sichergestellt, dass in der Hochschule sowohl gelehrt als auch geforscht wurde. Die neue Hochschule wurde in fünf Abteilungen aufgeteilt: Architektur, Bauingenieurwesen, Maschineningenieurwesen (einschließlich Schiffbau), Chemie und Allgemeine Wissenschaften (insbesondere Mathematik und Physik).

Zunächst schritten der Aufbau und der Ausbau der neuen Technischen Hochschule recht gemächlich voran: Die Errichtung des der TH zugedachten großen Gebäudekomplexes benötigte fünf Jahre und war erst 1884 abgeschlossen. Der innere Ausbau dauerte abermals zwanzig weitere Jahre, doch immerhin gelang es in dieser Zeit der Hochschule, sechzehn Laboratorien zu errichten, welche eine eigenständige und kontinuierliche Arbeit der Wissenschaftler gewährleisteten und die damit die Leistungsfähigkeit der Hochschule in den Aufgabenbereichen Forschung und Ausbildung sicherstellten: Zunächst wurde die Abteilung für Chemie mit je einem Laboratorium für organische und anorganische Chemie ausgestattet. Hinzu kamen 1884 ein metallurgisches, 1891 ein technisch-chemisches und 1894/96 ein elektrochemisches Laboratorium. Die Elektrotechniker unter den Maschinenbauingenieuren erhielten 1884 ein elektrotechnisches Labor, die Bauingenieure 1887 die „Prüfstelle für Heiz- und Lüftungseinrichtungen" und 1895/96 die Maschinenbauer ein „Maschinenbaulaboratorium".[198]

Erst mit der Neuorientierung der Maschinenbauabteilung in Forschung und Lehre wurde aber ein entscheidender Durchbruch erzielt. Der weiter oben schon angedeutete Vorwurf der Praxisferne in der Ausbildung von Maschinenbauingenieuren, die Rezeption der amerikanischen Ingenieursausbildung[199] und die daraus resultierende Einführung der technischen Methode an den Technischen Hochschulen im Deutschen Reich zog die Forderung nach sich, an den deutschen Hochschulen „Maschinenbaulaboratorien" zu errichten, um den Ingenieursnachwuchs besser ausbilden zu können. Daher erhielt die Maschinenbauabteilung an der TH Charlottenburg 1895/96 ein solches Laboratorium. Einige Maschinenbauabteilungen an anderen Technischen Hochschulen hatten zwar schon ihre Laboratorien bekommen, doch die Etablierung des Maschinenbaulaboratoriums an der TH schlug eine Bresche für die Errichtung weiterer Laboratorien in anderen Abteilungen der Charlottenburger Hochschule in den folgenden Jahren bis 1906. Das Laboratorium selbst entwickelte sich zu einer bedeutenden Lehr- und Forschungsstätte. [200]

Wurden auf diese Weise die sachlichen Voraussetzungen für eine erfolgreiche Ausbildungs- und Forschungstätigkeit im Rahmen der Einführung und Anwendung der „technischen Methode" erst in den letzten beiden Jahrzehnten des 19. und im ersten Jahrzehnt des 20. Jahrhunderts geschaffen, hatte das wissenschaftliche Personal, allen voran die Professoren, durch seine wissenschaftlichen Leistungen schon seit 1884 dafür gesorgt, dass die Technische Hochschule in Charlottenburg als Ausbildungsstätte einen ausgezeichneten Ruf genoss und damit für Studenten aus dem ganzen Reich ausgesprochen attraktiv war.[201] So verfügte beispielsweise die Maschinenbauabteilung – die als Zentrum der TH die meisten Studenten ausbildete und über ein Drittel aller Ordinariate verfügte – mit Männern wie Franz Reuleaux (1829–1905),[202] Adolf Slaby (1849–1913)[203] und vielen anderen über eine große Anzahl von damals international höchst angesehenen Wissenschaftlern.[204]

Diesen sich gerade entfaltenden, attraktiven Studienbedingungen an der Technischen Hochschule Charlottenburg folgten die Studenten ab 1884/85, was sich an den jährlich steigenden Immatrikulationszahlen ablesen ließ. Im Vergleich zu anderen Hochschulen dieser Art wuchsen ihre Studentenzahlen sogar überdurchschnittlich, wohl eine Folge der Attraktivität des nahe gelegenen Berlins als Haupt- und Kulturstadt. Entsprechend studierte im Jahr 1900/01 bereits ein Viertel aller Studenten, die an den damals bestehenden technischen Hochschulen immatrikuliert waren, an der TH Charlottenburg. Diese Zahl wurde noch von der Abteilung für Maschinenbau übertroffen: Hier stu-

dierten 40 Prozent aller TH-Maschinenbau-Studenten im Reich. Kein Wunder, dass im Jahr 1898 der Verein Deutscher Ingenieure (VDI) eine Denkschrift „Die Überfüllung der deutschen Technischen Hochschulen" an die preußische Staatsregierung richtete, in der er die sinkende Qualität der Ausbildung an diesen weiterführenden Bildungseinrichtungen beklagte.[205]

Dieser rasante Auf- und Ausbau war sicher dem Talent und dem Fleiß der an der Technischen Hochschule Charlottenburg tätigen Gelehrten zu verdanken. Außerdem spielte dabei auch die positive Einstellung des preußischen Kultusministeriums ihr gegenüber eine wichtige Rolle. Doch zugleich hatte die imperialistische Handels- und Machtpolitik einen bedeutenden Anteil bei der schnellen Entwicklung jener Bildungsreinrichtung. So machte sich diese Politik besonders beim Aufbau der Schiffbauabteilung bemerkbar. Sie wurde auch in den Reden anlässlich des 100jährigen Bestehens der Hochschule immer wieder betont. Daher muss die positive Entwicklung der Technischen Hochschule Charlottenburg eingeordnet werden in den Kontext der damals „vorherrschenden wirtschaftlichen und politischen Interessen […] im Kaiserreich, und d. h. auch in [den Kontext der] nationalistischen und imperialistischen Tendenzen, die schließlich zum Ausbruch des [Ersten] Weltkriegs und an dessen Ende zum Zusammenbruch des preußisch-deutschen Obrigkeitsstaates führten".[206]

2.2.3 DAS FACH „SCHIFFBAU" AN DER TH CHARLOTTENBURG AM ENDE DES 19. JAHRHUNDERTS

Als Schütte im Wintersemester 1892/93 sein Studium aufnahm, war das Fach „Schiffbau" in Berlin schon seit mehreren Jahrzehnten von erfahrenen Fachleuten aus der Marine, so etwa von dem Admiralitätsrat Alfred Dietrich (1843–1898),[207] gelehrt worden. Zunächst wurde im Jahr 1860 am Königlichen Gewerbeinstitut ein entsprechender Unterricht eingerichtet, der im Jahr 1874 um das Fach Schiffmaschinenbau ergänzt wurde. Seit 1879 gehörte das Fach als „Sektion" bzw. als Fachrichtung der großen Maschinenbauabteilung an. Damit war der Schiff- und der Schiffmaschinenbau im Wintersemester 1892/93 noch keine eigenständige organisatorische Einheit innerhalb der Technischen Hochschule. Dies sollte sich im Jahr 1894 ändern: In diesem Jahr wurden der Schiffbau und die Schiffbaumaschinentechnik aus dem Maschinenbauingenieurwesen ausgegliedert und als eigene Hochschulabteilung, ausgestattet mit sieben Lehrstühlen, organisiert.[208] Hintergrund dieser Entwicklung war, dass das Deutsche Reich nicht nur die Handelsflotte ausbauen wollte, sondern dass der Marinestaatssekretär Tirpitz und Kaiser Wilhelm II. mit ihrer „Flottenpolitik" eine starke Schlachtschiffflotte zu schaffen beabsichtigten. Die Schiffbau-Abteilung der Technischen Hochschule Charlottenburg übernahm im Rahmen dieser Politik bis 1904 als einzige Einrichtung dieser Art im Deutschen Reich

„wesentliche Teile der wissenschaftlich-technischen Forschung und Ausbildung und zwar mit solchem Erfolge, dass man von der Abteilung Schiffbau sagen konnte, dass ‚fast alle um die Jahrhundertwende in der kaiserlichen Marine sowie auf den Reedereien und Werften tätigen höheren Baubeamten' aus ihr hervorgegangen sind".[209]

Wie sich die Studentenzahlen in der Sektion bzw. Abteilung für Schiffbau vor und während des Studiums von Schütte entwickelt haben, lässt sich nur schätzen, da in der Statistik bis 1894 die Schiffbaustudenten der Maschinenbauabteilung zugeschlagen wurden. Es ist aber davon auszugehen, dass die Zahl der Schiffbauer unter den Studenten genauso stark angestiegen ist wie die Zahl der übrigen Maschinenbaustudenten oder der Studenten in anderen Fachrichtungen. So betrug die Zahl der Maschinenbaustudenten im Jahr 1883 nur 373, stieg bis ins Jahr 1894 auf 922 an, hatte also um gut 147 Prozent zugenommen. Im Vergleich war dies eine eher unterdurchschnittliche Steigerung, da sich an der TH Charlottenburg die Anzahl der Studenten des Bauingenieurswesens um 194 Prozent oder der Chemie um 192 Prozent erhöhte. Die Gesamtzahl der Studenten wuchs prozentual um 175 Prozent. Nur die Steigerungsraten in der Abteilung für Architektur lagen mit ca. 68 Prozent deutlich unterhalb des Durchschnitts, und die Studentenzahl in der Abteilung für Allgemeine Wissenschaften sank sogar von 6 (1883) auf 3 Personen (1892).[210]

Der im Vergleich zu den anderen Abteilungen unterdurchschnittliche, insgesamt aber zunehmende Trend setzte sich für die Abteilung für Schiff- und Schiffsmaschinenbau während der Studienzeit Schüttes in abgeschwächter Weise fort. Die Studentenzahl stieg von 145 im Jahr 1896/97 auf 213 im Jahr 1898/99, d. h. um nur noch 46 Prozent.[211] Allerdings kann auch im Falle der Schiffbauabteilung von einer beginnenden „Überfüllung" gesprochen werden, da die Betreuungsrelation von einem Hochschullehrer für 20,71 Studenten auf einen Hochschullehrer für 30,42 Studenten stieg, wenn man die Zahl von sieben Planstellen zugrunde legt.[212] In der Tendenz folgte also diese Entwicklung dem Anstieg der Studentenzahlen in den anderen Abteilungen der Technischen Hochschule Charlottenburg und an allen deutschen Technischen Hochschulen in jenen Jahren.

2.2.4 INHALT UND VERLAUF DES STUDIUMS

Schütte begann sein Schiffbaustudium an einer Technischen Hochschule, die – so lässt sich jetzt zusammenfassend sagen – in jenen Jahren hinsichtlich ihrer Lehrer und ihrer wissenschaftlichen Ausstattungen einen guten Ruf hatte und deren wissenschaftlicher Schwerpunkt in der Abteilung für Maschinenbau lag. In dieser Abteilung fand er eine Sektion für Schiffs- und Schiffsmaschinenbau vor, die – geleitet von erfahrenen Lehrkräften aus der kaiserlichen Marine – selbst stark wuchs und gegenüber ihrer ‚Mutter-Abteilung' ihre Unabhängigkeit geltend machte. Diese für einen Studenten im ersten Semester ausgesprochen günstige Lage der Sektion war einerseits bedingt durch ihre Monopolstellung im Deutschen Reich zu jener Zeit, andererseits durch das Bestreben des Kaisers und seines Marinestaatssekretärs Tirpitz, sie im Rahmen der „Flottenpolitik" weiter auszubauen.

Schütte und sein Vater trugen vor Beginn des Studiums ihren Teil dazu bei, um Schüttes aufgrund seiner guten naturwissenschaftlichtechnischen Bildung ohnehin schon günstige Ausgangsposition noch weiter zu verbessern:[213] Schütte selbst scheint sich nach Beendigung seiner Schulzeit gezielt auf sein Schiffbaustudium vorbereitet zu haben, denn ab April 1892 arbeitete er zunächst als Schiffbaueleve an der Kaiserlichen Werft in Kiel.[214] Mit dieser Tätigkeit sollte er offenbar den Realitätsgehalt seines Berufswunsches überprüfen. Zugleich diente sie ihm auch wohl zur praktischen Vorbereitung auf das Schiffbaustudium. Schüttes Vater hatte schon einige Jahre zuvor vom Großherzog Nikolaus Friedrich Peter die Zusage erhalten, für die Dauer des Studiums seines Sohnes 600 Mark jährlichen Zuschuss, d. h. insgesamt 3.000 Mark, aus der großherzoglichen Schatulle zu bekommen. Das war das ‚Äquivalent' dafür, dass Heinrich Wilhelm Schütte im Dienst des Großherzogs verblieben war, obwohl ihm eine finanziell noch viel günstigere Stellung angeboten worden war. Auf diese Weise waren ca. 20 Prozent von den insgesamt 14.500 Mark Studienkosten gedeckt.[215] Diesen Zuschuss hätte Heinrich Wilhelm Schütte aber gar nicht benötigt, weil er vom Großherzog ein relativ hohes Beamtengehalt bezog und schon Eigentümer eines eigenen Hauses war. Er hätte das Studium seines Sohnes auch leicht selbst finanzieren können.[216]

Schütte scheint aufgrund seiner naturwissenschaftlich-technischen Vorbildung und seiner zeichnerischen Ausbildung, die er an der Oberrealschule in Oldenburg genossen hatte und die in seiner Elevenzeit an der Kaiserlichen Werft in Kiel um einen Praxisanteil ergänzt worden war, relativ mühelos das große Arbeitspensum seines Studiums bewältigt zu haben. Noch vor den Vorprüfungen heuerte Schütte als

Maschinen-Assistent auf dem Dampfer *Geestemünde* der Deutsch-amerikanischen Petroleum AG[217] an, der in Richtung des Ostküsten-hafen Baltimore auslief, um damit einen kleineren Teil der laut Studienordnung der Abteilung für Schiffs- und Schiffsmaschinenbau an der Technischen Hochschule Charlottenburg vorgeschriebenen praktischen Arbeitszeit abzuleisten.[218] Kaum von der 41tägigen Reise zurückgekehrt, bestand er im Herbst 1894 seine Zwischenprüfung. Schon drei Jahre später konnte er sich dann exmatrikulieren und die vorgeschriebene Praxisphase auf der Kaiserlichen Werft in Wilhelmshaven absolvieren.[219] Die kaiserliche Werft verlieh dem Bauführeranwärter in den Zeugnissen über seine praktische Ausbildung das Prädikat „sehr gut".[220] Das erste Staatsexamen, die so genannte Bauführerprüfung,[221] schloss er am 02.02.1898 – als er schon beim Norddeutschen Lloyd arbeitete – ebenfalls mit Auszeichnung ab.[222]

Inhaltlich gesehen befanden sich zu den Studienzeiten Schüttes die Ingenieurswissenschaften im Allgemeinen und das Schiffbaustudium im Besonderen im Umbruch: Die Werften benötigten in erster Linie praxis- und anwendungsorientierte Ingenieure und weniger mathematik- und theorielastige Absolventen, wie sie die Hochschulen bis dahin ausgebildet hatten. Dies hieß bezogen auf das Schiffbaustudium, dass die jungen Ingenieure am Ende ihres Studiums in der Lage sein mussten, ein Schiff zu konstruieren, welches den stark veränderten Erfordernissen im Schiffbau entsprach.[223]

Zu Zeiten Schüttes hatten sich die experimentelle Methode und der Praxisbezug im Schiffbau aber wohl noch nicht vollends durchgesetzt. So soll – so berichtet eine Anekdote über Schüttes Studienzeit – der Admiralitätsrat Dietrich auf die Äußerung Schüttes, dass er eine Festigkeitsrechnung für einen Panzerkreuzer von Professor Flamm durchführe, gesagt haben: „Ach Unsinn. Festigkeitsrechnungen braucht man nicht, das muß man im Gefühl haben."[224] An der Schiffbauabteilung der TH Charlottenburg scheint es demnach also zwei Schulen gegeben zu haben, nämlich eine konservativere unter Führung von Dietrich, die – verhaftet in der Tradition des Holzschiffbaus – eine genaue Schiffskonstruktion durch mathematisch-exakte Berechnungen ablehnte und noch ganz auf das ‚Gefühl' oder die Intuition setzte, und eine andere, progressivere unter dem jungen Ordinarius für Theorie und Entwerfen von Schiffen, Oswald Flamm (1861–1935),[225] die – geprägt durch die nicht immer positiven Erfahrungen des Eisen- bzw. Stahlschiffbaus mit seinen Produkten – ganz auf mathematisch-physikalische Berechnungsmethoden bei der Schiffskonstruktion setzte und die damit dem Trend der Verwissenschaftlichung der Technischen Hochschulen im Rahmen der „technischen Methode" zwischen 1850

Schütte vermutl. als Ordensmeister von „Latte"

und 1900 folgte.[226] Für Schüttes Studienerfolg war – jenseits aller Formalia – die Existenz dieser beiden Schulen eher positiv, da er noch zwei unterschiedliche Konstruktionsmethoden mit ihren jeweiligen Vor- und Nachteilen kennen lernte und erfuhr, unter welchen Umständen der Einsatz einer Methode opportun war. Das Schiffbaustudium an der TH Berlin-Charlottenburg mit seiner technischen Methode befähigte Schütte aber offenbar nicht dazu, Schiffe zu entwerfen, sondern vermittelte ihm auch bestimmte Fertigkeiten, die ihn zumindest zu einem potentiellen Ingenieurwissenschaftler machten. Die Kenntnis der technischen Methode versetzte Schütte, wie sich schon nach seinem Studium schnell zeigen sollte, in die Lage, auf Grundlage von systematischen Untersuchungen und Experimenten innovativ tätig zu werden, d. h. in seinen Forschungen neue Wege zu gehen bzw., wenn nötig, auch einen wissenschaftlichen Neubeginn zu wagen.[227]

Seine Fähigkeiten als Ingenieur verdankte er sicher nicht nur der eigenen Leistung, sondern auch einem elitären Netzwerk, dessen

Mitglied er bereits zu Studienbeginn wurde und in dem er Zeit seines Lebens verblieb. Schütte wurde vermutlich zu diesem Zeitpunkt Mitglied der „Schiffbauervereinigung Latte", einem im Jahre 1878 gegründeten, studienfachorientierten Verein für Schiffbaustudenten, der nach einer Art biegsamen Lineals benannt wurde, mit dem Schiffbauer ihre Kurve zu zeichnen pflegten. Nachdem er die unteren Ränge in der auch in jener Vereinigung existierenden Hierarchie durchlaufen und über den Trinkzwang die damit verbundene zweite Phase seiner autoritären Erziehung erfahren hatte, avancierte er 1895 zum so genannten „Ordensmeister". Zu jener Zeit war er schon dafür bekannt, „sprühende Bierreden" bei den auch in dieser Studentenvereinigung üblichen, in Trinkgelagen verkleideten Erziehungsveranstaltungen zu halten.[228] Im Verlauf seiner weiteren beruflichen Laufbahn wurde er als „famoser Lattenbruder" und als „alter Herr" dieser Vereinigung geschätzt und dafür offenbar auch mehrfach ausgezeichnet.[229] Während seines Studiums wurde Schütte offenbar aus Prestigegründen – „Latte" stand als studienfachorientierte Vereinigung eher am unteren Ende der Exklusivitätsrangliste der Vereinigungen deutscher Studenten – auch Mitglied der 1871 gegründeten Landsmannschaft „Preußen". Dies geht aus dem Umstand hervor, dass er als „alter Herr" dieser Vereinigung im Jahre 1929 einige Bücher überließ.[230] „Preußen" war als Mitglied des im Jahr 1868 gegründeten, mehrfach aufgelösten und neu gegründeten „Allgemeinen Landmannschaftsconvent", der späteren „Deutschen Landmannschaft", eine Studentenverbindung, in der ihre Mitglieder Farben[231] trugen, das Recht zur unbedingten Satisfaktion[232] besaßen bzw. dazu verpflichtet waren und sich auf Anforderung der Bestimmungsmensur[233] unterziehen mussten.[234] Beide studentischen Vereinigungen sorgten vermutlich in sehr umfassender Weise dafür, dass der Student Schütte ins Studium eingeführt wurde, dass er eine Wohnung erhielt und ihm auch die „gesellschaftlichen Kontakte" ermöglicht wurden, die ihm zu einem Teil der studentischen Subkultur machten. Denkbar ist auch, dass sie ihm manchmal mittels ihrer „alten Herren" das berufliche Fortkommen erleichtert haben. Nachweisen läst sich diese Vermutung aber nicht.[235]

Eher trifft die Überlegung zu, dass einer der vielen Dozenten mit Marinehintergrund an der Schiffbauabteilung der TH Berlin oder Vorgesetzte auf der Kaiserlichen Werft in Wilhelmshaven Einfluss nahmen auf die Entscheidungen des ehrgeizigen jungen Schütte hinsichtlich seines weiteren beruflichen Werdegangs. Sie waren nämlich diejenigen, die ihn wahrscheinlich am ehesten mit den damals kursierenden Ideen von der überseeischen Expansion des Deutschen Reichs bzw. von der deutschen Weltmachtpolitik vertraut gemacht und ihn

– der vermutlich auch glaubte, ein bloßer Epigone der Reichsgründer zu sein – für die in jenen Jahren viel diskutierten Pläne zum Ausbau der deutschen Schlachtflotte begeistert hatten. Denn Schütte wollte zu jener Zeit zur Kaiserlichen Marine und dort die Laufbahn als Marinebaurat einschlagen, wozu ihn neben seinem hervorragenden Hochschulabschluss auch sein Oberrealschulabitur und seine Beurteilung durch seine Vorgesetzten an der kaiserlichen Werft in Wilhelmshaven berechtigte. Dieser Plan scheint jedoch durch seine Untauglichkeit für den Militärdienst verhindert worden zu sein.[236]

3 SCHÜTTE ALS SCHIFFBAUER: BERUFSEINSTIEG UND BERUFLICHE ETABLIERUNG

3.1 INGENIEUR BEIM NORDDEUTSCHEN LLOYD IN BREMERHAVEN (1897–1904)
3.1.1 ZUR EINSTELLUNG SCHÜTTES

Im November 1897 wurde der damals 23jährige Schütte von dem Oberingenieur Max Walter von der Zentralabteilung des Norddeutschen Lloyd eingestellt.[237] Der Einstellung war vermutlich eine Bewerbung Schüttes und ein Auswahlverfahren vorangegangen, wo der angehende königlich preußische „Regierungs-Bauführer" des Schiffbaufaches und viel versprechende Schiffbaustudent anscheinend einen positiven Eindruck hinterlassen hatte.

Schütte hatte sich beim Norddeutschen Lloyd wahrscheinlich aus zwei Gründen beworben. Seine Pläne vom Eintritt in die kaiserliche Marine und von einer Karriere als Planer und Konstrukteur von Kampfschiffen auf den kaiserlichen Werften wurden – so schreibt Schütte in seinem Lebenslauf vom 21.12.1903 selbst – durch seine Untauglichkeit für den Militärdienst 1897 verhindert.[238] Grund dafür war vermutlich, dass sein körperlicher Allgemeinzustand insgesamt eher schlecht war.[239] Auf eine Karriere in der kaiserlichen Marine hatte Schütte aber eigentlich in seinem Studium abgezielt.[240] Außerdem hatte ihm die laut Studienordnung vorgeschriebene praktische Arbeitszeit auf der Kaiserlichen Werft in Wilhelmshaven augenscheinlich gut gefallen, da er sie mit einer hervorragenden Beurteilung durch seine Vorgesetzten absolviert hatte.[241] Somit erschien der Norddeutsche Lloyd eher als die zweite Wahl. Indes war der Lloyd am Ende von Schüttes Studienzeit eine der „bedeutendsten Schiffahrtsgesellschaften der Welt", wie die Firma von einem hohen Beamten im preußischen Kultusministerium treffend charakterisiert wurde.[242] Entsprechend attraktiv war das Unternehmen daher auch für ehrgeizige und hoch qualifizierte Arbeitnehmer wie Schütte.

Schütte selbst erklärte sich seine Anstellung beim Norddeutschen Lloyd im Nachhinein wie folgt: „Man [brauchte] einen theoretisch vorgebildeten Mann."[243] In der Tat musste der Bedarf des Lloyd an hoch qualifiziertem Personal auf dem Feld des Schiffbaus groß gewesen sein, da der kaufmännische Direktor des Unternehmens, Heinrich Wiegand (1855–1908),[244] entschieden hatte, ein großes Neubauprogramm zur realisieren. Den Hintergrund für dieses Vorhaben bildete der Umstand, dass der Lloyd Mitte der 1890er Jahre auf seinem wichtigsten Geschäftsfeld, der heiß umkämpften Passagierfahrt auf dem Nordatlantik, gegenüber seinen wichtigsten Konkurrenten stark an Boden verloren hatte. Der Grund dafür war der Einsatz der veralteten Einschrauben-Schnelldampfer, die gegenüber den Schiffen der Hamburger HAPAG-Reederei, des schärfsten Konkurrenten des Norddeutschen Lloyd im Deutschen Reich, und der englischen Konkurrenten im Schnitt fünf Knoten langsamer waren. Hinzu kam, dass der Ruf des Lloyd, die Nordatlantik-Linien mit sicheren Passagierschiffen zu betreiben, angeschlagen war, weil bei dem Untergang seines Schnelldampfers *Elbe* am 30.01.1895 nach einer Kollision mit einem englischen Kohledampfer 336 Personen ums Leben gekommen waren. Wollte der Lloyd also seinen Spitzenplatz im Nordatlantik-Passagierverkehr halten, benötigte er neue, d.h. größere, sicherere und vor allem schnellere Schiffe.

„So entschied sich Heinrich Wiegand für eine riesige Investition: für eine ganz neue Klasse von Dampfern."[245]

Das erste Schiff dieser Klasse, der *Kaiser Wilhelm der Grosse* oder der *Dicke Wilhelm*, wie er später respektlos an der Küste genannt wurde, lief am 04.03.1897 beim Stettiner Vulcan,[246] bei welchem der Lloyd das Schiff in Auftrag gegeben hatte, in Anwesenheit des Kaisers vom Stapel.[247] Im Rahmen des Neubauprogramms ließ Wiegand in den Jahren von 1897 bis 1902 durchschnittlich gut 13 Schiffe pro Jahr bauen. Von 1892 bis 1897 waren dagegen nur sechs Schiffe im Jahr gebaut worden.[248]

3.1.2 AUFGABEN UND TÄTIGKEITEN BEIM NORDDEUTSCHEN LLOYD
3.1.2.1 TÄTIGKEITEN 1897–1898

Nach seiner Einstellung beim Lloyd wurde Schütte „dann an den Technischen Betrieb nach Bremerhaven abgegeben".[249] Dem Techni-schen Betrieb[250] des Lloyd in Bremerhaven, der 1879 aus der Maschinenwerkstatt des Unternehmens und der dieser Werkstatt angegliederten Dockabteilung hervorgegangen war, oblag es, die Schiffe der Reederei in einem riesigen Trockendock von außen zu überholen und zu reparieren und die Reparatur der Schiffsmaschinen und Kessel in entsprechenden Werkstätten durchzuführen.[251] Darüber hinaus war der Technische Betrieb aber auch mit dem Entwurf und der Kontrolle von Neubauvorhaben beschäftigt.

Schüttes Vorgesetzter war der erfahrene Oberingenieur Carl Spetzler (?-1900),[252] der damals Oberinspekteur des Technischen Betriebes bzw. Direktor des Norddeutschen Lloyd in Bremerhaven war.[253] Über seinen Vorgesetzten schrieb Schütte im Jahre 1938 rückblickend an dessen Sohn:

„In Ihrem Herrn Vater fand ich einen geradezu idealen Vorgesetzten von vornehmer Gesinnung, enormer Arbeitskraft und einem Bienenfleiss; ausserdem besass er noch die gute Eigenschaft, denjenigen, dem er einen Auftrag erteilt hatte und von dem er annahm, dass er diesen Auftrag auch erfüllen konnte, ungehindert arbeiten zu lassen; es ging ihm manchmal nur nicht schnell genug."[254]

In diesem offenbar recht motivierenden Arbeitsumfeld übernahm Schütte eine Reihe von Aufgaben, die er in seinem Lebenslauf aus dem Jahre 1903 aufführte:

„Meine Beschäftigung hat während der ersten 3 ½ Jahre infolge der vielen großen Neubauten dieser Firma vornehmlich in der Ausarbeitung von Projekten und Bauvorschriften, in der Prüfung der von den verschiedenen Werften eingesandten Zeichnungen und in der Untersuchung der Schnell- und Reichspostdampfer bezüglich ihrer Kraftverteilung und ihrer Vibrationen bestanden."[255]

Schütte war also während seiner ersten Jahre beim Norddeutschen Lloyd entsprechend seiner theoretischen Ausbildung an der Technischen Hochschule Charlottenburg im Rahmen der Realisierung des Wiegand'schen Neubauprogramms mit den Entwürfen von Schiffen und mit der Untersuchung der Zeichnungen beschäftigt, die nach seinen Vorgaben von den Werften erstellt worden waren. Dabei befasste er sich offenbar auch mit seinerzeit neuartigen Phänomenen. Dies waren z. B. die starken Schwingungserscheinungen auf Stahlschiffen bei hohen Geschwindigkeiten, die von den Schiffsmaschinen aufgrund der fehlenden Dämpfung auf die stählerne Schiffshülle übertragen wurden. Diese Schwingungen wurden von den Passagieren und den Besatzungsmitgliedern der zuweilen als *cocktail shaker* bezeichneten Schnelldampfer als ausgesprochen nervtötend empfunden. Außerdem führten sie – was noch viel gravierender war – zu Materialermüdungserscheinungen am Schiffsrumpf.[256] Da dieses technische Problem die Schiffssicherheit und wichtige Geschäftsfelder des Lloyd berührte,[257] trug Schütte – schon in diesem frühen Stadium seines Berufslebens – eine relativ große Verantwortung.

Weiterhin war Schütte „außer im Bureau auch im Betriebe tätig", „[da] dem technischen Betriebe auch die Reparaturwerkstätten und Trockendocks des Norddeutschen Lloyd unterstellt sind und da ferner vier Neubauten aus dem Wiegand'schen Neubauprogramm bei Bremerhavener Firmen in Auftrag gegeben wurden."[258] Neben der oben beschriebenen eher theoretisch-kontrollierenden Tätigkeit „im Bureau" arbeitete Schütte also auch praktisch als Bauführer: Vermutlich koordinierte er den komplizierten, in mehreren Abschnitten ablaufenden Prozess, in dem eines der neuen Lloydschiffe produziert wurde.[259]

Zudem musste sich Schütte noch mit den Vorschriften der Seeberufsgenossenschaft, den deutschen und ausländischen Gesetzen über das Auswandererwesen und den Regeln der Board of Trade auseinander setzen, da der Lloyd in der Auswandererbeförderung insbesondere in der dritten und letzten Auswanderwelle von 1880 bis 1893 stark engagiert gewesen war.[260] Zu Schüttes Pflichten als Bauführer gehörte es demnach auch, darauf zu achten, dass die verschiedenen Vorschriften dieser Institutionen zum Unfall- und Gesundheitsschutz sowie zur Hygiene an Bord ihre bauliche Entsprechung fanden. Hintergrund für diese Aufgabenstellung war, dass die amerikanischen Behörden nach dem Ausbruch der Choleraepidemie in Hamburg und der Ankunft mehrerer Hamburger Schiffe mit Erkrankten in New York im Jahr 1892 ihre Grenzen geschlossen hatten und danach die Gesundheitskontrollen rigoros handhabten: War ein Auswanderer erkrankt, so wurde er von den amerikanischen Einwanderungsbehörden zurückgewiesen. Dies bedeutete, dass diejenige Reederei, die ihn transportiert hatte, ihn dann auf eigene Kosten nach Europa zurückbringen musste. Zudem sperrten die deutschen Behörden die östlichen Grenzen, weil man dort die Ursache der Epidemie vermutete: Daher ging die Anzahl der Auswanderer insgesamt stark zurück, denn aus Russland und Österreich-Ungarn waren zuletzt die meisten Emigranten gekommen.[261] Entsprechend lag es im Interesse des Lloyd, möglichst keine Kranken mehr nach den USA zu transportieren und zugleich den Transit der Auswanderer aus dem Osten durch Preußen nach Bremerhaven wieder in Gang zu bringen. Zusammen mit der anderen großen, von der Auswanderung profitierenden Reederei, der HAPAG, setzte der Lloyd daher nach 1892 einen Aktionsplan zur Verbesserung der Gesundheit der Passagiere und der Hygiene um. Dazu gehörten neben der Einrichtung von Kontrollstationen an den Grenzen zu Russland und Österreich-Ungarn und neben der Planung und der Errichtung von „Auswandererstädten" auch die baulichen Verbesserungen der Schiffe, wie z. B. die Einführung von Kabinen und Speiseräumen auch im Zwischendeck.[262]

Alle diese Arbeiten scheint Schütte zur großen Zufriedenheit seiner Vorgesetzten ausgeführt zu haben. Daher wurden Schütte schon bald – trotz seines noch jungen Alters von fünfundzwanzig Jahren – umfangreichere und bedeutendere Aufgaben übertragen, deren erfolgreiche Erfüllung für ihn einen Karrieresprung und eine Zunahme an beruflicher Reputation mit sich bringen sollte: der Aufbau und die Leitung der Schiffbautechnischen Versuchsanstalt des Norddeutschen Lloyd.

3.1.2.2 DIE ERRICHTUNG UND DER BETRIEB DER SCHIFFBAUTECHNISCHEN VERSUCHSANSTALT

Der äußere Anlass, der zur Errichtung dieser Anstalt geführt hatte, bestand im Streit um die Rückgabe des Schnelldampfers *Kaiser Friedrich* zwischen dem Lloyd und der Schichau-Werft[263] in Elbing. Im Rahmen des Schnelldampfer-Neubau-Programms hatte Wiegand entgegen dem Rat seiner Ingenieure den Auftrag für den Bau dieses Schiffes der Schichau-Werft gegeben, weil diese den Stettiner Vulcan im Preis weit unterboten hatte. Ein weiterer Grund dafür war, dass der Lloyd ein solches Schiff dringend benötigte, „denn wer etwas auf sich hielt, reiste inzwischen auf einem Schnelldampfer".[264]

Nach dem Stapellauf im Oktober 1897 stellte sich nun aber bei Probefahrten heraus, dass der *Kaiser Friedrich* die vertraglich vereinbarte Geschwindigkeit von 21,5 Knoten nicht erreichte und entgegen allem Expertenrat und trotz aller Umbauten nur mit Mühe auf 20 Knoten kam. Demgegenüber lief der etwas ältere Schnelldampfer *Kaiser Wilhelm der Grosse* mühelos 22,5 Knoten im Durchschnitt.[265] Nach einigen Reisen über den Atlantik, die neun lange Tage gedauert hatten, war klar, dass der *Kaiser Friedrich* die ihm zugedachte Aufgabe, die schnelle Beförderung von Passagieren über den Nordatlantik, nicht erfüllen konnte. Die Leitung des Lloyd musste nun klären, warum das Schiff nicht die vereinbarte Geschwindigkeit fuhr. Davon hing es ab, ob die Werft wegen Fehlkonstruktion haftete und ob diese daher das nur vorläufig übernommene Schiff zurücknehmen musste.

Die Beantwortung dieser Frage war mit der Lösung eines grundsätzlichen schiffbautechnischen Problems verbunden: der Suche nach der günstigsten Schiffsform. Dieses Problem besteht darin, dass sich für ein Schiff mit einer bestimmten Wasserverdrängung unzählige Konstruktionen anfertigen lassen, die in Länge, Breite und im Tiefgang variieren. Begrenzt werden die Möglichkeiten durch die Wünsche der Kunden im Hinblick auf Geschwindigkeit, Tonnage und Reichweite sowie durch objektive Gegebenheiten, wie durch Untiefen, durch die Ausmaße der Docks und durch die Schiffsstabilität.[266] Die Aufgabe eines Schiffbauingenieurs ist es demnach, aus der sehr ansehnlichen Anzahl von Formgebungsmöglichkeiten die günstigste im Hinblick auf Geschwindigkeit und Treibstoffverbrauch heraus zu finden.[267] Diese Aufgabe hatten die Schiffbauingenieure der Schichau-Werft nach Auffassung der Leitung des Norddeutschen Lloyd im Falle des *Kaiser Friedrich* offenbar nur unzureichend gelöst und genau dies wollte man ihnen auch nachweisen.

Schüttes Vorgesetzter, Spetzler, schlug vermutlich in Kenntnis der modernsten Forschungsmethoden und -einrichtungen dem Vorstand vor, diese Frage dadurch zu beantworten, dass „vergleichende Schleppversuche mit den Modellen [der Schnelldampfer *Kaiser Wilhelm der Große* und *Kaiser Friedrich*] in der Versuchsanstalt in La Spezia" durchgeführt werden sollten. Entsprechende Verbindungen waren dank der langjährigen Kontakte Spetzlers zu dieser Anstalt schnell hergestellt, und im März 1899 wurde Schütte mit den Plänen der beiden Schiffe zu der Schleppversuchsstation der italienischen Marine in der ligurischen Hafenstadt La Spezia geschickt. Im April und Mai wurden entsprechende Modelle gefertigt und einer eingehenden Untersuchung unterzogen.

„Hierbei stellte sich heraus, [so Schütte rückblickend an Spetzlers Sohn,] dass der Schnelldampfer *Kaiser Wilhelm der Grosse* unter sonst gleichen Bedingungen 3 000 Tonnen mehr tragen konnte als der Dampfer *Kaiser Friedrich*, welcher vielleicht durch ausserordentlich kostspielige Umbauten des Hinterschiffes und seiner Maschinenanlage auf die kontraktliche Geschwindigkeit hätte gebracht werden können."[268]

Das Ergebnis dieser Untersuchung legte Schütte in einer längeren Denkschrift nieder.[269] Nachdem Schütte seinem direkten Vorgesetzten und der Generaldirektion dieses Resultat Anfang Mai 1899 auch mündlich erläutert hatte, „entschlossen sich Aufsichtsrat und Direktion des Norddeutschen Lloyd, den *Kaiser Friedrich* zurückzugeben."[270] Darüber hinaus sollte die Schichau-Werft verklagt werden.[271] Am Ende dieser Besprechung wollte der Generaldirektor Heinrich Wiegand von Spetzler und von Schütte wissen, wie hoch die Kosten für den Bau einer Modellversuchsanstalt seien. Schütte veranschlagte spontan 150.000

bis 300.000 Mark,[272] womit er die Kosten ziemlich realistisch geschätzt hatte: 1907 sprach der Norddeutsche Lloyd von ¼ Million Mark, die der Bau seiner Versuchsanstalt gekostet hatte.[273] Der Grund dafür, dass Schütte die Kosten so wirklichkeitsnah hatte beziffern können, lag vielleicht in seinen Kenntnissen aus seinem Studium, sicherlich aber in seinen Erfahrungen aus La Spezia.

Die Schleppversuchsstation in Italien arbeitete auch nach der Methode, die von dem englischen Mathematiker und Ingenieur William E. Froude (1810–1879)[274] bzw. dessen Sohn, Robert Edmund Froude (1846–1924)[275] aufgrund von eigenen Schleppversuchen, theoretischen Überlegungen und Berechnungen im letzten Drittel des 19. Jahrhunderts entwickelt worden war.[276] Die Methode besteht darin, dass die günstigste Form und damit die höchstmögliche Geschwindigkeit eines Schiffes indirekt bestimmt werden, indem in Versuchen, in denen Modelle von diesem Schiff durch ein langes, mit Wasser gefülltes Bassin geschleppt werden, der niedrigste Widerstand für das noch zu bauende Schiff gesucht wird. Ihre Anwendung bedurfte der Schaffung einer umfangreichen Infrastruktur, was auch die für ein wissenschaftliches Laboratorium hohen Baukosten erklärte.[277]

Wiegand musste den betriebswirtschaftlichen Nutzen einer solchen Einrichtung aber erkannt haben, denn er bemerkte, dass der Lloyd mit den Kosten, die der *Kaiser Friedrich* verursacht hatte, ein halbes Dutzend solcher Anstalten hätte bauen können. Noch in dieser Sitzung beschloss die Direktion daher den Bau einer solchen Einrichtung. Auf diese Weise wollte der Generaldirektor eine Katastrophe für sein Flottenmodernisierungsprogramm, wie sie mit dem Ausfall des *Kaiser Friedrich* eingetreten war, zukünftig vermeiden. Entsprechend war auch die Aufgabe geartet, welche die Schleppversuchsstation nach ihrer Fertigstellung übernehmen sollte: Sie musste die günstigste Schiffsform, d. h. diejenige Form, die dem Wasser bei der Fahrt des Schiffes den geringstmöglichen Widerstand bietet und die damit dem Schiff die höchste erreichbare Geschwindigkeit ermöglicht, für den Lloyd ermitteln.[278] Der Auftrag für den Bau der Schleppversuchsstation ging an den Technischen Betrieb des Norddeutschen Lloyd, und der Leiter dieser Abteilung, Spetzler, betraute Schütte mit der Durchführung dieser wichtigen Aufgabe.[279] Offenbar hatte er erkannt, dass Schütte aufgrund seines Studiums und seiner Studien in La Spezia dafür geeignet war.

Zur Vorbereitung des Baus der Versuchsstation wollte sich Schütte aber nicht nur mit den Ergebnissen seiner Studien in La Spezia begnügen. Er begab sich nach London zur Firma Munro, „die damals die Messinstrumente [für eine größere] Zahl der bestehenden Anstalten nach Froud'schen Ideen gebaut hatte". Der Seniorchef dieser Firma,

Herr Munro, vermittelte Schütte den Kontakt mit der Firma Denny Brothers in Dumbarton bei Glasgow, die schon 1881 als erste private Schiffswerft eine eigene Schleppversuchsstation errichtet hatte.[280] Weil er über eine Empfehlung des vermutlich in englischen Schiffbauer- und Marinekreisen bekannten Unternehmers Munro verfügte, konnte Schütte auch die Schleppversuchsstation der Royal Navy in den *Admirality Experimental Works* im abgelegenen Haslar besichtigen, die von dem jüngeren Froude seit dem Tod seines Vaters im Jahr 1879 geleitet wurden. Auf diese Weise konnte er sein Wissen über die Schleppversuchsanstalten ergänzen und seine eigenen Planungen danach ausrichten.[281] So schrieb Schütte im Jahre 1938 an den Sohn seines ehemaligen Vorgesetzten:

„Dadurch erhielt ich also Kenntnis von drei massgebenden Versuchsanstalten, worauf ich die Bremerhavener mit 165 m Länge und 8 ½ m Breite entwarf. Das Schleppbassin wurde von mir 6 m breit und 3,20 m tief gewählt, also 20 cm tiefer als das von Spezia.“[282]

Schütte wollte demnach in Bremerhaven bessere Bedingungen für die Widerstandsmessungen bei den Schleppversuchen schaffen. Er ging dabei offenbar von der Überlegung aus, dass in einem längeren Schleppbassin der Widerstand bei einer einmal gewählten Geschwindigkeit länger gemessen werden kann. Außerdem war er offenbar der Meinung, dass in einem längeren Kanal höhere Widerstandswerte gemessen werden können, weil darin höhere Geschwindigkeiten erzielt werden können.

Der eigentliche Bau der Modellversuchsanstalt dauerte insgesamt nur acht Monate, vom Juni 1899 bis Februar 1900. Die Versuchsanstalt wurde in Bremerhaven nordwestlich des Kaiserhafens hinter dem Kaiserdock II, d. h. im späteren Durchstich zwischen dem Dockvorhafen und dem Verbindungshafen an der heutigen Steubenstraße, auf einem Areal von 3.124 m² errichtet.[283] Die Bauarbeiten umfassten im Wesentlichen die Ausschachtung der Fahrrinne und den Bau des Gebäudes. Schütte führte die Bauarbeiten mit Hilfe des Hafenbaumeisters F. Claussen durch, den er über die Vermittlung seines Vorgesetzten kennen gelernt hatte. Dieser empfahl sich für Schütte dadurch, dass er alle diejenigen Firmen kannte, welche die Weserkorrektion durchgeführt hatten, und die ihm wohl dadurch als Garant für einen reibungslosen Bau erschienen. In der Bauphase konstruierte der Technische Betrieb des Norddeutschen Lloyd den für die Schleppversuche nötigen Messwagen bzw. die Rollbrücke, und Schütte beschaffte die übrigen Instrumente bei der Firma Munro in London.[284]

Während der Bauarbeiten lernte Schütte auch den kaufmännischen Direktor und Eigner der Seebeckwerft AG,[285] Alfred Wilhelm Conti, ken-

nen, der vermutlich an einer der ausführenden Baufirmen beteiligt war bzw. der als Werftleiter ein begründetes Eigeninteresse an der Errichtung der Schleppversuchsanstalt hatte.[286] Schütte und Conti wurden schnell Freunde und begannen bald gemeinsame Projekte zu realisieren.[287]

Die neue Versuchsanstalt des Norddeutschen Lloyd war in einem einstöckigen, 2.041 Quadratmeter großen Fachwerkhaus mit Holzverschalung untergebracht. Es besaß sieben Räume und gliederte sich in zwei Teile. Im ersten Teil befanden sich das Arbeitszimmer für den versuchsleitenden Ingenieur, ein helles Zimmer für den Zeichner und ein Lagerraum für die Materialien und die Modelle. In einem anderen Teil des Gebäudes war ein langer Raum, in dem die Formen für die Paraffinmodelle angefertigt und die Modelle aus Paraffin gegossen wurden. Außerdem war dort das so genannte „Fräse-Atelier“, in dem die Modelle mit Hilfe einer besonderen Fräsmaschine ihre endgültige Form bekamen, untergebracht. An diesen Raum grenzte ein langer Schuppen mit einer Ausdehnung von ungefähr 170 Metern. Er beherbergte einen mit Holz verschalten Kanal, der mit ca. 3.150 m³ filtriertem Wasser gefüllt und der 164 Meter lang, 6 Meter breit und 3,20 Meter tief war.[288]

An jeder Seite des Kanals befand sich ein 1 oder 1 ½ Meter breiter Fußweg, auf dem jeweils eine Eisenbahnschiene entlang lief.[289] Die Funktion dieser Schienen bestand darin, den mit großen Batterien betriebenen Messwagen mit verschiedenen Geschwindigkeiten von einem Ende des Kanals zum anderen laufen zu lassen. Der Wagen war 9,40 Meter lang und 6,25 Meter breit und besaß eine Plattform mit Gitterrosten. Vorne auf dieser Plattform befanden sich die Elektromotoren zu ihrem Antrieb bzw. zum Ziehen des Modells, und in der Mitte der Kraftmesser bzw. Dynamometer,[290] der den Widerstand des Modells gegen seine Fortbewegung maß und gleichzeitig den Weg und die Zeit aufzeichnete, sowie weitere Messinstrumente. Links und rechts unter der Brücke waren die „Objektive der Momentfotografie“ angebracht, welche die Einzelheiten des Weges aufzeichneten.[291]

Wahrscheinlich noch bevor die Versuchsanstalt ihre Arbeit offiziell aufnahm, wurde Schütte zum Leiter der neuen Einrichtung befördert oder war zumindest für diesen Posten vorgesehen. Die neue Abteilung führte offiziell die Bezeichnung „Abteilung für Schiffbautechnische Versuche“ des Norddeutschen Lloyd.[292] Firmenintern wurde sie „Schleppmodell-Versuchstation“ oder noch kürzer „Schleppversuchstation“ genannt.[293]

Schon im Februar 1900, nach nur neunmonatiger Bauzeit, wurde die Versuchsanstalt ihrer Bestimmung übergeben und schon am 13. März 1900 vom „lloydseligen“[294] Kaiser Wilhelm II. besucht.[295] Schütte lernte bei dieser Gelegenheit den Kaiser näher kennen. Der Kaiser war wahrscheinlich von Schüttes Person und „frischem und überzeugenden Vortrag" eingenommen sowie von dessen Leistung und der seines Arbeitgebers wohl beeindruckt.[296] Vermutlich war er von der Bedeutung einer Schleppversuchsstation sowohl für den Bau von schnellen Handels- und Passagierschiffen als auch für die Produktion von schnellen Kampfschiffen unterrichtet. Letzteres war wahrscheinlich gerade für den marinebegeisterten Kaiser von besonderer Wichtigkeit, denn mit seiner Unterstützung lief seit 1898 das außenpolitisch äußerst fatale Tirpitz'sche Bauprogramm zur Schaffung einer großen, gegen England gerichteten „Risikoflotte", und dieses Programm sollte mit der Flottennovelle von 1900 gerade in seine wichtige zweite Phase treten.[297] Aus allen diesen Gründen verlieh der Kaiser anlässlich der Eröffnung der Versuchsanstalt Schütte im März 1900 den Kronenorden 4. Klasse.[298] Die Bekanntschaft Schüttes mit dem Kaiser scheint sich vertieft zu haben, da der Kaiser bis 1904 jedes Jahr die Schlepp-

modell-Versuchsstation besuchte und sich von Schütte „Vortrag halten und Bericht erstatten" ließ.[299] Außerdem sah Schütte den Monarchen wieder bei dessen Besuchen zu anderen Gelegenheiten und an anderen Orten in der Region.[300] Schütte selbst empfand die Ordensverleihung und die plötzliche Nähe zum Kaiser wahrscheinlich als persönliche Auszeichnung. Zugleich dürfte er wohl spätestens zu diesem Zeitpunkt die große Bedeutung seiner schiffbautechnischen Forschungen für Wilhelm II., für die maritimen Rüstungsanstrengungen des Reichs und damit für seine eigene Karriere erkannt haben. Es ist daher denkbar, dass Schütte die Nähe zum Monarchen zumindest nicht scheute und sich auch nicht dessen Wünschen verschloss. Auf diese Weise erhielt er sich die Gunst des Kaisers und erleichterte so seine Berufung als Professor für Theorie und Entwerfen von Schiffen an die Technische Hochschule in Danzig.

Wollte er den niedrigsten Widerstand, d. h. den Strömungswiderstand,[301] und damit die günstigste Form für einen Entwurf eines Schif-

Ein Versuch in der Schleppmodellversuchsstation

fes bestimmen, so fertigte Schütte zunächst drei bis vier verschiedene Konstruktionen pro Schiff an und ließ sie zeichnen. Danach ließ er eine entsprechende Anzahl von Modellrohlingen aus Paraffin in einem Formenkasten per Hohlgussverfahren gießen. Die so entstandenen Rohlinge wurden dann in der Modellschneidemaschine nach Maßgabe der Konstruktionspläne geschnitten bzw. gefräst. Diese Maschine war so konstruiert, dass sie die Formvorgaben entsprechend der Wasserlinienzeichnung des Schiffes direkt auf das Paraffinmodell mit Hilfe eines Pantographen[302] bzw. Storchschnabels übertragen konnte.[303] Auf diese Weise ließ Schütte drei bis vier unterschiedliche Modelle von vier bis fünf Meter Länge fertigen, mit denen er dann jeweils eine große Zahl von Schleppversuchen durchführte, um auf diese Weise zunächst den totalen Widerstand, Gesamtwiderstand oder Wasserwiderstand[304] des jeweiligen Modells zu ermitteln.

Ein solcher Versuch lief im Prinzip so ab, dass die elektrisch betriebene und steuerbare Rollbrücke das Schiffsmodell mit einer konstanten Geschwindigkeit durch das Wasser des Kanals zog.[305] Das Modell musste dabei mit einer zum geplanten Schiff korrespondierenden Geschwindigkeit[306] geschleppt werden, weil nur so der Schiffswiderstand aus den Modellwiderständen mit Hilfe des mechanischen Ähnlichkeitsgesetzes von Froude errechnet werden konnte.[307] Dass diese Geschwindigkeit auch tatsächlich erreicht wurde, stellten elektrische Kontakte sicher, die sich in der Kanalwand befanden und welche die Geschwindigkeit maßen.[308] Die eigentlichen Widerstandsmessungen erfolgten über das Dynamometer. Es erzeugte während des Schleppvorgangs eine Linie auf einem Diagramm, das den Widerstand bei einer bestimmten gewählten Geschwindigkeit darstellte. An diesen Schleppversuch schloss sich eine Vielzahl weiterer Versuche mit höheren Geschwindigkeiten an, weil der Widerstand in Abhängigkeit von der Geschwindigkeit zunimmt und immer nur *ein* Widerstand pro gewählte Geschwindigkeit gemessen werden konnte. Nach dem Ende einer solchen Versuchsreihe ermittelte Schütte je Modell aus den Diagrammen die geschleppten Geschwindigkeiten in Metern und die Widerstände in Kilogramm. Die Werte trug er in ein Koordinatenkreuz ein, dessen x-Achse die Geschwindigkeiten und dessen y-Achse die Widerstände bildeten.[309] Aus diesen Werten entstand dann eine Kurve, die annähernd eine Parabel ergab.[310]

„Diese Kurve gibt alsdann für jede gewünschte Geschwindigkeit den zugehörigen Widerstand."[311]

Auf diese Weise konnte Schütte zunächst den Gesamt-, Total- oder Wasserwiderstand eines Modells bestimmen. Dann musste er den Reibungswiderstand des Modellrumpfes, d. h. diejenige Kraft, die beim Schleppen des Modells an den Wandungen des Rumpfes auftritt, mit Hilfe einer empirischen Formel berechnen.[312] Indem er nun den Reibungswiderstand von dem Totalwiderstand subtrahierte, konnte er den Restwiderstand oder Wellen und Wirbel bildenden Widerstand ermitteln, also diejenige Kraft, die entsteht, wenn das Schiff versucht, die Wellen vor seinem Bug aufzustauen.[313] War er erst einmal so weit, konnte er relativ leicht auch den Totalwiderstand des Schiffes errechnen. Dies geschah, indem Schütte zunächst den Restwiderstand des Schiffes mit Hilfe des Ähnlichkeitssatzes von Froude unter Verwendung des Restwiderstandes des Modells bestimmte.[314] Danach konnte er den Reibungswiderstand mit Hilfe derselben empirischen Formel berechnen, mit der er auch den Reibungswiderstand des Modells ermittelt hatte. Schließlich musste Schütte nur noch den Reibungswiderstand zum Restwiderstand addieren, um den Totalwiderstand des Schiffes zu ermitteln. Hatte er für alle drei bis vier Modelle auf diese Weise diesen Widerstand berechnet, konnte er dasjenige Modell mit dem niedrigsten Wert auswählen und erhielt so auf Grundlage von systematischen Versuchen und exakten mathematisch-physikalischen Berechnungen die günstigste Schiffsform und damit „dasjenige Schiff, welches zu seiner Fortbewegung die kleinste Kraft erfordert".[315] Dieses Verfahren war genauer als ältere, die auf Erfahrung und Annäherung basierten, und einfacher als die aus den Abteilungen für Schiffbau an den Technischen Hochschulen entstammenden, rein mathematischen Verfahren, die den Schiffbauern bis dato noch keine in der Praxis verwendbaren Ergebnisse hinsichtlich der Schiffsform gebracht hatten.[316]

Über die Leistungen der Schleppmodell-Versuchsstation vermeldete der Jahresbericht des Norddeutschen Lloyd im Jahre 1901, also nur ein Jahr, nachdem diese Einrichtung ihren Betrieb aufgenommen hatte, stolz:

„Unsere Schleppversuchstation [...] war ununterbrochen voll beschäftigt und zwar sowohl mit praktischen Schleppversuchen von Dampfern, welche sich in der Konstruktion befinden, wie mit Schleppversuchen theoretischer Art. Die vielfach neuen Resultate, zu denen die Schleppversuche führten, haben bei uns mehrfach zu nicht unerheblichen Veränderungen in der Form des Schiffkörpers neu in Auftrag zu gebender Dampfer geführt und auch der Kaiserlichen Marine, welche unsere Schleppversuchstation das ganze Jahr hindurch mit Schleppversuchen beauftragt hat, wiederholt Veranlassung gegeben, die Ergebnisse unserer Anstalt für ihre Schiffsbauten zu verwerten. Danach hat sich unzweifelhaft das Resultat ergeben, dass unsere Schleppversuchsanstalt, sich als ein sehr wichtiges Hülfsmittel für die Weiterentwicklung des deutschen Schiffbaus bewährt hat."[317]

Schütte (sitzend) empfängt Besucher in der Schleppermodellversuchsstation

Diese für die Schlepp-Modellversuchsstation und für Schütte, der diese Einrichtung noch bis 1904 leitete, sehr positiven Ergebnisse, sollten sich in den folgenden Jahren verstetigen und verbessern. So schreibt der Historiker Neubaur im Jahre 1907:

„Die Schleppversuchsstation des Norddeutschen Lloyd hat in der verhältnismässig kurzen Zeit ihres Bestehens ausserordentlich wesentliche Ereignisse gezeigt, welche ganz abgesehen vom Norddeutschen Lloyd, der gesamten Schiffahrt zugute kommen".[318]

Dank der Arbeit der Schleppversuchsstation unter Schüttes Leitung konnte der Norddeutsche Lloyd seinen Schiffen eine hydrodynamisch günstigere Form geben und ihnen damit eine höhere Geschwindigkeit verleihen. In der Tat konnte Wiegands Schnelldampferprogramm mit Schiffen wie *Großer Kaiser*, *Kronprinz Wilhelm* und *Kaiser Wilhelm II.* realisiert werden, und der Lloyd konnte sich in dem prestige-, aber auch kostenträchtigen Wettbewerb um immer höhere Geschwindigkeit, die mit den Rennen um das „Blaue Band" ihren Ausdruck fanden, wenigstens eine Zeit lang behaupten.[319] Auch die kaiserliche Marine profitierte von der Arbeit der Schleppversuchsstation des Lloyd, denn die Resultate der in ihrem Auftrag in Bremerhaven durchgeführten Schleppversuche dürften sich auch auf die Form ihrer neuen Schiffe ausgewirkt haben.

In der Tat hatte die Schleppmodellversuchsanstalt des Lloyd einen großen Anteil daran, die Entwicklung der hydrodynamischen Schiffsform im Deutschen Reich vorangetrieben zu haben, wie es die Zitate

nahe legen. Zwar war auf diesem Gebiet schon seit 1892 die Versuchsanstalt der „Elbeschiffahrtsgesellschaft Kette" in Übigau bei Dresden tätig,[320] doch ließen sich deren Ergebnisse offenbar nicht auf den Bau von hochseetüchtigen Schiffen übertragen. Daher war die Schleppmodellversuchsstation des Lloyd die erste Großforschungseinrichtung dieser Art für Hochseeschiffe in Deutschland, die kombiniert empirisch-induktiv und theoretisch-ingenieurswissenschaftlich arbeitete, und deshalb konnte sie auch die ersten wissenschaftlich fundierten Ergebnisse in diesem Bereich liefern.

Für Schüttes berufliche Entwicklung wirkten sich der Bau und die Leitung der Modellschleppversuchsanstalt ausgesprochen positiv aus: Schütte konnte sich aufgrund des Alleinstellungsmerkmals seiner Station ungestört zum gefragten wissenschaftlichen Experten für Fragen des Widerstandes und der Geschwindigkeit im Schiffbau entwickeln.[321] Ferner konnte Schütte mit diesem Projekt auch Erfahrungen im Bereich des Schiffbaumanagements sammeln, d. h. in der Organisation, Leitung und Überwachung von solchen Projekten sowie in der Führung von Personal. Davon würde er später bei der Durchführung ähnlich gearteter Projekte profitieren können. Darüber hinaus konnte Schütte seine Beziehungen zu Kaiser Wilhelm II. und auch zur kaiserlichen Marine über seine Tätigkeit als Leiter der Schleppversuchsanstalt aufbauen und vertiefen, was sich schon bald als ausgesprochen karrierefördernd und später als hilfreich beim Bau und Verkauf seiner Luftschiffe auswirken sollte.

3.1.3 SCHIFFSKONSTRUKTIONEN
3.1.3.1 DER BAU DER ERSTEN DEUTSCHEN KABELLEGER

Parallel zum Aufbau der Schleppmodell-Versuchsanstalt engagierte sich Schütte maßgeblich bei der Konstruktion eines Kabellegers, der erstmals mit deutscher Beteiligung gebaut werden sollte. Abnehmer dieses Schiffes waren die Norddeutschen Seekabelwerke,[322] für die Schütte seit 1899 im Alter von nur 26 Jahren schon als beratender Ingenieur tätig war.[323] Das auf den Namen *von Podbielski* getaufte Schiff wurde noch bei der Werft David J. Dunlop & Co.[324] in Glasgow gebaut, der Stapellauf fand am 09.11.1899 statt.[325] Wahrscheinlich aufgrund des bei der Firma Dunlop erworbenen Konstruktionswissens bekam Schütte den Anschlussauftrag übertragen und durfte den deutlich größeren Kabeldampfer *Stephan*[326] entwerfen, konstruieren und „baubeaufsichtigen". Dieses Schiff wurde dann vom Stettiner Vulcan gebaut und absolvierte seine Probefahrt erfolgreich im März 1903. Auch den dritten deutschen Kabeldampfer mit dem Namen *Großherzog von Oldenburg*[327] entwarf Schütte. Allerdings war er zu der Zeit schon an der Technischen Hochschule Danzig.[328]

Der Bau des *von Podbielski* ging zurück auf einen Beschluss des Vorstandes der Land- und Seekabelwerke AG in Köln-Nippes aus dem Jahr 1899. Da der Generaldirektor des Norddeutschen Lloyd, Wiegand, auch im Aufsichtsrat dieser Firma saß, wandte man sich an ihn mit der Bitte um Unterstützung. Er beauftragte daraufhin den Technischen Betrieb seines Unternehmens mit der Durchführung dieses Pro-

jekts. Der Leiter der Abteilung übergab Schütte diese Aufgabe. In den ersten Monaten des Jahres 1899 besprach Schütte das Projekt erstmals mit den Direktoren der Norddeutschen Seekabelwerke, wie sich die Land- und Seekabelwerke inzwischen nannten.[329] Doch auch Schütte konnte sich nicht qualifiziert zu diesem Projekt äußern, weil ein solches Schiff auf deutschen Werften bis dahin noch nicht gebaut worden war und weil auch niemand im Deutschen Reich ein solches Fahrzeug besaß. Kurz entschlossen fuhr Schütte daher mit den Vertretern der Seekabelwerke nach London, um den britischen Kabeldampfer *Telegraph* eingehend zu inspizieren. Bei der Firma Dunlop In Glasgow machte sich dann unter Schüttes Beteiligung eine deutsch-schottische Arbeitsgruppe an den Entwurf der *von Podbielski*. Jenen Entwurf prüfte Schütte in Bremerhaven noch einmal „mitsamt den Bauvorschriften für Schiff und Maschine".[330]

Vermutlich verfolgte Schütte seine Aufgabe mit echtem Interesse, denn der Bau eines solchen Schiffes stellte für einen Schiffbauingenieur eine große Herausforderung dar. Folgt man Werner von Siemens' Bericht über die Verlegung eines der ersten Tiefseekabel Mitte des 19. Jahrhunderts im westlichen Mittelmeer, so musste ein Kabelleger besonders hochseetüchtig sein, da sein Einsatzgebiet vornehmlich in den Ozeanen und in den großen Randmeeren lag. Siemens war der Auffassung, dass ein solches Schiff unbedingt mit einem hohen „Boden", mit einem Kiel und „erhöhten Schiffsschnäbeln" als Wellenbrecher ausgestattet sein sollte. Außerdem müsse die Gewichtsbelastung der Kabeltrommel im Laderaum des Schiffes gleichmäßig ver-

Der Kabelleger *Stephan*

teilt sein.[331] Auch war es sinnvoll, das Schiff mit einer hohen Stabilität zu bauen, um so die Bewegungen des Schiffes im Wasser zu minimieren und damit das Reißen des Kabels zu verhindern. Diese Anforderungen konnte erst 1873 das Kabelverlegeschiff *Faraday* erfüllen, das Wilhelm von Siemens in Zusammenarbeit mit William E. Froude in Newcastle upon Tyne bauen ließ, welche 1874 das erste transatlantische Kabel von Irland nach Neufundland verlegte.[332] Schüttes Interesse an der Konstruktion und dem Bau des *von Podbielski* wurde außerdem noch durch den Umstand gesteigert, dass noch keine Kabelleger im Deutschen Reich gebaut worden waren und dass die deutschen Schiffbauer folglich ein entsprechendes Projekt vermutlich als Pioniertat einstuften.[333]

3.1.3.2 DIE „*LENSAHN*-AFFÄRE"

Nach dem erfolgreichen Abschluss des Baus des *Stephan* im März 1903 übernahm Schütte den Auftrag, die Dampfyacht *Lensahn III* für den Großherzog von Oldenburg, Friedrich August, umzubauen. Dass Schütte diesen für ihn ehrenvollen Auftrag bekommen konnte, war kein Zufall: Er hatte nach eigener Aussage den Großherzog Friedrich August[334] noch als Erbgroßherzog im November 1899 auf der Hauptversammlung der im selben Jahr gegründeten Schiffbautechnischen Gesellschaft[335] kennen gelernt. Letzterer – selbst sehr an Schiffbau interessiert – war gerade der Ehrenvorsitzende des Vereins geworden, Schütte war ein Gründungsmitglied. Da sich Schütte an der Diskussion eines Vortrages „lebhaft" und wohl auch mit Kompetenz beteiligt hatte, erkundigte sich Friedrich August bei dem Direktor der Oldenburgisch-Portugiesischen Dampfschiffahrtsgesellschaft, Kommerzienrat August Karl Friedrich Schultze (1848–1920),[336] nach ihm.[337] Als der Großherzog von der Oldenburger Herkunft Schüttes, von dessen Tätigkeit im Bereich des Schiffbaus sowie von dessen Fähigkeiten und Verbindungen erfuhr, machte er Schütte, wenn nicht sofort, so doch nach einiger Zeit zu seinem Berater in Schiffbaufragen.[338] Dabei mochte Schüttes Oldenburger Herkunft und die Tatsache, dass sein Vater von Friedrich August selbst in den Jahren 1901/2 zum Oberhofkommissär im Range eines Staatsbeamten ernannt worden war,[339] auch eine gewichtige Rolle gespielt haben.

Im Verlauf des Jahres 1901, kurz nach seiner Thronbesteigung im Juni 1900, entschied der neue Großherzog von Oldenburg, Friedrich August, dass er eine neue Dampfyacht benötige. Nach seinem Willen sollte das Schiff fünfzig Meter lang und 500 BRT groß werden und auf

den Namen *Lensahn III*[340] getauft werden. Friedrich August wandte sich an die Howaldtswerke[341] in Kiel, die bereit waren, für einen Preis zwischen 400.000 und 500.000 Mark ein solches Schiff zu bauen, und erteilte der Werft alsdann einen entsprechenden Auftrag. Dieser Entschluss fiel in einer Situation, in der gerade die Erhöhung der Apanage des Großherzogs nach seiner Thronbesteigung gegen den erbitterten Widerstand der liberalen Kräfte in Oldenburg durchgesetzt worden war: Die Erhöhung der Kronrente wurde nur mit einer Stimme Mehrheit gebilligt.[342] Das Kabinett war geschlossen zurückgetreten, weil es die Erhöhung der Kronrente nicht gutheißen konnte.[343] Der Beschluss des Großherzogs, sich zu einem hohen Preis eine neue Jacht bauen zu lassen, rief erneut den Widerstand „führender politischer Kreise" auf den Plan.[344] Die Entscheidung des Großherzogs wurde offenbar von der liberalen Oldenburger Öffentlichkeit als Provokation empfunden, die das Schiff ohnehin als viel zu teuer empfunden hatte und immer noch empört war über die finanziellen Ansprüche des Großherzogs. Die Debatte um die „*Lensahn*-Affäre" war fraglos deshalb so bedeutsam, weil es hier nur vordergründig um den Bau der Yacht ging. – Vielmehr stand die Frage nach der Kontrolle des Budgets des Landesherrn durch das Parlament bzw. durch die Öffentlichkeit im Mittelpunkt der Diskussion.

Gut eineinhalb Jahre später, im Juli 1903, beschloss der Großherzog nach einem Vorschlag seines schiffbautechnischen Beraters Schütte, dass die *Lensahn III* um fünf Meter verlängert werden müsse, „um aus ihr ein noch besseres Schiff mit bequemerer Wohnungsreinrichtung und größerem Aktionsradius zu machen" und vor allem, um ihren Wert angeblich um das Dreifache zu steigern.[345] Auch diesen Auftrag vergab er wieder an die Howaldtswerke in Kiel.[346] Als eine der wichtigsten Oldenburger Zeitungen, die liberalen „*Nachrichten für Stadt und Land*", dann im August 1908 berichtete, dass die *Lensahn III* mit großem Kostenaufwand verlängert werden solle,[347] ließ Friedrich August diese Umbaupläne wider besseres Wissen, aber eingedenk der heftigen Reaktion der Öffentlichkeit bei der Nachricht vom Neubau der *Lensahn III* im Jahr 1901, in dem „*General-Anzeiger für Oldenburg und Ostfriesland*" dementieren.[348]

Die Howaldtswerke begannen ab September 1903 in aller Heimlichkeit mit den Umbauarbeiten an der *Lensahn*. Die Werft weigerte sich aber schon bald, „aus technischen Gründen" eine Kesselanlage in das Schiff einzubauen, die aus gerade erst von Schütte erfundenen neuartigen Schiffszylinderkesseln,[349] d. h. aus so genannten Schütte-Kesseln, bestand.[350] Eine wichtige Rolle dürfte dabei ein Streit zwischen Schütte und dem Leiter der Howaldtswerke über die Größe der für die Kessel nötigen Heizfläche[351] gespielt haben: Während Schütte seine Kessel mit 198 m² und künstlichem bzw. forciertem Zug ausstatten wollte, um die Wirksamkeit der Heizfläche und damit die Maschinenleistung zu steigern, folgte der Leiter der Howaldtswerke dem Grundsatz, dass forcierter Zug immer dort vermieden werden müsse, wo die gleiche Maschinenleistung ohne Benachteiligung des Schiffes mit natürlichem Zug zu erreichen sei, und riet zum Einbau von Schütte-Kesseln mit einer Heizfläche von 304 m².[352] Ein weiterer Mangel an der von Schütte ursprünglich geplanten Anlage bestand darin, dass sie das Heizpersonal zu stark belastete. Außerdem waren die Kessel selbst stark reparaturanfällig. Zum Problem der Kessel kam offenbar auch noch ein Stabilitätsproblem des Schiffes, da dessen Oberdeck zu stark belastet gewesen, das Schiff also kopflastig gewesen war.[353]

Schütte wurde vermutlich von dem Großherzog gedrängt, die genannten Mängel an der Anlage abzustellen. Schütte konnte sie wahrscheinlich aber nur beseitigen, indem er grundsätzliche Änderungen an der Konstruktion vornahm. Diese Änderungen konnten aber wahrscheinlich nur durch einen Neubau der Kesselanlage umgesetzt werden, welcher erneut Kosten verursachte. Um diese erhebliche Verteuerung des ohnehin der Oldenburger Öffentlichkeit nicht bekannten Projekts zu verschleiern, beschlossen der Großherzog und Schütte wahrscheinlich, den Umbauauftrag den Howaldtswerken zu entziehen und der Seebeckwerft AG in Bremerhaven zu geben, die vermutlich ihrerseits Stillschweigen über die Umstände der Auftragsvergabe zugesichert hatte und bereit war, die Kosten des Einbaus der neuen Kesselanlage in Höhe von 80.000 Mark selbst zu übernehmen.[354] Die Werft war vermutlich zu diesem großen Entgegenkommen nur bereit, weil Schütte mit dem kaufmännischen Direktor, Alfred Conti, seit der Errichtung der Schleppversuchsstation befreundet war und weil die Übernahme des großherzoglichen Auftrags mit viel Prestige für die noch junge Werft verbunden war.[355]

Am 03.12.1903 wurde das geheime Projekt des Umbaus der großherzoglichen Yacht aber der Öffentlichkeit in Oldenburg dennoch bekannt. Ausgerechnet der auf Seiten des Großherzoglichen Hauses stehende „General-Anzeiger für Oldenburg und Ostfriesland"[356] berichtet, dass das Schiff des Großherzogs von den Howaldtswerken, Kiel, nach der Seebeckwerft geschleppt werde. Die „Nachrichten für Stadt und Land"[357] konnten daher am 04.12.1903 feststellen, dass der Großherzog in seinem Dementi vom August die Öffentlichkeit belogen hatte. Außerdem konnte das Blatt die dargestellte Entwicklung andeuten und auch auf die damit verbundenen Probleme bei der Verlängerung hinweisen.[358]

Diese Entwicklung war nun für Schütte aus mehreren Gründen problematisch: Zunächst waren es peinlicherweise gerade die Schütte-Kessel, welche in die Lensahn III eingebaut werden sollten und welche infolge ihrer konstruktiven Mängel die Ursache für den Konflikt zwischen der Kieler Werft und dem Großherzog und für ihre Überführung nach Bremerhaven bildete.[359] Zudem hatte Schütte in seiner Eigenschaft als schiffsbautechnischer Berater des Hofes den zögernden Großherzog von der Verlängerung des Schiffes überzeugt.[360] Darüber hinaus wollte der Großherzog Schütte mit dem „Ritterkreuz des Haus- und Verdienstordens Peter Friedrich Ludwig I." auszeichnen. Nicht zuletzt drohte Schüttes wissenschaftlicher Ruf wegen der konstruktiven Mängel seines Kessels zu leiden, den er mit seinen Erfindungen, seinen wissenschaftlichen Untersuchungen und Veröffentlichungen zu festigen versuchte.[361] Schließlich hätte das preußische Kultusministerium, mit dem Schütte über die Professur an der neuen Technischen Hochschule in Danzig in Verhandlungen stand,[362] ein Schweigen Schüttes in dieser Debatte als einen Beweis für die Berechtigung dieser Kritik und damit als Beleg für Schüttes Inkompetenz angesehen. Sein Schweigen hätte vermutlich auch den positiven Eindruck zerstört, den Wilhelm II. bereits von ihm während seiner Besuche in der Schleppversuchsstation in Bremerhaven gewonnen hatte. Schüttes Aussichten auf die Professur in Danzig wären demnach sicherlich stark gesunken. Daher hatte Schütte allen Grund, in der öffentlichen Auseinandersetzung dezidiert für seinen Landesherrn Partei zu ergreifen.

Schütte gab daher am 11.12.1903 im „General-Anzeiger für Oldenburg und Ostfriesland" eine Erklärung ab, in der er seine Sicht der Dinge darlegte. Er behauptete darin, dass der Großherzog die öffentlichen Berichte von der Verlängerung im August 1903 wahrheitsgemäß dementiert habe, weil er unter dem Einfluss seiner Berater von seinem Entschluss vom Juli 1903 zeitweilig abgerückt sei. Er wies auch die Behauptungen der „Nachrichten für Stadt und Land" über den Streit mit den Howaldtswerken über den Einbau der Schütte-Kessel zurück, indem er den Disput als eine werftinterne Auseinandersetzung hinstellte und leugnete, dass die Lensahn III von Kiel nach Bremerhaven geschleppt worden sei. Auch dementierte er Befürchtungen, dass die Stabilität des Schiffes infolge des zu sehr belasteten Oberbaus leiden und daher der Oberbau verändert werden müsse. Außerdem stritt er ab, dass der Neubau eine halbe Million Mark gekostet habe und dass der Umbau einen großen Teil dieser Summe verschlingen werde. Dass die Position Schüttes letztendlich ziemlich schwach war, zeigt aber das Ende seiner Erklärung, in dem er die „*Nachrichten für Stadt und Land*" fast schon in die Nähe von Landesverrätern rückte:

„Damit die ‚*Nachrichten für Stadt und Land*' sich auch nicht eine Sekunde darüber im Unklaren sind, wie ich über solche Artikel denke und glücklicherweise mit mir noch viele Oldenburger, will ich es an dieser Stelle öffentlich aussprechen, dass ich es im höchsten Grade illoyal finde, wenn man versucht, den Landesherrn seinem Volke gegenüber durch einen Haufen von Unwahrheiten zu diskreditieren."[363]

Die argumentativen Schwächen und Widersprüche in Schüttes Erklärung nahmen die „*Nachrichten für Stadt und Land*" in dem Artikel „Blinder Eifer schadet nur" aufs Korn, der am folgenden Tage erschien. Die Ausführungen Schüttes zum Dementi des Großherzogs vom August 1903 war für die Zeitung ein Beleg für die Richtigkeit ihrer in jenem Monat veröffentlichten Behauptungen. Außerdem konnten die „*Nachrichten für Stadt und Land*" Schüttes Behauptung, *sie* hätten behauptet, der Umbau habe eine halbe Millionen Mark gekostet, als falsch entlarven, indem sie Äußerungen aus seiner Erklärung Zitate aus ihren Artikeln gegenüberstellten. Dem gemäß urteilte die Zeitung dann auch über Schüttes Argumentation:

„Diese Art der Beweisführung diskreditiert selbstredend auch Herrn Schüttes übrige Behauptungen."

Ferner war das Blatt in der Lage, seine Behauptung, dass die negativen Ansichten über die alten Schütte-Kessel an der Wasserkante gang und gäbe seien, verifizieren, indem es eine „zuverlässige Quelle" zitierte, die behauptet, dass die neuen Kessel anders konstruiert seien und dass die alten die schon genannten Mängel gehabt hätten. Die „*Nachrichten für Stadt und Land*" waren auch imstande, Belege für die hohen Kosten und zugleich für die Geheimhaltungsversuche des Großherzogs zu liefern, indem sie Umbaukosten von insgesamt 140.000 Mark nannten, aber zugleich einräumen mussten, dass 80.000 Mark für die Kesselerneuerung von der Seebeckwerft getragen würden, und der Großherzog für die Verlängerung der Yacht nur noch einen Betrag von 60.000 Mark bezahlen müsse.[364] Knapp einen Monat später, am 06.01.1904, konnten die „*Nachrichten für Stadt und Land*" dann auch die Richtigkeit ihrer Behauptung beweisen, dass die halbfertige *Lensahn III* von Kiel nach Bremerhaven geschleppt worden sei. Sie berichten nämlich, dass der Großherzog nach Bremerhaven gefahren sei. Dort sei er von Schütte u. a. in Empfang genommen worden, um mit ihm zusammen die auf der Seebeckwerft an der *Lensahn III* schon durchgeführten Arbeiten zu besichtigen und um dort die mit der Verlängerung geplanten Neueinrichtungen zu besprechen.

Der Schütte-Kessel

Danach habe Schütte dem Großherzog in der Schleppmodellversuchsstation die Seeeigenschaften des verlängerten Schiffs mittels eines Modells demonstriert.[365]

Die Berichterstattung der „*Nachrichten für Stadt und Land*" über die „*Lensahn*-Affäre" blieb aber letztlich folgenlos. Zu großzügig hatte sich die Seebeckwerft mit der Kostenübernahme für den Einbau der neuen Schütte-Kessel gegenüber dem Großherzog und Schütte gezeigt. Daher war der von der Zeitung und der liberalen Öffentlichkeit[366] implizit erhobene Vorwurf der Verschwendung nicht mehr zu halten. Der Großherzog hatte also Glück, dass die liberale Presse aus diesem Grund im Verlauf des Jahres 1904 nicht mehr in negativer Weise über die „*Lensahn*-Affäre" berichten konnte. Auch für Schütte hatte diese Angelegenheit keine negativen Auswirkungen: Er bekam den versprochenen großherzoglichen Orden und die damit verbundene gesellschaftliche Anerkennung. Vermutlich hat sein öffentliches Eintreten für den Landesherrn ihm im Hause des Großherzogs, im konservativen Oldenburg und an anderen Fürstenhöfen eher genützt als geschadet, weil er bewiesen hatte, dass er in Situationen, die auch für ihn schwierig waren, loyal seinem Herrn diente. Es ist daher nicht verwunderlich, dass die Frau des Großherzogs von Oldenburg, Elisabeth von Mecklenburg-Schwerin, Schütte ihre Gunst erwies und am 11.01.1904 sowohl die im Dock liegende *Lensahn* als auch die Schleppmodellversuchsstation besuchte.[367] Auf ihren Einfluss ist vermutlich auch zurückzuführen, dass der Kessel Schüttes zumindest am Hof des Großherzogs von Schwerin *fashionable* wurde.[368] Demnach waren sich Schiffbauer und Großherzogin sympathisch, und die Großherzogin versuchte, Schütte nach Kräften zu fördern. Aus diesem Ansatz einer Beziehung entwickelte sich in den folgenden Jahren eine intime Freundschaft, die Schütte und die Großherzogin im Winter 1908/09 an den Rand ihrer sozialen Existenz bringen sollte.[369]

Auch Schüttes berufliche Karriere blieb von der „Lensahn-Affäre" unbehelligt: Die Verhandlungen mit dem preußischen Kulturministerium verliefen reibungslos und wurden Anfang Juni 1904 mit der von beiden Seiten angestrebten Einstellung Schüttes als etatmäßigem Professor für Theorie und Entwerfen von Schiffen an der Technischen Hochschule Danzig abgeschlossen. Die „Lensahn-Affäre" schädigte auch nicht seine Position bei seinem alten Arbeitgeber, dem Norddeutschen Lloyd: Anfang 1904 wurde er zum Oberingenieur ernannt.[370] Darüber hinaus steigerten der Umbau der Lensahn und der Bau der Kabeldampfer auch weiter Schüttes Erfahrung in der Leitung größerer Schiffsbauprojekte. Zudem konnte er mit diesen Projekten sein Ingenieurswissen um Informationen aus dem Spezial- und Luxusschiffbau erweitern.

3.1.4 ERSTE ERFINDUNGEN UND WISSENSCHAFTLICHE ARBEITEN

In der Zeit, als Schütte beim Norddeutschen Lloyd arbeitete, konnte er *innovativ* im Schiffbau wirken: Er entwickelte den schon erwähnten Schütte-Kessel, der vermutlich besonders für kleinere, wendigere Fahrzeuge geeignet war, und erfand einen Pallographen (Schwingungsmesser) zur Messung von Schiffsschwingungen. Während die Idee für den Pallographen auf Schüttes täglichen Umgang mit den schnell und stark vibrierenden Schnelldampfern des Norddeutschen Lloyd zurückging, ist die Herkunft der Idee für den Schütte-Kessel unbekannt. Vermutlich entstand sie im Zusammenhang mit dem Umbau der *Lensahn III*. Zumindest die *Aschaffenburger Zeitung* behauptete in ihrem Nachruf vom 04.04.1940, dass die Schütte-Kessel zuerst auf der Großherzoglichen Yacht eingebaut worden seien.[371] Diese beiden Erfindungen waren es jedenfalls, die seinen „später häufig zitierten Ruf als vielseitigen und tatendurstigen Wissenschaftler" begründeten.[372]

In dieser „Sturm- und Drangphase" war Schütte auch in dem *theoretischen* Gebiet des Schiffbaus tätig: So konnte er schon nach einem halben Jahr intensiver Forschungsarbeit in der Schleppmodellversuchsstation Ende 1900 einen Vortrag über Einfluss von „Hinterschiffs-

formen", insbesondere der „Wellenaustritte" auf die Antriebsleistung von großen Zweischraubendampfern vor der Schiffsbautechnischen Gesellschaft in Berlin halten, der von der Fachwelt mit besonderem Interesse bedacht wurde. Hintergrund für die diesem Vortrag zugrunde liegenden Untersuchungen war die Frage nach den Ursachen für die geringe Geschwindigkeit des *Kaiser Friedrich*. Mit Hilfe von Schleppversuchen, die er mit einem Modell des mittlerweile gut erprobten *Kaiser Wilhelm der Grosse* vornahm, fand Schütte heraus, dass besondere Formen an einem Hinterschiff, die so genannten „Wellenhosen" und „Wellenböcke" den Widerstand des Schiffes erheblich erhöhten und damit seine Geschwindigkeit stark senkten. Möglicherweise hatte Schütte damit die Ursache für das *Kaiser Friedrich*-Desaster gefunden.[373]

Schütte untersuchte in der Bremerhavener Versuchseinrichtung nicht nur Hinterschiffsformen, sondern beschäftigte sich auch mit der Wirkung von Schlingerkielen[374] auf Rollbewegungen von Schiffen. Mit entsprechenden Experimenten in Bremerhaven konnte er nachweisen, dass die Anordnung solcher Kiele einen großen Einfluss auf den Schiffswiderstand haben kann. Über diese Ergebnisse referierte er sowohl auf nationalen wie auch auf internationalen Tagungen in Düsseldorf, Mailand, St. Petersburg, London und Paris.[375] Dabei machte er – gestützt auf seine Untersuchungsergebnisse – „kühne Änderungsvorschläge" für die Verbesserung der Schiffsformen, der Schiffsantriebsmaschinen und Steueranlagen.[376] Schütte erarbeitete mit seinen Forschungen wichtige (Teil-) Ergebnisse in Bezug auf die Stromlinienform von Schiffen, die eine Umwälzung im Bau von Schnelldampfern, Kriegsschiffen, U-Booten und auch Landfahrzeugen aller Art, beispielsweise von Automobilen oder Motorrädern zufolge hatte.[377]

Ab Januar 1902 bereitete sich Schütte auf die Prüfung zum Diplomingenieur vor. Schüttes Motivation, sich nach dem Staatsexamen zusätzlich diesem Prüfungsverfahren zu unterziehen, lag wahrscheinlich darin, dass er sich mit dem Diplomabschluss, der mit dem Promotionsrecht an den Technischen Hochschulen 1899 eingeführt worden war, den Weg für eine akademische Karriere offen halten wollte. Der Diplomabschluss war nämlich schnell nach seiner Einführung zur wesentlichen Voraussetzung für eine Promotion geworden.[378] Neben seinen Forschungen an der Schleppversuchsanstalt erleichterten Schütte vermutlich auch seine Vorträge und seine Erfindungen die Prüfungsvorbereitungen. Er bestand die Diplomprüfung am 30.06.1902, nachdem er bei seinem alten Lehrer, Professor Flamm, von der Schiffbau-Abteilung der Technischen Hochschule Charlottenburg den schriftlichen Teil erfolgreich absolviert hatte. Der mündliche

Teil der Prüfung war ihm aufgrund seiner guten Leistungen im Studium erlassen worden.[379] Neben seinen praktischen Forschungen, deren Ergebnisse er in seinen Vorträgen darlegte, war die Vorbereitung auf seine Diplomprüfung aber auch schon eine weitere Quelle für seine wissenschaftliche Reputation.[380] Sein Ruf und sein Ansehen als praktisch und wissenschaftlich-theoretisch tätiger Schiffsbauingenieur machten ihn zu einem ernstzunehmenden Kandidaten für eine akademische Karriere.

3.1.5 PRIVATLEBEN VON 1898 BIS 1904

Schüttes Privatleben in jenen Jahren war von seinem Streben geprägt, sich den für eine steile Karriere nötigen sozialen Hintergrund zu verschaffen: So schloss er am 02.06.1898 mit etwas mehr als 25 Jahren die Ehe mit der Reedertochter Henriette Adele Berta Addicks (1875–1947) aus Bremerhaven.[381] Schüttes Vater hatte in Bezug auf

Schütte (vermutl. um 1904)

den sozialen Unterschied zwischen den beiden Familien die Auserkorene seines Sohnes noch gewarnt: „Bedenke, was Du machst, Deine Eltern werden zu Hof gebeten, [die Eltern Deines Ehemannes] werden zu Hofe befohlen."[382] Doch Henriette Addicks heiratete Johann Schütte trotzdem, was auf ein großes Maß an Zuneigung hindeutet. Schütte selbst war zumindest von dem Aussehen seiner Braut angetan, da er Henriette Adele Addicks in einem Brief mit dem Kompliment bedachte, dass sie das „schönste Mädchen" aus Bremerhaven sei.[383]

Während Johann Schütte die traditionelle Rolle des Familienernährers übernahm und dabei zielstrebig die eigene Karriere verfolgte, schien Henriette die traditionelle Rolle als Ehefrau und Mutter ohne eine Spur von Unwillen angenommen zu haben: Schon am 15.05.1899 wurde der gemeinsame Sohn, Wilhelm, in Bremerhaven geboren. Eineinhalb Jahre später folgte die Geburt der Tochter, Dorothea, am selben Ort.[384] Der Enkel von Johann Heinrich Schütte, Jandirk Schütte, berichtete, dass Henriette in den 1920er Jahren in der großen Villa in Berlin Lichterfelde-Ost das Personal unter sich hatte und die Aufgabe erfüllte, „es [im Hause] schön zu machen". Außerdem nahm sie repräsentative Funktionen, z. B. bei offiziellen Anlässen, wahr. Hinsichtlich des ehelichen Beziehungsgefüges bemerkte der Enkel:

„Er war es, der's zu sagen hatte, und sie folgte ihm. [...] Also, ich hatte nicht den Eindruck, dass sie – außer bei ihrem Personal oder sonst wie – eine respektgebietende Persönlichkeit war, sondern eher ihm angepasst war."[385]

Schütte war demzufolge das unangefochtene Familienoberhaupt, dem sich seine Frau und seine Kinder unterzuordnen hatten. Somit führten die Schüttes eine traditionell bürgerliche Ehe, die in Bremerhaven – vielleicht gerade wegen der klaren Rollenverteilung – noch harmonisch verlief. Damit war sie eine gute Basis für Schüttes weiteren beruflichen Werdegang, weil er hier die dazu nötige Erholung und Entspannung fand.

Durch seine Arbeit beim Norddeutschen Lloyd konnte Schütte seiner Frau und seinen Kindern schon bald ein wirtschaftsbürgerliches Einkommen und einen entsprechenden Lebensstandard bieten: Sein Gehalt betrug beim Norddeutschen Lloyd 6.500 Mark jährlich. Hinzu kamen für seine Tätigkeit als beratender Ingenieur bei den Norddeutschen Seekabelwerken AG 2.000 Mark pro Jahr. Für die Besichtigung und die Begutachtung von havarierten Schiffen erhielt er noch einmal 1.500 Mark für denselben Zeitraum. Seine Jahreseinkünfte betrugen also stattliche 10.000 Mark. Beim Norddeutschen Lloyd hatte er darüber hinaus schon einen Rentenanspruch von 2.100 Mark jährlich erworben. Damit verdiente er weit mehr, als er bei einer Übernahme

Henriette, geb. Addicks, und Johann Heinrich Schütte (vermutl. 1898)

der Professur in Danzig bekommen würde: Sein Gehalt als Professor sollte 6.540 Mark zuzüglich 660 Mark Wohnungsgeldzuschuss und seinen Anteil am Unterrichtshonorar betragen.[386] Sein Einkommen als Oberingenieur des Norddeutschen Lloyd war aber auch viel höher als das eines Fabrikanten bzw. Großkaufmanns oder eines Oberbeamten in Oldenburg, die jährlich durchschnittlich 7.726 bzw. 7.179 Mark (im Jahr 1907) verdienten. Schüttes Jahresverdienst war ca. 13 Mal höher als dasjenige eines Arbeiters in Oldenburg zu jener Zeit.[387]

Neben diesem enorm hohen Einkommen konnte Johann Schütte den Seinen aber auch über seine familiären und beruflichen Verbindungen Zugang zum staatlichen und zum „Fabrik-Beamtentum", zum Militär, zum Adel und zu verschiedenen Höfen bieten. Zusätzlich konnte Henriette als Reedertochter ihrer Familie den Weg ins Wirtschaftsbürgertum öffnen. Es ist wohl daher zutreffend, wenn man die Familie Schütte in jenen Jahren — nicht zuletzt wegen der beruflichen Leistung des Familienoberhaupts — als eine Familie von bildungs- und wirtschaftsbürgerlicher Herkunft mit lokaler Bedeutung charakterisiert, die im Begriff stand, noch in der Schicht des Bildungsbürgertums von der höheren Angestelltenschaft in das höhere preußische Beamtentum aufzusteigen.

Die Familie Schütte wohnte in Bremerhaven innenstadtnah in der Deichstraße 79.[388] Dort lebte sie in einer 5-½-Zimmer-Wohnung auf einer der drei Etagen eines Mehrfamilienhauses, das zwischen der Deichstraße und der Geeste gelegen war. Die Wohnung selbst verfügte über eine große Küche und über eine innen liegende Toilette, was für die damalige Zeit in Bremerhaven ungewöhnlich war. Die Schüttes lebten in einer für die Unterweserorte typischen gemischten Wohnsituation: Zwar wohnten in der Deichstraße 79 ein Direktor und der Eigentümer des Hauses, der Bauunternehmer H. F. Sprikerhoff, aber auch ein Kutscher und ein Leuchtturmwärter, die wahrscheinlich beide auf dem Dachboden logierten. Für diese gemischte Wohnsituation spricht auch, dass sich neben dem Haus Gewerbegrundstücke, wie etwa der Bauhof von Sprikerhoff, befanden und dass man von seiner Rückseite sowohl die nahe Rickmerswerft als auch die Tecklenborgwerft sehen konnte. Das Haus in der Deichstraße lag demnach nicht in einem der besseren Wohnviertel der Stadt Bremerhaven, obwohl das Gebäude selbst für die damalige Zeit durchaus repräsentativ und modern war.[389] Die Schüttes wohnten also — berücksichtigt man die berufliche Stellung von Johann Schütte, ihr Einkommen und ihre Herkunft — eher etwas unterhalb ihrer sozialen Position. Zugleich befand sie sich aber in relativer Nähe zu Schüttes Arbeitsplatz beim Norddeutschen Lloyd und ermöglichte es ihm, in seiner spärlichen Freizeit Aktivitäten im Stadtzentrum nachzugehen. So war er z. B. in der Lage, bei der Gründung des VDI-Ortsverbandes Bremerhaven im November/Dezember 1903 mitzuwirken.[390]

Die Zeit von 1899 bis 1904, die Schütte in Bremerhaven verbrachte, war beruflich von großen Erfolgen und privat von Glück und Wohlstand gekennzeichnet. Beruflich konnte er sich vom unerfahrenen Absolventen der Technischen Hochschule Charlottenburg mit Bauführerexamen zum Oberingenieur des Norddeutschen Lloyd und zum Leiter von dessen Schleppmodellversuchsstation entwickeln. Diese Position verschaffte ihm wichtige Erfahrungen in der Konstruktion von Spezialschiffen und im Management des industriellen Schiffbaus. Ferner konnte er sich dadurch profunde Kenntnisse der modernen empirisch-induktiven Methoden und der damals aktuellen Theorien im wissenschaftlichen Schiffbau verschaffen und mit ihnen auch als Ingenieurwissenschaftler in der internationalen *scientific community* reüssieren. Als Leiter der Technischen Versuchsanstalt gelang es ihm, zu hohen bzw. höchsten politischen und militärischen Stellen Kontakte zu knüpfen, die seine Berufung als Professor an die Technische Hochschule in Danzig Erfolg versprechend machten. Privat konnte er sich ein familiäres Umfeld schaffen, das ihm den nötigen Raum verschaffte, um sich von seinen beruflichen Anstrengungen zu erholen. Sein hohes Einkommen und die Verbindungen seiner Familie ermöglichten es Schütte schon früh, seiner Familie eine stabile finanzielle Basis und soziale Aufstiegsmöglichkeiten zu sichern und zugleich eine berufliche Weiterentwicklung ins Auge zu fassen, die sich an seinen eigenen Interessen orientierte. Somit war Schüttes fast fünfjähriger Aufenthalt in Bremerhaven also privat wie beruflich ein bedeutsamer Abschnitt in seinem Leben und für seine weitere Karriere.

3.2 ERSTE JAHRE ALS PROFESSOR AN DER TECHNISCHEN HOCHSCHULE DANZIG
3.2.1 DIE ENTSTEHUNG DER TECHNISCHEN HOCHSCHULE DANZIG UND DER AUFBAU IHRER ABTEILUNG FÜR SCHIFF- UND SCHIFFSMASCHINENBAU

Von 1904 bis 1922 war Schütte ordentlicher Professor für Theorie des Schiffes und für Entwerfen von Schiffen an der Technischen Hochschule Danzig. Diese Hochschule wurde nach vierjähriger Bauzeit am 06.10.1904 durch Kaiser Wilhelm II. mit einer Aufsehen erregenden Rede in einer eindrucksvollen Zeremonie eröffnet. Der Eröffnung vorausgegangen war eine mehr als vierjährige Diskussion, welche nur im Zusammenhang mit den damals aktuellen Problemen des technischen Hochschulwesens in Preußen und im Deutschen Reich sowie im Kontext der deutschen Nationalitätenpolitik in jenen Jahren verstanden werden kann.

Ausgangspunkt waren die steigenden Studentenzahlen Anfang der 1890er Jahre, die auch in Preußen zu immer mehr Klagen wegen Überfüllung der Technischen Hochschulen geführt hatten. Daran schloss sich eine Diskussion über den Bedarf von neuen Technischen Hochschulen an, in deren Gefolge zumeist interessierte Städte entsprechende Eingaben, Pläne und Vorstöße zur Neugründung solcher Institutionen an die Staatsministerien richteten.[391]

Zugunsten von Hochschulstandorten in den preußischen Ostprovinzen wurden in dieser Diskussion neben wirtschaftspolitischen auch nationalpolitische und kulturpolitische Argumente ins Feld geführt: Es wurden Technische Hochschulen zur Förderung dieser agrarisch geprägten Provinzen gefordert. Zugleich sollte die Stellung der deutschen Kultur gegenüber dem — so die damalige Formulierung — „anwachsenden politisch kulturellen Zugriff und [der] wachsende[n] wirtschaftliche[n] Bedeutung des polnischen Bevölkerungsteils" gestärkt werden.

„Damit war von vornherein ein enger Zusammenhang gegeben mit den preußisch-deutschen Germanisierungsbestrebungen und den ethnisch gefärbten Volkstums- und Grenzlandkämpfen gegen das Polentum, innerhalb der staatlich auf die nationale Homogenisierung gerichteten Polenpolitik im deutschen Kaiserreich."[392]

Eine entsprechend antipolnische Tendenz wiesen auch die Pläne zur Gründung einer „Landesuniversität Danzig" auf, welche der frühere preußische Kultusminister und Oberpräsident der Provinz Westpreußen, Gustav Heinrich Konrad von Goßler (1838–1902), mit der Unterstützung des liberalen Landtagsabgeordneten und Inhaber der „Danziger Zeitung" Heinrich Rickert (1833–1902) verfolgte: Eine solche Universität solle neben der Heranziehung einer neuen Industrie auch zur „Sammelstelle des geistigen Lebens" werden, welche die „nationale Entwicklung" der Ostprovinzen fördern sollte. Goßlers Pläne wurden jedoch insbesondere durch die Universität Königsberg verhindert, die einen Bedeutungsverlust befürchtete.[393]

Der Königsberger Geologe Jentsch schlug jedoch in seiner Denkschrift mit dem Titel „Die Westpreußische Hochschule der Zukunft" vom Oktober 1896 vor, eine neue Technische Hochschule in Danzig zu gründen. Technische Hochschulen im Allgemeinen würden die Ostprovinzen wirtschaftlich fördern, da sie die Landwirtschaft besser gedeihen ließen und die Bevölkerung zu erhöhter gewerblicher Aktivität anregen würden. Ihr natürlicher Standort sei Danzig. Diese Auffassung begründet Jentsch mit Argumenten, die sich im weiteren Verlauf der Diskussion um die Auswahl des Hochschulstandorts in den Ostprovinzen als durchschlagend erweisen sollten:

„Das nationale und kulturpolitische Interesse und das besondere Gewicht, das Danzig zu bieten hatte, seine Lage am Meer, seine Bedeutung für Hafen, Strom und Wasserbau, nicht zuletzt aber für die Marine und den Kriegsschiffbau."[394]

Diese Ausführungen von Jentsch wurden in Danzig, in der übrigen interessierten Öffentlichkeit, in der Presse und im preußischen Abgeordnetenhaus in der Diskussion um Neugründungen von Hochschulen im Osten des Deutschen Reichs aufgenommen. Ihre Wirkung konnten sie aber erst entfalten, als Ende 1897 in den längst schon stattfindenden Erörterungen im übrigen Reichsgebiet über den wissenschaftlichen Ausbau der Technischen Hochschulen und über die Überfüllung in den deutschen Hochschulen die preußischen Ostprovinzen aufgrund von national- und kulturpolitischen Argumenten als die ersten Kandidaten für solche Hochschulen ausgemacht wurden. Daraufhin hatten Städte wie Posen, Elbing, Stettin, Königsberg, Thorn und Bromberg ihre Deputationen nach Berlin geschickt, um für sich als Hochschulstandort zu werben. In diesem Zusammenhang musste der Professor für Maschinenbau und Rektor der Technischen Hochschule Charlottenburg, Alois Riedler, in dem Aufsehen erregenden Buch „Die Technischen Hochschulen und die Anforderungen des 20. Jahrhunderts", obschon den Standort Breslau favorisierend, zugeben, dass im Hinblick der Bedürfnisse und Möglichkeiten von Wasserbau, Schiffbau und Marine auch schwerwiegende Argumente für Danzig sprachen.[395]

Neben den national- und kulturpolitischen Argumenten und den Standortqualitäten, die für die Stadt sprachen, wirkte sich auch das Engagement der Danziger für ihre Stadt aus. So setzte sich der Landtagsabgeordnete Rickert energisch und zielstrebig für die Hochschule ein, und vor allem nutzte der Oberpräsident von Goßler seine Kontakte als ehemaliger Kultusminister zu seinem Nachfolger und zum maßgeblichen Mann im Hochschulausbau, dem Ministerialdirektor Friedrich Althoff. Goßler wandte sich darüber hinaus auch an den Kaiser, der sich aus Gründen seiner Flottenpolitik – Tirpitz war seit Frühjahr 1897 Staatssekretär im RMA und arbeitete seine Flottenvorlage aus – und der Ostmarkenpolitik für Danzig als Standort einer Technischen Hochschule im Osten entschied.[396]

Bereits Anfang 1898 kam es dann im Kultusministerium zu Berlin zu einer Konferenz, auf welcher „der Plan für eine voll ausgebaute, alle Abteilungen umfassende Technische Hochschule mit allen modernen Forschungseinrichtungen, wie sie [...] gerade in diesen Jahren [...] überall eingeführt wurden, [...], erarbeitet wurde". Im weiteren Verlauf des Jahres reisten Finanzminister Johannes von Miquel (1828–1901), Kultusminister Robert von Bosse (1832–1901) und Friedrich Althoff nach Danzig, um die örtlichen Bedingungen zu prüfen. Für 1898 wurde bereits ein erster Betrag zur Vorbereitung der Hochschulgründung in den Staatshaushalt eingestellt und ein Organisationsplan für die neue Hochschule ausgearbeitet, wonach diese sechs Abteilungen umfassen sollte: I. Architektur, II. Bauingenieurwesen, III. Maschinenbau und Elektrotechnik, IV. Schiff- und Schiffsmaschinenbau, V. Chemie und VI. Allgemeine Wissenschaft. Eine solche Vollständigkeit der technisch-wissenschaftlichen Fachabteilungen gab es im Deutschen Reich damals nur noch an der Technischen Hochschule Charlottenburg.[397]

Am 2. März 1898 beriet das preußische Abgeordnetenhaus die „Denkschrift betreffend die Begründung einer Technischen Hochschule in Danzig", welche ihm vom Kultus- und Finanzministerium vorgelegt worden war, und am 16. März bewilligte es den Gründungsplan und die angeforderten Mittel. Mit den Bauarbeiten wurde in Danzig im August 1900 begonnen, nachdem die Stadt der preußischen Staatsregierung die Baugrundstücke unentgeltlich zur Verfügung gestellt

hatte. Alles in allem war dies eine bemerkenswert schnelle Realisierung der Pläne.[398]

Die neue Hochschule wurde in einer Stadt errichtet, die seit der Reichsgründung einen wirtschaftlichen Aufstieg erlebte. Danzig zählte um 1900 130.000 Einwohner und besaß demnach Großstadtstatus. Sie war als zweitgrößter Hafen Preußens nach Stettin in erster Linie Handels- und erst in zweiter Linie Industriestadt. Daneben war sie als Hauptstadt der 1878 neu eingerichteten Provinz Westpreußen Verwaltungszentrum. Innerhalb ihrer Grenzen fanden sich neben wichtigen Hafen- und großen Strombauten wie Kajen vor allem Werften, die besonders im Großschiffbau engagiert waren. So war die Kaiserliche Werft 1890 stark vergrößert worden, und seit 1891 hatte die Schichau-Werft aus Elbing ihren Großschiffbau nach Danzig verlegt. Letztere beschäftigte über 10.000 Arbeiter und hatte sich auf den Torpedobootbau und die Konstruktion von kleinen Kreuzern und Schlachtschiffen spezialisiert.[399] Die von Danzig aus administrierte Provinz Westpreußen war stark agrarisch geprägt: Nur 15 Prozent ihrer Bevölkerung waren um 1900 in Industrie und Gewerbe, nur sieben Prozent in Handel und Verkehr beschäftigt. Entsprechend schwach ausgebildet war der Arbeitsmarkt für Absolventen der Hochschule, zumal die benachbarten Provinzen Ostpreußen und Posen ähnlich strukturiert waren.

„Tatsächlich konnten meßbare Auswirkungen der neuen Technischen Hochschule Danzig auf die industrielle Entwicklung der Ostprovinzen auch nur unter sehr langfristigen Aspekten erwartet werden, während das Gründungsmotiv des ‚nationalen Interesses' für das Selbstverständnis, für den Standort und für das Schicksal der Hochschule wichtig bleiben sollte, bis zum Ende."[400]

Wie die Technischen Hochschulen insgesamt, so expandierte auch das Fach „Schiffbau". Bis 1904 hatte es nur an der Technischen Hochschule in Charlottenburg eine Abteilung gegeben, die sich mit Schiff- und Schiffsmaschinenbau befasste.[401] Mit der Gründung der Technischen Hochschule in Danzig sollte eine weitere solche Abteilung hinzukommen. Lehrten und forschten in Berlin vier Professoren an dieser Abteilung, so sollten es in Danzig nach dem Willen von Oswald Flamm, dem Gutachter für die Schiffbauabteilung in Danzig und zugleich Schüttes Lehrer an der Technischen Hochschule Charlottenburg im Jahre 1898, sechs sein. Daher schlug Flamm jeweils einen Lehrstuhl vor für die Theorie des Schiffes, für Zeichnen und Entwerfen von Schiffen, für praktischen Schiffbau, für Kriegsschiffbau, für Schiffsmaschinen I und für Schiffsmaschinen II.[402]

Neben der Expansion des Schiffbaufachs an der Technischen Hochschule Danzig kam es ebenso zu einer Differenzierung und Spezialisierung: Flamm empfahl in seinem Gutachten von 1898, dass der Schiffsmaschinenbau in der Schiffbau-Abteilung der neuen Technischen Hochschule nach allen seinen Richtungen vertreten sein müsse. Diesen Rat nahm das Kultusministerium angesichts der Einführung neuer Schiffsantriebe durch Verbrennungsmotoren und Turbinen, der zunehmenden Verwendung neuer Systeme von Schiffsdampfmaschinen und der wachsenden Bedeutung der Elektrotechnik ernst: So verfügte die Abteilung für Schiffs- und Schiffsmaschinenbau vom Tag ihrer Eröffnung an über einen Lehrstuhl für Schiffsdampfmaschinen. Im Jahr 1909 erlaubte das Ministerium dann der Abteilung, eine Professur für Schiffsturbinen einzurichten. Außerdem installierte die Behörde wenig später eine Professur für Statik und Festigkeit der Schiffe, so dass die im Gutachten Flamms von 1898 vorgesehene Zahl von sechs Lehrstühlen erst dann erreicht wurde und die Schiffbau-Abteilung an der Technischen Hochschule Danzig zur bedeutendsten Abteilung der jungen Hochschule avancierte, die „ihre Begründung beeinflusste und ihren Ruf festigte"[403]. Darüber hinaus riet Flamm aufgrund seiner Erfahrungen als Inhaber der Professur für Theorie und Entwerfen von Schiffen an der Berliner Hochschule zur Aufteilung dieses Lehrstuhls in eine Professur für die Theorie und eine für Zeichnen und Entwerfen von Schiffen, denn die Unterrichtsbelastung des Dozenten sei zu hoch, sofern die Abteilung nur einigermaßen von Studenten frequentiert werde. Offenbar aus Kostengründen kam das Ministerium dieser Empfehlung anfänglich nicht nach.[404] Entsprechend hoch sollte die Anzahl der Unterrichtsstunden werden, welche der Inhaber dieser Professur zu geben hatte, und damit dessen Arbeitsbelastung.

Dass sich die Verantwortlichen im preußischen Kultusministerium letztlich für die Einrichtung einer Schiffbau-Abteilung an der Technischen Hochschule Danzig entschieden, lag wohl zum einen daran, dass in der Stadt eine Werftenindustrie mit bedeutenden Unternehmen wie etwa der Schichau-Werft und der Kaiserlichen Werft ansässig war, die eine jahrhundertealte Tradition besaß und die gerade in der Gründungsphase der Hochschule stark expandierte. Durch die Existenz einer solchen Industrie war für die Schiffbau-Abteilung sichergestellt, dass ihre Studenten ihre theoretischen Kenntnisse um praktische Erfahrung ergänzen und dass die Studenten von Dozenten aus den Werften vor allem im Bereich des Kriegsschiffbaus unterrichtet werden konnten.[405] Umgekehrt profitierten die Danziger Werften auch von den Lehr- und Forschungsaktivitäten dieser Abteilung, da sie deren Absolventen bei sich einstellten und da sie die Forschungsergebnisse, welche diese Hochschuleinrichtung erarbeitet hatte, auch für sich nutzen konnte. Zum anderen hatten gerade die Lehr- und Forschungsgebiete

der Schiffbauabteilung in der Diskussion um den Standort einer Technischen Hochschule für den preußischen Osten eine äußerst wichtige Rolle gespielt.[406] Es sei an dieser Stelle nur noch einmal auf das weiter oben genannte Buch von Riedler und die Begründung des Kaisers für seine Entscheidung, Danzig als Standort einer solchen Hochschule zu favorisieren, verwiesen.

Deshalb stellte sich für die Ministerialbürokratie auch nicht mehr die Frage, ob die Technische Hochschule eine Abteilung für Schiff- und Schiffsmaschinenbau brauchte. Interessant war nur noch, mit welchen Mitteln diese Abteilung aufgebaut werden sollte und wie sie möglichst voll ausgelastet werden könnte. Im Rahmen der Planungen dazu gab es nämlich für kurze Zeit die Überlegung, über eine Verlegung der Schiffbau-Abteilung von Charlottenburg nach Danzig die dafür benötigten Ressourcen bzw. die nötige Auslastung zu schaffen. Dieser Gedanke wurde aber nach Abwägung der Folgen, die sich für den zentralen Standort Berlin, für die Kommunikation zwischen Marine und Technischer Hochschule Danzig und für die Entlastung der Technischen Hochschule Charlottenburg ergeben hätten, wieder fallengelassen.[407]

3.2.2 URSACHEN UND VERLAUF DER BERUFUNG AN DIE TECHNISCHE HOCHSCHULE DANZIG

Spätestens im Herbst 1903 beauftragte Wilhelm II. in seiner Eigenschaft als König von Preußen den preußischen Kultusminister, sich mit Schütte wegen der „Übernahme einer ordentlichen Schiffbauprofessur" an der im Aufbau befindlichen Technischen Hochschule Danzig in Verbindung zu setzen. Das Ministerium betraute den Oberpräsidenten der Provinz Westpreußen, Clemens von Delbrück (1856–1921),[408] mit dieser Aufgabe.[409] Der Oberpräsident forderte Schütte vermutlich auf, seine Bewerbungsunterlagen beim Kultusministerium einzureichen. Nach einer kurzen Bedenkzeit, in der er sich grundsätzlich dafür entschieden hatte, an die Hochschule in Danzig zu gehen und dem Norddeutschen Lloyd den Rücken zu kehren, kam Schütte dieser Aufforderung nach und richtete im Dezember 1903 eine entsprechende Bewerbung an das Ministerium.[410] Nach mehrmonatigen Verhandlungen und Interventionen von höchster Stelle wurde Schütte am 01.05.1904 zum „etatsmäßige[n] Professor für Theorie des Schiffes und Entwerfen von Schiffen" an der Technischen Hochschule in Danzig bestellt, und Anfang September 1904 übersiedelte er zusammen mit seiner Familie dorthin.[411]

Das Ministerium der geistlichen, Unterrichts- und Medizinal-Angelegenheiten hielt Schütte für fachlich und charakterlich geeignet, die etatmäßige Professur für Theorie und Entwerfen von Schiffen an der Technischen Hochschule Danzig zu übernehmen. Dem Ministerium war wichtig, dass diese Stelle von einer Person besetzt würde, „die mitten in der Praxis stehend mit den Anforderungen des modernen Kriegs- und Handelsschiffbau wohl vertraut ist ,[die] reiche praktische Erfahrung neben wissenschaftlicher Befähigung besitzt und die ihrer ganzen Persönlichkeit nach geeignet und befähigt erscheint, die Studierenden anzuregen und zu fördern". Nach Auffassung des Ministeriums entsprach Schütte diesen Kriterien, da er sich „als Oberingenieur einer der bedeutendsten Schiffahrtsgesellschaften der Welt [...] in leitender Stellung und in verhältnismäßig jungen Jahren hervorragend bewährt [...] hat". Dies sei selbst vom Kaiser wiederholt anerkannt worden.[412] Für Schütte sprach zudem, dass das Kultusministerium ihn seinerseits im Frühjahr 1903 zum Sachverständigen zur Einrichtung der Räumlichkeiten der Schiffbauabteilung der Technischen Hochschule Danzig ernannt hatte.[413] Schon im Februar hatte Schütte das Ministerium auf sich aufmerksam gemacht, indem er ein Projekt über die Errichtung einer Schleppmodellversuchsanstalt an der Technischen Hochschule Danzig vorgeschlagen hatte.[414]

Dass Schütte schon mit einunddreißig Jahren und ohne Promotion Professor wurde, hatte er aber letztlich wohl der Protektion des Kaisers zu verdanken. Diese beruhte offenbar zunächst auf der grundsätzlichen Überzeugung Wilhelm II., dass all diejenigen Formen von Wissenschaften unterstützt werden müssten, die einen hohen Praxisbezug aufwiesen. Dies gelte besonders für die angewandten Naturwissenschaften, wie etwa für den Schiffbau, die ihre Erkenntnisse konsequent in Technik umsetzten. Dahinter stand ein klares wissenschaftspolitisches Konzept des Kaisers, nämlich dass Wissenschaft als „angewandte Wissenschaft" eng mit der Praxis verbunden werden müsse, um so zu gewährleisten, dass „deutsche Technik" im technologischen Wettlauf der Nationen obsiege.[415] Entsprechend förderte er nicht nur die Technischen Hochschulen, sondern auch Wissenschaftler, die über folgende Eigenschaften verfügten: Sie kamen aus der Praxis und hatten *nicht* den klassischen humanistisch-gymnasialen bzw. universitären Bildungsweg durchlaufen. Ferner hatten sie alle schon etwas Bedeutendes auf ihrem jeweiligen Gebiet geleistet und entsprachen auf irgendeine Weise *nicht* dem typischen deutschen Professor. Darüber hinaus besaßen sie alle eine außergewöhnliche Redegewandtheit. Nur ein eloquenter Redner konnte bei einem Monarchen, der nicht gerne zuhörte und von dem gesagt wurde, dass er sich nicht lange auf einen Gegenstand konzentrieren könne, offenbar die nötige Aufmerksamkeit erregen.[416] Über alle diese Eigenschaften verfügte in jenen Jahren auch Schütte, und daher verwundert es wenig, dass der Kaiser ihn bereits anlässlich der Eröffnung der Schleppmodellversuchsstation des Norddeutschen Lloyd im Jahre 1900 mit einem Orden auszeichnete und später mehrfach mit seinen Besuchen zu ehren suchte.

Des Weiteren ist zu vermuten, dass Wilhelm II. wohl das bedingungslose Eintreten Schüttes für den Großherzog von Oldenburg in der *Lensahn*-Affäre gefiel, da der Kaiser mit diesem verwandt war und da dieses Handeln Schütte als loyalen, aktiv für die Sache des Landesherrn kämpfenden Untertanen auswies. Diese Eigenschaft musste Schütte in den Augen des Kaisers zu einem idealen Kandidaten für die Professur machen, weil Preußen offenbar zur Verwirklichung der gegen die Polen gerichteten Nationalitätenpolitik in seinen Ostprovinzen solche Mitglieder der akademischen Eliten und der höheren Beamten benötigte. Aus all diesen Gründen erscheint es nur konsequent, dass Wilhelm II. im Frühjahr 1904, nach einem seiner Besuche in der Schleppversuchsanstalt des Norddeutschen Lloyd und während eines Festessens auf dem Linienschiff *Deutschland*, den dort Anwesenden Schütte als jüngsten Professor der Technischen Hochschule Danzig präsentierte, wie ein Schüler und Freund Schüttes, der Schiffbauingenieur Gustav Wrobel, in seinen Lebenserinnerungen berichtet.[417]

Die Parteinahme des Kaisers für Schütte wird ebenso an den Verhandlungen deutlich, die Schütte mit dem Kultusministerium im März 1904 führte: Offenbar unstrittig war zwischen den beiden Parteien die Höhe des Gehaltes. Es setzte sich zusammen aus 6.540 Mark jährlichem pensionsfähigem Gehalt, 660 Mark jährlichem Wohnungsgeldzuschuss und betrug somit insgesamt 7.200 Mark jährlich. Hinzu kam der professorale Anteil am Unterrichtshonorar.[418] Dies war exakt die Summe, welche Schütte zu Beginn der Verhandlungen gefordert hatte.[419] Schütte erzielte somit eine Gehaltserhöhung von mindestens 700 Mark im Vergleich zu seiner alten Stelle beim Norddeutschen Lloyd, denn er erhielt weiterhin seine Einkünfte aus seiner Beratungs- und Begutachtungtätigkeit.[420] Das einzige Problem bei den Verhandlungen scheint das Ansinnen Schüttes gewesen zu sein, die gesamte Zeit beim Norddeutschen Lloyd als Beitragsjahre bei der Auszahlung seiner Pension anrechnen zu lassen. Diese Forderung hatte das preußische Wissenschafts- und Finanzministerium zunächst verweigert, doch mussten die Ministerien ihr aufgrund einer „allerhöchsten Genehmigung" des Kaisers bald schon nachgeben. Laut des Schreibens des Kultusministeriums an Schütte vom 14.06.1904 sollte seine gesamte Zeit beim Norddeutschen Lloyd, d. h. sechs Jahre und fünf Monate, bei der Auszahlung seiner Pension angerechnet werden.[421] Der Kaiser und damit auch die Wissenschaftsbehörde schienen offenbar akzeptiert zu haben, dass hoch qualifizierte Spezialisten aus dem Schiffbau ausgesprochen teuer waren und dass man ihnen entgegenkommen musste, um sie für den Dienst an einer preußischen Hochschule in den abgelegenen Ostprovinzen zu gewinnen.

Schütte selbst war vermutlich über die Aufforderung seitens des Kultusministeriums, die Professur für die Theorie des Schiffes und Entwerfen von Schiffen an der Technischen Hochschule Danzig zu übernehmen, sehr erfreut, obwohl es für ihn und seine Familie bedeutete, den alten Lebensmittelpunkt Bremerhaven aufgeben und in Danzig relativ mühevoll einen Neuanfang wagen zu müssen. Verglichen mit den Nachteilen, die sich für Schütte bei einem Verbleiben in Nordwestdeutschland ergeben hätten, war der Neuanfang das Risiko wert: So sah er selbst wohl keine weiteren beruflichen Entwicklungsmöglichkeiten beim Norddeutschen Lloyd, denn er begründete seine Entscheidung gegenüber dem Großherzog von Oldenburg retrospektiv damit, dass, solange eine gewisse technische Stelle bei der Direktion in Bremen gegen ihn gearbeitet habe, an ein Fortkommen beim Norddeutschen Lloyd nicht zu denken gewesen sei.[422]

Die Annahme des Rufs nach Danzig bedeutete für Schütte somit einen großen Karrieresprung, da er unter Umgehung des sehr unsicheren Weges durch die verschiedenen Hierarchiestufen (Lektor, Privatdozent, Dozent, Honorarprofessor und etatmäßiger Professor[423]) in der wilhelminischen Universität auf einmal an der Spitze des Lehrkörpers stand. Mit dem Professorentitel war Schütte zum Mitglied einer Gruppe geworden, die sich als „bildungsaristokratische" Elite verstand, und deren Position in der akademischen Hierarchie „fast der Stellung von Ministern im regulären Staatsdienst" entsprach. Darüber hinaus war das Einkommen der Professoren von allen Statusgruppen in der Universität das höchste[424] und auch außerhalb der Universität zählten sie zu den Spitzenverdienern: Selbst das ohnehin schon sehr hohe Gehalt von Schütte, das dieser beim Norddeutschen Lloyd erhielt, wurde durch das neue Gehalt noch um knapp elf Prozent übertroffen. Diese nicht unerhebliche Steigerung seiner Einkünfte sowie der enorme Status- und Prestigegewinn waren für den 31jährigen sicher weitere wichtige Gründe, auf die Offerte des Kaisers und der preußischen Wissenschaftsbehörde einzugehen und ein Verbleiben beim Norddeutschen Lloyd trotz angebotener Gehaltserhöhung gar nicht weiter zu prüfen.[425]

Vielleicht glaubte Schütte auch, seinen ingenieurwissenschaftlichen Forschungsinteressen mit der Professur an der Technischen Hoch-

schule Danzig und dem kaiserlichen Förderer im Rücken viel besser nachgehen und sich in seiner Disziplin viel mehr wissenschaftlich profilieren zu können als beim Norddeutschen Lloyd. Dafür spricht nicht nur die Tatsache, dass eine Professur um die Wende vom 19. zum 20. Jahrhundert trotz der steigenden Belastungen durch die Lehre immer auch noch Forschung vorsah,[426] sondern auch, dass Schütte als Sachverständiger bei der inneren Einrichtung der Abteilung für Schiffbau schon seit März 1903 die Errichtung einer Versuchsanstalt für Schiff- bzw. Schiff- und Wasserbau als Großforschungseinrichtung, d. h. einer leistungsfähigeren Schleppversuchsanstalt als derjenigen in Bremerhaven oder in Charlottenburg, betrieb.[427]

3.2.3 ERSTE SCHRITTE IN FORSCHUNG UND LEHRE

Sein Arbeitsvertrag vom 14.06.1904 verpflichtete Schütte dazu, die „Theorie des Schiffes" und das „Entwerfen von Schiffen" zu lehren. Diese beiden Aufgabenbereiche waren vom Berliner Professor Oswald Flamm in seinem „Gutachten für die Schiffbau-Abtheilung" im Rahmen des Organisationsplans für die Technische Hochschule in Danzig im Jahr 1898 näher definiert worden.[428] Es ist davon auszugehen, dass Flamm in seinem Gutachten viele Erkenntnisse über die Anforderungen des modernen Schiffbaus an die Studierenden einfließen ließ und dass auch die von ihm skizzierte Professur für Theorie und Entwerfen von Schiffen diesen Anforderungen entsprach, denn schließlich war er selbst seit 1897 Ordinarius für diese beiden Gebiete an der Technischen Hochschule Charlottenburg.[429] Laut Flamms Gutachten sollte die „Theorie des Schiffes" einschließen:

„Sämmtliche Berechnungen des Deplacemente, der Stabilität, der Unsinkbarkeit, die Gesetze des Schiffswiderstandes unter besonderer Berücksichtigung der neuesten Untersuchungen in den Versuchsbassins, die Theorien der verschiedenen Propeller; die Wirkungsweise der Segel und ihre Beziehung zur Stabilität, die Theorie des Ruders, die Schlinger- und Stampfbewegungen, den Einfluss der Masseverteilung auf diese Bewegungen, die Gesetze des Schiffsablaufs, die Beanspruchungen der Schiffe in der Längs- und Querrichtung in ruhigem Wasser und in bewegter See [und] die Wellentheorie."[430]

Der Aufgabenkreis der Professur umfasste demnach neben Schüttes Spezialgebieten aus der Zeit des Norddeutschen Lloyd, also der Theorie des Schiffswiderstandes und der Schlinger- und Stampfbewegungen, genau die Bereiche, mit denen er sich ebenfalls in seinem Beruf schon häufig praktisch auseinander gesetzt haben dürfte wie z. B. die

Berechnungen der Schiffsverdrängung und der -stabilität. Zur Vermittlung dieser eher theoretischen Aspekte des Schiffbaus an die Studenten in Danzig stand ihm daher ein mehr als ausreichender Wissensschatz zur Verfügung.

Das zweite Aufgabengebiet „Entwerfen von Schiffen" sollte, so das Gutachten Flamms, umfassen:

[D]ie Schiffstypen, das Zeichnen der Schiffslinien, die Dimensionirung der Schiffe, das Verhältnis der Hauptabmessungen zu einander, die Völligkeitsgrade, die Schwerpunktlagen, Segelschiffe, Dampfer, die Schiffsvermessung für den Suezkanal, Freibordgesetze, Einfluss der Vermessung der Freibordgesetze auf die Bauweise, Formgebung, Bestimmung des Eigengewichts der Fahrzeuge, Ermittelung des Deplacements durch Gewichtsberechnung, Bestimmung des System-Schwerpunktes, Absetzen und Verwendung der Modelle, Gewichte der Details des Schiffskörpers, der Maschinen und Kohlen; Einrichtung und Raumvertheilung für Frachtschiffe und Passagierdampfer."[431]

Auch in diesen Bereichen des Schiffsentwurfs hatte Schütte schon viele eigene Erfahrungen machen können, als er in Bremerhaven die *Lensahn* und die Kabelleger konstruierte und andere Werften in schiffbautechnischen Fragen beriet. Auch dürften ihm seine Kenntnisse im Holzschiffbau, die er noch während seines Studiums in Berlin erworben hatte, zustatten gekommen sein. Entsprechend groß dürfte das ihm zur Verfügung stehende Wissen gewesen sein.

Gemäß seinem Arbeitsvertrag hatte Schütte diese Lehrgebiete, „in Vorträgen und Übungen in dem Umfang zu vertreten, wie dies durch [die der Genehmigung durch den Kultusminister] unterliegenden Studienpläne alljährlich vorgeschrieben wird".[432] Entsprechend unterrichtete er die Studenten des Schiffbaufachs, die in vier Jahreskursen ihr Studium bewältigen mussten, den mit seiner Professur verbundenen Lehrstoff in mehreren Veranstaltungen: Im *ersten Jahreskurs* bot er einmal wöchentlich im Winter- und Sommerhalbjahr eine zweistündige Übung „Zeichnen und Entwerfen von Schiffen I" an. Im *zweiten Jahreskurs* gab er die Vorlesung „Theorie des Schiffes I und II", die im Wintersemester zwei Stunden und im Sommersemester fünf Stunden dauerte. Dazu kam die Übung „Zeichnen und Entwerfen von Schiffen I" bzw. „II", die sowohl im Winter- als auch im Sommersemester vierstündig war. Im Wintersemester bot er außerdem noch die einstündige Übung „Anleitung zum Entwerfen von Schiffen I" an. Im *dritten Jahreskurs* bot er die Vorlesung „Theorie des Schiffes III" an, die im Winterhalbjahr zwei und im Sommerhalbjahr drei Stunden dauerte. Zusätzlich führte er die Übung „Entwerfen von Schiffen" durch, die auf zwei Termine in

der Woche verteilt war und dabei je zwei Stunden dauerte. Im *vierten Jahreskurs* schließlich bot er wiederum eine Übung mit dem Titel „Entwerfen von Schiffen" an, die winters wie sommers vier Stunden dauerte.[433] Demnach betrug Schüttes gesamtes Lehrdeputat im Winterhalbjahr zwanzig Stunden in der Woche und im Sommersemester einundzwanzig Stunden.

Dabei ist aber zu berücksichtigen, dass zu seiner Unterstützung mindestens ein Assistent vorhanden war,[434] wie er es auch schon in den Verhandlungen mit der preußischen Kulturbehörde gefordert hatte.[435] Bedenkt man ferner, dass die Technische Hochschule erst am 17.10.1904 den Lehrbetrieb aufgenommen hatte und dass daher alle Lehrenden zumeist nur Erstsemester zu unterrichten hatten, so konnte auch Schüttes Belastung mit Lehrveranstaltungen zu Beginn seiner Dozententätigkeit nicht übermäßig groß gewesen sein: Zwar musste er im Winterhalbjahr 1904/05 vertretungsweise auch den Lehrstuhl für praktischen Schiffbau übernehmen,[436] doch für den ersten Jahreskurs hatte er im Winter- und im Sommerhalbjahr 1905 nur die zweistündige Übung „Zeichnen und Entwerfen von Schiffen I" abzuhalten. Diese Veranstaltung dürften noch nicht allzu viele Studierende besucht haben, dazu war die Zahl der Schiffbaustudierenden unter den 246 bzw. 372 Studierenden und Hörern, die am Ende des Winterhalbjahres 1904/05 bzw. am Ende des Sommerhalbjahres 1905 an der Technischen Hochschule Danzig eingeschrieben waren, zu gering. Anders sah die Situation schon zum Winterhalbjahr 1905/06 aus, da Schütte zusätzlich zum ersten Jahreskurs erstmals in einem zweiten Jahreskurs die umfangreiche Vorlesung „Theorie des Schiffes I" und „Theorie des Schiffes II" sowie die Übungen „Zeichnen und Entwerfen von Schiffen I" und „Anleitung zum Entwerfen von Schiffen I" zu geben hatte. Doch erst im Jahre 1908 hatte er mit der vollen Belastung zu rechnen, da zu jenem Zeitpunkt die Erstsemester von 1904/05 den vierten Jahreskurs erreicht hatten und damit für jeden Jahreskurs Studierende eingeschrieben waren. Schütte hatte also genug Zeit, um an den zunehmenden Lehrverpflichtungen zu wachsen.[437]

Folgt man den Nekrologen anlässlich der Trauerfeiern zu seinem Tod am 03.04.1940 und den Erinnerungen seiner Schüler, so besaß Schütte als Lehrer ein ausgesprochenes Talent: Er war offenbar nicht nur in der Lage, seinen Studenten außerordentlich kenntnisreich und mit dem Blick für das Wesentliche die komplizierten Zusammenhänge in diesen Gebieten zu vermitteln, sondern sie auch durch „lebendige, plastische Schilderung" (Wrobel) mitzureißen und „bei der Schilderung seiner reichen Erfahrungen" (Schnadel) für das Schiffbaufach insgesamt zu begeistern. Er stand darüber hinaus zu allen seinen Schülern in einem persönlichen Verhältnis. Auch nahm er, wann immer er konnte, an studentischen Veranstaltungen teil.[438] Schütte war demnach ein vorbildlicher Hochschullehrer, der allerdings schon in diesem frühen Stadium seiner Hochschullehrerzeit gegenüber seinen Studenten wenn nicht völkische, so doch nationalistische bzw. imperialistische Positionen im Sinne der preußischen Nationalitätenpolitik gegenüber den Polen, Wilhelms II. „Weltpolitik" und der Bülow'schen Forderung nach einem „Platz an der Sonne" für das Deutsche Reich vertrat. Dafür sprechen nicht nur seine Äußerungen im und nach dem Ersten Weltkrieg,[439] sondern auch seine Nähe zu deutschen Fürsten bzw. zum Kaiser und seine Zugehörigkeit zur preußisch-deutschen Professorenschaft, die um die Jahrhundertwende vom 19. zum 20. Jahrhundert ein „imperialistisches Sendungsbewusstsein" entwickelt hatte und deren politische Haltung sich zusehends auf Standpunkte der bürgerlichen Mitte und der Rechten verengte.[440]

Ein Hochschullehrer der Abteilung für Schiff- und Schiffsmaschinenbau musste laut Verfassungsstatut der Königlich Technischen Hochschule zu Danzig vom 01.10.1904 zusätzlich zu seiner Lehrtätigkeit auch noch Diplom-Vorprüfungen und -Hauptprüfungen abnehmen, da er in den entsprechenden Prüfungsausschüssen sowie im Kollegium dieser Abteilung saß. Die erste Aufgabe dieses Gremiums bestand darin, für ein ordnungsgemäßes Studium zu sorgen. Damit hatte es sicherzustellen, dass die Studenten in allen für ihr Studium relevanten Gegenständen in einer „angemessenen" Reihenfolge unterrichtet wurden und ihr Studium in der von der Prüfungsordnung festgelegten Zeit absolvieren konnten. Bei Lücken oder Mängeln im Lehrgang musste es dem Ministerium Bericht erstatten und Anträge zur Behebung der Probleme stellen. Darüber hinaus war das Kollegium dafür zuständig, den Studienplan der Abteilung aufzustellen und den Studienverlauf der in der Abteilung eingeschriebenen Studenten und Hospitanten zu überwachen. Außerdem war es dafür zuständig, Vorschläge über die Verleihung von Stipendien, Unterstützungen, Prämien sowie über die Höhe der Unterrichtshonorare für die Lehrkräfte zu unterbreiten.[441]

In den Jahren 1906 und 1908 wurde Schütte in das Amt des Vorstehers der Abteilung für Schiff- und Schiffsmaschinenbau gewählt.[442] Laut Verfassungsstatut der Technischen Hochschule Danzig musste der Vorsteher in seiner einjährigen Amtszeit den Geschäftsverkehr zwischen dem Abteilungskollegium, dem Rektor und dem Senat übernehmen. Zudem war es seine Pflicht, darauf zu achten, dass das Kollegium seine Aufgaben erfüllte. Dabei musste er insbesondere Mängel

des Lehrganges, die einem ordnungsgemäßen Studium der Studenten entgegenstehen, dem Abteilungskollegium zur Beratung vorlegen. Ferner oblag ihm die Disziplinaraufsicht über die Studenten. Er war befugt, diesen als untersten Grad der Disziplinarstrafe einen Tadel zu erteilen.[443] Zur Lehre kam für Schütte also auch noch ein gewisser Zeitaufwand für die aktive Mitarbeit im Kollegium der Abteilung für Schiff- und Schiffsmaschinenbau hinzu. Dieser Zeitaufwand war für ein Mitglied des Kollegiums der Abteilung anfangs noch nicht hoch, da aufgrund der geringen Studentenzahlen noch kaum Prüfungen abzunehmen waren. Aus demselben Grund waren auch die Entscheidungen des Abteilungskollegiums über Stipendien, Unterstützungen und Prämien gering an Zahl. Außerdem musste man erst Erfahrungen mit dem Studienplan sammeln, bevor man Änderungsvorschläge machen konnte. Ebenso konnten die Pflichten als Abteilungsvorsteher in verhältnismäßig kurzer Zeit erfüllt werden.[444] Schütte verfügte also in den ersten Jahren seines Wirkens an der Danziger Technischen Hochschule – mit Ausnahme des Wintersemesters 1904/1905, in dem er sich in sein Lehrgebiet einarbeiten und in den Hochschulbetrieb einfinden musste – über relativ viel freie Zeit. Diese nutzte er, um sich wissenschaftlich zu profilieren.

Zusammen mit Schütte begannen ab dem Winterhalbjahr 1904/1905 die Professoren Walter Mentz (1875–1923) und Wilhelm Karl Christian Schnappauf (1870–1938) mit ihren Lehrveranstaltungen. Von der Marine wurden dazu der Geheime Marinebaurat Paul Hossfeld und der Marineoberbaurat Eduard Krieger abkommandiert.[445] Mentz hatte die Professur für Schiffsmaschinenbau inne. Er war wie Schütte Absolvent der Technischen Hochschule Charlottenburg. Nach seinem Studium war er zunächst Marinebaubeamter beim RMA und dann Abteilungsleiter für Schiffshilfsmaschinen bei der Howaldswerft Kiel. Kurze Zeit später wechselte er zum Stettiner Vulcan, um den Bau der großen Kolbendampfmaschinen für die deutschen Schnelldampfer und Kriegsschiffe kennen zu lernen. Mentz wurde wahrscheinlich zum Professor für Schiffsmaschinenbau ernannt, weil er einflussreiche Kreise mit einem Bericht über den Stand des Schiffsmaschinenbaus in den USA auf sich aufmerksam gemacht hatte. Er war vermutlich ein potentieller Konkurrent Schüttes, da er nicht nur mit seiner Professur eine starke Stellung in der Abteilung für Schiffs- und Schiffsmaschinenbau innehatte, sondern ein reger Forscher und eifriger Publizist war, der schon 1907 mit dem Werk ‚Entwicklung und Stand der Schiffskessel- und Schiffsmaschinenbau in Deutschland' die technische Entwicklung auf diesem Gebiet vollständig beschrieben hatte. Darüber hinaus gelang es ihm im Jahr 1910, den jungen und ausgesprochen innovativen Elektro-techniker, Schiffsmaschinenbauer und Hydromechaniker Hermann Föttinger (1877–1945) als Professor für Schiffsmaschinenbau vom Stettiner Vulcan an die Technische Hochschule Danzig zu holen. Zudem konnte Mentz an der Hochschule eine umfangreiche Lehrmit-telsammlung anlegen.[446] Professor Schnappauf – an der Technischen Hochschule Danzig für praktischen Schiffbau zuständig – entwickelte sich dagegen für Schütte in Karrierefragen zu einer zu vernachlässi-genden Größe, da Schnappauf im Jahr 1909 die Abteilung für Schiffs-und Schiffsmaschinebau verließ, weil ihm die Lehrtätigkeit keinerlei berufliche Befriedigung bedeutete.[447]

Der Geheime Marinebaurat Paul Hossfeld, der die Einrichtung und das Entwerfen von Kriegsschiffeinzelheiten unterrichtete, war dage-gen ein Freund und Förderer Schüttes,[448] vermutlich ein Verwandter der Familie und/oder ein Freund von Schüttes Vater.[449] Seine Verbin-dungen im RMA und zum preußischen Kriegsministerium sollten sich später beim Bau bzw. beim Verkauf der ersten Schütte-Luftschiffe als besonderer Vorteil erweisen. In den ersten Jahren an der Technischen Hochschule Danzig war es für Schütte fraglos von großem Vorteil, sich mit einer vertrauenswürdigen Person über seine ersten Erfahrungen in Lehre und Forschung auszutauschen. Schüttes Ansprechpartner in Fragen des Kriegsschiffbaus war der Marineoberbaurat Eduard Krie-ger, da er das Entwerfen und die Konstruktion von Kriegsschiffen lehr-te.[450] Eine Zusammenarbeit der beiden war wahrscheinlich, da beide verwandte Gebiete zu bearbeiten hatten. Zudem empfahl Schütte sich Krieger durch seine Freundschaft zu Hossfeld, so dass Krieger in abtei-lungsinternen Auseinandersetzungen eher auf Seiten Schüttes gestan-den haben dürfte.

Die Abteilung für Schiffbau und Schiffsmaschinenbau konnte sich in den ersten Jahren nach ihrer Gründung schnell entwickeln: Die Zahl der Studierenden stieg, nachdem die Abteilung im Winter-halbjahr 1904 ihren Betrieb aufgenommen hatte, von 40 auf 63 im Sommerhalbjahr 1905.[451] Dies lag sicherlich daran, dass die jungen Ingenieure Mentz und Schütte aus der Praxis kamen, und dass sie zusammen mit den Marinebauräten Krieger und Hossfeld in der Lage waren, für die Studenten relativ schnell ein umfassendes Lehrange-bot bereitzustellen.[452] Außerdem trugen beide auf ihre Weise dazu bei, dass die Abteilung schon bald einen positiven Ruf erhielt: Während Schütte offenbar den Studenten mit Hilfe seiner didaktischen und pädagogischen Fähigkeiten die Wissensaufnahme erleichterte, festig-te Mentz als eifriger Publizist den wissenschaftlichen Ruf der Einrich-tung.

3.2.4 DER KAMPF UM DIE ERRICHTUNG DER VERSUCHSANSTALT FÜR SCHIFFBAU AN DER TECHNI-SCHEN HOCHSCHULE DANZIG VON 1903–1907
3.2.4.1 PROJEKTGEGENSTAND UND PROJEKT-INTERESSEN

Am 26.02.1903 reichte Schütte, noch bevor er zum Sachverständi-gen für die innere Einrichtung der Schiffsbauabteilung der Techni-schen Hochschule in Danzig ernannt worden war, beim Minister der geistlichen, Unterrichts- und Medizinal-Angelegenheiten die Beschrei-bung eines Projekts ein, das die Errichtung einer Versuchsanstalt für Wasser- und Schiffbau an der Technischen Hochschule Danzig vor-sah.[453]

Die Gebäude des Projekts, „welches ein Schleppbassin mit den dazugehörigen Räumen darstellt", sollten außen mit einer starken Holzverschalung, die über ein Fachwerk hergestellt wird, gebaut wer-den. Innen sollte es mit Gipsdielen ausgestattet sein. Auf diese Weise würde wie beim Norddeutschen Lloyd in Bremerhaven ein äußerst haltbares Gebäude mit geringen Unterhaltungskosten entstehen. Die Rinne selbst sollte auch aus Holz sein. Schütte begründete diese Wahl zunächst damit, dass Holz den Bau preisgünstiger gestalten würde als die Verwendung von Stein, Zement und Mörtel. Zudem sei dadurch der Bau viel schneller durchzuführen. Darüber hinaus könnte ein Bas-sin aus Holz auch auf schlechtem Baugrund gebaut werden, da es in einem solchen Falle – anders als ein Becken aus Stein, Zement und Mörtel – keine Risse bekäme. Die Rinne sollte eine Fahrlänge von 180 Metern und eine Breite von acht Metern haben. Damit wäre sie sechs Meter länger als die Bremerhavener und zwei Meter länger als die Berliner Anstalten gewesen. In einer langen Rinne könnte eine maxi-male Schleppgeschwindigkeit von 5 m/s erreicht werden. Eine höhere Geschwindigkeit von 7 m/s hielt Schütte nicht für erreichbar, obwohl sie in der Königlichen Versuchsanstalt für Wasserbau und Schiffbau auf der Schleuseninsel in Berlin offenbar für möglich gehalten wurde. Als wesentliche Probleme dabei sah er die Gefahr eines Zusammenstoßes mit der Stirnwand des Bassins infolge der Kürze der Strecke. Hinzu komme, dass beim Schleppen von großen Modellen das Dynamometer versage und dass beim Einsatz von Bremsen die Messapparate insge-samt in ihrer Genauigkeit beeinträchtigt würden.

Indem er sie dergestalt konzipierte, glaubte Schütte dem Kultusmi-nisterium garantieren zu können, dass die Danziger Versuchsanstalt um 180.000 Mark billiger gebaut werden könnte als die Einrichtung der Technischen Hochschule Charlottenburg auf der Schleuseninsel in

Berlin. An ständig wiederkehrenden Aufwendungen würden noch die jährlichen Verwaltungskosten der Abteilung für Schiff- und Schiffsmaschinenbau von 1.200 Mark und Personalkosten von insgesamt 9.000 Mark kommen. An Personal benötigte die Einrichtung einen Maschinenbauer zur Leitung und zur Instandhaltung, einen Modelltischler, einen Feinmechaniker und zwei Arbeiter zum Formen der Modelle und zur Reinhaltung des Gebäudes. Zu den jährlichen Verwaltungs- und Personalkosten kämen dann noch Materialkosten von 3.400 Mark, so dass sich die Betriebskosten der Anstallt auf insgesamt 12.500 Mark jährlich belaufen würden.

Die von Schütte vorgesehene Organisation der Versuchsanstalt war zunächst eindeutig hierarchisch. Dem entsprechend wünschte er, dass die Versuchsanstalt der Abteilung für Schiff- und Schiffmaschinenbau unterstellt werden sollte und dass dort an ein paar Tagen pro Woche die Strombauverwaltung der Provinzen Ost- und Westpreußens und die Abteilung für Bauingenieure Versuche durchführen dürften. Auf diese Weise sicherte er seiner Abteilung die Priorität in der Nutzung und die alleinige Entscheidungsbefugnis darüber, wer die Anstalt benutzen dürfte. Darüber hinaus besaß sein Projekt einen multidisziplinären Charakter. Dies wird durch einen Blick auf die Funktionen der Anstalt deutlich. Selbstverständlich sollten in der hydrodynamischen Versuchsrinne die Schlepp- und Propellerversuche für die Abteilung für Schiffs- und Schiffmaschinenbau durchgeführt werden. Außerdem sah Schüttes Projektbeschreibung vor, dass in der Anstalt die Strombauverwaltung z. B. auch Versuche über die Taxierung der Umlaufswerte hydrometrischer Flügel, Versuche mit Wehren (Ermittlung des Überlaufs, Messung von Durchlaufgeschwindigkeiten verschiedener Rohre, Messung von Reibungsverlusten in Rohren und Ventilen) und Versuche über die Durchflussmengen von Wasser durch Ventile und Rohrleitungen angestellt werden konnten. Zu diesen Zwecken wollte Schütte in das Bassin ein wasserdichtes Schott, dass es in zwei Teile teilt, einbauen lassen. Darüber hinaus war geplant, in der Anstalt Holzmodelle anzufertigen, „auf die die Studierenden die Spanten und Plattengänge mit ihren Länge- und Quermaßen zeichnen" können sollten. Weiterhin sollten sie auf dem Schnürboden die Spanten und Steven in natürlicher Größe aufreißen können.

Schütte verfolgte mit seinem Einsatz für die Errichtung der Versuchsanstalt mehrere Absichten: Er hatte vermutlich spätestens während seines Wirkens als Leiter der Schleppmodellversuchsanstalt des Norddeutschen Lloyd festgestellt, dass die damals noch in der Hydrodynamik vorherrschende mathematische Theorie der Mechanik einer idealen, reibungslosen Flüssigkeit[454] für die Beschreibung von realen, strömenden Medien äußerst lückenhaft war und dass ihre Ergebnisse bei den Untersuchungen von Phänomenen wie Wirbelbildung und Wirbelablösung, Turbulenz und Widerstand im krassen Gegensatz zu ermittelten empirischen Daten standen.[455] Er hielt wahrscheinlich daher die verschiedenen Phänomene des Schiffswiderstandes für noch nicht ausreichend erforscht und die damals vorherrschenden Theorien sowie die gebräuchlichen Schiffsformen für durchaus noch verbesserungswürdig und -fähig. Dafür spricht die Überlegung, dass er – wenn die Versuchsanstalt für Schiffbau mit einem 180 Meter langen Schleppkanal realisiert worden wäre – noch viel genauere Messwerte und eine größere Anzahl an Daten in Bezug auf die günstigsten Widerstandswerte von Propellern und Schiffen hätte ermitteln können. Dadurch hätte er die damals gängigen Theorien im Bereich des Schiffs- und Propellerwiderstandes einer Überprüfung unterziehen und sie gegebenenfalls modifizieren können. Auf diese Weise wäre Schütte gleichsam zu einem deutschen Froude geworden; zumindest hätte er die Entwicklung von hydrodynamischen Schiffsrümpfen weiter maßgeblich beeinflusst. Dass diese Überlegung einen realen historischen Hintergrund hat, zeigt die Tatsache, dass im Jahr 1903, also zum selben Zeitpunkt, als Schütte seine Projektbeschreibung für die Versuchsanstalt für Wasser- und Schiffbau beim preußischen Kultusminister einreichte, auf der Schleuseninsel in Charlottenburg die Königliche Versuchsanstalt für Wasserbau und Schiffbau gegründet wurde.[456]

Neben diesem reinen Forschungsinteresse betrieb Schütte den Bau der Versuchsanstalt wahrscheinlich auch mit der Absicht, sich in seinem Fachgebiet weiter zu profilieren, nicht zuletzt weil auf ihm als Protegé des Kaisers ein großer Erwartungsdruck lastete. Dabei hätte alleine schon die erfolgreiche Realisierung dieses Projekts seinen Ruf als Experten für hydrodynamische Strömungsfragen noch unterstrichen, seinen Ruf als Ingenieurwissenschaftler in der Abteilung für Schiffs- und Schiffsmaschinenbau verbessert und seine Stellung dort und an der Technischen Hochschule Danzig gefestigt. Die Schiffbauabteilung in Danzig wäre nämlich durch Schüttes Aktivitäten zu einem „Kompetenzzentrum" im Osten Preußens für den Bau von Schiffen für sehr hohe Geschwindigkeiten bzw. von Schiffen mit sehr geringem Kraftstoffverbrauch und zu einer ernstzunehmenden Konkurrenz für die Königliche Versuchsanstalt für Wasserbau und Schiffbau in Berlin und für die Schleppmodellversuchsanstalt des Norddeutschen Lloyd geworden.

Des Weiteren trieb Schütte auch wohl der Wille, die Abteilung für Schiff- und Schiffsmaschinenbau mit der Etablierung der Versuchsrinne maßgeblich mit auszugestalten. Dieser Wunsch Schüttes wird schon daran deutlich, dass er das Projekt bereits Anfang Februar 1903, also lange bevor er den Ruf als Professor in Danzig erhielt, beim Kultusministerium einreichte. Sodann wird dies daran sichtbar, dass er mit Hilfe dieser Anstalt die Lehre in der Abteilung für Schiff- und Schiffsmaschinenbau, namentlich in dem mit seiner Professur verbundenen Gebiet der Theorie des Schiffbaus, verbessern wollte. Die Studenten sollten in dieser Anstalt die verschiedenen Schiffswiderstände ermitteln lernen und die Konstruktion von hydrodynamischen Schiffsrümpfen begreifen und einüben:

„Mit Freuden werden sich ältere Studenten finden, die zu ihrer eigenen Belehrung die nötigen Berechnungen durchführen."[457]

3.2.4.2 DIE ENTWICKLUNG DES PROJEKTS VON 1903 BIS 1906

Das Kultusministerium sandte das Projekt Schüttes Anfang April 1903 an dessen Bekannten, den Oberpräsidenten der Provinz Westpreußen, von Delbrück, zwecks Prüfung der Eignung des von Schütte gewählten Bauplatzes in einem Gebiet mit dem Namen „Neu-Schottland" und der Höhe der Kosten für den Bau der Anstalt für Schiffs- und Wasserbau. Diese Prüfaufträge bedeuteten aber keineswegs, dass Schüttes Vorhaben schon große Erfolgsaussichten hatte und daher beschleunigt bearbeitet wurde. Das Ministerium war im Gegenteil zu jener Zeit davon überzeugt, „dass sich zurzeit auch noch nicht absehen lässt, ob es in den nächsten Jahren zur Herstellung einer solchen Anstalt kommen wird."[458] Von Delbrück kam aber offenbar im Verlauf des Jahres 1904 zu einem viel positiveren Ergebnis, da er einen Antrag stellte, bei der Technischen Hochschule Danzig eine Hydrodynamische Versuchsanstalt für Schiff- und Wasserbau zu errichten und zwar „ähnlich derjenigen, welche kürzlich auf der Schleuseninsel in Charlottenburg zur Ausführung gebracht ist".[459] Auf diese Weise teilte der Oberpräsident dem preußischen Kultusministerium offiziell das große Interesse seiner Behörde an Schüttes Projekt mit und unterstrich damit zugleich den Anspruch auf Gleichbehandlung einer höheren Bildungseinrichtung in einer der östlichen Provinzen mit der hauptstädtischen Technischen Hochschule Charlottenburg, der ab 1903 mit der Königlichen Versuchsanstalt für Wasserbau und Schiffbau eine solche ‚hydrodynamische Versuchsanstalt' wahrscheinlich zur Mitbenutzung zur Verfügung stand. Darüber hinaus verlieh der Oberpräsident mit dieser Entscheidung Schüttes Projekt gegenüber dem preußischen Kultusministerium eine höhere Relevanz und Dringlichkeit.

Den Auftrag, das von Schütte gewählte Baugrundstück und die von ihm errechneten Kosten zu prüfen, erhielt im März 1903 nach dem Willen des Kultusministeriums der Bauinspektor Carstens, der im Verlauf des folgenden Jahres zum Baurat und Professor in der Abteilung für Bauingenieurwesen ernannt wurde. Mit ihm als Vertreter der staatlichen Bauaufsicht geriet Schütte in einen kurzen Streit über die Lage der Versuchsanstalt. Während Schütte das unweit der Technischen Hochschule Danzig gelegene Terrain namens „Neu-Schottland" befürwortete, favorisierte Carstens ein Grundstück jenseits der Weichsel. Schütte lehnte dies mit dem Hinweis ab, dass dieses Areal erstens zu weit entfernt von der Hochschule gelegen und zweitens zu schlecht zu erreichen sei. Das fehlende Wasser wollte er über eine 500 m lange Rohrleitung zuführen lassen.[460] Der sich anbahnende Konflikt mit der staatlichen Bauaufsicht wurde aber dadurch entschärft, dass die Nordischen Electricitäts- und Stahlwerke AG sich erboten, der Hochschule ein 2.500 Quadratmeter großes Gelände in Danzig-Schnellmühl für den Bau der Versuchsanstalt zur Verfügung zu stellen. Die einzige Bedingung des Unternehmens dafür war, dass es die Eisenkonstruktion beim Bau der Anstalt übernehmen dürfe.[461] Zudem war Carstens inzwischen von der Bauaufsicht an die Abteilung für Bauingenieurswesen der Technischen Hochschule Danzig gewechselt und damit vom Gegner zum Verbündeten Schüttes bei der Durchführung seines Vorhabens geworden. Fraglos war er an Plänen zum Ausbau von hochschuleigenen Versuchseinrichtungen interessiert, zumal dann, wenn die eigene Abteilung wie im Falle des Baus der Versuchsanstalt für Schiffs- und Wasserbau gleichfalls davon profitierte. Es verwundert daher wenig, dass Schütte und Carstens gemeinsam das der Hochschule von den Nordischen Electricitätswerken überlassene Terrain besichtigten, sich über dessen Zweckmäßigkeit der Lage äußerten und zusammen ein „generelles Projekt" ausarbeiten wollten. Dies geschah mit dem Ziel, die Kosten der Anstalt in dem preußischen Staatshaushalt für das Jahr 1906 einzustellen, so dass mit ihrem Bau schon im selben Jahr begonnen werden konnte.[462]

Hinsichtlich des Geländes kamen die beiden Professoren nach der Besichtigung zu dem Ergebnis, dass dieses besonders für den gewählten Zweck geeignet sei. Daraufhin verfasste der Oberpräsident von Delbrück Anfang Dezember 1904, also kurz vor Ende seiner Amtszeit, einen Brief an den Kultusminister, um auf diesen erneut Druck in Sachen Versuchsanstalt für Wasser- und Schiffbau auszuüben:

„Ich kann mich [den Ansichten von Schütte und Carstens] aus meiner persönlichen Kenntnis nicht nur des hier in Betracht kommenden Geländes sondern auch der Bremer[havener] Versuchsanstalt anschließen und bitte dringend, mit allen Mitteln tunlichster Beschleunigung auf eine Durchführung des Planes geneigtest hinwirken zu wollen."

Von Delbrück begründete dieses Ansinnen zunächst hochschulpolitisch damit, dass die Realisierung von Schüttes Projekt nicht nur von der Schiffbautechnischen Abteilung begrüßt werden würde, sondern auch von anderen Abteilungen der Technischen Hochschule Danzig, die sich mit der Hydrodynamik beschäftigten, wie etwa die allgemeine theoretische Mechanik oder das Bauingenieur- und Maschinenbauwesen:

„So ist die Anstalt auch für das Experimentalstudium der Hydrodynamik von größter praktischer Bedeutung und ermöglicht erst eine sachgemäße [?] Erprobung der für die gesamte Hydrodynamik grundlegenden Ausfluß- und Widerstandserscheinungen sowie der Probleme Turbinen und Propellertheorie."

Damit machte der Oberpräsident gegenüber dem Kultusministerium deutlich, dass die Errichtung der Versuchsanstalt für Wasser- und Schiffbau nicht aufgrund eines partikularen Interesses einzelner Professoren oder Abteilungen betrieben wurde, sondern aufgrund des Wunsches der überwiegenden Mehrheit der Lehrenden an der Technischen Hochschule Danzig.[463]

Von Delbrück wies in seinem Brief an dem Kultusminister am 01.12.1904 auch darauf hin, dass die Errichtung der Anstalt im wirtschaftspolitischen Interesse des preußischen Staates liege. Er ließ das Kultusministerium nämlich wissen, dass die Anstalt sich ausgesprochen günstig auf die Danziger und Elbinger Schiffbauindustrie auswirken und die Werften der Region weiter entwickeln würde, was im staatlichen Interesse der „Hebung der Ostdeutschen Industrie" liege. Abschließend und eher beiläufig bemerkte der Oberpräsident noch, dass das Erfordernis der gründlichen und zweckdienlichen Ausbildung von Schiffbauingenieuren die schnelle Errichtung der Versuchsanstalt als geboten erscheinen lasse.[464] Der Oberpräsident der Provinz Westpreußen machte mit diesem Schreiben also gegenüber dem Kultusministerium deutlich, dass er das Vorhaben Schüttes hinsichtlich des Ausbaus der Technischen Hochschule, hinsichtlich der Verbesserung der Ausbildung und hinsichtlich der wirtschaftlichen Entwicklung der Provinz Westpreußen für ausgesprochen wichtig hielt.

Vielleicht in Kenntnis dieses Schreibens bzw. wissend um die wohlwollende Haltung des scheidenden Oberpräsidenten, reichten Schütte und Carstens noch Ende Dezember 1904 einen zweiten, ausgearbeiteten Entwurf für den Bau der Versuchsanstalt für Schiff- und Wasserbau ein.[465] Dieser bestand zunächst aus einer Bauskizze und einem Kostenüberschlag.[466] Dazu kam ein erläuternder Brief Schüttes an das Kultusministerium vom 14.04.1905, in dem er einer Forderung des Ministers vom 07.01.1905 nachkam, Angaben zur Deckung der Betriebskosten zu machen und das Projekt näher zu beschreiben.[467] In diesem Brief wies Schütte darauf hin, dass sich der Entwurf von ihm und Carstens in der Konstruktion mittlerweile erheblich von seinem Entwurf vom Februar 1903 unterschied: So sollte der „Schiffsquerschnitt", d. h. die Form der Rinne, nicht mehr aus Holz, sondern aus Eisen hergestellt werden. Schütte begründete dies in seinem Schreiben vom 14.04.1905 an den Kultusminister zunächst damit, dass ein Schiffsquerschnitt aus Eisen viele Vorteile mit sich bringe: Er verringere die Erdarbeiten und damit wahrscheinlich auch die Baukosten. Ferner könne er leicht errichtet und erhalten werden. Des Weiteren könne die Rinnenform durch Stemmen so verdichtet werden, dass sie den Wasserverbrauch nahezu konstant halte. Dies sei wichtig für die Durchführung von Versuchen, bei denen die genaue Feststellung von Wassermengen entscheidend ist, wie etwa bei der Erprobung von Wehren, Ventilen, Rohrleitungen, Turbinen und Pumpen. Darüber hinaus eigne sich die vorgeschlagene Rinnenform besonders gut zum leichten und soliden Einbau von wasserdichten Querschotten in der Fahrrinne, mit denen die günstigsten Kanalprofile für Schleppversuche ermittelt werden können. Mit dem Bau der Fahrrinne aus Eisen wollte Schütte demzufolge sowohl den Interessen der Abteilung für Schiff- und Schiffsmaschinenbau als auch der Abteilung für Bauingenieurwesen Rechnung tragen, da mit Hilfe einer Eisenrinne besonders gut Schleppversuche und Versuche, die Wasserbauten wie z. B. Wehren zugute kommen sollten, durchgeführt werden konnten.

Ein weiterer positiver Aspekt der Rinnenform war, dass sie ermöglichte, die Fahrschienen unter dem Dach der Versuchsanstalt aufzuhängen. Dadurch wollten Schütte und Carstens eine beliebig weite Fahrspur und ein geringes Gewicht des Messwagens erreichen. Damit sollte eine zu große Spurweite verhindert werden, „die die grössten Schwierigkeiten in der Erreichung constanter Geschwindigkeiten zur Folge hat". Außerdem könne dann der Versuchswagen auf einem einfachen Schwenkzapfen gelagert werden, „sodass das Versuchsobjekt nebst sämtlichen Messinstrumenten bei Beendigung einer Versuchsfahrt umgedreht und zurückgeschleppt werden wird, während bisher für jeden weiteren Versuch an den Ausgangspunkt der Fahrt zurückgekehrt werden muss, was sehr viel Zeit erfordert".[468]

Die Höhe der Baukosten veranschlagten Schütte und Carstens auf insgesamt 380.000 Mark.[469] In diesem Betrag waren aber Posten für Versuchseinrichtungen enthalten, nämlich 45.000 Mark für Messinstrumente, 6.000 Mark für Einrichtungen, 30.000 Mark für einen Gasmotor und das dazu nötige Zubehör sowie 4.000 Mark für kleinere Ausrüstungen, so dass die reinen Baukosten nur 295.000 Mark betrugen.[470] Die Höhe dieser Kosten rechtfertigte er mit den schon genannten Vorteilen einer Versuchsrinne aus Stahl.[471] Dieses Argument diente ihm zugleich auch als Begründung dafür, dass er sein im Februar 1903 dem Ministerium gegebenes Versprechen nicht halten konnte, die Versuchsanstalt für Schiff- und Wasserbau an der Technischen Hochschule Danzig für 180.000 Mark weniger zu errichten, als die Versuchsanstalt der Technischen Hochschule Charlottenburg auf der Schleuseninsel in Berlin gekostet hatte. Wahrscheinlich mit Blick darauf, dass die Danziger Versuchsanstalt doch nur 45.000 Mark mehr kosten sollte als die Schleppmodellversuchsstation des Norddeutschen Lloyd in Bremerhaven, meinte der Kultusminister: „Der Entwurf erscheint mir im allgemeinen äußerst zweckmäßig und verhältnismäßig auch billig zu sein."[472]

Für die Betriebskosten der Anstalt waren weiterhin rund 12.000 Mark vorgesehen. Wie Schütte schon in mündlichen Verhandlungen im Jahr 1904 und nun in seinem Schreiben an das Ministerium am 14.04.1905 konkretisierte, sollten diese Kosten durch Gebühren finanziert werden: Die Versuchsanstalt würde „Aufträge auf Untersuchungen von Schiffsformen und Propellern" aus der Privatwirtschaft, d. h. aus der Werftenindustrie, oder von Behörden, d. h. beispielsweise von der kaiserlichen Marine, durchführen sowie „Versuche über die Taxierung der Umlaufswerke hydrometrische[r] Flügel" für die Strombauverwaltungen übernehmen und für die Abwicklung dieser Aufträge Gebühren erheben, die zur Finanzierung der Betriebskosten wesentlich beitragen würden. Schütte begründete seine Ansicht zum einen damit, dass sich für die Auftraggeber nur schwer eine so günstige Gelegenheit für die Ermittlung solcher Werte bieten würde. Zum anderen belegte er seine Ansicht, indem er seinem Dienstherrn von den „unter der Hand eingezogenen Erkundigungen" über die Einnahmen der Schleppmodellversuchsanstalt des Norddeutschen Lloyd in Bremerhaven detailliert Kenntnis gab. Danach beliefen sich die Einkünfte der Anstalt im Jahre 1901 auf 15.000 Mark, im Jahre 1902 auf 29.000 Mark, im Jahre 1903 auf 36.000 Mark und im Jahre 1904 auf 39.000 Mark.[473] Damit demonstrierte Schütte dem Kultusministerium, dass er als Leiter der Schleppmodellversuchsstation schon vielfach Versuche auf „fremde Rechnung" durchgeführt und abgerechnet hatte, dass er also über die entsprechende Erfahrung verfügte, und – vor allem – dass ein wachsender Bedarf für solche Versuche bestand. Diese These stützte Schütte mit der Aussage, dass die neu errichtete Versuchsanstalt

für Wasserbau und Schiffbau in Charlottenburg der Versuchsanstalt des Norddeutschen Lloyd keine Aufträge der kaiserlichen Marine bzw. der Werften, die für die Marine bauten, weggenommen habe. Daher würde in der Zukunft neben Berlin und Bremerhaven auch eine Versuchsanstalt für Wasser- und Schiffbau Danzig von der Marine bei der Auftragsvergabe berücksichtigt werden.[474] Für die Richtigkeit dieser Einschätzung Schüttes sprach, dass die kaiserliche Marine aufgrund des selbstverordneten Flottenbauprogramms und der technischen Entwicklung vor allem nach dem so genannten „*Dreadnaught*-Sprung" von 1905/1906 immer mehr und immer schnellere Großkampfschiffe benötigte[475] und dass die hydrodynamische Form dieser völlig neuen Schiffe in den zur Verfügung stehenden Versuchseinrichtungen ermittelt werden musste.

Mit seinem Vorschlag, Aufträge auf fremde Rechnung durchzuführen, wandte sich Schütte gegen Bestrebungen im Kultusministerium, die kaiserliche Marine oder eine andere Stelle an der Finanzierung des Baus oder des Betriebs der Versuchsanstalt für Schiff- und Wasserbau zu beteiligen. Er begründete dies damit, dass in diesem Fall das Vorzugsrecht der Technischen Hochschule Danzig bei der Nutzung der „hydrodynamischen Versuchsrinne" gefährdet sei.[476] Dieser Auffassung Schüttes schloss sich auch der neue Oberpräsident der Provinz Westpreußen, Ernst Ludwig von Jagow (1853–1930), an, indem er am 20.04.1905 an den preußischen Kultusminister schrieb:

„[Ich lege] entschiedenen Wert darauf [. . .], dass die Begründung der Versuchsanstalt ohne irgend welche finanzielle Beteiligung von Marine bzw. von dritter Seite vor sich geht, damit die Anstalt nicht von vornherein zu irgend welchen Rücksichten verpflichtet wird, vielmehr in erster Linie ausschließlich der gesamten Hochschule zu dienen vermag."[477]

Der Chef der obersten Provinzialbehörde wehrte sich demnach vor allem gegen einen möglichen Einfluss der kaiserlichen Marine und damit des Reichs auf die Einrichtung einer preußischen Hochschule. Dies hätte nämlich eine Einschränkung der Hoheitsrechte des preußischen Staats im Bereich von Wissenschaft und Bildung zugunsten des Reichs bedeutet.

Neben der Möglichkeit, durch eine Reichsbehörde gegängelt zu werden, sah Schütte aber vermutlich auch die Gefahr, dass die Qualität der Lehre und damit sein Ruf als Lehrer leiden würde, wenn ein starker Partner von außerhalb der Technischen Hochschule Danzig an der Errichtung der Versuchsanstalt beteiligt worden wäre. Denn ein Partner wie etwa die Marine hätte in erster Linie eigene schiffbautechnische Interessen zu befördern gesucht und erst in zweiter Linie den Ausbau von Lehre und Forschung in der Abteilung für Schiff- und Schiffsmaschinenbau berücksichtigt. Entsprechend betonte Schütte daher auch,

„dass die Versuche für fremde Rechnung nach Möglichkeit übernommen werden, da die Studierenden gerade bei solchen Versuchen, die für die Praxis von grösstem Wert sind, viel lernen können".[478]

Ferner dürfte Schütte sich darüber im Klaren gewesen sein, dass eine solche Beteiligung auch seine weitere wissenschaftliche Profilierung gefährdet hätte. Als Leiter dieser Anstalt hätte Schütte nämlich die Möglichkeit gehabt, seine Karriere als Experte in hydrodynamischen Fragen zu beschleunigen, da er alle Ergebnisse der Versuche der Anstalt einschließlich derjenigen, die für hochschulfremde Auftraggeber durchgeführt worden wären, für seine Forschungen im Bereich des Schiffs- und Propellerwiderstandes hätte verwenden können. Auch hätte er als Leiter einer solchen Versuchseinrichtung größeren Einfluss auf die Entwicklung der Abteilung für Schiffs- und Schiffmaschinenbau gehabt als die anderen „einfachen" Dozenten. Doch im Falle einer Beteiligung der Marine wäre keineswegs ausgemacht gewesen, dass Schütte dann die Versuchsanstalt geleitet hätte.

In der Mitte des Jahres 1905 begannen die gemeinsamen Anstrengungen von Schütte, Carstens und des Oberpräsidenten der Provinz Westpreußen ihre Wirkung zu entfalten: Der Kultusminister prüfte ernsthaft, einen festen Betrag für die Errichtung der Versuchsanstalt für Schiff- und Wasserbau aus dem Staatshaushalt anzufordern. Gegen Ende August war das Ministerium zu einem positiven Ergebnis gekommen und meldete am 26.08.1905 beim Finanzminister eine erste Rate von 200.000 Mark für das Extraordinarium 1906 an.[479] Das Kultusministerium hob in seinem Antrag noch einmal folgende fünf Punkte hervor: Erstens hätten gerade diejenigen Abteilungen der Technischen Hochschule großes Interesse an dem Projekt, die sich mit Hydrodynamik beschäftigten. Zweitens würden die Betriebskosten über Gebühren für Fremdaufträge bezahlt. Drittens stelle die Anstalt für die Studenten ein wertvolles Unterrichtslaboratorium dar; sie würde deshalb auch einen Beitrag zur Steigerung der Studentenzahlen leisten. Viertens sei entsprechendes Grundstück kostenlos erhältlich. Fünftens würde sogar der Oberpräsident den Plan zur Errichtung einer solchen Anstalt „wärmstens befürworten". Obwohl das Kultusministerium seinen Antrag mit diesen guten Argumenten begründete, wurde der geforderte Betrag vom Finanzministerium nicht in den preußischen Staatshaushalt für 1906 eingestellt.[480]

Schütte gab trotz dieses Misserfolgs nicht auf: Am 03.12.1905 wies er zunächst den Kultusminister darauf hin, dass die Schleppmodellver-

suchsanstalt des Norddeutschen Lloyd in Bremerhaven, bedingt durch die geplante Hafenerweiterung,[481] abgerissen werden sollte, obwohl diese Einrichtung der Reederei im Jahr 1905 besonders stark durch Fremdaufträge in Anspruch genommen worden war. Demnach sei die Befürchtung des Ministeriums, wonach die Danziger Versuchsanstalt die von Schütte prognostizierten Einnahmen über die Durchführung von Versuchen gegen Gebühren nicht werde erzielen können, nicht zutreffend. Im Gegenteil — so Schütte weiter — hoffe er darauf, die Versuchsanstalt zu „einer nicht unerheblichen Einnahmequelle" entwickeln zu können. Zudem machte er gegenüber dem Kultusministerium deutlich, dass er auch die Unterstützung seiner Kollegen besaß, indem er entsprechende Schreiben als Anlage seinem Brief beifügte.[482] Schütte wandte sich zwei Tage später außerdem noch an den Rektor der Technischen Hochschule Danzig, den Mathematiker Hans von Mangoldt (1854–1925),[483] mit der Bitte, dieser möge zwei Beschlüsse des Senats der Hochschule herbeiführen: In dem Ersten sollte stehen, dass nicht nur Schütte und Carstens, sondern die gesamte Hochschule ein großes Interesse an einer schnellen Errichtung der Versuchsanstalt für Schiff- und Wasserbau hätten, da die Anstalt „ein weiterer Markstein für den Osten sein kann". Der Zweite sollte zum Ausdruck bringen, dass der Senat Schüttes Eingabe betreffend sein Projekt unterstützte. Außerdem sollte die zweite Entschließung die nachträgliche Einstellung der ersten Rate von 200.000 Mark für die Errichtung der Anstalt in den Staatshaushalt für 1906 trotz der ersten Ablehnung durch das Finanzministerium fordern.[484] Der Rektor und der Senat scheinen der Bitte Schüttes nach Unterstützung für sein Projekt prompt nachgekommen zu sein und hatten offenbar auch wunschgemäß lautende Beschlüsse gefasst. Diese Anstrengungen waren jedoch erfolglos geblieben, wie aus einem Schreiben des Geheimen Regierungs- und vortragenden Rates im Handelsministerium Bartsch an den Königlichen Regierungsrat Heinrichs beim Oberpräsidenten in Danzig am 22.12.1905 hervorgeht:

„In Erwiderung auf das an den Herrn Handelsminister gerichteten gefälligen Schreiben vom 2 ten d. M. beehre ich mich Euer Hochwohlgeboren nach Rücksprache mit dem Herrn Minister und in seinem Aufrage mitzuteilen, dass sich in Sachen Angliederung einer Versuchsanstalt an die dortige Hochschule für das nächste Etatjahr leider nichts mehr tun läßt." [...] Der erste Dezember ist der absolut letzte Termin für die endgültige Feststellung des Etats und das Finanzministerium hält grundsätzlich nach diesem Zeitpunkt keine weitere Erörterung genehm."[485]

Demnach hatte Schütte zu spät die Initiative ergriffen. Dies führte dazu, dass der Senat nur jenseits des vom Finanzministerium gesetzten Termins über Schüttes Anträge entscheiden konnte. Daher fiel es dem Ministerium nicht schwer, eine Auseinandersetzung mit Schüttes Vorhaben im Jahr 1905 abzulehnen. Dennoch war der Beschluss des Senats, sein Vorhaben zu unterstützen, ein Sieg für Schütte, weil sich die Technische Hochschule Danzig in dieser Angelegenheit erstmals auch offiziell auf seine Seite stellte.

Über die Gründe, die zu einer Ablehnung der Einstellung der ersten Rate von 200.000 Mark für Schüttes Projekt geführt haben, kann mangels verfügbarer Dokumente nur gemutmaßt werden.[486] Vielleicht waren im Etat des Kultusministeriums die Gelder für Laboratorien und ähnliche Einrichtungen an anderen Technischen Hochschulen schon für das Jahr 1906 verplant. Möglicherweise wollte der Finanzminister aber auch aus grundsätzlichen haushaltspolitischen Erwägungen heraus (Haushaltsdisziplin) keine Mittel aus dem Haushalt 1906 für zusätzliche Projekte dieses Ressorts bereitstellen. Am wahrscheinlichsten erscheint aber die Überlegung, dass das Kultusministerium den Angaben Schüttes über eine Selbstfinanzierung der Versuchsanstalt misstraute und sein Projekt gegenüber dem Finanzministerium dilatorisch behandelt hatte, weil es noch weiteren Prüfbedarf sah.

Doch der Vertreter des Handelsministers, Bartsch, machte dem Regierungsrat Heinrichs, der Hochschule und damit Schütte Mut, das Projekt weiter zu verfolgen, indem er signalisierte, dass jedenfalls der Handelsminister Schüttes Projekt nicht zu den Akten legen wolle, sondern es im Jahre 1906 weiterverfolgen werde. Dieser Minister stand also Schüttes Projekt auch positiv gegenüber, wie aus dem Schluss des Schreibens von Bartsch hervorgeht:

„Wir haben uns aber mit dem Kultusministerium in Verbindung gesetzt und denken, die Angelegenheit im nächsten Jahr wiederum, und zwar gemeinsam mit dem Herrn Kultusminister anzubringen." [487]

In der Tat hatte Schütte allen Grund zuversichtlich in die Zukunft zu blicken, konnte er doch in den Jahren 1904 und 1905 nicht nur die Lehrenden, den Senat und den Rektor seiner Hochschule hinter sich bringen, sondern auch hochrangige staatliche Stellen, wie das preußische Wissenschafts- und Handelsministerium sowie den Oberpräsidenten der Provinz Westpreußen als oberste Provinzialbehörde, für sein Projekt begeistern. Die Ablehnung der Bereitstellung einer ersten Rate von 200.000 Mark durch das Finanzministerium musste ihm angesichts dieser Unterstützung als ein nur vorübergehender Rückschlag erscheinen, da es keine sachlichen Gründe gab, sein Vorhaben abzulehnen. Zudem bot die erste Ablehnung die Chance, den Antrag gegebenenfalls nach Schwachstellen durchzusehen und weitere Unterstützung zu organisieren, wozu er mehr als ein halbes Jahr

Zeit hatte. Tatsächlich gelang es Schütte in dieser Zeit, den Inhaber der Schichau-Werft in Elbing, Kommerzienrat Carl Ziese, und die Klawitterwerft in Danzig von seinem Projekt zu überzeugen und sie im Juni 1906 zur Formulierung eines Unterstützungsschreibens zu bewegen.[488]

3.2.4.3 DER FORTGANG DER PROJEKTPLANUNGEN VON MITTE 1906 BIS ENDE 1907

Ab Juli 1906 unternahmen Schütte und die ihn unterstützenden Behörden einen zweiten Vorstoß, Gelder für die Errichtung der Versuchsanstalt aus dem preußischen Staatshaushalt zu bekommen: Am 12.07.1906 legten der Rektor und der Senat der Technischen Hochschule Danzig den überarbeiteten Entwurf Schüttes und Carstens dem Kultusministerium vor. Sie verbanden dies unter Betonung der Bedeutung des Baus für die Hochschule mit der Bitte, dass das Ministerium das Vorhaben „mit allen zur Verfügung stehenden Mitteln [...] insbesondere die Einstellung einer ersten Rate von 200.000,- für den Geländekauf und den Beginn des Baues in den Etat 1907 veranlassen zu wollen".[489] Auch der Oberpräsident unterstützte am 11.07.1906 in einer Randbemerkung zu diesem Schreiben das Vorhaben wieder mit dem Hinweis auf das „lebhafte Interesse" der Danziger Schiffbauindustrie.[490] Ferner signalisierte der preußische Minister für Handel und Gewerbe dem Kultusminister seine Bereitschaft, sich dessen Antrag beim Finanzminister auf Bereitstellung der genannten Summe anzuschließen, um die heimische Schiffbauindustrie zu unterstützen. Er verband dies mit dem Hinweis darauf, dass das preußische Abgeordnetenhaus mit seiner Ansicht nach zutreffenden Gründen Schüttes und Carstens Projekt befürwortet habe.[491]

Der Antrag der Technischen Hochschule Danzig wich aber in einem wichtigen Punkt von dem ersten Antrag Schüttes aus dem Jahr 1905 ab: Er sah einen neuen Standort für das Bauvorhaben vor. Nach der Randbemerkung des Oberpräsidenten vom 11.07.1906 lag das neue Areal am Weg zwischen den Danziger Stadtteilen Langfuhr und Schellmühl und zwischen den Eisenbahnstationen Danzig-Langfuhr sowie Danzig-Neufahrwasser. Den erneuten Standortwechsel begründete der Oberpräsident damit, dass die Schenkung eines Grundstücks durch die Nordischen Elektricitätswerke bei weitem den Wert der geforderten Gegenleistung – Durchführung der Eisenkonstruktion bei Realisierung des Bauvorhabens – unterschreiten würde und dass das Unternehmen die Eisenkonstruktion mangels eigener finanzieller Mittel nicht würde durchführen können. Der neue Standort habe dagegen den Vorzug, dass er sehr viel näher an der Technischen Hochschule liege und zu einem mäßigen Preis von der Stadt Danzig erworben werden könne. Allerdings müssten Verhandlungen schnell erfolgen, da die Stadt das Gebiet zur Bebauung vorbereiten wolle.[492] Mit der gebotenen Eile nahm Schütte daher noch im Juli 1906 Verhandlungen mit dem Magistrat auf. Am 30.07.1906 offerierte ihm die Stadt zwei Grundstücke an dem gewünschten Platz. Es war mit einer provisorisch ausgebauten Trasse mit dem Schellmühler Weg verbunden und lag in der Nähe eines in der Weichsel mündenden Stichkanals, über den eine Wasserversorgung der Versuchsanstalt möglich gewesen wäre. Mit 1,50 Mark pro Quadratmeter sei das Grundstück nicht zu teuer.[493]

Unterdessen hatte der Kultusminister das Projekt von Schütte und Carstens an den Minister für öffentliche Arbeiten zur Prüfung weitergeleitet. Diese Regierungsstelle antwortete am 07.08.1906 dem Kultusministerium dahingehend, dass sie auch das neue Grundstück für geeignet halte, riet dem Ministerium aber zugleich, weitere Vorschläge und Unterlagen einzuholen und aufgrund des neuen Standortes auch die Kosten neu berechnen zu lassen.[494] Vertreter des Kultusministeriums prüften außerdem dreizehn Tage später das Vorhaben Schüttes und Carstens vor Ort in Danzig. Sie bemängelten dabei, dass das ausgewählte Gelände nur 28 Meter breit sei. Nach dem Entwurf müssten es aber 50 Meter sein. Außerdem benötige die Anlage eine Umfahrt. Diese Probleme könnten aber leicht gelöst werden, da die Stadt Danzig bereit sei, das Grundstück um 122 Meter zu verbreitern. Zum anderen vertraten die Vertreter des Kultusministeriums die Meinung, dass eine große Rinne aus Eisenbeton hinsichtlich Bau und Unterhaltung viel kostengünstiger sei als eine aus Eisen. Darüber hinaus empfahlen sie den Einbau einer Heizung, da die Versuchsanstalt auch im Winter genutzt werden solle, und das Weglassen von Räumen, die nicht für wasserbauliche Versuche benötigt würden. Schließlich empfahlen die Vertreter des Kultusministeriums auch eine erneute Berechnung der Kosten.[495] Aufgrund des Ergebnisses dieser Prüfung wies der Kultusminister den Oberpräsidenten in einem Erlass vom 29.08.1906 an, Schütte und Carstens zu veranlassen, den Entwurf weiter durchzuarbeiten und dabei insbesondere die Kosten zu ermitteln. Weiterhin sollte die Provinzbehörde Verhandlungen mit der Stadt Danzig über den Grundstückserwerb einleiten.[496]

Diese Entscheidung bedeutete für Schütte und sein Projekt einen neuen Rückschlag, da dies de facto zur Folge hatte, dass sein Vorhaben auch im Jahr 1907 noch nicht realisiert werden würde. Diese für Schütte ausgesprochen negative Entwicklung wird auch daran deutlich, dass von der Einstellung einer ersten Rate von 200.000 Mark zum Grundstückserwerb und zum Bau der Versuchsanstalt – wie es noch der Antrag der Technischen Hochschule Danzig vom 11.07.1906 vorgesehen hatte – bei den Verhandlungen zwischen dem Kultusministerium und dem Oberpräsidenten im November 1906 nicht mehr die Rede war. Die Regierungsbehörde in Berlin teilte der Provinzialbehörde in Danzig nämlich am 27.11.1906 mit, dass es eine Summe von 18.200 Mark zum Kauf des Grundstückes – wie sie die Stadt Danzig in den Verhandlungen mit dem Oberpräsidenten Mitte November 1906 gefordert hatte[497] – für den Haushalt für das Jahr 1907 anmelden wolle.[498] Schütte selbst hatte dem Rektor der Technischen Hochschule Danzig Ende Oktober mitteilen müssen, dass seine Angaben über die Höhe der Einnahmen der Schleppmodell-Versuchsstation des Norddeutschen Lloyd in Bremerhaven zu hoch gewesen waren.[499] Es ist wahrscheinlich, dass der Oberpräsident dem Ministerium diesen Umstand bekannt gemacht hatte und dass das Ministerium auch dadurch zu einer abwartenden Haltung veranlasst worden war. Die Zustimmung des Finanzministeriums vom 30.11.1906, dass Gelder für den Erwerb des Grundstücks im Haushalt bereitgestellt würden,[500] konnte daher Schütte auch nicht darüber hinwegtrösten, dass sich die Realisierung seines Projekts um mindestens ein weiteres Jahr verzögerte.

Doch Schütte gab auch nach diesem Fehlschlag sein Projekt noch nicht auf. Ein wichtiger Grund bestand darin, dass ihm durch Vermittlung des Oberpräsidenten aus dem Kultusministerium signalisiert wurde, wie sehr eine weitere Detailplanung und eine neue Kostenberechnung gewünscht wurden.[501] Des Weiteren musste ihn ermutigen, dass der Vertreter des Kultusministers, Naumann,[502] ihn und Carstens auf eine Dienstreise, auf welcher die hydrodynamischen Versuchsanstalten in Bremerhaven, Uebigau bei Dresden und Berlin vom 18. bis 23.12.1906 besichtigt wurden, begleitete.[503] Auf dieser Reise wollten die beiden Professoren weitere Informationen sammeln, um ihren Entwurf zu überarbeiten und die Kosten zu ermitteln, die seine Realisierung mit sich bringen würde. Schütte übernahm es dabei, als *der* Experte für hydrodynamische Versuchsanstalten, deren technische Ausstattung und die Ausführung der Versuchsrinne zu studieren. Nach eigener Aussage war es ihm aber aufgrund der knappen Zeit nicht möglich gewesen, die Messapparate in Uebigau genau zu untersuchen. Daher brachte diese Reise Schütte selbst keine neuen Erkenntnisse, sondern nur die Bestätigung seiner eigenen Auffassungen. Entsprechend schrieb er auch in seinem Bericht, dass er „wiederum zum Ausdruck" bringen wolle, für wie vorteilhaft er einen schmalspurigen Versuchswagen mit der Aufhängung unter dem Dach in Danzig hielt.

Auch werde der elektrische Antrieb, wie er ihn in Bremerhaven eingeführt habe, in allen drei Versuchsanstalten verwandt. Zudem funktionierten die Messapparate aufgrund der eingeführten Verbesserung tadellos und sollten daher auch in Danzig benutzt werden. Darüber hinaus sei ein Bau der Rinne aus Eisen statt aus Stahlbeton ratsam, da Letzterer zur Bildung von Rissen neige, wie die Erfahrung gezeigt habe. Dadurch seien in den betroffenen Versuchsanstalten Undichtigkeiten entstanden, welche „die „beabsichtigten Versuche, namentlich soweit sie Ein- und Ausflussmengen des Wassers betreffen, beinträchtigen würden".[504]

Carstens hatte es während der Dienstreise als Experte im Bauingenieurwesen offenbar übernommen, besonders auf die baulichen Verhältnisse in den einzelnen Versuchsstationen zu achten. Jedenfalls berichtete er in seiner Stellungnahme zu der Reise darüber und ließ es sich angelegen sein, auf Verbesserungen in den einzelnen Einrichtungen, die seiner Meinung nach in Danzig übernommen werden sollten, hinzuweisen: Demzufolge herrschten in den Gebäuden aller Anstalten, welche eine Versuchsrinne beherbergten, gute Beleuchtungsverhältnisse. Sinnvoll sei es – wie in Uebigau – die Rinne mit Öffnungen aus starkem Glas zu versehen, um Beobachtungen anstellen zu können und um die Rinne ausleuchten und Fotos machen zu können. In der Uebigauer Rinne gab es auch Vorrichtungen zur Befestigung von Kanalprofilen; eine Einrichtung, die auch in Danzig eingeführt werden sollte. Zudem sollte die Rinne – wie in Uebigau und Berlin der Fall – beheizbar sein. Ferner sei es besser, Wasser aus einem Brunnen zu entnehmen, statt – wie in Bremerhaven – verschmutztes Wasser aus einem offenen Gewässer zu übernehmen.[505] Der Sinn dieser Reise lag für Schütte und Carstens wohl darin, ihren Entwurf für die Errichtung der Versuchsanstalt mit den entsprechenden, in Betrieb befindlichen Einrichtungen zu überprüfen und gegebenenfalls Neuerungen dieser Einrichtungen zu übernehmen.

Mitte Januar 1907 erhielt Schüttes Projekt Unterstützung durch seinen alten Förderer, Wilhelm II., in dessen Eigenschaft als preußischer König: Der marine- und schiffbaubegeisterte Monarch habe nämlich – so der Kultusminister in einem Schreiben an den Danziger Oberpräsidenten am 21.01.1907 – von dem Vorhaben Kenntnis erhalten und sein „lebhaftes Interesse bekundet". Außerdem habe er seine Ministerien angewiesen, „die Angelegenheit nach Möglichkeit zu fördern". Das Kultusministerium bereitete „demgemäß" eine kommissarische Beratung vor, an welcher der Oberpräsident, Vertreter der Technischen Hochschule, der Oberbürgermeister und Vertreter der interessierten Kreise teilnehmen sollten. Ferner teilte der Kultusminister dem Ober-

präsidenten mit, dass beabsichtigt sei, 18.000 Mark in den Haushaltsentwurf für 1907 einzustellen. Allerdings ging das Ministerium nach wie vor davon aus, dass die Finanzierung des Vorhabens nicht gesichert sei. Daher wollte es, dass bei den kommissarischen Verhandlungen auch über finanzielle Beiträge der privaten Werftindustrie und der kaiserlichen Werft diskutiert werden sollte.[506] Eine Randbemerkung des Ministeriums für Handel und Gewerbe auf dem Schreiben des Kultusministeriums machte aber deutlich, dass zum einen die Werften weder die finanziellen Mittel (Klawitter) noch die Absicht (Schichau) hatten, sich finanziell zu engagieren. Zum anderen würde ein Engagement der kaiserlichen Marine bedeuten, dass sie die Versuchsanstalt allein für ihre Zwecke benutzen würde, ohne auf die Interessen der Technischen Hochschule Rücksicht zu nehmen.[507] Die Frage der Finanzierung des Projekts war demnach tatsächlich immer noch ungeklärt und die Frage seiner Realisierung damit nach wie vor offen.

An dieser Situation änderte auch der überarbeitete Entwurf nichts mehr, den Schütte und Carstens dem Kultusministerium am 20.03.1907 vorlegten und den dieses dem Minister für öffentliche Arbeiten am 23.04.1907 zur Prüfung sandte. Die von den beiden Autoren errechneten Kosten von 630.000 Mark, sofern die Rinne aus Eisen hergestellt würde, bzw. 560.000 Mark, sofern sie aus Eisenbeton gegossen würde, waren alles andere als geeignet, die Bedenken in den Ministerien gegen dieses Projekt zu zerstreuen, zumal Schütte und Carstens zu Beginn der Projektentwicklung (1905) nur Kosten von 380.000 Mark veranschlagt hatten. Die Kosten hatten um mehr als ein Drittel zugenommen, weil – so der Grundgedanke des Entwurfs – die Versuchsanstalt für Schiff- und Wasserbau von allen Abteilungen der Technischen Hochschule, die sich mit Hydrodynamik beschäftigten, genutzt werden sollte. Dies führte dazu, dass neben einer großen Versuchsrinne auch noch eine kleine Rinne für die Wasserbauabteilung der Hochschule zu errichten war. Außerdem benötigte die Maschinenbauabteilung Räume, in denen Elektromotoren, Pumpen und Wasserturbinen untergebracht werden sollten. Des Weiteren trieben die Kosten für die Gründungsarbeiten auf dem Grundstück zwischen Langfuhr und Scheidmühl mit 78.300 Mark die Gesamtkosten in die Höhe. Weiterhin dürften Sondereinrichtungen, wie der Tiefbrunnen, die Verwendung von besonderen Baumaterialien, wie das Eisen für die große Rinne und die Anschaffung von technischen Einrichtungen, wie z. B. Elektromotoren, besonders zu Buche geschlagen haben.[508]

Von April bis Mai 1907 prüfte dann der Minister für öffentliche Bauten den Entwurf Schüttes und den Kostenüberschlag. Dabei zog er die königliche Versuchsanstalt für Wasser- und Schiffbau aus Berlin hinzu, welche die einzige staatliche Versuchseinrichtung dieser Art in Preußen in jenen Jahren war und welche daher dort ein Monopol für die Durchführung dieser Versuche besaß. Nicht eben überraschend machte diese Anstalt daher gegen die von den Professoren Carstens und Schütte gemachten Vorschläge erhebliche Bedenken geltend. Der Kultusminister wies daher den Oberpräsidenten Anfang Juni 1907 an, mit dem Kauf des staatlichen Grundstücks in Danzig noch zu warten und Schütte und Carstens zu einer „Äußerung" zu den Vorwürfen aus Berlin zu veranlassen.[509] Nun stand Schüttes Projekt also nicht nur von der Kostenseite, sondern auch der baulichen bzw. wissenschaftlichen Seite her unter Druck.

Wie es der Kultusminister gewünscht hatte, äußerten Schütte und Carstens sich am 24.06.1907 in einer Denkschrift zu der Kritik aus Berlin.[510] Darin verteidigten sie unter anderem die von ihnen gewählte Tiefe der Rinne und den daraus resultierenden „freien Wasserquerschnitt" von 29,1 Quadratmetern unter Hinweis auf neuere Forschungen Schüttes, die besagten, dass die Kanaltiefe in noch höherem Maße als die Kanalbreite den Schiffswiderstand beeinflusse und daher ein größeres Verhältnis von eingetauchtem Schiffsquerschnitt zum Tankwasserquerschnitt als von 1:87 gewählt werden müsse, „um die Versuche als solche in unbegrenztem Wasser zu bezeichnen". Auch wandten sie sich entschieden gegen den Vorschlag der Berliner Gutachten, statt einer Kombination aus Oberlicht mit einem „hochgestellten Seitenlicht" nur ein Seitenlicht einzubauen, da das Oberlicht die gleichmäßige Erhellung des Innenraumes auf seiner ganzen Länge ermögliche. Des Weiteren lehnten sie die Bewertung der von ihnen gewünschten Dampfturbine, die als Stromlieferant für die Anstalt dienen sollte, als unwirtschaftlich ab, da diese nicht nur Strom für die Schlepprinne benötige, sondern auch für andere Forschungsreinrichtungen in dem geplanten Komplex, so dass von einer geringfügigen Auslastung nicht die Rede sein könne.

Insbesondere wehrten sich Schütte und Carstens aber gegen die Vorwürfe in Bezug auf die Spurweite des Messwagens, die Baustelle und die bauliche Ausgestaltung der Rinne: Die Sorge der Berliner Gutachter, dass aufgrund der gewählten geringen Spurweite der Wagen in Pendelschwingungen geriete, teilten die beiden nicht, da die Bauweise der Danziger Versuchsanstalt, d. h. die Anbringung der Gleise unter dem Dach, eine gänzlich andere sei, als diejenige der Firma Denny Brothers in Dumbarton.[511] Anders als die Gutachter lehnten Schütte und Carstens mit dem Hinweis auf die nicht zufrieden stellende Arbeit der amerikanischen Versuchsanstalt in Washington, D. C., größere Spurweiten für die Wagen ab, denn diese erforderten Wagen mit

einem hohen Eigengewicht. Mit solchen Wagen sei es aber aufgrund der langsamen Beschleunigung unmöglich, auf den Rinnen eine Geschwindigkeit zu erzielen, die ausreichen würde, um den Widerstand der Modelle zufrieden stellend zu messen.

Die gutachterlichen Befürchtungen, dass es auf dem vorgesehenen Grundstück keinen tragfähigen Baugrund gebe, beschwichtigten Schütte und Carstens mit dem Hinweis auf Ergebnisse von Bohrungen, die das Gegenteil bewiesen hätten. Die Kritik der Gutachter, dass das Gebäude sich senken werde, entkräfteten sie mit dem Hinweis auf die geplanten Fundamente. Allerdings waren sie auch der Meinung, dass das Grundstück aufgrund des wechselnden Grundwasserstandes nicht ideal sei, und verwiesen deshalb auf ein westliches, in unmittelbarer Nähe der Hochschule gelegenes Grundstück der Stadt Danzig von 380 Meter Länge und 58 Meter Breite. Dieses Grundstück hätte zum einen den Vorteil einer größeren Nähe zur Hochschule, zum anderen wäre es möglich, das Wasser für die Versuchsanstalt über einen Tiefbrunnen zu beschaffen.

Zum Vorschlag der Gutachter, die Rinne aus Eisenbeton zu bauen, erklären die beiden, dass ihre Bedenken dagegen bisher nicht zerstreut werden konnten. Sie begründeten dies wie folgt:

„Die in Uebigau, besonders in der ersten Zeit des Bestehens der Anstalt, aufgetretenen Setzungen der nur 89 Meter langen Rinne, welche feine Risse verursachten, lassen für uns die Frage offen, ob es möglich ist, einen nur 9,5 Meter breiten, aber 155 m langen Hohlkörper in Eisenbeton so herzustellen, dass selbst bei sorgfältigster Fundierung jede Rissebildung ausgeschlossen ist. Bei der absoluten Starrheit des Eisenbetons würden [. . .] selbst kleinste Setzungen des Fundamentes Risse im Rinnenkörper erzeugen."[512]

Dem gegenüber müsste sich der Untergrund bei einer Rinne aus Eisen schon sehr verändern, bevor die Eisennähte reißen würden.

Dieser Bericht von Schütte und Carstens überzeugte das Kultusministerium in vielen Punkten. Doch er reichte ihm offenbar in den Punkten „Herstellung der großen Rinne" und „Lagerung der Geleise für den Wagen" noch nicht aus, denn das Ministerium beauftragte Schüttes alten Lehrer, Oswald Flamm, der als erster Schiffbauprofessor der TH Charlottenburg in der Königlichen Versuchsanstalt auf der Schleuseninsel gearbeitet hatte,[513] gutachterlich zu diesen Aspekten Stellung zu nehmen. Dieser äußerte sich am 12.07.1907 zum Bau der Versuchsrinne dahingehend, dass dazu Eisenbeton durchaus verwendet werden könnte, sollte das höher gelegene Grundstück in der Nähe der Hochschule verwendet werden können, denn bei einer Rinne aus Eisen entstünden jährlich hohe Unterhaltskosten aufgrund der Rostschutzbehandlung des Materials. In Bezug auf die Frage nach der Lagerung der Gleise stellte sich Flamm auf den konservativen Standpunkt der Gutachter von der Königlichen Versuchsanstalt für Wasser- und Schiffbau aus Berlin: Die Lagerung der Gleise auf den Bassinwänden sei ihrer Aufhängung unter dem Dach vorzuziehen, weil der Wagen im Betrieb absolut fest und sicher laufen würde. Der Nachteil einer solchen Lagerung – ein großer und schwerer Wagen mit einem langen Beschleunigungs- und Bremsweg – könne durch eine Gewichtsreduktion des Wagens mittels Fernsteuerung und -messung aufgehoben werden.[514]

Mit der Schützenhilfe des etablierten Schiffbauers Flamm schienen sich die Kritiker im Ministerium der öffentliche Arbeiten und in der Königlichen Versuchsanstalt für Wasser- und Schiffbau durchsetzen zu können. Wie der Kultusminister in einem Schreiben an den Finanzminister am 09.09.1907 berichtete, waren Schütte und Carstens bereit, ihre Idee aufzugeben, die Schlepprinne aus Eisen herzustellen, zugunsten einer Lösung aus Eisenbeton. Sie machten aber zur Bedingung, ein höher gelegenes Grundstück zu beschaffen. Zudem befürwortete das Ministerium die konservativere Lösung Flamms hinsichtlich der Lagerung der Gleise für den Wagen. Doch ungeachtet all dessen schien es, als ob das Ministerium weiterhin bereit war, Schüttes und Carstens Vorhaben zu unterstützen, da es den Finanzminister ersuchte, „sich damit einverstanden zu erklären, dass die Angelegenheit [. . .] weiter verfolgt wird".[515] Dafür sprach auch, dass das Ministerium den Oberpräsidenten schon im Juli 1907 angewiesen hatte, die „Verkaufswilligkeit" der Stadt und die Untergrundverhältnisse des Grundstücks zu prüfen.[516] Außerdem war das Ministerium bereit, die Versuchsanstalt auf dem Gelände der Hochschule, direkt hinter dem Hauptgebäude errichten zu lassen, nachdem sich herausgestellt hatte, dass die Stadt zwar bereit war, das Grundstück zu verkaufen, der geforderte Preis dafür aber zu hoch war.[517] Daher war der Antrag des Kultusministeriums vom 25.08.1907 beim Finanzminister auf eine erste Rate von 100.000 Mark aus dem Etat 1908 für das unter Druck geratene Projekt nur folgerichtig.[518] Ein Grund dafür bestand darin, dass Wilhelm II. gewünscht hatte, Schüttes Projekt nach Möglichkeit zu fördern; ein anderer war, dass Schütte und Carstens die Kritik ihrer Gegner in der Berliner Versuchsanstalt entkräften konnten bzw. – wo dies nicht möglich war – ihnen, wie etwa in der Frage nach dem Baumaterial für die Rinne, auch entgegenkamen. Darüber hinaus schien sich in Zusammenarbeit mit der Technischen Hochschule auch in der Grundstücksfrage eine Lösung abzuzeichnen.

Alle weiteren Pläne des Ministeriums zur Errichtung der Versuchsanstalt wurden jäh zur Illusion, als sich Anfang November 1907 der Rektor der Technischen Hochschule Danzig und alle an dem Projekt beteiligten Professoren, also auch Schütte und Carstens, in einem Protestschreiben „mit größter Entschiedenheit" gegen die Errichtung der Versuchsanstalt hinter dem Hauptgebäude der Technischen Hochschule wandten. Sie begründeten dies zunächst damit, dass in einem solchen Fall eine Erweiterung des Hauptgebäudes der Technischen Hochschule für immer verhindert werde, obwohl doch die Studentenzahlen an der Technischen Hochschule Danzig beständig stiegen. Außerdem führte die Hochschule gegen den Bau der Versuchsanstalt auf ihrem Gelände auch ästhetische Gründe ins Feld. Die Protestierer baten den Kultusminister, dass er stattdessen das Grundstück, welches sich in unmittelbarer Nähe zur Technischen Hochschule befand und welches die Stadt nur zu einem hohen Preis verkaufen wollte, erwerben möge.[519] Für dieses Grundstück sprachen – so Schütte und Carstens in ihrer Entgegnung auf das Gutachten der Königlichen Versuchsanstalt für Wasser- und Schiffbau vom 24.07. – neben der großen Nähe zur Hochschule, auch seine Höhe und die Möglichkeit, einen Tiefbrunnen zur Wasserversorgung zu bohren.

Über die Hintergründe dieses unerwarteten Widerstandes der Hochschule gegen die Entscheidung des Kultusministeriums kann nur spekuliert werden. Wahrscheinlich waren mit der Entscheidung des Ministeriums vitale Interessen berührt, denn sonst hätte die Hochschule nicht gegen ein von ihr unterstütztes Projekt gestimmt. Vielleicht gab es auch interessierte Kreise innerhalb des Ministeriums, die nach Gründen suchten, das Projekt trotz der Unterstützung des preußischen Königs zu torpedieren, und die daher den Preis für das städtische Grundstück als zu hoch bewerteten. Wie dem auch sei, Schütte selbst sah sich jedenfalls gezwungen, gegen sein eigenes Projekt zu stimmen, denn mit einem Festhalten daran hätte er alle seine Kollegen und den Rektor der Technischen Hochschule gegen sich aufgebracht.

Ob diese Entwicklung die Entscheidung des Finanzministers, eine erste Rate von 100.000 Mark für die Errichtung der Versuchsanstalt zu bewilligen, beeinflusst hat, ist nicht bekannt. Doch wurden – so geht aus einer Aktennotiz vom 30.11.1907 hervor – „die Mittel zur Herstellung einer Hydrodynamischen Versuchsanstalt für die Techn. Hochschule Danzig bei den Etatbesprechungen abgelehnt".[520] Diese Ablehnung war nach Auffassung Schüttes erfolgt, weil die Kosten von ca. 640.000 Mark dem Finanzminister als zu hoch erschienen. Entsprechend schrieb Schütte an den Oberpräsidenten der Provinz von Westpreußen, Jagow, am 27.06.1910 rückblickend:

„Euer Exzellenz beehre ich mich im Anschluß an die Besprechung von Montag, den 16. Juni, sehr ergebenst mitzuteilen, dass ich wiederholt der Ansicht begegnet bin, nach der die Kosten einer hydrodynamischen Versuchsrinne in Danzig 640.000 M betragen und dass eine derartig hohe Summe für solche Zwecke nicht zur Verfügung steht.

Ich erlaube mir hierzu zu bemerken, dass in der vorgenannten Summe die Verwirklichung einer Reihe von Plänen und die Verfolgung von Sonderinteressen enthalten sind, die entweder nicht mit der eigentlichen Versuchsanstalt zu tun haben, oder mit ihr nur in einem indirekten Zusammenhang stehen."

Die Kosten der Rinne allein hätten sich hingegen nur auf 300.000 bis 350.000 Mark belaufen.[521] In der Tat hätte die Versuchsanstalt, wenn sie auf dem Gelände der Technischen Hochschule Danzig und aus Eisenbeton errichtet worden wäre, nur 535.000 Mark gekostet.[522] Allerdings bleibt fraglich, ob die Kreise in den Berliner Ministerien und den Berliner Forschungseinrichtungen nicht auch in einem solchen Falle Widerstand geleistet hätten, weil auch dieser Preis für die Danziger Versuchsanstalt immer noch erheblich höher gewesen wäre als der für die Versuchsanstalt für Wasser und Schiffbau auf der Schleuseninsel und weil die Errichtung der Danziger Einrichtung einen Prestigeverlust für die Berliner bedeutet hätte.

Die Ablehnung seines Projekts gegen Ende des Jahres 1907 führte Schütte in eine berufliche Sackgasse: Er hatte knapp fünf Jahre seines Lebens investiert, um die Errichtung einer Versuchsanstalt für Schiff- und Wasserbau an der Technischen Hochschule Danzig zu initiieren, und dabei seine eigenen Forschungen vernachlässigt. Nun stand er ohne ein greifbares Ergebnis da und brauchte ein neues Projekt bzw. ein neues Betätigungsfeld, um sich als Ingenieurwissenschaftler in der Hochschulforschung weiter etablieren zu können. Allerdings hatte er sich zugleich mit dem Vorhaben, eine Versuchsanstalt für Schiff- und Wasserbau an der Technischen Hochschule in Danzig zu errichten, beruflich in der Organisation von Großforschung profiliert und sich damit bei verschiedenen Ministerien in Berlin als „Wissenschaftsmanager" für die Durchführung von ähnlichen Projekten empfohlen; ein Umstand, welcher Schütte seine berufliche Neuorientierung erleichtern sollte.

3.2.5 BERUFLICHE AKTIVITÄTEN AUSSERHALB DER HOCHSCHULE
3.2.5.1 BESUCH AUF DER WELTAUSSTELLUNG IN ST. LOUIS 1904

Wie schon beim Norddeutschen Lloyd entfaltete Schütte neben seiner Tätigkeit als Hochschullehrer eine Reihe von Aktivitäten, die seine Reputation als Ingenieurwissenschaftler förderten. Diesem Zweck diente auch sein erster längerer Aufenthalt in den USA im Jahr 1904.

Im Sommer 1904 hielt sich Schütte in St. Louis, Mississippi, auf, um auf der dort in jenem Jahr stattfindenden Weltausstellung als Vertreter des so genannten „Schüttekesselkonsortiums" aus Bremerhaven den Schütte-Kessel im *Palace of Transportation* zu präsentieren und die amerikanischen Patente seiner Erfindung zu verkaufen.[523] Schütte war in Deutschland mit seinen Bestrebungen bereits erfolgreich gewesen, da er nach der Fertigstellung der *Lensahn* und allen Unkenrufen der liberalen Oldenburger Presse zum Trotz die inländischen Patente an die Seebeckwerft AG verkauft hatte. Eine wichtige Rolle dürfte dabei die Tatsache gespielt haben, dass der kaufmännische Direktor der Werft, Alfred Conti, mit Schütte befreundet war.[524] Die Werft war von Schüttes Kessel aber offenbar auch beeindruckt, weil er – so die Annonce „Der Dampfkessel System Schütte" im amtlichen Führer des Deutschen Reichs – offenbar um die Hälfte weniger wog als konventionelle Schiffszylinderkessel, und weil er über eine gute Wasserzirkulation verfügte. Zudem konnte er leicht mit Wasser befüllt und gereinigt werden. Darüber hinaus zeichneten ihn das „schnelle Dampfaufmachen", der geringe Kohleverbrauch sowie seine einfache Produktion aus.[525] Diese Vorteile scheinen nicht nur der Phantasie des Werbetexters entsprungen zu sein, wurde doch Schüttes Erfindung von der zuständigen Jury mit der goldenen Medaille ausgezeichnet.[526]

Die Weltausstellung und der Aufenthalt in den USA waren für Schütte eine einmalige Gelegenheit, neue Kontakte zu knüpfen und sich über die neuesten Ergebnisse von Forschung und Technik zu informieren: Eine richtige Freundschaft schloss er mit dem „Civilingenieur" Karl Huber, der in St. Louis seine Huber-Pressen ausstellte. Schütte schätzte an Huber, dass dieser ein „genialer Ingenieur [war], voller neuer, meist sehr kühner Gedanken und sehr fleißig".[527] In den USA begannen die beiden, oft bis in die späte Nacht über alle möglichen Ideen und Konstruktionen zu diskutieren. Schütte hatte einen verwandten Geist gefunden, mit dem er über technische Neuerungen und Innovationen sprechen und mit dem er Ideen und Pläne austauschen konnte.[528] Neben Huber lernte Schütte in St. Louis den Reichskommissar für die Weltausstellung, den Geheimen Oberregierungsrat und vortragenden Rat im Reichsamt des Innern, Friedrich Otto Theodor Lewald (1860–1947),[529] kennen, mit dem ihn mindestens bis 1908 eine gute Bekanntschaft verband.[530]

Konnte Schütte auf der Weltausstellung schon mit Huber über die allgemeinen Fortschritte von Forschung und Technik diskutieren, so brachte ein Besuch der amerikanischen Versuchsanstalt für Schiff-

und Wasserbau in Washington, D. C. wertvolle Hinweise auf den Stand der Kenntnisse der Amerikaner im Bereich der Hydrodynamik, und wahrscheinlich informierten ihn die dort tätigen Ingenieure über die aktuelle wirtschaftliche Situation der amerikanischen Werften.[531] Dieses Insiderwissen sollte sich für Schütte bald nach seiner Ankunft in Deutschland im Zuge der Formulierung von Anträgen auf Errichtung einer Versuchsanstalt für Wasser- und Schiffbau an der Technischen Hochschule Danzig und bei der Vorbereitung des Baus der Frerichswerft als nützlich erweisen.[532] Seine Reise in die USA war also für Schütte sowohl hinsichtlich ihres wissenschaftlichen Informationsertrags, als auch hinsichtlich ihres Effektes auf die Förderung von Schüttes Reputation als Ingenieurwissenschaftler ein voller Erfolg.

3.2.5.2 MITWIRKUNG AN DER FINANZIERUNG DER FRERICHSWERFT IN BRAKE 1904/1905

Ein anderes Projekt, mit dem er kurz vor Antritt seiner Professur in Danzig Bekanntschaft machte, erschien Schütte in beruflicher Hinsicht ebenso viel versprechend: Auf seiner Reise nach Danzig Anfang September 1904 traf Schütte sich in seiner Eigenschaft als schiffbautechnischer Berater des Großherzogs von Oldenburg mit Konsul Marx, dem Generaldirektor einer der kapitalkräftigsten deutschen Großbanken, der Nationalbank für Deutschland,[533] der ihn einlud, an einer Konferenz wegen der Errichtung einer Werft in der Nähe von Nordenham am 23. und 24. September teilzunehmen. Die Nationalbank wollte eine Aktiengesellschaft mit einer Million Mark Stammkapital gründen, um in Nordenham eine Werft zu errichten und um damit eine schon lange gehegte Idee des Großherzogs von Oldenburg zu realisieren. Schütte erschien die Höhe des Stammkapitals aufgrund der Größe des Werftgrundstücks als zu gering. Doch aufgrund der aus seiner Sicht konjunkturell günstigen Lage des Weltschiffbaus, aufgrund des seiner Meinung nach zunehmenden Bestrebens in der deutschen Werftindustrie, vermehrt im Deutschen Reich Schiffe zu bauen, und aufgrund der von ihm konstatierten mangelhaften Konkurrenzfähigkeit der amerikanischen Schiffbauindustrie, erschien ihm der Plan Erfolg versprechend. Schütte nahm die Einladung nach Nordenham an. Damit handelte er ganz ihm Sinne von Großherzog Friedrich August, den er am 13.09.1904 über diesen Plan informierte.[534]

Das Interesse des Großherzogs an der Errichtung einer Werft in Nordenham kann dadurch erklärt werden, dass er immer schon sowohl an Fragen der Wirtschaftsförderung als auch an Seefahrt bzw. an der

Marine einen großen Anteil genommen hatte. Mit seiner Unterstützung konnten sich gerade im Raum Nordenham um die Jahrhundertwende mehrere Industriebetriebe ansiedeln.[535] Außerdem war es dezidiert seine Absicht – so schrieb zumindest Schütte – die Schiffbauindustrie wieder im Großherzogtum Oldenburg zu etablieren, die Anfang des 19. Jahrhunderts dort noch in Blüte gestanden hatte und zwischenzeitlich in eine tiefe Krise geraten war.[536] Da er Schütte spätestens beim Bau der *Lensahn III* zu seinem schiffbautechnischen Berater befördert hatte, war es für Friedrich August nahe liegend, Schütte auch mit der Vorbereitung bzw. Durchführung des Werftprojekts zu beauftragen. Dies geschah zwischen Mitte September und Anfang Oktober 1905, und Schütte nahm diesen Auftrag „mit grosser Freude" an.[537] In Wirklichkeit war er wahrscheinlich hin- und hergerissen zwischen der Freude über die Möglichkeit, seine Karriere noch weiter voranzutreiben und neue Erfahrungen zu sammeln, und der Sorge, dieses Projekt wegen seiner Verpflichtungen als Professor in Danzig überhaupt erfüllen zu können. Das zuerst genannte Gefühl dürfte aber schnell die Oberhand gewonnen haben, da sich herausstellte, dass Schütte in Kontakt mit einer der ersten Adressen der deutschen Finanzwelt gekommen war. Außerdem war Schütte selbst bereit, zusammen mit seinem Freund und Partner Alfred Conti eine Summe von einer Million Mark aufzubringen, um eine Kapitaldecke von 2,5 Millionen Mark zu erreichen, die von Schütte als unteres Limit für den Bau und den Betrieb der Werft erachtet worden war.[538] Zu diesem Zeitpunkt erscheint Schütte als eine Art großherzoglicher Berater und Akquisiteur in Sachen Werftfinanzierung, denn er war bereit, dafür größere Kapitalmengen aus der deutschen Industrie zu organisieren bzw. zu akquirieren. Außerdem entwickelte er erstmals auch die Züge eines Kapitalisten, weil er selbst ein finanzielles Risiko übernehmen wollte.

In einer seiner ersten Amtshandlungen als Beauftragter des Großherzogs für den Bau der Werft in Nordenham musste Schütte zunächst dafür sorgen, dass sein direkter Kontakt zum Großherzog in dieser Angelegenheit bestehen blieb. Als Schütte bei der Großherzoglichen Landesregierung anfragte, ob die Stettiner „Vulcan" AG mit der Regierung über einen Verkauf von Grundstücken in Nordenham-Blexen verhandele, versuchte die Landesregierung, ihm Vorschriften hinsichtlich seines weiteren Vorgehens zu machen, anstatt auf seine Anfrage zu antworten.[539] Der Grund dafür war nur zu offensichtlich: Die Regierung Oldenburgs stand im Herbst 1904 in der Tat selbst in Verhandlungen mit der Bergisch-Märkischen Bank über den Ausbau Nordenhams zu einem großen Hafen, und verfügte zunächst mit der AG „Vulcan" aus Stettin selbst über eine Werft, die bereit war, einen

Zweigbetrieb in Blexen zu errichten.[540] Offensichtlich wusste sie nichts über die ähnlichen, parallel laufenden Pläne des Großherzogs und Schüttes, und wollte keine Konkurrenz von einer Privatperson. Daher musste Schütte am 31.10.1904 eine Eingabe an Friedrich August richten, in der er darum bat, auch zukünftig ausschließlich mit dem Großherzog verhandeln zu dürfen. Er begründete dies damit, dass die Großherzoglichen Beamten nicht kaufmännisch genug geschult seien und ein Briefverkehr mit Friedrich August über die Behörde der Geheimhaltung nicht förderlich sei. Der Großherzog scheint dies eingesehen zu haben und ging auf den Wunsch Schüttes ein, in dieser Angelegenheit nur mit ihm zu verhandeln.[541] Von der Konkurrenz aus Stettin ging für Schüttes Projekt bald keine Gefahr mehr aus, da sich der Vulcan aus den Verhandlungen mit der Landesregierung zurückgezogen hatte.[542]

Im Verlauf des Novembers gelang es Schütte und Marx, für das Projekt der Werftgründung neben der Nationalbank auch weitere Großinvestoren zu interessieren. Dies waren der Kommerzienrat Emil Guilleaume (1846–1913),[543] Inhaber des Kesselproduzenten Guilleaume Werke GmbH mit Sitz in Neustadt an der Haadt und Generaldirektor der Norddeutschen Seekabelwerke in Nordenham, und außerdem das Eisen- und Stahlwerk Otto Gruson & Co. aus Magdeburg-Buckau. Wenn nötig, sollte Guilleaume, den Schütte während der Planung seiner Kabellegerprojekte bei den Norddeutschen Kabelwerken kennen gelernt hatte, weitere Großbanken, die Dresdener Bank und den A. Schaffhausen'schen Bank-Verein, für eine finanzielle Beteiligung an der Nordenhamer Werft gewinnen, da er im Aufsichtsrat der beiden Banken saß und diese mit den Norddeutschen Seekabelwerken, mit den Guilleaume Werken und mit der Firma Felten & Guilleaume eng verbunden war.[544] Schütte oblag es, ein deutsches Grobblech-Walzwerk „ersten Ranges" an der Werft zu beteiligen. Die Gewinnung eines solchen Unternehmens für das Projekt war deshalb so wichtig, weil die Nationalbank eine Beteiligung einer solchen Firma an dem sich formierenden Konsortium zur Bedingung dafür gemacht hatte, die Gründung der Nordenhamer Werft mit einem Stammkapital von 2,5 Millionen Mark zu übernehmen.

Die Nationalbank stellte diese Bedingung auf, weil nur ein solches Unternehmen in der Lage war, ein Walzwerk in der Nähe der Werft zu errichten. Mit Hilfe dieses Werks könne dann der Bedarf der Werft an gewalztem Stahl für den Bau von Schiffen unter geringen Transportkosten und geringem Zeitverlust befriedigt werden. Ferner würde ein Grobblech-Walzwerk dem Grobblech-Verband angehören und damit sicherstellen, dass die Werft nicht dieselben Schwierigkeiten beim

Bezug ihres Eisen- und Stahlbedarfs habe, wie andere Firmen, da das Walzwerk zugleich Lieferant und Abnehmer sei, und daher nicht die unverbindlichen Lieferungsverträge ihres Verbandes mit der Werft abschließen würde. Die Beteiligung eines Grobwalzwerks, das dem Grobwalzwerkverband angehörte, war daher eine conditio sine qua non für einen profitablen Betrieb der zu gründenden Werft, wie Schütte schon in seinem Brief an den Großherzog am 13.09.1904 darlegte.[545] Aus diesem Grund wandte er sich an die Direktoren des Fein- und Grobblechherstellers Dillinger Hüttenwerke Weinlig und Gathmann im heutigen Saarland, mit der Bitte, sich mit einer halben Million Mark an der Werft zu beteiligen. Er lockte sie mit dem Hinweis, dass die Dillinger Hüttenwerke im Falle einer Beteiligung zugleich Abnehmer und Produzent von gewalztem Stahl wären. Da nach Schüttes Meinung die konjunkturellen Aussichten für den deutschen Schiffbau günstig seien, hätten die Dillinger Hüttenwerke über eine sichere Einnahmequelle verfügt.[546] Doch weder dieses Unternehmen noch ein anderes dieser Branche konnte bis Ende des Jahres gewonnen werden. Schütte und dem Generaldirektor Marx blieb also nur übrig, eine Projektbeschreibung und eine Rentabilitätsberechnung über den Jahreswechsel 1904/1905 anzufertigen und im Übrigen abzuwarten, ob sich aufgrund ihrer Werbung nicht doch noch ein Grobwalzwerk als Investor finden ließe.[547]

Doch in den ersten Tagen des Jahres 1905 erfuhr Schütte aus Zeitungsnotizen und zuverlässigen Mitteilungen seiner Freunde in Bremen und Oldenburg, dass das Oldenburger Staatsministerium, dieses Mal im Verbund mit der Gemeinde Blexen bei Nordenham, seinem Projekt erneut Konkurrenz zu machen suchte: Das Ministerium verhandelte mit der Firma J. Frerichs & Co. AG aus dem rechts der Weser gelegenen Osterholz-Scharmbeck über die Abtretung „eines für die Errichtung einer Werft geeigneten Terrains". Für das Staatsministerium war die Fa. Frerichs ein überaus geeigneter Kandidat, weil sie erstens schon Erfahrungen gesammelt hatte im Bau von kleineren Wasserfahrzeugen wie Hinterraddampfern, Schleppern oder Leichtern, weil sie zweitens zu diesem Zeitpunkt ein profitables und kapitalkräftiges Unternehmen war, und weil drittens die deutsche Bank mit ihrer Bremer Filiale hinter diesem Unternehmen stand.[548] Die Firma Frerichs hatte ihrerseits ein Interesse daran, in Blexen eine eigene Werft zu errichten, denn sie konnte nur mit einem unverhältnismäßig großen Aufwand im seichten Osterholzer Hafen die immer größeren Schiffbauten realisieren und sie nur unter Schwierigkeiten über die äußerst flache Hamme nach Bremen-Vegesack bringen. Die Werft benötigte daher einen Neubau an tieferem, schiffbarem Wasser, nach

Lage der Dinge also an der Weser.[549] Entsprechend dieser Interessenslagen waren die Verhandlungen über den Verkauf von Grundstücken in Blexen weit vorangekommen: Sie standen im Februar kurz vor dem Abschluss.[550]

Als Schütte von diesen Plänen erfuhr, musste er davon ausgehen, dass sich das Projekt des Großherzogs, der Nationalbank und des Kommerzienrats Guilleaume nicht mehr realisieren ließe, sobald sich in der Nähe des von diesem Konsortium ausgewählten Geländes ein Konkurrenzunternehmen angesiedelt hätte. Daher bemühte er sich um Informationen über die Absichten der Konkurrenz von Frerichs und der Deutschen Bank, um sie nach Möglichkeit zu vereiteln. Aufgrund der Tatsache, dass Schüttes Konsortium es mit einer kapitalkräftigen und profitablen Firma zu tun hatte, deren Aufsichtsrat und Hauptaktionäre in Bremen saßen, erkannte Schütte, dass sein eigenes Vorhaben wahrscheinlich nicht mehr durchzuführen war.[551] Folgerichtig versuchte Schütte, sich im Namen seines Konsortiums mit der Frerichswerft zu einigen. Aus diesem Grund wandte er sich Anfang Januar des Jahres 1905 an das Oldenburgische Staatsministerium mit der Bitte, „einer zu bildenden Gesellschaft" ein Gelände für die Errichtung einer „grösseren Werft" auf dem Aussengroden bei Einswarden zu überlassen.[552] Nach Schüttes eigener Aussage war dabei entscheidend, dass es sich um dasjenige Gelände handelte, das er schon längst ins Auge gefasst hatte, weil es wegen seiner Tiefe das zum Werftbau allein geeignete war. Das Staatsministerium signalisierte sein Einverständnis und überließ Schütte das Gelände einstweilen für einen Preis von 39.625 Mark.[553]

Aufgrund dieses Grundstückerwerbs war es Schütte möglich, sich und sein Konsortium wieder zu einem ernstzunehmenden Verhandlungspartner zu machen und in Verhandlungen mit der Firma Frerichs zu treten. Dabei stellte sich heraus, dass die Firma Frerichs mit nur 600.000 Mark eine Werft zu bauen beabsichtigte. Dieses Kapital sollte durch die Emission neuer Aktien erwirtschaftet werden. Schütte konnte die Firma nach eigener Aussage von diesem Plan abbringen, indem er ihr die Pläne seines Konsortiums vorhielt. Gemeinsam entwickelten die beiden Partner eine Finanzierung des Werftbaus, wonach nur 1,5 statt der geplanten 2,5 Millionen Mark für den Werftneubau aufgebracht werden mussten, da mit der Frerichswerft schon eine im Schiffbau erfahrene Maschinenfabrik vorhanden war. Das benötigte Kapital sollte durch eine Aktienemission beschafft werden. die von einem Konsortium bestehend aus der Nationalbank für Deutschland, der Bremer Filiale der Deutschen Bank, sowie der Firmen Hardy & Co., Berlin und Rowohlt & Co., Bremen, durchgeführt werden sollte.[554]

Eine vergrößerte Variante des Bauvorhabens scheint von den beiden Partnern ebenfalls geplant bzw. von Schütte noch nicht verworfen worden zu sein, seine Realisierung scheiterte aber am Veto der Banken, die erst ein sorgfältiges Bauprogramm für die „Vergrösserung der Frerichschen Fabrik" sehen wollten, um zunächst zu prüfen, ob die 1,5 Millionen Mark überhaupt für die Durchführung dieser Variante ausreichend wären. Erst dann würden sich die beteiligten Firmen und Banken entscheiden, ob sie „auf dieser Basis" das Projekt durchführen wollten.[555]

Das Ergebnis dieser Prüfung scheint positiv verlaufen zu sein, da am 29.04.1905 die Generalversammlung von J. H. Frerichs & Co. AG in Bremen dem Bau der Werft in Nordenham über eine Erhöhung des Eigenkapitals um 1,5 Millionen Mark zustimmte und mit der Emission der neuen Aktien das unter Schüttes tatkräftiger Mithilfe gebildete Konsortium beauftragte. Am 01.05.1905 unterzeichnete die Firma den Vertrag über den Kauf des von Schütte ausgewählten Grundstücks mit dem Großherzogtum Oldenburg. Im Mai begannen die Bauarbeiten auf dem Gelände, die infolge der trockenen Witterung schnell vorankamen. Im Oktober konnte die Werft, obwohl noch nicht zur Gänze fertig gestellt, schon die Produktion aufnehmen.[556] Schütte als „die treibende Kraft bei der Errichtung der Werft bei Blexen", wurde darüber am 18.10.1905 vom einem Vertreter der Direktion der Nationalbank für Deutschland, dem Geheimen Regierungsrat Richard Witting (1856–1923),[557] im Zusammenhang mit der Mitteilung informiert, dass „morgen ein neues sehr bedeutendes Rhederei- und Schiffahrts-Unternehmen in Nordenham errichtet wird". Über die Bedeutung dieses Projekts und die Rolle der Frerichswerft für die wirtschaftliche Entwicklung an der Oldenburgischen Küste selbst schreibt er:

„Das Unternehmen wird sehr bald gestartet werden[,] und ich glaube, dass nunmehr an der Oldenburgischen Küste sich aus unserer Werft, den Kabelwerken, der Fischereigesellschaft Nordsee und diesem neuen grossen Unternehmen etwas recht schönes und fruchtbares entwickeln wird. Unsere einstweilen kleine Werft ist [. . .] gut beschäftigt, das Reichsmarineamt interessiert sich für sie und hat dieses Interesse auch schon bestätigt. Wir alle haben die zuversichtliche Hoffnung, dass auch diese Werft allmählig bei richtiger und vorsichtiger Führung ein grosses Unternehmen wird."[558]

Witting informierte Schütte über dieses Vorhaben aus einem einzigen Grund: Er war der Auffassung, dass „diese Combination [Schüttes] Wünschen und [seinen] so häufigen und energischen Anregungen entspricht".[559] Mit dieser Äußerung erkannte der erfahrene Bankmanager Schüttes Leistungen bei der Finanzierung der Errichtung der neuen Frerichswerft und damit an der wirtschaftlichen Entwicklung des Unterweserraums an. Schütte hatte sich somit auch eine gewisse Reputation als Fachmann für die Finanzierung von Werftneubauten und als regionaler Wirtschaftsförderer erworben. Das Bewusstsein, auch in diesen Bereichen über nicht geringe Talente zu verfügen, halfen Schütte vermutlich auch bei der Akquirierung und Durchführung neuer Arbeitsvorhaben, deren er nach dem Scheitern seiner Pläne für den Bau der Versuchsanstalt für Schiff- und Wasserbau so dringend bedurfte.

Wie weitsichtig die von Schütte anfänglich betriebene großzügige Ausstattung der neuen Werft mit einem Eigenkapital von 2,5 Millionen Mark gewesen war, zeigt sich daran, dass die Firma Frerichs ab dem Frühjahr 1907 in eine finanzielle Krise geriet, nachdem sie Verluste von 500.000 Mark im Geschäftsjahr 1906 hinzunehmen hatte. Mit einem um eine Million Mark höheren Aktienkapital wären diese Einbußen leichter zu verkraften gewesen. Wie richtig dieser Plan Schüttes war, wird auch daran deutlich, dass ein Sanierungsvorschlag des Vorstands der Frerichswerft vorsah, das Eigenkapital um 1,25 Millionen Mark, also fast auf die von Schütte veranschlagte Summe, zu erhöhen.[560]

3.2.6 PRIVATLEBEN VON 1904 BIS 1907

Die Familie Schütte siedelte Anfang September 1904 von Bremerhaven nach Danzig um.[561] In Danzig bezogen die Schüttes dann ein Haus in der Großen Allee 31. Jenes Domizil der Familie befand sich in der Nähe der Hochschule, im vornehmen Stadtteil Langfuhr.[562]

Ob der Umzug nach Danzig wirklich eine glückliche Lebensphase eingeleitet hatte, wie in der Forschung bisher immer behauptet wurde,[563] darf bezweifelt werden. Eher das Gegenteil scheint der Fall gewesen zu sein, wenn man die Erinnerung der Tochter Schüttes, Frau Dorothea Temmler, geborene Schütte, zugrunde legt. In einem Interview vom 15.01.1985 charakterisierte sie Johann Schüttes Verhältnis zu seiner Familie mit dem Satz: „[Mein Vater] hätte weder heiraten noch Kinder kriegen sollen, es interessierte ihn überhaupt nicht." Im weiteren Verlauf jenes Gesprächs konkretisierte sie diese vernichtende Kritik dahingehend, dass ihren Vater weder „die lieben Kinderlein noch häusliche Heimabende [...] noch sonst was", sondern nur die Technik [fesselte].[564] Aus der Perspektive einer offensichtlich auch im hohen Alter noch zornigen Tochter erscheint danach Johann Heinrich Schütte als egoistischer, völlig auf seine Interessen bezogener Vater, der

nichts mit seiner Frau und seinen Kindern anzufangen wusste, ihnen absolut gleichgültig gegenüber stand.

Doch ganz so teilnahmslos war Johann Heinrich Schütte dann doch nicht, da die Tochter an anderer Stelle des Interviews einräumt, dass er zu den Vätern gehörte, die erwarteten, „dass die Kinder die hervorragendsten Zeugnisse mit nach Hause brachten".[565] Dahinter stand fraglos Schüttes Wunsch nach einer soliden Ausbildung seiner Kinder und sein Bemühen, auch als Vater sein soziales Prestige zu wahren. Entsprechend schickte er seinen Sohn Wilhelm ab Ostern 1906 auf das Langfuhrer Gymnasium, dem 1900 eröffneten Conradinum, das gleich gegenüber dem väterlichen Arbeitsplatz lag. Wilhelm besuchte diese Lehranstalt bis Ostern 1906.[566] Außerdem kontrollierte der Vater anhand der Zeugnisse den Lernfortschritt seiner Kinder und sagte dazu „sein erzieherisches Wort". Dies war bei dem Sohn Wilhelm wohl offenbar häufiger nötig, weil er zwar „zu den intelligenten Schülern [gehörte], die aber vom Gemüt und von der Veranlagung her von der Intelligenz erst zwischen Weihnachten und Ostern Gebrauch machten". Daher – so Temmler weiter – „gab's [Weihnachten] jedes Mal Krach, weil er ein miserables Zeugnis hatte, und Ostern wurde er versetzt, weil er ein sehr intelligenter Schüler war".[567] Auf die schulische Ausbildung seiner Tochter legte Johann Heinrich Schütte – vermutlich wie die meisten Väter zu Beginn des 20. Jahrhunderts – offenbar deutlich weniger Wert, weil sie zwar das Lyzeum besuchen durfte, diese Schule aber ohne Abitur verlassen musste, nur um eine Hauswirtschaftsschule zu besuchen. Wilhelm Schütte hingegen musste 1917 sein Abitur machen.[568] In dieser unterschiedlichen Behandlung der Geschwister spiegelte sich die Vorstellung Johann Heinrich Schüttes wider, welche Rolle sein Sohn und seine Tochter in ihrem weiteren Leben zu spielen hatten. Schütte sah offenbar in seinem Sohn – genauso wie sein Vater vor ihm – den Stammhalter, den Garanten für den Fortbestand des Geschlechts Schütte, der hinaus in die Welt gehen und sich im beruflichen Lebenskampf bewähren musste, während seine Tochter sich auf die Pflichten als Hausfrau und Mutter vorzubereiten hatte.[569] Zusammen mit seinen auf die völlige Erfüllung seiner Berufspflichten ausgerichteten Technik-Interessen machten diese Ideen Schütte zu einem typischen Vater des frühen 20. Jahrhunderts. Dass er seine Vorstellungen so unbedingt durchsetzte, zog ihm auf Dauer den Unwillen seiner Tochter zu, die sich von Ihrem Vater deutlich mehr Zuwendung gewünscht hätte, wie die eingangs zitierten Interviewpassagen belegen. Deutlich wird die Haltung der Tochter auch daran, wie sie im Unterschied zu ihrem Vater über ihren Großvater spricht:

„Mein Großvater, sein Vater, war der goldigste Großvater des Jahrhunderts. Er liebte uns glühend, und wir liebten ihn. Er widmete sich voll und ganz. Wir waren immer in den großen Ferien in Oldenburg. [...] Er war furchtbar stolz auf seine Enkel, und wir waren stolz auf ihn."[570]

Ganz anders als der Vater behandelte demnach der Großvater Schütte die Geschwister: Er konzentrierte sich in seiner Freizeit völlig auf Wilhelm und Dorothea und schien auf beide Enkelkinder, egal ob Junge oder Mädchen, gleichermaßen stolz gewesen zu sein.

Obwohl nicht an „häuslichen Heimabenden" interessiert, konnte Johann Schütte seiner Frau in Danzig einige Abwechslungen und Erholung von der Hausarbeit und von der Kindererziehung in Form von ausgedehnten Feiern, d. h. Bällen und anderen Tanzveranstaltungen der Danziger Eliten[571] bieten. Ein Grund dafür war, dass er ungemein gesellig war – „geradezu krankhaft", wie seine Tochter meinte. Ein anderer Grund bestand darin, dass Schütte zusammen mit vielen anderen jungen Professoren aus der Industrie seine Dozentenkarriere an der Technischen Hochschule Danzig im Herbst 1904 begann und das Ehepaar Schütte daher häufig in diese Kreise eingeladen war. Offenbar fand man sich sympathisch. Darüber hinaus war Henriette Schütte eine entfernte Cousine der Frau Dorothea von Mackensen, geborene von Horn, die mit dem Oberst und Kommandeur der Danziger Ersten Leibhusaren, der so genannten „schwarzen Husaren", August von Mackensen (1849–1945) verheiratet war.[572] Entsprechend erhielten die Schüttes auch Zugang in dieses Haus. Aufgrund dessen tanzte sich Henriette auf den Feiern in Danzig mit Professoren, Offizieren und ihrem Mann „halb tot", fand dies himmlisch und blieb zeit ihres Lebens der Auffassung, dass diese Jahre die schönsten Jahre ihres Lebens gewesen seien, denn ihr Mann und sie hätten die ganze Zeit über miteinander getanzt. Außerdem gefiel Henriette Schütte genauso wie ihrem Mann die Stadt Danzig: Danzig war damals eine der schönsten deutschen Städte, denn „es lag im Walde [und] an der See".[573] Entsprechend wohl fühlte sich das Ehepaar an seinem neuen Wohnort.

Für Johann Heinrich Schütte hatten diese Tanzvergnügen nicht nur einen Freizeitwert sondern war auch für ihn beruflich von Bedeutung, da er auf diese Weise auch privat einen Zugang in die ersten Kreise Danzigs erhielt. Dort konnte er in Kontakt treten mit Personen, die zumindest in der Lage waren, ihm die Tür zu anderen einflussreichen Kreisen zu öffnen. Zu diesem Personenkreis gehörte beispielsweise der preußische Kronprinz Wilhelm (1882–1951),[574] der sich wie die gesamte kaiserliche Familie im Sommer im nahe gelegenen Seebad

Zoppot aufhielt und in Langfuhr – wo ‚man wohnte' – übernachtete. Da Wilhelm offenbar ein „lebenslustiger Mann" war und häufig die Tanzveranstaltungen der besseren Danziger Gesellschaft besuchte, traf Schütte ihn vermutlich auf einem der Bälle in Danzig. Es entwickelte sich zwischen den beiden ein „recht nettes Verhältnis". Auf diese Weise – so Temmler – vertiefte ihr Vater seine Beziehungen zum Militär, die er schon im Hause des Oberst von Mackensen knüpfen konnte.[575]

Die Beziehung Schüttes zur Großherzogin von Oldenburg, Elisabeth von Mecklenburg-Schwerin, scheint sich gegen Ende der ersten Danziger Jahre Schüttes, ab dem Jahr 1906, intensiviert zu haben. Dafür spricht die Tatsache, dass ab diesem Zeitpunkt Großherzog und Großherzogin nicht mehr zusammen auf ihr in der Nähe von *Lensahn* gelegenen Schloss Güldenstein gingen. Dafür, dass schon vorher eine intime Beziehung zwischen Schütte und der Großherzogin bestand, spricht auch der ätzende Kommentar des Kaisers, dass das großherzogliche Paar ab 1906 getrennte Wege ging: „Die Herrschaften sind seit Ihrer Hochzeit kaum mehr zusammen gewesen".[576]

Alles in allem kann das Ehe- und Familienleben der Schüttes in den ersten Danziger Jahren nur oberflächlich als harmonisch verlaufend bezeichnet werden. Bei genauerem Hinsehen zeigt sich aber, dass die Beziehungen zwischen Schütte und den übrigen Familienmitgliedern problematisch waren. Wilhelm Schütte bekam offenbar nur dann (negative) Zuwendung von seinem Vater, wenn wieder einmal seine schulischen Leistungen zu wünschen übrig ließen. Dorothea Schütte verspürte dagegen eine permanente Vernachlässigung durch ihren Vater, welche sie noch in hohem Alter beklagte. Henriette Schütte schließlich wurde von ihrem Ehemann sogar hintergangen, weil er spätestens ab 1906 in einer intimeren Beziehung zur Großherzogin von Oldenburg stand. Die Fassade einer oberflächlichen Harmonie konnte nur unter der Voraussetzung aufrechterhalten werden, dass das Paar durch den häufigen Besuch von Tanzvergnügen von häuslichem und familiärem Ungemach abgelenkt wurde. Eine weitere Bedingung bestand darin, dass die Beziehung Johann Heinrich Schüttes zur Großherzogin von Oldenburg den jeweiligen Ehepartnern unbekannt blieb.

Insgesamt lässt sich sagen, dass die Behauptung von der „erfolgreichste[n] Zeit im technischen Leben Schüttes" und von einer „glücklichen Lebensphase"[577] nicht zutrifft. Zwar hatte Schütte im Beruf anfänglich vor allem mit der Gründung der Frerichswerft einigen Erfolg zu verzeichnen, doch die Ablehnung des Baus einer Versuchsanstalt für Schiff- und Wasserbau an seiner Technischen Hochschule durch das Finanzministerium Ende 1907 setzte seinen ingenieurswissenschaftlichen Ambitionen, eine Art deutscher Froude zu werden, Schranken. Stattdessen brachte sie ihn in eine berufliche Sackgasse, die ihn zu einer Neuorientierung zwang. In diesem Scheitern bot ihm seine Ehe bzw. seine Familie wenig Trost, da die Beziehung zu seiner Frau und das Familienleben der Schüttes schon erodiert waren, obwohl es noch den Schein der Harmonie aufwies. Wenn überhaupt, so dürfte Schütte in jenen Jahren nur glücklich gewesen sein, wenn er mit Elisabeth von Mecklenburg-Schwerin einige Zeit verbrachte.

4 SCHÜTTE ALS LUFTFAHRZEUGKONSTRUKTEUR UND -PRODUZENT

4.1 DIE ENTWICKLUNG DES LUFTFAHRZEUGBAUS UND DES LUFTVERKEHRS BIS 1908
4.1.1 DIE ENTWICKLUNG DES LUFTSCHIFFBAUS
4.1.1.1 BALLONE UND ERSTE LUFTSCHIFFE IN FRANKREICH UND DEUTSCHLAND

Parallel zu den Versuchen von Schütte, sich über die Errichtung einer Versuchsanstalt für Schiff- und Wasserbau an der TH Danzig in seinem Fach weiter als Forscher zu profilieren, hatten sich sowohl der Luftschiff- als auch der Flugzeugbau viel versprechend entwickelt. Daher wurde das Jahr 1908, als Schütte sich nach dem Scheitern seines Projekts ein neues Forschungsfeld suchen musste, zum *annus mirabilis* für die europäische Luftschiff- und Flugtechnik insgesamt.[578]

Diesem Höhepunkt in der Luftfahrtgeschichte war allerdings ein intensiver Innovations- und Entwicklungsprozess von mehr als hundert Jahren vorausgegangen, der von den unterschiedlichen Interessen der Erfinder, Techniker, Unternehmer und Militärs bestimmt wurde. Den Auftakt für diese Entwicklung bildeten die ersten bemannten und unbemannten Flüge der Heißluftballons der Brüder Jaques-Étienne (1745–1799) und Joseph Michel de Montgolfier (1740–1810) und der Gasballons des Physikers Alexander Charles (1746–1823) in der Nähe von Lyon und über Paris im Jahre 1783. Mit diesen ersten wirklichen Luftfahrzeugen konnten ihre Erbauer unter Anwendung des Prinzips „leichter als Luft" eine funktionierende, aerostatische Lösung für das Problem des Auftriebs in der Luft finden und so den jahrtausendealten Traum der Menschen, wie die Vögel zu fliegen, verwirklichen.[579] Der französische General Jean Baptiste Meusnier (1754–1793) war es, der die Gasballons mit für die zukünftigen Luftschiffe wichtigen Attri-

bute ausstattete, indem er dem Entwurf seines lenkbaren Ballons eine aerodynamisch günstige, längliche Form gab und mit einer Lufttasche (Ballonet) versah, der während der Fahrt Luft eingeblasen werden sollte, um den Gasballon während seines Aufstiegs in einer festen Form zu halten.[580]

Stand im Zeitalter der Aufklärung noch ein wissenschaftliches Interesse für die Ballonfahrt im Vordergrund bzw. herrschte am Vorabend der Französischen Revolution noch ihr „Event-Charakter" vor, so änderte sich dies bereits im ersten Koalitionskrieg (1792–1797), als die republikanisch-französische Armee am 02.07.1794 mit der *1er Compagnie d'Aérostatiers militaires* erstmals eine Luftschifferkompanie formierte. Diese Einheit wurde mit ihren Gasballons am 02. Juli desselben Jahres vor der Festung Maubeuge und in der Schlacht von Fleurus am 26.07.1794 zur erfolgreichen Aufklärung und Beobachtung der Bewegungen der österreichischen Truppen eingesetzt. Doch da sich der Tross für einen solchen Ballon wegen der voluminösen Gasfülleinrichtung als zu groß und als zu schwerfällig erwies und dieses technische System daher schlecht zu den damals vorherrschenden militärischen Vorstellungen von der Massenhaftigkeit von Kriegsmitteln und ihrer Beweglichkeit passte, wurde der militärische Einsatz von Ballonen für die französische Armee gegen Ende des 18. Jahrhunderts zunehmend uninteressant. Am 18.01.1799 wurde die Luftschifferkompanie daher aufgelöst.[581]

Zu Beginn des 19. Jahrhunderts ließ das Interesse der Militärs und der Wissenschaftler an den Ballonen weiter nach, weil die Montgolfièren und Charlièren nur zum Teil die in sie gesetzten hohen Erwartungen als Beobachtungs- und Transportmittel erfüllt hatten, was vor allem auf das Fehlen einer geeigneten Antriebskraft zurückzuführen war, welche ein zielgenaues Steuern ermöglichen konnte. Dies hatte zur Folge, dass die Berufsluftschiffer in den nächsten Jahrzehnten ihre Ballone nur noch als Attraktionen auf Jahrmärkten und anderen Belustigungsveranstaltungen einsetzen konnten. Doch auch dieser Marktwert der Ballone schwand schnell dahin, so dass die Berufsluftschiffer neue Attraktionen wie etwa den Ballonaufstieg mit Fallschirmsprung entwickeln mussten, um noch mit ihren Flugwerkzeugen Geld verdienen zu können.[582]

In größerem Umfang wurden die Beobachtungsballone erst wieder von den Militärs im amerikanischen Bürgerkrieg von 1861 bis 1865 zur Beobachtung der feindlichen Stellungen eingesetzt.[583] Trotz kostengünstigerer Gaserzeugungsmöglichkeiten nahmen die Militärs auf der Unionsseite jedoch aufgrund von Kompetenzstreitigkeiten und fehlendem ausgebildeten Personal bald schon wieder von ihrem Einsatz Abstand.[584] Eine Vielzahl von ausländischen Beobachtern berichtete aber ihren militärischen Vorgesetzten von dem großen taktischen Wert dieser Fluggeräte, unter ihnen Graf Ferdinand von Zeppelin.[585] Entsprechend führten im deutsch-französischen Krieg 1870/71 die eilig gebildeten Luftschiffereinheiten beider Parteien mit Ballonen die militärische Aufklärung durch. Der Einsatz der Ballone war aber auch hier nur mäßig erfolgreich, weil sowohl gut ausgebildetes Personal als auch in der Praxis erprobte Geräte fehlten.[586] Daneben übernahmen die französischen Truppen mit Hilfe von Freiballonen auch die Nachrichtenübermittlung und den Transport von „kriegswichtigen" Personen wie etwa den Transport des republikanischen Innen-, Finanz- und Kriegsministers Léon Gambetta (1838–1882) aus dem von deutschen Truppen belagerten Paris. Diese Einheiten wurden nach dem Friedensschluss von Versailles im Jahre 1871 zwar wieder aufgelöst, doch die französische Regierung setzte zukünftig auf eine intensivere militärische Nutzung der Ballone.[587] Offenbar hatte sich bei ihr als einer der Ersten die Erkenntnis durchgesetzt, dass die Herrschaft über Europa bzw. über die Welt nur diejenige Nation erkämpfen konnte, die in der Lage war, die Herrschaft über die Luft zu erlangen.[588] Sie begann daher ab 1879 mit der Errichtung von entsprechenden Produktionsstätten, Luftschifferabteilungen im Heer sowie ab 1886 mit der Gründung eines Ausbildungs-, Konstruktions- und Erprobungszentrums für Ballone, dem Établissement Central d'Aérostation Militaire, in Chalais Meudon.[589] Nicht von ungefähr fanden die Hauptleute Charles Renard (1847–1905) und Arthur H. C. Krebs daher hier eine Lösung für das Problem der zielgerichteten Steuerung eines Luftschiffs, das damals von Experten nach etlichen fehlgeschlagenen Versuchen schon für unlösbar gehalten worden war: Am 09.08.1884 gelang es Renard und Krebs, mit ihrem unstarren Prallluftschiff La France[590] vom Flugplatz in Chalais Meudon zu starten, mehrere Kilometer zu fahren und zum Ausgangspunkt zurückzukehren. Dieser Erfolg der La France war darauf zurückzuführen, dass das Fahrzeug einige technische Voraussetzungen für ein lenkbares Luftschiff bereits voll erfüllte: Es besaß ein relativ geringes Gewicht und konnte daher mit einem relativ schwachen Elektromotor einen Vortrieb bis zu einer niedrigen Windstärke erzeugen. Es besaß einen mit Gas prall gefüllten, torpedoförmigen Rumpf. Aufgrund seiner aerodynamischen Form verringerte er den Luftwiderstand, den das Schiff beim Vortrieb erzeugte. Außerdem verfügte der Rumpf des Prallluftschiffs über die „Permanenz der starren Form", die es ihm ermöglichte, seine aerodynamische Form bei Flugmanövern beizubehalten. Das Problem der Steuerung von Ballonen war mit der La France prinzipiell gelöst, und das Fahrzeug wurde

daraufhin als erstes Luftschiff überhaupt von einer Armee übernommen.[591]

Aufgeschreckt durch die Aufstellung solcher Truppen in Frankreich, begannen auch die Militärs im Deutschen Reich Anfang der 1880er Jahre mit dem Aufbau von regulären Luftschiffertruppen. Die Warnung, es drohe Gefahr, gegenüber dem „Erbfeind" militärtechnologisch in Rückstand zu geraten, gewann zunehmend an Bedeutung und sollte bis zum Beginn des Ersten Weltkriegs nicht mehr verklingen. Doch noch verhielt sich das preußische Kriegsministerium abwartend, weil es die finanziellen Ansprüche der Militärs gegenüber dem Reichsschatzamt und dem Reichstag zu vertreten hatte. Eine Vielzahl von Denkschriften von Angehörigen militärischer Dienststellen über die Leistungen der Ballone bei den britischen und französischen Streitkräften, die aufgeschlossene Haltung des Großen Generalstabs unter Helmuth Graf von Moltke dem Älteren, (1800–1891) und der öffentliche Druck des im September 1881 von dem Schriftsteller Wilhelm Angerstein gegründeten „Deutschen Vereins zur Förderung der Luftschiffahrt" bewirkte im preußischen Kriegsministerium aber ein Umdenken.[592] Um die Wirkung des Fesselballons bei der Leitung von Artilleriefeuer zu erproben, ordnete es am 09.05.1884 an, zunächst eine provisorische Einheit, das so genannte Luftschiffer-Detachement, zu bilden. Nach erfolgreichen Untersuchungen des Detachements in diesem Bereich entschlossen sich das Kriegsministerium und der Generalstab der Armee, das Heeresluftschiffwesen in größerem Maßstab aufzubauen. Am 29.04.1886 befahl Wilhelm I. die Schaffung einer Luftschiffer-Abteilung. Diese Abteilung wurde dem Eisenbahn-Regiment zugeteilt und unterstand unmittelbar dem Chef des Großen Generalstabs der Armee. Acht Jahre später, am 25.05.1894, wurde die Luftschiffer-Lehranstalt gegründet, um dem zunehmenden Bedarf an ausgebildetem Luftschifferpersonal zu begegnen. Den Abschluss des Ausbaus des Heeresluftschiffwesens fand mit der Umwandlung der Luftschiffer-Abteilung zu einem Bataillon im Jahre 1901 statt, nachdem diese Einheit schon 1899 der neu gebildeten Inspektion der Verkehrstruppen unterstellt worden war.[593]

Parallel zum organisatorischen Aufbau des Heeresluftschiffwesens hatten auch die deutschen Luftschiffereinheiten an der technischen Vervollkommnung der Ballone gearbeitet. Mit der Entwicklung des Drachenballons durch den bayrischen Hauptmann August von Parseval (1861–1942) und dem Ingenieur Hans Bartsch von Sigsfeld (1861–1902) in den 1890er Jahren wurde das Hauptproblem, dass der Ballon als Beobachtungsmittel nur bei einer Windstärke bis maximal 6 m/s eingesetzt werden konnte, gelöst, weil der Ballon aufgrund seines trichterförmigen Windfangs auch noch bei Windstärken bis 12 m/s aufsteigen konnte. Ab 1897 wurde der Ballon als „felddiensttaugliches Kriegsgerät" nach und nach bei vielen Militärmächten der Welt eingeführt.[594] Dieses Projekt blieb vorerst das Letzte, das unter der Regie der preußischen Militärs in der Luftschifffahrt betrieben wurde.

4.1.1.2 DER LUFTSCHIFFBAU IN DEUTSCHLAND UM 1900

Die Entwicklung des Drachenballons hatte der Ballonfabrikant August Riedinger aus Augsburg finanziell gefördert und Parseval und Sigsfeld seine Augsburger Werkstatt zur Verfügung gestellt.[595] Mit diesem Engagement war Riedinger der Erste von einigen wenigen Industriellen, die sich gegen Ende des 19. Jahrhunderts auf der Suche nach neuen, innovativen Produkten und nach neuen Absatzmärkten für ihre eigenen Waren an der Entwicklung der Luftfahrt im Allgemeinen und der Luftschifffahrt im Besonderen beteiligten. Als ein anderes Beispiel gilt Gottlieb Daimler (1834–1900), dessen Firma 1896 ein Luftschiff des Leipziger Buchhändlers Dr. Hermann Wölfert (1850–1897), nämlich die *Deutschland*, erstmals mit einem der schnell laufenden Motoren von Maybach und Daimler ausrüstete, der auf dem Prinzip des Ottomotors basierte.[596] Daimler hoffte mit dem Einsatz des von ihm gebauten, leichten Motors, der so genannten „Standuhr", neben dem „automobilen Straßenwagen", sein zweites Hauptinteresse, die Schaffung eines lenkbaren Luftschiffes, zu realisieren.[597] Als ein weiteres Beispiel ist der innovative Industrielle Carl Berg (1851–1906) aus Eveking in Westfalen zu nennen, der den Holzhändler und Luftschiffkonstrukteur David Schwarz (1850–1891) und später dessen Witwe Melanie Schwarz beim Bau des ersten Starrluftschiffs[598] finanziell unterstützte, weil es aus Aluminium bestehen sollte und er als Aluminiumproduzent an neuen Absatzmöglichkeiten für das leichte, elastische Material interessiert war.[599]

Eine zivile Nutzung der Luftschiffe wollten aber weder der Erfinder Schwarz, der schon den russischen Militärs sein Luftschiff angeboten hatte, noch der Hauptmann d. R. und bedeutende Heereslieferant Berg. Ihnen schwebte – wie den meisten der damals im Luftschiffbau tätigen Erfindern – der militärische Einsatz des Schwarz'schen Luftschiffes vor, weil sie beide das Schiff an das preußische Militär verkaufen wollten und schon eine entsprechende Vereinbarung unterzeichnet hatten.[600] Gleichwohl hatte der Generalpostmeister des Reichs und Mitbegründer des Reichspostvereins, Heinrich von Stephan (1831–1897), in seinem Vortrag „Weltpost und Luftschiffahrt" vor dem Wissenschaftlichen Ver-

ein zu Berlin schon im Jahre 1874 einen Einsatz von Luftschiffen für zivile Zwecke für möglich gehalten. In diesem Vortrag bezeichnete Stephan den von einem Motor angetriebenen Lenkballon als die bedeutendste Erfindung, die zur Vervollkommnung der ungehinderten Kommunikation zwischen den Menschen beitragen könne, da ein fliegender *Postillion* im freien Luftbereich weder durch schlechte Wegverhältnisse noch durch kleinstaatliche Egoismen, Zollschranken und Pass- oder Transitansprüche behindert worden wäre.[601] Doch da die Großinvestoren fehlten, die in einen zivilen Luftschiffverkehr investieren wollten, blieb Erfindern wie Schwarz oder innovativen Unternehmern wie Berg nichts anderes übrig, als sich an das Militär zu wenden, um ihre Luftschiffe zu erproben, weiter zu entwickeln oder zu verkaufen.

Der ehemalige württembergische Reitergeneral Ferdinand Graf von Zeppelin (1838–1917), von der Idee eines zivilen Luftverkehrs im Sinne von Stephan mittels eines durch einen Motor angetriebenen Ballon zunächst angeregt,[602] dann aber doch wohl dadurch motiviert, dass er den Wert eines Luftschiffs als Offensivwaffe für die deutsche Armee im Krieg erkannt zu haben glaubte,[603] entwickelte seit 1874 seine Idee von einem starren Luftschiffsystem, d. h. von einem Luftschiff mit starrem Gerippe aus Längsträgern und Ringen aus Aluminium und mit mehreren voneinander unabhängigen Traggaszellen im Innern und einer äußeren Hülle, „die dem Flugkörper aerodynamische Eigenschaften verleiht und das Innere, insbesondere die Gaszellen vor mechanischen Einflüssen schützt".[604] Mit diesem starren System Zeppelins konnte anders als beim unstarren bzw. halbstarren System der Prallluftschiffe eine bis dahin nicht gekannte „Permanenz der starren Form" für den Tragkörper eines Luftschiffes erreicht werden. Auf diese Weise war es prinzipiell möglich, den Tragkörper in bis dahin ungeahnte Dimensionen zu verlängern und damit bis dahin geltende Grenzen hinsichtlich des aerodynamischen Auftriebes und der Zuladung von Menschen und Fracht zu überschreiten.[605] Nachdem er seine Idee von dem Ingenieur Theodor Kober (1865–1930)[606] in den Jahren 1892/93 hatte konkretisieren lassen, meldete Zeppelin sie unter dem Titel „Lenkbarer Luftzug mit mehreren hintereinander angeordneten Tragkörpern" zum Patent an, das ihm am 31.08.1895 zuerkannt wurde. Nachdem sein Projekt von den preußischen Militärs abgelehnt, es aber vom Verein Deutscher Ingenieure als technisch realisierbar befunden worden war, entschloss sich der Graf, das Luftschiffprojekt selbst durchzuführen. Zu diesem Zweck gründete er am 28.06.1898 die „Gesellschaft zur Förderung der Luftschiffahrt", an der sich auch Gottlieb Daimler, Carl Berg und andere Industrielle beteiligten. Nachdem Zeppelin aus seinem Vermögen noch Geld zugeschossen hatte, verfügte diese Gesellschaft über ein Eigenkapital von 800.000 Mark. Mit Hilfe dieser Summe konnte der Graf eine Luftschiffwerft in Manzell, einem kleinen Ort am Bodensee, errichten und in den Folgejahren mit Hilfe der von Carl Berg gelieferten Gerippeteile aus Aluminium sein erstes Luftschiff LZ 1 bauen. Das Schiff unternahm am 02.07.1900 seine Jungfernfahrt, womit das starre System Zeppelins seine erste Bewährungsprobe bestand. Nach einer weiteren Fahrt musste er aber die „Gesellschaft zur Förderung der Luftschiffahrt" liquidieren, da ihre Gelder völlig aufgebraucht waren. LZ 1 wurde daraufhin abgewrackt.[607]

Doch Zeppelin war nach diesem Desaster vermutlich aus Gründen, die mit seiner verletzten Ehre, seiner beruflichen Rehabilitierung und seinem in jahrelanger Arbeit gewachsenen Selbstbewußtsein zusammenhingen, nicht bereit, seine Luftschiffpläne aufzugeben. Zunächst scheiterte er aber mit mehreren öffentlichen Aufrufen, sein zweites Luftschiff privat zu finanzieren. Weder die alten Aktionäre der „Gesellschaft zur Förderung der Luftschiffahrt" noch andere große Geldgeber waren bereit, angesichts der mageren Ergebnisse der drei LZ-1-Flüge in Zeppelins Starrluftschiffbau zu investieren. Auch das preußische Militär lehnte es ab, Gelder in den Starrluftschiffbau zu stecken. Dies lag teils daran, dass es das starre System grundsätzlich für kriegsuntauglich hielt, teils aber auch, dass es prinzipiell erst dann Geld für Innovationen in der Luftfahrt bereitstellen wollte, wenn durch praktische Vorführungen deren militärische Verwendbarkeit erwiesen war. Die Marineleitung verweigerte wegen der enormen Kosten generell jede Beteiligung an Luftfahrtprojekten. Doch trotz dieses ausgesprochen negativen Investitionsklimas waren Zeppelin und seine Anhänger in der Lage, die Gelder für den Bau eines weiteren Luftschiffs aufzutreiben. Ihnen gelang es, das württembergische Königshaus dazu zu bewegen, für den Nachfolgebau von LZ 1 eine Lotterie auszuschreiben. Dieses Gewinnspiel brachte dem Grafen ca. 130.000 Mark ein, woraufhin sich der Reichskanzler Bernhard von Bülow (1849–1929) mit 50.000 Mark aus seinem Verfügungsfond beteiligte. Carl Berg erklärte sich bereit, kostenlos das Aluminiumgerippe zu liefern, und Gottlieb Daimler signalisierte, ohne Kosten die notwendigen Motoren beizusteuern. Die verbliebene Finanzierungslücke schloss der Graf mit Hilfe von Mitteln aus seinem Privatvermögen. Der Bau von LZ 2 konnte im April 1905 beginnen. Dabei wurden erstmals die von Zeppelin angeregten und von Dürr weiter entwickelten Längs- und Ringträger eingesetzt, welche die Stabilität der Tragkörperstruktur verbesserten. Das Schiff wurde jedoch schon beim zweiten Flug am 16.01.1906 nach einer Notlandung bei Kißlegg im Allgäu irreparabel beschädigt.[608]

Dieser Unfall bedeutete für Zeppelin und seine Anhänger einen erneuten Rückschlag. Jetzt lehnten selbst ehemalige Befürworter im preußischen Militär das starre System ab, weil die Gegner nach dem Verlust von LZ 2 darauf verweisen konnten, dass ein derart konstruiertes Luftschiff bei jeder unvorhergesehenen Landung schweren Schaden nehmen würde. Diese Auffassung kam allerdings zu einem Zeitpunkt auf, als sich beim preußischen Militär bereits eine veränderte Haltung hinsichtlich des Luftschiffbaus abzeichnete. Der Grund hierfür bestand darin, dass Frankreich im Jahr 1905 die Führungsposition in der Luftschifffahrt erreicht hatte, unter anderem weil die Militärbehörden im Deutschen Reich weder Innovationen in diesem Bereich gefördert noch eine eigene aktive Politik gegenüber den französischen Bestrebungen betrieben hatten. Dieser Vorsprung konnte angesichts der nach der ersten Marokkokrise angespannten politischen und militärpolitischen Situation im Herbst des Jahres 1905 nicht mehr hingenommen werden: Aufgrund von bedrohlich klingenden Presseberichten von der Leistungsfähigkeit der französischen Lebaudy-Luftschiffe[609] und vom Stand der französischen Luftrüstung wies Wilhelm II. seine Militärs an, eine Analyse des französischen Luftschiffwesens durchzuführen und unverzüglich Gegenmaßnahmen einzuleiten. Der Kriegsminister Karl von Einem (1853–1934) berief daraufhin 1906 eine „Kommission zur Beratung des Baus von Motorluftschiffen" ein, die den Bau von Motorluftschiffen, nach dem Unfall von LZ 2 insbesondere den Bau von halbstarren Lenkluftschiffen, empfahl, und dazu riet, auf den Bau von Flugzeugen zu verzichten.[610]

Entsprechend dieser Empfehlung entschied sich daher der Kriegsminister, halbstarre und starre Luftschiffe privater Hersteller zu erproben und deren Weiterentwicklung zu fördern. Mit Leistungsanforderungen und Abnahmebedingungen wollte der Minister die Unternehmen dazu bringen, in Konkurrenz zueinander die Luftschifftechnik weiter zu entwickeln und so dem Kriegsministerium die Möglichkeit zu geben, den am besten geeigneten Typ zu ermitteln. Diese Arbeit sollte die „Abteilung für Luftschiffahrt der Versuchsabteilung der Verkehrstruppen" übernehmen.[611]

Außerdem beabsichtigte der Minister, durch das Luftschifferbataillon ein kleines, halbstarres Luftschiff bauen zu lassen. Auch der Generalstab, der zuvor seine Haltung noch vom Ausgang des LZ-2-Experiments abhängig gemacht hatte, stimmte nun dem Bau von halbstarren Heeresluftschiffen unter der Regie dieser Einheit zu. Daraufhin konstruierte der Oberingenieur Nikolaus Basenach unter Mitwirkung des Kommandeurs dieser Einheit, Major Hans Gross, nach dem Vorbild der Lebaudy-Luftschiffe ein erstes, kleines Versuchsluftschiff, das Militär-Versuchsluftschiff (MV).[612]

Parallel dazu entwickelte der Erfinder des Drachenballons, August von Parseval, ebenfalls ein Luftschiff des unstarren Systems. Schon im Frühjahr 1906 konnte er dem Luftschifferbataillon den A 1 bzw. PL 1 vorstellen. Mehrere relativ erfolgreiche Erprobungsfahrten machten deutlich, dass Parseval ein Luftschiff gebaut hatte, mit dem man störungsfreie Fahrten unternehmen konnte. Die Nachrichten von der erfolgreichen Erprobung dieses Luftschiffs lösten in der Öffentlichkeit erneut eine lebhafte Diskussion über Luftschiffe aus. Im Gefolge dieser Debatte wurde auf Betreiben von Wilhelm II. am 31.07.1906 die Motorluftschiff-Studiengesellschaft gegründet und mit einem Stammkapital von einer Million Mark ausgestattet. Mit ihrer Hilfe sollte die wissenschaftliche Luftfahrt und der Bau brauchbarer Luftschiffe gefördert und die Beteiligung von Banken und Großunternehmen an der Luftfahrt erreicht werden. Außerdem wandte sich die Gesellschaft der Vermarktung der Parseval-Luftschiffe zu.[613] Damit war auf dem Luftschiffmarkt erstmals eine Konkurrenzsituation entstanden.

Dennoch sollte sich Zeppelins starres System im Verlauf der folgenden Jahre gegenüber dem unstarren System von Parseval und Gross durchsetzen. Aus Sicht des preußischen Generalstabs konnten nämlich nur Luftschiffe des starren Systems aufgrund ihrer großen Reichweite[614] eine wirkliche Fernaufklärung durchführen. Außerdem schienen einzig jene Luftschiffe aufgrund ihrer hohen Tragfähigkeit[615] in der Lage, mit Hilfe von mitgeführten Bomben offensiv Krieg gegen feindliche Truppen, Festungen und Städte zu führen. Die Möglichkeit der Beobachtung von gegnerischen Truppenpositionen und -bewegungen sowie die Art und Weise des Angriffs, zu dem ein solches Schiff in der Lage zu sein schien, waren für den preußischen Generalstab aufgrund der Konzeption des so genannten „Schlieffenplans", die französischen und russischen Truppen in einem Blitzkrieg nacheinander zu schlagen und so einen Kräfte zehrenden Zweifrontenkrieg zu vermeiden, überaus wichtig.[616]

Doch im Jahre 1906 vertraten die preußischen Militärbehörden diese Position noch nicht: Zeppelin, der auch nach dem Ende von LZ 2 im Januar 1906 noch nicht aufgegeben hatte, musste wieder um die Gelder für sein drittes Luftschiff kämpfen. Der preußische Kriegsminister von Einem und der bereits schwer erkrankte Carl Berg hatten es nach dem Unfall von Kißlegg abgelehnt, Zeppelin in dieser Hinsicht weiter finanziell zu unterstützen. Zeppelin griff daher die Motorluftschiff-Kommission in dem Artikel „Die Wahrheit über mein Luftschiff" öffentlich an, sein System unfair zu bewerten und ihn zur Sache nicht

zu hören. Mit diesem Artikel inszenierte Zeppelin einen Konflikt, der in der Öffentlichkeit ausgetragen wurde. Der Graf konnte das Publikum offenbar mehrheitlich davon überzeugen, dass nicht das starre System für das Unglück von LZ 2 bei Kißlegg verantwortlich sei, sondern ein Zusammentreffen von mehreren Faktoren den Unfall herbeigeführt habe. Der nun zunehmende öffentliche Druck brachte das preußische Kriegsministerium zum Nachgeben und zur erneuten Einberufung der Motorluftschiff-Kommission in Sachen Zeppelin. Aufgrund der Ergebnisse dieser Beratungen entschloss sich der Kriegsminister, die Finanzierung des dritten Luftschiffs von Zeppelin zumindest teilweise zu übernehmen. Daher konnte noch im Jahr 1906 der Bau des dritten Zeppelin-Schiffes mit zwei weiteren Lotterien, mit privaten Zuwendungen und nach einer direkten Eingabe Zeppelins beim Reichskanzler mit über 500.000 Mark aus dem Reichshaushalt finanziert werden. Die erste Probefahrt des Luftschiffs LZ 3, welches unter Verwendung von Teilen von LZ 2 gebaut worden war, verlief im Herbst 1906 relativ erfolgreich. Damit waren günstige Voraussetzungen geschaffen für eine geheime Konferenz am 19.12.1906 zwischen Zeppelin und den Reichsbehörden. Auf dieser Konferenz, an welcher neben anderen hohen Behördenvertreter auch der Chef des Generalstabs der Armee, Helmuth von Moltke der Jüngere, (1848–1916), teilnahm, konnte Zeppelin viele Teilnehmer von den Vorzügen seines Luftschiffsystems im Fernaufklärungsbereich überzeugen und die finanzielle Unterstützung des Reichs dafür erhalten, mit einer 24-Stunden-Dauerfahrt die Fähigkeiten seines Luftschiffs zu demonstrieren.[617]

Die Probefahrten, welche LZ 3 im Hinblick auf dieses Ziel daraufhin im Herbst 1907 unternahm, waren recht erfolgreich. Einzig die mit den Reichsbehörden auf der Konferenz zugesagte 24-Stunden-Dauerfahrt stand noch aus. Nach einigen Ausflüchten musste Zeppelin aber eingestehen, dass eine solche Unternehmung nur mit einem größeren Luftschiff möglich sei und dass er daher über die schon bewilligten Gelder hinaus weitere Mittel vom Reich benötige. Auf einer Konferenz am 28.10.1907 gelang es dem Grafen mit Unterstützung des Reichskanzlers von Bülow, seine Forderungen durchzusetzen und den zuständigen militärischen und zivilen Reichsbehörden 400.000 Mark für ein neues Luftschiff und die Zusage abzuringen, die Luftschiffe LZ 3 und seinen Nachfolger LZ 4 für 1,65 Millionen Mark zu kaufen. Außerdem brachte er das Reich dazu, ihn mit 500.000 Mark zu entschädigen.[618]

Nach mehrmonatiger Verzögerung wurde das vierte Zeppelin-Luftschiff im Sommer 1908 fertig gestellt und unternahm erfolgreich einige Probe- und Werkstattfahrten, unter anderem eine Fahrt in die Schweiz am 01.07.1908. Vor diesem Hintergrund erschien die 24-Stunden-Dauerfahrt nur noch als eine Formsache. Dieses Unterfangen führte jedoch in eine Katastrophe: Von den Reichsbehörden und den preußischen Militärs unter Druck gesetzt, ließ Graf Zeppelin LZ 4 am 04.08.1908 zu einem weiteren Versuch aufsteigen. Das Schiff fuhr zunächst etliche Stunden störungsfrei in der Luft. Dann fielen mehrfach seine Motoren aus, für deren Reparatur die Besatzung einige Zeit benötigte. Dadurch erreicht LZ 4 mehrfach unbeabsichtigt ihre Prallhöhe, d. h. eine Höhe, bei welcher die Zellen eines Luftschiffs aufgrund des sich ausdehnenden Gases prall werden und bei welcher automatische Ventile Traggas abblasen. Dadurch wurde LZ 4 immer schwerer, was dazu führte, dass ihre Besatzung Wasserballast ablassen musste, um das Schiff vor dem Absturz zu bewahren. Dadurch stieg das Schiff zwar erneut, aber es erreichte bei erneutem Motorenausfall wieder seine Prallhöhe, was ein weiteres Ablassen von Traggas nötig machte. Auf diese Weise eines Gutteils seines Gasvorrates beraubt, setze das Schiff zum ersten Mal auf dem Rhein bei Oppenheim zur Notlandung an. In Echterdingen in der Nähe von Stuttgart ging das Schiff infolge eines erneuten Motorschadens und eines erneuten Traggasverlustes zum zweiten Mal nieder. Dort wurde es in einem Gewittersturm aus seiner Verankerung gerissen und geriet in Brand, nachdem es sich in einer Baumgruppe verfangen hatte. Dadurch wurde das Schiff völlig zerstört.[619]

Jenes Unglück schien das Ende der Luftschiffpläne des Grafen und damit auch das endgültige Ende des so genannten „starren Systems" zu markieren, zumal die Gegner des Systems darauf verweisen konnten, dass das Schiff infolge Gasmangels auch ohne die Motorprobleme nicht in der Lage gewesen wäre, in einer vierundzwanzigstündigen Fahrt zu seinem Ausgangspunkt am Bodensee zurückzukehren.

„Den Anlaß zur Vernichtung gab also der Umstand, dass dem Schiff eine Leistungsfähigkeit zugemutet wurde, die es nicht besaß."[620]

Doch das Unglück von Echterdingen leitete nicht das Ende, sondern – im Gegenteil – den erfolgreichen Neubeginn des Baus von Zeppelin-Luftschiffen ein: Nachdem die Redaktion des *Schwäbischen Merkur* zu einer Nationalspende für Zeppelin aufgerufen hatte und die deutsche Presse Zeppelin zum Nationalheros bzw. zum Retter der Nation stilisiert hatte, spendeten im Wesentlichen Verbände, Vereine wie etwa der Verein Deutscher Ingenieure, Großunternehmen und Industrielle wie etwa der Inhaber der Landmaschinenfabrik Heinrich Lanz aus Mannheim, Dr. Karl Lanz (1873–1921),[621] aber auch einfache Bürger und sogar Jugendliche aus dem Deutschen Reich den für damalige Begriffe ungeheuer hohen Betrag von ca. 6 Millionen Mark – zumeist direkt an Zeppelin. Daher konnte der Graf über das Geld allein verfü-

gen bzw. allen Versuchen aus Berlin, ihm die Kontrolle darüber zu entreißen, trotzen und nach eigenem Gutdünken einsetzen: Er gründete am 08.09.1908 die Luftschiffbau Zeppelin GmbH und am 30.12.1908 die Zeppelin-Stiftung und schuf damit die Grundlagen für einen Konzern, der sich auf den Bau weiterer Luftschiffe spezialisieren sollte.[622] Das erste Luftschiff konnte der neu gegründete Konzern schon bald verkaufen: Im Spätherbst 1908 ging das reparierte und vergrößerte Luftschiff LZ 3 an das preußische Kriegsministerium dank einer Intervention des Kaisers, der sich über Bedenken der Militärs hinsichtlich der Militärtauglichkeit des Schiffes hinweggesetzt hatte.[623]

Im Jahre 1908 war der Luftschiffbau in Deutschland und in Frankreich nach mehr als hundert Jahren Entwicklungszeit in der Lage, Luftschiffe zu bauen, die schon relativ verlässlich mittlere Distanzen überwinden und mit Hilfe von recht leistungsfähigen Motoren und Steuervorrichtungen zurück zum Ausgangspunkt gelangen konnten. Luftschiffe konnten schon als Luftverkehrsmittel eingesetzt werden. Erste Unternehmen, die den Luftschiffbau professionell betrieben, wurden ab 1906 gegründet. Dank der Initiative und des Einsatzes von Zeppelin war der Starrluftschiffbau aus seiner Krise im Jahr 1906 herausgekommen und in der Lage gewesen, sich der besonderen Unterstützung vor allem der nichtmilitärischen obersten Reichsbehörden und zuletzt auch des Generalstabs der Armee zu versichern. Die Katastrophe von Echterdingen schließlich versetzte Zeppelin gegen alle Wahrscheinlichkeit finanziell in die Lage, industriell neue Starrluftschiffe zu entwickeln, zu konstruieren und zu produzieren. Damit trat der Starrluftschiffbau in eine neue Phase seiner Entwicklung, und daher lässt sich sagen, dass 1908 für ihn in der Tat ein wunderbares Jahr war. Gleichwohl mussten noch eine Reihe von konstruktiven Fragen wie etwa nach richtigem Leichtmaterial, nach dem aerodynamischsten Schiffsrumpf, nach der Zuverlässigkeit der Motoren und nach der Vermeidbarkeit von Wasserstoffexplosionen, gelöst werden,[624] bevor der Einsatz dieser Schiffe als Kampfmittel und als Fahrzeuge für den Transport von Fracht und Passagieren ernsthaft in Erwägung gezogen werden konnte.

4.1.2 DIE ENTWICKLUNG DES FLUGZEUGBAUS IM DEUTSCHEN REICH, IN FRANKREICH UND IN DEN USA

Auch für den Flugzeugbau sollte das Jahr 1908 entscheidend werden, und – ähnlich wie beim Luftschiffbau – ging diesem Jahr ein Innovations- und Entwicklungsprozess voraus, der mehrere Jahrzehnte gedauert hatte. Dabei hatten intensive Forschungen zum Prinzip „Schwerer als Luft"[625] und Innovationen in der Antriebstechnik die technische Entwicklung von Flugzeugen entscheidend gefördert.

Einer der wichtigsten Protagonisten in dem Streben, das Flugproblem auf Grundlage des Prinzips „Schwerer als Luft" zu lösen, war der Berliner Maschinenfabrikant Otto Lilienthal (1848–1896). Zusammen mit seinem Bruder Gustav Lilienthal (1849–1933) war er dieses Problem im Gegensatz zu vielen seiner Vorgänger methodisch angegangen. Zunächst hatte er jahrzehntelang Studien zu den theoretischen und experimentellen Grundlagen des Fluges, insbesondere die des Vogelflugs betrieben. Danach hatte Otto Lilienthal mit Hilfe einer strömungstechnischen Versuchsapparatur, dem so genannten „Rundlauf", systematisch Reihenmessungen des Luftwiderstands an ebenen und gewölbten Flächen unter verschiedenen Anstellwinkeln[626] vorgenommen und die Ergebnisse in so genannten Polaren bzw. Polardiagrammen[627] graphisch festgehalten. Seine Messungen brachten ihn zu dem Schluss, dass Tragflächen, die über eine schwache Wölbung verfügten, am tragfähigsten seien. Daraus folgerte er:

„Das eigentliche Geheimnis des Vogelflugs ist in der Wölbung der Flügel zu erblicken."[628]

Aus diesem Satz leitete er 1889 in seinem Werk „Der Vogelflug als Grundlage der Fliegekunst" ab, dass ein Luftfahrzeug sich am ehesten dann in der Luft bewegen könne, wenn es auf dem Prinzip „Schwerer als Luft" basiere. Auf Grundlage seiner theoretischen Überlegungen und praktischen Versuche baute er achtzehn verschiedene Gleitermodelle, erprobte sie in der Nähe von Berlin zwischen 1891 und 1896. Auf diese Weise übte Lilienthal tausendfach den Gleit- und Segelflug. Mit seinen Flugmaschinen erreichte er bereits im Jahre 1893 Flugweiten bis zu 250 Metern.[629]

Nach dem tödlichen Absturz Lilienthals im Jahre 1896 geriet die Entwicklung einer flugfähigen Maschine in Europa in eine tiefe Krise, weil dessen Nachfolger aufgegeben oder niemanden gefunden hatten, der ihnen die notwendigen Experimente finanzieren wollte. In den USA dagegen studierten die Inhaber der Wright Cycling Company, Orville (1871–1948) und Wilbur Wright (1867–1912), jahrelang alle verfügbare flugtechnische Literatur. Dabei stießen sie auch auf die in den USA bekannten Veröffentlichungen Lilienthals. Bei ihren eigenen Flugversuchen stellten die Brüder Wright fest, dass Lilienthals Versuchsdaten hinsichtlich des Luftwiderstands an Tragflächen fehlerhaft waren. Sie unternahmen daher ihre eigenen Versuche, um verlässlichere Daten zu ermitteln: Dabei gingen sie von der Annahme aus, dass solche Daten nur durch Versuche unter kontrollierten Bedingungen in einem Laboratorium zu gewinnen seien. Sie nutzten daher die in den 1880er Jahren eingeführte Windkanaltechnik, die dem Rundlauf Lilienthals überlegen war. In einem von ihnen extra für diesen Zweck gebauten Windkanal untersuchten sie nicht nur verschiedene Flügelprofile, sondern auch die für einen stabilen Flug notwendigen Steuerungselemente. Dieser Untersuchungsschritt unterschied die Methode der Gebrüder Wright von dem Vorgehen Lilienthals. Auf diese Weise konnten die beiden Amerikaner Ergebnisse ermitteln, mit deren Hilfe sie die Leistungsmasse[630] des zum Antrieb nötigen Verbrennungsmotors und dessen notwendige Antriebsleistung bestimmen konnten. Jahrelange Experimente mit Gleitern bestimmten die Form des zu bauenden Flugzeugs. Auf Grundlage dieser Ergebnisse war es den Wrights möglich, ihr eigenes Flugzeug, den so genannten *Flyer*, nebst dem dazugehörigen leichten wassergekühlten Vierzylinder-Motor und den Propellern zu konstruieren. Mit diesem Fluggerät gelang Orville Wright am 17.12.1903 bei den Kill Devil Mountains nahe Kitty Hawk in North Carolina ein 36-Meter-Flug, den ersten gesteuerten Motorflug nach dem Prinzip „Schwerer als Luft". In den folgenden Jahren verbesserten die Brüder ihren Flyer und bauten eine Steuerung mittels krümmbarer Flügel, der so genannten „Tragflächenverwindung", die sie später durch Querruder ersetzten. Auf diese Weise konnten sie das Flugzeug in der Längs-, Quer- und Vertikal-Achse kontrollieren und mit ihm Kurven und Achten fliegen.[631] Die eigentliche innovative Leistung der Wrights bestand demnach in der Verknüpfung der wesentlichen Elemente des Flugzeugs, nämlich der Flügel, des Motors, der Seiten- und Höhenruder sowie der Propeller, und zwar in einer Weise, die es möglich machte, dass ein Pilot die partielle Kontrolle über das Flugzeug erlangen konnte. Das Problem, die inhärente Stabilität[632] des Flugzeugs, insbesondere um dessen Längsachsen, zu erlangen, lösten die Wrights – wie auch schon Lilienthal – nicht.[633]

Nicht nur in technischer, sondern auch in psychologischer Hinsicht wirkte sich das Schaffen der Wrights bei der Überwindung der Krise der europäischen Flugtechnik und ihrer Weiterentwicklung aus. Die wesentliche Voraussetzung dafür war, dass die Informationen über die erfolgreichen Versuche der Wrights Europa erreichten. Dafür sorgte die führende US-Autorität und der bedeutendste transatlantische Mittler in Sachen Luftfahrt, der Ingenieur Octave Chanute (1832–1910), schon 1902. Er hielt am 02.04.1903 vor den Mitgliedern des *Aéro-Club de France* in Paris einen viel beachteten Vortrag über die Konstruktionen der Wrights. Er verstärkte die Wirkung seines Vortrags noch, indem er Beiträge z. B. für das in Fachkreisen viel gelesene Vereinsorgan des Aéro-Club, die Zeitschrift „*L'Aérophile*", verfasste, welche mit Zeichnungen und Fotos die Gleiter der Wrights präsentierte und die Flugexperimente der Brüder vorstellte. Diese Artikel lösten in den aviatischen Kreisen Frankreichs heftige Reaktionen aus. So riefen Vorstand und Mitglieder des Aéro-Club die französische Nation auf, neben der Führung in der bemannten Luftfahrt nach dem Prinzip „Leichter als Luft" nun auch den ersten Platz in der Luftfahrt nach dem Prinzip „Schwerer als Luft" anzustreben. Der Club sorgte auch dafür, dass mit der *Sous Commission des Expériences d'Aviation* im Mai 1903 innerhalb seiner Organisation eine eigene Abteilung für flugtechnische Experimente eingerichtet wurde. Einen vorläufigen Schlusspunkt dieser Entwicklung setzten der Comte Henry da La Vaulx (1870–1930), der Pilot und Vizepräsident des Aeroclub, und Major Hermann Moedebeck (1857–1910) von der Deutschen Luftschiffliga, indem sie am 14.10.1905 in Paris die Fédération Aéronautique Internationale (FAI) gründeten. Diese Organisation sollte einen institutionellen Rahmen für die Flugtechnik schaffen und auch den gerade entstehenden Luftsport international fördern. All diese Bestrebungen zusammengenommen machten es möglich, dass Frankreich zwischen 1903 und 1908 „zum Zentrum und für einige Zeit zur führenden Kraft des motorisierten Flugs ‚schwerer als Luft' in der Alten Welt" wurde.[634]

Zunächst kopierten und modifizierten Männer wie Gabriel Voisin (1880–1973) die Flyer der Wrights. Der Aéro-Club und wohlhabende Mäzene wie etwa der reiche Anwalt und Sportler Ernest Archdeacon (1863–1950) der Industrielle und Gründer des französischen Automobilclubs Henri Deutsch de la Meurthe (1846–1919) oder verschiedene französische Zeitungen schrieben Preise für bestimmte Flugleistungen aus, um die technische Entwicklung voranzutreiben. Dieses Bestreben war von Erfolg gekrönt: Führten Piloten wie der Aeronaut Alberto Santos-Dumont (1873–1932) mit seinem Doppeldecker „14-bis" nur kurze Luftsprünge aus, so erzielten französische Piloten schon in den Jahren 1907/1908 zahlreiche Höchstleistungen, welche die FAI auch als Weltrekorde anerkannte.[635]

In Deutschland wurden die Leistungen der Wrights sehr viel zögerlicher aufgenommen. Zwar hatten die preußischen Militärs die Verwendung von Flugzeugen zu militärischen Zwecken bereits diskutiert, doch als im April 1906 die Gebrüder Wright ihren patentierten Flugapparat dem preußischen Kriegsministerium zum Kauf anboten, lehnte die zum Zweck der Prüfung herangezogene Inspektion der Verkehrstruppen die Offerte ab. Dies geschah mit der Begründung, dass der Apparat der Wrights nicht in der Lage war, die von dem Gutachter, dem Berliner Werkzeugmaschinenfabrikanten und Rüstungsindustriellen Ludwig Loewe, aufgestellten technischen Spezifikationen

zu erfüllen. Hinzu kam, dass die Inspektion der Verkehrstruppen der Ansicht war, dass das Deutsche Reich sich die Vorherrschaft gegenüber Frankreich eher mit den Luftschiffen als mit Flugzeugen sichern sollte. Diese Einstellung war dadurch begründet, dass – noch bis in das Jahr 1909 – die Luftschiffe den Flugzeugen in Reichweite, Zuladung und sogar in Geschwindigkeit überlegen waren. Außerdem war sie durch eine Verkennung der technischen Entwicklungspotenziale des Flugzeugs unter führenden Militärs bedingt, die vermutlich durch die kritische Haltung der Luftschiffertruppen und durch Propaganda Zeppelins nach den erfolgreichen Fahrten von LZ 3 im Herbst 1906 gefördert worden war. Entsprechend schenkte auch die deutsche Industrie den Flugzeugen kaum Aufmerksamkeit. Nur der Landmaschinenhersteller Karl Lanz war im Jahr 1908 bereit, 50.000 Mark für die Ausschreibung des so genannten „Lanz-Preises der Lüfte" zur Verfügung zu stellen. Seine Motive dafür waren damals noch eher im Bereich des Mäzenatentums zu suchen und nicht so sehr in einem ökonomischen Kalkül.[636]

Wie schon das Schicksal der Wrights im Deutschen Reich im Jahr 1906 zeigte, war der Markt für das Flugzeug zu jener Zeit eng begrenzt. Im Bereich der militärischen Nutzung stand es in Konkurrenz zum Luftschiff und war genauso wie jenes System noch technisch unausgereift.[637] Obwohl auch schon die Militärbehörden in Frankreich und in den USA Entwicklungsaufträge finanziell gefördert und damit ihr Interesse am Flugzeug als Waffe bekundet hatten, war das Flugzeug kurz nach der Jahrhundertwende noch weit davon entfernt, in großer Zahl als Waffe Eingang in die aufrüstenden amerikanischen oder europäischen Streitkräfte zu finden und damit auch als Produkt für Industrielle interessant zu werden.[638] Im Bereich der zivilen Nutzung waren geschäftstüchtige Konstrukteure wie die Wrights, gestützt auf die Visionen z. B. eines Heinrich von Stephans, der Meinung, dass das Flugzeug auch im schnellen Transport von Personen, Post und Fracht, in der Forschung sowie im Sport eingesetzt werden könne. Ähnlich wie z. B. das Automobil oder der Freiballon sei es möglich, es in begrenzter Stückzahl an begüterte Herrenflieger zu verkaufen. Gegen einen Einsatz des Flugzeugs als Massentransportmittel sprach aber noch die fehlende Akzeptanz jenes Fluggerätes, weil die Presse und das neue Massenmedium Film „vor allem das sensationelle und dramatische Moment der Luftfahrt [betonten] und ein Image des Fliegers als heroischer Draufgänger [pflegten]".[639]

Gleichwohl verfügte der Markt für Flugzeuge über ein großes Wachstumspotenzial. Dafür sprach zunächst die Tatsache, dass es auf der zweiten Haager Friedenskonferenz im Jahr 1907 keine Beschränkung der Luftrüstung gegeben hatte.[640] Hinzu kam, dass sich auch im Deutschen Reich die Befürworter des Flugzeugs in eigenen Vereinen wie z. B. im Verein Deutscher Flugtechniker organisierten, womit sich eine Opposition gegen das Luftschiff im Militär und in den Luftfahrtvereinen formieren konnte.[641] Währenddessen hatte die Kommerzialisierung des Flugzeugbaus in Frankreich schon längst begonnen, nach dem Gabriel Voisin (1880–1973) und sein Bruder Charles im Jahr 1905 eine Flugzeugwerkstatt gründetet hatten. Damit traten neben die Einzelkonstrukteure, die ihre selbst entworfenen Flugapparate auch selbst finanzierten, zunehmend spezialisierte Firmen, die aus Gewinninteressen Flugzeuge, Flugzeugmotoren und Flugzeugteile produzierten und verkauften.[642]

Das Jahr 1908 sollte jenen Fortschritt in der ökonomisch-technischen Entwicklung des Flugzeugbaus noch beschleunigen. Zunächst brachte das Jahr in Europa Leistungssteigerungen des Flugzeugs, die alle Erwartungen übertrafen: Schon im Januar gelang es Henry Farman (1874–1958), den ersten Kreis in Europa zu fliegen und damit einen von Deutsch de la Meurthe gestifteten Preis zu gewinnen. Diese Leistung konnte er im März auf vier km bei etwa vier Minuten Flugzeit verbessern, und im Juli war er schon in der Lage, eine Flugstrecke von 20,4 Kilometern zu fliegen.[643] Wilbur Wright unternahm ab August 1908 seine Flüge unter großer öffentlicher Anteilnahme in den USA und in Frankreich. Dabei stellte er alle europäischen Leistungen weit in den Schatten. Bis zum Jahresende erhöhte er seine Flugleistung auf zweieinhalb Stunden. Damit demonstrierte er nicht nur einen überlegenen Leistungsstand, sondern beseitigte auch alle bis dahin aufgetretenen Zweifel an den Konstruktionen der beiden amerikanischen Brüder und an deren Leistungsfähigkeit. Ihre Vorführungen trugen wesentlich dazu bei, dass in allen europäischen Ländern und in den USA die Begeisterung für das Fliegen und damit die finanzielle und organisatorische Unterstützung von staatlicher oder privater Seite stark zunahm. Allenthalben wurden Preise wie der schon erwähnte Lanz-Preis der Lüfte ausgeschrieben, und der Berliner Verein für Luftschiffahrt und die Automobiltechnische Gesellschaft bildeten gemeinsam eine „Flugtechnische Sektion". Darüber hinaus demonstrierten die Wrights den Europäern, dass ein Flugzeug dynamische Manöver nur durchführen kann, wenn der Pilot in der Lage ist, die Bewegungen seiner Maschine in der Längs-, Quer- und Hochachse zu kontrollieren und zu steuern. Diesen Umstand hatten die Europäer bislang zugunsten des Prinzips größtmöglicher inhärenter Stabilität vernachlässigt. Durch die Kombination beider Konzepte wurde der Weg bereitet zum modernen Flugzeug. Im Jahr 1908, dem *annus mirabilis* der euro-

päischen Flugtechnik, erwies sich nämlich, dass „Erfolg im Motorflug [. . .] eine Frage des Antriebs, des Auftriebs und der Kontrollierbarkeit des Flugs" war.[644] Die Frage, welches technische System – Luftschiff oder Flugzeug – für die Bewegung in der Erdatmosphäre am geeignetsten sei, war aber noch ungeklärt.

4.2 HINWENDUNG ZUM LUFTSCHIFFBAU 1908–1914
4.2.1 MOTIVE UND INTERESSEN
4.2.1.1 DER BLICK ZURÜCK AUS EIGENER SICHT

Am 17.10.1911, nach mehr als zweieinhalbjähriger Bauzeit, unternahm Johann Heinrich Schütte mit seinen Mitarbeitern zum ersten Mal eine Fahrt mit dem Luftschiff Typ Schütte, das später SL 1 genannt wurde. Die Fahrt führte über Mannheim und dauerte fünfzig Minuten. Sie endete unfreiwillig mit einer Landung auf der anderen Rheinseite infolge des Versagens des oberen Seitensteuers.[645] Nach dem dennoch halbwegs erfolgreichen Aufstieg erprobten Schütte und seine Mitarbeiter das Luftschiff in weiteren dreiundfünfzig Fahrten nach bestimmten Kriterien, die es zunächst in die nähere Umgebung, wie z. B. nach Karlsruhe und wieder zurück nach Mannheim-Rheinau, dann aber zu weiter entfernt gelegenen Zielen wie z. B. nach Köln oder Berlin führten.[646] Insbesondere die Fahrt nach Berlin überzeugte das preußische Kriegsministerium von den Qualitäten des Luftschiffs, so dass es das Luftfahrzeug Ende 1912 kaufte.[647] Schütte selbst wurde im Oktober 1913 unter anderem für SL 1 vom Kaiser mit dem Titel „Geheimer Rat" belohnt.[648] Gut ein Jahr später, am 28.02.1914, stieg Schüttes zweites Luftschiff, SL 2, auf und absolvierte erfolgreich mehrere Probefahrten, so dass es schon am 27.05.1914 als Militärluftschiff in den Dienst des preußischen Heeres gestellt werden konnte und nach Schüttes Meinung „bahnbrechend für den Starrluftschiffbau der Welt wurde".[649] Angesichts dieser für ihn in beruflicher und sozialer Hinsicht ausgesprochen erfreulichen Ergebnisse drängt sich förmlich die Frage auf nach Schüttes Rolle bei der Konstruktion, beim Bau, bei der Erprobung und beim Verkauf von SL 1 und SL 2. In diesem Zusammenhang ist es besonders wichtig zu erfahren, welche Beweggründe Schütte hatte, sich ab 1908/1909 mit dem Luftschiffbau auseinander zu setzen.

Die Frage nach seinen Motiven beantwortete Schütte in den 1920er Jahren damit, dass ihn als Schiffbauingenieur Luftfahrzeuge grundsätzlich interessiert hätten, dass dieses Interesse aber besonders angeregt worden sei durch die Luftschifffahrten des Grafen Zeppelin. Darüber hinaus habe ihn die ablehnende Antwort des erfahrensten Mitarbeiter des Grafen Zeppelin, Theodor Kober (1865–1930),[650] auf seine Verbesserungsvorschläge, die er diesem nach dem Unglück von Echterdingen Anfang August 1908 brieflich unterbreitet habe, dazu gebracht, sich mit dem Thema näher auseinander zu setzen. Wörtlich heißt es dazu:

„Wären damals meine Vorschläge über die doppelte Hülle, den innen liegenden Laufgang, den direkten Schraubenantrieb, die Anordnung von Seitenschrauben unterhalb des Schiffsäquators angenommen worden, so wäre höchstwahrscheinlich niemals ein Luftschiffbau Schütte-Lanz entstanden."[651]

Diese Version Schüttes von den Ursprüngen seines Interesses am Luftschiff- und Flugzeugbau ist auch von der Literatur übernommen worden.[652] Allerdings hält Schüttes Darstellung einer kritischen Überprüfung nur eingeschränkt stand.

4.2.1.2 TECHNISCHES INTERESSE AM LUFTFAHRZEUGBAU VOR 1908

Es trifft vermutlich zu, dass sich Schütte als Schiffbauingenieur bzw. als Ingenieurwissenschaftler seit seinem Studium in den 1890er Jahren auch für die Luftfahrt interessiert hat. Dafür spricht zunächst, dass Schütte während seines Studiums in Berlin in den 1890er Jahren höchstwahrscheinlich Kenntnis aus der Presse über den Aufstieg des Luftschiffs von David Schwarz und von den Flugversuchen Otto Lilienthals erhielt. Auf ähnliche Weise dürfte er Informationen über die Versuche Zeppelins und anderer Luftschiffer in den ersten Jahren des 20. Jahrhunderts erhalten haben.[653] Ein deutliches Indiz dafür, dass Schütte sich als Ingenieur schon vor dem Unglück von Echterdingen mit Luftfahrzeugen beschäftigte, ist die Tatsache, dass sich in seiner 738 Bände umfassenden Privatbibliothek ca. 80 Monographien bzw. Periodika befinden, die verschiedene Aspekte der Luftfahrt nach dem Prinzip „Leichter als Luft" bzw. „Schwerer als Luft" sowie ihre naturwissenschaftlichen Grundlagen thematisieren und die *vor* 1908 erschienen sind.[654]

4.2.1.3 ABLEHNUNG DER VERBESSERUNGSVORSCHLÄGE SCHÜTTES DURCH ZEPPELIN IM AUGUST 1908

Für Schüttes Behauptung, dass er sich wesentlich aufgrund der ablehnenden Antwort Kobers bzw. des Grafen Zeppelin dem Luftschiffbau zugewandt hat, spricht besonders sein Brief an einen guten

Bekannten, den Reichskommissar für die Versuche mit Zeppelin-Luftschiffen, Theodor Lewald, am 14.08.1908, in dem er auf konstruktive Mängel der Zeppelin-Schiffe hinwies, Vorschläge zu ihrer Vermeidung machte und darum bat, sein Schreiben an den Grafen Zeppelin weiter zu leiten.[655]

Schütte kommt in diesem Brief ferner auf die Ursachen des Unglücks von Echterdingen und Möglichkeiten, durch Verbesserungen an den Luftschiffen einen erneuten Unfall zu verhindern, zu sprechen. Als wesentliche Ursache für den Verlust von LZ 4 machte er den Umstand aus, dass das Luftschiff zum Unglückszeitpunkt keinen guten Ankerplatz besaß. Diese These gewinnt er – nicht eben überraschend – aus dem Vergleich mit einem im Wasser schwimmenden Schiff:

„Es ist dem Luftschiff dasselbe passiert, was jedem Wasserschiff passieren würde, wenn es bei aufkommendem schlechten Wetter keinen guten Ankerplatz hat und die offene See, oder einen geschützten Hafen nicht mehr erreichen kann. Man kann mit jedem Linienschiff bei gutem Wetter an offener, flacher, sandiger oder steiniger Küste landen, solange noch einige Fuss Wasser unter dem Kiel sind. Es wäre aber äußerst bedenklich, an dem gleichen Liegeplatz [...] schlechtes Wetter abreiten zu wollen. Die Erfahrung hat gelehrt, dass es nicht geht – zu Wasser und zu Lande – ! Die Wind und Wetter ausgesetzten Körper sind für solche Manöver zu gross und die Kraft des Windes zu gewaltig."[656]

Auch sein erster Verbesserungsvorschlag, mit dem Schütte den Austritt des explosiven Wasserstoffs aus dem Luftschiffinneren infolge veränderter Druck- und Wärmedifferenzen verzögern wollte, stammt aus der Sphäre des Seeschiffes. Schütte wollte nämlich den Gaszellen im Inneren des Luftschiffes und der Luftschiffhülle eine gasdichte Hülle hinzufügen und griff damit auf seine Erfahrungen im Schiffbau zurück. Schon seit Mitte des 19. Jahrhunderts wurden Seeschiffe mit einem Doppelboden gebaut.[657] Mit dem Ausruf „Tout comme chez nous!" machte er in seinem Brief an Lewald endgültig deutlich, dass er hier als am Luftschiffbau interessierter Seeschiffbauer und als Ingenieurwissenschaftler sprach. Als „alter Versuchsmensch" war Schütte im August 1908 stark an der Übertragung der im Seeschiffbau mit Hilfe von ingenieurwissenschaftlichen Methoden gewonnenen Erkenntnissen auf den Luftschiffbau interessiert.

Die weiteren Verbesserungsvorschläge Schüttes in jenem Brief an Lewald spezifizieren dieses Interesse. Aus ihnen spricht der an aerodynamischen Fragen interessierte Hydrodynamiker. Schütte schlug nämlich vor, die Motoren und den Laufgang in das Luftschiffinnere zu verlegen, statt sie wie bei den Zeppelin-Luftschiffen bisher üblich an der Außenwand anzubringen. Die sich auf diese Weise vermindernde Stabilität des Luftschiffes wollte er durch „Gleitflächen, Horizontal- und Vertikal-Ruder" am Heck des Schiffes wieder erhöhen. Dort sollten außerdem auch drei größere Schrauben angebracht werden. Auf diese Weise entstünde ein aerodynamisch geformter Körper, d. h. ein Körper in Tropfenform, der den Luftwiderstand des Schiffes erheblich verringert. Dieser Körper ermögliche auch einen zuverlässigeren direkten Antrieb und eine verbesserte Steuerbarkeit des Luftschiffes.[658]

Wiewohl sich der Nachweis darüber auf Grundlage der Quellen nicht führen lässt, ist es denkbar, dass Schütte bei der Entwicklung seines aerodynamischen Luftschiffkörpers von den Untersuchungen über „Flüssigkeitsbewegungen bei sehr kleinen Reibungen" aus dem Jahr 1904 und der daraus hervorgegangenen so genannten hydrodynamischen „Grenzschichttheorie" von dem damals an der TH in Hannover lehrenden Ordinarius für Mechanik, Ludwig Prandtl (1875–1953)[659] beeinflusst worden war.[660] In dieser Theorie geht es um das Verhalten von Strömungen von Fluiden in der Nähe eines umströmten Körpers. Nach Prandtl kann man diese Strömung in zwei Bereiche einteilen, nämlich 1. in die so genannte „Grenzschicht", d. h. diejenige Schicht in der unmittelbaren Nähe des Körpers bzw. seiner Wand, in der sich der Einfluss der Reibung der Strömung wesentlich bemerkbar macht, und 2. in die „Außenströmung", in der die Reibung praktisch nicht auftritt.[661]

Wenn Teilchen eines Fluidums an der Wand eines Körpers entlang strömen, haften diejenigen Teilchen an der Wand, die sich in unmittelbarer Nähe zu ihr befinden. Sie verzögern wiederum die außerhalb strömenden Luftschichten. Auf diese Weise entsteht eine Schicht, die so genannte Grenzschicht bzw. Reibungsschicht, in denen die Teilchen eine unterschiedliche Beschleunigung erfahren und die daher einen Reibungswiderstand erzeugen. Diese verlangsamt strömende Schicht kann laminar oder turbulent sein. Sie ist laminar, d. h. geschichtet bzw. glatt, bei kleinen Reynoldszahlen, d. h. bei einer geringen Spannung zwischen Trägheits- und Zähigkeitskräften, und weist mehrere parallel laufende Schichten auf. Sie ist turbulent, d. h. instationär, ungeordnet und wirbelartig, bei großen Reynoldszahlen. Dabei überlagern die Turbulenzen die laminare Strömung. Bei höheren Reynoldszahlen neigt diese Strömung dazu, instabil gegenüber Störungen zu werden. Diese Störungen können eine große Wirkung entfalten. Ein Luftfahrzeugbauer muss demnach der Grenzschicht und dem durch sie aufgebauten Reibungswiderstand bei der Bestimmung der

aerodynamisch günstigsten Form seines Fluggeräts besondere Beachtung schenken.[662]

Von dieser Theorie Prandtls könnte Schütte bereits im Jahre ihrer Veröffentlichung, 1904, Kenntnis genommen haben, entweder als er sich als Professor für Theorie des Schiffes und Entwerfen von Schiffen, mithin als Spezialist für hydrodynamische Probleme, mit solchen Fragestellungen auseinander setzte oder als er privat seinem Interesse an Luftfahrzeugen nachging. Doch spätestens in seiner Idee für einen aerodynamischen Luftschiffkörper, die Schütte in seinem Brief von Kober am 13.09.1909 beschreibt, scheint die Theorie Prandtl's nachweisbar. Indem Schütte nämlich vorschlug, die Motoren und den Laufgang ins Innere des Schiffes zu verlegen und die Propeller am Heck des Schiffes anzubringen, wollte er vermeiden, dass sich in der Grenzschicht um den Luftschiffrumpf eine Grenzschicht mit einem zu hohen Reibungswiderstand aufbaut, der das Schiff unter Umständen deutlich verlangsamt und damit dessen Reichweite stark begrenzt hätte.

Der an der Übertragbarkeit von Erkenntnissen aus dem Seeschiffbau interessierte Ingenieurwissenschaftler bzw. der an aerodynamischen Fragen interessierte Hydrodynamiker Schütte verband mit diesen Vorschlägen jedoch nicht nur das Bedürfnis nach Austausch von wissenschaftlichen Erkenntnissen, sondern auch den ganz konkreten Wunsch, mit dem Grafen Zeppelin in Luftschifffragen zusammenzuarbeiten. Warum sonst hatte er sich an den für die Begutachtung der Versuche des Grafen zuständigen Reichskommissar gewandt, um seinem Brief eine entsprechende Beachtung im Hause Zeppelin zu verschaffen? Warum sonst machte er dem Grafen konkrete Vorschläge zur Änderung von dessen Luftschiffkonstruktionen?

Freilich konnte sich Schütte mit seinem Ansinnen nicht offen an den Grafen wenden, denn es wäre für Schüttes Prestige als Schiffbauer und Ingenieurwissenschaftler abträglich gewesen, wenn seine wissenschaftlichen Kollegen in Danzig und Berlin erfahren hätten, dass er nach dem Scheitern seines Vorhabens zur Errichtung einer Versuchsanstalt für Wasser- und Schiffbau an der TH Danzig nun auf der Suche nach einem neuen Forschungsschwerpunkt *außerhalb* der Grenzen des Schiffbaufaches war. Zudem hätte Schütte – als ein Ingenieurwissenschaftler, der zu diesem Zeitpunkt auf der Suche nach einem neuen Forschungsfeld war – eine direkte Zurückweisung eines offen ausgesprochenen Kooperationsangebotes als ausgesprochen demütigend empfunden. Auch in diesem Fall hätte die Gefahr bestanden, dass Schüttes Fachkollegen an der TH Danzig davon erfahren hätten. Daher bot er seine Zusammenarbeit an, indem er sein Wissen in Form einer Ursachenanalyse und in Form von konstruktiven Verbesserungsvorschlägen demonstrierte. Zugleich musste Schütte aber auch prüfen, inwieweit Zeppelin überhaupt ein Interesse an seinen Kenntnissen und Fähigkeiten hatte. Deshalb waren seine Ursachenanalyse und seine Verbesserungsvorschläge auch ein Test für die Zeppeliner, der zeigen sollte, inwieweit sie Schüttes Kenntnisse verstanden und zu schätzen wussten.

Diese Prüfung der Kenntnisse und Interessen des Grafen und seiner Mitarbeiter fiel negativ aus: Einer der erfahrensten Mitarbeiter Zeppelins, Theodor Kober, an den Lewald das Schreiben Schüttes vom 14.08.1909 weitergeleitet hatte,[663] reagierte darauf am 21.08.1909 mit einem Brief an Schütte, in dem er in einem durchaus verbindlichen Ton dessen Vorschläge zur Verringerung des Gasverlustes und des Luftwiderstandes sowie Schüttes Ideen zur Verbesserung der Steuerfähigkeit des Luftschiffs als schon längst bekannt, undurchführbar, gefährlich oder unverständlich kritisierte. So meinte er etwa zu Schüttes Vorschlag, die Motoren und den Verbindungsgang ins Innere des Luftschiffs zu verlegen:

„Die Unterbringung der Motoren und des Verbindungsganges zur Verringerung des Luftwiderstandes im Luftschiff halten wir derart unmöglich, da der Laufgang einen Teil der Luftschiffvertikalversteifung bildet und wir mit den Motoren möglichst weit vom Wasserstoff entfernt sein wollen. Überdies würde die Verlegung in die Zylinder ein bedeutendes Mehrgewicht zufolge haben. Ob dabei der Widerstand tatsächlich kleiner ausfallen würde, möchte ich noch bezweifeln. Dies kommt aber wegen der anzustrebenden Betriebssicherheit nicht in Frage."[664]

Kober stellte in seinen Ausführungen die Betriebssicherheit des Luftschiffs in den Mittelpunkt seiner Überlegungen. Deshalb wollte er einmal bewährte Konstruktionen, wie den außen liegenden Laufgang und die außen liegenden Motoren nicht verändern. In dieser Perspektive übersah er aber völlig die Bedeutung der Vorschläge Schüttes hinsichtlich ihrer Konsequenzen für die Aerodynamik des Luftschiffkörpers und damit für die Geschwindigkeit des Schiffes. Schütte musste daher zu diesem Zeitpunkt schon klar sein, dass er in Zeppelin und seinen Mitarbeitern wohl kaum die gewünschten Partner finden würde.

Schütte schrieb dennoch am 10.09.1909 einen Antwortbrief an Kober. Für diese Replik hatte Schütte vermutlich zwei Gründe: Zunächst einmal war er nach dem freundlich gehaltenen Totalverriss von Kober in seiner Ehre als gestandener Wissenschaftler und Erfinder gekränkt. Außerdem hatte Schütte vermutlich doch noch nicht ganz die Idee aufgegeben, mit Zeppelin und seinen Mitarbeitern zu kooperieren. Aus diesem Grund zeigte er sich daher durchaus zugänglich für Kobers Kritik. So gab er beispielsweise zu, dass die Motoren zum damaligen Zeitpunkt vorläufig noch nicht ins Luftschiffsinnere verlegt werden könnten, weil die Gasabdichtungen im Luftschiff noch nicht ausreichend seien. Zugleich machte er aber auch deutlich, dass ihm Kobers Kritik in den Punkten „geringere Betriebssicherheit" und „Vergrößerung des Schiffsdurchmessers" unverständlich war. Schüttes Meinung nach wäre im Falle einer Verlegung der Luftschiffmotoren ins Innere eher eine *Verlängerung des Schiffes* notwendig, weil dann ein Maschinenraum vonnöten wäre.[665]

Doch zugleich sprach Schütte in aller Offenheit ein weiteres wesentliches Problem der Zeppelin-Luftschiffe an, nämlich das Problem ihres Vortriebs mittels geeigneter Propeller. Zunächst beschäftigte er sich mit der bei der Konstruktion von LZ 1 angewandten Methode Zeppelins, den Vortrieb von Luftschiffpropellern mit einem so genannten „Luftschraubenboot"[666] auf dem Bodensee zu testen. Aufgrund seiner Erfahrung bei der Erprobung von Schiffsschrauben war Schütte der Meinung, dass auf diese Weise nicht die Fahrt eines Luftschiffes mit Hilfe des Vortriebs von Propellern simuliert und mit den so gewonnen Daten nicht auf die tatsächliche Fahrt des Luftschiffs mit Hilfe der Propeller geschlossen werden könnte, weil „alle diejenigen Begleitumstände bei den Bootsversuchen fehlten, die später durch den Ballon bedingt sind, und die unter Umständen geeignet sind, die Ergebnisse umzukehren".[667]

Damit Luftschiffe in „ruhiger Luft" überhaupt fortbewegt werden konnten, hielt Schütte grundsätzlich die Konstruktion von Propellern für notwendig, welche in der Lage waren, einen Teil der sie umgebenden, leicht zu bewegenden Luft anzusaugen und zu beschleunigen. Statt ihrer die schon vorhandenen Schiffsschrauben zu benutzen, war seiner Meinung nach nicht möglich, da diese konstruktiv darauf ausgelegt waren, die wegen hoher Dichte schwer zu komprimierende und zu bewegende Flüssigkeit „Wasser" zu beschleunigen und nicht das aufgrund seiner geringen Dichte leicht zusammendrückbare und zu bewegende Gas „Luft".[668]

Mit dem Problem der Beschleunigung von Luft war nach Schüttes Auffassung auch die Anordnung der Luftschiffschrauben verbunden. Zeppelin war dieses Problem angegangen, indem er das „erste Propellerpaar auf ca. ¼, das zweite auf ¾ der Schiffslänge auf einer Ebene der Propellerachsen" angebracht hatte. Dies war nach Schüttes Meinung „grundfalsch", da das erste Propellerpaar die Luft so stark beschleunigte, dass es den Reibungswiderstand bei höheren Geschwindigkeiten erheblich vermehren würde. Hinzu käme, dass das zweite Propellerpaar schon stark beschleunigte Luft aufnehmen müsse. Daher würden sich seine Propeller also sehr viel schneller drehen müssen, bevor sie ihre Wirkung entfalten konnten. Der Effekt des zweiten Propellerpaares werde demnach durch das Erste wesentlich beeinträchtigt.[669] Auf diesen Brief erhielt Schütte von Kober, der vermutlich zu dieser Zeit sehr viele Briefe von Technikern, Ingenieuren und Ingenieurwissenschaftler mit Verbesserungsvorschlägen bekam, keine Antwort. Schütte musste daraus folgern, dass Kober bzw. Zeppelin kein Verständnis für sein Wissen um die in seinen beiden Briefen ausgebreiteten hydro- bzw. aerodynamischen Fragestellungen, Probleme und Zusammenhänge aufbrachten und daher auch glaubten, diese Kenntnisse Schüttes nicht zu benötigen. Schütte nahm daher von einer weiteren Korrespondenz Abstand und verfolgte nicht mehr sein Ziel, mit Zeppelin zu kooperieren.

Schütte beschäftigte sich dennoch in den folgenden Wochen weiter mit der Konstruktion von Luftschiffen und entschied sich offenbar erst nach intensiver Auseinandersetzung mit allen damals gängigen Luftschiffsystemen und nach Konsultationen mit dem Reichskommissar für Zeppelin-Luftschiffe, Lewald, im Alter von gut fünfunddreißig Jahren einen beruflichen Neuanfang zu wagen und selbst ein Luftschiff zu bauen. Dies geht aus einem Schreiben an seinen väterlichen Freund und ehemaligen Danziger Kollegen, Marinebaurat „Onkel Paul" Hossfeld am 26.10.1908, einen Tag vor der so genannten Prinz-Heinrich-Fahrt von LZ 3,[670] hervor:

„Nachdem ich nochmals im Reichsamte des Innern vorgetragen und auf Grund der Lektüre die gegenwärtig vorhandenen lenkbaren Luftschiffe gesehen habe, dass auf allen Ecken und Kanten die elementarsten Fehler gemacht sind, beabsichtige ich ein Luftschiff zu bauen."[671]

4.2.1.4 KARRIEREWÜNSCHE UND POLITISCHE INTERESSEN

Zu Schüttes Behauptung, dass allein die Ablehnung seiner Verbesserungsvorschläge durch Kober bzw. Zeppelin wesentlich seine Hinwendung zum Luftschiffbau verursacht habe, passt aber nicht die Tatsache, dass sein Vorhaben, an der TH Danzig eine Versuchsanstalt für Wasser- und Schiffbau zu errichten, am Ende des Jahres 1907 von den staatlichen Behörden abgelehnt worden war. Daraus ergibt sich nämlich, dass Schütte schon zu diesem Zeitpunkt aus Interesse am Fortgang seiner wissenschaftlichen Karriere gezwungen war, sich

ein neues Forschungsprojekt bzw. -feld zu suchen.[672] Aufgrund seines damals vorhandenen technischen Interesses an Luftfahrzeugen und an hydrodynamischen Fragestellungen sowie aufgrund des im Vergleich zum Flugzeugbau technisch relativ fortgeschrittenen deutschen Luftschiffbaus war es für Schütte Anfang 1908 nahe liegend, zur Förderung seiner Karriere als Wissenschaftler sich vom Schiffbau und der Hydrodynamik ab- und dem Luftschiffbau und der Aerodynamik zuzuwenden. Entsprechend erfreut dürfte Schütte gewesen sein, als sich nach seiner intensiven Auseinandersetzung mit dem Luftschiffbau Ende Oktober 1908 erwies, dass im Starrluftschiffbau die „elementarsten Fehler" gemacht worden waren und dieser sich „noch im Anfangsstadium seiner Entwicklung" befand.[673] Bedeutete dies doch, dass noch viele Probleme auf diesem Feld ungelöst waren, dass ein Ingenieur sich also bei ihrer Lösung große Verdienste erwerben konnte und sich daher der Bau eines Luftschiffes aller Wahrscheinlichkeit nach beruflich auszahlen würde. Aus dieser Perspektive betrachtet, wirkt der Unfall von LZ 4 und der sich daran anschließende Briefwechsel zwischen Kober und Schütte für das Interesse Schüttes am Luftschiffbau nur noch verstärkend.

Für eine bloße Interessen verstärkende Funktion der Ablehnung der Verbesserungsvorschläge durch Kober spricht auch, dass mit dem Bau von Luftschiffen im Deutschen Reich nach Echterdingen für einen ehrgeizigen und nationalistisch eingestellten Ingenieurwissenschaftler wie Schütte die Möglichkeit bestand, sich führend in der Technik, also auf seinem ureigensten Interessenfeld, für die Verwirklichung seiner nationalistischen Ideale zu engagieren und zugleich seine eigene berufliche Karriere weiter zu fördern. Wie die Spendenflut nach dem Verlust von LZ 4 gezeigt hatte, galt nach Echterdingen der Bau und Betrieb von Luftfahrzeugen insbesondere Luftschiffen für die meisten Deutschen als nationale Tat, und die Konstrukteure und Führer von Luftschiffen wurden als nationale Heroen angesehen, wie die aufkommende Verehrung für den Grafen Zeppelin bewies.[674] Auch Schütte verehrte den Grafen unmittelbar nach Echterdingen als deutschen Helden und bewertete vermutlich entsprechend dessen Luftschiffbau und -fahrten als einen großen Dienst am Vaterland. So begann Schütte seinen Brief an Lewald mit folgenden Worten:

„Sie können sich denken, mit welch' grossem Interesse ich die Versuche Zeppelins verfolgt habe. Als die Nachricht von dem letzten Aufstieg bekannt wurde, erfüllten mich Stolz und Freude, dass Z. ein Deutscher ist. Und als ich dann nachmittags von dem Totalverlust las, sind mir die Augen feucht geworden aus Mitgefühl für den mir unbekannten Herrn Grafen."[675]

Demnach konnte sich auch Schütte der nach dem Unglück von Echterdingen in der deutschen Bevölkerung weit verbreiteten Verehrung für den Grafen und ihrer nationalen Begeisterung nicht entziehen. Zugleich schwingt diejenige nationalistische Haltung Schüttes mit, die er vermutlich als Student ausgebildet und gegenüber dem Kaiser und den preußischen Behörden so erfolgreich zum Ausdruck gebracht hatte, dass sie ihn als Schiffbau-Professor in den preußischen Staatsdienst einstellten.[676] Zwar lässt die Formulierung, dass es ihn mit Stolz und Freude erfüllt habe, dass Zeppelin ein Deutscher gewesen sei, nur auf patriotische Einstellung schließen, aber aufgrund der Indizien, die aus seiner Studienzeit und aus den ersten Jahren seiner Lehrtätigkeit als Professor in Danzig bekannt sind, kann gesagt werden, dass Schütte im August 1908 einen dezidiert nationalistischen Standpunkt vertrat.

Diese politische Position Schüttes radikalisierte sich offensichtlich unter dem Eindruck in der nationalistisch aufgeladenen Atmosphäre nach dem Unglück von Echterdingen noch weiter und wirkte sich auch auf seine weiteren wissenschaftlichen Vorhaben und Pläne aus, denn schon Ende Oktober 1908 wollte er selbst ein Luftschiff bauen.[677] Mit dem Bau eines solchen Fahrzeugs, das von führenden Militärs als wichtiges Mittel für die Realisierung ihrer strategischen Kriegsplanungen sowie von der Bevölkerung als ein Symbol der Einheit aller Deutschen und als Mittel zur Eroberung der Luft und damit als ein Instrument zur weiteren Aufwertung der deutschen Militärmacht betrachtet wurde,[678] hoffte er vermutlich, seinen Beitrag zur wissenschaftlichen, technischen und militärischen Stärkung des Deutschen Reichs leisten zu können. Zugleich mochte Schütte geglaubt haben, dass er aufgrund seiner Vorkenntnisse als Schiffbauer und Ingenieurwissenschaftler besonders leistungsfähige Luftschiffe für das Deutsche Reich bauen könnte und eine solche nationale Tat ihn – wie Zeppelin – zu einem nationalen Helden machen würde. Auf diese Weise – so mochte Schütte gehofft haben – würde auch sein Ansehen als Ingenieurwissenschaftler steigen und seine seit Ende 1907 stagnierende berufliche Karriere neuen Auftrieb erfahren.

4.2.1.5 DIE FOLGEN DER ENTDECKUNG VON SCHÜTTES BEZIEHUNG ZUR GROSSHERZOGIN VON OLDENBURG

Endgültig unglaubwürdig wirkt Schüttes Behauptung von der wesentlich motivierenden Funktion der Ablehnung der Verbesserungsvorschläge durch Zeppelin, wenn man ernsthaft die Möglichkeit in Betracht zieht, dass der Großherzog von Oldenburg, Friedrich August,

Ende 1908 bzw. Anfang 1909 von einem intimen Verhältnis zwischen Schütte und seiner Frau erfuhr und dass er als gekränkter und betrogener Ehemann von diesem Zeitpunkt an alles tat, um Schütte privat, aber vor allem beruflich zu schaden.[679] Schüttes Hinwendung zum Luftschiffbau erscheint auf diese Weise als eine Flucht vor einem betrogenen, verletzten und daher wütenden deutschen Fürsten, der – ausgestattet mit den Machtbefugnissen eines Großherzogs, mit guten Beziehungen zu Schüttes Protektor, dem Kaiser, und mit einem guten Namen in der Schiffbauforschung bzw. in der Werftindustrie – tatsächlich über die Macht verfügt hat, nicht nur Johann Heinrich Schüttes berufliche Karriere und seine gesellschaftliche Reputation zu zerstören, sondern auch die Stellung von Schüttes Vater am Oldenburger Hof und in der Stadt Oldenburg zu ruinieren.

Dass Schütte und die Großherzogin von Oldenburg, Elisabeth von Mecklenburg-Schwerin, in einem sehr engen Verhältnis zueinander standen, deutet sich schon in einem Bericht des mecklenburgischen Staatsrats Langfeld[680] über eine Unterredung mit dem Oldenburger Minister Hermann Scheer (1855–1928)[681] vom 12.08.1911 an. Staatsrat und Minister führten dieses Gespräch im Vorfeld zu den Verhandlungen zwischen Großherzog und Großherzogin, die zur so genannten „Münchner Vereinbarung" über ihre Trennung im Jahre 1914 führten. Langfeld schrieb in dem Bericht wörtlich:

„Als [ihre] Verfehlungen bekannt wurden, habe er [Scheer] dem Grossherzog die Scheidung [von der Großherzogin] empfohlen. Der Großherzog habe sie jedoch abgelehnt, weil er befürchtet, die Großherzogin würde unter dem Einfluss Schütte's zugrunde gehen und weil er sich an den Gedanken geklammert, dass Geisteskrankheit vorliegt."[682]

Noch deutlicher geht das Faktum, dass Schütte in einer intimen Beziehung zur Großherzogin von Oldenburg stand, in einem Brief des Chefs des Marinekabinetts, Admiral Georg Alexander von Müller (1854–1940), an den Chef des Zivilkabinetts des Kaisers, dem Wirklichen Geheimen Rat Rudolf von Valentini (1855–1925), vom 05.06.1913 hervor. In diesem Schreiben thematisierte von Müller die von verschiedenen Seiten in Erwägung gezogene Ernennung Schüttes zum Geheimen Rat anlässlich des 25. Regierungsjubiläums Wilhelms II. In dem Brief heißt es wörtlich:

„Hierüber empfehle ich sehr, den Herrn Hossfeld persönlich zu hören, der auch in die Beziehungen Schütte's zu der Großherzogin von Oldenburg ganz eingeweiht ist."[683]

Gut eine Woche später, am 14.06.1913, war es dann Schütte selbst, der in einem mehrseitigen Brief gegenüber Valentini diese Beziehung näher charakterisierte. Er spricht darin von der Großherzogin als dem

„am meisten leidtragenden" bzw. „schwersten betroffenen Teil" und von dem Verhältnis zu ihr als „Verfehlungen" und „Irrungen", von denen ihre „Briefe und Dokumente" zeugen, die sich bis Ende 1909 in seinem Besitz befunden hätten und die er dann einem fürstlichen Vermittler zur Übergabe an „Oldenburg", d. h. an den Großherzog, ausgehändigt habe.[684] Schütte und Elisabeth von Mecklenburg-Schwerin standen demnach mindestens im Jahr 1909, höchstwahrscheinlich auch schon mehrere Jahre zuvor, in einer sehr engen Beziehung zueinander.

Friedrich August erfuhr von der Beziehung seiner Frau zu Schütte wahrscheinlich erst Anfang bis Mitte Februar 1909. Dem voraus gegangen war anscheinend eine Phase des intensiven Kontaktes zwischen dem 36jährigen Schütte und der 39jährigen Elisabeth von Mecklenburg-Schwerin. So ist zu vermuten, dass das Paar sich im September 1908 heimlich in den Walliser Alpen getroffen hat. Diese These wird wesentlich durch die Tatsache gestützt, dass sich Schütte und die Großherzogin von Oldenburg zeitgleich im Alpenraum aufgehalten haben. Schütte befand sich am 14.08.1908 auf dem Weg nach Chamonix in den französischen Alpen, um — wie er Lewald in dem Schreiben vom selben Datum erläuterte — von dort den Mont Blanc und andere Berge über 4.000 Meter zu erklettern.[685] Doch schon eine Woche später – wahrscheinlich ohne den Mont Blanc auch nur bis zur Hälfte bestiegen zu haben – verließ er Chamonix, um in das ca. 138 Kilometer entfernte Saas Fee in der Schweiz zu fahren, denn Kobers Schreiben vom 21.08.1908 wurde Schütte von Chamonix nach dort geschickt. Seine Replik an Kober verfasste er am 10.09.1908 aus eben jenem Ferienort im schweizerischen Wallis, der östlich von Zermatt liegt und von Viertausendern umgeben ist.[686] Dreizehn Tage vorher war Elisabeth von Mecklenburg-Schwerin – so eine Notiz in den Oldenburger „Nachrichten für Stadt und Land" vom 25.08.1908 – am 28.08.1908 für mehrere Wochen „inkognito" (sic!) zu ihrer alljährlichen Reise in das Hochgebirge aufgebrochen.[687] Es ist also durchaus möglich, dass das Paar sich in Saas Fee heimlich getroffen und dort einige Wochen miteinander verlebt hat. Dafür spricht auch, dass der Ort weit genug von den jeweiligen Wohnorten der beiden entfernt lag, relativ isoliert von den damaligen touristischen Zentren war und zugleich schon damals eine touristische Infrastruktur besaß, die auch den Ansprüchen und dem Geschmack des Großbürgertums und des Adels genügte. So verfügte der Ort im Jahr 1908 bereits über vier Hotels, von denen eines ein Grandhotel war. Es erscheint möglich, dass Schütte und die Großherzogin in diesem Haus, das sich damals Grand Hotel Saas Fee nannte, gemeinsam logierten.[688]

Eine weitere Möglichkeit der Zusammenkunft ergab sich, als Elisabeth von Mecklenburg-Schwerin Anfang November 1908 an einem Gallenleiden erkrankte und sich aus diesem Grund nach Karlsbad zur Kur begab, aus der sie kurz vor Weihnachten wieder zu ihrer Familie zurückkehrte.[689] Knapp einen Monat später unterzog sich auch Schütte einer längeren Heilbehandlung, da sich „durch einen starken Nervenchoc" im August 1908 und „infolge von Überarbeitung" sein physischer und psychischer Zustand im Oktober und November stark verschlechtert hatte. Er suchte daher am 02.12.1908 das Sanatorium des Naturheilarztes Dr. Lahmann (1866–1905) im Dresdener Stadtteil „Weißer Hirsch" auf und blieb dort mit einer kurzen Unterbrechung über Weihnachten bis Ende Januar 1909.[690] Da Karlsbad und Dresden nur ca. 175 Kilometer entfernt von einander liegen, erscheint es denkbar, dass sich das Paar während seines Klinikaufenthaltes zumindest an ein paar Tagen sehen konnte.

Vielleicht erfuhr der Großherzog von diesen Treffen zwischen Johann Heinrich Schütte und Elisabeth von Mecklenburg-Schwerin durch die Reisebegleiterinnen der Großherzogin und schöpfte vielleicht schon im Herbst 1908 Verdacht.[691] Doch der intime Charakter der Beziehung zwischen Johann Heinrich Schütte und seiner Frau enthüllte sich Friedrich August vermutlich erst Mitte Februar 1909. Er konfrontierte daraufhin seine Frau mit den Fakten, die wahrscheinlich als Folge davon physisch und psychisch zusammenbrach. So schrieben die Oldenburger „Nachrichten für Stadt und Land" unter der Überschrift „Schwere Erkrankung der Frau Großherzogin" am 15.02.1909:

„Das Großherzogliche Kabinett teilt uns folgende Erklärung des bedeutenden Psychiaters Geheimen Medizinalrats Dr. Ziehen, Direktors der Nerven- und psychiatrischen Klinik in Berlin mit:

‚Die Untersuchung Ihrer Königlichen Hoheit der Großherzogin hat ein Nervenleiden ergeben, welches schon längere Zeit besteht und neuerdings zu schweren Symptomen geführt hat. Ich habe daher zu einer Uebersiedlung in das Sanatorium Bellevue in Konstanz geraten.

Ziehen'"

Dass dieser Meldung aber mehr als eine schwere Erkrankung von Elisabeth von Mecklenburg-Schwerin zugrunde lag, wird in der nachfolgenden Passage desselben Artikels deutlich. Demnach begab sich der Großherzog von Oldenburg persönlich nach Braunschweig zu seiner Schwiegermutter, der dort weilenden Großherzogin Marie von Mecklenburg (1850–1922), um sie zu veranlassen, nach Oldenburg zu kommen. Auch der jüngere Bruder der Großherzogin, Herzog Adolf (1873–1969), und ihr älterer Bruder, Herzog Johann Albrecht (1857–

1920), Herzog-Regent von Braunschweig, kamen nach Oldenburg, um die Großherzogin von Oldenburg zu überreden, das von Ziehen empfohlene Sanatorium in Konstanz aufzusuchen.[692] Angesichts dieser Versammlung von Teilen des Hauses Mecklenburg-Schwerin am Oldenburger Hof drängt sich die Frage auf, wieso der Großherzog von Oldenburg nicht am Bett seiner kranken Frau blieb, sondern nach Braunschweig eilte, um ihre Mutter „persönlich" zu veranlassen, nach Oldenburg zu kommen. Außerdem liegt die Frage nahe, warum es denn ihrer Mutter und zweier ihrer Brüder bedurfte, um die Großherzogin zu überreden, in eine psychiatrische Einrichtung zu gehen. Reichte es nicht, dass eine solche Kur von einem offenbar kompetenten Arzt dringend empfohlen worden war?

Die Antwort auf diese Fragen kann nur darin bestehen, dass sowohl der Großherzog von Oldenburg als auch die Mecklenburger Verwandten den Kontakt von Elisabeth zu Schütte dauerhaft unterbinden und sie von der übrigen Außenwelt isolieren wollten. Aus diesem Akt sprachen nämlich nur zu deutlich die Verletzung, der Zorn und die Enttäuschung des betrogenen Friedrich August, dem – wissend um den schlechten Zustand seiner Ehe – klar wurde, dass er im Alter von siebenundfünfzig Jahren zum zweiten Mal eine Ehefrau zu verlieren drohte und sich deshalb an den Gedanken klammerte, „dass Geisteskrankheit vorliege".[693] Aus dieser Maßnahme sprachen aber auch die damals vorherrschenden Sexualnormen, nach denen der Ehebruch einer verheirateten *Frau* unverzeihlich und mit sozialen Sanktionen bewehrt war. Untreue in der Ehe bedeutete für eine Frau daher den Verlust der Respektabilität oder wie im Falle Elisabeths von Mecklenburg-Schwerin die gesellschaftliche Ächtung.[694] Die Alternative zu diesen Sanktionen, eine Legalisierung der Amour Fou der Großherzogin mit Schütte auf dem Weg einer Scheidung von den jeweiligen Ehepartnern und einer Wiederverheiratung, war dabei aufgrund der damals vorherrschenden Vorstellungen von der Dauerhaftigkeit einer Ehe völlig undenkbar. Die Ehe war die Norm, die Scheidung die Ausnahme.[695] Hinzu trat der Standesunterschied zwischen Schütte mit seinem bildungs- bzw. großbürgerlichen Hintergrund und der Großherzogin als Angehörige des Hochadels, weshalb Friedrich August später nicht seine Zustimmung zu einer Scheidung geben mochte, sondern es vorzog, seine Frau für geisteskrank zu halten.[696] Die Mutter und die Brüder der Großherzogin sahen in der Einweisung in eine Nervenheilanstalt daher vermutlich die einzige Möglichkeit, die gesellschaftliche Ächtung von Elisabeth zu umgehen. Außerdem konnte auf diese Weise – so vermutlich das Kalkül der herzoglichen Familienmitglieder – die psychisch stark angegriffene Großherzogin dem Zugriff ihres wütenden Ehemannes und ihres Geliebten entzogen, die Wiederherstellung ihrer Gesundheit in Angriff genommen und insgesamt eine Beruhigung der Situation erreicht werden.[697]

Außerdem fürchteten sich sowohl der Großherzog als Ehemann als auch Elisabeths engere Verwandte wahrscheinlich zu Recht vor den Folgen eines reichsweiten Skandals, wenn der Presse bekannt geworden wäre, dass sich die verheiratete Großherzogin von Oldenburg mit einem seinerseits verheirateten bürgerlichen Professor aus Danzig eingelassen hatte. Besonders unangenehm für Friedrich August musste dabei sein, dass er den Missetäter nicht nur als schiffbautechnischen Berater angestellt hatte, sondern dass dessen Vater eine Lakaienstellung am Oldenburger Hof bekleidete. Außerdem dürfte dem Großherzog und den Mitgliedern des Hauses Oldenburg die von Maximilian Harden mit dem öffentlich erhobenen Homosexualitätsvorwurf gegen den Kaiserfreund Philipp Graf zu Eulenburg initiierte Affäre im Jahr

Elisabeth von Mecklenburg-Schwerin

1906 in unguter Erinnerung gewesen sein, hatte diese doch gezeigt, dass es auf Berichte über angebliche sexuelle Verirrungen von Adeligen eine große öffentliche Resonanz gab. Der Ausgang des Prozesses gegen Eulenburg im Jahre 1907 dürfte dem Großherzog und den engeren Verwandten seiner Frau zudem deutlich gemacht haben, dass mit einem solchen öffentlichen Skandal auch ein bleibender schwerer Image- und Prestigeschaden für den betroffenen Adeligen verbunden sein konnte.[698]

Aus diesen Gründen übten ihr Ehemann, ihre Mutter und zwei von ihren Brüdern Druck auf die Großherzogin aus, dem diese – ohnehin schon stark physisch und psychisch angeschlagen aufgrund der Kenntnisse ihres Mannes und ihrer Familie über ihr Verhältnis zu Schütte – nachgab. Daher reiste sie in Begleitung von Friedrich August in das Sanatorium nach Konstanz, wo sie bis zum 23.03.1909 blieb. Im direkten Anschluss begab sie sich in die Behandlung bei dem damals international bekannten Nervenarzt Dr. Friedländer in dessen Privatklinik Hohe Mark im Taunus, wohin sie ihr Mann wiederum begleitete.[699] Dort hielt sie sich zusammen mit vielen anderen adeligen Patienten bis Anfang September 1910 auf, um die von Friedländer diagnostizierten Krankheitssymptome, wie einen „Zustand verstärkter Nervosität, heftige nervöse Irritation, Unruhe [und] gestörten Schlaf", zu kurieren.[700] Demnach dauerte Elisabeth von Mecklenburg-Schwerins Leidensweg durch die psychiatrischen Anstalten insgesamt mehr als eineinhalb Jahre. Danach begab sie sich auf eine längere Reise zu entfernten Verwandten und zog sich – getrennt von ihren Kindern – zu ihrer Mutter auf das Schloss Rabensteinfeld bei Schwerin zurück, das im Jahr 1914 nach der durch die „Münchner Vereinbarung" besiegelten Trennung von Friedrich August zu ihrem endgültigen Wohnsitz wurde.[701] Angesichts dieses „fontanischen" Schicksals wird auch verständlich, warum Schütte 1913 von ihr in dem Schreiben an Valentini als in der Angelegenheit „am meisten leidtragenden" bzw. „schwersten betroffenen Teil" sprach.

Doch auch Schütte litt sehr, nachdem er von den dramatischen Ereignissen am Oldenburger Hof erfahren hatte. Genau zwei Tage, nachdem ihm die Erkrankung der Großherzogin bekannt geworden war und er sich vermutlich in Berlin mit seinem Freund Huber darüber ausgesprochen hatte,[702] schrieb er einen Brief an seinen obersten Vorgesetzten, den Minister für geistliche, Unterrichts- und Medizinalangelegenheiten, in dem er um Urlaub auf unbestimmte Zeit bat. Er begründete dies damit, dass er trotz des Klinikaufenthaltes bei Dr. Lahmann in Dresden seine frühere Spannkraft noch nicht wieder erlangt habe, besonders in den letzten Tagen zeitweilig völlig

arbeitsunfähig gewesen sei und die bei ihm früher schon diagnostizierte Schwerhörigkeit derart zugenommen habe, dass „die in [seiner] Umgebung befindlichen Personen sich mit [ihm] nur durch sehr lautes Sprechen unterhalten können".[703] Dass Schütte zu dieser Zeit aber insbesondere psychisch litt, geht aus einem Schüttes Brief beigefügten medizinischen Gutachten seines Danziger Hausarztes, Dr. Schomburg, vom 18.02.1909 hervor. Der Arzt schreibt zur Symptomatik Schüttes:

„Herr Professor Joh. Schütte, hier, klagt seit Monaten über körperlich und geistige Müdigkeit, Reizbarkeit, Kopfdruck, Herzklopfen und schlechtem Schlaf. Sein Gemütszustand ist ein *deprimierter*."

Aufgrund dieses Befundes diagnostizierte der Allgemeinmediziner Schomburg bei Schütte eine „*schwere Gehirnnervosität*" (Neurasthenia cerebralis), wozu noch ein doppelseitiges Ohrenleiden komme, „durch welches besonders nach geistiger Anstrengung eine bedeutende Herabsetzung des Hörvermögens bedingt wird".[704] Schüttes Danziger Hausarzt konnte diese nicht nur in der Medizin um 1900 populäre Krankheit feststellen, weil Schütte in geradezu klassischerweise einige Symptome des Krankheitsbildes – ein Gefühl der Unzulänglichkeit und Energielosigkeit sowie Reizbarkeit und nicht zuletzt Arbeitsunfähigkeit – aufwies.[705] Die Krankheit selbst konnte entstehen, weil Schütte vermutlich schon vor August 1908 bedingt durch seine Lehrtätigkeit an der TH Danzig, durch seine intensive Beschäftigung mit den Vorbereitungen für den Bau eines Luftschiffes in seiner Freizeit und durch seine Beziehung zu Elisabeth von Mecklenburg-Schwerin, die ständig unter der Drohung stand, entdeckt zu werden, eine Periode intensiver psychischer Belastung – sprich psychosozialen Stress – durchlebt hatte.[706] Dazu hatte die nervlich und organisch bedingte Erkrankung seines Gehörs, die sich laut dem anliegenden Gutachten von Schüttes Dresdner Ohrenarzt Dr. Paulssen vom 20.01.1909 durch eine starke Herabsetzung des Hörvermögens auf beiden Ohren äußerte, das Ihrige beigetragen.[707] Die Kombination von psychosozialem Stress und Ohrenleiden hatte bei Schütte folglich bereits im August 1908 den „schweren Nervenchoc", d. h. einen Nervenzusammenbruch, verursacht und seinen Aufenthalt in Dr. Lahmanns Dresdener Sanatorium nötig gemacht. Nach zwischenzeitlicher Besserung durch den Klinikaufenthalt hatte sich Schüttes Zustand Mitte Februar 1909 wieder sehr verschlechtert, wenn man dem Gutachten von Schomburg folgt:

„Inzwischen erscheint der Zustand des Patienten direkt bedrohlich, besonders nach einer der häufigen schlaflosen Nächte. Der Kranke bricht dann völlig zusammen, er weint und hat hochgradig Angst."[708]

Ganz offensichtlich bewirkte die Nachricht von der Entdeckung des Liebesverhältnisses von Schütte und Elisabeth von Mecklenburg-

Schwerin durch ihren Ehemann eine Verschlimmerung von Schüttes psychischem Zustand. Die möglichen wirtschaftlichen und sozialen Folgen dieser Enthüllung für ihn, für seine Geliebte und für seine Familie, d. h. die Beendigung seiner beruflichen Karriere als Ingenieurwissenschaftler in Form einer Entlassung aus dem preußischen Staatsdienst und in Form der Zerstörung seiner beruflichen Perspektiven in der Schiffbauindustrie sowie der Laufbahn seines Vaters als Oldenburger Hofbeamter durch eine erzwungene Verabschiedung durch den Großherzog, die mögliche bevorstehende Trennung von Henriette Schütte,[709] das ungewisse Schicksal seiner Kinder sowie die gesellschaftliche Ächtung Elisabeths und seiner eigenen Person waren in der Tat dazu geeignet, Schütte schlaflose Nächte zu bereiten, ihn in geradezu panische Angst zu versetzen und ihn zum Weinen zu bringen.

Die Angst Schüttes vor den beruflichen, ökonomischen und sozialen Folgen seiner Affäre mit Elisabeth von Mecklenburg-Schwerin war durchaus berechtigt. Der verletzte und zornige Friedrich August hatte bereits seine eigene Frau gedrängt, in die Psychiatrie zu gehen. Schütte erwartete daher vermutlich, dass der Großherzog auch ihn und seine Familie mit Sanktionen belegen würde. Immerhin verfügte der Großherzog als Bundesfürst über exklusive Verbindungen zum Kaiser und preußischen König – Schüttes Protektor – und zu den anderen Fürstenhäusern, welche die Einleitung eines Disziplinarverfahrens als Voraussetzung für eine Entfernung aus dem Staatsdienst begünstigt hätten.[710] Außerdem war der Einfluss des Großherzogs in der Schiffbauindustrie und in mancher großen Reederei bedeutend.[711] Schütte hatte daher ab Mitte Februar anscheinend nur noch die Wahl zwischen totalem Rückzug aus dem Schiffbaufach, d. h. der Resignation, Auswanderung[712] und dem Projekt, ein Luftschiff zu bauen. Vermutlich aufgrund einer eigenartigen Mischung aus Verantwortungsgefühl gegenüber seiner Familie, seinem nach wie vor ungestillten beruflichen Ehrgeiz und seiner Bereitschaft zum Risiko wählte Schütte den Luftschiffbau.

Diese Wahl dürfte ihm durch sein grundsätzliches Interesse an dem Luftfahrzeugbau, durch seine Vorkenntnisse als Hydrodynamiker bzw. die Übertragbarkeit hydrodynamischer Erkenntnisse auf Strömungsverhältnisse in der Luft sowie durch seine durch den Briefwechsel mit Kober bedingte intensivere Beschäftigung mit dem Luftschiffbau wesentlich erleichtert worden sein.[713] Ohnehin hatte sich der 35jährige Schütte Ende Oktober 1908 dafür entschieden, einen beruflichen Neuanfang zu wagen und ein Luftschiff zu bauen, teils, weil er von seinem nationalen Nutzen überzeugt war, teils, weil er glaubte, der Luftschiff-

bau könne seine seit Ende 1907 stagnierende wissenschaftliche Karriere befördern.[714] In der zweiten Februarhälfte des Jahres 1909, als er seine gesellschaftliche und berufliche Vernichtung befürchten musste, erschien Schütte der Luftschiffbau vermutlich aber als eine der wenigen, wenn nicht sogar als die einzige Möglichkeit, den durch die Affäre mit der Großherzogin drohenden Verlust seiner gesellschaftlichen Reputation zu verhindern. Er glaubte wahrscheinlich, dass der gesellschaftliche Fauxpas des Ehebruchs mit einer Angehörigen des Hochadels vor dem Hintergrund des Ruhms als ein nationaler Held, den er als Ingenieur mit dem Bau eines verbesserten Luftschiffs erwerben konnte, verblassen würde. Auf diese Weise – so vermutlich sein weiteres Kalkül – wäre seine gesellschaftliche Isolation unmöglich geworden. Dadurch wäre es ihm möglich, in einem beruflichen Neuanfang, zwar nicht im Schiffbau, aber doch im verwandten Luftfahrzeugbau seine wissenschaftliche Karriere fortzusetzen. Daher begann er, seinen Entschluss von Ende Oktober 1908 nun mit doppelter Intensität umzusetzen.

Doch Befürchtungen insbesondere in Bezug auf die eigene berufliche Karriere und in Bezug auf die Stellung seines Vaters bei Hofe erwiesen sich als unbegründet.[715] Schütte selbst trug dazu in einem erheblichen Maß bei, indem er mit dem Großherzog im Dezember 1909 eine Art ‚Stillhalteabkommen' abschloss. Diese Vereinbarung sah vor, dass Schütte „schriftliche und mündliche, ehrenwörtliche und eidesstattliche Erklärungen" abgab und kompromittierendes Material, d. h. die schon erwähnten Briefe von Elisabeth an ihn, dem großherzoglichen Haus aushändigte,[716] wofür der Großherzog im Gegenzug Schütte, Elisabeth von Mecklenburg Schwerin und vermutlich Schüttes Vater Schutz vor Verfolgung zusicherte.[717] Ursache für diesen Erfolg Schüttes war vermutlich die Furcht des Großherzogs vor dem öffentlichen Skandal. Dieser aber wäre die Bedingung für die Aufnahme eines Disziplinarverfahrens gegen Schütte gewesen, denn das preußische Beamtenrecht sah im Ehebruch nur dann einen Entlassungsgrund, wenn er ein öffentliches Ärgernis erregt hatte.[718]

Überblickt man noch einmal das bis hierher Gesagte, wird besonders gut nachvollziehbar, welche große Rolle nicht nur nicht- bzw. vorwissenschaftliche Interessen und Motive, sondern auch Emotionen im wilhelminischen Kaiserreich zu Beginn des 20. Jahrhunderts bei der Entscheidung eines Natur- bzw. Ingenieurwissenschaftlers wie Schütte gespielt haben, sich für oder gegen die Bearbeitung eines neuen Forschungsgebietes bzw. für oder gegen die Erforschung eines bereits teilweise bekannten Gebietes zu entscheiden. Auch kann nicht übersehen werden, welche Rolle dabei die sozialen Kontexte, in denen dieser Wissenschaftler agierte, gespielt haben. Dabei wird insbesondere deutlich, wie groß der Einfluss der adeligen Eliten aufgrund von persönlicher Betroffenheit und eigener relativer Machtfülle bzw. wie groß der Einfluss der Beziehungen zwischen adeligen Eliten auf der einen Seite und bürgerlichen Wissenseliten auf der anderen Seite auf Entscheidungen im Wissenschaftsbetrieb sein konnte, bestimmte Forschungsprojekte einzustellen oder durchzuführen. Natur- bzw. Ingenieurwissenschaft konnte eben auch im Kaiserreich nicht voraussetzungslos, nicht frei von emotional-persönlichen, sozialen und politischen Bedingungen betrieben werden, und von ihrer Voraussetzungslosigkeit konnte daher auch in jener Epoche nicht die Rede sein.

4.2.2 DAS SL 1 PROJEKT
4.2.2.1 DIE KONSTRUKTION EINES LUFTSCHIFFES „SYSTEM SCHÜTTE" (SL 1)

Nach dem ernüchternden Ausgang der Korrespondenz mit Kober und nach seiner Rückkehr aus dem Wallis intensivierte Schütte Ende September bzw. Anfang Oktober 1908 seine Beschäftigung mit dem Luftschiffbau. Er prüfte dabei in einer offensichtlich systematischen Untersuchung die Frage, ob der Luftschiffbau ein geeignetes Feld sei, seine wissenschaftliche Karriere zu befördern und ob er selbst ein Luftschiff bauen sollte. Zu diesem Zweck analysierte Schütte mit Hilfe der verfügbaren Literatur und mit Hilfe von Fachleuten wie Lewald gründlich die Situation des starren Systems aus der Perspektive eines Ingenieurwissenschaftlers.[719] Aus diesem Grund stellten seine Untersuchungen zugleich aber auch schon eine Vertiefung der in den Briefen angestellten Überlegungen dar, und damit bildeten sie die Vorarbeiten für die Konstruktion eines Luftschiffes. Dies legen zumindest entsprechende Ausführungen Schüttes in dem Vorwort zur 1926 erschienen Unternehmensgeschichte „Der Luftschiffbau Schütte-Lanz 1909–1925" sowie einige wenige Hinweise in den Quellen nahe.

Schütte kam in seinen Untersuchungen zu dem Schluss, dass im Starrluftschiffbau die „elementarsten Fehler" gemacht worden seien und dieser sich trotz 18jähriger Bearbeitung „in der zweiten Jahreshälfte 1908 noch im Anfangsstadium seiner Entwicklung" befand.[720] Dies war seiner Meinung nach dadurch bedingt, dass „[trotz] der außerordentlichen Erfolge Zeppelins" eine Reihe von Problemen nach wie vor nicht oder nur teilweise gelöst war. Es fehlten exakte Berechnungsmöglichkeiten der Festigkeit, die in der Lage waren, alle auf das Luftschiffgerippe wirkenden Kräfte zu berücksichtigen, und es fehlten

Leichtmaterialien, die auf Grundlage dieser Berechnungen sich für die Konstruktion dieses Gerippes besonders eigneten. Offen war – so der Hydrodynamiker Schütte – auch die Frage, ob man aufgrund der bisherigen Widerstandsuntersuchungen in den Schleppmodellversuchstationen auf die günstigste Form von Körpern schließen könne, die sich in der Luft bewegten. In diesem Zusammenhang sei auch völlig ungeklärt, wie die Stabilisierungs- und Steuerruder dieser aerodynamischen Körper auszusehen hätten. Darüber hinaus sei unsicher, ob die Resultierende der Widerstandskraft mit der Resultierenden der Antriebskräfte zusammenfallen müsse.[721]

Spätestens Anfang Oktober 1908 ging Schütte mit der Unterstützung seines Assistenten Waldmann in der Schiffbauabteilung der Technischen Hochschule Danzig daran, all die genannten offenen Fragen im Starrluftschiffbau auf seine Weise zu beantworten und einen ersten Konstruktionsentwurf für ein Luftschiff zu erarbeiten.[722] Als schwierigstes Problem erschien ihm dabei neben der Beschaffung von sicher arbeitenden und leichten Motoren die Gerippekonstruktion, da dieser wesentliche Bestandteil des Starrluftschiffs eine Reihe von Bedingungen erfüllen musste:

„Es sollte wenig wiegen, dabei doch stark genug sein, statischen und dynamischen Kräften zu widerstehen und der Fortbewegung durch die Luft möglichst wenig Widerstand entgegensetzen.

Da die Fahrererfahrungen mit den Luftschiffen damals noch gering waren, so barg auch das Landen allerhand Gefahrenmomente in sich. Das Schiff bzw. sein Gerippe gerade beim Landemanöver vor harten Erdberührungen zu bewahren, musste ebenfalls versucht werden."[723]

In einem der ersten Schritte bei der Luftschiffkonstruktion machte sich Schütte im Oktober 1908 daran,[724] die Form des Gerippes festzulegen. Er ließ sich dabei – vermutlich aufbauend auf seine Ideen, die er in seinen Briefen an Kober entwickelt hatte[725] – von dem Gedanken leiten, dass eine Reihe von damals unter Ingenieuren und Technikern kursierenden Ideen über die günstigste Form von Luftschiffen falsch war. So stellte seiner Meinung nach ein „Starrluftschiff von der Form eines geraden Zylinders mit halbkugel- oder ellipsoidförmigen verhältnismäßig stumpfen Enden", also ein Zeppelin-Luftschiff, eine nicht zufrieden stellende Lösung dar, zumal die Steuerelemente bei einem so geformten Körper in Wirbelzonen geraten mussten, die ihre Wirkung erheblich einschränkten. Außerdem sei ein solches Schiff – so Schütte weiter – bei einer gegebenen Maschinenleistung nicht schneller, wenn das Streckungsverhältnis[726] seiner Länge zum Durchmesser größer sei. Ferner beruhe auch die Ansicht auf einem Irrtum, dass eine Verjüngung des Luftschiffkörpers von vorne nach hinten nicht eine ähnlich große Bedeutung habe für die Geschwindigkeit wie bei den Wasserfahrzeugen.[727] Schütte war also der Auffassung, wie er es auch schon in dem Brief an Lewald am 14.08.1908 anklingen ließ, dass die Rümpfe der bis ins Jahr 1908 gebauten Starr-Luftschiffe höhere Geschwindigkeiten und eine ausreichende Steuerbarkeit verhinderten und nur eine Veränderung ihrer Form diese Probleme beseitigen würden. Die aerodynamisch günstigste Form war seiner Auffassung nach die des Tropfens.

Um seinem Luftschiff eine solche Form zu verleihen, wählte Schütte für seinen Gerippeentwurf einen größten Durchmesser, welcher den der bisher gebauten Starrluftschiffe um fünf Meter übertraf. Schüttes Luftschiff sollte einen Durchmesser von ca. 18 Metern haben. Damit vergrößerte der Durchmesser das Volumen seines Schiffes um 5.000 m³ auf 19.000 m³ bei einer Länge von ca. 130,2 Metern. Auf diese Weise konnte Schütte bei seinem Entwurf ein Streckungsverhältnis von 7:1 erreichen. Dieser Wert war deutlich günstiger, weil er bei den bis dahin gebauten Starrluftschiffen bei ca. 11:1 bzw. 10,5:1 gelegen hatte und er sich dem idealen Streckungsverhältnis von 6:1 stark annäherte. In einem zweiten Schritt bestimmte Schütte dann den größten Querschnitt, indem er mit Hilfe des goldenen Schnittes[728] die Schiffslänge teilte. Auf diese Weise erhielt er ein Vorschiff, das ca. achtunddreißig Prozent der gesamten Schiffslänge ausmachte und sich nach vorne wieder sanft verjüngte. Das Mittelschiff und das Hinterschiff verjüngten sich dem gegenüber stetig etwas stärker nach hinten. Schütte verfolgte damit die Absicht, eine möglichst große Wirkung der Höhen- und Seitensteuer zu erreichen, indem er Wirbelbildungen, die besonders am Ende eines bewegten Körpers auftreten,[729] vermied. Zudem wollte er mit einfachen Flächen auszukommen.[730]

Schütte musste diese Form für das Gerippe offenbar ohne die dazu nötigen Widerstandswerte bestimmen, da er nicht in der Lage war, den kleinsten Luftwiderstand rechnerisch zu ermitteln. Die exakten mathematischen Methoden führten – so Schütte – zu keinem Ergebnis.[731] Die Ursache dafür bestand vermutlich darin, dass er die im Entstehen begriffene Aerodynamik die Grenzschichttheorie Prandtls im Jahr 1908 noch nicht so weit rezipiert hatte, um die komplizierten Gleichungen von Bewegungen zäher Flüssigkeiten in den Navier-Stokes-Gleichungen[732] derart zu vereinfachen, dass sie auch der mathematischen Analyse zugänglich waren.[733] Schütte war daher noch auf die klassische Hydrodynamik angewiesen, die gegen Ende des 19. Jahrhunderts zwar über eine mathematische Theorie der Mechanik einer idealen Flüssigkeit verfügte, aber deren theoretisches Instrumentarium nicht ausreichte, um reale, strömende Medien und Phänomene wie Wirbelbildung und Wirbelablösung sowie Turbulenzen und Widerstand zu beschreiben.[734] Doch Schütte konnte auf seine Erfahrungen als Leiter der Schleppmodellversuchsanstalt des Norddeutschen Lloyd zurückgreifen, die ihm eine pragmatische, systematisch-empirische Herangehensweise an das Problem der aerodynamischen Formgebung ermöglichten.[735]

Danach versuchte er, die Festigkeit des Luftschiffgerippes zu berechnen. Dabei griff er bei der Ermittlung der Schub- und Normalkräfte auf die ihm sehr vertrauten, damals im Wasserschiffbau üblichen Verfahren zurück. Er kam schnell zu dem Ergebnis, dass diese Berechnungsmethoden nicht genügten,

„da die Biegemomente und Scherkräfte bei einem fachwerkartigen Körper wie dem eines Luftschiffes, sich anders auswirken als etwa beim Rumpf eines Seeschiffes."[736]

Folglich musste Schütte selbst versuchen, ein geeignetes Verfahren zur Berechnung der Festigkeit von Luftschiffgerippen zu entwickeln. Dies scheint ihm bei seinem ersten Luftschiffentwurf noch nicht gelungen zu sein.[737] Daher war er – angewiesen auf Vermutungen über die Bruchfestigkeit der einzelnen Gerippeteile – gezwungen, auch für die punktuelle Belastung des Gerippes mit Gewichten der Gondeln eher pragmatische Lösungen zu finden. Schütte entschied sich dafür, die Motorgondeln hintereinander anzuordnen, um so die Gewichte über das gesamte Luftschiff verteilen zu können und damit die entstehenden Biegemomente erheblich zu verringern. Einen wesentlichen Beitrag zu einer Verteilung des Gewichts der Gondeln leisteten so genannte „geschorene Hahnepoten",[738] die über das Gerippe gespannt wurden. Außerdem wurden die Kugelgaszellen innerhalb des Luftschiffrumpfs hintereinander angeordnet, damit jeder von ihnen einen Teil des Gesamtgewichtes des fahrfähigen Luftschiffs tragen konnte. Auf diese Weise waren keine überschießenden Gewichte mehr vorhanden, und das Gerippe wurde wesentlich von statisch wirkenden Kräften entlastet. Demnach sah Schütte für Luftschiffgerippe nur die Funktion eines stützenden Korsetts für die von ihm umhüllten Gaszellen vor. Es sollte ihre Verschiebung gegeneinander durch „dynamische Wirkung" verhindern und den Luftwiderstand verringern.[739]

Anders als bei Zeppelin-Luftschiffen sollten die Gaszellen ihrerseits das Gerippe völlig ausfüllen. Dafür sah Schütte zwei Zellenarten vor: die Ring- und die Kugelgaszellen. Die Aufgabe der Ringgaszellen bestand darin, zusätzlich zu ihrem Eigengewicht auch noch das Gerippegewicht zu tragen. Außerdem sollten sie den Wasserstoff, der aus den Kugelgaszellen strömte, sobald das Luftschiff seine Prallhöhe erreicht hatte, aufnehmen. Das Gas sollte nach der Landung mittels einer alle Gaszellen verbindenden Saug- und Druckleitung wieder in die Kugelgaszellen zurückgepumpt werden. Die Ringgaszellen sollten demnach die Aufgabe der dritten Ballonhülle übernehmen, die Schütte in seinem Brief an Lewald am 14.08.1908 bereits vorgeschlagen und die Kober in seinem Schreiben vom 19.08.1908 verworfen hatte. Neben der Verminderung der Gerippebelastung war es die Aufgabe der Kugelgaszellen, den Großteil des Wasserstoffs aufzunehmen und so für den Auftrieb des Luftschiffs zu sorgen. Da der Gasdruck mit zunehmender Höhe des fahrenden Luftschiffs ansteigt, konnten sie ihre Form nicht alleine erhalten. Aus diesem Grund musste das Gerippe als Stützkorsett fungieren und die Zellen an einer Ausdehnung nach oben hindern.[740]

Als Material zum Bau des Gerippes hatte Schütte im Jahr 1907 vier Substanzen zur Auswahl: 1. Aluminium, 2. Elektron, eine silberweiße gut zu bearbeitende Magnesiumlegierung, 3. Duraluminium, eine aushärtbare Aluminiumlegierung mit Kupfer, Magnesium, Mangan, das beim Bau der Gerippe von Zeppelin-Luftschiffen bereits Verwendung fand, und 4. Holz. Schütte entschied sich erstaunlicherweise für Holz, genauer gesagt für das Holz der Zitterpappel. Er wählte dieses Material, weil es sehr langfaserig, leicht, zäh und gut zu bearbeiten ist.[741] Deshalb ist es leicht möglich, aus diesem Holz Furniere[742] herzustellen. Diese Furniere konnten unter Anwendung des Kaltleimverfahrens[743] zu Sperrholz und dann zu allen möglichen Profilen[744] zusammengefügt werden.[745] Auf diese Weise erhielt man dann Träger, Ringe und andere Teile, die zu einem Luftschiffgerippe zusammengebaut werden konnten.[746] Ein weiterer Grund für seine Wahl bestand vermutlich darin, dass Schütte – während seines Studiums noch geschult in Holzschiffbau – Vertrauen in das bewährte Material hatte. Anders verhielt es sich hingegen mit dem Duraluminium: Im Jahr 1909 war die Festigkeit von Profilen aus diesem Material Schüttes Meinung nach noch sehr gering.[747]

Nachdem er das Gerippe konstruiert hatte, wandte sich Schütte den Gondeln zu. Im Gegensatz zu anderen Starrluftschiffkonstruktionen verband er diese unstarr mit dem Luftschiffgerippe, „indem sie an Stahldrahtseilen derart aufgehängt wurden, dass sie in der Längs- und Querrichtung unverschiebbar waren",[748] und platzierte die Gondeln mit ihren Propellern im hinteren Drittel des Schiffes. Dadurch verminderte Schütte die Brandgefahr. Zugleich entlastete er damit den Schiffskörper bei einer harten Landung, da „die Landungsstöße infolge der Seilaufhängung nicht mehr unmittelbar auf das Gerippe wirken konnten".[749]

Die Motoren und die Propeller verband Schütte „durch Stirnradübersetzung und Wendegetriebe mit Vorwärts- und Rückwärts-

gang miteinander",[750] d. h. durch ein Stirnradgetriebe.[751] Auf diese Weise erhielt das Luftschiff aufgrund der einfachen Bauweise des Getriebes einen zuverlässigen Antrieb mit hohem Wirkungsgrad, da die Achsen von Motorkurbel- und Schraubenwelle parallel gelagert werden konnten und somit eine direkte Kraftübertragung gewährleistet war.

Am 19.11.1908 meldete Schütte seinen ersten Entwurf zum Patent an.[752] Schütte benötigte also für seinen ersten Luftschiffentwurf von der ersten Idee Mitte August bis zur Patentanmeldung nur gut drei Monate. Entsprechend musste Schüttes erster Entwurf „bei eingehenderem Studium [...] allerhand Abänderungen und Erweiterungen erfahren".[753] Schütte wollte vermutlich nicht einen völlig durchgearbeiteten Entwurf patentieren lassen, sondern „gewisse Grundzüge eines Luftschiffstyps als seine Idee festlegen".[754] Dazu gehörten – wie beschrieben – das stromlinienförmige Gerippe aus Holz und die Propeller, die direkt hinter den Motorengondeln angebracht werden sollten, sowie die unstarr aufgehängten Gondeln. Hinzu kamen einfache Seiten- und Höhensteuer, die von einer einzigen Apparatur gelenkt werden konnten.[755]

4.2.2.2 DIE VORBEREITUNGEN ZUR REALISIERUNG DES LUFTSCHIFFPROJEKTS

Parallel zu den Arbeiten zur Anfertigung des ersten Luftschiffentwurfs ging Schütte daran, Zulieferfirmen auszuwählen, die in der Lage waren, die nötigen Teile für den Bau des Luftschiffs und für die dazugehörige Werft zu produzieren. Entsprechend bat Schütte ‚Onkel Paul' Hossfeld am 26.10.1908, ihm mitzuteilen, welche Firmen die besten Hallenhüllen, die leichtesten und brauchbarsten Motoren und das Aluminium liefern könnten.[756] Hossfeld antwortete ihm bereits am nächsten Tag. In seinem Schreiben schlug er auch vor, dass Schütte mit seinem Freund, dem Oberbaurat a. D. Rettig zusammenarbeiten solle, da dieser bereits ein Luftschiffgerippe konstruiert habe. Schütte informierte sich über das Gerippe von Rettig und stellte in einem Brief an den Justizrat Lebe schon drei Tage später fest, dass das Gerippe von Rettig einige elementare Fehler, „die dem Zeppelin-Ballon zweifellos anhaften", vermieden habe und überlegte bereits „eine Firma Rettig-Schütte zu machen".[757] Über Hossfeld kam es dann vermutlich zu einem ersten persönlichen Kontakt zwischen Rettig und Schütte. Es schien so, als ob Schütte einen Konstrukteur für das im Starrluftschiffbau so wichtige Gerippe gefunden hatte.

Neben den ganz konkreten Vorbereitungen war Schütte im Herbst 1908 auch schon damit beschäftigt, die nötige finanzielle Unterstützung für den Bau des Luftschiffes zu organisieren und damit das Hauptproblem bei der Verwirklichung seines Luftschiffprojekts zu lösen. Dabei wandte er sich auch wieder an Hossfeld, der als Marinebaurat inzwischen von der Kaiserlichen Werft Danzig in das RMA in Berlin abkommandiert war und offensichtlich über Verbindungen zu höchsten Stellen des Staates und der Militärbürokratie verfügte. Ihm gelang es nämlich, Schüttes Entwurf dem Chef des Marinekabinetts des Kaisers, Georg Alexander von Müller, vorzulegen.[758] Müller versprach daraufhin Hossfeld, bald den Kaiser über Schüttes Vorhaben genau zu informieren. Wenige Tage später konnte Hossfeld Schütte daher mitteilen, dass der Kaiser sich für sein neues Projekt sehr interessiere.[759] Auch die preußische Heeresverwaltung beurteilte Schüttes Projekt positiv. Das Allgemeine Kriegsdepartement des preußischen Kriegsministeriums machte ihm gegenüber deutlich, dass es im Interesse der Armee läge, sein Projekt weiterzuentwickeln, und sicherte ihm jede Art der Unterstützung zu, da sich die „Anschauungen" Schüttes mit denen der Heeresverwaltung deckten.[760]

Das preußische Militär war im Herbst bzw. Winter 1908 vermutlich ausgesprochen froh über jede Alternative zum System von Zeppelin, da es in den Verhandlungen zwischen dem preußischen Kriegsministerium, verschiedenen Reichsbehörden und Zeppelin über die Übernahme von LZ 3 und weiterer Luftschiffe in den Heeresdienst zu teilweise scharfen Auseinandersetzungen zwischen den Beteiligten gekommen war.[761] Schütte selbst mochten zur Kontaktaufnahme mit dem Militär bzw. Kaiser über Hossfeld hauptsächlich zwei Gründe bewogen haben: Zunächst bestand aus Schüttes Sicht die realistische Möglichkeit, dass das preußische Militär seinen Luftschiffentwurf bzw. sein fertiges Luftschiff kaufen könnte, denn im Herbst 1908 hatten die Militärbehörden schon Zeppelin das Luftschiff LZ 3 abnehmen müssen. Wilhelm II. hatte in diesem Sinne beim preußischen Kriegsministerium interveniert.[762] Zugleich benötigte er aber den einzig in Frage kommenden Abnehmer als eine glaubwürdige Instanz, die sein Projekt in technischer Hinsicht genau begutachtete, damit es im Falle einer positiven Bewertung auch attraktiv für private Investoren wurde.[763] Offensichtlich verfolgte Schütte anders als Zeppelin schon gegen Ende des Jahres 1908 den Plan, nur mit Hilfe von Kapital aus der Privatwirtschaft ein Luftschiff für das preußische Heer zu bauen. Dem preußischen Kriegsministerium fiel dabei die Aufgabe zu, die Privatinvestoren mit Hilfe von Gutachten von der Realisierbarkeit des Projekts zu überzeugen.

Die ersten Erfolge Schüttes wurden jedoch bald wieder in Frage gestellt. Ausgangspunkt dieser Entwicklung war die Indiskretion einer Danziger Zeitung, die Anfang Dezember 1908 bekannt machte, dass Schütte ein Starrluftschiff nach eigenen Plänen bauen wolle.[764] Andere Blätter griffen diese Nachricht auf und berichteten über Schüttes Pläne in teilweise entstellender und übertriebener Form. Da er sich zu dieser Zeit wegen des durch die Kombination aus psychosozialem Stress und Ohrenleiden ausgelösten „Nervenchocs" vom August 1908 in Behandlung im Dresdener Sanatorium von Dr. Lahmann befand,[765] konnte Schütte auf diese Entwicklung nur aus der Ferne reagieren. Er beauftragte Hauptmann Wachsen aus Danzig damit, eine Gegendarstellung zu verfassen. Wachsen schien ihm dafür geeignet, weil dieser ein besonders lebhaftes Interesse an Schüttes Vorhaben gezeigt hatte. Der Hauptmann handelte sofort und veröffentlichte teilweise nach Vorgaben von Schütte zwei Gegendarstellungen in den *Danziger Neuesten Nachrichten* und in der *Danziger Zeitung* mit dem Titel „Das neue Danziger Luftschiff" bzw. „Luftkreuzer im Osten", in denen er die Öffentlichkeit von dem Stand der Luftschiffpläne Schüttes informierte und auch deren militärischen Charakter hervorhob.[766]

Daraufhin berichteten die Danziger Zeitungen und die Zeitungen im Reich über Schüttes Luftschiffpläne in teilweise umfangreicher Weise. Sie stellten dabei auch durchaus kritische Fragen hinsichtlich der militärischen Verwendung des Luftschiffs. Viel schlimmer für Schütte war jedoch, dass Zeitungen in der Reichshauptstadt glauben machen konnten, dass nicht Schütte der Erfinder des Luftschiffs *Typ Schütte* sei, sondern Rettig.[767] Insbesondere der ausgewiesene Zeppelin-Mann, Publizist und Hauptmann a. D. im preußischen Luftschifferbataillon Alfred Hildebrandt (1870–1949) behauptete im *Berliner Lokalanzeiger* vom 11.12.1908, dass Rettig der Erfinder des Luftschiffs aus Danzig und Schütte nur für den „näheren Ausbau" des Luftschiffs verantwortlich sei.[768] Auch *Der Tag* erklärte einen Tag später nicht Schütte, sondern Rettig zum eigentlichen Erfinder. Den Höhepunkt der Berichterstattung bildete ein Artikel der „*Danziger Zeitung*" vom 14.12.1908 mit dem Titel „Das Luftschiffsystem Rettig-Schütte". In ihm war zu lesen, dass der Inspekteur der Verkehrstruppen, General Alfred Freiherr von Lyncker (1854–1919),[769] das Modell des Gerippes in Pretzel bei Friedrichhagen in der Nähe von Berlin besichtigt habe, dass er sich sehr anerkennend über das Modell geäußert habe, und dass er darum gebeten habe, seiner Behörde einige Gerippeteile zu Versuchszwecken zur Verfügung zu stellen. Sollten die Versuche positiv ausfallen, wolle Lyncker dem Kaiser über das Luftschiffsystem *Rettig-Schütte* berichten.[770]

Dieser Artikel musste Schütte endgültig vor Augen geführt haben, dass interessierte und einflussreiche Kreise in Berlin und Friedrichshafen, insbesondere die Firma Zeppelin, beabsichtigten, seine Urheberschaft des Luftschiffgerippes in Zweifel zu ziehen. Auf diese Weise hoffte man offenbar, die Erteilung des Patents auf den Luftschiffentwurf, den Schütte am 19.11.1908 zur Patenanmeldung eingereicht hatte, wenn nicht zu verhindern, so doch wenigstens zu verzögern. Außerdem hoffte die Firma Zeppelin, Schütte bei den potenziellen Geldgebern und Kunden bei den preußischen Militärbehörden und sogar beim Kaiser selbst in Misskredit zu bringen, um so seine Luftschiffpläne zu vereiteln.[771] Anders als noch im August bzw. September 1908 hatten die Zeppeliner offenbar inzwischen den Wert seiner Ideen und die davon ausgehende Gefahr, ihr Monopol im Starrluftschiffbau zu verlieren, erkannt.[772]

Schütte, immer noch wegen seiner Kur in Dresden zur Inaktivität verurteilt, bat daher noch einmal Hauptmann Wachsen, eine Gegendarstellung zu verfassen. In diesem Text stellte Wachsen ausführlich alle von Schütte entwickelten Neuerungen und Verbesserungen dar, ohne jedoch die Leistungen von Rettig bei der Konstruktion des Holzgerippes gering zu achten.[773] Schütte selbst stellte Rettig wegen der Angelegenheit zur Rede. Rettig behauptete aber zunächst mit Verweis auf den Artikel von Hildebrandt, unschuldig zu sein. Schütte schrieb daraufhin an Hossfeld, dass er die Verhandlungen mit Rettig abbrechen müsse, da eine Finanzierung seines Vorhabens durch die falschen Pressemeldungen unmöglich geworden sei. Erst jetzt und unter dem Einfluss von Hossfeld versuchte Rettig, sich bei Schütte zu entschuldigen. Eine entsprechende Reaktion der Zeitungen blieb aber aus. Nach einer Unterredung am 23.12.1908 trennte sich Schütte von Rettig: „Wer garantierte Schütte, dass sich dasselbe Manöver nicht über kurz oder lang wiederholen würde".[774]

Schütte war außerdem auch nicht länger auf Rettig angewiesen. Längst stand er in Kontakt zu seinem Freund Carl Huber, der nicht nur besonders energisch gefordert hatte, dass Schütte sich von Rettig trenne, sondern Schütte auch mitgeteilt hatte, dass er selbst ein Gerippe-Modell plane. Huber ließ Taten folgen und entwarf noch im Dezember 1908 in aller Eile ein Gerippemodell, das er am 04.01.1909 zum Patent anmeldete.[775] In den ersten Januarwochen machte er sich daran, zwei Gerippemodelle zu konstruieren, wozu er auch von Schütte die dazu nötigen Unterlagen bekam. Doch Schütte zögerte noch, mit Huber bei der Gerippekonstruktion zusammenzuarbeiten. Erst als Huber ihm vorschlug, einen Vertrag abzuschließen, „wonach das Gerippe *System Huber* für das Schüttesche Luftschiff Verwendung

finden sollte", scheint sich Schütte für eine Kooperation entschieden zu haben.[776] Als Begründung dafür führte er in einem Brief an Huber Ende Februar 1909 an, dass es die leichte Anbringung der von ihm vorgesehenen doppelten Hülle und der Dreiecksversteigungen, welche die Ringgaszellen umgeben, gestatte. Hinzu komme, dass sich Hubers Konstruktion nicht nur durch eine große Festigkeit, sondern auch durch eine große Elastizität auszeichne. Diese sei ein unschätzbarer Vorteil bei der Landung. Darüber hinaus verfüge Hubers Geripppe auch über genügende Stabilität.[777] Auf diese Worte ließ Schütte Taten folgen und reichte am 12.03.1909 beim Reichspatentamt eine geänderte Patentanmeldung mit dem Titel „*Lenkbares Luftschiff Typ Schütte*, D.R.P.a. am 19/11.08.“ ein, welche das Huber-Geripppe mit den von Schütte in seinem Brief an Huber genannten Vorzügen explizit berücksichtigte.[778] Der große Vorteil dieser Entscheidung bestand für Schütte darin, dass er bei seiner unmittelbar bevorstehenden Suche nach technischen Gutachtern und nach potenziellen Investoren auf ein im Großen und Ganzen fertig ausgearbeitetes Projekt zurückgreifen konnte.

Mit diesem Projekt im Gepäck nahm Schütte zu Beginn des Jahres 1909 die Suche nach einem potenziellen technischen Gutachter wieder auf. Entsprechend seiner Überlegungen vom Herbst 1908 knüpfte er weitere Kontakte zu den preußischen Militärbehörden. Er gab detaillierte Informationen an die Versuchsabteilung der Verkehrstruppen. Der für das Luftschiffwesen zuständige Sachbearbeiter, Hauptmann Wolfram de le Roi (1874–1956), stand dem ganzen Projekt positiv gegenüber. Daher gab er die Informationen über Schüttes Pläne mit einer Empfehlung an seinen Vorgesetzten Oberst Messing weiter. Dieser sandte sie seinem Vorgesetzten, dem Inspekteur der Verkehrstruppen, Generalleutnant von Lyncker.[779] Mit von Lyncker und mit „einem Herren aus dem Generalstab" konnte Schütte Ende Januar 1909 über sein Projekt erstmals verhandeln. Die beiden Militärs bewerteten sein Projekt offenbar schon so positiv, dass Schütte der Inspektion der Verkehrstruppen und dem preußischen Kriegsministerium seine Projektunterlagen kostenlos zur freien Verfügung stellte und um ein technisches Gutachten bat.[780]

Am 23.02.1908 wandte sich Schütte – offenbar noch unter dem Eindruck der Nachricht vom 15.02., dass dem Großherzog sein Verhältnis zur Großherzogin von Oldenburg bekannt geworden sei – noch einmal brieflich an den Chef des Marinekabinetts des Kaisers, von Müller. Er informierte von Müller in diesem Schreiben, dass er noch im Jahr 1909 ein Kriegsluftschiff zu bauen beabsichtige, und bat darum, dass jener dem Kaiser die dem Brief beigefügte Beschreibung seines

Luftschiffs sowie die beiliegenden Zeichnungen und Kurvendiagramme vorlegen möge. Zudem ersuchte er Müller darum, die Anlagen des Briefes vorläufig aufzubewahren, da er aufgrund von Überarbeitung und auf Anraten seiner Ärzte genötigt sei, bei seinem vorgesetzten Minister um Urlaub auf unbestimmte Zeit zu bitten.[781] Offenbar suchte Schütte für seine Pläne ein sicheres Versteck. Er fürchtete vermutlich, dass der Großherzog von Oldenburg in seinem Rachefeldzug versuchen könnte, in den Besitz seiner Projektbeschreibung zu kommen, wenn er sie während seines Urlaubs unbeaufsichtigt in der Technischen Hochschule in Danzig liegen ließe.[782] Wesentlich ging es Schütte in seinem Schreiben aber darum herauszufinden, ob er angesichts seines intimen Verhältnisses zur Frau eines mit dem Kaiser verwandten Bundesfürsten noch in der Gunst seines alten Förderers, Wilhelm II, stand, ob er daher gesellschaftlich noch akzeptabel war und ob er auf die Fortsetzung seiner wissenschaftlichen Karriere im Bereich des Luftschiffbaus rechnen konnte.

Bis zum Eintreffen einer Antwort war Schütte daher hin- und hergerissen zwischen Hoffen und Bangen. Doch der Kaiser ließ sich mit einem entsprechenden Schreiben Zeit, und Schütte war daher – noch psychisch krank – gezwungen, sein Projekt innerhalb seines achtmonatigen Genesungsurlaubes und ohne Gewissheit in den ihn bewegenden existentiellen Fragen voranzutreiben.[783] Daher sandte er am 12.03.1909 die Unterlagen über sein Projekt an Freiherr von Lyncker und an den Chef des Generalsstabs, Helmuth von Moltke der Jüngere, mit der Bitte um „moralische Unterstützung" beim Bau seines Luftschiffs, den er mit Hilfe von „privaten Mitteln" realisieren wolle.[784] Schütte dachte sich den Beistand der beiden militärischen Dienststellen in Form von Briefen, in denen der militärische Wert seines Projekts betont wurde, da seines Erachtens „nur diejenigen Unternehmungen auf diesem Gebiete Aussicht auf Erfolg haben, die auch im Interesse der Landesregierung liegen".[785] Um Lyncker und Moltke zu dieser Form von Beistand zu bewegen, führte Schütte noch einmal an, dass er die Projektunterlagen den preußischen Militärs kostenlos überlassen wolle. Außerdem wies er darauf hin, dass sein Luftschiff während der Erkundungsfahrt funken könne, ohne zu explodieren, da sich das Holzgerippe des Systems Huber im Gegensatz zu den Gerippen anderer Luftschiffsysteme beim Funkverkehr nicht elektrisch aufladen könne.[786] In diesen beiden Schreiben sprach Schütte also erstmals selbst aus, dass er nur mit Hilfe eines Investors aus der Privatwirtschaft ein Luftschiff für das preußische Militär bauen wollte. Zugleich wies er auch darauf hin, dass dieses Vorhaben nur Erfolg versprechend wäre, wenn das Militär mit der Betonung des militärischen Wertes sein Interesse an diesem Projekt bekunde und damit als ein potenzieller Abnehmer für das Luftschiff auftrete.

Eine erste positive Antwort auf seine Bitte sandte ihm Moltke am 25.03.1909. In diesem Schreiben bekundete er sein großes Interesse an der Konstruktion Schüttes und hoffte, dass der Entwurf realisiert werden könne. Er begründete dies damit, dass die Verwirklichung des Entwurfs von Schütte „zur weiteren Klärung wichtiger Fragen auf dem Gebiet der Luftschiffahrt beitragen wird".[787] Der Inspekteur der Verkehrstruppen, von Lyncker, nahm sich etwas mehr Zeit mit einer endgültigen Antwort, denn er hatte – wie er Schütte am 26.03.1909 in einem Zwischenbescheid mitteilte – „die Prüfung des vorgelegten Projekts durch die Versuchsabteilung der Verkehrstruppen und das Luftschiffer-Bataillon angeordnet".[788] Doch schon einen Tag später konnte Schütte relativ sicher sein, dass sein Luftschiffprojekt durch die vom Inspekteur genannten Instanzen positiv bewertet werden würde, da der Kommandeur des Luftschifferbataillons, Major Hans Gross (1860–1924), es privat schon einer „wohlwollenden Kritik" unterzogen hatte.[789] Daher war es nicht verwunderlich, dass Gross in seinem dienstlichen Gutachten trotz einiger Einwände hinsichtlich der Steighöhe, der Ringgaszellen und der Kosten ebenfalls zu einer positiven Bewertung kam. Entsprechend fiel auch sein Resümee aus:

„Dieses Projekt ist sehr beachtenswert, es wäre von hohem Interesse und praktischem Werte, wenn es zur Ausführung gelangte."[790]

Zu einer ähnlich positiven Bewertung kam auch die Versuchsabteilung der Verkehrstruppen, wenn sie zusammenfassend in ihrem Gutachten schrieb:

„Das Projekt des Professor Schütte, insbesonderheit seine Holzkonstruktion verdient volle Beachtung und Unterstützung."[791]

Aufgrund jener beiden technischen Gutachten kam das Allgemeine Kriegsdepartement des preußischen Kriegsministeriums zu dem Schluss, dass Schüttes Luftschiffprojekt technisch ausführbar sei, und entschied, Schüttes Arbeiten dadurch zu unterstützen, dass es ihm einen Offizier „zur Beantwortung technischer Fragen" zur Verfügung stellen, mit Gasflaschen versorgen und Mannschaften zur Unterstützung bei der Durchführung der Flugversuche stellen wolle.[792]

Aufgrund der Vorabinformationen von Major Gross und eines Schreibens von Lyncker dürfte diese Nachricht für Schütte nicht mehr so ganz überraschend gekommen sein.[793] Ein weiterer Grund für Schüttes geringe Überraschung bestand darin, dass er sich seit ungefähr einem Monat im Besitz eines Briefs vom Chef des Marinekabinetts von Müller befand. In jenem Schreiben teilte von Müller Schütte mit, dass der Kaiser sehr erfreut über die stark gestiegenen Realisierungschancen des Luftschiffprojekts sei und Schütte dafür den „besten Erfolg" wünsche.[794] Schon acht Tage zuvor hatte Hossfeld Schütte in einem kurzen Brief darüber in Kenntnis gesetzt, dass Müller dem Kaiser Schüttes Luftschiffpläne vorgelegt habe. Der Kaiser habe größtes Interesse für diese Pläne bekundet und sie mit Wohlwollen beurteilt.[795] Aus diesem Brief ging demnach deutlich hervor, dass Wilhelm II. Schütte dessen Beziehung zur Großherzogin von Oldenburg nicht übel nahm und Schütte immer noch unterstützen wollte.[796] Dies bedeutete nichts anderes, als dass Schütte seine wissenschaftliche Karriere, wenn auch auf einem anderen Feld, fortsetzen konnte, obwohl er sich den Großherzog von Oldenburg dauerhaft zu einem unversöhnlichen Feind gemacht hatte.

Zu jenem Zeitpunkt stand nicht nur fest, dass Schütte das Wohlwollen des Kaisers nach wie vor besaß und dass er die moralische und praktische Unterstützung der preußischen Militärbehörden für den Bau seines Luftschiffs gewonnen hatte, sondern auch, dass er es mit Hilfe von Kapital aus der Privatwirtschaft bauen konnte. Am 22.04.1909 hatten er und Fabrikant Dr. Karl Lanz (1873–1921),[797] der Inhaber der Firma Heinrich Lanz,[798] einer Landmaschinenfabrik in Mannheim, unter Beteiligung leitender Angestellter aus dessen Firma und von dessen Verwandten einen „Vorvertrag" zum Bau eines Luftschiffs geschlossen. Dieser Vertrag enthielt im Wesentlichen folgende Vereinbarungen: 1. Karl Lanz wollte den Bau einer Werft einschließlich Luftschiffhalle und eines Luftschiffs mit 350.000 Mark unter der Bedingung finanzieren, dass Schütte ihm seine Luftschiffpatente bzw. zukünftige Neuerungen und Erfindungen kostenfrei überließ. 2. Sollten durch das fertige Luftschiff Gewinne erzielt werden, so sollten erst die Unkosten der Beteiligen vergütet und dann die weiteren Überschüsse in einem Verhältnis 50:50 verteilt werden. 3. Falls das Luftschiff und die Halle nicht fertig gestellt werden könnten, durfte Lanz als ihr Eigentümer die bereits vorhanden Materialien und Fertigteile verkaufen. 4. Schütte war verpflichtet, seine Kenntnisse und seine Zeit kostenlos für den Bau des Luftschiffs zur Verfügung zu stellen und musste die für den Bau des Schiffes nötigen Materialien bestellen. Außerdem hatte er 5. ein oder zwei Ingenieure einzustellen, die bei Heinrich Lanz in Mannheim die notwendigen Zeichnungen anfertigen sollten.[799]

Dieser Vertrag stellte nicht die Grundlage für eine Firmengründung dar, sondern war eher ein Kaufvertrag, bei dem Karl Lanz die Halle und das Luftschiff von Schütte käuflich erwarb, und ihn bei einem eventuellen Wiederverkauf des Luftschiffs am Gewinn beteiligte.[800] Dennoch erwies er sich in den folgenden Jahren ganz im Sinne des Begriffs „Vorvertrag" als der Ausgangspunkt für die Entwicklung eines Unternehmens, nämlich des Luftschiffbaus Schütte-Lanz, weil es auf seiner Grundlage prinzipiell möglich war, ein großes Luftfahrzeug zu bauen.[801] Die Abmachung mit Karl Lanz war demnach der schriftliche Ausdruck der strategischen Entscheidung Schüttes, ein Unternehmen zu gründen, und deshalb machte sie Schütte auch erstmals zu einem Unternehmer. Zugleich sorgte der Vertrag aber auch dafür, dass Schütte allein bis auf Weiteres keine weiteren unternehmerischen Entscheidungen mehr treffen konnte, sondern nur zusammen mit Karl Lanz, denn die Vereinbarung machte Lanz zum Hauptinvestor mit einem entsprechenden Einfluss im gemeinsamen Luftschiffprojekt. Daher wies der Vertrag Schütte nur noch pro forma die Rolle eines Erfinders bzw. Innovators zu, denn er spricht zwar explizit von *Schüttes* Patenten und Erfindungen, zugleich legt er aber auch fest, dass Schütte dieselben an Karl Lanz abzutreten habe. Aufgrund der starken finanziellen Position von Lanz machte er Schütte auch nur zu einem Manager, genauer gesagt zu einem Projekt- bzw. Bauleiter, weil er von ihm verlangte, seine Zeit und seine Kenntnisse beim Bau des Luftschiffes einzusetzen und die zum Bau nötigen Materialien zu bestellen. Entsprechend schrieb der Vertrag Schütte auch nur die Rolle eines Kapitalisten von allerdings minderer Bedeutung zu, weil er ihn anders als Lanz nur dadurch zu einem Risikoträger machte, dass ihm im Falle des Scheiterns weder die Rechte an seinen Erfindungen noch an dem Material geblieben wäre. Gleichwohl war Schüttes Risiko aber tatsächlich größer, als im Vertrag festgelegt, denn im Fall eines Scheiterns des Luftschiffprojekts wäre er wieder zum gescheiterten Schiffbauer mit einem mächtigen Feind geworden.

Indem Schütte gemäß des Vorvertrags auch die Funktion eines Kapitalisten übernahm, vereinigte er in seiner Person die drei wichtigsten Funktionen in dem gerade gegründeten Unternehmen: Er war zugleich Kapitalist, Manager und Unternehmer. Seine Partner von der Firma Heinrich Lanz hatten demgegenüber nur die Kapitalistenfunktion inne. Diese Funktion verschaffte ihnen aber eine Position in der Firma, aus der sie jederzeit heraus – auch gegen den Widerstand Schüttes – die Unternehmerfunktion ausüben konnten. Schütte konnte die Unternehmerfunktion wiederum immer nur zusammen *mit* seinen Partnern ausüben.

Dem Vertragsabschluss am 22.04.1909 vorausgegangen waren Verhandlungen zu Beginn des Jahres 1909, deren Vorgeschichte sich bis Mitte 1908 zurückverfolgen lässt. Schütte und seine Mannheimer Vertragspartner, Dr. Karl Lanz und dessen kaufmännischer Direktor Paul Zabel,[802] kannten sich seit Mai 1908, als Schütte zusammen mit dem Großherzog von Oldenburg die Ausstellungsräume der Firma in der Friedrichstr. 148 in Berlin besucht hatte, um die von der Firma patentierte und in ihren Lokomobilen verwandte Heißdampf-Ventilsteuerung System „Lenz" zu besichtigen.[803] In den folgenden Monaten verhandelte Schütte in seiner Eigenschaft als schiffbautechnischer Berater des Großherzogs mit Zabel, weil der Großherzog die Lentz'sche Steuerung in seine Yacht Lensahn III einbauen lassen wollte, um die darin befindlichen Schütte-Kessel in ihrer Kraftentfaltung zu verbessern. Nach dem Bekanntwerden der Pläne Schüttes Anfang Dezember 1908 und nach der Rückkehr Schüttes aus der Kur in Dresden trafen sich Schütte und Zabel vermutlich Anfang Januar 1909, um das Thema der „Lenz'schen Ventilsteuerung" noch einmal zu diskutieren.[804] Bei dieser Gelegenheit fragte Zabel Schütte, ob sich in dieser Angelegenheit nicht ein Zusammengehen in Bezug auf Schüttes Luftschiffpläne ermöglichen ließe.[805] Zabel glaubte offenbar, mit Hilfe von Schütte seiner Firma zu einem neuen vermarktbaren Produkt zu verhelfen und ihr auf diese Weise einen neuen Absatzmarkt zu eröffnen. Hintergrund dieser Idee von Zabel war, dass die Firma Heinrich Lanz nach neuen innovativen Produkten suchte, da sich zu diesem Zeitpunkt bereits abzeichnete, dass der Lokomobilbau, das Hauptgeschäftsfeld ihrer Firma, durch das Vordringen von Elektro- und Dieselmotoren allmählich an Bedeutung verlieren würde. Hinzu kam, dass Lanz ein großes Interesse an der Luftfahrt hatte, wie er es mit der Stiftung des Lanz-Preises der Lüfte im Jahr 1908 und mit einer 50.000 Mark-Spende an Zeppelin nach dem Unfall von Echterdingen schon bewiesen hatte.[806] Schütte nahm seinerseits Zabels Angebot zur Zusammenarbeit an, weil er ohnehin plante, mit Hilfe von Kapital aus der Wirtschaft sein Luftschiffprojekt zu realisieren. Neue Impulse erhielten die Verhandlungen vermutlich Ende März 1909, weil Schütte zu diesem Zeitpunkt Lanz und Zabel die positive Bewertung von Major Gross aus dessen Privatgutachten mitteilen konnte. Besonders leicht dürfte den Vertragspartnern dann die Unterschrift unter den Vorvertrag am 22.04.1909 gefallen sein, weil Schütte am selben Tage verkünden konnte, dass er eine Nachricht von Hossfeld erhalten hatte, aus der hervorging, dass sein Projekt beim Kaiser auf positive Resonanz gestoßen sei. Zur weiteren Hebung der Stimmung dürfte auch die Mitteilung Schüttes beigetragen haben, dass das dienstliche Gutachten von Major Gross positiv ausgefallen sei.

Schütte hatte also Ende Mai 1909 nach einer langen Zeit der Ungewissheit endlich einmal Grund, mit Zuversicht in die Zukunft zu blicken. Mit dem schriftlichen Huldbeweis des Kaisers und mit dem erhofften positiven technischen Gutachten über sein Luftschiffprojekt von

Seiten des preußischen Kriegsministeriums und der damit erwünschten moralischen Unterstützung von Seiten der höchsten und mächtigsten Militärbehörde im Deutschen Reich konnte Schütte seinem Projekt den Anschein einer Glaubwürdigkeit verleihen. Dies machte es für interessierte Investoren aus der deutschen Wirtschaft höchst attraktiv, zumal sich Schütte auch noch der personellen und materiellen Unterstützung durch das Kriegsministerium hatte versichern können. Wenig verwunderlich erscheint es daher, dass Schütte mit der Firma Heinrich Lanz schon vor der offiziellen Bestätigung der Vertrauenswürdigkeit seiner Pläne einen finanzkräftigen Investor gefunden hatte. Mit der Finanzkraft jenes Unternehmens und mit Schüttes technischem Know-how schien der Firma Luftschiffbau Zeppelin erstmals eine ernstzunehmende Konkurrenz im Starrluftschiffbau zu erwachsen.

4.2.2.3 DIE REALISIERUNG DES LUFTSCHIFFPROJEKTS 1909–1911
4.2.2.3.1 DIE BESTELLUNG DER MATERIALIEN UND DIE EINSTELLUNG DES FÜHRUNGSPERSONALS

Unmittelbar nach dem Abschluss des Vorvertrags ging Schütte daran, die ihm darin auferlegten Aufgaben zu erfüllen: Da er die zum Bau nötigen Materialen zu bestellen hatte, wurde Schütte zum Einkäufer und nahm Verhandlungen mit denjenigen Firmen auf, die verschiedene Teile für sein geplantes Luftschiff bauen sollten. Die Verhandlungen dauerten von Ende April bis Anfang Juni 1909 und waren von Schüttes Seite von der, wie sich bald zeigen sollte, unrealistischen Annahme geleitet, die Halle und das Luftschiff bis Anfang September 1909 fertig zu stellen, um auf diese Weise noch vor Ende seines Genesungsurlaubs das neue Luftschiff praktisch erproben zu können.[807] Auf diese Weise hätte er sein Luftschiff auch noch auf der Ersten Internationalen Luftschiffahrts-Ausstellung (ILA) vorführen können, die vom 10. Juli bis 17. Oktober 1909 im nur siebzig Kilometer Luftlinie von Mannheim entfernten Frankfurt am Main stattfand.[808]

Am schnellsten konnte Schütte einen Motorenlieferanten finden, der die für den Vortrieb seines Schiffes nötigen Motoren bauen konnte: Seine Wahl fiel auf die Daimler-Motoren-Gesellschaft.[809] Diese versprach, zunächst zwei Motoren mit 180 PS zu liefern. Bald schon stellte sich aber heraus, dass das Unternehmen dieses Versprechen nicht einlösen konnte. Daher musste Schütte am 30.04. bei Daimler vier Zylinder-Benzin-Motoren mit jeweils 120 PS und einem Gesamtgewicht von 3.558 kg bestellen, welche insgesamt 45.000 Mark kosten und bis spätestens Anfang August 1909 geliefert werden sollten. Diese vier Motoren waren aber um 600 kg schwerer als die ursprünglich vorgesehenen Motoren, so dass das Luftschiff um 18 Meter verlängert werden musste. Diese Maßnahme wirkte sich verzögernd auf die Verhandlungen mit den anderen Lieferanten aus.[810]

Betroffen davon waren die Verhandlungen über die Bestellung des hölzernen Luftschiffgerippes, welche Schütte mit seinem Freund Karl Huber schon ab dem 28.04.1909 geführt hatte. Die Verlängerung des Luftschiffs bedeutete auch eine Verlängerung des Gerippes um 11 Meter und eine Zunahme des Gewichts von ursprünglich 3.350 auf 4.600 kg. Über diese Änderungen mussten die beiden die Firma Heinrich Lanz informieren, was in Form eines offiziellen Angebotes am 16.05.1909 geschah. Demnach bot Huber an, ein Luftschiffgerippe aus Holz von 17,6 Metern im größten inneren Durchmesser und einer Länge von 129 Metern zu einem Preis von 75.700 Mark innerhalb von vier Monaten zu liefern. Der Betrag sollte in je drei Raten in Höhe von einem Drittel des Gesamtpreises gezahlt werden, wobei die Letzte erst nach Abnahme beglichen werden sollte. Dieses Angebot wurde von der Firma Heinrich Lanz akzeptiert. Im Gegenzug verpflichtete sich das Unternehmen, auf seine Kosten die nötigen Gerüste, Arbeiter etc. bereitzustellen. Zusätzlich wurde vereinbart, dass das Gerippe Belastungsproben vor seiner Abnahme auszusetzen sei.[811]

Ungefähr zur selben Zeit verhandelte Schütte auch mit seinem Freund aus Bremerhavener Tagen, Alfred Conti, der nun das Bauunternehmen May und Werkenthin aus Berlin vertrat. Schon am 23.04.1909 schlossen die beiden ein Abkommen, wonach dieses Unternehmen nach den Angaben von Schütte eine Luftschiffhalle konstruieren sollte. Das Bauunternehmen schickte Schütte ein Angebot, das aber aufgrund der notwendigen Verlängerung des Luftschiffs ebenfalls wieder geändert werden musste. Weitere Änderungen wurden von verschiedenen Seiten vorgeschlagen, so dass die Firma May und Werkenthin schließlich statt der ursprünglich vorgesehenen Segeltuchhalle eine große und feste Halle aus Holz liefern musste. Entsprechend wurde am 01. bzw. 07.06.1909 vertraglich festgelegt, dass das Unternehmen eine solche Halle mit einer Länge von 133 Metern, einer lichten Breite von 26 Metern und einer lichten Höhe von 22 Metern zu einem Preis von 93.500 Mark bis spätestens zum 15. August zu liefern habe.[812]

Schließlich musste Schütte noch einen Hersteller für den Ballonstoff finden. Vermutlich durch Vermittlung von Hauptmann de le Roi kam er mit der Firma August Riedinger ins Geschäft. Er vereinbarte mit diesem Unternehmen, dass es 4.280 m² Stoff für die Außenhülle,

3.992 m² für die Innenhülle, 3.978 m² für die Kugelgaszellen, 4.295 m² für die Ringgaszellen liefern und die Kugel- und Ringgaszellen fertigen solle. Riedinger verpflichtete sich, den Stoff und die Gaszellen mit einem Höchstgewicht von 5.830 kg und zu einem Preis von 160.000 Mark bis zum 01.09.1909 zu liefern. Der Firma war es erlaubt, die Gummierung der bestellten Stoffe zur Verhinderung des Gasaustritts durch einen Subunternehmer, die Firma Metzler & Co. aus München, durchführen zu lassen.[813] Mit dem Bau von zwei bruchfesten Propellern mit vier Flügeln konnte Schütte die Firma Press-Stanz- und Ziehwerke aus Nürnberg beauftragen, mit dem Bau von Gondeln mit hoher Festigkeit die Firma Heinrich Lanz.[814]

Um seine im Vorvertrag vorgesehene Verpflichtung einzuhalten, ein oder zwei Ingenieure einzustellen und um dasjenige qualifizierte Personal, dessen Einstellung sich darüber hinaus noch als notwendig für den Bau eines Luftschiffs erwiesen hatte, anwerben zu können, übte sich Schütte erfolgreich in der Rolle eines Personalchefs. Er nutzte seine Position als Professor an der Technischen Hochschule in Danzig aus und fand unter den Absolventen der Technischen Hochschule in Danzig vier Diplomingenieure, die gerade ihre Prüfungen abgelegt hatten und bereit waren, sich als Führungskräfte auf dieses Wagnis einzulassen. Diese frisch Graduierten waren der Schiffbauingenieur Georg Christians (1883–1963),[815] der Maschinenbauingenieur Walter Bleistein (1882–1965)[816] sowie die Diplom-Ingenieure Franz Kruckenberg (1882–1962)[817] und Franz Zapf.[818] Christians und Bleistein wurden ab dem 02.06.1909, Kruckenberg und Zapf ab Anfang Juli 1909 bei der Firma Heinrich Lanz eingestellt.[819]

Christians Aufgabenbereich beim Bau des ersten Schütte-Lanz-Luftschiffes bestand im Bau der Luftschiffwerft, d. h. der Halle inklusive der Nebengebäude, und der dazugehörigen Infrastruktur. Bleistein sollte dagegen die Maschinenbau-Abteilung sowie die Abteilung „Allgemeine Konstruktion und Betrieb" leiten. Er hatte dabei zunächst die Motoren abzunehmen, den Motorenversuchsstand aufzubauen und die Getriebe der Luftschiffmotoren zu konstruieren. Später musste er dann die Stromversorgung, die Signal- und Ruderapparate sowie die Brennstoff-Versorgungsanlage in das Luftschiff einbauen. Kruckenbergs Tätigkeitsbereich umfasste alle diejenigen Aufgaben, die mit der Gesamtanordnung des Luftschiffs, d. h. mit der Anordnung des Gerippes, der Hüllen, der Ventile, der Gondeln, der Ballast- und Ankereinrichtungen zu tun hatten. Außerdem fertigte er Festigkeitsrechnungen und Gewichtszusammenstellungen an.[820]

Schütte nahm in der ersten Phase des Projekts auch schon Handwerker, d. h. Segelmacher, Takler und Tischler unter Vertrag, die teilweise von den Lieferanten zu stellen waren oder von der Firma Heinrich Lanz kamen.[821] Wach- und Hilfspersonal rekrutierte er vom lokalen Mannheimer Arbeitsmarkt, weil die Luftschiffhalle und das Luftschiff in der Nähe von Mannheim gebaut werden sollten.[822] Für das Jahr 1911, für das erstmals Zahlen zu den Beschäftigten verfügbar sind, ergibt sich erst eine Zahl von 10 Fabrikbeamten und 50 Arbeitern.[823] Unter den Beamten fand sich aber kein kaufmännisches Personal, da alle finanziellen Fragen des Projekts unter der Leitung von Paul Zabel von Heinrich Lanz bearbeitet wurden.[824] Im Jahr 1911 stellte Schütte mit Joseph Helffrich (1890–1971)[825] noch einmal ein Mitglied der Führungsmannschaft des Luftschiffbaus Schütte-Lanz ein. Als Aufgaben wurden ihm der Wetterdienst und die Aeronautik zugewiesen.[826]

4.2.2.3.2 DER BAU DER LUFTSCHIFFHALLE

Am 04.06.1909 begann die Firma May und Werkenthin mit dem Bau an der Luftschiffhalle auf einem 1 Mio. m² großen Grundstück der Firma Heinrich Lanz auf der Brühler Gemarkung unweit der Station Rheinau in der Nähe von Mannheim.[827] Bereits Anfang Juli stellte

sich heraus, dass die Arbeiten an der Halle, insbesondere das Aufstellen der Hallenmasten, zu langsam voranschritten und etliche Werkzeuge bei den Arbeiten beschädigt worden waren. Zabel und Schütte sahen sich daher schon zu diesem Zeitpunkt gezwungen, gegen die Bauausführung zu protestieren und einen schnelleren und kompetenteren Holzbau einzufordern. May und Werkenthin gelobten Besserung, Werkenthin übernahm selbst die Bauleitung und stellte noch weitere zwanzig Zimmerleute an. Dennoch musste Schütte danach in seiner Rolle als Projektleiter noch weitere Mahnungen und Ratschläge an diese Firma schicken, ohne dass die Arbeiten an der Halle schneller voranschritten.[828]

Entsprechend standen erst alle Binder[829] am 09.08.1909, knapp eine Woche vor dem vereinbarten Abnahmetermin. May und Werkenthin mussten die Verzögerung eingestehen, versuchten, sie mit den vielen nachträglichen Änderungen an der Hallenkonstruktion zu erklären, versprachen aber die Fertigstellung gegen Ende August 1909. Tatsächlich konnte das Bauwerk aber erst am 29.09.1909 von einer Abnahmekommission inspiziert werden, welche feststellte, dass die Halle eine Reihe von Schäden aufwies, so etwa eine Undichtigkeit gegen eindringenden und das Holzgerippe schädigenden Regen. Man verein-

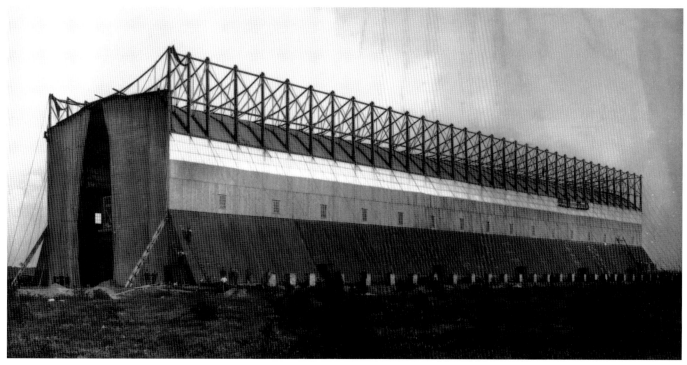

Die fertige Luftschiffhalle in Rheinau (vermutl. um 1910)

Die Fertigungshallen in Rheinau (vermutl. um 1910)

barte, dass erst nach Beseitigung aller Mängel durch die Baufirma die endgültige Abnahme erfolgen sollte.[830] Wie wichtig diese Vereinbarung mit May und Werkenthin war, zeigte sich im November 1909, als sich nämlich herausstellte, dass die Halle auch noch weitere, bis dahin nicht sichtbare Mängel besaß: Das Hallendach begann sich zu senken, da die Hallenmasten durchzuknicken begannen.[831] Die aufgrund dieser Mängel unverzüglich notwendigen Reparaturen konnte Schütte erst im März 1910 beenden, denn die Arbeiten waren sehr schwierig. Sie konnten wegen des schon in der Halle befindlichen Gerippes nur mit allergrößter Vorsicht ausgeführt werden. Hinzu kam, dass Schütte mit seiner eigenen Mannschaft diese Reparaturen ausführen musste, denn May und Werkenthin hatten inzwischen die Arbeiten eingestellt und Konkurs angemeldet. Durch die Verzögerungen beim Hallenbau war aber bereits Ende September 1909 ein größerer Schaden entstanden. Schüttes Plan, noch im Herbst 1909, vor Beginn des Wintersemesters, mit dem Luftschiff Probeflüge durchzuführen, war nicht mehr zu verwirklichen.[832] Seine Beziehung zu seinem alten Freund Conti war außerdem stark beschädigt.[833]

Die Ursache für dieses Desaster sah Schütte in der schlechten Bauausführung und in der mangelnden Neigung von May und Werkenthin, für die Beseitigung der Mängel weiteres Geld auszugeben.[834] May und Werkenthin machten ihrerseits Schütte und die Firma Lanz dafür verantwortlich, da die beiden Partner angeblich einen ungeeigneten Baugrund ausgesucht hätten und sich weigerten, für die Hallenreparatur weiteres Kapital in Höhe von 60.000 Mark zur Verfügung zu stellen.[835] Der eigentliche Grund für dieses Desaster bestand aber darin, dass sowohl May und Werkenthin als auch Schütte völlig unerfahren in dem Bau von Luftschiffhallen waren. Hinzu kam, dass Schütte wegen seines Konflikts mit dem Großherzog von Oldenburg schon zu Beginn des Projekts unter starkem Erfolgsdruck stand und im Vertrauen auf seinen Freund Alfred Conti seriöse Warnungen über die Leistungsfähigkeit der Firma nicht ernst nahm.[836] Die Firma May und Werkenthin ließ sich ihrerseits auf die von Schütte vorgegebene Terminvorgabe ein und geriet damit selbst unter Zeitdruck. Problematisch für den Hallenbau war aber auch, dass Schütte spätestens ab Anfang Oktober 1909 seine Pflichten als Projekt- bzw. Bauleiter ver-

Luftaufnahme von der Werft in Rheinau (vermutl. um 1910)

nachlässigte, weil sein Genesungsurlaub zum diesem Zeitpunkt beendet war,[837] und er daher zu Beginn des Wintersemesters 1909/1910 an der Technischen Hochschule in Danzig anwesend sein musste, um seine Lehrverpflichtungen zu erfüllen.

4.2.2.3.3 BAU DES LUFTSCHIFFGERIPPES

Unerfahrenheit und Stress auf beiden Seiten spielte auch eine wichtige Rolle beim Bau des Luftschiffgerippes. Von Juni bis Mitte Juli gingen die Arbeiten dank der Mithilfe von 50 bis 70 Handwerkern in Hubers Berliner Werkstätten noch gut voran.[838] Doch schon am 20.07.1909 kündigten sich Störungen in der Geschäftsbeziehung zwischen Huber als Lieferant auf der einen und der Firma Heinrich Lanz als Auftraggeber auf der anderen Seite an: Huber gestand der Firma Heinrich Lanz gegenüber ein, dass er sich bei den Berechnungen der Kosten für die Herstellung des Gerippes verkalkuliert habe und diese Aufwendungen schon weit über den vereinbarten Kaufpreis hinaus-

gingen. Er bat das Unternehmen daher, die zweite Rate an eine Bank zu zahlen, weil er gezwungen sei, einen Kredit in der Höhe dieser Rate aufzunehmen, um genügend Betriebsmittel zur Verfügung zu haben.[839] Damit gestand er seinen Partnern gegenüber ein, dass er bzw. sein Unternehmen nicht mehr liquide, also bankrott war. Huber – so stellte sich schon zu diesem frühen Zeitpunkt heraus – hatte sich mit dem Gerippebau auf ein Abenteuer mit höchst ungewissem Ausgang eingelassen. Dennoch entschied er sich weiterzumachen. Daher konnte er Gerippeteile gegen Ende des Monats fertig montieren und sie zum Versand fertig machen.[840] Doch nun traten erste konstruktive bzw. technische Probleme am Gerippe auf. Huber schlug Lanz in einem Schreiben vom 21.07.1909 vor, das Gewicht des Gerippes um 800 kg von 4.600 auf 5.400 kg zu erhöhen, um dessen Bruchfestigkeit zu verbessern. Darauf ging die Firma vermutlich im Interesse der Betriebssicherheit auch ein.[841] Schütte entdeckte zur selben Zeit, dass der bei der Fertigung der Gerippeteile verwandte Leim nicht hielt, und machte sich Gedanken, wie dieses Problem gelöst werden könnte. Weiter überlegte er, wie das Holzgerippe vor Feuchtigkeit geschützt wer-

Das SL-1-Gerippe – Bugansicht

den könnte.[842] Die Lösung all dieser technischen Fragen benötigte Zeit, so dass Huber den Beginn der Montage erst für Ende August zusagen mochte.[843]

Zur selben Zeit schienen sich die finanziellen Probleme von Huber aber noch einmal dramatisch verschlimmert zu haben. Er ließ Lanz in einem Schreiben an Zabel von Mitte August wissen, dass er 25.000 bis 30.000 Mark über den vereinbarten Kaufpreis benötige, um die Arbeiten am Gerippe zu beenden. Er begründete dies erneut damit, dass

„[seine] Calculation absolut nicht stimmt, weil die Arbeit [am Gerippe] so unendlich complicirt & so über alle Begriffe ausgedehnt hat, [wie] man dies nie & nimmer beim Abschlusse abschätzen konnte. – Alle Annahmen von damals haben sich heute als vollkommen falsch erwiesen."

Im selben Schreiben bat Huber Zabel, ihm auch noch einen Vorschuss auf die dritte Rate zu gewähren, damit er die Kosten zur Auf-

rechterhaltung des Gerippebaus bezahlen könne.[844] Nach einem erfolgreichen Vermittlungsversuch Schüttes sagte Heinrich Lanz zu, Huber auch über den vereinbarten Kaufpreis hinaus finanziell zu unterstützten. Bis Ende Oktober 1909 zahlte die Firma zusätzlich zum vereinbarten Kaufpreis 48.000 Mark.[845] Dazu kamen bis Ende des Jahres noch einmal ca. 26.300 Mark, so dass die Firma Heinrich Lanz für das Gerippe insgesamt ca. 150.000 Mark statt der vereinbarten 75.700 Mark zahlte. Mit Hilfe dieser Summen war Huber in der Lage, das Gerippe von September bis Dezember 1909 fertig montieren zu lassen. Die Gründe für die lange Dauer der Montage waren die vielen Wünsche aus Mannheim nach Änderungen am Gerippe selbst und zusätzlichen, ursprünglich nicht vorgesehenen Einzelteilen, die Auseinandersetzungen zwischen Huber, der entschiedenen Wert auf eine große Festigkeit des Gerippes legte, und den Mannheimer Ingenieuren, die ein möglichst leichtes Gerippe wünschten.[846] Hinzu kam, dass Schütte zu Beginn des Wintersemesters 1909/1910 wieder seine Lehrveranstaltungen durchführte. Dadurch fiel er als Projekt- bzw. Bauleiter, dessen Aufgabe auch darin bestand, zwischen Huber auf der einen und seinen Ingenieuren und der Firma Heinrich Lanz auf der anderen Seite zu vermitteln, weitestgehend aus. Auch aus diesem Grunde verzögerte sich der Bau des Luftschiffs, das ursprünglich schon im Herbst fliegen sollte, weiter. Schüttes Zeitplan war obsolet geworden.

Im letzten Quartal des Jahres 1909 verschärfte sich der Ton zwischen Huber, Schütte und Lanz angesichts der schleppend vorangehenden Arbeiten am Gerippe deutlich. Zunächst hatten Schütte und Huber Ende November 1909 schwere Differenzen, weil Schütte – um Kosten zu sparen – von Huber ultimativ gefordert hatte, die Montage des Gerippes von Berlin nach Mannheim zu verlegen. Huber weigerte sich aber, dieser Aufforderung nachzukommen.[847] Diese Differenzen konnten die beiden aber noch beilegen, weil Schütte nachgab, und Huber in Berlin weiter produzieren ließ.[848] Ende Dezember entwickelte sich dann ein handfester Konflikt zwischen Huber und der Firma Heinrich Lanz, der zu einem Abbruch der Geschäftsbeziehungen zwischen den beiden Parteien führte: Ursache dafür war wieder einmal die desaströse finanzielle Lage Hubers, den – so Schütte in einem Schreiben an Heinrich Lanz am 14.10.1910 – die reine „Not" triebe.[849] Sie ließ ihn ernsthaft erwägen, seine Patente am Luftschiffgerippe zu verkaufen.[850] Mehrfach hatte er sich schon deshalb an Schütte und an die Firma Heinrich Lanz gewandt.[851] Die Firma hatte dieses Ansinnen Hubers immer abgelehnt – trotz Fürsprache von Schütte.[852] Als Hubers finanzielle Sorgen Ende Dezember 1909 immer schlimmer wurden, wandte er sich daher an den Grafen Zeppelin und bot diesem seine Dienste an.[853] Dieser Schritt Hubers überraschte die Firma Heinrich Lanz sehr, da Huber sie darüber nicht informiert hatte, und die Firma sah dieses Verhalten – so Zabel an Schütte am 31.12.1909 – als „Fahnenflucht", d. h. als Vertragsbruch, an. Karl Lanz dachte deshalb schon ernsthaft daran, die Geschäftsbeziehung zu Huber zu lösen.[854]

Daraufhin ergriff Schütte die Initiative und versuchte zwischen den beiden Kontrahenten zu vermitteln: Zunächst riet er Huber dringend, von seinem Vorhaben abzurücken und sich nicht mit der Firma Heinrich Lanz zu überwerfen, sondern sich mit ihr zu einigen, und wiederholte diesen Rat mehrmals.[855] Dann wurde er am 14.01.1910 bei Karl Lanz brieflich vorstellig und bat diesen darum, bei der Beurteilung der Handlungsweise von Huber dessen schwierige Situation zu berücksichtigen und sich mit ihm gütlich auszusprechen, denn „auch wir haben ja ein Interesse daran, dass die wirklich gute und schöne Hubersche Sache nicht vorzeitig in andere Hände gelangt",[856] d. h. nicht in die Hände des Konkurrenten Zeppelin. Also mehr aus Angst um die Durchführbarkeit seines Luftschiffprojektes getrieben als in Sorge um den Zustand seiner Freundschaft zu Huber, wandte sich Schütte noch am selben Tag in einem letzten Versuch – so in dem Brief an Lanz – an Huber, um den Streit zwischen Huber und Lanz zu beenden. Er schlug Huber vor, mit der Verwertung des Gerippepatentes noch einige Wochen zu warten, bis das Gerippe die Abnahmeprüfungen überstanden habe, um über dessen Verwertbarkeit Gewissheit zu haben.[857] Karl Lanz war inzwischen auch bereit, Huber an einer späteren Patentverwertung des gesamten Luftschiffs zu beteiligen.[858]

Huber war jedoch nicht mehr zu beruhigen und die Situation eskalierte weiter. Er verlangte von der Firma Heinrich Lanz Ende Januar 1910 ultimativ, seine mehrmonatige Option auf seine deutschen Patente zu erwerben, andernfalls werde er die Verwertung seiner Patente selbst betreiben.[859] Karl Lanz lehnte dieses Ansinnen aber sofort mit der Begründung ab, dass er die Patente Hubers nicht erwerben könne, weil sich das Gerippe noch nicht bewährt habe. Er bot Huber ein letztes Mal an, ihm mit 10.000 Mark aus den ärgsten finanziellen Verlegenheiten zu helfen. Lanz machte aber dabei zugleich deutlich, dass er die Ursache für Hubers Probleme darin sah, dass dieser einen Auftrag übernommen habe, zu dessen Ausführung er aufgrund seines geringen Eigenkapitals nicht fähig gewesen sei. Weitere Verhandlungen mit Huber über das Thema Patenverwertung lehnte Karl Lanz abschließend ab.[860] Huber wies auch das letzte Angebot von Lanz zurück und verlangte von Schütte, dass auch er die Geschäftsbeziehungen zu Lanz abbrechen und sich zusammen mit Huber auf die Suche nach einem neuen Investor begeben solle. Schütte ging hierauf jedoch nicht ein,

weil er der Firma Lanz gegenüber nicht vertragsbrüchig werden wollte.[861]

Daraufhin begann Huber, Schütte und die Firma Heinrich Lanz für den katastrophalen Zustand seiner Finanzen verantwortlich zu machen. Er warf Schütte vor, ihn mit dem Luftschiffunternehmen in den Ruin getrieben zu haben.[862] Huber beschuldigte Karl Lanz, aus egoistischen Motiven nur die allernötigsten Gelder für den Bau des Gerippes zur Verfügung gestellt, aber Huber nichts für seine geleistete Arbeit gezahlt zu haben und auch zu verhindern, dass Huber seine Patente anderweitig verwerte.[863] Bei Lanz lösten diese Äußerungen eine „gewaltige Verstimmung" aus, und auch Schütte ging dieses Verhalten über die „Hutschnur".[864] Daher brachen sie beide alle Verbindungen zu Huber Ende Januar 1910 erst einmal ab.

Mit dem Abbruch der Geschäftsbeziehungen zu Huber waren die Arbeiten am Gerippe aber immer noch nicht beendet. Tatsächlich soll-

Das SL-1-Gerippe – Heckansicht

te es bis weit in das Jahr 1911 dauern, bis es endgültig fertig gestellt worden war. Ausgangspunkt dieser neuerlichen Verzögerung war die Schiffstaufe in Anwesenheit des Großherzogs von Baden Friedrich II. (1857–1928) am 30.04.1910, die von Schütte und der Firma Heinrich Lanz veranstaltet wurde, um den durch die Presse in den vorangegangenen Wochen und Monaten verbreiteten Informationen über bauliche Mängel am Luftschiff entgegenzutreten.[865] Schon bei Vorbereitungen dazu zeichnete sich eine weitere Katastrophe für Schüttes Projekt ab. An den Gerippeträgern zeigten sich zu diesem Zeitpunkt schon Knicke und Brüche.[866] Nachdem Werftarbeiter anlässlich dieser Taufe Gaszellen in das Gerippe gesetzt und die Zellen mit Gas gefüllt hatten, verformte sich dann auch noch das gesamte Gerippe von gut 17 Metern auf einen senkrechten Durchmesser von 19,04 Metern und einen horizontalen von 17,54 Metern.[867]

Die Ursachen für diese Verformung waren umstritten: Schüttes Meinung nach war sie darauf zurückzuführen, dass die Statik des Gerippes auf Grundlage von unzutreffenden Annahmen falsch berechnet worden war und dass Huber diesbezügliche Kritik nicht wahrnehmen wollte.[868] Demgegenüber glaubte Huber, dass die im Verlauf des Herbstes 1909 vorgenommenen Gewichtsreduktionen für die Verformung verantwortlich waren, weil diese Reduktionen auf Veranlassung eines im Hinblick auf die Knick- und Bruchfestigkeit des Gerippes zu optimistischen Schütte sämtlich durch Heraussägen von Holz aus den Gerippeträgern erreicht worden seien.[869] Diese Auffassung Hubers trifft wahrscheinlich zu, weil er schon im Juli 1909 gefordert hatte, das Gewicht des Gerippes und damit dessen Bruchfestigkeit zu erhöhen. Außerdem hatte er sich mit den Mannheimer Ingenieuren im Herbst bzw. Winter 1909 wegen dieser Sache gestritten. Letzten Endes war es Schütte selbst, der Huber im Nachhinein Recht gab, denn er war bis ins Jahr 1911 hinein damit beschäftigt, zehn Ringe zur Verstärkung des Gerippes einzubauen, also die von Huber zum Zweck der Gewichtsreduktion entfernten Bestandteile des Gerippes durch eine andere Konstruktion zu ersetzen.[870] Sollte dagegen Schüttes Behauptung von den falschen statistischen Berechnungen zutreffen, so ist das ein Beleg für die These, dass sowohl Schütte als auch Huber unerfahren im Bau von Luftschiffgerippen waren und Huber, der Mitte 1909 ohnehin schon unter erheblichem finanziellen Druck stand, glaubte, sich auf Schüttes unrealistischen Zeitplan einlassen zu müssen. So sich selbst unter Zeitdruck setzend, verließ Huber sich auf die Ergebnisse seines Statikers, anstatt sie zu kontrollieren.

In jedem Fall kann Schütte der Vorwurf nicht erspart werden, dass er seine Aufgaben als technischer Leiter des Projekts hinsichtlich der Koordination, Überwachung und Korrektur der Arbeiten am Gerippe nur mangelhaft erfüllt hat. Träfe nämlich der zuerst genannte Fall zu, dann hätte er den Rat Hubers als Konstrukteur und Zulieferer des zentralen Bestandteils des Luftschiffs missachtet, träfe der zuletzt genannte Fall zu, so hätte er sich zu sehr auf das Wort seines Freundes Huber verlassen, statt die Statik selbst noch einmal berechnen zu lassen. Entlastet wird Schütte nur dadurch, dass auch er als Hauptverantwortlicher beim Bau des Luftschiffs überfordert war, denn er stand unter steigendem Erfolgsdruck von Seiten der Öffentlichkeit und der Firma Heinrich Lanz.[871] Außerdem musste er alle Arbeiten am Luftschiff koordinieren und überwachen, hatte infolge dessen viele unvorhergesehene Probleme gleichzeitig zu lösen und war nach Ablauf seines Urlaubs Anfang Oktober 1909 gezwungen, all diese Aufgaben häufig von Danzig aus zu erledigen.

4.2.2.3.4 DIE LIEFERUNG DER MOTOREN

Wie bei der Halle und bei dem Gerippe ergab sich auch bei den Motoren eine erhebliche Lieferverzögerung. Laut Vertrag sollte die Firma Daimler die vier Motoren Anfang August 1909 liefern. Gut eineinhalb Jahre später, musste Schütte aber einsehen, dass Daimler immer noch an den Motoren arbeitete.[872] Daimler hatte den vertraglich vereinbarten Termin nicht eingehalten und teilte im November 1909 mit, dass die Motoren noch weitere Kühler benötigten. Bleistein und Zapf protestierten dagegen, weil sie nicht wussten, wo sie die zusätzlichen Kühler auf der Gondel unterbringen sollten. Ihnen war klar, dass die Kühler ein Mehrgewicht bedeuteten und dass die anvisierte Nutzlast des Schiffs von 5.000 kg damit nicht erreicht werden könnte. Schütte war über Daimlers Verhalten sehr verstimmt und wollte schon neue Motoren bei einer anderen Firma bestellen.[873]

Am 13. Januar 1910 stellten Bleistein und Zapf dann während mehrerer Probeläufe bei Daimler in Untertürkheim fest, dass die Motoren nicht – wie vereinbart – zehn Stunden ununterbrochen liefen. Stattdessen traten bei Ihnen schon nach eineinhalb Stunden so schwere technische Probleme auf, dass die Versuche abgebrochen werden mussten. Ursache dafür waren die bei den aus Gründen der Kraftbündelung zusammengekuppelten Motoren auftretenden Schwingungserscheinungen, die überall an den beweglichen Teilen von Motor und Getriebe zu Materialermüdung und dann zu Materialbrüchen führten. Daimler versprach, die Ursachen dafür abzustellen und wollte Ende Januar 1910 einen endgültigen Probelauf durchführen. Das Unternehmen meldete sich aber erst wieder Anfang Februar und musste eingestehen, dass es die Ursachen der Schwingungserscheinungen noch immer nicht beseitigt hatte. Auch bei den nächsten Probeläufen im März 1910 zeigte sich, dass die Firma die Probleme immer noch nicht behoben hatte, da die Ventilatoren der Motorkühler brachen. Schütte – selbst unter Zeit- und Erfolgsdruck – war inzwischen sehr darüber verärgert, dass Daimler trotz der Gewichtsüberschreitung und Lieferverzögerungen noch kein brauchbares Ergebnis geliefert hatte. [874] Schütte steckte in einem Dilemma, denn einerseits benötigte er gekuppelte Motoren, weil er der Auffassung war, „[dass] jede Unterteilung der Maschinenleistung unvorteilhaft ist, sobald dadurch eine Zersplitterung der Kräfte über das aus Sicherheitsgründen erforderliche Mass hinaus bewirkt wird".[875] Andererseits wollte er die Motoren von Daimler aber nicht abnehmen, weil sie nicht einwandfrei funktionierten. Dabei stimmte ihn die Tatsache nicht milder, dass extra ihretwegen das Luftschiff und die Halle hatten verlängert werden müssen, wodurch erhebliche Mehrkosten entstanden waren. Als Ausweg schlug Bleistein ihm daraufhin vor, sich nach anderen Motoren umzusehen, weil die Ursachen der Bruchstellen nicht zu beseitigen waren, die mehrfach reparierten Motoren nicht mehr neu waren und sie daher womöglich die Betriebssicherheit gefährdeten.

Bleisteins Argumentation leuchtete auch Daimler ein. Daher erklärte sich das Unternehmen bereit, zwei ganz neue 8-Zylinder-Motoren mit einer Leistung von 240 PS zu bauen und die vier gelieferten 120 PS Motoren als Einzelmotoren unter allen Umständen einsatzbereit zu machen. Nach drei weiteren Probeläufen demonstrierten die 120 PS Motoren am 15.03.1909 endlich die von Schütte verlangte zehnstündige Laufzeit. Dennoch war dieser Erfolg für Schütte nur ein halber, weil er zunächst gezwungen war, bei den Propellern- und Gondelversuchen statt mit gekuppelten Motoren einstweilen mit einzelnen Motoren zu arbeiten.[876] Zudem dauerte die Lieferung der beiden neuen Motoren noch bis weit hinein in das Jahr 1911, da die Firma Daimler große Schwierigkeiten hatte, Motoren zu liefern, die den von Schütte verlangten zehnstündigen Dauereinsatz ohne Probleme überstanden.[877] Die gesetzte Lieferfrist für einwandfreie Ware hatte Daimler damit um mehr als eineinhalb Jahre überschritten. Diese Firma war daher auch voll verantwortlich für die weitere Verzögerung bei der Fertigstellung des Luftschiffs. Dabei konnte sich das Unternehmen nicht einmal mit dem Argument entlasten, dass es unerfahren im Bau von Luftschiffmotoren sei, hatte Gottlieb Daimler doch schon die Motoren für das Luftschiff von Wölfert und für viele Zeppelin-Luftschiffe geliefert.[878]

4.2.2.3.5 DIE LIEFERUNG DES HÜLLENSTOFFES

Am wenigsten Probleme bereitete Schütte die Firma Riedinger, welche die Produktion und die Lieferung des Stoffes für die Außen- und Innenhülle sowie der Ring- und Kugelgaszellen übernommen hatte. Im Februar 1910 hatte Riedinger die Ringgaszellen fertig gestellt, und Anfang April 1910 lieferte das Unternehmen den Hüllenstoff.[879] Allerdings wich auch diese Firma damit stark von dem vertraglich festgelegten Liefertermin ab, nämlich vom 01.09.1909. Dies lag nur zum Teil an Riedinger, denn die Lieferanten der Halle und des Gerippes hatten die ihnen gesetzten Liefertermine überschritten und die Ingenieure in Mannheim hatten gehofft, durch ein genaues Anpassen der Ring- und Kugelgaszellen an die Gerippeform eine bessere Ausnutzung der Gaszellen und damit eine Erhöhung der Nutzlast zu erreichen.[880] Bei der Abnahme der Hüllen und der Gaszellen stellte sich allerdings heraus, dass alle das vorgeschriebene Höchstgewicht zum Teil erheblich überschritten. Schütte und seine Mitarbeiter mussten sich daher überlegen, wie sie durch Einsparungen am Stoff diese Probleme lösen konnten. Sie entschieden sich dafür, zwei Kugelgaszellen und eine Ringgaszelle zu einem Gastank zu vereinigen und erwogen, die Innenhülle fortzulassen. Der letzte Gedanke wurde von Schütte aber wieder verworfen. Anfang März 1910 wurde mit der Montage der Hülle und Gaszellen begonnen, so dass Ende April 1910, pünktlich zur Taufe, mit dem Füllen der Gaszellen begonnen werden konnte.[881]

Das Füllen der Gaszellen hatte aber nicht nur dem Zweck der Öffentlichkeitsarbeit gedient, sondern diese Prozedur war auch als Belastungsprobe für die Gaszellen und für das Gerippe gedacht gewesen. Da sich aber bei dieser Gelegenheit herausstellte, dass das Gerippe verstärkt werden musste und das daraus resultierende Mehrgewicht Änderungen in der Gondelaufhängung erforderlich machte, war für Schütte auch klar, dass die Tragkörper ebenfalls verändert werden mussten. Sie wurden daraufhin abgebaut, auf Beschädigungen kontrolliert und wieder zu Riedinger nach Augsburg gebracht. Im Januar 1911 stellte Kruckenberg bei einer neuerlichen Inspektion fest, dass die Hüllen aufgrund des schlechten Rohmaterials „leimig", d. h. gasdurchlässig geworden waren.[882] Schütte machte daraufhin Ersatzansprüche geltend, woraufhin sich lange Verhandlungen mit Riedinger anschlossen, weil dieser der Auffassung war, dass die Schäden von Schütte und seinen Mitarbeitern verursacht worden seien. Erst im Mai 1911 kam es zu einer Vereinbarung zwischen Schütte und Riedinger, wonach Riedinger die alten Hüllen wiederherstellen sollte, damit das Luftschiff endlich fahrbereit werden würde, und außerdem später neue Hüllen liefern musste, um die Nutzlast des Luftschiffs zu optimieren.[883] Nachdem sie auch dieses Problem gelöst hatten, dauerte es noch einmal fast fünf Monate, bis Schütte und seine Mitarbeiter das erste Luftschiff vom Typ *Schütte* fertig stellen konnten. Nachdem sie ihre Arbeiten beendet hatten, sahen sie ein Luftschiff vor sich, dessen Tragkörper einen Rauminhalt von 19.000 m³, eine Länge von 131 Metern, einen größten Durchmesser von 18,4 Metern besaß und dessen zunächst vier Motoren zusammen 480 PS leisteten, die das Luftschiff auf eine Geschwindigkeit von 68,4 km/h bringen sollten.[884] Am Abend des 16.10.1911 lag dieser Koloss in der Halle in Mannheim-Rheinau bereit, um am folgenden Morgen seinen ersten Aufstieg zu unternehmen.

An jenem Abend war Schütte vermutlich froh, dass ein zweieinhalbjähriger Alptraum mit enormer Arbeitsbelastung, vielen technischen Problemen und nicht enden wollenden Lieferverzögerungen, Terminverschiebungen und jeden Rahmen sprengenden Kosten vorbei war und trotz seiner Fehler als Projektleiter und der Fehler der Lieferanten das Luftschiff überhaupt fertig gestellt worden war. Zugleich dürfte er auch dem kommenden Tag entgegengefiebert haben, an dem sich zeigen sollte, ob das Luftschiff seine großen Anstrengungen, die immensen Entwicklungskosten von 1,7 Mio. Mark,[885] die Beendigung der Freundschaft mit Conti und mit dem Ende 1910 verstorbenen Huber[886] und Spannungen mit der Firma Heinrich Lanz rechtfertigen konnte.

Er allein dürfte sich zu diesem Zeitpunkt darüber klar gewesen sein, aus welchen Motiven sich in den letzten zweieinhalb Jahren sein unbedingter Wille gespeist hatte, das Luftschiffprojekt erfolgreich zu beenden. Eine Spur zu seinen Beweggründen führt über einen Brief Schüttes an Christians vom 12.06.1912. Er schreibt darin:

„Immer wieder habe ich auch wieder gesagt: ‚Wir müssen durch, sonst lacht uns die Welt aus'".[887]

Demnach war die treibende Kraft hinter Schüttes Durchhaltewillen die berechtigte Befürchtung, sich wie so viele vor ihm mit einem fluguntüchtigen Luftschiff gegenüber der Öffentlichkeit, der Konkurrenz und den preußisch-deutschen Behörden lächerlich zu machen.[888]

Das Luftschiff SL 1 während der Fahrt (vermutlich über Mannheim-Rheinau)

Dahinter verbarg sich aber die tief sitzende Angst vor dem endgültigen Scheitern als Wissenschaftler, die Schütte seit der Ablehnung seiner Pläne für den Bau einer Versuchsanstalt für Schiffbau an der TH Danzig Ende 1907 umtrieb. Am Vorabend des ersten Aufstiegs seines Luftschiffs war diese Furcht jedoch unbegründet geworden. Schütte hatte sich zu diesem Zeitpunkt schon ein neues Forschungsgebiet erarbeitet und war zu einem der gefragten Experten auf dem Gebiet der Luftschifffahrt geworden.[889]

4.2.2.4 VERMARKTUNG UND VERKAUF VON SCHÜTTES LUFTSCHIFFIDEEN, -PATENTEN UND -PRODUKTEN
4.2.2.4.1 VERHANDLUNGEN MIT DR. DYES AUS MANCHESTER 1909

Neben seiner zeitaufwendigen Arbeit als Projektleiter fand Schütte ab Ende April des Jahres 1909 auch noch die Zeit, die Vermarktung seiner Luftschiffideen, -erfindungen und -konstruktionen weiter konsequent vorzubereiten und durchzuführen. Offensichtlich gedachte er – schon ganz Unternehmer – aus seinen Aktivitäten im Luftschiffbau auch einen finanziellen Vorteil zu ziehen. Auch die damit verbundene Entscheidung, die Patentverwertung voranzutreiben, ist als ein Ausdruck eines unternehmerischen Handelns Schüttes anzusehen, weil sie durch die Auswahl der für die Patentverwertung vorgesehen Märkte einen strategischen Charakter bekommt.

Erste Schritte in Richtung Patentverwertung hatte Schütte bereits im Herbst 1908 getan, als er sein Luftschiffgerippe zum Patent angemeldet hatte, und gegen Ende April, als er im Vorvertrag mit Heinrich Lanz seine deutschen Patente und die Rechte an zukünftigen Erfindungen im Luftschiffbereich an dieses Unternehmen abtrat.[890] Unmittelbar nach dem Abschluss des Vorvertrages mit Heinrich Lanz am 22.04.1909 begann Schütte, sich um die Anmeldungen seiner Ideen im Ausland zu bemühen.[891] Seine Anstrengungen richteten sich dabei zunächst auf Großbritannien. Schon ab Juni 1909 stand er in Verhandlungen mit einem gewissen Dr. W. A. Dyes aus Manchester über die Verwertung seiner Ideen, aufgrund derer es bereits Ende des Monats zu ersten Abmachungen kam.[892] Daher ließ Schütte von einer Berliner Patentanwaltskanzlei die entsprechenden Patentanmeldungen vorbereiten, und am 15.09.1909 wurden ihm die Patente auf die von ihm gewählte Ballonform, auf ein Ballongerippe, auf eine Luftschiffsteuervorrichtung und auf seine Druckausgleichvorrichtung offiziell erteilt.[893]

Dyes schien die weiteren Verhandlungen unbedingt beschleunigen zu wollen, indem er seine englischen Geschäftspartner dazu brachte, Schütte bzw. Heinrich Lanz mit der vermutlich illegalen Verwertung der Patente in Frankreich zu drohen. Er war damit offenbar bei Schütte und Lanz erfolgreich, weil es zu neuen Verhandlungen kam und im August 1909 neue Verträge abgeschlossen wurden. Die erste dieser Vereinbarungen kam zwischen Karl Lanz und Schütte zustande und besagte, dass die Patente von Schütte trotz der Regelungen im Vorvertrag vom 22.04.1909 für Großbritannien und seine Kolonien, d. h. weltweit, verwandt werden durften. Die zweite Abmachung wurde zwischen Schütte und Dyes geschlossen und sah vor, dass die auf Schüttes Namen angemeldeten Patente für Großbritannien und für seine Kolonien und Dominions von Dyes gegen Zahlung eines entsprechendes Entgelts verwertet werden durften. Der dritte Vertrag wurde zwischen Dyes und der Firma May und Werkenthin geschlossen und regelte die Verwertung der Patente auf die Luftschiffhalle dieser Firma durch Dyes.[894] In diesem Zusammenhang ist auch der zwischen Schütte und Huber Anfang August 1909 geschlossene Vertrag zu sehen, weil dieser die Verwertung des Huber-Gerippes und des von Schütte erfundenen „Lehrengerüsts"[895] zur Montage dieses Gerippes in England regelte.[896] Diesen Vertrag musste Schütte mit Huber abschließen, weil Schütte das Gerippe ohne Zustimmung Hubers nicht verwerten durfte, denn Hubers patentiertes Gerippe war Bestandteil des patentierten lenkbaren Luftschiffs *Typ Schütte*.[897]

Doch die mit den Verträgen verbundene und für Schütte möglicherweise einträgliche Verwertung seiner Patente in England unterblieb, denn während der Verhandlungen zwischen führenden Mitgliedern der Familie Lanz[898] und Schütte über dieses Thema im August 1909 erhob der Schwager von Karl Lanz, der Industrielle August Röchling,[899] mit Verweis auf den „nationalen Standpunkt" Einspruch gegen jede Veräußerung der Patente an das Ausland.[900] In der Tat musste eine Entscheidung für den Verkauf von Luftschiffpatenten besonders an das ‚perfide Albion'[901] einem nationalistisch eingestellten Industriellen wie Röchling als Vaterlandsverrat erscheinen, wurden doch zu diesem Zeitpunkt die Luftschiffe der deutschen Öffentlichkeit als Waffensystem der Zukunft präsentiert, mit dem das Reich endlich eine wirksame Offensivwaffe gegen Frankreich und England besäße und mit dessen Hilfe es seinen kolonialen „Platz an der Sonne" erobern könne.[902] Diesen politischen Aspekt des Verkaufs seiner Luftschiffpatente hatten Lanz und Zabel, aber auch Schütte offensichtlich völlig übersehen bzw. nicht bedacht. Zabel hatte als kaufmännischer Direktor die Verträge nur unter Verwertungsgesichtspunkten betrachtet, und

Lanz hatte sich vermutlich in dieser Sache ganz auf seinen wichtigsten Berater verlassen.[903]

Bei Schütte selbst ist die Ursache dafür, dass er die politische Brisanz des Englandgeschäfts ignorierte, nicht eindeutig festzustellen: Er scheint tatsächlich geglaubt zu haben, dass die Verwertung seiner Ideen und Patente in England und seinen Kolonien ungefährlich für das Deutsche Reich war. Jedenfalls führte er noch 1917 zugunsten seiner Position an, dass es sehr lange dauern würde, bis aus einem Patent eine Konstruktion geworden sei, im Jahr 1909 noch keine Erfahrungen im Bau von Schütte-Lanz-Luftschiffen vorgelegen hätten und der englische Staat, wenn er seine Patente zum Zweck der Landesverteidigung gebraucht hätte, sie per Enteignung hätte an sich bringen können.[904] Außerdem könnte er – wie die Reichsleitung bis zum Vorabend des Krieges auch[905] – davon ausgegangen sein, dass England in einem europäischen Krieg neutral bleiben würde. Allerdings erscheint es auch möglich, dass Schütte der Gefahr für das Reich durch den Verkauf seiner Patente in England gleichgültig gegenüberstand, weil er zu diesem Zeitpunkt noch fürchtete, dass der Großherzog von Oldenburg seine berufliche und soziale Existenz vernichten wollte, und daher glaubte, um jeden Preis einen finanziellen Gewinn aus dem Luftschiffprojekt ziehen zu müssen, um so eine finanzielle Vorsorge aufzubauen.[906]

Das Veto Röchlings scheint bei Schütte daher wahrscheinlich auf entschiedenen Widerstand gestoßen zu sein, der aber von der Familie Lanz mit der Drohung, dass der Luftschiffbau sofort eingestellt werden würde, wenn Schütte nicht den Wünschen von Karl Lanz und Zabel grundsätzlich entspreche, gebrochen wurde. Dahinter stand vermutlich das Kalkül, dass Schütte es zu jenem Zeitpunkt niemals zu einem Abbruch der Bauarbeiten kommen lassen würde, weil er dann in der Öffentlichkeit und gegenüber den Militärbehörden seine Glaubwürdigkeit verloren hätte. Vermutlich hätte er weder von der einen noch von der anderen Seite noch einmal Unterstützung erhalten.[907] Entsprechend schrieb Schütte rückblickend an Christians im Jahr 1912:

„Wäre [der Luftschiffbau] vor der Vollendung des Luftschiffs eingestellt worden, so hätten wir fünf [,d. h. Schütte und seine Ingenieure aus Danzig,] [...] mit Engelszungen reden können, man hätte uns nicht geglaubt, sondern einfach behauptet, das Luftschiff könne nicht zu Ende gebaut werden, weil wir zu dumm dazu seien.“[908]

Daher musste Schütte – wenn auch zähneknirschend – das Verbot der Familie Lanz, Luftschiffe ins Ausland zu verkaufen, einstweilen akzeptieren. Schütte konnte offensichtlich unternehmerische Ent-

scheidungen innerhalb des gemeinsamen Projekts zu diesem Zeitpunkt niemals gegen, sondern immer nur im Einvernehmen mit seinen Partnern treffen.

Nachdem Dr. Dyes über die Ergebnisse der Verhandlungen zwischen Schütte und der Familie Lanz im August 1909 benachrichtigt worden war, entwickelte er einige Aktivitäten, um das Geschäft doch noch durchführen zu können: Er drohte mit Klage und verhandelte weiter mit May und Werkenthin sowie mit Huber. Doch letztlich scheiterte er mit seinem Plan, die Patente Schüttes zu verwerten, weil sein Verhandlungspartner in England, das Rüstungsunternehmen Vickers and Son and Maxim,[909] die Übernahme der Patente aus finanziellen Gründen Ende 1909 ablehnte.[910]

4.2.2.4.2 SCHÜTTE ALS PR-MANAGER 1909–1911

Schüttes Funktion als Projektleiter, aber auch sein Interesse an der Verwertung seiner Patente, das trotz des gescheiterten Englandgeschäfts zweifelsohne weiter bestand, verlangte von ihm auch, dass er während des Baus seines Luftschiffs immer wieder in die Rolle des PR-Managers schlüpfen musste, denn angesichts der sich immer wieder verzögernden Fertigstellung des Luftschiffs begann die Öffentlichkeit, zunehmend kritische Fragen zu stellen und am Erfolg des Projektes generell zu zweifeln. Konnte Schütte die Zweifler und Kritiker noch bis Mai 1910 durch vertrauensbildende Maßnahmen wie die Besichtigung der Luftschiffwerft Ende 1909 und die Luftschifftaufe Ende April 1910 hinhalten,[911] war ihm dies bereits Mitte Juli 1910 nicht mehr möglich. Zu sehr zog sich die Fertigstellung seines Luftschiffs bereits in die Länge, als dass eine solche Maßnahme das Vertrauen der Öffentlichkeit in das Luftschiffprojekt hätte stärken können. Hinzu kam, dass einige Artikel in der Leipziger und Mannheimer Presse durchaus richtig auf die schweren Konstruktionsfehler am Luftschiffgerippe und auf dessen Verformung hinwiesen. Sie machten für die Verformung des Gerippes die Gondeln verantwortlich.[912] Ferner mutmaßten ihre Autoren, dass die Hülle zu kurz geraten sei und daher die Hülle wohl in die Fabrik zurückgeschickt werden müsse. Der Gerüchteküche entsprang wohl eher die Information der Verfasser, dass sich Lanz und Schütte zerstritten hätten, weswegen Schütte abgereist sei.[913] Zum Teil bewerteten die Verfasser das Luftschiff auch als insgesamt fluguntüchtig, da bei den Gerippeberechnungen nicht an die 1.000 kg Leim gedacht worden sei, mit welchem das Luftschiffgerippe zusammengebaut worden sei.[914] Diese Kritik – ob sie nun zutraf oder nicht[915] – war geeignet, Schüttes

Glaubwürdigkeit als Konstrukteur und Wissenschaftler zu unterminieren. Angesichts der Probleme bei den Arbeiten am Luftschiff ohnehin in der Defensive konnte er darauf nur noch relativ hilflos mit Dementis und mit kaum ernst gemeinten Ankündigungen eines bevorstehenden Probeflugs oder gereizt mit der Behauptung reagieren, die Pressemeldungen von den schweren Konstruktionsfehlern würden „der Gehässigkeit und der Sensationslust" der Medien entspringen.[916]

Als im weiteren Verlauf des Jahres 1910 Schüttes Luftschiff immer noch nicht fertig war, gesellte sich zur Kritik und den Zweifeln auch noch der Spott in der Öffentlichkeit. In einem im lokalen Mannheimer Dialekt verfassten Gedicht wurde das unfertige Luftschiff etwa als „uffgequolle wie e Qualle mit'ner Wurscht an Kobb unn Schwanz" bezeichnet, das niemand – auch nicht eine „keenigliche Hoheit" mit einem „Trinkschrbuch" bei der Taufe – zum Aufstieg bringen könne.[917] Hinzu kam im weiteren Verlauf des Jahres eine Berichterstattung von Berliner und Danziger Zeitungen, die Schütte selbst als unfair empfand. So berichteten diese Blätter unter anderem, dass Schütte eine Expedition zum Nordpol plane, er nur mit Hilfe des Rates von Ludwig Dürr sein Luftschiff zu Ende bauen könne und Karl Lanz ihm zum Dank dafür, dass er der Einstellung des Luftschiffbaus zugestimmt habe, eine Professur an der Technischen Hochschule Karlsruhe besorgt habe.[918]

Seinen etwas unbeholfenen öffentlichen Auftritt vom Sommer 1910 noch in allzu guter Erinnerung und im Bewusstsein seines Glaubwürdigkeitsdefizits in der Öffentlichkeit, äußerte sich Schütte erst wieder zu der Berichterstattung über sein Projekt am 11.10.1910. In einem Brief an die *Danziger Neueste Nachrichten*, die ihn gebeten hatte, zu den Berichten der Danziger und Berliner Blätter Stellung zu nehmen, verweigerte er zunächst jede Auskunft über den Luftschiffbau Schütte-Lanz. Er begründete seine Haltung damit, dass er und Lanz vereinbart hätten, über das Projekt keine Informationen mehr an die Öffentlichkeit dringen zu lassen. Außerdem – so Schütte weiter – könne die Presse nicht von ihm und Lanz als Privatleuten verlangen, über ihr Tun Rechenschaft abzulegen, weil sie im Unterschied zu der von Spenden aus dem Volk angewiesenen Firma Zeppelin den Luftschiffbau mit privaten Mitteln durchführten. Dies gelte umso mehr, da „schon seit Jahresfrist von ganz bestimmter Seite und zu einem ganz bestimmten Zwecke dieses von der Firma Heinrich Lanz in selbstlosester Absicht ins Leben gerufene Werk wiederholt sehr wenig wohlwollend in der Presse behandelt wurde".[919] Dann ging Schütte einzeln auf die Probleme am Luftschiff ein und wies die Schuld daran den Zulieferfirmen zu, ohne eine Mitverantwortung

einzugestehen.[920] Abschließend erhob er gegenüber den Berliner und den Mannheimer Zeitungen implizit den Vorwurf des Landesverrats, indem er die Befürchtung äußerte, dass England durch „unzweckmäßige Veröffentlichungen" die Überwachung des deutschen Luftschiffbaus erleichtert werde.[921]

Schütte schrieb diesen Brief vermutlich nicht, um „Dampf abzulassen und sich den Frust von der Seele zu schreiben".[922] Wahrscheinlicher ist es, dass er damit – soweit es in seiner Macht stand – aus der publizistischen Defensive heraus wollte, in der er sich seit dem Sommer 1910 befand. In diesem Brief stilisierte er sich und Lanz folglich als selbstlose Privatleute, die im Unterschied zu Zeppelin ihr Luftschiffprojekt selbst finanzierten, daran im Verborgenen arbeiteten und so auf ihre Weise der nationalen Sache der Luftfahrt für Deutschland dienten. Die Presse stellte Schütte dagegen als unfair, interessengebunden und unpatriotisch hin, denn sie habe „wenig wohlwollend" und auf Veranlassung sinistrer, im Hintergrund wirkender Mächte über das „in selbstlosester Weise ins Leben gerufene Projekt" berichtet. Zugleich habe die Presse auch unpatriotisch gehandelt, weil durch ihre „unzweckmäßige Berichterstattung" möglicherweise die Aufmerksamkeit des potenziell feindlichen England auf das Vorhaben von Schütte und Lanz gelenkt worden sei. Mit dieser Aufwertung seiner Position und seines Projekts als national und mit der Abwertung der Berichterstattung der Presse als unpatriotisch immunisierte sich Schütte erfolgreich gegen die öffentlich geäußerte Kritik und Zweifel. Auf diese Weise schaffte er es, sich und sein Projekt bis zum ersten Aufstieg seines Luftschiffs aus der Schusslinie der Medien zu nehmen.[923] Endgültig gelangten Schütte und sein Projekt aber erst aus der publizistischen Defensive nach den ersten erfolgreichen Fahrten von SL 1 über Mannheim Ende Oktober/Anfang November 1911, weil darüber viele Zeitungen positiv berichteten und dabei sein Projekt unisono in den höchsten Tönen lobten.[924]

In der Auseinandersetzung mit der Presse erwies sich Schütte nach einigen Anfangsschwierigkeiten als ein talentierter PR-Manager bzw. Kommunikator. Auffällig ist dabei, dass er trotz seiner zweifellos vorhandenen starken nationalen Überzeugungen in der Lage war, den Nationalismus seiner Zeit zu ignorieren oder für seinen Zweck einzusetzen. Diese Fähigkeit ermöglichte es ihm 1909, einen Versuch zu wagen, seine Luftschiffpatente nach England zu verkaufen, und im Jahr 1910 im Konflikt mit der Presse die „nationale Karte" zu spielen. Allerdings spielte hierbei auch eine Rolle, dass sein Nationalismus in dieser Lebensphase aufgrund seiner persönlichen Situation wahrscheinlich nicht so stark ausgeprägt war.

4.2.2.4.3 KONFLIKT ZWISCHEN SCHÜTTE UND DER FIRMA HEINRICH LANZ UM DIE PATENTVERWERTUNG

Die Erfolge seines Luftschiffs versuchte Schütte im November bzw. Dezember 1911 gegenüber der Familie Lanz zu nutzen, um zum zweiten Mal seit August 1909 einen angemessenen finanziellen Gewinn für sich durchzusetzen. Am 25.11.1911 schrieb er an Zabel einen Brief, in dem er mit dem Verweis darauf, dass der Vorvertrag vom 22.04.1909 für ihn völlig wertlos geworden sei, von diesem eine klare Auskunft über die „Weiterentwicklung" des Projekts, d. h. über die finanzielle Verwertung der Patente und der darauf basierenden Luftschiffkonstruktion, forderte. Schütte hielt diese Forderung für berechtigt, weil seine Familie einer finanziell ungewissen Zukunft entgegenginge, sollte er einen Unfall erleiden, weil er zeitliche, gesundheitliche und finanzielle Opfer erbracht habe und fortgesetzt Konzessionen machen musste, die „teils in weitestgehenden Rücksichtnahmen, teils in fortwährenden Aenderungen meiner Konstruktion zufolge Gewichtsüberschreitungen und Nichterfüllung der Lieferverträge bestanden". Außerdem sei es – neben der „Opferwilligkeit der Familie Lanz" – sein Durchhaltewillen gewesen, der die erfolgreichen vier Fahrten des Luftschiffs ermöglicht habe. Es sei aber jetzt ein Punkt erreicht, an dem er – Schütte – „bald zu Ende sei".[925]

Demnach glaubte Schütte den mit dem Thema „finanzieller Gewinn" verbundenen Konflikt mit der Familie Lanz wieder aufnehmen zu müssen, weil er seine finanziellen Möglichkeiten, seine Kompromissbereitschaft und seinen Durchhaltewillen als erschöpft, seine Gesundheit als zu angegriffen und das Verhältnis zu seiner Familie als zu gestört ansah, als dass er unter den Bedingungen des Vorvertrags vom April 1909 hätte weiterarbeiten können.[926] Er glaubte den Konflikt wieder aufnehmen zu können, weil er sich wegen der vier erfolgreichen Fahrten seines Luftschiffs in einer besseren Verhandlungsposition als im August 1909 wähnte.[927]

In dem sich zwischen ihm und der Familie Lanz nun anbahnenden und schnell eskalierenden Konflikt ging es nicht mehr nur um finanzielle Fragen, sondern grundsätzlich darum, wer im gemeinsamen Luftschiffbau die strategischen Entscheidungen treffen und damit dessen zukünftige Entwicklung bestimmen sollte. Die Familie Lanz und Zabel fühlten sich offenbar durch Schüttes Brief gedrängt, zur Unzeit, d. h. noch vor dem Beweis der „unbedingten Leistungsfähigkeit" des Luftschiffs nach weiteren Probefahrten, Verhandlungen über das heikle Thema der Patenverwertung aufnehmen zu müssen.[928] Die Ursache für diese Ablehnung von Verhandlungen zu diesem Thema bestand

wahrscheinlich darin, dass die Familie Lanz und Zabel nach der langen Bauzeit und den weit über dem vereinbarten Preis liegenden Baukosten kein großes Vertrauen mehr in Schüttes Fähigkeiten und noch kein Vertrauen zu seinem Werk hatten.[929] Zabel und Karl Lanz blieb daher nichts anderes übrig, als Schütte am 05.12.1911 mit der Drohung zu antworten, dass die Familie Lanz aus dem Luftschiffprojekt aussteigen würde, wenn sich durch die vorstehenden Unterredungen keine Gewähr dafür ergäben, „ein angenehmes und erfreuliches Zusammengehen zu ermöglichen".[930]

Gegenüber Christians bewertete Schütte diesen Brief Zabels als im Ton und Umgang völlig unangemessen. Das Schreiben verbiete es Schütte, in der alten Form mit der Firma Heinrich Lanz zu verkehren. Zudem sei der Standpunkt, den Zabel in dem Brief einnehme, völlig einseitig und übersehe, dass Schütte seine im Vertrag vom 22.04.1909 übernommenen Verpflichtungen erfüllt habe.[931] Entsprechend schrieb Schütte an Christians:

„Herr Direktor Zabel vergisst aber vollkommen, dass sich unsere Situation in Rheinau verflucht geändert hat, und dass wir trotz grösster Schwierigkeiten nicht nur geflogen sind, sondern sogar tadellose Resultate erzielten."

Schütte wollte daher von einem Menschen, der ihn in den vergangenen zweieinhalb Jahren mehrfach „brutal" auf die Kosten der Firma Heinrich Lanz hingewiesen habe, keinerlei Anweisungen und keine Belehrungen, dass seine Hinweise auf seine Arbeit und Unkosten sowie Frage nach der Weiterentwicklung des Projekts taktlos seien, mehr entgegen nehmen. Im Gegenteil:

„Sollte vor oder nach den Verhandlungen [...] zwischen ihm und mir keine klärende Aussprache stattfinden, aus der ich die Gewähr ziehen kann, dass in Zukunft solche Briefe unterbleiben, *so wird meinerseits definitiv Schluss gemacht.*"

Als er dieses am 08.12.1911 an Christians schrieb, war Schütte demnach kurz davor, die Zusammenarbeit mit Zabel und mit der Familie Lanz aufzukündigen. Sein Entschluss war aber übereilt und keineswegs so gut überlegt und gründlich vorbereitet, wie Schütte in seinem Brief an Christians behauptete, denn am Ende des Schreibens machte Schütte deutlich, wie *verärgert* er über Zabel und die Familie Lanz war:

„Wenn es nicht schon meiner Natur entspricht, auf mir herumtrampeln zu lassen, so ist das Mass nach den 2 ½ Jahren bei mir allmählich übervoll geworden."[932]

Diese Verärgerung geht auch aus dem Antwortbrief Schüttes auf das Schreiben Zabels hervor. In diesem Schreiben weist er die Auffassung

Zabels zurück, dass er – Schütte – nicht das Recht habe, sich nach zwei Jahren des Schweigens zum aktuellen Zeitpunkt nach der Weiterentwicklung des Luftschiffbaus erkundigen zu dürfen. Er begründet seine Auffassung vor allem damit, dass er weder Angestellter der Firma Lanz noch ein nachgeordneter Gesellschafter dieses Unternehmens sei, sondern der geistige Urheber des Luftschiffbaus und demzufolge ein gleichberechtigter Partner der Firma Heinrich Lanz. Da dieser Umstand von Zabel auch nach zwei Jahren nicht anerkannt werde und jener ihm den Vorwurf mache, wiederholt auf die Verwertung aller Patente gedrängt zu haben, forderte Schütte auch seinerseits von Zabel eine „klärende und befriedigende Aussprache".[933]

Doch so ergrimmt wie es seine Briefe zum Ausdruck bringen, ging Schütte nicht in jene Verhandlungen, welche die beiden Parteien für den 20.12.1911 angesetzt hatten. Schütte hatte nämlich seine beiden Briefe vom 07.12. und vom 13.12.1911 sowie die dazugehörige Korrespondenz am 14.12.1911 an „Onkel Paul" Hossfeld geschickt, der – nachdem er die Briefe gelesen hatte – zu dem Schluss kam, dass Schüttes Briefe an Zabel „einen etwas zu starken" bzw. einen „Kampf-Charakter" trügen und die Gegenseite feindlich stimmen würden. Er riet Schütte dringend zur Mäßigung, denn „wenn ihr Euch aber feindlich gegenüber steht, kann nicht wirklich gutes herauskommen." Weiterhin beschwor er Schütte: „Du kannst den ganzen Luftschiffbau bei L[anz] doch nicht zu Fall bringen!", und setzte hinzu: „Das würde man allerseits ungünstig beurteilen."[934]

Gerade diese Warnung dürfte Schütte nachdenklich gemacht haben. War ihm doch vermutlich klar, dass Hossfeld als im RMA tätiger Geheimer Oberbaurat wahrscheinlich viel genauer den Diskussionsstand in seiner Behörde und in der preußischen Militärbürokratie über die militärische Verwendung der neuen Luftfahrzeuge kannte als er selbst. So wusste Hossfeld vermutlich, dass zum Zeitpunkt des Streits zwischen Schütte und der Familie Lanz das RMA zwei Millionen Mark für den Aufbau eines eigenen Luftschiffwesens für den Etat 1912 beantragt hatte[935] und es zugleich aber auch an den in Frankreich neu entwickelten Wasserflugzeugen großes Interesse zeigte.[936] Möglicherweise war ihm auch bekannt, dass im Herbst 1911 die preußischen Militärbehörden in Berlin keineswegs mehr eindeutig das Luftschiff als Mittel für die strategische Aufklärung favorisierten, sondern die Verwendungsmöglichkeit von Flugzeugen für diesen Zweck diskutierten.[937] Diese Informationen könnte Hossfeld auf einem gemeinsamen Treffen in Berlin, das ein paar Tage später nach dem Brief Hossfelds stattfand, Schütte mitgeteilt haben. Zugleich dürfte er auch deutlich gemacht haben, dass eine Verzögerung bei der Erprobung des Luftschiffs oder gar eine Einstellung des gemeinsamen Luftschiffbaus von Schütte und Lanz einen schlechten Eindruck bei den zwischen Luftschiff- und Flugzeugbau schwankenden Militärbehörden hervorrufen würden und damit einen möglichen Verkauf des Luftschiffs und der ihm zugrunde liegenden Patente an sie erschweren oder sogar unmöglich machen würde.[938] Aufgrund der Mitteilungen und Vorstellungen von Hossfeld zur Räson gebracht, ging Schütte vermutlich mit einer relativ konstruktiven Haltung in das auch von der Firma Lanz gewünschte klärende Gespräch am 20.12.1911 in Mannheim.[939] Da Karl Lanz, August Röchling und Paul Zabel offensichtlich auch immer noch ein Interesse an einer gütlichen Einigung hatten, gelangten die Teilnehmer der Unterredung noch an diesem Tag vergleichsweise schnell zu neuen vertraglichen und strategisch weit reichenden Vereinbarungen, die in einem Protokoll festgehalten wurden und die den Vorvertrag vom 22.04.1909 ablösten.

Hinsichtlich der Aufgabenverteilung vereinbarten die Vertragspartner, dass Schütte erst die neuen Daimler-Motoren in das Luftschiff einbauen und es danach weiter erproben sollte, um genaue Daten hinsichtlich Geschwindigkeit, „Höhen- und Dauerfahrt" zu erreichen. Dann hatte er sich dazu zu äußern, ob ein eventueller Schiffsneubau die von den Militärbehörden verlangten oder die von Zeppelin-Luftschiffen bereits erbrachten Leistungen erreichen oder übertreffen könne. Zudem musste Schütte prüfen, inwieweit die Regierung bereit sei, das alte Luftschiff zu kaufen und ein neues zu bestellen. Im Gegenzug wollte sich die Firma Lanz auch beim Verkauf des Luftschiffs engagieren und insbesondere die Aufgabe übernehmen, „eine Bau- und Verwertungs-Gesellschaft zusammenzubringen, welche die den Luftschiffbau betreffenden Constructionen und Patente des Herrn Professors Schütte erwirbt und das nötige Betriebskapital aufbringt." Dabei war das Unternehmen grundsätzlich nicht verpflichtet, über die bereits gezahlten 1,7 Millionen Mark hinaus eigenes Kapital in die zu gründende Gesellschaft einzubringen. Wesentliche Bedingung für ein weiteres Engagement der Firma Heinrich Lanz war aber, dass der Verkauf und die Verwertung der Luftschiffpatente und -konstruktionen nach England, Frankreich und Russland unterblieben. Mit diesem Verzicht hatte sich Schütte ausdrücklich einverstanden zu erklären.[940]

Ein möglicherweise aus dem Luftschiffverkauf erzielbarer Gewinn, der mit 500.000 Mark angenommen wurde, sollte im Verhältnis 7 zu 3 an die Firma Lanz und an Schütte ausgeschüttet werden. Die Firma Lanz erklärte sich bereit, ihren Anteil an diesem Überschuss ganz in die noch zu gründende Bau- und Verwertungsgesellschaft zu stecken und noch dazu die gesamte Infrastruktur in Rheinau zu diesem Unternehmen beizusteuern. Sollte der erzielbare Gewinn für das Luftschiff über 500.000 Mark liegen, so sollte Schütte diesen Teil des Gewinns ganz für sich behalten dürfen. Zugleich war er aber verpflichtet, dieses Geld auch wieder in die neue Gesellschaft zu investieren.[941] Zusätzlich zu diesen Tantiemen sollte Schütte für seine Reisen in seiner Eigenschaft als „technischer Beirat" des Unternehmens mit fünfzig Mark Fahrtkosten täglich entschädigt werden und – teilweise von der Fa. Lanz finanziert – eine Unfallversicherung in Höhe von 150.000 Mark zur Absicherung seiner Familie erhalten.[942]

Beide Vertragspartner einigten sich in ihren Verhandlungen am 20.12.1911 außerdem noch auf den 01.01.1913 als den spätesten Termin, bis zu dem das Luftschiff verkauft sein sollte, und darauf, wie das Unternehmen nach diesem Termin beendet werden sollte, wenn trotz gemeinsamer Anstrengungen kein Käufer für das Luftschiff gefunden werden konnte: Die Firma Heinrich Lanz wäre nach dem 01.01.1913 nicht mehr verpflichtet, den Betrieb der Luftschiffwerft aufrecht zu erhalten. Ein halbes Jahr später könnte sie dann aus dem Projekt gänzlich ausscheiden. Die Firma Heinrich Lanz müsste zusammen mit Schütte zwischenzeitlich versuchen, die Patente und Konstruktionen außer in England, Frankreich und Russland im Ausland zu verkaufen und die Betriebs- und Verwertungsgesellschaft zu gründen. Sollten beim Verkauf der Patente und Konstruktionen Gewinne anfallen, würden diese allein Schütte zufließen, während der Firma Lanz nur die Kosten, die bei der Patentanmeldung entstünden, vergütet würden.[943]

Den Ergebnissen der Verhandlungen vom 20.12.1911 stand Schütte vermutlich zwiespältig gegenüber, da sie ganz klar einen Kompromisscharakter besaßen. So war Schütte zum Beispiel mit dem Ziel in die Gespräche gegangen, einen größeren Anteil am Gewinn bei der Verwertung seiner Patente und Konstruktionen sowie beim Verkauf des Luftschiffs zu bekommen. Dieses Ziel hatte er aber nur teilweise erreicht, weil er zwar eine klare Gewinnverteilung, eine Vergütung seiner Reisekosten und eine finanzielle Absicherung seiner Familie erreicht hatte, aber bei der Verwertung seiner Patente im Ausland auf die attraktiven Märkte in England, Frankreich und Russland verzichten musste und damit fast völlig auf den deutschen Markt beschränkt war, auf dem er mit seinem großen Wettbewerber Zeppelin um die wenigen potenten Kunden, nämlich das preußische Heer und die Kaiserliche Flotte, konkurrieren musste. Ähnlich verhielt es sich bei seinem Ziel, als ein gleichberechtigter Partner der Firma Lanz behandelt zu werden. Zwar war er offiziell der technische Berater der Firma in Luftschifffragen und der leitende Verkäufer für Luftschiffe, doch er war ausgeschlossen von der Gründung der noch zu etablierenden Bau- und Verwertungsgesellschaft, deren Anteilseigner er zugleich aber werden sollte. Ferner

stand er als leitender Vertriebsmanager unter Zeitdruck, da er das Luftschiff bis Ende 1912 verkaufen musste.

Schütte blieb demnach dank des Einflusses des Investors Heinrich Lanz auf die Funktion eines Managers bzw. Beraters und eines Kapitalisten beschränkt, obwohl er mit der Unterzeichnung des Protokolls vom Dezember 1911 wieder wie ein Unternehmer eine strategische Entscheidung, d. h. die Aufrechterhaltung der Partnerschaft mit der Familie Lanz, getroffen hatte. Doch wie der Vorvertrag 1909 sorgte auch das Protokoll dafür, dass er bis auf weiteres allein keine strategischen Entscheidungen treffen konnte, sondern immer nur im Einvernehmen mit der Familie Lanz. Gleichwohl bildeten die Verhandlungsergebnisse vom 20.12.1911 formell die Grundlage für die Zusammenarbeit zwischen Schütte und seinen Partnern von der Firma Lanz bis zum Ende des gemeinsamen Luftschiffbaus im Jahr 1924.

4.2.2.4.4 VERHANDLUNGEN MIT DEN PREUSSISCHEN MILITÄRBEHÖRDEN UND GESPRÄCHE IN DEN USA 1912/13

Schütte machte sich im Januar 1912 umgehend daran, seinen Verpflichtungen aus dem Protokoll vom 20.12.1911 nachzukommen, wozu ihm noch ganze elf Monate verblieben. Als Erstes nahm er Fühlung mit den preußischen Militärbehörden auf, um entsprechend dem Protokoll die genaue Art der Leistungsmerkmale für Militärluftschiffe zu erfahren und um zu prüfen, inwieweit dort die Bereitschaft bestünde, das erste von ihm und Lanz gebaute Luftschiff zu kaufen. Er wandte sich zunächst wieder an Hossfeld mit der Bitte um Unterstützung in dieser Angelegenheit. Tatsächlich sprach dieser mehrfach im Januar 1912 mit dem Direktor des dem Kriegsminister direkt unterstellten Allgemeinen Kriegsdepartement und Zeppelin-Kritikers, General Franz Wandel (1858–1921),[944] und erreichte, dass dieser den Kauf des Luftschiffs von Schütte durch das preußische Heer befürwortete.[945] Wandel machte aber zur Bedingung, dass die Firma Lanz ein offizielles Verkaufsangebot beim Kriegsministerium einreichen müsse. Eine ähnliche Auffassung vertrat auch Schüttes Ansprechpartner bei der Generalinspektion des Luft- und Verkehrswesens, Hauptmann Grützner, den Schütte fast zeitgleich mit Hossfeld wegen des Verkaufs und wegen der Leistungsmerkmale kontaktiert hatte. Erst dann – so Grützner weiter – seien die Militärs bereit, alle gewünschten Unterlagen zu den militärischen Leistungsmerkmalen für Luftschiffe an die Firma Heinrich Lanz zu übergeben.[946]

Doch Karl Lanz wollte auf diese Forderung der Militärs zum damaligen Zeitpunkt offenbar noch nicht eingehen. Er bestand vermutlich darauf, dass Schütte erst – wie am 20.12.1911 vereinbart – die neuen Motoren in das Luftschiff einbaute und dann mit ihm die Probefahrten unternahm, denn ohne die Probefahrten konnte die Firma Lanz weder die Leistungen des Luftschiffs genau angeben noch einen Liefertermin nennen. Auch musste die Firma – nach allem was von der Erprobung der Zeppelin-Luftschiffe in der Öffentlichkeit bekannt geworden war – davon ausgehen, dass Schüttes Luftschiff auch eine Dauerfahrt zu absolvieren hatte. Um aber wahrscheinlich den einmal mit den Militärs geknüpften Kontakt nicht wieder abreißen zu lassen, empfing Karl Lanz den Inspekteur des militärischen Luft- und Kraftfahrzeugwesens General Wilhelm Messing (1857–1927) am 10.02.1912 in Rheinau zu einer Besichtigung des Luftschiffs und gab seine Zustimmung, dass eine Projektbeschreibung an die Generalinspektion gesandt wurde.[947]

Nachdem Schütte und Lanz das Interesse der preußischen Militärbehörden geweckt hatten, schickten jene mehrfach Offiziere nach Rheinau, damit sie als Beobachter an Fahrten des Luftschiffes teilnehmen konnten. Durch die Anwesenheit der Offiziere an Bord waren Schütte und Lanz gezwungen, die Leistungsfähigkeit des Luftschiffs auf den Erprobungsfahrten zu demonstrieren und dabei eventuell auftretende Fehler sofort zu beseitigen. Dieser Zwang wurde schon fühlbar, als das Luftschiff bei seinem ersten Aufstieg im Jahr 1912, am 12.06., einen Unfall erlitt. Das Schiff, das aufgrund gerade verkleinerter Stabilisierungs- und Steuerflächen ohnehin schwer steuerbar war, wurde durch eine auftauchende Bö so plötzlich nach unten gedrückt, dass es auf den Boden prallte, einige Passagiere aus seinen Gondeln schleuderte, und dabei leicht beschädigt wurde.[948] Schütte handelte sofort und ließ die Steuer- und Stabilisierungsflächen wieder vergrößern und nach einem Entwurf von Christians neu gestalten. Außerdem stellte er den erfahrenen Luftschiffführer Richard Honold, den er von der Zeppelin-Gesellschaft abgeworben hatte, ein.[949] Ein Grund für dieses schnelle Handeln Schüttes war vermutlich, dass er selbst an Bord war, als der Unfall passierte. Ein anderer Grund war, dass ein Vertreter des preußischen Heeres, Leutnant Barth von dem Luftschiffer-Bataillon Nr. 3, als Beobachter bei der Unglücksfahrt mitgefahren war. Obwohl sich Barth gegenüber seinem Vorgesetzten Hauptmann Grützner trotz des Unfalls positiv über das Schiff geäußert hatte,[950] wollte Schütte offenbar bei den Militärs auf jeden Fall den Eindruck vermeiden, dass das Luftschiff nicht einwandfrei fuhr oder einmal erkannte Mängel nicht sofort beseitigt würden.

Die Verkaufsverhandlungen mit den Militärs verlangten von Schütte und Lanz auch den Nachweis, dass ihr Luftschiff die damals gültigen militärischen Leistungsstandards erfüllen konnte. In Bezug auf die Erprobungsfahrten waren diese Standards in den „Anhaltspunkten für die Ausführung kriegsmäßiger Übungsfahrten der im Dienste der Obersten Heeresleitung stehenden Luftschiffe" niedergelegt, die Anfang April 1912 vom Chef des Generalstabs an die Generalinspektion des Militärverkehrswesens übermittelt worden waren.[951] Darin wurde unter anderem verlangt, dass ein Militärluftschiff eine „Fahrt von 750 km Gesamtlänge" absolvieren müsse. Entsprechend sorgten Schütte und Lanz dafür, dass das Luftschiff ab Juni 1912 nur noch solche Fernfahrten unternahm.

Bei der vierten Fernfahrt am 09.06.1912, einer Rundfahrt von Mannheim über Worms, Mainz, Wiesbaden, Heidelberg und wieder zurück nach Mannheim, begegnete SL 1 dem neuesten, bereits in Heeresdiensten stehenden Zeppelin-Luftschiff Z III (LZ 12).[952] Schüttes Fahrzeug wurde von dem Zeppelin-Luftschiff überholt, da seine Besatzung nichts riskieren wollte und sich daher nicht auf einen Wettflug einließ. Als Schütte in Danzig die Nachricht von diesem Überholmanöver empfing, wertete er es als Wettfahrt und als Niederlage von SL 1. Erbost schrieb er sofort einen Brief an einen der verantwortlichen Luftschiffführer, Hauptmann Müller, in dem er ihm Vorwürfe über das Verhalten der Besatzung machte. Dieser beschwerte sich daraufhin bei Karl Lanz, der dann seinerseits Schütte am 12.06.1912 schriftlich mitteilte, dass er, Zabel, Christians, Kruckenberg sowie Hauptmann Müller auf einer Konferenz am 11.06.1912 beschlossen hätten, wegen technischer Defekte am Luftschiff, unter anderem wegen der schlechten Beschaffenheit des Wasserstoffs, bis auf Weiteres keine weiteren Fernfahrten, „wie nach Gotha, Berlin usw." zu unternehmen. Außerdem wies Lanz Schütte freundlich, aber bestimmt darauf hin, dass die Werftleitung in Mannheim und nicht er im fernen Danzig die Dispositionen über die Luftschifffahrten treffe. Er begründete dies damit, dass das Schiff und seine Besatzung trotz großer Schwierigkeiten mit dem Auftrieb Hervorragendes geleistet hätten. Das Überholmanöver der Z III habe die Besatzung im Interesse der Schiffssicherheit nicht verhindern können und daher träfe sie keinerlei Verschulden an Zeppelins Sieg. Dass Zeppelin nur auf eine Gelegenheit gewartet habe, sich mit Schütte zu messen, sei klar gewesen, und es sei nur bedauerlich, dass SL 1 ausgerechnet mit dem neuesten und besten Zeppelin-Luftschiff in Konkurrenz treten musste. Schütte – so forderte Lanz abschließend – solle sich daher bei Müller entschuldigen.[953]

Diesen Brief fasste Schütte offenbar als Kampfansage auf und kündigte daher in seinem Antwortbrief an Lanz vom 14.06.1912 „mit größtem Widerwillen" sein Ausscheiden aus dem gemeinsamen Luftschiffbau an. Er begründete dies damit, dass er sich aufgrund der ständigen Verzögerung bei der Fertigstellung einzelner Komponenten des Luftschiffs in seiner Freizeit so sehr auf das Luftschiffprojekt habe konzentrieren müssen, dass er Nebeneinnahmen von 12.000 bis 20.000 Mark aus seiner Schiffbau-Consultingpraxis verloren habe,[954] für Streitfragen in Schiffbaufragen kaum mehr in Frage komme und von seinem erarbeiteten Kapital leben müsse, da er mehr ausgebe, als er mit seinem Gehalt einnehme. Das Engagement im Luftschiffbau habe auch die Erholung zu kurz kommen lassen, so dass er auch „physisch z. Zt. recht herunter" sei.

„So, wie ich es in den verflossenen 3 Jahren getrieben habe, darf es nicht weiter gehen, oder ich bin sehr bald körperlich und pekuniär am Ende." [955]

Schütte schlug daher Lanz vor, einen akademisch gebildeten und unverheirateten Maschinenbauer einzustellen, der über gute Kenntnisse in der Montage und im Werkstattbetrieb verfüge und der als Vorgesetzter der Mannheimer Ingenieure fungieren solle. Er selbst wolle nur noch in prinzipiellen Fragen zur Verfügung stehen. Er begründete dies damit, dass der „Detailbetrieb" nicht gut von Danzig erledigt werden könne und es gut sei, wenn ein älterer Ingenieur die permanente Leitung übernehme. Des weiteren befürwortete Schütte, das Luftschiff dem Kriegsministerium schon zum damaligen Zeitpunkt zum Kauf anzubieten, damit Lanz „klar in die Zukunft sehen" und entscheiden könne, ob er zusammen mit dem Kriegsministerium den Bau einer Wasserstoffanlage beginnen könne.[956] Indem Schütte also Lanz zum ersten Mal nach neun Monaten mit dem Rückzug aus dem gemeinsamen Projekt drohte, wollte er diesen offensichtlich zwingen, die Disposition über die Luftschifffahrten zurück in seine Hände zu geben, um auf diese Weise nicht nur seine im Protokoll vom 20.12.1911 festgelegte Funktion als technischer Berater aufzuwerten, sondern auch um mit einer spektakulären Fernfahrt die Verhandlungen mit den Militärbehörden zu beschleunigen. Schließlich hatte Schütte nur noch knapp sechs Monate Zeit, um SL 1 zu verkaufen, bevor sich die Firma Lanz aus dem gemeinsamen Projekt zurückziehen würde.

Ein paar aufmunternde Worte und vor allem argumentative Unterstützung für seine Position, eine spektakuläre Fernfahrt zu unternehmen, erhielt Schütte aus Berlin von Hossfeld, der sich seit Februar darum bemüht hatte, seinen Vorgesetzten im RMA sowie dem preußischen Kriegsministerium den Kauf von SL 1 schmackhaft zu machen.

Er berichtete Schütte am 15.06.1912, dass im RMA die Ansicht herrsche, dass ein Luftschiff beim Luftschiffbau Schütte-Lanz bestellt werden müsse, sobald dafür die nötigen Mittel vorhanden seien. Dabei betonte er, dass eine Bestellung wesentlich gefördert würde, wenn SL 1 nach Berlin komme und dann Marinevertreter das Schiff selbst in Augenschein nehmen und sich von seiner Leistungsfähigkeit überzeugen könnten.[957] Drei Tage später ging bei Schütte ein weiterer Brief Hossfelds ein, in dem er Lanz für seine zögerliche Haltung bei der Durchführung weiterer Fernfahrten kritisierte und dem Führer von SL 1, Hauptmann von Müller, mangelnde Risikobereitschaft vorwarf. Er berichtete Schütte außerdem über ein Gespräch mit General Wandel, in dem dieser sich negativ über die Leistungen der Zeppelin-Luftschiffe geäußert habe und deutlich gemacht habe, dass er eine Konkurrenz zu Zeppelin für durchaus nötig halte. Eine ähnliche Haltung fände Hossfeld auch im RMA vor. Daher drängte er Schütte nun auch, den Militärbehörden sofort ein Verkaufsangebot zu unterbreiten, bevor er ein weiteres Mal nachdrücklich darauf hinwies, dass SL 1 nach Berlin kommen müsse, um durch seine Performance Überzeugungsarbeit bei den Militärbehörden zu leisten. Als weiteres Argument für einen Berlin-Besuch des Luftschiffs führte er an, dass dort der schlechte Wasserstoff ausgetauscht werden könne, da es in der Stadt dieses Gas in Hülle und Fülle gebe.[958] Mit diesen Neuigkeiten aus Berlin überzeugte Schütte wohl Lanz in den letzten Juni-Tagen des Jahres 1912, dem Militär ein Angebot zu machen und eine Fahrt von SL 1 nach Berlin zu erlauben. Dabei dürfte Schütte die Nachricht von der Vernichtung des erfolgreichen Zeppelin-Luftschiff LZ 10 *Schwaben* in Düsseldorf am 28.06.1912 eine unerwartete große Unterstützung gewesen sein,[959] weil jener Unfall Wasser auf die Mühlen der Zeppelin-Gegner in den Militärbehörden gewesen sein muss. Entsprechend schickte die Firma Heinrich Lanz am 01.07.1912 ein Angebot über den Verkauf von SL 1 an den preußischen Kriegsminister, das er mit der Absichtserklärung verband, im Falle eines erfolgreichen Geschäfts und einer weiteren Unterstützung des preußischen Militärs durch entsprechende Aufträge die Luftschiffwerft in Mannheim-Rheinau kapitalmäßig besser auszustatten und weiter auszubauen.[960] Zudem gab Lanz auch seine Zustimmung zu weiteren Fernfahrten im Rhein-Main-Raum im Juli 1912, so dass SL 1 am 24.07.1912 – gut erprobt – unter dem mittlerweile zum Luftschiffführer avancierten Honold statt unter dem vorsichtigen Hauptmann von Müller, zu seiner großen Fahrt nach Berlin aufbrechen konnte. Erst am 27.07. traf Schüttes Luftschiff auf dem Berliner Luftschifflandeplatz Johannisthal ein, da er in Gotha wegen schlechten Wetters und technischer Defekte einen mehrtägigen Zwischenstopp einlegen musste.[961]

Die Fahrt des Luftschiffes SL 1 Ende Juli 1912 nach Berlin und sein dortiger Aufenthalt im August 1912, seine Gäste- und Rundfahrten über Berlin sowie seine Teilnahme an der Kaiserparade am 01.09.1912 bedeutete einen großen Schritt auf dem Wege zu seinem Verkauf am 01.1.1913, zu dem sich Schütte in dem Protokoll vom 21.12.1911 verpflichtet hatte.[962] So intensivierten die Flüge von SL 1 die Kontakte ins Ausland, genauer gesagt zu den staatlichen Stellen in den USA, die sich Anfang Juni 1912 unerwartet ergeben hatten, als der Luftschiffbau „Schütte-Lanz" vermutlich vom Kriegsministerium in Washington über die amerikanische Botschaft in Berlin aufgefordert worden war, ein Angebot über eine komplette Luftschiffwerftanlage mit Hafen und ein bewaffnetes Luftschiff von 30.000 m³ abzugeben.[963] Der Botschafter der Vereinigten Staaten, John G. A. Leischmann, besichtigte mit seiner Frau und dem amerikanischen Militärattaché, Captain Samuel S. Shartle, das in Johannisthal liegende Luftschiff.[964] Nach seinem Besuch stellte Shartle Schütte einen Empfehlungsbrief für General Allen aus, der als Kommandeur des Nachrichtenkorps der US-Armee auch verantwortlich war für militärische Luftfahrt, und kündigte seiner Regierung Schüttes Besuch an.[965] Die US-Regierung war wohl deshalb an Schütte und seinem Wissen interessiert, weil der Starrluftschiffbau in den USA noch nicht sehr weit vorangeschritten war. Allein Thomas August Sakkett Baldwin (1864–1923) hatte zwei halbstarre Kleinluftschiffe entwickelt, welche ihm im Jahr 1908 und 1909 von der US-Armee abgekauft wurden, die sie für Aufklärungszwecke einsetzen wollte.[966]

Schütte seinerseits war im August 1912 daran interessiert, die USA zu besuchen, weil er am 06.08.1912 einen Brief des New Yorker Publizisten, Herausgeber der Zeitschrift *Aircraft* und Eigentümer der Lawson Publishing Company, Alfred W. Lawson, bekommen hatte, in dem dieser anfragte, ob der Luftschiffbau Schütte-Lanz ihn über die Kosten und Lieferbedingungen für seine Luftschiffe informieren könne, da er einen Passagierluftverkehr zwischen New York, Philadelphia, Baltimore und Washington einrichten wolle.[967] Schütte ging auf die Anfrage ein und traf sich zwei Mal mit Lawson zwischen dem 23. und 26.09.1912 in New York, von wo aus er eine Dienstreise an die oberen Seen und Kanada unternehmen musste. Auf dem ersten dieser Treffen sprachen die beiden über die Gründung der für den Betrieb des Luftschiffverkehrs notwendigen Gesellschaft. Daraufhin arbeitete Lawson ein Projekt aus für die Gesellschaft und ein anderes für die zu erwerbenden Luftschiffe. Beide präsentierte er offenbar Schütte auf dem zweiten Treffen.[968]

Gemäß einer von ihm formulierten Absichtserklärung wollte Lawson eine Kapitalgesellschaft mit dem Namen General Airship Com-

pany of America gründen und mit einem Eigenkapital von 2,5 Mio. US-Dollar ausstatten. Diese Gesellschaft sollte dann vom Luftschiffbau Schütte-Lanz drei Luftschiffhallen, zwei Luftschiffe und die Patente in den USA und Kanada für einen Preis von insgesamt 2 Mio. Dollar kaufen. Des Weiteren sollte sich die Gesellschaft verpflichten, ein Schütte-Lanz Luftschiff pro Jahr zu bauen und der Firma Schütte-Lanz dafür eine Provision zu zahlen.[969] In einem Vertragsentwurf formulierte Lawson dann die Bedingungen, unter denen er sich den Verkauf der SL-Patente, der beiden Luftschiffe, die Gründung der General Airship Company und den Betrieb des Luftschiffverkehrs vorstellen konnte.[970]

Schütte hatte jedoch Zweifel daran, dass Lawsons Pläne seriös waren. So bezeichnete er in seinem Bericht vom 26.09.1912 die von Lawson in seinen Schriftstücken verwandten Summen als „imaginär" und verlangte von ihm den Nachweis, dass er die 2,5 Mio. Dollar aufbringen könne, und zwar bevor die Firma Schütte-Lanz unterschreibe.[971] Zudem beauftragte er am selben Tage die ihm bekannte New Yorker Bank Knauth, Nachod und Kühne, Nachforschungen über Lawson anzustellen.[972] Die Auskünfte über Lawson schienen für Schütte halbwegs zufrieden stellend zu sein, denn nach dem Abschluss des dienstlichen Teils seiner Reise und nach einer Konferenz am 02.10.1912 mit hohen Militärs in Washington über seine Luftschiffe, die er dem Empfehlungsbrief von Captain Shartle an General Allen verdankte, kehrte er nach New York zurück, verhandelte erneut mit Lawson und vereinbarte mit Knauth, Nachod und Kühne, dass sie die Vertretung von Schütte-Lanz übernähmen.[973] Trotz der Übersendung weiterer Information über Luftschiffe von Mannheim an Lawson und der Aufforderung Schüttes, zur „Förderung des Vertragsentwurfs" verschiedene Fragen zu beantworten, kam es zu keinem Geschäft zwischen Lawson auf der einen und Schütte und Lanz auf der anderen Seite.[974] Zu groß war offenbar noch das Misstrauen Schüttes gegenüber Lawson und zu positiv hatten sich inzwischen die Verhandlungen mit den preußischen Militärbehörden über den Verkauf von SL 1 entwickelt. Außerdem kannte Schütte vermutlich außer Lawson in den USA keinen seriösen Geschäftspartner, mit dem zusammen er seine Luftschiffpatente verwerten konnte. Daher war ihm das Risiko, das mit einer Verwertung in Nordamerika verbunden war, wahrscheinlich zu groß. Hinzu kam, dass Schütte vermutlich schon im Herbst 1912 von der ablehnenden Haltung der preußischen Militärbehörden gegenüber dem Verkauf von Luftschiffen ins Ausland gehört hatte.[975]

Das nicht zu übersehene Interesse in den USA und die erfolgreichen Fahrten von SL 1 im Juli und August 1912 hatten auch das preußische Kriegsministerium und die Generalinspektion des Militär-Verkehrswesens beeindruckt. Diese beiden Behörden setzten von nun an große Erwartungen in den von Schütte entworfenen Schiffstyp. Auch der preußische Generalstab wollte „Luftschiffe anderer starrer Konstruktionen (S.L.Schiffe)" einsetzen, sofern sie gleiche Leistungen wie die *Zeppelin*-Luftschiffe erbrächten.[976] Dieser Stimmungsumschwung innerhalb der Militärbehörden zugunsten von Alternativen zu den *Zeppelin*-Luftschiffen bzw. zugunsten Schütte-Lanz war die Voraussetzung dafür, dass das Preußische Kriegsministerium auf das Angebot der Firma Heinrich Lanz vom Anfang Juli 1912 einging. So schrieb das Ministerium an die Firma Heinrich Lanz am 12. Oktober 1912, dass es bereit sei, SL 1 zu kaufen, wenn das Schiff die militärischen Bedingungen erfülle.[977]

Daher unternahm das Luftschiff von November bis Dezember eine Reihe von Werkstatt- und Probefahrten, damit der Vertreter des Kriegsministeriums, Hauptmann von Jena, das Schiff gründlich erproben, verschiedenen Belastungen unterwerfen und auf die Abnahme vorbereiten konnte. Die wichtigste dieser Fahrten war die von Rheinau nach Berlin am 06.12.1912, da diese den Nachweis der von den Militärbehörden verlangten Dauerfahrt darstellte.[978] Danach stand dem Angebot der Firma Heinrich Lanz, SL 1 zu einem Preis von 550.000 Mark anzubieten, nichts mehr im Wege und am 09.12.1912 ging ein entsprechendes Schreiben der Firma im Kriegsministerium ein.[979] Nur zwölf Tage später empfing dann Schütte ein Schreiben des Kriegsministeriums, in dem eine Abschlagszahlung von 180.000 Mark angekündigt wurde.[980] Am 30.12.1912, einen Tag vor dem Ablauf der im Protokoll vom 21.12.1911 gesetzten Frist, übergab Walter Bleistein das Schiff endgültig dem Vertreter des Kriegsministeriums, Hauptmann von Jena.[981]

Schütte hatte damit termingerecht einen wesentlichen Teil seiner Vereinbarung mit Heinrich Lanz erfüllt. Er hatte zudem für den Verkauf des Luftschiffs nicht – wie geplant – 500.000 Mark, sondern 550.000 Mark eingenommen. Damit betrug sein eigener Gewinn 166.666 Mark. Hinzu kamen zusätzlich 50.000 Mark, die er allerdings wieder in den Luftschiffbau Schütte-Lanz investieren musste. Die Firma Heinrich Lanz musste nun ihrerseits ihren Verpflichtungen nachkommen, d. h. 350.000 Mark aus dem Verkauf des Luftschiffs wieder in den Luftschiffbau investieren, das Kapital für eine Verwertungsgesellschaft zusammenbringen und den Betrieb der Luftschiffwerft aufrecht erhalten.

Um der Firma Lanz diese Schritte wesentlich zu erleichtern, kümmerte sich Schütte schon ab November 1912 um weitere Aufträge für Luftschiffbauten. Ganz wie es das Protokoll vom 21.12.1911 vorsah,

wandte er sich zunächst an den preußischen Staat bzw. an das Deutsche Reich. Doch kontaktierte er nicht die Militärbehörden, wie im Protokoll festgelegt, sondern in einem Schreiben vom 07.11.1912 den für wirtschaftliche Mobilmachungsfragen zuständigen Staatssekretär des Innern Clemens von Delbrück, den ihm gut bekannten früheren Oberpräsidenten von Westpreußen.[982] Schütte fragte diesen – entgegen der anders lautenden Passage im Protokoll vom 21.12.1911 – auch nicht nach einem Auftrag für ein weiteres Luftschiff. Stattdessen berichtete er Delbrück, dass der Luftschiffbau Schütte-Lanz nach den erfolgreichen Fahrten von SL 1 gebeten worden sei, ein Luftschiff nach Russland zu liefern, und wollte sich hierfür ausgerechnet des Einverständnisses des Vertreters des Deutschen Reichs versichern. Schütte begründete seine Bitte damit, dass das Unternehmen – anders als Zeppelin – die für den Bau des Luftschiffs nötigen zwei Millionen Mark allein und ohne staatliche Zuschüsse aufgebracht habe. Zudem seien keine neuen Aufträge in Deutschland in Sicht, weil die Zeppelin-Gesellschaft alle Aufträge vom Reich beanspruche und für den Bau einer größeren Luftflotte erst im nächsten Jahr Mittel bereitgestellt würden. Ohne den russischen Auftrag sei der Luftschiffbau Schütte-Lanz daher gezwungen, den Betrieb einzustellen.[983]

Eine Woche später, am 13.11.1912, richtete Schütte eine weitere Eingabe an Delbrück, in der er darum bat, seine Auslandspatente an eine internationale Patentgesellschaft verkaufen zu dürfen, damit der Luftschiffbau Schütte-Lanz auf diese Weise in den Besitz von frischem Kapital gelange und seinen Betrieb weiter aufrechterhalten könne. Zur Begründung führte er an, dass schon mehrfach im Ausland Interesse an diesen Patenten geäußert worden sei und sie aufgrund ungünstiger patentrechtlicher Regelungen in verschiedenen Ländern bald verfallen würden.[984] In einem dritten Schreiben an Delbrück am 29.11.1912 forderte Schütte, dass sich seine Rolle beim Bau von Luftschiffen ändern müsse. Er begründete dies damit, dass er auf eine Patentverwertung insbesondere in England, Frankreich und Russland verzichtet und daher bisher keinen Gewinn gemacht habe. Stattdessen habe er mehr als drei Jahre mit „angestrengtester Arbeit" zugebracht. Nun aber sei er mit seinen finanziellen und physischen Kräften am Ende.[985]

Indem Schütte also die wirtschaftliche Lage des Luftschiffbaus Schütte-Lanz als so schlecht darstellte, dass es zum Überleben Aufträge aus dem Deutschen Reich feindlich eingestellten Ausland benötige bzw. seine Patente im Ausland verwerten müsse, und auch für seine persönliche Situation großen Änderungsbedarf anmeldete, verfolgte er die Taktik, das Ende seines Unternehmens und seiner Luftschiff-

Ambitionen als unmittelbar bevorstehend darzustellen. Indem er damit zugleich die Gefahr eines Zeppelin-Monopols im Starrluftschiffbau skizzierte, hoffte er, die staatliche Entscheidung über weitere Bauaufträge für den Luftschiffbau Schütte-Lanz in seinem Sinne zu beeinflussen. Dafür, dass Schütte mit seinem Schreiben Druck auf die Militärs ausüben und nicht ernsthaft um die Erlaubnis zum Auslandsverkauf nachsuchen wollte, spricht, dass er sich vermutlich selbst klar darüber war, dass er in jenen Jahren niemals ein Luftschiff nach Russland oder in ein anderes Land der dem Deutschen Reich feindlich gesonnenen Tripelentente hätte verkaufen oder seine Patente international verwerten können. Das Reich hätte angesichts des nach der zweiten Marokkokrise und des zweiten Balkankrieges ab 1912 einsetzenden Rüstungswettlaufs einem Verkauf in ein solches Land oder eine internationale Verwertung seiner Patente zu verhindern gewusst.[986] Außerdem hätte ein solches Vorhaben seine Partner von der Firma Heinrich Lanz und insbesondere August Röchling wieder auf den Plan gerufen, denn es hätte gegen das Protokoll vom 21.12.1911 verstoßen, das einen Verkauf eines Luftschiffs an ein Land der Entente eindeutig untersagte.

Schüttes Argumentationen scheinen in der Tat auf fruchtbaren Boden gefallen zu sein. Das preußische Kriegsministerium und das RMA reagierten auf Schüttes Ersuchen, das vom Staatssekretär des Inneren an sie weitergeleitet worden war,[987] kompromissbereit. Zwar betonten sie in ihren Antworten, dass der Verkauf von Luftschiffen des Systems Schütte ebenso unerwünscht sei wie derjenige von Zeppelin-Luftschiffen, zugleich boten sie aber der Familie Lanz und Schütte Verhandlungen an und baten den Staatssekretär des Innern außerdem, solche Verhandlungen einzuleiten.[988] Ein Grund für dieses Verhandlungsangebot bestand vermutlich darin, dass kaum ein Verantwortlicher innerhalb der Militärbehörden ein Monopol Zeppelins im Starrluftschiffbau wollte. Zu kritisch standen die Verantwortlichen den Produkten des Grafen gegenüber und zu schlecht waren ihre Erfahrungen im Umgang mit dem Grafen selbst gewesen.[989] Zudem hätte ein Monopol Zeppelins der Politik der preußischen Militärbehörden gegenüber der jungen Flugzeugindustrie widersprochen, die Konkurrenz zwischen einzelnen Firmen zu fördern, um die Abhängigkeit der Armee von einem einzigen Unternehmen zu verhindern.[990]

Die von den Militärbehörden vorgeschlagenen Verhandlungen fanden am 22.01.1913 statt. Neben Vertretern des Reichsamtes des Innern, des Kriegsministeriums und des RMA nahmen Vertreter des Auswärtigen Amts und des Ministeriums der geistlichen und Unterrichts-Ange-legenheiten teil. Von Seiten des Luftschiffbaus Schütte-Lanz war allein Schütte zugegen. Auf der Besprechung wurde der Verkauf an das Ausland abgelehnt. Die beiden Parteien kamen aber überein, dass Schütte dem Reich alle Auslandspatente gegen eine Entschädigung von 200.000 Mark abtreten solle. Die preußischen Militärbehörden erklärten sich außerdem bereit, den Bestand des Luftschiffbaus Schütte-Lanz durch ausreichende Bestellungen zu garantieren, sofern die Luftschiffe den behördlichen Vorgaben entsprächen und die Firma ihre Luftschiffbauanlagen nur soweit vergrößere, als es für die Produktion der Militärluftschiffe notwendig sei. Das RMA versprach zudem ebenfalls entsprechende Bestellungen.[991] Diese für die weitere Entwicklung des Luftschiffbaus Schütte-Lanz grundlegende Vereinbarung wurde am 03. bzw. 24.04.1913 in einem Rahmenvertrag zwischen dem preußischen Kriegsministerium auf der einen und der Familie Lanz und Schütte auf der anderen Seite schriftlich fixiert. Die Bestandsgarantie für den Luftschiffbau Schütte-Lanz wurde dabei finanziell eingeschränkt, indem sie an die im preußischen Staatshaushalt zur Verfügung stehenden Mittel gebunden wurde, und zeitlich dadurch befristet, dass sie nur solange gewährt wurde, „wie die Heeres- oder Marineverwaltung die Ausrüstung mit Sch.-L Luftschiffen im Interesse der Landesverteidigung für notwendig erachtet". Auch wurde die Bestandsgarantie abhängig gemacht von einer Einigung über den zu erzielenden Preis.[992]

Mit diesem Vertragsabschluss hatte Schütte zuzüglich zu seinem Anteil am Verkaufserlös von SL 1 weitere 200.000 Mark eingenommen. Seine Verpflichtungen aus dem Protokoll vom 21.12.1911 hatte er mehr als erfüllt, da er demnach doch nur Sondierungsgespräche bei den Militärbehörden über den Verkauf eines weiteren Luftschiffs führen sollte. Entsprechend positiv dürfte zu diesem Zeitpunkt das Verhältnis zur Familie Lanz und zu Paul Zabel gewesen sein. Schütte und die Familie Lanz hatten mit ihrer wieder gemeinsam getroffenen strategischen Entscheidung, den Vertrag vom 03./24.04.1913 zu unterzeichnen, das Unternehmen Luftschiffbau Schütte-Lanz in einen Rüstungsbetrieb verwandelt, der seine Unabhängigkeit vom Markt und von konjunkturellen Einflüssen mit einer Abhängigkeit von seinen staatlichen Auftraggebern bezahlte. Mit dieser Umwandlung seines Unternehmens war er selbst ein Rüstungsunternehmer geworden, der relativ geringe Aussichten hatte, wieder für einen zivilen Markt zu produzieren, da er selbst nicht mehr über die entsprechenden Patente verfügte. Dennoch konnte Schütte im April 1913 zufrieden sein, hatte sich seine finanzielle und seine berufliche Situation doch deutlich gebessert.

4.2.2.4.5 DIE ZERSTÖRUNG VON SL 1 BEI SCHNEIDEMÜHL UND DIE FOLGEN DES UNGLÜCKS

Aus diesem Zustand der Zufriedenheit wurde der in Westerland auf Sylt urlaubende Schütte unversehens am 17.07.1913 gerissen, als er die Nachricht erhielt, dass SL 1 nahe der ca. 82 Kilometer nördlich von Posen gelegenen kleinen Ortschaft Schneidemühl völlig zerstört worden war. Nach dem Schütte offenbar wohl gesonnenen „Bericht über die Strandung des S.L. 1 in Schneidemühl" spielte sich das Unglück wie folgt ab: Am 15.07.1913 musste SL 1 auf dem Weg von Königsberg bzw. Danzig nach Biesdorf bei Berlin auf dem Exerzierplatz Schneidemühl zwischenlanden, da seine Außenhülle Schäden aufwies. Dort wurde das Schiff fest verankert. Nach Behebung dieses Schadens wäre ein Weiterflug nach Biesdorf möglich gewesen, doch verlor das Schiff infolge der hohen Außentemperatur eine Menge Gas. Der gelieferte Ersatz war aber so gering, dass SL 1 zwei Tage länger in Schneidemühl liegen musste. Am 16.07. wurde er dann in einem Gewittersturm durchnässt und dadurch schwerer, so dass seine Gondeln – auch infolge des fehlenden Gases – auf dem Boden aufsetzten. Dabei kam es zu Beschädigungen an den Benzinleitungen und an den Propellern. Am Tag darauf, dem 17.07, kam wieder ein Sturm mit starken Böen auf, die das Schiff stark zur Seite drückten und die mit vollen Wasserbehältern gefüllten Gondeln umwarfen. Zugleich ließen die Haltemannschaften bei Aufkommen des starken Windes das Schiff los, so dass sich auch der Erdanker aus dem Boden hob. Zwar bemühten sich zweihundert Soldaten noch das Schiff an einer zufällig herabgefallenen Halteleine herunterzuziehen, doch diese Leine riss. Führerlos geworden, konnte das Schiff vom Wind erfasst, in einen mehrere Kilometer entfernten Wald getrieben und völlig vernichtet werden. Bei diesem Unglück kam ein Mitglied der Haltemannschaft ums Leben, ein weiteres wurde verletzt.[993]

An und für sich war für Schütte die Nachricht von der Vernichtung von SL 1 bei Schneidemühl keine Katastrophe. Das Schiff hatte – wie Paul Hossfeld am 17.07.1913 formulierte – „seine Schuldigkeit getan",[994] weil es Schütte einen hohen Gewinn und weitere Aufträge eingebracht und seinen Ruf als Luftschiffbauer bzw. als Wissenschaftler (neu)begründet hatte. Zudem baute Schütte zu diesem Zeitpunkt an dem Nachfolger von SL 1.[995] Auch die Presse berichtete zunächst im Allgemeinen mit großer Anteilnahme und mit großem Lob für das Schiff und seinen Erfinder. Die Zerstörung von SL 1 führte sie auf die Naturgewalten zurück und verglich den Untergang des Schütte-Lanz-Schiffes mit dem Untergang von LZ 4 bei Echterdingen im Jahr 1908.[996] Sie „besprach", wie es Zabel in einem Schreiben an Schütte am 26.07.1913 anders formulierte, „„ jedenfalls auch unter Würdigung der gegebenen Verhältnisse, mit Takt und Anstandsgefühl die Katastrophe".[997]

Doch schon mehrere Tage nach dem Unfall begann die Presse, grundsätzliche Kritik an dem technischen System Schüttes zu äußern. So behauptete die freikonservative Berliner Zeitung *Die Post*, ein Sprachrohr der Schwerindustrie, am 24.07.1913 in ihrer Morgenausgabe, dass es nur deswegen zum Unglück von Schneidemühl habe kommen können, weil sich SL 1 nicht so gut verankern ließe wie ein Zeppelin-Luftschiff, da seine Gondeln nicht starr mit dem Luftschiffgerippe verbunden seien.[998] Ähnlich argumentierte der Neffe des Grafen Zeppelin, Max Freiherr von Gemmingen-Guttenberg, in seinem Artikel „Die Zerstörung des Schütte-Lanz I" in den Leipziger Neuesten Nachrichten vom 25.07.1913. Er behauptete darin, dass nicht die Naturgewalten, sondern die Konstruktions- und Baufehler des Luftschiffs für den Unfall verantwortlich gemacht werden müssten: Das schwere Holzgerippe mindere die Tragkraft des Luftschiffs, so dass es nicht genügend Ballast aufnehmen könne, um es am Boden zu halten. Die Empfindlichkeit des Holzgerippes verhindere zudem eine starre Verbindung der Gondeln zum Gerippe und mache damit eine feste Verankerung des Schiffes unmöglich, weil die Gondeln wegen des empfindlichen Gerippes nur aufgehängt werden konnten.[999] Anfang August 1913 argumentierte der Schütte schon seit seiner Auseinandersetzung mit Rettich bekannte Hauptmann Hildebrandt in der Berliner Zeitung *Der Tag* ebenso wie von Gemmingen, dass SL 1 aufgrund von Systemfehlern verunglückt sei. Er nannte dabei auch wieder die fehlende Möglichkeit zur festen Verankerung des Schiffes, die er auf die unstarren Verbindungen von den Gondeln zum Gerippe zurückführte.[1000]

Auf diese grundsätzliche Kritik an seinem System reagierte Schütte relativ schnell und zunächst in einer der Sache durchaus angemessenen Schärfe. Offenbar interpretierte Schütte die Absichten von Gemmingens und Hildebrandts dahingehend, dass sie mit ihren Artikeln dem Luftschiffbau Schütte-Lanz als einer der ernst zu nehmenden Konkurrenten Zeppelins in einer Notsituation schaden wollten.[1001] Diese Befürchtung Schüttes war nicht ganz unbegründet, hatte er doch schon im Frühjahr des Jahres 1913 beim Chef des Zivilkabinetts des Kaisers, von Valentini, intervenieren müssen, weil der Kaiser Zeitungsberichte gelesen hatte, die wahrheitswidrig über den Verkauf von Patenten des Luftschiffbaus Schütte-Lanz an England berichtet hatten.[1002] Außerdem fürchtete er, dass die Artikel von Gemmingens und

Hildebrandts ihm Schwierigkeiten bei der Versicherung noch zu bauender Luftschiffe bereiten und ihm damit Probleme mit den Militärs machen könnten.[1003]

Bei der Organisation der notwendigen „Gegenaufklärung" der Öffentlichkeit arbeitete Schütte Hand in Hand mit der Firma Heinrich Lanz und nahm dabei den Rat des Journalisten und Kapitäns zur See von Pustar aus Berlin in Anspruch, der schon am 19. bzw. am 20.07. in der Danziger Neuesten Zeitung bzw. in der Ostpreußischen Zeitung wohlwollende Artikel über Schütte geschrieben hatte.[1004] Von Pustar war – so schrieb er in einem Brief an Schütte vom 31.07.1913 – mit diesem einer Meinung, dass der Luftschiffbau Schütte-Lanz in seiner öffentlichen Reaktion nicht direkt auf den Artikel von Gemmingens eingehen sollte, und schickte die Briefe, die Schütte und Karl Lanz inzwischen verfasst hatten, an verschiedene Zeitungsredaktionen. Allerdings wies er Schütte auf die geringen Erfolgsaussichten dieses Vorgehens hin. Dies begründete er damit, dass der Untergang von SL 1 die Zeitungen nicht direkt anginge und dass das Thema nur eine tagesaktuelle Bedeutung habe. Hinzu käme, dass Graf Zeppelin in der Mehrheit der Redaktionsstuben noch alle Sympathie besäße. Dieser Sachverhalt werde sich nur durch methodische journalistische Einflussnahme und durch positive Leistungen der Nachfolger von SL 1 langsam ändern, da dann Zeppelin die Möglichkeit genommen wäre, die Probleme des Erstlingswerkes als symptomatisch für das ganze System hinzustellen.[1005]

In der Folge erschienen dann auch die Leserbriefe von Schütte und Lanz in einigen Zeitungen. Schütte bezog in seinem Schreiben gegen den Artikel von Gemmingen in der Form Stellung, dass er aus nationalen Gründen auf eine Kritik seinerseits an den Zeppelin-Luftschiffen verzichte und Gemmingen fragte, ob das erste Dutzend Zeppelin-Luftschiffe als kriegsbrauchbar hätte bezeichnet werden können. Er setzte hinzu:

„Man sollte doch nicht derartig mit Steinen werfen, wenn man selbst in einem so großen Glaskasten sitzt."

Dann lobte er die Festigkeit des Gerippes von SL 1, sprach davon, wie schnell die Menschen eigene Fehler vergessen und gab sich im Übrigen unverzagt und optimistisch in Bezug auf sein gerade im Bau befindliches Luftschiff SL 2.[1006] Auch Karl Lanz beschäftigte sich in seinem Brief nicht mit der Kritik von Gemmingens. Stattdessen betonte er die allgemein positive Bewertung von SL 1 und seinen Charakter als Versuchsschiff und wies darauf hin, dass ein Verwandter des Grafen Zeppelin und Bewunderer von dessen System den Untergang von SL 1 benutzte, um die Konkurrenz öffentlich herabzusetzen, dass aber die

Familie Lanz seit Echterdingen den Grafen immer unterstützt habe. Lanz versäumte abschließend auch nicht zu betonen, welch schlechten Eindruck die Kritik von Gemmingens im Ausland machen würde und wie wenig dienlich diese Kritik daher sei. Lanz schloss mit dem Appell, dass nicht vergessen werden solle, dass alle Beteiligten die großen Opfer im Starrluftschiffbau nur gebracht hätten, um dem Vaterland zu dienen.[1007] Hildebrandt als Vertreter der Zeppelin-Partei reagierte auf diesen Aufruf von Lanz nur mit der Wiederholung der Kritik an dem System Schütte in Der Tag. Gemmingens Arbeitgeber, die Leipziger Neuesten Nachrichten, weigerte sich – so wie es Pustar gefürchtet hatte – die beiden Schreiben zu veröffentlichen.[1008]

Neben einer in seinem Sinne betriebenen Pressekampagne wollte Schütte auch die Militärbehörden zu einer Verurteilung des Verhaltens der Zeppelin-Partei zwingen. Auf diese Idee hatte ihn vermutlich Paul Zabel gebracht, der in einem Brief an ihn am 26.07.1913 gefordert hatte, dass das preußische Kriegsministerium von Gemmingen „das Handwerk etwas legen sollte".[1009] Die Furcht vor dem negativen Eindruck der Artikel aus dem Zeppelin-Lager auf die Öffentlichkeit und den Kaiser ließ Schütte den Gedanken von Zabel wieder aufgreifen und trotz einer Warnung von Karl Lanz vom 28.07.1913, keine Anfragen mehr an Zeppelin und das Kriegsministerium zu schicken, am selben Tag ein Telegramm an den eben ernannten Chef des Allgemeinen Kriegsdepartements und späteren preußischen Kriegsminister, Generalmajor Adolf Wild von Hohenborn (1860–1925), absenden, in dem er fragte, ob dem Kriegsministerium der „gehässige" Artikel von Gemmingens bekannt sei und was es gegen solche „nicht im Interesse deutscher Luftfahrt liegenden und gänzlich überflüssigen Presseäußerungen zu tun" gedenke.[1010] Das Kriegsministerium antwortete noch am selben Tag, dass es in dieser Sache keinen Anlass zum Handeln sehe.[1011] Verärgert über diese Äußerung sandte Schütte daraufhin am 30.07.1913 ein weiteres Telegramm an das Kriegsministerium, dass er zukünftig jede ihm passend erscheinende Stellungnahme veröffentlich wolle, da das Kriegsministerium durch seine Entscheidung den Artikel von Gemmingen billige und damit der Zeppelin-Partei das Recht zuspräche, die S.L.-Schiffe einer öffentlichen Kritik zu unterziehen, obwohl sie geheimes Kriegsmaterial sein sollten.[1012] Das Allgemeine Kriegsdepartment ließ sich mit der Antwort Zeit und telegrafierte Schütte erst am 07.08.1913, dass es über das letzte Telegramm Schüttes befremdet sei, da seine Entscheidung keine Billigung des Artikels darstelle.[1013]

Schütte gab sich mit dieser Antwort des Kriegsdepartements nicht zufrieden und ließ die Situation durch weitere, in der Sache unangemessene Briefe eskalieren. Am 18.08.1913 argumentierte er unnachgiebig gegenüber dem Departement, dass die Untätigkeit des Departments zwar theoretisch keine Billigung des Artikels darstelle, aber das stillschweigende Dulden einer praktischen Billigung gleichkomme. Um das Verhalten der Zeppelin-Partei und die Äußerung des Kriegsministeriums als Verstoß gegen die guten Sitten zu brandmarken, konstatierte er, dass seiner zwanzigjährigen Erfahrung nach das Ausschlachten eines Schiffsunfalls in der Schiffbauindustrie durch die Konkurrenz völlig unüblich sei. Zudem kündigte er für den Fall, dass SL 2 nicht versichert werden könne, an, dass er von der Heeresverwaltung eine Entschädigung fordern oder dass er Gemmingen verklagen werde. Im Falle eines negativen Ausgangs des Gerichtsverfahrens bestünde die Möglichkeit, dass er sein Unternehmen schließen müsse, was mit Sicherheit Diskussionen im Reichstag nach sich zöge.[1014] Das Allgemeine Kriegsdepartment scheint entschlossen gewesen zu sein, nicht von seinem Standpunkt abzurücken, aber zugleich die Situation nicht weiter eskalieren zu lassen. Daher reagierte es nicht auf den mit Drohungen gespickten Brief Schüttes.

Als er deshalb vom Allgemeinen Kriegsdepartment nichts mehr hörte, wandte Schütte sich an die ihm zugängliche, nächsthöhere Instanz, um eine Stellungnahme des preußischen Staates zu seinen und seines Luftschiffs Gunsten gegen die Zeppelin-Partei zu erreichen. Er schrieb am 29.08.1913 einen Brief an den Chef des Zivilkabinetts des Kaisers Valentini und legte diesem die Artikel von Gemmingen und Hildebrandt sowie die Erwiderungen von Schütte und Lanz bei. Im Schreiben selbst wies er Valentini auf diese Gegendarstellung hin und betonte, dass, wenn die bei Gemmingen und Hildebrandt aufgeführten technischen Mängel von SL 1 tatsächlich vorlägen, der Ankauf von SL 1 und die Neubestellung von Luftschiffen nur durch die Unfähigkeit der „zur Beurteilung und Erprobung herangezogenen Offiziere" zustande gekommen wären. Bevor er dann auf den Unfallhergang und die Leistungen von SL 1 selbst zu sprechen kam, bezeichnete er aber noch einmal das Verhalten der Zeppelin-Partei als unfair, indem er ihre Vorgehensweise, Informationen über den Untergang von SL 1 am Unglücksort zu sammeln, mit der seiner eigenen Firma verglich, die eine solche Methode immer abgelehnt habe und die es peinlich vermieden habe, zu den Kontroversen um Zeppelin-Luftschiffe Stellung zu nehmen. Danach versuchte er, Presseäußerungen über die Leistungsfähigkeit des Schiffes hinsichtlich seiner Geschwindigkeit und seiner Nutzlast zu korrigieren. So behauptete er, dass die Nutzlast von SL 1 bei gleich bleibender Motorkraft und Geschwindigkeit mit einigen Verbesserungen noch weiter hätte entwickelt werden können.

Darüber hinaus dementierte er mit Hinweis auf die vertraglichen Vereinbarungen mit der Familie Lanz und auf den Millionenverlust beim Verkauf des Luftschiffs Vorwürfe in der Presse, dass das Luftschiff von der Heeresverwaltung nur angekauft worden sei, um seinen Verkauf ins Ausland zu verhindern und die Unkosten des Baus zu ersetzen.[1015]

Eine Reaktion von Valentini auf das Schreiben Schüttes blieb jedoch aus. Wie das Allgemeine Kriegsdepartement distanzierte sich dieser auch nicht öffentlich von den Äußerungen Gemmingens und Hildebrandts in der Presse. Dennoch hatte Schütte mit seinem öffentlichen Vorgehen gegen die Verfasser der gegen ihn gerichteten Artikel und mit seinen Eingaben beim Allgemeinen Kriegsdepartement und beim Chef des Zivilkabinetts einen gewissen Erfolg, da das Militär trotz der Zerstörung von SL 1 seine Verpflichtungen aus dem Vertrag vom 04./23.04.1913 erfüllte und keine negativen Äußerungen über das Luftschiff aus dem Umfeld des Kaisers oder von ihm selbst kamen. Außerdem konnte der Nachfolger von SL 1, das Luftschiff SL 2, doch noch versichert werden.[1016]

4.2.3 DAS SL 2 PROJEKT

Schütte war zum Bau eines weiteren Luftschiffes schon entschlossen, als er SL 1 noch nicht an das preußische Militär verkauft und der Rahmenvertrag mit dem preußischen Kriegsministerium noch nicht abgeschlossen war. So offerierte er bereits im Mai 1912 der kaiserlichen Marine ein Luftschiff und verhandelte in den USA im September 1912 mit dem Publizisten Alfred W. Lawson über den Bau von zwei Luftschiffen.[1017] Während dieses USA-Aufenthaltes machte Schütte in einem Interview mit der *New York Times* am 25.09.1912 dann auch öffentlich bekannt, an einem weiteren Luftschiff zu bauen. Wie aus dem Interview weiter hervorgeht, sollte das neue Fahrzeug ein echtes Luftkriegsschiff („a real war airship") werden. Dieses Schiff sollte als Bomber fungieren und auch Flugzeuge bekämpfen können. Zu diesem Zweck sollten insgesamt sechs Schnellfeuer-Kanonen auf dem Rücken seines Tragkörpers und seiner Gondeln angebracht werden. Diese Pläne folgten seinen Vorstellungen, dass das Luftschiff sich zu einer gewaltigen Kriegsmaschine entwickeln würde, als Folge dieser Entwicklung, Kriege zukünftig in der Luft geführt und das Schicksal von Nationen vielleicht nicht mehr von der Stärke der Land- und Wasserstreitkräfte, sondern von der Stärke der Luftschiffer abhängen würde.[1018] Schüttes Vorstellungen vom Einsatz von Luftschiffen im Krieg und deren kriegsentscheidender Bedeutung entsprach der damals im Deutschen Reich, England und den USA in etlichen literarischen Werken mit belletristischem oder populärwissenschaftlichem Charakter beschriebene Rolle des Luftschiffs im Konfliktfall.[1019] Zwar hatte Schütte in dem Interview mit der *New York Times* hinsichtlich der Dimensionen seines Luftschiffs (1.000.000 cbft., d. h. 30.480 m³), der Leistungsfähigkeit seiner Maschinen (1.000 PS), seiner Geschwindigkeit (50 Mph, d. h. ca. 80 km/h) und seiner Traglast sowie hinsichtlich des Planungs- bzw. Fertigungsstadiums übertrieben,[1020] doch er beabsichtigte durchaus, seine neuen Luftschiffpläne vollständig in die Tat umzusetzen, und die Hoffnungen bzw. Befürchtungen in der Literatur und in der Öffentlichkeit zumindest teilweise wahr werden zu lassen.

Wenn man Schüttes Angaben in der *New York Times* im September 1912 richtig interpretiert, wurde sein zweites Luftschiff vermutlich spätestens in der zweiten Hälfte des Jahres 1912 fertig konstruiert. Jedenfalls konnten die Vorbereitungen für den eigentlichen Bau des Fahrzeugs auf der Werft in Rheinau bereits im Dezember 1912 beginnen. Zwar besaß das Unternehmen noch keinen konkreten Auftrag, doch die Unternehmensleitung hegte aufgrund des erfolgreichen Verkaufs von SL 1 und höchstwahrscheinlich aufgrund von Informationen über die wirtschaftliche Entwicklung der gesamten Luftschiffindustrie die Zuversicht, dass sich der Luftschiffmarkt positiv entwickeln werde.[1021] Entsprechend wies Schütte Christians an, unverzüglich mit den Vorbereitungen für den Bau eines weiteren Luftschiffs zu beginnen, und schon am 22.12.1912 konnte Christians seinen Chef über den Stand der Vorbereitungen für den Bau eines weiteren Luftschiffs informieren. Er sprach in seinem Brief davon, dass er Angebote von Furnieren und Arbeitsmaschinen eingeholt habe und mit den Furnieren Zerreißproben angestellt habe und die Auswahl von geeigneten Maschinen schwierig sei.[1022] Schütte selbst forderte Anfang 1913 bei Maybach und Daimler je ein Angebot über vier Motoren an.[1023] Außerdem kümmerte er sich um die Lieferung von Wasserstoff und holte bei Zeppelin eine Offerte über die Lieferung der so genannten Goldschlägerhaut[1024] für die Gaszellen ein, da Zeppelin damals der einzige Hersteller dieses Produktes war.[1025] Zudem drängte er seine Ingenieure in Rheinau, bald Verhandlungen mit Riedinger unter anderem wegen der Außenhülle aufzunehmen.[1026] Darüber hinaus kümmerte er sich um die Versicherung des Luftschiffs.[1027]

Ende März 1913 wurde in Rheinau mit dem Bau des Gerippes begonnen, noch bevor der Rahmenvertrag zwischen dem preußischen Kriegsministerium auf der einen und der Familie Heinrich Lanz und Schütte auf der anderen Seite am 03. bzw. 24.04.1913 unterzeichnet

und die seit Februar 1913 laufenden Verhandlungen über den Lieferungsvertrag über neue Luftschiffe abgeschlossen worden waren.[1028] Doch schon Anfang Mai desselben Jahres stellte Christians in Rheinau fest, dass die Länge der 1910 fertig gestellten Luftschiffhalle für das neue Luftschiff nicht ausreiche und stoppte die Bauarbeiten an dem Gerippe. Zudem holte er Angebote von verschiedenen Bauunternehmen über eine Verlängerung der Halle um vierundzwanzig Meter ein.[1029] Schütte scheint die Lösung Christians als zu klein und als zu wenig weitsichtig abgelehnt zu haben, denn ihm war offenbar der Trend im Luftschiffbau hin zu immer größeren Einheiten bekannt. Jedenfalls richtete er in diesem Sinne eine Eingabe an das Allgemeine Kriegsdepartement am 19.05.1913. In dieser legte er dar, dass die Halle in Rheinau wegen des Baus von SL 2 um 24 Meter verlängert werden müsse, dass diese Halle aber vor dem Hintergrund des Trends zu immer größeren Luftschiffen als veraltet anzusehen sei. Deshalb bat er in seiner Eingabe weiter um finanzielle Unterstützung in Höhe von 250.000 Mark für die Verlängerung der Halle in Rheinau um 108 Meter in Eisenkonstruktion und für den Einbau von Eisentoren bzw. in Höhe von 500.000 Mark für den Bau einer 200 Meter langen, 32 Meter weiten und 31 Meter hohen Halle in Mannheim Waldhof.[1030]

Die auf diese Weise von Schütte eingeleiteten Verhandlungen mit den Militärbehörden über eine Finanzierung einer großen Lösung des Hallenproblems scheinen im Juni 1913 aber zu keinen greifbaren Ergebnissen geführt zu haben, denn der kaufmännische Direktor der Firma Heinrich Lanz, Paul Zabel, teilte mit, dass er sich für eine Verlängerung der Halle um vierundzwanzig Meter entschieden habe. So geht aus einem Schreiben von Zabel an Schütte vom 02.07.1913 hervor, dass ein Bauunternehmen den Zuschlag für die Verlängerung der Halle um 108 Meter bekommen habe, weil es zugesagt habe, die *vorläufige Verlängerung* der Halle um 24 Meter bis zum 15.10.1913 zu einem äußerst günstigen Preis vorzunehmen. Die einzige Bedingung des Unternehmens war, dass der Luftschiffbau Schütte-Lanz bis zum Jahr 1915 bei ihm die Verlängerung der Halle um 108 Meter nachbestellen sollte.[1031]

Die zeitlichen Verzögerungen durch die Hallenverlängerung erhöhten die Baukosten, denn die Werftleitung musste den Montageplan dahingehend ändern, dass mit der völligen Fertigstellung des Gerippes auch das ganze Schiff fertig, d. h. fahrfähig war. Deshalb war sie gezwungen, sämtliche Maschinenteile, Gondeln und Steuerapparate bauen zu lassen. Diese Arbeiten brachten zusätzliche Ausgaben mit sich, welche die Baukosten weiter steigerten.[1032] Hinzu kam, dass die Heeresverwaltung mit der Begleichung ihrer Verbindlichkeiten gegenüber dem Luftschiffbau Schütte-Lanz stark im Rückstand war. Deshalb bat Schütte schon am 23.06.1913 Hauptmann Groß, Kommandeur des Luftschifferbataillons, um Unterstützung bei der Begleichung von Schulden der Heeresverwaltung in Höhe von insgesamt 530.000 Mark. Dieser Betrag bezog sich auf die letzte Rate für SL 1, auf dessen Reparatur und auf die beiden ersten Raten für SL 2. Angesichts der genannten Summe betonte Schütte in seinem Brief an Groß abschließend:

„Wenn wir Heinrich Lanz nicht als Gläubiger hätten, wäre der L. Sch.L. längst bankerott."[1033]

Doch auch Groß Einfluss auf die Heeresverwaltung war begrenzt. Erst am 25.07.1913 gingen die ersten beiden Raten für SL 2 ein. Dadurch war der Luftschiffbau Schütte-Lanz gezwungen, zur Finanzierung der inzwischen aufgelaufenen Baukosten für den Bau des Schiffes Kredite aufzunehmen, deren Zinsen ihrerseits die Kosten weiter in die Höhe trieben. Daher forderte Christians als Leiter der Werft in Rheinau schon am 02.09.1913 von der Inspektion des Militär-Luft- und Kraft-Fahrwesens die Zahlung der dritten Rate für SL 2.[1034] Abgesehen von diesen Schwierigkeiten gab es keine weiteren Probleme und daher keine weiteren Zeitverzögerungen mehr beim Bau von SL 2. Deshalb konnte das Schiff auch schon nach neun Monaten, d. h. im Dezember 1913, fertig gestellt werden.[1035]

Das fertige Luftschiff SL 2 besaß eine Länge von 144 Metern, maß in seinem größten Durchmesser 18,2 Meter und verfügte über einen Rauminhalt von 24.500 m³. Damit war es um 13 Meter länger und um 5.000 m³ voluminöser als SL 1. Anders als dieser besaß das Schiff einen Tragkörper mit einer „fisch- oder torpedoartigen Form, mit einem ellypsoidalen vorderen Teil und einem schlank verlaufenden hinteren Ende, das in eine Spitze [auslief]". Das Geripppe von SL 2 unterschied sich auch deutlich von demjenigen seines Vorgängers und war denjenigen, die damals in Zeppelin-Luftschiff Verwendung fanden, ähnlicher. Zwar bestand es auch aus Holz, doch seine Träger waren zur Wahrung seiner Form grundsätzlich in einer anderen Struktur angeordnet als bei SL 1: Statt die Träger wabenartig anzuordnen, wurden die Querträger zu einem ringförmigen Zwanzigeck geformt und untereinander mit Drahtseilen verspannt. Diese Zwanzigecke wurden miteinander durch Längsträger verbunden, wobei über jeder Ecke ein solcher Träger lief. Auf diese Weise entstand ein Holzgeripppe, das über eine größere Längs- und Querfestigkeit als das Geripppe von SL 1 verfügte, das zugleich den innenliegenden Laufgang aufnehmen konnte und auch noch weniger wog. Durch die Verwendung eines wasserfesten Leims, durch Imprägnierung und durch Lackierung war das Geripppe von SL 2 zudem sehr viel haltbarer als das Geripppe seines

SL- Luftschiff, vermutl. SL 2, nach dem Start

Vorgängers. Für den Auftrieb des Schiffes sorgten 15 Traggaszellen, die sich zwischen den Zwanzigecken befanden und entweder aus doppelt gummiertem Ballonstoff oder aus der so genannten Goldschlägerhaut bestanden. Der Auftrieb aus diesen Zellen sollte so groß sein, dass es dem Schiff möglich sein würde, ca. 7,5 Tonnen beliebiger Ladung an Bord zu nehmen. Angetrieben wurde SL 2 von vier Maybach-Motoren, die auf vier an unterschiedlichen Stellen am Schiffsrumpf unstarr befestigten Gondeln untergebracht worden waren. Sie sollten jeweils durchschnittlich 119,6 KW bzw. 162,5 PS leisten und das Schiff damit auf eine Geschwindigkeit von 75,6 km/h bringen.[1036]

Das Luftschiff SL 2 war – wie von Schütte von vornherein beabsichtigt – für eine militärische Nutzung vorgesehen. Es konnte als Aufklärungsschiff genutzt werden, denn es verfügte neben den notwendigen Navigationsinstrumenten auch über eine Funkanlage mit einer Reichweite von über 400 Kilometern.[1037] Nach einer zusätzlichen Ausrüstung konnte das Schiff auch als strategischer Bomber eingesetzt werden. Entsprechend hatten Kruckenberg bzw. Schütte dafür gesorgt, dass an bestimmten Stellen am Rumpf Sprengstoff-Bomben untergebracht werden konnte, und der Luftschiffbau Schütte-Lanz hatte im Juni 1913 schon Bombenabwurfvorrichtungen entwickelt.[1038] Als Bewaffnung hatte er auch Maschinengewehre vorgesehen, die an den Maschinengondeln angebracht werden konnten, sowie ein schwereres Maschinengewehr bzw. eine Maschinenkanone auf dem Rücken des Schiffes, der über einen Schacht vom inneren Laufgang aus erreichbar war.[1039]

Schon auf der ersten Probefahrt am 28.02.1914, an der auch Schütte teilnahm, übertraf SL 2 deutlich die an ihn gestellten *technischen* Anforderungen und stellte einen Geschwindigkeitsrekord für Starrluftschiffe auf.[1040] Nach der siebten Fahrt berichtete Hauptmann George von der Verkehrstechnischen Prüfungskommission dem Kriegsministerium am 09.04.1914, dass die vereinbarte Nutzlast von 6,5 Tonnen um ca. 1,4 Tonnen übertroffen worden sei, die Höchstgeschwindigkeit des Schiffes mit 24,22 m/s um 3,2 m/s höher liege als vereinbart und das Schiff daher 87,192 km/h schnell fahren könne. Zudem wies er das Ministerium ausdrücklich auf die gute Steuerfähigkeit des Schiffes hin.[1041] In der Tat war Schütte und dem Luftschiffbau Schütte-Lanz damit ein großer Wurf gelungen, denn SL 2 übertraf hinsichtlich seiner Leistungsdaten alle im Jahr 1914 gebauten Zeppelin-Luftschiffe zum Teil deutlich.[1042] Die Leistungsfähigkeit des Schiffes wurde auch vom Militär anerkannt, da es Schütte für das Übertreffen der vereinbarten Nutzlast und Geschwindigkeit eine Prämie von insgesamt 280.000 Mark zahlte.[1043]

Wer in der Firma Luftschiffbau Schütte-Lanz den größeren Anteil an diesem Erfolg hatte, lässt sich im Nachhinein sehr schwer feststellen. Haaland behauptet, dass der Chefkonstrukteur des Unternehmens, Franz Kruckenberg, sich bei der Schaffung der konstruktiven Grundlagen „für den eigentlichen Schütte-Lanz-Luftschifftyp (=*SL II*)" besonders hervorgetan habe.[1044] Demnach habe er und nicht Schütte den größten Anteil am Erfolg von SL 2. Für diese Überlegung spricht, dass der Schütte-Nachlass mehr Dokumente enthält, die auf ein starkes Engagement Kruckenbergs bei der Konstruktion und beim Bau des Luftschiffes hindeuten, als Schriftstücke, die auf eine intensive Beschäftigung Schüttes mit diesem Projekt schließen lassen.[1045] So findet sich beispielsweise in einer Akte eine Zeichnung des Luftschiffs SL 2, die Kruckenberg am 29.07.1913 eigenhändig angefertigt hat,[1046] und mehrere Akten enthalten Berichte über den Stand der Arbeiten an dem Luftschiff, die von Kruckenberg oder unter seiner Beteiligung verfasst worden sind.[1047] Auch darf nicht übersehen werden, dass Schütte zum Zeitpunkt des Baus von SL 2 in Danzig seinen Verpflichtungen als Hochschullehrer nachgehen musste und darüber hinaus dort mit der Förderung seiner akademischen Karriere beschäftigt war, d. h. mit der Errichtung der Aerodynamischen Versuchsanstalt[1048] und mit seiner Ernennung zum Geheimen Regierungsrat.[1049] Ferner überwachte er die Konstruktion von Flugzeugen in Rheinau.[1050] Allerdings darf nicht vergessen werden, dass Kruckenberg SL 2 nach den konstruktiven Vorgaben Schüttes aus den Jahren 1908/1909 entworfen hatte und Kruckenberg aus Schüttes Fehlern hätte lernen können.[1051] Daher war Schüttes Anteil an der Konstruktion von SL 2 trotz des zweifellos großen Engagements Kruckenbergs immer noch bedeutend.

Nach gut dreimonatiger Erprobung durch preußische Offiziere und durch eine Abnahmekommission[1052] erklärte das Allgemeine Kriegsdepartement des preußischen Kriegsministeriums SL 2 am 27.05.1914 für abgenommen. Kurz zuvor, am 19.05.1914, hatte Schütte noch einen Versuch des preußischen Kriegsministeriums abwehren müssen, die Abnahme des Schiffes in letzter Stunde zu verweigern, indem es auf den noch vertraglich vereinbarten Rückflug von SL 2 nach Mannheim bestand. Ferner wies das Ministerium auf die angeblich schwere Havarie des Schiffes in Leipzig und auf dessen angeblich mangelhaften Höhen- und Dauerleistungen hin. Schütte konnte aber darlegen, dass der Rückflug nach Mannheim nicht unter allen Umständen zu erbringen sei, und die beiden Vorwürfe hinsichtlich der technischen Leistungsfähigkeit von SL 2 erfolgreich entkräften, so dass dem Ministerium nichts anderes übrig blieb, als seine angesichts der früheren Leistungen des Schiffes ungewöhnlich kurzfristig geäußerten Bedenken fallen zu lassen und das Schiff abzunehmen.[1053] Damit hatten Schütte und seine Mitarbeiter nicht nur ihren ersten Heeresauftrag erfolgreich abgewickelt, sondern waren gegen den deutlich spürbaren Willen der Firma Zeppelin für einen kurzen Moment zu den führenden Experten im weltweiten Starrluftschiffbau bzw. Kriegsluftschiffbau geworden. Zugleich hatten sie den Luftschiffbau Schütte-Lanz zum modernsten Unternehmen dieser Branche gemacht.

4.3 SCHÜTTES VERHÄLTNIS ZUM FLUGZEUGBAU 1910–1914

Trotz seiner intensiven Beschäftigung mit dem Luftschiffbau in den Jahren seit 1908 dürften Schütte die erstaunlichen Leistungssteigerungen im Flugzeugbau nicht entgangen sein. Er hatte vermutlich von dem ersten Kreisflug von Farman in Europa, von den spektakulären Flügen Orville Wrights in Frankreich im August 1908 und von der Eröffnung der Deutschen Versuchsanstalt für Luftfahrt (DVL) im selben Jahr genauso erfahren wie von der ersten Kanalüberquerung durch L. Blériot am 25.07.1909, von Henri Lathams Flug über einhundertachtzig Kilometern auf der Grande Semaine d'Aviation im August 1909, von der im Mai 1910 abgehaltenen Flugwoche in Berlin-Johannisthal und von der Eröffnung des ersten deutschen Flugplatzes am selben Ort auf der Internationalen Flugwoche vom 26.09.1909 bis 03.10.1909.[1054] Vermutlich erkannte er als ein ein neues Forschungsthema suchender Ingenieurwissenschaftler in den Jahren 1908 bzw. 1909 – ähnlich wie Zeppelin schon kurz zuvor[1055] – die technischen Potentiale des Flugzeugs, die es schon bald zum Luftkampfmittel und -verkehrsmittel der Zukunft machen würden.

Für diese These und gegen die von dem ab 1913 für den Flugzeugbau beim Luftschiffbau Schütte-Lanz zuständigen Ingenieur Wilhelm Hillmann aufgestellte Behauptung, dass Schütte erst Anfang 1913 erkannt habe, dass „sich in kurzer Zeit das Flugzeug einen mindestens gleichwertigen Platz an der Seite des Luftschiffs errungen haben würde,[1056] spricht, dass Schütte schon im Jahr 1910, parallel zum Bau von SL 1 ein Projekt über die Produktion von Flugzeugen in größerem Stil bearbeitete.

Den Ausgangspunkt dieser Anstrengungen bildete ein Vertrag zwischen dem Charlottenburger Kapitalisten und „Projektemacher" Georg Maschke, der Schütte und Huber bei ihrem Versuch, ihre Luftschiff-Patente in Südamerika zu vermarkten, unterstützt hatte, einerseits und Bruno Werntgen,[1057] einem der vielen jungen Einzelkonstruk-

teure bzw. Luftfahrtenthusiasten in jenen Jahren,[1058] und seiner Mutter, Toni Werntgen, aus Köppern im Taunus – in der Nähe von Frankfurt am Main – andererseits. In diesem Vertrag ging es darum, die „Erfindung eines Fliegers des Herrn Werntgen zu verwerten". (§1) Zu diesem Zweck sollte Frau Werntgen das von ihr gepachtete Flugfeld, die dort erbauten Fliegerschuppen und einen „fertigen und [einen] halbfertigen Flieger" nebst der dazugehörigen Werkstatt, Werkzeuge und Automobil unentgeltlich zur freien Verfügung stellen. (§ 1) Mit Hilfe dieser Infrastruktur wollte Maschke unter Mithilfe und Beratung von Werntgen für weitere Flugversuche einen neuen Flieger System Werntgen konstruieren. Werntgen sollte auch der Testpilot für dieses Vehikel sein. (§§ 2, 5.) Zur rechtlichen Absicherung der Erfindung sollte Werntgen im Deutschen Reich und Maschke im Ausland das Flugzeug System Werntgen zum Patent anmelden. (§ 3) Die „Auswahl und Bestellung der Materialien, der Motoren etc. zum Bau des Flugzeugs" sollte allein Maschke überlassen werden. (§ 4) Der Gewinn aus dem Verwertungsvertrag sollte je zur Hälfte an Maschke und an die Werntgens gehen. Frau Werntgen sollte zudem eine Entschädigung von 20.000 Mark aus dem „eventuell eingegangen Gewinn" erhalten. (§ 6)[1059]

Der eher kaufmännisch gebildete Maschke – laut Vertrag zum Chefkonstrukteur avanciert und für die Beschaffung der Baumaterialien und der Motoren zuständig – traute seinen eigenen technischen Fähigkeiten nicht und bat daher Schütte, ihn bei diesem Projekt zu unterstützen. Maschke stellte sich eine solche Unterstützung in der Form vor, dass Schütte einen 40-PS-Benz-Motor beschaffte und ihn – Maschke – in technischen Fragen beriet. Schütte – von Maschke mit fünfzig Prozent am Gewinn aus dem Vertrag beteiligt und zu diesem Zeitpunkt vermutlich ganz froh, über eine Alternative zum schwierigen Luftschiffbau zu verfügen – nahm dieses Angebot an und unterschrieb am 09.10.1909 sowohl den Vertrag als auch den dazugehörigen Brief.[1060]

Zunächst scheint der Vertrag von allen Beteiligten planmäßig umgesetzt worden zu sein. Am 21.10.1910 meldete Werntgen sein Fluggerät zum Patent an und bestand im November 1910 sein „Führerexamen".[1061] Schütte hatte kurz vorher den Motor bei der Firma Benz bestellt, und Maschke kündigte schon bei der Direktion der Automobilwerke Benz AG am 01.11.1910 an, dass, sobald das Fluggerät „mit gutem Erfolg fliegt", eine Gesellschaft für Flugmaschinen-Bau gegründet werden solle.[1062] Auch formulierten die an diesem Projekt Beteiligten Ende November/Anfang Dezember eine Absichtserklärung über die Gründung der „allgemeinen Luftfahrzeuggesellschaft m.b.H.".[1063] Schütte und seine Partner dachten demnach also bereits an eine Flugzeugproduktion größeren Stils. Doch schon am 21.12.1910 platzten diese Träume, denn Schütte berichtete Maschke über seine ausgesprochen negativen Erfahrungen mit dem Fluggerät Werntgens, dem es an der wichtigsten Eigenschaft eines Flugzeugs, der Flugfähigkeit, gebrach.[1064] Aus diesem Grunde beendete Maschke dann Mitte Januar 1911 auch die Zusammenarbeit mit den Werntgens.[1065]

Zwei Jahre später, Anfang 1913, nachdem Schütte erfolgreich SL 1 verkauft und die Militärbehörden dem Luftschiffbau Schütte-Lanz zugesichert hatten, weitere Luftschiffe zu bestellen, beschloss Schütte, auf der Werft in Mannheim-Rheinau auch eine Flugzeugproduktion aufzubauen.[1066] Zu diesem Entschluss hatte ihn vermutlich die zunehmende Beachtung gebracht, die das Flugzeug als Kriegsmittel in der Öffentlichkeit und vor allem in der preußischen Militärbürokratie ab 1911 fand.[1067] Auch dürften ihm aufgrund seiner guten Verbindungen zu den Militärbehörden die gemeinsamen Anstrengungen des preußischen Generalstabs, der Inspektion des Militär-Luft- und Kraftfahrzeugwesens und des Kriegsministeriums beim materiellen, organisatorischen und personellen Aufbau von Fliegertruppen vor dem Hintergrund der durch die zweite Marokkokrise und den Balkankriegen zunehmenden internationalen Spannungen in den Jahren 1912 und 1913 sowie die damit verbundenen Rüstungsanstrengungen von Frankreich und den anderen Ententemächten nicht verborgen geblieben sein.[1068] Wahrscheinlich hatte er außerdem die Zunahme der Flugzeugbaufirmen und deren positive ökonomische Aussichten aufgrund der Rüstungsanstrengungen der preußischen Armee nach 1912 registriert.[1069]

Schütte konnte seinen Entschluss, bei Schütte-Lanz eine Flugzeugproduktion zu installieren, dann doch nicht so schnell in die Tat umsetzen, da die Familie Lanz als Teilhaber der Firma seinem Vorhaben wegen der „auflaufenden Kosten" und des noch nicht fertig gestellten Luftschiffs SL 2 ablehnend gegenüberstand und die Einrichtung einer Flugzeugbauabteilung verhinderte. Im Herbst 1913 handelte Schütte daher auf eigene Faust und stellte ohne Wissen der Familie Lanz den Diplom-Ingenieur Wilhelm Hillmann von der Technischen Hochschule in Danzig ein. Hillmann hatte sich nach eigenem Bekunden schon seit längerem mit dem Flugwesen und der Flugzeugkonstruktion beschäftigt und 1913 das Fliegen gelernt. Schütte beschäftigte Hillmann als Betriebsassistenten für Motorwesen und gab ihm zugleich den Geheimauftrag, „sich in einem eigens dafür abgesonderten Bureau mit der Flugzeugkonstruktion zu befassen". Hillmann machte sich an die Arbeit und konnte Anfang 1914 den Entwurf eines Flugbootes mit dem „damals stärksten deutschen Flugzeugmo-

tor, dem gerade vollendeten 150 PS Benz", vorlegen. Ein Flugzeug dieses Entwurfs sollte nach dem Willen Schüttes an dem Wasserflugzeugwettbewerb in Warnemünde Anfang August 1914 teilnehmen.[1070]

Doch der Entwurf konnte nicht verwirklicht werden, denn im Frühjahr 1914 stellte Schütte Hillmann der kaiserlichen Marine zur Verfügung, die im Rahmen ihrer 1910 aufgenommenen Anstrengungen zur Entwicklung eines „frontbrauchbaren Küstenflugzeugs" zwei Wasserflugzeuge in England in Auftrag gegeben hatte[1071] und die zur Beaufsichtigung des Baus der Flugzeuge und ihrer „fliegerischen Abnahme" einen „konstruktionstechnisch vorgebildeten Flieger" benötigte. Außerdem sollte dieser Pilot die Schulung der deutschen Marineflieger auf den neuen Flugzeugen in Kiel übernehmen. Schütte schickte Hillmann auf diese Mission, weil ihm klar war, dass das Studium des sehr weit fortgeschrittenen englischen Wasserflugzeugbaus für den Luftschiffbau Schütte-Lanz nur von technologischem Vorteil sein konnte. Tatsächlich fand Hillmann in England heraus, dass sein Flugzeug mit nur einem Motor untermotorisiert war, und folglich entwarf er dort ein neues Wasserflugzeug mit zwei Motoren.[1072]

Der Aufenthalt in England und die Schulung der Marineflieger auf das erste neue Flugzeug in Kiel dauerte länger als geplant, und Schütte und Hillmann war bald klar geworden, dass der neue Wasserflugzeugentwurf von Hillmann nicht rechtzeitig zum Flugwettbewerb in Warnemünde fertig werden würde. Zugleich wussten sie nach Hillmanns englischen Erfahrungen auch, dass alle deutschen Entwürfe als überholt gelten konnten. Schütte beschloss daher, mit einem „gut durchkonstruierten, den englischen möglichst überlegenem Wasserflugzeug vor das Reichsmarineamt zu treten". Hillmann nahm die Arbeiten an diesem Flugzeug auch auf, konnte sie jedoch wegen des Ausbruchs des Ersten Weltkriegs nicht mehr fertig stellen.[1073]

Somit engagierte sich Schütte auch bei der Verwirklichung des Prinzips „Schwerer als Luft". Dies tat er nachweislich viel früher als angenommen. Doch beschränkte er sich — bedingt durch seine Aufgaben beim Bau, bei der Erprobung und bei der Vermarktung von SL 1 sowie bei der Akquierierung von Anschlussaufträgen — auf die Förderung junger Talente im Flugzeugbau und bei der Erprobung von Fluggeräten, z. B. als Präsident bei der Planung und Organisation des so genannten „Ostmarkenfluges" im Winter 1913/14 sowie bei dessen Durchführung vom 20. bis 26.06.1914.[1074] Eigene Konstruktionsanstrengungen unternahm er jedoch nicht. Vermutlich fehlte ihm das dazu nötige technische Wissen denn die Konstruktion von Flugzeugen beruhte auf anderen physikalischen Voraussetzungen als die Konstruktion von Luftschiffen.

4.4 HOCHSCHULLEHRER AN DER TH DANZIG 1908–1914

4.4.1 DIE GESCHEITERTE BERUFUNG ALS PROFESSOR FÜR FLUSS- UND LUFTSCHIFFBAU AN DIE TH KARLSRUHE 1910

Nach achtmonatiger Unterbrechung nahm Schütte im Oktober 1909 seine Lehrtätigkeit an der Technischen Hochschule in Danzig wieder auf.[1075] Von diesem Zeitpunkt an lehrte er dort die „Disziplin des theoretischen und praktischen Luftfahrzeugbaues" auf Grundlage seines in der Auseinandersetzung mit dem Bau von SL 1 gewonnenen Wissens und der Erfahrungen, die er dabei schon hatte machen können.[1076] Mit diesem Vorgehen folgte Schütte konsequent seiner Motivation, über die Einarbeitung in ein neues Forschungsfeld seine stagnierende wissenschaftliche Karriere fortzusetzen. Sehr bald stellten sich in diesem Sinne positive Folgen ein, auf die Schütte vielleicht Ende 1908/Anfang 1909 schon gehofft hatte.

So erging an Schütte im Herbst 1909 von der Maschinenbauabteilung der Technischen Hochschule in Stuttgart der Ruf auf die Professur für Luft- und Kleinmotorenbau. Die Hochschule bot ihm das attraktive Gehalt von 10.000 Mark jährlich und die Ernennung zum Oberbaurat an, wenn er den Ruf annehme. Doch Schütte lehnte ab, vermutlich, weil er einerseits wusste, dass er als Schiffbauer für diese Tätigkeit nicht ausreichend qualifiziert war, und andererseits der Zuschnitt der Professur kaum seinen eigenen Forschungsinteressen entsprach. Sehr viel aufgeschlossener stand Schütte aber dem Ruf auf eine noch zu schaffende Professur „für Wasser- und Luftschiffbau" gegenüber, den der Senat und der große Rat der renommierten, 1865 gegründeten und damit ältesten Technischen Hochschule in Karlsruhe im Großherzogtum Baden ihm „einstimmig primo und unico loco" am 21.07.1910 zugehen ließ.[1077] Dies lag zunächst daran, dass seine Karlsruher Verhandlungspartner ihm ähnlich gute Konditionen anboten wie die Stuttgarter Hochschule im Jahre 1909. Das zuständige Ministerium der Justiz, des Kultus und des Unterrichts war bereit, ihm den Titel „Geheimer Hofrat" zu verleihen, ihm persönlich ein Gehalt von 8.800 Mark, ein Wohnungsgeld von 1.200 Mark und ein Ruhegehalt von 9.460 Mark zu zahlen. Hinzu kam diesmal aber noch, dass das Ministerium den neuen Lehrstuhl mit 5.000 Mark für seinen Assistenten, mit 1.500 Mark als „sonstiges Aversum" und 3.000 Mark für ein Extraordinarium ausstatten wollte und auch mit seiner sofortigen Berufung einverstanden war.[1078] Außerdem hatte das Ministerium gegenüber Schütte auch finanzielle Zusagen hinsichtlich des

Neubaus und der Einrichtung eines eigenen Institutes gemacht.[1079] Überdies hatte sich die Familie Heinrich Lanz nicht nur bereit erklärt, die Finanzierung seines Lehrstuhls bis zum 01. April 1912 zu übernehmen, sondern auch erlaubt, dass der Lehrstuhl die Luftschiffwerft für Studienzwecke nutzen durfte.[1080] Damit wäre es Schütte als Leiter eines Luftschiff-Forschungsinstitutes und als technischer Berater einer Luftschiffwerft in idealer Weise möglich geworden, sowohl die Theorie und die Praxis seines neuen Fachgebietes als auch den Ort seiner Forschung und seinen Arbeitsort miteinander zu vereinen.[1081] Darüber hinaus wäre er – wie er sich in einem Brief vom 20.08.1910 an den Karlsruher Kunsthistoriker, Professor Dr. Adolf von Oechelhäuser (1852–1923) ausdrückte – wieder in einer „Industriegegend" gewesen.[1082]

Die Forderung nach der Einrichtung einer Professur für Fluss- und Luftschiffbau war 1910 von der Abteilung für Maschinenwesen mit der Begründung ausgegangen, dass sie sich nicht länger als einzige Einrichtung dieser Art in Deutschland der Auseinandersetzung mit „der modernen Bewegung der Luftschiffahrt" verweigern dürfe.[1083] In der Anlage zu einer Eingabe der Technischen Hochschule an das Ministerium der Justiz, des Kultus und des Unterrichts vom 22.07.1910 argumentierte die Abteilung ähnlich, wenn sie behauptete, dass das „allgemeine Vertrauen auf die allmähliche Entwicklung" der Luftschifffahrt so sehr gesteigert worden sei, dass schon an fast allen technischen Hochschulen Vorlesungen darüber gehalten worden seien. Sie verstärkte aber ihr Argument von dem drohenden Rückstand der Technischen Hochschule Karlsruhe mit dem Hinweis auf den Nutzen einer wissenschaftlichen Beschäftigung mit der Luftschifffahrt: Bei der Einführung von Lehrveranstaltungen zu diesem Thema anderswo dürfte die Überlegung eine Rolle gespielt haben, dass „durch Einführung der wissenschaftlichen Lehre in das neue Gebiet viel dazu beigetragen werden kann, die Fehler leichtfertiger Erfinder zu vermeiden und hierdurch Gefahren und Opfer der Luftschiffahrt zu vermeiden".

Den möglichen Einwand der mangelnden Attraktivität für Studenten seitens des Establishments der Technischen Hochschule begegnete die Maschinenbauabteilung in der Anlage mit Hinweisen auf die Neuheit des Themas, seine Entwicklungspotenziale und die einmalig gute Ausstattung des Lehrstuhls: Sie behauptete, dass seine Attraktivität als technische Neuheit sowohl zahlreiche Studierende, als auch – die Anwesenheit eines „tüchtigen Dozenten vorausgesetzt" – viele andere Teilnehmer aus anderen Abteilungen anziehen werde. Sie gab zwar zu, dass die Zahl derjenigen Studierenden, „die eine spezielle Ausbildung in der Flugtechnik suchten", ungewiss sei, doch wies sie darauf hin, dass diese Technik „eine wachsende Zahl von Spezialisten" beschäftigen werde, wenn sie die von vielen erwartete Entwicklung nehmen sollte. Für eine große Attraktivität des Lehrstuhls bürge zudem eine gute Ausbildung der Studierenden, die in den von Karl Lanz großzügig in Aussicht gestellten Laboratorien gewährleistet werden könnte.

Als ein weiteres Argument für die Errichtung der Professur führte die Maschinenbauabteilung in ihrem Schreiben an, dass der Flussschiffbau ein so großes Gebiet sei, dass er nicht einfach in dem Stundenplan der Maschinenbauer eingefügt werden könne, sondern als eigenes Fach mit eigenem Lehrplan und eigener Prüfungsordnung etabliert werden müsse. Dann begründete die Abteilung die Errichtung des Lehrstuhls auch noch damit, dass mit Professor Schütte eine Persönlichkeit zur Verfügung stehe, die sowohl den Flussschiff- als auch den Luftschiffbau an der TH Karlsruhe vertreten könne. Schütte – so die Abteilung weiter – sei tatsächlich der Einzige, „der ernstlich in Frage kommen kann", denn er lehre mit „anerkannt hervorragendem Erfolg" seit mehreren Jahren Schiffbau in Danzig, und baue selbst mit großer „Kühnheit und Energie" gerade ein Luftschiff.[1084] Die Interessen der Maschinenbauabteilung an der Technischen Hochschule in Karlsruhe waren also im Wesentlichen durch die Furcht geprägt, den Trend in der Verwissenschaftlichung von Fluss- und Luftschiffbau zu verpassen, dadurch die Drittmittel der Firma Lanz zu verlieren und schließlich weniger attraktiv für weitere Geldgeber und Studierende zu werden, und durch den Wunsch, mit Schütte einen sowohl im Luftschiff- als auch im Flussschiffbau kompetenten Fachmann zu gewinnen.

Da sich diesen Standpunkt der Maschinenbauabteilung auch der Rektor der Technischen Hochschule zu Eigen gemacht hatte, nahm er die Verhandlungen mit Schütte in die Hand und führte sie dank der günstigen Konditionen, die er zu offerieren hatte, schnell zu einem vorläufigen Abschluss: Nachdem das großherzogliche Ministerium die dazu notwendige Genehmigung erteilt hatte, setzte sich der Rektor zunächst mit der Firma Lanz in Verbindung. Karl Lanz signalisierte Interesse und schlug ein gemeinsames Gespräch in Karlsruhe vor, sofern Schütte damit einverstanden und wieder nach Mannheim zurückgekehrt sei. Der Rektor führte danach auch ein persönliches Gespräch mit Schütte, in dem jener sich unter Umständen bereit erklärte, seine Professur in Danzig aufzugeben und einen Ruf nach Karlsruhe anzunehmen. Daran schloss sich am 15.07.1910 eine Zusammenkunft von Schütte, Lanz, dem Rektor und dem Ministerialrat Dr. Böhm vom Ministerium der Justiz, des Kultus und des Unter-

richts an, auf der die Beteiligten übereinkamen, dass Böhm vorbehaltlich einer Genehmigung des Staats- und Finanzministers im nächsten Budget eine ordentliche Professur für Fluss- und Luftschiffbau im Landesparlament beantragen und Schütte informieren werde, sobald die Genehmigung des Staatsministeriums vorliege. Schütte selbst solle dann im Gegenzug seine Entlassung aus dem preußischen Staatsdienst betreiben und schon im bevorstehenden Wintersemester mit seinen Vorlesungen beginnen.[1085]

Beide Seiten bemühten sich in den folgenden Wochen und Monaten, die in der Vereinbarung festgelegten Ziele zu realisieren. Schütte betrieb vereinbarungsgemäß seine Entlassung aus dem preußischen Staatsdienst. Zu diesem Zweck informierte er zunächst am 19.08.1910 seinen Ansprechpartner im preußischen Ministerium für geistliche, Unterrichts- und Medizinalangelegenheiten, den Ministerialdirektor Naumann, in einem Gespräch inoffiziell über seine Absicht, nach Karlsruhe zu gehen. Der Ministerialdirektor bedauerte wiederholt Schüttes Plan und bat Schütte seine Forderungen für Bleibeverhandlungen zu stellen.[1086] Zwei Wochen später, am 06.09.1910, verfasste Schütte ein Schreiben, in dem er Naumann bestätigte, dass er den Ruf nach Karlsruhe zum Frühjahr nächsten Jahres angenommen habe und demnächst sein Entlassungsgesuch einreichen werde. Zugleich informierte er den Rektor der Technischen Hochschule Danzig und seine Kollegen von der Abteilung für Schiffs- und Schiffsmaschinenbau, die ihm den Abschied sehr schwer machten, indem sie erklärten, „dass ginge überhaupt nicht, die Sache müsse rückgängig gemacht werden".[1087] Sein offizielles Entlassungsgesuch schrieb Schütte dann am 08.11.1910 und schickte es an den Oberpräsidenten der Provinz Westpreußen zur Weiterleitung an das Ministerium in Berlin, wo es am 13.11.1910 einging.[1088]

Auch die Karlsruher Seite scheint ernsthaft versucht zu haben, ihren Teil der Vereinbarung einzuhalten. So wurde auf Betreiben von Oechelhäusers dem Wunsch von Schütte entsprochen, eine positive Entscheidung des Badener Parlaments, der Landstände, über die Einrichtung des Lehrstuhls für das Budget 1912/1913 sicherzustellen. Dieser Wunsch entsprang der Furcht Schüttes, bei einer Ablehnung durch das Parlament auf der Straße zu stehen, da Karl Lanz sich nur bereit erklärt habe, die Professur bis zum 01.04.1912 aus eigener Tasche zu bezahlen und er zu diesem Zeitpunkt seine Professur in Preußen schon längst aufgegeben haben würde.[1089] In jedem Fall sandte die TH Karlsruhe am 29.10.1910 Schüttes Plan für seine Vorlesungen an der Hochschule im Sommersemester 1911 an das Ministerium der Justiz, des Kultus und des Unterrichts.[1090] Doch in einer Unterredung zwischen Ministerialdirektor Böhm und Schütte am 13.11.1910 über die finanzielle und räumliche Ausstattung des Lehrstuhls musste dieser dann jenem plötzlich mitteilen, dass aufgrund der finanziellen Lage des Großherzogtums Baden „unter keinen Umständen" die erheblichen finanziellen Mittel für einen Neubau und für die Einrichtung des Instituts im Budget 1912/13 angefordert werden könnten. Auch machte er deutlich, dass er keine bestimmte Zusage hinsichtlich des Zeitraums, in dem die Mittel bewilligt würden, machen könne. Schütte müsse sich mit den ihm zugewiesenen provisorischen Räumen und der ihm zugesagten Summe von 3.000 Mark zufrieden geben.[1091] Schütte wertete die Aussagen Böhms offenbar als Abrücken des Karlsruhers Ministeriums von zwischenzeitlichen Zusagen über finanzielle Mittel für den Neubau und für die Einrichtung eines eigenen Instituts und damit als einen klaren Bruch von einmal getroffenen Vereinbarungen. Daher entschloss er sich, den Ruf als Professor für Fluss- und Luftschiffbau nicht anzunehmen und auf seinem alten Lehrstuhl in Danzig zu bleiben. Ein Schreiben mit entsprechendem Inhalt richtete er am 14.11.1910 an die Abteilung für Schiffs- und Schiffsmaschinenbau, am 15.11.1910 an Naumann und am 17.11.1910 an das Wissenschaftsministerium in Berlin.[1092] Schütte konnte dabei sicher sein, wieder seinen alten Lehrstuhl an der TH Danzig einnehmen zu können, denn der Ministerialdirektor Naumann im Kultusministerium hatte ihn wissen lassen, dass er sich „nach wie vor sich sehr freuen würde, wenn [Schütte] in Danzig verbliebe". Außerdem hatte unter den Dozenten der Schiffbauabteilung der TH Danzig „ein mehrfacher Wechsel" in der kurzen Zeit ihres Bestehens stattgefunden, den der Oberpräsident der Provinz Westpreußen als nicht förderlich für die Entwicklung dieser Abteilung empfand.[1093]

Gut zweieinhalb Jahre nach seiner Ablehnung des Rufs aus Karlsruhe glaubte Schütte, den wahren Grund des Karlsruher Ministeriums zu kennen, den Lehrstuhl für Fluss- und Luftschiffbau nicht mit entsprechenden Geldern für einen Neubau und für die Einrichtung eines Instituts auszustatten. In seinem Brief an den Chef des kaiserlichen Zivilkabinetts Valentini vom 14.06.1913 schrieb er, dass der Großherzog von Baden aufgrund von offiziellen Mitteilungen „durch die Zeitung von Oldenburg" der Vereinbarung vom 15.07.1910 zwischen Schütte und der TH Karlsruhe bzw. dem Ministerium der Justiz, des Kultus und Unterrichts die Zustimmung verweigert habe, „ohne dem *Allerhöchst* [,d. h. vom Kaiser,] ihm empfohlenen Grundsatze zu entsprechen: audiatur et altera pars" zu berücksichtigen.[1094] Demnach war Schütte der Meinung, dass der Großherzog von Oldenburg den Großherzog von Baden über die Beziehung Schüttes zu Elisabeth

von Oldenburg-Schwerin informiert habe, dieser – entgegen dem Rat des Kaisers – in das laufende Berufungsverfahren beim zuständigen Ministerium eingegriffen und dieses genötigt habe, unter Zuhilfenahme fiktiver „budgetärer Rücksichten" einmal getroffene Vereinbarungen zu brechen und auf diese Weise Schüttes Ablehnung des Rufs aus Karlsruhe zu erzwingen.[1095]

Für diese Ansicht Schüttes sprechen eine Reihe von Gründen. Wie schon dargelegt, hatte der Großherzog von Oldenburg ein Motiv, Schütte schaden zu wollen.[1096] Zudem wirkt das vom Ministerium vorgebrachte Argument von der finanziellen Notlage des Landes Badens unglaubwürdig, denn die Kosten für den Neubau und die Einrichtung des zum Lehrstuhl gehörigen Instituts wären sicherlich nicht exorbitant hoch gewesen. Hinzu kommt, dass das Argument des Ministeriums nicht der aktuellen Situation der TH Karlsruhe in der Hochschullandschaft Süddeutschlands Rechnung trug. Die Fridericiana befand sich nämlich im Bereich Luftschiffbau in Konkurrenz zu der benachbarten Technischen Hochschule in Stuttgart. Diese Hochschule war gerade auch dabei, eine Professur für Luftschifffahrt einzurichten, und setzte ihre Karlsruher Schwester damit unter Druck.[1097] Das Ministerium der Justiz, des Kultus und des Unterrichts hätte also allen Grund gehabt, die TH Karlsruhe bei der Etablierung eines Lehrstuhls für Fluss- und Wasserschiffbau mit allen Kräften zu unterstützen. Entsprechend bewerteten dann auch der Rektor und der Senat der Technischen Hochschule den Abbruch der Verhandlungen mit Schütte in einem Schreiben an den Badischen Staatsminister Dr. Freiherr von Dusch am 19.11.1910 als eine in doppelter Hinsicht „schwere Schädigung" der Fridericiana, da durch diese Berufung die Hochschule einen neuen „Anziehungspunkt" und einen Vorsprung gegenüber anderen Hochschulen erhalten hätte.[1098]

Das wichtigste Argument für Schüttes Auffassung, dass der Großherzog von Oldenburg seine Berufung nach Karlsruhe verhindert habe, liegt in dem Umstand begründet, dass Schütte seine Anschuldigungen gegenüber einem hohen Beamten am kaiserlichen Hof, dem Chef des Zivilkabinetts des Kaisers, erhob, und auch noch wagte, darauf hinzuweisen, dass der Kaiser selbst versucht habe, den Großherzog von Baden für Schütte einzunehmen. Wenn diese Aussagen nicht der Wahrheit entsprochen hätten, wäre seine Karriere als Wissenschaftler spätestens zu diesem Zeitpunkt beendet gewesen. Schüttes Behauptung, dass der Großherzog von Oldenburg seine Berufung nach Karlsruhe verhindert habe, scheint demnach zuzutreffen. Letzte Sicherheit könnten aber nur weitere Forschungen in den zuständigen Archiven erbringen.[1099]

4.4.2 DIE ERRICHTUNG DER AERODYNAMISCHEN VERSUCHSANSTALT AN DER TH DANZIG 1912–1913

Der Gedanke, ein eigenes Luftschiff-Forschungsinstitut zu gründen und zu leiten, ließ Schütte auch nach der Ablehnung der Berufungsverhandlungen mit der TH Karlsruhe Mitte November 1910 nicht mehr los. Verantwortlich dafür waren vermutlich seine Erfahrungen bei der Konstruktion und dem Bau von SL 1, weil diese Forschungsaktivitäten ihm gezeigt hatten, wie groß die Wissenslücken in der Forschung zum Beispiel bei der Ermittlung einer aerodynamischen Tragkörperform mit einem günstigen Streckungsverhältnis noch waren.

Die politisch-organisatorischen Voraussetzungen zur Verwirklichung seiner Pläne wurden auf der konstituierenden Sitzung der als Verein organisierten „Deutschen Versuchsanstalt für Luftfahrt" im Reichsamt des Innern am 20.04.1912 geschaffen. Dieser Einrichtung, welche auf die Pläne Zeppelins von einer deutschen Luftfahrtsversuchsanstalt aus dem November 1907 zurückging, wurde auf dieser Sitzung nach Intervention verschiedener preußischer Ministerien vornehmlich hoheitliche Aufgaben wie etwa die „Zusammenfassung und Orientierung über die Ergebnisse der Forschung in Deutschland" oder die „Erstellung und Unterhaltung von Prüfanlagen und Ausbildung von geschulten Ingenieuren für die Prüfarbeiten, die aus der gesetzgeberischen Tätigkeit des Staates resultieren", zugewiesen. Die Grundlagenforschung sollte die Versuchsanstalt nach dem Willen dieser Ministerien nicht übernehmen. Sie sollte den Universitäten und technischen Hochschulen vorbehalten bleiben.[1100]

Die Kenntnis von dieser grundsätzlich positiven Haltung in den preußischen Ministerien gegenüber der Hochschul-Grundlagenforschung im Bereich der Luftfahrt war es vermutlich, welche Schütte mit Unterstützung der Abteilung für Schiffs- und Schiffsmaschinenbau an der Technischen Hochschule ermutigte, am 14.02.1912 beim Minister der geistlichen und Unterrichtsangelegenheiten zu beantragen, finanzielle Mittel in Höhe von 50.000 Mark zur Errichtung einer Aerodynamischen Versuchsanstalt im Haushalt für 1913 bereitzustellen. Jedenfalls lag Schütte ganz auf dieser Linie der Ministerien, wenn er in seinem Antrag um die finanziellen Mittel zur Einrichtung einer Aerodynamischen Versuchsanstalt bat und dies damit begründet, dass es

„sich als wünschenswert und notwendig erwiesen [hat], um die vielen noch schwebenden und bisher wenig geklärten Fragen über Luftwiderstand, über die Ermittelung des Angriffspunktes dieses Widerstandes bei in Luft bewegten Körpern, ebenen und gekrümmten Platten eine Lösung entgegenzuführen".[1101]

Auch das unterstützende Votum der Abteilung für Schiff- und Schiffsmaschinenbau folgte der Ausrichtung von Schüttes Antrag auf die Grundlagenforschung im Bereich der Luftfahrt. Die Abteilung wies darauf hin, dass auch Schüttes Kollege Föttinger schon ab 1911 Vorlesungen „Ueber die Physik der Strömungserscheinungen" gehalten habe, „in welcher sowohl die Strömungsvorgänge des Wassers als auch der *Luft* behandelt werden", und dass die von Schütte aufgenommene „Disziplin des theoretischen und praktischen Luftschiffbaus" damit eine „zeitgemäße" Erweiterung erfahre. Da „diese Anlehnung an die auf gleicher Grundlage beruhenden Gebiete des Schiffs- und Schiffmaschinenbaues die Weiterentwicklung der obigen Disziplin fördern wird", beabsichtigte die Abteilung auch, den theoretischen und praktischen Luftschiffbau weiter auszubauen.[1102]

Die Argumente Schüttes und der Abteilung für Schiffs- und Schiffsmaschinenbau scheinen überzeugend gewesen zu sein, denn am 10.04.1913 wurden 46.600 Mark zur Errichtung der Aerodynamischen Versuchsanstalt im preußischen Haushalt für 1913 nachträglich bewilligt.[1103] Auch sieben Monate später schienen diese Argumente noch nichts von ihrer Überzeugungskraft verloren zu haben, denn am 04.11.1913 bewilligte der preußische Finanzminister weitere 15.000 Mark.[1104] Um diese Entscheidung war er vom Minister der geistlichen und Unterrichtsangelegenheiten gebeten worden, weil Schütte diesem gegenüber in einem Schreiben am 22.08.1913 eingestanden hatte, dass die Baukosten für die Aerodynamische Versuchsanstalt wegen fehlerhafter Kostenvoranschläge der Lieferanten sehr viel höher ausfallen würden als erwartet.[1105] Am 05.11.1913 konnte der Minister der geistlichen und Unterrichtsangelegenheiten der Technischen Hochschule dank der Zugkraft der Argumente von Schütte und seiner Abteilung dann noch mitteilen, dass auch die Personalkosten für einen Assistenten, einen Feinmechaniker und einen Tischler in Höhe von 4.000 Mark sowie 3.000 Mark zur Bestreitung der jährlichen Betriebskosten aus dem preußischen Haushalt 1914 bewilligt worden seien.[1106] Gegen Ende des Jahres 1913 waren somit sowohl die Finanzierung des Baus von Schüttes Aerodynamischer Versuchsanstalt als auch die Bezahlung der für ihren Betrieb nötigen Kosten gesichert.

Als wegweisend für den Inhalt und die Ziele von Schüttes Plänen zur Errichtung der Aerodynamischen Versuchsanstalt wirkte neben seinen eigenen Erfahrungen mit den Laboratorien auf der Werft in Mannheim-Rheinau vor allem auch die „Luftmodellversuchsanstalt" Ludwig Prandtls an der Universität Göttingen, die am 09.11.1907 gegründet worden war und in deren Windkanal im Jahr 1910 im Auftrag von August von Parseval auch schon der Druckwiderstand und die Druckverteilung an Luftschiffmodellen gemessen worden waren.[1107] Schütte wollte aber in seiner Anstalt nicht das von Prandtl zur Anwendung gebrachte Windkanal-Prinzip einfach kopieren, sondern seine eigene Versuchsanordnung erproben. Dieser Anordnung lag die Idee Schüttes zugrunde, dass „die zu untersuchenden Körper mit einer entsprechenden Geschwindigkeit durch die in Ruhe befindliche Luft bewegt werden". Seiner Meinung nach käme ein solches Vorgehen den realen Bedingungen näher als der Windkanal Prandtls in Göttingen, weil dort nicht in Bewegung befindliche Luft gegen die zu untersuchenden Körper geblasen würde. Um die Widerstandsmessungen nach seiner Versuchsanordnung durchführen zu können, plante Schütte die aerodynamische Versuchsanstalt auf dem Schnürboden des Dachgeschosses des Mittelbaus der Technischen Hochschule einzurichten. Hier stand nämlich ein fünfundfünfzig Meter langer, fünf Meter hoher und dreizehn Meter breiter Raum zur Verfügung, an dessen Decke ein durch Motoren angetriebener Versuchswagen auf Schienen rollen und dabei eine derart hohe Geschwindigkeit entwickeln konnte, dass mittels eines auf dem Wagen befindlichen Dynamometers der Druck bzw. Formwiderstand der Luftschiff- oder Flugzeugmodelle gemessen werden konnte.[1108] Schütte wollte demnach den Beweis erbringen, dass nicht nur mit einem Windkanal, wie ihn Prandtl in Göttingen verwandte, der Druck- bzw. Formwiderstand von Körpern in der Luft gemessen werden konnte, sondern auch mit einer Methode, die dem Prinzip der ihm wohlbekannten Schleppmodellversuchstationen folgte.

Ein ähnliches Ziel wie Prandtl, der mit seiner Versuchsanstalt „der Praxis unmittelbar dienen wollte, indem er ihr Zahlenwerte lieferte, die sie bei der Konstruktion von Luftschiffen und Flugzeugen benötigte",[1109] verfolgte auch Schütte, wenn er angab, dass die gleichen Versuche wie in Göttingen ausgeführt werden könnten[1110] und wenn er später das Modell von SL 2 in der Aerodynamischen Versuchsanstalt testen ließ.[1111] Ähnlich waren Prandtls und Schüttes Zielvorstellungen auch in Bezug auf die Erforschung der mathematisch-physikalischen Gesetzmäßigkeiten und der Überprüfung der Ergebnisse von theoretischen Untersuchungen, weil Schütte klären wollte, ob das viel umstrittene Newton'sche Ähnlichkeitsgesetz[1112] und ob die Reynold'schen Zahlen und ihre Folgerungen richtig seien.[1113] Diese Forschungsziele scheint Schütte vor allem deshalb formuliert zu haben, um die Richtigkeit der im Göttinger Windkanal gemessenen Werte und der Grenzschichttheorie prüfen zu können. Schüttes Forschung richtete sich demnach primär auf die Falsifikation der von Prandtl ermittelten Ergebnisse.

Als seine Versuchsanstalt im Wintersemester 1913/1914 ihren Betrieb auf dem Schnürboden der TH Danzig aufnehmen und er im Jahr 1914 auch noch sein „Institut für Aerodynamik" gründen konnte,[1114] hatte Schütte das seit 1908 von ihm verfolgte Ziel erreicht, seine wissenschaftliche Karriere aus ihrer Sackgasse herauszuführen. Den Ausgangspunkt dafür bildete seine Auseinandersetzung mit den aerodynamischen Formen von Luftschiffen, die es ihm einerseits ermöglichte, seine Erkenntnisse und praktischen Erfahrungen aus der Hydrodynamik nutzbringend einzusetzen und sich andererseits in ein zu jenem Zeitpunkt schon seit einigen Jahren in Wissenschaft, in Politik und Verwaltung immer mehr anerkanntes,[1115] wichtiges und neues Forschungsgebiet der Luftfahrt einzuarbeiten und zu etablieren.

4.4.3 ERNENNUNG ZUM GEHEIMEN RAT 1913

In den ersten Monaten des Jahres 1913, also parallel zu seinen erfolgreichen Bemühungen, staatliche Gelder zu Errichtung der Aerodynamischen Versuchsanstalt zu akquirieren und kurz nach dem Abschluss des Rahmenvertrags mit dem preußischen Kriegsministerium, betrieb Schütte seine Ernennung zum „Geheimen Regierungsrat" anlässlich des 25jährigen Thronjubiläums des Deutschen Kaisers und preußischen Königs Wilhelm II. am 15.06.1913.[1116] Für Schütte als preußischem Professor stellte dieser eher selten verliehene Titel, ohne dass mit ihm eine weitere Amtsfunktion verbunden war, eine „Auszeichnung" dar, auf die er allergrößten Wert legte.[1117] Vermutlich wollte er damit eine höchst offizielle Anerkennung seiner Leistungen im Luftschiffbau und in der Aerodynamik erreichen.

Doch der Kaiser lehnte am 16.05.1913 das entsprechende Gesuch von Schüttes vorgesetzter Behörde, dem Ministerium der geistlichen und Unterrichts-Angelegenheiten, ab.[1118] Dies geschah — so Schütte in seinem Brief an den Chef des kaiserlichen Zivilkabinetts, Valentini, vom 14.06.1913 — deshalb, weil im Augenblick „in Ansehung gewisser Rücksichten" ihm die von seiner „vorgesetzten Behörde" in Aussicht gestellte Auszeichnung noch nicht zuteil werden könnte. Schütte selbst führte die Ablehnung seiner Ernennung zum Geheimrat wieder auf den Einfluss des Großherzogs von Oldenburg zurück, der — obwohl Schütte mit ihm ein Abkommen Ende 1909 geschlossen hatte — gegen ihn und den am „schwersten betroffenen Teil", also der Großherzogin von Oldenburg, vorgegangen sei:

„Man hat sich auf der Gegenseite, wenn ich mich so ausdrücken darf, unter der Hand bemüht, uns so unmöglich wie nur möglich zu machen.“

Er machte dies beispielhaft deutlich an seinen Ruf nach Karlsruhe auf den Lehrstuhl für Fluss- und Luftschiffbau[1119] und schrieb dann weiter:

„In ähnlicher Weise ist bis heute gegen mich gearbeitet worden. Den offenen Kampf hat man in Oldenburg gescheut, ohne andererseits das Geringste dazu beigetragen zu haben, die Angelegenheit zu einer diskreten zu machen.“[1120]

Die Erwähnung des Einflusses des angeblich rachsüchtigen Großherzogs von Oldenburg als Ursache für die Verschiebung der Ernennung zum Geheimrat und die Selbststilisierung als Opfer waren aber nur ein Mittel Schüttes, um doch noch den ersehnten Titel zu bekommen. Schütte drohte außerdem seinem vorgesetzten Minister und dem Chef des Marinekabinetts, den preußischen Staatsdienst zu verlassen und in die Schiffbauindustrie zu wechseln bzw. in die USA auszuwandern.[1121] Zudem beklagte Schütte sich beim Generalinspekteur der Militär-Verkehrstruppen von Lyncker über eine „offensichtliche Zurücksetzung“ bei der Verleihung des Titels „Geheimer Rat“ an ihn und des Roten Adlerordens IV. Klasse [1122] an Paul Zabel, über die schleppende Bezahlung der Reparatur des Luftschiffs SL 1 und des halb fertigen Luftschiffs SL 2 und drohte nun auch von Lyncker mit der Schließung des Luftschiffbaus Schütte-Lanz und eine Behandlung des Themas im Reichstag, sofern der Kultusminister, die General-Inspektion und der Kriegsminister und der Kaiser ihn, sein Unternehmen und seine Partner nicht besser behandeln würden.[1123]

Gegen Ende August 1913 schienen Schüttes Argumentationen und Drohungen die gewünschte Wirkung zu zeigen, denn am 22.08.1913 wandte sich der Minister der geistlichen und Unterrichtsangelegenheiten unmittelbar an den Kaiser, um Schütte den Geheimratstitel zu verschaffen. Der Minister verwies dabei auf die wissenschaftlichen Leistungen Schüttes und auf seine großen Erfolge beim Bau von Luftschiffen. Er betonte weiter, dass daher der Kriegsminister und der Chef des Marinekabinetts auch großen Wert auf die Ernennung legten. Als besonderes Verdienst von Schütte hob der Minister hervor, dass er seine Luftschiffpatente für das Ausland auf das Reich übertragen habe, so dass ihm ein „bedeutender pekuniärer Gewinn“ entgangen sei, auf den er aber „im vaterländischen Interesse“ gern verzichtet habe. Dann würdigte der Minister Schüttes Leistungen als Lehrer des Schiffbaues, insbesondere im Fach „Luftschiffbau und Aerodynamik“ und erwähnte die Einrichtung des aerodynamischen Instituts als Mittel, Schütte an

der Hochschule zu halten. Dieses Institut allein reiche aber noch nicht aus, da Schütte – und hier wiederholte er eine von dessen Drohungen – immer wieder verlockende Angebote aus der Industrie bekommen werde.

„Ihn trotz dieser Verlockungen in seinem amtlichen Wirkungskreis zu erhalten, wird nur gelingen, wenn ihm auch dadurch einen Allerhöchsten Huldbeweis gezeigt wird, das auf sein Verbleiben an der Hochschule der größte Wert gelegt wird.“[1124]

Die bloße Aussicht, Schütte an die Industrie zu verlieren, schien Wilhelm II. nicht gerade begeistert zu haben. Am 01.10.1913 verlieh er Schütte den „Charakter Geheimer Regierungsrat“.[1125]

Schütte war also durch den Luftschiffbau nicht nur ökonomisch unabhängig geworden und hatte sich wissenschaftlich ein völlig neues, zukunftsträchtiges Forschungsgebiet erschlossen, sondern galt nach der erfolgreichen Erprobung und Abnahme von SL 2 als weltweit führender Experte im Starr- bzw. Kriegsluftschiffbau – trotz erheblicher Widerstände aus dem Haus Zeppelin. Die Ernennung zum Geheimen Regierungsrat unterstrich dabei seinen sozialen Status als erfolgreicher Wissenschaftler und Rüstungsunternehmer. Die Intrigen des Großherzogs von Oldenburg hatten diesen Aufstieg nicht verhindern können, die Rücksicht auf ihn war bei Wilhelm II schließlich hinter das Bestreben zurückgetreten, Schütte für Preußen zu erhalten. Schütte befand sich zu jenem Zeitpunkt, also am Vorabend des Ersten Weltkriegs, auf dem Höhepunkt seiner beruflichen und wissenschaftlichen Karriere.

5 LUFTFAHRZEUGE FÜR DIE FRONT: SCHÜTTE IM ERSTEN WELTKRIEG

5.1 MILITÄRISCHE LUFTFAHRT UND LUFTFAHRZEUGINDUSTRIE IM DEUTSCHEN REICH 1914

5.1.1 PLANUNGEN FÜR DEN MILITÄRISCHEN EINSATZ VON LUFTSCHIFFEN UND FLUGZEUGEN: ANSPRUCH UND WIRKLICHKEIT

5.1.1.1 DER EINSATZ VON LUFTFAHRZEUGEN IM PREUSSISCHEN HEER

5.1.1.1.1 DAS PREUSSISCHE HEERESLUFTSCHIFFWESEN

Am 01.08.1914, gut einen Monat nach dem Attentat von Sarajewo, erklärte das Deutsche Reich Russland und am 03.08.1914 Frankreich offiziell den Krieg, nachdem in einer zunehmend nationalistischen Atmosphäre seine Leitung in ihrem Weltmachtstreben jahrzehntelang eine unberechenbare und herausfordernde Politik gegenüber den anderen, kaum weniger aggressiven europäischen Mächten betrieben hatte. Hinzu kam, dass angesichts der wachsenden innenpolitischen Schwierigkeiten und mangels Reformalternativen sich die in die Defensive gedrängten konservativen Führungsschichten entschlossen hatten, „die Flucht nach vorn" anzutreten, d. h. die systemimmanente Blockade des Reichs durch einen außenpolitischen Befreiungsschlag zu durchbrechen. Außerdem wollte die Reichsleitung die ständige Verschlechterung der außenpolitischen Position des Deutschen Reichs umkehren und verfolgte daher in der so genannten Julikrise im Jahr 1914 mit Absicht eine Konfliktstrategie. Entsprechend drängte sie Österreich-Ungarn zur Kriegserklärung an Serbien am 28.07.1914. Mit der militärischen Herausforderung Russlands Anfang August zwang das Deutsche Reich dann Frankreich, seine Bündnisverpflichtungen gegenüber Russland zu erfüllen und sich am 01.08.1914 auf dessen Seite zu stellen. Mit der Kriegserklärung an diese beiden Mächte und dem völkerrechtswidrigen Einmarsch in Belgien setzte das Reich eine Kettenreaktion von Kriegserklärungen in Gang. Diese Entwicklung führte Anfang August 1914 letztendlich in die „Urkatastrophe" des 20. Jahrhunderts.[1126]

Die Außenpolitik des Deutschen Reichs – wie auch der anderen europäischen Mächte – war vor 1914 begleitet von Aufrüstungsprogrammen. Insbesondere unter dem Eindruck der zweiten Marokkokrise und der Balkankriege, die sich aufgrund verschiedener Bündnisverpflichtungen auf ganz Europa auszudehnen drohten, und des Fortschritts der britischen, französischen und namentlich der russischen Rüstungen, nahm das Deutsche Reich 1913 die umfangreichste Heeresvermehrung seit der Reichsgründung vor.[1127]

Auch die Luftstreitkräfte des preußischen Heeres sollten im Zuge dieser Heeresvermehrung ausgebaut werden. In organisatorischer und personeller Hinsicht zog der Ausbau der Luftstreitkräfte im Bereich der Luftschiffe einschneidende Veränderungen nach sich. Die bisherigen drei Luftschifferbataillone mit sechs Kompanien wurden auf fünf Bataillone aufgestockt. Das erste Bataillon war für das Fesselballonwesen, die übrigen fünf für das Motorluftschiffwesen verantwortlich. Mit der Inspektion der Luftschiffertruppen wurde für diesen Bereich eine eigene Kommandobehörde geschaffen, die ihrerseits der Inspektion des Militär-, Luft- und Kraft-Fahrwesens und nicht direkt der Generalinspektion des Militärverkehrswesens untergeordnet war. Dem Chef des Generalstabs war es nicht gelungen, eine völlige Trennung der Heeresluftfahrt von den Verkehrstruppen durchzusetzen, so dass es bei der Entscheidungsfindung in Fragen der Luftfahrt und Luftrüstung und

bei der Herausbildung von eigenständigen Luftstreitkräften bald zu Schwierigkeiten kam.[1128]

Die außerplanmäßige Heeresvorlage vom Sommer 1913 sah ein Luftschiffbauprogramm vor, mit dessen Hilfe das Heer – flankiert von einem Hallenvermehrungsprogramm – am 01.04.1914 über einen Bestand von 10, am 01.04.1915 von 15 und am 01.04.1916 von 20 Starrluftschiffen verfügen sollte. Allein für den ersten Teil des Ausbauprogramms wurde ein Betrag von 26.605.950 Mark in den Etat des preußischen Kriegsministers eingestellt. Diese Summe machte knapp die Hälfte des Budgets für die Heeresluftfahrt aus und übertraf die Ausgaben für den Luftschiffbau im Jahr 1913 in Höhe von 15.655.350 Mark um das 1,6fache.[1129] Aus dem Geld für das Luftschiffbauprogramm im Rahmen der außerplanmäßigen Heeresvorlage wurde somit auch der Bau von SL 2 finanziert.[1130] Trotz dieser Anstrengungen konnte das Programm vom Sommer 1913 jedoch weder qualitativ noch quantitativ realisiert werden. Bei Kriegsausbruch besaß das Heer nur sieben statt – wie geplant – zehn Luftschiffe. Dennoch war das Deutsche Reich im Vergleich zu den anderen europäischen Mächten führend in der Militärluftschifffahrt.[1131]

Die Aufgaben, welche die Heeres-Luftschiffe im Rahmen des vom Chef des preußischen Generalstabs, Helmuth von Moltke dem Jüngeren, seit 1906 mehrfach abgewandelten Schlieffenplans erfüllen sollten, wurden in der geheimen Weisung „Luftfahrzeuge im Heeresdienst" aus dem Jahr 1913 festgelegt. Danach lag ihre Hauptaufgabe in der Erkundung der Ausdehnung, Tiefe und Staffelung der entfernteren feindlichen Heeresgruppen sowie von Kräfteverschiebungen und Ausschiffungen des Gegners. Außerdem sollten sie möglichst umfassend Bahnhofs- und Hafenanlagen, Eisenbahnzüge in Fahrt, Magazine und feindliche Luftschiffhallen zerstören sowie Truppenansammlungen, von Truppen besetzte Ortschaften und Parkplätze bombardieren. Schließlich waren die Luftschiffe zur Bewachung von Küstenstrecken und für taktische Aufklärungsaufgaben vorgesehen.[1132]

Damit Luftschiffe diese Aufgaben erfüllen konnten, mussten noch eine Reihe von konstruktiven Problemen gelöst werden. Entscheidend war dabei die Erhöhung der zu geringen „Nutzlasttragkraft", um größere Mengen an Bomben mitzuführen. Aufgrund der vorhandenen Luftschiffhallen war es allerdings nicht möglich, einfach größere Luftschiffe zu bauen. Daher erklärten die Militärbehörden „kategorisch", dass sie ab 01.01.1914 nur noch Zeppelin- und SL-Schiffe mit einem kompletten Satz Goldschlägerhaut übernehmen würden, denn dieser Stoff machte die Hüllen der im Schiffsinnern liegenden Ballone weniger gasdurchlässig und erhöhte damit die Nutzlast.[1133] Doch die

Starr-Luftschiffe waren trotz eines leichten Anstiegs ihrer Leistungs-fähigkeit immer noch nicht in der Lage, die vom Generalstab in der Weisung „Luftschiffe für den Heeresdienst" niedergelegten Leistungs-kriterien hinsichtlich Reichweite und Geschwindigkeit zu erfüllen. Diese Kriterien mussten daher herabgesetzt werden. So teilte der preu-ßische Generalstab den anderen Heeresbehörden Anfang 1914 durch Major Hermann Thomsen (1867–1942)[1134] mit, dass die Reichweite der Luftschiffe von den geforderten 1.000 auf 500 bis 600 Kilometer herabgesetzt werde, um durch die Einsparung von Betriebsstoffen 300 Kilogramm für Bombenmunition und Wasserballast zu gewinnen. Der Wasserballast sollte es dem Kommandanten ermöglichen, über dem Feindgebiet Höhen von 2.400 Metern zu erreichen.[1135] Bei den ersten Einsätzen zu Beginn des Krieges wurde aber deutlich, dass die noch in Friedenszeiten gebauten Heeresluftschiffe auch diese eingeschränkten Auflagen nicht erfüllen konnten. Verantwortlich dafür war das über-hastete Bautempo im ersten Halbjahr 1914, das Innovationen und damit eine spürbare Verbesserung der technischen Leistungs- und der militärischen Einsatzfähigkeit verhindert hatte.

„Die Heeresleitung war gewissermaßen in einen ‚Circulus vitiosus' geraten. Einerseits erkannten führende Militärs, dass selbst die neuen Heeresluftschiffe nur bedingt militärisch verwendbar waren, ande-rerseits wollte man die Überlegenheit der deutschen Luftschiffwaffe gegenüber dem Ausland hauptsächlich durch die beschleunigte Über-nahme weiterer Z- und SL-Schiffe vergrößern, also mit Luftschiffen, die nur sehr eingeschränkt militärischen Anforderungen entspra-chen."[1136]

Allerdings drängten die Militärbehörden mehrfach die Werften, die Technik der Luftschiffe zu vervollkommnen.[1137]

Im Frühjahr 1914 unternahmen die Militärbehörden weitere große Anstrengungen, damit die Luftschiffe ihre Aufklärungs- und Zer-störungsaufgaben in einem nahen Krieg erfüllen konnten: Das Pro-blem der Armierung mit Luftabwehrwaffen wurde gelöst, indem die Starr-Luftschiffe mit Maschinengewehren in den Maschinengondeln ausgestattet und auf den Rücken der Schiffe Plattformen mit entspre-chenden Waffen aufgebaut wurden. Der Gefahr, dass das Mündungs-feuer dieser Waffen die das Luftschiff umgebende Knallgasmischung entzündete, wurde dadurch begegnet, dass den Maschinengewehren beim Schießen Natriumoxalat[1138] zugeführt wurde und man sie an gut belüfteten Positionen aufstellte. Die Konstruktion von Geschoss-aufhängungen, Abwurfeinrichtungen und Zielgeräten (Pendelfern-rohren) war trotz großen Aufwands bis August 1914 noch nicht abge-schlossen. Zu Beginn des Krieges verfügten die Luftschiffertruppen

nur über eine geringe Menge an Abwurfmunition, da die Industrie geeignete Geschosse noch nicht entwickelt hatte. Das Hauptproblem bestand darin, dass die Munition aufgrund der geringen Nutzlasttrag-kraft der Luftschiffe nur über geringes Gewicht verfügen durfte und zugleich eine große Sprengkraft entwickeln musste. Vermutlich schei-terte die Entwicklung von solchen Geschossen auch an dem fehlenden Elan der Industrie, die sich nicht mit Nebenaufgaben abgeben wollte. Zur Verfügung standen den Militärluftschiffern nur 15-cm-Granaten zu 40 kg und 21-cm-Granaten zu 120 kg. Diese Munition war für die geplanten groß angelegten Bombenangriffe nicht geeignet.[1139]

Nur geringe Anstrengungen mussten die Militärbehörden hinsicht-lich der Infrastruktur unternehmen, denn am 31.07.1914 existierten im Deutschen Reich bereits 29 größere und kleinere Luftschiffhallen, die teils aus privatwirtschaftlichem Interesse wie etwa die Doppelhal-le der LZ GmbH in Friedrichshafen oder die Halle des Luftschiffbaus Schütte-Lanz in Mannheim-Rheinau, teils aufgrund der Interessen der Militärbehörden gebaut worden waren.

„Auf diese Weise [war] eine Linie von Luftschiffstützpunkten [ent-standen], ausgehend von Hamburg über Köln, den Rhein aufwärts bis Metz auf der linksrheinischen Seite und Baden bzw. Friedrichshafen auf der rechtsrheinischen Seite. Im Osten des Landes vollzog sich die-ser Ausbau von Königsberg im Norden über Posen, Thorn in weniger starker Ausprägung südwärts."[1140]

Hinzu kam, dass neun Luftschiffhäfen des Heeres und fünf Gasan-stalten im Bau waren und kurz vor der Fertigstellung standen. Allein mit den schon fertigen Hallen verfügte die Luftschiffwaffe bereits über doppelt so viele Hallen, wie im Mobilmachungsfall nötig waren.[1141] Ungelöst blieb allerdings die Frage, welche Bauart von Luftschiff-hallen einen sicheren und möglichst kontinuierlichen Fahrbetrieb gewährleistete.[1142]

Auch das Problem von ausreichend ausgebildeten und in ausrei-chender Zahl zur Verfügung stehender Besatzungen schien zu Beginn des Krieges gelöst. Die preußische Luftschiffertruppe war zu Beginn des Krieges eine Einheit deren Mitglieder hoch motiviert waren, weil das Ansehen der Einheit in dem Maße stieg, wie die politische Klasse die Starr-Luftschiffe zum Symbol deutscher Größe und militärischer Über-legenheit stilisierte. Was für die Mannschaften zutraf, galt erst recht für die Offiziere und Unteroffiziere: Aufgrund der kleinen Truppengröße und den hohen Erwartungen an die neue Waffe empfanden sie ihren Dienst als hohe Ehre und betrachteten sich als Elite.[1143] Die Ausbil-dung der Luftschiffbesatzungen und der Luftschiffertrupps erwies sich aber zu Beginn des Krieges als eher mangelhaft. Die navigatorische

Ausbildung der Kommandanten und Offiziere bzw. ihre Ausbildung im Führen eines Luftschiffes erfolgte mangels einer eigenen Einrichtung in der 1909 gegründeten Deutschen Luftschifferschule in Friedrichshafen, ohne dass zunächst ausreichend navigatorische Hilfsmittel und Karten zur Verfügung standen und ohne dass die meteorologischen Grundlagen zu Unterrichtsmaterial verarbeitet worden waren. Die militärische Ausbildung erfolgte innerhalb der Luftschiffertruppe.[1144] Problematisch daran war, dass das Heer über keine eigenen Schulschiffe verfügte, auf denen die Besatzungen das Gelernte anwenden und Flugerfahrungen sammeln konnten. Verschiedene Maßnahmen, diesen Mangel abzustellen, wie etwa der Einsatz der DELAG-Luftschiffe[1145] oder „Front-Luftschiffe" zu Schulungszwecken, erwiesen sich als ungeeignet oder unzureichend.

„Bei der Mobilmachung tat sich die paradoxe Situation auf, dass es mehr Luftschiff-Personal als Luftschiffe gab, aber selbst die Besatzungen der sogenannten Front-Schiffe in den militärischen Fragen des Einsatzes ungeübt und teilweise unausgebildet waren."[1146]

5.1.1.1.2 DIE FLIEGERTRUPPEN DES PREUSSISCHEN HEERES[1147]

Auch die Fliegertruppen des preußischen Heeres profitierten von der außerplanmäßigen Heeresvermehrung vom Sommer 1913. Zusätzlich wurden sie aus den Mitteln der Nationalflugspende gefördert. So finanziell ausgestattet konnten sie personell und materiell stark vergrößert und umorganisiert werden. Am 01.10.1913 wurde die 1912 aus der Lehr- und Versuchsanstalt für das Militärluftwesen hervorgegangene Königlich Preußische Fliegertruppe aufgelöst und durch vier Fliegerbataillone ersetzt, die jeweils einem Armeekorps zugeordnet waren. Unterstellt waren diese Einheiten der Inspektion der Fliegertruppen, welche ihrerseits der Inspektion des Militär-Luft- und Kraftfahrwesens zugeordnet war. Diese Inspektion stand wiederum unter dem Befehl der Generalinspektion des Militärverkehrswesens. Eine andere Politik verfolgte das Kriegsministerium, da es am 01.06.1914 seine für Luftschiff- und Flugschiffabteilung zuständige Dienststelle den Verkehrstruppen fortnahm und eine separate Luftfahrtabteilung (A 7 L) einrichtete.[1148] Damit wurden die Luftschiffer- und Fliegertruppen wenigstens auf ministerieller Ebene gestärkt.

In einer Denkschrift vom 26.09.1912 hatte der Generalstab in einem Schreiben an das Kriegsministerium gefordert, dass die Armee im Mobilisierungsfall über 34 Feldflieger-Abteilungen, ausgestattet mit je acht Flugzeugen, acht Etappen-Fliegerparks, die Stämme von dreizehn Festungsflieger- und acht Fliegerersatzabteilungen verfügen sollte.[1149] Der Generalstab verlangte demnach die Beschaffung von mindestens 264 Flugzeugen. Diese Forderung konnte das preußische Finanzministerium offenbar mit Hilfe der außerplanmäßigen Heeresvorlage vom Sommer 1913 erfüllen.[1150] Entsprechend stiegen die Rüstungsausgaben für das preußische Heeresflugwesen von knapp 3,4 Millionen Mark auf knapp 26 Millionen Mark im Jahr 1914, und bei Kriegsausbruch schien das Aufrüstungsprogramm für die Heeresflieger zu einem großen Teil erfüllt.[1151] Das preußische Heer verfügte über 33 Feldflieger- und acht Festungsfliegerabteilungen mit insgesamt 295 einsatzbereiten Flugzeugen nebst den dazugehörigen Besatzungen und dem notwendigen Bodenpersonal. Dazu kamen acht Flugzeugparks und fünf Fliegerersatzabteilungen.[1152] Damit konnten sich die preußischen Heeresflieger mit den französischen und englischen Fliegertruppen messen, die über 600 bzw. 160 Flugzeuge verfügten.[1153]

Der Generalstab hatte für die Heeresflieger im Kriegsfall mehrere Aufgaben vorgesehen. Die Wichtigste war die Aufklärung der gegnerischen Streitkräfte „weit nach der Tiefe", d. h. die operative und taktische Aufklärung an der Front, welche aufgrund des beschränkten Aktionsradius nur bei Tage erfolgen konnte. Gleichsam nebenher sollten die Heeresflieger Nachrichten übermitteln und verschiedene Ziele bombardieren. Außerdem sollten sie auch noch der Feuerleitung der Artillerie dienen.[1154]

Um diese Aufgaben erfüllen zu können, mussten auch bei der Fliegertruppe eine Reihe von Problemen gelöst werden: Dazu zählten der Bau von neuen Fliegerstationen und die Regelung des Dienstbetriebs in den neu aufgestellten Einheiten. In dieser Hinsicht tat sich Major Wilhelm Siegert (1873–1929)[1155] vom Stab der Fliegertruppe hervor, der während des Aufbaus der Fliegerstationen von Straßburg, Metz und Darmstadt im Westen des Reichs Letzteren organisierte.[1156] Außerdem musste für die neu aufgestellten Feldfliegerabteilungen eine ausreichende Anzahl von Piloten, Beobachtern und flugtechnischem Personal ausgebildet werden. Diese Aufgabe wurde zunächst von den Fliegertruppen selbst übernommen. Doch mit zunehmendem Pilotenbedarf delegierten sie diese Aufgaben an Flugschulen der Flugzeughersteller, die zur Lieferung von Flugzeugen für das Heer herangezogen wurden. Firmen wie Rumpler oder Albatros hatten solche Einrichtungen eröffnet und bildeten für das Heer Piloten aus. Das Modell für weitere Fabrikflugschulen bildete die zentrale Militärflugschule, ein Privatunternehmen, das den deutschen Bristolwerken in Halberstadt bzw. den Halberstädter Flugzeugwerften, wie sie ab 1913 genannt wurden, angeschlossen war.[1157] Die Ausbildung von anderem Personal, z. B. von Artillerie-Beobachtern, erfolgte über mehrmonatige Ausbildungskurse.[1158]

Die Ausrüstung der Fliegertruppen mit wirklich modernen Flugzeugen war bis 1913 durch die preußischen Militärbehörden nur in Ansätzen erreicht worden. Erst im Dezember 1913 wurde dieses Problem endgültig gelöst, als die Versuchs-Abteilung der Verkehrstruppen erweitert und in die Verkehrstechnische Prüfungskommission umgewandelt wurde, die dem Allgemeinen Kriegsdepartement des Kriegsministeriums unterstellt war. Auf diese Weise wurde die Beschaffung von Flugzeugen und ihre Erprobung von der Ausbildung und taktischen Verwendung getrennt und erstmals eine zentrale Stelle für die Beschaffung und Erprobung von Flugmaschinen eingerichtet.[1159] Zur praktischen Erprobung der zur Verfügung stehenden Flugzeuge und zur Ermittlung ihrer technischen und militärischen Leistungsfähigkeit führten die Fliegertruppen selbst Übungen durch, wie zum Beispiel die Winterübung vom 13.01. bis 25.01.1913. Außerdem nahmen sie auch am Prinz-Heinrich-Flug im Mai 1913 oder am Kaisermanöver 1913 teil.[1160]

Eigene Anstrengungen zur Entwicklung geeigneter Flugzeugtypen unternahm das preußische Heer jedoch nicht. Diese Aufgabe überließ es der privaten Industrie und erwarb nur als einsatzreif eingestufte Modelle. Der Vorteil dieser Politik bestand darin, dass die begrenzten Haushaltsmittel direkt für den Ankauf von brauchbaren Flugzeugen ausgegeben werden konnten. Durch Leistungsvorgaben und durch Auswahl von geeigneten Firmen bei der Vergabe von Fertigungs- und Ausbildungskontrakten versuchte das Heer, die technische Entwicklung bis hin zur militärischen Brauchbarkeit der Flugzeuge und die Ausformung der industriellen Struktur zu steuern.[1161]

In der Frage der Bewaffnung konnten bis zum Beginn des Ersten Weltkrieges nur in Teilbereichen Fortschritte erzielt werden. Zwar gelang es, 5- und 10-Kilobomben als Abwurfmunition zu beschaffen, doch die Bewaffnung der Flugzeuge mit Schusswaffen und ihre Ausstattung mit Funkgeräten konnte nicht erfolgreich abgeschlossen werden.[1162]

5.1.1.2 DER EINSATZ VON LUFTFAHRZEUGEN IN DER KAISERLICHEN MARINE
5.1.1.2.1 DAS MARINELUFTSCHIFFWESEN

Angesichts von Meldungen über die Luftschifferprobung durch die Seestreitkräfte anderer Mächte und die Fortschritte der deutschen Luft-schiffe änderte sich die bis dahin abwartende Haltung der deutschen Marineführung. Der Chef des RMA, Admiral von Tirpitz, entschloss sich Mitte Juli 1910 grundsätzlich, Luftschiffe als Waffe für die Marine zu beschaffen. Er knüpfte dies an die Bedingung, dass ihre Betriebssicherheit erhöht und ihre Leistungen gesteigert würden. Auf Vorschlag des Werftdepartments verlangte Tirpitz zur Beschaffung von Luftschiffen und für die Personalausbildung aus den Reichshaushalten 1912 und 1913 Mittel in Höhe von 3,5 Millionen Mark. Bewilligt wurden aber vom Reichstag nur 2 Millionen Mark.[1163] Um die neue Waffe organisatorisch in der Marine zu verankern, wurde am 03.05.1913 das „Marine-Luftschiffer-Detachement" per Kabinettsordre gegründet. Es war nur 6 Offiziere, 8 Deckoffiziere, 28 Unteroffiziere und 37 Mann stark.[1164] Das Detachement unterstand in Ausbildungs- und technischen Fragen dem RMA und in allen anderen der Küsteninspektion der Küstenartillerie und dem Kommando der Marinestation der Nordsee.[1165]

Schon gut ein Jahr zuvor hatte die Marine bei der Firma Zeppelin zwei Luftschiffe bestellt, die als L 1 (LZ 14) und L 2 (LZ 18) in Dienst gestellt werden sollten.[1166] Mitte Januar 1913 billigte Wilhelm II. ein 5-Jahres-Rüstungsprogramm, das den Erwerb von zehn Marine-Luftschiffen vorsah. Die Lebensdauer der Schiffe wurde mit vier Jahren angenommen, so dass jährlich zwei Schiffe gebaut werden mussten. Außerdem sollte eine Luftschiffzentrale in Nordholz bei Cuxhaven geschaffen und private Luftschiffhallen für den Mobilisierungsfall und für Übungszwecke subventioniert werden.[1167]

Zu den Aufgaben der Luftschiffe sollte nach dem Willen der Marineleitung zunächst die taktische bzw. strategische Aufklärung in der deutschen Bucht, in der freien Nordsee außerhalb Helgolands und an Englands Küsten gehören. Unter dem Begriff „Aufklärung" verstand die Marineleitung dabei die „Feststellung der Verteilung des Feindes im Operationsgebiet", d. h. der Nordsee, und „in seinen Häfen" (Küsten). Hinzu kam die Schädigung des Gegners, d. h. in erster Linie die Zerstörung der Kriegs- und Handelshäfen an der englischen Süd-, Südost- und Nordostküste und der darin liegenden Schiffen, insbesondere der Truppentransporter, zur Behinderung des englischen Aufmarsches und in zweiter Linie die Zerstörung von fahrenden Schiffen. Des Weiteren sollten die Luftschiffe beim Suchen von Minen und bei der Bekämpfung von Unterseebooten mitwirken.[1168] Im Februar 1913 präzisierte der Chef des Admiralstabs von Heeringen den Einsatz der Marineluftschiffe weiter in den von ihm aufgestellten Einsatzgrundsätzen. Er unterschied darin zwischen einer Nah- und Fernverwendung der Luftschiffe. Von Heeringen ging in seinen Einsatzgrundsätzen gemäß der von Tirpitz geprägten Seekriegsdoktrin weiter davon aus, dass die

Royal Navy im Kriegsfalle eine Nahblockade, d. h. eine Blockade der Deutschen Bucht, vornehmen werde. Daher sah er als Haupteinsatzgebiet der Marineluftschiffe eben jenes Seegebiet vor. Das Fernaufklärungsgebiet der Luftschiffe sollte nach seinem Willen vom Englischen Kanal bis zu den dänischen Gewässern reichen, d. h. genauer, die französisch-englische Kanalküste bis Cherbourg-Plymouth, die englisch-schottische Ostküste bis einschließlich den Orkneys und die dänischen Gewässer umfassen. Neben der Aufklärung sollten die Luftschiffe die Royal Navy, den englischen Truppentransport und Marineanlagen angreifen.[1169]

Die Leistungsanforderungen der Marineleitung an die Luftschiffe waren höher als die Anforderungen, die an die Heeresluftschiffe gestellt wurden. Die Schiffe sollten schließlich bis nach England fliegen und auch bei starkem Wind in ihrem Operationsgebiet verbleiben können. Daher verlangte die Marine von ihren Lieferanten, die Schiffe mit einer größeren Motorenleistung und einer höheren Nutzlast auszustatten.[1170] Doch die kaiserliche Marine hatte bei der Beschaffung von Luftschiffen, die diesen technischen Anforderungen entsprachen, mit ähnlichen Problemen zu kämpfen wie das preußische Heer. Mehr noch: Schon bald sollten sich deren technische bzw. konstruktive Mängel verheerend auf das Marine-Beschaffungsprogramm aus dem Jahre 1912 auswirken. Im September und Oktober 1913 verlor die Marine ihre einzigen beiden Zeppelin-Luftschiffe durch Unfälle, die auf konstruktive Mängel zurückzuführen waren. Der L 1 wurde bei einem Erprobungseinsatz während der Herbstmanöver der Hochseeflotte 1913 in einem Sturm von einer Windbö auf die See gedrückt und zerschellte auf der Wasseroberfläche, da seine Motoren nicht leistungsstark genug waren und seine Gaszellen den Wasserstoff nicht zu halten vermochten. Der L 2 explodierte, weil sich während seines Aufstiegs über dem Luftschifflandeplatz Berlin-Johannisthal aufgrund von konstruktiven Mängeln, wie etwa fehlende nach außen führende Gasschächte, innerhalb und außerhalb des Schiffes Wasserstoffkonzentrationen bildeten, die sich entzündeten. Nach diesen Katastrophen verfügte die kaiserliche Marine für längere Zeit über kein eigenes Luftschiff mehr. Außerdem verlor die Marine bei der Explosion des L 2 nahezu sämtliche für die Marineluftschifffahrt ausgebildeten Offiziere, Unteroffiziere, Ingenieure und Sachverständige. Die Marineluftschifferabteilung stand demnach vor einem Neuanfang, der dadurch erschwert wurde, dass die Zeppelin-Werke statt eines 30.000-m³-Luftschiffs nur ein leistungsschwaches Fahrzeug mit 22.500 m³, die L 3, zur Verfügung stellen konnten.[1171]

„Unter dem Eindruck der beiden Schiffverluste, der Dezimierung des Personalbestandes und der Verzögerung in bezug auf Größe und Bau von ‚L 2‘ sah sich die Marineleitung genötigt ihr Luftschiffprogramm 1914–1918 zu reduzieren. Für 1914/15 wurde die Beschaffung von zwei Z-Schiffen und eines SL-Schiffes in Aussicht genommen."[1172]

Auch das Hallenbauprogramm der kaiserlichen Marine in Nordholz konnte nur mit Abstrichen realisiert werden. Statt – wie in dem 5-Jahres-Programm vorgesehen – vier Doppeldrehhallen und zwei festen Hallen wurden in Nordholz in der Nähe von Cuxhaven nur eine Doppeldrehhalle und fünf einfache Hallen errichtet. Da in Nordholz der „Führer der Luftschiffe" und der Stab der Marine-Luftschifferabteilung stationiert wurden, wurde der Luftschiffhafen dennoch die Führungszentrale der Marine-Luftschiffer.[1173]

5.1.1.2.2 DAS MARINEFLUGWESEN

Nachdem das Werftdepartment im Jahr 1910 die rapide technische Entwicklung des Flugzeugs erkannt hatte und dessen Entwicklung von Tirpitz sowie vom Generalinspekteur der Marine, dem technik- und flugbegeisterten Großadmiral Prinz Heinrich von Preußen, unterstützt worden war, bildeten sich ab Herbst 1910 erste Ansätze eines Marineflugwesens aus. Das Werftdepartment unternahm erste Flugversuche, Seeoffiziere ließen sich zu Piloten ausbilden, und in der Kaiserlichen Werft in Danzig wurde eine Flugversuchsstelle eingerichtet. Vor dem Hintergrund der Schaffung von Luftstreitkräften in Großbritannien und des erreichten technischen Leistungsstandes der Fliegerei entschied Tirpitz, trotz noch nicht überwundener technischer Probleme das Marineflugwesen planmäßig auszubauen.[1174]

Entsprechend schlug Tirpitz in dem Immediatvortrag von Mitte Januar 1913 dem Kaiser vor, in einem Fünfjahresplan eine Mutterstation bei Wilhelmshaven und sechs Küstenstationen für den Fall der Mobilmachung zu bauen und diese mit je sechs Flugzeugen (plus zwei als Materialreserve), also mit insgesamt 48 Maschinen auszustatten.[1175] Der Kaiser billigte diesen Plan. Außerdem wandelte er die Danziger Versuchsstation in derselben Kabinettsordre vom 03.05.1913, welche auch ein selbstständiges Marineluftschiffwesen ins Leben gerufen hatte, in eine eigenständige Marinefliegerabteilung um. Sie war genau wie das Marineluftschifferdepartement in allen Ausbildungs-, Erprobungs- und technischen Fragen direkt der Sektion für Luftfahrwesen des Staatssekretärs des RMA unterstellt.[1176]

Die Marineflugzeuge sollten entsprechend der Seekriegskonzeption von Tirpitz von Helgoland aus in der deutschen Bucht bis zur Linie Horns-Riff – Ameland aufklären, um die feindlichen Positionen im

Falle einer britischen Nahblockade feststellen zu können. Außerdem sollten sie nach Unterseebooten und Minen suchen.[1177] Die der Marine zur Verfügung stehenden Flugzeuge bzw. Flugzeugtypen waren zu Beginn des Krieges aber dazu nicht in der Lage, weil sie – wenn überhaupt – nur bedingt fronttauglich waren. Zudem war die Entwicklung eines fronttauglichen Küstenaufklärungsflugzeuges zu Kriegsbeginn nur als zu erreichendes Ziel definiert.[1178] Aus diesem Grund verfügte die kaiserliche Marine am 01.08.1914 bei einem Gesamtbestand von 32 Flugzeugen nur über 12 bedingt kriegsverwendungsfähige Maschinen.[1179]

Zu Beginn des Ersten Weltkriegs waren die Luftstreitkräfte der Marine weder in qualitativ-technischer noch in quantitativer Hinsicht auf den Ernstfall vorbereitet. Weder die Flugzeuge der Marine noch ihre Luftschiffe waren technisch ausgereift. Das preußische Heerluftschiffwesen verfügte zwar über mehr Luftschiffe, diese hatten aber mit ähnlichen Problemen zu kämpfen wie die Marineluftschiffe. Dennoch hielten sowohl die Marineführung als auch die Spitzen des preußischen Heeres an den Luftschiffen des starren Systems fest. Zuviel Geld hatten sie in dieses System investiert, zu groß waren die Hoffnungen auf militärische Überlegenheit in der Luft und zu sehr waren die Herrschenden in dem Aufbau der Luftschifffahrt nach dem starren Prinzip verstrickt.[1180] Allein das preußische Heeresflugwesen schien sowohl hinsichtlich der technischen Qualität und der Anzahl seiner Maschinen ausreichend auf den Krieg vorbereitet.

5.1.2 ENTWICKLUNGSSTAND DER DEUTSCHEN LUFTFAHRZEUGINDUSTRIE AM VORABEND DES ERSTEN WELTKRIEGS
5.1.2.1 DIE SITUATION DER FLUGZEUGINDUSTRIE

Ab 1912 war in der deutschen Flugzeugindustrie nach den wirtschaftlichen Schwierigkeiten der Anfangsjahre ein „gewisser wirtschaftlicher Aufschwung" festzustellen. Bestehende Unternehmen erweiterten ihre Kapazitäten, neue Unternehmen wurden gegründet.[1181] Diese Entwicklung wird auch deutlich an den Produktionszahlen einiger Unternehmen in dieser Zeit. Baute die Firma des Flugzeugbauers Edmund Rumpler (1872–1940),[1182] die Edmund Rumpler Luftfahrzeug GmbH, 1911 gerade einmal 19 Flugzeuge, so waren dies 1912 schon 53, 1913 63 und 1914 243 Maschinen. Ähnlich entwickelte sich die Produktion bei den Albatroswerken. Baute die Firma 1912 nur 55 Flugzeuge, so konnte sie ihren Ausstoß schon 1913 auf

96 und 1914 sogar auf 336 Maschinen erhöhen. Ähnlich positiv wie die Produktionszahlen entwickelten sich auch die Beschäftigtenzahlen der Unternehmen. Beschäftigte Rumpler 1909 erst acht Personen, so waren dies 1910 schon 40 und 1913 245. Im Jahr 1914 wurde mit 630 Beschäftigten ein neuer Höhepunkt erreicht. Auch die Beschäftigtenzahlen bei den Albatroswerken entwickelten sich positiv. Arbeiteten dort im Jahr 1912 schon 270 Personen, so konnte diese Zahl im August 1914 auf 650 Personen gesteigert werden. Die Zahl der produzierten Flugzeuge und der Belegschaftsstärken stieg demnach in den genannten Zeiträumen stark an. Trotz dieser positiven Entwicklung verschwanden einige Firmen wieder vom Markt, wie die Firma von Karl Jatho (1873–1933),[1183] die Hannoversche Flugzeugwerke GmbH, so dass Anfang August 1914 nur noch zwölf Firmen existierten, die in nennenswertem Umfang Flugzeuge produzierten. Dies waren – neben den Rumpler- und den Albatroswerken – die AEG, die Automobile und Aviatik AG, die Deutsche Flugzeug-Werke GmbH (DEW), die Flugmaschinenwerke August Euler, die Fokker Aeroplan GmbH, die Abteilung Flugzeugwerke der Gothaer AG, der Emil Jeannin Flugzeugbau, die Luft-Fahrzeuge-Gesellschaft mbH (LFG) und die Luft-Verkehrs-Gesellschaft AG (LVG).[1184]

Die Ursache für diesen Konzentrationsprozess lag in der Struktur des Marktes für Flugzeuge begründet. Die Entwicklung der jungen deutschen Flugzeugindustrie war in ihren Anfangsjahren von 1908 bis 1912 durch eine mangelhafte Auftragslage und durch eine entsprechend schlechte Ertragslage bestimmt. Ihre Unternehmen verfügten nur über Einkünfte aus Schauflügen, Wettbewerben und – aufgrund der Überlegenheit der französischen, britischen und amerikanischen Firmen – in recht geringem Maße aus dem Export. Auf Dauer konnten diese Einnahmequellen keine tragfähige ökonomische Basis bilden. Die Situation änderte sich für einige Firmen, als bei ihnen ab 1912 aufgrund des nach der zweiten Marokkokrise und nach dem zweiten Balkankrieg einsetzenden internationalen Rüstungswettlaufs vermehrt Aufträge vom deutschen Militär eingingen. In den Folgejahren wurde das deutsche Militär zum wichtigsten Abnehmer, weil es allein Aufträge über große Stückzahlen erteilte.[1185] Es nahm bis zu neunzig Prozent aller von der Luftfahrtindustrie produzierten Flugzeuge ab.[1186] Damit wurde es zum Garanten für ein längerfristiges Überleben einiger Unternehmen. Faktisch bedeutete dies aber auch, dass es gegenüber der Flugzeugindustrie eine Monopolstellung innehatte.

Die Politik der deutschen Militärführung gegenüber der deutschen Flugzeugindustrie zielte zwar aufgrund des französischen Vorsprungs im Flugzeugbau grundsätzlich darauf ab, eine leistungsfähige Luftfahrtindustrie zu schaffen, vermied aber zugleich eine direkte finanzielle Förderung. Stattdessen unterstützten die deutschen Militärs die Firmen durch die Vergabe von Aufträgen, über die Materiallieferung und Ausbildungskontrakte „an als entwicklungsfähig angesehene Werke". Mit der Ausschreibung von Preisen für bestimmte Leistungen bei Flugwettbewerben sollte die technische Entwicklung im Flugzeugbau gesteuert werden.[1187] Den Militärs ging es darum, technisch möglichst weit entwickelte Flugzeuge von einer leistungsfähigen Industrie zu erhalten, die einerseits weit genug entwickelt war, um diese Produkte herzustellen, deren Marktmacht andererseits aber keine Gefahr für das staatliche Nachfragemonopol darstellen sollte. Ziel des preußischen Kriegsministeriums war es, „die leistungsfähigsten Flugzeuge am schnellsten und kostengünstigsten [zu] erhalten und dabei nicht von einer Firma abhängig [zu] werden". Dieses Ziel sollte ausdrücklich erreicht werden durch den „Aufbau einer leistungsfähigen, möglichst kapitalkräftigen Industrie, die in einem freien Wettbewerb das Flugzeug weiter entwickeln sollte". Gegen Bestrebungen der Branche, auf dem Markt eine starke Stellung gegenüber dem preußischen Heer zu erlangen, stand die Absicht des Ministeriums, jeden Versuch der Branche, durch Absprachen, insbesondere durch „Ringbildungen", seine Entscheidungen zu beeinflussen, abzuwehren. In eine ähnliche Richtung ging die Überlegung der Behörde, keinesfalls direkte finanzielle Subventionen an einzelne Firmen zu zahlen, sondern bewährte Lieferanten mit Aufträgen zu versorgen, um auf diese Weise die Entstehung einzelner Riesenunternehmen auf dem Flugzeugmarkt zu verhindern und die Entstehung mehrerer leistungsfähiger, aber nicht zu großer Firmen zu fördern.[1188]

Diese Beschaffungspolitik des preußischen Kriegsministeriums hatte gute Aussichten auf Erfolg, denn „das preußische Heer konnte als Absatzmarkt weder durch die bayrischen Fliegertruppen noch durch die Marine ersetzt werden".[1189] Dies wird durch einen Blick auf die Anzahl der von ihm beschafften Flugzeuge bestätigt. Die preußische Militärverwaltung erwarb 1911 28, 1912 139 und 1913 461 Flugzeuge. Dem gegenüber bestellte die kaiserliche Marine erst 1914 bei drei Firmen 20 Flugzeuge und das bayrische Heer 1911 neun, 1910 23 und 1913 67 Maschinen.[1190] Demnach war das preußische Heer der Hauptabnehmer für die Produkte der Flugzeugbauer. Allein die Menge der bestellten Flugzeuge verschaffte dem preußischen Heer also schon ein Nachfragemonopol gegenüber den Firmen der Flugzeugindustrie. Die starke Stellung des Militärs gegenüber der Flugzeugindustrie gründete sich auch in seiner Haltung gegenüber dem Flugzeug als Waffe. Es sah das Flugzeug nur als ein „Kriegsmittel mit primär unterstüt-

zender Funktion" und hielt es daher für verzichtbar. Außerdem förderte das Militär mit dem Luftschiff ein konkurrierendes Luftkampfmittel, dessen technische Möglichkeiten in jenen Jahren noch größer waren als diejenigen des Flugzeugs, und schwächte damit dessen Stellung auf dem Luftfahrzeugmarkt weiter.[1191] Dem gegenüber waren die Unternehmen der Flugzeugindustrie auf die Heeresbestellungen angewiesen und konkurrierten hart um Aufträge, deren Volumen gerade ausreichte, um eine begrenzte Anzahl von Firmen am Leben zu erhalten. Aufgrund dessen besaß das preußische Heer eine marktbeherrschende Stellung, die es ihm ermöglichte, die Entwicklung der Flugzeugtechnik in die von ihm gewünschte Richtung zu beeinflussen und die Größe und die Anzahl der in der Luftfahrtindustrie tätigen Firmen, also die Struktur dieser Branche, durch Leistungsanforderungen und bei der Auftragsvergabe zu bestimmen.[1192]

Entsprechend der Leitlinien der Beschaffungspolitik des Kriegsministeriums verteilte die preußische Heeresverwaltung daher Produktionsaufträge und Ausbildungskontrakte an Unternehmen der Flugzeugindustrie. Hauptkriterium dabei war die Einstufung einer Firma als „entwicklungsfähig". Auf diese Weise wollte die Verwaltung mehrere große, kapitalkräftige Unternehmen heranziehen, die im Mobilmachungsfall leistungsfähig waren und in Konkurrenz zueinander mit eigenen Mitteln die bestmöglichen Produkte entwickelten. In der Verfolgung dieses Ziels war die Heeresverwaltung erfolgreich, da bis 1914 tatsächlich ein struktureller Wandel in der Flugzeugindustrie stattgefunden hatte.

„Einerseits mussten viele Werke in Folge eines ausbleibenden Verkaufserfolgs ihrer Konstruktionen und eines zu geringen Grundkapitals aufgeben, andererseits entstanden durch Verkäufe an das Militär rund zehn Unternehmen, die zu Großbetrieben mit mehr als 50 Beschäftigten heranwuchsen. Die erfolgreichen Heereslieferanten konnten Profite erzielen, stockten ihr Kapital auf […] und expandierten in Erwartung weiterer Heeresaufträge, bis hin zur Schaffung von Überkapazitäten."[1193]

Um die Entwicklung der Flugtechnik zu steuern, setzte das preußische Heer einerseits bei Flugwettbewerben Geldpreise für militärisch relevante Leistungen aus und stellte den Ankauf erfolgreicher Flugzeuge in Aussicht. Andererseits formulierte es Abnahmebedingungen und Leistungsanforderungen, die ein Flugzeug erfüllen musste, um vom Heer abgenommen zu werden. Nachdem die ersten Flugzeuge erfolgreich erprobt worden waren, erwartete das Heer von den Flugzeugproduzenten eine andauernde Leistungssteigerung ihrer Produkte. Demgemäß erhöhte es die Anforderungen an die Maschinen z. B. hin-

sichtlich der Baumaterialen, der Größe der Betriebtanks, der Boden-
sicht und Verständigungsmöglichkeiten von Pilot und Beobachter, der
Eigengeschwindigkeit, der Start- und Landestrecke und der Maße des
Flugzeugs (Spannweite und Länge) und der Flugdauer.[1194]

Die technischen Anforderungen für die Baumaterialien und für die
Konstruktion der Flugzeuge, wie sie etwa vom preußischen Heer nach
dem Unfall zweier Offiziere mit Rumpler-Tauben[1195] in den „Vorschriften und Anregungen für die Flugzeugfabriken" aus dem Jahr 1913
festgelegt waren,[1196] waren aber zugleich das Mittel des Militärs, um bis
1914 seinen Einfluss auf alle Bereiche des Konstruktions- und Produktionsprozesses in der Flugzeugindustrie auszudehnen. Hilfreich bei der
Ausdehnung dieses Einflusses war auch, dass das preußische Heer die
Leistungsanforderungen für Flugzeuge der Industrie diktieren sowie
den Entwurf und die Fertigung der Maschinen vorschreiben konnte.
Neben diesen schriftlich fixierten technischen Anforderungen wurde
noch im selben Jahr die „Verkehrstechnische Prüfungskommission"
als Zentralstelle für die Prüfung und Abnahme aller militärischen Verkehrsmittel, also auch der Flugzeuge installiert, die nach Fertigstellung eines Flugzeugtyps testete, ob dieser den Abnahmebedingungen
und Leistungsanforderungen genügte. Weiteren Einfluss bekam das
preußische Heer durch das im August 1913 eingeführte Verfahren, die
Flugzeugmotoren direkt bei den Motorenherstellern zu kaufen und
diese den Zellenherstellern zwecks Einbaus zuzuweisen sowie durch
die „Praxis, Werken Aufträge über den Nachbau erfolgreicher Muster
anderer Firmen zu erteilen".[1197]

Die deutsche Flugzeugindustrie stand also in einem Abhängig-
keitsverhältnis zum Militär, insbesondere zu den preußischen Militärbehörden. In der Flugtechnik hatte das Militär die Rolle eines
Schrittmachers und einer Steuerungsinstanz, indem es hohe Leistungsanforderungen und Abnahmebedingungen formulierte. Die
Flugzeugindustrie selbst wurde demgegenüber mehr und mehr in eine
abhängige Rolle gedrängt, weil das Militär mit den technischen Anforderungen einen immer größeren Einfluss auf den Konstruktions- und
Produktionsprozess gewann. Sie wurde durch den Einfluss des Militärs in der Entwicklung von technischen Innovationen und breiteren
Produktpalette behindert. Die Ausrichtung der Unternehmen auf die
Vorgabe der Militärs zog die einseitige Konzentration auf die Entwicklung „stabiler, stark motorisierter" Maschinen nach sich. Diese Typen
waren für zivile Kunden uninteressant, da sie in der Anschaffung und
im Betrieb zu viel kosteten. Allerdings war die Flugzeugindustrie selbst
seit ihrer Entstehung auf das Militär ausgerichtet. Die Mehrheit der
Flugpioniere sah im Militär den Hauptabnehmer ihrer Produkte und
bot ihm Flugzeuge nachdrücklich und mit der Bereitschaft zu großem Entgegenkommen (kostenlose Pilotenausbildung, Offerten von
Maschinen mit spezifisch militärischen Merkmalen) an. Außerdem
besaß die Abhängigkeit der Luftfahrtindustrie von Heeresaufträgen
für die Flugzeugindustrie auch Vorteile. Ihre Firmen produzierten
vornehmlich für das preußische Heer und damit für einen nur durch
außenpolitische Schwankungen bestimmten Markt. Dadurch waren
sie von den Schwankungen des freien Marktes, bedingt etwa durch die
Rezessionserscheinungen im Deutschen Reich im Jahr 1913, unabhängig. Auch schützte die Abhängigkeit von Militäraufträgen die Pro-
duzenten vor ausländischer Konkurrenz, da das deutsche Militär fast
nur Flugzeuge von deutschen Firmen erwarb.[1198]

5.1.2.2 DIE LAGE DER LUFTSCHIFFINDUSTRIE UNTER BESONDERER BERÜCKSICHTIGUNG DES LUFTSCHIFF-BAUS SCHÜTTE-LANZ

Ähnlich wie die Flugzeugindustrie befand sich auch die Luftschiff-
bauindustrie ab 1912 in einem deutlichen Aufschwung. Diese Entwicklung lässt sich besonders bei der Firma Zeppelin feststellen. Das
Unternehmen baute in den Jahren 1911/1912 nur drei Luftschiffe.
Diese Zahl steigerte es in den Jahren 1912/1913 auf acht Einheiten und
in den Jahren 1914 bis 1915 – d. h. schon teilweise unter den Bedingungen des Ersten Weltkriegs – auf 14 Luftschiffe.[1199] Mit der Zunahme der Produktionszahlen stiegen auch die Beschäftigtenzahlen der
Firma Zeppelin. Bis 1908 arbeiteten nur 60 und 100 Personen in dem
Unternehmen. Bis August 1914 war ihre Zahl kräftig gewachsen: In
Friedrichshafen arbeiteten zu diesem Zeitpunkt insgesamt mehr als
800 Personen, davon wurden knapp 600 im Luftschiffbau, gut 200
beim Motorenbau und gut 60 beim Flugzeugbau eingesetzt.[1200]

Die Produktion von Parseval-Luftschiffen und damit vermutlich
auch die Beschäftigtenzahl der in dieser Abteilung bei der LFG tätigen
Personen gingen dagegen von 1912 an zurück. Baute die Firma 1912
noch vier Prallluftschiffe, so waren dies 1913 noch drei und 1914 nur
noch zwei Luftschiffe.[1201] Die Luftschiffproduktion beim Luftschiffbau
Schütte-Lanz verharrte in den Jahren 1912 bis 1914 auf niedrigstem
Niveau: In diesem Zeitraum waren nur SL 1 und SL 2 fertig gestellt
bzw. verkauft worden.[1202] Entsprechend gering war der Anstieg der
Beschäftigtenzahl von 1911 bis 1914. Der Luftschiffbau beschäftigte im Jahr 1911 10 Beamte und 50 Arbeiter. Im Juni 1914, kurz nach
der Ablieferung von SL 2 an das preußische Heer, war die Anzahl der

Beamten um 5 auf erst 10 und die der Arbeiter um 41 auf erst 91 angestiegen. Von Juni bis Anfang August 1914 gingen die Beschäftigtenzahlen sogar weiter zurück, so dass im Luftschiffbau Schütte-Lanz Anfang August 1914 nur noch 5 Beamte und 60 Arbeiter beschäftigt waren.[1203] Andere Luftschiffsysteme, wie das Riesenluftschiff des Ingenieurs Arno Börner, wie das Stahlluftschiff des Ingenieurs Gustav Unger oder wie das Luftschiff des Ingenieurs Albert Paul Veeh, kamen gar nicht erst über das Konstruktions- bzw. Erprobungsstadium hinaus.[1204] Mithin gab es am Vorabend des Ersten Weltkriegs nur drei größere Unternehmen, die Luftschiffe bauten, und von denen der Luftschiffbau Schütte-Lanz im Hinblick auf seine Produktionszahlen das kleinste war.

Über die Ursachen für diese Strukturentwicklung können nur Vermutungen angestellt werden.[1205] Wie die Entstehung bzw. der Verkauf von SL 1 im Dezember 1912 und SL 2 im Mai 1914 gezeigt haben, spielte das preußische Militär als Abnehmer im Luftschiffbau eine wichtige Rolle. Auch für den Luftschiffbau Zeppelin war das Militär Preußens als Kunde im Jahr 1914 nicht wegzudenken.[1206] Die Heeresverwaltung verfuhr zudem bei der Förderung einer leistungsfähigen Luftschiffindustrie offenbar ähnlich wie bei der der Entwicklung einer Flugzeugindustrie. Demnach zahlte sie für die Luftschiffwerften keine direkten Subventionen, sondern vergab Aufträge an Lieferanten, die sich mehr oder weniger bewährt hatten. Zugleich achtete sie darauf, dass ein Heereslieferant wie etwa Zeppelin kein Monopol erwarb und förderten entsprechend Konkurrenten wie z. B. den Luftschiffbau Schütte-Lanz über den Kauf von Prototypen wie etwa SL 1 im Dezember 1912 und über die vertraglich abgesicherte Versorgung mit einer ausreichenden Zahl von Bauaufträgen, wie sie etwa mit dem Rahmenvertrag mit dem preußischen Kriegsministerium vom 03./24.04.1913 dem Luftschiffbau Schütte-Lanz gewährt wurde. Darüber hinaus schien sich das preußische Kriegsministerium schon vor dem Ersten Weltkrieg bemüht zu haben, die Kontrolle auch über den Konstruktions- und Produktionsprozess zu erlangen. Aus diesem Grund strebte es danach, die Verfügungsgewalt über das zum Bau eines Luftschiffs nötige technische Wissen zu gewinnen, und war dabei zumindest im Fall des Luftschiffbaus Schütte-Lanz erfolgreich, wie die im Rahmenvertrag vom 03./24.04.1913 vorgesehene Übertragung von Schüttes Auslandspatenten an die preußischen Militärbehörden zeigt.[1207] Ähnlich wie für den Flugzeugbau formulierte das preußische Kriegsministerium für Luftschiffe Abnahmeanforderungen, die es mehrfach änderte und die es auch im Fall von SL 1 und von SL 2 anwandte.[1208] Ihre Einhaltung kontrollierte, wie etwa bei der Darstellung der Abnahme von SL 2 deutlich geworden ist, eine Abnahmekommission.[1209]

Auf diese Weise nahm das preußische Militär zugleich Einfluss auf die technische Entwicklung der Luftschiffe, der sich im Falle von SL 2 in der erzwungenen Verwendung der bei den Zeppelin-Luftschiffen üblichen Motoren der von Wilhelm Maybach und Zeppelin 1909 gegründeten Luftfahrzeug-Motoren GmbH (LMG) ablesen lässt.[1210] Diese Maßnahmen erhöhten die Abhängigkeit der Luftschifffirmen von den preußischen Heeresstellen nicht nur im Sinn eines von ihnen gesteuerten Produktionsprozesses, sondern auch im Sinne eines von ihnen gewünschten Ausleseprozesses unter den Firmen hinsichtlich ihrer technischen Leistungsfähigkeit. Anders aber als im Flugzeugbau mussten die Militärbehörden erst eine Konkurrenzsituation im Starrluftschiffbau schaffen, was sie durch eine substantielle Förderung des Luftschiffbaus Schütte-Lanz erreichten.

Ähnlich wie Zeppelin und die Pioniere im Flugzeugbau hatte aber auch Schütte von Anfang an das preußische Heer als Abnehmer ins Auge gefasst. Schon die Tatsache, dass er im Frühjahr 1909 die preußischen Militärbehörden mit dem Ziel, die Attraktivität seines Luftschiffprojektes für private Investoren zu steigern, bat, sein Projekt positiv zu begutachten, kann entsprechend interpretiert werden. Außerdem hatte er SL 1 an das preußische Heer verkauft. Im Rahmenvertrag mit dem preußischen Kriegsministerium vom April 1913 hatte er darüber hinaus die Voraussetzungen geschaffen für den Verkauf weiterer Luftschiffe an das preußische Heer. Aufgrund dieses Vertrages konnte SL 2 im Mai 1914 an das Militär übergeben werden. Der Luftschiffbau Schütte-Lanz hatte sich demnach – ähnlich wie Zeppelin und die Flugzeugbauer – in die Abhängigkeit zum Militär begeben. In eine ähnliche Richtung ging Schüttes Abtretung seiner Auslandspatente an das Heer, obwohl er dadurch an wertvolle Informationen, nämlich an die Spezifikationen und Abnahmebedingungen, die auf Grundlage der Erfahrungen mit der Konstruktion und dem Fahrtbetrieb von Zeppelin-Luftschiffen gemacht worden waren, gelangte.[1211] Der Tatsache, dass Schütte – ähnlich wie Zeppelin – über bessere Beziehungen zum preußischen Militärapparat bzw. zu höchsten politischen Kreisen als manch anderer Luftfahrzeughersteller verfügte, verdankte sein Unternehmen vermutlich sein wirtschaftliches Überleben bis 1918. Diese Tatsache änderte aber nichts daran, dass sein Unternehmen im Jahr 1914 völlig abhängig von Lieferungen an das preußische Militär war. Dadurch wurden die Aktivitäten des Luftschiffbaus Schütte-Lanz auf eine militärische Produktpalette begrenzt und die Ausweitung seiner Aktivitäten auch auf den zivilen Luftschiffbau verhindert. Allerdings war auch die Eigenkapitalbasis von Schüttes Unternehmen längst nicht so groß, als dass es wie die Zeppelin-Werke selbstständig mit der

Konstruktion und dem Bau von Zivil-Luftschiffen beginnen konnte. Außerdem verfügte der Luftschiffbau Schütte-Lanz auch nicht über eine eigene Reederei, wie die DELAG, welche die Luftschiffe im zivilen Luftschiffverkehr einsetzte.[1212]

Die Folgen der teils von den Militärs herbeigeführten, teils auch selbst gewollten Abhängigkeit von den Militärs wurden für die Luftschiffwerften häufig deutlich spürbar. So musste die LVG ihre Parseval-Schiffe nach der Entscheidung der preußischen Heeresverwaltung im Jahr 1913 gegen die Prall- und für die Starrluftschiffe vermehrt im Ausland verkaufen.[1213] Die Abhängigkeit vom Militär wurde für den Luftschiffbau Schütte-Lanz nach der Ablieferung von SL 2 im Mai 1914 deutlich, denn trotz der vertraglichen Zusicherungen von Heer und Marine im Rahmenvertrag mit dem preußischen Kriegsministerium blieben die Folgeaufträge aus. Dies geschah, obwohl Schütte schon entsprechende Lobby-Arbeit geleistet hatte. So wies er am 20. Mai 1914 in einer Denkschrift an das preußische Kriegsministerium darauf hin, dass alle Luftschiffe eine für Kriegszwecke zu geringe Tragfähigkeit besäßen, und schlug den Bau von Schiffen mit erheblich größerem Rauminhalt vor. Er wollte nicht mehr Schiffe mit einem Volumen zwischen 22.500 und 25.000 m³ bauen, sondern Einheiten mit einem Rauminhalt von 48.000 m³, womit er ähnlichen Überlegungen z. B. im Kriegsministerium entgegenkam.[1214] Doch im Juni 1914 hatte Schüttes Denkschrift für seine Firma noch keine positiven Folgen.

Zur Akquirierung weiterer Aufträge hatte der Luftschiffbau Schütte-Lanz schon im Mai 1912 der kaiserlichen Marine ein Angebot über ein 30.000 m³-Luftschiff gemacht, das aber auf Verlangen und nach Vorgaben der Marine immer wieder überarbeit werden musste. Die ersten Aufträge der Marine für Luftschiffe gingen daher an Zeppelin. Doch auch nach der Vernichtung der in Friedrichshafen gebauten Marineluftschiffe L 1 und L 2 im September bzw. Oktober 1913 kam es zu keinem Vertrag zwischen Schüttes Firma und der Marine, da diese erst intern über daraus zu ziehende Konsequenzen hinsichtlich der Ausbildung von Marineluftschiffern und hinsichtlich der Sicherheit an Bord der Luftschiffe diskutieren musste.[1215] Vermutlich fehlten in der Marine auch kompetente Ansprechpartner, da durch den Unfall der L 2 die meisten ihrer Experten in Luftschifffragen umgekommen waren. Als weitere Ursache für eine Verzögerung eines Vertragsabschlusses erwies sich der Vorsatz der Marine, sich erst von den Qualitäten des neusten Produkts des Luftschiffbaus Schütte-Lanz, des Luftschiffs SL 2, zu überzeugen. Entsprechend fuhren mehrfach auch Marinevertreter bei den Erprobungsfahrten des Schiffes mit.[1216] Hinzu kam, dass der Preis des Luftschiffbaus Schütte-Lanz, der von Schütte in seinem Angebot

vom 05.06.1914 auf 1,4 Millionen Mark beziffert wurde, der Marineführung zu hoch erschien.[1217]

„Als Schütte-Lanz im Juni 1914 das neueste Projekt an das Reichs-Marine-Amt übersandte, war eine feste Bestellung immer noch nicht in Aussicht."[1218]

Da Aufträge ausblieben und die Werft in Rheinau monatelang ohne Arbeit war, entschied sich die Werftleitung, die Werft zu überholen und zu erweitern. Die Planungen übernahm Christians zusammen mit einem Mannheimer Architekten. Auf diese Weise entstand „ein Konzept für eine dem Arbeitsablauf und den steigenden Baugrößen angepasste Anlage."[1219] Im Sommer 1914 begannen dann die Bauarbeiten, so dass Anfang August 1914 alle Gebäude auf dem Werftgelände mehr oder weniger eingerissen waren und gerade um- oder neu gebaut wurden.[1220] Der Ausbruch des Krieges am 01.08.1914 traf die Werft, deren Leitung und Schütte selbst mithin völlig unvorbereitet. Auch die Luftverkehrsgesellschaft musste zu Beginn des Krieges einen schweren Schlag verkraften, für den sie keine Vorkehrungen getroffen hatte. Sie durfte nicht mehr sechs Luftschiffbauten für englische Kunden ausbauen, weil die preußischen Militärbehörden von ihrem Vetorecht Gebrauch machten und die Auslieferung bzw. den Weiterbau untersagten.[1221] Nun waren auch für diese Luftschiffwerft und das „unstarre System", wie für die Firmen Zeppelin und Schütte und das „starre System", die ausländischen Märkte versperrt. Allein die Zeppelin-Gesellschaft schien auf den Krieg vorbereitet, weil sie seit 1900 Versuchsschiffe und seit 1909 hauptsächlich Militärluftschiffe für das preußische Heer gebaut hatte und mit den zwei Bauhallen in Friedrichshafen über die entsprechend produktionsbereiten Kapazitäten verfügte. Hinzu kam, dass das Unternehmen mit mehr als 800 Mitarbeitern auch über die entsprechenden personellen Ressourcen verfügte.

Insgesamt – so lässt sich feststellen – operierten Schütte als Unternehmer und seine und Karl Lanz' Firma auf einem Markt, der fast vollständig von einem Nachfrager, d. h. dem deutschen Militär und insbesondere dem preußischen Heer, abhängig war, weil nur dieser über das nötige Kapital verfügte. Dieser Nachfrager bestimmte durch seine auf eine Konkurrenz zwischen den Firmen gerichtete Beschaffungspolitik sowie durch seine Leistungsanforderungen und Abnahmebedingungen weitestgehend die Struktur der Luftfahrzeugindustrie, den Konstruktions- und Produktionsprozess und die technische Entwicklungsrichtung von Flugzeugen und Luftschiffen. Allerdings benötigte er zu Beginn des Ersten Weltkriegs sehr schnell sehr viele Luftschiffe, da die Werften vorher nur eine relative geringe Zahl von diesen Luftfahrzeugen ausgeliefert hatten und diese Fahrzeuge zudem in qualitativ-technischer Hinsicht nicht den Erwartungen der Militärs entsprochen hatten.

5.2 DER UNTERNEHMER UND MANAGER IN DER RÜSTUNGSINDUSTRIE
5.2.1 DIE AUFNAHME DER KRIEGSPRODUKTION BEIM LUFTSCHIFFBAU SCHÜTTE-LANZ ANFANG AUGUST 1914

Am Tag des Kriegsausbruchs hielt sich Schütte in Berlin auf und führte in seiner Eigenschaft als leitender Verkäufer Verhandlungen mit dem RMA, um die Luftschiffbestellungen, zu denen sich die oberste Marinebehörde im Rahmenvertrag mit dem preußischen Kriegsministerium vom April 1913 verpflichtet hatte,[1222] einzufordern.[1223] Nach der Ablieferung von SL 2 war Schütte als Erfinder des Systems „Schütte-Lanz", als Teilhaber des Luftschiffbaus Schütte-Lanz und als leitender Verkäufer dieser Firma dringend daran interessiert, einen Bauauftrag für seine seit Mai 1914 beschäftigungslose Werft zu bekommen, um ihr wirtschaftliches Überleben zu sichern.[1224] Der Kriegsausbruch sorgte nun sehr schnell dafür, dass das RMA Schüttes Forderung nach einem Bauauftrag entsprach. Damit wurden die schon zwei Jahre andauernden Verhandlungen zwischen der obersten Marinebehörde und dem Luftschiffbau Schütte-Lanz endlich abgeschlossen. Schütte erhielt am 01.08.1914 ein Schreiben vom RMA, dass der bereits mündlich erteilte Auftrag zum Bau von SL 3 als rechtsverbindlich anzusehen sei und er innerhalb der folgenden Tage von der Reichshauptkasse eine erste „Baurate" in Höhe von 500.000 Mark überwiesen bekomme.[1225]

Damit der Luftschiffbau Schütte-Lanz den Bau des neuen Marine-Luftschiffs überhaupt ausführen und weitere Aufträge durchführen konnte, musste Schütte unbedingt sicherstellen, dass die Werft in Rheinau schnell wieder einsatzbereit wurde. Daher ließ sich Schütte vom RMA eine Vollmacht ausstellen, damit er dessen „Interessen zwecks beschleunigter Fertigstellung der beim Luftschiffbau Schütte-Lanz während der Kriegszeiten in Auftrag gegebenen Luftschiffe" wahrnehmen und „alle ihm als zweckmäßig erscheinenden Maßnahmen eventuell mit Unterstützung der Militär- und Zivilbehörden" treffen konnte.[1226] Um die Herstellung der Produktionsfähigkeit von Rheinau zu beschleunigen, war der Besitz einer solchen Vollmacht auch nötig, denn wie aus Briefen des Werftleiters Christians an Schütte

hervorgeht, befand sich die Werft in einer desolaten Situation. So war die Kanalisation für die Werkstätten und die Werkstraße noch nicht fertig. Die Bauhalle war teilweise noch im Rohbau und ohne Dach. An eine Produktion von Luftschiffen war erst nach der völligen Fertigstellung der neuen Halle, mit der Christians nicht vor dem 30.08. bzw. nicht vor dem 15.08. rechnete, zu denken. Nur die alte Halle mit einer Länge von 96 Metern, einer Breite von 32 Metern und einer Höhe von 26,5 bis 29,5 Metern stand noch für Reparaturarbeiten an Luftschiffen und Flugzeugen zur Verfügung.[1227]

Damit die Konstruktion und Produktion von SL 3 und weiterer Luftschiffe bald anlaufen konnte, wies Schütte die Werftleitung in Rheinau an, die Umbauarbeiten schnellstmöglich zu beenden. Entsprechend telegrafierte er schon am Abend des 01. August 1914 nach Mannheim:

„Staatssekretär [des RMA] legt größten Wert auf schnellste Instandsetzung aller Einrichtung und Bau des SL 3. Sämtliches Material sofort bestellen."[1228]

Nachdem er am 02.08.1914 von Berlin zur Marine-Luftschiffstation Fuhlsbüttel und zur Marine-Flugstation in Kiel mit dem Ziel gefahren war, die dortigen Einrichtungen und Luftfahrzeuge zu besichtigen,[1229] forderte Schütte am 03./04.08.1914 die Firma Riedinger auf, mit der Fabrikation der Gaszellen aus „Goldstoff"[1230] für SL 3 zu beginnen.[1231] Am selben Tag berichtete er auch Direktor Zabel telegrafisch, dass die Marine der Firma Heinrich Lanz 500.000 Mark überwiesen habe und dafür die Beschleunigung der Instandsetzungs- bzw. Umbauarbeiten in Rheinau und die schnellstmögliche Bestellung der Baumaterialen für das Luftschiff erwarte. Zugleich informierte er Zabel darüber, dass die Marine beim Luftschiffbau Schütte-Lanz auch Wasserflugzeuge ordern wolle.[1232]

Zur Sicherstellung der Produktionsfähigkeit seiner Werft musste Schütte zudem verhindern, dass die leitenden Ingenieure und die qualifizierten Arbeiter auf der Werft zum Kriegsdienst eingezogen wurden, bzw. erwirken, dass bereits eingezogene Mitarbeiter unabkömmlich gestellt wurden. Dieser dringende Handlungsbedarf war dadurch bedingt, dass die Zahl der Beschäftigten in der Wirtschaft nach der Anordnung der allgemeinen Mobilmachung am 01.08.1914 allgemein zurückgegangen und vorher schon die Zahl der Werksbeamten und Arbeiter des Luftschiffbaus Schütte-Lanz auf den niedrigsten Stand seit Jahren gesunken war. Hierfür verantwortlich waren die staatlichen Behörden, die im Interesse einer ungestörten Mobilmachung und mangels einer entsprechenden Bürokratie auf eine Einberufung der Arbeiter gestaffelt nach ihrer rüstungswirtschaftlichen Einsatzfähigkeit zum Heeresdienst verzichteten bzw. diese nicht in dieser Weise für die Rüstungsproduktion heranzogen.[1233] Schütte bat daher das RMA noch am 01.08.1914 um eine entsprechende Hilfeleistung. Die oberste Marinebehörde reagierte – motiviert durch ein Eigeninteresse an der schnellen Fertigstellung von SL 3 – prompt und erklärte Schüttes Mitarbeiter Kruckenberg, Schröder und Roos, die zur Marinereserve gehörten, für unabkömmlich. Außerdem beantragte sie für weitere Mitarbeiter Schüttes, sofern sie zur Armeereserve gehörten und für den Luftschiffbau nötig waren, entsprechende Zurückstellungen beim Kriegsministerium.[1234] Auch für sich selbst benötigte er eine Unabkömmlichkeitsstellung, da er zum Landsturm im Bereich des XVII. Armeekorps, der Danzig mit einschloss, eingezogen werden sollte. Auch in Schüttes Fall beantragte die Marine eine entsprechende Zurückstellung.[1235]

Die Aktivitäten Schüttes zur Sicherstellung der Produktionsfähigkeit von Rheinau waren von Erfolg gekrönt. Allerdings konnte die Werft erst im September 1914 mit den Arbeiten am SL 3 beginnen und sie erst nach fünf Monaten, im Februar 1915, beenden.[1236] Ähnlich erfolgreich agierte er bei der Akquirierung von Marineaufträgen. Seine Erfolge als Manager in jenen Tagen ließ ihm jedoch keine Zeit, sich seinen eigenen Interessen zu vergewissern und sich zusammen mit seinen Geschäftspartnern Gedanken über eine langfristige Strategie zu machen.

5.2.2 DER LUFTSCHIFFBAU SCHÜTTE-LANZ IN DER LUFTSCHIFFKONJUNKTUR 1914–1915
5.2.2.1 DIE DETERMINANTEN DER ÖKONOMISCHEN ENTWICKLUNG DES LUFTSCHIFFBAUS SCHÜTTE LANZ

In den ersten Monaten des Ersten Weltkriegs belebte sich die Konjunktur auf dem Luftschiffmarkt deutlich. Dies wird offensichtlich an der Zahl der Auftragseingänge bei den Luftschiffproduzenten. So konnte Schütte als leitender Verkäufer des Luftschiffbaus Schütte-Lanz in schneller Folge zwischen August 1914 und Ende 1915 acht Aufträge von Heer und Marine für den Bau von Luftschiffen akquirieren. Für das Heer sollten SL 5, SL 7 und SL 10 gebaut werden, für die Marine SL 3, SL 4, SL 6, SL 8 und SL 9.[1237] Im Jahr 1914 und 1915 produzierte der Luftschiffbau Schütte-Lanz durchschnittlich vier Einheiten, wobei im Jahr 1915 mit fünf Luftschiffen die meisten Fahrzeuge gebaut wurden. Der große Konkurrent der Firma Schüttes, die Luftschiffbau Zeppelin GmbH, bekam zwischen 1915 und 1916 sogar Aufträge für 21 Schiffe herein, also pro Jahr durchschnittlich 10,5 Fahrzeuge.[1238]

Diese ganz offensichtlich durch den Krieg bedingte positive ökonomische Entwicklung entsprach den schon länger bestehenden wissenschaftlichen und wirtschaftlichen Interessen Schüttes. Auf einmal schien Schütte – so wie er es schon bei der Planung von SL 2 beabsichtigt hatte – große Kriegsluftschiffe bauen und durch die Ablieferung dieser Fahrzeuge an das Militär sein seit dem Baubeginn von SL 1 im Juni 1909 nachweisbares kapitalistisches bzw. unternehmerisches Interesse an einem finanziellen Gewinn in größerem Umfang als vor dem Krieg realisieren zu können.[1239] Außerdem erschien ihm der Luftschiffbau nach Kriegsausbruch als notwendiger Dienst an seinem Vaterland, denn seine nationalistische Einstellung der Vorkriegszeit hatte sich wahrscheinlich unter dem Eindruck der nationalen Begeisterung in Berlin im August 1914 verstärkt, als er zur selben Zeit wegen der Verhandlungen mit dem RMA über den Bau eines Luftschiffes in der Reichshauptstadt weilte.[1240] Eine ähnliche wirtschaftliche Interessenslage scheint es bei der Familie Lanz und bei Paul Zabel gegeben zu haben. Wie Schütte dürfte auch die Familie Lanz ein Interesse daran gehabt haben, dass der Luftschiffbau Schütte-Lanz Gewinne abwarf, denn sie waren nach wie vor die Hauptanteilseigner der Firma. Da außerdem sein Unternehmen ab August 1914 wie die gesamte Metall verarbeitende und Maschinenindustrie Badens einen „stillen Geschäftsgang" aufgrund der Stornierung von Aufträgen aus dem Ausland zu verzeichnen hatte, ließ die verbliebene Firmenleitung unter Zabel und Röchling Schütte freie Hand bei den unternehmerischen Entscheidungen, welche den Luftschiffbau Schütte-Lanz betrafen.[1241] So konnte Schütte zum selben Zeitpunkt sich auf seine Position als Innovator bzw. technischer Berater, leitender Vertriebsmanager und Kapitalist stützend, die Unternehmerfunktion im Luftschiffbau Schütte-Lanz nahezu allein ausüben.

Ein wichtiger Faktor, den Schütte bei dem Entwerfen einer unternehmerischen Strategie zu beachten hatte, war – wie schon in der Vorkriegszeit – die Monopolstellung des deutschen Militärs als Nachfrager auf dem Luftschiffmarkt.[1242] Bedingt durch diese Marktposition war es nämlich in der Lage, Lieferanten wie dem Luftschiffbau Schütte-Lanz oder dem Luftschiffbau Zeppelin beim Kauf eines Luftschiffes die Vertragsbedingungen zu diktieren und gegebenenfalls beide gegeneinander auszuspielen. Da das preußische Heer und die kaiserliche Marine bei Kriegsausbruch nur über eine geringe Zahl an Luftschiffen verfügten, benötigten sie in den ersten Jahren des Krieges relativ viele solcher Fahrzeuge, damit die jeweiligen Luftschiffereinheiten die ihnen zugewiesenen militärischen Aufgaben erledigen konnten. Entsprechend war eine wesentliche Forderung der militärischen Stellen an die

Luftschiffproduzenten, möglichst viele Luftschiffe in möglichst kurzer Zeit zu produzieren und entsprechend kurz waren daher die vereinbarten Lieferfristen.[1243] Wie die oben aufgeführten Produktionszahlen belegen, kamen die Unternehmen diesen verschärften Anforderungen nach und erhöhten ihre Produktion deutlich.

Die sich daraus ergebenden Probleme für die Produktionskapazitäten des Luftschiffbaus Schütte-Lanz glaubte Schütte – vermutlich im Taumel der allgemeinen nationalen Begeisterung – in den ersten Kriegsmonaten akzeptieren zu können. Vor dem Hintergrund seiner vom RMA ausgestellten Vollmacht und aufgrund seiner Verbindungen zu den Militärbehörden besaß er die nicht ganz unberechtigte Hoffnung, bei der Lösung der Probleme die Hilfe der Zivil- und Militärbehörden beanspruchen zu können. Auch die Werftleitung in Rheinau hoffte im anfänglichen Optimismus und Enthusiasmus der ersten Kriegswochen, die von Schütte akquirierten Aufträge bewältigen zu können.[1244] Die Führung des Luftschiffbaus Schütte-Lanz setzte demnach im Ersten Weltkrieg auf eine Strategie der bedingungslosen Anpassung an den durch die Kriegskonjunktur expandierenden Luftschiffmarkt. Entsprechend konnte diese Anpassung nur in der Annahme vieler Aufträge und in einer damit verbundenen Unternehmensexpansion bestehen.

5.2.2.2 LIEFERSCHWIERIGKEITEN DES LUFTSCHIFFBAUS SCHÜTTE-LANZ
5.2.2.2.1 EXTERNE URSACHEN

Ende 1915 scheint diese Strategie erste Erfolge gezeigt zu haben. So berichtete Schütte auf einer Sitzung der Unternehmensleitung am 05.12.1915, an der neben der Werftleitung auch August Röchling und Offiziere des preußischen Heeres teilnahmen, über die Leistungen der Werft stolz:

„Der Luftschiffbau [Schütte-Lanz] hat proportional zu den Leistungen Zeppelins mindestens ebensoviel geschafft, und zwar unter erheblich schwierigeren Verhältnissen. Es wurden 1915 fünf Schiffe abgeliefert, drei liegen zurzeit auf Stapel. S.L. 2 ist zweimal verlängert worden. Dem S.L. 4 wurde ein neues Vorschiff gebaut. Während des Baues wurden die Schiffe noch zum Teil verlängert und an S.L. 7 ist eine umfangreiche Reparatur ausgeführt [...]."

Doch dann wies Schütte auf ein gravierendes Problem hin, mit dem der Luftschiffbau Schütte-Lanz in jener Zeit zu kämpfen hatte. Er ließ es in der Anwesenheit der Militärvertreter aus eigenem Interesse nur vorsichtig anklingen:

„Was allein den durch die Reparaturen bedingten Zeitverlust anbelangt, so hätten in dieser Zeit schon zwei weitere Schiffe fertiggestellt sein können."[1245]

Deutlicher war er jedoch schon auf einer Besprechung der Unternehmensleitung am 16.09.1915 geworden, an der „Onkel Paul" Hossfeld und die Ingenieure Bleistein, Christians und Kruckenberg als Vertreter der Werftleitung teilnahmen. Vor diesem engeren Kreis stellte er fest, dass „in der Front" eine „Mißstimmung" darüber zu Tage getreten sei, „dass die vom Luftschiffbau zugesagten Termine für die Ablieferung der [Luftschiffe] nicht eingehalten werden."[1246]

Die Ursachen für die Lieferverzögerungen sah Schütte auf der Sitzung am 05.12.1915 nicht in dem Anpassungs- bzw. Expansionskurs seines Unternehmens, sondern in den „schwierigen Verhältnisse[n]", unter denen der Luftschiffbau Schütte-Lanz produzieren musste. Sie waren seiner Meinung nach auf die Ausgangslage des Unternehmens zu Kriegsbeginn zurückzuführen, denn das Unternehmen habe zu Beginn des Krieges nur über eine unfertige Werft und vor allem über zu wenige Arbeitskräfte verfügt. Außerdem sei gerade dann – so Schütte weiter – „Auftrag für Auftrag seitens der Behörde" gekommen und der Luftschiffbau habe sich „aus einem ganz kleinen Werk plötzlich zu einem großen Unternehmen, das Millionen umsetzt, [...] entwickeln müssen". Er bezeichnete den Zustand, in dem sich das Unternehmen zu Kriegsbeginn befunden und unter dem es zum Zeitpunkt der Besprechung noch zu leiden habe, als paradox:

„Arbeiter gibt es kaum noch, Materialien werden knapp, die Arbeit wird stets schwieriger und dabei sollen immer mehr Schiffe geliefert werden."[1247]

Schütte wies auch auf der Sitzung am 16.09.1915 auf die fehlenden Arbeitskräfte hin. Vor seinen leitenden Mitarbeitern und Hossfeld machte er nicht die „schwierigen Verhältnisse", sondern wesentlich das preußische Heer und die kaiserliche Marine für die Lieferprobleme seiner Firma verantwortlich, indem er unvorhergesehene Reparaturen an den an sich fertigen Luftschiffen und die fortgesetzten Änderungen und Vergrößerungen der Schiffstypen als Ursache für die Lieferverzögerungen benannte. Den Luftschiffbau Schütte-Lanz träfe aus seiner Sicht nur ein eingeschränktes Verschulden an den Verzögerungen, da er die Schwierigkeiten, die sich aus den getrennten Baustellen an drei verschiedenen Plätzen ergaben, unterschätzt habe.[1248]

Schütte war demnach der Auffassung, dass das wesentliche Problem des Luftschiffbaus Schütte-Lanz im Dezember 1915 die Lieferschwierigkeiten seines Unternehmens waren. Dieses Problem sei – ausgehend von der ungünstigen Ausgangslage seines Unternehmens im

August 1914 – unter anderem verursacht worden durch den Mangel an Arbeitskräften und durch Rohstoffknappheit. Wesentlicher sei für die Lieferverzögerungen aber der Druck der Monopolinhaber von Heer und Marine gewesen, die von seiner Firma verlangt hätten, eigentlich fertige Luftschiffe zu reparieren[1249] und auf Änderungen an den Schiffen in laufenden Konstruktions- und Produktionsprozessen bestanden hätten. Außerdem hätten die Militärs immer mehr Luftschiffe bestellt. Der Einfluss der Monopolinhaber habe sein Unternehmen dazu genötigt, unter restriktiven wirtschaftlichen Bedingungen zu produzieren und zugleich zu expandieren, was die Fertigstellung der Schiffe zusätzlich verzögert habe. Schütte ließ mithin die Möglichkeit außer Acht, dass er bzw. sein Unternehmen die Lieferschwierigkeiten mitverursacht haben könnten, indem sie die große Nachfrage der Militärs unter allen Umständen befriedigen wollten, ohne sich weiter Gedanken darüber gemacht zu haben, wie sie diesen Wünschen entsprechen konnten.[1250]

Schüttes Analyse der Ursachen der Lieferverzögerungen scheint jedoch auf den ersten Blick richtig zu sein, weil die von ihm genannten Argumente anhand der Fakten zu belegen sind. So befand sich der Luftschiffbau Schütte-Lanz zu Beginn des Krieges in der Tat in einer „schwierigen Ausgangslage", weil sich der Abschluss der Umbauarbeiten – entgegen den optimistischen Angaben von Christians am 31.07.1914 – länger hingezogen hatte als geplant und vermutlich erst Ende 1914 abgeschlossen war.[1251] Auch trifft Schüttes Hinweis auf die fehlenden Arbeitskräfte zu, anders wären seine Bemühungen, um die Unabkömmlichkeitsstellung seiner Mitarbeiter und um die Beurlaubung bereits eingezogener Beschäftigter des Luftschiffbaus Schütte-Lanz bei Ausbruch des Krieges nicht zu erklären. Für die These vom Arbeitskräftemangel und von den durch die Umbauarbeiten eingeschränkten Produktionskapazitäten spricht auch, dass SL 3 in Rheinau erst im Februar 1915 fertig gestellt wurde, obwohl er bereits im September 1914 auf Kiel gelegt worden war.[1252] Schließlich wird seine Auffassung durch die Entwicklung der Beschäftigten des Luftschiffbaus Schütte-Lanz belegt.[1253]

Außerdem trifft Schüttes Befund zu, dass die Menge der bis Mitte 1915 von Heer und Marine bestellten Luftschiffe die Produktionskapazitäten der Rheinauer Werft überforderte. Dafür spricht schon die Tatsache, dass die Werft im Juni 1914 nur über eine Bauhalle und über eine nur gut hundertköpfige Belegschaft verfügte, so dass sie nicht in der Lage war, die vielen Aufträge aufgrund der kurzen Baufristen allein zu bewältigen.[1254] Für eine Überforderung (und für einen daraus resultierenden Zwang zur Expansion seitens des Militärs) spricht ferner, dass das Militär in der Tat „Auftrag auf Auftrag" folgen ließ.

Schüttes Ausführungen, dass sich der Luftschiffbau Schütte-Lanz schon vor und vor allem während der erzwungenen Expansion in einer paradoxen Zwangslage befand, halten der Konfrontation mit der historischen Realität ebenfalls stand und können mithin als weitere Ursache zur Erklärung der Lieferverzögerungen herangezogen werden. Zum einen bestand der Zwang zum Bau von immer mehr Luftschiffen. Zum anderen hatte der Luftschiffbau Schütte-Lanz realiter immer weniger materielle Ressourcen und immer weniger qualifiziertes Personal zur Verfügung. Die Knappheit an Rohstoffen war durch die Fernblockade der Royal Navy und durch deren Zwangsbewirtschaftung durch die von Walther Rathenau (1867–1922)[1255] geleitete „Kriegsrohstoffabteilung" im Kriegsministerium und die von ihr gegründeten Kriegsgesellschaften bedingt.[1256] Dass Schüttes Firma solche Schwierigkeiten hatte, geeignete Arbeitskräfte zu beschaffen, war der Tatsache geschuldet, dass bis Ende 1914 ein Drittel der gesamten Industriearbeiterschaft eingezogen worden war.[1257] So trafen auch im Luftschiffbau Schütte-Lanz immer mehr ungelernte Arbeitskräfte auf eine nur leicht zunehmende, geringe Anzahl an qualifiziertem Personal. Am 03.04.1914 arbeiteten von ursprünglich 91 Facharbeitern nur noch 25 auf der Werft in Rheinau. Die Anzahl aller Arbeiter war bis zum 06.04.1915 auf insgesamt 660 gestiegen, um bis zum 12.05.1915 auf einen Stand von 800 zu klettern. Danach sank die Anzahl der Arbeiter wieder, um in der zweiten Jahreshälfte bei durchschnittlich 600 zu verharren.[1258] Geht man davon aus, dass die meisten der 91 Arbeiter, die die Werft noch im Juni 1914 beschäftigt hatte, nach ihrer Einberufung aufgrund von Schüttes Interventionen an ihren Arbeitsplatz zurückkehrten, so betrug das Verhältnis gelernter zu ungelernter Arbeitskraft im Durchschnitt 1 zu 7,5 auf der Werft in Rheinau.[1259] Eine Verlangsamung der Produktion aufgrund der fehlenden Erfahrung des größten Teils der Belegschaft beim Luftschiffbau Schütte-Lanz erscheint angesichts dieser Zahlen als wahrscheinlich.

Diese Entwicklung betraf auch das Konstruktionsbüro, das – wie das übrige Unternehmen – expandieren und zugleich die vielen neuen Aufträge der Militärs mit teils unerfahrenen, teils unqualifizierten Kräften bearbeiten musste. Hier betrug das Verhältnis von erfahrenen zu unerfahrenen Arbeitskräften im Juli 1915 1 zu 2,8. Das hohe Arbeitsaufkommen, das durch die große Menge der für die neuen Aufträge anzufertigenden Zeichnungen, durch Reparaturen, durch nachträgliche Änderungen und durch Auftragsanfragen entstanden war, und die hohe Zahl von unerfahren Arbeitskräften führten dazu, dass das Büro nicht mehr mit der Produktion der Luftschiffe Schritt halten konnte und sich auch dadurch die Fertigstellung der bestellten Luftschiffe verzögerte. Weitere anfallende Arbeiten, vor allem die Einarbeitung der neuen Kräfte durch die alten Konstruktionsingenieure, verhinderte außerdem die Erprobung der neuen Konstruktionen des Büros, da die Instruktion neuer Kräfte auf Kosten der Arbeiten zur Errichtung eines entsprechenden Versuchslaboratoriums und der Untersuchung von fertigen Schiffen während ihrer Probefahrten und nach Havarien ging.[1260] Daher konnten die praktischen Erfahrungen mit den Entwürfen der Schiffe nicht ausgewertet werden und deshalb unterblieb auch die Entwicklung einer „bewährten und ausgiebig erprobten Gesamtkonstruktion". Das Fehlen einer ausgereiften Konstruktion verzögerte seinerseits wieder den schnellen Bau von Schiffen.[1261] Daher muss die Überlastung des Konstruktionsbüros des Luftschiffbaus Schütte-Lanz noch als ein weiterer Grund für das Überschreiten von vereinbarten Lieferfristen erwähnt werden, obwohl Schütte auf sie in seiner Analyse der Ursachen für die Überschreitung der Lieferfristen nicht einging.

Schüttes Behauptung, dass vor allem die fortgesetzten Forderungen der Militärs nach Änderungen und Vergrößerungen der Schiffstypen zu den Lieferverzögerungen beigetragen hätten, war auch zutreffend. Tatsächlich forderten die Militärs schon Änderungen in der Konstruktion des Schiffes, bevor ein entsprechender Liefervertrag abgeschlossen war. SL 2, SL 6 und SL 7 mussten außerdem zwecks Verlängerung wieder in die Werft oder – noch im Bau befindlich – vergrößert werden. Teilweise lag dies daran, dass die veränderten militärischen Gegebenheiten an der Front eine Anpassung erzwangen. So musste SL 2 verlängert werden, weil das Schiff nicht genügend Steighöhe erreichte, um feindlichem Beschuss zu entgehen und nicht genügend Bombenlast mit sich führen konnte. Teilweise waren die kurzfristigen Änderungswünsche allerdings auch auf die schlechten Leistungen der Vorgängerschiffe und damit auch auf Fehler bei der Konstruktion und beim Bau zurückzuführen. So havarierte das gerade abgelieferte Luftschiff SL 4 auf seiner ersten Fahrt am 02.05.1915, was dazu führte, dass sein Vorschiff komplett erneuert werden musste. Das Luftschiff SL 5 wurde auf seiner ersten Kriegsfahrt im Juli 1915 zerstört.[1262]

5.2.2.2.2 INTERNE URSACHEN

Doch trotz aller logischen Argumente und zutreffender Fakten trifft Schüttes Analyse der Ursachen der Lieferschwierigkeiten seiner Firma nur eingeschränkt zu, weil sie einseitig die Verantwortung

äußeren ökonomischen Bedingungen bzw. der ungleichen Verteilung der Marktmacht zuweist. Seine Überlegungen berücksichtigen jedoch nicht die Möglichkeit, dass sich die bedingungslose Anpassung des Unternehmens an die Gegebenheiten des Luftschiffmarktes ohne eine angemessene Produktionsstrategie negativ auf sein inneres Gefüge und seine Fabrikationsfähigkeit ausgewirkt haben. Anders ausgedrückt bedeutete dies, dass Schütte die Frage, wie unter gegebenen Marktbedingungen die von außen kommende Nachfrage intern bewältigt werden könnte, offen ließ.

Im November 1914, als mit der Produktion der Marineluftschiffe SL 3 und SL 4 sowie des Heeresluftschiffs SL 5 begonnen werden sollte, wurde Schütte klar, dass mit den zur Verfügung stehenden Produktionskapazitäten die Schiffe niemals rechtzeitig fertig sein würden. Ohne lange zu überlegen, machte Schütte vermutlich von seinen Verbindungen zur Militärbürokratie bzw. von seiner vom RMA ausgestellten Vollmacht Gebrauch und wandte sich an das preußische Heer mit der Bitte um Unterstützung. Das Heer entsprach seiner Bitte und stellte ihm seine Luftschiffhallen in Mannheim-Sandhofen und im ca. 50 Kilometer entfernten Darmstadt zur Verfügung.[1263] Schütte nahm dieses Angebot an. Das hatte zur Folge, dass die 600 Mann umfassende Belegschaft, darunter die wenigen zur Verfügung stehenden eingearbeiteten Fachkräfte, auf drei Produktionsstandorte verteilt werden mussten. Konkret bedeutete dies beispielsweise, dass

„die Montageleitung Ingenieuren überlassen werden [musste], die vorher noch nie selbständig gearbeitet hatten bzw. eben auf der Hochschule ihr Notexamen bestanden hatten".[1264]

Durch die Verteilung der Produktion auf drei verschiedene Standorte verlängerten sich außerdem die Wege für Menschen und Material sowie letztlich die Produktionszeiten für die in Mannheim-Sandhofen bzw. Darmstadt im Bau befindlichen Luftschiffe SL 4 und SL 5.[1265] Erschwerend kam hinzu, dass Schütte sich bis September 1915 nicht entschließen konnte, eine Firmenzentrale aufzubauen, obwohl er selbst eine Leitungsfunktion durch seine „häufige, zufolge der gegebenen Verhältnisse erforderliche Abwesenheit" nicht ausüben konnte.[1266] Schüttes Zögern verhinderte entsprechend „ein gründlicheres und einheitlicheres Zusammenarbeiten der einzelnen Abteilungen" und führte zu Kommunikationsproblemen zwischen Schütte, der Werftleitung und den Konstruktionsingenieuren, zu mehrfacher Erledigung gleicher Aufgaben in verschiedenen Abteilungen und zu Kompetenzstreitigkeiten.[1267] Diese Desorganisation des Luftschiffbaus Schütte-Lanz, die noch dadurch verstärkt wurde, dass der Einkauf der Rohstoffe und -materialien sowie das Finanz- und das Personalwesen immer noch durch die Firma Heinrich Lanz erledigt wurden, erzeugte ihrerseits Zeitverluste, die zum Überschreiten vereinbarter Liefertermine führten.[1268] Es ist daher wenig verwunderlich, dass der Luftschiffbau Schütte-Lanz mit der Einhaltung der Lieferfristen immer weiter in Verzug geriet, als mit dem Bau des Marineluftschiffs SL 6 ab Mitte März 1915 und mit dem Bau des Heeresluftschiffs SL 7 Anfang April 1915 begonnen werden sollte. Zu diesem Zeitpunkt waren die Produktionsstandorte in Sandhofen und in Darmstadt noch durch SL 4 und SL 5 belegt und Sandhofen schon für die Verlängerung von SL 2 reserviert, so dass nur in Rheinau mit dem Bau von SL 7 begonnen werden konnte. Für den Bau von SL 6 musste eine weitere Luftschiffhalle, dieses Mal in Leipzig, angemietet werden.

„Dadurch war eine rationelle Bauausführung [– anders als bei Zeppelin –] nicht mehr möglich."[1269]

Schütte hatte demnach in den Jahren 1914 und 1915 in seiner einseitigen Anpassung an die neuen Bedingungen auf dem Luftschiffmarkt die Konsequenzen dieser Strategie für sein Unternehmen, d. h. namentlich die organisatorischen Schwierigkeiten und die damit verbundenen Verzögerungen bei der Fertigstellung von Luftschiffen, wie sie sich aus den getrennten Baustellen an schließlich vier verschiedenen Plätzen ergaben, völlig unterschätzt. Da er keine angemessene Produktionsstrategie entwickelt hatte, konnte er entsprechend nur auf die Produktionsanforderungen der Militärs reagieren.

Eine wichtige Ursache dafür waren wahrscheinlich seine wissenschaftlichen und wirtschaftlichen Interessen. Für Schütte bedeutete der Kriegsausbruch eine einmalige Gelegenheit, sie vollständig zu realisieren.[1270] Entsprechend erschien Schütte vermutlich die bedingungslose Anpassung an den Luftschiffmarkt, d. h. genauer an die Wünsche der Militärs, in den ersten Monaten des Ersten Weltkriegs als die einfachste und naheliegendste unternehmerische Strategie, zumal auch er vermutlich nur mit einem kurzen Krieg rechnete.[1271] Hinzu kam, dass Schütte angesichts akuter, zumeist von außen kommender Probleme seines Unternehmens zumindest in den ersten Wochen des Krieges kaum Zeit hatte, über die negativen Folgen seines Vorgehens für die Organisation seines Unternehmen nachzudenken und darauf mit der Entwicklung einer Produktionsstrategie angemessen zu reagieren.[1272] Außerdem machte die monopolistische Struktur des Luftschiffmarktes auf der Nachfragerseite die Durchführung einer Produktionsstrategie, die über die bloße Befriedung der Bedürfnisse der Militärs hinausging, schwierig, zumal die Produktionszahlen der Konkurrenz aus Friedrichshafen deutlich höher lagen als die des eigenen Unternehmens.[1273] Die eigene Interessenlage, die offenbare Alternativlosigkeit und Evidenz der einmal gewählten Strategie der bedingungslosen Anpassung und die hauptsächliche Beschäftigung mit externen Problemen scheinen also bei Schütte eine Vernachlässigung der inneren Organisation und der internen Probleme seines Unternehmens verursacht und damit letztlich die Entwicklung einer Produktionsstrategie verhindert zu haben.

5.2.2.2.3 LÖSUNGSVERSUCHE

Erst drohende neue Lieferverzögerungen sowie der massive Druck seiner leitenden Mitarbeiter und seiner Partner bewirkten bei ihm ein Umdenken hinsichtlich der Organisation seiner Firma. Ende August, Anfang September 1915, als der Bau der neuen 38.800 m³ Luftschiffe SL 8, 9 und 10 bevorstand, begaben sich die leitenden Mitarbeiter des Luftschiffbaus Schütte-Lanz, Christians, Bleistein und Kruckenberg, zu Schüttes Partnern, d. h. zu August Röchling und Paul Zabel und baten diese im Hinblick auf eine von ihnen geplante Lösung der drängenden organisationellen Probleme des Unternehmens um Hilfe: Zuvor hatten die drei Oberingenieure eigenmächtig gehandelt und den Direktor Ortner, einen leitenden Angestellten bei der Firma Heinrich Lanz, gebeten, als Geschäftsführer für den Luftschiffbau Schütte-Lanz tätig zu werden. In dieser Funktion sollte Ortner die dringend benötigte „einheitliche Leitung" schaffen, d. h. die betriebsinternen Kommunikationsstränge bündeln, die Kompetenzen der Abteilungen und ihre jeweiligen Verantwortlichkeiten neu definieren und voneinander abgrenzen.[1274] Der Direktor der Firma Lanz hatte offenbar auch schon zugesagt. Doch musste Schütte als Teilhaber an dem Luftschiffbau Schütte-Lanz noch nachträglich seine Zustimmung zu dieser Personalentscheidung geben, bevor Ortner seine Geschäftsführerposten antreten konnte. Die drei Oberingenieure besaßen aber als Werkleitung nicht eine solche starke Machtposition innerhalb des Unternehmens, um ihr eigenmächtiges Handeln erfolgreich gegenüber Schütte zu verteidigen und ihre Entscheidung zugunsten Ortners ihm gegenüber auch durchzusetzen. Deshalb baten sie Schüttes Partner um Unterstützung. Hossfeld, Lanz, Röchling und Zabel kamen dieser Bitte nach, suchten am Abend des 07.09.1915 Schütte in seinem Mannheimer Hotel auf und teilten ihm „schonend" mit, dass Ortner auf Veranlassung von Christians, Bleistein und Kruckenberg gewonnen worden sei.[1275] So vor vollendete Tatsachen gestellt, konnte Schütte nur noch zustimmen, zumal er schon zu anderen Gelegenheiten mit Christians, Bleistein und Kruckenberg über eine solche Lösung diskutiert hatte.[1276]

Doch diese Lösung war nur von kurzem Bestand, da Ortner im Verlauf des Herbstes 1915 erkrankte und daher seinen Posten nicht antreten konnte. Nun ergriff Schütte die Initiative und suchte nach einem passenden Kandidaten für den nun wieder vakanten Direktorenposten. Offenbar hatte er nicht nur ein größeres Bewusstsein hinsichtlich der Organisationsprobleme seiner Firma entwickelt, sondern war sich nach dem Coup seiner leitenden Mitarbeiter und Partner vom 07.09.1915 auch über das Ausmaß der Unzufriedenheit in seinem Unternehmen klar geworden. Nachdem er die Ernennung von Christians, Bleistein oder Kruckenberg zum Direktor verworfen hatte und selbst keine Lösung für das drängende Problem sah, wandte Schütte sich wieder einmal Rat suchend an seinen Freund „Onkel Paul" Hossfeld. Hossfeld schlug ihm den Admiral Heinrich Stromeyer vor. Erst Ende November 1915 konnte sich Schütte entschließen, auf Hossfelds Vorschlag einzugehen und Stromeyer zum ersten Direktor des Luftschiffbaus Schütte-Lanz zu ernennen. Der Grund für sein Zögern bestand vermutlich darin, dass er nicht wusste, wie seine langjährigen Mitarbeiter auf seine Entscheidung reagieren würden, ihnen einen Direktor seiner Wahl zu oktroyieren. Außerdem kannte er Stromeyer und seine Kompetenz nicht.[1277] Als Schütte aber erfuhr, dass Stromeyer viele Jahre lang in der Marineverwaltung, „insbesondere als Direktor des Torpedoressorts Friedrichsort" gearbeitet hatte und daher erfahren sei in der Leitung eines großen Werkstätten- und Bürobetriebes, entschied er sofort, den Admiral als Direktor einzustellen.[1278] Schütte glaubte vermutlich, dass Stromeyer aufgrund seiner militärischen Vergangenheit der geeignete Mann zur Pflege der äußerst wichtigen Beziehungen zu den Militärbehörden sei und der Admiral als ein von ihm allein installierter leitender Manager seine eigene Position im Unternehmen stärken könnte.[1279] Hauptsächlich erwartete er aber von Stromeyer, dass dieser die Kooperation zwischen den einzelnen Abteilungen des Luftschiffbaus Schütte-Lanz sicherstelle und damit wesentlich zur Einhaltung der „aufgestellten Liefertermine" beitrage.

Am 27.11.1915 teilte er Bleistein, der Stromeyer schon kurz vorher persönlich kennen gelernt hatte, seine Entscheidung mit, am 28., 29., und 30.11.1915 nahm Stromeyer schon auf den Sitzungen des Luftschiffbaus Schütte-Lanz in Berlin teil. Auf der Sitzung am 05.12.1915 stellte ihn Schütte dann „als nunmehrigen Direktor des Luftschiff- und Flugzeugbaues Schütte-Lanz" der Führungsriege des Luftschiffbau Schütte-Lanz vor. Obwohl durch Schütte vor vollendete Tatsachen gestellt, billigten seine leitenden Mitarbeiter und seine Partner diese Entscheidung, weil Schütte sie vermutlich mit dem Hinweis auf Stro-

meyers Lebenslauf davon überzeugen konnte, dass dessen Fähigkeiten bei der Überwindung der Lieferschwierigkeiten ausgesprochen nützlich sein konnten. Als weitere Maßnahme zur Überwindung dieser Probleme ordnete Schütte auf dieser Sitzung an, dass „bezüglich Festsetzung der künftigen Liefertermine besonders vorsichtig zu verfahren" sei.[1280] Weitere Maßnahmen zur Effektivierung des Werftbetriebs oder gar die Entwicklung einer Produktionsstrategie wurden von Schütte aber nicht auf den Weg gebracht.

Daher ist es nicht verwunderlich, dass die von Schütte angeordneten Maßnahmen zur Überwindung der Lieferschwierigkeiten ihre Wirkung verfehlten. So gab Hossfeld in einem Schreiben an Schütte, in dem er diesem von seinen Verhandlungen mit hochrangigen Vertretern im RMA am 01.02.1916 berichtete, die Äußerungen eines seiner Verhandlungspartner hinsichtlich der Fertigstellungstermine von SL 8 und SL 9 wieder, die von Schüttes Unternehmen gerade für die kaiserliche Marine gebaut wurden.

„Herr Geheimrat [Hossfeld], glauben Sie an die Fertigstellungstermine, die der Luftschiffbau uns da angegeben hat? Wir nicht! Solchen Optimismus, wie der Luftschiffbau haben wir nach den bisherigen Erfahrungen nicht.

Herr Geheimrat nehmen Sie mir es nicht übel, aber das Schreiben vom 26.I[.]1916] mit der Tabelle ist – na sagen wir: mindestens etwas sehr kühn!"

Die kaiserliche Marine hatte demnach das Vertrauen in die Angaben des Chefverkäufers Schütte und wohl auch in die Leistungsfähigkeit des Luftschiffbaus Schütte-Lanz verloren, da Schüttes Firma offenbar immer noch nicht in der Lage war, einmal zugesagte Liefertermine einzuhalten. Stromeyer hatte vermutlich nach knapp zweimonatiger Tätigkeit den Luftschiffbau Schütte-Lanz noch nicht reorganisieren können. Außerdem hatte das Unternehmen wieder unrealistische Angaben über Liefertermine gemacht. Demgemäß weigerten sich die Vertreter des RMA, weiter Luftschiffe zu bestellen:

„Wir denken garnicht daran gleich eine weitere Serie zu 38.000 cbm zu bestellen, erst einmal soll der Luftschiffbau einmal zeigen, ob er seine Versprechungen einhalten kann, und ob er wirklich S.L. 8 am 1. März abliefert.[...] Das kann ich Ihnen aber sagen Herr Geheimrat, wenn der Luftschiffbau für 8 und 9 nicht die jetzt versprochenen Termine, den 1. und 15. März innehält, dann hat der Luftschiffbau bei uns ausgespielt!"

Die Militärs wollten also vom Luftschiffbau Schütte-Lanz einen Beweis seiner Zuverlässigkeit sehen, bevor sie dem Unternehmen wieder vertrauten und ihm weitere Bauaufträge gaben. Daher konnte Hossfeld in den Verhandlungen mit den Vertretern des RMA am 01.02.1916 nur *einen* Auftrag für ein weiteres 38.800 m³-Luftschiff, vermutlich den Auftrag für SL 14, akquirieren, obwohl Schütte – vermutlich getrieben von seinen Gewinninteressen – mit mehreren Bestellungen gerechnet hatte.[1281]

Doch die Forderungen des RMA, das Problem der Lieferverzögerungen zu lösen, konnte der Luftschiffbau Schütte-Lanz auch im Fall von SL 8 nicht nachkommen, und die Marine konnte das Schiff statt am 01.03. erst am 13.04.1916 abnehmen. Dieses erneute Überschreiten vereinbarter Lieferfristen seitens des Luftschiffbaus Schütte-Lanz zeigte, dass dieses Problem durch einzelne organisatorische Maßnahmen nicht zu lösen war, weil nach wie vor eine Produktionsstrategie fehlte. Dies war keine gute Ausgangslage für die Bestellung weiterer Luftschiffe durch die deutschen Militärs beim Luftschiffbau Schütte-Lanz, wie die Tatsache zeigt, dass nach SL 14 nur noch sechs weitere Luftschiffe von den Militärs in Auftrag gegeben wurden.[1282] Neben dem beständigen Überschreiten der Lieferfristen waren dafür aber auch die technischen Probleme der Schütte-Lanz-Luftschiffe verantwortlich. Allerdings mochte der Rückgang der Bestellungen bereits auch durch die Erkenntnis der Militärs motiviert gewesen sein, dass die Luftschiffe ihre Aufgaben nur unzureichend zu lösen vermochten.[1283]

5.2.3 TECHNISCHE PROBLEME DER SCHÜTTE-LANZ-LUFTSCHIFFE
5.2.3.1 MANGELNDE BETRIEBSSICHERHEIT

Schütte kam in seiner Analyse über die Probleme des Luftschiffbaus Schütte-Lanz auf der Besprechung am 05.12.1915 auf die Zufriedenheit der Militärs mit den bereits abgelieferten Schütte-Lanz-Luftschiffen bzw. auf ihre Betriebssicherheit zu sprechen und konstatierte:

„Im Allgemeinen herrsche über die S.L.-Luftschiffe Zufriedenheit bei den Behörden, nur muß die Nutzlast besser werden."[1284]

Mit dieser grundsätzlichen Feststellung wollte Schütte in erster Linie Zweifel seiner Mitarbeiter und in zweiter Linie die Skepsis der Militärs an der Betriebssicherheit und an dem Kampfwert der Schütte-Lanz-Luftschiffe begegnen, die schon beim Betrieb des ersten im Krieg fertig gestellten Luftschiffs SL 3 entstanden waren. Obwohl SL 3 bei der Abnahme den Anforderungen der Marine gerade noch gerecht wurde, stellten sich beim Betrieb des seit Februar 1915 in Nordholz bei Cuxhaven stationierten Schiffes gravierende Probleme ein. Beim Einsatz über die Nordsee sog das Holzmaterial des Schiffsgerippes Feuchtigkeit auf, wodurch das Gewicht des Gerippes erhöht, seine Leimung beschädigt wurde und seine Festigkeit abnahm. Aus diesem Grunde wurde in Nordholz eine „Leim-Kolonne" beschäftigt, die sich ständig um den Erhalt des *SL-3*-Gerippes kümmern musste.[1285] Außerdem wurden wenige Wochen nach der Inbetriebnahme des Schiffes ernste Beschädigungen am Hinterschiff und an den Dämpfungsflächen sichtbar, die größere und kostspielige Reparaturarbeiten nach sich zogen.[1286]

Diese baulichen Mängel, welche die Betriebssicherheit von SL 3 beeinträchtigten, waren durch Probleme verursacht worden, die bei der Konstruktion und beim Bau des Schiffes aufgetreten waren. Zwar konnten die Rheinauer Ingenieure bei der Konstruktion des 32.470 m³ großen Luftschiffes auf die bei der Entwicklung von SL 2 gemachten Erfahrungen zurückgreifen, aber sie mussten das Schiff unter Zeitdruck neu berechnen und auf dieser Grundlage schnell neue Zeichnungen anfertigen. Zudem gab es für SL 3 keine eigenen Bauvorschriften, so dass auf entsprechende Vorgaben für das Marineluftschiff L 4 (LZ 27), zurückgegriffen werden musste.[1287]

Doch nicht nur die Unzulänglichkeiten während der Konstruktion des Schiffes waren Ursache für die mangelhafte *Performance* von SL 3. Wesentlich verantwortlich dafür war – neben der von Schütte genannten schwierigen Lage auf der Werft in Rheinau zu Beginn des Krieges und den „schwierigen Verhältnissen" – vermutlich auch die fehlende Produktionsstrategie und das daraus resultierende organisatorische Chaos innerhalb des Luftschiffbaus Schütte-Lanz ab November 1914. Diese Situation verschlimmerte sich im Verlauf des Jahres 1915 weiter und trug vermutlich ihren Teil dazu bei, dass die technischen Mängel an den Schütte-Lanz-Luftschiffen eher zu- als abnahmen.[1288]

Entsprechend forderten die Militärbehörden bei der Planung von Neubauten Verbesserungen, die eine Erhöhung der Betriebssicherheit der Schütte-Lanz-Luftschiffe implizierten und auf Mängeln bereits ausgelieferter Schiffe fußten. So verlangte der Vertreter des Heeres, Hauptmann von Wobeser, auf einer vertraulichen Vorbesprechung zur Bestellung des Heeresluftschiffs SL 10 durch das preußische Kriegsministerium am 27.10.1915 beispielsweise, dass das neue Schiff nicht 210 PS starke Motoren, sondern mit Maschinen mit einer Leistung von 240 PS ausgestattet werden müsse. Außerdem forderte Major Lohmüller von der Verkehrstechnischen Prüfungskommission auf dieser und auf einer zwei Tage später stattfindenden Sitzung, auf der Änderungen an der Konstruktion von SL 10 diskutiert wurden, dass die bei den Schütte-Lanz-Luftschiffen bis dahin lose Gondelaufhängungen beim Bau des neuen Luftschiffs durch kurz vor der Landung einzusetzenden Knickstreben ergänzt werden sollten. Außerdem müssten die Ringe von SL 10 verstärkt werden. Lohmüller begründete diese Forderungen mit dem Hinweis auf eine schwere Havarie von SL 7 nach seiner Indienststellung Ende September 1915, an dem seiner Ansicht nach die unstarre Gondelaufhängung und das schwache Gerippe des Hinterschiffs die Hauptschuld trügen, weil sie den starken Stößen beim Aufprall auf den Boden nicht standhalten konnten und demgemäß gebrochen waren. Die Tatsache, dass die Vertreter des Luftschiffbaus Schütte-Lanz schon auf der Sitzung entsprechende Änderungen an

Ein Luftschiff, vermutl. SL 3, vor einer Luftschiffhalle

den Motoren und an der Gondelaufhängung zusagten, macht deutlich, wie berechtigt die Kritik der Militärs war. Schütte insistierte in der Sitzung am 29.10.1915 aber dennoch darauf, dass die unstarre Gondelaufhängung die Fähigkeit besäße, auch ohne Stützen den normalen Landungsstößen zu widerstehen.[1289]

Angesichts dieser uneinsichtigen Haltung Schüttes bei gleichzeitig schlechten Betriebsleistungen seiner Schiffe verwunderte es daher wenig, dass auf einer Sitzung im RMA am 27.11.1915 die „Folgerungen aus Unfall S.L. 6" auf der Tagesordnung standen und der Vorsitzende, Admiral Karl Dick (1858–1928),[1290] während dieser Besprechung die Frage aufwarf,

„ob die Fahrten der S.L. Schiffe einzustellen sind oder nicht und ob Aenderungen an den Schiffen getroffen werden müssen, um ähnliche Unglücksfälle zu vermeiden".[1291]

Der eigentliche Grund für diese Pläne des Reichmarineamtes war die mangelhafte Betriebssicherheit der während der ersten Monate des Krieges gebauten Schütte-Lanz-Schiffe, wie sie sich schon bei den Fahrten von SL 3 gezeigt hatte. Doch auch die kurz darauf gebauten Nachfolger dieses Schiffes, d. h. SL 4, SL 5 und SL 6, funktionierten alles andere als störungsfrei. Das Marineluftschiff SL 4 wies ähnliche Mängel wie SL 3 auf und havarierte in Dresden schwer. Dieses Unglück bedeutete einen starken Imageschaden für die Produkte des Luftschiffbaus Schütte-Lanz und auch für das Unternehmen selbst, denn die Marine führte den Unfall auf Fehler am Schiff zurück. Außerdem bezeichneten in seiner Folge der Kommandeur der Marinefliegerabteilung und der Führer der Luftschiffe, Fregattenkapitän Peter Strasser (1876–1918), sowie der Feldflugchef, Major Thomsen, in Berichten an ihre jeweiligen vorgesetzten Dienstbehörden die Schütte-Lanz-Luftschiffe als „Schönwetterschiffe".[1292] Weiterer Schaden erwuchs dem Ruf von Schüttes Unternehmen dadurch, dass das Heeresluftschiff SL 5 kurz nach seiner Abnahme Anfang Juli 1915 auf der ersten kriegsmäßigen Fahrt vernichtet worden war und das Marineluftschiff SL 6 während der sechsten Erprobungsfahrt am 18.11.1915 in der Luft explodierte. Knapp zwei Monate zuvor, Ende September 1915, hatte seine Besatzung während einer Probefahrt über Leipzig Trägerbrüche festgestellt, die sie auf die Überprallheit der Gaszellen zurückführten. Für diese Schäden machten die Luftschiffer eine zu geringe Zahl von Sicherheitsventilen verantwortlich, die verhinderte, dass das Schiff bei einer Steigfahrt eine ausreichende Menge von Gas ablassen konnte.[1293]

Deshalb war die Einstellung der Fahrten von „S.L.-Schiffen" vom preußischen Kriegsministerium nicht nur erwogen, sondern auf

Wunsch von Major Thomsen auch angeordnet worden. Daher wurde der Weiterbau der Heeresluftschiffe beim Luftschiffbau Schütte-Lanz bis zur erfolgreichen Erprobung des verlängerten Luftschiffes SL 2 und des neuen Luftschiffes SL 7 einstweilen eingestellt.[1294] Das RMA entschied sich aber im Gegensatz zum preußischen Kriegsministerium *gegen* eine Einstellung der Luftschifffahrt mit Schütte-Lanz-Luftschiffen. Aus seiner Sicht sprach vermutlich dagegen, dass die Ursache der Explosion von SL 6 nicht auf konstruktive Mängel zurückzuführen, sondern in der grundsätzlich schwierigen Ventilation der mit Wasserstoff gefüllten Traggashüllen der Luftschiffe zu suchen war.[1295] Zudem hatten die beiden anderen Schütte-Lanz-Luftschiffe der Marine, SL 3 und SL 4, im Jahr 1915 leidlich ihren Dienst versehen. Darüber hinaus spielten vermutlich auch die militärischen Planungen eine große Rolle. Die Marine benötigte wahrscheinlich alle verfügbaren Luftschiffe, da gerade sie in der zweiten Jahreshälfte des Jahres 1915 die Anfang jenen Jahres aufgenommenen Bombenangriffe auf Ziele in England und insbesondere auf London mit Hilfe von Geschwaderangriffen intensiviert hatte.[1296]

Das Faktum der Infragestellung der Betriebssicherheit und des Kampfwertes der Schütte-Lanz-Luftschiffe durch die Militärbehörden sowie der damit verbundene drohende Verlust des einzigen Auftraggebers seines Unternehmens konnte Schütte auf der Besprechung am 05.12.1915 doch nicht verschweigen. Es war ihm daher vermutlich auch ein Herzensbedürfnis zu betonen, dass Militärvertreter auf der Sitzung im RMA festgestellt hatten, dass im Gegensatz zu den Zeppelin-Luftschiffen die Ventilation auf den Schütte-Lanz-Luftschiffen eine gute, auf SL 3 eine „geradezu ideale" sei. Außerdem war es ihm wichtig hervorzuheben, dass die Marine niemals über die Haltbarkeit und Manövrierfähigkeit von Schütte-Lanz-Luftschiffen geklagt habe.

„Wenn an der Marinefront ein Schiff gebraucht wird, dass sich auf langer Fahrt, bei schlechtem Wetter, bei Wind usw. zu bewähren hat, wird ein S.L.-Schiff genommen."

Daher stellte er mit demonstrativ zur Schau gestelltem Selbstbewusstsein fest, dass kein Grund gefunden worden sei, „den Betrieb der S.L.-Schiffe einzuschränken oder gar einzustellen".[1297] Doch diese Behauptung Schüttes entsprach Ende 1915 nicht der Realität, zumal der Nachfolger von SL 5, das Heeresluftschiff SL 7, dem preußischen Heer – bedingt durch den Bruch der Knickstützen und des Gerippes des Hinterschiffs – wieder negativ aufgefallen war. Erst nachdem die Marine die von ihr Mitte April bzw. Anfang Juni 1915 übernommenen, völlig neu konstruierten Schütte-Lanz-Luftschiffe SL 8 und *9* deutlich günstiger bewertete, war einstweilen kein Grund mehr vorhanden,

Das Luftschiff SL 3 (vermutl. über Helgoland)

den Betrieb der Schütte-Lanz-Luftschiffe einzustellen bzw. eine solche Maßnahme zu fordern.[1298]

5.2.3.2 DIE GERINGE NUTZLAST DER SCHÜTTE-LANZ-LUFTSCHIFFE

Vor dem Hintergrund der insgesamt zweifelhaften Betriebssicherheit aller Schütte-Lanz-Luftschiffe erscheint die Einschätzung Schüttes auf der Sitzung vom 05.12.1915, dass der einzige Kritikpunkt der Militär-

behörden die geringe Nutzlast der Fahrzeuge gewesen sei und dieser Missstand „unter allen Umständen" gelöst werden müsse, als falsch. Dennoch wird sie durch die Protokolle der gemeinsamen Sitzungen von Schütte, der Rheinauer Werftleitung und Militärvertretern bestätigt und scheint daher zumindest teilweise zuzutreffen. So forderte der Vertreter des preußischen Heeres, Hauptmann von Wobeser, auf der Vorbesprechung vom 28.10.1915 gleich zu Anfang, dass das „nächste Schiff [...] eine wesentlich höhere Nutzlast besitzen" müsse.[1299] Die Militärs trugen diese noch aus der Vorkriegszeit stammende Forderung den Werften mit neuer Vehemenz vor, weil sie im Zuge ihrer

Bombenoffensive gegen England ab Sommer 1915 Heeres- und Marineluftschiffe benötigten, die in der Lage waren, fast vier Tonnen Bomben und weitere Waffen auch über längere Distanzen zu transportieren. Die Ingenieure des Luftschiffbaus Schütte-Lanz reagierten auf diese Forderungen und entwarfen mit dem Marineluftschiff SL 8 einen neuen Luftschifftyp, dessen Traggaskörper einen Rauminhalt von 38.800 m³ besaß. Dieser Körper war damit um mehr als 10.000 m³ größer als derjenige von SL 2 bzw. knapp 4.000 m³ größer als derjenige von SL 3 und aller in den Jahren 1915 und 1916 gebauten Zeppelin-Luftschiffe.[1300] Die Nutzlast von SL 8 hatte mit der Zunahme des Volumens des Traggaskörpers zugenommen und betrug 18,780 Tonnen.[1301] Die Nutzlast des Schiffes war demnach um mehr als 10 Tonnen größer als diejenige von SL 2.[1302]

Um diese wesentlich erhöhte Nutzlast zu erreichen, waren die Konstrukteure des Luftschiffbaus Schütte-Lanz gezwungen, an etlichen Stellen im Luftschiff wie etwa bei den Außenhüllen, Zellen, Gerippen und Propellern Gewichtseinsparungen vorzunehmen.[1303] Dies war umso nötiger, weil die Militärs die Bewaffnung der Schiffe verbessern wollten und die vorangegangenen konstruktiven Änderungen die zur Verfügung stehende Nutzlast eher verringert als erhöht hatten.[1304] Das Problem lösten die Ingenieure in Rheinau, indem sie die Lieferanten der Halbfertigprodukte unter Androhung des Auftragsentzugs zwangen, das Gewicht ihrer Produkte zu reduzieren. So meinte Schütte zu der Gewichtsreduktion bei den Zellen durch die Firma Riedinger angesichts des Gewichts der eigenen Gerippe:

„Wir können unter solchen Umständen eben keine Zellen mehr von Riedinger nehmen. Es soll Riedinger mitgeteilt werden, dass das Kommando S. L. 2 sehr unzufrieden ist, und dass wir eine Gewichtsüberschreitung nicht mehr übernehmen werden. Der Standpunkt der Front auch in dieser Frage, dass die Lieferungen Riedingers sie absolut nichts angehe, sie vielmehr nur auf das Vollkommenste ausgerüstete Schiffe zu erhalten wünsche, ist an sich richtig."

Als grundsätzliche Marschrichtung gegenüber den Lieferanten der Halbfertigprodukte bei der Durchsetzung von geringeren Gewichten gab er die Parole aus:

„Den Lieferanten ist bisher viel zu viel nachgegeben worden. Es muß ihnen mitgeteilt werden, dass der Luftschiffbau auf ihre Lieferungen verzichtet, sofern sie sich seinen Bedingungen nicht besser anzupassen vermögen."

Der Luftschiffbau Schütte-Lanz sei eben kein „Gewichtsbeförderungs-Institut für Unterlieferanten".[1305] Schütte gab demnach den Druck der „Front" zur Erhöhung der Nutzlast an die Zulieferer weiter.

Für diese bequeme Haltung Schüttes gibt es folgenden Erklärungsansatz: Schütte wusste höchstwahrscheinlich am besten Bescheid über die Schwierigkeiten bei der Gewährleistung der Betriebssicherheit seiner Schiffe, und ihm war vermutlich Ende 1915 klar, dass dieser Zustand noch lange anhalten würde. Vor dem Hintergrund der gerade eben abgewendeten Einstellung der Marineluftschifffahrt und der zeitweilig ausgesetzten Heeresluftschifffahrt mit Schütte-Lanz-Luftschiffen wollte er daher seine Auftraggeber zumindest in Bezug auf die Steigerung der Nutzlast zufrieden stellen. Eine deutlichere Steigerung der Nutzlast hätte Schüttes Luftschiffe – trotz ihrer Mängel in der Betriebssicherheit – als Bomber interessanter für die Militärs gemacht und dem Luftschiffbau Schütte-Lanz gegenüber dem Luftschiffbau Zeppelin einen Wettbewerbsvorteil verschafft. Damit nahm er allerdings billigend in Kauf, dass die kaiserliche Marine und das preußische Heer ihre Anfang 1915 aufgenommenen Angriffe gegen England und Frankreich intensivierten und mit ihren Luftschiffen neben militärischen auch völkerrechtswidrig zivile Ziele angriffen. Außerdem kalkulierte Schütte damit ein, dass die Luftschiffe dabei auch Nichtkombattanten, d. h. Zivilisten, töteten und unter der Bevölkerung Angst und Schrecken verbreiteten.[1306]

Wahrscheinlich billigte Schütte die Angriffe auf zivile Ziele in den Ententestaaten nicht nur aus eigenem wirtschaftlichem Interesse und unternehmerischen Kalkül (Wettbewerbsvorteil), sondern beteiligte sich auch aktiv aus politischer Überzeugung an ihrer Vorbereitung, indem er alles für eine Steigerung der Nutzlast und damit für eine Erhöhung der Bombentransportkapazität tat. Dafür spricht zunächst seine nationalistische Einstellung vor dem Ersten Weltkrieg, die sich vermutlich unter dem Eindruck der Kriegszieldiskussion der Jahre 1914 und 1915 radikalisiert hatte. Sie entsprach dabei der aus der so genannten *„Intellektuellen-Denkschrift"* vom 20.06.1915 hervorgehenden Einstellung seiner Hochschullehrerkollegen, die sich für eine enorme territoriale Expansion des Deutschen Reichs genauso einsetzten wie für die Niederwerfung des als Hauptfeind angesehenen Englands und für hohe finanzielle Kriegsentschädigungen.[1307] Auch unter den Luftschiffkonstrukteuren und -besatzungen war Schütte kein Einzelfall. So forderte der Graf Zeppelin schon in einem Schreiben an den Kaiser am 25.11.1914, die Bombardierung Londons mit „Gasbomben".[1308] Für die These von der Vorbereitung der Bombenangriffe aus politischer Überzeugung sprechen auch die Nachrufe Schüttes, welche dieser anlässlich des Todes Zeppelins am 08.03.1917 verfasste. Darin spricht er vom „stolzen Aufstieg des deutschen Luftschiffbaues, der später im grossen Kriege so ausserordentliches zu Deutschlands

Das Luftschiff SL 9

Verteidigung leisten sollte" oder von dem von Zeppelin und Schütte-Lanz gemeinsam geschaffenen „Einheitstyp", der „unseren Feinden besonders England so häufig heillosen Schrecken eingejagt hat".[1309] Schließlich war es Schütte selbst, der nach dem Ende des Krieges den Bombenangriff von SL 2 am 15.09.1915 stolz als Beleg für die Leistungsfähigkeit des Systems „Schütte-Lanz" anführte.[1310] Bedauern oder gar Reue lässt sich aus allen diesen Äußerungen nicht entnehmen.

Für diese beiden Erklärungsansätze fehlen allerdings direkte Quellen. Dennoch sind sie plausibel, weil sie den Widerspruch zwischen der Behauptung Schüttes von der obersten Priorität der Nutzlaststeigerung und der faktischen Betriebsunsicherheit seiner Luftschiffe auflösen können, indem sie ihn in den Kontext von Schüttes wirtschaftlichen Interessen jener Jahre bzw. seiner damaligen radikalisierten politischen Haltung stellen. Dabei erscheint aber der zweite Erklärungsansatz realistischer, weil Schütte im Verlauf seiner bis dahin erfolgten Sozialisation nicht nur unternehmerische Interessen und Überzeugungen entwickelt hatte, sondern auch nationalistische Absichten und Ansichten.

Welche Motivation auch immer Schüttes Handeln in diesem Fall zugrunde lag, die Folge seines Handeln war, dass er und seine Ingenieure mit der Einführung des 38.000 m³-Luftschifftyps und ihren Gewichtsreduktionsmaßnahmen ab Herbst 1915 wesentlich früher als der Luftschiffbau Zeppelin dazu beitrugen, den deutschen Militärs eine halbwegs wirksame Waffe für ihre völkerrechtswidrigen Angriffe auf England in die Hand zu geben. Damit trugen sie ihren Teil dazu bei, das Kriegsgeschehen zu entgrenzen und die Trennung zwischen Heimat und Front obsolet zu machen, d. h. die Entwicklung des totalen Krieges zu fördern. Dieser in moralischer Hinsicht zweifelhafte

Konstruktionserfolg Schüttes und seiner Mitarbeiter war aber nur von kurzer Dauer. Der Luftschiffbau Zeppelin konnte im Jahr 1916 mit der Fertigstellung von LZ 62, eines Luftschiffs mit einem Traggaskörper von 55.200 m³ den Luftschiffbau Schütte-Lanz überholen.[1311]

5.2.4 DIE INTERNEN KONFLIKTE DES LUFTSCHIFFBAUS SCHÜTTE-LANZ 1915–1916
5.2.4.1 DIE ERRICHTUNG DES WERFTSTANDORTES IN ZEESEN 1915–1916

Spätestens im September 1915 kam es zwischen dem Luftschiffbau Schütte-Lanz und dem Reichsmilitärfiskus, vertreten durch das preußische Kriegsministerium, zu Verhandlungen über eine finanzielle Unterstützung für die Errichtung einer neuen Werft in der Nähe von Berlin. Schütte besaß ein großes Interesse an dem Bau der Werft und deshalb auch an der staatlichen Unterstützung, weil er der Auffassung war, dass die vorhandenen, teils nur gemieteten Kapazitäten in Rheinau, Sandhofen, Darmstadt und Leipzig nicht ausreichten und der Luftfahrzeugbau Schütte-Lanz über zwei eigene Hallen verfügen musste, um weiter konkurrenzfähig zu bleiben.[1312] Damit folgte er weiter seiner unternehmerischen Strategie der bedingungslosen Anpassung an die Verhältnisse auf dem expandierenden Luftschiffmarkt und dem Handeln der Konkurrenz. Der Luftschiffbau Zeppelin errichtete ab Ende September 1915 aufgrund unzureichender Produktionskapazitäten neben seinen zwei Hallen in Friedrichshafen gerade eine Werft in Berlin-Staaken, die ab November 1916 – betrieben von der im Herbst 1915 gegründeten Tochterfirma des Konzerns, der Luftschiffbau Zeppelin Staaken GmbH – Luftschiffe produzieren sollte.[1313]

Schütte nahm an, dass die Gelegenheit im September 1915 günstig war, um mit dem Aufbau neuer Produktionskapazitäten zu beginnen. Jedenfalls sah er das im Rückblick so, als er am 18.05.1916 an Christians schrieb:

„Hätten wir Zeesen während des Krieges nicht gebaut, nach dem Krieg wäre eine 2. Werft nicht mehr entstanden."[1314]

Dagegen sprach aber die damals aktuelle Auftragslage, denn die bestehenden Werftanlagen des Luftschiffbaus Schütte-Lanz waren mit dem Baubeginn der neuen 38.800 m³-Luftschiffe SL 8, 9 und 10 ab Anfang Oktober 1915 nicht ausgelastet. Das Unternehmen benötigte also kurzfristig keine weiteren Produktionskapazitäten.[1315]

Aber Schütte wollte in seinem Unternehmen neue Produktionskapazitäten schaffen, um dessen Produktion zu diversifizieren. Die Firma sollte nach seinem Willen schnellstmöglich im Flugzeugbau tätig werden und auf diese Weise ihren Expansionskurs fortsetzen.[1316] Den Hintergrund für diesen Plan bildete wahrscheinlich die Tatsache, dass die Flugzeugproduzenten nicht die von den militärischen Planern seit August 1914 vorgegebenen hohen Produktionsziele erreichen konnten und daher die Militärführung den Druck auf die Flugzeugindustrie erhöht hatte. Sie hatte von den Unternehmen dieser Branche die Erhöhung der Produktion „unter Aufbietung aller Kräfte" gefordert. Parallel dazu hatte das Reich generell Maßnahmen getroffen, um „ein günstiges Umfeld für die Erhöhung der Produktion zu schaffen und die Effizienz der Unternehmen zu steigern".[1317] Hinzu kam, dass Schütte angesichts der mangelhaften Betriebssicherheit und der zu geringen Nutzlast der bis dahin gebauten Schütte-Lanz-Luftschiffe einerseits und der Fortschritte im Flugzeugbau im Verlauf des Jahres 1915 andererseits wohl davon ausging,[1318] dass der Luftschiffbau Schütte-Lanz „vielleicht einmal nur vom Flugzeugbau leben" müsse.[1319] Schütte, der schon vor dem Krieg Pläne verfolgt hatte, mit seinem Unternehmen auch in die Flugzeugproduktion einzusteigen, ließ daher vermutlich ein entsprechender Druck von Seiten der Militärs und die Aussicht auf großzügige finanzielle Hilfen schnell aktiv werden. Schon Ende 1915 hatte er vermutlich schon Flugzeugaufträge vom preußischen Kriegsministerium akquiriert, und daher konnte die Werft in Rheinau bereits im Januar 1916 zwei kleine Doppeldecker bauen. Auch die Werft in Sandhofen reparierte ein größeres Flugzeug. Insgesamt waren in der Flugzeugbauabteilung zu diesem Zeitpunkt schon sechs Techniker, zwei Meister und 65 Arbeiter tätig, deren Vorgesetzter vermutlich der Ingenieur Hillmann war.[1320]

Die strategische Entscheidung, eine neue Werft in der Nähe von Berlin zu errichten und nicht die vorhandenen Kapazitäten in Rheinau

weiter auszubauen, begründete er auf der Sitzung am 18.09.1915 aber wesentlich damit, dass in Rheinau eine „ständige Fliegergefahr" herrsche und die Nähe zur Hauptstadt bessere Gelegenheit biete, die „Verbindungen mit den Centralbehörden in Berlin zu erhalten".[1321] In der Tat bedeutet ein Standort in der Nähe zur Reichshauptstadt kurze Wege zu den Entscheidungsträgern im preußischen Kriegsministerium und im RMA. Die kurzen Distanzen boten Schütte und seinem Direktor Stromeyer mit ihren guten Verbindungen zum Militär die Möglichkeit, schneller an neue bzw. veränderte Abnahmebedingungen und Leistungsanforderungen der Militärbehörden für noch zu produzierende Flugzeuge und Luftschiffe zu gelangen sowie rascher und im größeren Umfang Bauaufträge von den Militärs zu akquirieren. Außerdem erleichterte ihnen die Nähe Zeesens zu Berlin die Lösung von Problemen mit den Militärbehörden, was um so wichtiger war, da der Luftschiffbau Schütte-Lanz noch relativ unerfahren im Flugzeugbau war und auch in dieser Branche noch über keinen Namen verfügte. Hinzu kam, dass der Standort Berlin mit seinem Flugplatz Johannisthal und den dort etablierten Unternehmen das Zentrum der Flugzeugindustrie im Ersten Weltkrieg war.[1322] Eine in Berlin bzw. in der Nähe der Stadt ansässige Firma konnte leichter von dem hier stattfindenden Technologietransfer, dem sich hier etablierten Arbeitsmarkt und von dem hier zur Verfügung stehenden Rohstoffen profitieren.

Wichtiger noch als dieser Vorteil war der Umstand, dass ein Standort in der Nähe von Berlin anders als derjenige in Rheinau nicht in der Reichweite feindlicher Flugzeuge lag. Dass solche Attacken im Falle Rheinaus bereits im Bereich des Möglichen lagen, hatten den Militärs und auch Schütte die Nachrichten von den spektakulären Bombenangriffen auf Friedrichshafen am 21.11.1914 und auf Cuxhaven am 24.12.1914 nur zu deutlich vor Augen geführt.[1323] Entsprechend übten die Militärbehörden Druck auf den Luftschiffbau Schütte-Lanz aus, sich nicht in Rheinau, sondern in der Nähe von Berlin anzusiedeln. Sie scheinen auch mögliche finanzielle Hilfen für die neue Werft von einer Entscheidung des Unternehmens zugunsten eines Standortes im Großraum Berlin abhängig gemacht zu haben.[1324]

Da die Militärbehörden selbst ein großes Interesse am Auf- und Ausbau vor der Feindeinwirkung geschützter Produktionskapazitäten hatten, konnten die Verhandlungen mit dem Luftschiffbau Schütte-Lanz schnell zum Abschluss gebracht und vermutlich Ende September 1915 der entsprechende Vertrag über die Errichtung einer neuen Werft in der Nähe von Berlin und über die Finanzierung ihres Baus geschlossen werden. In diesem Vertrag verpflichtete sich der Luftschiffbau Schütte-Lanz, innerhalb von sechs Monaten nach Baugenehmigung und Fertigstellung des Anschlussgleises auf einem noch von ihr zu erwerbenden Gelände in der Nähe von Königswusterhausen eine Luftschiffwerft zu errichten und „in vollem Umfang in Betrieb zu nehmen". Ferner verpflichtete sich Schüttes Unternehmen, für jeden Tag der Verzögerung eine Vertragsstrafe von 5.000 Mark zu zahlen. Damit der Firma die Einhaltung ihrer vertraglichen Verpflichtungen erleichtert werde, versprach der Reichsmilitärfiskus, vertreten durch das preußische Kriegsministerium und durch das RMA, ihr ein verzinsliches Darlehen von 2 Millionen Mark zu gewähren. Dieses Darlehen hatte das Unternehmen in der Weise abzutragen, dass es beginnend mit SL 10 zwölf Luftschiffe für das preußische Kriegsministerium und das RMA zu einem Preis von je 1.400.000 Mark herstellte und davon einen Abschlag von 170.000 Mark bei den ersten beiden Luftschiffen und von jeweils 166.000 Mark für alle Weiteren an die beiden Militärbehörden als Tilgungsraten zahlte. Die Absicherung dieses Darlehens geschah, indem der Militärfiskus dem Luftschiffbau Schütte-Lanz erneut in einem Vertrag garantierte, das Unternehmen „derart mit laufenden Aufträgen zu versehen, dass der Betrieb seiner Werft eine nennenswerte Unterbrechung nicht erleidet". Er knüpfte diese Abnahmegarantie an Bedingungen, wie sie auch schon im Rahmenvertrag zwischen dem Luftschiffbau Schütte-Lanz und dem preußischen Kriegsministerium vom 03. bzw. 24.04.1913 formuliert worden waren. Zusätzlich zu dem Darlehen war der Militärfiskus bereit, dem Luftschiffbau Schütte-Lanz noch einmal einen Betrag von 1 Million Mark als einmaligen Zuschuss zu bewilligen.[1325] Auf diese Weise war die Abhängigkeit des

Luftschiffbaus Schütte-Lanz von den deutschen Militärs noch größer geworden, weil diese nun nicht mehr nur Hauptauftraggeber des Unternehmens geblieben waren, sondern auch mit 2 Millionen Mark einer seiner wichtigsten Gläubiger. Doch diese Abhängigkeit hatte auch Vorteile: Die war Wahrscheinlichkeit war hoch, dass das Militär noch Geld in das Unternehmen stecken würde, wenn es in wirtschaftlichen Schwierigkeiten wäre. Außerdem würde das Militär als Kapitaleigner voraussichtlich dem ‚eigenen' Unternehmen eher Aufträge geben als einer Fremdfirma.

Auf der Grundlage des Vertrages mit dem Reichsmilitärfiskus konnten dann ab dem 01.10.1915 die Bauarbeiten in dem inzwischen in der Nähe des Dorfes Zeesen bei Königswusterhausen erworbenen Teil des königlichen Forstes beginnen. Bis Mitte Oktober rodeten die eigens dazu abgestellten Gardepioniere den Wald, so dass ab 15.10.1915 mit den Erdarbeiten begonnen werden konnte. Anfang Dezember wurden die Fundamente gegossen und das Verwaltungsgebäude und die Kantine fertig gestellt. Die Fundamentierungsarbeiten waren am 06.02.1916 abgeschlossen. Daher konnten anscheinend bis zum 01.04.1916, also in nur knapp acht Wochen, die Flugzeughalle und die dazugehörigen Werkstätten als Rohbauten errichtet werden. Insgesamt wurde ein Gebäudekomplex von 26.467 m² errichtet, worauf für die Halle 17.514 m² entfielen.[1326] Der Bau von Zeesen schien demnach fristgerecht vonstatten zu gehen und Schütte ordnete daher an, mit dem Bau von SL 12, einem weiteren Luftschiff der 38.800 m³ Klasse am 01.04.1916 zu beginnen.[1327]

Die Luftschiffbau Schütte-Lanz Werft Zeesen (um 1918)

N° 181 20.8.17.

Eine Luftaufnahme von der Werft in Zeesen (um 1917)

Doch Christians, als Werftleiter in Rheinau an den Planungen und dem Bau der Werft in Zeesen beteiligt, stellte bei einem Inspektionsbesuch der Baustelle in Zeesen am 29.03.1916 fest, dass die Werft weit davon entfernt war, am 01.04.1916 die Produktion aufnehmen zu können.

„Wenn am Samstag wirklich Fachleute kommen, so kann man ihnen unmöglich weismachen, dass dort im Ernst gebaut werden soll. Glauben sie es wirklich, so wird Ernüchterung nicht ausbleiben, zumal Fortschritt jederzeit von Berlin aus leicht feststellbar.“[1328]

Daher äußerte er in einem Schreiben vom selben Datum seine „ernstlichen Bedenken“ gegen den Bau von SL 12. Er begründete seine Auffassung damit, dass der Bau in Zeesen „schlechter, langsa-mer und erheblich teurer“ vonstatten gehen werde, zumal es derzeit schwierig sei, entsprechende Arbeitskräfte zu bekommen. Schon zuvor hatte er mit einem ähnlichen Argument in einem Telegramm an Admiral Stromeyer am 24.03.1916 vor der Produktionsaufnahme am 01.04.1916 gewarnt. In demselben Telegramm hatte er auch davon gesprochen, dass die Arbeit auf der neuen Werft frühestens Ende April aufgenommen werden könne. Dies sei aber nur möglich, wenn an den in Rheinau und Leipzig auf Kiel liegenden Heeresluftschiffen SL 10 und SL 11 nicht weiter gebaut werde. Er müsse ansonsten jede Verant-wortung ablehnen.[1329]

Christians Kritik scheint einer realistischen Grundlage nicht zu entbehren, weil sie sich offenbar – anders als Schütte – durch seinen

Inspektionsbesuch selbst ein Bild von der Situation in Zeesen gemacht hatte. Dabei hatte er auch weitere Details wahrgenommen, etwa die Tatsache, dass das Baumaterial von den Bautrupps ruiniert wurde. Auch bemühte er sich, die Gesamtsituation des Unternehmens zu berücksichtigten. Für die Richtigkeit seiner Kritik spricht auch, dass er als Werftleiter von Rheinau, d. h. als langjähriger leitender Mitarbeiter des Luftschiffbaus Schütte-Lanz, unter schwierigen Bedingungen den Standort Rheinau ausgebaut hatte, die gesamte Entwicklung des Unternehmens von Beginn an kannte und vermutlich auch über dessen aktuelle Situation informiert war.[1330] Daher ist ihm auch der in der Nachschrift zu seinem Brief formulierte Anspruch abzunehmen, der wie folgt lautete:

„Brauche kaum zu betonen, dass mich nichts weiter leitet als m. Gewissen u. das Gefühl für m. Ressort."[1331]

Schütte fühlte sich aber offenbar von Christians betrogen. Er drohte in seinem Antwortschreiben auf dessen Brief am 29.03.1916 gleich zu Beginn, dass er sich zu dessen Stellungnahme zu Zeesen und insbesondere zur „Revision hinter [seinem] Rücken das Weitere vorbehalte", und „ersuchte" Christians beleidigt um die Beantwortung der Frage, ob etwa „durch die Abgabe von 8–10 Arbeitern" Lieferungsverzögerungen von Wochen und Monaten entstünden. Im weiteren Verlauf ging er daher nicht weiter inhaltlich auf die Kritik Christians ein, sondern wies in diesem Zusammenhang barsch darauf hin, dass der Eröffnungstermin seit einem halben Jahr bekannt sei, und behauptete, dass ihm gegenüber keine ernstlichen Bedenken erhoben worden seien und die Inbetriebnahme mit dem zwischen dem Luftschiffbau Schütte-Lanz und den Militärbehörden abgestimmten Bauplan übereinstimme. Dann griff er Christians als einen der Werftleiter in Rheinau direkt an, indem er betonte, dass im August 1914 die Luftschiffe in Rheinau unter sehr viel schwierigeren Bedingungen fertig gestellt worden seien. Er stellte darüber hinaus mit Verweis auf fehlende Resultate fest, dass trotz der mittlerweile 1.000 Personen starken Belegschaft in Rheinau dort immer noch nicht die Liefertermine eingehalten würden. Mit diesen Äußerungen legitimierte Schütte sein Festhalten am Termin der Inbetriebnahme von Zeesen, auf der er in seinem Brief abschließend beharrte.[1332]

Schütte eröffnete demnach die Zeesener Werft am 01.04.1916 mit dem unbehaglichen Wissen, dass sie erst Ende April 1916 endgültig produktionsbereit sein würde und zumindest einer seiner leitenden Mitarbeiter nicht mit der Eröffnung dieses Standortes einverstanden war. Auf der Eröffnungsfeier war es ihm daher vermutlich nicht angenehm, dass er in Anwesenheit ausgesuchter Gäste, wie etwa des Generaloberst Helmuth von Moltke des Jüngeren, des Unterstaatssekretärs des Auswärtigen Amtes, Arthur Zimmermann (1846–1940),[1333] des Danziger Reichstagsabgeordneten der Fortschrittlichen Volkspartei Friedrich Weinhausen (1867–1925),[1334] des Präsidenten des Hansa-Bundes für Gewerbe, Handel und Industrie, Jacob Rießer (1853–1932),[1335] und des Mannheimer Oberbürgermeisters Kutze sowie in Anwesenheit von weiteren Militärvertretern die Eröffnungsansprache halten musste, bei der die Gefahr bestand, kritische Fragen nach dem Stand der Bauarbeiten beantworten zu müssen.

Gerade um solchen Fragen vorzubeugen, ging Schütte in die Offensive und setzte sich in seiner Rede als Erstes mit der offenbar auch nach außen gedrungenen Kritik auseinander, dass nicht die Werft, sondern nur „eine Werkstatt" fertig sei, sich also sein Unternehmen vertragswidrig verhalte und eine entsprechende Strafe zu zahlen habe. Er begegnete dieser Kritik mit dem Hinweis, dass die Eröffnung keineswegs als „Aprilscherz" gemeint sei, sondern dass die Erfüllung eine vertragliche Verpflichtung seines Unternehmens gegenüber dem Militärfiskus sei und eine gut gehende Werft nie fertig werden würde, weil sich eine solche Werft stets weiter entwickeln und vergrößern müsse. Nach den Danksagungen würdigte Schütte dann die Entstehung des Luftschiffbaus Schütte-Lanz und hob dabei seine eigene Rolle hervor, indem er auf die Ablehnung seiner Verbesserungsvorschläge durch Theodor Kober im August 1908 einging und seinen eigenen „Oppositionsgeist" und in Anspielung auf die Kriegssituation sein „Festhalten und Durchhalten" in den ersten Jahren des Unternehmens betonte. Nachdem er die Leistungen seiner Luftschiffe gelobt, die Expansion seines Unternehmens im Krieg als Erfolgsgeschichte skizziert und den Verlauf des Baues der Zeesener Werft beschrieben hatte, wies Schütte darauf hin, dass diese Produktionsstätte am 101. Geburtstag des Gründers des zweiten Deutschen Kaiserreichs, Otto von Bismarck eröffnet werde.

„Meine sehr geehrten Damen und Herren! Vor vielen Jahren wurde am 1. April ein Mann in Deutschland geboren, der uns allen ein Vorbild sein sollte, was Tatkraft und Energie vollbringen vermögen. Er steht bisher einzig in seiner Art da und war für Deutschland von allergrößter Bedeutung. Möge der heutige 1. April für den Luftschiffbau Schütte-Lanz ein gutes Omen sein, und auch für ihn ein Tag der Tatkraft und Energie bedeuten zum Heil unseres über alles geliebten deutschen Vaterlandes."[1336]

Damit stellte Schütte die Errichtung der Zeesener Werft des Luftschiffbaus Schütte-Lanz in eine Reihe mit den – aus damaliger Sicht – nationalen Großtaten des Reichsgründers. Durch die nationale

Überhöhung dieses Baus wollte Schütte vermutlich sich und sein Unternehmen gegen die intern und extern geäußerte Kritik immunisieren, dass der Bau nicht fristgerecht fertig geworden sei.[1337] Zugleich legte er insbesondere den Militärs unter seinen Zuhörern nahe, dass der Luftschiff- und Flugzeugbau im Krieg eine Sache von nationaler Bedeutung sei und daher von den verantwortlichen Stellen selbstverständlich immer entsprechend unterstützt werden müsse, auch wenn Zusagen einmal nicht vollständig eingehalten würden.

Offenbar auf Grundlage sichtbarer Fakten und mit dieser sehr selbstbewussten Rede konnte Schütte die fachkundigen Zweifler im anwesenden Publikum einstweilen davon überzeugen, dass der Luftschiffbau Schütte-Lanz die Zeesener Werft rechtzeitig fertig gestellt habe, oder sie zumindest dazu bringen, die vorhandenen Mängel in Zeesen großzügig zu übersehen. Keineswegs hatte er aber mit seiner Ansprache seine firmeninternen Kritiker überzeugt, wie die unmittelbar nach der Eröffnung von Zeesen einsetzende Diskussion um die langfristige Strategie des Luftschiffbaus Schütte-Lanz auf dem Luftschiffmarkt zeigen sollte.

5.2.4.2 DER KONFLIKT UM DIE UNTERNEHMENSSTRATEGIE IM MAI 1916
5.2.4.2.1 ANLASS, INTERESSEN UND ZIELSETZUNG DER LEITENDEN MITARBEITER SCHÜTTES

Diese Diskussion wurde von Christians, Bleistein und Kruckenberg, Schüttes leitenden und am längsten für ihn tätigen Mitarbeitern angestoßen, indem sie vor dem Hintergrund der Werfteröffnung von Zeesen von April 1916 bis Mitte Mai 1916 Denkschriften formulierten, in denen sie sich gründlich mit der unternehmerischen Strategie Schüttes seit Gründung des Luftschiffbaus auseinander setzten. Christians formulierte den ersten dieser Texte allein und schickte ihn Schütte am 06.05.1916. Kurz darauf verfasste er dann vermutlich zusammen mit Bleistein und Kruckenberg ein weiteres Memorandum, das Schütte wahrscheinlich Mitte Mai in den Händen hielt.

Als Anlass für diese Texte benannte Christians explizit die „tiefgehenden Meinungsverschiedenheiten" zwischen ihm und Schütte „über die Eröffnung des Betriebes in [Königswusterhausen]".[1338] Zusammen mit Bleistein und Kruckenberg formulierte er noch schärfer, dass

„das dienstliche Verhältnis zwischen Geheimrat Schütte einerseits und den drei ursprünglichen Mitarbeitern des Luftschiffbaus andererseits [...] sich im Laufe des verflossenen Winters derartig zugespitzt

[hat], dass ein gedeihliches Zusammenarbeiten auf der bisherigen Grundlage kaum noch möglich erscheint".[1339]

Gemeinsame Motivation der drei Verfasser scheinen die häufigen Schuldzuweisungen Schüttes an die Werftleitung in Rheinau gewesen zu sein, sie für die Überschreitung der mit den Militärs vereinbarten Liefertermine verantwortlich zu machen, wie er es zuletzt in seiner Antwort auf den Brief von Christians am 29.03.1916 getan hatte.[1340] Entsprechend formulierten die Drei in ihrer Denkschrift „Schütte und die Werftleitung":

„Wir können uns nun leider des Eindrucks nicht erwehren, als ob Schütte sich [über die Ursachen des Misserfolgs des Luftschiffbaues] nur in oberflächlicher Weise Rechenschaft ablegte und sich die Sache leicht machte, indem er sehr bald [...] mit dem Schlussurteil abfand: Die Werftleitung hat versagt."[1341]

So scheint Schütte insbesondere Christians, den Leiter der Abteilung „Schiffbau-Betrieb", als Hauptverursacher der Lieferprobleme seines Unternehmens ausgemacht zu haben. Darauf lassen jedenfalls Äußerungen Christians in seiner Denkschrift „Betriebseröffnung Königswusterhausen am 01.04.1916" schließen. Demnach habe Schütte durch plötzliche Anordnungen während des Baus von Zeesen Christians Kompetenzbereich verletzt und seine Autorität gefährdet, weil Schüttes Anordnungen nicht mit den von Christians aufgestellten Arbeitsplänen in Einklang zu bringen und dessen Ansicht nach nachteilig gewesen seien, er aber später die daraus resultierenden Probleme zu lösen und dafür die Verantwortung zu tragen hatte. Außerdem fühlte sich Christians mit seiner kritischen Haltung verschiedentlich bei den Bauplanungen und bei den Vorbereitungen der Eröffnung des Werks Zeesen von Schütte übergangen. Ferner habe ihn Schütte in seiner Abwesenheit vor anderen Mitarbeitern des Unternehmens direkt oder indirekt kritisiert. Christians bestärkte diese Behandlung in seiner Auffassung,

„dass bei Herrn Geheimrat Sch.[ütte] aus irgendwelchen Ursachen die Kritik an [seiner – Christians –] Arbeit Selbstzweck sei, während es auf die Sache weniger ankäme und daher auch sachliche Einwände von vorneherein zur Erfolglosigkeit verurteilt seien."

Eine solche Kritik empfände er aber gerade in Bezug auf die Bauarbeiten als besonders „undankbar", weil er diese neben seinen zeitaufwendigen eigentlichen Aufgaben, welche die Leitung der Abteilung „Schiffbau-Betrieb" mit sich bringe, nebenamtlich und unentgeltlich übernommen habe. Daher erwartete er zwar keinen Dank, aber doch eine gerechtere Bewertung seiner Arbeit.[1342]

Insgesamt scheint die Kritik von Christians, Bleistein und Kruckenberg an Schüttes Unternehmensführung nicht nur durch eine große

Unzufriedenheit mit seiner Analyse der Ursachen der Lieferschwierigkeiten seines Unternehmens, sondern obendrein durch ein starkes Missfallen an der Behandlung seiner Oberingenieure, d. h. an seiner „inneren Führung", motiviert gewesen zu sein. Dahinter stand aber das Interesse der drei Oberingenieure, das wirtschaftliche Überleben des Luftschiffbaus Schütte-Lanz zu sichern bzw. mit ihm einen finanziellen Gewinn zu erzielen, denn alle drei bezogen nicht nur Gehalt von diesem Unternehmen, sondern waren auch an ihm beteiligt.[1343] Diese Kapitalbeteiligung begründete zusammen mit ihrer Position als langjährige, in verantwortlicher Position tätige, d. h. letztlich schwer zu ersetzende Oberingenieure ihre Machtposition im Unternehmen, die es ihnen ermöglichte, ihre Kritik offen zu formulieren. Verstärkt wurde ihre Position in der Auseinandersetzung mit Schütte noch dadurch, dass sie als erfahrene Führungskräfte kompetent genug waren, ihre Kritik zu formulieren. Hinzu kam, dass sie durch ihre Stellung im Unternehmen legitimiert waren, ihre Bedenken zu äußern. Angesichts dieser so begründeten Machtposition und der wirtschaftlichen Interessen der drei Oberingenieure erscheint die Behauptung von Haaland, dass das „tiefgreifende Unbehagen" von Christians, Bleistein und Kruckenberg in Bezug auf Schüttes Unternehmensführung „sich sowohl auf die gemachten praktischen Erfahrungen als auch auf die nüchterne Einschätzung der zukünftigen Entwicklung [gründete]", wenn nicht falsch, so doch ungenau.[1344]

Entsprechend ihrer wirtschaftlichen Interessen scheint das Ziel, das Christians, Bleistein und Kruckenberg mit ihren Denkschriften verfolgten, eine Aussprache und letztlich eine Verständigung mit Schütte gewesen zu sein. So gab Christians in seinem Text zu, sich an Diskussionen über die Unternehmensstrategie mit einer „gewissen Leidenschaftlichkeit" zu beteiligen, die ihn auch einmal die „richtige Form" vergessen ließe.[1345] Außerdem wollten die Drei ihre Analyse der Ursachen des Konflikts mit Schütte als „Handhabe zur Verständigung" verstanden wissen, auch wenn sie von ihnen ausginge und daher einseitig ausfallen werde.[1346]

5.2.4.2.2 DIE DENKSCHRIFT „BETRIEBSERÖFFNUNG KÖNIGSWUSTERHAUSEN AM 01. APRIL 1916"

Inhaltlich bezog Christians in der von ihm allein verfassten Denkschrift noch einmal Stellung gegen die Errichtung von Zeesen bzw. gegen die frühzeitige Eröffnung von Zeesen. Um diesen Standpunkt zu untermauern, kritisierte er zu Beginn seines Textes jegliche Zergliederung der Produktion der Luftschiffe. Entsprechend rief er die schwierige Situation im Mai 1915 in Erinnerung, als der Luftschiffbau Schütte-Lanz parallel an vier Standorten an sechs Luftschiffen arbeiten musste. Diese Situation habe ihm gezeigt, dass die Luftschiffproduktion niemals zersplittert werden dürfe, wenn die Werft die Arbeit an den regulären Baustellen und die unweigerlich anfallenden Reparaturarbeiten von in Betrieb befindlichen Luftschiffen an auswärtigen Plätzen bewältigen wolle. Die Schwierigkeiten bei der Verteilung von Personal und Baumaterial seien einfach zu groß. Zudem bewirke die Zersplitterung der Produktion das Absinken der Gesamtleistung der Werft und der Rationalität unter ein erträgliches Maß, weil der Betriebsleiter nicht die Übersicht über die Teilbetriebe behalten könne und die ihm unterstellten, aber dort tätigen Mitarbeiter nicht „in allen einem losgelösten Betriebe auftretenden Fragen ausreichend unterweisen kann".[1347] Damit wandte sich Christians prinzipiell gegen die Anpassungs- bzw. Expansionsstrategie Schüttes, die der Eröffnung und Inbetriebnahme von Zeesen zugrunde lag. Genauer gesagt, kritisierte er die unrealistische Annahme dieser unternehmerischen Strategie hinsichtlich der Produktion von Luftschiffen, nämlich an großräumig verteilten Produktionsstandorten genauso schnell und genauso viele Schiffe produzieren zu können wie an einem Ort, an dem sich die Produktionskapazitäten konzentrierten.

Um seine Kritik an der Strategie Schüttes zu verdeutlichen, thematisierte er den Bau und die Eröffnung der Werft in Zeesen, welche sich zu dem Zeitpunkt, als er an seiner Denkschrift schrieb, noch im Bau befand.[1348] Als Erstes machte er in diesem Zusammenhang deutlich, dass sich seine Kritik nicht grundsätzlich gegen Zeesen richte. Am Beispiel Zeesens versuchte er, die Mängel und Fehler der Anpassungsstrategie von Schütte nachzuweisen. Die mit der zu frühen Eröffnung von Zeesen verbundenen Folgen lieferten ihm dafür die ersten Argumente. So war für Christians ausgemacht, dass die Verlagerung der Produktion nach Zeesen dazu führe, dass das Unternehmen unter ähnlich ungünstigen Umständen wie 1915, d. h. unter zeitlichem Druck und ohne eine ausreichende Anzahl von Arbeitskräften, vier Luftschiffe produzieren und dabei schon wieder „drei normale, örtlich voneinander getrennte Baustellen zu gleicher Zeit einrichten" müsse. Dieser Umstand würde bewirken, dass

„sich die Verhältnisse in den nächsten Wochen und Monaten unter allen Umständen ungünstiger gestalten als gegenwärtig, wenn nämlich außer [SL] 8 auch 9 und 10 in den Fahrbetrieb eintreten, die Montage von [SL] 12 energischer gefördert und diejenige von [SL] 13 begonnen und die Herstellung der Bauteile von [SL] 14, 15 und anscheinend gleichzeitig von [SL] 16, 17 in Angriff genommen werden soll".

Christians war angesichts dieser vielen Aufgaben und angesichts der erneut zersplitterten Produktionskapazitäten gespannt, in welchem Ausmaß das Bauprogramm des Unternehmens verwirklicht werden könne.[1349]

Ein weiterer Beleg für den problematischen Charakter von Schüttes Expansionskurs waren für Christians auch die Kosten, welche die Betriebsaufnahme von Zeesen verursacht hatte. Diese Kosten hatte offenbar Schütte zu verantworten, weil er darauf bestand, mindestens eines der neuen Luftschiffe in Zeesen zu produzieren, obwohl es „nach allgemeinem Urteil am besten, billigsten und schnellsten auf den freiwerdenden Plätzen in [Rheinau], Leipzig I und II gebaut werden [konnte]." Dadurch sei – so Christians – dem Luftschiffbau Schütte-Lanz einerseits die Möglichkeit genommen worden, den faktischen Leerstand der neuen Werft als Argument für die Forderung an die Militärbehörden nach einem neuen Bauauftrag zu verwenden. Andererseits drohten Leerstände in den Werften von Rheinau oder Leipzig, obwohl dort die Produktion immer reibungslos verlaufen und dort ausreichend Material und Personal vorhanden gewesen sei. Da Schütte auf der Inbetriebnahme von Zeesen beharrte, mussten aber Mitarbeiter sowie Rohstoffe und Halbfertigprodukte unter zusätzlichen Kosten nach Zeesen transportiert werden.[1350]

Gegen Schüttes Vorgehen sprach aus Christians Sicht auch, dass Zeesen schon am 01.04.1916 eröffnet werden sollte, obwohl die Werft zu diesem Zeitpunkt noch im Bau und noch lange nicht produktionsbereit war und die vertraglich vereinbarte Produktionsaufnahme nur „durch ein verzweifeltes Manöver" vorgetäuscht worden sei.[1351] Gerade dieser Punkt erregte Christians schwerwiegendste Bedenken, weil

„wir wieder den Behörden ein Schauspiel vormachen, das sich nicht verwirklichen läßt und daher mit einer Enttäuschung enden muß".

Frühere „Schauspiele" waren nach Auffassung Christians die „optimistischen Versprechungen" des Luftschiffbaus Schütte-Lanz gegenüber den Militärbehörden hinsichtlich der Fertigstellung der von ihnen in Auftrag gegebenen Luftschiffe insbesondere im Jahr 1915, die aber häufig nicht eingehalten werden konnten und die dem Unternehmen – so zumindest ein von Christians zitiertes Dokument – bei den Offizieren und Baubeamten sehr geschadet hätten. Das aktuelle Stück würde seiner Meinung nach mit dem Bau des Luftschiffs SL 12 gegeben, dessen Fertigstellung aufgrund der noch im Bau befindlichen Werft in Zeesen schon einen Monat hinter dem Zeitplan zurückläge und dessen nicht termingerechte Fertigstellung die Behörden erneut

enttäuschen würde. Dieser erneute Vertragsbruch – so prophezeite Christians weiter – würde eine „weitere Steigerung der Misstrauensbeweise" bedeuten und wahrscheinlich dazu führen, dass „mit dem Vertrauen zu der Leistungsfähigkeit auch der Ruf der Firma endgültig in die Brüche [geht]".[1352]

Darüber hinaus – so warnte Christians abschließend – werde eine erneute Überschreitung vertraglich vereinbarter Lieferfristen wahrscheinlich auch die Arbeitsmotivation der angestellten Ingenieure des Luftschiffbaus Schütte-Lanz zerstören, denn ihr Bestreben, ein qualitativ hochwertiges, konkurrenzfähiges Produkt abzuliefern, sei seitens Schüttes durch die Abgabe unrealistischer Versprechen hinsichtlich der Liefertermine zu häufig konterkariert worden.

„Was hilft aber alles Streben, wenn die beste, günstigsten Falles erreichbare Leistung schon im voraus durch unerfüllbare Versprechungen in eine Enttäuschung umgewandelt wird? Was soll man dazu sagen, wenn vor Kurzem einem maßgebenden Herren des [Kriegsministeriums] schriftlich in die Hand gegeben wurde, dass wir jetzt ein Schiff in 60 Tagen bauen! In derartigen Fällen ist es geradezu unmöglich, sich nicht in Gegensatz zu Herrn Geheimrat Schütte zu setzen."[1353]

Christians sah demnach die Strategie Schüttes, den Luftschiffbau Schütte-Lanz durch Expansion bedingungslos an die boomende Kriegskonjunktur auf dem Luftschiffmarkt anzupassen, als schwerwiegendes, wenn nicht sogar Existenz bedrohendes Problem des Unternehmens an, denn diese Strategie verhindere eine effiziente Produktion, verursache dabei hohe Kosten und ruiniere den Ruf der Firma bei den Kunden und die Arbeitsmotivation der Ingenieure. In der Tat scheint Christians mit seiner Analyse die wesentlichen Ursachen der Lieferschwierigkeiten des Luftschiffbaus Schütte-Lanz und der technischen Mängel seiner Luftschiffe ausgemacht zu haben.[1354] Allerdings war er dabei kaum auf seine eigene Rolle in der Diskussion um die richtige Produktionsstrategie und auf die Bedingungen und Zwänge des von monopolistischen Strukturen geprägten Luftschiffmarktes eingegangen. Vor allem unterblieb eine Antwort auf die Frage, warum er erst nach mehr als zwei Kriegsjahren seine Kritik äußerte. Außerdem beschrieb er keine Alternative zu dem von Schütte gewählten Vorgehen.

5.2.4.2.3 DIE DENKSCHRIFT „SCHÜTTE UND DIE WERFTLEITUNG"

Mit den Marktstrukturen und mit einer Alternativstrategie beschäftigte sich Christians dann zusammen mit Bleistein und Kruckenberg in der Denkschrift „Schütte und die Werftleitung". Zuvor behandelten sie gründlich ihre eigenen und Schüttes Verdienste bei der Entwicklung des Luftschiffbaus Schütte-Lanz ab 1909.

Für die „Ära *SL I*" konstatierten sie, dass zwar einerseits einige wichtige Konstruktionen auf sie zurückgingen. Andererseits erkannten sie „unbedingt" an,

„daß erstens ohne den Optimismus von Schütte und sein diplomatisches Geschick der Mannheimer Luftschiffbau nie zustande gekommen oder aber durch die sich entgegenstellenden Schwierigkeiten vor irgendeinem Erfolge wieder von der Bildfläche verschwunden wäre, und dass ferner die von ihm geschaffene Grundidee sowohl wie auch verschiedene, von ihm spezielle verteidigte Ausführungseinzelheiten sich in der Folgezeit durchaus bewährten."

Ferner empfanden sie es als positiv, dass Schütte ihre Position gegen „mancherlei Nebeneinflüsse" abschirmte und sie mehr als „Mitarbeiter denn als Untergebene" behandelte.[1355]

Als eigene Leistung bei der Konstruktion und beim Bau von SL 2 beanspruchten Christians, Bleistein und Kruckenberg das Verdienst, durch das Beschreiten eigener, von SL 1 abweichender Wege erst dafür gesorgt zu haben, dass das Schiff ein Erfolg wurde. In der Tatsache, dass ihnen die ganze rückhaltlose Anerkennung für das Schiff und für die Arbeit in dieser „Entwicklungszeit" gezollt wurde, während Schüttes Verdienste unerwähnt blieben, sahen sie die Hauptursache für den gegenwärtigen Konflikt. Aufgrund des so gewachsenen Selbstbewusstseins gingen sie weitere eigene Wege und kritisierten die Vorschläge von Schütte hinsichtlich ihrer „Zweckmäßigkeit und Ausführbarkeit". Hinzu kam – da er selten auf der Werft in Rheinau war –, dass

„Schütte über manche Einzelheiten den Überblick verlieren und sich infolgedessen mehrfach unrichtige Annahmen oder Beurteilungen nachweisen lassen mußte. So bildete sich mehr oder minder unbewußt eine Rivalität um das technische Können heraus […]"

Schütte war demnach neidisch auf den Erfolg seiner jungen Ingenieure mit SL 2, fühlte sich düpiert durch die Kritik seiner durch die Anerkennung selbstbewusst auftretenden Danziger „Schüler" und begann sie infolgedessen als seine Rivalen anzusehen. Die daraus entstehende Rivalität zwischen Schütte und seinen Rheinauer Oberingenieuren wäre – ihrer Meinung nach – noch zu überwinden gewesen, wenn Schütte wieder mehr in Kontakt mit der Werft getreten wäre und sich mehr um die dort anfallenden konstruktiven Aufgaben gekümmert hätte. Stattdessen habe er sich noch mehr vom Werftbetrieb zurückgezogen und sei zum leitenden Verkäufer in seiner Firma geworden, indem er die Verhandlungen mit den Behörden führte

und diesen Bereich als „sein ausschließliches Gebiet, in welches die Werftleitung direkt nicht einzugreifen hatte", also als seinen eigenen Machtbereich angesehen habe.[1356]

Schüttes Erfolge in diesem Bereich bewerteten Christians, Bleistein und Kruckenberg eher negativ. So seien die angeblichen Schwierigkeiten bei der Ablieferung von SL 2 aufgrund von Schüttes Verhalten gegenüber den „maßgebenden Herren" im preußischen Kriegsministerium verursacht worden. Teils, weil dieses Verhalten das RMA dazu gebracht habe, die Verhandlungen in die Länge zu ziehen, teils, weil er sich nicht selbst ausreichend um eine Beschleunigung der Verhandlungen bemüht habe, habe Schütte erst zu Kriegsbeginn die „ihm selbstverständlich zufallende Obliegenheit" erfüllt und mit SL 3 den ersten Marineauftrag akquirieren können. Diese durch Schütte verschuldete Verzögerung habe dazu geführt, dass mit dem Bau des Schiffes zu einem Zeitpunkt begonnen werden musste, als bedingt durch die Einberufungen nur eine geringe Anzahl von Arbeitskräften zur Verfügung gestanden habe und die Rheinauer Werft gerade im Umbau begriffen gewesen sei. Schütte habe diese Situation noch dadurch verschärft, dass er zu dem *SL-3*-Auftrag die Order für zwei weitere Luftschiffe, d. h. für SL 4 und SL 5, hinzugenommen und versprochen habe, diese Aufträge statt wie bisher in neun in nur sieben Monaten zu erledigen. Zu einer weiteren Verschärfung der Situation habe die Maßnahme Schüttes geführt, den Betrieb auf „mehrere Plätze" auszudehnen, um die drei Aufträge zu bewältigen, denn auf diese Weise habe sich der Bau der drei Schiffe auf jeweils zehn Monate verlängert. Dabei konnten die drei Schiffe nach der Auffassung der drei Oberingenieure Schüttes

„als Erfolge wirklich nicht angesprochen werden, denn sie zeigten überall die Folgen der überhasteten Durcharbeitung und Bauausführung sowie der Herstellung mit ungeschultem Personal".[1357]

Christians, Bleistein und Kruckenberg hätten, anders als Schütte, eine Marktstrategie gewählt, die auch eine Produktionsstrategie beinhaltet hätte. Sie hätten zunächst nur SL 3 in Rheinau gebaut und auf den Bau der beiden anderen Schiffe in Sandhofen und in Darmstadt verzichtet. Vielleicht hätte sich der Bau des Schiffes in Rheinau auch verzögert, doch wäre die gesamte Belegschaft in Rheinau geblieben und „hätte ihren Teil zur sorgfältigeren und schnelleren Fertigstellung [von SL 3] beigetragen". Mit dem Bau von SL 4 und SL 5 hätten die Drei erst im Frühjahr 1915 begonnen, so dass SL 5 vielleicht zwei bis drei Monate später fertig gestellt worden wäre. Zu dem schwierigen „Leidenskind" SL 5 bemerkten sie weiter:

„Hätten wir dem Vaterland einen schlechten Dienst erwiesen, wenn wir den S.L. 5 überhaupt nicht gebaut, sondern diese Zeit und Arbeitskraft zur besseren Durcharbeitung der anderen Schiffe verwendet hätten?"[1358]

Möglichweise wären dann die Mängel an den folgenden Luftschiffen SL 8 und SL 9, die dem Ruf des Unternehmens ein weiteres Mal geschadet haben, vermieden worden. Außerdem wären in diesem Fall Zeit und Kosten, die in den Umbau von SL 8, SL 9 und SL 10 gesteckt werden mussten, nicht entstanden.

Hätte man ihre Markt- und Produktionsstrategie verfolgt – so sind sich Christians, Bleistein und Kruckenberg sicher – hätte sich der Luftschiffbau Schütte-Lanz im Mai 1916 zwar nicht hinsichtlich der Zahl aber wahrscheinlich hinsichtlich der Qualität seiner Produkte genauso weit entwickelt wie mit Schüttes Strategie. Dabei hätte das Unternehmen, wenn man ihrer Strategie gefolgt wäre, eine „ruhigere und stetigere Entwicklung" genommen, denn

„mit dem langsameren Bautempo hätte auch der Entwurf und auch die allgemeine technische und kaufmännische Verwaltung des Unternehmens besser Schritt halten können."[1359]

Insbesondere hätte der Luftschiffbau Schütte-Lanz im Herbst 1915 die Militärbehörden mit SL 6 und SL 7 nicht so stark enttäuscht und dadurch nicht einen Großteil seines Vertrauenskapitals bei ihnen verspielt.

Die drei Autoren der Denkschrift nahmen mit ihrer Kritik an Schüttes Unternehmensstrategie den Einwand vorweg, dass sich zu Beginn des Krieges die Entwicklung in der Rüstungsindustrie und insbesondere im Luftfahrzeugbau nicht so deutlich habe absehen lassen wie Mitte 1916, als sie ihre Denkschrift abfassten.

„Auf allen Gebieten sah man zunächst das Bestreben, möglichst schnell Kriegswerkzeuge zu schaffen und wohl überall traten später mit der längeren Ausdehnung des Krieges ähnliche Fehler und Übelstände in die Erscheinung, wie beim Luftschiffbau auf."

Doch dieses Argument ließen sie für die Erklärung des Misserfolgs des Luftschiffbaus Schütte-Lanz nur eingeschränkt gelten. Dies begründeten sie – abzielend auf Schütte – damit, dass „man" weder eine objektive Analyse der dafür ursächlichen Fehler vorgenommen noch eigene Fehler eingestanden habe. Auch sei nichts unternommen worden, um diese für die Zukunft zu vermeiden. Stattdessen habe Schütte ihnen als den leitenden Ingenieuren der Rheinauer Werft die Verantwortung für die Schwierigkeiten des Unternehmens aufgebürdet und sie damit – so lässt sich interpretieren – zu Sündenböcken für den Misserfolg des Unternehmens gemacht.[1360] Christians, Bleistein und Kruckenberg sahen diese Haltung Schüttes vermutlich im Zusammenhang mit der von ihnen so bezeichneten Rivalität zu Schütte und

glaubten daher wahrscheinlich, dass Schütte seine unbedingte Anpassungsstrategie auch verfolgte, um ihren *SL-2*-Erfolg zu konterkarieren und um weitere derartige Ergebnisse zu verhindern.

Die Denkschrift ist damit als ein Versuch der drei Oberingenieure zu werten, eine angeblich interne „Sündenbock-Strategie" Schüttes zu hintertreiben und ihm allein die Hauptverantwortung für die Probleme des Luftschiffbaus Schütte-Lanz zuzuweisen. Christians, Bleistein und Kruckenberg erreichten dies dadurch, dass sie in ihrer Denkschrift sachlich seine Strategie der unbedingten Anpassung an die Marktbedingungen mit deren negativen Resultaten konfrontierten und dieses Vorgehen ihren eigenen strategischen Überlegungen einer langfristig angelegten, sowohl die Markbedingungen als auch die vorhandenen Produktionskapazitäten berücksichtigenden Unternehmensentwicklung gegenüberstellten. Sie beließen es aber nicht bei ihrer sachlichen Kritik, sondern griffen Schütte auch noch persönlich an, indem sie behaupteten, dass er unfähig zur Selbstkritik sei, nicht aus seinen eigenen Fehlern lernen könne und für die Folgen auch noch andere verantwortlich mache. Sie unterstellten ihm außerdem, aus niederen Motiven zu handeln, denn sie sahen seine Handlungen motiviert durch Neid und Missgunst.

Die in der Denkschrift zum Ausdruck kommende feindselige Haltung verstellte Christians, Bleistein und Kruckenberg den Blick auf die Tatsachen. So wurde Schütte nicht leitender Verkäufer des Luftschiffbaus Schütte-Lanz, weil er missgünstig gegenüber seinen Oberingenieuren war, sondern weil er sich gegenüber der Firma Heinrich Lanz Ende 1911 vertraglich verpflichtet hatte, als Verkäufer für den Luftschiffbau Schütte-Lanz tätig zu sein. Hinzu kam, dass er als Hochschullehrer seine Verpflichtungen an der TH Danzig zu erfüllen hatte bzw. als solcher auch eigene Projekte neben dem Luftschiffbau verfolgte, wie etwa die Errichtung der Aerodynamischen Versuchsanstalt im Jahr 1912/13.[1361] Aufgrund ihrer negativen Einstellung zu Schütte konnten sie sich vermutlich überdies nicht mehr an den Umstand erinnern, dass SL 2 nach nur dreimonatiger Erprobungszeit vom preußischen Heer abgenommen worden war und Schütte ungewöhnlich kurzfristig geäußerte Bedenken des Kriegsministeriums nur angesichts der früheren Leistungen des Schiffes schnell hatte entkräften können.[1362] Von einem Fehlverhalten seinerseits gegenüber dem Ministerium konnte daher zu diesem Zeitpunkt keine Rede sein. Ferner hinderte die Rheinauer Ingenieure ihre feindselige Haltung gegenüber Schütte an der Erkenntnis, dass – selbst wenn sich Schütte beim preußischen Militär durch sein Verhalten Feinde gemacht hätte – die Verhandlungen mit dem RMA nicht unbedingt schwieriger geworden wären, zumal er mit „Onkel Paul" Hossfeld über einen guten Verbindungsmann in dieser Behörde verfügte. Zudem übersahen sie die Tatsache, dass die Marine nach dem Unfall des L2, der kurz nach Aufnahme der Verhandlungen Schüttes mit dem RMA passierte, über keine kompetenten Fachleute mehr verfügte.[1363] Schließlich machte ihre Haltung ihnen offenbar auch unmöglich zu erkennen, dass sie im Zuge auch ihrer nationalen Begeisterung im August 1914 und in den Folgemonaten Schüttes Strategie widerspruchslos hingenommen hatten und ihn nicht deutlich und nicht rechtzeitig genug auf die Fehler in seiner Unternehmensstrategie hingewiesen hatten.[1364]

Die Situation in der Führungsetage des Luftschiffbaus Schütte-Lanz war demnach im Mai 1916 verfahren. Schüttes starres Festhalten an seiner Strategie der unbedingten Anpassung an die Gegebenheiten des Luftschiffmarktes durch die Expansion seines Unternehmens, ohne über eine angemessene Produktionsstrategie zu verfügen, hatte nicht nur zu massiven Problemen des Unternehmens auf dem Luftschiffmarkt geführt, sondern auch die Entstehung eines Konfliktes zwischen ihm und dreier seiner wichtigsten Mitarbeiter um die richtige Strategie des Unternehmens begünstigt. Anlässlich der Eröffnung des Werks in Zeesen hatte sich der Konflikt entladen, als Christians, Bleistein und Kruckenberg ihre Frustration über die Misserfolge in zwei Denkschriften zum Ausdruck brachten. Sie lieferten hiermit aber keine Beiträge zu einer konstruktiven Lösung des Konfliktes in der Unternehmensführung, da sie trotz ihrer auf Verständigung ausgerichteten Intention und der sachlichen Richtigkeit ihrer Beiträge durch den persönlichen Angriff es Schütte erschwerten, in angemessener darauf Weise zu reagieren.

5.2.4.2.4 SCHÜTTES ANTWORT AUF DIE KRITIK AM 18.05.1916

Angesichts der Angriffe fiel die Reaktion von Schütte aber verhältnismäßig moderat aus. Er schrieb am 18.05.1916 einen Brief an seinen Hauptkritiker Christians. In diesem Brief ging Schütte auf die persönlichen Angriffe seiner drei Oberingenieure, auf seine Rolle bei der Entwicklung des Luftschiffbaus Schütte-Lanz und seiner Produkte sowie auf die aktuelle Lage des Unternehmens ein. Der Brief ist sachlich gehalten, zuweilen kommt in ihm aber auch zum Ausdruck, wie verletzt er über die Vorwürfe der Rheinauer Ingenieure war. In dem Schreiben finden sich aber auch selbstkritische Töne. Zwar verteidigte er sich einerseits gegen die Angriffe der Oberingenieure und versuchte

weiterhin, sich im Machtkampf innerhalb des Unternehmens durchzusetzen, andererseits aber wollte er sein altgedientes Führungspersonal nicht völlig demotivieren bzw. zu einem Ausscheiden aus der Firma zwingen.

Zu Beginn seines Schreibens behandelte Schütte zunächst die persönliche Ebene und ging auf die Angriffe von Christians, Bleistein und Kruckenberg gegen ihn ein. Er wies die Vermutung der drei Oberingenieure, dass der Ursprung seines angeblichen Grolls gegen sie in der Tatsache begründet liege, dass er ihnen ihren Erfolg mit SL 2 missgönnt habe, zurück. Seiner Meinung nach bewiese derjenige, der sich solchermaßen geäußert hatte,

„dass er mich bis heute nicht gekannt hat und einen Geist unter uns Vier zu tragen versucht, dessen wir uns alle schämen müssten, wäre er tatsächlich vorhanden".

Der Geist, den Schütte meint, ist der Geist des Misstrauens, denn im darauf folgenden Abschnitt gab Schütte – bevor er auf die seiner Meinung nach wesentlichen Ursachen für ihr Verhalten einging – mit folgender Formulierung eine Art Vertrauenserklärung ab:

„Vorher möchte ich feststellen, dass man Leute, die nicht Genügendes leisten, nicht zu stellvertretenden Direktoren macht, besonders nicht, wenn man ihnen misstraut. Dass man ihnen auch kein Gehalt und Beteiligung gibt, wie Ihr sie in verhältnismäßig jungen Jahren erhalten habt."

Ein Grund für dieses Misstrauen bestand nun seiner Meinung nach in seiner falschen Entscheidung, Christians, Bleistein und Kruckenberg gleich als frischgebackene Absolventen von der Technischen Hochschule in Danzig zu holen und sie zu schnell zu seinen Mitarbeitern gemacht zu haben, ohne dass sie erfahren konnten, wie junge Hochschulabsolventen damals in anderen Betrieben behandelt wurden. Stattdessen hätten sie bis zum Kriegsausbruch nur seine kameradschaftliche Behandlung erlebt und keine Behandlung als Untergebene. Diese fehlende Erfahrung und die Tatsache, dass Schütte nach einem halben Jahr gemeinsamer Arbeit wieder Danzig zu seinem Lebensmittelpunkt machen musste, führten seines Erachtens nun dazu, dass die drei Ingenieure „sehr selbständig" bzw. „selbstherrlich" wurden. Diese „Eigenerziehung" ließ sie „manches später hart und ungerecht erscheinen, was sonst jeder als selbstverständlich hingenommen hätte". Schütte scheint demnach die Auffassung vertreten zu haben, dass eine fehlerhafte betriebliche Sozialisation seiner langjährigsten Mitarbeiter dazu geführt habe, dass die Drei nicht kritiklos die Anordnungen ihres Vorgesetzten Schütte hinnahmen und stattdessen unangemessenen Widerspruch äußerten.[1365]

Nachdem er auf diese Weise Christians, Bleistein und Kruckenberg auf ihre ihnen zukommende Position in der betrieblichen Hierarchie reduziert und festgelegt hatte, ging er auf seine Rolle in den Anfangsjahren des Luftschiffbaus Schütte-Lanz ein. Er betonte im Unterschied zu den drei Ingenieuren positive Seiten seines Engagements und behauptete zu Beginn dieses Abschnitts, dass er das Unternehmen insgesamt vier Mal vor dem Untergang gerettet habe. Das erste Mal sei beim Bau von SL 1 gewesen, als das Gerippe, die Hüllen und die Motoren „nichts wurden" und die Familie Lanz verärgert war. Das zweite Mal sei im Dezember/Januar 1913 gewesen, als er den von der Familie Lanz für aussichtslos gehaltenen Vertrag mit dem preußischen Kriegsministerium geschlossen habe, der die Voraussetzung für den Bau von SL 2 gewesen sei, da die Familie Lanz auch mit dem Bau dieses Schiffes ein großes finanzielles Risiko eingegangen sei. Das dritte Mal sei im August 1914 gewesen, als er sein ganzes Können daran setzen musste, um Aufträge und Arbeitskräfte von den Militärbehörden zu erhalten, weil dort „alles so ziemlich drunter und drüber ging". Zum vierten Mal habe Schütte das Unternehmen retten müssen, als das preußische Kriegsministerium – beeinflusst durch die Firma Zeppelin – keine Schütte-Lanz-Luftschiffe mehr einsetzen wollte und als SL 2 explodierte,[1366] was dazu führte, dass Schütte im RMA „gezwungen werden sollte, [sein System] aufzugeben und die Z[eppelin]-Schiffe in Holz nachzubauen".[1367]

Zur Kritik der drei Oberingenieure an seinen Leistungen auf technisch-konstruktivem Gebiet wies Schütte zu Recht darauf hin, dass es doch ihm Ende 1915 gelungen sei, die in den Handlungen der Militärbehörden zum Ausdruck kommende Kritik an den Schütte-Lanz-Luftschiffen abzuwehren und das „System Schütte" gegenüber dem „System Zeppelin" zu behaupten.[1368] Gleiches sei ihm außerdem gegenüber Christians, Bleistein und Kruckenberg, die zu diesem Zeitpunkt offenbar ebenfalls zum Bau von Schütte-Lanz-Luftschiffen mit der Zeppelin-Technik übergehen wollten, geglückt. Auf ihn seien außerdem einige Erfindungen bei der Konstruktion einzelner Luftschiffe, etwa der Dreikantring zur Stabilisierung des Gerippes von SL 1 oder das Längsspantensystem bei der Konstruktion von SL 2, zurückzuführen. Dabei hätten sich allerdings auch die drei Ingenieure Verdienste erworben; so seien etwa die einfachen Stabilisierungsflächen mit den dahinter liegenden glatten Rudern für das Höhenruder auf Christians zurückzuführen. Gleichwohl habe er sich sehr wohl um die Konstruktion eines einzelnen Schiffes gekümmert und sich auch dabei Verdienste erworben, obwohl er häufig den Dreien diese Arbeiten genauso überlassen musste wie die innere Organisation des Luftschiff-

baus Schütte-Lanz. Entsprechend sei seine Leistungen nicht weniger anerkannt worden als diejenigen der drei Ingenieure. Daher sei er auch nicht neidisch auf ihre Erfolge gewesen, sondern habe vielmehr Christians, Bleistein und Kruckenberg stets vor Kritik in Schutz genommen, habe sie sogar aufgefordert, sich ihre Anerkennung von einer Stelle zu holen, von der er selbst sie niemals bekommen würde, d. h. vom Großherzog von Baden, und habe im Übrigen sie durch seinen permanent zur Schau gestellten Optimismus zu motivieren versucht, obwohl er selbst „manchmal nicht recht gewußt [habe], wie weiter".[1369]

Nachdem er auf diese Weise teilweise nachvollziehbar seine Leistungen als Unternehmer, Ingenieurswissenschaftler und Vorgesetzter zurechtgerückt hatte, konnte Schütte in dem Brief an Christians auf die auch aus Sicht seiner langjährigen Mitarbeiter ungünstige Entwicklung seines Unternehmens in den ersten beiden Jahren des Ersten Weltkriegs eingehen. Zunächst thematisierte er die Situation auf der Führungsebene, d. h. das Verhältnis zwischen ihm und seinen drei langjährigen Mitarbeitern. Er gestand dabei ein, dass sich sein Verhalten gegenüber seinen drei langjährigen Mitarbeitern während dieser Jahre verschlechtert habe und erklärte diese Veränderung damit, dass er aufgrund verschiedener, nicht näher bezeichneter Erfahrungen „hart" geworden sei und daher zuweilen auch ungerecht. Zugleich versuchte er diese Verschlechterung zu entdramatisieren, indem er beispielsweise bemerkt, dass er niemanden Besonderen gemeint habe, wenn er seiner Ungeduld, dass die Luftschiffe nicht schnell genug fertig würden, lautstark Ausdruck verliehe. Dann wandte er sich gegen das vernichtende Urteil der Drei in dem Memorandum „Schütte und die Werftleitung", dass SL 3, 4, und 5 Misserfolge gewesen seien, indem er darauf verwies, dass doch das inzwischen verloren gegangene Luftschiff SL 3 noch vor kurzem großes Lob von seinem ehemaligen Kommandanten erfahren hätte und SL 3 und SL 4 „die anfänglichen Gegner vom [System Schütte] überzeugt hätten". Außerdem wies er darauf hin, dass SL 8 ein „Schlager" sei und die Nutzlast des SL 10 wohl kaum so groß sein dürfte, wenn die genannten Schiffe allesamt Misserfolge gewesen seien.[1370]

Als wesentliche Ursache für das schlechte Verhältnis zwischen ihm und Christians, Kruckenberg und Bleistein führt Schütte „Missverständnisse" an, die – zumal die drei Oberingenieure sie ihm gegenüber nicht ansprachen – zu Verletzungen bei ihnen geführt hätten. Ein Beispiel dafür sei die Ernennung des Admirals Stromeyer zum Direktor des Luftschiffbaus Schütte-Lanz gewesen. Schon durch die Tatsache, dass Schütte ihn im Alleingang noch schnell Ende 1915 ernannte und sie durch andere von dieser Entscheidung erfahren hätten, befremdete – so Schütte – die drei Ingenieure. Hinzu kam, dass sie nicht damit einverstanden waren, dass Schütte Stromeyer mit der Ernennung zum Direktor formell auch zu ihrem Vorgesetzten gemacht hatte, obwohl Stromeyer selbst nur den Anspruch hatte „präses inter pares" zu sein.[1371]

Abschließend kam Schütte in seinem Brief an Christians auf den Punkt zu sprechen, den dieser in seiner Denkschrift besonders kritisiert hatte: den Bau und die Eröffnung der Werft in Zeesen. Er erläuterte zunächst Christians noch einmal die seiner Ansicht nach zwingenden wirtschaftlichen und wirtschaftspolitischen Gründe für die Notwendigkeit des Baus der zweiten Werft des Luftschiffbaus Schütte-Lanz und für den Zwang, dafür einen Standort in der Nähe von Berlin zu wählen.[1372] Dann bedeutete er Christians, dass auch ihm klar sei, dass Zeesen Luftschiffe teurer produzieren werde als Rheinau und die Aufnahme der Produktion Zeesen eine Zersplitterung der Produktion bedeuten würde. Doch könne zumindest dieses Problem gelöst werden, weil der Luftschiffbau Schütte-Lanz doch in den ersten beiden Kriegsjahren gelernt und „aus Rheinau, Sandhofen und Leipzig [seine] Erfahrungen gezogen" habe. Zudem gäbe es keine Probleme mit dem Betrieb der Werft in Leipzig, so dass sich die Unternehmensführung nur noch um die reibungslose Produktion in Rheinau und Zeesen kümmern müsse. Die Produktion auf den beiden Werften könne aber mit gutem Willen und gegenseitigem Entgegenkommen gewährleistet werden. Die Risiken der Verteilung der Produktion über das Reichsgebiet waren nach Schüttes Meinung finanziell wie auch produktionsstrategisch beherrschbar. Daher sei es möglich und – angesichts der kriegsbedingten Konjunktur auf dem Luftschiffmarkt – auch zwingend notwendig gewesen, die Werft in Zeesen zum aktuellen Zeitpunkt zu errichten, denn „nach dem Kriege wäre eine 2. Werft außerhalb [Rheinaus] nicht mehr entstanden".[1373]

Schütte beharrte demnach gegenüber Christians, Bleistein und Kruckenberg auf der Richtigkeit seiner Strategie der unbedingten Anpassung an den Luftschiffmarkt durch Expansion seines Unternehmens. Er verlangte außerdem, dass sie seinen einmal gewählten Kurs akzeptierten. Dabei bestand er gegenüber Christians nicht auf seinem Status als ihr Vorgesetzter, sondern verwies auf seine längere Lebenserfahrung und seine Leistungen im Luftschiffbau.

„Wie ich Deine sachlichen Gründe anerkenne, musst Du auch meine anerkennen, und mir aufgrund meiner längeren Lebenserfahrung und dem, was ich bisher dem Luftschiffbau geleistet habe, zu folgen versuchen, wenn es Dir vielleicht auch manchmal gegen den Strich geht."[1374]

Christians, Bleistein und Kruckenberg stellten offenbar nach diesem Brief Schüttes ihren sichtbaren Widerstand gegen seine Strategie ein. Schütte hatte offenbar die Auseinandersetzung um die unternehmerische Strategie für sich entscheiden können. Ein Grund für diesen Erfolg war vermutlich, dass er mit der Inbetriebnahme von Zeesen Fakten geschaffen hatte, ein anderer, dass er aufgrund seiner Anpassungsstrategie zu einem wesentlichen Teil zu den bei der Firma Heinrich Lanz eingehenden Aufträge und damit zum Umsatz dieser Firma beigetragen hatte. Daher ist davon auszugehen, dass seine Partner von der Familie Lanz auf seiner Seite standen und sein Vorgehen prinzipiell unterstützten.[1375] Darüber hinaus schien die schon in den folgenden Monaten einbrechende Konjunktur auf dem Luftschiffmarkt bei zugleich steigender Nachfrage von Flugzeugen Schüttes unternehmerische Entscheidungen im Nachhinein zu rechtfertigen. Doch zugleich sollten sich in dieser Krise die negativen Folgen der von den drei Oberingenieuren zu Recht kritisierten unternehmerischen Strategie Schüttes besonders deutlich hervortreten.

5.2.5 DAS UNTERNEHMEN SCHÜTTE-LANZ WÄHREND DER KRISE DES LUFTSCHIFFBAUS 1916–1918
5.2.5.1 BEDINGUNGEN FÜR DIE ÖKONOMISCHE ENTWICKLUNG DES UNTERNEHMENS

Die Kriegskonjunktur im Luftschiffsegment des Luftfahrzeugmarktes erlitt im Jahr 1916 einen deutlichen Einbruch. Baute der Luftschiffbau Zeppelin 1915/1916 noch fünfunddreißig Luftschiffe, so stellte er in den beiden darauf folgenden Jahren nur noch fünfundzwanzig Schiffe her. In den beiden letzten Kriegsjahren produzierte die Firma nur noch acht Luftschiffe.[1376] Schlimmer noch entwickelte sich die Situation beim Luftschiffbau Schütte-Lanz. Lieferte das Unternehmen 1915/1916 immerhin noch zehn Luftschiffe an das Heer und die Marine, baute es für diese Auftraggeber in den Jahren 1916 bis 1917 nur noch fünf Einheiten, wobei der Auftrag für SL 19 storniert wurde. Von 1917 bis 1918 wurde nur noch an SL 22, dem letzten jemals von Schüttes Unternehmen gebauten Luftschiff gearbeitet.[1377] Die Entwicklung im Flugzeugbau war im Vergleich zum Luftschiffbau in jenen Jahren genau gegenläufig. Die Flugzeugindustrie produzierte im Jahr 1915 2.950 Maschinen. Im folgenden Jahr betrug der Ausstoß 7.112, dann 13.977 und schließlich im Jahr 1918 ca. 17.000 Flugzeuge.[1378]

Generell war diese Entwicklung durch einige wichtige Vorteile des Flugzeugs gegenüber dem Luftschiff bedingt. Flugzeuge waren billi-

Schlagzeile des Daily Mirror über den Absturz von SL 11

schütze zu entkommen. Außerdem verhinderte ihre Wetteranfälligkeit einen ganzjährigen Einsatz in jeder Wetterlage.[1380] Gerade die zuerst genannten Probleme führten bei den Bombardierungen englischer Ziele im Jahr 1916 zu erheblichen Verlusten unter den angreifenden deutschen Luftschiffen, weil das Royal Flying Corps begann, seine Flugzeuge mit *anti-aircraft ammunition*, d. h. Leuchtspurmunition, auszurüsten.[1381] Das Schütte-Lanz Luftschiff SL 11 war das erste Opfer dieser neuen Geschosse. Es wurde unter dem Kommando des in London geborenen Hauptmanns Schramm von dem englischen Fliegerleutnant Leefe Robinson auf seiner dritten Fahrt während eines Angriffs auf London am 03.09.1916 zur Explosion gebracht und stürzte ab. Dabei kam die gesamte Besatzung ums Leben.[1382]

5.2.5.2 DIE HERSTELLUNG VON LUFTSCHIFFEN BEIM LUFTSCHIFFBAU SCHÜTTE-LANZ 1916–1918
5.2.5.2.1 DIE PRODUKTION FÜR DAS PREUSSISCHE HEER

Der Luftschiffbau Schütte-Lanz baute in den Jahren 1916 bis 1918 für das preußische Heer nur noch sieben Luftschiffe, nämlich SL 11, SL 13, SL 15, SL 16, SL 17 und SL 18. Die Bestellung von SL 19 wurde storniert.[1383] Die Ursache für diese Entwicklung lag vermutlich einerseits in der Erkenntnis der OHL, dass die Heeresluftschifffahrt aufgrund der hohen Luftschiffverluste an der Westfront keinesfalls ihre vor dem Krieg festgelegten militärischen Ziele im Bereich der Aufklärung und der strategischen Bombenangriffe erreichen konnte.[1384] Aus dieser Erkenntnis zog die Heeresleitung zunächst den Schluss, die Luftschiffe nur noch an der Ostfront einzusetzen, bis sie schließlich die Luftfahrtschifffahrt im November 1916 gänzlich einstellte. Zum anderen mag das Ausbleiben der Heeresbestellungen beim Luftschiffbau Schütte-Lanz auch durch die mangelhafte Leistungsfähigkeit, d. h. durch die technischen Mängel und durch die technische Rückständigkeit seiner 38.800-m³-Luftschifftypen, mitbedingt gewesen sein, über die sich auch das preußische Kriegsministerium spätestens mit der Vorstellung des neuen 55.200-m³-Luftschiffs der Firma Zeppelin, dem Luftschiff LZ 62, im Jahre 1916 im Klaren war.[1385] So wurden von den zehn Schütte-Lanz-Luftschiffen, die im Verlauf des Krieges an das Heer ausgeliefert worden waren, nur vier auch tatsächlich eingesetzt. Davon ging SL 11 durch Feindeinwirkung verloren und SL 10 kehrte aus bisher unbekannten Gründen nicht von seiner zweiten Aufklärungsfahrt zurück.[1386] Die übrigen Schütte-Lanz-Luftschiffe im Heeresdienst, SL 13, SL 15, SL 16, SL 17 und SL 18 verblieben in ihren

ger, weniger personalintensiv und gegen Ende des Krieges auch langstreckentauglich. Daher konnten sie die militärischen Aufgaben besser erfüllen, etwa die strategische Aufklärung oder die Bombardierung feindlicher, insbesondere englischer Ziele ab Mai 1917.[1379] Luftschiffe – gleich ob sie aus dem Hause Zeppelin oder aus dem Hause Schütte-Lanz stammten – waren dazu aus verschiedenen Gründen weniger in der Lage. Sie konnten nach mehreren Jahren kriegsmäßiger Entwicklung immer noch keine ausreichende Steighöhe erreichen, was dazu führte, dass sie wegen ihres enormen und daher gut sichtbaren Traggaskörpers viel leichter als Flugzeuge abzuschießen waren. Außerdem konnten sie – sobald sie einmal getroffen waren – leicht völlig vernichtet werden, weil sie wegen ihrer geringen Motorenanzahl zu langsam waren, um der Reichweite der feindlichen Flugabwehrge-

Hallen und wurden im August 1917 abgewrackt, nachdem die Marine die Übernahme dieser Schiffe abgelehnt hatte.[1387] Das Luftschiff SL 13 betrachtete das Heer offenbar schon kurz nach seiner Ablieferung am 29.10.1916 als kriegsunbrauchbar. Es wurde während eines Reparaturaufenthaltes in Leipzig zerstört, als die Halle der dortigen Schütte-Lanz-Werft am 08.02.1917 zusammenstürzte.[1388] Für die These, dass das Heer dem Luftschiffbau Schütte-Lanz keine Aufträge mehr vergab, weil es von der technischen Rückständigkeit seiner Produkte überzeugt war, spricht auch, dass der einzige Auftrag, den der Luftschiffbau Schütte-Lanz vom Heer vor dem Ende des Ersten Weltkriegs noch erhielt, ein Auftrag über den Bau eines Luftschiffs war, das einem seit Anfang November 1917 produzierten neuen Luftschifftyp, dem so genannten f-Typ,[1389] angehörte. Das Luftschiff, das die Bezeichnung SL 21 bekam, war 56.300 m³ groß. Es war damit größer als die fast zur gleichen Zeit gebauten Luftschiffe der Firma Zeppelin mit der Typenbezeichnung s, t, u und v, jedoch deutlich kleiner als die Zeppelin-Luftschiffe des 1917 eingeführten, 68.500 m³ großen w-Typs.[1390]

Für den Luftschiffbau Schütte-Lanz bedeutete der Bestellstopp des Heeres, dass ein wichtiger Kunde und der damit verbundene Umsatz fast gänzlich ausfielen. Die Unternehmensleitung und Schütte waren daher gezwungen, neue Produkte anzubieten und neue Absatzmärkte zu erschließen. Dabei dürfte sich der Umstand, dass das Heer wenig positive Erfahrungen mit den Produkten aus dem Haus Schütte-Lanz gemacht hatte, nicht gerade als Empfehlung für die Aufnahme neuer Geschäftsbeziehungen ausgewirkt haben. Jedoch verfügte die Firma mit dem Werk in Zeesen über Produktionskapazitäten im Bereich des Flugzeugbaus. Daher war der Luftschiffbau Schütte-Lanz für das preußisch-deutsche Heer auch weiterhin nützlich, denn dessen Rüstungsanstrengungen sahen nach den verlustreichen Schlachten von Verdun und an der Somme im Rahmen des „Hindenburg-Programms" vom August 1916 und nach dem Kriegseintritt der USA im April 1917 im Rahmen des „Amerika-Programms" eine erhebliche Vermehrung der Jagdflugzeuge und Bomber an der Front und damit eine Ausweitung der Produktion vor.[1391]

5.2.5.2.2 DIE PRODUKTION FÜR DIE MARINE

Ähnlich negativ wie die Geschäftsbeziehung zum preußischen Heer — jedoch deutlicher sichtbar in den Quellen — entwickelte sich das Verhältnis zur kaiserlichen Marine, obwohl Schütte und seine Firma mit „Onkel Paul" Hossfeld über eine erstklassige Verbindung

in das RMA verfügten. Den Ausgang genommen hatte diese Entwicklung im Sommer 1916, als Schütte im Namen des Luftschiffbaus mit dem RMA Verhandlungen über Preise für die Schütte-Lanz-Luftschiffe führte. Dabei setzte Schütte im Juli 1916 mit Hilfe einer von ihm verfassten Denkschrift gegenüber den Militärbehörden einen Preis von 2,5 Millionen Mark für jedes weitere von seinem Unternehmen zu produzierende Luftschiff ab SL 8 durch. Er konnte in seinem gut begründeten Memorandum mit Hinweis auf die schwierige Ausgangslage des Luftschiffbaus Schütte-Lanz zu Beginn des Ersten Weltkriegs im Vergleich zu Zeppelin, mit Hinweis auf die Verlängerung von SL 2 nach Baubeginn und mit Hinweis auf die gestiegenen Material- und Arbeitskosten glaubwürdig demonstrieren, dass sich der Bau eines Luftschiffes für sein Unternehmen nur zu diesem Preis rentiere.[1392] Wahrscheinlich angesichts der eher mäßigen Leistungen der Schütte-Lanz-Luftschiffe SL 3 bis SL 7 empfanden die zuständigen Stellen bei Heer und Marine den von Schütte verlangten Preis aber als Zumutung, lehnten ihn zunächst ab und verlangten dann von ihm, den Preis um 700.000 Mark auf 1,8 Millionen Mark zu reduzieren und zusammen mit Zeppelin Luftschiffe zu produzieren. Schütte wies beide Forderungen erfolgreich zurück und bescherte damit seinem Unternehmen bis August 1917 Mehreinnahmen von 6,3 Millionen Mark, weil bis zu diesem Zeitpunkt noch neun weitere Luftschiffe zu dem von ihm geforderten Preis gebaut wurden.[1393] Diese Entwicklung wurde vermutlich innerhalb der Militärbürokratie kritisch betrachtet, zumal die Verbesserung der Leistungen der Schütte-Lanz-Luftschiffe nur von kurzer Dauer war.[1394]

Doch das RMA trug seinen Teil dazu bei, das Verhältnis zum Luftschiffbau Schütte-Lanz zu belasten, denn es wollte nicht nur bestimmen, welche Personen die Werften des Luftschiffbaus Schütte-Lanz betreten sollten, sondern auch festlegen, dass nur ausgesuchte Mitarbeiter bestimmte Abteilungen des Unternehmens betreten durften. Zum ersten Mal hatte sich dieser Machtanspruch des RMA Anfang Januar 1915 manifestiert, als der Leiter der Werftabteilung im RMA, Admiral Starke, in einem Schreiben an den Luftschiffbau Schütte-Lanz verfügte, dass „allen nicht unmittelbar am Bau beteiligten oder zu den designierten Besatzungen der Luftschiffe gehörende Personen der Zutritt zu den Baustellen nicht gestattet" sei und neben den zuständigen Behörden auch dem Luftschiffbau Schütte-Lanz das Recht zustand, Personen seiner Wahl den Zutritt zu den Werften zu erlauben.[1395] Dieses Recht präzisierte Starke in einer Anordnung vom 23.01.1915 dahingehend, dass sich diese Erlaubniserteilung nur auf Personen beziehen könne, „welche unmittelbar am Bau des Luftschiffbaus beteiligt sind".[1396] Einen weiteren entscheidenden Schritt, dieses Recht einzuschränken, bildete Starkes Verfügung vom 15.11.1916, in der er klarstellte, dass sich die Befugnis des Luftschiffbaus Schütte-Lanz, Personen den Zutritt zu seinen Luftschiffwerften zu gestatten, „nicht ohne Weiteres auf die beim Flugzeugbau [in Zeesen] beschäftigten Angestellten und Arbeiter [erstreckt]".[1397] Mit dieser Verfügung war die Verfügungsgewalt der Eigentümer des Luftschiffbaus Schütte-Lanz, also auch Schüttes, über ihr Eigentum eingeschränkt und ihre Dispositionsfreiheit über den Einsatz der im Unternehmen zur Verfügung stehenden personellen Ressourcen begrenzt. Es konnte seine Arbeitskräfte nicht ohne Rücksprache mit dem RMA dort einsetzen, wo sie im Luftschiff- bzw. Flugzeugproduktionsprozess benötigt wurden oder am rentabelsten eingesetzt werden konnten. Der Luftschiffbau Schütte-Lanz war auf dem besten Wege ein staatseigenes Unternehmen zu werden, zumal der Militärfiskus sich 1915 auch schon kapitalmäßig engagiert hatte.[1398]

Der Hintergrund für diese Handlungsweise bestand offenbar in der Furcht des RMA, dass Spione der Ententemächte in der deutschen Luftschiffindustrie tätig werden und dadurch deren Geheimnisse ausspähen könnten. Diese Furcht war durchaus begründet, denn ein ehemaliger Mitarbeiter des Luftschiffbaus Schütte-Lanz, der Schweizer Ingenieur Herrmann Müller, brachte genaue Konstruktionspläne nach England, welche die Grundlage für die ersten, im Jahr 1916 auf Kiel gelegten englischen Kriegsluftschiffe R 31 und R 32 bildeten. Die Schiffe hatten ein Holzgerippe und eine große Ähnlichkeit mit SL 7.[1399]

Inwieweit die deutschen Stellen von dem Fall Müller wussten, lässt sich aus den vorliegenden Dokumenten nicht erschließen. Jedoch ist das Handeln des RMA in diesem Zusammenhang folgerichtig, wenn es den Luftschiffbau Schütte-Lanz als diejenige Firma, aus der die Konstruktionspläne entwendet worden waren, genauer beobachtete. Daher entging der Behörde auch nicht, dass Schütte den deutsch-amerikanischen Journalisten Karl von Wiegand am 10.09.1916 auf der Werft Mannheim-Rheinau zu einem Interview empfangen hatte. Der Luftschiffbau Schütte-Lanz erhielt nämlich am 08.11.1916 ein Schreiben vom preußischen Kriegsministerium, in dem er aufgefordert wurde, Stellung zu einem Artikel des deutsch-amerikanischen Journalisten Karl von Wiegand zu nehmen, von dem die Behörde erfahren habe, weil dieser zur Zensur eingesandt und zur Bearbeitung an das Ministerium abgegeben worden sei. Aus ihm ginge hervor, dass Wiegand trotz eines ausdrücklichen Verbots die Werft in Rheinau besichtig habe und in einer Unterredung von Schütte eingehend über die Schütte-Lanz und die Zeppelin-Luftschiffe unterrichtet worden sei. Das Unterneh-

men solle sich äußern, da diese Unterredung „in vollem Widerspruch zu den Bestimmungen des RMA stehe, die im Einvernehmen mit dem Kriegsministerium erlassen worden ist".[1400] Schüttes Unternehmen – so lautete demnach der Vorwurf – habe sich des Verrats kriegswichtiger Geheimnisse schuldig gemacht. Vor diesem Hintergrund wird auch die Beschränkung der Verfügungsgewalt der Eigentümer des Luftschiffbaus Schütte-Lanz eine Woche später, am 15.11.1916, durch Admiral Starke verständlich. Allerdings passt seine Maßnahme auch zu der ab 1916 sichtbaren Tendenz des Militärs, in bisher nicht gekanntem Maß in die als unantastbar geltenden Bereiche der Industrie einzugreifen, so etwa bei der Arbeitskräfte- und Rohstoffbeschaffung, in die innerbetrieblichen Beziehungen zwischen Arbeitgebern und Arbeitnehmern oder durch die Einrichtung von Bauaufsichten in den Unternehmen.[1401] Der Luftfahrzeugbau Schütte-Lanz war im Sommer 1918 einer staatlichen Bauaufsicht unterstellt.[1402]

Schütte erkannte klar die Konsequenz der Anordnung Starkes für seine Position und die seiner Partner und für das Verhältnis zum RMA. Er äußerte gegenüber der Werftleitung in Rheinau am 26.11.1916 die Befürchtung, dass Starkes Verfügung „über die Trennung von Flugzeugbau und Luftschiffbau auf [den] Werften [des Luftschiffbaus Schütte-Lanz]" tief in den „inneren Dienstbetrieb" des Unternehmens eingreifen würde, vermutlich weil die Produktion bestimmter Flugzeugtypen in Zeesen nur in der Luftschiffhalle durchgeführt werden konnte und weil die empfindlichen Flugzeuge der werfteigenen Flugschule auf freiem Feld abgestellt werden mussten.[1403] Er war der Auffassung, dass dieses Vorgehen des Admirals illegal war, weil das Unternehmen nicht in einem Dienstverhältnis zu den Militärbehörden stand, sondern in einer vertraglich geregelten Beziehung. Aufgrund dieses „Autokratismus", wofür er in seinem Schreiben noch einige Beispiele anführte, und vor dem Hintergrund der sich gerade anbahnenden Wiegand-Affäre kam Schütte zu dem Schluss, dass „sich im Laufe des letzten Jahres das Verhältnis zwischen [dem] Luftschiffbau und dem R.M.A. derart zugespitzt hat, dass es fast als unerträglich zu bezeichnen ist". Entsprechend seiner schon am 23.11.1916 gegenüber der Werftleitung ausgegebenen Losung, dass sich sein Unternehmen das Recht, die Erlaubnis zum Betreten der Werft zu erteilen, unter allen Umständen vorbehalten müsse,[1404] entwarf er dann ein radikales Aktionsprogramm gegen Starke und die Werftabteilung im RMA. Schütte wollte in Form einer noch zu formulierenden Denkschrift für „seine Freunde im Reichstag" und für den Reichskanzler über das Verhalten der Behörde informieren. Außerdem wollte er das RMA zwingen, alle noch ausstehenden, unstrittigen Forderungen zu begleichen, indem er künftig dafür Verzugszinsen berechnen ließ. Ferner dachte er daran, dass sein Unternehmen alle „fortgesetzten Verfügungen" des RMA nicht befolgen sollte, da die Behörde diesem solange nichts zu befehlen habe, bis der Belagerungszustand befohlen sei. Er ging offenbar davon aus, dass er und sein Unternehmen in einer starken Verhandlungsposition seien, denn er formulierte selbstbewusst:

„Für den Luftschiffbau Schütte-Lanz liegt nicht die geringste Veranlassung vor, sich wie einen Schuster behandeln zu lassen.

Wir tun nach jeder Richtung unsere Pflicht und Schuldigkeit und reissen uns beinahe die Beine aus, um dem Vaterland zu dienen. Es liegt daher für uns, die man uns dringend braucht, nicht mehr die geringste Veranlassung vor, immer wieder und wieder als Bittende und Bettler aufzutreten."[1405]

Doch nachdem ihn sein Werftdirektor Stromeyer angesichts der Schwierigkeiten mit den Luftschiffen SL 13 und SL 14 zur Vorsicht gemahnt und das RMA sich geweigert hatte, die Trennung von Luftschiffbau und Flugzeugbau aufzuheben, schwenkte Schütte von seinem Konfrontationskurs auf einen Verhandlungskurs um.[1406] Vermutlich auch vor dem Hintergrund des Ausgangs der gerade beendeten, so genannten Wiegand-Affäre teilte er dem RMA mit, dass er den Einschränkungen seiner Rechte als Besitzer durch die Beschränkungen des RMA nicht uneingeschränkt zustimmen könne.[1407] Zugleich erkannte er an, dass diese Bestimmungen nur aus Geheimhaltungsgründen getroffen worden seien. Er machte ein Gesprächsangebot und bat um die Verschiebung einer endgültigen Regelung wegen dringender Angelegenheiten auf einen späteren Zeitpunkt. Zugleich kündigte er an, dass sich seine Firma an die Auflagen des RMA halten werde. Allerdings wies er darauf hin, dass er die Inspektion der Fliegertruppen davon informiert habe, weil unter Umständen eine Benachteiligung des Flugzeugbaus durch die Auflagen des RMA entstehen könne.[1408] Damit war die Angelegenheit abgeschlossen, weil der Luftschiffbau Schütte-Lanz bis zum Kriegsende kaum noch Marineluftschiffe produzierte, so dass sich die angeordnete Trennung von Luftschiff- und Flugzeugbau nicht mehr negativ auf den „Dienstbetrieb", d. h. auf die Flugzeugproduktion, auswirken konnte.

Den mit der Affäre um den deutsch-amerikanischen Journalisten Karl von Wiegand[1409] im Raum stehenden Vorwurf des Verrats kriegswichtiger Geheimnisse konnte Schütte schon in der vom Kriegsministerium verlangten Stellungnahme ausräumen, die er am 14.11.1916 verfasste. Darin schilderte er die Entstehungsgeschichte des Interviews und betonte dabei, dass Wiegand auf Empfehlung des Auswärtigen Amtes gekommen sei. Außerdem hob er die Gründlichkeit seiner eige-

nen Recherchen zur Person Wiegands hervor, die ihn zu dem Schluss kommen ließen, dass Wiegand ein vertrauenswürdiger Journalist sei. Außerdem dementierte er, dass Wiegand die Werft besucht habe, und betonte, dass er dem amerikanischen Journalisten Informationen nur über das geplante Handelsluftschiff, nicht aber über die Zeppelin-Luftschiffe gegeben habe. In diesem Zusammenhang wies Schütte darauf hin, dass Zeppelin und der Luftschiffbau Schütte-Lanz von der Zensur ungleich behandelt würden, denn vieles über Zeppelin dürfe veröffentlicht werden, von Schütte-Lanz dagegen weniger.[1410] Doch bedurfte es wieder einmal der Intervention von „Onkel Paul" Hossfeld, der in einem Brief an die Abteilung Luftfahrt im Kriegsministerium am 29.11.1916 für die Richtigkeit von Schüttes Angaben bürgte. Der Leiter dieser Abteilung, Oberst Albert Oschmann (1861–1919), teilte daraufhin Schütte am 20.12.1916 mit, dass die „Angelegenheit" erledigt sei.[1411] Schütte war jedoch durch dieses Verhalten des Kriegsministeriums verletzt. Ihn störte, dass das Kriegsministerium seinen eigenen Beteuerungen keinen Glauben geschenkt und ihm in dem Schreiben vom 08.11.1916 sein „Befremden" ausgedrückt hatte.[1412] Daher kritisierte er in seiner Antwort auf Oschmanns Schreiben am 21.12.1916, dass das Ministerium ihn selbst nach dem Wahrheitsgehalt der Angaben von Wiegand in dessen Artikel hätte fragen können, bevor es ihm gegenüber sein Befremden ausdrückte.[1413] Oberst Oschmann war jedoch über diese Kritik so empört, dass er die Affäre Wiegand noch einmal untersuchen wollte.[1414] Völlig außer sich soll er geäußert haben:

„Mit einem Mann, der so handelte, könne er nicht verhandeln. Ich werde ‚den Herrn' nicht mehr empfangen, ebensowenig wie die Herren von Zeppelin. Wer mir gegenüber so handelt, betritt mein Zimmer nicht mehr [...]".[1415]

Erst nach erneuter Vermittlung, einem besänftigenden Brief von Hossfeld, konnte Schütte den Unmut, den sein Brief hervorgerufen hatte, mindern und seinen Streit mit Oschmann auf einer Besprechung im Kriegsministerium am 02.02.1917 endgültig beilegen. Dabei stellte sich heraus, dass die treibende Kraft in dieser Auseinandersetzung die Marine war, die sich durch Schüttes Schreiben vom 21.12.1916 verletzt gefühlt hatte. Schütte habe ihr darin den Vorwurf der Ungerechtigkeit und Parteilichkeit gemacht. Daher war für die Marine die Auseinandersetzung erst beendet, als Schütte sein Schreiben offiziell zurückzog.[1416]

Eine krisenhafte Zuspitzung erfuhr das Verhältnis des Luftschiffbaus Schütte-Lanz zur Marine, nachdem sich am 18.01.1917 der Führer der Luftschiffe, Peter Strasser, vermutlich motiviert durch seine spätestens im Jahr 1915 entstandene kritische Haltung gegenüber den Schütte-Lanz-Luftschiffen, geweigert hatte, die ihm angebotenen Heeresluftschiffe dieses Typs zu übernehmen. Er begründete dies vor allem damit, dass

„die SL-Luftschiffe [...] überhaupt <u>nicht kriegsbrauchbar</u> [sind]. Die Holzkonstruktion ist den Feuchtigkeitseinflüssen nicht gewachsen. Unsere SL-Schiffe laborieren fortgesetzt an Gerippebrüchen infolge Feuchtigkeitseinwirkungen und der SL 13 ist zur Zeit mit seinem Gerippe vollständig zusammengebrochen."[1417]

Der Luftschiffbau Schütte-Lanz hatte demnach – so Strassers Vorwurf – die schon 1915 beim Gerippe von SL 3 aufgetretenen Probleme immer noch nicht lösen können.[1418] Zu einem gänzlich anderen Schluss kam aber naturgemäß Franz Kruckenberg, der als leitender Ingenieur für die Konstruktion der Luftschiffe beim Luftschiffbau Schütte-Lanz verantwortlich war, in seiner Denkschrift „Erfahrungen über den Einfluss der Feuchtigkeit auf Schütte-Lanz-Luftschiffen und seine Verminderung" vom 11.01.1917. Er ging darin von der Prämisse aus, dass aufgrund eines fehlenden dauerhaft wasserabweisenden Überzugs keine absolute Wasserfestigkeit bei den Luftschiffgerippen aus Holz erreicht werden könne.[1419] Demnach könne die Luftfeuchtigkeit prinzipiell immer die Festigkeit eines solchen Gerippes beeinträchtigen. Doch wie die Erfahrung des Luftschiffbaus Schütte-Lanz mit seinen Produkten gezeigt habe, könne die Luftfeuchtigkeit eines durchschnittlichen feuchten Klimas wie etwa in Mannheim nicht das Holzgerippe von Schütte-Lanz-Luftschiffen schädigen. Vielmehr habe nur die dauernde Einwirkung des Seeklimas verbunden mit „sumpfiger Hafengegend" einen schädlichen Einfluss auf das Gerippe eines Schütte-Lanz-Luftschiffes, denn nur unter einem solchen Klima trete häufig „Feuchtigkeit in flüssiger Form" auf. Demgemäß forderte Kruckenberg, dass die Marine die Schütte-Lanz-Luftschiffe in beheizbaren Hallen unterbringen und dort eine regelmäßige Durchlüftung der Schiffe durchführen solle. Diese Hallen seien ohnehin schon vorhanden, so dass diese Maßnahmen nur eine geringe Rücksichtnahme auf die Schütte-Lanz-Luftschiffe bedeute.

„S.L.-Luftschiffgerippe, die derart behandelt und nicht rücksichtslos in undichten Hallen dem Seeklima ausgesetzt werden, zeigen – dafür leistet der Luftschiffbau jede Garantie – keine Nachteile, sondern nur die bekannten Vorteile der Holzkonstruktion."[1420]

Kruckenberg sah demnach nicht so sehr den Luftschiffbau Schütte-Lanz als Verantwortlichen der Trägerbrüche an, sondern vielmehr die Marineluftschiffertruppen, denn diese hatten die Luftschiffe seiner Meinung nach nicht sachgemäß behandelt.

Kruckenberg gründete sein Urteil wesentlich auf seine Besuche bei den Luftschiffkommandos von SL 8, SL 9 und SL 14, bei denen die Trägerbrüche längst nicht so massiv aufgetreten waren, wie bei SL 13 und auf den Bericht seines Mitarbeiters, des Ingenieurs Dietrich Rühl, der das Kommando SL 13 auf dem in ca. dreißig Kilometer Luftlinie von Oldenburg entfernten Luftschiffhafen Wildeshausen vom 06. bis 07.01.1917 besucht hatte. Rühl war in seinem Bericht zu dem Ergebnis gekommen, dass die hölzernen Quer- und Ringträger durch den ständigen Kontakt mit den permanent durchfeuchteten Zellen beträchtliche Feuchtigkeit aufgenommen und dadurch soviel Festigkeit verloren hatten, dass sie normalen Belastungen nicht mehr gewachsen waren.[1421] Dabei spielten seiner Meinung nach zwei Faktoren eine wichtige Rolle. Das Luftschiff müsse „wochenlang" in einer feuchten Halle liegen. Dann sorge die „celonierte Hülle" dafür, dass sich der Schiffskörper, d. h. das Gerippe, in einem „vollständig abgeschlossenen" Raum befindet, d. h. in einem Raum, in dem die Luft ruht. Wenn dann die wasserdurchlässigen Zellen für Feuchtigkeitsansammlungen sorgen, entstünden „stagnierende Dunstschwaden", die ihrerseits bewirken würden, dass die Träger gut Feuchtigkeit aufnehmen könnten. Demgemäß war schon Rühl zu dem Schluss gekommen, dass alle Schütte-Lanz-Schiffe zukünftig in trockenen Hallen oder in Hallen mit Trockenanlagen stehen müssten.[1422]

Doch trotz dieser entlastenden Argumente war die Situation für den Luftschiffbau Schütte-Lanz „in höchstem Maße kritisch", denn sowohl im preußischen Heer als auch in der kaiserlichen Marine gab es starke Tendenzen, den Bau von Luftschiffen des „Systems Schütte" einzustellen. Wie aus einem Schreiben Kruckenbergs an Schütte am 17.01.1917 hervorgeht, war in den entsprechenden Heeresstellen bereits eine entsprechende Vorentscheidung auf Grundlage eines Gutachtens gefallen. Auch im RMA, das im Unterschied zum Führer der Luftschiffe immer das System Schütte verteidigt hätte, fand die Forderung Strassers, dass der Bau von Schütte-Lanz-Luftschiffen einzustellen sei, immer mehr Anhänger, welche allerdings diese Ansicht weniger radikal vertraten.[1423] Dieser Meinungswandel im RMA war wahrscheinlich auch durch diejenigen Erfahrungen bedingt, welche die Verantwortlichen in dieser Behörde mit dem Luftschiffbau Schütte-Lanz z. B. bei den Preisverhandlungen oder in der Wiegand-Affäre spätestens ab Sommer 1916 gemacht hatten.

Die Reaktion auf diese für den Luftschiffbau Schütte-Lanz äußerst negative Entwicklung erfolgte schnell, ging im Wesentlichen auf Stromeyer und Kruckenberg zurück und wurde von Schütte gebilligt und dann umgehend umgesetzt. Der Direktor des Luftschiffbaus hatte

Schütte in einem Schreiben am 17.01.1917 dringend geraten, vertrauensbildende Maßnahmen zu ergreifen, wie etwa die schnellstmögliche Überführung von SL 13 nach Leipzig und die Reparatur auf der dortigen Werft, auch wenn diese Maßnahme auf Kosten der in Leipzig geplanten Flugzeugproduktion gehen sollte.[1424] Er begründete dies wie folgt:

„Wir dürfen uns unter keinen Umständen dem aussetzen, dass [das Kriegsministerium] sagt: ‚Der Luftschiffbau hat selbst das Vertrauen verloren, er gibt die Sache schon halb auf und wirft sich jetzt auf die Flugzeuge'. Ob diese Ansicht ausgesprochen wird oder richtig ist oder falsch, ist gleichgültig, auf keinen Fall dürfen wir aber etwas tun, aus dem [das Kriegsministerium] oder [das RMA] auf solche Gedanken kommen kann."[1425]

Eine ähnliche Auffassung vertrat auch Kruckenberg. Er schickte am selben Tag wie Stromeyer ein Schreiben an Schütte und entwarf darin in Form einer Prioritätenliste eine Strategie. Seiner Meinung nach sollte die Firma zunächst alles daran setzten, SL 13 und SL 14 zu reparieren. Dann müsse sie schnellstmöglich herausfinden, welchen Einfluss die Feuchtigkeit auf die von ihr hergestellten Luftschiffe habe. Danach müssten die sich aus dieser Untersuchung ergebenden Maßnahmen wie die Gerippeverstärkung oder nochmaliges Lackieren bei den in den Werften liegenden Neubauten, d. h. insbesondere bei dem für die Marine bestimmten Luftschiff SL 20, bei dem ersten Schiff der neuen, 56.300 m³ großen f-Klasse des Luftschiffbau Schütte-Lanz, umgesetzt werden. Dabei müsste die Wirksamkeit der neuen Verfahren, bevor sie in der Produktion angewandt würden, unter allen Umständen durch Versuche bestätigt werden.[1426]

Im Sinne der vorgeschlagenen vertrauensbildenden Maßnahmen richtete Schütte am 02.02.1917 eine Denkschrift mit dem Titel „Stellungnahme zu den Trägerbrüchen des S. L. 14" an den Staatssekretär des RMA. Darin brachte er zunächst seine Ansichten über die Ursache der Trägerbrüche zum Ausdruck. Diese Probleme konnten seiner Meinung nach auftreten, weil der Luftschiffbau Schütte-Lanz seine Erfahrungen im Luftschiffbau aufgrund seiner schnellen Entwicklung im Krieg nicht habe umsetzen können. Hinzu sei gekommen, dass der Luftschiffbau bei der Konstruktion der Luftschiffe statisch „bis an die Grenze des Zulässigen" gehen müsse, weil die Militärbehörden aus verständlichen Gründen immer auf eine Erhöhung der Nutzlast gedrängt hätten und der Luftschiffbau selbst darin die Konkurrenz von Zeppelin überflügeln wollte. Dann versicherte er dem RMA, dass das Problem der Trägerbrüche gelöst sei und zugleich die guten Ergebnisse der Schütte-Lanz-Luftschiffe im Bereich der Nutzlast beibehal

ten werden könnten. Dabei konnte er auf ein vorhandenes Problembewusstsein verweisen. Immer schon habe das Unternehmen seine Aufmerksamkeit bei der Konstruktion seiner Schiffe auf die Feuchtigkeitsaufnahme der Holzträger gerichtet, weil ihm bekannt sei, dass sie ihre Festigkeit verlieren würden, wenn ein bestimmter Prozentsatz an Feuchtigkeit erreicht worden sei. Dieser Umstand sei bei der Festigkeitsrechnung der Schiffe immer berücksichtigt worden. Auf Grundlage neuer Ergebnisse von gründlichen und langfristig angelegten Versuchen sei der Luftschiffbau nun in der Lage, die Luftschiffe ab SL 14 gegen die Feuchtigkeit noch besser als zuvor zu schützen, so dass zukünftig keine Trägerbrüche mehr vorkämen. Sein System – so wollte Schütte glauben machen – funktionierte demnach wieder störungsfrei und war durchaus immer noch auf der Höhe der technischen Entwicklung.[1427]

Um diese Auffassung zu untermauern, führte Schütte in der Folge an, dass sein Unternehmen schon 1910 mit diversen alternativen Materialien, darunter auch Duraluminium, mit dem Ergebnis experimentiert habe, „dass die vorgenannten Materialien für die Konstruktion eines Luftschiffgerippes [nicht] vorteilhafter seien, als das von ihm verwendete Holz". Auch bedeutete der Einsatz für Schütte den Verzicht auf die Vorteile der Holzbauweise, wie etwa das ruhigere Arbeiten der Motoren und die damit verbundene größere Betriebssicherheit, die geringen Geräusche während der Fahrt, die erheblich geringere Feuersgefahr infolge Funkenbildung und die größere Elastizität des Gerippes. Hinzu komme – und damit brachte Schütte ein militärisches Argument –, dass bei einem Brand das Luftschiffgerippe aus Holz komplett zerstört werde, so dass den Feinden keine Trümmer in die Hände fielen, die sie zur Konstruktion von eigenen Schiffen verwenden könnten. Abschließend wies er noch darauf hin, dass die Behauptung, dass die SL-Luftschiffe „Schönwetter-Schiffe" seien und daher nicht für den Frontdienst taugten, „nicht nur nicht aufrechterhalten werden konnte", sondern dass der Bau dieser Fahrzeuge sich auch in verschiedener Weise befruchtend auf die Produkte der Konkurrenz ausgewirkt hätte, indem sie etwa die Form, die unstarre Maschinengondelaufhängung mit Knickstreben, den innenliegenden Laufgang usw. übernommen habe.[1428]

Doch diese konzertierte Vertrauensoffensive des Luftschiffbaus Schütte-Lanz verpuffte wirkungslos. Zu oft hatte das Unternehmen das Vertrauen seiner Auftraggeber enttäuscht, und zu problematisch hatten sich die Geschäftsbeziehungen zwischen dem Luftschiffbau und der Marine seit dem Sommer 1916 entwickelt. Hinzu kam, dass Schüttes Firma offenbar kaum in der Lage war, mit ihrem auf Holz basierenden Gerippesystem die von der Front nach den hohen Verlusten im Jahr 1915 geforderten so genannten „Höhenkletterer" zu bauen und auch sonst vermutlich nicht mit den Leistungen der Zeppelin-Luftschiffe mit ihrem Duraluminium-Gerippe, wie etwa dem so genannten *Afrika-Luftschiff* LZ 104 bzw. L 59, mithalten konnte.[1429] Entsprechend musste Schütte am 16.09.1918, knapp zwei Monate vor dem Ende des Ersten Weltkriegs, im Rahmen der Planungen neuer 112.000 m³ Luftschiffe für die Marine gegenüber Admiral Stromeyer mit Blick auf die militärische Verwendbarkeit der Schütte-Lanz-Luftschiffe einräumen:

„Die Front weigert sich einfach, mit Schiffen zu fahren, die kaum Flugzeuggeschwindigkeit haben und die höchstens 3000 m steigen können. Sie ist unbedingt für große Schiffe mit einer Steighöhe zwischen 8000 und 9000 m und mehr."[1430]

Aufgrund dieses Boykotts von Schütte-Lanz-Luftschiffen durch die Luftschiffertruppen der Marine ist es erklärlich, dass das RMA nach SL 20 nur noch SL 22 beim Luftschiffbau Schütte-Lanz bestellte und das Unternehmen nur noch mit Entwicklungsaufträgen für Duraluminium-Schiffe beschäftigte.[1431] Dem Luftschiffbau war damit der zweite und letzte Großkunde abhanden gekommen; Schüttes Strategie der bedingungslosen Anpassung an die Gegebenheiten des Luftschiffmarktes bei gleichzeitigem Verzicht auf eine Produktionsstrategie war damit, ganz wie Christians es schon im Mai 1916 befürchtet hatte,[1432] gescheitert. Die damit verbundenen negativen wirtschaftlichen Folgen sollten sich bald einstellen.

5.2.5.3 WEGE AUS DER KRISE?
SCHÜTTES PROBLEMLÖSUNGSSTRATEGIEN
5.2.5.3.1 IMAGEVERBESSERUNG DURCH TRAUER: SCHÜTTE UND DER TOD ZEPPELINS

Die schlechten Leistungen der Schütte-Lanz-Luftschiffe im Jahr 1916, der Stopp weiterer Bestellungen durch Heer und Marine, das Scheitern vertrauensbildender Maßnahmen und die sich abzeichnende schlechte Auftragslage seines Unternehmens im Bereich Luftschiffbau zwangen Schütte Anfang 1917 zum Handeln. Zur Rettung seines Unternehmens ergriff er verschiedene Maßnahmen. Dazu gehörten seine Forderung nach finanziellen Entschädigungen an die Militärbehörden, seine Bemühungen um die Verbesserung der Kapitalausstattung des Luftschiffbaus Schütte-Lanz, seine Anstrengungen im Hinblick auf eine Diversifikation in den Flugzeugbau und sein Einsatz bei

der Verbesserung des Bildes des Luftschiffbaus Schütte-Lanz bei Heer und Marine und in der Öffentlichkeit.

Die Gelegenheit zur Verbesserung des zumindest bei den Militärbehörden arg angekratzten Images seines Unternehmens zu verbessern, bot sich Schütte am 08.03.1917, als der mittlerweile neunundsiebzigjährige Ferdinand Graf von Zeppelin, der prominenteste Vertreter des (starren) Luftschiffbaus, Kopf der Luftschiffbau Zeppelin GmbH und Schüttes großer Konkurrent, an den Folgen einer Lungenentzündung verstorben war. Schütte erfuhr am selben Tag von dessen Tod und veranlasste sofort, dass sein Unternehmen an den Luftschiffbau Zeppelin ein Beileidstelegramm schickte.[1433] Doch mit diesem formalen Ausdruck seiner Trauer um und seines Respekts vor dem Toten und dessen Werk beließ er es nicht. Er veröffentlichte am 09., 10. und 11.03.1917 ähnlich lautende Nachrufe auf Zeppelin in verschiedenen deutschen Zeitungen, so im *„Düsseldorfer Generalanzeiger"*, in der *„Ostdeutschen Volkszeitung"*, in den *„Kulturbeiträgen"* und in der *„Berliner Zeitung am Mittag"*.[1434]

Hierin machte er zunächst deutlich, welchen großen und schmerzlichen Verlust das deutsche Volk mit dem Tod Zeppelins hinnehmen musste, indem er darauf hinwies, dass Zeppelin „Gewaltiges" geschaffen und dass er von den Deutschen geliebt und verehrt worden sei „wie kaum ein anderer Zeitgenosse". Dann würdigte Schütte das „unsterbliche" Werk des Grafen. Er hob dabei hervor, dass es auf einem „ernsten Studium" der Arbeiten seiner Vorgänger in der Ballon- und Luftschifffahrt beruhe und Zeppelin aus diesen „Studien" die Erkenntnis geschöpft habe, dass „nur mit wirklich großen Starrluftschiffen wirklich große Leistungen erreicht werden können". Aufgrund dieser Erkenntnis — so war sich Schütte sicher — habe er LZ 1 konstruieren und mit dem Schiff seine Fahrt über den Bodensee machen können. Diese Fahrt habe „den Triumph des Mannes [eingeleitet], der zum ersten Mal einen jahrtausende alten Traum der Menschheit erfüllt und die Luft gemeistert hat". Unter den weiteren Luftschiffen Zeppelins maß Schütte LZ 4 eine besondere Bedeutung bei, weil sein „glückliches Unglück" in Echterdingen der „Grundstein zum Aufstieg des deutschen Luftschiffbaues" wurde, der „später im grossen Kriege so ausserordentliches zu Deutschlands Verteidigung leisten sollte".[1435]

Nachdem Schütte auf diese Weise die Pionierleistungen des Grafen im Luftschiffbau verherrlicht hatte, kam er auf Zeppelins Persönlichkeit zu sprechen. Als besonders positive Eigenschaft lobte Schütte die „grosse Bescheidenheit" des Grafen. Als Beleg dafür erwähnte Schütte die Antwort des Grafen auf seine — Schüttes — Glückwünsche zur gelungenen Fahrt von LZ 6 von Friedrichshafen nach Berlin im September 1909, in der er „seinem bescheidenen Konkurrenten gegenüber" zum Ausdruck brachte, „dass er jede von einem Deutschen kommende Verbesserung der Luftschiffe für Deutschland freudig willkommen heisse". Diese Äußerung des Grafen war für Schütte offenbar ein Beleg für den fehlenden Standesdünkel des Grafen und für dessen nationale Einstellung, mit der er auch die Leistungen eines Menschen bürgerlicher Herkunft im Dienste der nationalen Luftfahrt akzeptieren konnte. Durch diese Haltung des Grafen, die sich auch später nicht änderte, fühlte sich ‚dessen kleiner Konkurrent' – so wollte Schütte glauben machen – ermutigt, auch seine eigenen Luftschiffprojekte zu realisieren. Die kontinuierliche Anerkennung der Leistung des bürgerlichen Schütte durch den Grafen war demnach – so lässt sich Schütte weiter interpretieren – eine heimliche Förderung seiner Person durch Zeppelin. Daher sei der Graf auch der Spiritus Rector des Luftschiffbaus Schütte-Lanz gewesen und deshalb sei es auch sein Verdienst, dass der „Luftschiffbau Zeppelin und der Luftschiffbau Schütte-Lanz sich in friedlicher Konkurrenz gefördert haben, bis der Einheitstyp geschaffen werden konnte, der unseren Feinden, besonders England, so häufig heillose Schrecken eingejagt hat".[1436]

Nachdem er sich selbst zu einem legitimen Nachfolger des Grafen stilisiert hatte, thematisierte Schütte im Zusammenhang mit Zeppelins Tod den damaligen Entwicklungsstand der Luftschifffahrt und ihre Perspektiven. Er hob die enormen Fortschritte hinsichtlich der Größe und Geschwindigkeit der Luftschiffe sowie hinsichtlich ihrer Sicherheit hervor. Schütte wies aber auch darauf hin, dass diese Leistungen noch nicht das Ende dieser Entwicklung seien und führte als Zeugen dafür den Grafen an, der bis zu seinem Tod an „großschauenden Plänen" gearbeitet habe, mit einem Luftschiff selbst den Ozean zu überqueren. Zeppelin sei jedoch durch den Tod an der Realisierung „seines Lieblingswunsches" gehindert worden. Nun sei es an dessen Nachfolger – zu deren ersten Vertretern sich Schütte zweifellos selbst zählte – seinem Geist zu folgen und mit „weiteren, kühneren Konstruktionen" Zeppelins Vermächtnis zu erfüllen. Am Ende seines Nachrufs erhob Schütte Zeppelin zu einem der größten Männer der Kultur- und Kriegsgeschichte, ja sogar Menschheitsgeschichte, indem er behauptete, dass dessen Leben eine einzige Bestätigung der Worte des griechischen Tragikers Sophokles (495/496–406/405 v. Chr.) sei: „Vieles gewaltige herrscht, doch nichts ist gewaltiger als der Mensch".[1437]

Doch Schütte erschien anscheinend auch das eigenhändige Verfassen von solchen Huldigungen des Werkes und des Wesens von Zeppelin als noch nicht ausreichend, um seiner Trauer über den Tod des Grafen und seinem Respekt vor dessen Person und dessen

Lebenswerk angemessen Ausdruck zu verleihen. Er sandte daher am 12.03.1917 im „Einverständnis mit dem Vorsitzenden des Deutschen Luftfahrerverbandes, der Wissenschaftlichen Gesellschaft für Luftfahrt und des Luftfahrerdanke[s]" dem Reichskanzler Theodor von Bethmann Hollweg (1856–1921)[1438] einen Aufruf zur Nationalspende für ein Zeppelin-Denkmal. Das Ziel dieser Eingabe Schüttes bestand darin, angeblich dem allgemeinen „Wunsch des deutschen Volkes" entsprechend, in der Errichtung eines „nationalen" Denkmals unter Führung des Reichskanzlers. Damit sollte der vermeintlichen Gefahr begegnet werden, dass „verschiedene Stellen alsbald Sammlungen mit der unausbleiblichen Folge einleiten, dass die verfügbaren Mittel sich zersplittern, möglicherweise sogar eine höchst unerwünschte Rivalität zwischen Nord- und Süddeutschland in Erscheinung tritt". Um solchen „Unzuträglichkeiten" vorzubeugen, sollte der Reichskanzler „als höchste Regierungsinstanz im Reich" und der Reichstagspräsident durch ihre Unterschrift „einen Aufruf zur Sammlung von Mitteln sanktionieren, der nur noch von den oben genannten Vereinen und der Leitung des Luftschiffbau Schütte-Lanz unterzeichnet werden sollte". Die Eingabe Schüttes stellte demnach offenbar einen Versuch dar, frühzeitig Einfluss auf das Gedenken an Zeppelin zu gewinnen, es sogar unter staatlichem Einfluss zu monopolisieren. Hätte dieser Versuch Schüttes Erfolg gehabt, wäre „vor aller Welt öffentlich [bekundet], dass auch die einzig erfolgreiche Konkurrentin der Zeppelin-Unternehmungen in dem verstorbenen Grafen den ersten Schöpfer der nationalen Luftfahrt ehrt".[1439]

Die von Schütte in seinen Nachrufen und mit seinen Denkmalsplänen angestrebte Form der Erinnerung an Zeppelin hätte vermutlich mehrere Funktionen erfüllt. Erstens wäre der Luftschiffbau Schütte-Lanz in der Öffentlichkeit als fairer und mitfühlender Konkurrent des Luftschiffbaus Zeppelin positiv aufgefallen, was zweifellos seinen Bekanntheitsgrad und sein Image gefördert hätte. Zweitens hätten Schütte und sein Unternehmen als staatlich autorisierter Initiator und (Mit-) Stifter eines Zeppelin-Denkmals dem in dem Nachruf Schüttes zum Ausdruck kommenden Streben nach der Position eines legitimen Zeppelin-Nachfolgers ein gutes Stück näher gebracht. Gerade hinter diesem Streben stand vermutlich das Bedürfnis Schüttes, ebenso wie der populäre Graf als ein technisch und ökonomisch erfolgreicher, noch dazu gleichzeitig der nationalen Sache der Luftfahrt dienender und allseits hoch geachteter deutscher Luftschiffkonstrukteur in der Öffentlichkeit anerkannt zu werden. Das Ausbleiben dieser Anerkennung im laufenden Krieg und in der Weimarer Republik bzw. der Versuch der Aberkennung seiner Verdienste in dieser Zeit war wahrscheinlich ein Grund dafür, dass sich das bis zum Tod Zeppelins erträgliche Konkurrenzverhältnis zwischen dem Luftschiffbau Schütte-Lanz und dem Zeppelin-Konzern nach 1918 ständig verschlechterte und Schütte in einen wenig aussichtsreichen Prozess gegen dieses Unternehmen trieb.[1440]

Doch das Projekt wurde im Ersten Weltkrieg nicht mehr realisiert, denn von verschiedenen Seiten, so auch vom Unterstaatssekretär in der Reichskanzlei von Wahnschaffe, wurden Bedenken laut, dass das Geld für das Denkmal nicht aufgebracht werden könne. Deshalb und weil vor allem in der Reichskanzlei die Auffassung bestand, dass alle Geldmittel nur für Kriegszwecke einzusetzen seien, entschlossen sich Schütte und die Mitinitiatoren der Eingabe an den Reichskanzler, das Projekt einstweilen nicht weiter zu verfolgen und den Aufruf zurückzustellen.[1441] Schütte hatte vermutlich mit diesem Ausgang gerechnet, so dass das gesamte Projekt als ein wohldurchdachter Schachzug auf Kosten der Popularität des Grafen mit dem Zweck erscheint, den Luftschiffbau Schütte-Lanz und den von ihr vertretenen Zweig der Luftfahrtindustrie einen dringend benötigten Rückhalt in der Öffentlichkeit zu verschaffen.

5.2.5.3.2 VERKAUF DES LUFTSCHIFFBAUS SCHÜTTE-LANZ ODER SEINE UMWANDLUNG IN EINE AKTIENGESELLSCHAFT

Angesichts der Auftragseinbrüche im Luftschiffgeschäft musste Schütte schon im Spätsommer 1917 mit seinen Partnern vom Luftschiffbau Schütte-Lanz, Röchling, Lanz und Zabel, ganz neue strategische Optionen hinsichtlich der Weiterführung des Unternehmens diskutieren. Die in dieser Diskussion vertretenen Positionen schwankten zwischen
– der „Versilberung (Liquidation – Gesamtverkauf)" des Luftschiffbaus Schütte-Lanz bzw.
– der „Umgründung [des Unternehmens] in eine Gesellschaft, die bei der Größe des Gesellschaftskapitals und der Notwendigkeit nur [eine] Aktiengesellschaft sein könnte"[1442] und
– der Beibehaltung des Status quo, d. h. der Beibehaltung des Unternehmens in Form einer Gesellschaft bürgerlichen Rechts.[1443]
Der Anlass zu dieser Diskussion war die drohende Illiquidität des Luftschiffbaus Schütte-Lanz im August 1917.[1444] Die Zahlungsschwierigkeiten des Unternehmens waren dadurch bedingt, dass der Luftschiffbau Schütte-Lanz in Vollzug der Strategie Schüttes, sich den

Gegebenheiten auf dem expandierenden Luftschiffmarkt bedingungslos anzupassen, die von 1914 bis 1918 durch die Werft in Rheinau erwirtschafteten Betriebsüberschüsse in Höhe von 19,6 Millionen Mark und auch alle Abschreibungen in Höhe von 7 Millionen Mark nahezu vollständig in den Ausbau der Produktionsanlagen in Rheinau und in Zeesen investiert hatte. Daher war Schüttes Firma nicht mehr ausreichend liquide, um die hohen Betriebskosten zu decken, als 1917 die Anschlussaufträge im Luftschiffbau ausblieben.[1445] Deshalb musste der Luftschiffbau Schütte-Lanz die Firma Heinrich Lanz um Kredite bitten, die bis Ende des Jahres 1917 die Summe von vier Millionen Mark zu erreichen drohten und damit die von allen Teilhabern des Luftschiffbaus Schütte-Lanz festgelegte Obergrenze für die gesamten Verbindlichkeiten des Unternehmens erreicht hätten.[1446] Für Schütte und seine Partner bestand im Spätsommer und Herbst 1917 dringender Handlungsbedarf bei der Suche nach Wegen, um die Liquiditätsprobleme des Luftschiffbaus Schütte-Lanz zu lösen.

Im Rahmen der sich daraus entwickelnden Diskussion war es dann August Röchling, der eine Erhöhung der kapitalmäßigen Beteiligung der an dem Unternehmen beteiligten Personen und ihres damit verbundenen finanziellen Risikos, d. h. eine Betonung ihrer Rolle als Kapitalisten, thematisierte, indem er am 28.08.1917 auch Schütte einen Entwurf für einen neuen Gesellschaftsvertrag für die alte Gesellschaft bürgerlichen Rechts vorlegte.[1447] Schütte lehnte offenbar für seine Person eine Erhöhung der kapitalmäßigen Beteiligung und des hiermit verbundenen finanziellen Risikos mit Blick auf das von ihm schon zuvor aufgebrachte Kapital und die Grenzen seiner eigenen finanziellen Leistungskraft ab. Die Höhe des von Schütte für das Unternehmen aufzubringenden Kapitals war festgelegt in einem Schreiben vom 16.11.1915 und einem Abkommen vom 09.09.1916 zwischen Schütte und seinen Partnern. Danach war er mit 40 Prozent am Gewinn der Werften in Zeesen und Rheinau beteiligt und verpflichtet, ohne Obergrenze einen 40prozentigen Anteil am Verlust der Rheinauer und der Zeesener Produktionsstätten zu tragen. Diese Regelung hatte aber schon 1916 dazu geführt, dass Schütte bei einem Gesamtgewinn des Luftschiffbaus Schütte-Lanz in Höhe von 13,2 Millionen Mark (einschließlich aller Subventionen und Kredite) nur eine Million Mark erhielt, obwohl sein Gewinnanteil eigentlich 5,4 Millionen Mark hätte betragen müssen. Der Rückgang seines Gewinns war dadurch verursacht worden, dass der Bau von Zeesen nicht wie ursprünglich vorgesehen vier Millionen Mark, sondern tatsächlich 8,5 Millionen Mark gekostet hatte. Dadurch hatte sich Schütte an den Baukosten nicht – wie vorgesehen – mit 1,6 Millionen Mark, d. h. mit

40 Prozent von vier Millionen Mark, sondern mit 4,4 Millionen, d. h., mit 51,76 Prozent von 8,5 Millionen Mark beteiligt, also mit einer weit höheren Summe und einem weit höheren prozentualen Anteil, als am 09.09.1916 vereinbart worden war.[1448] Schütte hatte damit offenbar die Grenzen seiner finanziellen Leistungsfähigkeit erreicht und war nicht mehr in der Lage, weiteres Kapital in das Unternehmen zu stecken. Der Grund dafür lag darin – so Schütte –, dass er seine Kriegsanleihen nicht lombardieren, d. h. bankmäßig beleihen könne, weil er dann nicht mehr in der Lage sei, die Kriegsgewinnsteuer zu zahlen und dann sein gesamtes altes Privatvermögen beleihen oder verkaufen müsse, was bei dem Kriegskurs nur unter „größten Verlusten" möglich sei. Dieser Kapitalmangel war vermutlich bedingt durch sein finanzielles Überengagement in Zeesen.[1449] Seine problematischen Vermögensverhältnisse in dieser Zeit ließen Schütte außerdem eine Liquidation oder besser noch eine Umwandlung des Luftschiffbaus Schütte-Lanz in eine Aktiengesellschaft als viel interessanter erscheinen als die Beibehaltung des Status quo, weil seiner Meinung nach bei einem solchen Vorgehen die Möglichkeit bestand, dass er noch einen relativ hohen Gewinn realisieren und so seine private Insolvenz vermeiden könnte. Die Entscheidung dafür müsse aber schnell fallen, denn – so Schütte in einem Gespräch gegenüber Röchling

„[ich] wäre es meiner Familie und mir schuldig, klar zu sehen, und schließlich wolle ich nicht in 9 Jahren, den besten meines Lebens, Zeit, Geld und Gesundheit hergegeben haben, um am Ende des neunten, nachdem ich ein Millionenunternehmen geschaffen, ‚vis-á-vis de rien' stehen".[1450]

Auch Paul Zabel war für die Umwandlung des Luftschiffbaus Schütte-Lanz in eine Aktiengesellschaft, denn er konnte es als Generaldirektor nicht verantworten, wenn die Firma Heinrich Lanz nach dem Entwurf von Röchling unbegrenzt Betriebskapital zuschießen müsse. Er und Schütte waren der Meinung, dass der Zeitpunkt gekommen sei, „aus dem Unternehmen, welches zu groß geworden ist, um einem anderen angegliedert zu bleiben, eine A.G. mit flüssigem Gelde zu machen". Auch Karl Lanz war dieser Ansicht.[1451] Schütte vertrat außerdem die Auffassung, dass durch die Gründung einer Aktiengesellschaft die dem Luftschiffbau Schütte-Lanz derzeit fehlenden „liquiden Mittel" hereinkämen.[1452]

Doch letztlich blieb der Status quo erhalten. Der entschiedene Widerstand von August Röchling verhinderte sowohl den Verkauf als auch die Umwandlung des Luftschiffbaus Schütte-Lanz in eine Aktiengesellschaft.[1453] Röchling war in Bezug auf die Gründung der Aktiengesellschaft der Meinung, dass die Familie Lanz-Röchling auf-

Ein Prototyp des SL-G-Flugzeuges GI

grund ihrer exponierten kaufmännischen und industriellen Stellung nicht „Eigenbesitz in Form von Aktien unter das Publikum [bringen dürfte], ohne sich mindestens dafür verantwortlich zu fühlen". Dies bedeute, dass die Familie verpflichtet sei, die Aktien zurückzukaufen, wenn die Geschäftsentwicklung negativ sei und die Dividende nicht dem Ausgabenkurs entspräche. Röchling war auch gegen den Verkauf des Luftschiffbaus, weil er ihn für aussichtslos hielt.

„Der Versuch das Ganze zu verkaufen kann ja wohl gemacht werden, [...] ich glaube nur, dass die Hoffnung einen glänzenden Verkaufspreis zu erzielen, die Urteilskraft bar zahlender Käufer unterschätzt".

Schließlich wüsste jeder, dass die Auftragslage für Luftschiffe nach dem Kriege schlecht sein würde und auch, dass der Flugzeugbau des Luftschiffbaus Schütte-Lanz noch in der Anfangsphase stecke. Hinzu käme, dass „die frühere gute Meinung der Militärbehörde durch manche Erscheinung etwas gelitten" habe. „Es dürfte gar nichts anderes übrig bleiben, als das Ganze als Gemeinschaftsbesitz weiterzutreiben."[1454]

Das Unternehmen blieb daher eine „nicht eingetragene Gesellschaft bürgerlichen Rechts". Mitte 1918 gaben die Gesellschafter dieser Gesellschaft nur eine neue Form, indem sie das Unternehmen in eine offene Handelsgesellschaft,[1455] nämlich in den „Luftfahrzeugbau Schütte-Lanz, offene Handelsgesellschaft, Hauptniederlassung Rheinau, Gemeinde Brühl, mit Zweigniederlassung in Zeesen" umwandelten. In der dazugehörigen vertraglichen Vereinbarung wurde aber Schüttes Haftung mit seinem Privatvermögen eingeschränkt.[1456] Demnach blieb der Status quo mit Ausnahme der Haftungsbeschränkung für Schütte erhalten. Der Versuch Schüttes, mit der Umwandlung des Unternehmens in eine Aktiengesellschaft frisches Kapital in den Luftschiffbau Schütte-Lanz zu lenken und damit dessen Liquiditätsprobleme zu lösen, war gescheitert.

5.2.5.3.3 DER MISSGLÜCKTE EINSTIEG IN DIE MASSENPRODUKTION VON FLUGZEUGEN

Aufgrund des Ausbleibens weiterer Aufträge für Luftschiffe trat die Situation ein, welche Schütte schon 1915/1916 kommen gesehen hatte: Der Luftschiffbau Schütte-Lanz musste fast allein vom Flugzeugbau leben.[1457] Eine Voraussetzung dafür hatte Schütte gemäß seiner Strategie der bedingungslosen Anpassung an die Verhältnisse auf dem Luftfahrzeugmarkt mit der Errichtung entsprechender Pro-

duktionskapazitäten am Werftstandort in Zeesen geschaffen. Eine weitere Voraussetzung harrte aber seit Ausbruch des Krieges ihrer Realisierung: die Entwicklung eigener, vom Militär als fronttauglich anerkannte Flugzeugkonstruktionen. Zwar hatte Schüttes Flugzeugkonstrukteur, Wilhelm Hillmann, Ende Mai 1915 aus den bereits vorliegenden Plänen für ein Wasserflugzeug ein zweimotoriges Großflugzeug und im Sommer 1915 ein Aufklärungsflugzeug C sowie einen einsitzigen Jagddoppeldecker D I bis zur Serienreife entwickelt, doch wurden alle drei Typen von der Inspektion der Fliegertruppen abgelehnt. Dies geschah in allen drei Fällen mit dem Hinweis auf Bedenken und Einwendungen der Front. Dass die Meinungen einzelner Piloten aber nicht besonders fundiert seien, zeigte Hillmanns Ansicht nach die Tatsache, dass zwei Jahre später, ab Ende Mai 1917, die zweimotorigen Gotha-Flugzeuge ihren relativ hohen Kampfwert bei der Bombardierung englischer Ziele beweisen konnten. Merkwürdig mute – so Hillmann weiter – in diesem Zusammenhang auch an, dass die Fokker Aeroplan GmbH wenige Wochen später ebenfalls mit einem einsitzigen Doppeldecker, vermutlich mit dem schlecht motorisierten und frontuntauglichen Fokker D I, auf den Markt kam, der große Ähnlichkeit mit der Konstruktion von Hillmann hatte und nach dessen Meinung trotz seiner Mängel prägend für alle weiteren im Ersten Weltkrieg gebauten Doppeldecker war. Flugzeuge aus dem Haus Schütte-Lanz passten offenbar nicht in die Entwicklungs- und Produktionspolitik der zuständigen Behörden, denn auch alle weiteren Konstruktionen Hillmanns, die dieser bis zum Ende des Krieges entwickelte, wurden abgelehnt.[1458]

Obwohl er also hinsichtlich seines Know-hows durchaus in der Lage war, Flugzeuge aus eigener Entwicklung herzustellen, musste der Luftschiffbau Schütte-Lanz mangels eigener, als fronttauglich eingestufter Konstruktionen die Inspektion der Fliegertruppen Ende 1917 fragen, ob ihm nicht „auf ein gutes Flugzeug ein Lizenzauftrag" erteilt werden könne, „und zwar möglichst auf das z. Zt. beste Flugzeug". Die Inspektion schlug die 1912 von den Gustav Otto Werken, München, gegründete Ago Flugzeugwerke GmbH mit Sitz in Berlin-Johannisthal als Lizenzgeberin vor, deren für Nah- und Fernaufklärung sowie für Artilleriebeobachtung vorgesehener Doppeldecker mit der Typbezeichnung „AGO C IV" ihrer Meinung nach das beste damals verfügbare Flugzeug war. Nachdem der Luftschiffbau Schütte-Lanz signalisiert hatte, dass er eine Lizenzproduktion übernehmen würde, erteilte die Inspektion der Firma Ago einen Auftrag von über 500 Maschinen mit der Auflage, mit einer größeren Flugzeugfirma einen Lizenzvertrag abzuschließen. Diese Auflage erfüllte das Unternehmen, indem es auf

Jagdeinsitzer Schütte-Lanz DIII (zweites von drei gebauten Versuchsflugzeugen) 1917

R-Flugzeug Staaken R XIVa 1918

Veranlassung der Inspektion einen solchen Vertrag mit dem Luftschiffbau Schütte-Lanz unterzeichnete. Demgemäß erhielt der Luftschiffbau Schütte-Lanz den Auftrag über 250 Maschinen. Das Unternehmen
begann sofort mit Produktionsvorbereitungen, bestellte Material,
stellte Arbeiter ein und erweiterte seine Werkstätten. Anfang April war
es in der Lage, die Produktion aufzunehmen, um spätestens bis Mitte
Oktober 1917 alle Ago-C-IV-Flugzeuge einschließlich ihrer Ersatztei-
le abzuliefern. Dann stürzten aber im April 1917 zwei Piloten mit je
einer vom Luftschiffbau Schütte-Lanz produzierten Ago-C-IV ab. Beide
Piloten wurden dabei getötet. Die Firma Ago machte vermutlich sofort
Schüttes Firma dafür verantwortlich, indem sie behauptete, dass die
Abstürze auf Materialfehler zurückzuführen seien. Die Staatsanwalt-
schaft nahm daraufhin Ermittlungen gegen den Luftschiffbau Schütte-Lanz auf, die sie aber im Mai 1917 einstellen musste. Es hatte sich
herausgestellt, dass die Firma Ago die Belastungsproben des Flugzeugs
auf Grundlage falscher Gewichtsangaben durchgeführt hatte.[1459]

Diese Entwicklung bedeutete einen schweren Rückschlag für die
Flugzeugproduktion beim Luftschiffbau Schütte-Lanz und zugleich
für Schüttes Strategie der bedingungslosen Anpassung an die Verhältnisse auf dem Luftfahrzeugmarkt. Zunächst entstanden dem Unternehmen unvorhergesehene „Generalunkosten", d. h. Lohn, Material-
und Betriebskosten größeren Ausmaßes, denn die Aufnahme der Produktion der Ago-C-IV-Flugzeuge konnte nicht wie vorgesehen Anfang
April 1917 stattfinden, sondern erst Anfang *Juli* 1917. Ein Grund dafür
war, dass die Flugzeuge geändert und neu eingeflogen werden mussten. Hinzu kam, dass die Werft in Zeesen wahrscheinlich wegen der
staatsanwaltschaftlichen Ermittlungen für die Flugzeugproduktion
gesperrt war. Aufgrund dessen war ein Teil der Belegschaft arbeitslos
und musste mit Notstandsarbeiten beschäftigt werden. Außerdem entstanden dem Unternehmen Kosten, weil an den Maschinen fortgesetzt
Änderungen durchzuführen waren. Diese schlugen mit ca. 2,1 Millionen Mark zu Buche.[1460] Einen weiteren Anstieg der „Generalunkosten" verursachte die Sperrung für die Flugzeugproduktion, denn sie
bewirkte, dass der Luftschiffbau Schütte-Lanz von der Lieferung weiterer Frontflugzeuge ausgeschlossen wurde. Nur die Produktion von
Heimatflugzeugen, also von Maschinen, die nur innerhalb des Deutschen Reichs eingesetzt werden durften, wurde ihm erlaubt. Dadurch
entstanden dem Werk zusätzliche Kosten, weil die vorhandenen Produktionskapazitäten aufgrund eines festen, von der Heeresverwaltung
festgelegten Produktionskontingents niemals vollständig ausgelastet
wurden.[1461] Der finanzielle Verlust erwuchs dem Luftschiffbau Schütte-
Lanz schließlich dadurch, dass am 17.09.1917 die Zentral-Abnahme-

Kommission wegen Frontuntauglichkeit den gesamten Ago-C-IV-Auftrag stornierte, nachdem der Luftschiffbau Schütte-Lanz gerade einmal 65 Flugzeuge abgeliefert hatte. Den Gewinn aus dem Verkauf der
übrigen schon fertigen 185 Flugzeuge konnte die Firma daher nicht
mehr realisieren.[1462] Dadurch stieg der Gesamtverlust für das Unternehmen auf gut 2,8 Millionen Mark, den es durch andere Aktivitäten
auf dem Flugzeugmarkt, wie etwa der Einrichtung einer werkseigenen
„Fliegerschule" im Verlauf des Jahres 1917 nicht ausgleichen konnte.[1463] Darin ist aber nicht der nur schwer zu beziffernde finanzielle
Schaden enthalten, der entstanden war, weil Entwicklungsmöglichkeiten des Unternehmens fortfielen, die es bei der Beschäftigung mit
Frontflugzeugen gehabt hätte.[1464]

Der finanzielle Verlust durch Verzögerungen bei der Produktion
der Ago-C-IV–Flugzeuge und durch die Stornierung dieses Auftrages
verschärfte die Lage des ohnehin mit Liquiditätsproblemen kämpfenden Luftschiffbau Schütte-Lanz.[1465] Der Konkurs des Unternehmens
zeichnete sich nunmehr als reale Möglichkeit ab, denn die Bank drohte der Firma mit Kreditsperren, wenn kein Zahlungseingang auf den
firmeneigenen Konten zu verzeichnen wäre. Die Bank war deshalb so
unnachgiebig, weil sich die im Dezember 1917 fälligen Verbindlichkeiten des Luftschiffbaus auf mittlerweile ca. 4 Millionen Mark beliefen.[1466] Angesichts dieser schwierigen Lage bat Schütte ein zweites Mal
innerhalb eines Jahres „Onkel Paul" Hossfeld um Unterstützung. Dieser wurde am 28.11.1917 im Kriegsministerium vorstellig und erreichte unter Hinweis auf die Illiquidität des Luftschiffbaus Schütte-Lanz
und die damit bevorstehende Entlassung von Beamten und Arbeitern,
dass das Kriegsministerium eine Summe von 700.000 Mark anwies,
wodurch der Firma „momentan" geholfen wurde. Außerdem war
das Ministerium bereit, die gesamte vorläufig bewilligte Summe von
450.000 Mark für den Bau dreier Langstreckenbomber, der so genannten Riesenflugzeuge vom Typ Staaken R 6, durch den Luftschiffbau
Schütte-Lanz im Voraus zu bezahlen.[1467]

Doch damit war Schüttes Firma noch nicht gerettet. Schütte musste sich in einem Brief am 04.12.1917 direkt an den preußischen
Kriegsminister wenden und unter anderem bitten, vier Millionen
Mark an die Firma Heinrich Lanz für die Werft in Zeesen zu überwei-
sen, da „die für den Monat Dezember laufenden Verpflichtungen des
Luftschiffbaus Schütte-Lanz M[ark] 4.068.701.36 nach Mitteilung
der Direktion Zeesen betragen und die Schulden in diesem Monat auf
M[ark] 10.745.152,-- anwachsen würden". Er verwies dabei darauf,
dass alle Bemühungen seines Unternehmens, von der Inspektion der
Fliegertruppen neue Aufträge zu bekommen, gescheitert seien, und

bat um Mitteilung, ob er alle Arbeiter in Zeesen, sofern sie für ausstehende Arbeiten nicht noch gebraucht würden, entlassen solle.[1468] Vermutlich, um die damit verbundenen erheblichen Ausfälle von Produktionskapazitäten in Zeesen zu verhindern, sorgte das preußische Kriegsministerium dafür, dass der Luftschiffbau als Ersatz für den stornierten Ago-C-IV-Auftrag die Lizenzproduktion für Schul- und Beobachtungsmaschinen der Luftverkehrsgesellschaft AG, d. h. für 300 doppelsitzige Doppeldecker ohne Bewaffnung vom Typ LVG B III, zugewiesen bekam. Die Heeresverwaltung zahlte darauf einen Vorschuss in Höhe von 2 Millionen Mark, welche aber nicht ausreichend waren, um die Bankschulden des Luftschiffbaus Schütte-Lanz zu tilgen.[1469] Vermutlich, damit der Luftschiffbau die Schuldentilgung wenigstens im Ansatz beginnen konnte, überwies das Ministerium dem Luftschiffbau Schütte-Lanz noch im Dezember abermals eine Summe von 5,8 Millionen Mark.[1470] Auf diese Weise konnte Schütte die Schließung der Werft in Zeesen und den Konkurs seines gesamten Unternehmens einstweilen abwenden. Seine Strategie, über die Serienproduktion von Flugzeugen sein Unternehmen zu retten, war aber gescheitert.

5.2.5.3.4 ENTSCHÄDIGUNGSFORDERUNGEN AN DAS PREUSSISCHE KRIEGSMINISTERIUM UND AN DAS RMA

Schütte beließ es nicht bei der kurzfristigen finanziellen Stabilisierung seines Unternehmens, sondern entschied sich dafür, sowohl vom preußischen Kriegsministerium als auch vom RMA Entschädigungsansprüche wegen der tatsächlichen Nichtbeschäftigung der Werften des Luftschiffbaus Schütte-Lanz und wegen der angeblichen Verwertung der Patente und Konstruktionen durch den Luftschiffbau Zeppelin geltend zu machen.[1471] Denn nachdem er mit seinen Plänen gescheitert war, sein Unternehmen zu verkaufen oder es in eine Aktiengesellschaft umzuwandeln, hatte Schütte als Unternehmer bzw. Kapitalist auch ein großes Interesse daran, sein Unternehmen langfristig zu stabilisieren, d. h. es völlig schuldenfrei zu machen bzw. ihm eine ausreichende Eigenkapitalbasis zu verschaffen. Dies wird deutlich anhand von Briefen Schüttes an Karl Lanz und August Röchling. So informierte er Lanz in einem Brief vom 02.02.1918, dass ein großer Teil der Forderungen vom Kriegsministerium schon anerkannt worden sei und die Beteiligten am Luftschiffbau Schütte-Lanz keine Verluste machen würden.[1472] Mehr als zweieinhalb Wochen später, am 19.02.1918, äußerte er gegenüber August Röchling in einem streng vertraulichen Brief über die gewinnmaximierende und letztlich kapitalerhöhende Funktion von Zeesen und den Entschädigungsforderungen:

„[Wir] dürfen nicht vergessen, dass wir niemals die hohen Preise für die Luftschiffe bekommen hätten, wenn Zeesen nicht gewesen wäre, und wenn wir von den Forderungen Stromeyer's […] auf Grund einer sehr guten Arbeit über unseren Ansprüche gegenüber dem Fiskus, welche von dem Schwager des Herrn Admiral Stromeyer, Justizrat Zelter in Stettin, erstattet ist, auch nur die Hälfte, oder den dritten Teil bekommen, dann, lieber Freund, werden wir glatt einige Milliönchen über haben."[1473]

Bei der Interpretation dieses Zitates ist zu beachten, dass der Luftschiffbau Schütte-Lanz zu dieser Zeit keine Kapital- sondern eine Personengesellschaft, war. Dies bedeutete, dass Schütte und seine Partner mit ihrem eigenen Vermögen an dieser Gesellschaft beteiligt waren und auch mit diesem Vermögen hafteten.[1474] Wenn Schütte also davon spricht, nach Anerkennung der Entschädigungsforderung „einige Milliönchen über [zu] haben", dann bezieht sich diese Äußerung zwar auf die Vermehrung seines Privatvermögens, aber eben zugleich auch auf das Eigenkapital des Luftschiffbaus Schütte-Lanz und seine Pläne, es zu erhöhen.[1475]

Doch der Weg zur prinzipiellen Anerkennung der Entschädigungsansprüche sollte sich als äußerst schwierig erweisen. Der Leiter des Werftdepartements im RMA, Admiral Starke, lehnte jedenfalls den Schadensersatzanspruch des Luftschiffbaus Schütte-Lanz am 17.01.1918 rundweg ab, indem er auf die Übertragung von Patenten im Vertrag vom 03./24.04.1913 hinwies und indem er die nicht patentrechtlich geschützte Erfindung des Unternehmens als „Allgemeingut" wertete. Starke betonte weiter, dass die Entschädigungsansprüche wegen Nichtbeschäftigung der Werften des Luftschiffbaus Schütte-Lanz und wegen der Verwertung der Patente und Konstruktionen durch Zeppelin beim Kriegsministerium geltend gemacht werden müssten.[1476] Nach einem längeren Diskussionsprozess stand das preußische Kriegsministerium den Ansprüchen von Schütte-Lanz aber aufgeschlossener gegenüber. Zwar teilte Oberst Oschmann vom Allgemeinen Kriegsdepartement dem Unternehmen mit, dass das Allgemeine Kriegsdepartement die von dem Unternehmen zu verschiedenen Gelegenheiten erhobenen Entschädigungsforderungen nicht anerkennen könne, weil diese weder eine Rechtsgrundlage hätten noch in ihrer Höhe gerechtfertigt seien.

Doch „[…] ist das Departement, ohne dass ein Rechtsanspruch auf Gewährung der von der Firma geforderten Beträge in irgend einer Form <u>anerkannt</u> werden kann, grundsätzlich bereit, zur Vermeidung des zweifellos ausserordentlich langwierigen und kostspieligen ordentlichen Rechtsweges sich mit dem Luftschiffbau über Zahlung einer einmaligen Entschädigungssumme ins Einvernehmen zu setzen, durch die sämtliche noch strittigen Ansprüche der Firma für die gesamte zurückliegende Zeit abgefunden werden würden."

Zu diesem Vergleich solle der Luftschiffbau sein Einverständnis erklären und als Grundlage zur Festsetzung der Entschädigung die Bilanzen der letzten drei Jahre dem Allgemeinen Kriegsdepartement schicken.[1477]

Ermutigt von dem Hinweis des Werftdirektors Dietrich, dass die Chancen für weitgehendes Eingehen auf die Forderungen des Luftschiffbaus Schütte-Lanz im Ministerium gut stünden, beauftragte Schütte seinen Direktor Admiral Stromeyer, die Entschädigungsforderungen geltend zu machen.[1478] Stromeyer verfasste am 18.02.1918 ein entsprechendes Schreiben, in dem er zunächst gegenüber dem Kriegsministerium das Einverständnis des Luftschiffbaus Schütte-Lanz mit dem vorgeschlagenen Verfahren erklärte und dann um Vermittlung bei der Durchsetzung seiner Forderungen gegenüber der Marine bat. Schließlich machte er gegenüber dem Kriegsministerium eine Gesamtforderung von rund 13,2 Millionen Mark geltend, die sich im Einzelnen zusammensetzte aus:
– 276.000 Mark für Zinsen für die verspätete Patentfestsetzung bei den Schiffen Typ L. S.,
– 1 Millionen Mark Entschädigung für die Verzögerung beim Bau von f 1, d. h. beim Bau von SL 20,
– 3,5 Millionen Mark Entschädigung für das Ausbleiben von Luftschiffbauaufträge ab Herbst 1916 (Heer) und Februar 1917 (Marine),
– 5 Millionen Mark Entschädigung für die Benutzung der SL-Patente und der SL-Konstruktionen durch Zeppelin,[1479]
– 3,5 Millionen Mark als Entschädigung für den Abbruch der Bestellung von Ago-C-IV-Flugzeugen.

Stromeyer begründet die Anmeldung der Forderung von 13,2 Millionen Mark zum damaligen Zeitpunkt damit, dass der Luftschiffbau die Preise für seine Luftschiffe aufgrund der steigenden Löhne und Materialkosten sowie aufgrund der fortgesetzten Änderungen an den Konstruktionen, an den Zeichnungen, an den Schiffen und Produktionsstätten auf Behördenwunsch, d. h. aufgrund seines Charakters als Staatsbetrieb, nur schwer kalkulieren konnte und erst jetzt, „bei Beendigung der ganzen Arbeiten und nachdem der Luftschiffbau eine Übersicht über seine ganzen Unkosten erlangt hat", bemerke, dass er Verluste von ca. 5 Millionen Mark gemacht habe, wo er doch 6 Millionen Mark Gewinn hätte machen sollen.[1480]

Doch Schüttes anfänglicher Optimismus, die Entschädigungsforderungen gegenüber dem Kriegsministerium schnell durchsetzen zu können, war verfrüht. So schrieb er selbst am 14.05.1918 an Stromeyer, dass die Entschädigungsforderung des Luftschiffbaus von der Heeresverwaltung auf Veranlassung des RMA offenbar „dilatorisch behandelt" würde. Er habe den Eindruck, dass „das [Kriegsministerium] und das [RMA] uns als Bittsteller ansehen, die der Gnade der Behörden unterworfen sind". Vielleicht sei der Luftschiffbau den Behörden schon zu sehr entgegenkommen.[1481] Wahrscheinlich waren aber dem Kriegsministerium und dem RMA die Forderungen des Luftschiffbaus Schütte-Lanz immer noch zu hoch, kaufmännisch zweifelhaft[1482] und auch zu wenig rechtlich fundiert, wie es schon Oberst Oschmann in seinem Schreiben am 19.01.1918 dargelegt hatte, so dass das Kriegsministerium mit Unterstützung des RMA eine Verschleppungstaktik gegenüber dem Unternehmen einschlug.

Schüttes Strategie, über die Durchsetzung von Entschädigungsforderungen sein Unternehmen langfristig zu stabilisieren, ging — bedingt durch die Verzögerungstaktik der Militärbehörden und durch den Zusammenbruch des Kaiserreichs Anfang November 1918 — während des Ersten Weltkriegs nicht mehr auf. In der Weimarer Republik konnte er nur einen geringen Teil seiner Forderungen durchsetzen, wozu er einen unverhältnismäßig großen Aufwand treiben musste. Die Ausgangsvoraussetzungen des Luftschiffbaus waren daher — wie es August Röchling 1917 mit seinem Hinweis auf die Entwicklung des Luftschiffmarktes nach Kriegsende schon vorausgesehen hatte — denkbar schlecht.

In der ersten Hälfte des Krieges war Schütte als Unternehmer zunächst durchaus erfolgreich. Indem er die Konjunktur auf dem Luftschiffmarkt in den ersten beiden Kriegsjahren ausnutzte und Luftschiffauftrag um Luftschiffauftrag annahm, ermöglichte er dem Luftschiffbau Schütte-Lanz eine bis dahin nicht gekannte Expansion, die mit der Eröffnung des Werks in Zeesen Anfang April 1916 ihren Höhepunkt erreichte. In der zweiten Hälfte des Krieges hatte Schütte einige schwere Rückschläge zu verkraften. Sie waren bedingt durch den deutlichen Auftragsrückgang im Luftschiffbau, der teils auf die Folgen der rasanten technologischen Entwicklung im Flugzeugbau, teils aber auch auf Schüttes verfehlte Strategie zurückzuführen war, sich ohne eine Produktionsstrategie unter allen Umständen den Gegebenheiten auf dem Luftschiffmarkt anzupassen. Hinzu kam, dass alle seine Versuche, dem Luftschiffbau Schütte-Lanz neue Aufträge zu verschaffen, oder neue Marktsegmente auf dem Luftfahrzeugmarkt zu erschließen oder ihn wenigstens mit frischem Kapital zu versorgen, scheiterten. Diese unternehmerischen Misserfolge konnte Schütte nicht in seinem zweiten beruflichen Betätigungsfeld, d. h. mit seiner Arbeit als Ingenieurswissenschaftler, ausgleichen, denn er konnte auf diesem Feld kaum nennenswerte Aktivitäten entfalten. In den ersten Kriegsmonaten hielt er sich in seiner Eigenschaft als leitender Verkäufer des Luftschiffbaus Schütte-Lanz häufig in Berlin und Rheinau auf und ab dem Winterhalbjahr 1915/16 war er von seinen Hochschullehrerpflichten an der Technischen Hochschule im „Interesse der Landesverteidigung" (Winterhalbjahr 1915/1916), aufgrund seiner Tätigkeit beim „Luftschiffbau Schütte-Lanz" (1916) und aufgrund des „[Baues] von Luftschiffen und Flugzeugen" (ab Sommerhalbjahr 1916/17) beurlaubt worden.[1483] Das einzige bedeutende Ereignis in seiner akademischen Karriere als Ingenieurswissenschaftler während des Krieges bestand in der Verleihung des Ehrendoktortitels „Dr.-Ing e. h." durch seine alte Alma Mater, d. h. durch die Technische Hochschule Berlin am 21.12.1917.[1484] Das gesamte berufliche Leben Schüttes war wieder einmal in Unordnung geraten. Aufgrund der Wirkungen des Ersten Weltkrieges befand sich seine berufliche Karriere – bildlich gesprochen – im Sinkflug.

5.3 SCHÜTTE ALS PRIVATMANN
5.3.1 EINSCHNEIDENDE EREIGNISSE 1917

Im Frühjahr 1917, als er gerade mit Heer und Marine um die Fortsetzung der Produktion von Schütte-Lanz-Luftschiffen kämpfte, musste er den Verlust zweier naher Angehöriger verkraften. Sein Vater und seine Schwester starben kurz nacheinander am 28.03. bzw. 19.04.1917 vermutlich in Oldenburg bzw. Nordenham.[1485] Der Verlust dieser beiden nahestehenden Angehörigen traf Schütte vermutlich stark. Auf welche Weise er sie betrauerte, konnte allerdings aus den zur Verfügung stehenden Quellen nicht ermittelt werden.

Große Sorgen machte sich Schütte ab dem Spätsommer 1917. Sein Sohn, Wilhelm Schütte, wurde am 01.09.1917 kurz nach dem bestandenen Abitur mit etwas mehr als achtzehn Jahren Fahnenjunker beim 10. Husarenregiment in Stendal und durchlief im Dezember 1917 eine Rekrutenausbildung. Als Unteroffizier und dann als Fähnrich nahm er höchstwahrscheinlich an der letzten deutschen Offensive an der Westfront, der so genannten „Michael-Offensive" im Frühjahr 1918 und an den schweren Rückzugsgefechten des preußisch-deutschen Heeres ab August 1918 teil.[1486] Die Sorge um das Wohlergehen von Wilhelm dürfte fortan ein fester Bestandteil im Leben Schüttes und auch

im Leben seiner Frau geworden sein, obwohl die beiden aufgrund ihrer nationalistischen Haltung den Einsatz des Sohnes im Krieg vermutlich billigten und das Verhältnis zwischen Vater und Sohn immer angespannt war.[1487]

5.3.2 SCHÜTTES WIRTSCHAFTLICHE UND SOZIALE SITUATION

Zu Schüttes privaten Vermögensverhältnissen in diesen Jahren können nur wenige Aussagen getroffen werden. Ein Grund dafür ist, dass die genauen Kriegsgewinne der Unternehmen im Ersten Weltkrieg, die als Indikator für die Einkommensentwicklung gelten könnten, heute nicht mehr zu ermitteln sind.

„Dies liegt daran, daß es den Unternehmen im Krieg gelang, alle Versuche staatlicher Stellen, die unternehmensinternen Kalkulationen offenzulegen und die Preisfestsetzung zu kontrollieren, zu vereiteln und daran, daß die Kapitalgesellschaften angesichts einer zunehmend kritischen Öffentlichkeit und angesichts spät einsetzender, geringer aber zunehmender Kriegsbesteuerung ihre Gewinne noch stärker verschleierten als zuvor."

Angaben über die Gewinne von Personengesellschaften sind zudem noch schwerer zu machen,[1488] zumal dann, wenn aufgrund der Rechtsform eines Unternehmens wie etwa des Luftschiffbaus Schütte-Lanz – er war eine Gesellschaft bürgerlichen Rechts – eine klare Trennung zwischen Privat- und Firmenvermögen der Eigentümer nicht möglich war.[1489]

Dennoch lässt sich bei der Berücksichtigung der Erträge von Dividenden sowie der Brutto- und Nettogewinne in Bezug auf Kapitalgesellschaften festhalten, dass „der Krieg, abgesehen von der anfänglichen Anpassungskrise und den Monaten des Zusammenbruchs für die großen Industrieunternehmen nicht unprofitabel war." Dabei hing die Höhe des Gewinns aber von der Größe des Unternehmens und der Kriegswichtigkeit der Branche ab, in der das Unternehmen arbeitete. Je eher die Unternehmen in der Lage waren, Personal für die „mächtigen Selbstverwaltungsbehörden", den Kriegsgesellschaften, (Zwangs-)Kartelle und Verbänden, zur Beeinflussung der dort ablaufenden Entscheidungsprozesse über Brennstoffe, Rohstoffe, Transportmöglichkeiten oder Aufträge abzustellen, und je mehr das Unternehmen für die Rüstung und den Kriegsverbrauch arbeitete, desto höher war die Wahrscheinlichkeit, über dem industriellen Durchschnitt liegende Gewinne zu erzielen.[1490]

Schüttes Situation war konkret dadurch gekennzeichnet, dass ihm sein Professorengehalt, das ihm der preußische Staat weiterzahlte, auch wenn er fast während des gesamten Krieges vom Dienst beurlaubt war, zunächst ein ansehnliches Grundeinkommen sicherte.[1491] Allerdings dürfte sich auch bei Schütte der kriegsbedingte Preisanstieg schnell bemerkbar gemacht haben, so dass sein reales Einkommen, wie das aller anderen höheren Beamten auch, im Vergleich zur Vorkriegszeit drastisch zurückging.[1492] Doch für weiterhin relativ hohe Einkünfte Schüttes in den ersten beiden Kriegsjahren sprechen die gute Auftragslage im Luftschiffbau,[1493] die Tatsache, dass er 1916 sich und seiner Familie in Zeesen eine repräsentative Villa errichten lassen konnte,[1494] und das Faktum, dass er sich an der Gründung einer vermutlich im sozialen Bereich tätigen Stiftung beteiligte.[1495] Schüttes finanzielle Situation verschlechterte sich dann vermutlich etwas in den letzten beiden Kriegsjahren infolge der schlechter werdenden Auftragslage im Luftschiffbau und des missglückten Einstiegs in die Massenfertigung von Flugzeugen und der dadurch bedingten Illiquidität seiner Firma. Doch vor größeren finanziellen Verlusten rettete ihn die Tatsache, dass er noch im Jahr 1916 einen Gewinn von über 1 Million Mark gemacht hatte und die Militärbehörden mit Unterstützungszahlungen und Aufträgen den Luftschiffbau Schütte-Lanz in den Jahren 1917 und 1918 vor der Insolvenz retteten. Hinzu kam, dass er bei der Umwandlung der Luftschiffbau Schütte-Lanz GbR in eine offene Handelsgesellschaft im Jahr 1918 für seine Person einen Haftungsausschluss durchsetzen konnte, so dass er bei künftigen finanziellen Engpässen in seinem Unternehmen nicht mehr mit seinem ganzen Privatvermögen eintreten musste.[1496]

Schütte gehörte damit zur großen Mehrheit der Unternehmer, von deren Not die Quellen deshalb schweigen, weil sie einfach nicht existent war, und die verhältnismäßig wenige Einbußen in ihrem Lebensstandard hinnehmen mussten. Angesichts der skizzierten Gewinnentwicklung seines Unternehmens ist es wahrscheinlich, dass Schütte wie die meisten anderen Unternehmer auch

„sich über den Krieg hinweg den teuren, für eine Minderheit nie verschlossenen Zugang zur auskömmlichen, nur wenig reduzierten Lebenshaltung leisten [konnte], die der großen Masse der Arbeiter verschlossen war".[1497]

Damit einher ging eine Aufrechterhaltung seines sozialen Status, wie die Verleihung der Ehrendoktorwürde der Technischen Hochschule Berlin im Jahr 1917 gezeigt hatte. Es scheint daher wahrscheinlich, dass Schütte am Ende des Ersten Weltkriegs in finanzieller Hinsicht relativ gelassen in die Zukunft blicken konnte. Doch in beruflicher Hinsicht waren die Aussichten, wie schon die ökonomische Entwicklung des Luftschiffbaus Schütte-Lanz in den Jahren 1917 und 1918 gezeigt hatte, höchst unsicher.

6 ZWISCHEN KRISENERFAHRUNG, SELBSTBEHAUPTUNG UND ZWEIFELHAFTER ANERKENNUNG: SCHÜTTE 1918–1940

6.1 DER UNTERNEHMER IN DER LUFTFAHRZEUGINDUSTRIE 1919–1935

6.1.1 DIE WIRTSCHAFTLICHEN RAHMENBEDINGUNGEN FÜR DIE LUFTFAHRZEUGINDUSTRIE 1918–1922

Am 11.11.1918 schlossen die Entente-Mächte und die USA einerseits und das Deutsche Reich andererseits im Wald von Compiègne ein Waffenstillstandsabkommen, das vier Jahre blutigster Kämpfe beendete und zugleich einer Kapitulation des Reichs gleichkam. Diejenigen Punkte, welche die deutsche Luftfahrtindustrie betrafen, ließen nichts Gutes für die nähere Zukunft dieser Branche erahnen. So hatte das Deutsche Reich nach dem Waffenstillstandsabkommen einen Großteil seiner Kampfflugzeuge abzuliefern und seine Kampfluftschiffe den Alliierten zur Verfügung zu stellen. Allerdings ließ es das Abkommen zu, zivile Luftschiffe in einer Größenordnung von bis zu 30.000 m³ zu bauen. Diese Situation wusste die Luftschiffbau Zeppelin GmbH 1918/19 auszunutzen. Der große Konkurrent des Luftfahrzeugbaus Schütte-Lanz baute zwei 20.000 m³ große Luftschiffe, nämlich LZ 120 *Bodensee* und LZ 121 *Nordstern*. Der Zeppelin-Konzern konnte zumindest die LZ 120 *Bodensee* ab Ende August 1919 in einem Passagierlinienverkehr zwischen Friedrichshafen und Berlin einsetzen. Der Bau und Betrieb beider Schiffe bewirkte, dass der Luftschiffbau Zeppelin seine Erfahrungen im zivilen Luftschiffbau ausbauen konnte. Diese erste Blüte des zivilen Luftschiffbaus nach dem Ersten Weltkrieg währte aber nicht lange, denn der Betrieb der LZ 120 *Bodensee* wurde Ende 1919 von den Siegermächten verboten und das Schiff musste, wie die LZ 121 *Nordstern*, an Italien bzw. an Frankreich ausgeliefert werden.[1498]

Hatten die Regelungen des Waffenstillstandsabkommens vom 11.11.1918 wenig Hoffnung für die Zukunft der Luftfahrtindustrie gegeben, so übertraf der Versailler Vertrag vom 28.06.1919 vermutlich die schlimmsten Befürchtungen der Branche. So sah der Artikel 198 des Versailler Vertrages vor, dass das Deutsche Reich keine eigenen Luftstreitkräfte unterhalten durfte. Der Artikel 201 dieses Vertrags verbot für sechs Monate den Bau und die Einfuhr von Luftfahrzeugen nach Inkrafttreten des Vertrages, d. h. bis zum 05.05.1921. Dieses Verbot wurde aber im Rahmen des zweiten Londoner Ultimatums vom 05.05.1921 am 12.05.1921 erneuert, weil die Alliierten glaubten, dass Deutschland noch nicht die Demobilisierungsbestimmungen des Artikels 202 erfüllt hatte. Dieser Artikel bestimmte, dass das Deutsche Reich innerhalb von drei Monaten nach Inkrafttreten des Vertrages sämtliches noch vorhandene Luftfahrtmaterial an die Alliierten auszuliefern oder zu zerstören hatte. Die endgültige Abrüstung wurde am 09.02.1922 durch die alliierte Botschafterkonferenz anerkannt. Drei Monate später war im Deutschen Reich der zivile Luftfahrzeugbau wieder erlaubt. Diese Erlaubnis war aber eingeschränkt durch die am 22.04.1922 von den Alliierten erlassenen Begriffsbestimmungen. Diese erlaubten den Bau von Flugzeugen und Luftschiffen in engen Grenzen. Die Luftschiffe durften nicht größer sein als 30.000 m³, ansonsten galten sie als Kriegsfahrzeuge.[1499]

Die Regelungen des Versailler Vertrags bewirkten, dass die Entwicklung des deutschen Luftfahrzeugmarktes nicht mehr durch eine Nachfrage seitens der deutschen Militärs, sondern nur noch durch eine Nachfrage aus der deutschen oder einer ausländischen Wirtschaft stimuliert werden konnte. Entsprechend geringer fiel sie aus und entsprechend stark mussten die deutschen Luftfahrzeugproduzenten ihr Angebot einschränken. Schmerzhafte Anpassungsprozesse in dieser Branche waren die Folge.[1500] Daher stellten sich Schütte und seinem Unternehmen die schon während des Krieges aufgetretenen Probleme des Auftragrückgangs und der Konkurrenz zu anderen Firmen der Luftfahrzeugbaubranche in einer völlig neuen Größendimension dar, zumal der Luftfahrzeugbau Schütte-Lanz im Unterschied zu Zeppelin über keinerlei Erfahrungen im Bau von zivilen Luftfahrzeugen verfügte. Das Unternehmen war in seiner Existenz bedroht.

6.1.2 KRISENBEWÄLTIGUNG I: DIE PRODUKTION VON ZIVILEN LUFTSCHIFFEN UND KONSUMGÜTERN 1919–1924

Schütte scheint sich mit der Zukunft der Luftfahrzeugindustrie und den damit verbundenen Folgen für sein Unternehmen spätestens ab Dezember 1918, im Rahmen seiner Tätigkeit als des für „Luftschiff-Fragen und Angelegenheiten der Luftschifffahrt" zuständigen Mitgliedes des Reichsausschusses für Luftfahrt auseinander gesetzt zu haben.

Die Aufgabe dieses Gremiums war es, die Lage der deutschen Luftfahrt unter den gegebenen politischen, ökonomischen und rechtlichen Bedingungen zu analysieren und daraus ihre Entwicklungsmöglichkeiten unter besonderer Berücksichtigung der alliierten Friedensbedingungen abzuleiten.[1501] Schütte kam im Rahmen dieser Tätigkeit zu dem Schluss, dass nach den auf der Versailler Friedenskonferenz der deutschen Delegation vorgelegten Friedensbedingungen in Deutschland keine Produktion von Luftfahrzeugen mehr erlaubt sein würde.[1502] Auch angesichts der Tatsache, dass sich die Rheinauer Produktionsstätten des Luftfahrzeugbaus Schütte-Lanz in der französisch besetzten Zone befanden, lag die Folgerung nahe, dass zukünftig nur noch im Ausland Luftschiffe zu bauen und zu verkaufen seien.

Schütte unternahm daher schon sehr früh konkrete Schritte, mit dem Ziel, im Ausland, insbesondere in den USA, zivile und militärische Luftschiffe bauen zu können. So schickte er Bleistein im März/April 1919 auf eine Reise in die skandinavischen Länder, damit dieser dort die Möglichkeiten für den Verkauf von Luftschiffen und Flugzeugen eruierte. Dort erhielt Bleistein den Hinweis, dass wohl nur noch in den USA Luftschiffe verkauft werden könnten.[1503] Über den deutsch-holländischen Ingenieurswissenschaftler und Professor für Schiffbau, Paul Meyer aus Delft, stellte Schütte dann einen Kontakt her zu dem niederländischen Industriellen Carl Stahl. Mit diesem gründete er am 28.01.1920 die N. V. Schütte-Lanz Holland, eine Patentverwertungs- und Import-Export-Gesellschaft, deren Aufgabe es unter anderem war, die Auslandspatente von Schütte-Lanz vor dem Zugriff der Alliierten zu schützen und vor allem Geschäftsverbindungen in die USA herzustellen. Stahl war es dann auch, der Schüttes ersten USA-Aufenthalt nach dem Ersten Weltkrieg finanzierte und organisierte. Stahl machte es außerdem möglich, dass Schütte mit dessen einflussreichen amerikanischen Geschäftsfreunden zusammentreffen konnte. Einer davon war der Patentanwalt Frederick S. Hardesty, dem es Schütte zu einem Gutteil verdankte, dass er während seiner USA-Reise, die von Mai bis Juli 1920 dauerte und die nahezu zeitgleich mit einer entsprechenden Reise von Vertretern der LZ GmbH stattfand, mit hochrangigen Vertretern der US-Armee und der US-Marine im Kriegsministerium bzw. im Marineamt sowie mit leitenden Angestellten der Goodyear Tire and Rubber Co. in Akron, Ohio, verhandeln konnte. Doch Schüttes erste Reise endet noch ohne konkrete Resultate.

Nach Schüttes Abreise gelang es Frederick S. Hardesty, mit Hilfe des ehemaligen Unterstaatssekretärs der Marine und künftigen US-Präsidenten Franklin D. Roosevelt (1882–1945),[1504] des Vizepräsidenten von General Electric und späteren Schöpfers des Young-Plans, Owen

D. Young, des Anwalts S. R. Betron und des beratenden Ingenieurs Edward Schildhauer, der 1921 auf einer Deutschlandreise die Werften des Luftfahrzeugbaus Schütte-Lanz besucht und einen positiven Eindruck von der Leistungsfähigkeit des Unternehmens gewonnen hatte, eine Gruppe von finanzkräftigen Investoren an Schüttes Luftschiffbauplänen zu interessieren. Hardesty, Roosevelt, Young und Betron gründeten auch ein Unternehmen namens American Investigation Corporation, das als Interessens- und Arbeitsgemeinschaft fungierte und dessen Aufgabe es sein sollte, alle Methoden der Luftschifffahrt, der dazugehörigen Gesetzgebung und Mittel der Kapitalbeschaffung zu untersuchen. Ihnen gelang es zudem, führende Personen des amerikanischen Wirtschaftslebens zu einer Unternehmensbeteiligung zu bewegen, wie etwa William E. Boeing (1881–1956) E. M. Herr (Westinghouse Electric Corporation), William L. Mellon Sr. (1886–1949) (Gulf Oil), Theodore Pratt (Standard Oil). Mit dieser Investorengruppe schloss Schütte während seines zweiten USA-Aufenthalts nach dem Ersten Weltkrieg am 11.03.1922 einen Optionsvertrag ab.[1505] Der Vertrag sah vor, dass er seine Patente auf die American Investigation Corporation übertrug und seine beim Bau von Luftschiffen gesammelten Erfahrungen gegen Zahlung von einer Million Dollar zur Verfügung stellte. Auf dieser Grundlage sollten sechs Luftschiffe bis zu einer Größe zwischen 35.000 und 114.000 m³ gebaut werden, die dann als Transport- oder Passagierluftschiffe einen inneramerikanischen Luftschiffverkehr durch eine noch zu gründende Betriebsgesellschaft, d. h. durch den General Air Service, betreiben sollten.

Die Realisierung dieser Pläne schritt aber nur ausgesprochen zögerlich voran, weshalb Schütte und Bleistein in den Jahren 1923 und 1924 noch zweimal in die USA reisten und mit Vertretern der American Investigation Corporation verhandeln mussten. Diese Entwicklung war durch mehrere Ursachen bedingt. Zunächst erwiesen sich die öffentliche Diskussion um die Vor- und Nachteile von Flugzeugen und Luftschiffen und dann die schwierige wirtschaftliche Lage in den USA als ausgesprochen hinderlich bei der Beschaffung von Kapital für die Luftschiffbauten. Hinzu kam aber auch, dass die Leitung der American Investigation Corporation noch keine nennenswerten Summen aufbringen konnte, weil sie teils personell geschwächt und teils zu inkompetent war und die Erledigung dieser Aufgabe verschleppt hatte.[1506] Dies hatte dazu geführt, dass sich die Investoren anderen, lohnender scheinenden Projekten zugewandt hatten und sich die American Investigation Corporation in Auflösung befand.

Doch auch Schütte selbst hatte zu den Verzögerungen bei der Realisierung beigetragen, denn dem Optionsvertrag lag seine Annahme zugrunde, dass er die Grundlage für eine Monopolstellung im Luftschiffbau bilden sollte. Diese Auffassung Schüttes hätte sich erst dann durchsetzen lassen können, wenn der seit 1919 bestehende Rechtsstreit zwischen dem Luftfahrzeugbau Schütte-Lanz und der Luftschiffbau Zeppelin GmbH zugunsten des Ersteren entschieden worden wäre.[1507] Den Ausgang dieses Verfahrens wollten die Investoren vermutlich abwarten, bevor sie ihre Gelder zur Verfügung stellten. Auch Schüttes Strategie, kurz nach der Jungfernfahrt des ersten von den USA gebauten Luftschiffs, ZR 1 *Shenandoah*, den Vorwurf zu erheben, die Amerikaner hätten Schütte-Lanz-Patente verletzt, erwies sich angesichts der Popularität des Schiffs als kontraproduktiv, denn der *American Investigation Corporation* floss kaum noch frisches Kapital zu und sie hatte Schwierigkeiten, ihre im Optionsvertrag vom 11.03.1922 festgelegten Verbindlichkeiten gegenüber Schütte einzuhalten.

Die wesentliche Ursache für das Scheitern der Pläne Schüttes bestand darin, dass Zeppelin mit Goodyear einen Lizenzvertrag für die USA und Kanada abgeschlossen hatte und das amerikanische Unternehmen allgemein als die einzige Firma in den USA angesehen wurde, die über ausreichend Geld verfügte, um ein Luftschiff bauen zu können. Außerdem erschien das Konsortium Zeppelin/Goodyear dadurch attraktiv, dass Zeppelin schon am LZ 126, dem späteren Luftschiff ZR 3 *Los Angeles*, baute, welcher vom Deutschen Reich bezahlt und von diesem als Ausgleich für die im *Scapa-Flow*[1508] der Luftschiffe im Jahr 1919 zerstörten Einheiten an die Amerikaner als Reparationen abzuliefern war. Aufgrund der Anziehungskraft dieses Konsortiums und des fehlenden Interesses der Wirtschaft an Schüttes Plänen hatte die American Investigation Corporation nur noch die Möglichkeit, mit dem Zeppelin-Goodyear-Konsortium im Luftschiffgeschäft zu kooperieren. Dazu brauchte sie aber die Zustimmung Schüttes in Form der Verlängerung des Optionsvertrages. Schütte lehnte ab (zu oft war die amerikanische Investorengruppe in Zahlungsverzug geraten), kündigte den Optionsvertrag und forderte die übertragenen Patente zurück. Damit waren die Geschäfte Schüttes in den USA einstweilen gescheitert.

Parallel zum Luftschiffgeschäft in den USA unternahm Schütte auch im Deutschen Reich Anstrengungen zur Rettung seines Unternehmens. So gründeten er und seine Partner, nachdem sie im Verlauf des Jahres 1920 die Luftfahrzeugbau Schütte-Lanz OHG in zwei Kommanditgesellschaften gleichen Namens mit dem Zusatz „Rheinau" bzw. „Zeesen" umgewandelt hatten, ab 1921 in Rheinau und Zeesen verschiedene Tochtergesellschaften, die sie zumeist als Gesellschaften mit beschränkter Haftung betrieben, wie etwa die Schütte-Lanz-Apparate- und Getriebebau GmbH in Rheinau, die Luward-Leim GmbH in

Rheinau, die Schütte-Lanz Luftschiffbau und Betriebs GmbH Zeesen oder die Schütte-Lanz Kleinmobil GmbH Zeesen. Diese Gesellschaften übernahmen Produktionsaufträge für Boote, Automobile, Getriebe und Ventile für Kraft- und Luftfahrzeuge, Haushaltsgeräte, Fenster, Türen, Möbel, Furniere und Leim.[1509] Doch mit der Konversionsstrategie konnten Schütte und sein Partner nur das Überleben des Hauptstandortes des Luftfahrzeugbaus Schütte-Lanz in Rheinau langfristig sichern, der in Form der am 08.11.1922 gegründeten Schütte-Lanz Holzwerke AG gehalten werden konnte.[1510] Die Zeesener Firmen kamen nach dem Scheitern von Schüttes USA-Plänen und mangels anderer Auftraggeber in große finanzielle Schwierigkeiten. Entsprechend schrieb Schütte am 07.02.1924 aus seinem Ferienort Taormina auf Sizilien:

„Da die AIC, New York, ihren Zahlungsverpflichtungen im Januar ds. Js. wieder nicht nachgekommen ist, [...] so sehe ich mich zu meinem lebhaften Bedauern gezwungen, der gesamten Belegschaft der Schütte-Lanz L & B G.m.b.H. zum 1. April ds. Js. zu kündigen."[1511]

6.1.3 KRISENBEWÄLTIGUNG II:
DIE „ULTIMATUMSENTSCHÄDIGUNG" UND DER
PROZESS GEGEN DEN REICHSFISKUS UND ZEPPELIN

Weiterhin stellte die Versorgung mit frischem Kapital für seine hochverschuldetes Unternehmen Schüttes Hauptsorge dar. Diese finanzielle Belastung nahm unmittelbar nach dem Krieg noch weiter zu, weil das Unternehmen infolge von „Notverkäufen des Magazins in Rheinau" einen erheblichen finanziellen Verlust von 6 Millionen Mark erlitten und infolge der vorübergehenden Stilllegung der Zeesener und Rheinauer Produktionsstätten weitere Einnahmerückgänge zu verzeichnen hatte. Hinzu kam, dass auch das Anlagevermögen des Unternehmens durch den vom Versailler Vertrag bestimmten Abbruch zweier Luftschiffhallen in Zeesen und Rheinau in den Jahren 1921 und 1922 angegriffen worden war. Doch Schütte und seinen Partnern gelang es, im Verlauf des Jahres 1922 das Unternehmen schuldenfrei zu machen und ihm auch noch einen kleinen Gewinn zu bescheren, indem sie gegenüber dem Reich erfolgreich Entschädigungsansprüche für die abgebrochenen Hallen in Höhe von 35 Millionen Mark geltend machten und vor einem Schiedsgericht noch einmal 13,9 Millionen Mark erstritten. Möglich geworden war dieser Erfolg durch den Beschluss des Reichsrates, allen Unternehmen der Luftfahrzeugindustrie eine einmalige Abfindung, die so genannte „Ultimatumsentschä-

digung", in Höhe von insgesamt 150 Millionen Mark zu zahlen, weil der deutsche Gesetzgeber aufgrund des im zweiten Londoner Ultimatum verhängten Bauverbots am 29.06.1921 das Gesetz zur Beschränkung des Luftfahrzeugbaus erlassen musste. Ein weiterer Grund für die erfolgreiche Entschuldung des Unternehmens waren die Massenentlassungen in Zeesen und Rheinau im Jahr 1921, da auf diese Weise die Lohnkosten der beiden Gesellschaften drastisch gesenkt werden konnten.[1512]

Einen weiteren Weg der Finanzbeschaffung hatte Schütte schon während des Krieges initiiert, als er von den Militärbehörden Entschädigungen in Höhe von 13,2 Millionen Mark forderte. Das preußische Kriegsministerium und wohl auch das Reichsmarineamt empfanden damals diese Forderung zu hoch, kaufmännisch zweifelhaft und rechtlich unbegründet und wandten daher eine Verzögerungsstrategie an.[1513] Schütte setzte daher den im Kaiserreich beschrittenen Weg in der Weimarer Republik konsequent fort und verklagte am 06.12.1919 vor der Zivilkammer des Landgericht I Berlin den Reichsfiskus auf Entschädigungszahlungen für das Ausbleiben von Luftschiffbauaufträgen und für die Benutzung von Schütte-Lanz-Patenten durch Zeppelin, nachdem die Militärbehörden bis dahin nur einen kleinen Teil seiner Forderungen erfüllt hatten. Weil unklar war, ob eine Schadensersatzpflicht für die Benutzung der Schütte-Patente durch Zeppelin seitens des Fiskus bestand, musste Schütte auch die Luftschiffbau Zeppelin GmbH verklagen. Bei diesem Aspekt des Rechtstreits ging es wesentlich um die Schütte-Lanz-Patente für die Verspannung der Gripperinge, für die Abführung von Gas aus dem Luftschiffinnern, für die Steuerung eines Luftschiffs, für den im Luftschiffinnern verlaufenden Laufgang sowie für die zentrale Verspannung der Ringe bzw. des Gerippes. Der Luftfahrzeugbau Schütte-Lanz legte dabei dem Fiskus zur Last,

„grob fahrlässig gehandelt zu haben, als er die Benutzung der neu entwickelten Konstruktionen der Firma Schütte-Lanz für das Heer und die Marine gewährt hatte, ohne sich um den Patentschutz gekümmert und die Firma Zeppelin über die Urheberrechte informiert zu haben".[1514]

Zugleich beschuldigte Schüttes Unternehmen die Firma Zeppelin, dass sie sich nicht genügend bei der Rheinauer bzw. der Zeesener Konkurrenz versichert habe, als das Reichsmarineamt von ihr verlangte, neue Konstruktionen für ihre Luftschiffe zu verwenden. Das Friedrichshafener Unternehmen wehrte sich gegen diesen Vorwurf, indem es behauptete, dass Schüttes Patente nur Verbesserungen bereits bestehender Erfindungen seien. Entsprechend bemühte sich Zeppelin, durch Vorlage umfangreichen Beweismaterials in Form von Verträgen, Protokollen, Gutachten, Presseberichten, Zeugenaussagen, Fotos und Skizzen, die Patente Schüttes als nichtig zu erklären bzw. für nicht patentwürdig erklären zu lassen. Außerdem bezichtigte die Firma Zeppelin Schütte, dass dieser Zeppelin-Patente verletzt habe. Schütte wehrte sich gegen diese Verschleppungs- und Einschüchterungstaktik, indem er sich bemühte, genauso detailliert seine Urheberschaft an den Erfindungen zu belegen. Treibendes Motiv war dabei vermutlich längst nicht mehr nur der Wunsch, die Kapitalausstattung seines Unternehmens zu verbessern, sondern auch die Weiterführung seiner Geschäfte mit der American Investigation Corporation, welche wesentlich an der Monopolstellung seiner Patente in den USA hingen. Außerdem befürchtete Schütte wahrscheinlich, dass sein Lebenswerk durch das Vorgehen des Zeppelin-Konzerns vernichtet und ihm die öffentliche Anerkennung als legitimer Erbe Zeppelins versagt werden würde.[1515]

Es dauerte viereinhalb Jahre, bis das Landgericht Berlin den teilweise schon in der zweiten Instanz vor dem Reichsgericht in Leipzig geführten Prozess zwischen dem Luftfahrzeugbau Schütte-Lanz einerseits und dem Luftschiffbau Zeppelin und dem Reichsfiskus andererseits mit einem Vergleich beenden konnte. Es legte am 27.08.1924 – vermutlich aufgrund der Tatsache, dass die Rechtslage nicht mehr eindeutig rekonstruiert werden konnte – fest, dass der Luftfahrzeugbau Schütte-Lanz für seine gesamten Forderungen gegenüber Zeppelin und dem Reichsfiskus eine Summe von 40.000 Rentenmark erhielt. Die gegenseitigen Klagen waren zurückzunehmen und beide Seiten mussten zur Herstellung von Rechtssicherheit den jeweils anderen die Benutzung ihrer Patente gestatten.[1516]

Dieser Vergleich war für Schütte eine schwere Niederlage in seinem Streben, den Luftfahrzeugbau Schütte-Lanz doch noch vor dem wirtschaftlichen Zusammenbruch zu retten, denn er erbrachte nicht die von Schütte erhofften Entschädigungen in Millionenhöhe, sondern eine weitaus geringere Summe. Dadurch fehlten Schütte im Gegensatz zu Zeppelin die finanziellen Mittel zum Weiterbetrieb seines Unternehmens, der Luftfahrzeugbau Schütte-Lanz KG Zeesen, weil es im Jahr 1924 weder über Kapital noch Aufträge verfügte und keiner von Schüttes Partnern mehr bereit war, erneut in die Firma zu investieren. Der Vergleich trug also einen wesentlichen Teil dazu bei, dass Schütte am 26.03.1925 – mehr als fünf Jahre nach Inkrafttreten des Versailler Vertrages mit seinen Restriktionen für die deutsche Luftfahrt und mit den entsprechenden Folgen für den Luftfahrzeugmarkt und die -industrie – die Luftfahrzeugbau Schütte-Lanz KG Zeesen und die beiden dort

ansässigen Tochterfirmen liquidieren musste. Wenn sich Schütte aber trotz dieser für ihn und sein Unternehmen extrem negativen Folgen auf diese Regelung einließ, so lag dies daran, dass er und seine Firma im Gegensatz zu seinen Prozessgegnern nicht mehr in der Lage waren, die sich auf immer größere Summen belaufenden Prozesskosten zu bezahlen.[1517]

6.1.4 SCHÜTTES AKTIVITÄTEN IM LUFTSCHIFFBAU 1925–1935

Der Konkurs seiner Zeesener Firmen war aber nicht gleichbedeutend mit einer bleibenden Inaktivität Schüttes in Sachen Luftschiffprojekte. Obwohl er seine Patente von der American Investigation Corporation nach der Beendigung der Zusammenarbeit im Jahr 1924 noch nicht wiedererhalten hatte, unternahm Schütte in den Jahren danach mehrfach Versuche, seine Luftschiffpatente in den USA zu verwerten. Einen Teilerfolg konnte er erringen, als er 1928 mit seinem Beitrag bei der so genannten *Navy-Competition*, einer Ausschreibung der US-Navy, welche die konstruktiven Grundlagen zum Bau der Marine-Luftschiffe ZRS 4 *Akron* und ZRS 5 *Macon* legen sollte, den vierten Platz machte hinter den drei Entwürfen des Goodyear-Zeppelin-Corporation und vor einem Entwurf der American Brown-Boveri Electrical Corporation. Schütte beteiligte sich an diesem Wettbewerb unter dem Namen „Schuette & Co., vormals Schuette & Lanz, Luftfahrzeugbau & Betriebs-GmbH".[1518]

Schütte war sich aber auch nicht zu schade, Projekte mit geringeren Erfolgsaussichten und deutlich weniger seriösem Charakter zu bearbeiten. So versuchte er unter Vermittlung des Kapitäns a. D. Walter Lohmann, des ehemaligen Chefs der Seetransportabteilung in der Leitung der Reichsmarine und Urheber der so genannten „Lohmann-Affäre",[1519] kurz nach dem Ende des Wettbewerbs in den USA zusammen mit der faschistischen Regierung Italiens und amerikanischer Kapitalbeteiligung eine Luftschifflinie von Italien nach Südamerika zu errichten. Dabei kam es zu Kontakten mit höchsten italienischen Regierungskreisen, unter anderem zu Unterredungen mit dem Ministerpräsidenten Benito Mussolini und dem Minister für das Luftfahrtwesen, Italo Balbo. Dieses große Luftschiffprojekt scheiterte genauso wie das auch gemeinsam mit Lohmann betriebene Vorhaben, eine Luftschifflinie von den Niederlanden zur Hauptstadt Indonesiens, Batavia, dem heutigen Jakarta, zu errichten, da Lohmann am 20.04.1930 unerwartet starb.[1520]

Schütte verfolgte all diese Pläne keineswegs nur, wie Haaland behauptet, um „immer wieder dabei zu sein",[1521] sondern auch deshalb, weil er mit seinen Patenten unbedingt Geld verdienen wollte. So schrieb er an den Sohn des inzwischen verstorbenen August Röchling, Ernst Röchling, am 07.11.1935:

„Anliegend übersende ich Ihnen die Abschrift eines hier heute eingetroffenen Schreibens der Gesellschaft für Amerika-Interessen. Es war mein letzter Versuch, die amerikanischen Schütte-Lanz-Patente zu verwerten. Trotzdem ich seit 1928 von mir aus Tausende hineingesteckt habe, habe ich leider keinen Erfolg erzielen können, denn Zeppelin sitzt in Akron/Ohio und in der amerikan. Marine dank der Unterstützung der früheren Regierung, der wir nicht demokratisch und liberalistisch genug gewesen sind, zu fest."[1522]

Schütte gestand demnach erst siebzehn Jahre nach dem Bau seines letzten Luftschiffes und zehn Jahre nach der Liquidation der Luftfahrzeugbau KG Zeesen sich und anderen ein, dass er als Luftschiffkonstrukteur und Luftfahrzeugbauunternehmer gescheitert war.

6.2 SCHÜTTE ALS PROFESSOR FÜR SCHIFFBAU IN DANZIG UND BERLIN

Am 30.01.1919 nahm Schütte seine Lehrtätigkeit als Professor für „Theorie des Schiffes und Entwerfen von Schiffen" wieder auf.[1523] Über seine Tätigkeit als Professor in Danzig in jener Zeit findet sich aber in den Dokumenten außer zu Gehalts- und Pensionsfragen kaum etwas.[1524]

Was sich aber nachweisen lässt, ist seine Agitation gegen den Versailler Vertrag in der deutschen Öffentlichkeit, die unmittelbar nach dessen Inkrafttreten erheblich zunahm.[1525] Im Spätherbst 1920, wenige Monate nach Inkrafttreten dieses Vertrages, schrieb Schütte für die „Volksausgabe der Hauptbestimmungen des Versailler Friedensvertrages" einen Kommentar zu den Luftfahrtbestimmungen dieses Regelwerkes (Artikel 201 ff.).[1526] Er vertrat darin – aufgrund seiner damaligen wirtschaftlichen Interessenlage und aufgrund seiner im Ersten Weltkrieg radikalisierten nationalistischen Haltung wenig überraschend[1527] – die Auffassung, dass die Alliierten mit den sie einseitig begünstigenden Regelungen zum internationalen zivilen Luftverkehr und mit dem „willkürlich verlängerten" Bauverbot die deutsche Luftfahrzeugindustrie „völlig zu Grunde richten" wollten. Die Regelungen des Versailler Vertrages stellten daher seiner Meinung nach einen „ungeheuren Rechtsbruch" dar und seien – da sie tausende Arbeits-

plätze in der Luftfahrzeugindustrie kosten würden – eine mit „Sadismus gepaarte Barbarei".[1528]

Aufgrund seiner nationalistischen und antipolnischen Haltung, die er vermutlich in der Vorkriegszeit als preußischer Professor quasi schon von Amts wegen entwickelt hatte, missfiel Schütte ebenfalls der Status der Stadt Danzig als „freie Stadt", denn Danzig verdankte diesen Rechtszustand dem Versailler Vertrag. Er schrieb an den Baron Freiherr von Lersner am 13.11.1920:

„Das einzig Erfreuliche hier sind die deutschen Studenten, die in grosser Zahl die Hochschule aufgesucht haben, sonst aber –. Furchtbar, wie diese urdeutsche Stadt internationalisiert und polonisiert wird und wie in ihr die Unabhängigen mit den Bolschewisten liebäugeln."[1529]

Konsequenterweise trat Schütte daher am 01.04.1922 von der Technischen Hochschule in Danzig in den preußischen Staatsdienst über.[1530] In den Jahren 1922 bis 1924 entfaltete er an der TH Berlin, der ehemaligen TH Charlottenburg, keine Lehr- und Forschungsaktivitäten. Er war in dieser Zeit wegen seines neu aufgetretenen Ohrenleidens unter Beibehaltung seiner Bezüge beurlaubt. Erst im April 1924 – in engem Zusammenhang mit dem Scheitern seiner Luftschiffpläne für die USA – beabsichtigte Schütte angeblich entgegen dem Rat seiner Ärzte „einige ausgewählte Kapitel über ‚Widerstand und Festigkeit'" zu lesen, wobei sich der Stoff auf „Wasser- und Luftschiffe" beziehen sollte.[1531]

Doch der Weg in den Lehrbetrieb einer technischen Hochschule war offenbar etwas schwieriger als gedacht. An der Technischen Hochschule Berlin-Charlottenburg waren keine zu Schüttes Qualifikation passenden Stellen vakant. Ab 1926 tauchte Schütte daher nur als Vertretung für einen beurlaubten Kollegen in der Fakultät für Maschinenwirtschaft auf.[1532] Vorteilhaft war aber für Schütte, dass seine Stelle nicht aus Mitteln der Technischen Hochschule, sondern direkt vom preußischen Staat finanziert wurde. Damit verfügte die Hochschule zumindest bis zur Emeritierung Schüttes über eine zusätzliche Stelle, ohne sie selbst bezahlen zu müssen. Diesem Umstand scheint Schütte es verdanken zu haben, dass er im Jahr 1927 als Interimsnachfolger seines alten Lehrers, des inzwischen emeritierten Professors Flamm, eine ordentliche Professur für das „Entwerfen von Handelsschiffen" und für den Luftschiffbau zugewiesen bekam.[1533] In der Eigenschaft als Professor für Handelsschiffkonstruktion und Luftschiffbau konnte Schütte zum ersten Mal nach Ende des Ersten Weltkriegs wieder seine beachtlichen Fähigkeiten als Lehrer entfalten. In dieser Position war er dann ununterbrochen bis zum vierzigjährigen Dienstjubiläum, zu dem auch Hermann Göring in seiner Eigenschaft als preußischer

Ministerpräsident und Reichsluftfahrtminister gratulierte, tätig. Zwei Jahre später, im Februar 1938, wurde er dann als Professor für Handelsschiffkonstruktion und Luftschiffbau emeritiert.[1534]

6.3 DER PRIVATMANN

Ein fraglos trauriges Ereignis für Schütte war der Tod seines Sohnes Wilhelm, der im Alter von nur sechsundzwanzig Jahren nach wochenlangem, qualvollen Ringen am 04.12.1924 an einer septischen Angina starb.[1535] Dieses einschneidende Ereignis ist vermutlich mitverantwortlich dafür, dass Schütte Anfang 1925 die Luftfahrzeugbau Schütte-Lanz KG nebst Tochtergesellschaften liquidierte, denn er verfügte nach dem frühen Tod seines Sohnes über keinen Nachfolger mehr. Außerdem zwang ihn seine Rolle als Familienoberhaupt und sein Verantwortungsgefühl gegenüber seiner Frau, Tochter und Schwiegertochter Rita Schütte, geborene Seitz,[1536] zukünftig mit seinen eigenen Kräften hauszuhalten und seine Arbeitskraft besser einzusetzen und daher seine Aktivitäten in Luftschiff- und anderen Projekten stark einzuschränken.[1537] In die Zeit des Todeskampfes seines Sohnes fiel ein weiteres wichtiges Ereignis für Schütte, nämlich die Geburt seines Enkels, Jandirk Schütte, am 24.11.1924.[1538] Die Tatsache, dass Schütte und seine Frau nun Großeltern waren, linderte ihren Schmerz über den Verlust ihres Sohnes vermutlich etwas.

Ökonomisch betrachtet, gingen Schütte und seine Familie aus den Nachkriegswirren und der Inflationszeit als Gewinner hervor, obwohl sie zweifellos hohe finanzielle Verluste hinnehmen mussten. Es sei in diesem Zusammenhang daran erinnert, dass Schütte aus dem Rechtsstreit mit dem Reichsfiskus und der Firma Zeppelin nur den geringen Betrag von 40.000 Rentenmark erhielt, statt wie noch 1918 erhofft, 13,2 Millionen (Gold-)Mark. Doch nach der Liquidation seiner Unternehmungen in Zeesen Ende März 1925 konnte er das dazugehörige Grundstück für 630.000 Reichsmark an die Reichspost verkaufen. Zwar sollte sich der Wert des ganzen Besitzes auf eine Summe zwischen 4,5 und 5 Millionen Goldmark belaufen haben, doch in Zeiten knappen Geldes – die neue Reichsmark war an Rentenpapiere gebunden, die durch Hypotheken abgesichert waren – stellte diese Summe immer noch ein stolzes Vermögen dar. Zusammen mit den Einkünften aus seiner Professorentätigkeit sorgte es dafür, dass Schütte und seine Familie finanziell ausgesorgt hatten.[1539]

Seine finanziellen Verhältnisse und sein zumindest partieller Rückzug aus dem Luftschiffbau ermöglichten Schütte privat einen recht

Johann Heinrich Schütte und Heinrich George in den 1930er Jahren

opulenten, auf Vergnügen und Genuss abzielenden Lebensstil, der große Ähnlichkeit mit demjenigen hatte, wie er ihn in Danzig vor dem Ersten Weltkrieg geführt hatte. Nach den großen Anstrengungen der Kriegs- und Nachkriegsjahre und nach der Überwindung der durch den Tod seines Sohnes bedingten privaten Krise verlangte es Schütte nach zwischenmenschlichen Kontakten, nach Unterhaltung, nach Feiern und Festen. So verkehrte er als „alter Herr" der Schiffbauvereinigung Latte mit seinen Studenten. Er tauchte manchmal mit einem Boot und manchmal in seinem Wagen zu Freizeitveranstaltungen auf, nicht ohne einen Beitrag zum Gelingen dieser Veranstaltungen in petto zu haben.[1540] Außerdem nutzte er die Möglichkeiten der Reichshauptstadt in den *Roaring Twenties* und besuchte Festveranstaltungen aller Art und häufig Theateraufführungen.[1541]

Mit der Zeit kam er deshalb auch in engeren Kontakt zu Künstlerkreisen. Dabei war das Verhältnis zwischen Schütte und der damals eher links eingestellten Bohème Berlins nicht frei von Spannungen. So schrieb der Galerist Karl Nierendorf an den Maler Otto Dix am 28.05.1932 über einen Abend, den er zusammen mit diesem, dem Schauspieler Heinrich George und Schütte verbrachte:

„Der Abend mit George, besonders das Auftauchen des mir seit Jahren äusserst widerlichen Schütte mit seinem lauten, jedes Lokal verspiessenden deutschnationalen Stammtischgerede [war] so unerfreulich, dass ich gehen wollte."[1542]

Doch in diesem Milieu entwickelte sich auch eine für den älteren Schütte wichtige Beziehung. Schütte und Heinrich George wurden nach einigen durchzechten und durchdiskutierten Abenden und Nächten Freunde. Diese Freundschaft wurde im Laufe der folgenden

Jahre immer enger. Dies wird beispielsweise daran deutlich, dass George häufig Gast auf einem der zahlreichen Feste Schüttes in dessen Haus in der Annastr. 1 a im Berliner Stadtteil Lichterfelde bzw. später in der ebendort gelegenen Hartmannstr. 33 war. Bei einer solchen Gelegenheit kamen sich dort auch Heinrich George und seine spätere Frau, Berta Drews, näher.[1543] Wie eng die Freundschaft zwischen George und Schütte war, beweist die Tatsache, dass Georges ältester Sohn nach dem Rufnamen Schüttes, „Jan", benannt und Schütte dessen Patenonkel wurde.[1544]

Doch Schütte begnügte sich in seinem Privatleben keineswegs damit, Freund, Kulturbeflissener oder „alter Herr" zu sein. Er übernahm auch wichtige Funktionen in den für den Schiffbau und die Luftfahrtforschung konstitutiven wissenschaftlich-technischen Vereinen, die sich in der Weimarer Zeit und im Nationalsozialismus mit der Durchsetzung von flug- und schiffbautechnischen Interessen befassten. Im Jahr 1919 wurde Schütte Vorsitzender der von Ludwig Prandtl und ihm als „Wissenschaftliche Gesellschaft für Flugtechnik" gegründeten Wissenschaftlichen Gesellschaft für Luftfahrt.[1545] Aufgrund

Der ältere Schütte (vermutlich in den 1920er Jahren)

seines radikalen Nationalismus und seiner ablehnenden Haltung gegenüber dem Versailler Vertrag, über den er dank seiner Tätigkeit als Sachverständiger für Luftfahrt im Jahr 1919 vermutlich frühzeitig im Bilde war, gab er als Prandtls Nachfolger dem Verein neue Arbeitsrichtlinien für zwei große Gebiete:

„1. die Erhaltung des technischen und menschlichen Zusammenhanges der unter den Auswirkungen des Versailler Vertrages in andere Berufe übergehenden Ingenieure des großen deutschen Flugzeug- und Luftschiffbaues;

2. die Aufrechterhaltung der Tradition [der deutschen] Luftfahrt als einen Faktor von machtpolitisch und wirtschaftspolitisch bedeutender Zukunft".[1546]

Schütte war es dann auch, „der in der Wissenschaftlichen Gesellschaft für Luftfahrt ein Organ schuf, das in den [auf] 1919 folgenden Jahren in seiner Bedeutung ganz überragende Kristallisationspunkte für die geistigen Bestrebungen in Deutschland zur Wiedererrichtung seiner Luftfahrt bildete".[1547] Dazu förderte die Wissenschaftliche Gesellschaft für Luftfahrt unter seinem Vorsitz den Segelflug, indem sie sich an Wettbewerben finanziell beteiligte und der deutschen Luftfahrt mit dem Bau von motorlosen Gleitflugzeugen ein „Residuum praxisbezogener aerodynamischer Forschung und fliegerischer Betätigung gleichermaßen" zu sichern half.[1548] Darüber hinaus förderte Schütte den Zusammenhalt der flugtechnischen Experten auch symbolisch: So war er ab 1929 maßgeblich an der Errichtung eine Gedenkstätte für den Luftfahrtpionier Otto Lilienthal beteiligt.[1549] Schütte kam daher als Vorsitzender der Gesellschaft das Verdienst zu, durch seine Vereinsarbeit zumindest einen Teil der Experten auf dem Gebiet der Luftfahrzeugbautechnik jenseits der Branche und des Staates organisiert zu haben. Damit machte er die Wissenschaftliche Gesellschaft für Luftfahrt zu einem ingenieurswissenschaftlichen Nukleus für den Aufbau einer zivilen Luftfahrt im Deutschen Reich, aber auch für die Wiederaufrüstung des Deutschen Reichs auf dem Luftfahrtsektor.

In seiner Vereinsarbeit kam spätestens mit der Machtübernahme der Nationalsozialisten Ende Januar 1933 eine erneute politische Radikalisierung zum Ausdruck. Kurz vor dem Tod seines alten Widersachers, des Ehrenvorsitzenden der Schiffbautechnischen Gesellschaft, Großherzog Friedrich August von Oldenburg, wurde Schütte 1930 deren erster Vorsitzender. Unter seiner Führung radikalisierte sich die Gesellschaft immer mehr nach rechts und näherte sich ab Januar 1933 schnell dem nationalsozialistischen Staat an.[1550] Er war es auch, der 1935 im Auftrag der nationalsozialistischen Machthaber im Zuge

Schütte vermutl. bei der Eröffnung des Lilienthal-Denkmals

der Gründungsvorbereitung der „[Otto-]Lilienthal-Gesellschaft für Luftfahrt" die Wissenschaftliche Gesellschaft für Luftfahrt auflöste.[1551]

Ein solcher Einsatz für die nationalsozialistische Sache wurde von den Machthabern belohnt. So erhielt Schütte zum Beispiel 1934 den „Ehrendolch der Nationalsozialistischen Fliegergruppe Berlin" und wurde zum Ehrenmitglied der Lilienthal-Gesellschaft ernannt.[1552] Außerdem kümmerten sich die Nationalsozialisten darum, dass seiner Person und seiner Lebensleistung ein ehrendes Andenken bewahrt wurde. Versuche dazu hatte Schütte selbst schon in der Weimarer Republik unternommen, indem er zum Beispiel im Jahr 1926 eine Geschichte des Luftschiffbaus Schütte-Lanz herausgegeben hatte.[1553] Nachdem Schütte aufgrund von positiven Signalen seine Heimatstadt Oldenburg als einzigen Ort ausgemacht hatte, an dem dauerhaft und losgelöst von Zeppelin eine Erinnerung an sein Leben und sein Werk möglich sei, und ab 1932 seinen Nachlass sukzessive in die Stadt gebracht hatte, sorgte die nationalsozialistische Verwaltung der Stadt Oldenburg unter ihrem Bürgermeister Rabeling im Verein mit

dem Leiter des Landesmuseums Walter Müller Wulkow dafür, dass dort im März 1938 die Schütte-Lanz-Ehrenhalle und ein Raum, in dem sein Nachlass lagerte, eingeweiht wurden. Schütte revanchierte sich dadurch, dass er sich mit der Eintragung ins Goldene Buch als ein treuer Anhänger Adolf Hitlers und des NS-Staates zu erkennen gab.[1554]

Doch Schütte verblieb nur noch wenig Zeit, sich an der späten und äußerst zweifelhaften Anerkennung seiner Leistungen durch das Regime zu erfreuen, seinen Ruhestand zusammen mit seiner Frau und mit seiner Tochter und seinem Enkel Jandirk zu genießen und neue Projekte in Angriff zu nehmen.[1555] Schütte starb bereits im Alter von siebenundsechzig Jahren am 29.03.1940 im Sanatorium von Dr. Lahmann in Dresden an den Folgen eines Krebsleidens.[1556] Am 05.04.1940 wurde er – reichsweit betrauert – auf dem Osternburger Friedhof in seiner Heimatstadt Oldenburg beigesetzt.[1557]

Auf der Trauerfeier in Berlin, zu der die Schiffbautechnische Gesellschaft aufgerufen hatte und die einen Tag vor Schüttes Beisetzung in Oldenburg stattfand, mußten verschiedene hochrangige Trauerredner sich redlich, Schütte weit über den Status eines Ingenieurs-wissenschaftlers hinaus zu erheben oder ihn für ihre zweifelhaften politischen Ziele zu vereinnahmen. So sprach der Vorsitzende der Schiffbautechnischen Gesellschaft Professor Dr.-Ing. Schnadel davon, dass Schütte „sein Werk in allem vollendet" und sich ein „dauerndes Ruhmesblatt in der Geschichte der Technik gesichert" habe.[1558] Der Oberregierungsrat Baatz rief zum Abschluss seiner Rede dazu auf, sich zum Abschied „in Dankbarkeit und in Ehrfurcht vor dem geni-alen Ingenieur" zu verneigen.[1559] Die nicht sehr schwierige politische Vereinnahmung übernahm der Vertreter des Rektors der Technischen Hochschule Berlin, Professor Marinebaurat a. D. Ehrenberg:

„Wenn der Verstorbene auch niemals einer politischen Partei ange-hört hat, so hat er doch nach eigenen Angaben seit dem Juni 1931 der Nationalsozialistischen Arbeiterpartei nahegestanden und aus dieser Haltung heraus stets vorbildlich für die Bewegung gewirkt und sie bei jeder Gelegenheit ideell und materiell gefördert."[1560]

Die feierliche Erklärung, das Werk in Rheinau in Schüttes Sinne weiterzuführen und seiner dabei zu gedenken, gab Christians dann einen Tag später auf der Feierstunde kurz vor Schüttes Beerdigung mit den Worten ab:

„Heute wehen die Fahnen über den Dächern unseres [,d. h. des Rheinauer] Werks auf Halbmast. Wenn wir Dich, lieber Jan Schütte, in der Heimaterde zur letzten Ruhe bestattet haben, werden wir mit verstärktem Eifer daran gehen, dieses Werk in Deinem Sinne weiter-zuführen, und so […] an der Stätte Deines Lebens und Schaffens ein lebendes Denkmal erhalten."[1561]

In Schüttes Sinn sollten in den folgenden Jahren bis zum 08.05.1945 nicht nur Christians und die Beschäftigten Werkes in Rheinau, sondern die meisten deutschen Vertreter der scientific community in der Luft-fahrtforschung und der Luftfahrtindustrie tätig werden.

7 SCHLUSSBETRACHTUNG

7.1 SCHÜTTES BERUFLICHE BIOGRAPHIE

Zu Beginn der biographischen Studien zu Johann Heinrich Schütte wurden in der Forschungsliteratur zu seiner Person, zu Luftfahrtpio-nieren und zur Frühgeschichte dieser Branche etliche Mängel ausge-macht. Abgeleitet davon wurden in Bezug auf eine Biographie über Johann Heinrich Schütte Ziele formuliert, die nun dahingehend über-prüft werden müssen, ob und inwieweit sie erreicht worden sind.

Die wichtigste Zielvorstellung, die es zu realisieren galt, bestand darin, das Leben Johann Heinrich Schüttes im Rahmen der wech-selvollen wirtschaftlichen, sozialen und politischen Entwicklungen in der Zeit vor, während und nach dem Ersten Weltkrieg umfassend zu untersuchen und darzustellen. Angesichts des überwältigen-den Quellenmaterials konzentrierte sich die vorliegende Arbeit auf Schüttes berufliche Karriere als Ingenieurswissenschaftler und als Unternehmer in der Luftfahrzeugindustrie bis zum Ende des Ersten Weltkriegs.

Die Grundlagen für Schüttes beruflichen Lebensweg wurden schon in seiner Kindheit gelegt. Wohlbehütet aufwachsend entwickelte er unter einer liebevoll-autoritären Erziehung seiner Eltern einen starken Ehrgeiz. Orientierung hin zu Schiffen, zu Werften und zu Schiffbaube-rufen verschaffte ihm sein in beruflicher Hinsicht erfolgreicher Vater, der mit einem Steuermannspatent die Grundlage für seine Beamten-karriere am großherzoglichen Hof in Oldenburg gelegt hatte. Der Vater war es auch, der mit seiner Entscheidung, Schütte an der Oldenburger Oberrealschule (und nicht an einem humanistischen Gymnasium) einzuschulen, eine entscheidende Weichenstellung bei der Ausbildung seines Sohnes vornahm. Gerade an dieser Schule erhielt Schütte eine gründliche Ausbildung in den modernen Fremdsprachen und in den naturwissenschaftlichen Fächern. Im Geschichtsunterricht wurde er mit dem historistischen Geschichtsbild, wonach nur große Männer Geschichte machen, konfrontiert und im Zusammensein mit seinen Altersgenossen mit dem Gefühl, im Vergleich zu den Reichsgründern von 1870/71 bloße Epigonen zu sein, und dem daraus resultierenden Anspruch, Deutschland zur Weltmacht zu machen. Deshalb, aufgrund seiner schulischen Ausbildung und aufgrund des väterlichen Einflus-ses stand sein Entschluss spätestens mit dem Abitur fest: Er wollte ein möglichst bedeutender Schiffbauingenieur werden.

Für seinen Weg als Ingenieur dieses Fachgebietes und später als Ingenieurwissenschaftler war sein Schiffbaustudium, das er an der TH Charlottenburg im Wintersemester 1892/93 aufnahm, von entschei-dender Bedeutung. Hier erhielt er eine akademische Ausbildung im damals modernen Schiffbau einschließlich der „technischen Metho-de", welche es ihm ermöglichte, Schiffe selbstständig zu konstruieren und die damit verbundenen Probleme forschend zu lösen. Mit der staatlichen Prüfung zum Bauführer 1898 schuf er die Voraussetzun-gen für eine erfolgreiche Tätigkeit in der Marine und in der Werftenin-dustrie. Die unter dem Einfluss seiner Lehrer angestrebte Karriere als Marinebaurat konnte er aber aufgrund seiner schlechten gesundheit-lichen Verfassung nicht einschlagen.

Fachlich spezialisierte sich Schütte beim Norddeutschen Lloyd in Bremerhaven, wo er schon im Jahr 1897 eine Anstellung gefunden hatte. Besonders durch die Errichtung und die Leitung der Schleppmodellversuchsstation in Bremerhaven wurde er zu einem international gefragten Experten in Fragen der Hydrodynamik. Parallel dazu entwickelte sich Schütte mit der Konstruktion und dem Bau von Kabellegern zum Fachmann für Spezialschiffe. Seine ersten Aktivitäten in der Schiffbautechnischen Gesellschaft brachten ihn in Kontakt mit dem Erbrossherzog von Oldenburg, Friedrich August, der ihn nach seiner Thronbesteigung im Jahr 1900 zu seinem schiffbautechnischen Berater machte. Als Konstrukteur der „Schütte-Kessel" von der „Lensahn"-Affäre selbst betroffen, unterstützte Schütte im Jahr 1903 den wegen seiner Ausgabenpolitik und – in diesem Zusammenhang – wegen des Umbaus seiner Yacht Lensahn III in öffentlicher Kritik stehenden Friedrich August.

Aufgrund seines beruflichen Könnens, aufgrund seiner Loyalität und aufgrund seiner politischen Zuverlässigkeit aber vor allem aufgrund der Protektion Wilhelms II. wurde Schütte im Jahr 1904 im Alter von nur 31 Jahren zum Professor „für Theorie und Entwerfen von Schiffen" an der TH in Danzig ernannt. Als Hochschullehrer war er in den folgenden Jahren zwar erfolgreich, konnte aber seine Pläne zur Errichtung einer Versuchsanstalt für Schiffbau nicht durch- und damit seine empirischen Versuche nicht fortsetzen. Das preußische Finanzministerium lehnte sie aufgrund der zu hohen Kosten ab. Diese sich abzeichnende Sackgasse seiner Berufstätigkeit stürzte Schütte in eine tiefe Depression. Anfang August 1908 hatte er einen „Nervenchoc".

Eine weitere Belastung seiner wissenschaftlichen Karriere drohte mit der Entdeckung seiner intimen Beziehung zur Großherzogin von Oldenburg, Elisabeth von Mecklenburg-Schwerin, im Februar 1909. Ein mühsam ausgehandelter Interessensausgleich, eine Art ‚Stillhalteabkommen' mit dem Großherzog von Oldenburg, beseitigte im Dezember 1909 diese Gefahr weitgehend, und später blieb Friedrich August nur noch der Weg der geheimen Intrige – mit unterschiedlichem Erfolg. Die Furcht vor Racheakten des Großherzogs, der als Bundesfürst über exklusive Verbindungen verfügte und in Schiffbauerkreisen einflussreich war, verstärkte und beschleunigte Schüttes berufliche Neuorientierung im Verlauf des Jahres 1909 jedoch erheblich. Indem er sich konsequent unter Ausnutzung seiner Kontakte zum preußischen Heer und zur kaiserlichen Marine und mit Unterstützung des Mannheimer Landmaschinenherstellers Heinrich Lanz vom Schiffbau und von der Hydrodynamik ab- und dem Luftschiffbau und der Aerodynamik zuwandte, konnte Schütte in den folgenden Jahren seine wissenschaftliche Reputation verbessern. Die Erfolge im Luftschiff-

bau, insbesondere der Verkauf von SL 1 Ende 1912, der Abschluss des Rahmenvertrages mit dem preußischen Kriegsministerium im April 1913 und der Verkauf von SL 2 im Mai 1914, sowie die Integration des Faches „Luftschiffbau" in den Lehrbetrieb, aber auch die Errichtung der Aerodynamischen Versuchsanstalt an der TH Danzig 1912/1913, stellten zusammen mit der Verleihung des Geheimrattitels durch Wilhelm II. im Jahr 1913 den Höhepunkt seiner Karriere als Ingenieurwissenschaftler und Unternehmer dar.

Nach Beginn des 1. Weltkriegs wurde Schüttes berufliche Karriere bestimmt durch die Entwicklung auf dem durch das Nachfragemonopol des preußischen Heeres und der kaiserlichen Marine einerseits und durch den kriegsbedingten Mangel an Arbeitskräften und Rohstoffen andererseits geprägten Markt für Luftfahrzeuge. Die steigende Nachfrage der deutschen Militärs nach Luftschiffen zu Kriegsbeginn brachte ihn dazu, für sein 1909 gegründetes Unternehmen, den Luftschiffbau Schütte-Lanz, eine Strategie der bedingungslosen Anpassung an die Gegebenheiten dieses sich ausdehnenden Marktes zu verfolgen und mit ihm überstürzt und auf Kosten der Entwicklung und der Qualität der Luftfahrzeuge zu expandieren. Diese von seinen Mitarbeitern heftig kritisierte Strategie verfolgte Schütte auch weiter, nachdem die Bestellungen von Luftschiffen aufgrund ihrer negativen militärischen Leistungen seitens der Militärs in der zweiten Kriegshälfte zurückgegangen waren. Statt auf den Luftschiffbau setzte er nun allerdings auf die vielversprechendere Flugzeugproduktion und baute entsprechende Kapazitäten auf. Da auch hier die Aufträge ausblieben, geriet schon vor Kriegsende der Luftschiffbau Schütte-Lanz ökonomisch und damit auch Schütte beruflich in eine Krise. Diese Situation verschlimmerte sich weiter nach Krieg durch die Regelungen des Versailler Vertrages, die den Großluftschiffbau im Deutschen Reich untersagten. Schüttes Krisenlösungsstrategien, die Verlagerung der Produktion und des Betriebs von Luftschiffen in die USA und die Kapitalbeschaffung u. a. über eine juristische Auseinandersetzung mit dem Reichsfiskus und der Firma Zeppelin in Bezug auf die Verletzungen von Schütte-Lanz-Patenten im Krieg, scheiterten. Daher musste Schütte 1925 mit seinem Unternehmen Konkurs anmelden. Als zur selben Zeit auch noch sein Sohn und Erbe starb, zog sich der unternehmerisch gescheiterte, gleichwohl immer noch wohlhabende Schütte immer mehr aus dem Wirtschaftsleben zurück. Allerdings versuchte er bis 1935, mit wechselnden Partnern wie etwa dem faschistischen Italien, seine Luftschiffpatente zu verwerten.

Daneben versah er bis zu seiner Emeritierung 1938 mehr routinemäßig seinen Dienst als Professor für Handels- und Luftschiffbau an der Technischen Hochschule in Berlin-Charlottenburg. Als solcher blieb ein gefragter Experte im Luftschiffbau. Ferner leitete Schütte mit großem Engagement von 1919 bis 1935 als erster Vorsitzender die „Wissenschaftliche Gesellschaft für Luftfahrt" (WGL) und von 1930 bis 1939 die STG. Von den neuen politischen Verhältnissen begeistert, vollzog er im Nationalsozialismus die „Gleichschaltung" der beiden wissenschaftlich-technischen Vereine. Gegen Ende seines Lebens bemühte er sich – unterstützt durch die nationalsozialistische Partei und Stadtverwaltung in Oldenburg – darum, u. a. mit dem Aufbau einer Dauerausstellung im Landesmuseum Oldenburg, seine Lebensleistung positiv zu würdigen und sie im Bewusstsein der Nachwelt zu erhalten. – Trotz all dieser vielfältigen Aktivitäten konnte Schütte jedoch nicht wieder an seine großen beruflichen Erfolge in der Vorkriegszeit anknüpfen.

7.2 SCHÜTTE UND DIE DEUTSCHEN ELITEN

Mit der vorliegenden Arbeit sollte auch die Forschung zur Geschichte der wissenschaftlich-technischen bzw. unternehmerischen Eliten aus Nordwestdeutschland im späten 19. und frühen 20. Jahrhundert vorangebracht werden. In der Tat kann am Beispiel der Schütte-Biographie nun genauer angegeben werden, welche soziale Herkunft die Mitglieder dieser Schicht besaßen, unter welchen Bedingungen sie ihren sozialen Aufstieg vollzogen bzw. welchen Weg sie dafür einschlugen und welche gesellschaftlichen Positionen sie letztlich einnehmen konnten. Außerdem kann mit Hilfe der biographischen Studien zu Schütte ein Blick auf die dem Denken und Handeln dieser Eliten zugrunde liegenden Dispositionen, Einstellungen und Motive geworfen werden.

Schütte stammte aus einer Familie, deren Oberhaupt es aus kleinen Anfängen bis zu einer höheren Beamtenstellung am großherzoglichen Hof in Oldenburg geschafft hatte und die einen durchaus bürgerlichen Charakter besaß. Sie war es, die ihm einen großen Ehrgeiz sowie eine Affinität zum Beruf des Schiffbauers zu vermitteln vermochte. Zudem war sie in der Lage, ihm den Besuch der Oberrealschule in Oldenburg und das Schiffbaustudium finanziell zu ermöglichen und ihm damit eine Berufswahl seinen Neigungen gemäß zu gestatten. Die Herkunft der Familie ist also auch im Falle der Schüttes und damit vermutlich auch der nordwestdeutschen Eliten gegen Ende des 19. Jahrhunderts als eine wichtige Bedingung für einen sozialen Aufstieg anzusehen.

Der Wert von Bildung und der Wert von formalen Bildungsabschlüssen für einen sozialen Aufstieg in diese Führungsgruppe wird bei der Betrachtung der schulischen Sozialisation Schüttes deutlich. Nur mit dem bestandenen Abitur der Oberrealschule besaß Schütte die Berechtigung für ein Studium an einer technischen Hochschule, für eine Prüfung in bestimmten ingenieurswissenschaftlichen Fächern und für einige wenige Stellungen im Staatsdienst. Die Oberrealschule hatte Schütte aber nicht nur mit einer solchen formalen Zutrittserlaubnis zu höherer Bildung versehen, sondern ihn auch mit der zur Bewältigung des Studiums notwendigen naturwissenschaftlichen Grundbildung ausgestattet. Hinzu kam, dass aufgrund von schulischen und Peer-Group-Einflüssen sein Ehrgeiz stark gewachsen war.

Ein weiterer wichtiger Faktor gerade für den Aufstieg in die nordwestdeutschen Eliten war die Bereitschaft zur Migration, denn in diesem Teil des Deutschen Reichs befanden sich beispielsweise keine Universitäten oder andere Träger von höherer Bildung. Schütte entsprach diesem Aufstiegserfordernis, indem er zur Studienvorbereitung nach Kiel und zum Studium nach Berlin ging.

Der Stellenwert von höherer technischer Bildung für einen sozialen Aufstieg in die wissenschaftlich-technische Elite im Nordwesten wird bei der Betrachtung von Schüttes Schiffbaustudium deutlich: In seiner akademischen Ausbildung an der TH Charlottenburg bekam Schütte das nötige Wissen für die selbständige Konstruktion von Schiffen vermittelt. Die erfolgreich bestandene Prüfung zum Bauführer war dann die entscheidende Voraussetzung für den weiteren sozialen Aufstieg Schüttes, denn damit hielt er die Eintrittskarte für eine höhere technisch-wissenschaftliche Laufbahn in den Händen. Sein Gesundheitszustand versperrte ihm allerdings den Zugang zur angestrebten Karriere als Marinebaurat. Doch stand ihm die höhere Laufbahn im technischen Dienst des Norddeutschen Lloyd offen. So konnte er Ende des 19. Jahrhunderts der gebundenen Hofbeamtenexistenz entrinnen und die Position eines Anwärters auf eine höhere Angestelltenposition in einem weltweit agierenden, großen deutschen Unternehmen einnehmen.

Eine weitere Größe, die den Aufstieg in die Eliten Nordwestdeutschlands förderte und die auch in der vorliegenden Arbeit thematisiert wird, ist das Heiratsverhalten. Mit der Heirat der Reedertochter Henriette Adele Bertha Addicks im Jahr 1898 etablierte sich Schütte im regionalen Wirtschaftsbürgertum und sicherte damit seinen Aufstieg in die Eliten auch sozial ab.

Ein weiterer Aufstiegsfaktor, der in der Arbeit benannt wird und der sich bei Schütte verhältnismäßig früh auswirkte, sind die beruflichen

Leistungen. Im Jahr 1900, nach gut zweijähriger erfolgreicher Tätigkeit beim Norddeutschen Lloyd, wurde er zum Leiter der Schleppmodell-Versuchsstation des Unternehmens, machte diese Einrichtung zu einem wichtigen Instrument bei der Schiffskonstruktion und reüssierte auf internationalem Parkett bei der Behandlung von hydrodynamischen Fragen. Auf diese Weise vollzog sich ein weiterer Schritt in Schüttes sozialem Aufstieg. Er war nicht mehr nur ein Mitglied der wissenschaftlich-technischen Eliten Nordwestdeutschlands, sondern auch des Deutschen Reichs.

Einen weiteren Sprung erfuhr Schüttes Karriere durch die Ernennung zum schiffbautechnischen Berater des Großherzogs von Oldenburg und seine Berufung zum Professor „für Theorie und Entwerfen von Schiffen" an der Technischen Hochschule Danzig im Jahr 1904. Letztere verdankte er wesentlich der Protektion Wilhelm II., worin sich der große Wert des Zugangs zu den aristokratischen Führungseliten für einen beruflichen und sozialen Aufstieg manifestiert. Wichtig für die Ernennung zum Professor war dabei auch seine nationale Zuverlässigkeit, so dass er im Rahmen der Polenpolitik Preußens an einer Hochschule in der östlichen Provinz Westpreußen eingesetzt werden konnte. Auf diese Weise konnte Schütte als preußischer Professor unter Umgehung des üblichen Weges durch die Hochschulhierarchie innerhalb der wissenschaftlich-technischen Eliten Nordwestdeutschlands und des Reichs schnell aufsteigen. Sein sozialer Aufstieg hatte einen ersten Höhepunkt erreicht. Zugleich hatte zu diesem Zeitpunkt bei Schütte bereits ein Ablöseprozess aus den wissenschaftlich-technischen Eliten Nordwestdeutschlands begonnen. Schüttes Lebensmittelpunkt war ab 1904 Danzig und nicht mehr Bremerhaven.

Als Schütte in den Jahren von 1907 bis 1909 aufgrund des Scheiterns seiner Pläne zur Errichtung einer Versuchsanstalt für Schiffbau und aufgrund der Entdeckung seiner Beziehung zur Großherzogin von Oldenburg in eine schwere berufliche Krise geriet, konnte er sie durch eine konsequente berufliche Neuorientierung hin zum Luftschiffbau und zur Aerodynamik sowie durch innovative Aktivitäten auf diesem Feld nicht nur lösen, sondern auch darüber seinen wissenschaftlichen Ruf und seine soziale Position soweit verbessern, dass er im Jahr 1914 auf dem Höhepunkt seiner Karriere, seines Ansehens und seiner gesellschaftlichen Stellung stand. Die erfolgreiche Zusammenarbeit mit der Firma Heinrich Lanz, mit der er zusammen im Zuge seiner beruflichen Neuorientierung den Luftschiffbau Schütte-Lanz gründete, machte ihn überdies auch noch zum Unternehmer und führte ihn auch in die unternehmerischen Eliten des Reichs ein. In dieser Entwicklung wird auch der große Stellenwert von Krisenbewäl-

tigung für eine erfolgreiche berufliche Karriere und einen weiteren Aufstieg in den wissenschaftlich-technischen und unternehmerischen Eliten des Deutschen Reichs deutlich.[1562]

Zusammenfassend lässt sich feststellen, dass Schütte seinen Aufstieg zunächst in die wissenschaftlich-technischen Eliten bzw. zum Wirtschaftsbürgertum Nordwestdeutschlands der positiven Wirkung bekannter Faktoren, wie dem Elternhaus, der Schul- und Hochschulausbildung, seinem beruflichem Können, dem Heiratsverhalten und dem Zugang zu den aristokratischen Führungsschichten dieser Region zu verdanken hatte. Seinen weiteren Aufstieg in den wissenschaftlich-technischen Eliten des Reichs, der mit dem Ausscheiden bzw. Ausschluss aus den entsprechenden Gruppierungen vor Ort verbunden war, verdankte er hingegen neben der Protektion von ‚allerhöchster Stelle' und seiner beruflichen Leistungen vor allem einigen bisher vermutlich eher unbekannten Faktoren, nämlich der Fähigkeit zur Innovation und zur Bewältigung von beruflichen und privaten Lebenskrisen.

7.3 SCHÜTTES ANTEIL AN DER ENTWICKLUNG DER LUFTFAHRT

Mit den biographischen Studien zu Schütte sollte außerdem ein wichtiger, noch ausstehender Beitrag zur Geschichte der Luftfahrtforschung und -industrie geleistet werden. Der Beitrag sollte in der schwierigen Aufgabe bestehen, den Anteil der Wissenschaftler und Unternehmer an der Entwicklung dieses Forschungsfeldes und dieser Branche vor und während des Ersten Weltkriegs näher zu bestimmen.

Schüttes Anteil an der ökonomischen Entwicklung der Luftfahrtindustrie scheint eher gering ausgefallen zu sein. Dafür spricht, dass er als Unternehmer in der jungen Luftfahrzeugindustrie vor 1914 aufgrund der Kapitalverteilung in seinem Unternehmen und der darauf aufbauenden vertraglichen Regelungen allein keine wichtigen Entscheidungen, z. B. über die Verwertung von Patenten im Ausland, treffen konnte. Er war immer auf die Zustimmung seiner Partner von der Firma Heinrich Lanz bzw. aus der Familie Lanz angewiesen. Besonders restriktiv wirkte sich für seinen unternehmerischen Entscheidungsspielraum aus, dass er von vornherein auf den militärischen Luftschiffbau festgelegt war. Privatkunden konnten sich die teuren Luftschiffe nicht leisten. Nur das preußische Heer und die kaiserliche Marine – interessiert aufgrund der sich verschärfenden außenpolitischen Situation ab 1912 – waren finanziell in der Lage, die verhältnismäßig teuren Luftschiffe zu kaufen.

Für einen geringen Anteil Schüttes an der wirtschaftlichen Entwicklung im Luftfahrzeugbau spricht auch, dass seine Entscheidungs- und Handlungsspielräume als Unternehmer in der deutschen Luftrüstungsindustrie im Ersten Weltkrieg noch weiter eingeschränkt wurden, obwohl es ihm gelang, sich gegenüber der Firma und Familie Lanz zu emanzipieren. Das preußische Heer und die kaiserliche Marine mit ihrer Nachfrage nach Luftschiffen und später nach Flugzeugen einerseits und der kriegsbedingte Mangel an Arbeitskräften und Rohstoffen andererseits bestimmten weitestgehend die Entwicklung des Luftschiffbaus Schütte-Lanz, d. h. seine stürmische Expansion in den ersten beiden Kriegsjahren und seine beginnende Schrumpfung in den Jahren 1917 und 1918. Die Militärs beeinflussten mit ihren technischen und militärischen Anforderungen an die Luftschiffe und Flugzeuge außerdem wesentlich deren technische Entwicklung. Entsprechend erschien ihm als Handlungsstrategie nur die bedingungslose Anpassung an den Luftfahrzeugmarkt realistisch.

Schüttes Anteil an der wirtschaftlichen Entwicklung der Luftfahrtindustrie verkleinert sich noch weiter, wenn man bedenkt, dass sein Entscheidungsspielraum als Unternehmer in der Luftfahrzeugindustrie nach dem Ersten Weltkrieg bis auf ein Minimum eingeschränkt wurde, denn die ungünstigen politischen Rahmenbedingungen ließen es nach dem Inkrafttreten des Versailler Vertrages nicht zu, Luftfahrzeuge und insbesondere Luftschiffe im Deutschen Reich zu produzieren. Nur die Verlagerung der Produktion ins Ausland – im Falle Schüttes in die USA – und die Organisation von frischem Kapital schienen realistische Möglichkeiten zu sein, das Überleben des eigenen Unternehmens zu sichern. Als Schütte weder das eine noch das andere gelang, war er gezwungen, sein Unternehmen 1925 zu schließen.

Schüttes Anteil an der wissenschaftlich-technischen Entwicklung der Luftfahrt scheint ebenso gering gewesen zu sein wie sein Beitrag zur ökonomischen Entwicklung der Luftfahrzeugbaubranche. So konnte er als Förderer des Flugzeugbaus keinerlei Einfluss ausüben, denn er verfügte nicht über das nötige technische Know-how und alle seine dahingehenden Bemühungen, eigene Flugzeuge zu bauen, scheiterten bis zum Ende des Ersten Weltkrieges an der Unfähigkeit seiner Partner (Werntgen), am Widerstand seiner Geldgeber (Familie Lanz) und an den Vorbehalten der Militärs gegenüber den von Hillmann bei Schütte-Lanz konstruierten Flugzeugen.

Allerdings konnte Schütte als Ingenieurwissenschaftler spürbaren Einfluss auf die technische Entwicklung des Starrluftschiffbaus nehmen, denn er etablierte neben dem schon existierenden technischen System „Zeppelin" das „System Schütte-Lanz", das sich unter anderem dadurch auszeichnete, dass es von Anfang an aerodynamischen Grundsätzen folgte. Mit dem Luftschiff SL 2, das auf Grundlage der Prinzipien dieses Systems gebaut worden war, konnte er 1914 kurzzeitig weltweit die Führung im Starrluftschiffbau übernehmen. Spätestens mit diesem Luftschiff befand er sich in Konkurrenz zur Firma Zeppelin, die sich im Ersten Weltkrieg in der Auseinandersetzung um die Trag- und Steigfähigkeit sowie um die Reichweite noch intensivierte und dazu führte, dass die Starrluftschiffe bis zu einem gewissen Reifegrad entwickelt wurden. Auf diese Weise wurden dann die Entscheidungsträger im Militär und in der Wirtschaft im Ersten Weltkrieg und in den zwanziger und dreißiger Jahren des letzten Jahrhunderts in die Lage versetzt, das technische System „Luftschiff" mit dem technischen System „Flugzeug" zu vergleichen und mit dem bekannten Ergebnis zu entscheiden, welchem der Vorzug gegeben werden sollte.

Ein weiterer deutlicher Einfluss Schüttes auf die Entwicklung der Luftfahrttechnik der Luftfahrttechnik wird bei ihrer Betrachtung unter militärischen Gesichtspunkten erkennbar. Gerade sein Unternehmen entwickelte mit SL 8 als Erstes ein Luftschiff für das Heer und die Marine, das aufgrund einer Reichweite und seiner Tragfähigkeit in der Lage war, unter anderem Ziele in England zu bombardieren. Damit nahm auch Schütte die Produktion von strategischen und taktischen Bombern im Zweiten Weltkrieg vorweg, deren Einsatz z. B. in Coventry, Dresden, Hiroshima und Nagasaki unglaublich desaströse Ergebnisse gezeigt haben.

Zusammenfassend ist festzustellen, dass sich am Beispiel von Schütte durchaus der Anteil der Wissenschaftler und Unternehmer an der Entwicklung der Luftfahrtforschung und -industrie näher bestimmen lässt. Zur Wirksamkeit dieser beiden Gruppen selbst lässt sich für den untersuchten Zeitraum sagen, dass die Wirkung der Unternehmer auf die ökonomische Entwicklung der Luftfahrtindustrie deutlich geringer gewesen ist, als die der Wissenschaftler auf deren technisch-wissenschaftliche Entwicklung. Der Einfluss beider scheint aber insgesamt nach dem Ausbruch des Ersten Weltkrieges aufgrund der kriegswirtschaftlichen Bedingungen eher ab- als zugenommen zu haben.

7.4 DIE SCHÜTTE-BIOGRAPHIE UND DIE BIOGRAPHIEFORSCHUNG IN DER LUFTFAHRTGESCHICHTE

Mit dem geplanten Arbeitsvorhaben sollte ein Modell entwickelt werden, wie zukünftig in der Luftfahrtgeschichte bedeutende Luftfahrtpioniere, wie etwa Graf Zeppelin, umfassend erforscht werden können.

Die in der vorliegenden Arbeit zum Leben Schüttes erarbeiteten Ergebnisse zeigen deutlich, dass mit dem Ansatz der neueren historischen Biographie, verstanden als ein die gesellschaftliche Struktur und individuelle Handlung integrierender Ansatz, eine aussagekräftige und den Ansprüchen einer modernen Historiographie genügende Lebensbeschreibung über einen Luftfahrtpionier verfasst werden kann. Der Ansatz der neueren historischen Biographie kann mithin als Modell für weitere biographische Studien im Bereich der Luftfahrtpioniere dienen.

Es wäre daher wünschenswert, wenn die vorliegende Studie keine Einzeldarstellung bliebe und zukünftige Forschungsarbeiten über Luftfahrtpioniere den Ansatz der neueren historischen Biographie verwenden würden. Auf diese Weise könnte ein neuer Forschungsansatz in der Luftfahrtgeschichte begründet, die Ergebnisse der Biographik auf diesem Gebiet einer dringend nötigen Revision unterzogen werden. Dadurch könnten dann die für den Bereich der Ingenieurswissenschaftler und Unternehmer in der Luftfahrtforschung und -industrie sowie die für die Elitenforschung in der vorliegenden Studie erarbeiteten Ergebnisse überprüft und so verlässliche Resultate für diese technisch-wissenschaftlichen bzw. unternehmerischen Eliten insgesamt erzielt werden. Die Folge wäre voraussichtlich eine Neubewertung der Rolle dieser Gruppen bei der Entwicklung der Luftfahrtforschung und -industrie.

7.5 EINE NEUBEWERTUNG SCHÜTTES

Ein weiteres Ziel, das mit der vorliegenden Arbeit erreicht werden sollte, war die Förderung des Bekanntheitsgrades von Schütte als bedeutende Forscher- und Unternehmerpersönlichkeit der Stadt Oldenburg und des Landes Niedersachsen auf lokaler und regionaler Ebene durch Darstellung seines Berufslebens. Ob dieses Ziel realisiert werden kann, bleibt bis nach der Veröffentlichung dieser Arbeit abzuwarten.

Doch schon jetzt verhindern es die Ergebnisse der vorliegenden Studie, Schütte weiterhin eindimensional und verzerrt als „genialen Konstrukteur" oder „legendären Luftschiffbauer aus Oldenburg" zu betrachten, der angeblich zeit seines Lebens im „Schatten des Titanen" gestanden habe.

Stattdessen kann Schütte einerseits positiv bewertet werden als ein echter Luftfahrtpionier, d. h. als einer der ersten im Deutschen Kaiserreich akademisch ausgebildeten Ingenieurswissenschaftler, der in der Luftfahrtforschung erfolgreich aktiv war, und als einer der ersten Unternehmer und Manager, der in einem mit kapitalkräftigen Partnern gegründeten Unternehmen in der jungen Luftfahrtindustrie vor dem Ersten Weltkrieg in Konkurrenz zu Zeppelin tätig war. Schütte kann auch wahrgenommen werden als ein aufgrund von den familiären, schulischen und gesellschaftlich-kulturellen Einflüssen äußerst ehrgeiziger sozialer Aufsteiger, der den trotz aller Protektion mühsamen Weg vom Sohn eines Hoflakaien in einem kleinen Großherzogtum zum Professor an einer Königlich-preußischen technischen Hochschule, zum Mitglied der wissenschaftlich-technischen Eliten Preußens und des Deutschen Reichs sowie zum Unternehmer und Wirtschaftsbürger bis zum Ende gegangen ist.

Die biographischen Studien zu Schütte lassen anderseits aber auch eine negative Sicht auf Schütte zu. So identifiziert ihn die vorliegende Studie als einen derjenigen Luftrüstungsindustriellen, die teils aus finanziellem Interesse, teils aus einem extremen Nationalismus heraus die Luftschiffertruppen von Heer und Marine mit Luftschiffen ausrüsteten, die in der Lage waren, völkerrechtwidrig Ziele in England zu bombardieren und die englische Zivilbevölkerung in Angst und Schrecken zu versetzen. Auch lässt sich mit Hilfe dieser Studie behaupten, dass er unter anderem als Vorsitzender der Wissenschaftlichen Gesellschaft für Luftfahrt mitverantwortlich dafür war, dass das nationalsozialistische Regime bei seinen Rüstungsanstrengungen in der Lage war, auf eine gut organisierte technisch-wissenschaftliche Intelligenz zurückzugreifen.

Gerade diese Fakten sind es, die einseitig positive Bewertung Schüttes verhindern und die nach einer neuen Sichtweise auf seine Person verlangen. Am ehesten gerecht wird ihm ein technikgeschichtlich geprägtes Urteil, das aber die anderen Aspekte seines Berufslebens und die relevante technologische Entwicklung nicht aus dem Blick lässt: Schütte trieb als Ingenieurswissenschaftler und Unternehmer aus dem Nordwesten des Deutschen Reichs durchaus eigenständig und zugleich zusammen mit anderen Luftfahrtpionieren wie Zeppelin oder Lilienthal, Wright oder Voisin zu Beginn des 20. Jahrhunderts eine gebrochene, nichtlineare und daher komplexe soziotechnische Entwicklung voran. Diese von ihm mitgestaltete Entwicklung führte einerseits bis in die vom nationalsozialistischen Deutschland verursachte Katastrophe des Luftkrieges im Zweiten Weltkrieg und ermöglicht andererseits den zivilen Luftverkehr unserer Tage und Erkundungen des interplanetaren und des interstellaren Raums.[1563]

8 QUELLEN UND LITERATURLISTE

8.1 QUELLEN
8.1.1 SCHRIFTLICHE QUELLEN

Archiv des Herbart-Gymnasiums, Oldenburg (HerbartGym OL)
Entlassungsprüfungen Ostern 1891 in Mathematik, Physik, Chemie, Englisch und Französisch
Oberrealschule Oldenburg (Hg.): Festschrift zum 50jährigen Bestehen der Ober-Realschule und Vorschule zu Oldenburg, Oldenburg 1894.
Oberrealschule Oldenburg (Hg.): Jahresberichte der städtischen Ober-Realschule und Vorschule zu Oldenburg 1888 bis 1892.

Archiv des Landesmuseums Oldenburg (LM OL, NL Schütte)
Nachlass von Professor Dr.-Ing. e. h. Johann Heinrich Schütte.

Archiv des Landesmuseums für Arbeit und Technik, Mannheim (LMAT Mannheim)
756 SL   Korrespondenz Georg Christians, Fa. Schütte-Lanz, Rheinau 1909–1919.
     Interview von Dorothea Haaland mit Dorothea Temmler, geb. Schütte am 15.01.1985.

Archiv des Zeppelin-Museums, Friedrichshafen (ZM Friedrichshafen)
LZA   Archiv der Luftschiffbau Zeppelin GmbH

Bundesarchiv, Koblenz (BA Koblenz)
N1103/281-332   Nachlass August Euler, Handakten als Unterstaatssekretär und Staatssekretär.

Bundesarchiv, Berlin-Lichterfelde (BA Berlin-Lichterfelde)
R 5   Reichsverkehrsministerium
R 8034   Pressearchiv des Reichslandbundes

Geheimes Staatsarchiv Preußischer Kulturbesitz, Berlin Dahlem (G Sta PK)
BPH Rep 53   Brandenburg-Preußisches Hausarchiv, Personalrepositur Kaiser Wilhelm
I. HA Rep 76   Ministerium der geistlichen, Unterrichts- und Medizinal-Angelegenheiten

I. HA Rep. 89   Geheimes Zivilkabinett, jüngere Periode
VI. NL Althoff   Nachlass Althoff

Generallandesarchiv Karlsruhe (GLA Karlsruhe)
Best. 235   Ministerium des Kultus und Unterrichts

Materialien Jan George, Berlin (MatGeorge)

Materialien Dr. Jandirk Schütte, Oldenburg (MatSchütte)
Bescheinigung der „heiligen Frau Latte" in Danzig
Interview von Christian Salewski und Reinhard Meiners mit Jandirk Schütte am 22.07.2003
Schütte, Jandirk: Lebensübersicht meines Vaters Dr. Wilhelm Schütte.

Staatsarchiv Bremen (StA Bremen)
Best. 7, 2010   Norddeutscher Lloyd

Staatsarchiv Gdańsk, Polen (StA Gdańsk)
Best. APG I/7   Königliches Oberpräsidium von West-Preußen
Best. APG 98?/544   Technische Hochschule in Danzig

Staatsarchiv Oldenburg (StA Oldenburg)
Best. 134   Ministerium der Kirchen und Schulen
Best. 265   Oldenburgische Industrie- und Handelskammer.
A 1,2   Staatsdienerverzeichnis
A II   Staatsdienerverzeichnis, Justiz und Verwaltungsbeamte

Stadtarchiv Bremerhaven (Stadtarchiv Bhv.)
Meldekartei Alt-Bremerhaven

8.1.2 GEDRUCKTE QUELLEN
8.1.2.1 MONOGRAPHIEN UND AUFSÄTZE

Amtlicher Führer für die Deutsche Schiffbauausstellung, Berlin 1908.

Assmann, Richard; Berson, Hugo: Wissenschaftliche Luftfahrten, Bd. 1: Geschichte und Beobachtungsmaterial, Braunschweig 1898.

Brand, Artur: Das Beamtenrecht: Die Rechtsverhältnisse der preussischen mittelbaren und unmittelbaren Staatsbeamten, (Handbücher des Preußischen Verwaltungsrechts ; Bd. 5), Berlin 1914.

Delbrück, Clemens von; Delbrück, Joachim von: Die wirtschaftliche Mobilmachung in Deutschland 1914. München, 1924.

Deutsche Petroleum-Verkaufs-Gesellschaft: Das Reichs-Petroleum-Monopol und die Deutsch-Amerikanische Petroleum-Gesellschaft, Hamburg 1912.

Deutsche Schiffbau Ausstellung, Berlin 1908, Hamburg 1908.

Dieterich, Georg: Der Luftschiffbau Schütte-Lanz, in: Schütte, Johann Heinrich (Hg.:) Der Luftschiffbau Schütte-Lanz 1909–1925, München und Berlin 1926, S. 125–136.

Drews, Berta: Wohin des Wegs. Erinnerungen, München 1986.

Dürr, Ludwig: Fünfundzwanzig Jahre Zeppel-Luftschiffbau, in: Kleinheins, Peter; Meighörner (Hg.): Die Grossen Zeppeline. Die Geschichte des Luftschiffbaus, 3. überarb. Auflage, Berlin 2005, S. 27–112.

Eckener, Hugo: Graf Zeppelin, Stuttgart 1938.

Flamm, Oswald: Schiffbau: seine Geschichte und seine Entwicklung, (Handel, Industrie und Verkehr in Einzeldarstellungen, 10), Berlin 1907.

Gentzcke, Fritz: Leichtkonstruktionen des Luftschiffbaus Schütte-Lanz, in: Schütte, Jahrbuch der Schiffbautechnischen Gesellschaft, Abschied von Johann Schütte, Berlin 1941, S. 67–78.

Hahn, Willy: Für mein Vaterland! Das gegenwärtige Militärflugwesen und die Militärluftschiffahrt der europäischen Großmächte, Berlin 1913.

Hearne, R. P.: Der Luftkrieg, Berlin 1909.

Heinrich, Johann: Der Luftschiffbau Schütte-Lanz 1909–1925, S. 75–93.

Hildebrandt, Alfred: Die Luftschiffahrt nach ihrer geschichtlichen und gegenwärtigen Entwicklung, München/Berlin 1907.

Hildebrandt, Alfred: Die Begriffsbestimmungen für die Luftfahrt, in: Fischer von Poturzyn, Friedrich Andreas; Jurinek, Josef M. (Hg.): Jahrbuch für Luftverkehr 1924. München 1924, S. 129–138.

Hillmann, Wilhelm: Der Flugzeugbau Schütte-Lanz nebst einem Beitrag zu Frage des transozeanischen Luftverkehrs, Berlin 1928.

Hillmann, Wilhelm: Der Großflugzeugbau des Luftschiffbaus Schütte-Lanz, in: Schütte, Johann Heinrich: Der Luftschiffbau Schütte-Lanz 1909–1925, München und Berlin, S. 114–118.

Hof- und Staats-Handbuch des Großherzogs von Oldenburg, Jg. 1875, 1885, 1900, 1912 und 1915.

Hull, William I.: The Two Hague Conferences and Their Contribution to International Law, New York 1970 (Neudruck der Ausgabe von 1908).

Jansen, Günther: Großherzog Nicolaus Friedrich Peter von Oldenburg. Erinnerungen aus dem Jahren 1864–1900, Oldenburg, Leipzig 1903.

Lersner, Curt Freiherr von: Versailles! Volkskommentar des Friedensdiktats. Berlin 1923.

Lexis, Wilhelm (Hg.): Das Unterrichtswesen im Deutschen Reich, IV. Bd.: Das Technische Unterrichtswesen, 1. Teil: Die Technischen Hochschulen im Deutschen Reich, Berlin 1904.

Marhefka, Edmund (Hg.): Der Waffenstillstand 1918–1919. Das Dokumentenmaterial der Waffenstillstandsverhandlungen von Compiègne, Spa, Trier und Brüssel. Notenwechsel, Verhandlungsprotokolle, Verträge, Gesamttätigkeitsübersicht. 3. Bde., Berlin 1928.

Martin, Rudolf: Berlin-Bagdad. Das deutsche Weltreich im Zeitalter der Luftschiffahrt, Berlin 1913.

Militärgeschichtliches Forschungsamt (Hg.): Die Militärluftfahrt bis zum Beginn des Weltkrieges 1914. Anlagenband, 2. Aufl., Frankfurt/Main 1966.

Moedebeck, Hermann: Die Luftschiffahrt. Ihre Vergangenheit und Zukunft insbes. das Luftschiff im Verkehr und Kriege, Straßburg 1906.

N. N. [vermutl. Norddeutscher Lloyd (Hg.)]: History and Organisation, Bremen vermutl. um 1911.

Niemeyer, Theodor; Strupp, Karl (Hg.): Die völkerrechtlichen Urkunden des Weltkrieges. VI. Band: Die Friedensschlüsse 1918–1921. Jahrbuch des Völkerrechts, VIII. Band, München Leipzig 1922.

Neubaur, Paul: Der Norddeutsche Lloyd 50 Jahre der Entwicklung. 1897–1907, 2. Bd., Leipzig 1907.

Parseval, August von: Die Mechanik des Vogelflugs, Wiesbaden 1874.

Prandtl, Ludwig: Über Flüssigkeitsbewegungen bei sehr kleiner Reibung, in: Verhandlungen des III. Internationalen Mathematiker-Kongresses, Heidelberg 1904, Leipzig 1905, S. 484–491.

Riedler, Alois: Amerikanische technische Lehranstalten. Bericht im Auftrag des Kultus-Ministers, Berlin 1893.

Roeser, Kurt: Aus der Geschichte des Starrluftschiffbaus, in: Schütte, Johann Heinrich (Hg.:) Der Luftschiffbau Schütte-Lanz 1909–1925, München und Berlin 1926, S. 137–150.

Schütte, Johann Heinrich: Der Einfluss der Schlingerkiele auf den Widerstand und die Rollbewegung der Schiffe in ruhigem Wasser, in: Jahrbuch der Schiffbautechnischen Gesellschaft, 4. Bd. 1903, S. 341–378.

Schütte, Johann Heinrich (Hg.): Der Luftschiffbau Schütte-Lanz 1909–1925, München und Berlin 1926.

Schütte, Johann Heinrich: Die Schleppversuchsstation des Norddeutschen Lloyd in Bremerhaven, Schiffbau, Zeitschrift für die gesamte Industrie auf schiffbautechnischen und verwandten Gebieten, 1 (1900), S. 737 und, 2 (1901) S. 1 und 203.

Schütte, Johann Heinrich: Untersuchungen über Hinterschiffsformen, speziell über Wellenaustritte, in: Jahrbuch der Schiffbautechnischen Gesellschaft, 2, 1902, S. 332–370.

Schütte, Johann Heinrich: Vorwort, in: Schütte, Johann Heinrich (Hg.:) Der Luftschiffbau Schütte-Lanz 1909–1925, München und Berlin 1926, S. 1–9.

Seherr-Thoss, Hans Christoph Graf von (Hg.): Zwei Männer – Ein Stern. Gottlieb Daimler und Karl Benz in Bildern Daten und Dokumenten, Düsseldorf 1984.

Siemens, Werner von: Lebenserinnerungen, 13. Auflage, Berlin 1938.

Sophokles: Antigone, übersetzt von Barthel, Ludwig Friedrich, München 1926, S. 14.

Schwarz, Tjard; Halle, Ernst von: Die Schiffbauindustrie in Deutschland und im Ausland. Erstmaliger Reprint d. Ausg. Berlin, Mittler, von 1902, Düsseldorf o. J.

Tissandier, Gaston: Le grand Ballon captif a Vapeur de M. Henry Giffard, Paris 1879.

Weiß, Georg; Gentzcke, Fritz: Entwurf und Festigkeitsrechnung der Schütte-Lanz-Luftschiffe vom Luftschiffbau Schütte-Lanz, in: Schütte, Johann Heinrich: Der Luftschiffbau Schütte-Lanz 1909–1925, München und Berlin, S. 36–62.

Wells, George Herbert: A War in the Air and particularly how Mr. Bert Smallways fared while it lasted, London 1908.

8.1.2.2 ZEITUNGEN

Aschaffenburger Zeitung, Aschaffenburg
Badischer Generalanzeiger, Mannheim
Berliner Neueste Nachrichten, Berlin
Berliner Zeitung am Mittag, Berlin
Danziger Neueste Nachrichten, Danzig
Generalanzeiger für Oldenburg und Ostfriesland, Oldenburg
Mannheimer Lokalanzeiger, Mannheim
Mannheimer Tageblatt, Mannheim
Mannheimer Volksstimme, Mannheim
Nachrichten für Stadt und Land, Oldenburg
Oldenburger Nachrichten, Oldenburg
New York Times, New York
Die Post, Berlin
Der Tag, Berlin

8.1.3 AUSKUNFTSPERSONEN

Dr. Harmut Bickelmann, Bremerhaven
Dr. Reinhard Meiners, Großenkneten
Eva Pingel, Bremen
Dr. Jandirk Schütte, Oldenburg
Marion Stiller, Ärztin, Hamburg

8.2 LITERATUR
8.2.1 NACHSCHLAGEWERKE

Dickmann, Carsten; Albrecht, Eckard; Nistal Mathias u. a. [Hg.]: Staatsdienerverzeichnis 1859–1930: Die höheren Beamten des Großherzogs und Freistaats Oldenburg mit den Landesteilen Oldenburg, Lübeck und Birkenfeld (Veröffentlichungen der Niedersächsischen Archiverwaltung. Inventare und kleinere Schriften des Staatsarchivs 40) Oldenburg 1995.

Oldenburger Häuserbuch, Teil 2, Straßen der Stadt Oldenburg, die im Jahr 1920 zur Stadt zählten und noch nicht im ersten Oldenburger Häuserbuch beschrieben sind, Bd. 2: Dwostraße-Kurze Straße, Oldenburg 2000.

8.2.2 MONOGRAPHIEN UND SAMMELBÄNDE

Afflerbach, Holger: Die militärische Planung des Deutschen Reichs im Ersten Weltkrieg, in: Michalka, Wolfgang (Hg.): Der Erste Weltkrieg. Wirkung, Wahrnehmung, Analyse. München 1994, S. 280–317.

Ambrosius, Gerold: Von Kriegswirtschaft zu Kriegswirtschaft (1914–1945), in: North, Michael: Deutsche Wirtschaftsgeschichte. Ein Jahrtausend im Überblick, München 2000, S. 282–350.

Bach, Martin: Luftfahrtindustrie im Ersten Weltkrieg. Mobilisierung und Demobilisierung der britischen und deutschen Luftfahrtindustrie im Ersten Weltkrieg, Phil. Diss. Universität München, Allershausen 2003.

Barton, William: Bibliographie der oldenburgischen Presse. Teil I. Die Zeitungen. Abschnitt 1. Die Zeitungen der kreisfreien Städte Oldenburg, Wilhelmshaven, Delmenhorst. Oldenburger Jahrbuch, Bd. 57, Teil 1, Oldenburg 1958, S. 41–80.

Berghoff, Hartmut: Moderne Unternehmensgeschichte. Eine themen- und theorieorientierte Einführung, Paderborn 2004.

Berlepsch, Hans-Jörg von: Die Wiederentdeckung des „wirklichen Menschen" in der Geschichte. Neuere biographische Literatur, in: Archiv für Sozialgeschichte 29 (1989), S. 488–510.

Bethke, Martin: Macht und Ohnmacht der Worte, Phil. Diss. Universität Jena, Lübeck 2001, http://www.db-thueringen.de/servlets/Derivate-Servlet/Derivate-1250/diss.pdf, 13.04.2006, S. 273

Bickelmann, Hartmut: Schütte, Johann, in: Bickelmann, Hartmut: Bremerhavener Persönlichkeiten aus vier Jahrhunderten. Ein Biographisches Lexikon, Bremerhaven 2002, S. 279–280.

Blank, Hartmut: Strategischer Luftkrieg gegen Deutschland 1914–1918, http://www.erster-weltkrieg.clio-online.de/_Rainbow/documents/einzelne/Luftkrieg14_181.pdf.

Bleibler, Jürgen: Starrluftschiffprojekte in Deutschland 1908 bis 1914, in: Meighörner Wolfgang (Hg.): Luftschiffe, die nie gebaut wurden, Friedrichshafen 2002, S. 30–53.

Bordieu, Pierre: Die biographische Illusion, in: BIOS. Zeitschrift für Biographieforschung, oral history und Lebensverlaufsanalysen, 3 (1990), S. 75–81.

Botting, Douglas: Die Luftschiffe, Eltville am Rhein 1993.

Braun, Kim: Die Luftschiffhäfen Niedersachsens, in: Meyer, Lioba (Red.): Der Traum vom Fliegen, Johann Schütte – Ein Pionier der Luftschifffahrt, Oldenburg 2000, S. 202–221.

Brenner, Wolfgang: Walther Rathenau. Deutscher und Jude, 2. Aufl., München 2006.

Brocke, Bernhard vom: Hochschul- und Wissenschaftspolitik in Preußen und im Deutschen Kaiserreich 1882–1907: das „System Althoff", in: Baumgart, Peter (Hg.): Bildungspolitik in Preußen zur Zeit des

Kaiserreichs, (Preußen in der Geschichte, Bd. 1: Bildungspolitik in Preußen zur Zeit des Kaiserreichs), Stuttgart 1980, S. 9–118.

Budraß, Lutz: Flugzeugindustrie und Luftrüstung in Deutschland 1918–1945, Düsseldorf 1998.

Burchardt, Lothar: Wissenschaftspolitik im Wilhelminischen Deutschland. Vorgeschichte, Gründung und Aufbau der Kaiser-Wilhelm-Gesellschaft zur Förderung der Wissenschaften, (Studien zur Naturwissenschaft, Technik und Wirtschaft im Neunzehnten Jahrhundert. Forschungsunternehmen „Neunzehntes Jahrhundert" der Fritz Thyssen Stiftung, Bd. 1), Göttingen 1975.

Burger, Oswald: Zeppelin und die Rüstungsindustrie am Bodensee, in: 1999. Zeitschrift für Sozialgeschichte des 20. und 21. Jahrhunderts 2 (1987), Heft 1, S. 8–49, und Heft 2, S. 2–87.

Burns, James Macgregor: Roosevelt: The Lion and The Fox, San Diego, New York, London 1996.

Bußmann, Walter: Staat, Technik und Gesellschaft: zur Geschichte der Fridericiana im 19. Jahrhundert, in: Universität Karlsruhe (Hg.): 150 Jahre Universität Karlsruhe, Karlsruhe 1974, S. 7–21.

Chamberlain, G. A.: Airships – Cardington, Lavenham 1984.

Cieslak, Edmund; Biernat, Czesław: History of Gdañsk, Gdañsk 1988.

Clausberg, Karl: Zeppelin. Geschichte eines unwahrscheinlichen Erfolges, München 1979.

Cleveland, Carl: Boeing Trivia, Seattle 1989.

Dülffer, Jost: Kriegserwartung und Kriegsbild in Deutschland vor 1914, in: Michalka, Wolfgang (Hg.): Der Erste Weltkrieg. Wirkung, Wahrnehmung, Analyse. München 1994, S. 778–798.

Dursthoff, Wilhelm: Zum Gedächtnis an Professor Dr. Ing. e. h. Johann Schütte, geboren zu Oldenburg am 26. Februar 1873. Ansprache am Schloßsaalabend anläßlich der 100. Wiederkehr seines Geburtstages, in: Oldenburger Jahrbuch 73 (1973), Teil II., S. 35–40.

Eberspächer, Cord; Wiechmann, Gerhard: Admiral Eduard von Knorr (1840–1920). Eine Karriere in der neuen Elite der Seeoffiziere in Preußen-Deutschland, in: Führer, Karl, Christian; Hagemann, Karen; Kundrus, Birthe (Hg.): Eliten im Wandel. Gesellschaftliche Führungsschichten im 19. und 20. Jahrhundert. Für Klaus Saul zum 65. Geburtstag, Münster 2004, S. 239–257.

Ebert, Hans J.; Kaiser, Johann B.; Peters, Klaus: Willy Messerschmitt – Pionier der Luftfahrt und des Leichtbaues. Eine Biographie, (Die deutsche Luftfahrt: Buchreihe über die deutsche Luftfahrtechnik), Bonn 1992.

Eckhardt, Albrecht: Der konstitutionelle Staat (1848–1918), in: Eckhardt, Albrecht (Hg.): Geschichte des Landes Oldenburg. Ein Handbuch, Oldenburg 1987, S. 333–402.

Eichler, Jürgen: Luftschiffe und Luftschiffahrt, Berlin 1993.

Ewald, Gustav: Theodor Kober, der erste Ingenieur des Grafen Zeppelin 1892–1894 und der Flugzeugbauer vom Bodensee 1912–1919, Friedrichshafen 1971.

Feldman, Gerald D.: Armee, Industrie und Arbeiterschaft in Deutschland, 1914–1918, Berlin 1985.

Fischer, Fritz: Griff nach der Weltmacht. Die Kriegszielpolitik des kaiserlichen Deutschland 1914/18. Nachdr. der Sonderausgabe 1967, Düsseldorf 1984.

Franz, Herbert: Marine-Überwasserschiffe, in: Scholl, Lars U. (Hg.): Technikgeschichte des industriellen Schiffbaus in Deutschland, Bd. 1.: Handelsschiffe, Marine-Überwasserschiffe, U-Boote, Hamburg 1994, S. 91–151.

Fritzsche, Peter: A nation of fliers. German Aviation and the Popular Imagination, Cambridge, London 1992.

Friedrich, Jörg: Der Brand. Deutschland im Bombenkrieg 1940–1945, Berlin 2002.

Geiss, Immanuel: Der lange Weg in die Katastrophe. Die Vorgeschichte des Ersten Weltkriegs 1914–1918, München 1990.

Gersdorff, Kyrill von: Ludwig Bölkow und sein Werk – Ottobrunner Innovationen, (Die deutsche Luftfahrt: Buchreihe über Entwicklungsgeschichte der deutschen Luftfahrtechnik), Koblenz 1987.

Gestrich, Andreas: Einleitung: Sozialhistorische Biographieforschung, in: Gestrich, Andreas; Knoch, P.; Merkel, H. (Hg.): Biographie – sozialgeschichtlich, Göttingen 1988, S. 5–29.

Gispen, Kees: Die deutsche Ingenieurselite, 1840–1930: Eine Analyse der Nachrufe, in: Lundgreen, Peter; Grelon, André: Ingenieure in Deutschland, 1770 bis 1990, (Deutsch-französische Studien zur Industriegesellschaft; Bd. 17), Frankfurt/New York 1994, S. 221–241.

Gispen, Kees; Lundgreen, Peter: Das Bild des Ingenieurs im 19. Jahrhundert, in: Salewski, Michael; Stölken-Fitschgen, Ilona: Moderne Zeiten. Technik und Zeitgeist im 19. und 20. Jahrhundert, Stuttgart 1994, S. 17–24.

Gizewski, Christian: Zur Geschichte der Studentenschaft der Technischen Universität Berlin seit 1879, in: Rürup, Reinhard (Hg.): Wissenschaft und Gesellschaft. Beiträge zur Geschichte der Technischen Universität Berlin 1879–1979, 1. Bd., Berlin, New York, Heidelberg 1979, S. 115–169.

Gladen, Paulgehard: Gaudeamus igitur. Die studentische Verbindung einst und jetzt. München 1986.

Granier, Gerhard: Das Bundesarchiv und seine Bestände, 3. erg. und neu bearb. Auflage, Boppard am Rhein 1977.

Günther, Wolfgang; Günther-Arndt, Hilke: Strukturwandel der Gesellschaft und Schulsysteme in Oldenburg. Soziale Herkunft der höheren Schüler und Karrierepläne oldenburgischer Abiturienten 1870–1933, in: Günther, Wolfgang (Hg.): Sozialer und politischer Wandel in Oldenburg. Studien zur Regionalgeschichte vom 17. bis 20. Jahrhundert, (Schriftenreihe der Universität Oldenburg), Oldenburg 1981, S. 75–112.

Haaland, Dorothea: Ballone, in: Haaland, Dorothea; Knäusel, Hans Georg; Schmitt, Günther; Seifert, Jürgen: Leichter als Luft – Ballone und Luftschiffe, (Die deutsche Luftfahrt Band 26), Bonn 1997, S. 18–69.

Haaland, Dorothea: Der Luftschiffbau Schütte-Lanz Mannheim-Rheinau (1909–1925). Die Geschichte einer Idee als zeitlich räumlicher Prozeß, Phil. Diss. Universität Mannheim 1986, 2. überarb. Aufl., (Südwestdeutsche Schriften 4), Mannheim 1996.

Hanke, Heinz Markus: Luftkrieg und Zivilbevölkerung: der kriegsvölkerrechtliche Schutz der Zivilbevölkerung gegen Luftbombardements von den Anfängen bis zum Ausbruch des Zweiten Weltkrieges, Frankfurt/Main 1991.

Hebert, Günther: Die Einsatzdoktrin der Deutschen Militärluftschiffahrt im Ersten Weltkrieg, in: Meighörner, Wolfgang (Hg.): Zeppelin und Frankreich. Szenen einer Hassliebe, Friedrichshafen 1998, S. 88–121.

Hebert, Günther: Militärluftschiff-Projekte der Zwanziger und Dreißiger Jahre in Deutschland und den USA, in: Meighörner, Wolfgang (Hg.): Luftschiffe, die nie gebaut wurden, Friedrichshafen 2002, S. 66–67.

Henderson, Wayne; Benjamin, Scott: Standard Oil. The first 125 years, Osceola 1996.

Henkel, Anne-Katrin: „Ein besseres Loos zu erringen, als das bisherige war“: Ursachen, Verlauf und Folgewirkungen der hannoverschen Auswanderungsbewegung im 18. und 19. Jahrhundert, Hannover 1996.

Henschke, Werner (Hg.): Schiffbautechnisches Handbuch, 2. erw. und völlig neubearb. Aufl., Bd. 3., Berlin/Ost 1958.

Herbert, Jürgen: Theobald von Bethmann Hollweg in der europäischen Krise im Juli 1914 – im Spiegel der Historiographie: ein kritischer Beitrag zur Geschichtswissenschaft, Frankfurt/Main und Herrchen 1989.

Herbert, Ulrich: Best. Biographische Studien über Radikalismus, Weltanschauung und Vernunft 1903–1989, Bonn 1996.

Herrmann, David G.: The Arming of Europe and the Making of the First World War, Princeton 1996.

Italiaander, Rolf: Ein Deutscher namens Eckener. Luftfahrtpionier und Friedenspolitiker vom Kaiserreich bis in die Bundesrepublik, Konstanz 1981.

Joll, James: Die Ursprünge des Ersten Weltkriegs, München 1988.

Just, Michael: Ost- und südosteuropäische Amerikawanderung 1881–1914. Transitprobleme in Deutschland und Aufnahme in den Vereinigten Staaten, Stuttgart 1988.

Kiesewetter, Hubert: Industrielle Revolution in Deutschland 1815–1914, (Neuere historische Bibliothek, edition suhrkamp, Neue Folge, 539), Frankfurt/Main 1989.

Klages, Helmut; Hortleder, Gert: Gesellschaftsbild und soziales Selbstverständnis des Ingenieurs im 19. und 20. Jahrhundert, in: Lundgreen, Peter; Grelon, André (Hg.): Ingenieure in Deutschland, 1770–1990, (Deutsch-französische Studien zur Industriegesellschaft, Bd. 17.), Frankfurt/Main, New York 1994, S. 269–293.

Klagholz, Bernd: Der Tag von Echterdingen: Zeppelin LZ 4 auf den Fildern; Katastrophe und Neubeginn der Luftschiffahrt, (Veröffentlichungen des Stadtarchivs Leinfelden-Echterdingen 5), Leinenfeld-Echterdingen 1998.

Kleinheins, Peter; Meighörner (Hg.): Die Grossen Zeppeline. Die Geschichte des Luftschiffbaus, 3. überarb. Auflage, Berlin 2005.
Knäusel, Hans G.: LZ 1. Der erste Zeppelin. Geschichte einer Idee 1874–1908, Bonn 1985.

Knäusel, Hans G.: Unternehmen Zeppelin. Geschichte eines Konzerns, Bonn 1994.

Knäusel, Hans G.: Zeppelin: Die Geschichte der Zeppelin-Luftschiffe. Konstrukteure, Technik, Unternehmen. 2. durchges. Aufl., Oberhaching 2002.

Kocka, Jürgen: Klassengesellschaft im Krieg, 2. durchges. und erg. Aufl., (Kritische Studien zur Geschichtswissenschaft 8), Göttingen 1978.

Kocka, Jürgen: Unternehmensverwaltung und Angestelltenschaft am Beispiel Siemens 1847–1914: zum Verhältnis von Kapitalismus und Bürokratie, (Industrielle Welt 11), Stuttgart 1969.

Kocka, Jürgen: Unternehmer in der deutschen Industrialisierung, (Kleine Vandenhoek-Reihe 1412), Göttingen 1975.

Köhler, Dieter H.: Ernst Heinkel – Pionier der Schnellflugzeuge. Eine Biographie, (Die deutsche Luftfahrt. Buchreihe über die Entwicklungsgeschichte der deutschen Luftfahrttechnik), Bonn 1999.

König, Wolfgang: Nichttechnische Studienanteile in der Ingenieurausbildung: ein historischer Überblick über die Entwicklung in Deutschland, in: Fricke, E. (Hg.): Interdisziplinäre Technikforschung und Ingenieurausbildung: Konzepte und Erfahrungen aus Deutschland, Österreich und den USA, (Forum Humane Technikgestaltung 6), Bonn 1992, S. 19–26.

König, Wolfgang: Der Verein Deutscher Ingenieure und seine Berufspolitik, in: Lundgreen, Peter; Grelon, André (Hg.): Ingenieure in Deutschland, 1770–1990, (Deutsch-französische Studien zur Industriegesellschaft 17), Frankfurt/Main 1994, S. 304–315.

Körtge, Herbert: Schiffbautechnische Versuche des Norddeutschen Lloyd, in: Nordseekalender 1999, S. 76–78.

Kolb, Eberhardt: Die Weimarer Republik, 6. überarb. und erw. Aufl., München 2002.

Kranzhoff, Jörg Armin: Edmund Rumpler – Wegbereiter der industriellen Flugzeugfertigung, (Die deutschen Luftfahrt 32), Bonn 2004.

Kroschel, Günther; Stützer, Helmut: Die deutschen Militärflugzeuge 1910–1918, Wilhelmshaven 1977.

Krüger, Peter: Versailles. Deutsche Außenpolitik zwischen Revisionismus und Friedenssicherung, München 1986.

Kuropka, Joachim: Die britische Luftkriegskonzeption gegen Deutschland im Ersten Weltkrieg, in: Militärgeschichtliche Mitteilungen 27 (1980), S. 7–24.

Layman, R. D.: The Cuxhaven Raid, London 1985.

Lehmann, Eike: 100 Jahre Schiffbautechnische Gesellschaft. Biografien zur Geschichte des Schiffbaus, Berlin 1999, S. 458–459.

Lehmann, Eike: Die konstruktive Entwicklung der Seeschiffe, in:

Scholl, Lars U. (Hg.): Technikgeschichte des industriellen Schiffbaus in Deutschland. Bd. 1: Handelsschiffe, Marine-Überwasserschiffe, U-Boote, Hamburg 1994, S. 9–90.

Lehmann, Eike: Schiffbautechnische Forschung in Deutschland. Gestern und heute. Die deutschen Schiffbauversuchsanstalten. (Edition Schiff & Hafen, Bd. 4.), Hamburg 2003.

LeGoff, Jacques: Wie schreibt man eine Biografie? In: Braudel, Fernand (Hg.): Der Historiker als Menschenfresser. Über den Beruf als Historiker, Berlin 1990, S. 103–112.

Leonhardt, Wolfgang: Karl Jathos erster Motorflug 1903: 100 Jahre Fluggeschichte in Hannover und Langenhagen: Ballon, Zeppelin, Segelflug, Raketen, Flughafen, Hannover 2003.

Lichtenstein, Claude (Hg.): Stromlinienform. 2. überarb. Aufl., (Wegleitung/Museum für Gestaltung, Zürich 384), Baden 1993.

Lorenz, Hans-Jürgen: Von der Höheren Bürgerschule zum Herbartgymnasium, Phil. Diss. Univ. Oldenburg, (Regionale Schulgeschichte Bd. 8), Oldenburg 2000.

Lundgreen, Peter: Das Bild des Ingenieurs im 19. Jahrhunderts, in: Salewski, Michael; Stölken-Fitschgen, Ilona: Moderne Zeiten. Technik und Zeitgeist im 19. und 20. Jahrhundert, (Historische Mitteilungen, Beiheft 8), Stuttgart 1994, S. 17–24.

Lundgreen, Peter: Die Ausbildung von Ingenieuren an Fachschulen und Hochschulen in Deutschland, 1770 bis 1990, in: Lundgreen, Peter; Grelon, André: Ingenieure in Deutschland, 1770 bis 1990, (Deutsch-französische Studien zur Industriegesellschaft; Bd. 17), Frankfurt/New York 1994, S. 13–78.

Lundgreen, Peter: Natur- und Technikwissenschaften an deutschen Hochschulen, 1870–1970: Einige quantitative Entwicklungen, in: Rürup, Reinhard (Hg.): Wissenschaft und Gesellschaft. Beiträge zur Geschichte der Technischen Universität Berlin 1879–1979, 1. Bd., Berlin, New York, Heidelberg 1979, S. 210–230.

Mai, Gunther: Das Ende des Kaiserreichs. Politik und Kriegsführung im Ersten Weltkrieg, 2. Aufl., München 1993.

Mai, Gunther: „Verteidigungskrieg" und „Volksgemeinschaft". Staatliche Selbstbehauptung, nationale Solidarität und soziale Befreiung in Deutschland in der Zeit des Ersten Weltkrieges, in: Michalka, Wolfgang (Hg.): Der Erste Weltkrieg. Wirkung, Wahrnehmung, Analyse. München 1994, S. 583–602.

Manegold, Karl-Heinz: Die Technische Hochschule Danzig im Rahmen der deutschen Hochschulgeschichte, in: Gesellschaft der Freunde der Technischen Hochschule Danzig (Hg.): Beiträge und Dokumente zur Geschichte der Technischen Hochschule Danzig 1904–1945, Hannover 1979, S. 11–27.

Manegold, Karl-Heinz: Der VDI in der Phase der Hochindustrialisierung, in: Ludwig, Karl-Heinz (Hg.): Technik, Ingenieure und Gesellschaft. Geschichte des Vereins Deutscher Ingenieure 1856–1981, Düsseldorf 1981, S.133–166.

Marienfeld, Wolfgang: Wissenschaft und Schlachtflottenbau 1897–1906, Marinerundschau Beiheft 2, Frankfurt/Main 1957.

Meighörner, Wolfgang (Hg): Der Graf 1938–1917, Friedrichshafen 2000.

Meighörner, Wolfgang: Grundlage des Erfolgs – Der Lenkbare Luftzug, in: Meighörner, Wolfgang (Hg.): Luftschiffe, die nie gebaut wurden, Friedrichshafen 2002, S. 12–29.

Meighörner, Wolfgang: Das „System Schütte-Lanz" im Ersten Weltkrieg, in: Meyer, Lioba (Red.): Der Traum vom Fliegen, Johann Schütte – Ein Pionier der Luftschifffahrt, Oldenburg 2000, S. 134–157.

Meighörner, Wolfgang (Hg.): Zeppelins Flieger, Tübingen/Berlin 2006.

Meighörner, Wolfgang: Zirkel, Zangen und Cellon von „Landfremden Elementen", Weisskitteln" und Generaldirektoren, in: Meighörner, Wolfgang (Hg.): Zirkel, Zangen und Cellon. Arbeit am Luftschiff, Friedrichshafen 1999, S. 11–26.

Meighörner-Schadt, Wolfgang: Wegbereiter des Weltluftverkehrs wider Willen. Die Geschichte des Zeppelin-Luftschifftyps „w", Friedrichshafen 1992.

Meighörner-Schadt, Wolfgang: „... die Welt der Wundergabe der Beherrschung des Luftmeeres schenken": die Geschichte des Luftschiffs LZ 2. (Schriften zur Geschichte der Zeppelin-Luftschiffahrt, 7), Friedrichshafen 1991.

Meiners, Reinhard; Meyer, Lioba; Post, Dieter: Johann Schütte: Der Erfinder der Stromlinie, in: Meyer, Lioba (Red.): Der Traum vom Fliegen, Johann Schütte – Ein Pionier der Luftschifffahrt, Oldenburg 2000, S. 98–133.

Meiners, Reinhard; Meyer, Lioba; Post, Dieter: Unternehmensgeschichte Luftschiffbau Schütte-Lanz, in: Meyer, Lioba (Red.): Der Traum vom Fliegen, Johann Schütte – Ein Pionier der Luftschifffahrt, Oldenburg 2000, S. 66–97.

Meyer, Henry Cord: Airshipmen, Businessmen and Politics 1890–1940, Washington 1991.

Meyer, Henry Cord: Militarismus und Nationalismus in Graf Zeppelins Luftschiff-Idee: Eine Studie zum Thema Psychologischer Kompensation, in: Meighörner, Wolfgang: Wissenschaftliches Jahrbuch des Zeppelin-Museums Friedrichshafen 1998, Friedrichshafen 1998, S. 29–66.

Meyer, Lioba: Das Industrie- und Arbeiterviertel in Osternburg, in: Schachtneider, Mathias: Osternburg ein Ort mit vielen Gesichtern, 2. korr. Auflage, Oldenburg 2001, S. 88–148.

Michalka, Wolfgang: Kriegsrohstoffbewirtschaftung. Walther Rathenau und die „kommende Wirtschaft", in: Michalka, Wolfgang (Hg.): Der Erste Weltkrieg. Wirkung, Wahrnehmung, Analyse, München 1994, S. 485–505.

Militärgeschichtliches Forschungsamt (Hg.): Die Militärluftfahrt bis zum Beginn des Weltkrieges 1914. Technischer Band, 2. Aufl., Frankfurt/Main 1966.

Militärgeschichtliches Forschungsamt (Hg.): Die Militärluftfahrt bis zum Beginn des Weltkrieges 1914. Textband, 2. Aufl., Frankfurt/Main 1966.

Mommsen, Wolfgang J.: Die Deutsche Kriegszielpolitik 1914–1918. Bemerkung zum Stand der Diskussion, in: Laquer, Walter (Hg.): Kriegsausbruch 1914. München 1967.

Morrow, John Howard jr.: Building German Airpower, 1904–1914, Knoxville 1976.

Morrow, John Howard jr.: German Airpower in World War I., Lincoln and London 1982.

Morrow, John Howard jr.: The Great War in the Air. Military Aviation from 1908 to 1921, Washington, London 1993.

Neitzel, Sönke: Die deutschen Luftangriffe auf feindliche Städte im Ersten und Zweiten Weltkrieg, in: historicum.net, 25.01.2004, http://www.bombenkrieg.historicum.net/themen/luftangriffe.html, 12.04.2006.

Neumann-Nieschlag, Werner: Im eigenen Haus, in: Neumann-Nieschlag, Werner: 200 Jahre Casino-Gesellschaft Oldenburg 1785–1985, Oldenburg 1985, S. 45–72, S. 59ff.

Niemann, Harry: Gottlieb Daimler. Fabriken, Banken und Motoren, Bielefeld 2000.

Nipperdey, Thomas: Deutsche Geschichte. 1866–1918, 1. Bd.: Arbeitswelt und Bürgergeist, Sonderausg., München 1998.

Nipperdey, Thomas: Deutsche Geschichte. 1866–1918, 2. Bd.: Machtstaat vor Demokratie, Sonderausg., München 1998.

Ostersehlte, Christian: Von Howaldt zu HDW, Hamburg 2004.

Ostersehlte, Christian: Kaiser Friedrich (1898). Zur Problematik eines Schnelldampfers des Norddeutschen Lloyd, in: Bremisches Jahrbuch 83 (2004), S. 127–180.

Peters, Dirk J.: Der Seeschiffbau in Bremerhaven von der Stadtgründung bis zum Ersten Weltkrieg, 2. unverändert. Aufl., (Veröffentlichungen des Stadtarchivs Bremerhaven, Bd. 7), Bremerhaven 1992.

Prandtl, Ludwig; Oertel, Herbert; Böhle Martin: Führer durch die Strömungslehre, 11. überarbeitete und erweiterte Auflage, Braunschweig [u. a.] 2002.

Pinker, Helmut: 100 Jahre Unterweser Bezirksverein des VDI, in: Verein

Deutscher Ingenieure (Hg.): 100 Jahre Unterweser Bezirksverein, Bremerhaven 2003, S. 6–12.

Radkau, Joachim: Industrialisierung und moderne Nervosität: Zur Mythologie und Wirklichkeit der Neurasthenie im Deutschen Kaiserreich, in: Milles, Dietrich (Hg.): Gesundheitsrisiken, Industriegesellschaft und soziale Sicherung in der Gesellschaft, Bremerhaven 1993, S. 363–385.

Rahn, Werner: Strategische Probleme der deutschen Seekriegsführung 1914–1918, in: Michalka, Wolfgang: Der Erste Weltkrieg. Wirkung, Wahrnehmung, Analyse. München 1994, S. 341–365.

Redlich, Fritz: Der Unternehmer. Wirtschafts- und sozialgeschichtliche Studien, Göttingen 1964.

Reeken, Dietmar von: Durchbruch der Moderne? Oldenburg 1880–1918, in: Seeber, Ekkehard (Hg.): Geschichte der Stadt Oldenburg, Bd. 2, Oldenburg 1996, S. 173–286.

Reichold, Helmut: Bismarcks Zaunkönige. Duodez im 20. Jahrhundert. Eine Studie zum Föderalismus im Bismarckreich, (Sammlung Schöningh zur Geschichte und Gegenwart), Paderborn 1977.

Reinders-Düselder, Christoph: Oldenburg im 19. Jahrhundert: Auf dem Weg zur selbstverwalteten Stadt 1830–1880, in: Seeber, Ekkehard (Hg.): Geschichte der Stadt Oldenburg, Bd. 2, Oldenburg 1996, S. 9–172.

Reinicke, Helmut: Deutschland hebt ab: Der Zeppelinkult – zur Sozialpathologie der Deutschen, Köln 1998.

Remmele, Bernd: Die maritime Geheimrüstung unter Kapitän zur See Lohmann, in: Militärgeschichtliche Mitteilungen 56 (1997), S. 313–376.

Ritter, Gerhard: Der Schlieffenplan. Kritik eines Mythos, München 1956.

Robinson, Douglas R.: The Zeppelin in Combat. A History of the German Naval Airship Division, 1912–1918, rev. Ed., London 1966.

Röckelein, Magrit: Der Beitrag der psychohistorischen Methode, in:

Röckelein, ,Margrit (Hg.): Biographie als Geschichte, (Forum Psychohistorie 1), Tübingen 1993.

Röhl, John C. G.: Vorsätzlicher Krieg? Die deutsche Politik im Juli 1914, in: Michalka, Wolfgang: Der Erste Weltkrieg: Wirkungen, Wahrnehmung, Analysen, München 1994, S. 194–209.

Röhl, John C. G.: Wilhelm II. Der Aufbau der persönlichen Monarchie: 1888–1900, München 2001.

Röhl, John C. G.: Wilhelm II. Die Jugend des Kaisers 1859–1888. München 1993.

Roth, Regina: Staat und Wirtschaft im Ersten Weltkrieg. Kriegsgesellschaften als kriegswirtschaftliche Steuerungsinstrumente, Phil. Diss. Tübingen 1995, (Schriften zur Wirtschafts- und Sozialgeschichte, Bd. 51), Berlin 1997.

Rotta, Julius C.: Die Aerodynamische Versuchsanstalt in Göttingen. Ihre Geschichte von den Anfängen bis 1925, Göttingen 1990.

Rürup, Reinhard: Die Technische Universität Berlin 1879–1979: Grundzüge und Probleme ihrer Geschichte, in: Rürup, Reinhard (Hg.): Wissenschaft und Gesellschaft. Beiträge zur Geschichte der Technischen Universität Berlin 1879–1979, 1. Bd., Berlin, New York, Heidelberg 1979, S. 3–30.

Ruhnau, Rüdiger: Der Schiffbau in Danzig und die Entwicklung der Werftindustrie, Stuttgart 1983.

Ruhnau, Rüdiger: Technische Hochschule Danzig 1904–1984, in: Wissenschaftliches Archiv der Freien und Hansestadt Danzig: Danziger Berichte, Heft 4, 1985.

Salewski, Christian R.: Der Aufbau und Betrieb eines wissenschaftlichen Archivs in einem nichtstaatlichen Museum, in: Reich, Gert; Meiners Reinhard (Hg.): „Unternehmen Museum", Oldenburg 2007, S. 223–240.

Schäfer, Hermann: Regionale Wirtschaftspolitik in der Kriegswirtschaft. Staat, Industrie und Verbände während des Ersten Weltkrieges in Baden, Phil. Diss. Universität Freiburg, (Veröffentlichungen der

Kommission für geschichtliche Landeskunde in Baden-Württemberg, Reihe B Forschungen, 95 Bd.), Stuttgart 1983.

Schieder, Theodor: Geschichte als Wissenschaft. Eine Einführung, 2. Aufl., München 1968.

Schieder, Wolfgang (Hg.): Erster Weltkrieg. Ursachen, Entstehung und Kriegsziele, Köln 1969.

Schilling, Heinz (Hg.): Bürgerliche Eliten in den Niederlanden und in Nordwestdeutschland: Studien zur Sozialgeschichte des europäischen Bürgertums im Mittelalter und in der Neuzeit, Köln [u. a.] 1985.

Schlesinger, Arthur Meier: The Age of Roosevelt, Bd. 1–3, Boston 2003.
Schmidt, Heinrich: Oldenburgische Geschichtsschreibung, in: Eckhardt, Albrecht (Hg.): Geschichte des Landes Oldenburg, Oldenburg 1987, S. 67–84.

Schmitt, Günther: Hugo Junkers. Ein Leben für die Technik, Planegg 1991.

Schnürer, Florian: Der Luftkrieg im Ersten Weltkrieg als Medienereignis: Die Berichterstattung der Londoner „Times" und der „Frankfurter Zeitung" im Vergleich (Abstract), http://www.uni-giessen.de/geschichte/pdf/luftkrieg.pdf.

Schoellgen, Gregor: Griff nach der Weltmacht? 25 Jahre Fischer-Kontroverse, in: Historisches Jahrbuch 106 (1986), S. 386–406.

Schölzel, Christian: Walther Rathenau. Eine Biographie. Teilw. zugl. Phil. Diss., Universität Leipzig 2002. Paderborn 2006.

Schnürer, Florian: Der Luftkrieg im Ersten Weltkrieg als Medienereignis: Die Berichterstattung der Londoner „Times" und der „Frankfurter Zeitung" im Vergleich (Abstract), http://www.uni-giessen.de/geschichte/pdf/luftkrieg.pdf.

Scholl, Lars U. (Hg.): Technikgeschichte des industriellen Schiffbaus in Deutschland, Hamburg 1994.

Schröder-Werle, Renate (Bearb.): Studentenstatistik (1879–1979), Tabelle 1: Studenten Hospitanten (Hörer nach § 34) und Frauen nach Abteilungen/Fakultäten und Hörer/Gastteilnehmer, Ausländer (1879–1979), in: Rürup, Reinhard (Hg.): Wissenschaft und Gesellschaft. Beiträge zur Geschichte der Technischen Universität Berlin 1879–1979, 1. Bd., Berlin, New York, Heidelberg 1979, S. 567–584.

Schulin, Ernst: Die Urkatastrophe des zwanzigsten Jahrhunderts, in: Michalka, Wolfgang: Der Erste Weltkrieg: Wirkungen, Wahrnehmung, Analysen, München 1994, S. 3–28.

Schulz, Andreas: Der „Gang der Natur" und die „Perfektabilität des Menschen". Wissensgrundlagen und Vorstellungen von Kindheit seit der Aufklärung, in: Gall, Lothar; Schulz, Andreas (Hg.): Wissenskommunikation im 19. Jahrhundert, (Nassauer Gespräche 6), Stuttgart 2003, S. 15–40.

Schwarzmüller, Theo: Otto von Bismarck, 2. Aufl., (DTV-Porträt), München 1998.

Schwarzmüller, Theo: Zwischen Kaiser und „Führer": Generalfeldmarschall August von Mackensen. Eine politische Biographie, München 2001.

Schwipps, Werner: Schwerer als Luft. Die Frühzeit der Flugtechnik in Deutschland. (Die deutsche Luftfahrt Band 8), Koblenz 1984.

Seemann, Birgit-Katharine: Das Konzept der „Elite(n)". Theorie und Anwendbarkeit in der Geschichtsschreibung, in: Führer, Karl Christian; Hagemann, Karen; Kundrus, Birthe (Hg.): Eliten im Wandel. Gesellschaftliche Führungsschichten im 19. und 20. Jahrhundert. Für Klaus Saul zum 65. Geburtstag, Münster 2004, S. 24–41.

Seggern, Andreas von: „Höhenflug eines großen Geistes": Betrachtungen zu Johann Schütte, in: Meyer, Lioba (Red.): Der Traum vom Fliegen, Johann Schütte – Ein Pionier der Luftschifffahrt, Oldenburg 2000, S. 34–65.

Serling, Robert: Legend and Legacy: The Story of Boeing and its People, New York 1992.

Simon, Christian: Kaiser Wilhelm II und die deutsche Wissenschaft, in: Röhl, John C. G. (Hg.): Der Ort Kaiser Wilhelms II. in der deutschen

Geschichte, (Schriften des Historisches Kollegs, Kolloquien 17), Oldenburg 1991, S. 91–110.

Smith, Richard K.: The Airships Akron and Macon, Annapolis/Maryland 1965.

Springer, Ralf: Biographische Studien zum Sozialreformer und Politiker Friedrich Schomerus, Phil. Diss. Universität Oldenburg, Oldenburg 2003.

Springer, Ralf: Karl Tappenbeck. Oldenburger von Beruf. Lebensweg und Tätigkeitsfelder eines Oldenburger Oberbürgermeisters in der Wilhelminischen Zeit, Oldenburg 2003.

Syon, Guillaume de: Zeppelin! Germany and the Airship, Baltimore 2002.

Szöllösi-Janze, Margit: Fritz Haber 1868–1934. Eine Biographie, München 1998.

Tasch, Dieter (Red.): Karl Jatho: ein Luftfahrtpionier aus Hannover. Ausstellung anlässlich des 90. Jahrestags des ersten motorgetriebenen Fluges am 18. August 1903 auf der Vahrenwalder Heide, Hannover 1993.

Taylor, Frederick: Dresden, Dienstag 13. Februar 1945. Militärische Logik oder blanker Terror, München 2005.
Thompson, Craig: Since Spindletop. A Human Story of Gulf's First Half-Century, Pittsburgh 1951.

Timmermann, Gerhard: Die Suche nach der günstigsten Schiffsform, Oldenburg, (Schriften des Deutschen Schiffahrtsmuseums 11), Hamburg 1979.

Trischler, Helmuth: Im Spannungsfeld von Individuum und Gesellschaft, Aufgaben, Themenfelder und Probleme technikbiographischer Forschung, in: Füßl, W.; Ittner, S. (Hg.): Biographie und Technikgeschichte (=BIOS-Sonderheft), Leverkusen 1998, S. 42–58.

Trischler, Helmuth: Luft- und Raumfahrtforschung in Deutschland 1900–1970. Politische Geschichte einer Wissenschaft, Frankfurt/New York 1992.

Trox, Eckhard (Hg.): Der Traum vom Fliegen. Carl Berg und die Luftschiffidee von Lüdenscheid bis Lakehurst, Lüdenscheid 2000.

Ulrich, Volker: Die nervöse Großmacht. Aufstieg und Untergang des deutschen Kaiserreichs 1871–1918, 3. Aufl., Frankfurt/Main 1999.

Verein Deutscher Ingenieure, Bezirk Unterweser (Hg.): 100 Jahre Unterweser Bezirksverein, Bremerhaven 2003.

Vierus, Dieter: Kabelleger aus aller Welt, Berlin/Ost 1989.

Vogt, Martin: „Illusionen als Tugend und kühle Beurteilung als Laster". Deutschlands „gute Gesellschaft" im Ersten Weltkrieg, in: Michalka, Wolfgang: Der Erste Weltkrieg. Wirkung, Wahrnehmung, Analyse, München 1994, S. 622–648.

Voigt, Johannes H. (Hg.): Festschrift zum 150jährigen Bestehen der Universität Stuttgart. Beiträge zur Geschichte der Universität, Stuttgart 1979.

Voigt, Johannes H.: Universität Stuttgart, Phasen ihrer Geschichte, Stuttgart 1981.

Wachtel, Joachim: Claude Dornier, ein Leben für die Luftfahrt, Friedrichshafen 1989.

Wagner, Ulrich: Bremen, Bremerhaven und die Auswanderung, in: Schulz, Karin (Hg.): Hoffnung Amerika. Europäische Auswanderung in die Neue Welt, Bremerhaven 1994, S. 49–70.

Wagner, Wolfgang: Hugo Junkers, Pionier der Luftfahrt – seine Flugzeuge, (Die deutsche Luftfahrt 24), München 1996.

Wangerin, Albert: Fachrichtungen für Schiffbau und Schiffsmaschinenbau, in: Gesellschaft der Freunde der Technischen Hochschule Danzig (Hg.): Beiträge und Dokumente zur Geschichte der Technischen Hochschule Danzig 1904–1945, Hannover 1979, S. 113–118.

Wehler, Hans-Ulrich: Zum Verhältnis von Geschichtswissenschaft und Psychoanalyse, in: Wehler, Hans-Ulrich (Hg.): Geschichte und Psychoanalyse, Köln 1971, S. 9–30.

Wiborg, Susanne; Wiborg, Klaus: Unser Feld ist die Welt. 150 Jahre Hapag-Lloyd, Hamburg 1997.

Witthöft, Hans Jürgen: Norddeutscher Lloyd. 3., überarb. Aufl., Hamburg 1997.

Wollstein, Günther: Theobald von Bethmann Hollweg: letzter Erbe Bismarcks, erstes Opfer der Dolchstoßlegende, (Persönlichkeit und Geschichte, Bd. 146/147), Göttingen 1995.

Wulle, Armin: Der Stettiner Vulcan. Ein Kapitel deutscher Schiffbaugeschichte, Herford 1989.

Yergin, Daniel: The Prize: The Epic Quest for Oil, Money and Power, New York 1991.

Ziegler, Dieter: Das Zeitalter der Industrialisierung, in: North, Michael (Hg.): Deutsche Wirtschaftsgeschichte. Ein Jahrtausend im Überblick, München 2000, S. 192–281.

8.2.3 INTERNETSEITEN

http://www.aerosecure.de/essay/stat03.php#stat, 14.03.2006.

http://www.ancestry.com/,16.03.2006.

http://www.archives.gla.ac.uk/collects/catalog/ugd/001-050/ugd003.html, 14.03.2006.

http://www.btinternet.com/~philipr/froude.htm, 14.03.2006.

http://www.elite-saas-fee.ch/deu/saastal.htm, 21.03.2006.

http://fakultaet.geist-soz.uni-karlsruhe.de/index.php?nodeid=172, 16.03.2006.

http://www.faz.net/s/Rub28FC768942F34C5B8297CC6E16FFC8B4/Doc~EE4DFFC829BDA492C92E735CF2ECE2C19~ATpl~Ecommon~Scontent.html, 13.02.2005.

http://www.greatoceanliners.net/kaiserfriedrich.html, 14.03.2006.

http://www.hf-latte.de/, 14.03.2006.

http://www.hohemark.de/klinik/chronik/_pdf/KHM-Chronik.pdf, 21.03.2006.

http://www.luftschiff.de/2_db.htm, 15.03.2006.

http://www.portglasgow4u.co.uk/shipyards/pgyards1.html, 14.03.2006

http://www.spiegel.de/wissenschaft/weltraum/0,1518,337019,00.html,15.01.2005.

http://www.spsg.de/index.php?id=1182, 14.03.2006.

http://www.stg-online.org/ueberdiestg/index.htm, 14.03.2006.

http://www.stg-online.org/service/sitemap/index.htm, 23.02.2006.

http://www.tu-berlin.de/vws/w3vwsde/w3histde/w3his1de.htm, 14.03.2006.

http://voyager.jpl.nasa.gov/mission/fastfacts.html, 08.03.2006.

http://www.uni-stuttgart.de/ueberblick/geschichte/, 16.03.2006.

http://werften.fischtown.de/archiv/ssw1.html bis ssw8.html sowie ssw10 und ssw 12, 14.03.2006.

http://www.zeit.de/2005/17/Airbus, 27.04.2005.

9 PHOTONACHWEIS

Die Photos 1 bis 5, 8 und 26 bis 27 stammen aus dem Bestand von Jandirk Schütte, die Photos 5 bis 6 und 8 bis 21 stammen aus dem unverzeichneten, ca. 1800 Aufnahmen umfassenden Photobestand des Schütte-Nachlasses und das Photo 28 stammt aus dem Fundus von Jan George.
Das Photo 4 ist von einer Lithographie Th. und A. Wegers sen. angefertigt worden.
Die Rechte der Photos liegen mit drei Ausnahmen alle bei Herrn Dr.

Jandirk Schütte und seiner Cousine Frau Dorothea Kuhn-Temmler. Die Rechte an dem Photo 4 liegen bei den Nachfahren der Wegers, die Rechte am Photo 22 liegen bei der englischen Zeitung „The Daily Mirror" bzw. dem Eigentümer dieses Blattes, Trinity Mirror, und die Rechte an dem Photo 25 liegt bei Herrn Jan George.

ANHANG

VERWENDETE AKTEN AUS DEM SCHÜTTE-NACHLASS

ABKÜRZUNGSVERZEICHNIS

AfS	Archiv für Sozialgeschichte
APG	Archiwum Państowe w Gdańsku
Aufl.	Auflage
a. D.	außer Dienst
BA	Bundesarchiv
Bd.	Band
bearb.	bearbeitet
Bhv.	Bremerhaven
BJ	Bremisches Jahrbuch
BPH	Brandenburgisch-Preußisches Hausarchiv
BRT	Bruttoregistertonnen
bspw.	beispielsweise
cbm.	cubic meter
D. C.	District of Columbia
ders.	derselbe
d. h.	das heißt
Dr.	Doktor
durchges.	durchgesehene
ebd.	ebenda
erg.	ergänzte
e. V.	eingetragener Verein
f.	folgende Seite

ff.	folgende Seiten
F.T.	Funktechnik
G StA PK	Geheimes Staatsarchiv Preußischer Kulturbesitz
HA	Hauptabteilung
HerbartGym	Herbart-Gymnasium
Hg.	Herausgeber
HJb	Historisches Jahrbuch
i. O.	in Oldenburg
IOC	International Olympic Comittee
Jg.	Jahrgang/Jahrgänge
kg	Kilogramm
kw	Kilowatt
LBSL	Luftschiffbau Schütte-Lanz
LFSL	Luftfahrzeugbau Schütte-Lanz
LM	Landesmuseum
LMAT	Landesmuseum für Arbeit und Technik
LZ GmbH	Luftschiffbau Zeppelin GmbH
LZ	Luftschiff Zeppelin
m	Meter
m²	Quadratmeter
m³	Kubikmeter
M. A.	Magister Artium/Magistra Artium
Mat	Materialien
MFGA	Militärgeschichtliches Forschungsamt
MGM	Militärgeschichtliche Mitteilungen
m/s	Meter pro Sekunde
NL	Nachlass
Nr.	Nummer
N. V.	Naamloze Vennootschap
OHL	Oberste Heeresleitung
o. D	ohne Datum
OL	Oldenburg
pKM	preußisches Kriegsministerium
phil.	philosophische
PR	Public Relation
PS	Pferdestärke
R (-)	Riesen (-)
Rep.	Repositur
RFM	Reichsfinanzministerium
RMA	Reichsmarineamt
S.	Seite
Sekt.	Sektion
SL	Schütte-Lanz (Luftschiff)
S. L.	Schütte-Lanz (Luftschiff)
sog.	so genannt(en)
StA	Staatsarchiv
STG	Schiffbautechnische Gesellschaft
Tit.	Titel
TH	Technische Hochschule
u. a.	unter anderem
Univ.	Universität
USA	United States of America
VDI	Verband Deutscher Ingenieure
vermutl.	vermutlich
vgl.	vergleiche
WGL	Wissenschaftliche Gesellschaft für Luftfahrt
W.G.L.	Wissenschaftliche Gesellschaft für Luftfahrt
z. B.	zum Beispiel
z. H.	zu Händen
z. Hd.	zu Händen
zit.	zitiert
ZM	Zeppelin-Museum
z. Zt.	zur Zeit

VERZEICHNIS DER PHOTOS

LEBENSLAUF

Christian R. Salewski wurde am 06.06.1966 im niedersächsischen Osterholz-Scharmbeck geboren. Nach dem Besuch der Realschule in Hambergen, des Gymnasiums und der Höheren Handelsschule in Osterholz-Scharmbeck absolvierte er in den Jahren von 1984 bis 1987 eine Ausbildung zum Speditionskaufmann. Auf den zwanzigmonatigen Zivildienst und einer kurzen Tätigkeit als kaufmännischer Angestellter folgte ab 1989 der Besuch des Oldenburg-Kollegs, dem Staatlichen Institut zur Erlangung der Hochschulreife, das er 1992 mit dem Abitur verließ.

Im Wintersemester 1993/94 – nachdem er von 1992 bis 1993 u. a. als Werkstudent bei der Siemens AG, Hauptniederlassung Bremen, tätig war – begann er ein Magisterstudium der Geschichte und Soziologie an der Carl von Ossietzky-Universität Oldenburg. Vom Wintersemester 1996/97 bis zum Sommersemester 1997 absolvierte er ein Auslandsstudium an der University of York in England. Sein Magisterstudium schloss er im Jahr 2001 erfolgreich ab. Vom März 2002 bis Februar 2005 war er dann als wissenschaftlicher Mitarbeiter an der Universität Oldenburg im Projekt „Unternehmen Museum" tätig. An seinem Promotionsvorhaben – der Biographie zu Johann Heinrich Schütte – arbeitete er von Februar 2003 bis Juli 2006. Derzeit ist er als wissenschaftlicher Mitarbeiter am Institut Technik und Bildung an der Universität Bremen, an einer der weltweit größten im Bereich der Berufsbildungsforschung tätigen wissenschaftlichen Einrichtungen, dabei, ein Archiv aufzubauen und die Geschichte des Instituts zu verfassen. Zugleich ist er Inhaber der „Geschichtsagentur Nordwest" und ist als solcher u. a. im musealen Ausstellungswesen in Niedersachsen aktiv. Daneben absolviert er die berufsbegleitende Fernweiterbildung zum Diplomarchivar an der FH Potsdam.

ANMERKUNGEN

1 Vgl. dazu Salewski, Christian R.: Der Aufbau und Betrieb eines wissenschaftlichen Archivs in einem nichtstaatlichen Museum, in: Reich, Gert; Meiners, Reinhard (Hg.): Unternehmen Museum, Oldenburg 2007, S. 223–240.

2 Zu einer Würdigung der Lebensleistung Schüttes im Spiegel der Nachrufe vgl. Meiners, Reinhard; Meyer, Lioba; Post, Dieter: Johann Schütte: Der Erfinder der Stromlinie, in: Meyer, Lioba (Red.): Der Traum vom Fliegen, Johann Schütte – Ein Pionier der Luftschifffahrt, Oldenburg 2000, S. 98–133, hier S. 127ff. Zu den Plänen eine Biographie über Schütte zu schreiben vgl. Koop, Forschungsgemeinschaft für den Weser-Ems-Raum e. V., an den Leiter des Landesmuseums Oldenburg, Dr. Müller Wulkow am 16.04.1942, LM OL, NL Schütte 0001401.

3 Seggern, Andreas von: „Höhenflug eines großen Geistes": Betrachtungen zu Johann Schütte, in: Meyer, Lioba (Red.): Der Traum vom Fliegen, Johann Schütte – Ein Pionier der Luftschifffahrt, Oldenburg 2000, S. 34–65, hier S. 54ff.

4 Vgl. Kapitel 1.4.

5 Vgl. dazu Friedrich, Jörg: Der Brand. Deutschland im Bombenkrieg 1940–1945, Berlin 2002 u. vgl. neuerdings Taylor, Frederick: Dresden, Dienstag 13. Februar 1945. Militärische Logik oder blanker Terror, München 2005.

6 Vgl. dazu bspw. Becker, Markus, Signale aus der Methanwüste, Spiegel-Online, http://www.spiegel.de/wissenschaft/weltraum/ 0,1518,337019,00.html, 15.01.2005, über den Erfolg der Titan-Mission der ESA-Sonde „Cassini-Huygens", ferner über den Erstflug des neuen Airbus 380 den dpa-Artikel „Er fliegt!", http://www.zeit.de/2005/17/Airbus, 27.04.2005, u. den FAZ-Artikel „Erleichterung über ersten Erfolg der Ariane-5-ECA", FAZ-Net, http://www.faz.net/s/Rub28FC768942F34C5B8297CC6E16FFC8B4/Doc~EE4DFFC829BDA492C92E735CF2ECE2C19~ATpl~Ecommon~Scontent.html, 13.02.2005, über den erfolgreichen Flug der neuen Ariane-Rakete.

7 Wurden im Jahre 1973 erst 100 Millionen Passagiere befördert, so waren dies im Jahr 2002 700 Millionen. Der Gesamtumsatz aller Luftverkehrsgesellschaften betrug im Jahr 1998 142, 7 Mrd. US Dollar, im Jahr 2002 waren dies 151,7 Milliarden US Dollar. Vgl. dazu http://www.aerosecure.de/essay/stat03.php#stat, 14.03.2006.

8 Haaland, Dorothea: Der Luftschiffbau Schütte-Lanz Mannheim-Rheinau (1909–1925), die Geschichte einer Idee als zeitlich räumlicher Prozeß, Phil. Diss. Universität Mannheim 1986, 2. überarb. Aufl., Mannheim 1996.

9 Meyer, Henry Cord: Airshipmen, Businessmen and Politics 1890–1940, Washington 1991, S. 51–80.

10 Seggern, Andreas von: „Höhenflug eines großen Geistes". Oldenburg 2000, S. 34–35. Meiners, Reinhard; Meyer, Lioba; Post, Dieter: Unternehmensgeschichte Luftschiffbau Schütte-Lanz, in: ebd., S. 66–97. Meiners, Reinhard; Meyer, Lioba; Post, Dieter: Johann Schütte: Der Erfinder der Stromlinie, in: Meyer, Lioba (Red.): Der Traum vom Fliegen, Johann Schütte – Ein Pionier der Luftschifffahrt, Oldenburg 2000.

11 Vgl. z. B. Lehmann, Eike: Johann Schütte 1873–1940, in: 100 Jahre Schiffbautechnische Gesellschaft, Biographie zur Geschichte des Schiffbaus, Berlin 1999, S. 458–459, und neuerdings auch Bickelmann, Hartmut: Schütte, Johann, in: Bickelmann, Hartmut: Bremerhavener Persönlichkeiten aus vier Jahrhunderten. Ein Biographisches Lexikon, Bremerhaven 2002, S. 279f.

12 Vgl. Haaland, Luftschiffbau, S. 1ff. u. S. 8ff.

13 Seggern, Höhenflug, 2000, S. 41f. Meiners, Unternehmensgeschichte, S. 68f.

14 Meiners, Unternehmensgeschichte, S. 68f., S. 71f. u. S. 76f.

15 Vgl. Haaland, Luftschiffbau, S. 47ff.; Seggern, S. 42ff. u. Meiners, Unternehmensgeschichte, S. 70ff. zu SL 1 u. Haaland, S. 74. Seggern, S. 47 u. Meiners, Unternehmensgeschichte, S. 77ff. zu SL 2.

16 Seggern, S. 50. Meiners, Unternehmensgeschichte, S. 81ff.

17 Haaland, Luftschiffbau, S. 92ff. u. S. 122f.

18 Meiners, Unternehmensgeschichte, S. 83, spricht von dem unternehmerisch handelnden Schütte als „rein nach ökonomischem Kalkül handelnden Geschäftsmann".

19 Haaland, S. 118ff. für das USA-Projekt u. S. 139 für den Prozess gegen Zeppelin. Vgl. dazu auch Meiners, Unternehmensgeschichte, S. 84ff. u. ebd., Stromlinie, S. 115ff. u. Meyer, Airshipmen, S. 64ff. u. insbesondere S. 79. Zum USA-Projekt vgl. auch Hebert, Günter: Militärluftschiff-Projekte der Zwanziger und Dreißiger Jahre in Deutschland und den USA, in: Meighörner, Wolfgang (Hg.): Luftschiffe, die nie gebaut wurden, Friedrichshafen 2002, S. 66–83, S. 70ff.

20 Seggern, S. 37f. Haaland, S. 19f.

21 Seggern, S. 50, Meiners, Stromlinie, S 114.

22 Seggern, S. 52. Meyer, Airshipmen, S. 68.

23 Haaland, Luftschiffbau, S. 161f. u. Seggern, S. 51.

24 Seggern, S. 92ff. u. 95ff. Meiners, Unternehmensgeschichte, S. 83. Meiners Stromlinie, 115 u. 120.

25 Henry Cord Meyer charakterisierte das Verhältnis von Schütte zu Zeppelin mit der englischen Wendung „In the shadow of the Titan". Vgl. dazu Meyer, Airshipmen, S. 53.

26 Seggern, S. 40 u. S. 53. Lehmann, Johann Heinrich Schütte, Schiffbautechnische Gesellschaft, S. 458.

27 Vgl. Anm. 15.

28 Vgl. Anm. 13.

29 Vgl. z. B. dazu für die Flugzeug-
bauer Ebert, Hans J.; Kaiser,
Johann B.; Peters, Klaus: Willy
Messerschmitt – Pionier der Luft-
fahrt und des Leichtbaues. Eine
Biographie, Bonn 1992. Gersdorff,
Kyrill von: Ludwig Bölkow und
sein Werk – Ottobrunner Inno-
vationen, Koblenz 1987. Köhler,
Dieter H.: Ernst Heinkel – Pio-
nier der Schnellflugzeuge. Eine
Biographie, Bonn 1999. Schmitt,
Günther: Hugo Junkers. Ein
Leben für die Technik, Planegg
1991. Wachtel, Joachim: Claude Dornier. Ein Leben für die
Luftfahrt, Friedrichshafen 1989.
Wagner, Wolfgang: Hugo Junkers, Pionier der Luftfahrt – seine
Flugzeuge, München 1996. Für
die Luftschiffpioniere vgl. dazu
Meighörner, Wolfgang (Hg): Der
Graf 1938–1917, Friedrichshafen
2000. Der Herausgeber beklagt
auf S. 7 zu Recht, dass „eine wissenschaftlich abgesicherte Bearbeitung [des] Lebens und Wirkens
[Zeppelins] in toto bis heute uner-
ledigt [ist]". Vgl. auch Italiaander,
Rolf: Ein Deutscher namens Eckener. Luftfahrtpionier und Friedenspolitiker vom Kaiserreich bis
in die Bundesrepublik, Konstanz
1981. Vgl. dagegen zum Stand der
Biographik in anderen Bereichen
der Geschichtsforschung z. B.
Herbert, Ulrich: Best. Biographische Studien über Radikalismus,
Weltanschauung und Vernunft
1903–1989, Bonn 1996, und die
in Kapitel 1.4.1. zitierte Literatur.
30 Für Niedersachsen vgl. Tasch,

Dieter (Red.): Karl Jatho: ein
Luftfahrtpionier aus Hannover.
Ausstellung anlässlich des 90.
Jahrestags des ersten motorgetriebenen Fluges am 18. August
1903 auf der Vahrenwalder Heide,
Hannover 1993. Leonhardt, Wolfgang: Karl Jathos erster Motorflug
1903: 100 Jahre Fluggeschichte in
Hannover und Langenhagen: Ballon, Zeppelin, Segelflug, Raketen,
Flughafen, Hannover 2003.
31 Vgl. Berghoff, Hartmut: Moderne
Unternehmensgeschichte. Eine
themen- und theorieorientierte
Einführung, Paderborn 2004, S.
31ff.
32 Häufig stellen die zitierten Biographien allerdings ihre „Helden"
eher als Techniker bzw. Wissenschaftler und weniger als Unternehmer dar.
33 Vgl. zu diesem Ansatz Bach, Martin: Luftfahrtindustrie im Ersten
Weltkrieg. Mobilisierung und
Demobilisierung der britischen
und deutschen Luftfahrtindustrie
im Ersten Weltkrieg, Phil. Diss.
Universität München, Allershausen
2003; Budraß, Lutz: Flugzeugindustrie und Luftrüstung in Deutschland 1918–1945, Düsseldorf 1998;
Morrow, John Howard jr.: Building
German Airpower, 1904–1914,
Knoxville 1976; Ders.: German Airpower in World War I., Lincoln and
London 1982. Vgl. zum Problem
der Vernachlässigung des handelnden Unternehmers z. B. Kocka, Jürgen: Unternehmer in der deutschen
Industrialisierung, Göttingen 1975,
S. 8f.

34 Vgl. Anm. 29.
35 Trischler, Helmuth: Luft- und
Raumfahrtforschung in Deutschland 1900–1970. Politische
Geschichte einer Wissenschaft,
Frankfurt/New York 1992.
36 Trischler, Helmuth: Im Spannungsfeld von Individuum und
Gesellschaft, Aufgaben, Themenfelder und Probleme technikbiographischer Forschung, in: Füßl,
W.; Ittner, S. (Hg.): Biographie
und Technikgeschichte. BIOS-
Sonderheft. Leverkusen 1998, S.
42–58, hier S. 47.
37 Trischler, Spannungsfeld, S. 47–
48.
38 Vgl. zur Einführung Seemann,
Birgit-Katharine: Das Konzept
der „Elite(n)". Theorie und
Anwendbarkeit in der Geschichtsschreibung, in: Führer, Karl,
Christian; Hagemann, Karen;
Kundrus, Birthe (Hg.): Eliten im
Wandel. Gesellschaftliche Führungsschichten im 19. und 20.
Jahrhundert. Für Klaus Saul zum
65. Geburtstag. Münster 2004, S.
24–41. Entsprechende biographische Werke sind dort nicht zitiert.
Interessante Ansätze bieten aber
die im selben Band abgedruckten
Kurzbiographien z. B. zum Admiral Eduard von Knorr. Vgl dazu
Eberspächer, Cord; Wiechmann,
Gerhard: Admiral Eduard von
Knorr (1840–1920). Eine Karriere
in der neuen Elite der Seeoffiziere
in Preußen-Deutschland, ebd., S.
239–257.
39 Vgl. dazu z. B. Springer, Ralf: Biographische Studien zum Sozial-

reformer und Politiker Friedrich
Schomerus, Phil. Diss. Universität
Oldenburg, Oldenburg 2003. Das
einzige weitere Werk zu den Eliten dieser Region behandelt nicht
einzelne Personen, sondern verschiedene Untergruppen in dieser Schicht. Vgl. Schillig, Heinz;
Diederiks, Herman: Bürgerliche
Eliten in den Niederlanden und
in Nordwestdeutschland. Studien-
geschichte des europäischen Bürgertums im Mittelalter und in der
Neuzeit, Köln und Wien 1985.
40 Vgl. die in Anm. 29 zitierte Literatur.
41 Vgl. Seemann, S. 31.
42 Vgl. Kapitel 1.5.
43 Gestrich, Andreas: Einleitung:
Sozialhistorische Biographieforschung, in: Gestrich, A.; Knoch,
P.; Merkel, H. (Hg.): Biographie
– sozialgeschichtlich, Göttingen
1988, S. 5–29, hier S. 6.
44 Berlepsch, Hans-Jörg von: Die Wiederentdeckung des „wirklichen
Menschen" in der Ge-schichte.
Neuere biographische Literatur,
in AfS 29 (1989), S. 488–510, hier
S. 492.
45 Gestrich, S. 55.ff. Schieder,
Theodor: Geschichte als Wissenschaft. Eine Einführung, 2. Aufl.,
München 1968, hier S. 91.
46 Berlepsch, S. 489f. Wehler, Hans-
Ulrich: Zum Verhältnis von
Geschichtswissenschaft und
Psychoanalyse, in: Wehler, Hans-
Ulrich (Hg.): Geschichte und Psychoanalyse, Köln 1971, S. 9–30,
hier S. 11.
47 Röckelein, Magrit: Der Beitrag der

psychohistorischen Methode, in: Röckelein, Magrit (Hg.): Biographie als Geschichte, Tübingen 1993, S. 17–38, hier S. 19. Sombart, Nicolaus, Frankfurter Allgemeine Zeitung, 27.01.79.

48 Springer, Ralf: Schomerus, S. 3. Szöllösi-Janze, Margit: Haber, S. 12.

49 LeGoff, Jacques: Wie schreibt man eine Biographie? In: Braudel, Fernand (Hg.): Der Historiker als Menschenfresser. Über den Beruf als Historiker, Berlin 1990, S. 103–112, hier S. 103. Szöllösi-Janze, S. 9.

50 Szöllösi-Janze, S. 12. Trischler, Individuum und Gesellschaft, S. 45f., Berlepsch, Hans-Jörg: Wiederentdeckung, S. 492.

51 Szöllösi-Janze, S. 13.

52 Gestrich, S. 11f.

53 Szöllösi-Janze, S. 13, Anm. 15 u. die dort zitierte Literatur.

54 Gestrich, S 9ff. Zur Bewertung dieses Ansatzes vgl. Trischler, Individuum und Gesellschaft, Anm. 18.

55 Szöllösi-Janze, S. 13.

56 Trischler 1998, S. 53.

57 Trischler 1998. Vgl. auch Bordieu, Pierre: Die biographische Illusion, in: BIOS; 3 (1990), 75–81.

58 Springer, Schomerus, S. 4.

59 Gispen, Kees: Die deutsche Ingenieurselite, 1840–1930 Eine Analyse der Nachrufe, in: Lundgreen, Peter; Grelon, André (Hg.): Ingenieure in Deutschland, 1770 bis 1990, Frankfurt/New York 1994, S. 221–241, hier S. 221. Entsprechend inkohärent war daher

auch die Gruppe der Ingenieure in der LZ GmbH vor dem Ersten Weltkrieg. Vgl. dazu Meighörner, Wolfgang: Zirkel, Zangen und Cellon von „Landfremden Elementen", Weisskitteln und Generaldirektoren, in: Meighörner, Wolfgang (Hg.): Zirkel, Zangen und Cellon. Arbeit am Luftschiff, Friedrichshafen 1999, S. 11–26, S. 21, der darin auch deren Herkunft, Ausbildung und Position in diesem Unternehmen untersucht.

60 Meighörner, Wolfgang 1999 u. Lundgreen, Peter: Das Bild des Ingenieurs im 19. Jahrhundert, in: Salewski, Michael; Stölken-Fitschgen, Ilona (Hg.): Moderne Zeiten. Technik und Zeitgeist im 19. und 20. Jahrhundert, Stuttgart 1994, S. 17–24, hier S. 17.

61 Vgl. Kapitel 4.1.2 z. B. von Otto Lilienthal.

62 Vgl. Kapitel 2.2.2.1.

63 Vgl. Redlich, Fritz: Der Unternehmer. Wirtschafts- und sozialgeschichtliche Studien, Göttingen 1964, S. 91f. Vgl. Berghoff, S. 39f. u. Kocka, Unternehmer, S. 14, sowie die dort zitierte Literatur zur Anwendbarkeit der Definition von Redlich.

64 Berghoff, S. 39f. u. Kocka, Unternehmer, S. 14.

65 Berghoff, S.40 u. Kocka, Unternehmer, S. 14f.

66 Vgl. dazu Militärgeschichtliches Forschungsamt (Hg.): Die Militärluftfahrt bis zum Beginn des Weltkrieges 1914. Textband, 2. Aufl., Frankfurt/Main 1966, Vor-

wort zur zweiten Auflage u. die entsprechenden Abschnitte bei Granier, Gerhard: Das Bundesarchiv und seine Bestände, 3. erg. und neu bearb. Auflage, Boppard am Rhein 1977.

67 Diese Zahlen konnte der Verfasser der vorliegenden Arbeit nach einer fast dreijährigen Konservierungs- und Archivierungstätigkeit ermitteln.

68 Vgl. die Aufstellung bei Haaland, S. 174f. u. eigene Recherchen im Schütte-Nachlass. Der Bestand enthält auch Akten über Schüttes Aktivitäten in wissenschaftlich-technischen Vereinen wie der Wissenschaftlichen Gesellschaft für Luftfahrt und der Schiffbautechnischen Gesellschaft.

69 Um einen wichtigen Aspekt in Schüttes Privatleben, die Beziehung zum Großherzog von Oldenburg Friedrich August, und zu dessen zweiter Frau, Elisabeth von Mecklenburg-Schwerin, zu untersuchen, wandte sich der Verfasser der vorliegenden Studien auch an die Großherzoglich Oldenburgische Verwaltung auf Schloss Güldenstein. Er bat mehrfach darum, zur Untersuchung dieses Verhältnisses die Akten im Archiv des Großherzogs von Oldenburg einsehen zu dürfen. Auf diese Bitten erfolgte jedoch keine Reaktion.

70 Die Namensgleichheit zwischen den Eheleuten ist zufällig. Verwandtschaftliche Beziehungen bestehen nicht. Diese Informationen verdanke ich dem freund-

lichen Hinweis von Dr. Jandirk Schütte, Oldenburg, dem Enkel von Johann Heinrich Schütte.

71 Vgl. Lebenslauf von Schütte vom 21.12.1903 für die Einstellung als Professor für Theorie des Schiffes und Entwerfen von Schiffen, G StA PK, I. HA Rep 76 V b, Sekt. 10, Tit. III, Nr. 5 Bd. 1. u. Haaland, Luftschiffbau, S. 20.

72 Die Geburtsdaten von Johann Heinrich Schüttes Großmutter väterlicherseits konnten nicht ermittelt werden.

73 Diese Informationen verdanke ich dem freundlichen Hinweis von Dr. Jandirk Schütte, Oldenburg. Auf dem Grabstein der Familie Schütte auf dem Osternburger Friedhof ist allerdings 1847 als Geburtsdatum vermerkt.

74 Zum Alter von Schüttes Schwester vgl. Lebenslauf von Schütte vom 21.12.1903, G StA PK, I. HA Rep 76 V b, Sekt. 10, Tit. III, Nr. 5 Bd. 1.

75 Altenesch ist der ehemalige Name von Lemwerder in Niedersachsen. Historisch relevant wurde der Ort, weil hier der Erzbischof Gerhard II. von Bremen am 27.05.1234 die Stedinger, freie friesische und sächsische Bauern aus den Marschen an der Unterweser, besiegte.

76 Schütte an Betzhold, 24.08.1937, LM OL, NL Schütte 0001405. In dem Brief behauptet Schütte, dass Moorhausen 11 Kilometer südöstlich von Oldenburg liege. Dies trifft aber nicht zu, da es dort keinen Ort mit diesem Namen gibt. Das einzige Moorhausen in der Nähe Oldenburgs liegt aber

tatsächlich knapp 8 Kilometer nordöstlich von dieser Stadt. Weitere Orte dieses Namens liegen bei Varel, bei Jever und bei Bremen. Dennoch scheinen die Angaben, die Schütte zur Herkunft seiner Familie gemacht hat, im Wesentlichen zuzutreffen, da aus dem Brief auch hervorgeht, dass er selbst hierzu recherchiert hat.

[77] Der Begriff bezeichnet die so genannte Gleichaltrigengruppe. Das ist die Bezeichnung für Spielgruppen und andere Gruppen gleichaltriger Kinder und Jugendlicher, deren Bedeutung darin liegt, dass sie als Primärgruppen die Sozialisation, die in der Familie eingeleitet wird, fortsetzen. Dabei tragen sie mit dazu bei, dass die jungen Menschen sich von den – vor allem emotionalen – Abhängigkeiten in der Familie ablösen.

[78] Soweit nicht anders angegeben vgl. zu den folgenden Ausführungen Reeken, Dietmar von: Durchbruch der Moderne? Oldenburg 1880–1918, in: Seeber, Ekkehard (Hg.): Geschichte der Stadt Oldenburg, Bd. 2, Oldenburg 1996, S. 173–286, hier S. 178ff., S. 182ff. u. 190ff. sowie Reinders-Düselder, Christoph: Oldenburg im 19. Jahrhundert: Auf dem Weg zur selbstverwalteten Stadt 1830–1880, in: ebd., S. 9–172, hier S. 126f. u. S. 135ff.

[79] Nach Reinders-Düselder, S. 41 betrug der Wanderungsgewinn zwischen 1855 und 1875, als die Stadtgemeinde um beinahe 6.100

Einwohner zugenommen hatte, mehr als 80 Prozent am Bevölkerungswachstum.

[80] Reinders-Düselder, S. 43ff. Der Anteil der Gruppe, der sich aus Angehörigen der öffentlichen und privaten Dienste, der Militärs und der freien Berufe zusammensetzte, an der Gesamtbevölkerung Oldenburgs betrug um die Jahrhundertmitte 37,7 Prozent. Der Anteil der Rentiers und Pensionäre 7,8 Prozent. In den folgenden Jahrzehnten des 19. Jahrhunderts veränderte sich diese soziale Grundstruktur im Wesentlichen nicht. Würde man die Beamten und Pensionäre außerhalb der engeren städtischen Grenzen in unmittelbarer Nachbarschaft der Stadt hinzurechnen, so würden die beiden Bevölkerungsanteile gegenüber demjenigen, der in der Industrie, Handel, Handwerk und im Verkehr tätig war, überwiegen. Vgl. auch Reeken, S. 190ff.

[81] Die Glashütte in Osternburg wurde im Jahre 1845 durch den Kaufmann Justus Habers gegründet. Der Standort für das Unternehmen war gut gewählt, da auf der schiffbaren Hunte die benötigten Halbfertigprodukte heran geschafft werden konnten und es im nahe gelegenen Donnerschwee die für die Glasproduktion nötigen Sandvorkommen gab. Das Werk produzierte in diesen Jahren Bierseidel, Lampenzylinder und Demijohns. Im Jahr 1857 wurde das Werk an die Oldenburger Glashüttenge-

sellschaft verkauft, deren Aktionäre Justus und August Schultz es in den folgenden Jahrzehnten zu einem großen Industriegebiet ausbauten. 1885 wurde das Unternehmen in eine Aktiengesellschaft umgegründet, 1891 gründete die Gesellschaft die Oldenburgisch-Portugiesische Dampfschiff-Reederei. In diesem Jahr produzierten in Osternburg 661 Arbeiter 15.000 Flaschen täglich. Vgl. dazu Meyer, Lioba: Das Industrie- und Arbeiterviertel in Osternburg, in: Schachtneider, Mathias: Osternburg: ein Ort mit vielen Gesichtern, 2. korr. Auflage, Oldenburg 2001, S. 88–148, hier S. 95f.

[82] Die Warpspinner- und Stärkerei in Osternburg wurde 1858 von mehreren Aktionären aus Oldenburg gegründet. Sie sollte u. a. Warp, d. h. Kettgarn, produzieren. Im Jahre 1861 produzierte sie schon 15.000 Zentner Garn. In den Jahren zwischen 1864 und 1875 expandierte der Betrieb: Es kamen eine Weberei und eine weitere Bleicherei hinzu. Die Anzahl der Spulen wurde vermehrt. Nach einem Brand im Jahre 1886 musste der Betrieb völlig neu aufgebaut werden. Vgl. dazu Meyer, Lioba, a. a. O.

[83] Zur Beschäftigtenzahl der Reparaturwerkstätten vgl. Reeken, S. 182 u. zur Beschäftigtenzahl der Eisengießerei Reinders-Düselder, S. 128.

[84] Meyer, Wirtschaft, S. 115.

[85] Springer, Ralf: Karl Tappenbeck.

Oldenburger von Beruf. Lebensweg und Tätigkeitsfelder eines Oldenburger Oberbürgermeisters in der Wilhelminischen Zeit, Oldenburg 2003, S. 115.

[86] Reinders-Düselder, Tabelle 6: Sozialstruktur der Bevölkerung in Oldenburg 1861 und 1890, S. 47 u. Reeken, S. 182.

[87] Reeken, S. 182 u. Reinders-Düselder, S. 135ff.

[88] Reinders-Düselder, Tabelle 6, S. 47.

[89] Reeken, S. 190.

[90] Reeken, S. 191, Tabelle 23: Verteilung von Einkommen und Vermögen in Oldenburg 1907.

[91] In Oldenburg und Umgebung waren im letzten Drittel des 19. Jahrhunderts drei Regimenter stationiert, nämlich das Oldenburgische Infanterieregiment Nr. 91, das Feldartillerieregiment Nr. 26 und das Oldenburgische Dragonerregiment Nr. 19. Nach Reinders-Düselder, S. 47, Tabelle 6: Sozialstruktur der Bevölkerung in Oldenburg 1861 und 1890, lebten um 1890 1684 Militärangehörige innerhalb der Stadtgrenzen Oldenburgs.

[92] Dies wird bspw. daran deutlich, dass es im Jahre 1879, nachdem der Wirt, der das Restaurant im gesellschaftseigenen Kasino-Gebäude gepachtet hatte, einen Offizier beleidigt hatte, zum offenen Bruch zwischen den Offizieren und den übrigen bürgerlichen Mitgliedern in der bürgerlich-elitären Casino-Gesellschaft kam, was zum Austritt aller Offiziere

aus dieser Gesellschaft führte. Vgl. dazu Neumann-Nieschlag, Werner: Im eigenen Haus, in: ebd.: 200 Jahre Casino-Gesellschaft Oldenburg 1785–1985, Oldenburg 1985, S. 45–72, hier S. 59ff. Gegründet 1785 als so genannter „Großer Klub", wollte die Gesellschaft die „Annäherung der verschiedenen Stände untereinander betreiben", d. h. das Bürgertum in die maßgebende Hofgesellschaft integrieren. Vgl. Reinders-Düselder, S. 139.

93 Reeken, S. 193.

94 Diese Informationen verdanke ich dem freundlichen Hinweis von Dr. Jandirk Schütte.

95 Reinders-Düselder, S 45.

96 Diese Informationen verdanke ich dem freundlichen Hinweis von Dr. Jandirk Schütte.

97 Hof- und Staats-Handbuch des Großherzogs von Oldenburg 1874/1875, Oldenburg 1875 zur Stellung Heinrich Wilhelm Schüttes im Jahr 1875, S. 11. Dalwigk von Lichtenfels, Sohn eines kurhessischen Oberhofmarschalls und Gutsbesitzers, trat nach seinem Jurastudium 1847 als Kammerjunker in den Oldenburger Hofdienst. Im Oktober 1850 wurde er Kammerherr und Kavalier des damaligen Erbgroßherzogs von Nikolaus Friedrich Peter, begleitete ihn von 1850 bis 1851 auf dessen Bildungsreise nach Italien und in die Türkei. Dalwigk erwarb sich in diesen Monaten das Vertrauen des Thronfolgers und machte infolge

dessen nach dem Regierungsantritt von Nikolaus Friedrich Peter am Hof schnell Karriere. Als musikalisch und künstlerisch ausgebildeter Laie übertrug ihm der Großherzog die Aufsicht über die Hofkapelle und hatte großen Anteil an der Reorganisation des privatisierten Oldenburger Theaters. 1873 wurde er zum Oberhofmarschall ernannt und 1877 mit dem Titel „Excellenz" ausgezeichnet. Neben diesen Ämtern war er auch Vorstandsmitglied des Kunstvereins und von 1873 bis 1893 auch dessen Vorsitzender. 1875 wurde er auch Mitglied der Literarischen Gesellschaft.

98 Hof- und Staats-Handbuch des Großherzogs von Oldenburg 1912/13, Oldenburg 1913, S. 11.

99 Hof- und Staats-Handbuch des Großherzogs von Oldenburg 1883/84, S. 9, 1899/1900, S. 11, und 1907/08, S. 11, sowie den Lebenslauf von Schütte vom 21.12.1903, G StA PK, I. HA Rep 76 V b, Sekt. 10, Tit. III, Nr. 5 Bd. 1. Die Information über den Zeitpunkt der Beförderung Heinrich Wilhelm Schüttes zum Oberhofkommissär verdanke ich dem freundlichen Hinweis von Dr. Jandirk Schütte.

100 Vgl. Hof- und Staats-Handbuch des Großherzogs von Oldenburg 1910/11, S. 11.

101 Schütte an den Prinzen Heinrich der Niederlande, Herzog zu Mecklenburg, Den Haag, am 19.11.30, LM OL, NL Schütte 0000054.

102 Vgl. zu Aufgaben und Stellung der

Hofchargen und Hofdienerschaft an den Höfen der deutschen Fürsten im Kaiserreich Reichold, Helmut: Bismarcks Zaunkönige. Duodez im 20. Jahrhundert. Eine Studie zum Föderalismus im Bismarckreich, Paderborn 1977, S. 130ff.

103 Nach Jandirk Schütte verdiente Heinrich Wilhelm Schütte als Oberhofkommissär jährlich 3.100 Mark. Hinzu kamen 400 Mark Wohnungsgeld, freie Dienstkleidung und eine freie medizinische Versorgung. Nach Reeken, S. 191, verdienten die Oberbeamten im Jahr 1907 durchschnittlich 7.179 Mark. Heinrich Wilhelm Schütte kann daher nicht als Oberbeamter angesprochen werden. Auf ihn passt aber auch nicht der Begriff „Mittelbeamter", weil diese nach Reeken nur 2.198 Mark jährlich verdienten. Seine Zuordnung zur Kategorie „höherer Hofbeamter" erscheint daher auch wegen der damit verbunden Reputation am angemessensten.

104 Vgl. Meyer, Lioba, S. 118ff. zur Zunahme, Herkunft und sozialen Stellung der Arbeiterinnen.

105 Oldenburger Häuserbuch, Teil 2, Straßen der Stadt Oldenburg, die im Jahr 1920 zur Stadt zählten und noch nicht im ersten Oldenburger Häuserbuch beschrieben sind, Bd. 2: Dwostraße–Kurze Straße, Oldenburg 2000, S. 978. Das Haus hatte die Hausnummer 5.

106 Oldenburger Häuserbuch, S. 978ff.

107 Schütte an den Prinzen Heinrich, 19.11.1930, LM OL, NL Schütte 0000054. Erck war mit einer Tochter des Präsidenten des Oldenburger Landtags in den Jahren um 1900 verheiratet. Vgl. zur Karriere Ercks in der Oldenburger Justiz Dickmann, Carsten Albrecht, Eckard; Nistal, Mathias u. a. [Hg.]: Staatsdienerverzeichnis 1859–1930: Die höheren Beamten des Großherzogs und Freistaats Oldenburg mit den Landesteilen Oldenburg, Lübeck und Birkenfeld, Oldenburg 1995, S. 78–79 und StA Oldenburg, Staatsdienerverzeichnis, Justiz und Verwaltungsbeamte, Oldenburg ohne Jahr, A 1, 2, S. 729 und A II, S. 75 .

108 Lebenslauf von Schütte vom 21.12.1903, G StA PK, I. HA Rep 76 V b, Sekt. 10, Tit. III, Nr. 5 Bd. 1. Nach Auskunft von Dr. Jandirk Schütte war Cornelius zur Zeit der Eröffnung des Testaments von Heinrich Wilhelm Schütte am 12.04.1917 in Spanien interniert.

109 Zur Haltung des Bürgertums gegenüber Kindern, zur ökonomischen Lage von Kindern in bürgerlichen Familien und zur Rolle der bürgerlichen Frau vgl. Nipperdey, Deutsche Geschichte, Bd. 1, S. 48f. u. S. 54f.

110 Für einen schlechten Gesundheitszustand von Christine Sophie Schütte und einer damit einer gehenden Gleichgültigkeit gegenüber ihren Kindern spräche auch die Aussage von Haaland, Luftschiffbau, S. 20, dass Johann Heinrich Schütte seine jüngsten

Jahre in Friedeburg/Ostfriesland bei den Großeltern mütterlicherseits verbracht habe. Doch für diese Behauptung konnten bei eigenen Recherchen keine Belege gefunden werden. Hingegen gibt es Hinweise, dass Haalands These falsch ist. Zunächst spricht dagegen, dass Johann Heinrich Schütte seinen Großvater Hermann Bernhard Schütte gar nicht mehr kennen lernen konnte, weil dieser schon im Jahre 1849 in Bockhorn gestorben war. Hinzu kommt, dass der Hof der Schüttes nicht in der Nähe des ostfriesischen Friedeburgs, sondern in der Nähe des Oldenburgischen Neuenburgs lag. Darüber hinaus schrieb der Enkel von Johann Heinrich Schütte, Dr. Jandirk Schütte, am 20.06.2005 unter Berufung auf einen Brief seines Großvaters an seinen in Neuenburg lebenden Jugendfreund vom Juli 1913, dass Schütte Neuenburg gerne 100 Mark stiften würde, weil dort seine Mutter ihre Jugendzeit verlebt hatte. Johann Heinrich Schütte hing also wegen seiner Mutter an dem Dorf.

[111] Schütte an Christians, 01.06.1911, LMAT Mannheim 756 Mappe 13.

[112] Nipperdey, Deutsche Geschichte, Bd. 1, S. 163. Die Tuberkulose machte 1877 bis 1913 ca. 11 bis 14 Prozent der Todesursachen aus. Bei den männlichen Erwachsenen noch 1913 18,3 Prozent.

[113] Lebenslauf von Schütte vom 21.12.1903, G StA PK, I. HA Rep 76 V b, Sekt. 10, Tit. III, Nr. 5 Bd. 1.

[114] Nach Jansen, Günther: Großherzog Nicolaus Friedrich Peter von Oldenburg. Erinnerungen aus den Jahren 1864–1900, Oldenburg, Leipzig 1903, reiste Nicolaus Friedrich Peter regelmäßig im Frühjahr ins Ausland.

[115] Diese Ausführungen folgen der persönlichen Inaugenscheinnahme des noch heute in der Frederikenstraße Nr. 5 befindlichen Hauses durch den Verfasser dieser Arbeit.

[116] Vgl. Anm. 105.

[117] Oldenburger Häuserbuch, Teil 2, S. 978ff.

[118] Zu den Wandlungen der Erziehungsideale vgl. Schulz, Andreas: Der „Gang der Natur" und die „Perfektabilität des Menschen". Wissensgrundlagen und Vorstellungen von Kindheit seit der Aufklärung, in: Gall, Lothar; Schulz, Andreas (Hg.): Wissenskommunikation im 19. Jahrhundert, Stuttgart 2003, S. 15–40.

[119] Vgl. dazu Nipperdey, Deutsche Geschichte, Bd. 2, S. 56.

[120] Schulz, Wissensgrundlagen, 2003, S. 25.

[121] Vgl. dazu Schulz, Wissensgrundlagen, 2003, S. 57.

[122] Seggern, Andreas von: „Höhenflug eines großen Geistes": Betrachtungen zu Johann Schütte, in: Meyer, Lioba (Red.): Der Traum vom Fliegen, Johann Schütte – Ein Pionier der Luftschifffahrt, Oldenburg 2000, 34–65, hier S. 37. Zur Einschulung Schüttes und zur Umwandlung der Schule Schüttes in eine Realschule bzw. Oberrealschule vgl. Günther, Wolfgang; Günther-Arndt, Hilke: Strukturwandel der Gesellschaft und Schulsysteme in Oldenburg. Soziale Herkunft der höheren Schüler und Karrierepläne oldenburgischer Abiturienten 1870–1933, in: Günther, Wolfgang (Hg.): Sozialer und politischer Wandel in Oldenburg. Studien zur Regionalgeschichte vom 17. bis 20. Jahrhundert, Oldenburg 1981, S. 75–112, hier S. 89. Die Städtische Realschule wurde 1881 in eine Oberrealschule umgewandelt.

[123] Reeken, S. 250. Vgl. detailliert zu diesem Entwicklungsprozess Lorenz, Hans-Jürgen: Von der Höheren Bürgerschule zum Herbartgymnasium, Phil. Diss. Univ. Oldenburg, Oldenburg 2000.

[124] Städtische Ober-Realschule und Vorschule zu Oldenburg (Hg.): Bericht über das 48. Schuljahre 1891–1892, Oldenburg i. Gr. 1892, S. 15, HerbartGym OL.

[125] Nipperdey, Deutsche Geschichte, Bd. 1, S. 549.

[126] Vgl. die bei Nipperdey. Deutsche Geschichte, Bd. 1, auf S. 553 abgedruckte Tabelle „Stundenplan der höheren Schulen in Preußen 1882/1892/1901". Demzufolge wurden 1892 in den Preußischen Oberrealschulen in den Naturwissenschaften und in Mathematik wöchentlich 83 Stunden gegeben und in den Sprachen Englisch und Französisch 72. Die preußischen Realgymnasien boten dagegen 72 Stunden Mathematik und Naturwissenschaften an und 46 Stunden neuere Sprachen.

[127] Städtische Ober-Realschule und Vorschule zu Oldenburg (Hg.): Bericht über das 48. Schuljahre 1892–1893, Oldenburg i. Gr. 1893, S. 24f., HerbartGym OL. Zu den Ursachen der eingeschränkten Zugangsberechtigungen für das Studium und den Staatsdienst vgl. Nipperdey, Deutsche Geschichte, Bd. 1, S. 551ff. u. Lorenz, S. 201ff.

[128] Nipperdey, Deutsche Geschichte, Bd. 1, S. 551ff. Er konnte aber die Offizierslaufbahn noch einschlagen, wenn er die Ergänzungsprüfungen in Latein und Griechisch absolvierte.

[129] Vgl. Kapitel 2.2.

[130] Lorenz, S. 201ff.

[131] Vgl. dazu das bei Seggern, S. 38, abgedruckte Zeugnis der Obersekunda für Johann Heinrich Schütte.

[132] Zur Vorbildfunktion von Heinrich Wilhelm Schütte für seinen Sohn vgl. Kap.2.4.

[133] Dieser Begriff bezeichnet eine Reihe von konjunkturellen Wachstumsstörungen, die 1873 nach dem so genannten Gründerkrach begannen und erst Mitte der 1890er Jahre in einer Hochkonjunktur abgelöst wurde. Der Begriff „große Depression" erscheint verfehlt, da er zwar die Wahrnehmung der Zeitgenossen berücksichtigt, aber nicht die Tatsache, dass es sich bei dem Phänomen um eine normale

konjunkturelle Abkühlung handelte und dass 1880 schon die Talsohle durchschritten war. Vgl. Ulrich, S. 43 u. S. 127.

134 Vgl. dazu bei Günther, S. 91f., Tabelle 6, zum Rückgang der Schülerzahlen an den Real- und Oberrealschulen im Herzogtum Oldenburg/Landesteil Oldenburg und die Abbildung 1 zum Rückgang der Schülerzahlen an allgemein bildenden Schulen insgesamt im Herzogtum/Landesteil Oldenburg.

135 Zeugnis der Obersekunda für Johann Heinrich Schütte, abgedruckt bei Seggern, S. 38.

136 Vgl. zu den Personenangaben Oberrealschule Oldenburg (Hg.): Festschrift zur Feier ihres fünfzigjährigen Jubiläums, Anhang A. Übersicht über die Direktoren und die Lehrer während der ersten fünfzig Jahre ihres Bestehens, Oldenburg 1894, Herbart-Gym OL.

137 Seggern, S. 37.

138 Zeugnis der Obersekunda für Johann Heinrich Schütte, abgedruckt bei Seggern, S. 38.

139 Zu den Themen der Abiturprüfungen und den in den verschiedenen Jahrgangsstufen und Fächern behandelten Stoffen vgl. Städtische Ober-Realschule und Vorschule zu Oldenburg (Hg.): Bericht über das 47. Schuljahr 1890–1891, Oldenburg 1891, S. 18 und den dazu gehörigen Anhang I, S. 31ff.

140 Vgl. die Abiturarbeiten Schüttes in Mathematik, Physik, Englisch

und Französisch sowie das bei von Seggern abgedruckte Obersekundazeugnis.

141 Bericht über das 47. Schuljahr 1890–1891, S. 12.

142 Seggern, S. 37.

143 Die folgenden Ausführungen beziehen sich auf den Bericht über das 48. Schuljahr 1891–1892, S. 4ff.

144 Vgl. Kap. 2.4.

145 Vgl. die kritische Würdigung des Werks von Rüthning bei Schmidt, Heinrich: Oldenburgische Geschichtsschreibung, in: Eckhardt, Albrecht (Hg.): Geschichte des Landes Oldenburg. Ein Handbuch, Oldenburg, 1987, S. 67–84, hier S. 80f. Vgl. zum Geschichtsbild des Historismus Kap. 1.4.

146 Vgl. z. B. bei Ulrich, S. 21, die positive Haltung der deutschen Bevölkerung gegenüber der Reichsgründung im Jahr 1870/71.

147 Zur weit verbreiteten Verehrung z. B. von Bismarck am Ende seines Lebens vgl. Schwarzmüller, Theo: Otto von Bismarck, 2. Aufl., München 1998, S. 138 u. nach dessen Tod vgl. Ulrich, S. 120.

148 Rohrkrämer, Thomas: August 1914 – Kriegsmentalität und ihre Voraussetzungen, in: Michalka, Wolfgang (Hg.): Der Erste Weltkrieg. Wirkung, Wahrnehmung, Analyse. München 1994, S. 759–777, hier S. 764ff.

149 Städtische Ober-Realschule und Vorschule zu Oldenburg (Hg.): Bericht über das 49. Schuljahr 1892–1893, Oldenburg i. Gr. 1893, S. 13, HerbartGym OL.

150 Die Technische Universität Charlottenburg wurde 1879 in Berlin gegründet. Da in Berlin ein repräsentatives Baugrundstück fehlte, musste man das Gebäude der Hochschule auf der „grünen Wiese" in dem damals noch selbständigen Charlottenburg bauen. Diese Ortswahl rief Befürchtungen hervor, dass dadurch die Hochschule abgewertet werden würde. Alle Versuche, die Hochschule in ihrem Namen als zu Berlin gehörig zu kennzeichnen, scheiterten in den Folgejahren. „Die Technische Hochschule ‚zu Berlin' blieb in Charlottenburg und die zunächst vorhandene Befürchtung einer Abwertung der Hochschule durch die Ortswahl scheint offenbar rasch verflogen zu sein, da ‚Charlottenburg' sich in der nationalen und internationalen Diskussion des Technischen Hochschulwesens schon bald als Art Marken- und Gütesiegel einbürgerte." (Zum Zitat Rürup, Reinhard: Die Technische Universität Berlin 1879–1979: Grundzüge und Probleme ihrer Geschichte, in:Rürup, Reinhard (Hg.): Wissenschaft und Gesellschaft. Beiträge zur Geschichte der Technischen Universität Berlin 1879–1979, 1. Bd., Berlin, New York, Heidelberg, 1979, S. 3–30, hier S. 13f.) Demgemäß soll im Folgenden von der Technischen Hochschule Charlottenburg die Rede sein, sofern das Kaiserreich angesprochen ist, und von der Technischen Hochschule Berlin,

sofern von der Weimarer Republik die Rede ist.

151 Seggern, S. 38. Haaland, S. 20f.

152 Nipperdey, Deutsche Geschichte, Bd. 2, S. 276.

153 Ziegler, Dieter: Das Zeitalter der Industrialisierung, in: North, Michael (Hg.): Deutsche Wirtschaftsgeschichte. Ein Jahrtausend im Überblick, München 2000, S. 192–281, S. hier 213. Vgl. auch Kapitel 3.1.2.1.

154 Amtlicher Führer für die Deutsche Schiffbauausstellung, Berlin 1908, S. 36ff. Mit diesem Gesetz wurde erstmalig eine feste Postdampferlinie subventioniert. Vgl. Schwarz, Tjard; Halle, Ernst von: Die Schiffbauindustrie in Deutschland und im Ausland, 1. Teil, erstmaliger Reprint d. Ausg. Berlin, Mittler, von 1902, neu hg. u. bearb. von Lars U. Scholl, Düsseldorf 1987, S. 129.

155 Nipperdey, Deutsche Geschichte, Bd. 1, S. 262. Vgl. auch die Tabellen 25, 28 u. 29 bei Schwarz; Halle, S. 93, S. 96f. u. 98f.

156 Der Großadmiral Tirpitz war seit 1877 mit der Entwicklung der Torpedowaffe betraut, seit 1892 Stabschef des Oberkommandos der Marine und seit 1897 Staatsekretär des RMA. Durch die Flottengesetze (1898, 1900, letzte Novelle 1912) setzte er den Ausbau der kaiserlichen Marine durch, die das Dt. Reich zur zweitstärksten Seemacht nach Großbritannien machte. Sein Hauptgedanke, über eine starke deutsche Schlachtflotte weltpo-

litische Gleichberechtigung und eine Teilhabe an der Weltherrschaft gegen England durchzusetzen, erwies sich 1914 als falsch. Im Krieg trat er für den sofortigen und vollen Einsatz der Flotte und den uneingeschränkten U-Boot-Krieg ein, geriet dadurch in Gegensatz zum Reichskanzler Bethmann Hollweg und nahm 1916 seinen Abschied. 1917 gründete er mit W. Kapp die Dt. Vaterlands Partei; 1924–1928 Mitglied des Reichstages (DNVP).

[157] Amtlicher Führer für die Deutsche Schiffbauausstellung, S. 26ff. Vgl. auch Nipperdey, Deutsche Geschichte, Bd. 1, S. 243. Aufgrund der defensiven Ausrichtung der deutschen Seestreitkräfte wurden laut Nipperdey keine Panzerschiffe mehr beschafft, sondern nur noch kleinere Torpedoboote und Minen. Daher geriet der Panzerschiffbau in eine Krise, von der er sich erst im Jahr 1897 wieder erholte, da das Deutsche Reich dann mit dem Aufbau einer Schlachtflotte begann, die gegen England gerichtet war.

[158] Kiesewetter, Hubert: Industrielle Revolution in Deutschland 1815–1914, Frankfurt/Main 1989, S. 217.

[159] Vgl. dazu die in Kapitel 3.1.1 dargestellte geschwächte Position des Norddeutschen Lloyd im Nordatlantik-Verkehr nach dem Untergang des Schnelldampfers „Elbe" im Jahr 1895.

[160] Flamm, Oswald: Schiffbau: seine Geschichte und seine Entwicklung, Berlin 1907, S. 40ff.

[161] Nach Schwarz/Halle, S. 18ff., S. 25 u. S. 26 lief in England im Jahr 1821 mit der „Aaron Mansby" zum ersten Mal ein völlig aus Eisen gebautes Schiff vom Stapel, wurde der Einschraubenantrieb erstmalig auf dem Schiff „Archimedes" im Jahre 1838 eingesetzt und im Jahr 1858 die Compound-Dampfmaschine konstruiert, die dort in den nächsten Jahrzehnten zu den Drei- und Vierfachexpansionsmaschinen weiterentwickelt wurde. Zur schiffbautechnischen Entwicklung in England insgesamt und insbesondere zur Entwicklung des Schiffmaschinenbaus vgl. auch Flamm, Schiffbau, S. 35ff. u. 41.

[162] Schwarz/Halle, S. 20.

[163] Lehmann, Eike: Die konstruktive Entwicklung der Seeschiffe, in: Scholl, Lars U.: Technikgeschichte des industriellen Schiffbaus in Deutschland. Bd. 1: Handelsschiffe, Marine-Überwasserschiffe, U-Boote, Hamburg 1994, S. 9–90, hier S. 16. Zum langjährigen und schwierigen Übergangsprozess vom Holz- zum Eisen- bzw. Stahlschiffbau vgl. Flamm, Schiffbau, S. 26ff.

[164] Flamm, Schiffbau, S. 41.

[165] Schwarz/Halle, S. 21 u. S. 25f.

[166] Lehmann, konstruktive Entwicklung, S. 16.

[167] Die höchstmöglichen Schiffsabmessungen betrugen um 1890 noch 10.000 t und in den Folgejahren 20.000 t. Lehmann, konstruktive Entwicklung, S. 28.

[168] Lehmann, konstruktive Entwick-lung, S. 27. Flamm, Schiffbau, S. 42.

[169] Vgl. zur eher intuitiv-handwerklichen Arbeitsweise im Holzschiffbau Kapitel 2.2.4 u. 3.1.2.2, Anm. 316.

[170] Die bis zum Kapitelende folgenden Ausführungen beziehen sich auf Schwarz/Halle, S. 35ff.

[171] Flamm, Oswald: Der Schiff- und Schiffsmaschinenbau, in: Lexis, Wilhelm: Das Unterrichtswesen im Deutschen Reich, IV. Bd.: Das Technische Unterrichtswesen, 1. Teil: Die Technischen Hochschulen im Deutschen Reich, Berlin 1904, S. 147–154, hier S. 147.

[172] Schon 1806 und 1815 wurden in Prag und Wien die ersten polytechnischen Schulen gegründet. Vgl. Manegold, S. 12.

[173] Beuth (1781–1853) war als Begründer der preußischen Gewerbeförderung ein Wegbereiter der Industrialisierung in Preußen.

[174] Rürup, S. 6f. Vgl. dazu auch Manegold, Karl-Heinz: Die Technische Hochschule Danzig im Rahmen der deutschen Hochschulgeschichte, in: Gesellschaft der Freunde der Technischen Hochschule Danzig (Hg.): Beiträge und Dokumente zur Geschichte der Technischen Hochschule Danzig 1904–1945, Hannover 1979, S. 11–27, hier S 12f. u. Lundgreen, Peter: Die Ausbildung von Ingenieuren an Fachhochschulen und Hochschulen in Deutschland, 1770 bis 1990, in: Lundgreen, Peter; Grelon, André: Ingenieure in Deutschland, 1770–1990, Frankfurt/Main, New York 1994, S. 13–78, hier S. 25f.

[175] Die École polytechnique vermittelte ihren Absolventen eine technische Grundausbildung. Dieses Wissen musste jeder erwerben, der eine technische Ausbildung an den älteren Spezialschulen für Brücken- und Wegebau, für Bergbau, für Schiffbau und für Artillerie und das militärische Ingenieurswesen, den Écoles d'application, anstrebte. Beide technischen Bildungsreinrichtungen waren auf die militärischen und zivilen Bedürfnisse des Staates ausgerichtet.

[176] Lundgreen, Ausbildung von Ingenieuren, S. 15.

[177] Lundgreen, Ausbildung von Ingenieuren, S. 27 u. Rürup, S. 7.

[178] Vgl. dazu Ulrich, S. 347.

[179] Die Zahl der Universitäten nahm von 19 im Jahr 1871 auf 22 im Jahr 1914 zu. Vgl. dazu Ulrich, S. 347.

[180] Ulrich, S. 348.

[181] Nipperdey, Deutsche Geschichte, 1. Bd., S. 578.

[182] Ruhnau, Rüdiger: Technische Hochschule Danzig 1904–1984, Stuttgart 1985, S. 14. Vgl. differenzierter Manegold, Technische Hochschule, S. 19. Vgl. zu den Studentenzahlen an der TH Berlin Rürup, S. 14.

[183] Ulrich, S. 348.

[184] Nipperdey, Deutsche Geschichte, Bd. 1, S. 570 zu den Ursachen der inneren Expansion der Technischen Hochschulen u. S. 603ff. zu der ungeheuren Zunahme

des Wissens und neuer wissenschaftlicher Phänome in den Naturwissenschaften. Zur Entstehungsursache und Bedeutung der Laboratorien als Mittel zur Erforschung der Phänomene an den Technischen Hochschulen dabei vgl. die nachstehenden Ausführungen.

[185] Althoff, Friedrich, Ministerialrat im preußischen Ministerium für kirchliche, Unterrichts- und Medizinal-Angelegenheiten. Althoff studierte Jura in Berlin und Bonn. Er stand von 1882 bis 1908 dem Universitätsressort im preußischen Kultusministerium vor. Althoff wurde seines energischen Handelns und seiner Durchsetzungskraft wegen der „Bismarck des deutschen Universitätswesens" genannt. In seiner Amtszeit wurde die Universität Berlin von 38 auf 81 Institute ausgebaut. Er war an den Berufungen der bedeutenden Forscher Adolf von Harnack, Hermann Gunkel, Max Planck, Walther Nernst und Robert Koch sowie 1871 an der Neugründung der Universität Straßburg beteiligt. Althoffs Pläne führten unter anderem unter seinem Nachfolger Friedrich Schmidt-Ott zur Gründung der Kaiser-Wilhelm-Gesellschaft. Er war außerdem wesentlich an der Reformierung des deutschen Bibliothekswesens beteiligt. Althoff wurde am Ende seines Lebens unter anderem mit der Ehrendoktorwürde der Universitäten Münster (1904) und Harvard (1906) ausgezeichnet. Zur Politik des preußischen Kultusministeriums in Bezug des Ausbaus der Hochschulen vgl. im Detail Brocke, Bernhard vom: Hochschul- und Wissenschaftspolitik in Preußen und im Deutschen Kaiserreich 1882–1907: das „System Althoff", in: Baumgart, Peter: Bildungspolitik in Preußen zur Zeit des Kaiserreichs, Stuttgart 1980, S. 9–118, hier S. 47ff. Kritisch zur Althoffs Anteil an der Gründung der Kaiser-Wilhelm-Gesellschaft Burchardt, Lothar: Wissenschaftspolitik im Wilhelminischen Deutschland. Vorgeschichte, Gründung und Aufbau der Kaiser-Wilhelm-Gesellschaft zur Förderung der Wissenschaften, Göttingen 1975.

[186] Ulrich, S. 349.

[187] Nipperdey, Deutsche Geschichte, Bd. 1, S. 570.

[188] Manegold, Technische Hochschule, S. 16f. Zum Prozess der Verwissenschaftlichung vgl. König, Wolfgang: Nichttechnische Studienanteile in der Ingenieurausbildung: ein historischer Überblick über die Entwicklung in Deutschland, in: Fricke, E. (Hg.): Interdisziplinäre Technikforschung und Ingenieurausbildung: Konzepte und Erfahrungen aus Deutschland, Österreich und den USA, Bonn 1992, S. 19–26, hier S. 21.

[189] Lundgreen, Ausbildung von Ingenieuren, S. 31.

[190] Manegold, Technische Hochschule, S. 17.

[191] Ebd., S. 18.

[192] Ulrich, S. 348.

[193] Ulrich, S. 348. Manegold, Technische Hochschule, S. 15 f, zur Entwicklung der Gleichberechtigung der Technischen Hochschulen im deutschen Hochschulsystem im späten 19. Jahrhundert.

[194] Rürup, S. 11.

[195] Ebd., S. 3 u. 7ff.

[196] Ebd., S. 10ff.

[197] § 1 des Provisorischen Verfassungsstatus vom 07.03.1879 zit. nach ebd. S. 12.

[198] Provisorischer Verfassungsstatus, S. 16 zur Gründung des Maschinenbaulaboratoriums.

[199] Der Professor für Maschinenbau an der TH Charlottenburg, Alois Riedler (1850–1936), besuchte im Anschluss an die Weltausstellung in Chicago 1893 zahlreiche technische Lehranstalten in den USA. In dem entsprechenden Bericht empfahl er insbesondere den praxisnahen Unterricht in reich ausgestatteten Ingenieurlaboratorien als vorbildlich und forderte die Einrichtung von Maschinenbaulaboratorien an den Technischen Hochschulen in Deutschland. Vgl. dazu Riedler, Alois: Amerikanische technische Lehranstalten. Bericht im Auftrag des Kultus-Ministers, Berlin 1893.

[200] Rürup, S. 16. Die TH München besaß bspw. schon seit 1871 ein solches Laboratorium.

[201] Rürup, S. 15.

[202] Franz Reuleaux, ein deutscher Ingenieur, begründete die wissenschaftliche Getriebelehre (Kinematik) und war in den 1880er Jahren maßgeblich an der Schaffung eines einheitlichen deutschen Patentgesetzes beteiligt. Nach einer praktischen Ausbildung in verschiedenen Betrieben des Maschinenbaues besuchte er die Polytechnische Schule in Karlsruhe. Es folgten erfolgreiche Jahre als Unternehmer, Konstrukteur und Wissenschaftler. 1856 wurde er Professor in Zürich. Im Jahre 1864 ging er nach Berlin, wo ihm eine Dozentur am Gewerbeinstitut angetragen wurde, die er bis 1896 innehaben sollte. Gleichzeitig war er Mitglied der Technischen Deputation für das Gewerbe. Vier Jahre später wurde Reuleaux Direktor dieser Anstalt, die sich nun Gewerbeakademie nannte, und 1890/91 Rektor der nunmehr zur Technischen Hochschule Charlottenburg erhobenen Anstalt. Parallel dazu beschäftigte er sich mit der Getriebelehre, die zu dieser Zeit im Vergleich zur Mechanik oder Festigkeitslehre unterentwickelt war. Reuleaux konnte in diesem Bereich eine neue, Bahn brechende Theorie erarbeiten und der Kinematik eine für den Maschinenbau voll verwertbare Form geben. In diesem Zusammenhang veröffentlichte er schon 1875 seine Theoretische Kinematik; ein Werk, das im Maschinenbau eine bedeutende Stellung einnehmen sollte. Eine besondere Ehre war es

für Reuleaux, als er 1876 auf der Weltausstellung in Philadelphia zum Vorsitzenden der Deutschen Jury berufen wurde. In seinen Briefen aus Philadelphia machte er auf Missstände innerhalb der deutschen Wirtschaft aufmerksam, die durch ihre Offenheit großes Aufsehen erregten. Sein Ausspruch „Deutsche Waren sind billig und schlecht" rüttelte die Unternehmer auf und trug mit dazu bei, dass die deutsche Industrie begann, bessere Waren herzustellen. Auf den Weltausstellungen in Sydney (1879) und Melbourne (1881) leitete Franz Reuleaux erneut als Reichskommissar die deutsche Abteilung.

[203] Adolf Slaby studierte an der Berliner Gewerbeakademie Mathematik und Maschinenbau bei Reuleaux. Er entwickelte eine Theorie der Gasmaschinen, die einen wichtigen Platz in der Ottomotor-Entwicklung einnimmt. Er gründete 1884 als Ordinarius für Elektrotechnik zusammen mit anderen das Elektrotechnische Laboratorium und ermöglichte auf diese Weise seinen Studenten auch praktisch zu arbeiten. Während seiner Arbeit an der TH Charlottenburg wurde Berlin zum Zentrum der Elektrotechnik im Deutschen Reich. 1887 nahm Slaby an den Versuchen G. Marconis teil und entwickelte mit seinem Assistenten Graf Georg von Arco ab 1897 ein funktionierendes System drahtloser Telegraphie. Parallel

zu seinen Forschungsaktivitäten setzte er sich für die soziale Anerkennung der Ingenieure und für die Gleichberechtigung der Technischen Hochschulen ein.

[204] Rürup, S. 15.

[205] Rürup, S. 14. Die Angaben zu den Studentenzahlen finden sich auch dort. Seine Denkschrift hatte der VDI in dem Bestreben verfasst, die Überfüllung der Technischen Hochschulen zu beenden und damit die Ausbildung der Ingenieure zu verbessern. Diese sollte durch den Ausbau der Technischen Hochschulen und die Aufstockung des Lehrpersonals geschehen. Zugleich wollte der VDI die Ware „technische Bildung" knapp und teuer halten, indem er für eine Verschärfung der Aufnahme- und Studienbedingungen an jenen Hochschulen eintrat. Dieses Bestreben muss im Zusammenhang mit dem Hauptziel des VDI gesehen werden, über eine Verwissenschaftlichung der technischen Ausbildung eine Gleichberechtigung mit den etablierten akademischen Berufständen, den Ärzten, Juristen und Philologen, zu erreichen und seine Mitglieder vor der Konkurrenz der geringer theoretisch vorgebildeten, aber in der Praxis erfahreneren Techniker zu schützen. Wenn nun gegen Ende des 19. Jahrhunderts vermehrt Studenten mit dem Wunsch, ein Ingenieursstudium zu beginnen, an die Technischen Hochschulen drängten,

war dieses Ziel gefährdet, weil nun die gerade erlangte Exklusivität der Berufsgruppe durch „Vermassung" wieder verloren zu gehen schien. Vgl. dazu König, Wolfgang: Der Verein deutscher Ingenieure und seine Berufspolitik, in: Lundgreen, Peter; Grelon, André (Hg.): Ingenieure in Deutschland, 1770–1990, Frankfurt/Main, New York 1994, S. 304–315, hier 306 u. 309f. sowie Manegold, Karl-Heinz: Der VDI in der Phase der Hochindustrialisierung, in: Ludwig, Karl-Heinz (Hg.): Technik, Ingenieure und Gesellschaft. Geschichte des Vereins Deutscher Ingenieure 1856–1981, Düsseldorf 1981, S.133–166, hier S. 152f.

[206] Rürup, S. 20 u. die dort zitierten Redeausschnitte. Vgl. zum Ausbau der Schiffbauabteilung das folgende Kapitel.

[207] Dietrich arbeitete nach dem Abschluss seines Studiums, das er an dem Polytechnikum in Dresden und an der Berliner Gewerbeakademie absolviert hatte, im preußischen Marineministerium unter den Chefkonstrukteuren der königlichen bzw. später kaiserlichen Admiralität, den Admiralitätsräten Carl Alexander Elbertzhagen und August Koch. Dietrich, nachdem er selbst in eine entsprechende hohe Position aufgestiegen war, beeinflusste die technische Entwicklung der kaiserlichen Flotte nach der Reichsgründung und nach dem Regierungsantritt Wilhelm II.

In seiner Amtszeit ging in der Marine auch dazu über, Panzerschiffe von marineeigenen und privaten Werften im Deutschen Reich zu bauen, statt sie im Ausland produzieren zu lassen. Unter seiner Leitung mussten auch viele technische Neuerungen im Schiffbau, wie der reine Dampfmaschinen- und Turbinenbau, als auch der Übergang vom Holz- zum Eisenschiffbau bei der Konstruktion von Panzerschiffen umgesetzt werden. Neben diesen Aufgaben hatte er einen Lehrauftrag von 1876 bis zu seinem Tod an der Gewerbeakademie und der späteren Technischen Hochschule Charlottenburg zu erfüllen. Dietrich gehörte zu den Förderern der in den späten 1890er Jahren in der Gründung befindlichen Schiffbautechnischen Gesellschaft. Vgl. dazu Lehmann, Alfred Dietrich 1843–1898, Schiffbautechnische Gesellschaft, S. 103.

[208] Flamm, Schiff- und Schiffsmaschinenbau, S. 147.

[209] Technische Universität Berlin-Charlottenburg, hg. u. bearbeitet v. A. Herrmann, Basel-Brion 1955, S. 26, zit. bei Rürup, S. 15.

[210] Lundgreen, Peter: Natur- und Technikwissenschaften an deutschen Hochschulen, 1870–1970: Einige quantitative Entwicklungen, in: Rürup, Reinhard (Hg.): Wissenschaft und Gesellschaft, S. 210–230, hier S. 215.

[211] Schröder-Werle, Renate (Bearb.): Studentenstatistik (1879–1979),

Tabelle 1: Studenten Hospitanten (Hörer nach § 34) und Frauen nach Abteilungen/Fakultäten und Hörer/Gastteilnehmer, Ausländer (1879–1979), in: Rürup, Reinhard (Hg.): Wissenschaft und Gesellschaft S. 567–584, hier S. 571.

[212] Zur Zahl der Hochschullehrer vgl. Flamm, Schiff- und Schiffsmaschinenbau, S. 148 und Schröder-Werle, S. 594. Nach Schröder-Werle gab es erst seit 1897 sieben Hochschullehrer.

[213] Vgl. dazu Kapitel 2.1.5. Wenn Schüttes Leistungen auch nicht hervorragend waren, so lagen sie doch in der oberen Hälfte des Leistungsspektrums. Als Absolvent einer Oberrealschule hatte er zudem gegenüber anderen Studenten einen deutlichen Wissensvorsprung in Mathematik und den Naturwissenschaften.

[214] Seggern, S. 38.

[215] Schütte an Prinz Heinrich der Niederlande, 19.11.30, LM OL, NL Schütte 0000054.

[216] Vgl. Kapitel 2.1.3.

[217] Vor dem Ersten Weltkrieg importierte die Deutsch-Amerikanische Petroleum AG mit eigenen Schiffen in großen Mengen Öl und Petroleum von den USA nach Deutschland. Im Jahre 1910 hatte es alle Ölverkaufsfirmen, die Öl ins Deutsche Reich verkauften, unter seine Kontrolle gebracht und verfügte damit über ein Anbietermonopol für Öl in Deutschland. Zu diesem Zeitpunkt arbeiteten bei diesem Unternehmen über 1100 Angestellte. Vgl. dazu Deutsche Petroleum-Verkaufs-Gesellschaft: Das Reichs-Petroleum-Monopol und die Deutsch-Amerikanische Petroleum-Gesellschaft, Hamburg 1912, S. 13 u. S. 18.

[218] Flamm, Schiff- und Schiffsmaschinenbau, S. 148. Die Ableistung eines solchen Praktikums war auch wohl Bedingung für den Eintritt in die kaiserliche Marine. Vgl. dazu den Lebenslauf von Schütte vom 21.12.1903, G StA PK, I. HA Rep 76 V b, Sekt. 10, Tit. III, Nr. 5 Bd. 1.

[219] Haaland, S. 20f. u. Seggern, S. 38, behaupten, dass Schütte sich nach dem bestandenen Vordiplom am 03.11.1894 auf die USA-Reise begeben hat. Dagegen spricht, dass Schütte die Überfahrt nach den Vereinigten Staaten zur Zeit der schweren Herbststürme auf dem Nordatlantik hätte wagen müssen. Daher scheint es wahrscheinlicher, dass er die Fahrt nach Baltimore in seinen Sommersemesterferien 1894 unternommen hat, um danach die Vorprüfungen zu absolvieren. Zu den zeitlichen und geographischen Angaben vgl. auch Lebenslauf von Schütte am 21.12.1903, G StA PK, I. HA Rep 76 V b, Sekt. 10, Tit. III, Nr. 5 Bd. 1.

[220] Lebenslauf von Schütte vom 21.12.1903, G StA PK, I. HA Rep 76 V b, Sekt. 10, Tit. III, Nr. 5 Bd. 1.

[221] Ein Regierungs-Bauführer ist mit dem heutigen Referendar in diesem Bereich, d. h. mit einem akademisch gebildeten Beamtenanwärter im Vorbereitungsdienst bei einer Baubehörde gleichzusetzen.

[222] Seggern, S. 38 u. Haaland, S. 21.

[223] Vgl. Kapitel 2.2.1 u. 2.2.2.

[224] „Nachtausgabe" Schiffbau. Schiffahrt und Hafenbau. Amtliches Mitteilungsblatt der Schiffbaustudierenden Berlins, 34. Jg., 24.02.1933, S. 1, LM OL, NL Schütte 0000045.

[225] Flamm studierte am Gewerbeinstitut in Berlin Schiff- und Schiffsmaschinenbau und arbeitet danach auf mehreren renommierten Werften im Deutschen Reich wie etwa Blohm + Voss in Hamburg. 1897 wurde er zum Ordinarius für Schiffbau an der Technischen Hochschule Charlottenburg formell berufen, nachdem er diesen Lehrstuhl ab 1892 vertretungsweise inne gehabt hatte. Die Berufung Flamms stellte ein Novum an der Hochschule dar, weil vorher noch kein Schiffbauer ohne Marinehintergrund berufen wurde. In seiner 40jährigen Tätigkeit als Professor beschäftigte er sich mit vielen Themen und Problemen. So arbeitete er sehr erfolgreich zur Wirkungsweise von Schiffspropellern, zur Stabilität von Schiffen, zu U-Booten und zu Sicherheitseinrichtungen an Bord von Schiffen. Er war darüber hinaus ein wesentlicher Förderer des Versuchswesens. Auch auf sein Betreiben hin entstand die Versuchsanstalt für Wasserbau und Schiffbau auf der Schleuseninsel in Berlin. Vgl. dazu Lehmann, Oswald Flamm 1861–1935, Schiffbautechnische Gesellschaft, S. 134.

[226] Zur technischen Methode vgl. Kapitel 2.2.2.1.

[227] Vgl. Kapitel 3, 4 u. 5.

[228] Für den Studienbeginn als Zeitpunkt des Beitritts von Schütte zu „Latte" spricht, dass er erst 1895, also gut zweieinhalb Jahre nachdem er sein Studium aufgenommen hatte, zum Ordensmeister avancierte. Vgl. zum Trinken und zur Hierarchie die Stiftungsurkunde des Heiligen Ordens der Schiffbauer Latte zu Berlin, verfasst im Jahr des Heils 1894 den Gründern zur Erinnerung, den Aktiven zur Erklärung, den Zukünftigen zur Ermunterung, auf einer Internet-Seite der Heiligen Frau Latte – Fachschaft Schiffbau der TU Hamburg-Harburg, http://www.hf-latte.de/, 14.03.2006, und die nachfolgenden Dokumente.

[229] Zu Schüttes Karriere und Ansehen innerhalb der „Latte" vgl. „Nachtausgabe" Schiffbau. Schiffahrt und Hafenbau. Amtliches Mitteilungsblatt der Schiffbaustudierenden Berlins, 34. Jg., 24.02.1933, S. 1, LM OL, NL Schütte 0000045 und eine Bescheinigung der „heiligen Frau Latte" in Danzig, im Besitz von Herrn Dr. Jandirk Schütte (MatSchütte), in der Johann Heinrich Schütte auch als „edler Spender" bezeichnet wird.

230 Perske an Schütte, 05.08.29, LM OL, NL Schütte 0000059.

231 Die Farben von „Preußen" waren schwarz-weiß-oranierrot.

232 „Unbedingte Satisfaktion" bedeutete das Recht und die Pflicht, als Beleidigter den Beleidiger zu einem Duell zu fordern und als Beleidiger eine solche Forderung anzunehmen.

233 Zur Vermeidung dauernder Beleidigungen der Mitglieder untereinander gingen die schlagenden Studentenverbindungen Mitte des 19. Jahrhunderts dazu über, die Duellanten insbesondere von Füxen durch Auswahl festzulegen.

234 Gladen, Paulgerhard: Gaudeamus igitur. Die studentische Verbindung einst und jetzt. München 1986, S. 38 u. 213f.

235 Vgl. Gizewski, Christian: Zur Geschichte der Studentenschaft der Technischen Universität Berlin seit 1879, in: Rürup, Reinhard (Hg.): Wissenschaft und Gesellschaft. Beiträge zur Geschichte der Technischen Universität Berlin 1879–1979, 1. Bd., Berlin, New York, Heidelberg, 1979, S. 115–169, hier S. 121, zu den sozialen Funktionen von studentischen Vereinigungen. Die Schiffbauervereinigung „Latte", gegründet 1879, und die Landsmannschaft „Preußen", gegründet nur acht Jahre zuvor, konnten aber Schütte wahrscheinlich nicht in beruflicher Hinsicht weiterhelfen, da sie noch relativ junge Studentenvereinigungen mit wenigen

einflussreichen „alten Herren" waren.

236 Lebenslauf von Schütte vom 21.12.1903, G StA PK, I. HA Rep 76 V b, Sekt. 10, Tit. III, Nr. 5 Bd. 1. Einer von Schüttes Lehrern, Oswald Flamm, gehörte zu den so genannten „Flottenprofessoren". Vgl. dazu den Gründungsaufruf der freien Vereinigung für Flottenverträge, abgedruckt im Wortlaut und mit einer Namensliste bei Marienfeld, Wolfgang: Wissenschaft und Schlachtflottenbau 1897–1906, Marinerundschau Beiheft 2, Frankfurt/Main 1957, S. 108f.

237 Schütte an Dr.-Ing. Carl Spetzler am 25.01.1938, LM OL, NL Schütte 0000683. Walter war nicht – wie Schütte sich 1938 erinnerte – im „Central-Bureau" beschäftigt, sondern in der „Central-Abteilung", welche dem „Bureau" direkt über- und dem Vorstand des Norddeutschen Lloyd direkt untergeordnet war. Die Abteilung war vermutlich nicht nur verantwortlich für die Unternehmenskommunikation, für die Abwicklung von Rechtssachen, für die Durchführung von Buchhaltung und Statistik, sondern auch zuständig für das Personal. Als Leiter dieses Bereichs fiel es wahrscheinlich in Metzlers Aufgabenbereich, das hochqualifizierte Personal für Fach- und Führungsaufgaben auszuwählen. Vgl. Lloyd-Nachrichten, [hg. v. der Central-Abteilung des Norddeutschen Lloyd, Bremen,] Nr.

11/1900, S. 35–36. StA Bremen 7,2010-74. Im Jahr 1898, dem ersten vollen Arbeitsjahr Schüttes beim Lloyd, besaß das 1855 von H. H. Meyer in Bremen gegründete Unternehmen ein Aktienkapital von 60 Mio. Mark und 53 Seeschiffen mit 274.311 BRT. Mit dieser Flotte wurden 1.983.482 m3 Fracht und 161.963 Passagiere befördert. Bis 1911 konnte die Firma ihr Kapital auf 125 Mio. Mark erhöhen und ihre Flotte auf 128 Seeschiffe mit 674.248 BRT aufstocken. Mit diesen Schiffen transportierte der Lloyd 3.586.178 Tonnen Ladung und 662.385 Passagiere. (Vgl die bei Witthöft, Hans Jürgen: Norddeutscher Lloyd. 3., überarb. Auflage, Hamburg 1997, auf S. 41 abgedruckte Tabelle.) Damit war der Lloyd zur zweitgrößten Reederei der Welt geworden. Größer war nur noch die 1847 in Hamburg gegründete HAPAG.

238 Lebenslauf von Schütte vom 21.12.1903. G StA PK, I. HA Rep 76 V b, Sekt. 10, Tit. III, Nr. 5 Bd. 1. Vgl. auch Kapitel 2.1.4.

239 Vgl. Kapitel 2.1.4.

240 Vgl. Kapitel 2.2.4.

241 Lebenslauf von Schütte vom 21.12.1903, G StA PK, I. HA Rep 76 V b, Sekt. 10, Tit. III, Nr. 5 Bd. 1. Problematisch ist an dieser Quelle in diesem Zusammenhang aber, dass sie im Zusammenhang mit dem Ruf Schüttes an die TH Danzig steht: Offenbar wollte Schütte in seiner offiziellen Bewerbung betonen, dass er

den Staatsdienst als Feld für seine berufliche Karriere vorgezogen hätte, wenn man ihn nur genommen hätte. Allerdings hatte er es nicht nötig, diesen Umstand besonders zu betonen, da er bei den Einstellungsverhandlungen mit dem preußischen Ministerium der Geistlichen, Unterrichts- und Medizinalangelegenheiten in einer starken Position war. Vgl. dazu Kapitel 3.2.2.

242 Entwurf eines Schreibens des Kultusministers Konrad von Studt an den Finanzminister Georg Freiherr von Rheinbaben v. 16.03.1904, S. 2, G StA PK, I. HA Rep 76 V b, Sekt. 10, Tit. III, Nr. 5 Bd. 1.

243 Schütte an Dr.-Ing. Carl Spetzler, 25.01.1938, LM OL, NL Schütte 0000683.

244 Wiegand studierte Jura und promovierte in Göttingen 1879. Danach arbeitete er als Anwalt in Bremen mit dem Schwerpunkt „Handels- und Seerecht". Für den Norddeutschen Lloyd gewann er vorläufig den Rechtsstreit gegen das Reich in Sachen Kollision des Lloyd-Dampfers Hohenstaufen mit SMS Sophie. Zur selben Zeit zog sich Wiegand von seiner Anwaltstätigkeit zurück, um sich auf die Aufgaben als Konsulent großer Gesellschaften, insbesondere von Schifffahrtsgesellschaften, zu konzentrieren. Am 15.02.1889 wurde er Rechtskonsulent des NDL und im Jahr 1892 zum „kaufmännischen Direktor" der Reederei. Ab 1899

erhielt er den Titel eines Präsidenten bzw. Generaldirektors. Zusammen mit seinem Kollegen Geo Plate reorganisierte den NDL und baute ihn weiter aus, stärkte seine Position auf dem Fahrtgebiet des Nordatlantiks und macht ihn zu einer „Weltreederei".

245 Wiborg, Susanne; Wiborg, Klaus: Unser Feld ist die Welt. 150 Jahre Hapag-Lloyd. Hamburg 1997, S. 105.

246 Ursprünglich 1851 gegründet als Vulcan-Werft in Stettin, war die Werft ein Pionier im deutschen Großschiffbau und bis 1945 eine der führenden Werften in Deutschland. Ihr erster Bau war der Eisenradampfer „Dievenow". Im Jahr 1857 wurde die Werft dann umbenannt in Stettiner Maschinenbau AG Vulcan. Als die Werft im späten 19. und frühen 20. Jahrhundert immer größere Schiffe baute, konnten sie mit den bestehenden Einrichtungen die Bauvorhaben nicht länger durchführen. Daher wurden in den Jahren 1907 bis 1909 Zweigbetriebe in Bremen und Hamburg aufgebaut. Im Jahr 1928 ging die Werft Bankrott, verkaufte ihren Hamburger Betrieb im Jahr 1930 und wurde als Stettiner Vulcan AG neu gegründet. Die Werft wurde im Jahr 1945 von der neuen polnischen Regierung übernommen und abgerissen. Vgl. auch Wulle, Armin: Der Stettiner Vulcan. Ein Kapitel deutscher Schiffbaugeschichte, Herford 1989.

247 Wulle, Stettiner Vulcan, S. 106. Vgl. auch Witthöft, S. 51ff.

248 Vgl. die bei Witthöft, auf S. 41 abgedruckte Tabelle.

249 Schütte an Spetzler, 25.01.1938, LM OL, NL Schütte 0000683.

250 Am Standort in Bremerhaven scheinen eher ausführende Abteilungen des Unternehmens angesiedelt worden zu sein. So gab es neben dem technischen Betrieb noch eine Agentur und das Heuerbüro sowie Inspektoren, die für verschiedene Zielhäfen zuständig waren. In Bremen dagegen saßen der Aufsichtsrat und das schon genannte „Central-Bureau". Außerdem befanden sich dort die Passagierschifffahrt und alle Abteilungen, die für wichtige Fahrtgebiete wie etwa den Nordatlantik zuständig waren. Vgl. Lloyd-Nachrichten, [hg. v. der Central-Abteilung des Norddeutschen Lloyd, Bremen,] Nr. 11/1900, S. 35–36. StA Bremen 7,2010-74.

251 Peters, Dirk J.: Der Seeschiffbau in Bremerhaven von der Stadtgründung bis zum Ersten Weltkrieg, Bremerhaven 1987, S. 103ff. u. S. 151ff.

252 Spetzler wurde in Grabow/Oder bei Stettin geboren. Nach seinem Schiffbaustudium ging er zum Stettiner Vulcan, wo er bald zum Oberingenieur ernannt wurde. Danach wechselte Spetzler zur Schiffswerft „Odero" in der Nähe von Genua, wo er neun Jahre lang als Werftdirektor tätig war. Schließlich ging er zum Nord-deutschen Lloyd nach Bremerhaven, bei dem er zunächst die Stellung eines Oberinspektors bekleidete, um dann Direktor des Lloyd in Bremerhaven zu werden. Vgl. dazu Lebenslauf von Carl Spetzlers gleichnahmigen Sohn vom 25.05.1922, LM OL, NL Schütte 0000912. Schütte behauptete in seinem Brief an Dr. Spetzler vom 25.01.1938, dass dessen Vater für die Beantwortung einer „Schicksalsfrage" des deutschen Schiffbaus, nämlich warum der „Kaiser Friedrich" nicht seine vertraglich vereinbarte Geschwindigkeit erreichen könne, „seine Gesundheit geopfert" habe. Vgl. Schütte an Dr.-Ing. Carl Spetzler, 25.01.1938, LM OL, NL Schütte 0000683.

253 Lebenslauf von Carl Spetzler vom 25.05.1922, LM OL, NL Schütte 0000912.

254 Schütte an Spetzler, 25.01.1938, LM OL, NL Schütte 0000683.

255 Lebenslauf von Schütte vom 21.12.1903. G StA PK, I. HA Rep 76 V b, Sekt. 10, Tit. III, Nr. 5 Bd. 1.

256 Lehmann, konstruktive Entwicklung, S. 67f.

257 Der Lloyd betrieb seit 1886 neben dem Passagierverkehr mit Schnelldampfern auf dem Nordatlantik auch auf sechs Linien die Postbeförderung nach Ostasien und Australien. Dabei handelte er im Auftrag und mit Subventionen des Deutschen Reichs („Postdampfergesetz"), das 1884 mit dem Erwerb von Deutsch-Südwestafrika, Togo, eines Teils von Neuguinea und Deutsch-Ostafrika zur Kolonialmacht geworden war. Vgl. dazu Wiborg, S. 76f.

258 Lebenslauf von Schütte am 21.12.1903. G StA PK, I. HA Rep 76 V b, Sekt. 10, Tit. III, Nr. 5 Bd. 1.

259 Vgl. dazu Lehmann, konstruktive Entwicklung, S. 76ff.

260 Lebenslauf von Schütte am 21.12.1903. G StA PK, I. HA Rep 76 V b, Sekt. 10, Tit. III, Nr. 5 Bd. 1. Zur Rolle des Lloyd bei der Beförderung von Auswanderern vgl. Wagner, Ulrich: Bremen, Bremerhaven und die Auswanderung, in: Schulz, Karin (Hg.): Hoffnung Amerika. Europäische Auswanderung in die Neue Welt, Bremerhaven 1994, S. 49–70, hier S. 55ff. Zu der hohen Auswandererzahl von 1,5 Mio. Menschen aus dem Deutschen Reich in der letzten Auswandererwelle von 1880 bis 1893 vgl. Henkel, Anne-Katrin: „Ein besseres Loos zu erringen, als das bisherige war": Ursachen, Verlauf und Folgewirkungen der hannoverschen Auswanderungsbewegung im 18. und 19. Jahrhundert, Hannover 1996 und zur hohen Zahl von 5 Mio. Menschen aus Osteuropa im Zeitraum von 1871 bis 1914, die über deutsche Häfen auswanderten, vgl. Just, Michael: Ost- und südosteuropäische Amerikawanderung 1881–1914. Transitprobleme in Deutschland und Aufnahme in den Vereinigten Staaten, Stuttgart 1988, hier S. 36.

[261] Witthöft, S. 51–52. Waren im Jahr 1891 109.515 Personen aus Russland, 33.777 Personen aus Österreich und 21.419 Personen aus Ungarn im Transit durch das Deutsche Reich gewandert, waren dies im Jahr 1892 nur noch 74.681, 31.359 bzw. 20.313 Personen und im Jahr 1894 nur noch 17.792, 9.875 bzw. 5.427 Personen. Ab 1898 nahmen diese Zahlen wieder stark zu bis der Transit durch das Deutsche Reich im Jahr 1913 einen einmaligen Höhepunkt mit 208.719 Personen aus Russland, mit 126.167 Personen aus Österreich und 73.574 aus Ungarn erreichte. Vgl. dazu Just, S. 37.

[262] Wiborg, S. 98, S. 114 u. S. 182f.

[263] Die Werft wurde 1837 von dem Ingenieur Ferdinand Schichau in Elbing als Maschinenreparaturbetrieb und Maschinenbaufabrik gegründet. Aus kleinen Anfängen heraus (8 Mitarbeiter) konnte Schichau sein Unternehmen, das sich schon seit Mitte der 1850er Jahre auf den Eisenschiffbau spezialisiert hatte, Mitte der 1870er zu einem der bedeutendsten und modernsten Firmen in Ostpreußen entwickeln. Seinem Schwiegersohn, dem Ingenieur Carl Ziese, der 1873 bei Schichau eingetreten war, war verdankte das Unternehmen seine Expansion in den folgenden Jahren. Unter seiner Leitung etablierte sich die Schichau-Werft im Torpedobootbau und stieg im Großschiffbau ein, nachdem das Unternehmen 1891 in Danzig eine neue Großwerft errichtet hatte. Trotz einiger schwerwiegender Probleme (gerichtliche Auseinandersetzung mit dem Norddeutschen Lloyd wegen des Schnelldampfers „Kaiser Friedrich") konnte Ziese die Werft mit dem Bau von Passagier-, Spezial- und Schlachtschiffen weiter auf Expansionskurs halten, so dass sie am Vorabend des Ersten Weltkrieges über 9.000 Arbeiter verfügte. Vgl. Lehmann, Eike, Schichau, Schiffbautechnische Gesellschaft, S. 418–429, hier S. 418ff.

[264] Wiborg, S. 110.

[265] Schütte an Spetzler, 25.01.1938, LM OL, NL Schütte 0000683.

[266] Mit dem Begriff der Schiffstabilität ist die permanente Fähigkeit eines seetüchtigen Schiffes gemeint, den Kräften der See (Wind und Seegang) standhalten zu können, indem es sich aus verschiedenen Positionen, in die es Wind und Seegang gebracht haben, wieder aufrichtet.

[267] Neubaur, Paul: Der Norddeutsche Lloyd 50 Jahre der Entwicklung. 1897–1907, 2. Bd. Leipzig 1907, S. 457. N. N. [vermutl. Norddeutscher Lloyd (Hg.)]: History and Organisation, Bremen vermutl. um 1911, S. 113.

[268] Schütte an Spetzler, 25.01.1938, LM OL, NL Schütte 0000683.

[269] Schütte an Prinz Heinrich der Niederlande, 19.11.30, LM OL, NL Schütte 0000054.

[270] Schütte an Spetzler, 25.01.1938, LM OL, NL Schütte 0000683.

[271] Wiborg, S. 110. Der daran anschließende Rechtsstreit zog sich durch alle Instanzen und dauerte mehrere Jahre, bis die Schichau-Werft geschlagen war. Zwischenzeitlich wurde das Schiff mehrfach u. a. an die HAPAG verchartert. Danach lag es elf Jahre in Bremerhaven, bis es im Jahr 1912 die neugegründete French Compagnie Sudatlantique aus Bordeaux kaufte und als „Budigala" im südatlantischen Fahrtgebiet einsetzte. Im Ersten Weltkrieg diente es im östlichen Mittelmeer als Truppentransporter. Im November 1915 lief es dort auf eine Mine und versank. Vgl. Ostersehlte, Christian: Kaiser Friedrich (1898). Zur Problematik eines Schnelldampfers des Norddeutschen Lloyd, in: BJ 83 (2004), S. 127–180, und auch http://www.greatoceanliners.net/kaiserfriedrich.html, 14.03.2006.

[272] Schütte an Spetzler, 25.01.1938, LM OL, NL Schütte 0000683.

[273] Neubaur, S. 456.

[274] William Froude, geboren in eine hochgebildete Familie (Sein Bruder war der Historiker James Anthony Froude) aus Totnes, Devon, betrieb ab 1828 am Oriel College an der Universität Oxford mathematische, chemische und mechanische Studien. Nach dem erfolgreichen Collegeabschluss wurde er Schüler bei einem Bauingenieur, 1837 Mitarbeiter bei J. K. Brunel, weil er sich am Bau der Great Western Railway zwischen Bristol und Exeter beteiligen wollte. Ab 1846 untersucht er das Rollverhalten der „Great Eastern". Er konnte das ungünstige Rollverhalten des Schiffes und damit seine Stabilität verbessern, indem er vorschlug an seinem Rumpf Schlingerkiele anzubringen. Um 1850 begann er sich im Zusammenhang mit Propellerversuchen und aus der Erkenntnis heraus, dass der Mangel an theoretischen Forschungsansätzen in diesem Feld nur durch systematische Modellversuche behoben werden könne, mit den Fragen des Reibungswiderstands zu beschäftigen. Um die von ihm für nötig befundenen Modellversuche durchführen zu können, baute und betrieb Froude auf einem Privatgrundstück im südenglischen Torquay ab 1859 als erster Wissenschaftler eine Schleppversuchsanstalt. Nachdem er 1868 die Aufmerksamkeit des Chefkonstrukteurs der Royal Navy, Sir Edward Reed, auf seine Arbeit gelenkt hatte, beteiligte sie sich finanziell an dem Bau und den Betriebskosten von Froudes Laboratorium. Auf diese Weise konnten Froude und sein drittjüngster Sohn, Robert Edmund, die Konstruktionsfehler der damaligen Schiffe hinsichtlich ihrer Formen ausmerzen, indem sie in ihrer Schleppversuchsanstalt Schiffsmodelle rigoros empirischen Tests unterwarfen.
Auf Grundlage seiner Versuche stellte Froude als erster zuver-

lässige Gesetze für die Ähnlichkeit von geometrischen Körpern (Froudsches Gesetz), für den Widerstand, den das Wasser der Bewegung eines Schiffs entgegensetzt, und für die Vorhersage der Stabilität eines Schiffs auf. Vgl. zu William Froude auch http://www.btinternet.com/~philipr/froude.htm, 14.03.2006, u. Lehmann, Froude, Schiffbautechnische Gesellschaft, S. 148–150, hier S. 148f.

275 Zunächst der wichtigste Assistent seines Vaters, leitete er nach dessen Tod im Range eines „Superintendent" die Schleppversuchstation in Torquay, die später „Admirality Experimental Works" genannt wurde, und sorgte 1886 für ihren Umzug in das bei Southampton gelegene Haslar. Unter seiner Leitung testete die Haslarer Schleppversuchstation bis 1918 über 500 Kriegsschiffmodelle. Er selbst forschte intensiv in den Bereichen „Propeller" und Widerstand. Vgl. zu William Froude auch http://www.btinternet.com/~philipr/froude.htm, 14.03.2006, u. Lehmann, Froude, Schiffbautechnische Gesellschaft, S. 148–150, hier S. 150.

276 N. N. [vermutl. Norddeutscher Lloyd (Hg.)]: History and Organisation, Bremen vermutl. um 1911, S. 112. Vgl. auch Neubaur, S. 456f. u. Timmermann, Gerhard: Die Suche nach der günstigsten Schiffsform, Oldenburg, Hamburg 1979, S. 70ff.

277 Neubaur, S. 457, schrieb noch 1907 dazu: „Zweifellos ist die Froudsche Schiffswiderstandstheorie die beste dieser Theorien, da sie der Wahrheit am nächsten kommt. Ein Nachteil ist der kostspielige Apparat, mit dem sie arbeitet, ein Apparat, der nicht jedem zur Verfügung steht, nämlich eine Versuchsstation, in die Schiffe bezw. ihre Modelle auf ihren Widerstand untersucht werden." Vgl. auch Kapitel 3.2.4.

278 Vgl. Jahresbericht, 1901, in: Lloyd-Nachrichten, Nr. 18, 04/1902, S. 61–63, S. 62, StA Bremen 7,2010-75, 1902. Später wurde jedoch nur noch von der „effektivsten" Geschwindigkeit gesprochen. Vgl. dazu N. N. [vermutl. Norddeutscher Lloyd (Hg.)]: History and Organisation, Bremen vermutl. um 1911, S. 112.

279 Schütte an Spetzler, 25.01.1938, LM OL, NL Schütte 0000683.

280 Die schon 1814 gegründete Firma Denny Brothers war zur Zeit des Besuchs von Schütte bereits eine innovative Großwerft im Besitz der schottischen Familie Denny mit vielen Erfahrungen im Bau von modernen Frachtschiffen, die mit modernsten Dampfmaschinen ausgerüstet wurden. Vgl. dazu http://www.archives.gla.ac.uk/collects/catalog/ugd/001-050/ugd003.html, 14.03.2006.

281 Dass Schütte in Großbritannien neben einer zivilen auch eine militärische Schleppmodellversuchstation besichtigen durfte, erscheint angesichts der aufbre-

chenden politischen Gegensätze zwischen Großbritannien und dem Deutschen Reich zu Beginn des 20. Jahrhunderts einigermaßen verwunderlich. Doch Schütte war nicht als Militär oder als offizieller Vertreter einer staatlichen Institution in Sachen Schleppmodellversuchstation unterwegs, sondern als ein auf Widerstandsfragen spezialisierter Ingenieur, der im Auftrag einer großen und international angesehenen deutschen Reederei reiste. Zudem verfügte er offenbar mit Munro über einen Kontakt, der ihm viele Türen öffnete.

282 Schütte an Spetzler, 25.01.1938, LM OL, NL Schütte 0000683. Lehmann, Eike: Schiffbautechnische Forschung in Deutschland, Gestern und heute, Die deutschen Schiffbauversuchsanstalten, Hamburg 2003, S. 94, nennt für das Schleppbassin kürzere Maße.

283 Schütte, Johann Heinrich: Untersuchungen über Hinterschiffsformen, speziell über Wellenaustritte, in: Jahrbuch der Schiffbautechnischen Gesellschaft, 2, 1902, S. 332–370, hier S. 332.

284 Schütte an Spetzler, 25.01.1938, LM OL, NL Schütte 0000683.

285 Die Seebeckwerft AG, gegründet 1876, wurde von seinem Eigentümer Georg Friedrich Seebeck und ab 1886 auch von Ferdinand Niemeyer aus kleinen Anfängen als Klempnerei und Bootswerft zur Großwerft, die sich auf den Fisch-, Fracht- und Passagier-

dampferbau sowie auf Reparaturen spezialisierte. 1895 wurde das Unternehmen in eine Aktiengesellschaft umgewandelt und verfügte über ein Eigenkapital von 800.000 Mark, das bis 1906 auf 3,5 Mio. Mark aufgestockt wurde. Zu diesem Zeitpunkt arbeiteten bei der Firma ca. 1.100 Mitarbeiter. Im Ersten Weltkrieg vermutlich stillgelegt, produzierte die Werft im Nationalsozialismus und im Zweiten Weltkrieg Zerstörer, Vorposten- und U-Boote. Nach schwierigem Neubeginn und dem Boom der 1950er, 1960er und 1970er Jahre geriet das Unternehmen in den 1980er und 1990er Jahren zunehmend in die Krise. Pleiten wurden abgelöst von Neugründungen, die ihrerseits wieder in den Konkurs gingen. Jahr 2003 wurde ein weiteres Nachfolgeunternehmen gegründet, das unter dem Namen SSW Schichau Seebeck Shipyard GmbH firmiert und in dem noch 400 Menschen arbeiten. Vgl. dazu auch http://werften.fischtown.de/archiv/ssw1.html bis ssw8.html sowie ssw 10 und ssw 12, 14.03.2006.

286 Für die These von einer Beteiligung einer Firma Contis am Bau der Schleppversuchstation spricht, dass er auch an der Baufirma May und Werkenthin beteiligt war, welche die Halle für Schüttes erstes Luftschiff errichtete. Vgl. dazu Kapitel 4.2.2.3.2. Die Firma selbst konnte aber noch nicht – wie Haaland,

Luftschiffbau, S. 41, Anm. 76 behauptet – die Schleppversuch-anstalt bauen, weil sie erst 1907 gegründet werden sollte. Vgl. dazu Abschrift des Berichts, vermutlich von Zabel verfasst, vom 06.05.1909 über die Firma May und Werkenthin, Herrn Professor Schütte zur gefl. Kenntnisnahme, LM OL, NL Schütte 0000601.

[287] Vgl. dazu Kapitel 3.1.3.2 u. 3.1.4, aber auch Kapitel 4.2.2.3.2. Der Sohn von Alfred Conti, Rudolf, bezeichnete Schütte als „langjährigen Freund" seines Vaters. Vgl. dazu Rudolf Conti an Schütte, 20.09.1911, LM OL, NL Schütte 0000603.

[288] Die Maße des Bassins werden in der Literatur höchst unterschiedlich angegeben. Die Angaben von Neubaur, S. 456, weisen aber die größte Übereinstimmung mit Schüttes Daten auf S. 9 auf. Zu den Angaben über die Gesamtfläche des Gebäudes vgl. Körtge, Herbert: Schiffbautechnische Versuche des Norddeutschen Lloyd, in: Nordseekalender 1999, 76–78, S. 78. Nach Lehmann, schiffbautechnische Forschung, S. 31, war die Holzbauweise die Ursache für die relativ kurze Zeit, in der die Schleppmodellversuchsstationn errichtet worden war.

[289] Jahresbericht, 1901, Lloyd-Nachrichten, Nr. 18, 04/1902, S. 61–63, hier S. 62, StA Bremen 7,2010-75, 1902.

[290] Ein Dynamometer ist ein Gerät, bei dem die elastische Verfor-

mung eines Messfühlers (z. B. Feder, Torsionsstab, Dehnungs-messstreifen) zur Bestimmung von Kräften oder Drehmomenten dient.

[291] Auch die Maße des Messwagens werden in der Literatur höchst unterschiedlich wiedergegeben. Nach dem Jahresbericht, 1901, Lloyd-Nachrichten, Nr. 18, 04/1902, S. 61–63, hier S. 62, StA Bremen 7, 2010-75, 1902 soll er 8 Meter lang und 6 Meter breit gewesen sein. Nach Neubaur, S. 456, sollen die entsprechenden Maße 6,25 und 9,40 Meter betragen haben. Da aber schon das Bassin 6 Meter breit war, konnte der Wagen nicht genauso breit sein, denn er sollte auf Schienen über dem Bassin hinweglaufen. Daher sind die Angaben von Neubaur realistischer.

[292] Neubaur, S. 453.

[293] Jahresbericht, 1901, Lloyd-Nachrichten, Nr. 18, 04/1902, S. 61–63, hier S. 61, StA Bremen 7, 2010-75, 1902.

[294] Witthöft, S. 80.

[295] Schütte, Johann Heinrich: Die Schleppversuchsstation des Norddeutschen Lloyd in Bremerhaven, Schiffbau, Zeitschrift für die gesamte Industrie auf schiffbautechnischen und verwandten Gebieten, 1 (1900), S. 737 und, 2 (1901) S. 1 und 203.

[296] Vgl. Lehmann, Johann Heinrich Schütte, Schiffbautechnische Gesellschaft, S. 458.

[297] Röhl, C. G.: Wilhelm II: Der Aufbau der persönlichen Monarchie:

1888–1900, München 2001, S. 1142ff. u. S. 1147.

[298] Lebenslauf von Schütte am 21.12.1903. G StA PK, I. HA Rep 76 V b, Sekt. 10, Tit. III, Nr. 5 Bd. 1.

[299] Schütte an Prinz Heinrich der Niederlande, 19.11.30, LM OL, NL Schütte 0000054.

[300] So besuchte der Kaiser Anfang März 1904 die Seekabelwerke in Nordenham. Er fuhr von Bremerhaven aus mit einem Tender des Norddeutschen Lloyd. Außer dem Kaiser waren Wiegand, der mit jenem über praktische Konsequenzen aus Versuchsergebnissen der Schleppmodell-Versuchsanstalt diskutierte, und auch Schütte an Bord. Vgl. Lebenserinnerungen von Heinrich Wiegand 1907–1908, StA Bremen, 7.2010-13.

[301] Unter dem Strömungswiderstand wird diejenige Kraft verstanden, die der Bewegung eines Körpers in einer Flüssigkeit oder in einem Gas entgegensteht. Der Strömungswiderstand des Wassers hängt z. B. ab von Form, Größe, Oberflächenbeschaffenheit (Rauigkeit) und Geschwindigkeit des Körpers sowie seiner Luftdichte.

[302] Ein Pantograph, auch Storchschnabel genannt, ist ein einfaches Zeichengerät zum maßstabgerechten Vergrößern oder Verkleinern einer mit einem Fahrstift nachgefahrenen Figur. Der einfachste Pantograph besteht aus vier Stäben, die so zu einem Gelenkparallelogramm zusammengefügt sind, dass Schwenkpunkt, Fahr- und Zei-

chenstift stets auf einer geraden Linie bleiben und (zur Wahl des Abbildungsmaßstabs) ein festes, von Fall zu Fall einstellbares Abstandsverhältnis haben.

[303] Neubau, S. 458.

[304] Timmermann, S. 72.

[305] N. N. [vermutl. Norddeutscher Lloyd (Hg.)], S. 113f.

[306] Neubau, S. 459f. Die korrespondierende Geschwindigkeit ist diejenige, die mit der Quadratwurzel aus dem Maßstab des Schiffes zum Modell multipliziert, die Schiffsgeschwindigkeit ergibt.

[307] Neubau, S. 460, spricht von einem Newton'schen Ähnlichkeitsgesetz. Es gibt aber kein Newton'sches, sondern nur ein Froude'sches Ähnlichkeitsgesetz. Die Anwendung dieses Gesetzes macht im Zuge der Berechnung von Modell- und Schiffswiderständen auch nur Sinn, denn es lautet, dass eine Ähnlichkeit zwischen einem Schiff und seinem Modell dann gegeben ist, wenn der Quotient von der Geschwindigkeit und der Quadratwurzel aus der Schiffslänge und der Quotient aus der Schleppgeschwindigkeit des Modells im Modellversuch und der Quadratwurzel aus seiner Länge gleich groß ist. Vgl. dazu Lehmann, Froude, Schiffbautechnische Gesellschaft, S. 148–150, hier S. 148.

[308] Jahresbericht, 1901, Lloyd-Nachrichten, Nr. 18, 04/1902, S. 61–63, hier S. 63.

[309] Neubau, S. 460. Um bessere Ver-

gleichsmöglichkeiten zu bekommen und zu statistischen Zwecken hat man die Geschwindigkeit durch die so genannte Froude'sche Zahl ersetzt.

[310] Timmermann, S. 72.

[311] Neubaur, S. 460.

[312] Die Formel dazu lautet WR = ζ * y * F * v. WR steht dabei für den Reibungswiderstand, ζ für den durch Versuche ermittelten Reibungswert, für das spezifische Gewicht des Wassers, F für die benetzte Oberfläche des Unterwasserschiffes und v für die Fahrgeschwindigkeit.

[313] Timmermann, S. 73.

[314] Neubaur, S. 460–461. Dieser Satz besagt, dass sich die Wellen und Wirbel bildenden Widerstände zweier geometrisch vollkommen ähnlicher Schiffskörper wie die dritten Potenzen ihrer linearen Abmessungen oder wie ihre Verdrängung verhalten, wenn sie sich mit korrespondierenden Geschwindigkeiten im Wasser bewegen. Schütte musste also nur noch den Wellen oder Wirbel bildenden Widerstand des Modells, den er aus den Versuchen indirekt bestimmt hatte, mit der dritten Potenz des Maßstabes des Schiffes zum Modell multiplizieren, um den entsprechenden Schiffswiderstand zu erhalten.

[315] Schütte, Hinterschiffsformen, S. 332ff.

[316] Vgl. Timmermann, S.63 u. S. 70 u. Jahresbericht, 1901, Lloyd-Nachrichten, Nr. 18, 04/1902, S. 61–63, hier S. 63. Der Jahresbe-

richt beschreibt die Sitte von amerikanischen Schiffbauern, zur Bestimmung der bestmöglichen Form von Segelschiffen Holzmodelle zu schnitzen. Timmermann spricht von „Berechnungsmethoden und Formeln zur Bestimmung des Wasserwiderstandes am Schiff", die „für den praktisch arbeitenden Schiffszimmermeister völlig unbrauchbar sind, da aus ihnen in keiner Weise hervorgeht, welche Form er seinem Schiff geben musste".

[317] Jahresbericht, 1901, Lloyd-Nachrichten, Nr. 18, 04/1902, S. 61–63, hier S. 61.

[318] Neubaur, S. 461.

[319] Wiborg, S. 144ff.

[320] Vgl. Körtge, S. 77, Lehmann, schiffbautechnische Forschung, S. 22, u. Timmermann, S. 83ff.

[321] Seggern, S. 39.

[322] Die Deutsche Seekabelwerke AG wurde am 29.05.1899 gegründet. An dem Unternehmen waren zu gleichen Teilen die Deutsch-Atlantische Telegraphengesellschaft und die Firma Felten & Guilleaume in Mühlheim beteiligt. Das neugegründete Unternehmen sollte im Auftrage der kaiserlichen Regierung das deutsche Telegraphennetz über die Seegrenzen hinaus ausdehnen. Ein eigener Kabelleger sollte kürzere Strecken errichten und bestehende, der deutschen Reichspost gehörigen Linien warten und reparieren. Vgl. dazu Vierus, Dieter: Kabelleger aus aller Welt, Berlin/Ost 1989, S. 79.

[323] Lebenslauf von Schütte am 21.12.1903. G StA PK, I. HA Rep 76 V b, Sekt. 10, Tit. III, Nr. 5 Bd. 1.

[324] Schon 1853 als Inch Shipyard firmierend, wurde die Werft von dem bekannten schottischen Ingenieur Laurence Hill übernommen. Als Eigentümer dieser Werft kombinierte er Produktion und Forschung, z. B. in der Frage des Propellerdesigns. Außerdem baute er 76 Schiffe in nur 17 Jahren. 1869 oder 1870 wurde die Werft von D. J. Dunlop und J. L. Cunliffe übernommen, die in 12 Jahren 80 Schiffe auf der Werft bauen ließen. 1881 zog sich Cunliffe zurück und das Unternehmen firmierte von da an unter den Namen David J. Dunlop & Co. Es produzierte bis zum Ausbruch des Ersten Weltkriegs 100 Schiffe. Für weitere Informationen vgl. http://www.portglasgow4u.co.uk/shipyards/pgyards1.html, 14.03.2006.

[325] Das Schiff war 77,7 m lang und besaß 1.494 BRT. Für eine nähere Beschreibung des Schiffes vgl. Vierus, S. 79f.

[326] Die Deutsch-Atlantische Telegraphengesellschaft wollte zu diesem Zeitpunkt das zweite deutsche Seekabel über den Atlantik verlegen. Das Kabel ließ das Unternehmen bei den deutschen Seekabelwerken in Nordenham fertigen und seine Verlegung vorbereiten. Dabei stellte sich heraus, dass die kleine „von Podbielski" diese Arbeiten nicht übernehmen konnte und dass

daher ein größeres Schiff benötigt wurde. Die „Stephan" war 119,43 m lang und verfügte über 4.630. BRT. Dazu und für eine nähere Beschreibung des Schiffes vgl. Vierus, S. 88ff.

[327] Das Schiff war ein Ersatz für die an die Niederländische Regierung verkaufte „von Podbielski". Es war 92,97 m lang und verfügte über 2.690 BRT. Dazu und für eine nähere Beschreibung des Schiffes vgl. Vierus, S. 92ff.

[328] Schütte an Spetzler, 25.01.1938, LM OL, NL Schütte 0000683.

[329] Ebd.

[330] Ebd.

[331] Siemens, Werner von: Lebenserinnerungen, 13. Auflage, Berlin 1938, S. 123ff. Die Faraday wurde für lange Zeit zum Prototyp für alle danach gebauten Kabelleger. Vgl. dazu auch Vierus, S. 9 u. zu weiteren schiffbaulichen Charakteristika und Ausrüstung eines solchen Schiffes, vgl. ebd., S. 9f.

[332] Vierus., S. 263ff.

[333] Lebenslauf von Schütte am 21.12.1903. G StA PK, I. HA Rep 76 V b, Sekt. 10, Tit. III, Nr. 5 Bd. 1.

[334] Vgl. zu Friedrich August auch Kapitel 4.2.1.5, 4.4.1 u. 4.4.3.

[335] „Die Schiffbautechnische Gesellschaft e.V. (STG) wurde am 23. Mai 1899 in Berlin gegründet und hat dort auch heute noch ihren Sitz. Sie ist gemeinnützig und hat [damals wie heute] die Aufgabe, Schiffstechniker, Reeder und andere mit der Schiffahrt und

der Schiffstechnik in Beziehung stehende Kreise des In- und Auslandes zur Erörterung und Förderung technisch-wissenschaftlicher und praktischer Aufgaben der Schiffs- und Meerestechnik zusammenzuführen." http://www.stg-online.org/ueberdiestg/index.htm, 14.03.2006.

336 Nach einer kaufmännischen Ausbildung bei einer Bremer Tabakfirma und nach der Teilnahme an dem Deutsch-Französischen Krieg von 1870/71 trat er in die von seinem Vater, Julius Schultze, geleitete Eisenhüttengesellschaft in Augustfehn ein. 1872 gründete er unter dem Namen Schultze & Co. dort auch ein Stahlwerk. Zu diesem Zeitpunkt leitete er bereits die Oldenburgische Glashütte, an der sein Vater ebenfalls beteiligt war. Da das Werk auf Flaschen spezialisiert war, die 1879 vor allem in die portugiesischen Weinanbaugebiete in großen Mengen exportiert wurden, gründete er 1882 die „Oldenburgisch-Portugiesische Dampfschiff-Rhederei" (ODPR). Durch eine kluge und vorausschauende Geschäftspolitik konnte Schultze mit den Produkten der Glashütte auch in Spanien, in Marokko und auf den Kanarischen Inseln neue Absatzmärkte erschließen und durch Kredite der Oldenburgischen Spar- und Leihbank Glashütte und Reederei stark vergrößern. 1910 war er gezwungen, aufgrund der wegen Expansion der beiden Unternehmen immer größeren Arbeitsbelastung die Leitung der Glashütte niederzulegen und sich auf die Führung der ODPR zu konzentrieren, die 1913 eine Flotte von 25 Dampfern mit 39.441 BRT verfügte. Diese Schiffe liefen hauptsächlich Portugal, Spanien, Marokko und die Kanarischen Inseln an, wo sie Wein, Korkholz, Erze und Südfrüchte als Rückfracht luden. Im Ersten Weltkrieg erlebte die Reederei einen katastrophalen Rückschlag und musste nach dem Krieg bis auf zwei alle ihre Schiffe ausliefern. Schultze erlebte noch den Wiederaufbau der Firma, der vornehmlich durch seine Söhne vorangetrieben wurde. In seinem Leben beschränkte sich Schultze nicht nur auf geschäftliche Aufgaben, sondern gehörte von 1884 bis 1899 dem Oldenburgischen Landtag an, wurde 1900 zum ersten Präsidenten der Industrie und Handelskammer, die er bis zu seinem Umzug nach Hamburg im Jahr 1915 leitete. 1904 wurde er Präsident des von ihm gegründeten Verbandes der deutschen Flaschenfabrikanten und im selben Jahr auch Präsident des Deutschen Nautischen Vereins.

337 Schütte an Prinz Heinrich der Niederlande, 19.11.30, LM OL, NL Schütte 0000054.

338 Die Beratertätigkeit Schüttes scheint ehrenamtlich gewesen zu sein. Hinweise auf eine feste Anstellung ließen sich jedenfalls nicht ermitteln.

339 Schütte an Prinz Heinrich der Niederlande, 19.11.30, LM OL, NL Schütte 0000054. Vgl. auch Kap. 2.1.3.

340 Der Großherzog hatte sich schon im Jahr 1890 bei der Howaldtswerft in Kiel eine neue Lensahn (II) bauen lassen, nachdem die Dampfyacht seines Vaters, die 1881 fertig gestellte Lensahn verkauft worden war. Vgl. dazu und zu den Ausmaßen des Schiffes, Lehmann, Großherzog Friedrich August von Oldenburg, Schiffbautechnische Gesellschaft, S. 315–316, hier S. 315.

341 Die Werft wurde 1838 von dem Ingenieur August Howaldt und dem Kaufmann Johann Schweffel als Maschinenbauanstalt und Eisengießerei Schweffel & Howaldt gegründet. Die Firma stellte im damals dänischen Kiel Kessel und Dampföfen her. Nachdem das Unternehmen 1850 schon das erste U-Boot gebaut hatte, wandte es sich ab 1865 endgültig dem Schiffbau zu. Nach dem ersten Schiff, dem Dampfer „Howaldt", folgten bis zum Ende des 19. Jahrhunderts weitere 390 Dampfer. Nach der Jahrhundertwende profitierte das Unternehmen stark von dem Ausbau von Kiel als Kriegshafen im Zuge des Tirpitz'schen Flottenrüstungsprogramms. Nach dem Ersten Weltkrieg stand die Werft vor dem Konkurs, konnte aber gerettet werden. 1937 übernahm die Reichskriegsmarine das Unternehmen, das im Zweiten Weltkrieg sich u. a. auf den U-Boot-Bau spezialisierte. Die Werft besteht als internationaler Konzern heute noch und firmiert als HDW. Sie gehört der ThyssenKrupp AG und der amerikanischen One Euquity Group. Sie ist führend im Bau von U-Booten und anderer Marinetechnologie. Vgl. dazu auch Ostersehlte, Christian: Von Howaldt zu HDW, Hamburg 2004 u. Lehmann, Howaldt, Schiffbautechnische Gesellschaft, S. 194–198.

342 Schütte an Prinz Heinrich der Niederlande, 19.11.30, LM OL, NL Schütte 0000054.

343 Eckhardt, Albrecht: Der konstitutionelle Staat (1848–1918), in: Eckhardt, Albrecht (Hg.): Geschichte des Landes Oldenburg. Ein Handbuch, Oldenburg 1987, S. 333–402, hier S. 368.

344 Schütte an Prinz Heinrich der Niederlande, 19.11.30, LM OL, NL Schütte 0000054.

345 Schütte, Johann Heinrich: Erklärung, Generalanzeiger für Oldenburg und Ostfriesland, 11.12.1903. Zum Ausmaß der Verlängerung vgl. Blinder Eifer schadet nur, Nachrichten für Stadt und Land, 12.12.1903.

346 Nachrichten für Stadt und Land, 04.12.1903.

347 Blinder Eifer schadet nur, Nachrichten für Stadt und Land, 12.12.1903

348 Nachrichten für Stadt und Land, 12.12.1903.

349 Ein Schiffszylinderkessel ist „infolge seines großen Wasser-

und Dampfinhaltes unempfindlich gegen Betriebsstöße und [ist] daher für Schiffe, die viel manövrieren müssen, gut geeignet". Vgl. Henschke, Werner (Hg.): Schiffbautechnisches Handbuch, 2. erw. u. völlig neubearb. Aufl., Bd. 3., Berlin/Ost 1958. Vgl. dazu auch Anmerkung 368.

[350] Nachrichten für Stadt und Land, 04.12.1903.

[351] Man versteht unter Heizfläche diejenige Fläche der Kesselwandungen, die von den Feuergasen berührt wird. Von ihrer Größe hängt die Leistungsfähigkeit des Kessels ab. Im Allgemeinen bestimmt man die Größe eines Kessels nach der Größe der Heizfläche in Quadratmetern. Die Wirksamkeit der Heizfläche, d. h. die Fähigkeit, den Heizgasen die Wärme zu entziehen, ist verschieden nach den Kesselsystemen, nach der Lage der Heizfläche in demselben Kessel und der Art des Betriebes, ob langsam oder forciert. Die Ausnutzung des Brennstoffes ist umso besser, je weniger der Kessel angestrengt wird, d. h. je weniger Dampf pro qm Heizfläche erzeugt wird. Bei ortsfesten Kesseln werden 10 bis 30 kg Dampf pro Quadratmeter Heizfläche erzeugt. Wichtig ist die Angabe, wie viel Kilogramm Dampf der Verbrennung von einem Kilogramm Steinkohle entsprechen; sie ist ein Maß für die wirtschaftliche Ausnutzung des Brennstoffes. Bei Steinkohle ist die Verdampfung 6–10fach; es

werden also beim Verbrennen von einem Kilogramm Steinkohle 6–10 Kilogramm Dampf erzeugt. Man erreicht die letztere Zahl, wenn die Heizfläche verhältnismäßig groß, also die Anstrengung des Kessels gering ist.

[352] Schütte, Johann Heinrich: Erklärung, Generalanzeiger für Oldenburg und Ostfriesland, 11.12.1903. In seiner Erklärung stellte Schütte die Auseinandersetzung um die Heizfläche seiner Kessel als eine Auseinandersetzung innerhalb der Werft, zwischen ihrem Leiter und seinen Untergebenen dar. Doch es erscheint schwer vorstellbar, dass die Werft mit der kleineren Heizfläche nicht eine Vorgabe von Schütte bzw. dem Großherzog umsetzen wollte.

[353] Blinder Eifer schadet nur, Nachrichten für Stadt und Land, 12.12.1903.

[354] Nachrichten für Stadt und Land, 12.12.1903.

[355] Vgl. Kapitel 3.1.2.2.

[356] Der Generalanzeiger war ein unabhängiges Blatt. Vgl. dazu Barton, William: Bibliographie der oldenburgischen Presse. Teil I. Die Zeitungen. Abschnitt 1. Die Zeitungen der kreisfreien Städte Oldenburg, Wilhelmshaven, Delmenhorst. Oldenburger Jahrbuch, Bd. 57, Teil 1, Oldenburg 1958, S. 41–80, hier S. 55. Das Faktum, dass der Großherzog in dieser Zeitung seine Dementis veröffentlichen ließ, deutete aber daraufhin, dass der Generalan-

zeiger dem Oldenburger Hof nahe stand und demzufolge eher konservativ war.

[357] Die Nachrichten für Stadt und Land waren außerdem ein unabhängig-liberales Blatt. Vgl. dazu Barton, S. 53f.

[358] Blinder Eifer schadet nur, Nachrichten für Stadt und Land, 12.12.1903.

[359] Ebd.

[360] Schütte, Johann Heinrich: Erklärung, Generalanzeiger für Oldenburg und Ostfriesland, 11.12.1903.

[361] Vgl. dazu das nächste und das übernächste Kapitel.

[362] Entwurf des Schreibens des Kultusministers an den Finanzminister v. 16.03.1904, S. 3, G StA PK, I. HA Rep 76 V b, Sekt. 10, Tit. III, Nr. 5 Bd. 1.

[363] Schütte, Johann Heinrich: Erklärung, Generalanzeiger für Oldenburg und Ostfriesland, 11.12.1903. In einem ähnlichen Tenor war eine Zuschrift der „Vereine der Oldenburger an der Unterweser" gehalten, welche im Generalanzeiger auf derselben Seite abgedruckt worden war und offenbar Schütte unterstützen sollte.

[364] Blinder Eifer schadet nur, Nachrichten für Stadt und Land, 12.12.1903.

[365] Nachrichten für Stadt und Land, 05.01.1904.

[366] Nach 1900 gab es im Oldenburger Landtag ein „mehr oder minder offenes Bündnis" aus Linksliberalen und Sozialde-

mokraten, welches „Die Linke" genannt wurde und welches in den Jahren 1902/04 eine Mehrheit der Parlamentssitze erringen konnte. Da aber auch die liberalen Minister des Großherzogs im Jahr 1900 zurückgetreten waren, weil sie die Erhöhung seiner Apanage ablehnten, ist zu vermuten, dass der Widerstand dagegen viel weiter reichte. Vermutlich waren auch Teile der Nationalliberalen dagegen. Vgl. dazu Albrecht, S. 384ff.

[367] Nachrichten für Stadt und Land, 12.01.1904.

[368] Aus einem Schreiben der Zimmerei und Bauunternehmung Westerholt aus Osternburg an die Landes-, Industrie- und Gewerbe-Ausstellung geht hervor, dass dieser Kessel nicht nur in die „Lensahn" eingebaut, sondern zwecks Einbau in ein kleineres Fahrzeug der Großherzogin Maria von Mecklenburg-Schwerin geliefert wurde. Fa. Westerholt an die Landes-, Industrie und Gewerbe-Ausstellung zu Oldenburg am 08. oder 10.08.1905. StA Oldenburg, Best. 265/2454. Marie von Mecklenburg-Schwerin war die Mutter der zweiten Frau des Großherzogs von Oldenburg, Elisabeth von Mecklenburg-Schwerin.

[369] Vgl. Kapitel 4.2.1.5.

[370] Diese Beförderung muss zwischen Dezember und Februar 1903 erfolgt sein. Während Schütte noch im Dezember 1903 seinen offenen Brief im „General-Anzeiger" mit „Johann Schütte,

Schiffbauingenieur beim Norddeutschen Lloyd, Bremerhaven", unterzeichnet hatte, unterschrieb er seinen Lebenslauf für das preußische Kultusministerium mit „J. Schütte, Dipl. Ing., Oberingenieur des Norddeutschen Lloyd". Vgl. dazu Lebenslauf Schüttes am 21.12.1903. G StA PK, I. HA Rep 76 V b, Sekt. 10, Tit. III, Nr. 5 Bd. 1.

[371] Erfinder der Stromlinienform, Aschaffenburger Zeitung, 4.4.1940, Nachlass Schütte, 0001406.

[372] Seggern, S. 40. Zur internationalen Bewertung des Schütte-Kessels vgl. Kapitel 3.2.5.1.

[373] Dursthoff, Wilhelm: Zum Gedächtnis an Professor Dr. Ing. E. H. Johann Schütte, geboren zu Oldenburg am 26. Februar 1873. Ansprache am Schloßsaalabend anläßlich der 100. Wiederkehr seines Geburtstages, in: Oldenburger Jahrbuch 73 (1973), Teil II, S. 35–40, hier S. 36 und Lehmann, schiffbautechnische Forschung, S. 35. Vgl. Schütte, Johann Heinrich: Untersuchungen über Hinterschiffsformen, speziell über Wellenaustritte, in: Jahrbuch der Schiffbautechnischen Gesellschaft, Bd. 2, Berlin 1902, S. 332–370.

[374] Schlingerkiele sind an beiden Seiten eines Schiffes fest angeschweißte flache Stahlschienen, die die schlingernden Bewegungen des Schiffes dämpfen sollen. Ihr Profil ähnelt dem einer Stecknadel. Die Schlingerkiele sind in

der Position der Kimm, also dem Übergang des Schiffsbodens in den Seitenwänden angebracht. Sie verlaufen vom Vor- bis zum Achterschiff auf der größten Breite des Schiffsrumpfes

[375] Seggern, S. 40 und Lehmann, schiffbautechnische Forschung, S. 38. Vgl. Schütte, Johann Heinrich: Der Einfluss der Schlingerkiele auf den Widerstand und die Rollbewegung der Schiffe in ruhigem Wasser, in: Jahrbuch der Schiffbautechnischen Gesellschaft, 4. Bd., Berlin 1903, S. 341–378.

[376] Dursthoff, S. 36.

[377] Erfinder der Stromlinienform, Aschaffenburger Zeitung, 4.4.1940, Nachlass Schütte, 0001406.

[378] Lundgreen, Ausbildung von Ingenieuren, S. 32.

[379] Lebenslauf von Schütte vom 21.12.1903. G StA PK, I: HA Rep 76 V b, Sekt. 10, Tit. III, Nr. 5 Bd. 1. Vgl. auch Seggern, S. 39.

[380] Seggern, S. 40.

[381] Der Schwiegervater Schüttes, Hinrich Addicks, bereederte 1886 als einer von drei oder vier Reedern in Bremerhaven neun Schiffe und war Mitbegründer der Dampfschiffahrts-AG „Hansa" in Bremen. Vgl. dazu Haaland, S. 21. Die Informationen über die Reederei Addicks verdanke ich dem freundlichen Hinweis des Stadtarchivars von Bremerhaven, Herrn Dr. Bickelmann, am 03.08.2004.

[382] Interview von Christian R. Salew-

ski und Reinhard Meiners mit Jandirk Schütte am 22.07.2003, MatSchütte.

[383] Interview von Dorothea Haaland mit Frau Dorothea Temmler vom 15.01.1985, LMAT Mannheim.

[384] Schütte, Jandirk: Lebensübersicht meines Vaters Dr. Wilhelm Schütte vom 26.06.2003, MatSchütte.

[385] Interview von Christian R. Salewski und Reinhard Meiners mit Jandirk Schütte am 22.07.2003, ebd.

[386] Entwurf eines Schreibens des Kultusministers an den Finanzminister v. 16.03.1904, S. 7–8, und Begleitschreiben des Kultusministers vom 14.06.1904 zur offiziellen Bestallung Schüttes zum etatsmäßigen Professor an der TH Danzig G StA PK, I. HA Rep 76 V b, Sekt. 10, Tit. III, Nr. 5 Bd. 1.

[387] Reeken, S.191.

[388] Familienbogen des Johann Heinrich Karl Schütte, aufgenommen am 29.03.1899 in der Meldekartei Alt-Bremerhaven, Stadtarchiv Bhv.

[389] Diese Informationen verdanke ich der freundlichen Auskunft des Stadtarchivars von Bremerhaven, Herrn Dr. Bickelmann, vom 20.02.2004.

[390] Vgl. dazu im Detail Pinker, Helmut: 100 Jahre Unterweser Bezirksverein des VDI, in: Verein Deutscher Ingenieure (Hg.): 100 Jahre Unterweser Bezirksverein, Bremerhaven 2003, S. 6–12, hier S. 7ff.

[391] Manegold, S. 19.

[392] Manegold, S. 20. Vgl. Rhunau, S. 14.

[393] Rhunau, S. 14.

[394] Manegold, S. 20.

[395] Manegold, S. 20–21.Vgl. Rhunau, S. 14–15.

[396] Manegold, S. 22.

[397] Ebd., S. 22.

[398] Manegold, S. 23. Vgl. Rhunau, S. 16.

[399] Zur Spezialisierung der Schichau-Werft vgl. Ruhnau, Rüdiger: Der Schiffbau in Danzig und die Entwicklung der Werft-Industrie, Stuttgart 1983, S. 79ff. u. Anm. 264.

[400] Manegold, S. 24.

[401] Vgl. Kapitel 2.2.

[402] Vgl. Flamm, Oswald: Der Schiff- und Schiffsmaschinenbau, in: Lexis, Wilhelm: Das Unterrichtswesen im Deutschen Reich, IV. Bd.: Das Technische Unterrichtswesen, 1. Teil: Die Technischen Hochschulen im Deutschen Reich, Berlin 1904, S. 147–154, hier S. 148. Vgl. Plan für die Organisation der neuen Technischen Hochschule in Danzig, G StA PK, IV. Rep 92 ALTHOFF A I Nr. 177, S. 237 u. Beilage 7: O. Flamms Gutachten über die Schiffbau-Abteilung, ebd., S. 255.

[403] Manegold, S. 25.

[404] Vgl. Plan für die Organisation der neuen Technischen Hochschule in Danzig, G StA PK, IV. Rep 92 ALTHOFF A I Nr. 177, S. 237, Beilage 7: O. Flamms Gutachten über die Schiffbau-Abteilung, ebd., S. 255f. u. Manegold, S. 25.

[405] Wangerin, Albert: Fachrichtun-

gen für Schiffbau und Schiffs-maschinenbau, in: Gesellschaft der Freunde der Technischen Hochschule Danzig (Hg.): Beiträge und Dokumente zur Geschichte der Technischen Hochschule Danzig 1904–1945, Hannover 1979, S. 113–118, hier S.112f.

406 Manegold, S. 24.

407 Plan für die Organisation der neuen Technischen Hochschule in Danzig, S. 235.

408 Delbrück wurde 1905 preußischer Minister für Handel und Gewerbe. Als Staatssekretär des Inneren und Vizepräsident des preußischen Staatsministeriums war er von 1909 bis 1916 eigentlicher Leiter der deutschen Innenpolitik unter Theobald von Bethmann Hollweg.

409 Schütte an Prinz Heinrich der Niederlande, 19.11.1930, LM OL, NL Schütte 0000054.

410 Lebenslauf von Schütte am 21.12.1903, G StA PK, I. HA Rep 76 V b, Sekt. 10, Tit. III, Nr. 5 Bd. 1.

411 Vgl. Kopie der Bestallungsurkunde vom 08.06.1904 und Schütte an den Minister der geistlichen, Unterrichts- und Medizinal-Angelegenheiten v. 10.10.1904, ebd.

412 Entwurf eines Schreibens des Ministers der geistlichen, Unterrichts- und Medizinal-Angelegenheiten an den Finanzminister v. 16.03.1904, ebd.

413 Minister der geistlichen, Unterrichts- und Medizinal-Angelegenheiten an den Oberpräsidenten in Danzig, ohne Datum, StA

Gdańsk, APG I/7 Nr. 696.

414 Abschrift eines Schreibens von Schütte an den Minister der geistlichen, Unterrichts- und Medizinal-Angelegenheiten, 26.02.1903, G StA PK, I. HA Rep 76 V g, Sekt. 10, Tit XV, Nr. 6, Bd. 1.

415 Simon, Christian: Kaiser Wilhelm II. und die deutsche Wissenschaft, in: Röhl, John C. G. (Hg.): Der Ort Kaiser Wilhelms II. in der deutschen Geschichte, München 1991, S. 91–110, S. 92f.

416 Simon, 1991, S. 100ff.

417 Wrobel, Gustav: Weltfahrt eines Schiffbauers. Erinnerungen aus sechs Jahrzehnten, Hamburg 1951, S. 39. Heinrich von Wiegand gibt in seinen Lebenserinnerungen an, dass Schütte kurz nach einem Besuch des Kaisers bei den Norddeutschen Seekabelwerken als Professor an die Technische Hochschule Danzig berufen wurde. Der Besuch des Kaisers scheint im Frühjahr 1904 stattgefunden zu haben. Lebenserinnerungen von Heinrich Wiegand 1907–1908, StA Bremen, 7,2010-13.

418 Ministerium der geistlichen, Unterrichts- und Medizinal-Angelegenheiten an Schütte, 14.06.1904, G StA PK, I. HA, Rep 76 b, Sekt. 10, Tit. III, Nr. 5 Bd. 1. Das Unterrichtshonorar je Studierenden betrug für einen Studenten, Hospitanten oder Hörer 4 Mark pro Stunde, sofern sie eine Vorlesung besuchten, und 3 Mark pro Stunde, sofern sie an einer Übung teilnahmen.

Vgl. Blatt „Unterrichtshonorar" G StA PK, IV. Rep 92 ALTHOFF A I Nr. 177, S. 133ff. Pro Student betrug Schüttes Unterrichtshonorar 135 Mark im Semester, wenn man von einer Stundenzahl von 6 Stunden für alle Vorlesungen und einer Stundenzahl von 14 bis 15 für alle Übungen ausgeht. Vgl. die Ausführungen zu Schüttes Lehrdeputat auf S.117f. der vorliegenden Arbeit.

419 Protokoll einer Konferenz mit Schütte und Vertretern des Ministeriums der geistlichen, Unterrichts- und Medizinal-Angelegenheiten vom 14.03.1904, G StA PK, I. HA, Rep 76 b, Sekt. 10, Tit. III, Nr. 5 Bd. 1.

420 Vgl. dazu Kapitel 3.1.5. So gab Schütte noch 1912 z. B. Auskunft zur zukünftigen Entwicklung des Schiffbaus. Vgl. dazu Hildebrant an Schütte, 28.04.1912, zur Entwicklung des Schiffbaus nach der Titanic-Katastrophe, LM OL, NL Schütte 0000603.

421 Ministerium der geistlichen, Unterrichts- und Medizinal-Angelegenheiten an Schütte, 14.06.1904, G StA PK, I. HA, Rep 76 b, Sekt. 10, Tit. III, Nr. 5 Bd. 1.

422 Dies teilte Schütte am 19.11.1930 dem Prinzen Heinrich von den Niederlanden mit. Schütte an Prinz Heinrich der Niederlande, 19.11.1930, LM OL, NL Schütte 0000054.

423 Vgl. Verfassungsstatut der königlich preußischen Technischen Hochschule zu Danzig vom 01.10.1904. VI. NL Althoff, Nr. 177,

S. 190f.

424 Ulrich, S. 350.

425 Entwurf eines Schreibens des Ministers der geistlichen, Unterrichts- und Medizinal-Angelegenheiten an den Finanzminister, 16.03.1904, G StA PK, I. HA, Rep 76 b, Sekt. 10, Tit. III, Nr. 5 Bd. 1.

426 Vgl. Nipperdey, S. 589 u. Ulrich, S. 355.

427 Vgl. dazu z. B. Acta des Königlichen Ober-Präsidiums von West-Preussen betreffend der Errichtung einer Versuchsanstalt für Schiff-[fahrt] und Wasserbau, Staatsarchiv Danzig, StA Gdańsk, APG i/7, 696. Vgl. auch Kapitel 3.2.4.

428 Plan für die Organisation der neuen Technischen Hochschule in Danzig, Beilage 7: O. Flamms Gutachten über die Schiffbau-Abteilung, G StA PK, IV Rep 92 Althoff A I Nr. 177.

429 Lehmann, Oswald Flamm 1861–1935, Schiffbautechnische Gesellschaft, S. 134.

430 Plan für die Organisation der neuen Technischen Hochschule in Danzig, Beilage 7: O. Flamms Gutachten über die Schiffbau-Abteilung, G StA PK, IV Rep 92 Althoff A I Nr. 177, S. 255.

431 Plan für die Organisation der neuen Technischen Hochschule in Danzig, Beilage 7: O. Flamms Gutachten über die Schiffbau-Abteilung, G StA PK, IV Rep 92 Althoff A I Nr. 177, S. 255.

432 Ministerium der geistlichen, Unterrichts- und Medizinal-

Angelegenheiten an Schütte, 14.06.1904, G StA PK, I. HA, Rep 76 b, Sekt. 10, Tit. III, Nr. 5 Bd. 1.

[433] Studienplan der Abteilung IV (Schiff- und Schiffsmaschinenbau) 1–4. Jahreskurs, VI. NL Althoff, Nr. 177, S. 159ff.

[434] Am 14.03.1904, also noch bevor Schütte offiziell zum Professor ernannt worden war, unternahm er mit einem Assistenten und 30 Teilnehmern eine Exkursion zwecks Besichtigung der Klawitter'schen Werft in Danzig und des Torpedobootes S 125 im Schwimmdock sowie der an Bord befindlichen Parsons-Turbinenanlage. Vgl. Königliche Technische Hochschule zu Danzig (Hg.): Programm für das Studienjahr 1904/1905, 2. Auflage, Danzig 1904, G StA PK, I. HA Rep 76 Vb, Sekt. 10, Tit VI, Nr. 1, Bd. I. S. 184. Als er im Winter 1908/1909 begann SL 1 zu konstruieren, hatte Schütte einen Assistenten namens Waldmann. Vgl. dazu Interview von Dorothea Haaland mit Frau Dorothea Temmler vom 15.01.1985, LMAT Mannheim.

[435] Protokoll einer Konferenz mit Schütte und Vertretern des Ministeriums der geistlichen, Unterrichts- und Medizinal-Angelegenheiten vom 14.03.1904, G StA PK, I. HA, Rep 76 b, Sekt. 10, Tit. III, Nr. 5 Bd. 1.

[436] Schütte an den Großherzog von Oldenburg, 13.09.1904, StA Oldenburg, 271/24. Diese Akte scheint ursprünglich Bestandteil des Schütte Nachlasses gewesen zu

sein, da auf dem Aktendeckel der Schriftzug Schüttes zu finden ist.

[437] Studienplan der Abteilung IV (Schiff- und Schiffsmaschinenbau) 1–4. Jahreskurs, VI. NL Althoff, Nr. 177, S. 159ff.

[438] Vgl. die Ansprachen des Vorsitzenden der Schiffbautechnischen Gesellschaft, Professor, Dr.-Ing. Schnadel, Oberregierungsrat Baatz und Professor Dr.-Ing. habil. Nipper vom Reichswirtschaftsministerium in: Abschied von Johann Schütte, Jahrbuch der Schiffbautechnischen Gesellschaft, Berlin 1941, S. 67–78, hier S. 68 u. S. 70; Rede von Direktor Christians auf der Trauerfeier für Johann Heinrich Schütte, 05.04.1940; Wrobel, S. 39.

[439] Vgl. Kapitel 6.2.

[440] Ulrich, S. 352. Vgl. detaillierter auch Nipperdey, S. 595 u. S. 599ff.

[441] Verfassungsstatut der königlich preußischen Technischen Hochschule zu Danzig vom 01.10.1904. VI. NL Althoff, Nr. 177., S. 191f.

[442] Handbuch über den Königlich Preußischen Hof und Staat für das Jahr 1906 und 1908, Berlin 1907–1909.

[443] Verfassungsstatut der königlich preußischen Technischen Hochschule zu Danzig v. 01.10.1904, VI. NL Althoff, Nr. 177., S 191f.

[444] Schütte schrieb im Juni 1908 in seiner zweiten Amtsperiode als Abteilungsvorsteher nur zwei Briefe an den Minister der geistlichen, Unterrichts- und Medizinal-Angelegenheiten betr. Studi-

enpläne, nämlich am 7. und 18. Juli. Vgl. G StA PK, I. HA Rep 76 Vb, Sekt. 10, Tit VI, Nr. 1, Bd. I.

[445] Lehmann, Wilhelm Karl Christian Schnappauf (1870–1938), Schiffbautechnische Gesellschaft, S. 445. Vgl. auch Königliche Technische Hochschule zu Danzig (Hg.): Programm für das Studienjahr 1904/1905, 2. Auflage, Danzig 1904, G StA PK, I. HA Rep 76 V b, Sekt. 10, Tit VI, Nr. 1 Bd. I. S. 37ff.

[446] Ebd., Walter Mentz (1875–1923), Schiffbautechnische Gesellschaft, S. 287. Vgl. auch Königlich Technische Hochschule zu Danzig (Hg.): Programm für das Studienjahr 1904/1905, 2. Auflage, Danzig 1904, G StA PK, I. HA Rep 76 Vb, Sekt. 10, Tit VI, Nr. 1 Bd. I. S. 37ff.

[447] Ebd., Wilhelm Karl Christian Schnappauf (1870–1938), S. 445. Vgl. auch Königliche Technische Hochschule zu Danzig (Hg.): Programm für das Studienjahr 1904/1905, 2. Auflage, Danzig 1904, G StA PK, I. HA Rep 76 Vb, Sekt. 10, Tit VI, Nr. 1 Bd. I. S. 37ff.

[448] Haaland, S. 23.

[449] Diesen Hinweis verdanke ich dem Schütte-Kenner Dr. Reinhard Meiners.

[450] Königliche Technische Hochschule zu Danzig (Hg.): Programm für das Studienjahr 1904/1905, 2. Auflage, Danzig 190, G StA PK. I. HA Rep 76 V b, Sekt. 10, Tit VI, Nr. Bd. I. S. 37ff.

[451] Abschrift der Etatmeldung des Ministers der geistlichen, Unter-

richts- und Medizinal-Angelegenheiten am 26.08.1905 beim Finanzminister für das Extraordinarium 1906. Technische Hochschule Danzig. [Zu]r Herstellung einer Versuchsanstalt für Schiff- und Wasserbau, erste Rate 200 000 Mark, G StA PK, I. HA, Rep 76 V g, Sekt. 10, Tit XV, Nr. 6, Bd. 1.

[452] Lehmann, Wilhelm Karl Christian Schnappauf (1870–1938), Schiffbautechnische Gesellschaft, S. 445.

[453] Die folgenden Ausführungen beziehen sich auf Schütte, Norddeutscher Lloyd, an den Minister der geistlichen, Unterrichts- und Medizinal-Angelegenheiten, 26.02.1903, G StA PK, I. HA, 76 Vb, Sekt. 10, Tit XV, Nr. 6 Bd. I.

[454] Diese Theorie geht auf den französischen Physiker und Enzyklopädisten Jean le Rond d'Alembert (1717–1783) zurück, der in seinem 1752 erschienenen Werk „Essai d'une nouvelle théorie de la resistance des fluides" in Anlehnung an die hydrodynamischen Grundgleichung von Bernoulli und in Abgrenzung von Newton die Strömung von Flüssigkeiten mathematisch beschrieb. Er kam zu dem Schluss, dass ein Körper, der sich durch eine unendlich ausgedehnte Flüssigkeit bewege, keinerlei Widerstand erführe. Er war nicht in der Lage, dieses Ergebnis seiner Theorie mit den in der Realität zu beobachtenden Tatsachen in Einklang zu bringen (d'Alembertsches Paradoxon).

Das auf seinen Überlegungen fußende Theoriegebäude einer idealen Flüssigkeit wurde im 18. und 19. Jahrhundert von einer Reihe der berühmtesten Mathematiker wie Leonhard Euler, Georg G. Stokes und Hermann von Helmholtz perfektioniert.

[455] Trischler, Helmuth: Luft- und Raumfahrtforschung in Deutschland 1900–1970. Politische Geschichte einer Wissenschaft, Frankfurt/New York 1992, S. 52f.

[456] http://www.tu-berlin.de/vws/w3vwsde/w3histde/w3his1de.htm, 14.03.2006.

[457] Schütte, Norddeutscher Lloyd, an den Minister der geistlichen, Unterrichts- und Medizinal-Angelegenheiten, 26.02.1903, G StA PK, I. HA, 76 Vb, Sekt. 10, Tit XV, Nr. 6 Bd. I.

[458] Abschrift eines Schreibens des Ministers der geistlichen, Unterrichts- und Medizinal-Angelegenheiten an den Regierungspräsidenten in Danzig, 08.04.1904, G StA PK, ebd.

[459] Abschrift eines Schreibens des Ministers der geistlichen, Unterrichts- und Medizinal-Angelegenheiten an den Regierungspräsidenten in Danzig, 07.01.1905 auf den Bericht vom 1. Januar d. Jr. O.P. 18492 –, betr. die Errichtung einer Versuchsanstalt für Schiff- und Wasserbau bei der dortigen Technischen Hochschule, G StA PK, ebd.

[460] Abschrift eines Schreibens von Schütte, 25.03.1903 zu U.I. 20561, StA Gdańsk, APG I/7 Nr. 696.

[461] Abschrift eines Schreibens der Nordischen Electricitäts- und Stahlwerke AG an Schütte, 05.10.1904, StA Gdańsk, ebd.

[462] Rektor der Technischen Hochschule Danzig an den Oberpräsidenten in Danzig, 15.11.1904, StA Gdańsk, ebd.

[463] Abschrift eines Schreibens des Ober-Präsidenten an den Minister für geistliche Angelegenheiten, am 01.12.1904 betr. die Errichtung einer Versuchsanstalt für Schiff- und Wasserbau, StA Gdańsk, APG I/7 Nr. 696.

[464] Ebd.

[465] Technische Hochschule Danzig. Überschlägliche Kostenermittlung zur Anlage einer „Hydrodynamischen Versuchsstation" von Schütte und Carstens, G StA PK, I. HA, Rep 76b, Sekt. 10, Tit XV, Nr. 6, Bd. I.

[466] Entwurf eines Schreibens des Ministers der geistlichen, Unterrichts- und Medizinal-Angelegenheiten an den Minister für öffentliche Arbeiten, 07.01.1905, G StA PK, I. HA, Rep 76b, Sekt. 10, Tit XV, Nr. 6, Bd. I.

[467] Abschrift einer Antwort Schüttes auf das Schreiben des Ministers der geistlichen, Unterrichts- und Medizinal-Angelegenheiten, 14.04.1905, U.I.T 20021.- betr. hydrodynamische Versuchsrinne zu Danzig, G StA PK, ebd.

[468] Ebd.

[469] Technische Hochschule Danzig. Überschlägliche Kostenermittlung zur Anlage einer „Hydrodynamischen Versuchsstation" von Schütte und Carstens, G StA PK, I. HA, Rep 76b, Sekt. 10, Tit XV, Nr. 6, Bd. I.

[470] Minister der geistlichen, Unterrichts- und Medizinal-Angelegenheiten an den Oberpräsidenten von Danzig, 07.01.1905, G StA PK, ebd.

[471] Abschrift einer Antwort Schüttes auf das Schreiben des Ministers der geistlichen, Unterrichts- und Medizinal-Angelegenheiten, 14.04.1905, U.I.T 20021.- betr. hydrodynamische Versuchsrinne zu Danzig, G StA PK, ebd.

[472] Minister der geistlichen, Unterrichts- und Medizinal-Angelegenheiten an den Oberpräsidenten von Danzig, 07.01.1905, G StA PK, ebd.

[473] Abschrift einer Antwort Schüttes auf das Schreiben des Ministers der geistlichen, Unterrichts- und Medizinal-Angelegenheiten, 14.04.1905, U.I.T 20021.- betr. hydrodynamische Versuchsrinne zu Danzig, G StA PK, ebd.

[474] Ebd.

[475] Franz, Herbert: Marine-Überwasserschiffe, in: Scholl, Lars U. (Hg.): Technikgeschichte des industriellen Schiffbaus in Deutschland, Bd. 1.: Handelsschiffe, Marine-, Überwasserschiffe, U-Boote, Hamburg 1994, S. 91–151, hier S. 100ff. u. 108ff.

[476] Abschrift einer Antwort Schüttes auf das Schreiben des Ministers der geistlichen, Unterrichts- und Medizinal-Angelegenheiten, 14.04.1905, G StA PK, G StA PK, I. HA, Rep 76b, Sekt. 10, Tit XV, Nr. 6, Bd. I.

[477] Oberpräsident der Provinz Westpreußen an den Minister der geistlichen, Unterrichts- und Medizinal-Angelegenheiten am 20.04.1905 betr. Errichtung einer Versuchsanstalt für Schiff- und Wasserbau bei der Technischen Hochschule daselbst, G StA PK, ebd.

[478] Abschrift einer Antwort Schüttes auf das Schreiben des Ministers der geistlichen, Unterrichts- und Medizinal-Angelegenheiten, 14.04.1905 U.I.T 20021.- betr. hydrodynamische Versuchsrinne zu Danzig, G StA PK, ebd.

[479] Abschrift der Etatanmeldung des Ministers für geistliche, Unterrichts- und Medizinalangelegenheiten, 26.08.1905, beim Finanzminister für das Extraordinarium 1906. Technische Hochschule Danzig. [Zu]r Herstellung einer Versuchsanstalt für Schiff- und Wasserbau, erste Rate 200 000 Mark, G StA PK, ebd.

[480] Schütte an den Minister für geistliche, Unterrichts- und Medizinalangelegenheiten, 03.12.1905, G StA PK, ebd. Zur Ablehnung der Einstellung des Betrags in den Preußischen Staatshaushalt für 1906 vgl. den Erlass des Ministers der geistlichen, Unterrichts- und Medizinal-Angelegenheiten vom 17.11.1905 U.I.T.N 23 437.

[481] Die Arbeiten am neuen Verbindungshafen wurden im Jahr 1914 durchgeführt, so dass dann erst die Bremerhavener Schleppversuchsstation abgerissen wurde.

Vgl. Körtge, S.78. Schütte berichtet hier offenbar über ein früheres Planungsstadium.

482 Schütte an den Minister für geistliche, Unterrichts- und Medizinalangelegenheiten, 03.12.1905, G StA PK, G StA PK, I. HA, Rep 76b, Sekt. 10, Tit XV, Nr. 6, B1 I

483 Manegold studierte Mathematik bei Weierstrass und Kummer. 1878 promovierte er mit einer Arbeit über die Darstellung der Wurzeln einer dreigliedrigen algebraischen Gleichung durch unendliche Reihen. Danach war er Mathematiklehrer am protestantischen Gymnasium in Straßburg. Er habilitierte sich bei Ferdinand von Lindemann an der Universität Freiburg und wurde 1894 auf einen Lehrstuhl an der Technischen Hochschule Hannover berufen. Zwei Jahre später wurde er an die Technische Hochschule Aachen berufen. Aufgrund seiner über die Mathematik hinausgehenden Verdienste wurde er im Jahre 1904 Gründungsrektor der Technischen Hochschule Danzig.

484 Schütte an den Rektor der Technischen Hochschule Danzig, 05.12.1905, G StA PK, I. HA., Rep 76 V g, Sekt. 10, Tit XV, Nr. 6, Bd. 1.

485 Bartsch an Heinrichs, 22.12.1905, StA Gdańsk, APG I/Nr. 696.

486 Nähere Auskünfte könnten hierüber die Akten des Finanzministeriums im Geheimen Preußischen Staatsarchiv in Berlin erteilen.

487 Bartsch an Heinrichs, 22.12.1905, StA Gdańsk, APG I/7 Nr. 696. Heinrichs hatte wahrscheinlich in inoffizieller Mission im Auftrag des Rektors der Technischen Hochschule beim Handelsministerium den Sachstand in dieser Angelegenheit angefragt.

488 Ziese, Schichau-Werft, an Schütte, 21.06.1906, und Rektor und Senat an den Minister der geistlichen, Unterrichts- und Medizinal-Angelegenheiten, 04.07.1906 zum Erlass U.I.T. Nr. 23737 vom 17.11.1905, G StA PK, I. HA, Rep 76 V g, Sekt. 10, Tit XV, Nr. 6, Bd. 1.

489 Rektor und Senat an den Minister der geistlichen, Unterrichts- und Medizinal-Angelegenheiten, 04.07.1906, zum Erlass U.I.T. Nr. 23737 vom 17.11.1905, G StA PK, ebd.

490 Marginalie des Oberpräsidenten vom 11.07.1906 zum Schreiben des Rektors und des Senats an den Minister der geistlichen, Unterrichts- und Medizinal-Angelegenheiten, 04.07.1906, zum Erlass U.I.T. Nr. 23737 vom 17.11.1905, G StA PK, ebd.

491 Minister für Handel und Gewerbe an den Minister der geistigen, Unterrichts- und Medizinalangelegenheiten, 11.07.1906, G StA PK, ebd.

492 Ebd.

493 Stadtrat Ackermann an Schütte, 30.07.1906, StA Gdańsk, APG I/7 Nr. 696.

494 Minister für öffentliche Arbeiten, 07.08.1906, G StA PK, I. HA, Rep 76 V g, Sekt. 10, Tit XV, Nr. 6, Bd. 1.

495 Abschrift zu U I T 22908, verhandelt Danzig, den 20.08.1906, G StA PK, ebd.

496 Erlaß des Ministers für geistliche, Unterrichts- und Medizinalangelegenheiten, UIT. Nr. 22908 an den Oberpräsidenten in Danzig, 29.08.1906, G StA PK, ebd.

497 Schreiben des Oberbürgermeisters an den Oberpräsidenten, 15.11.1906, StA Gdańsk, APG I/7 Nr. 696.

498 Erlaß des Ministers für geistliche, Unterrichts- und Medizinalangelegenheiten, UIT. Nr. 23885 II an den Oberpräsidenten in Danzig, 27.11.1906, ebd.

499 Schütte an den Rektor der Technischen Hochschule Danzig, 27.10.1906, StA Gdańsk, ebd.

500 Votum des Finanzministers vom 30.11.1906, G StA PK, I. HA, Rep 76 V g, Sekt. 10, Tit XV, Nr. 6, Bd. 1.

501 Ministerium für geistliche, Unterrichts- und Medizinalangelegenheiten an den Oberpräsidenten, 01.12.1906, StA Gdańsk, APG I/7 Nr. 696.

502 Naumann war am Ende des Kaiserreichs, im Jahr 1918, Abteilungsdirektor im Preußischen Kultusministerium. Er war darüber hinaus vermutlich ehrenhalber Dr. jur., med., phil. und Dr.-Ing., Wirklicher Geheimer Rat, im Nebenamt Verwaltungsdirektor des Königlichen Klinikums und Mitglied der Kommission zur Beaufsichtigung der Technischen Versuchsanstalten.

503 Minister der geistlichen, Unterrichts- und Medizinalangelegenheiten an den Oberpräsidenten in Danzig, 19.01.07, StA Gdańsk, APG I/7 Nr. 696.

504 Zum Erlass vom 13.04.1907, U.I.T. No. 20344. Bericht des Professors Schütte über die Reise Berlin-Bremerhaven-Uebigau (Dresden) zwecks Besichtigung der dortigen Versuchsstationen, G StA PK, I. HA, Rep 76 V g, Sekt. 10, Tit XV, Nr. 6, Bd. 1.

505 Carstens an den Minister der geistlichen, Unterrichts- und Medizinalangelegenheiten, 06.07.1907, betr. Bericht des Professors Carstens über eine Studienreise nach Bremerhaven, Uebigau u. Berlin, G StA PK, ebd.

506 Minister der geistlichen, Unterrichts- und Medizinalangelegenheiten an den Oberpräsidenten in Danzig, 19.01.1907, G StA PK, ebd.

507 Marginalie des Ministers für Handel und Gewerbe auf dem Schreiben des Ministers der geistlichen, Unterrichts- und Medizinalangelegenheiten an den Oberpräsidenten in Danzig am 19.01.1907, G StA PK, ebd.

508 Minister der geistlichen, Unterrichts- und Medizinalangelegenheiten an den Oberpräsidenten in Danzig, 23.04.1907, G StA PK, ebd.

509 Minister der geistlichen, Unterrichts- und Medizinalangelegenheiten an den Oberpräsidenten in Danzig, 10.06.1907, StA Gdańsk,

APG I/7 Nr. 696.

[510] Sofern nicht anders angegeben, vgl. zu den nachfolgenden Ausführungen „Zum Gutachten der Kgl. Versuchsanstalt für Wasserbau und Schiffbau." Ministerial-Erlass U I T No. 21950, G StA PK, I. HA, Rep 76 V Sekt. 10, Tit XV, Nr. 6, Bd. 1.

[511] Offenbar geriet der Messwagen in der Schleppversuchsanstalt dieser Werft in Schwingungen. Vgl. Kapitel 3.1.2.2.

[512] „Zum Gutachten der Kgl. Versuchsanstalt für Wasserbau und Schiffbau." Ministerial-Erlass U I T No. 21950, G StA PK, I. HA, Rep 76 V g, Sekt. 10, Tit XV, Nr. 6, Bd. 1.

[513] Lehmann, schiffbautechnische Forschung, S. 48.

[514] Flamm an das Ministerium der geistlichen, Unterrichts- und Medizinal-Angelegenheiten, 12.07.1907, ebd.

[515] Minister für geistliche, Unterrichts- und Medizinal-Angelegenheiten an den Finanzminister, 08.07.1907, ebd.

[516] Minister für geistliche, Unterrichts- und Medizinal-Angelegenheiten an den Oberpräsidenten in Danzig, 09.07.1907, ebd.

[517] Minister für geistliche, Unterrichts- und Medizinal-Angelegenheiten an den Finanzminister, 08.07.1907, ebd.

[518] Minister für geistliche Unterrichts- und Medizinal-Angelegenheiten an den Finanzminister, 25.08.1907, ebd.

[519] Technische Hochschule Danzig an den Oberpräsidenten in Danzig, 06.11.1907, StA Gdańsk, APG I/7 Nr. 696.

[520] Aktennotiz vom 30.11.1907 zu UIT 22984, 23639, 23854, 23966, G StA PK, I. HA, Rep 76 V g, Sekt. 10, Tit XV, Nr. 6, Bd. 1.

[521] Schütte an den Oberpräsidenten von Jagow, 27.06.1910, G StA PK, ebd.

[522] Minister für geistliche, Unterrichts- und Medizinal-Angelegenheiten an den Oberpräsidenten, 17.10.1907, StA Gdańsk, APG, I/7 Nr. 696.

[523] Die Weltausstellung dauerte vom 30.01. bis 01.12.1904. Bis Juni 1904 verhandelte Schütte mit der preußischen Kultusbürokratie über Gehaltsfragen. Anfang September 1904 war Schütte schon wieder in Deutschland. Wahrscheinlich ist daher, dass er sich in der Zeit von Mitte Juni/Anfang Juli bis Ende August 1904 in den USA aufgehalten hat.

[524] Vgl. Kapitel 3.1.2.2.

[525] Der Dampfkessel System „Schütte", in: Reichskommissar Lewald (Hg.): Weltausstellung in St. Louis 1904. Amtlicher Katalog des Deutschen Reichs. Berlin 1904, Karte, S. 483 u. Anzeigenanhang, S. 28.

[526] Seggern, S. 40.

[527] Vorwort von Schütte, Schütte-Lanz, LM OL, NL Schütte 0000056.

[528] Zu Huber vgl. auch Kapitel 4.1.4.

[529] Lewald, Friedrich Otto Theodor, Jurist, Sportfunktionär. Er studierte von 1878 bis 1882 Jura in Heidelberg, Leipzig und Berlin und trat 1885 in den preußischen Verwaltungsdienst ein. Von 1894 bis 1921 war er im Reichsamt bzw. Reichsministerium des Innern tätig, zuletzt als Staatssekretär. In den Jahren 1907 und 1908 war er Reichskommissar, der das Reichsamt des Innern über die Versuche der Grafen Zeppelin mit Luftschiffen auf dem Laufenden zu halten hatte. Nach seinem Ausscheiden aus dem Staatsdienst widmete Lewald sich seinem Amt als Vorsitzender des Deutschen Reichsausschusses für Leibesübungen. 1924 erfolgte seine Wahl zum Mitglied des Internationalen Olympischen Komitees und 1927 zum Mitglied des Exekutivausschusses des IOC. Er war an der Vorbereitung und Durchführung der Olympischen Spiele 1936 in Berlin beteiligt. Danach wurde er jedoch von Hitler genötigt, sich aus dem IOC zurückzuziehen, weil er Halbjude war.

[530] Vgl. Kapitel 4.1.3.

[531] Vgl. dazu das Gutachten der Kgl. Versuchsanstalt für Wasserbau und Schiffbau. Ministerial-Erlass U I T No. 21950. G StA PK, I. HA, Rep 76 V g, Sekt. 10, Tit XV, Nr. 6, Bd. 1, sowie das vorangegangene u. das nachfolgende Kapitel.

[532] Vgl. Kapitel 3.2.4 u. 3.2.5.2.

[533] Mit einem Aktienkapital von 90 Mio. Mark stand die Nationalbank 1914 auf Platz 5 der Rangliste der kapitalkräftigsten Banken im Deutschen Reich. Vgl. Kiese-wetter, S. 289, Tabelle 23.

[534] Schütte an den Großherzog von Oldenburg, 13.09.1904, StA Oldenburg, 271/24.

[535] Vgl. zu Friedrich Augusts Interessen Albrecht, S. 368 u. auch Rüthning, Gustav: Oldenburgische Geschichte, Volksausgabe in einem Bande, Oldenburg 1937, S. 647. Vgl. zur wirtschaftlichen Entwicklung in Nordenham ebd. u. auch Lampe, Klaus: Wirtschaft und Verkehr im Landesteil Oldenburg 1800 bis 1945, in: Albrecht, Eckhard (Hg.): Geschichte des Landes Oldenburg. Ein Handbuch, Oldenburg 1987, S. 709–790, S. 739.

[536] Schütte an die Direktoren Weinlig u. Gathmann am 24.11.1904, Dillinger Hüttenwerke, StA Oldenburg 271/24.

[537] Schütte an den Großherzog von Oldenburg, 31.10.1904, StA Oldenburg, ebd.

[538] Ebd.

[539] Ebd.

[540] Vgl. Schütte an den Großherzog von Oldenburg, 31.10.1904, StA Oldenburg u. Diercks, Günther; Thiel, Reinhold: J. Frerichs & Co. Frerichswerft. Flethe/Rönnebek – Osterholz-Scharmbeck – Einswarden, Bremen 2001, S. 33ff.

[541] Telegramm von Friedrich August an Schütte, 02.11.1905, StA Oldenburg, 271/24.

[542] Diercks/Thiele, S. 33. Der Vulcan eröffnete aber 1907 einen Zweigbetrieb in Bremen-Vegesack.

[543] Emil Guilleaume kam mit elf Jahren als Neffe des Kabelfabri-

kanten Theodor Guilleaume als Halbwaise zu seinem Kölner Verwandten. Er erhielt 1863–66 eine kaufmännische u. technische Ausbildung in der Firma Felten & Guilleaume. Auf seinen zahlreichen Reisen, u. a. nach England, erwarb er sich ein umfangreiches Wissen in der Produktion von Gussstahldrähten u. –seilen, das er in das 1874 von ihm mitbegründete Carlswerk in Mühlheim/Ruhr einbrachte. Dort gehörten insbesondere die Eisen- u. Stahlbetriebe des Unternehmens zu seinem Arbeitsgebiet. Er war Mitbegründer verschiedener internationaler Telegraphengesellschaften u. der Generaldirektor der Norddeutschen Seekabelwerke in Nordenham.

544 Vgl. dazu Schütte an Emil Guilleaume, 05.11.1904 u. Schütte an die Direktoren Weinlig und Gathmann, Dillinger Hüttenwerke, 24.11.1904, StA Oldenburg 271/24.

545 Vgl. dazu Schütte an den Großherzog von Oldenburg am 13.09.1904. StA Oldenburg, ebd.

546 Schütte an die Direktoren Weinlig und Gathmann, Dillinger Hüttenwerke, am 24.11.1904, StA Oldenburg, ebd.

547 Vgl. dazu Marx an die Direktion der Nationalbank für Deutschland, 05.12.1904, StA Oldenburg, ebd.

548 Schütte an die Nationalbank für Deutschland, Geheimer Regierungsrat Witting, 03.03.1905, StA Oldenburg, ebd. Zu den bis 1905

von der Frerichswerft gebauten Schiffen vgl. Diercks; Thiel, Anlage 6, S. 143ff.

549 Diercks; Thiel, S. 27 u. 33.

550 Schütte an die Nationalbank für Deutschland, Geheimer Regierungsrat Witting, 03.03.1905, StA Oldenburg, 271/24.

551 Ebd.

552 Großherzogliches Staatsministerium an Schütte, 03.01.1905, StA Oldenburg, ebd.

553 Schütte an die Nationalbank für Deutschland, Geheimer Regierungsrat Witting, am 03.03.1905, StA Oldenburg, ebd.

554 Ebd.

555 Nationalbank für Deutschland an Schütte, 30.03.1905, StA Oldenburg, ebd.

556 Diercks; Thiel, S. 33.

557 Der Sohn des jüdischen Seidenwarenhändlers Witkowski studierte in Göttingen und Berlin Jura und Verwaltungsrecht, war seit 1886 in der Berliner Kommunalverwaltung tätig. Zunächst in Danzig aktiv, ging er 1889 nach Posen und wurde dort Mitglied des Stadtrat und Kämmerer. 1891 wurde er Oberbürgermeister von Posen und Mitglied des preußischen Herrenhauses, 1902 Direktor der Nationalbank für Deutschland und nach deren Verschmelzung mit der Darmstädter Bank 2. Vorsitzender im Aufsichtsrat der vereinigten Banken. 1907/1908 gehörte er für die Nationalliberalen dem preußischen Abgeordnetenhaus an.

558 Witting an Schütte, 19.10.05,

StA Oldenburg, 271/24. Bei dem „bedeutenden Rheederei- und Schiffahrts-Unternehmen“ handelte es sich vermutlich um „Midgard“ Deutsche Seeverkehrs AG mit Sitz in Nordenham, die am 10.11.1905 in Berlin gegründet wurde.

559 Witting an Schütte, 19.10.05, StA Oldenburg, 271/24.

560 Diercks; Thiel, S. 46.

561 Die Familie reiste vom 05. bis 07. September per Bahn über Berlin dorthin. In Berlin übernachtete die Familie, weil Schütte noch einen Geschäftstermin mit Konsul Marx von der Nationalbank für Deutschland wegen der Pläne zur Errichtung einer Werft in Nordenham wahrnehmen musste. Schütte an den Minister der geistlichen, Unterrichts- und Medizinalangelegenheiten am 10.10.1904, G StA PK, I. HA Rep 76 V b, Sekt.10, Tit III, Nr 5, Bd. 1.

562 Vgl. zur Adresse die Übersicht der ordentlichen Mitglieder im Jahrbuch der Wissenschaftlichen Gesellschaft für Flugtechnik, 1. Bd. 1912/1913, S. 13. Den Hinweis auf den Sozialcharakter Langfuhrs verdanke ich meiner Tante Frau Eva Pingel, geborene Somnitz, einer gebürtigen Danzigerin. Vgl. auch dazu Interview von Dorothea Haaland mit Frau Dorothea Temmler vom 15.01.1985, LMAT Mannheim.

563 Seggern, S. 40.

564 Interview von Dorothea Haaland mit Frau Dorothea Temmler vom 15.01.1985, LMAT Mannheim.

565 Ebd.

566 Schütte, Jandirk: Lebensübersicht meines Vaters Dr. Wilhelm Schütte vom 26.06.2003, MatSchütte. Anschließend wechselte Wilhelm Schütte auf das Kronprinz Wilhelm Gymnasium in Danzig-Langfuhr, das er bis 1917 besuchte.

567 Interview von Dorothea Haaland mit Frau Dorothea Temmler vom 15.01.1985, LMAT Mannheim.

568 Schütte, Jandirk: Lebensübersicht meines Vaters Dr. Wilhelm Schütte vom 26.06.2003, MatSchütte.

569 Vgl. dazu auch Kapitel 2.1.

570 Interview von Dorothea Haaland mit Frau Dorothea Temmler vom 15.01.1985, LMAT Mannheim.

571 Die Eliten Danzigs bestanden aus den hohen Beamten der Provinzverwaltung und Gerichten, den höheren Offizieren der Preußischen Armee und Lehrern der höheren Schulen und den Professoren der Technischen Hochschule. Vgl. dazu Cieslak, Edmund; Biernat, Czesław: History of Gdańsk, Gdańsk 1988, S. 390.

572 Mit dem Eintritt als Einjähriger Freiwilliger in das 2. Leibhusarenegiment im Jahr 1869 begann für Mackensen seine Militärkarriere. Nach dem Ende des Deutsch-Französischen Krieges von 1870/71 Leutnant, wurde er nach einem unbefriedigenden Ausflug ins Zivilleben 1876 zum Adjutanten der 1. Kavalleriebrigade unter Wilhelm I. und 1879 zum Oberleutnant ernannt.

Erst 1881 Hauptmann, diente er zwischen 1884 und 1891 in unterschiedlichen Garnisonen im Westen und Osten des Reichs. Danach verlief seine militärische Karriere rasant: 1888 zum Major befördert, wurde er 1891 zum Adjutanten von Alfred von Schlieffen, des neuen Generalstabschefs der preußischen Armee. 1893 wurde er Kommandeur der 1. Leibhusaren in Danzig, woraufhin bald darauf die Ernennung zum Oberst erfolgte. 1895 machte Wilhelm II. Mackensen zu seinem Flügeladjutanten, berief ihn zurück an den Generalstab und nobilitierte ihn 1899. 1908 wurde Mackensen zum Kommandierenden General des XVII. Armeekorps und zum General der Infanterie ernannt. Im Ersten Weltkrieg war er ein erfolgreicher Heerführer an der Ostfront: Als Oberbefehlshaber der 11. Armee durchbrach er 1915 die russische Front und wurde neben Paul von Hindenburg und Erich Ludendorff zu einem der populärsten deutschen Heerführer. Im selben Jahr zum Generalfeldmarschall ernannt, leitete er den Feldzug gegen Serbien und 1916 den Feldzug gegen Rumänien, wo er bis zum Kriegsende als Militärgouverneur blieb. 1919 aus dem Militärdienst entlassen, avancierte er in der Weimarer Republik als häufiger Teilnehmer von Soldaten- und Veteranentreffen zum „Militärstar" (Tucholsky). Von den Nationalsozialisten mehrfach geehrt, setzte sich

Mackensen, der der bekennenden Kirche angehörte, für Verfolgte wie Martin Niemöller ein und verurteilte nach dem Polenfeldzug in einem Brief an den Oberbefehlshaber des Heeres Walther von Brauchitsch die während des Überfalls auf Polen geschehenen Verbrechen. Vgl. Schwarzmüller, Theo: Zwischen Kaiser und „Führer": Generalfeldmarschall August von Mackensen. Eine politische Biographie. München 2001.

573 Interview von Dorothea Haaland mit Frau Dorothea Temmler vom 15.01.1985, LMAT Mannheim.

574 Vgl. für einen kurzen, allerdings unkritischen biographischen Abriss, in dem auch auf das angeblich freundliche Wesen des Kronprinzen abgehoben wird. http://www.spsg.de/index.php?id=1182, 14.03.2006.

575 http://www.spsg.de/index.php?id=1182, 14.03.2006.

576 Zitiert nach Reichold, Helmut: Bismarcks Zaunkönige. Duodez im 20. Jahrhundert. Eine Studie zum Föderalismus im Kaiserreich. Paderborn 1977, S. 115.

577 Seggern, S. 40.

578 Bach, S. 17.

579 Eichler, Jürgen: Luftschiffe und Luftschiffahrt, Berlin 1993, S. 9ff.; Haaland, Dorothea: Ballone, in: Haaland, Dorothea; Knäusel, Hans Georg; Schmitt, Günther; Seifert, Jürgen: Leichter als Luft – Ballone und Luftschiffe, Bonn 1997, S. 18–69, S. 19ff. u. Knäusel, Hans Georg: LZ 1. Der erste

Zeppelin. Geschichte einer Idee 1874–1908, Bonn 1985, S. 23 f, Kleinheins, Peter; Meighörner (Hg.): Die Grossen Zeppeline. Die Geschichte des Luftschiffbaus, 3. überarb. Auflage, Berlin 2005, S. 5ff.

580 Eichler, S. 15, Kleinsheins; Meighörner ; S. 5, u Knäusel, LZ 1, S. 23.

581 Eichler, S. 13f. Vgl. Haaland, Ballone, S. 29 kurz zum militärischen Einsatz von Ballonen.

582 Eichler, S. 14f. Vgl. Haaland, Ballone, S.23ff. zur Nutzung der Ballone in Deutschland zu Beginn des 19. Jahrhunderts. Zum Verlauf des Einsatzes im Bürgerkrieg vgl. Bach, S. 23.

583 Neben der Beobachtung von Truppenbewegungen wurden die Ballone in anderen Kriegen auch zum Abwurf von Flugblättern und zum Abwurf von Bomben eingesetzt. Vgl. dazu Bach, S. 24.

584 Bach, S. 23. Im Rahmen einzelner militärischer Aktionen, wie z. B. im französischen Algerienfeldzug im Jahre 1830, waren auch schon wieder Ballone eingesetzt worden. Knäusel, LZ 1, S. 24, vertritt noch die Auffassung, dass die Luftfahrttruppen mit ihrer komplizierten Bodenausrüstung den Hauptmassen der Bürgerkriegsarmeen nicht folgen konnten und ihr Einsatz in keinem Verhältnis zu den Kosten stand.

585 Haaland, Ballone, S. 29. Vgl. dazu im Detail Eckener, Hugo: Graf Zeppelin, Stuttgart 1938, S. 29–37.

586 Bach, S. 51 u. Eichler, S. 16.

587 Eichler, S. 16ff. Knäusel, LZ 1, S. 25. In der bei Haaland, Ballone, S. 29, abgedruckten Darstellung der Ballonaufstiege bei der Belagerung von Paris 1870/71 transportierten 66 Ballons 164 Personen, 381 Brieftauben, 5 Hunde und 10.675 Postsachen. Nach Knäusel scheiterte aber der Transport von Post und Personen in die französische Hauptstadt.

588 Trox, Eckhard: Der Traum vom Fliegen. Carl Berg und die Luftschiffidee von Lüdenscheid bis Lakehurst, Bönen 2000, S. 22.

589 Eichler, S. 18f. Knäusel, LZ 1, S. 28.

590 Ein unstarres Luftschiff bzw. ein Luftschiff des unstarren Systems ist im Prinzip ein mit einem Motor angetriebener Freiballon. Es erhält seine Form durch den Überdruck des Traggases auf den aus gummierten Geweben bestehenden Tragkörper. Außer den Gondeln, Motoren und Steuerflächen sind keine festen Bauteile vorhanden.

591 Eichler, S. 21 ff, u. Kleinheins; Meighörner, S. 5f. Einer der dem Flug der „La France" vorangegangenen Versuche war derjenige von Henry Giffard im Jahr 1852, dessen Lenkballon mit einer Dampfmaschine angetrieben wurde. Dieser Ballon konnte erstmals in einem sehr bescheidenen Rahmen gelenkt werden, weil die Dampfmaschine zu schwach und zu schwer war. Mit einem dem

Luftschiff von Giffard nachempfundenen Luftfahrzeug erzielten die Brüder Gaston und Albert Tissandier im Jahr 1883 ein ähnlich schlechtes Ergebnis, da sich auch der Elektromotor der Firma Siemens als zu schwach erwies. Zu den Voraussetzungen für ein einsatzfähiges Luftschiff vgl. Trox, S. 22.

[592] Bach, S. 51f.

[593] Eichler, S. 19ff.; Haaland, Ballone, S. 30ff.

[594] Eichler, S. 19ff. Vgl. insbesondere zu den Drachenballonen Parsevals, Haaland, Ballone, S. 32ff. u. Seifert, Jürgen: Parseval-Luftschiffe, in: Haaland, Dorothea; Knäusel, Hans Georg; Schmitt, Günther; Seifert, Jürgen: Leichter als Luft – Ballone und Luftschiffe, Bonn 1997, S. 145–195, hier S. 147ff.

[595] Vgl. Eichler, S. 20 u. Haaland, Ballons, S. 32, zur Art des Engagements Riedingers.

[596] Eichler, S. 23f. Vgl. zum Luftschiff von Wölfert detaillierter Schmitt, Günther: Vom Ballon zum Luftschiff, in: Haaland, Dorothea; Knäusel, Hans Georg; Schmitt, Günther; Seifert, Jürgen: Leichter als Luft – Ballone und Luftschiffe, Bonn 1997, S. 70–111, hier S. 104ff.

[597] Seherr-Thoss, Hans Christoph Graf von (Hg.): Zwei Männer – Ein Stern. Gottlieb Daimler und Karl Benz in Bildern Daten und Dokumenten, Düsseldorf 1984, S. 206. Die Vermutung ist aber nicht von der Hand zu weisen, dass

Daimler mit seinem Motor auch die Überlegenheit seines Produktes gegenüber anderen zeitgenössischen Antriebssystemen demonstrieren und damit dessen Marktreife beweisen wollte.

[598] Ein starres Luftschiff bzw. ein Luftschiff des starren Systems besitzt zur äußeren Formgebung ein starres Innengerüst aus Leichtmetall oder Holz, das mit einem beschichteten Textilgewebe sowie mit Cellon, einem besonderen Lack, überzogen ist. Das Traggas ist in besonderen Gaszellen enthalten.

[599] Eichler, S. 23f. Vgl. auch die detailreiche Darstellung bei Schmitt, Vom Ballon zum Luftschiff, S. 106ff. Zur Unternehmerpersönlichkeit Carl Bergs, zu seiner Rolle beim Bau des Luftschiffs von Schwarz u. von Zeppelin vgl. Trox, S. 18ff., S. 22ff. u. 45ff. Zur Entstehung des Schwarz'schen Luftschiffs vgl. auch die ältere Darstellung von Knäusel, LZ 1, S. 33ff.

[600] Trox, S. 28ff.

[601] Knäusel, Hans Georg: Zeppelin. Die Geschichte der Zeppelin-Luftschiffe. Konstrukteure – Technik – Unternehmen, 2. durchges. Aufl., Oberhaching 2000, S. 14. Knäusel, Hans G.: LZ 1. Der erste Zeppelin. Geschichte einer Idee 1874–1908, Bonn 1985, S. 27.

[602] Knäusel, Zeppelin, 1994, S. 15.

[603] Eichler, S. 26. Vgl. dazu auch Knäusel, LZ 1, S. 43 u. Oswald Burger: Zeppelin und die Rüstungsindustrie am Boden-

see, Teil 1, in: 1999. Zeitschrift für Sozialgeschichte des 20. und 21. Jahrhunderts, 2. Jg., Heft 1, S. 8–49, S. 8.

[604] Eichler, S. 34 u. Knäusel, S. 30.

[605] Eichler, S. 32.

[606] Vgl. Kapitel 4.2.1.3.

[607] Eichler, S. 26ff. u. Knäusel, Zeppelin, S. 30ff. Als profundeste Darstellung des Baus des ersten Zeppelin-Luftschiffs gilt immer noch Knäusel, LZ 1. Vgl. dort die S. 41ff. u. S. 145ff. Vgl. neuerdings aber auch Meighörner, Wolfgang: Grundlage des Erfolgs – Der Lenkbare Luftzug, in: Meighörner, Wolfgang (Hg.): Luftschiffe, die nie gebaut wurden, Friedrichshafen 2002, S. 12–29.

[608] Eichler, S. 37. Knäusel, LZ 1, S. 201 u. Knäusel, Zeppelin, S. 46. Bach, S. 54. Zur Motivation Zeppelins, nach dem Misserfolg von LZ 1 nicht aufzugeben, vgl. Meyer, Henry Cord: Airshipmen, Businessmen and Politics 1890–1940, Washington 1991, S. 33f., und zur Geschichte von LZ 2 vgl. Meighörner-Schardt, Wolfgang: "… die Welt der Wundergabe der Beherrschung des Luftmeeres schenken": die Geschichte des Luftschiffs LZ 2. Friedrichshafen 1991.

[609] Der reiche Brasilianer Alberto Santos-Dumont umrundete am 19.01.1901 mit seinem Luftschiff Nr. 6 den Eiffelturm und errang dadurch einen von Henri Deutsch de la Meurthe gestifteten Preis von 100.000 Franc. Er motivierte mit seinen interessanten Kon-

struktionen und spektakulären Auftritten eine Reihe von Erfindern, Technikern und Geschäftsleuten, sich näher mit dem Luftschiffbau auseinander zu setzen, so auch die Brüder Paul und Henry Lebaudy. Sie entschlossen sich, ihr Kapital in den Bau eines Luftschiffes zu investieren. Nach den Plänen des Ingenieurs Henri Juillot entstand das erste Lebaudy-Luftschiff. Es war nach dem halbstarren System gebaut, hatte demzufolge ein Versteifungsgerüst, auf dem die Ballonhülle aufgeschnürt und die Gondel angehängt wurde. Das Schiff absolvierte im Jahr 1902 erfolgreich einige Probefahrten und konnte, da es aerodynamisch geformt war und über einen relativ starken Daimler-Motor verfügte, auch bei etwas stärkerem Wind den Ausgangspunkt seiner Fahrt wieder erreichen. Die französische Armee kaufte dieses trotz aller Erfolge immer noch leistungsschwache Schiff und bestellte weitere Lebaudy-Luftschiffe. Damit legte sie ihr erstes Luftschiffbauprogramm vor und verschaffte sich so auch in den Augen der Reichsleitung einen Vorsprung im Luftschiffbau gegenüber Deutschland. Vgl. dazu Eichler, S. 31.ff.

[610] Bach, S. 54; Eichler, S. 34f.

[611] Bach, S. 55. Eichler, S. 34.

[612] Eichler, S. 37. Zur Entwicklung der Luftschiffe von Major Gross u. Basenach ausführlich Seifert, S. 139–144.

[613] Eichler, S. 40f.; Knäusel, Zeppelin, S. 43. Zur Entwicklung der Luftschiffe des Majors von Parseval vgl. ausführlich Seifert, Jürgen: Parseval-Luftschiffe, in: Haaland, Dorothea; Knäusel, Hans Georg; Schmitt, Günther; Seifert, Jürgen: Leichter als Luft – Ballone und Luftschiffe, Bonn 1997, S. 145–187.

[614] Nach Knäusel, Zeppelin, S. 148f. besaß schon das im Jahr 1909 gebaute Zeppelin-Luftschiff LZ 9 eine Reichweite von 2.000 km. Dem gegenüber flog das Parseval-Luftschiff mit der späteren Bezeichnung PL 1 im Jahr 1908 nur 135 km. Vgl. dazu Seifert, S. 156.

[615] Das im Jahr 1909 in Dienst gestellte Zeppelin-Luftschiff LZ 5 besaß eine Nutzlast von 4.650 kg. Demgegenüber war die Nutzlast der Parseval-Luftschiffe aufgrund ihres deutlich geringen Tragkörpervolumens viel kleiner. Vgl dazu http://www.luftschiff.de/2_db.htm, 15.03.2006 u. Seifert, S. 185ff.

[616] Eichler, S. 36. Vgl. dazu auch Hebert, Günther: Die Einsatzdoktrin der Deutschen Militärluftschiffahrt im Ersten Weltkrieg, in: Meighörner, Wolfgang (Hg.): Zeppelin und Frankreich. Szenen einer Hassliebe, Friedrichshafen 1998, S. 88–121, hier S. 105. Zum Schlieffenplan vgl. Ulrich, S. 259f.; Mai, Gunther: Das Ende des Kaiserreichs. Politik und Kriegsführung im Ersten Weltkrieg, 2. Auflage, 62ff.; Affllerbach: Die militärische Planung des Deutschen Reichs, in: Michalka, Wolfgang (Hg.): Der Erste Weltkrieg. Wirkung, Wahrnehmung, Analyse. München 1994, S. 280–318, hier S. 281ff.; Hebert, Einsatzdoktrin, S. 96 u. grundlegend Ritter, Gerhard: Der Schlieffenplan. Kritik eines Mythos, München 1956.

[617] Eichler, S. 46. Vgl. unkritischer Knäusel, Zeppelin, S. 46f.

[618] Eichler, S. 45f. Vgl. auch MGFA, Textband, S. 56f.

[619] Vgl. zum Unglück von Echterdingen; Knäusel, Zeppelin, S. 47f; Clausberg, Karl: Zeppelin. Die Geschichte eines unwahrscheinlichen Erfolges, München 1989, S. 47ff.; u. auch Klagholz, Bernd: Der Tag von Echterdingen: Zeppelin LZ 4 auf den Fildern: Katastrophe und Neubeginn der Luftschiffahrt, Leinenfeld-Echterdingen 1998.

[620] Stellungnahme des Allgemeinen Kriegsdepartements des preußischen Kriegsministeriums zur Vernichtung des LZ 4 bei Echterdingen am 05.08.1909, 05.08.1909, Militärgeschichtliches Forschungsamt (Hg.): Die Militärluftfahrt bis zum Beginn des Weltkrieges 1914, Anlageband, 2. Aufl., Frankfurt/Main, Anlage 32, S. 65.

[621] Vgl. zu Karl Lanz das Kapitel 4.2.2.2.

[622] Vgl. Eichler, S. 51ff.; Clausberg, S. 57; Knäusel, Geschichte der Zeppelin-Luftschiffe, S. 19ff. u. S. 53 sowie Knäusel, Unternehmen Zeppelin, S. 49ff.

[623] Eichler, S. 54f.

[624] Maschinenschriftliches Manuskript von Schütte mit dem Titel „Wie ich zum Luftschiffbau kam", o. D. (vermutlich aus dem Jahr 1923), S. 6f., LM OL, NL Schütte 0000506.

[625] Flugzeuge bewegen sich nach dem Prinzip „Schwer als Luft", denn sie erhalten – anders als Ballon oder Luftschiffe – nur durch ihren Antrieb und ihre Flügel genügend Auftrieb, um in der Luft zu bleiben.

[626] Der Anstellwinkel ist der Winkel zwischen der anströmenden Luft und der Profilsehne der Tragfläche. Je geringer der Anstellwinkel ist, desto höher muss die Geschwindigkeit sein, um einen bestimmten Auftrieb zu erhalten, zum Beispiel um ein Flugzeug mit dem Gewicht von 50 Tonnen ohne Höhenverlust in der Luft zu halten. Vergrößerungen des Anstellwinkels erhöhen den Auftrieb bis zu einem kritischen Punkt, bei dem die Strömung abreißt und der Auftrieb zusammenbricht.

[627] Unter einem Polardiagramm versteht man die grafische Darstellung der aerodynamischen Eigenschaften eines Tragflügels oder eines Flugzeugs in einem rechtwinkligen Koordinatensystem durch einen als Polare bezeichneten Kurvenzug.

[628] Lilienthal, Otto: Der Vogelflug als Grundlage der Fliegekunst. Ein Beitrag zur Systematik der Flugtechnik. Aufgrund zahlreicher von Otto und Gustav Lilienthal ausgeführter Versuche bearbeitet von Otto Lilienthal. Berlin 1889 zit. nach Schwipps, Werner: Schwerer als Luft. Die Frühzeit der Flugtechnik in Deutschland. Koblenz 1984 (Die deutsche Luftfahrt Band 8), S. 20.

[629] Trischler, Luft- und Raumfahrtforschung, S. 36f. u. S. 43f. Vgl. dazu auch Schwipps, S. 20f.

[630] Diese Größe, die früher Leistungsgewicht genannt wurde, ist der Quotient aus Masse und Nutzleistung eines Motors und wird in kg/kw angegeben.

[631] Trischler, Luft- und Raumfahrtforschung, S. 36f. u. 43. Bach, S. 13.

[632] Unter der Stabilität eines Flugzeuges ist seine Fähigkeit zu verstehen, seinen durch äußere Einflüsse vorübergehend gestörten Gleichgewichtszustand (statische Stabilität) oder seine Flugbewegung (dynamische Stabilität) wiederzuerlangen. Seine inhärente oder Eigen- oder natürliche Stabilität liegt vor, wenn es ohne Zuhilfenahme von Steuerrudern in seine Ausgangslage zurückkehren kann. Davon abzugrenzen ist die künstliche Stabilität eines Flugzeugs. Sie liegt vor, wenn das Flugzeug mit Hilfe von so genannten Flugreglern durch dauernde korrigierende Bewegungen der Steuerruder in einem Gleichgewicht gehalten wird.

[633] Trischler, Luft- und Raumfahrtforschung, S. 37.

[634] Bach, S. 17.

635 Bach, S. 15 ff; Trischler, Luft- und Raumfahrtforschung, S. 43; MGFA, Militärluftfahrt, Textband, S. 112. Vgl. auch Kapitel 4.1.1.2.

636 Trischler, Luft- und Raumfahrtforschung, S. 44; MGFA, Militärluftfahrt, Textband, S. 111f. u. S. 115.

637 Vgl. Kap. 4.1.2.2.

638 Bach, S. 26f.

639 Ebd, S. 19ff.

640 Ebd, S. 25f. Vgl. dazu auch Hull, William Isaac: The Two Hague Conferences and Their Contribution to International Law, New York 1970 (Neudruck der Ausgabe von 1908), S. 76ff. u. S. 79ff. sowie S. 465 u. S. 478. Danach wurde nur das auf der Konferenz von 1899 beschlossene, fünfjährige Verbot, aus der Luft unverteidigte Städte und Dörfer anzugreifen, auf unbestimmte Zeit „bis zur nächsten Friedenskonferenz" verlängert.

641 Trischler, Luft- und Raumfahrtforschung, S. 44f.

642 Bach, S. 19.

643 MGFA, Militärluftfahrt, Textband, S. 114f. Da sich viele Berichte über die Verwirklichung des Fliegens nach dem Prinzip „Schwerer als Luft" als unrichtig erwiesen hatten bzw. aus chauvinistischen Gründen schlichtweg ignoriert worden waren, war das Misstrauen vor allem in den europäischen Fachkreisen und der europäischen Öffentlichkeit groß.

644 Bach, S. 17f. MGFA, Militärluftfahrt, Textband, S. 114f.

645 Vgl. die entsprechenden Ausschnitte von Artikeln verschiedener Mannheimer, Danziger und Badischer Zeitungen im Entwurf zur Geschichte des Luftschiffbaus Schütte-Lanz, LM OL, NL Schütte 0000057, S. 171ff. Diesen Versuch einer Unternehmensgeschichte verfasste im Jahr 1923 der Oldenburger Historiker Dr. Eilers im Auftrag Johann Heinrich Schüttes. Vgl. auch Haaland, Luftschiffbau, S. 54ff.

646 Aufstellung 5: Die Fahrten des Luftschiffes S.L. I von der Fertigstellung 1911 bis zur Ablieferung an das Reich Ende 1912. Haaland, Luftschiffbau, S. 185.

647 Vgl. Kapitel 4.2.2.4.4.

648 Vgl. Kapitel 4.4.3.

649 LM OL, NL Schütte 000059. Vgl. zu den Datumsangaben, ebd. 0000974.

650 Kober war der erste Mitarbeiter Ferdinand Graf von Zeppelins. Der Diplomingenieur wurde 1892 vom Grafen zur Ausarbeitung seiner Luftschiffpläne engagiert und konstruierte in den Jahren 1892 bis 1895 den lenkbaren Luftzug sowie in den Jahren 1899 und 1900 das erste Zeppelin-Luftschiff, die LZ 1. 1912 gründete er mit finanzieller Hilfe des Grafen die Flugzeugbau Friedrichshafen GmbH in Manzell (Bodensee). Sie produzierte erfolgreich Marineflugzeuge und später auch Heeresflugzeuge für das deutsche Militär im Ersten Weltkrieg. Vgl. zu Kobers Leben Ewald, Gustav: Theodor Kober, der erste Ingenieur des Grafen Zeppelin 1892–1894 und der Flugzeugbauer vom Bodensee 1912–1919, Friedrichshafen 1971.

651 „Wie ich zum Luftschiffbau kam", LM OL, , S. 2, NL Schütte 0000506. Ähnlich Schütte im Vorwort zu seiner Unternehmensgeschichte. Vgl. dazu Schütte, Johann Heinrich: Vorwort, in: Schütte, Johann Heinrich (Hg.:) Der Luftschiffbau Schütte-Lanz 1909–1925, München u. Berlin 1926, S. 1–9, hier S. 2.

652 Vgl. dazu z. B. Haaland, Luftschiffbau, S. 23; Seggern, S. 41.

653 Vgl. dazu Kapitel 4.1.

654 Dieser Wert ergibt sich aus einer Abfrage der Datenbank des Landesmuseums Oldenburg im Bereich „Schriftgut". In der Privatbibliothek Schüttes befinden sich an Werken aus der Zeit vor 1908 neben den französischen Periodika „Aerophile" und „Aeronaute" bspw. Monographien wie Assmann, Richard; Berson, Hugo: Wissenschaftliche Luftfahrten, Bd. 1: Geschichte und Beobachtungsmaterial, Braunschweig 1898; Hildebrandt, Alfred: Die Luftschiffahrt nach ihrer geschichtlichen und gegenwärtigen Entwicklung, München/Berlin 1907; Moedebeck, Hermann: Die Luftschiffahrt. Ihre Vergangenheit und Zukunft insbes. das Luftschiff im Verkehr und Kriege, Straßburg 1906; Parseval, August von: Die Mechanik des Vogelflugs, Wiesbaden 1874; Tissandier, Gaston: Le grand Ballon captif a Vapeur de M. Henry Giffard, Paris 1879.

655 Schütte an Lewald, 14.08.1909, LM OL, NL Schütte 0000610 u. Schütte an Lewald, 14.08.1909, von Schütte eigenhändig redigierte Fassung, ebd. 0000606.

656 Schütte an Lewald, 14.08.1909, von Schütte eigenhändig redigierte Fassung, ebd. 0000606.

657 Lehmann, konstruktive Entwicklung, S. 31ff.

658 Schütte an Lewald, 14.08.1909, LM OL, NL Schütte 0000606.

659 Der deutsche Physiker Ludwig Prandtl (1875–1953) lieferte bedeutende Beiträge zum grundlegenden Verständnis der Strömungsmechanik und entwickelte die Grenzschichttheorie. Auf ihn geht die Prandtl-Zahl zurück. Deshalb gilt er auch als „father of aerodynamics". 1894 bis 1900 studierte er an der Technischen Hochschule München, wo er bei August Föppl die denkbar beste Ausbildung in Technischer Mechanik erhielt. Im Jahr 1900 promovierte er bei Leo Graetz mit einer Aufsehen erregenden Dissertation über „Kippenscheinen, ein Fall von instabilem elastischen Gleichgewicht". Anschließend arbeitete er als Ingenieur für kurze Zeit in der Maschinenfabrik Augsburg-Nürnberg an der Entwicklung von Fabrikanlagen. Bei der Arbeit an einer Absauganlage kam er erstmals mit der Strömungstechnik in Berührung. Dabei stieß er auf die Unvereinbarkeit des ihm ver-

trauten Wissenstandes der theoretischen Hydrodynamik mit den realen Strömungsverhältnissen, was ihn fortan nicht mehr loslassen sollte. Im Jahre 1901 wurde er zum Ordinarius für Mechanik an die TH in Hannover berufen und ab 1. September 1904 erhielt er ein Extraordinariat an der Universität Göttingen. Aufgrund der von ihm entwickelten Grenzschichttheorie wurde er 1908 auch zum Leiter der Aerodynamischen Versuchsanstalt Göttingen (AVA) ernannt. Zusammen mit Max Munk und Albert Betz, der 1936 sein Nachfolger bei der Aerodynamischen Versuchsanstalt Göttingen wurde, arbeitete er an einer wirksamen Formel zur Untersuchung des Auftriebs. Prandtl untersuchte auch die Kompressibilität der Luft bei hoher Unterschallgeschwindigkeit, auch als Prandtl-Glauert-Transformation bekannt. Prandtl leitete von 1925–1946 als Direktor das Kaiser-Wilhelm-Institut für Strömungsforschung.

[660] Vgl. Prandtl, Ludwig: Über Flüssigkeitsbewegungen bei sehr kleiner Reibung, in: Verhandlungen des III. Internationalen Mathematiker-Kongresses, Heidelberg 1904, Leipzig 1905, S. 484–491.

[661] Trischler, Luftfahrtforschung, S. 48ff.

[662] Lichtenstein, Claude: Strömungsmechanik. Theoretische Marginalien, in: Lichtenstein, Claude; Engler, Franz (Hg.): Stromlinienform. 2. überarb. Aufl., Baden 1993 (Wegleitung/Museum für Gestaltung, Zürich 384), S. 12–18, hier S. 16. Vgl. auch Prandtl, Ludwig; Oertel, Herbert; Böhle, Martin: Führer durch die Strömungslehre, 11. überarb. u. erw. Aufl., Braunschweig u. a. 2002.

[663] Lewald an Kober, 19.08.1908, Archiv des ZM Friedrichshafen, LZA 16/0043.

[664] Kober an Schütte, 21.08.1908, ebd., LZA 16/0045.

[665] Schütte an Kober, 10.09.1908, ebd., LZA 16/0043, Abschrift dieses Briefes auch in der Akte LM OL, NL Schütte 0000606.

[666] Vgl. dazu Knäusel, LZ 1, S. 89 u. 98.

[667] Schütte an Kober, 10.09.1908, ZM Friedrichshafen, LZA 16/0043.

[668] Ebd.

[669] Ebd.

[670] Reinicke, Helmut: Deutschland hebt ab: Der Zeppelinkult – zur Sozialpathologie der Deutschen, Köln 1998, S. 43. Reinicke spricht dabei allerdings davon, dass die LZ 2 diesen Flug unternommen habe. Dies trifft jedoch nicht zu, da die LZ 2 bei ihrer Notlandung in Kißlegg am 16.01.1906 irreparabel beschädigt wurde. Tatsächlich war es die LZ 3, die eine Fahrt mit dem Prinzen Heinrich von Hohenzollern, dem jüngeren Bruder des Kaisers, an Bord unternahm. Vgl. dazu auch Kapitel 4.1.1.2.

[671] Abschrift des Briefs von Schütte an Hossfeld, 26.10.1908 in Eilers, Entwurf zur Geschichte des Luftschiffbaus Schütte-Lanz, LM OL, NL Schütte 0000057, S. 10. Hossfeld war vermutlich zu dieser Zeit bereits im RMA tätig.

[672] Vgl. Kapitel 3.2.4.

[673] Schütte, Luftschiffbau, S. 2. Vgl. Kapitel 4.2.1.3.

[674] Zur Spendenbereitschaft der deutschen Bevölkerung nach Echterdingen, zur ihrer begeisterten Reaktion beim Anblick eines Luftschiffs, zur Rolle der Presse dabei und bei der Heroisierung von Zeppelin vgl. Fritzsche, Peter: A Nation of Fliers. German Aviation and the Popular Imagination, Cambridge, London 1992, S. 9ff. u. S. 22ff.; Reinicke, S. 25ff. u. neuerdings De Syon, Guillaume: Zeppelin! Germany and the Airship, Baltimore 2002, S. 40ff.

[675] Schütte an Lewald am 14.08.1909.

[676] Vgl. zu Schüttes nationalistischer Haltung Kapitel 2.2.4, 3.1.2.2 u. 3.2.2.

[677] Wie nationalistisch aufgeladen die Atmosphäre im Deutschen Reich war, wird zum Beispiel deutlich an der Kritik in der Presse an Vorschlägen etwa von Walther Rathenau, die Gelder aus der Nationalspende für Zeppelin einer öffentlichen Kontrolle zu unterwerfen. Vgl. dazu De Syon, S. 44; Fritzsche, S. 33f.; Reinecke, S. 30ff.

[678] Vgl. zur Rolle der Luftschiffe bei den Planungen der deutschen Militärs Kapitel 4.2.1, zur Haltung der Bevölkerung gegenüber den Zeppelin-Luftschiffen Fritzsche, S. 30ff. u. S. 35ff.

[679] Die folgenden Ausführungen können nur ansatzweise die Position des Großherzogs von Oldenburg Friedrich August berücksichtigen, denn seine Nachfahren haben dem Verfasser der vorliegenden Studie trotz mehrfach vorgetragener Bitten bis heute nicht den Zugang zum Großherzoglichen Archiv auf Schloss Güldenstein gewährt.

[680] Als Sohn eines Rostocker Senators studierte er Jura, arbeitete als Richter, bis er 1887 Vortragender Rat im Justizministerium des Großherzogtums Mecklenburg wurde. 1895 war er Bevollmächtigter des Großherzogs beim Bundesrat und 1899 Geheimer Ministerialrat. Zwischenzeitlich zum Landgerichtspräsidenten ernannt, wurde er 1904 Staatsrat und Vorsteher des Großherzoglichen Justizministeriums. Den Höhepunkt seiner Karriere bildete seine Tätigkeit als Mecklenburgischer Staatsminister und Ministerpräsident in den Jahren von 1914 bis 1918.

[681] Scheer, Sohn eines jüdischen Arztes aus Jever, trat nach seinem Jurastudium 1880 in den Oldenburgischen Staatsdienst. Nach mehreren Karrierestationen u. a. in Birkenfeld, Brake, Varel, wurde er 1896 zum Vortragenden Rat im Staatsministerium und erhielt u. a. das Referat „Schiffahrtswesen". Am 18.08.1908 übernahm er unter den Regierungen von Friedrich und Franz Ruhstrat bis 1918 die Departments des Inne-

ren, Äußeren und Großherzogliches Haus. In letzterer Eigenschaft sprach er mit Langfeld.

[682] Abschrift des Berichts des mecklenburgischen Staatsrats Langfeld über eine Unterredung mit dem Oldenburger Minister Scheer vom 12.08.1911, Auseinandersetzung zwischen dem Großherzog August von Oldenburg und der Großherzogin Elisabeth, geb. Herzogin von Mecklenburg, G StA PK BPH Rep. 53, E I Oldenburg Nr. I.

[683] Chef des Marinekabinetts des Kaisers, Admiral von Müller, an den Chef des Zivilkabinetts des Kaisers, dem Wirklichen Geheimen Rat Rudolf von Valentini, 5.6.1913, G StA PK I. HA Rep 89 21719, S. 23 d–e. Die fett gedruckte Hervorhebung stammt vom Verfasser dieser Arbeit. Vgl. auch Kapitel 4.4.3.

[684] Schütte an den Chef des Zivilkabinetts des Kaisers, dem Wirklichen Geheimen Rat Rudolf von Valentini, 14.06.1913, G StA PK I. HA Rep 89 21719, S. 23 f–g.

[685] Schütte an Lewald, 14.08.1909, LM OL, NL Schütte 0000606.

[686] Schütte an Kober, 10.09.1908, ZM Friedrichshafen, LZA 16/0043.

[687] Nachrichten für Stadt und Land, 25.08.1908.

[688] Vgl. dazu http://www.elite-saas-fee.ch/deu/saastal.htm, 21.03.2006. Der Nachfolger des damaligen Grand-Hotels, das Metropol Grand Hotel, schrieb dem Verfasser dieser Arbeit am 11.06.2005 auf Anfrage, dass es

zwar keine Unterlagen aus jenen Tagen mehr habe, dass es aber gleichwohl gut vorstellbar sei, dass Schütte und die Großherzogin in diesem Haus logiert haben könnten.

[689] Nachrichten für Stadt und Land, 06.11.1908 u. 20.12.1908.

[690] Schütte an den Minister der geistlichen, Unterrichts- und Medizinalangelegenheiten durch den Oberpräsidenten der Provinz Westpreußen, 17.02.1909, betr. Urlaubsgesuch G StA PK I. HA Rep 76 V b, Sekt. 10, Tit. III. Nr. 5 Bd. 1.

[691] Die Großherzogin sollte – so die Nachrichten für Stadt und Land am 25.08.1908 – von dem Fräulein von Bülow und der Freifrau von Bothmer begleitet werden.

[692] Nachrichten für Stadt und Land, 15.02.1908.

[693] Nach Reichold, S. 93 starb die erste Frau von Friedrich August, Prinzessin Elisabeth von Preußen, im Jahre 1895. Selbst dem Kaiser – so Reichold auf S. 114f. weiter – war im fernen Berlin der bedenkliche Zustand der Ehe zwischen Friedrich August von Oldenburg und Elisabeth von Mecklenburg-Schwerin nicht entgangen. In einer Randbemerkung zu einem Bericht des preußischen Gesandten am Oldenburger Hof, von Bülow, aus dem hervorgeht, dass der Großherzog im Jahr 1906 erstmals allein nach Lensahn geht, schrieb er: „Die Herrschaften sind seit der Hochzeit kaum wieder zusam-

men gewesen." Friedrich August selbst musste sich auch über den Stand der Beziehungen zu seiner Frau und ihrer Familie klar sein. Dafür spricht, dass er — wie der preußische Gesandte an den kaiserlichen Hof schrieb — den Braunschweigschen Hof mied. Elisabeths älterer Halbbruder, Herzog Johann Albrecht, war dort Regent und offenbar über die ehelichen Schwierigkeiten des großherzoglichen Paars orientiert. Zum Zitat der Äußerung Friedrich Augusts zur Geisteskrankheit seiner Frau vgl. die Abschrift des Berichts des mecklenburgischen Staatsrats Langfeld über eine Unterredung mit dem Oldenburger Minister Scheer vom 12.08.1911.

[694] Nipperdey, Bd. 1, S. 98f.

[695] Nach Nipperdey, Bd. 1, S. 47, kamen im Deutschen Reich im Jahre 1890 auf 100.000 Ehen 74 Ehescheidungen. Im Jahr 1913 war diese Zahl auf 152 gestiegen.

[696] Abschrift des Berichts des mecklenburgischen Staatsrats Langfeld über eine Unterredung mit dem Oldenburger Minister Scheer vom 12.08.1911.

[697] Aus dem Aktenband G StA PK BPH Rep. 53, E I Oldenburg Nr. 1 geht hervor, dass sich die herzogliche Familie sehr für Elisabeth eingesetzt hat.

[698] Zur Wirkung solcher Skandale vgl. Nipperdey, Bd. 1, S. 102 u. zur Wirkung der Presse-Kampagne Hardens gegen Eulenburg, Ullrich, S. 151.

[699] Nachrichten für Stadt und Land, 23.03. u. 25.03.1909.

[700] Nachrichten für Stadt und Land, 23.03., 25.03., 22.04.1909 u. 02.09.1910. Zur Geschichte von Friedländers Klinik vgl. http://www.hohemark.de/klinik/chronik/_pdf/KHM-Chronik.pdf, 21.03.2006.

[701] Nachrichten für Stadt und Land, 02.09.1910. Reichold, S. 94. Zur „Münchner Vereinbarung" vgl. G StA PK BPH Rep. 53, E I Oldenburg Nr. 1.

[702] Vgl. Huber an Schütte, 23.11.1909, Schütte-Lanz, Huber-Luftschiffgerippe SL I, Dr. Dyes, Patentverwertung, LM OL, NL Schütte 000056. Huber, der von Juni 1909 bis Januar 1910 am Gerippe für das erste Luftschiff Schüttes baute, erwähnte in seinem Brief die Nacht vom 13./14. Februar 1909, die er Schütte geopfert habe. Ein Hinweis, dass diese Nacht im engen Zusammenhang mit der Aufdeckung des Verhältnisses zwischen Schütte und Elisabeth von Mecklenburg-Schwerin steht, lieferte Huber weiter unten in seinem Schreiben, in dem er den Vorwurf Schüttes zurückweist, dass er sich mit der brieflichen Erwähnung dieser Nacht im Konflikt um den Bau und die Finanzierung des Luftschiffsgerippes einen Vorteil verschaffen wolle.

[703] Schütte an den Minister der geistlichen, Unterrichts- und Medizinalangelegenheiten durch den Oberpräsidenten der Provinz

Westpreußen, 17.02.1909 betr. Urlaubsgesuch, G StA PK I. HA Rep 76 V b, Sekt. 10. Tit. III. Nr. 5, Bd 1.

704 Gutachten von Dr. med. Schomburg, Danzig-Langfuhr, für Johann Heinrich Schütte vom 18.02.1909, G StA PK I. HA Rep 76 V b, Sekt. 10. Tit. III. Nr. 5, Bd 1. In seinem Schreiben an den Minister der geistlichen, Unterrichts- und Medizinalangelegenheiten bezeichnete Schütte Schomburg als seinen Hausarzt. Vgl. dazu Schütte an den Minister der geistlichen, Unterrichts- und Medizinalangelegenheiten durch den Oberpräsidenten der Provinz Westpreußen, 17.02.1909 betr. Urlaubsgesuch, G StA PK I. HA Rep 76 V b, Sekt. 10. Tit. III. Nr. 5, Bd 1.

705 Zu den Symptomen der Neurasthenie vgl. Radkau, Joachim: Industrialisierung und moderne Nervosität: Zur Mythologie und Wirklichkeit der Neurasthenie im Deutschen Kaiserreich, in: Milles, Dietrich (Hg.): Gesundheitsrisiken, Industriegesellschaft und soziale Sicherung in der Gesellschaft, Bremerhaven 1993, S. 363–385, hier S. 364f. Radkau nennt als weiteres Symptom noch sexuelle Störungen. Dieses Anzeichen lässt sich bei Schütte weder aus Schomburgs Gutachten herauslesen noch in anderen Quellen finden.

706 Die Medizin um 1900 nahm als wesentliche Ursache für Neurasthenie – so Radkau, S.

363 – „den übermäßigen Verbrauch von Nervenkraft durch die Anforderungen einer stürmisch wachsenden Wirtschaft" insbesondere durch die zunehmende Härte des „Kampfes um das Dasein" an. Diese Theorie, die er „Modern Times Theorie" oder kurz MT-Theorie nennt, sei – so Radkau, S. 374, weiter – in der Medizin um 1900 deshalb sehr beliebt gewesen, weil sie auf realen Leidenserfahrungen beruht habe. Sie besitze daher auch „eine geradezu überwältigende Evidenz" in der Industrie- und Technikgeschichte sowie in der Literatur- und Kunstgeschichte jener Zeit. So habe z. B. die „erheblich gewachsene Komplexität" im Berufsleben und in der Freizeit der Menschen dazu geführt, dass im Leben der Menschen eine Gleichzeitigkeit unterschiedlicher Anforderungen und Reize aufgetreten sei, die einen bestimmten psychischen Stress erzeugt hätte. Dieser Stress sei im Kaiserreich zu einem Massenphänomen und damit zu einem historischen Novum geworden. Die Mehrfachbelastung Schüttes als Hochschullehrer, Luftschiffkonstrukteur, Ehemann, Familienvater und Liebhaber konnte in der Tat eine solche Simultanität der Anforderungen und Reize erzeugt und bei ihm einen starken psychosozialen Stress ausgelöst haben, der dann von der damaligen Medizin als Neurasthenie diagnostiziert wurde.

707 Gutachten des Spezialarztes für Ohren-, Nasen- und Halskrankheiten, Dr. med. Paulssen, Dresden, für Johann Heinrich Schütte, G StA PK, I. HA Rep 76 V b, Sekt. 10. Tit. III. Nr. 5, Bd 1. Paulssen spricht in seinem Gutachten davon, dass der Hörnerv selbst erkrankt sei, was zu einer Herabsetzung der Knochenleitung beiderseits führe, und dass außerdem das Schall leitende Organ betroffen sei, was verhindere, dass Schütte tiefe und hohe Töne hören könne. Das führe bei längerem Sprechen – verbunden mit intensiver geistiger Anspannung – dazu, dass es im Kopf zu lokalem Blutandrang komme. Dadurch könne Schütte fast gar nichts mehr hören. Das Gutachten von Paulssen könnte aus heutiger Sicht auch ein Gefälligkeitsgutachten sein, wofür spricht, dass Paulssen das Ohrenleiden nur mit Hilfe einer unzureichenden Methode (Flüstersprache) festgestellt hatte und dass er eine Reise in den Süden empfahl, um die Ohrenerkrankung zu heilen. (Gespräch mit der Ärztin Marion Stiller am 12.06.2005.) Selbst wenn diese Überlegung zutrifft, stellt sie auch einen Beleg für die These dar, dass Schüttes Erkrankung eine primär psychische Ursache hatte. Paulsen gesteht dies auch indirekt ein, indem er keine klassische Behandlungsmethode der Ohrenheilkunde vorschlug, sondern eben eine Reise in den Süden.

708 Gutachten von Dr. med. Schomburg, Danzig-Langfuhr, für Johann Heinrich Schütte vom 18.02.1909.

709 Über das Verhältnis von Schütte zu seiner Frau konnte in dieser Zeit nichts in Erfahrung gebracht werden. Auffällig ist aber, dass Schütte den gesamten Sommer des Jahres 1909 in Mannheim verbrachte, um sein erstes Luftschiff zu bauen, ohne offenbar auch nur etwas Zeit zu finden, um nach Danzig zu seiner Familie zu fahren, und dass Schütte und seine Frau erst im Jahr 1917 wieder zusammen eine Wohnung bezogen. Vgl. Kapitel 4.2.2.3 u. 5.3, Anm. 1494.

710 Die Tochter des Großherzogs aus erster Ehe, Sophie Charlotte, war von 1906 bis 1926 mit dem zweitältesten Kaisersohn Eitel Friedrich verheiratet. Vgl. dazu Reichold, S. 93.

711 Der Großherzog war Mitbegründer und Ehrenvorsitzender der Schiffbautechnischen Gesellschaft, Gründer des Deutschen Schulschiffvereins sowie Ehrendoktor der TH Hannover und Danzig. Außerdem war er als einziger Bundesfürst von Wilhelm II. zum Admiral á la suite der Marine und des II. Seebataillons ernannt worden. Vgl. dazu Kapitel 3.2.3 u. Lehmann, Großherzog Friedrich August von Oldenburg 1852–1931, Schiffbautechnische Gesellschaft, S. 315f.

712 Vgl. Kapitel 4.4.3 zu einer mögli-

chen Auswanderung Schüttes in die USA.

713 Vgl. Kapitel 3.1, 3.2 u. 4.2.1.3.

714 Vgl. Kapitel 4.2.1.4.

715 Vgl. Kapitel 4.4.1 u. 4.4.3.

716 Vgl. dazu Schütte an den Chef des Zivilkabinetts des Kaisers, dem Wirklichen Geheimen Rat Rudolf von Valentini, 14.06.1913. Die Nachrichten für Stadt und Land am 08.12.1909 sprechen davon, dass sich der großherzogliche Familienrat unter Einschluss der russischen Familienmitglieder treffen werde. Möglich ist, dass in diesem Forum das Abkommen des Großherzogs als Vorstand des Großherzoglichen Hauses mit Schütte abgesegnet wurde, obwohl dieses Treffen vom Groß-herzoglichen Haus in den Nach-richten für Stadt und Land vom 10.12.1909 als eine regelmäßi-ge, alle drei Jahre stattfindende Zusammenkunft dargestellt wurde.

717 Heinrich Wilhelm Schütte wurde im Jahr 1910 vom Großherzog zum Rechnungsrat ernannt. Vgl. Kapitel 2.1.3.

718 Vgl. dazu, Brand, Artur: Das Beamtenrecht: Die Rechtsver-hältnisse der preussischen mittel-baren und unmittelbaren Staats-beamten, Berlin 1914, S. 550.

719 Vgl. Kapitel 4.2.1.3 u. 4.2.1.4.

720 Schütte, Luftschiffbau, S. 2 u. Schüttes Manuskript „Wie ich zum Luftschiffbau kam", S. 6, LM OL, NL Schütte 0000506.

721 Schütte, Luftschiffbau, S. 2. Ähn-lich Schüttes Manuskript „Wie ich zum Luftschiffbau kam", S. 7, ebd.

722 Schütte schrieb am 28.10.1908 an den Justizrat Lebe, dass er im Rahmen seines Bauprojek-tes gerade die für das Vor- und Hinterschiff günstigste Form errechne. Schütte muss daher mit dem SL 1 Projekt viel frü-her, d. h. spätestens nach sei-ner Rückkunft aus der Schweiz Ende September 1908, begon-nen haben. Wenn man davon ausgeht, dass die Großherzogin zu diesem Zeitpunkt aus dem Wallis zurückgehrt ist und dass Schütte und die Großherzogin zur gleichen Zeit zurückgefahren sind, so kann man als frühesten Zeitpunkt Anfang Oktober 1908 annehmen. Der Brief Schüttes an Lebe liegt als handschriftli-ches Transkript in dem Entwurf der Unternehmensgeschichte von Eilers auf S. 11 vor. Vgl. dazu LM OL, NL Schütte 0000057. Vgl. zur Tätigkeit Waldmanns als Assistent Schüttes im Jahr 1908/1909 und dazu, dass er die Zeichnungen für Schüttes Luft-schiffentwurf anzufertigen hatte, Interview von Dorothea Haaland mit Frau Dorothea Temmler vom 01.05.1985, LMAT Mannheim.

723 Schütte, Luftschiffbau, S. 2.

724 Vgl. dazu Weiß, Georg; Gentzcke, Fritz: Entwurf und Festigkeits-rechnung der Schütte-Lanz-Luft-schiffe vom Luftschiffbau Schüt-te-Lanz, in: Schütte, Johann Heinrich: Der Luftschiffbau Schütte-Lanz 1909–1925, Mün-

chen u. Berlin, S. 36–62, hier S. 36. Nach der hier abgedruckten Inhaltsübersicht zu schließen, ist bei der Konstruktion wie folgt vorzugehen: 1. Ermittlung des Schiffsinhalts, 2. Nachprüfung des Auftriebs, 3. Formgebung des Schiffsrumpfes, 4. Ausbildung des Leitwerks, 5. Berechnung der Gasraumverteilung, 6. Bestim-mung der Lastenverteilung und Trimmrechnung, 7. Kontroll-rechnungen der Scherkräfte und Biegemomente, 8. Erstellung des vorläufigen Luftschiffentwurfs, 9. Kontrollrechnungen.

725 Vgl. Kapitel 4.2.1.3.

726 Das Streckungsverhältnis ist das Verhältnis von der Länge eines Körpers zu seinem größten Durchmesser.

727 Schütte, Luftschiffbau, S. 5.

728 Der Begriff „goldener Schnitt" (lat. sectio aurea), auch stetige oder göttliche Teilung (lat. sec-tio divina) genannt, bezeichnet die Teilung einer Strecke in zwei Abschnitte in der Weise, dass sich die ganze Strecke zu ihrem größeren Abschnitt wie dieser zu ihrem kleineren Abschnitt ver-hält. Es ergibt sich die Gleichung AB : AE = AE : EB. Die dadurch gegebenen Maßverhältnisse sind in der Kunst, Ästhetik und ver-schiedenen Naturwissenschaften, wie etwa in der Physik oder Astro-nomie von Bedeutung.

729 Vgl. dazu Lichtenstein, S. 16f. zur Bedeutung des Körperquer-schnitts und damit der Körper-form bei der Abbremsung der

Grenzschicht und der Ablösung der Wirbel vom Körper.

730 Schütte, Luftschiffbau, S. 5.

731 Schütte, Luftschiffbau, S. 5 u. Schüttes Manuskript „Wie ich zum Luftschiffbau kam", S. 7, LM OL, NL Schütte 0000506.

732 Die Navier-Stokes-Gleichungen beschreiben in der Strömungsme-chanik bzw. der Strömungslehre das Verhalten von Strömungen in Flüssigkeiten und Gasgemischen (Fluiden). Sie sind ein System von nichtlinearen partiellen Dif-ferentialgleichungen 2. Ordnung.

733 Trischler, Luftfahrtforschung, S. 53.

734 Ebd., S. 50.

735 Vgl. Kapitel 3.1.

736 Schütte, Luftschiffbau, S. 3.

737 Erst nach Gründung des Luft-schiffbaus Schütte-Lanz im Jahr 1909 scheint Schütte mit Hilfe seiner Mitarbeiter eine Lösung für dieses Problem gefunden zu haben. Vgl. dazu Weiß; Gentzcke: Entwurf und Festigkeitsrechnung der Schütte-Lanz-Luftschiffe vom Luftschiffbau Schütte-Lanz, in: Schütte, Johann Heinrich: Der Luftschiffbau Schütte-Lanz 1909–1925, München u. Berlin, S. 36–62.

738 Hahnepoten sind speziell zu Net-zen geknüpfte Seile, die durch ihre Knüpfung in der Lage sind, die Belastungen der Gondelge-wichte auf dem Luftschiffrumpf zu verteilen.

739 Schütte, Luftschiffbau, S. 3f.

740 Ebd., S. 4.

741 Ebd.

742 Als Furnier bezeichnet man dünne Holzblätter, die mit verschiedenen Verfahren (Sägen, Messern und Schälen) hergestellt und für verschiedene Zwecke, d. h. als Edel- bzw. Deck-, Unter-, Blind- und Deckenfurnier weiterverarbeitet werden.

743 Im Kaltleimverfahren werden unter Verwendung kalten, d. h. ohne Erhitzung hergestellten Leims die Holzfurniere zusammengepresst. Auf diese Weise entsteht Sperrholz.

744 Unter Profilen versteht man in der Technik vorgeformte Bauteile.

745 Vgl. dazu Gentzcke, Fritz: Leichtkonstruktionen des Luftschiffbaus Schütte-Lanz, in: Schütte, Johann Heinrich: Der Luftschiffbau Schütte-Lanz 1909–1925, S. 75–93, hier S. 76 u. 88f.

746 Schütte, Luftschiffbau, S. 4.

747 Schütte, Luftschiffbau, S. 4. Vgl. aber auch Kapitel 2.2.4 zum Kontakt Schüttes mit dem Holzschiffbau.

748 Schütte, Luftschiffbau, S. 5.

749 Schütte, Luftschiffbau, S. 6. Die Seilaufhängung wurde später durch Knickstützen ersetzt. Vgl. dazu Kapitel 5.2.2.2.3.

750 Vgl. dazu Kapitel 5.2.2.2.3.

751 Das Stirnradgetriebe ist eine Getriebeform, die durch parallele Achsen charakterisiert ist. Einfachste Bauform ist das einstufige Stirnradgetriebe, das aus zwei Wellen, auf denen je ein Zahnrad sitzt, besteht. Es können jedoch durch hinzufügen weiterer Zahn-

räder und Zwischenwellen mehrstufige Getriebe gebildet werden.

752 Vgl. die Beschreibung eines Luftschiffes Typ Schütte, Eilers, LM OL, NL Schütte 0000057, S. 13–27.

753 Schütte, Luftschiffbau, S. 2.

754 Haaland, Luftschiffbau, S. 23.

755 Vgl. Haaland, Luftschiffbau, S. 24 u. die Patentanmeldung von Johann Heinrich Schütte „Lenkbares Luftschiff Typ Schütte D.R.P.a. am 19/11.08.", LM OL, NL Schütte 0012580.

756 Abschrift des Briefs von Schütte an Hossfeld, 26.10.1908 in Eilers, ebd. 0000057, S. 10.

757 Abschrift des Briefs Schütte an Lebe, 28.10.1908 in ebd., S. 11.

758 Eilers, LM OL, NL Schütte 0000057, S. 12 u. 13. Das Hofieren hoher Militärs und des Hochadels gehörte neben der Ablieferung einer guten Konstruktion zu den üblichen Mitteln in der Branche, um an die begehrten Militäraufträge zu kommen. Vgl. dazu Bach, S. 86.

759 Von Müller an Hossfeld, 09.12.1908, ebd. 0000605.

760 Eilers, ebd. 0000057, S. 13.

761 MGFA, Militärluftfahrt, Textband, S. 66f. Demnach kam es zwischen Major Gross, dem Kommandeur des Luftschifferbataillons, und Zeppelin zu einem Ehrenhändel, nachdem Gross in seiner Eigenschaft als Lehrer der Militärtechnischen Akademie Zeppelins Luftschiff mit dem von Schwarz in Verbindung gebracht hatte und dieser Vergleich aus

dem Kreis der Akademie hinausgetragen worden war. Der Streit konnte nur durch einen ehrengerichtlichen Spruch des Kaisers beigelegt werden.

762 Vgl. Kapitel 4.1.1.2.

763 Eilers, LM OL, NL Schütte 0000057, S. 36.

764 Ebd., S. 28.

765 Vgl. Kapitel 4.2.1.5.

766 Eilers, LM OL, NL Schütte 0000057, S. 28 u. 33. Vgl. hierzu auch Lübeckische Anzeigen u. Zeitung v. 02.12.1908, ebd. 0001310.

767 Eilers, LM OL, NL Schütte 0000057, S. 33. Die Berliner Zeitung „Der Tag" hatte mit seinem Artikel „Das neue Luftschiff aus Holz" die für Schütte negative Presseberichterstattung ins Rollen gebracht.

768 Eilers, LM OL, NL Schütte 0000057, S. 34.

769 General der Infanterie a. D., 1907–11 Inspekteur der Verkehrstruppen, 1911–1913 Generalinspekteur der Militär-Verkehrstruppen. Als solcher setzte er sich für den Erwerb der Schütte-Lanz-Luftschiffe ein.

770 Danziger Zeitung, 14.12.1908, Eilers, LM OL, NL Schütte 0000057, S. 34 u. abgedruckt bei Meiners, Stromlinie, S. 102.

771 Eilers, LM OL, NL Schütte 0000057, S. 34f.

772 Die Diskreditierung von Konkurrenten in der Öffentlichkeit oder bei den Militärbehörden war in der Luftfahrzeugindustrie durchaus üblich. Vgl. den bei Bach, S 86, genannten Fall des

Flugzeugherstellers LVG, welcher im Jahr 1912 die im Verband der deutschen Flugzeugindustriellen organisierten Flugzeugproduzenten bei der Inspektion des Militär-Luft- und Kraftfahrwesens denunzierte, mit der Bildung eines Ringes ein Anbieteroligopol bilden zu wollen. Auch Zeppelin sollte in den folgenden Jahren noch mehrfach versuchen, Schütte in der Öffentlichkeit bloßzustellen. Vgl. dazu Kapitel 4.2.2.4.2 u. 4.2.2.4.5.

773 Danziger Neueste Nachrichten, 16.12.1908.

774 Eilers, LM OL, NL Schütte 0000057, S. 34f.

775 Eilers, LM OL, NL Schütte 0000057, S. 34f. u. die darin auf S. 40ff. enthaltene Patentanmeldung von Carl Huber vom 04.01.1909: Carl Huber, Civil-Ingenieur in Berlin S. W. Friedrich-Strasse No: 16. „Ballongerippe".

776 Eilers, LM OL, NL Schütte 0000057, S. 48.

777 Vgl. Eilers, LM OL, NL Schütte 0000057, o. S. Das genaue Datum ist nicht mehr leserlich. Es könnte der 23. oder 29.02.1909 gewesen sein.

778 Vgl. die Patentanmeldung von Johann Heinrich Schütte „Lenkbares Luftschiff Typ Schütte D.R.P.a. am 19/11.08.", LM OL, NL Schütte 0012580. Tatsächlich ist diese Patentanmeldung am 12.03.1909 erfolgt, wie ein Blick auf die letzte Seite ergibt.

779 Vgl. dazu Eilers, LM OL, NL Schütte 0000057, S. 37.

780 Schütte an Müller, 23.02.1909, LM OL, NL Schütte 0000605.

781 Schütte an Müller, 23.02.1909, LM OL, NL Schütte 0000605. Schüttes zweite Begründung lautete, dass er um Urlaub auf unbestimmte Zeit nachsuchen müsse, weil er im „September v. J. [in eine] tiefe seelische Depression" gefallen sei. Diese Begründung scheint aber nicht zuzutreffen, denn sie ist durchgestrichen und korrespondiert auch nicht mit den Befunden von Kapitel 4.2.1.5. Außerdem spricht dagegen, dass Schütte Mitte September 1908 aus dem Wallis den zweiten Brief an Kober geschrieben hatte. Dieser Brief zeigt Interesse und Engagement aber keine depressive Stimmung. Außerdem hatte er den „Nervenchoc" schon Anfang August 1908 erlitten. Vermutlich waren daher die „tiefe seelische Depression" vom September 1908 ein zusätzliches, von Schütte konstruiertes Argument, mit denen er sein Gesuch auf Urlaub für unbestimmte Zeit vom Februar 1909 gegenüber staatlichen Stellen glaubwürdiger zu vertreten suchte.

782 Vgl. zum Vorgehen des Großherzogs gegenüber Schütte Kapitel 4.4.1 u. 4.4.3.

783 Das Kultusministerium gewährte Schütte einen Urlaub bis zum 01.10.1909. Vgl dazu Minister der geistlichen, Unterrichts- und Medizinalangelegenheiten an den Rektor der Technischen Hochschule in Danzig am 28.02.1909, G StA PK I. HA Rep 76 V b, Sekt. 10. Tit. III. Nr. 5, Bd 1.

784 Schütte an den Generalleutnant und Inspekteur der Verkehrstruppen von Lyncker, 12.03.1909 u. Schütte an den Generalleutnant und Chef des Generalstabs der Armee von Moltke, 12.09.1909, LM OL, NL Schütte 0000605.

785 Schütte an den Generalleutnant und Chef des Generalstabs der Armee von Moltke, 12.09.1909, LM OL, NL Schütte 0000605.

786 Schütte an den Generalleutnant und Chef des Generalstabs der Armee von Moltke, 12.09.1909, LM OL, NL Schütte 0000605 u. Schütte an Moltke am 12.03.1909, ebd.

787 Moltke an Schütte, 25.03.1909, ebd.

788 Lyncker an Schütte, 26.03.1909, ebd.

789 Schütte an Gross, 27.12.1909, ebd.

790 Groß an Schütte, 26.03.1909, ebd. Das ähnlich lautende dienstliche Gutachten wurde am 22.04.1909 von Groß angefertigt. Vgl. Groß an Schütte am 22.04.1909, ebd.

791 Abschrift des Gutachtens der Versuchsabteilung der Verkehrstruppen, Sekt. ii L a. B. Nr. 3344.09, o. D., ebd.

792 Preußisches Kriegsministerium, Allgemeines Kriegsdepartement an Schütte, 30.05.1909, ebd.

793 Lyncker an Schütte, 04.05.1909, ebd.

794 Abschrift des Schreibens von Müller an Schütte, 30.04.1909, ebd.

795 Abschrift eines Schreibens von Hossfeld an Schütte, 22.04.1909, ebd.

796 Wilhelm II. besaß offenbar für Schüttes Beziehung zur Großherzogin von Oldenburg ein großes Verständnis, da er sich vermutlich an seine eigene Beziehungen zu mehreren bürgerlichen Frauen aus Wien nach seiner Heirat mit Auguste Viktoria von Schleswig-Holstein in der zweiten Hälfte der 1880er Jahre erinnert hatte. Auf den ersten Blick war das ungewöhnlich, denn er hatte sich damals in heuchlerischer Weise „über das freie Liebesleben" seiner englischen, österreichischen und rumänischen Verwandten empört und vorgegeben, „der Inbegriff der christlich-deutschen Reinheit zu sein". Röhl, John C. G.: Wilhelm II. Die Jugend des Kaisers 1859–1888. München 1993, S. 462ff. insbes. S. 493. Auf den zweiten Blick ist eine verständnisvolle Haltung des Kaisers gegenüber Schüttes amor fou aber nachvollziehbar, weil der Kaiser den Großherzog und das Haus Oldenburg verachtete, über den Zustand der großherzoglichen Ehe gut informiert war und daher wahrscheinlich für den betrogenen Friedrich August nur Hohn und Spott übrig hatte. Vgl. zur Haltung des Kaisers gegenüber dem Großherzog und dem Haus Oldenburg Reichold, S. 93 u. 114f.

797 Karl Lanz war der Sohn und Erbe des Erfinders und Herstellers von landwirtschaftlichen Geräten, Heinrich Lanz (1838–1905), der Inhaber der gleichnamigen Werke. Karl Lanz leitete das Familien-Unternehmen erfolgreich bis zu seinem Tod 1921, da er die Dreschmaschinen und die Lokomobile, d. h. die leicht von Ort zu Ort zu bewegenden, kleinen Dampfmaschinen, verbessern ließ, neue Produkte einführte (Lanz-Landbaumotor System Köszegi) und zusammen mit Schütte Luftschiffe baute.

798 Heinrich Lanz entwickelte aus dem Speditionsgeschäft seines Vaters eine Fabrikation für landwirtschaftliche Maschinen. Betrieb er 1860 noch eine reine Reparaturwerkstatt für landwirtschaftliche Maschinen und beschäftigte sich nur mit dem Import solcher Erzeugnisse, begann er schon 1867, Geräte dieser Art selbst herzustellen. Seine Firma produzierte bis 1878 Göpel, Futterschneide- und Dreschmaschinen. 1879 nahm sie die Produktion von Lokomobilen auf. Die Produkte wurden vielfach ausgezeichnet und bis 1907 insgesamt 550.000mal verkauft. Heinrich Lanz hinterließ seinem Sohn nach seinem Tod im Jahr 1905 ein Unternehmen mit fast 3.000 Mitarbeitern und einer Jahresproduktion von 900 Dampf-Dreschsätzen und 1400 Lokomobilen.

799 Eine Abschrift des Vorvertrags vom 22.04.1909 findet sich bei Eilers, LM OL, NL Schütte 0000057, S. 50ff.

800 Haaland, Luftschiffbau, S. 41.

801 Gleichwohl war es nötig zur Vorbereitung der Gründung des eigentlichen Unternehmens einen neuen Vertrag abzuschließen. Vgl. dazu Kapitel 4.2.2.4.3.

802 Zabel war schon unter Heinrich Lanz dessen kaufmännischer Direktor gewesen. Doch sein Einfluss war gering, weil Heinrich Lanz das von ihm geschaffene Unternehmen alleine leiten wollte. Zwar hatte er Prokura und genoss eine Vertrauensstellung, doch kannte er die Bilanz des Unternehmens nicht. Nach dem Tod des Firmengründers avancierte er zum engsten Berater von Karl Lanz.

803 Berliner Neueste Nachrichten, 13.05.1908.

804 Haaland behauptet in ihrer Arbeit zum Luftschiffbau Schütte-Lanz, S. 29, dass Schütte Anfang August 1908 auf dem Weg zur Firma Lanz in Mannheim gewesen sei, um mit der Firma Lanz über den Kauf der Lentz'schen Ventilsteuerung für die „Lensahn III" zu verhandeln, als er von dem Unglück von Echterdingen hörte. Dort angekommen, so vermutet sie, habe er mit Zabel über das Unglück gesprochen und jenem seine Erklärungsversuche dargelegt. Diese Vermutung trifft jedoch nicht zu, denn sie wird durch keine Indizien aus den Dokumenten gestützt, auch nicht durch die Passagen von Eilers, LM OL, NL Schütte 0000057, auf S. 49. Dagegen spricht aber

vor allem, dass Schütte Anfang August 1908 einen „Nervenchoc" erlitt und dass der einzige Hinweis auf eine Reise in dem Brief von Lewald am 14.08.1908 enthalten ist. Aus dem Brief geht aber klar hervor, dass Schütte auf dem Weg in die Schweiz war. Hinzu kam, dass Schütte seinen Luftschiffentwurf, an dem er seit Ende Oktober 1908 arbeitete, immer mit größter Geheimhaltung behandelt wissen wollte und zwar selbst dann noch, als er ihn mit dem preußischen Militär verhandelte. Es erscheint daher kaum vorstellbar, dass er Zabel schon über seine noch unausgereiften Gedanken hinsichtlich des Unglücks von Echterdingen informierte.

805 Eilers, LM OL, NL Schütte 0000057, S. 49.

806 Haaland, Luftschiffbau, S. 28f.

807 Eilers, LM OL, NL Schütte 0000057, S. 59 u. vgl. auch Schütte an Müller, 29.09.1909, ebd. 0000605. Darin schreibt er, dass er mit der Fertigstellung des Luftschiffs reichlich vier Wochen ins Hintertreffen geraten sei und mit Probeflügen erst im Dezember beginnen könne.

808 Vgl. dazu Haaland, Luftschiffbau, S. 32.

809 Diese Gesellschaft wurde von Gottlieb Daimler (1834–1900) im Jahr 1890 mit dem Ziel gegründet, die von ihm betriebene Fabrikation von Automobilen zu sanieren. Er beteiligte an dieser Unternehmung den

Industriellen Max Duttenhofer und dessen Geschäftsfreund den Munitionsfabrikanten Wilhelm Lorenz. Nach einer schwierigen Anfangsphase, die durch heftige Auseinandersetzungen um die Firmenführung und die durch das erzwungene Ausscheiden von Daimler und dessen langjährigen Mitarbeiter Wilhelm Maybach (1846–1929) gekennzeichnet war, nahm die neu gegründete Gesellschaft gegen Ende der 1890er Jahre die Produktion von Motoren eigener Konstruktion auf und wurde schnell zu einem der führenden Motorenhersteller im Deutschen Reich. Im Jahr 1926 wurde das Unternehmen mit der Firma von Carl Benz zur Daimler-Benz AG verschmolzen. Vgl. dazu Niemann, Harry: Gottlieb Daimler. Fabriken, Banken und Motoren, Bielefeld 2000, S. 181ff.

810 Eilers, LM OL, NL Schütte 0000057, S. 56.

811 Eilers, LM OL, NL Schütte 0000057, S. 56f. u. Hubers Angebot an die Firma Heinrich Lanz, ohne Datum, ebd. 000056.

812 Ebd., S. 55f.

813 Ebd., S. 59 u. 68.

814 Ebd., S. 86.

815 Christians, geboren in bäuerlichen Verhältnissen, stammte aus der Nähe von Jever in Friesland. Aufgrund seines kleinen Wuchses nicht für den Marinedienst tauglich, studierte er Schiffbau an der TH in Danzig. Er war Mitglied des akademischen Segelvereins

und lernte darüber Schütte näher kennen. Beide duzten sich, was auf eine Freundschaft schließen lässt und darauf verweist, dass Christians bei Schütte eine Vertrauensstellung genoss. Zusammen mit seinen Kollegen war er maßgeblich am Aufbau und Betrieb der Firma Luftschiffbau Schütte-Lanz beteiligt, geriet im Ersten Weltkrieg wegen des Aufbaus des Zweigwerks in Zeesen in Gegensatz zu Schütte und kämpfte nach dem Krieg um das Überleben des Werks in Rheinau. Nach Gründung der Schütte-Lanz Holzwerke AG 1922 leitete er dieses Unternehmen als Vorstandsmitglied und ging dann in den Aufsichtsrat, dessen Mitglied er bis zu seinem Tod blieb. Vgl. Haaland, Luftschiffbau, S. 45.

816 Bleistein, geboren in Berlin vermutlich als Kind deutsch-jüdischer Eltern, bestand im Mai 1909 die Prüfung zum Diplomingenieur im Fach Maschinenbau an der TH Danzig und brachte es während seines Militärdienstes beim 1. Gardefeldartillerieregiment zum Unteroffizier. Zunächst beim Luftschiffbau Schütte-Lanz für die Motoren zuständig, leitete er ab 1916 den Zweigbetrieb in Zeesen. Nach dem Ersten Weltkrieg führte er nunmehr als Schüttes engster Mitarbeiter die Verhandlungen zum Verkauf der Luftschiffpatente in den USA. Am 03.10.1924 promovierte er an der TH Darmstadt zum Dr.-Ing. mit der Dissertation

„Der Einfluss der Geschwindigkeit auf die Wirtschaftlichkeit von Verkehrsluftschiffen". Nach dem Ende des Luftschiffbaus Schütte-Lanz zunächst noch in größeren Unternehmen tätig, ließ er sich Anfang der 1930er Jahre als Patentanwalt in Berlin nieder. Schon im April 1933 erkannten die neuen nationalsozialistischen Machthaber Bleistein höchstwahrscheinlich wegen seiner jüdischen Herkunft seine Zulassung zum Patentanwalt wieder ab. Da Bleistein im Ersten Weltkrieg nicht Frontdienst geleistet hatte, trafen für ihn die für „Nichtarier" geltenden Ausnahmeregelungen des Gesetzes zur Wiederherstellung des Berufsbeamtentums vom April 1933, die den jüdischen Rechtsanwälten die Fortführung der Praxis bis zum Herbst 1948 erlaubten, nicht zu. Schütte setzte sich für seinen alten Mitarbeiter ein und äußerte in einer Ehrenerklärung, dass Bleistein sehr wohl bei der Erprobung und bei Abnahmefahrten von Luftschiffen seinen Mut bewiesen habe. (Vgl. dazu das Schreiben von Schütte am 11.04.1933, LM OL, NL Schütte 0000671.) Als Bleistein trotzdem die Zulassung entzogen wurde, forderte Schütte ihn angeblich mit den Worten „Hauen Sie ab!" auf, zu emigrieren. (Vgl. Interview von Dorothea Haaland mit Frau Dorothea Temmler vom 15.01.1985, LMAT Mannheim.) Bleistein folgte diesem Rat und entzog sich damit der nationalsozialistischen Vernichtungspolitik gegen die Juden. Unter dem Namen Walter S. Bleston wagte er einen Neuanfang als Patentanwalt in New York (Vgl. dazu die bei http://www.ancestry.com/ am 16.03.2006 ermittelten Suchergebnisse für die Namen „Bleistein" und „Bleston".). Gegen Ende seines Lebens bewertete Bleistein – ähnlich wie Christians – Schütte negativ. Er hielt ihn für schwierig, eigensinnig und egoistischerweise dazu neigend, den Wert der eigenen Ideen zu übertreiben. (Vgl. dazu Haaland, S. 165.). Sein Exilanten-Schicksal scheint mit dieser Bewertung weniger zu tun zu haben, als seine Erfahrungen aus der langjährigen Zusammenarbeit mit Schütte. Vgl. dazu das Kapitel 5.2.4.

[817] Kruckenberg entstammte einer Kaufmannsfamilie aus Ütersen bei Hamburg. Er studierte Schiffbau wie Christians in Danzig. Er war beim Luftschiffbau Schütte-Lanz für die Konstruktion der Luftschiffe zuständig und sollte sich im Jahr 1914 um den Bau des zweiten Schütte-Lanz-Luftschiffes, SL 2, sehr verdient machen. Bis 1922 arbeitete er in diesem Unternehmen. Danach wandte er sein Wissen aus dem Luftschiffbau auf Schienenfahrzeuge an. Er ist der Erfinder eines Propeller getriebenen Triebwagens, im Volksmund „Schienen-Zeppelin" genannt, der 1931 eine Höchst-geschwindigkeit von 230 km/h erreichte.

[818] Über Zapf konnten im Schütte-Nachlass keine Informationen ermittelt werden.

[819] Eilers, LM OL, NL Schütte 0000057, S. 59.

[820] Haaland, Luftschiffbau, S. 44f.

[821] Eilers, LM OL, NL Schütte 0000057, S. 59 u. Haaland, Luftschiffbau, S. 46.

[822] Vgl. dazu das folgende Kapitel.

[823] Roeser, Kurt: Aus der Geschichte des Starrluftschiffbaus, in: Schütte, Johann Heinrich (Hg.): Der Luftschiffbau Schütte-Lanz 1909–1925, München u. Berlin 1926, S. 137–150, hier S. 149. Vgl. zu dem Begriff der Fabrikbeamten Kocka, Jürgen: Unternehmensverwaltung und Angestelltenschaft am Beispiel Siemens 1847–1914: zum Verhältnis von Kapitalismus und Bürokratie, Stuttgart 1969.

[824] Haaland, Luftschiffbau, S. 46.

[825] Geboren in Mannheim, hatte Helffrich in Heidelberg Astronomie, Mathematik und Physik studiert und war mit einer Dissertation unter dem Titel „Untersuchungen des Sternenhaufens h Persei nach Aufnahmen mit dem Waltz-Reflektor der Heidelberger Sternenwarte" promoviert worden. Neben seinem Studium hatte er sich auch intensiv mit Meteorologie und mit dem Ballonsport befasst, so dass er für eine Tätigkeit im Luftschiffbau qualifiziert war. Ab 1915 war er als Führer der Schütte-Lanz-Luftschiffe Abnahmebevollmächtigter der Werft bei der den Heeres- und Marinebehörden. Ab 1922 hatte er wesentlich Anteil beim Aufbau der Sperrholzfabrikation in Mannheim-Rheinau. 1942 rückte er in den Vorstand der Schütte-Lanz Holz AG auf. In diesem Unternehmen blieb er bis zu seiner Pensionierung.

[826] Haaland, Luftschiffbau, S. 46f.

[827] Eilers, LM OL, NL Schütte 0000057, S. 56 u. S. 60.

[828] Ebd., S. 60f.

[829] Mit Binder sind die bei Dachkonstruktionen senkrecht zur Firstlinie stehende Fachwerk- oder Vollwandträger gemeint.

[830] Eilers, LM OL, NL Schütte 0000057, S. 62.

[831] Schütte an Müller, 18.05.1911, ebd. 0000605, u. Eilers, ebd. 0000057, S. 80.

[832] Schütte an Müller, 29.09.1909, ebd. 0000605, u. Eilers, ebd. 0000057, S. 82.

[833] Schütte an Karl Lanz, 14.06.1912, ebd. 0000617. Conti starb später, ohne sich mit Schütte versöhnt zu haben.

[834] Vgl. Schütte an Müller, 18.05.1911, ebd. 0000605.

[835] Eilers, ebd. 0000057, S. 80f.; Haaland, Luftschiffbau, S. 42, vertritt die Auffassung, dass May und Werkenthin mit dem Hinweis auf die schlechte Qualität des Baugrundes über ein gutes Argument verfügten, da die Halle in der Tat auf dem sandigen und lehmigen Boden einer Rheinaue errichtet wurde. Doch muss gefragt wer-

den, warum May und Werkenthin Schütte nicht vor den Bauarbeiten darauf aufmerksam gemacht hatten und warum der Versuch des Konkursverwalters jenes Unternehmens, nach dessen Konkurs auf dem Gerichtsweg bei Heinrich Lanz noch Geld für die Reparaturen zu erzwingen, scheiterte. (Vgl. Eilers, ebd., S. 80f.). Vgl. zu diesem Prozess auch ausführlicher Schütte-Lanz Luftschiffhalle Rheinau, von May und Werkenthin, Conti Prozeß, LM OL, NL Schütte 0000060. Nach Haaland, S. 42, sind die dazugehörigen Akten aus dem Oberlandesgericht Karlsruhe nicht mehr vorhanden.

836 Abschrift des Berichts, vermutlich von Zabel verfasst, vom 06.05.1909 über die Firma May und Werkenthin, Herrn Professor Schütte zur gefl. Kenntnisnahme, LM OL, NL Schütte 0000601.

837 Vgl. Kapitel 4.2.2.2.

838 Eilers, LM OL, NL Schütte 0000057, S. 63.

839 Huber an die Direktion der Firma Heinrich Lanz, 20.07.1909, ebd. 0000056.

840 Eilers, ebd. 0000057, S. 63.

841 Eilers, ebd. 0000057, S. 63. Vgl. auch Huber an die Firma Heinrich Lanz, 27.07.1909, ebd. 000056.

842 Schütte an Huber, 21.07.1909, ebd 000056.

843 Eilers, ebd. 0000057, S. 64.

844 Huber an Zabel, o. D., ebd. 0000056.

845 Vgl. Eilers, ebd. 0000057, S. 64, zu Schüttes Vermittlungen u.

vgl. Firma Heinrich Lanz an Carl Huber, 28.10.1909, ebd. 0000056, zu Art und Höhe der finanziellen Unterstützung. Zur finanziellen Lage Hubers vgl. das Schreiben seines Schwagers Say an ihn am 26.10.1909, ebd. 0000611.

846 Eilers, ebd. 0000057, S. 84.

847 Huber an Schütte, 23.11.1909 u. Schütte an Huber, o. D., ebd. 0000056.

848 Eilers, ebd. 0000057, S. 83.

849 Schütte an Karl Lanz am 14.01.1910, ebd. 0000056.

850 Eilers, S. 98, ebd. 0000057.

851 Huber an Zabel, o. D., ebd. 0000056.

852 Eilers, ebd. 0000057, S. 98.

853 Huber an Zeppelin, 28.12.1909, ebd. 0000056.

854 Zabel an Schütte, 31.12.1909, u. Schütte an Huber am 05.01.1910, ebd.

855 Schütte an Huber, 13. u. 14.10.1910, ebd.

856 Schütte an Karl Lanz, 14.01.1910, ebd.

857 Schütte an Huber, 14.01.1910, ebd.

858 Karl Lanz an Huber, 21.01.1910, ebd.

859 Huber an Karl Lanz, 23.01.1910, ebd.

860 Karl Lanz an Huber, 25.01.1910, ebd. Diese Auffassung von Lanz ist zutreffend, weil Huber schon im Juli 1909 zahlungsunfähig gewesen wäre, wenn Lanz nicht für die zweite Rate gebürgt hätte.

861 Schütte in seinem maschinenschriftlichen Vorwort zum Aktenband 0000056.

862 Huber an Zabel, 25.10.1910, LM OL, NL Schütte 0000056.

863 Zabel an Schütte, 26.01.1926 u. Huber an Schütte, 23.02.1910, ebd.

864 Zabel an Schütte, o. D., u. Schütte an Conti, 28.01.1910, ebd.

865 Vgl. dazu Kapitel 4.2.2.4.2.

866 Huber an Schütte, 25.04.1910, LM OL, NL Schütte 0000056.

867 Haaland, Luftschiffbau, S. 50f. Zu ihrer an dieser Stelle aufgestellten Behauptung, dass schon Ende 1909 erste Verformungen am Gerippe sichtbar und erste Gegenmaßnahmen getroffen wurden, fand sich kein Hinweis in den Quellen.

868 Schütte an Müller, 18.05.1911, LM OL, NL Schütte 0000605. Vgl. auch, ebd. 0000702. In dieser Akte finden sich auch die statischen Berechnungen von Heinrich Barth vom 16.08.1909.

869 Huber an Schütte, 25.04.1910, ebd. 0000056.

870 Schütte an Müller, 18.05.1911, ebd. 0000605.

871 Vgl. Kapitel 4.2.2.4.1, 4.2.2.4.2 u. 4.2.2.4.3.

872 Schütte an Müller, 18.05.1911, LM OL, NL Schütte 0000605.

873 Eilers, ebd. 0000057, S. 85.

874 Ebd., S. 91f.

875 Schütte an Müller, 18.05.1911, LM OL, NL Schütte 0000605.

876 Eilers, ebd., 0000057, S. 93f.

877 Schütte an Müller, 18.05.1911, ebd. 0000605.

878 Vgl. 4.1.1.2 u. Knäusel, LZ 1, S. 96; Knäusel, Zeppelin, S. 148f. Daimler lieferte zwischen 1900 und

1911 für die Zeppelin-Luftschiffe von LZ 1 bis LZ 8 die Motoren. Ab 1911 wurde Maybach der Motorenlieferant des Unternehmens.

879 Eilers, LM OL, NL Schütte 0000057, S. 94 u. Schütte an Müller am 18.05.1911, ebd. 0000605.

880 Eilers, ebd. 0000057, S. 95.

881 Eilers, ebd. 0000057, S. 94f. Vgl. dazu aber auch das Kapitel 4.2.2.4.2.

882 Schütte an Müller, 18.05.1911, LM OL, NL Schütte 0000605.

883 Schütte an Zabel, 22.05.1911, ebd. 000612. In dieser Akte finden sich auch detaillierte Unterlagen über die Verhandlungen zwischen Schütte und der Firma Riedinger über die undichten Gashüllen.

884 Vgl. die Tabelle ebd. 0000974, zu den Maßen von SL 1. Nach der Überholung im Winter 1911/1912 besaß das Luftschiff einen Rauminhalt von 20.500 m3 und erreichte eine Geschwindigkeit von 71 km/h, weil zu diesem Zeitpunkt die vier alten Motoren von der Firma Daimler durch zwei neue, leistungsfähigere 240 PS Motoren ersetzt worden waren. Das Gesamtzuladungsgewicht des Schiffes, d. h. seine Lade- und Tragfähigkeit, betrug knapp 18,5 Tonnen und seine Nutzlast gut 4,5 Tonnen. Vgl. dazu die Tabelle 2: „Technische Daten zum Luftschiff SL 1" bei Haaland, Luftschiffbau, S. 53. Mit seinen Leistungsdaten lag das Luftschiff gleichauf mit den Zeppelin-Luftschiffen vom Typ f, die im Jahre 1911 gebaut wurden. LZ 9, 10 und 12 waren

140 Meter lang und hatten einen größten Durchmesser von 14 Metern. Ihr Rauminhalt war mit 17.800 m3 aber deutlich geringer. Ihre Geschwindigkeit von 75,6 km/h war dagegen höher als die von SL 1. Immerhin übertraf aber die Konstruktion Schüttes alle vor 1911 gebauten Luftschiffe Zeppelins in der Geschwindigkeit. Vgl. dazu die bei Knäusel, Zeppelin, S. 148 abgedruckte Übersicht „Größen- und Leistungsvergleich aller Zeppelin-Luftschiffe".

885 Vgl. das Kapitel 4.2.2.4.3.

886 Schütte an Müller, 18.05.1911, LM OL, NL Schütte 0000605.

887 Schütte an Christians, 12.06.1912, Korrespondenz Georg Christians, Fa. Schütte-Lanz, Rheinau 1909–1913, LMAT Mannheim 756 Mappe 13.

888 Zur kritischen Berichterstattung der Presse und zum öffentlichen Hohn und Spott, dem sich Schütte und Lanz in der Presse ausgesetzt sahen, vgl. das Kapitel 4.2.2.4.2.

889 Vgl. Kapitel 4.4.1.

890 Vgl. Kapitel 4.2.2.2.

891 Haaland, Luftschiffbau, S. 67.

892 Eilers, LM OL, NL Schütte 0000057, S. 65. W. A. Dyes war der Bruder des Landrates Dyes aus Bremerhaven, vermutlich einer der Bekannten Schüttes aus seiner Zeit als Ingenieur beim Norddeutschen Lloyd.

893 Patentanwälte C. Fehlter, G. Loubier, F. Harmsen, A. Büttner an Schütte, 27.09. u. 13.11.1909, ebd. 0000601.

894 Eilers, ebd., 0000057, S. 65f.

895 Ein Lehrgerüst, wie es korrekt heißen muss, ist ein ingenieurmäßig berechnetes und abgebundenes Gerüst zur Unterstützung und Formgebung von Gewölben, d. h. im vorliegenden Falle zur Unterstützung und Formgebung des Luftschiffgerippes von Huber.

896 Abkommen zwischen Huber und Schütte, 06.08.1909, LM OL, NL Schütte 0000056.

897 Vgl. Kapitel 4.2.2.2.

898 Die Mitglieder der Familie Lanz waren auch zugleich Teilhaber der Firma Heinrich Lanz.

899 Röchling, August (1856–?), Kaufmann, 1896 Kommerzienrat und 1910 Geheimer Kommerzienrat, Teilhaber bei der Firma Heinrich Lanz und später auch beim SLLB.

900 Eilers, LM OL, NL Schütte 0000057, S. 65f.

901 ‚Albion' ist ein alter Name für die Britischen Inseln oder Großbritannien, obwohl der Begriff meist auf England bezogen wird. Er ist vermutlich keltischen Ursprungs und steht für Weiß. Die Kelten verbanden damit die weißen Kreidefelsen von Dover. Möglicherweise nannten Kelten und Römer die Britischen Inseln daher Albion, d. h. Weißland. Der stehende Ausdruck „perfides Albion" (engl. perfidious Albion, frz. la perfide Albion) für die angebliche Hinterhältigkeit der englischen Außenpolitik stammt aus einem 1793 verfassten Gedicht des Augustin Marquis de Xime-nez, der damit den Beitritt Endlands zur gegen das revolutionäre Frankreich gerichteten europäischen Koalition kritisieren wollte. Im Zuge einer groß angelegten Rekrutierungskampagne Napoleons I. wurde er 1813 zum geflügelten Wort. Im deutschen Sprachraum wurde der Ausdruck insbesondere in der wilhelminischen Zeit häufig bemüht.

902 Syon, S. 76f.; Fritsche, S. 35ff.

903 Eilers, LM OL, NL Schütte 0000057, S. 65f.

904 Vgl. Schütte an den Rechtsanwalt Dr. Hoeniger am 13.09.1917, ebd. 0000693.

905 Fischer, Fritz: Griff nach der Weltmacht. Die Kriegszielpolitik des kaiserlichen Deutschland 1914/18. Nachdr. der Sonderausgabe 1967, Düsseldorf 1984, S. 71.

906 Vgl. Kapitel 4.2.1.5.

907 Abgesehen vom preußischen Generalstab waren die preußischen Militärbehörden im Sommer 1909 immer noch nicht davon überzeugt, dass Luftschiffe gleich welchen Systems kriegsbrauchbar waren. (Vgl. dazu MGFA, Textband, S. 74ff.). Die Militärs hätten daher die Förderung eines neuen Luftschiffsystems, das noch nicht einmal fertig gestellt, geschweige denn in der Praxis erprobt worden war, abgelehnt.

908 Vgl. Schütte an Christians, 08.12.1909, LMAT Mannheim 756 Mappe 13.

909 Die Firma baute zeitgleich zu Schütte an einem Starrluftschiff, das sie im Jahr 1911 fertig stellte und das schon auf der zweiten Fahrt havarierte. Vickers and Son and Maxim hätten demnach schon 1909 ein großes Interesse am Erwerb von Schüttes Patenten gehabt.

910 Eilers, LM OL, NL Schütte 0000057, S. 66. Im November 1909 unternahmen Schütte und Huber offenbar einen Versuch, ihre Patente in Südamerika zu verwerten, der von den beiden aufgrund des Abbruchs der Beziehungen zueinander im Januar 1910 aber nicht mehr verwirklicht wurde. Vgl. dazu Schütte an Huber, 29.10.1909, ebd. 0000056 u. Maschke an Schütte, 02.11.1909, ebd. 0000601. Zum Zeitpunkt der Verhandlungen zwischen den Mitgliedern der Familie Lanz und Schütte vgl. Schütte an Christians, 08.12.1909, LMAT Mannheim 756 Mappe 13.

911 In einem von Eilers, LM OL, NL Schütte 0000057, auf S. 103 wiedergegebenen Artikel des *Stettiner Generalsanzeigers* vom 25.02.1910 mit dem Titel „Motorluftschiffbau" wird der Gedanke von Schütte, für das Gerippe Holz zu verwenden, als „verfehlt" bezeichnet.

912 Artikel der „Leipziger Neusten Nachrichten", wiedergegeben im Mannheimer Tageblatt, 13.07.1910; Die Verzögerung im Bau des Luftschiffs Schütte-Lanz, Mannheimer Lokalanzeiger, 14.07.1910; Neues vom Luftschiff-

bau Schütte-Lanz, Mannheimer Volksstimme, 14.07.1910.

913 Artikel der „Leipziger Neusten Nachrichten", wiedergegeben im Mannheimer Tageblatt, 13.07.1910.

914 Neues vom Luftschiffbau Schütte-Lanz, Mannheimer Volksstimme vom 14.07.1910.

915 Inwieweit die Kritik der Presse zutraf, ist aus heutiger Sicht schwer zu beurteilen, denn ein Luftschiff des „Systems Schütte-Lanz" war zum damaligen Zeitpunkt noch nicht gefahren.

916 Vgl. den Artikel „Die Verzögerung im Bau des Luftschiffs Schütte-Lanz", Mannheimer Lokalanzeiger vom 14.07.1910, u. den Artikel „Neues vom Luftschiffbau Schütte-Lanz" in der Mannheimer Volksstimme vom 14.07.1910.

917 Das Spottgedicht eines unbekannten Verfassers ist bei Eilers, LM OL, NL Schütte 0000057, S. 147f., zu finden.

918 Schütte an die Danziger Neuesten Nachrichten. Dieser Brief findet sich bei Eilers, S.101, ebd. Eilers datierte ihn auf den 11.11.1911. Der Inhalt verweist aber eher auf die Situation beim Luftschiffbau Anfang/Mitte Oktober 1910. Die Zeitungsartikel, die Schütte in seinem Brief anführt, treffen nicht zu. So verdankte Schütte seinen Ruf an die TH Karlsruhe nicht der Intervention der Firma Heinrich Lanz. Vgl. dazu Kapitel 4.4.1.

919 Schütte an die Danziger Neuesten Nachrichten. Vgl. zum Hin-

tergrund für diese Äußerung und für die Berichterstattung der Presse Kapitel 4.4.3.

920 Schütte war davon überzeugt, dass die Zulieferer die Hauptverantwortung für die Probleme am Luftschiff und die Zeitverzögerungen trugen. Vgl. dazu z. B. Schütte an Christians vom 12.06.1912. Darin behauptet er, dass er wegen „völligen Versagens der Lieferanten" Lanz immer mehr Zugeständnisse machen musste.

921 Schütte an die Danziger Neuesten Nachrichten, 11.11.1910.

922 Meiners, Stromlinie, S. 106.

923 Bis zum ersten Aufstieg von SL 1 konnten keine weiteren Pressekampagnen gegen Schütte festgestellt werden.

924 Vgl. die Zeitungsausschnitte bei Eilers, LM OL, NL Schütte 0000057, auf S. 171–193.

925 Vgl. Schütte an Zabel, 25.11.1911, ebd. 0000617. Schütte scheint kurzzeitig wieder daran gedacht zu haben, seine Konstruktionen und Patente in England zu verwerten. „Onkel Paul" Hossfeld trieb ihm diese Idee mit den Worten aus: „Die Familie Lanz kann bei der jetzigen politischen Situation gar nicht an eine Verwerthung bzw. den Verkauf Deiner Patente nach England denken. Das ist ganz ausgeschlossen und Du als ebensoguter Patriot und deutscher Professor darfst die Frage gar nicht anschneiden. Das sehe wie eine Art Pression aus. Das darfst Du nicht tun!"

Vgl. dazu den Brief Hossfelds an Schütte, 22.11.1911, ebd. 0000617.

926 Schütte an Zabel, 20.11.1911, S. 4, ebd. Auf Anraten „Onkel Pauls" schickte Schütte dieses Schreiben aber nicht ab. Zu den Regelungen des Vorvertrages vgl. Kapitel 4.2.2.2.

927 Vgl. Schütte an Christians, 08.12.1908, LMAT Mannheim 756 Mappe 13.

928 Zabel an Schütte, 05.12.1911, LM OL, NL Schütte 000617.

929 Hatten Schüttes Mitarbeiter und die Familie Lanz in Schütte zunächst noch „den genialen Erfinder" gesehen, so änderte sich dies im Jahre 1910, als die Probleme beim Bau des ersten Luftschiffs immer größer wurden. Zu dieser Zeit soll Zabel gegenüber Schüttes Mitarbeitern diesen als „Scharlatan" bezeichnet haben. Vgl. dazu die bei Haaland, Luftschiffbau, S. 165 zitierte, von Georg Christians 1963 für die Aktionäre der Schütte-Lanz Holzwerke AG verfasste „Darstellung der Vorgänge seit der Firmengründung".

930 Zabel an Schütte, 05.12.1911; Karl Lanz stellte sich in seinem Schreiben an Schütte am 16.12.1911 hinter die Drohung Zabels. LM OL, NL Schütte 000617.

931 Schütte an Christians, 08.12.1908, LMAT Mannheim 756 Mappe 13. Diese Auffassung geht aus dem Brief Schüttes an Christians nur indirekt hervor. Zur Auffassung Schüttes, dass er seine vertraglichen Pflich-

ten erfüllt habe vgl. aber das an Zabel nicht abgeschickte Schreiben Schüttes vom 20.11.1911, S. 1, LM OL, NL Schütte 000617.

932 Schütte an Christians, 08.12.1908, LMAT Mannheim 756 Mappe 13.

933 Schütte an Zabel, 13.12.1911, LM OL, NL Schütte 000617.

934 Hossfeld an Schütte, 14.12.1911, ebd.

935 MGFA, Militärluftfahrt, Textband, S. 206.Vgl. dazu auch Kapitel 5.1.1.2.1.

936 MGFA, Militärluftfahrt, Textband, S. 206, S. 204.

937 Ebd., S. 206, S. 88.

938 Am Ende seines Briefes an Schütte, 14.12.1911, LM OL, NL Schütte 0000617, schrieb Hossfeld, dass er sich freue, dass Schütte „nächstens" nach Berlin komme, dann könnten er und Schütte doch alles mündlich ordentlich besprechen.

939 Karl Lanz hatte in einem Schreiben, 16.12.1911, ebd., Schütte Montag, den 18. oder Dienstag, den 19.12.1911 vorgeschlagen. Die beiden Parteien einigten sich dann aber offensichtlich auf den 20.12.1911 als Termin für ihre Besprechung.

940 Kopie des Protokolls über die Konferenz am 20.11.1911, S. 1f., LM OL, NL Schütte 0000617.

941 Ebd.

942 Zur Höhe der Fahrtkosten und zur Versicherung vgl. Zabel an Schütte, 21.12.1911, und zur Erwähnung des Begriffs „technischer Beirat" vgl. Schüttes Bemerkun-

gen zum Protokoll über die Konferenz am 20.12.1911, S. 2, ebd. 0000617.

943 Kopie des Protokolls über die Konferenz am 20.11.1911, S. 3–4, ebd.

944 Wandel war Verfasser der Stellungnahme des Allgemeinen Kriegsdepartements zur Vernichtung des LZ 4 bei Echterdingen am 05.08.1909. Vgl. dazu Kapitel 4.1.1.2.

945 Hossfeld an Schütte, 20.01.1912, LM OL, NL Schütte 0000617.

946 Grützner an Schütte, 17.01.1912, ebd.

947 Zum Datum des Besuchs vgl. Schmiedecke an Schütte, 06.02.1912 u. Kruckenberg an Messing vom 24.02.1912, ebd. Vgl. zur Projektbeschreibung Kruckenberg an Messing, ebd.

948 Bericht von Leutnant Barth v. 15.04.1912 über einen Erprobungsflug von SL 1, Schütte-Lanz, LM OL, NL Schütte 0000605.

949 Zur Einstellung Honolds vgl. Schütte an Christians, 24.04.1912, LMAT Mannheim 756 Mappe 13 u. zu Veränderungen an den Stabilisierungsflächen vgl. Haaland, Luftschiffahrt, S. 63.

950 Bericht von Barth vom 15.04.1912, LM OL, NL Schütte 0000605.

951 Anhaltspunkte für die Ausführung kriegsmäßiger Übungsfahrten der im Dienste der OHL stehenden Luftschiffe, MGFA, Militärluftfahrt, Anlagenband, S. 81.

952 Aufstellung 5: Die Fahrten des Luftschiffes S.L. I von der Fertigstellung 1911 bis zur Ablieferung an das Reich Ende 1912. Haaland, Luftschiffbau, S. 185.

953 Karl Lanz an Schütte, 12.06.1912, LM OL, NL Schütte 0000605. Vgl. auch das Protokoll vom 11.06.1912, ebd. 000619.

954 Vgl. Kapitel 3.1.5.

955 Schütte scheint hier übertrieben zu haben, denn er erhielt immer noch sein Professorengehalt und bekam nach dem Protokoll vom 20.12.1911 seine Reisenkosten von der Firma Heinrich Lanz erstattet.

956 Schütte an Lanz, 14.06.1912, LM OL, NL Schütte 0000617.

957 Hossfeld an Schütte, 15.06.1912, ebd.

958 Hossfeld an Schütte, 18.06.1912, ebd.

959 Knäusel, Zeppelin, S. 57. Die „Schwaben" verbrannte nach einem Unfall auf dem Flugfeld in Düsseldorf am 28.06.1912.

960 Firma Heinrich Lanz an den preußischen Kriegsminister, 01.07.1912, LM OL, NL Schütte 0000618.

961 Aufstellung 5: Die Fahrten des Luftschiffes S.L. I von der Fertigstellung 1911 bis zur Ablieferung an das Reich Ende 1912. Haaland, Luftschiffbau, S. 185f.

962 Haaland, Luftschiffbau, S. 185f.

963 Kruckenberg an den Botschafter der Vereinigten Staaten von Nordamerika, John G. A. Leischmann, o. D., nebst anliegender Projektbeschreibung vom 04.06.12., LM OL, NL Schütte 0000601. Luftschiffwerft und Luftschiff sollten zusammen 700.000 US-Dollar ohne Zoll kosten, der aufgrund der militärischen Interessen der USA nicht anfallen dürfte.

964 Haaland, Luftschiffbau, S. 69.

965 Abschrift des Schreibens von Shartle an Schütte, 20.08.1908 u. Abschrift seines Schreibens an Schütte, 05.098.1912, Eilers, LM OL, NL Schütte 0000057. S. 396f.

966 Schmitt, Günther: Vom Luftschiff zur Luftschiffahrt, in: Haaland, Dorothea; Knäusel, Hans Georg; Schmitt, Günther; Seifert, Jürgen: Leichter als Luft – Ballone und Luftschiffe, Bonn 1997, S.112–144, S.116f.

967 Abschrift des Schreibens von Lawson an German Air Navy League, Schütte-Lanz, 06.08.1912, Eilers, LM OL, NL Schütte 0000057, S. 395.

968 Bericht von Schütte am 26.09.1912, ebd. 0000923. Der lt. Haaland, Luftschiffbau, S.71, bei Eilers, ebd. 0000057, S. 393, vorliegende Reisebericht Schüttes war zum Zeitpunkt der Recherchen für diese Arbeit nicht auffindbar.

969 Alfred W. Lawson, Agent 37 East 28 th Street, New York, Prospectus, ebd., S. 398ff.

970 Agreement, Abschrift bei Lawson, Alfred W., ebd., S. 402ff.

971 Bericht von Schütte am 26.09.1912, LM OL, NL Schütte 0000923

972 Schütte an Gubelmann, Knauth, Nachod und Kühne, 26.11.1912, ebd.

973 Haaland, Luftschiffbau, S. 71.

974 Abschrift eines Briefs von Krukkenberg an Lawson, 22.10.1912 u. eines Schreibens von Schütte an Lawson, 05.11.1912 bei Eilers, LM OL, NL Schütte 0000057, S. 409ff.

975 Vgl. dazu die Ausführungen weiter unten in diesem Kapitel.

976 MGFA, Militärluftfahrt, Textband, S. 92 u. Abschrift eines Schreibens des Chefs des Generalstabs an das Kriegsministerium, 27.09.1912, MGFA, Militärluftfahrt, Anlagenband, S. 84f.

977 Abschrift eines Schreibens der Firma Heinrich Lanz an das preußische Kriegsministerium, 09.12.1912, LM OL, NL Schütte 0000618.

978 Aufstellung 5: Die Fahrten des Luftschiffes S.L. I von der Fertigstellung 1911 bis zur Ablieferung an das Reich Ende 1912. Haaland, Luftschiffbau, S. 186f.

979 Abschrift eines Schreibens der Firma Heinrich Lanz an das preußische Kriegsministerium, 09.12.1912, LM OL, NL Schütte 0000618.

980 Kriegsministerium an Schütte, 21.12.1912, ebd. 0000636.

981 Aufstellung 5: Die Fahrten des Luftschiffes S.L. I von der Fertigstellung 1911 bis zur Ablieferung an das Reich Ende 1912. Haaland, Luftschiffbau, S. 187.

982 Vgl. Kapitel 3.2.4.2.

983 Schütte an den Staatssekretär des Innern, 07.11.1912, BA Berlin-Lichterfelde R 5 Nr. 3842, Bd. 4.

984 Schütte an den Staatssekretär des Innern, 13.11.1912, ebd.

985 Schütte an den Staatssekretär des Innern, 29.11.1912, ebd.

986 Vgl. dazu Kapitel 5.1.1.1.

987 Staatssekretär des Innern an den Staatssekretär des Reichsmarineamtes und den preußischen Kriegsminister am 28.11.1912, BA Berlin-Lichterfelde R 5 Nr. 3842, Bd. 4.

988 Kriegsministerium an Reichskanzler (Reichsamt des Innern), 05.12.1912, und Staatssekretär des Reichsmarineamtes an den Staatssekretär des Innern, 09.12.1912, ebd.

989 Zum Verhältnis der Militärbehörden vgl. Kapitel 4.2.2.2. Zur Haltung von führenden Militärs zu den Zeppelin-Luftschiffen vgl. Kapitel 4.2.2.4.4.

990 Diese Politik wurde von ihnen im Flugzeugbau schon ab 1910 betrieben. Vgl. dazu Morrow, Building German Airpower, S. 29 u. S.47.

991 Aufzeichnung über das Ergebnis der am 22. Januar 1913 im Reichsamt des Innern abgehaltenen Besprechung, betreffend Verhinderung des Verkaufs von Schütte-Lanz-Luftschiffen ins Ausland, BA Berlin-Lichterfelde R 5 Nr. 3842, Bd. 4. Vgl. auch die Abschrift desselben Protokolls in LM OL, NL Schütte 0000507.

992 Vertrag zwischen der Familie Lanz und Schütte einerseits und dem preußischen Kriegsministerium andererseits vom 03./24.04.1913, ebd.

993 Bericht über die Strandung des S.L.1 in Schneemühl, Zeitungs-polemiken und -ausschnitte, LM OL, NL Schütte 0001301.

994 Hossfeld an Schütte, 17.07.1913, ebd.

995 Vgl. Kapitel 4.2.3.

996 Meiners, Erfinder der Stromlinie, S. 106f. Vgl. zum Presseecho auch LM OL, NL Schütte 0001301 u. ebd. 0001305. Vgl. dazu auch das Pressearchiv des Reichslandbundes, BA Berlin-Lichterfelde R 8034-II-2762, Dez. 1912–Nov. 1913, Bd. 7.

997 Zabel an Schütte am 26.07.1913, LM OL, NL Schütte 0001301.

998 Die Post, Morgenausgabe, 24.07.1913, ebd. 0001305.

999 Dr. Freiherr von Gemmingen, Die Zerstörung des Schütte-Lanz I („SL1"), Leipziger Neueste Nachrichten, 25.07.1913, ebd. Derselbe Artikel findet sich auch in der Akte mit dem Titel „Entgegnung von LFSL und Admiral Dick auf Dürrs Aufsatz „Zeppelin-Schütte-Lanz" im Luftweg Nr. 25/26, Aufsatz Dick contra Dürr", LM OL, NL Schütte 0000684.

1000 Alfred Hildebrandt, Luftfahrt, Der Tag, 02.08.1913, ebd. 000684 u. 0001305.

1001 Meiners, Erfinder der Stromlinie, S. 106f.

1002 Schütte an Valentini, 29.08.1913, LM OL, NL Schütte 00001301.

1003 Schütte an das Allgemeine Kriegsdepartement des preußischen Kriegsministeriums, 18.08.1913, ebd.

1004 Meiners, Erfinder der Stromlinie, S. 106f. Pustar an Schütte, 29.07.1913, ebd. 0001304.

1005 Pustar an Schütte, 31.07.1913, ebd.

1006 Schütte an die Danziger Neuesten Nachrichten und die Danziger Allgemeine Zeitung, 05.08.1913, ebd. 0001312. Vgl. auch Schütte an die Schneemühler Zeitung am 06.08.1913, ebd.

1007 Karl Lanz an die B.Z., 31.07.1913, ebd. 0000684.

1008 Abschrift eines Schreibens von Schütte an Valentini, 29.08.1913, ebd. 0001301.

1009 Zabel an Schütte, 26.11.1913, ebd.

1010 Abschrift des Telegramms Schüttes an General von Wild, Kriegsministerium Berlin, 28.07.1913, ebd.

1011 Telegramm des Allgemeinen Kriegsdepartement an Schütte, 28.07.1913, ebd.

1012 Handschriftliche Antwort von Schütte an das Allgemeine Kriegsdepartement, 30.07.1913, ebd.

1013 Telegramm des Allgemeinen Kriegsdepartement an Schütte, 07.08.1913, ebd.

1014 Schütte an das Allgemeine Kriegsdepartement, 18.08.1913, ebd.

1015 Abschrift eines Schreibens von Schütte an Valentini, 29.08.1913, ebd.

1016 Vgl. das folgende Kapitel.

1017 Vgl. Kapitel 4.2.2.4.4 u. 5.1.2.2.

1018 Battles in the Air Within Five Years, New York Times, 25.09.1912, LM OL, NL Schütte 0000923.

1019 Reinicke, S. 141ff. Vgl. dazu für das Deutsche Reich z. B. Hahn, Willy: Für mein Vaterland! Das gegenwärtige Militärflugwesen und die Militärluftschiffahrt der europäischen Großmächte, Berlin 1913; Martin, Rudolf: Berlin-Bagdad. Das deutsche Weltreich im Zeitalter der Luftschiffahrt, Berlin 1913. Vgl für England und die USA Hearne, R. P.: Der Luftkrieg, Berlin 1909; Wells, George Herbert: A War in the Air and particularly how Mr. Bert Smallways fared while it lasted, London 1908. Vermutlich hat Schütte das Werk von Hearne gekannt, da es sich in seinem Nachlass, d. h. genauer in seiner Privatbibliothek, befindet. In der Datenbank des Landesmuseums Oldenburg ist es unter dem Begriff „HEARNE Luftkrieg 1909" verschlagwortet.

1020 Battles in the Air Within Five Years, New York Times, 25.09.1912, LM OL, NL Schütte 0000923. Zu den tatsächlichen Ausmaßen seines Luftschiffs und dessen Leistungsfähigkeit vgl. die nachstehenden Ausführungen in diesem Kapitel.

1021 Vgl. dazu Kapitel 5.1.2.2.

1022 Christians an Schütte, 22.12.1912, LM OL, NL Schütte 0000632.

1023 Schütte an Luftschiffbau Schütte-Lanz, 08.01.1913, ebd. 0000621.

1024 Dieses Material wurde aus den oberen Hautschichten von bis zu 40.000 Schaf- oder Rinderblinddärmen hergestellt. Davon wurden nach einer entsprechenden Behandlung sieben versetzte Lagen zu einer Fläche zusammengeklebt. Auf diese Weise erhielten die Luftschiffbauer eine sehr gasdichte Zellenwand mit einem geringen Gewicht von nur 150g/m2. Ein weiterer wichtiger Vorteil der Goldschlägerhaut war, dass sie im Unterschied zu den bis dahin verwandten gummierten Stoffen nicht leitend war. Dieser organische Stoff war allerdings sehr teuer und anfällig für bakterielle Zersetzung.

[1025] Beim Bau des Zeppelin-Luftschiff LZ 7 im Jahre 1910 wurde diese Zellenhaut erstmals verwandt. Vgl. dazu Knäusel, Zeppelin S. 55f.

[1026] Schütte an Luftschiffbau Schütte-Lanz, 08.01.1913, LM OL, NL Schütte 0000621.

[1027] Assekuranz-Makler Joost an Schütte am 02.08.1913, ebd. Vgl. auch Kapitel 4.2.2.4.5.

[1028] Zum Beginn des Gerippebaus vgl. Christians, Luftschiffbau Schütte-Lanz, an die Inspektion des Militär-Luft- und Kraft-Fahrwesens, 02.09.1913, ebd. 0000685. Die Verhandlungen über den Lieferungsvertrag für SL 2 waren erst im September 1913 abgeschlossen. Vgl. dazu Schütte an Röchling, 29.05.1914, ebd. 0000620.

[1029] Christians: Vergrösserung der Luftschiffhalle betreffend, 02.05.1913, ebd. 0000632.

[1030] Schütte an das Allgemeine Kriegs-Departement des preußischen Kriegsministeriums, 19.05.1913, ebd.

[1031] Zabel an Schütte, 02.07.1913, ebd. 0000632.

[1032] Christians, Luftschiffbau Schütte-Lanz, an die Inspektion des Militär-Luft- und Kraft-Fahrwesens, 02.09.1913, ebd. 0000685.

[1033] Schütte an Gross, 23.06.1913, LM OL, ebd. 0000621.

[1034] Christians, Luftschiffbau Schütte-Lanz, an die Inspektion des Militär-Luft- und Kraft-Fahrwesens, 02.09.1913, ebd. 0000685.

[1035] Vgl. dazu Schütte an Röchling, 29.05.1914, ebd. 0000620.

[1036] Allgemeine Beschreibung eines Schütte-Lanz-Luftschiffes von ca. 24.000 cbm., ebd. 001130. Vgl. dazu auch Hoffmann, Karl-Heinz: Die Technik der Schütte-Lanz-Luftschiffe, in: Meyer, Lioba (Red.): Der Traum vom Fliegen. Johann Schütte – Ein Pionier der Luftschifffahrt, Oldenburg 2000, S. 158–181, hier S. 163ff.

[1037] Allgemeine Beschreibung eines Schütte-Lanz Luftschiffes von ca. 24.000 cbm., LM OL, NL Schütte 001130. Vgl auch Hoffmann, S. 169.

[1038] Abschrift des Berichts von Kruckenberg „Ausrüstung des Schiffes mit Sprengstoff", o. D., u. Abschrift eines Schreibens von Schütte an Gross, 23.06.1913, ebd. 0000621.

[1039] Abschrift des Berichts von Kruckenberg „Armierung", o. D., ebd. Die Fa. Krupp hatte bereits eine Luftschiffkanone mit einem Kaliber von 3,7 cm konstruiert. Bei ihrer Erprobung auf dem Schießplatz in Meppen stellte sich jedoch heraus, dass ihr Rückstoß so heftig war, dass Schütte wegen

der hohen Gerippebelastung nicht wagte, sie auf den Luftschiffrücken zu montieren. Vgl. dazu Hoffmann, S. 169.

[1040] Hoffmann, S. 168.

[1041] Abschrift aus dem Bericht des Hauptmanns George der Verkehrstechnischen Prüfungskommission vom 9. April 1914 an das Kgl. Kriegsministerium, über die Feststellungen an und mit dem Luftschiff SL 2. LM OL, NL Schütte 0000059.

[1042] Die beiden im Jahr 1914 gebauten Zeppelin-Luftschiffe LZ 22 und 23 bzw. Z VII und Z VIII waren mit 85 km/h zwar nur ca. 2 km/h langsamer als SL 1, sie konnten aber nur 7 bzw. 7,5 Tonnen Nutzlast mit an Bord nehmen. Vgl. dazu Knäusel, Zeppelin, S. 148.

[1043] Abschrift aus dem Bericht des Hauptmanns George, LM OL, NL Schütte 0000059.

[1044] Haaland, Luftschiffbau, S. 46, Anm. 87.

[1045] Eine Abfrage aus der museumseigenen Datenbank unter Verwendung der Schlagwörter „SL 2" und „Kruckenberg" ergab neun Treffer. Dem gegenüber ergab eine Abfrage mit den Schlagwörtern „SL 2" und „Schütte" nur drei Treffer.

[1046] Zeichnung Nr. 769 v. Kruckenberg am 29.07.1913, LM OL, NL Schütte 0000685.

[1047] Vgl. dazu z. B. Kruckenberg an Schütte, 12.02.1913; die Abschrift des Berichts „Werftleitung 5", 05.07.1913, ebd. 000621 sowie den Bericht von Christians und

Kruckenberg, 17.10.1913, ebd. 0000685.

[1048] Vgl. dazu das Kapitel 4.4.2.

[1049] Vgl. dazu das Kapitel 4.4.3.

[1050] Vgl. dazu das folgende Kapitel.

[1051] Vgl. dazu Kapitel 4.2.2.1 u. 4.2.2.3.

[1052] Fahrtberichte SL 2, LM OL, NL Schütte 0000215.

[1053] Schütte an Röchling, 29.05.1914, ebd. 0000620.

[1054] Vgl. dazu Kapitel 4.1; Bach, S. 13 u. 18; Trischler, Luft- und Raumfahrtforschung, S. 45 u. insbesondere zur Gründungsgeschichte der Göttinger Versuchsanstalt, S. 56ff.

[1055] Nach Knäusel, Zeppelin, S. 21, beauftragte Zeppelin Theodor Kober schon im Jahr 1907 mit dem Bau eines Flugzeugs, machte seinen Zuhörern von der Schiffbautechnischen Gesellschaft in einem Vortrag im Jahr 1914 klar, dass Flugzeuge bald die Aufgaben seiner Luftschiffe übernehmen würden, und überlegte zu jenem Zeitpunkt, ob er nicht den Großluftschiffbau aufgeben und sich dem Großflugzeugbau zuwenden sollte.

[1056] Hillmann, Wilhelm: Der Flugzeugbau Schütte-Lanz nebst einem Beitrag zur Frage des transozeanischen Luftverkehrs, Berlin 1928, S. 7.

[1057] Werntgen kam zwischen 1912 und 1913 bei einem Fliegerabsturz ums Leben. Vgl. dazu die bei Schwipps, S. 93, abgedruckte Anzeige des Bundes Deutscher Flugzeugführer.

[1058] Bach, S. 73.

[1059] Vertrag zwischen Frau Toni Werntgen und Herrn Bruno Werntgen, Sohn der Frau Toni Werntgen aus Köppern i/Taunus und Herrn Georg Maschke aus Charlottenburg, LM OL, NL Schütte 0000624.

[1060] Maschke an Schütte, 09.10.1910, ebd.

[1061] Patentanmeldung v. B. Werntgen, in Klöppen i. F. „Steuer für Flugapparat" v. 21.10.1910 u. Maschke an DMW betr. Bestehen des „Führerexamens" von Werntgen, ebd. Vgl. dazu auch die bei Schwipps, S. 65, abgedruckte Tabelle 7: Die Flugzeugführer des DLV 1910.

[1062] Maschke an die Direktion der Automobilwerke Benz AG, 01.11.1910, LM OL, NL Schütte 0000624.

[1063] Absichtserklärung über die Gründung der „allgemeinen Luftfahrzeuggesellschaft m b. H.", ebd.

[1064] Schütte an Maschke, 21.12.1910, ebd.

[1065] Maschke an Schütte, 13.01.1911, ebd.

[1066] Hillmann, Flugzeugbau, S. 7. Vgl. auch Hillmann: Der Großflugzeugbau des Luftschiffbaus Schütte-Lanz, in: Schütte, Johann Heinrich: Der Luftschiffbau Schütte-Lanz 1909–1925, München u. Berlin, S. 114–118, hier S. 114.

[1067] Vgl. Bach, Luftfahrtindustrie, 2003, S. 74 am Beispiel der sog. „National-Flugspende" zur Aufmerksamkeit der Öffentlichkeit gegenüber dem Flugzeug. Nach-

dem am 21.12.1913 ein prominent besetztes Komitee unter dem Protektorat des Bruders des Kaisers, Heinrich von Preußen, einen Aufruf an die Bevölkerung zu Förderung des Flugwesens herausgegeben hatte, gingen bis zum 15.12.1912 ca. 7,2 Mio. Mark ein. Vgl. Bach, S. 63 zur ab 1911 steigenden Aufmerksamkeit der Militärbehörden gegenüber dem Flugzeug: „Mit den Fortschritten in Zuverlässigkeit und Leistungsfähigkeit, Flugdauer und Flugstrecke, Stabilität und Tragfähigkeit begann die Heeresleitung allmählich, dem Flugzeug eine tatsächliche Bedeutung für die Kriegsführung beizumessen".

[1068] Vgl. Bach, S. 63ff. u. Kapitel 5.1.2.1.

[1069] Vgl. ebd., S. 74f.

[1070] Hillmann, Flugzeugbau, S. 7. Vgl. auch Hillmann, Großflugzeugbau, S. 120.

[1071] Die am 03.05.1913 per Kabinettsordre aufgestellte selbständige „Marine-Fliegerabteilung" verfügte nur über vier verwendungsfähige Seeflugzeuge. Daher war in einem von Tirpitz am 18.01.1913 dem Kaiser vorgetragenen Fünfjahresplan vorgesehen, zum weiteren Ausbau des Marineflugwesens die nötigen Wasserflugzeuge zu beschaffen. Sein Plan sah vor, insgesamt achtundvierzig weitere Flugzeuge zu kaufen und sie auf sechs Küstenstationen an Nord- und Ostsee zu verteilen. MGFA, Militärluftfahrt, Textband, S. 224 u.

S. 232f. Vgl. dazu Kapitel 5.1.1.4.

[1072] Hillmann, Flugzeugbau, 1928, S. 7. Vgl. auch Hillmann, Wilhelm: Großflugzeugbau, S. 120. Nach MGFA, Militärluftfahrt, Textband, S. 242 kaufte die kaiserliche Marine in England nur ein Flugzeug. Es handelte sich um ein Zweischwimmerflugzeug von der Firma White mit einem 200 PS starken Salmson-Motor, System Canton-Unné. Der Preis betrug 72.000 Mark.

[1073] Hillmann, Flugzeugbau, 1928, S. 7. Vgl. auch Hillmann, Großflugzeugbau, S. 120.

[1074] Vgl. dazu Schütte, LM OL, NL Schütte 0000046. Auf Schüttes Aktivitäten bei diesem fliegerischen Ereignis soll an dieser Stelle nicht weiter eingegangen werden, weil sie nur den Charakter seiner Aktivitäten bestätigen würden und vor allem im Rahmen seiner Tätigkeit in der WGL stattfanden. Die Untersuchung seiner Aktivitäten im Rahmen der wissenschaftlich-technischen Vereine ist aber schon in Kapitel 1.3 von vornherein ausgeschlossen worden.

[1075] Nach Eilers, LM OL, NL Schütte 0000057, S. 81, war Schütte Ende Oktober 1909 wieder in Danzig. Vgl. auch Schütte an Müller, 29.09.1909, ebd. 0000605. Demnach wollte er im Oktober wieder in Danzig sein.

[1076] Abteilung für Schiff- und Schiffsmaschinenbau an der TH Danzig an den Minister der geistlichen und Unterrichts-Angelegenhei-

ten, 16.02.1912, G StA PK I. HA Rep 76 Vb, Sekt. 10, Tit X Nr. 13, Bd. I.

[1077] Schütte an Ministerialrat Dr. Naumann, 13.08.1910, ebd., über seine Rufe an die Technischen Hochschulen Stuttgart und Karlsruhe. Vgl. zur Geschichte der TH Karlsruhe die Selbstdarstellung der Universität Karlsruhe auf der Internet-Seite http://fakultaet.geist-soz.uni-karlsruhe.de/index.php?nodeid=172, 16.03.2006, u. Bußmann, Walter: Staat, Technik und Gesellschaft: zur Geschichte der Fridericiana im 19. Jahrhundert, in: Universität Karlsruhe (Hg.): 150 Jahre Universität Karlsruhe, Karlsruhe 1974, S. 7–21.

[1078] Bußmann, Staat, Technik und Gesellschaft, 1974.

[1079] Schütte an Ministerialrat Dr. Böhm, 09.06.1910, Technische Hochschule, Dienste. Die Errichtung eines Lehrstuhls für Fluß- und Luftschiffbau, für Automobil- und Flugzeugmotorenbau, sowie für Luftschiffahrt an der Technischen Hochschule Karlsruhe, GLA Karlsruhe Nr. 30490.

[1080] Schütte an Ministerialrat Dr. Naumann, 13.08.1910, G StA PK, I. HA Rep 76 V b, Sekt. 10. Tit. III. Nr. 5, Bd 1. Schütte an den Geheimen Hofrat Professor Dr. Oechelshäuser, 20.08.1910, GLA Karlsruhe Nr. 30490.

[1081] Mannheim und Karlsruhe liegen ca. 53 km Luftlinie entfernt voneinander, Mannheim und Danzig trennen dagegen ca. 882 km Luftlinie.

1082 Schütte an Oechelshäuser, 20.08.1910, GLA Karlsruhe Nr. 30490.

1083 Rektor der Technischen Hochschule Karlsruhe an den Vorstand der Abteilung für Maschinenwesen, 17.11.1910, ebd.

1084 Abteilung für Maschinenwesen: Die Errichtung eines Lehrstuhls für Fluß- und Luftschiffbau betreffend, 20.07.1910, ebd.

1085 Rektor der Technischen Hochschule Karlsruhe an den Vorstand der Abteilung für Maschinenwesen, 17.11.1910, ebd.

1086 Schütte an Oechelhäuser, 20.08.1910, ebd.

1087 Schütte an Böhm, 09.06.1910, ebd.

1088 Schütte an den Minister der geistlichen Unterrichts- und Medizinalangelegenheiten, 08.11.1911, G StA PK, I. HA. Rep 76 V b, Sekt. 10. Tit. III. Nr. 5, Bd 1.

1089 Schütte an Oechelhäuser, 20.08.1910, GLA Karlsruhe Nr. 30490. Vgl. Telegramm von Oechelshäuser an Schütte, 22.08.1910, ebd.

1090 Technische Hochschule Karlsruhe an das Ministerium der Justiz, des Kultus und des Unterrichts, 29.10.1910, ebd.

1091 Böhm an Schütte, 14.11.1910, ebd.

1092 Schütte an die Abteilung für Schiffs- und Schiffsmaschinenbau an der TH Danzig. Schütte an Naumann, 15.11.1910, ebd. Schütte an den Minister der geistlichen Unterrichts- und Medizinalangelegenheiten am

1093 Schütte an Naumann, 15.11.1910, GLA Karlsruhe Nr. 30490 u. Oberpräsident der Provinz Westpreußen, 10.11.1910, G StA PK, I. HA Rep 76 V b, Sekt. 10. Tit. III. Nr. 5, Bd 1.

1094 Schütte an den Chef des Zivilkabinetts des Kaisers, dem Wirklichen Geheimen Rat Rudolf von Valentini, 14.06.1913, ebd., I. HA Rep 89 21719, S. 23 f–g.

1095 Diesen Begriff verwandten der Rektor und der Senat der TH Karlsruhe in ihrem Schreiben an Staatsminister Dr. Freiherr von Dusch, 19.11.1910, GLA Karlsruhe Nr. 30490.

1096 Vgl. Kapitel 4.2.1.5.

1097 Vgl. dazu die Selbstdarstellung der Universität Stuttgart auf der Internet-Seite http://www.uni-stuttgart.de/ueberblick/geschichte/, 16.03.2006, u. Voigt, Johannes H. (Hg.): Festschrift zum 150jährigen Bestehen der Universität Stuttgart. Beiträge zur Geschichte der Universität, Stuttgart 1979 sowie Voigt: Universität Stuttgart, Phasen ihrer Geschichte, Stuttgart 1981.

1098 Rektor und der Senat der TH Karlsruhe an Staatsminister Dr. Freiherr von Dusch, 19.11.1910, GLA Karlsruhe Nr. 30490.

1099 So könnten zur Überprüfung der Behauptungen Schüttes die Akten des Badischen Finanzministeriums und des Ministeriums des Großherzoglichen Hauses oder die Dokumente im Hausar-chiv der Badischen Großherzöge herangezogen werden. Alle diese Akten befinden sich im GLA Karlsruhe.

1100 Trischler, Luft- und Raumfahrtforschung, S. 79f.

1101 Schütte an den Minister der geistlichen und Unterrichtsangelegenheiten, 15.02.1913, G StA PK, I. HA, Rep 76 Vb, Sekt. 10, Tit X Nr. 13, Bd. I.

1102 Abteilung für Schiff- und Schiffsmaschinenbau an den Minister der geistlichen und Unterrichtsangelegenheiten, 15.12.1913, ebd.

1103 Minister der geistlichen und Unterrichtsangelegenheiten an den Rektor der Technischen Hochschule Danzig, 10.04.1913, ebd.

1104 Schütte an den Minister der geistlichen und Unterrichtsangelegenheiten, 22.08.1913, ebd.

1105 Finanzminister an den Minister der geistlichen und Unterrichtsangelegenheiten, 04.11.1913, ebd.

1106 Minister der geistlichen und Unterrichtsangelegenheiten an den Rektor und den Senat der Technischen Hochschule in Danzig, ebd.

1107 Trischler, Luft- und Raumfahrtforschung, S. 62ff. u. Rotta, Julius C.: Die Aerodynamische Versuchsanstalt in Göttingen. Ihre Geschichte von den Anfängen bis 1925, Göttingen 1990, S. 72.ff.

1108 Schütte an den Minister der geistlichen und Unterrichtsangelegenheiten, 15.02.1913, G StA PK, I. HA, Rep 76 Vb, Sekt. 10, Tit X Nr. 13, Bd. I.

1109 Trischler, Luft- und Raumfahrtforschung, S. 63.

1110 Schütte an den Minister der geistlichen und Unterrichtsangelegenheiten, 15.02.1913, G StA PK, I. HA, Rep 76 Vb, Sekt. 10, Tit X Nr. 13, Bd. I.

1111 Vgl. dazu LM OL, NL Schütte 0000111.

1112 Nach Trischler, Luft- und Raumfahrtforschung, S. 49f. besagt dieses Gesetz, dass die zwischen einem festen Körper und einer Flüssigkeit wirkenden Kräfte die gleichen sind, wenn sich ein Körper mit einer bestimmten Geschwindigkeit durch eine ruhende Flüssigkeit bewegt oder der ruhende Körper von der Flüssigkeit mit der gleichen Geschwindigkeit umströmt wird.

1113 Schütte an den Minister der geistlichen und Unterrichtsangelegenheiten, 15.02.1913, G StA PK, I HA Rep 76 Vb, Sekt. 10, Tit X Nr. 13, Bd. I.. Vgl. auch Trischler, Luft- und Raumfahrtforschung, S. 63.

1114 Wangerin, S. 114.

1115 Trischler, Luft- und Raumfahrtforschung, S. 56ff.

1116 Müller an Valentini, 05.06.1913, G StA PK, I. HA Rep 89 21719.

1117 Minister der geistlichen und Unterrichts-Angelegenheiten an Valentini, 27.05.1913, ebd.

1118 Minister der geistlichen und Unterrichts-Angelegenheiten an den Deutschen Kaiser und Preußischen König, 22.08.1913, ebd., I HA Rep. 89 Nr. 21389, S. 62–63.

1119 Vgl. dazu Kapitel 4.4.1.

1120 Schütte an Valentini, 14.06.1913, G StA PK, I. HA Rep 89 21719, S. 23f.

1121 Müller an Valentini, 05.06.1913, u. Minister der geistlichen und Unterrichtsangelegenheiten an Valentini, 27.05.1913, ebd.

1122 Dieser Orden wurde nach Schüttes Einschätzung „vor oder nach dem Frühstück an Gerechte und Ungerechte verliehen". Schütte an Lyncker, 21.06.1913, LM OL, NL Schütte 0000539.

1123 Schütte an Lyncker, 21.06.1913, LM OL, NL Schütte 0000539.

1124 Minister der geistlichen und Unterrichtsangelegenheiten an den Deutschen Kaiser und Preußischen König, 22.08.1913, GStA PK I HA: Rep. 89 Nr. 21389, S. 62–63.

1125 „S[eine] M[ajeästät] wollen das Patent Anfang Oktober vollziehen". Vermerk auf einem Schreiben des preußischen Kultusminister Trott zu Stolz an den preußischen König Wilhelm II, 22.08.1913, ebd., I HA: Rep. 89 Nr. 21719.

1126 Zum Handeln der Reichsleitung in der Außenpolitik, zu ihrem Verhalten in der Julikrise und zu den deutschen Kriegszielen vgl. einführend bzw. grundlegend Ulrich, S. 204ff., S. 223ff., S. 251ff.; Nipperdey, Deutsche Geschichte, Bd. 2, S. 621ff. u. S. 683ff.; Mai, S. 31ff. u. S. 51ff.; Schulin, Ernst: Die Urkatastrophe des zwanzigsten Jahrhunderts, in: Michalka, Wolfgang: Der Erste Weltkrieg: Wirkungen, Wahrnehmung, Analysen, München 1994, S. 3–28. Röhl, John C. G.: Vorsätzlicher Krieg? Die deutsche Politik im Juli 1914, ebd., S. 194–209. Grundlegend für das Verständnis der Diskussion um die deutsche Kriegsschuld in der modernen Fachliteratur sind immer noch neben der schon in Anm. 903 zitierten Studie von Fischer Schieder, Wolfgang (Hg.): Der erste Weltkrieg. Ursachen, Entstehung und Kriegsziele, Köln 1969; Mommsen, Wolfgang J.: Die Deutsche Kriegszielpolitik 1914–1918. Bemerkung zum Stand der Diskussion, in: Kriegsausbruch 1914. München 1967, S. 60–100 u. Joll, James: The Origins of the First World War, London 1984; Schoellgen, Gregor: Griff nach der Weltmacht? 25 Jahre Fischer-Kontroverse, in HJb 106 (1986), S. 386–406.

1127 Bach, S. 65; Geiss, Immanuel: Der lange Weg in die Katastrophe. Die Vorgeschichte des Ersten Weltkriegs 1914–1918, München 1990, S. 240ff. u. Herrmann, David G.: The Arming of Europe and the Making of the First World War, Princeton 1996, S. 147ff.

1128 Bach, S. 63; Eichler, S. 148.

1129 MGFA, Textband S. 260. Eichler, S. 148f.

1130 Vgl. Kapitel 4.2.3.

1131 Eichler, S. 149. Bach, S. 57.

1132 Auszug aus der geheimen Weisung „Luftfahrzeuge im Heeresdienst" 1913, MGFA, Anlageband, Anlage Nr. 47, S. 93f. Vgl. dazu auch das dort abgedruckte Schreiben des Chefs des Generalstabes der Armee an das Kriegsministerium, 13.06.1914, Anlage Nr. 85, S. 189–190, hier S. 189; Eichler, S. 149. MFGA, Textband, S. 98ff. Haaland, Luftschiffbau, S. 78. Zum Schlieffenplan vgl. auch das Kapitel 4.1.1.2.

1133 Eichler, S. 157ff. Zum Gasverlust der Hüllen im Schiffsinnern bei der Verwendung des bis 1914 verwandten gummierten Baumwollstoffs vgl Knäusel, Zeppelin, S. 20 und Dürr, Ludwig: Fünfundzwanzig Jahre Zeppel-Luftschiffbau, in: Kleinheins, Peter; Meighörner (Hg.): Die Grossen Zeppeline. Die Geschichte des Luftschiffbaus, 3. überarb. Auflage, Berlin 2005, S. 27–112, S. 49. Ein zweiter, eher im Bereich der Betriebssicherheit anzusiedelnder Grund dafür, dass die Militärs die Verwendung von Goldschlägerhaut verlangten, bestand darin, dass der für die Hüllen der Gaszellen bis dahin verwandte gummierten Baumwollstoff sich statisch auflud und damit für Entzündung des in den Gaszellen befindlichen Wasserstoffes sorgte. Vgl. dazu Knäusel, Zeppelin, S. 20.

1134 Als von der Lieth-Thomsen in den Adelsstand erhoben, wurde er 1918 als Oberst entlassen. Thomsen arbeitete 1906–1913 im Generalstab, war 1915 Feldflugchef und von 1916 bis 1918 Chef des Generalstabs beim Kommandierenden General der Luftstreitkräfte.

1135 MGFA, Textband, S.104f.

1136 Eichler S. 159.

1137 So bestand das Heer beim Bau von SL 2 darauf, dass vom Luftschiffbau Schütte-Lanz Maybach-Motoren verwendet werden mussten, statt dem Unternehmen weiter die Verwendung von Daimler-Motoren zu gestatten. Vgl. dazu Haaland, Luftschiffbau, S. 83.

1138 Natriumoxalat ist eine chemische Verbindung die zur Gruppe der Oxalate (Salze der Oxalsäure) gehört. Sie wird zur Einstellung von Kaliumpermanganat-Maßlösungen (Urtitersubstanz), bei der Galvanisierung, als Farbmittel (orange) in der Pyrotechnik, als Hilfsmittel in der Textilindustrie und als Inhaltstoff bei Spezialzementen verwendet.

1139 Eichler, S. 161f. und Meighörner, Wolfgang: Abwehrbewaffnung von Luftschiffen, in: Eichler, S. (Hg.): Wissenschaftliches Jahrbuch des Zeppelin-Museums 1999, Friedrichshafen 1999, S. 9–30, S. 17. Die von den Luftschiffen verwandten Granaten waren für einen Luftangriff in der damaligen Zeit schon verhältnismäßig groß. Der italienische Fliegerleutnant Guilo Gavotti, der am 22.11.1910 auf einer Etrich-Taube den ersten Kriegseinsatz eines Flugzeugs in der Kriegsgeschichte flog, hatte für seinen Angriff auf ein türkisches Militärlager nur 2-kg-Bomben und eine Faustfeuerwaffe zur Verfügung. Vgl. dazu auch das folgende Kapitel.

1140 Haaland, Luftschiffbau, S. 79 u. die Karte auf S. 80. Knapp die Hälfte der Hallen war für die kleineren Prallluftschiffe gebaut worden, die anderen Hallen dienten den größeren Starrluftschiffen. Vgl. MGFA, Textband, S 94.

1141 Eichler, S. 162.

1142 MGFA, Textband, S. 95f.

1143 Eichler, S. 162f.

1144 Haaland, Luftschiffbau, S. 79.

1145 Die am 16.11.1909 in Frankfurt am Main als Deutsche Luftschifffahrts AG gegründete Tochter des Luftschiffbaus Zeppelin GmbH, transportierte mit ihren Zeppelin-Luftschiffen LZ 7 „Deutschland", LZ 10 „Schwaben", LZ 11 „Viktoria Luise", LZ 13 „Hansa" und LZ 17 „Sachsen" bis zum Beginn des Ersten Weltkriegs auf 1.600 Fahrten 34.000 Passagiere. In dieser Zahl ist auch das auf diesen Schiffen ausgebildete Personal für das Heer und die Marine enthalten. Knäusel, Zeppelin, S. 19f. u. S. 55ff.

1146 Eichler, S. 164.

1147 Neben den preußischen Fliegertruppen gab es auch noch die bayrischen Fliegertruppen. Ihre militärische und ökonomische Bedeutung war aber eher marginal. Daher werden sie im Folgenden auch nicht weiter thematisiert.

1148 Bach, S. 65. MGFA, Textband, S. 174ff.

1149 Beilage zur Anlage 73, „Die Organisation des Militär-Fliegerwesens", MGFA Anlagenband, S. 158–162, hier S. 159f. u. Weisung des Generalstabes über „Flugzeuge im Heeresdienst, Februar 1914", ebd. S. 180–184, hier S. 182.

1150 MGFA, Textband, S. 153ff.

1151 Eichler, S. 149.

1152 Insgesamt verfügte die preußische Heeresverwaltung über 450 Flugzeuge, wovon etwa 270 Doppeldecker und 180 Eindecker waren. Nur 295 davon wurden aber für kriegsverwendungsfähig gehalten. Vgl. dazu Militärgeschichtliches Forschungsamt: Die Militärluftfahrt bis zum Beginn des Weltkrieges 1914. Technischer Band, 2. Aufl., Frankfurt/Main 1966, S. 103. Zu anderen Angaben über die für das preußische Heer in den Jahren 1911 bis 1914 gebauten Flugzeuge vgl. MGFA, Textband, S. 192 (228 Flugzeuge).

1153 Morrow, German Air Power, S. 12.

1154 MGFA, Textband, S. 186ff.

1155 Oberleutnant a. D. 1912 Major beim Stab der Fliegertruppe. 1913 Kommandant des Flieger-Bataillons 4, im Ersten Weltkrieg Inspekteur der Fliegertruppe.

1156 MGFA, Textband, S. 157f.

1157 Bach, S. 65f.

1158 MGFA, Textband, S. 160.

1159 Ebd., S. 177.

1160 Ebd., S. 162, S. 167 u. S. 171f.

1161 Trischler, Luft- und Raumfahrtforschung, S. 47 u. Bach, S. 67. Vgl. auch Kapitel 1.1.2.1.

1162 MGFA, Textband, S. 160.

1163 Ebd., S. 203 u. 206.

1164 Ebd., S. 208.

1165 Eichler, S. 166.

1166 MGFA, Textband, S. 209f. Vgl. dazu auch das vorige Kapitel.

1167 Denkschrift des Werftdepartements zum Immediatvortrag über die Einstellung erhöhter Mittel für die Marineluftfahrt, 16.01.1913, Anlage Nr. 96, MGFA, Anlagenband, S. 217–219, hier 218.

1168 Denkschrift des Werftdepartements über die Entwicklung und Ziele der Marineluftfahrt vom 01.08.1912, Anlage Nr. 96, MGFA, Anlagenband, S. 209–214, hier S. 214; Denkschrift des Werftdepartements über die Anlage von Luftschiff- und Flughäfen vom 12.10.1912, Anlage Nr. 95, ebd., S. 214–217, hier S. 214f. Vgl. auch MGFA, Textband, S. 210 u. 221 u. Haaland, Luftschiffbau, S. 83. Zur deutschen Seekriegsstrategie vgl. Rahn, Werner: Strategische Probleme der deutschen Seekriegsführung 1914–1918, in: Michalka, Wolfgang: Der Erste Weltkrieg. Wirkung, Wahrnehmung, Analyse, München 1994, S. 341–365, hier S. 341ff.

1169 Chef des Admiralstabes der Marine an den Staatssekretär des Reichs-Marine-Amts, 06.02.1913, MFGA, Anlagenband, S. 222.

1170 Haaland, Luftschiffbau, S. 83.

1171 Eichler, S. 166f.

1172 Ebd., S. 170.

1173 Braun, Kim: Die Luftschiffhäfen Niedersachsens, in: Meyer, Lioba (Red.): Der Traum vom Fliegen, Johann Schütte – Ein Pionier der Luftschifffahrt, Oldenburg

2000, S. 202–221, hier S. 211ff. Denkschrift des Werftdepartements über die Entwicklung und Ziele der Marineluftfahrt vom 01.08.1912, Anlage Nr. 94, MGFA, Anlagenband, S. 209–214, hier S. 218.

1174 Bach, S. 67f.

1175 Denkschrift des Werftdepartements zum Immediatvortrag über die Einstellung erhöhter Mittel für die Marineluftfahrt, 16.01.1913, Anlage Nr. 96, MGFA, Anlagenband, S. 217–219, hier 218.

1176 Bach, S. 68f.

1177 MGFA, Textband, S. 230f.

1178 MGFA, Textband, S. 234ff., hier S. 243 u. S. 249. Vgl. auch Kapitel 4.3.

1179 MGFA, Textband, S. 250. Bach, S. 70.

1180 Eichler, S. 170.

1181 Bach, S. 73 u. S. 78.

1182 Er gründete 1908 in Berlin die erste deutsche Flugzeugfabrik, baute 1910 nach den Plänen von I. Etrich die »Taube« und von 1914 bis 1918 Kampfflugzeuge, entwickelte 1921 ein Stromlinienauto mit Schwingachse und Vorderradantrieb. Vgl. dazu auch Kranzhoff, Jörg Armin: Edmund Rumpler – Wegbereiter der industriellen Flugzeugfertigung, Bonn 2004.

1183 Der technisch interessierte Inspektor im Revisionsbüro der Stadt Hannover beschäftigte sich in seiner Freizeit auch mit dem Fliegen und konstruierte Flugmaschinen. Mit einer von diesen soll er nach Aussagen von vier Zeugen am 18.08.1903, also fast vier Monate vor dem ersten Flug der Gebrüder Wright, als erster Mensch auf der Welt mit einer motorgetriebenen Flugmaschine eine kurze Strecke geflogen sein. Diese in der Forschung umstrittene Leistung wiederholte er im Jahr 1909 mit einem verbesserten Flugapparat. Mit der von ihm konstruierten „Taube" holte er 1912 den Preis für die erste Umrundung Hannovers in der Luft. 1913 gründete er die Hannoversche Flugzeugwerke GmbH. Vgl. dazu auch die Werke von Tasch und Leonhardt.

[1184] Bach, S. 77f. Die genauen Produktions- bzw. Beschäftigtenzahlen sind aber nicht mehr festzustellen. Nach den Angaben im Technischen Band des MGFA, Anl. Nr. 70, produzierten die Albatros-Werke 1912 48 Maschinen und 1914 336 Maschinen. Sie beschäftigten im Jahr 1912 250 und im Jahr 1912 745 Personen. Die Rumplerwerke beschäftigten nach den Angaben dieses Bandes im Jahr 1909 10, im Jahr 1910 50 und im Jahr 1914 400 Personen. Kleinere Firmen wie etwa Theodor Kobers 1912 gegründeten Flugzeugbau Friedrichhafen GmbH konnten zunächst nur wirtschaftlich überleben, weil sie einen finanzstarken Partner wie etwa Zeppelin als Rückendeckung besaßen. Doch auch sie profitierten von den Militäraufträgen. So

beschäftigte die Firma Kobers 1914 schon über 100 Mitarbeiter. Vgl. Burger, S. 14 und 20. Zum Flugzeugbau in Friedrichshafen vgl. neuerdings detailliert Meighörner, Wolfgang (Hg.): Zeppelins Flieger, Tübingen Berlin 2006.

[1185] Meighörner, Wolfgang (Hg.): Zeppelins Flieger, Tübingen Berlin 2006, S. 75.

[1186] Schmitt, Oldtimer, S. 67.

[1187] Bach, S. 75.

[1188] MGFA, Technischer Band, S. 169.

[1189] Bach, S. 76.

[1190] Zu Preußen vgl. MGFA, Technischer Band, S. 319, zur Marine, MGFA, Anlagenband, S. 240 u. zu Bayern, MGFA, Technischer Band, Anl. 39.

[1191] Vgl. Kapitel 4.2.2.2 u. 4.2.2.4.4.

[1192] Bach, S. 76.

[1193] Bach, S. 79. Hervorhebungen vom Verfasser der vorliegenden Arbeit.

[1194] Bach, S. 80.

[1195] Die Rumpler-Taube war vor 1914 eines der bekanntesten Schulflugzeuge der deutschen Fliegertruppen. Der Entwurf ging auf das vom Österreicher Igo Etrich 1910 gebaute Muster zurück. Die Tragfläche entsprach der Form einer Schwalbe, und das Höhensteuer war taubenschwanzähnlich. Nach dem Verzicht von Etrich auf das Patent bauten viele Firmen das Flugzeug nach. So entstanden unter anderem die „Stahltaube" und die „Jeannin-Taube". Die hohe Eigenstabilität machte die Taube zwar zur idealen Beobachtungsplattform,

schränkte aber die Wendigkeit der Maschine ein. Das wurde ihr nach Auftauchen der ersten Jagdflugzeuge zum Verhängnis. Da die Tauben nicht mehr den Anforderungen an Kampfflugzeuge entsprachen, zog die OHL sie von der Front ab und verlegte sie zur Fliegerausbildung ins Hinterland. Vgl. dazu Kranzhoff zu den Hintergründen dieser Entwicklung und Kroschel/Stützer, S. 100 zu den technischen Daten. Auf S. 4 findet sich auch eine Abbildung dieses Flugzeuges.

[1196] MFGA, Technischer Band, Anl. Nr. 22.

[1197] Bach, S. 82.

[1198] Ebd., S. 85f.

[1199] Knäusel, Zeppelin, Größen und Leistungsvergleich aller Zeppelin-Luftschiffe, S. 148f.

[1200] Die Angaben zu den Beschäftigtenzahlen variieren in der Literatur stark. Vgl. dazu Burger, S. 14 u. 22 und Meighörner, Zirkel, Zangen und Cellon, S. 15 und die dort aufgeführte Anmerkung 36.

[1201] Seifert, Parseval-Luftschiffe, Tabelle „Die wichtigsten technischen Daten der Parseval-Luftschiffe", S. 186. Die Beschäftigtenzahlen der LFG im Bereich des Prallluftschiffbaus konnten nicht ermittelt werden.

[1202] Vgl. Kapitel 4.2.2.4 u. 4.2.3 sowie zu weiteren wirtschaftlichen Kennziffern auch das folgende Kapitel.

[1203] Vgl. die Angaben zu den Beschäftigtenzahlen im Jahr 1911 in

Kapitel 4.2.2.3.1. Zu den entsprechenden Zahlen für den Juni 1914 vgl. Haaland, Luftschiffbau, und zu den Zahlen Anfang August 1914 vgl. Dieterich, Georg: Der Luftschiffbau Schütte-Lanz, in: Schütte, Johann Heinrich (Hg.): Der Luftschiffbau Schütte-Lanz 1909–1925, München u. Berlin 1926, S. 125–136, hier S. 130.

[1204] Eichler, S. 160f. Vgl. zu den Konstruktionsentwürfen von Unger und noch weiteren unbekannten Ingenieuren und Erfindern im Detail Bleibler, Jürgen: Starrluftschiffprojekte in Deutschland 1908 bis 1914, in: Meighörner, Wolfgang (Hg.): Luftschiffe, die nie gebaut wurden, Friedrichshafen 2002, S. 30–53.

[1205] Im Gegensatz zur Flugzeugindustrie liegen für den Luftschiffbau keine vergleichenden Studien über seine Entwicklung in der Zeit vor dem Ersten Weltkrieg vor, die nach den Ursachen und bestimmenden Faktoren dafür fragen.

[1206] Das preußische Heer erwarb vor dem Ersten Weltkrieg elf Luftschiffe (Z I bis Z XI), die Marine drei (L1, L 2 und L 3). Das sind 56 Prozent der Gesamtproduktion von 25 Einheiten vor dem Ersten Weltkrieg. Vgl. Knäusel, Zeppelin, Größen- und Leistungsvergleich aller Zeppelin-Luftschiffe, S. 148f.

[1207] Vgl. Kapitel 4.2.2.4.4. Zum Luftschiff von Veeh vgl. Eichler, S. 160.

[1208] Vgl. die in Kapitel 5.1.1.1.1 behandelte Weisung „Luftschiffe für den Heeresdienst".

[1209] Vgl. Kapitel 4.2.2.4.4 u. 4.2.3.

[1210] Haaland, Leichter als Luft, S. 221. Nachdem die Fa. Zeppelin im Mai 1910 auf der Vordergondel von LZ 6 einen 140 PS starker Maybach-Motor eingebaut und erfolgreich getestet hatte, verwendete das Unternehmen auf seinen Luftschiffen ab 1911 statt den Daimler- nur noch Maybach-Motoren.

[1211] Haaland, Leichter als Luft, S. 220.

[1212] Eichler, Zeppelin, S. 19f. u. S. 54f.

[1213] Seifert, Parseval-Luftschiffe, S. 170 u. S. 174. Die Schiffe mit der Typenbezeichnung PL 19, 20, 21, 23 u. 24 sollten nach England verkauft werden. PL 22 war für die Weltausstellung in San Francisco im Jahr 1915 projektiert. Zur grundsätzlichen Entscheidung des preußischen Heers gegen Prall- und für Starrluftschiffe vgl. MGFA, Textband, S. 96ff.

[1214] MGFA, Textband, S. 103.

[1215] Haaland, Luftschiffbau, S. 83f.

[1216] Fahrtberichte SL 2, LM OL, NL Schütte 0000215.

[1217] Vgl. Abschrift des Schreibens von Schütte an den Staatssekretär des RMA, 05.06.1914 u. Antwortschreiben des Staatssekretärs an Schütte, 12.06.1914, ebd. 000636.

[1218] Haaland, Luftschiffbau, S. 85.

[1219] Ebd.

[1220] Ansprachen bei der Eröffnungsfeier des Betriebes der Luftschiffwerft Schütte-Lanz in Zeesen bei Königswusterhausen (Mark) am 01.04.1916, LM OL, NL Schütte 0000033.

[1221] Seifert, Parseval-Luftschiffe, S. 176.

[1222] Vgl. Kapitel 4.2.2.4.4.

[1223] Abschrift eines Schreibens ohne Absender, vermutlich aber das RMA, an den Luftschiffbau Schütte-Lanz, 01.08.1914, LM OL, NL Schütte 0000636.

[1224] Vgl. Kapitel 5.1.2.2.

[1225] Abschrift eines Schreibens eines unbekannten Absenders, vermutlich des RMA, an den Luftschiffbau Schütte-Lanz, 01.08.1914, LM OL, NL Schütte 0000636.

[1226] Abschrift eines Schreibens des Staatssekretärs des RMA, 08/1914, ebd. 0000628.

[1227] Christians an Schütte, 24.07.1914, u. Christians an Schütte, 31.07.1914, LM OL, NL Schütte 0000636.

[1228] Telegramm Schütte an den Luftschiffbau, Mannheim, 01.08.1914, ebd.

[1229] Staatssekretär des RMA an Schütte, 02.08.1914, ebd.

[1230] Mit dieser Bezeichnung scheint die schon erwähnte Goldschlägerhaut gemeint zu sein.

[1231] Abschrift des Telegramms von Schütte an Riedinger, 03./4.08. 1914, LM OL, NL Schütte 0000636.

[1232] Abschrift des Telegramms von Schütte an Zabel, 03./04.08.1914, ebd.

[1233] Vgl. Kapitel 5.1.2.2; Mai, S. 90.

[1234] Abschrift eines Schreibens eines unbekannten Absenders, vermutlich des RMA, an den Luftschiffbau Schütte-Lanz, 01.08.1914, LM OL, NL Schütte 0000636.

[1235] Abschrift eines Schreibens des Staatssekretärs des RMA an die Armeeabteilung des preußischen Kriegsministeriums vom 02.08.1914, ebd.

[1236] Vgl. Haaland, Luftschiffbau, Abb. 8: Die Luftschiffe Schütte-Lanz im Überblick u. Tab. 3: Der Einsatz der Schütte-Lanz Luftschiffe während ihrer Betriebszeit, S. 104f.

[1237] Vgl. dazu die Tabelle „Zusammenstellung der S. L. Bauten", LM OL, NL Schütte 0000974 u. Haaland, Luftschiffbau, Abb. 8: Die Luftschiffe Schütte-Lanz im Überblick u. Tab. 3: Der Einsatz der Schütte-Lanz Luftschiffe während ihrer Betriebszeit, S. 104f.

[1238] Knäusel, Zeppelin, Größen- und Leistungsvergleich aller Zeppelin-Luftschiffe, S. 148f.

[1239] Vgl. Kapitel 4.2.2.4.1 zu Schüttes Interesse an einem Gewinn aus dem Luftschiffbau u. Kapitel 4.2.3 zu Schüttes Interesse, Kriegsluftschiffe zu bauen.

[1240] Im Verlauf des Krieges zeichnete Schütte Kriegsanleihen. Vgl. dazu Kapitel 5.2.5.3.2. Vgl. zu Schüttes nationalistischer Haltung Kapitel 2.2.4, 3.1.2.2, 3.2.2 u. 4.2.1.4. Vgl. einführend zum „Augusterlebnis" Nipperdey, Deutsche Geschichte, Bd. 2, S. 778f. u. zu dessen Voraussetzungen Mai, Gunther: „Verteidigungskrieg" und „Volksgemeinschaft". Staatliche Selbstbehauptung, nationale Solidarität und soziale Befreiung in Deutschland in der Zeit des Ersten Weltkrieges, in: Michalka, Wolfgang (Hg.): Der Erste Weltkrieg. Wirkung, Wahrnehmung Analyse, München 1994, S. 583–602, hier S. 601ff.

[1241] Schäfer, Hermann: Regionale Wirtschaftspolitik in der Kriegswirtschaft. Staat, Industrie und Verbände während des Ersten Weltkrieges in Baden, Phil. Diss. Universität Freiburg, Stuttgart 1983, S. 42. Nur durch österreichische und ungarische Aufträge zur Herstellung konnte das Unternehmen die wegfallenden Auslandsaufträge kompensieren und so die schwierige Phase überstehen, bis es die ersten Heeresaufträge über Militärfahrzeuge, Geschützzugmaschinen usw. erhielt. Der „stille Geschäftsgang" der Badener Metallindustrie ist im Zusammenhang mit der kurzen, aber tiefen Krise der deutschen Wirtschaft in den ersten Wochen des Ersten Weltkriegs, dem so genannten Kriegsstoß, zu sehen. Diese Krise war bedingt durch Schwierigkeiten bei der Umstellung von Friedens- auf die Kriegsproduktion. Vgl. dazu Ambrosius, Gerold: Von Kriegswirtschaft zu Kriegswirtschaft (1914–1945), in: North, Michael: Deutsche Wirtschaftsgeschichte. Ein Jahrtausend im Überblick, München 2000, S. 282–350, hier S. 293.

[1242] Vgl. Kapitel 5.1.2.2.

1243 Noch im Januar 1917 führte der Chef der Abteilung Luftfahrt im RMA, Admiral Starke aus: „Im Gegensatz [zum Führer der Luftschiffe] wurde bisher im Reichs-Marine-Amt das Hauptgewicht darauf gelegt, so viel Schiffe zu bauen wie nur möglich, um die dringenden Anforderungen der Front zu befriedigen". LM OL, NL Schütte 0001103. Vgl. auch Haaland, Luftschiffbau, S. 87.

1244 Haaland, Luftschiffbau, S. 87.

1245 Bericht über die am 5. Dezember 1915, vorm. 10 ½ Uhr einberufene Sitzung, S. 3, LM OL, NL Schütte 0000666.

1246 Sitzungsbericht. Besprechung am 16. September 1915, S. 1, ebd.

1247 Bericht über die am 5. Dezember 1915, vorm. 10 ½ Uhr einberufene Sitzung, S. 3, ebd.

1248 Sitzungsbericht. Besprechung am 16. September 1915, S. 1 f, ebd.

1249 SL 4 benötigte nach einer Havarie ein neues Vorschiff und SL 7 nach einer harten Landung ein neues Hinterschiff.

1250 Vgl. dazu das folgende Kapitel.

1251 Vgl. Bericht Christians, 13.08.1914, betr. Liefertermin für S. L III, LM OL, NL Schütte 0000672. Darin rechnete Christians mit Aufnahme der SL-3-Produktion am 01.01.1915.

1252 Vgl. Kapitel 5.2.1.

1253 Vgl. dazu die Ausführungen am Ende des Kapitels.

1254 Vgl. Kapitel 4.2.2.3.2 zur Errichtung der Bauhalle in Rheinau, der einzig verfügbaren Produktionskapazität des Luftschiffbaus Schütte-Lanz bis zum Ausbruch des Ersten Weltkriegs.

1255 Walther Rathenau war Industrieller und Politiker und Sohn des Gründers der AEG, Emil Rathenau. Er arbeitete von 1892 bis 1899 als Direktor der Elektrochemischen Werke Bitterfeld, ab 1899 als Vorstandsmitglied der AEG und ab 1915 als Aufsichtsratsvorsitzender sowie von 1902 bis 1907 als Geschäftsinhaber der „Berliner Handelsgesellschaft". 1914 regte er die Gründung einer Kriegsrohstoffabteilung im preußischen Kriegsministerium an, deren Aufbau er bis 1915 leitete. Obwohl er die allgemeine Kriegsbegeisterung in Europa nicht teilte und noch 1917 ein Befürworter eines Verständigungsfriedens war, forderte er kurz vor der Novemberrevolution 1918 einen „Volkskrieg" zur Abwendung der drohenden militärischen Niederlage. Vgl. dazu und zu seinem weiteren Lebensweg Schölzel, Christian: Walther Rathenau. Eine Biographie, Paderborn 2006 u. Brenner, Wolfgang: Walther Rathenau. Deutscher und Jude, 2. Aufl., München 2006.

1256 Mai, S. 91ff. Vgl. auch Michalka, Wolfgang: Kriegsrohstoffbewirtschaftung, Walther Rathenau und die „kommende Wirtschaft", in: Michalka, Wolfgang (Hg.): Der Erste Weltkrieg, Wirkung, Wahrnehmung, Analyse, München 1994, S. 485–505. Vgl. zu den Kriegsgesellschaften, zur Beschaffung und Verteilung von Rohstoffen sowie zur Kontrolle ihrer Verteilung im Deutschen Reich während des Ersten Weltkriegs im Detail Roth, Regina: Staat und Wirtschaft im Ersten Weltkrieg. Kriegsgesellschaften als kriegswirtschaftliche Steuerungsinstrumente, Berlin 1997. Die Bewirtschaftung wichtiger, für den Luftschiffbau nötiger Rohstoffe hatte schon zu Beginn des Krieges begonnen. Am 11.08.1914 bat das Reichsamt des Innern die entsprechende preußische Regierungsstelle darum, alle Schlachthäuser und Darmschleimereien anzuweisen, die gesamten Vorräte an Goldschlägerhaut der Ballonhüllengesellschaft zur Verfügung zu stellen und „bei allen Schlachtungen von Rindern die Goldschlägerhaut abzuziehen" und auch bei dem genannten Betrieb abzuliefern. BA Berlin-Lichterfelde R 5 Nr. 3834.

1257 Nipperdey, Deutsche Geschichte, Bd. 1, S. 794.

1258 Zu den Zahlen vgl. Sitzungsbericht am Dienstag, d. 6. April 1915, 11 Uhr vorm., S. 4., LM OL, NL Schütte 0000666; Sitzungsbericht. Besprechung am 16.09.1915, ebd. u. Haaland, Luftschiffbau, S. 89.

1259 Haaland, Luftschiffbau, S. 89.

1260 Das Schiffbau-Konstruktionsbüro 1914 bis Juli 1915, Bericht der Ingenieure Rothe u. Schröder, S. 1f., LM OL, NL Schütte 0000667.

1261 Haaland, Luftschiffbau, S. 90.

1262 Vgl. Haaland, Luftschiffbau, S. 88f. u. Kapitel 5.2.3.1.

1263 Die Luftschiffhallen in Mannheim-Sandhofen und in Darmstadt wurden im Protokoll der Sitzung am Dienstag, d. 6. April 1915, 11 Uhr vorm., S. 1, LM OL, NL Schütte 0000666 erstmals erwähnt. In der Tabelle „Zusammenstellung der S. L. Bauten", ebd. 0000974, ist der Baubeginn von SL 3 in Sandhofen mit 30.11. und von SL 5 in Darmstadt am 08.12.1914 angegeben. Das preußische Heer muss seine Hallen dem Luftschiffbau Schütte-Lanz daher im November übergeben haben.

1264 Denkschrift „Schütte und die Werftleitung", verfasst vermutlich von Christians, Bleistein und Kruckenberg, S. 8, LMAT Mannheim 756 Mappe 14.

1265 Haaland, Luftschiffbau, S. 87.

1266 Bericht über die am 5. Dezember 1915 vorm. 10 ½ Uhr einberufene Sitzung, S. 2, LM OL, NL Schütte 0000666.

1267 Besprechung in Rheinau am 18. September 1915, S. 3, ebd.

1268 Haaland, Luftschiffbau, S.89.

1269 Haaland, Luftschiffbau, S. 87f. u., Abb. 8: Die Luftschiffe Schütte-Lanz im Überblick u. Tab. 3: Der Einsatz der Schütte-Lanz Luftschiffe während ihrer Betriebszeit, S. 104f. Die Luftschiffbau Zeppelin GmbH produzierte bis 1916 ihre Luftschiffe ausschließlich an ihrem Stammsitz Friedrichshafen. Vgl. dazu Knäusel, Zeppelin, S. 19 f u. S.ff. sowie Burger, S. 18ff. sowie Kapitel 5.2.3.1.

[1270] Vgl. Kapitel 5.2.2.1.

[1271] Selbst bei führenden Vertretern der Reichsleitung wie etwa dem Staatssekretär des Innern, Clemens von Delbrück, den Schütte noch aus seinen ersten Danziger Jahren kannte, und bei führenden Militärs war die Vorstellung von einem „kurzen Krieg" vorherrschend. Vgl. dazu Mai, S. 88f. u. Delbrück, Clemens von; Delbrück: Joachim von: Die wirtschaftliche Mobilmachung in Deutschland 1914. München, S. 116f.

[1272] Vgl. Kapitel 5.2.1.

[1273] Vgl. Kapitel 5.1.2.2.

[1274] Besprechung in Rheinau am 18. September 1915, S. 3, LM OL, NL Schütte 0000666.

[1275] Schütte an Christians, 18.05.1916, Korrespondenz Georg Christians Fa. Schütte-Lanz 1915–1917, S. 5f., LMAT Mannheim 756 Mappe 14. Vgl. auch Sitzungsbericht. Besprechung am 16. September 1915, S. 1f., LM OL, NL Schütte 0000666.

[1276] Schütte an Christians, 18.05.1916, S. 5f., LMAT Mannheim 756 Mappe, 14.

[1277] Ebd.

[1278] Bericht über die am 5. Dezember 1915 vorm. 10 ½ Uhr einberufene Sitzung, S. 1f., LM OL, NL Schütte 0000666.

[1279] Meiners, Unternehmensgeschichte, S. 81.

[1280] Bericht über die am 5. Dezember 1915 vorm. 10 ½ Uhr einberufene Sitzung, S. 1f., LM OL, NL Schütte 0000666.

[1281] Abschrift eines Briefs von Hossfeld an Schütte, 01.02.1916, LMAT Mannheim 756 Mappe 14.

[1282] Vgl. zu den Angaben hinsichtlich der Bestellung und des Baus der Luftschiffe die Tabelle „Zusammenstellung der S. L. Bauten", LM OL, NL Schütte 0000974 u. Haaland, Luftschiffbau, Abb. 8: Die Luftschiffe Schütte-Lanz im Überblick u. Tab. 3: Der Einsatz der Schütte-Lanz Luftschiffe während ihrer Betriebszeit, S. 104f. Knäusel, Zeppelin, Größen und Leistungsvergleich aller Zeppelin-Luftschiffe, S. 148f.

[1283] Vgl. dazu auch Kapitel 5.2.4.1.

[1284] Bericht über die am 5. Dezember 1915 vorm. 10 ½ Uhr einberufene Sitzung, S. 4, LM OL, NL Schütte 0000666.

[1285] Haaland, Luftschiffbau, S. 86ff.

[1286] Denkschrift „Schütte und die Werftleitung", verfasst vermutlich von Christians, Bleistein und Kruckenberg, S. 8, LMAT Mannheim 756 Mappe 14.

[1287] Haaland, Luftschiffbau, S. 86ff. Vgl. dazu auch die vorangegangene Anm.

[1288] Vgl. 5.2.2.2.2.

[1289] Bericht über eine vertrauliche Vorbesprechung am 27.X.15 für die am 28.X. stattfindende Sitzung und Protokoll über die Sitzung vom 29.10.1915 auf der Werft des Luftschiffbaus Schütte-Lanz, Mannheim-Rheinau, S. 7f., LM OL, NL Schütte 0000666.

[1290] K. Dick war von 1910 bis 1916 Direktor des Werftdepartements im RMA.

[1291] Sitzung im Reichs-Marine-Amt 27. Nov. 1915, S. 2, LM OL, NL Schütte 0000666.

[1292] Denkschrift „Schütte und die Werftleitung", S. 9, LMAT Mannheim 756 Mappe 14. Schütte sprach in seiner Replik auf diese Denkschrift davon, dass die beiden Militärs in ihrer Kritik durch den Luftschiffbau Zeppelin beeinflusst worden seien. Vgl. dazu Kapitel 5.2.4.2.4.

[1293] Vgl. zum Schicksal von SL 6 die Tabelle „Zusammenstellung der S. L. Bauten", LM OL, NL Schütte 0000974 u. Haaland, Luftschiffbau, Abb. 8: Die Luftschiffe Schütte-Lanz im Überblick u. Tab. 3: Der Einsatz der Schütte-Lanz Luftschiffe während ihrer Betriebszeit, S. 104f. Vgl. zur Probefahrt von SL 6 den Bericht des Kommandanten Kapitänleutnant Beomarck an das RMA, 24.09.1915, S. 2ff., LM OL, NL Schütte 0000646.

[1294] Protokoll über die Sitzung vom 29.10.1915 auf der Werft des Luftschiffbaus Schütte-Lanz, Mannheim-Rheinau, S. 2f., ebd. 0000666. Die Geschäftsbeziehung zwischen dem Luftschiffbau Schütte-Lanz und dem preußischen Kriegsministerium war aber aufgrund der technischen Probleme der Luftschiffe des Unternehmens noch viel gestörter, als es diese Maßnahme des Ministeriums nahe legt. Im Protokoll vom 29.10.1915 ist der Nebensatz „weil es [das Kriegsministerium] das Weiterarbeiten mit dem Luftschiff abgelehnt hatte" gestrichen und ersetzt worden durch die Formulierung „weil zunächst für die Heeresverwaltung nicht weitergebaut werden sollte".

[1295] Vgl. Sitzung im Reichs-Marine-Amt 27. Nov. 1915. und Bericht über die am 5. Dezember 1915 vorm. 10 ½ Uhr einberufene Sitzung, S. 2, ebd.

[1296] Vgl. Robinson, Douglas: The Zeppelin in Combat. A History of the German Naval Airship Division, 1912–1918, rev. Ed., London 1966, S. 48ff. zu den sich verändernden militärischen Planungen der Marine und des Heers ab August 1914, S. 57ff. zu den ersten Angriffen auf englische Ziele und S. 95ff. zu den Geschwaderangriffen der Marineluftschiffe auf Ziele in London.

[1297] Bericht über die am 5. Dezember 1915 vorm. 10 ½ Uhr einberufene Sitzung, S. 4, LM OL, NL Schütte 0000666.

[1298] Vgl. dazu die Tabelle „Zusammenstellung der S. L. Bauten", ebd. 0000974 u. Haaland, Luftschiffbau, S. 100 u. Abb. 8: Die Luftschiffe Schütte-Lanz im Überblick u. Tab. 3: Der Einsatz der Schütte-Lanz Luftschiffe während ihrer Betriebszeit, S. 104f. Zur Bewertung von SL 8 durch die Marine vgl. Denkschrift „Schütte und die Werftleitung", verfasst vermutlich von Christians, Bleistein und Kruckenberg, S. 9 u. Schütte an Christians, 18.05.1916, LMAT Mannheim 756 Mappe 14.

[1299] Bericht über eine vertrauliche Vorbesprechung am 27.X.15 für die am 28.X. stattfindende Sitzung, S. 2, LM OL, NL Schütte 0000666. Unterstreichungen im Text.

[1300] Vgl. dazu die Tabelle „Zusammenstellung der S. L. Bauten", LM OL, NL Schütte 0000974 u. Haaland, Luftschiffbau, Abb. 8: Die Luftschiffe Schütte-Lanz im Überblick u. Tab. 3: „Der Einsatz der Schütte-Lanz Luftschiffe während ihrer Betriebszeit", S. 104f.

[1301] Die in den Jahren von 1915 bis 1916 gebauten Zeppelin-Luftschiffe besaßen nur ein Traggasvolumen von 24.900 m3 (LZ 36-37), 31.900 m3 (LZ 38, LZ 40-58, LZ 60, LZ 63) bzw. 35.800 m3 (LZ 59, LZ 61, LZ 64-71, LZ 73, LZ 77, LZ 81). Daher waren sie vermutlich dem Luftschiff SL 8 als Repräsentanten des neuen 38.800 m3-Luftschifftyps des Luftschiffbaus Schütte-Lanz hinsichtlich ihrer Tragfähigkeit (und ihrer Reichweite) unterlegen. Vgl. Knäusel, S. 148f.

[1302] Vgl. Kapitel 4.2.3.

[1303] Bericht über die am 5. Dezember 1915 vorm. 10 ½ Uhr einberufene Sitzung, S. 7ff., LM OL, NL Schütte 0000666.

[1304] Bericht über die am 5. Dezember 1915 vorm. 10 ½ Uhr einberufene Sitzung, S. 7ff., LM OL, NL Schütte 0000666 und Protokoll über die Sitzung vom 29.10.1915 auf der Werft des Luftschiffbaus Schütte-Lanz, Mannheim-Rheinau, S. 5ff., ebd.

[1305] Bericht über die am 5. Dezember 1915 vorm. 10 ½ Uhr einberufene Sitzung, S. 8f., ebd.

[1306] Den Angriffen deutscher Luftschiffe und Flugzeuge im Ersten Weltkrieg fielen in England mehr als 1.400 Personen zum Opfer. Vgl. dazu Blank, Hartmut: Strategischer Luftkrieg gegen Deutschland 1914–1918, http://www. erster-weltkrieg.clio-online.de/_ Rainbow/documents/einzelne/ Luftkrieg14_181.pdf, 27.01.2006, S. 9 u. Schnürer, Florian: Der Luftkrieg im Ersten Weltkrieg als Medienereignis: Die Berichterstattung der Londoner „Times" und der „Frankfurter Zeitung" im Vergleich (Abstract), http://www. uni-giessen.de/geschichte/pdf/ luftkrieg.pdf, 27.01.2006, S. 3. Im Zweiten Weltkrieg starben dagegen mehr als 42.000 englische Zivilisten durch die Angriffe der deutschen Luftwaffe. Vgl. dazu Neitzel, Sönke: Die deutschen Luftangriffe auf feindliche Städte im Ersten und Zweiten Weltkrieg, in: historicum.net, 25.01.2004, http://www.bombenkrieg.histo-ricum.net/themen/luftangriffe. html, 12.04.2006. Zur Einordnung der deutschen, aber auch der alliierten Luftangriffe als völkerrechtswidrige Kriegshandlungen vgl. Hanke, Heinz Marcus: Luftkrieg und Zivilbevölkerung. Der kriegsvölkerrechtliche Schutz von den Anfängen bis zum Ausbruch des Zweiten Weltkriegs, Frankfurt/Main, Bern, New York 1991, S. 46ff. Zum Zeitpunkt der ersten Angriffe vgl. Robinson, Zeppelin, S. 57ff.

[1307] Diese Denkschrift war von 352 Hochschullehrern unterzeichnet worden. Sie stellten damit die stärkste Gruppe der Unterzeichner, gefolgt von 252 Künstlern, Verlagsbuchhändlern und Schriftstellern, 182 Industriellen und Bankiers und anderen Gruppen. Vgl. dazu Vogt, Martin: „Illusionen als Tugend und kühle Beurteilung als Laster". Deutschlands „gute Gesellschaft" im Ersten Weltkrieg, in Michalka, Wolfgang: Der Erste Weltkrieg. Wirkung, Wahrnehmung, Analyse, München 1994, S. 622–648, hier S. 634ff. Vgl. zu Schüttes nationalistischer Haltung Kapitel 2.2.4, 3.1.2.2, 3.2.2 u. 4.2.1.4.

[1308] Vgl. dazu die bei Clausberg, S. 139f. zitierte Denkschrift des Grafen.

[1309] Das zuerst genannte Zitat stammt aus dem in den „Kultur-Beiträge[n]" am 09.03.1917 abgedruckten Nachruf von Schütte auf Zeppelin, das zweite Zitat aus einem fast wortgleichen Nachruf, den der Düsseldorfer Generalanzeiger am 10.03.1917 veröffentlichte. LM OL, NL Schütte 0001146. Zum Entstehungskontext dieser Nachrufe vgl. Kapitel 5.3.1.

[1310] Vgl. dazu Schütte, Luftschiffbau, S. 7.

[1311] Vgl. dazu Knäusel, Zeppelin, S. 148f.

[1312] Schütte an Christians, 18.05.1916, S. 8, LMAT Mannheim 756 Mappe 14.

[1313] Knäusel, Zeppelin, S 25.

[1314] Schütte an Christians, 18.05.1916, S. 9, LMAT Mannheim 756 Mappe 14.

[1315] Vgl. dazu die Tabelle „Zusammenstellung der S. L. Bauten", LM OL, NL Schütte 0000974 u. Haaland, Luftschiffbau, Abb. 8: Die Luftschiffe Schütte-Lanz im Überblick u. Tab. 3: „Der Einsatz der Schütte-Lanz Luftschiffe während ihrer Betriebszeit", S. 104f.

[1316] Bericht über die am 5. Dezember 1915 vorm. 10 ½ Uhr einberufene Sitzung, S. 5, LM OL, NL Schütte 0000666. Vgl. dazu auch die Tabelle „Zusammenstellung der S. L. Bauten", ebd. 0000974 u. Haaland, Luftschiffbau, Abb. 8: Die Luftschiffe Schütte-Lanz im Überblick u. Tab. 3: „Der Einsatz der Schütte-Lanz Luftschiffe während ihrer Betriebszeit", S. 104f.

[1317] Bach, S. 146f.

[1318] Als eines der herausragenden Produkte stellte der Flugzeugproduzent Fokker sein E-Flugzeug, d. h. Eindecker mit einem Maschinengewehr, das durch den laufenden Propeller schießen konnte, im Mai dieses Jahres vor. Fokker revolutionierte mit diesen Maschinen den Luftkampf. Im Jahr 1915 gelang es der deutschen Flugzeugindustrie, ihre Produktion wesentlich zu steigern, obwohl sie die Produktionsvorgaben der Militärs nicht erreichen konnte. Auch nahmen die Fliegertruppen sowohl an Zahl als auch an militärischer Bedeutung zu. Vgl. dazu Morrow, German Airpower, S. 36ff. Zur Entwicklung des Flugzeugbaus in den europäischen Staaten vgl. auch Kenett, Lee: The First Air War 1914–1918, New York 1991, S. 93ff.

[1319] Schütte an Christians, 18.05.1916, S. 8, LMAT Mannheim 756 Mappe 14. Die Unterstreichung findet sich im Text.

[1320] Tätigkeitsbericht im Januar 1916, LM OL, NL Schütte 0000666.

[1321] Besprechung in Rheinau am 18. September 1915, S. 3, ebd. Vgl. dazu auch Schütte an Christians, 18.05.1916, S. 8, LMAT Mannheim 756 Mappe 14.

[1322] Vgl. Morrow, German Airpower, S. 43.

[1323] Vgl. dazu Blank, S. 2. Vgl. auch im Detail Layman, R. D.: The Cuxhaven Raid, London 1985.

[1324] Schütte an Christians, 18.05.1916, S. 8, LMAT Mannheim 756 Mappe 14.

[1325] Abschrift des Vertrags zwischen dem Reichs-(Militär-) Fiskus vertreten durch das Königlich Preussische Kriegsministerium in Berlin einerseits und dem Luftschiffbau Schütte-Lanz […] andererseits, o. D. vermutlich 09/1915, LM OL, NL Schütte 0000507. Vgl. auch Kapitel 4.2.2.4.4.

[1326] Ansprachen bei der Eröffnungsfeier des Betriebes der Luftschiffwerft Schütte-Lanz in Zeesen bei Königswusterhausen (Mark) am 01.04.1916, Herr Geheimrat Schütte, LM OL, NL Schütte

[1327] Christians an Schütte, 28.03.1916, und Denkschrift Christians „Betriebseröffnung Königswusterhausen am 01.04.1916, 06.05.1916, LMAT Mannheim 756 Mappe 14.

[1328] Christians an Schütte, 28.03.1916, ebd.

[1329] Abschrift eines Telegramms an Stromeyer, 24.03.1916, ebd.

[1330] Vgl. dazu Kapitel 5.2.4.2.2 u. 5.2.4.2.3.

[1331] Christians an Schütte, 28.03.1916, LMAT Mannheim 756 Mappe 14.

[1332] Schütte an L.S.L, z. H. der W. L., 29.03.1916, ebd. Vgl. dazu auch das folgende Kapitel.

[1333] Arthur Zimmermann arbeitete seit 1905 im diplomatischen Dienst. 1913 bis 1916 war er im Auswärtigen Amt unter Staatssekretär Gottlieb von Jagow tätig. Zimmermann war u. a. an der Entscheidung, Österreich-Ungarn im Krieg gegen Serbien zu unterstützen, beteiligt. Als Jagow Mitte 1916 aus Protest gegen den uneingeschränkten U-Boot-Krieg zurücktrat, wurde Zimmermann am 22. November 1916 sein Nachfolger als Staatssekretär im Auswärtigen Amt. Er galt als Unterstützer der OHL. Aufgrund einer von ihm verfassten Depesche („Zimmermann-Depesche") musste er am 6. August 1917 aus der Regierung ausscheiden.

[1334] F. Weinhausen, sozialpolitischer Publizist und Mitglied des Reichstages von 1910 bis 1921, war nach seinem theologischen Staatsexamen bis 1903 der Assistent von Friedrich Naumann gewesen. In dieser Eigenschaft war er auch Redakteur der „Hilfe". Bis 1910 war er der Generalsekretär der Freisinnigen Vereinigung und bis 1911 der Fortschrittlichen Volkspartei. Von 1912 bis 1918 Reichtagsabgeordneter für die Fortschrittliche Volkspartei im Wahlkreis 3 Danzig. Als sozialpolitischer Publizist verfasste er Werke über die Gewerkschaften, über Genossenschaften, etc.

[1335] J. Rießer, Jurist und Bankfachmann. Nach seinem Jura-Studium, d. h. ab 1880, arbeitete er als Anwalt in Frankfurt/Main und wurde 1888 Direktor der Darmstädter Bank für Handel und Gewerbe in Berlin. 1905 wurde er Honorarprofessor des Handelsrechts an der Universität Berlin. 1900 gründete er den Zentralverband des deutschen Bankgewerbes, 1909 den kritisch gegenüber den agrarischen Interessensverbänden eingestellten Hansabund für Gewerbe, Handel und Industrie und den Beamtenversicherungsverein des Deutschen Bank- und Bankiergewerbes. Er verfasste u. a. Zur Revision des Handelsgesetzbuchs und gab seit 1905 das „Bank-Archiv" heraus.

[1336] Ansprachen bei der Eröffnungsfeier des Betriebes der Luftschiffwerft Schütte-Lanz in Zeesen bei Königswusterhausen (Mark) am 01.04.1916, Herr Geheimrat Schütte, LM OL, NL Schütte 0000033.

[1337] Vgl. Kapitel 5.2.4.1.

[1338] Denkschrift Christians „Betriebseröffnung Königswusterhausen am 01.04.1916", S. 1, LMAT Mannheim 756 Mappe 14.

[1339] Denkschrift „Schütte und die Werftleitung", S. 1, LMAT Mannheim 756 Mappe 14.

[1340] Vgl. Kapitel 5.2.3.1.

[1341] Denkschrift „Schütte und die Werftleitung", S. 14, LMAT Mannheim 756 Mappe 14. Vgl. dazu auch Denkschrift Christians „Betriebseröffnung Königswusterhausen" am 01.04.1916, S. 22, ebd.

[1342] Denkschrift Christians „Betriebseröffnung Königswusterhausen" am 01.04.1916, S. 23ff., ebd.

[1343] Schütte an Christians, 18.05.1916, S. 1, ebd.

[1344] Haaland, Luftschiffbau, S. 93.

[1345] Denkschrift Christians „Betriebseröffnung Königswusterhausen" am 01.04.1916, S. 24ff., LMAT Mannheim 756 Mappe 14.

[1346] Denkschrift „Schütte und die Werftleitung", S. 1, ebd.

[1347] Denkschrift Christians „Betriebseröffnung Königswusterhausen" am 01.04.1916, S. 1 f, ebd.

[1348] Vgl. Kapitel 5.2.4.1.

[1349] Denkschrift Christians „Betriebseröffnung Königswusterhausen" am 01.04.1916, S. 3ff. u. S. 9, LMAT Mannheim 756 Mappe 14. Die im Bau befindlichen Luftschiffe, von denen Christians spricht, waren SL 8, SL 9, SL 10 und SL 11. Vgl. dazu auch die Tabelle „Zusammenstellung der S. L. Bauten", LM OL, NL Schütte 0000974 u. Haaland, Luftschiffbau, Abb. 8: Die Luftschiffe Schütte-Lanz im Überblick u. Tab. 3: „Der Einsatz der Schütte-Lanz Luftschiffe während ihrer Betriebszeit", S. 104f.

1350 Denkschrift Christians „Betriebseröffnung Königswusterhausen", S. 5f.

1351 Ebd., S. 6ff.

1352 Ebd., S. 17ff.

1353 Ebd., S. 21.

1354 Vgl. Kapitel 5.2.2.2.

1355 Denkschrift „Schütte und die Werftleitung" S. 1f., LMAT Mannheim 756 Mappe 14.

1356 Ebd., S. 3ff.

1357 Ebd., S. 9.

1358 Ebd., S. 11.

1359 Ebd., S. 12.

1360 Ebd., S. 13.

1361 Vgl. Kapitel 4.2.2.4.3 u. 4.4.2.

1362 Vgl. 4.2.3.

1363 Vgl. Kapitel 5.1.1.2.1 u. 5.1.2.2.

1364 Vgl. Kapitel 5.2.2.1.

1365 Schütte an Christians, 18.05.1916, S. 1f., LMAT Mannheim 756 Mappe 14.

1366 Vgl. dagegen die Tabelle „Zusammenstellung der S. L. Bauten", LM OL, NL Schütte 0000974 u. Haaland, Luftschiffbau, Abb. 8: Die Luftschiffe Schütte-Lanz im Überblick u. Tab. 3: Der Einsatz der Schütte-Lanz Luftschiffe während ihrer Betriebszeit, S. 104f. Demnach strandete SL 2 am 10.01.1916 in Jüterbog und wurde danach abgerüstet.

1367 Schütte an Christians, 18.05.1916, S. 2f., LMAT Mannheim 756 Mappe 14. Haaland, Luftschiffbau, S. 2f. Zu den Schwierigkeiten beim Bau von SL 1 vgl. Kapitel 4.2.2.3. Zum Rahmenvertrag mit dem preußischen Kriegsministerium vgl. Kapitel 4.2.2.4.4 u. zu den Schwierigkeiten des Luftschiffbaus Schütte-Lanz zu Kriegsbeginn vgl. Kapitel 5.2.1.

1368 Vgl. Kapitel 5.2.3.1.

1369 Schütte an Christians, 18.05.1916, S. 3f., LMAT Mannheim 756 Mappe 14.

1370 Ebd.

1371 Ebd., S. 4ff. Vgl. Kapitel 5.2.2.2.3.

1372 Vgl. Kapitel 5.2.4.1.

1373 Schütte an Christians, 18.05.1916, S. 9, LMAT Mannheim 756 Mappe 14.

1374 Ebd. Schütte war rund zehn Jahre älter als Christians, Bleistein und Kruckenberg. Vgl. hierzu Kapitel 4.2.2.3.1.

1375 Vom 01.01.1917 bis 31.05.1917 konnte die Firma Heinrich Lanz einen Auftragseingang von ca. 27 Millionen Mark verzeichnen. Der Luftschiffbau hatte daran einen Anteil von einundvierzig Prozent, die Waffenproduktion von 33 Prozent und die Maschinen von 9 Prozent. Der Luftschiffbau hatte damit den größten Anteil am Auftragseingang und damit vermutlich auch am Gesamtumsatz des Unternehmens. Vgl. die Aufstellung bei Schäfer, S. 233.

1376 Knäusel, Zeppelin, Größen- und Leistungsvergleich aller Zeppelin-Luftschiffe, S. 148f.

1377 Vgl. dazu die Tabelle „Zusammenstellung der S. L. Bauten", LM OL, NL Schütte 0000974; Haaland, Luftschiffbau, Abb. 8: Die Luftschiffe Schütte-Lanz im Überblick u. Tab. 3: Der Einsatz der Schütte-Lanz Luftschiffe während ihrer Betriebszeit, S. 104f.

1378 Schätzungen nach Morrow, German Air Power, S. 202.

1379 Meighörner, Wolfgang: Das „System Schütte-Lanz" im Ersten Weltkrieg, in: Meyer, Lioba (Red.): Der Traum vom Fliegen, Johann Schütte – Ein Pionier der Luftschifffahrt, Oldenburg 2000, S. 134–157, hier S. 144ff.

1380 Haaland, Luftschiffbau, S. 96f.

1381 Die englischen Verbände verfügten über diese Munition seit Frühjahr 1916. Dadurch steigerten sie die Anzahl der Abschüsse deutscher Luftschiffe. So verlor die kaiserliche Marine im Jahr 1915 10, im Jahr 1916 16, im Jahr 1917 ebenfalls 16 und im Jahr 1918 11 Luftschiffe. Vgl. dazu Robinson, Zeppelin, S. 156 u. S. 205 sowie der Appendix E German Naval Airship Operations.

1382 Haaland, Luftschiffbau, S. 96f. Vgl. zur Darstellung der Vernichtung von SL 11 Meighörner, S. 150ff. u. zur Darstellung dieses Angriffs Robinson, Zeppelin, S. 172f. u. 178f. sowie Botting, Douglas: Die Luftschiffe, Eltville am Rhein 1993, S. 51ff. u. Chamberlain, G. A.: Airships – Cardington, Lavenham 1984, S. 31ff.

1383 Vgl. dagegen die Tabelle „Zusammenstellung der S. L. Bauten", LM OL, NL Schütte 0000974 u. Haaland, Luftschiffbau, Abb. 8: Die Luftschiffe Schütte-Lanz im Überblick u. Tab. 3: Der Einsatz der Schütte-Lanz Luftschiffe während ihrer Betriebszeit, S. 104f.

1384 Vgl. 5.1.1.1.1.

1385 Vgl. Kapitel 5.2.3 u. das folgende Kapitel.

1386 Meighörner, System Schütte-Lanz, S. 150.

1387 Vgl. dazu das folgende Kapitel.

1388 Vgl. dazu das folgende Kapitel u. die Tabelle „Zusammenstellung der S. L. Bauten", LM OL, NL Schütte 0000974 u. Haaland, Luftschiffbau, Abb. 8: Die Luftschiffe Schütte-Lanz im Überblick u. Tab. 3: Der Einsatz der Schütte-Lanz Luftschiffe während ihrer Betriebszeit, S. 104f. Vgl. LM OL, NL Schütte 0000627 zum Zusammenbruch der Halle in Leipzig.

1389 Der Luftschiffbau Schütte-Lanz teilte die von ihm produzierten Luftschiffe in Baunummern, z. B. SL 11, und in Typen ein. SL 1 war der Typ a und SL 2 der Typ b. Die Schiffe mit den Baunummern SL 3 bis 5 gehörten zum Typ c, die Schiffe mit den Baunummern SL 6 und 7 zum Typ d, die Schiffe mit den Baunummern SL 8 bis SL 19 zum Typ e und die Schiffe mit dem Baunummern SL 20 bis SL 22, also auch SL 21, zum Typf.

1390 Vgl. die Tabelle „Zusammenstellung der S. L. Bauten", LM OL, NL Schütte 0000974 u. Haaland,

Luftschiffbau, Abb. 8: Die Luftschiffe Schütte-Lanz im Überblick u. Tab. 3: Der Einsatz der
Schütte-Lanz Luftschiffe während ihrer Betriebszeit, S. 104f.
Zu SL 21 und zu den angegebe-
nen Zeppelin Luftschiffen vgl.
Knäusel, Zeppelin, S. 148f.

[1391] Mit dem „Hindenburg-Pro-
gramm" sollte erreicht werden,
dass sich 2.300 Jäger und Bomber
zugleich an der Front befinden,
was eine Steigerung der Produktion von ca. 1.000 Flugzeugen
und 1.000 Motoren bedeutete.
Im Rahmen des „Amerika-Programms" sollten monatlich
2.000 Maschinen und 2.500
Motoren hergestellt werden. Vgl.
dazu Bach, S. 147 u. 151 sowie
Morrow, German Airpower, S.
73ff. u. 95ff. Vgl. zum Flugzeugbau beim Luftschiffbau Schütte-
Lanz Kapitel 5.2.5.3.3.

[1392] Schütte, Johann Heinrich: Denkschrift zu den Kosten der Schütte-Lanz-Luftschiffe, 21.06.1916,
LM OL, NL Schütte 0000638.

[1393] Schütte an Zabel, 24.08.1917, S.
5f., ebd. 0000693.

[1394] Vgl. Kapitel 5.2.3.1 u. 5.2.4.1.

[1395] Abschrift eines Schreibens von
Starke, RMA, an den Luftschiff-
bau Schütte-Lanz, 10.01.1915, LM
OL, NL Schütte 0000637.

[1396] Abschrift eines Schreiben an
Starke, RMA, an Luftschiffbau
Schütte-Lanz, 23.11.1915, ebd.

[1397] Abschrift eines Schreibens von
Starke, RMA, an den Luftschiffbau Schütte-Lanz, 15.11.1916,
ebd.

[1398] Vgl. dazu Kapitel 5.2.4.1.

[1399] Haaland, Luftschiffbau, S. 101.

[1400] Abschrift eines Schreibens des
preußischen Kriegsministeriums
an den Luftschiffbau Schütte-
Lanz, 08.11.1916, LM OL, NL
Schütte 0000637.

[1401] Bach, S. 153. Vgl. dazu z. B. Feldman, Gerald D.: Armee, Industrie
und Arbeiterschaft in Deutschland, 1914–1918, Berlin 1985, S.
115; Morrow, John, German Airpower, S. 44–46; Morrow, John:
The Great War in the Air. Military
Aviation from 1908 to 1921, Washington, London 1993, S. 160.

[1402] Morrow, German Air Power,
Appendix 6: The Construcion
Inspectorates (Bauaufsichten
– Bas) and Their Factories, Sum-
mer 1918, S. 212.

[1403] Schütte an die Flugzeugmeisterei der Inspektion der Fliegertruppen, 06.03.1917, LM OL, NL
Schütte 0000637.

[1404] Nachschrift zum Schreiben
Schüttes an die Werftleitung des
Luftschiffbaus Schütte-Lanz,
23.11.1916, ebd.

[1405] Schütte an die Werftleitung des
Luftschiffbaus Schütte-Lanz,
26.11.1916, LM OL, NL Schütte
0000637.

[1406] Stromeyer an Schütte, 20.01.1917
u. Starke an Luftschiffbau Schütte-Lanz, RMA, 10.02.1917, ebd.

[1407] Zur Wiegand-Affäre vgl. die folgenden Seiten.

[1408] Schütte an RMA, Abteilung Luftfahrt, 20.02.1917, LM OL, NL
Schütte 0000637.

[1409] Als führender Korrespondent

der Hearst-Presse im Deutschen
Reich interviewte er den Reichskanzler Bethmann Hollweg und
den Unterstaatssekretär im Auswärtigen Amt Zimmermann,
Generalfeldmarschall Hindenburg und den Kronprinzen Wilhelm. Seine Artikel erschienen
auch in der deutschen Presse.
Zu den Aktivitäten Wiegands in
Deutschland vgl. Schüttes Denkschrift zum Schreiben des Kriegsministeriums vom 08.11.1916,
14.11.1916, ebd. 0001156 u. zu
den Aktivitäten Wiegand für
Hearst, Bethke, Martin: Macht
und Ohnmacht der Worte, Lübeck
2001 http://www.db-thueringen.
de/servlets/DerivateServlet/Deri-
vate-1250/diss.pdf, 13.04.2006,
S. 273.

[1410] Schüttes Denkschrift zum Schreiben des Kriegsministeriums vom
08.11.1916, 14.11.1916, LM OL, NL
Schütte 0001156.

[1411] Oschmann an Schütte,
20.12.1916, ebd.

[1412] Schütte an unbekannten Empfänger, vermutlich Zimmermann, am 10.01.1917, ebd.

[1413] Schütte an Oschmann,
21.12.1916, ebd.

[1414] Oschmann an Schütte,
06.01.1917, ebd.

[1415] Hossfeld an Schütte, 29.12.1916,
LM OL, NL Schütte 000057.

[1416] Hossfeld an Schütte, 29.12.1916,
ebd. u. Aktennotiz Schüttes betr.
Angelegenheit von Wiegand,
02.02.1917, ebd. 0000637.

[1417] Führer der Marine-Luftschiffe,
G. No. 620, o. Empfängerangabe,

vom 18.01.1917, Betrifft: Übernahme von Armeeluftschiffen
und Hallen, BA-MA, 5/v. 4603,
BL. 204 206 zit. nach Haaland,
Luftschiffbau, S. 97. Unterstreichung findet sich im Text.

[1418] Vgl. Kapitel 5.2.3.1.

[1419] Denkschrift von Kruckenberg
„Erfahrungen über den Einfluß
der Feuchtigkeit auf Schütte-
Lanz-Luftschiffe und seine Ver-
minderung", 11.01.1917, S. 1ff.,
LM OL, NL Schütte 001103.

[1420] Kruckenberg, Einfluß der Feuchtigkeit, S. 9f., ebd.

[1421] Reisebericht von Rühl über S. L.
13 in Wildeshausen am 06. und
07.01.1917, S. 6 u. 8, LM OL, NL
Schütte 001103. Zur Geschichte
des Luftschiffhafens Wildeshausen vgl. Braun, S. 207f.

[1422] Reisebericht von Rühl über S. L.
13 in Wildeshausen am 06. und
07.01.1917, S. 6 u. 8, LM OL, S.
9ff., NL Schütte 001103.

[1423] Kruckenberg an Schütte,
17.01.1917, LM OL, NL Schütte
001103.

[1424] Vgl. dazu das folgende Kapitel.

[1425] Stromeyer an Schütte, 17.01.1917,
LM OL, NL Schütte 001103.

[1426] Kruckenberg an Schütte,
17.01.1917, ebd.

[1427] Schüttes Stellungnahme zu
den Trägerbrüchen des S. L. 14,
02.02.1917, S. 1f. ebd. Vgl. in
der Argumentation ähnlich die
Abschrift der Stellungnahme
Schüttes gegenüber dem preußischen Kriegsministerium,
26.01.1917, LM OL, NL Schütte
0000216.

[1428] Stellungnahme Schüttes gegenüber dem preußischen Kriegsministerium, 26.01.1917, S. 2f., LM OL, NL Schütte 0000216.

[1429] Besprechung im Reichs-Marine-Amt am 27. Januar 1917 über Gewichtserleichterungen auf Luftschiffen, S. 1 u. 6, LM OL, NL Schütte 0001103. Vgl. dazu auch Robinson, S. 204ff. Als Höhenkletterer wurden Luftschiffe bezeichnet, die eine Mindeststeighöhe von 5.000 bzw. 6.000 Metern erreichen konnten. Der LZ 104 startete im November 1917 unter seinem Kommandanten Kapitänleutnant Bockholt vom Luftschiffhafen Jamboli in Bulgarien aus, um den deutschen Truppen in der damaligen Kolonie Deutsch-Ostafrika unter ihrem Kommandeur Oberstleutnant Paul von Lettow-Vorbeck ca. 15 Tonnen dringend benötigten Nachschub zu bringen. Vorzeitig durch einen Funkspruch zurückgerufen, stellte es in 95 Stunden einen Langstreckenrekord von ca. 7.750 Kilometer auf. Vgl. Meighörner-Schadt, Wolfgang: Wegbereiter des Weltluftverkehrs wider Willen. Die Geschichte des Zeppelin-Luftschifftyps „w", Friedrichshafen 1992 zur Geschichte des LZ 104.

[1430] Schütte an Stromeyer, 16.11.1918, LM OL, NL Schütte 0000644.

[1431] SL 20 und 22 gehörten dem seit November 1917 produzierten neuen f-Typ an und waren 56.300 m3 groß. SL 20 wurde bei der Explosion der Luftschiffhalle in Ahlhorn vernichtet. SL 22 wurde 1920 abgerüstet und in Teilen an die Siegermächte ausgeliefert. Zur Geschichte von SL 20 und von SL 22 vgl. die Tabelle „Zusammenstellung der S. L. Bauten", LM OL, NL Schütte 0000974 u. Haaland, Luftschiffbau, Abb. 8: Die Luftschiffe Schütte-Lanz im Überblick u. Tab. 3: „Der Einsatz der Schütte-Lanz Luftschiffe während ihrer Betriebszeit", S. 104f. Zur Geschichte des Luftschiffhafens Ahlhorn und der Explosion fast aller Hallen am 05.01.1918 in diesem Hafen vgl. Braun, S. 215f. Zur Beschäftigung des Luftschiffbaus Schütte-Lanz mit Duraluminium vgl. Meiners, Unternehmensgeschichte, S. 84.

[1432] Vgl. Kapitel 5.2.3.2.1.

[1433] Schütte an die Redaktion der Vossischen Zeitung, Ullstein & Co., z. Hd. des Herrn Professor Dr. Stein, LM OL, NL Schütte 0001146.

[1434] Vgl. dazu die Zeitungsausschnitte der Berliner Zeitung am Mittag, ebd..

[1435] Schütte, Johann Heinrich: Graf Zeppelin, maschinenschriftliches Manuskript vom 09.03.1917, S.1f., ebd.

[1436] Ebd, S. 2.

[1437] Schütte, Graf Zeppelin. Im Original lautet das Zitat „Pollá ta deiná k'udén anthrópu deinóteron pélei" und lässt sich auch doppeldeutiger übersetzen als „Viel Ungeheures ist, doch nichts ist so Ungeheuer wie der Mensch". Damit wird dann ausgedrückt, dass der Mensch buchstäblich zu allem – im Guten wie im Bösen – fähig ist. Vgl. zum Originaltext Sophokles: Antigone, übersetzt von Barthel, Ludwig Friedrich, München 1926, S. 14.

[1438] Bethmann Hollweg wurde 1905 preußischer Innenminister und 1907 Staatssekretär im Reichsamt des Innern. Im Jahr 1909 wurde er zum Reichskanzler und preußischen Ministerpräsidenten ernannt. Bethmann versuchte, innenpolitische Reformen durchzuführen. Mit seiner wichtigsten Reform, der Änderung des preußischen Dreiklassenwahlrechts scheiterte er. Außenpolitisch strebte er eine Verständigung mit Großbritannien an, konnte sie aber über erste Ansätze nicht hinausbringen. Für den Ausbruch des Ersten Weltkriegs durch sein Handeln in der „Juli-Krise" mitverantwortlich, vertrat er während des Krieges eine eher gemäßigte Position in Fragen der Friedensbedingungen. Hinsichtlich des uneingeschränkten U-Boot-Krieges musste er sich dem Druck der 3. OHL beugen, die ihn zusammen mit dem Reichstag am 13.07.1917 zum Rücktritt zwang. Vgl. dazu Wollstein, Günther: Theobald von Bethmann Hollweg: letzter Erbe Bismarcks, erstes Opfer der Dolchstoßlegende, Göttingen 1995, und Herbert, Jürgen: Theobald von Bethmann Hollweg in der europäischen Krise im Juli 1914 – im Spiegel der Historiographie: ein kritischer Beitrag zur Geschichtswissenschaft, Frankfurt/Main 1989.

[1439] Schütte an den Reichskanzler, 12.03.1917, LM OL, NL Schütte 0001146.

[1440] Vgl. zum Konkurrenzverhältnis zwischen Schütte und Zeppelin vor dem Ersten Weltkrieg Kapitel 4.2.2.2 u. 4.2.2.4.5 u. zur Entwicklung dieses Verhältnisses in der Weimarer Republik vgl. Kapitel 6.1.3. Ein ähnlicher Gedanke taucht auch bei Meyer, Henry Cord: Airshipmen, Businessmen and Politics 1890–1940, Washington 1991, S.79, auf zur Erklärung der Auseinandersetzung zwischen Schütte und seinen Kontrahenten in der Weimarer Republik.

[1441] Schütte an Professor Dr. Hergesell, 17.03.1917 u. an den Unterstaatssekretär in der Reichskanzlei, Wahnschaffe, 24.03.1917, NL Schütte 0001146.

[1442] Abschrift des Gutachtens von Rechtsanwalt Hoeniger „Bemerkungen zum Gesellschaftsvertrags-Entwurf des Herrn Geheimrat Röchlings" vom 26.09.1917, S. 3, LM OL, NL Schütte 0000693. Die Unterstreichungen finden sich im Original-Text.

[1443] Der Luftschiffbau Schütte war bis Mai 1918 eine Gesellschaft bürgerlichen Rechts. Vgl. dazu Rechtsanwalt Hoeniger an Schütte, 03.04.1918, u. Abschrift eines Schreibens von Schütte an Stromeyer, 11.06.1918, ebd. Eine solche Gesellschaft, die auch BGB-Gesellschaft genannt wird und deren Abkürzung GbR lautet, ist die auf Vertrag beruhende Vereinigung mehrerer Personen zur Erreichung eines gemeinsamen Zwecks (§§ 705ff. BGB). Die Gründung einer GbR erfordert einen (in der Regel formfreien) Gesellschaftsvertrag. Die Geschäftsführung steht in Ermangelung einer Vereinbarung allen Gesellschaftern gemeinsam zu; das Gesellschaftsvermögen (Beiträge, erworbene Gegenstände u. a.) ist stets gemeinschaftliches Vermögen der Gesellschafter, es gehört ihnen zur gesamten Hand (Gesamthandsgemeinschaft). Für die Gesellschaftsschulden haften die Gesellschafter meist als Gesamtschuldner (Gesamtschuld) und auch mit ihrem Privatvermögen. Der einzelne Gesellschafter kann weder über seinen Anteil alleine noch über einzelne Gegenstände des Gesellschaftsvermögens verfügen; möglich ist aber, im Einvernehmen mit den anderen Gesellschaftern, Mitgliedschaft und Vermögensanteile an andere zu übertragen. Die GbR wird u. a. aufgelöst bei Erreichen des Zwecks, Tod eines Gesellschafters, Eröffnung des Insolvenzverfahrens über das Vermögen der Gesellschaft oder durch Kündigung.

1444 Schüttes Privatnotiz für seine Geheimakten, 21.08.1917, S. 1, NL Schütte 0000693.

1445 Christians Bericht „Kritisches über den Luftfahrzeugbau Schüt-

te-Lanz", 08.08.1919, S. 6, LMAT Mannheim 756 SL 1/Mappe 1.

1446 Schütte an Rechtsanwalt Hoeniger, 13./14.09.1917, S. 5f., LM OL, NL Schütte 0000693.

1447 Ebd.

1448 Schütte an Rechtsanwalt Hoeniger, 13./14.09.1917, S. 5f., ebd. Ob diese Summe auch die Gelder für die im Zuge der neuen Werftanlage für Schütte und seine Familie in Zeesen errichtete Villa beinhaltete, konnte nicht ermittelt werden.

1449 Schütte an Rechtsanwalt Hoeniger, 13./14.09.1917, S. 5f., LM OL, NL Schütte 0000693.

1450 Schüttes Privatnotiz für seine Geheimakten, 21.08.1917, S. 2ff., ebd.

1451 Ebd., S. 3.

1452 Ebd., S. 4.

1453 Abschrift der Denkschrift von August Röchling, o. D., vermutlich Mitte November 1917.

1454 Schreiben der Direktion Heinrich Lanz vom 08.11.1917 zum Gesellschaftsvertrag des Herrn Geheimrat Aug. Röchling zu dem von Herrn Dr. Hoeniger verfassten Vertrag, S. 3, ebd.

1455 Die offene Handelsgesellschaft (OHG) ist eine Personengesellschaft, die unter gemeinschaftlicher Firma ein Handelsgewerbe betreibt und bei der jeder Gesellschafter den Gläubigern der Gesellschaft unbeschränkt haftet (§§ 105ff. HGB). Die OHG ist eine so genannte Gesamthandsgemeinschaft, d. h., dass sie unter ihrer Firma Rechte erwerben,

Verbindlichkeiten eingehen, vor Gericht klagen und verklagt werden kann. Sie entsteht mit dem Abschluss des Gesellschaftsvertrags; nach außen wird sie wirksam mit ihrer Eintragung in das Handelsregister. Zur Vertretung der OHG ist, wenn der Gesellschaftsvertrag nichts anderes bestimmt, jeder Gesellschafter befugt. Die Geschäftsführungs- und Vertretungsbefugnis kann einem Gesellschafter auf Antrag der übrigen Gesellschafter durch Gerichtsentscheid aus wichtigem Grund entzogen werden. Die Vertretungsmacht umfasst uneingeschränkt und unbeschränkbar alle gerichtlichen und außergerichtlichen Geschäfte. Die OHG endet durch vertragsmäßigen Zeitablauf, Auflösungsbeschluss, Eröffnung des Insolvenzverfahrens über das Vermögen der OHG, Kündigung oder gerichtliche Entscheidung. Gründe in der Person eines Gesellschafters führen dagegen nur zum Ausscheiden des Gesellschafters (z. B. Eröffnung des Insolvenzverfahrens über das Vermögen des Gesellschafters), nicht zur Auflösung der OHG.

1456 Schüttes Rechtanwalt Hoeniger vertrat die Auffassung, dass die bestehende GbR „weiter nichts wie eine bereits bestehende offene Handelsgesellschaft" sei. Vgl. dazu das Schreiben von Hoeniger an Schütte, 03.04.1918, LM OL, NL Schütte 0000693. Vgl. die Abschrift eines Schrei-

bens von Schütte an Stromeyer, 11.06.1918, ebd., zur Umwandlung des Luftschiffbaus Schütte Lanz in eine OHG. Vgl. Röchling an Schütte, 14.03.1918, zu der Haftungsbeschränkung für Schütte, ebd.

1457 Vgl. Kapitel 5.2.3.1.

1458 Hillmann, Großflugzeugbau, S. 114f. u. Hillmann, Flugzeugbau, S. 7f., S. 13ff. u. S. 20ff. sowie Kapitel 4.3 zur Entwicklung der Flugzeugkonstruktionen bei Schütte-Lanz. Vgl. Schütte an Werftdirektor Georg Dietrich, 20.12.1917, LM OL, NL Schütte 0000826 zu nicht vorhandenen Flugzeugkonstruktionen beim Luftschiffbau Schütte-Lanz. Zur Entwicklungs- und Einsatzgeschichte der Gotha-Bomber vgl. Morrow, S. 116f. u. Bach, S. 141f. Zur Identifikation des Fokker-Doppeldeckers vgl. Kroschel, Günther; Stützer, Helmut: Die deutschen Militärflugzeuge 1910–1918, Wilhelmshaven 1977, S. 138. Kroschel und Stützer nennen als Erstflugdatum des Fokker D I aber 1916.

1459 Schütte an Werftdirektor Georg Dietrich, 20.12.1917, LM OL, NL Schütte 0000826.

1460 Denkschrift „Neubegründung des AGO –Verlustes", 17.09.1917, u. Stromeyer an die Werftleitung des Luftschiffbaus Schütte-Lanz in Zeesen, 28.09.1917, ebd.

1461 Klage der offenen Handelsgesellschaft Luftfahrzeugbau Schütte-Lanz in Zeesen gegen den Reichsmilitärfiskus vertreten durch das

Preussische Kriegsministerium, 13.01.1919, ebd.

[1462] Zentral-Abnahme-Kommission an die Bauaufsicht Schütte-Lanz, 17.09.1917, ebd.

[1463] Luftschiffbau Schütte-Lanz an das preußische Kriegsministerium, A 7 L, 30.04.1918, ebd. Zur Flugschule vgl. den Artikel „Schütte-Lanz. Unsere Flugzeugindustrie im Kriege.", B. Z. am Mittag, 05.04.1918, BA Berlin-Lichterfelde R 8034 II-2765 u. Meiners, Unternehmensgeschichte, S. 83.

[1464] Noch im Sommer 1918 wurden Kampfflugzeuge aus dem Haus Schütte-Lanz von führenden Frontpiloten, sog. „Fliegerassen", abgelehnt. Vgl. Morrow, German Airpower, S.129.

[1465] Vgl. dazu das vorige Kapitel.

[1466] Luftschiffbau Schütte-Lanz an die Flugzeugmeisterei A 5, 23.10.1917; nicht abgeschicktes Schreiben des Luftschiffbaus Schütte-Lanz, Abteilung Flugzeugbau, an den Inspekteur der Fliegertruppen, Major Siegert, 27.11.1917 und Kriegsministerium, Allgemeines Kriegsdepartement, 19.01.1918, LM OL, NL Schütte 0000826.

[1467] Aktennotiz von Geheimrat Hoßfeld, 28.11.1917, ebd. Der Entwickler dieses einzigen jemals in Serie gegangenen Riesenflugzeugs war die Luftschiffbau Zeppelin Staaken GmbH. Insgesamt wurden 18 Riesenflugzeuge dieses Typs gebaut. Der Luftschiffbau Schütte-Lanz baute davon fünf. Diese

Maschinen waren zur Unterstützung der Gotha-Bomber gedacht. Vgl. Morrow, German Airpower, S. 116f.

[1468] Schütte an den preußischen Kriegsminister, 04.12.1917, LM OL, NL Schütte 0000644.

[1469] Schütte an Werftdirektor Georg Dietrich, 20.12.1917, LM OL, NL Schütte 0000826.

[1470] Schütte an Stromeyer, 29.01.1918, LM OL, NL Schütte 0000651.

[1471] Abschrift eines Schreibens des Admirals Starke, Reichsmarineamt, an den Luftschiffbau Schütte-Lanz, 17.01.1918, ebd.

[1472] Abschrift eines Schreibens von Schütte an Karl Lanz, 02.02.1918, ebd.

[1473] Schütte an Röchling, 19.02.1918, ebd.

[1474] Stromeyer, Direktor des Luftschiffbaus Schütte-Lanz, an das preußische Kriegsministerium, 18.02.1918, LM OL, NL Schütte 0000644 u. 0000651.

[1475] Vgl. dazu die Interpretation von Meiners, Unternehmensgeschichte, S. 84. Er spricht darin davon, dass Schütte nach der Zusage des Kriegsministeriums auf Entschädigungen „hoch gepokert" habe, weil er die Hoffnung gehabt habe, „nach einigen Abstrichen noch ein Schnäppchen", also selbst einen hohen Gewinn machen zu können. Vor dem Hintergrund der drohenden Illiquidität von Schüttes Unternehmen ist diese Deutung nicht mehr zu halten.

[1476] Abschrift eines Schreibens des Admirals Starke, Reichsmari-

neamt, an den Luftschiffbau Schütte-Lanz, 17.01.1918, LM OL, NL Schütte 0000651.

[1477] Abschrift eines Schreibens von Oschmann, Allgemeines Kriegsdepartement im preußischen Kriegsministerium, 19.01.1918, LM OL, NL Schütte 000644 u. 0000826. Die Unterstreichung findet sich im Originaltext.

[1478] Abschrift eines Schreibens von Schütte an Stromeyer, 28.01.1918, ebd. LM OL, NL Schütte 000645.

[1479] Der Luftschiffbau Schütte-Lanz und der Luftschiffbau Zeppelin GmbH mussten ihre Patente und die Konstruktionen auf Betreiben des preußischen Heeres und der kaiserlichen Marine während des Ersten Weltkriegs dem jeweils anderen Unternehmen zur Verfügung stellen. Dadurch wurde der militärische Wert der Luftschiffe von Zeppelin und Schütte-Lanz gesteigert. Diese staatliche Steuerung der Erteilung und Verwertung von Patenten war durch die Einführung so genannter „Kriegspatente" möglich geworden, welche nur die Militärbehörden prüfen und erteilen durften. Auf diese Weise konnten die Militärbehörden kriegswichtige Patente zu Geheimpatenten erklären, um so ihre Verwertung im Ausland zu verhindern. Außerdem waren sie befugt, die Kriegspatente ohne die ausdrückliche Zustimmung des Patentinhabers zu verwenden, d. h. zu beschlagnahmen. Mit Blick auf noch auszuhandelnde freiwillige

Vereinbarungen zwischen Industrie und Militärbehörden waren in dem entsprechenden Gesetz Entschädigungsansprüche vage definiert worden. Schütte aber vertrat offenbar schon gegen Ende des Ersten Weltkriegs die Meinung, dass die Militärbehörden für den Schaden, den sie durch die Beschlagnahme seiner Patente verursacht hatten, und dadurch, dass sie diese der Firma Zeppelin zur Verfügung stellte, durchaus haftbar gemacht werden konnten und sie daher Schadensersatz zahlen müssten. Vgl. dazu Meiners, Unternehmensgeschichte, S. 86.

[1480] Stromeyer, Direktor des Luftschiffbaus Schütte-Lanz, an das preußische Kriegsministerium, 18.02.1918, LM OL, NL Schütte 0000644.

[1481] Schütte an Stromeyer, 14.05.1918, ebd. 0000826

[1482] Stromeyer behauptete in seinem Schreiben, dass der Luftschiffbau Schütte-Lanz im Jahr 1914/1915 einen Gewinn von ca. 506.000 Mark, im Jahr 1916 einen Verlust von ca. 200.000 Mark, im Jahr 1917 aber einen Verlust von knapp 5,2 Millionen Mark gehabt habe. Stromeyer, Direktor des Luftschiffbaus Schütte-Lanz, an das preußische Kriegsministerium, 18.02.1918, ebd. 0000644. Demgegenüber weist Haaland, Luftschiffbau, S. 113 nach, dass die Bilanzen des Luftschiffbaus Schütte-Lanz für das Jahr 1916 einen Gewinn von 10,5 Millionen

Mark ausweisen, wovon 4,8 Millionen Mark als Abschreibungen für Zeesen und rund eine Million Mark als Rückstellungen für das neue Werk reklamiert wurden. Haaland zeigt ferner, dass der Erlös für die fünf von 1915 bis 1916 gebauten Luftschiffe 22,5 Millionen Mark betrug.

1483 Abteilung für Schiff- und Schiffsmaschinenbau an den Rektor der Königlich Technischen Hochschule, 27.04.1915, u. Übersichten über die Regelung der Vertretung der im Heeresdienste stehenden Professoren, G Sta PK, I. HA Rep 76 V b, Sekt. VI, Nr. 1, Vol II. Eine offizielle Beurlaubung Schüttes durch den Kultusminister lässt sich zwischen November 1917 und Ende September 1918 nachweisen. Vgl. dazu die Akte des Königlichen Geheimen Civil-Kabinett betr. die Technische Hochschule in Danzig, G Sta PK, I. HA Rep. 89 Nr. 21719.

1484 Seggern, S. 52. Im Nachlass fand sich aber kein Beleg dazu und die Akten des Archivs der Technischen Hochschule Berlin wurden im Zweiten Weltkrieg vernichtet.

1485 Vgl. das Kapitel 2.1.3 zum Wohnort der Schwester und des Vaters.

1486 Schütte, Jandirk: Lebensübersicht meines Vaters Dr. Wilhelm Schütte vom 26.06.2003, Mat-Schütte. Vgl. Mai, S. 142ff. u. Nipperdey, Bd. 2., S. 858ff. zu den letzen deutschen Offensiven an der Westfront im Frühjahr 1918 und zum Rückzug des deutschen Heeres ab Sommer 1918.

1487 Vgl. Kapitel 3.2.6. u. Seggern, S. 53.

1488 Kocka, Jürgen: Klassengesellschaft im Krieg, 2. durchges. u. erg. Aufl., Göttingen 1978, S. 25ff.

1489 Vgl. Kapitel 5.2.5.3.2.

1490 Kocka, Klassengesellschaft, S. 38ff.

1491 Vgl. Kapitel 3.2.2.

1492 Vgl. Kocka, Klassengesellschaft, S. 71ff.

1493 Vgl. Kapitel 5.2.2.1.

1494 Interview von Dorothea Haaland mit Frau Dorothea Temmler vom 15.01.1985, LMAT Mannheim. Allerdings scheint Schütte mit seiner Familie das Anwesen in Zeesen noch nicht sofort bezogen zu haben. Noch Ende Oktober 1917 lautete seine Anschrift Charlottenburg, Steinplatz 2. In die dortige Wohnung zogen auch seine Frau und seine Tochter, die sich vermutlich bis dahin in Danzig-Langfuhr aufgehalten hatten. Vgl. dazu Schütte an Röchling, 25.10.1917, LM OL, NL Schütte 0000693.

1495 Am 31.12.1916 wurde die Schütte-Lanz-Röchling-Stiftung gegründet. Vgl. dazu die Gründungsurkunde vom selben Datum, LM OL, NL Schütte 0012561.

1496 Vgl. Kapitel 5.2.5.3.2.

1497 Kocka, Klassengesellschaft, S. 32f.

1498 Haaland, Luftschiffbau, S. 118; Knäusel, Zeppelin, S. 68ff. Vgl. dazu auch Marhefka, Edmund (Hg.): Der Waffenstillstand 1918–1919. Das Dokumentenmaterial der Waffenstillstandsverhandlungen von Compiègne, Spa, Trier u. Brüssel. Notenwechsel, Verhandlungsprotokolle, Verträge, Gesamttätigkeitsübersicht. 3 Bde., Berlin 1928.

1499 Haaland, Luftschiffbau, S. 118ff. Vgl. auch Niemeyer, Theodor; Strupp, Karl (Hg.): Die völkerrechtlichen Urkunden des Weltkrieges. VI. Bd.: Die Friedensschlüsse 1918–1921. Jahrbuch des Völkerrechts, VIII. Bd., München Leipzig 1922; Hildebrandt, Alfred: Die Begriffsbestimmungen für die Luftfahrt, in: Fischer von Poturzyn, Friedrich Andreas; Jurinek, Josef M. (Hg.): Jahrbuch für Luftverkehr 1924. München 1924, S. 129–138.

1500 Bach, S. 256ff. u. 309.

1501 Schreiben des Unterstaatssekretärs des Reichsluftfahrtamtes an unbekannten Empfänger, 05.05.1919, Reichsausschuß für die Luftfahrt, BA Koblenz N1103/289. Der Ausschuss war von dem damals amtierenden Unterstaatssekretär des Reichsluftsamtes, August Euler, einberufen worden.

1502 Vgl. dazu die Äußerungen Schüttes auf der Sitzung des Reichsausschusses für Luftfahrt am 10.05.1919 laut Protokoll über die Sitzung am 10.05.1919 vormittags um 10 Uhr im Reichsluftamt, S. 6f., Reichsausschuß für die Luftfahrt, BA Koblenz N1103/289. Vgl. dazu auch Morrow, German Airpower, S. 160. Zu der Entwicklung der Luftfahrtindustrie in der Nachkriegszeit vgl. Bach, S. 251ff.

u. 271ff. u. Budraß, S. 129ff. u. zur Entwicklung des Zeppelin-Konzerns, Knäusel, Zeppelin, S. 67ff.

1503 Zu den folgenden Ausführungen vgl. Haaland, Luftschiffbau, S 122ff. u. Meyer, Airshipmen, S. 64ff. Vgl. aber vor allem die Akten 0000911 bis 0000983 im LM OL, NL Schütte. Zum Besuch von Bleistein in Dänemark u. Schweden vgl. die Akte 0000965 im LM OL, NL Schütte.

1504 Vgl. zum Leben Roosevelts z. B. Burns, James Macgregor: Roosevelt: The Lion and The Fox, San Diego, New York, London 1996 u. Schlesinger, Arthur Meier: The Age of Roosevelt, Bd. 1–3, Boston 2003.

1505 Vgl. zur Biographie von Boeing bzw. zur Geschichte seines Unternehmens Cleveland, Carl: Boeing Trivia, Seattle 1989 u. Serling, Robert: Legend and Legacy: The Story of Boeing and its People, New York 1992; vgl. zur Geschichte der Standard Oil Company Henderson, Wayne; Benjamin, Scott: Standard Oil. The first 125 years, Osceola 1996. Zu E. M. Herr und Westinghouse Electric und zur Geschichte der Gulf Oil Company vgl. Thompson, Craig: Since Spindletop. A Human Story of Gulf's First Half-Century, Pittsburgh 1951; Yergin, Daniel: The Prize: The Epic Quest for Oil, Money and Power, New York 1991. Zur Westinghouse Electric Corporation und zu Pratt und Herr liegen noch keine Studien vor.

[1506] Roosevelt litt zu diesem Zeitpunkt bereits mehr als ein Jahr an Poliomyelitis (Kinderlähmung). Vgl. z. B. Burns, S. 86ff.

[1507] Vgl. zu diesem Konflikt das folgende Kapitel.

[1508] In dieser großen Bucht vor den Orkney Inseln versenkten sich am 21.06.1919 die dort internierten Schiffe der deutschen Hochseeflotte selbst.

[1509] Dieterich, S. 131 u. 133f. u. Meiners, Unternehmensgeschichte, S. 93.

[1510] Haaland, Luftschiffbau Schütte-Lanz S. 143.

[1511] Schütte an die Luftschiffbau und Betriebs GmbH, LM OL, NL Schütte 0000660. Der Luftfahrzeugbau Schütte-Lanz beschäftigte im Jahr 1917 mit 1.536 Arbeitern und 181 Angestellten („Beamten") die meisten Personen. Im Jahr 1923 war deren Anzahl auf 252 bzw. 43 geschrumpft. Vgl. dazu die Aufstellung bzw. die Tabelle „Zahl der Beamten" und „Zahl der Arbeiter" bei Dieterich, S. 131.

[1512] Schriftverkehr betr. Ultimatumsentschädigung, LM OL, NL Schütte 0000700 u. ebd. 000667. Vgl. dazu auch Haaland, Luftschiffbau, S. 134ff. u. Meiners, Unternehmensgeschichte, S. 88ff. Laut Dieterich, S. 131, waren noch im Mai 1920 766 Arbeiter beim Luftfahrzeugbau Schütte-Lanz beschäftigt. Im Dezember desselben Jahres hatte sich ihre Zahl auf 33 reduziert.

[1513] Vgl. dazu Kapitel 5.2.5.3.4. Zu den folgenden Ausführungen vgl. die Akten 000058, 0000059, 0000404, 0000501 bis 00000543 u. 0001109 im LM OL, NL Schütte u. die Akten LZA 16/0043, 16/0036, 16/0048, 16/0049 im ZM Friedrichshafen sowie Meiners, Unternehmensgeschichte, S. 84ff.

[1514] Meiners, Unternehmensgeschichte, S. 87.

[1515] Vgl. dazu Kapitel 5.2.5.3.1.

[1516] Vergleich über die Regelung der Prozesse zwischen: Reichsfiskus und Luftschiffbau Zeppelin G.m.b.H. einerseits und Luftfahrzeugbau Schütte-Lanz andererseits, 22.07.1924, LM OL, NL Schütte 0000515.

[1517] Vgl. zur Entwicklung des Luftfahrzeugbaus Schütte-Lanz das vorangegangene Kapitel. Zum Schicksal von Schüttes leitenden Mitarbeitern vgl. das Kapitel 4.2.2.3.1.

[1518] Vgl. dazu die Akten im LM OL, NL Schütte 0000679, 0000680, 0000915, 00000919, 0000922, 00001122 u. 0001123. Zum Bau der beiden Luftschiffe vgl. Smith, Richard K.: The Airships Akron and Macon, Annapolis/Maryland, 1965 u. Hansen, Zeenon: The Goodyear Airships, Bloomington/Illinois 1977.

[1519] Mit Billigung der Marineleitung hatte Lohmann seit 1923 ein verzweigtes System getarnter Unternehmungen aufgebaut. Lohmann sollte damit direkt oder indirekt die geheime maritime Rüstung im Schatten des Versailler Vertrages fördern. Zu Lohmanns zahlreichen, mit Sondermitteln oder Krediten finanzierten Projekten gehörte die Entwicklung von Schnellbooten, U-Booten und Marineflugzeugen. Daneben beteiligte er sich an der Phöbus-Film AG, von der er sich eine wirksame Propaganda für die Marine versprach. Nachdem diese Firma in Konkurs gegangen war, wurden der Öffentlichkeit die Reichswehrspekulationen bekannt. Der daraufhin einsetzende politische Druck nötigte sowohl den Chef der Admiralität Paul Zenker und den amtsmüden „ewigen" Reichswehrminister Geßler zum Rücktritt. Lohmann selbst wurde ohne Anspruch auf eine Pension aus der Reichsmarine entlassen. Dies war der Grund dafür, dass er an Schütte mit dem Angebot herantrat, in Italien ein Luftschiff-Projekt zu entwickeln. Vgl. dazu Remmele, Bernd: Die maritime Geheimrüstung unter Kapitän zur See Lohmann, in: MGM 56 (1997), S. 313–376.

[1520] Vgl. dazu die Akten im Schütte-Nachlass 0000672, 0000707, 0000901, 0000902, 0000904, 0000906, 0000907 u. 0000908.

[1521] Haaland, Luftschiffbau, S. 162.

[1522] Schütte an Ernst Röchling, Schütte-Lanz-Holzwerke GmbH, 07.11.1935, LM OL, NL Schütte 0000964.

[1523] Schütte an Naumann, 28.01.1919, G StA PK I. HA Rep. 76 b, Sekt 10, Tit III, Nr. 1.

[1524] Vgl. dazu G StA PK I HA Rep. 76 b, Sekt 10, Tit III, Nr. 1. Im StA Gdańsk fanden sich hierzu keine weiteren Unterlagen.

[1525] Vgl. dazu Kolb, Eberhardt: Die Weimarer Republik, 6. überarb. u. erw. Aufl., München 2002, S. 37.

[1526] Die Volksausgabe mit Schüttes Kommentar wurde veröffentlicht unter dem Titel: Lersner, Curt Freiherr von: Versailles! Volkskommentar des Friedensdiktats. Berlin 1923.

[1527] Vgl. dazu Kapitel 5.2.3.2 u. 6.1.1.

[1528] Maschinenschriftliches Manuskript mit dem Titel „Commentar", LM OL, NL Schütte 0000658.

[1529] Schütte an Baron Freiherr von Lersner, MdR., 13.11.1920, ebd. Zu Schüttes antipolnischer Haltung als preußischer Professor vgl. Kapitel 3.2.2.

[1530] Ministerium für Wissenschaft, Kunst und Volksbildung an den Rektor der Techn. Hochschule in Berlin Charlottenburg, 21.09.1921, G StA PK I. HA Rep. 76 b, Sekt 10, Tit III, Nr. 1.

[1531] Schütte an Flamm, 15.03.1924, u. Ministerium für Wissenschaft, Kunst und Volksbildung an den Rektor der Techn. Hochschule in Berlin Charlottenburg 09.04.1924, G StA PK I HA Rep. 76 b, Sekt 10, Tit III, Nr. 1.

[1532] Fakultät für Maschinenwirtschaft an den Minister für Wissenschaft, Kunst und Volksbildung, 19.02.1926, G StA PK I HA Rep. 76 b, Sekt 10, Tit III, Nr. 1.

[1533] Minister für Wissenschaft, Kunst und Volksbildung an den Rektor der Technischen Hochschule, 22.03.1926 und Fakultät für Maschinenwirtschaft, Technische Hochschule Berlin an den Minister für Wissenschaft, Kunst und Volksbildung betr. Neuordnung des Unterrichts in den Schiffbautechnischen Fächern, 07.12.1927, G StA PK I HA Rep. 76 b, Sekt 10, Tit III, Nr. 1.

[1534] Seggern, S. 58.

[1535] Schütte, Jandirk: Lebensübersicht meines Vaters Dr. Wilhelm Schütte vom 26.06.2003, MatSchütte. Demnach war auch vor seiner Erkrankung im Jahr 1924 Wilhelm Schüttes Gesundheit angeschlagen. Vermutlich hatte sie durch seine Kriegseinsatz an der Front stark gelitten. Daher musste Wilhelm Schütte wahrscheinlich auch sein Maschinenbau- und Elektrotechnikstudium, das er im Ende Januar 1919 an der TH Danzig aufgenommen und nach dem Umzug seine Familie von Danzig nach Zeesen in Berlin fortgesetzt hatte, bereits Anfang Oktober wieder aufgeben. Außerdem bescheinigt ihm ein ärztliches Zeugnis vom 09.12.1919 Blutarmut und Nervosität und empfiehlt dringend ein „längeres Ausspannen". Er trat daraufhin eine Kur in „gebirgiger Landschaft" an.

[1536] Wilhelm Schütte hatte seine Frau im Haus des Dr. Seitz in Brake kennen gelernt, als er dort für ein halbes Jahr als Praktikant bei der Oldenburger Landesbank tätig war. Während eines Besuchs von

Rita im Haus Schüttes in Zeesen im Dezember 1920 verlobten sich die beiden heimlich. Wilhelms Eltern scheinen dieses Geheimnis bald herausgefunden und die Verbindung dann gebilligt zu haben. Sie ließen zu, dass Rita Wilhelm im April desselben Jahres wieder besuchte, und nahmen sie mit auf eine Reise nach Österreich. Nach seiner Promotion im Fach Volkswirtschaft im April 1913 heiratete Wilhelm Rita am 20.10.1923 in Brake und wohnte mit ihr zusammen in Zeesen. Schütte, Jandirk: Lebensübersicht meines Vaters Dr. Wilhelm Schütte vom 26.06.2003, MatSchütte.

[1537] Anders dazu Seggern, S. 53.

[1538] Interessanterweise sollte der Sohn vermutlich auf Wunsch der Eltern zunächst Hans Dieter heißen. Nach dem Tod von Wilhelm wurde er aber umbenannt in Johann Heinrich Schüttes Rufnamen „Jandirk". Schütte, Jandirk: Lebensübersicht meines Vaters Dr. Wilhelm Schütte vom 26.06.2003, MatSchütte. Es fragt sich, ob Johann Heinrich Schütte den kleinen Jandirk insgeheim als seinen Nachfolger ausgewählt hatte.

[1539] Dietrich, S. 133. Dietrich legte diesen Summen offenbar die Annahme zugrunde, dass eine Goldmark einer Rentenmark und beide einer Reichsmark entsprächen.

[1540] Ansprache des Vertreters der Technischen Hochschule in Berlin, Professor Ehrenberg, in:

Abschied von Johann Schütte, Jahrbuch der Schiffbautechnischen Gesellschaft, Berlin 1941, S. 67–78, hier S. 77.

[1541] Seggern, S. 53.

[1542] Karl Nierendorf an Otto Dix, 28.05.1932, MatGeorge.

[1543] Drews, Berta, Wohin des Wegs. Erinnerungen, München 1986, S. 107f.

[1544] Jan George an Dr. Reinhard Meiners, 23.09.2003, MatGeorge.

[1545] Zur großen Bedeutung der Wissenschaftlichen Gesellschaft für Luftfahrtforschung für universitäre Luftfahrt-Wissenschaft vgl. Trischler, Luft- und Raumfahrtforschung, S. 83ff.

[1546] Geschäftsführender Präsident der Lilienthal-Gesellschaft für Luftfahrtforschung Ministerialdirigent Baekumer, in: Abschied von Johann Schütte, Jahrbuch der Schiffbautechnischen Gesellschaft, Berlin 1941, S. 67–78, hier S. 74ff.

[1547] Baekumer, Abschied von Schütte.

[1548] Vgl. die Akten im Schütte-Nachlass von 0000050 bis 000053. Zur Bedeutung des Segelflugs für die deutsche Luftfahrt nach dem Versailler Vertrag vgl. Trischler, Luft- und Raumfahrtforschung, S. 134ff.

[1549] Vgl. die Akten im Schütte-Nachlass von 0000029 bis 000031 u. Seggern, S. 56.

[1550] Vgl. dazu die Chronologie auf der Internetseite der Schiffbautechnischen Gesellschaft http://www.stg-online.org/service/sitemap/index.htm, 23.02.2006.

[1551] Vgl. dazu die Akte im Schütte-Nachlass 0000044.

[1552] Seggern, S. 54 u. Geschäftsführender Präsident der Lilienthal-Gesellschaft für Luftfahrtforschung Ministerialdirigent Baekumer, in: Abschied von Johann Schütte, Jahrbuch der Schiffbautechnischen Gesellschaft, Berlin 1941, S. 67–78, hier S. 75.

[1553] Schütte, Johann Heinrich (Hg.:) Der Luftschiffbau Schütte-Lanz 1909–1925, München u. Berlin 1926.

[1554] Vgl. dazu die Akten im Schütte-Nachlass von 0001401 bis 0001406 u. Meiners, Stromlinie, S. 120ff. Schütte trug sich am 26.03.1938 in das goldene Buch der Stadt Oldenburg mit folgenden Worten ein: „Das Großdeutschland unseres Führers Adolf Hitler auch in der Luft voran." In der Heimaterde bestattet, Beilage zu den Oldenburger Nachrichten, 06.04.1940.

[1555] Er hatte Überlegungen zu einem 350 Meter hohen Windkraftwerk in Oldenburg angestellt.

[1556] Vgl. zu Lahmann Kapitel 4.2.1.5.

[1557] Seggern, S. 59f. u. Meiners, Stromlinie, S. 127.

[1558] Ansprache des Vorsitzenden der STG, Professor Dr.-Ing. Schnadel, Abschied von Johann Schütte, Jahrbuch der Schiffbautechnischen Gesellschaft, Berlin 1941, S. 67–78, hier S. 69.

[1559] Ansprache des Oberregierungsrates Baatz, in: ebd., S. 73.

[1560] Ansprache des Professor Marinebaurat a. D. Ehrenberg als Vertreter des Rektors der Technischen Hochschule Berlin, in: ebd., S. 77.

[1561] Stenographischer Mitschrift der Rede von Direktor Christians anläßlich der Beisetzung von Schütte, LM OL, NL Schütte 0001406.

[1562] Ein Rückschlag in der militärischen Karriere Zeppelins war auch die Ursache dafür, dass sich der Graf mit dem Thema Flug und dem Flugprinzip „Leichter als Luft" auseinander gesetzt hat. Die Auswirkungen waren aber nicht so existenzbedrohend wie im Falle von Schütte. Vgl. dazu Meyer, Henry Cord: Militarismus und Nationalismus in Graf Zeppelins Luftschiff-Idee: Eine Studie zum Thema Psychologischer Kompensation, in: Meighörner, Wolfgang: Wissenschaftliches Jahrbuch des Zeppelin-Museums Friedrichshafen 1998, Friedrichshafen 1998, S. 29-66.

[1563] Die US-Sonden Pioneer 10 und 11 sowie Voyager 1 und 2 haben bereits unser Sonnensystem verlassen. Vgl. dazu http://voyager.jpl.nasa.gov/mission/fastfacts.html, 08.03.2006.

Heike Vogel

„...WAS ER VERMÖGE SEINES KÜNSTLERISCHEN SCHARFBLICKS ALS DAS RECHTE UND SCHÖNE ERKANNTE..."[1] – DER MALER FRANZ STIRNBRAND, DIE FRIEDRICHSHAFENER HAFENSZENE UND BEZÜGE ZUR 1848ER-REVOLUTION

Das Zeppelin Museum Friedrichshafen besitzt seit 1975 ein großformatiges Gemälde (97 x 143 cm, Öl auf Leinwand) von Franz Stirnbrand. Dargestellt ist der Hafen von Friedrichshafen mit zahlreichen Personen und Schiffen. Das in der Dauerausstellung präsentierte Werk fesselt durch die Vielfalt der Details. Die dargestellten Dinge erscheinen vertraut und die Bezeichnung „Momentaufnahme" drängt sich zunächst auf. Stirnbrands Gemälde ist aber ganz und gar nicht im Sinne eines fotografischen Schnappschusses zu verstehen, sondern die Szenen und Personen wurden von ihm sorgfältig ausgewählt und wie auf einer Bühne arrangiert. Jede Person ist gut zu sehen, es gibt – trotz der großen Anzahl der Details – keine Überschneidungen, die etwas im Unklaren lassen. Das Arrangement erinnert an die Tableaux vivants, die Lebenden Bilder, die schon Vorläufer in der Antike und im Mittelalter hatten und im 19. Jahrhundert bei bürgerlichen Festlichkeiten zum Nachstellen von Kunstwerken oder geschichtlichen Ereignissen eingesetzt wurden.[2]

Da nur wenige Informationen zum Leben und Gesamtwerk des Malers vorhanden sind und die Inventarakten im Museum schwerpunktmäßig den Vorgang des Ankaufs behandeln, fehlt bislang eine intensive Bearbeitung dieses Werkes, das eine Reihe von Fragen aufwirft:

Sind die dargestellten Personen zu identifizieren?
Wer war der Auftraggeber?
Welchem Zweck diente die Darstellung?
Welchen Stellenwert nimmt sie im Gesamtwerk des Künstlers ein?
Inwieweit flossen die politischen Ereignisse der Zeit
(1848er Revolution) in die Darstellung ein?

Um diese Fragen zu beantworten, ist eine Sichtung der Archivalien zum Leben von Franz Stirnbrand erfolgt. Das Heranziehen von Informationen zum Hafenausbau in Friedrichshafen und die Identifikation von Personen und Uniformen führte zu einer Präzisierung der Datierung. Außerdem habe ich einen Vergleich mit anderen vielfigurigen Darstellung Stirnbrands aus der Zeit angestellt, um herauszuarbeiten, ob Stirnbrand zu den Ereignissen der 1848er Revolution in seinen Gemälden Stellung bezieht.

**Franz Stirnbrand: Das Einlaufen des Raddampfers ‚Kronprinz'
in den Hafen von Friedrichshafen
Öl / Leinwand, 97 x 143 cm, Zeppelin Museum Friedrichshafen**

VOM FINDELKIND ZUM MALER DES BÜRGERTUMS

Stirnbrand, als dreijähriges Kind von Johann Baptist Röser bei Linz von einem Soldaten namens Flam in Pflege genommen, wuchs ab dem 5. Lebensjahr bei der verwitweten Schwester Rösers, Gertrude von Börner, in Enns auf. Röser berichtet, dass das Kind mit einem kroatischen Akzent sprach und laut der Erzählung des Soldaten Flam ihm von einer kroatischen Soldatenfrau übergeben wurde, weil sie sich nicht in der Lage sah, für das Kind zu sorgen. Da nur der Vorname Franz bekannt war, legte ihm Röser nach einem Unglücksfall in der Küche, bei dem das Kind eine Brandwunde davontrug, den Nachnamen ‚Stirnbrand' bei.[3]

In einem Schriftstück vom März 1808 berichtete Röser über sein Pflegekind:

„Wegen seiner an ihm entdekten genauen Augenmaß, und Freude zum Zeichnen, bate ich den Herrn Rieger zu Linz, sich seiner aus christlicher Liebe anzunehmen, der sich auch aus ... Freundschaft zu mir, und aus eigenem Triebe zum Wohlthun nach beendigter Normalschule in Enns, wo ich ihn zu einer Schwester Frau Majorin von Börner auf den Schmidtberg in die Kost gab, und welche für seine gute Erziehung mütterlich gesorgt hat übernahmen, und bis auf den heutigen Tag väterlich genährt und unterrichtet hat. Ich empfehle diesen Knaben einem jeden wohltätigen Menschenfreund, und bitte wegen seinen nach immer bewiesenen guten Aufführung gnädige Unterstützung verdient, wißbegierig ist, und seinen Wohltätern dankbar seyn wird, ihm Gnad, Unterstützung und Vorschub angedeihen zu lassen. Schloß Greinburg an der Donau in ...oestereich 27. März 1808 Johann Bapt. Röser Pfleger und Landgerichtsverwalter"[4]

Das Staatsarchiv Ludwigsburg bewahrt auch die Abschrift des Gesellenbriefes von Stirnbrand vom April 1808 auf. Bei dem Linzer Maler Josef Paunerburg (?) hatte er vier Lehrjahre absolviert, sein Meister lobt in dem Gesellenbrief sein Betragen sowie seine Arbeit und empfiehlt ihn weiter.

Georg Wacha gibt zwei Varianten der Lebensbeschreibungen wieder.[5] Anlässlich Stirnbrands Antrag auf das Stuttgarter Bürgerrecht 1838 wurden weitere Informationen über ihn zusammengestellt, aus denen hervorgeht, dass Stirnbrand schon seit 1813 in Stuttgart ansässig war. Er erhielt Aufträge, die längere Anwesenheiten in Ludwigsburg, Karlsruhe und anderen Städten notwendig machten. Einem Schreiben des Innenministeriums vom August 1838 zum Antrag

Stirnbrands auf Bürgerrecht in Stuttgart und auf das württembergische Staatsbürgerrecht vom 10. Juli 1838 war ein selbstgeschriebener Lebenslauf beigelegt. Darin berichtete Stirnbrand, dass er nach seiner Lehrzeit in Frankfurt/M. tätig war, wo er zunächst kleine Porträts bekannter Persönlichkeiten auf Metalldosen malte und sich dann erst der eigentlichen Porträtmalerei zuwendete. Später reiste er durch Deutschland und nach Italien, um seine Ausbildung in Rom fortzusetzen.[6] Stirnbrand erwähnte eine größere Geldsumme, die er durch fleißiges Arbeiten erworben habe und mit dem er ein Haus mit Atelier in Stuttgart in der Unteren Friedrichstraße baute.[7]

Stirnbrand arbeitete in den 1830er und 1840er Jahren vornehmlich für Adelige und für das württembergische Königshaus.[8] Seine Porträts trafen den vorherrschenden Geschmack und des öfteren musste er ein gelungenes Porträt mehrfach malen.[9] Beispielsweise wurde ein Porträt König Wilhelms von Württemberg aus dem Jahr 1835 von ihm mehr als 20 Mal kopiert.[10]

Graf Wilhelm von Württemberg, Herzog von Urach, der Besitzer der Burg Lichtenstein und Kopf der Gesellschaft ‚Werft‘[11], gehörte ebenfalls zu Stirnbrands Auftraggebern. Er ließ sich von ihm in mittelalterlicher Rüstung porträtieren, das Gemälde sollte in der Burg Lichtenstein aufgehängt werden.[12]

Enge Kontakte zum gehobenen Stuttgarter Bürgertum, in dem höhere Beamte, Kunstfreunde, Dichter, Schauspieler und Musiker zusammentrafen und den kulturellen Ton angaben, brachten Stirnbrand auch ihre politischen Diskussionen der Revolutionszeit nahe. Dabei fanden sich in diesen bürgerlichen Kreisen seltener radikale Ansichten, wie der Wunsch nach Umkehrung der herrschenden Verhältnisse und der Abschaffung der Monarchie, sondern eher das Streben nach mehr Mitbestimmung, Meinungsfreiheit und einer demokratischen Regierungsform. Unter anderem verkehrte der Maler im Haus von August und Wilhelmine Köstlin. August Köstlin, ein hoher Verwaltungsbeamter in Stuttgart und Geheimer Rat, wurde 1842 Gründungsdirektor der Stuttgarter Kunstschule und der Kunst- und Wissenschaftlichen Sammlung, aus der dann die spätere Staatsgalerie hervorging. Es war naheliegend, dass für die Kunstsammlung auch Werke von Stirnbrand angekauft wurden. Der Maler war ein gern gesehener Gast und, wie der Sekretär des Kronprinzen Karl, Hackländer, berichtete, ein angenehmer Gesellschafter:

„Stirnbrand, ein stiller, freundlicher, stets harmonisch und froh gestimmter Mann von unverwüstlichem Humor, war auch wegen seiner Talente, eine Gesellschaft zu erheitern, bekannt und beliebt... Glückliche Stunden und Abende, die wir in dem heiteren, gastfreien

Hause verbrachten, bei den liebenswürdigsten Wirten und der stets auserlesenen Gesellschaft von Künstlern aller Art, Schauspielern und Sängern.“[13]

Seit 1838 war Stirnbrand mit der verwitweten Konsulin Guther verheiratet, einer Tochter des angesehenen Göppinger Oberamtsarztes und Naturforschers Friedrich Hartmann.[14] Ihre Tochter aus erster Ehe mit Konsul Guther heiratete August Graf von Normann-Ehrenfels. Die Zugehörigkeit zu dieser Gesellschaftsschicht und seine Auftraggeber, die er in diesen Kreisen hatte, markierten Grenzen, die er mit politisch zu deutenden Aussagen in Gemälden nicht überschreiten durfte.

So stellte er sich in der Friedrichshafener Hafenszene am rechten Bildrand als wohlhabenden Reisenden dar und zeigte damit deutlich seine Zugehörigkeit zum Bürgertum innerhalb der Gesellschaft Mitte des 19. Jahrhunderts.

Die gesamte Hafendarstellung ist in verschiedene vertikale Zonen gegliedert. Im Vordergrund ist frontal zum Betrachter ein bühnenartiger Landstreifen ausgebreitet, auf dem vierunddreißig Personen und vier Hunde zu sehen sind. Ihre Verteilung über die gesamte Bildbreite und ihre Gruppierung erwecken sogar den Anschein, als seien es viel mehr Personen. Die zahlreichen Menschen, ihre Aktionen und Bewegungen beschäftigen das Auge des Betrachters, gleichzeitig wirken die Dargestellten wie eingefroren. Hinter diesem Uferstreifen wird das Hafenbecken, dahinter der See und das Alpenpanorama gezeigt. Der leicht bewölkte Himmel nimmt fast die gesamte obere Hälfte des Gemäldes ein.

Neben dieser horizontalen Bildaufteilung setzt der Maler vertikale Akzente: Schiffsmasten, Fahnenmasten, eine Straßenlaterne und ein Leuchtturm ragen in die Höhe und lenken den Blick aus der Menschenmenge heraus in den Mittelgrund mit dem Hafenbecken und dem See sowie in den Hintergrund. So wird Weite suggeriert, die im Gegensatz zu der Enge und Fülle des belebten Landstreifens am Hafenbecken steht, und damit eine Spannung innerhalb der Darstellung aufbaut.

Zunächst fällt auf, dass die Zahl der Frauen und Mädchen (sechs) im Verhältnis zu den dargestellten Männern und Jungen gering ist. Es sind Uniformen und zivile Straßenkleidung zu sehen, ländliche und städtische Bekleidung kommt nebeneinander vor. Die Gesichter der meisten Personen sind sorgfältig gemalt, so dass die individuelle Physiognomie gut erkennbar ist. Fast alle Männer haben entweder Backenbärte, Schnurrbärte oder Kinnbärte.

Zentral im Bild, betont durch eine scheinwerferartige Beleuchtung, die den Boden in ein helles, kreisförmige Licht taucht, steht unter einer hoch aufragenden Straßenlaterne eine Gruppe von vier Männern. Um diese zentrale Gruppe ist etwas freier Raum vorhanden, während die anderen Personen und Gegenstände sehr dicht beieinander und nah bis an den unteren und seitlichen Bildrand positioniert sind. Insbesondere am rechten und linken Bildrand findet sich jeweils eine größere Ansammlung von Personen.

MÄNNER IN UNIFORM

Sechs der Dargestellten tragen Uniformen, die sehr unterschiedlich sind und deren Zuordnung erst durch eine genaue Betrachtung der Details möglich ist. Die Bedeutung des Militärs und der ebenfalls uniformierten staatlichen Verwaltungsbeamten für das Funktionieren von Wirtschaft und Verwaltung des Königreichs Württemberg wird durch sie ins Blickfeld gerückt. Die beiden Männer in der linken Bildhälfte sind als österreichische Husaren zu identifizieren.[15] Einer, in Rückenansicht dargestellt, führt am Arm eine Frau in weißem Kleid. Er trägt eine hellblaue Uniformjacke, graue Hosen, einen Degen und ein blaues Tschako. Mit seiner weiß behandschuhten Linken zeigt er Richtung Hafenbecken. Direkt an diesem Paar vorbei geht ein zweiter Mann in gleicher Uniform, die nun besser zu sehen und zu identifizieren ist, weil er sich dem Betrachter zuwendet. Durch diesen Kunstgriff gelingt es Stirnbrand, die Uniform von allen Seiten zu präsentieren. Die goldenen Tressen im Brustbereich der Jacke sind typisch für Husarenuniformen. Die linke Hand des Uniformierten liegt auf dem Degenknauf, die weiß behandschuhte Rechte führt eine Zigarre zum Mund. Die Degen verweisen auf den Offiziersdienstgrad der beiden Männer.

In der Männergruppe in der Bildmitte sind ebenfalls zwei Uniformierte zu sehen, die dunkelblaue Jacken tragen. Die Jacke des Mannes rechts weist eine doppelte Knopfreihe auf. Er trägt weiße Hosen und einen Zweispitz, dessen Spitzen in Richtung Stirn und Nacken zeigen. Der Degen weist ihn ebenfalls als Offizier aus. Deutlich sichtbar ist ein kreuzförmiger Orden auf seiner linken Brustseite. Seine ruhige Körperhaltung, die Schrittstellung und der in die Hüfte gestützte Arm signalisieren Abwarten und Überlegenheit.

Der zweite Uniformierte trägt eine einreihig geknöpfte Jacke. Seine schwarze Kopfbedeckung ist jedoch hoch und rund und mit einer Kokarde und einem Wedel an der oberen Kante versehen. Nur eines seiner Beine ist zu sehen und lässt erkennen, dass er eine dunkelblaue

Hose trägt. Diese beiden sind im Gespräch mit einem Mann, der mit dem Rücken zum Betrachter steht und mit raumgreifender Gestik auf die Uniformierten einzureden scheint. Seine weite braune Jacke, die faltig und unförmig am Körper hängt, entspricht nicht dem modischen, körperbetonten Schnitt der damaligen bürgerlichen Herrenjacken. Auch seine Kappe wirkt etwas verbeult und aus der Form geraten. In der linken Hand, die er auf den Rücken gelegt hat, trägt er einen Stock mit rundem Knauf. Zwischen seinen Beinen sind die Übermalung eines Stockes und eines Fußes sichtbar.

Die vierte Person in dieser Gruppe trägt eine Art Kapitänsmütze und eine lange schwarze Jacke. Sie scheint etwas in einem Dokument nachzulesen. Im Gegensatz zu allen anderen Männern auf dem Gemälde trägt diese Person eine Brille und keinen Bart.

Laut Aussage des Wehrgeschichtlichen Museums in Rastatt ist der Mann mit dem Zweispitz als württembergischer Zoll- und Grenzbeamter zu identifizieren. Zur Datierung des Gemäldes kann insbesondere diese Uniform herangezogen werden, denn sie wurde 1852 für die Beamten der württembergischen Finanzverwaltung eingeführt.[16] Es handelt sich bei dem Dargestellten um Zoll- und Hafendirektor Neuschler, der ab April 1851 als Oberzollinspektor in allen Schriftstücken der Zollverwaltung als Erstunterzeichner für das Hauptzollamt Friedrichshafen auftritt.[17] Daraus kann man schließen, dass das Gemälde erst nach 1852 entstanden sein kann.

Darüber hinaus findet sich in der Korrespondenz bezüglich des Gemäldeankaufes durch das Bodenseemuseum eine Postkarte von Prof. Dr. W. Fleischhauer, Stuttgart, an Oberverwaltungsrat Scharf, Bodenseemuseum Friedrichshafen vom 05.09.1976.[18] Fleischhauer berichtet dort von Aufzeichnungen, die dargestellte Personen auf dem Gemälde namentlich benannten. Die Aufzeichnungen seien leider nicht mehr auffindbar, aber aus der Erinnerung gibt er an, der Herr mit Zylinder rechts unter dem Schirmdach des Krans sei der Ulmer Fabrikant Wieland[19] und der Herr mit der weißen Hose und dem Schiffhut in der Mitte sei Zoll- und Hafendirektor Neuschler, der Großvater des letzten Besitzers des Gemäldes. Dieser war der Präsident des Verwaltungsgerichtshofes Dr. Alfred Neuschler. Er starb im Alter von 101 Jahren im Jahr 1975. Der im Zentrum der Darstellung stehende Hafendirektor Neuschler käme auch als Auftraggeber in Betracht. Das Gemälde befand sich bis zum Verkauf im Besitz seiner Familie. Falls der König von Württemberg Friedrichshafen und die ,Kronprinz' als Gemäldemotiv gewünscht hätte, wäre die Ausführung eher so ausgefallen, wie sie beispielsweise in „Schloss Friedrichshafen, die königliche Sommerresidenz am Bodensee" von Johannes Braungart zu sehen ist. Hier wurde 1839 die technische Neuerung, das Dampfschiff ‚Kronprinz', repräsentativ und bildbeherrschend vor dem Friedrichshafener Schloss dargestellt. Personen kommen, außer als Schiffsbesatzung, nicht vor.

Links neben Zoll- und Hafendirektor Neuschler steht ein Landjäger-Offizier. Die Landjäger waren die damalige württembergische Landespolizei.[20] Ihr Aufgabenbereich umfasste die Passkontrolle, die Verfolgung von Straftaten und die Gefangenenbeaufsichtigung. Dem Friedrichshafener Hafendirektor stand ab 1855 sogar ein weiterer lei-

tender Beamter zur Seite, der sogenannte Polizeikommissär.[21] Möglicherweise ist der dargestellte Landjäger-Offizier identisch mit diesem ‚Polizeikommissär'.

Der Uniformierte rechts im Hintergrund ist aufgrund der weißen Hose ebenfalls als Hafenbeamter einzuordnen, während der zweite Uniformierte im Hintergrund, der nur in Seitenansicht links hinter der zentralen Gruppe zu sehen ist, die Uniform der Landjäger-Mannschaft trägt. Die roten Schulterstreifen seiner Uniform waren bis 1856 üblich, danach wurden hellblaue Achselklappen eingeführt.[22] Anhand dieser Uniformdatierung kann die Entstehungszeit des Gemäldes zwischen 1852 und 1856 festgelegt werden.

Johannes Braungart: Schloss Friedrichshafen, die königliche Sommerresidenz am Bodensee, 1839, Öl / Leinwand, 54,5 x 83 cm mit Rahmen, Privatbesitz, Foto: Peter Frankenstein, Hendrik Zwietasch, Landesmuseum Württemberg

DIE ARBEITER

Die Kleidung der arbeitenden Männer gibt einen guten Eindruck von ihrer alltäglichen, einfachen und zweckmäßigen Garderobe, gleichzeitig ist sie auch ein Mittel, um soziale Unterschiede deutlich zu machen.

Hinter der zentralen Vierergruppe entlang transportieren Hafenarbeiter ein Fass und einen Karren mit Warenballen. Sie tragen helle Hemden und braune Hosen. Die Hemdärmel sind hochgekrempelt und der Kragen ist geöffnet. Hosenträger halten die Hosen und ein Lederschurz schützt die Kleidung vor Beschädigung und Verschmutzung bei den Verladearbeiten. Ein breitkrempiger, niedriger Hut bzw. eine weiche Zipfelmütze vervollständigen die Ausstattung der Stauer. In angestrengt gebückter Haltung bewegen sie ihre Waren.[23] Am linken Bildrand stoßen zwei Schiffer mit langen Stangen ihr Schiff von der Anlegestelle ab. Einer trägt ein weißes Hemd mit aufgekrempelten Ärmeln, eine Weste, eine schwarze Schleife und eine dunkle Schildmütze. Der andere trägt eine kurze Jacke, eine rote Weste, ein weißes Hemd mit schwarzer Schleife und einen flachen Hut.

Von rechts schiebt ein Gepäckträger einen Karren mit verschiedenen Gepäckstücken und einem dunklen Umhang oder Mantel Richtung Bildmitte. Er trägt über seinem korrekt an den Handgelenken zugeknöpftem Hemd eine Weste, der Kragen ist mit einer schwarzen Schleife geschlossen. Eine Schildkappe und eine Schürze aus hellem Stoff vervollständigen seine Ausstattung. Der Maler hat sogar die Flicken an Knie und Gesäß wiedergegeben.

DIE STADTBÜRGER

Die bürgerlich-städtische Herrenmode Mitte des 19. Jahrhunderts ist in Stirnbrands Hafendarstellung in verschiedenen Varianten zu sehen. Ihre Träger sind dadurch ebenfalls eindeutig einer sozialen Schicht zuzuordnen. Links hinter der zentralen Vierergruppe spazieren zwei Herren in schmal geschnittene Jacken in gedeckten Farben. Die Jacken werden offen getragen. Die Hosen sind gerade und schmal geschnitten und weisen immer einen andere Farbe als die Jacke auf. Den Farbtupfer liefern jeweils die Westen, hier in gelb oder fliederfarben. Das weiße Hemd mit hohem Vatermörder-Kragen und die schwarze Schleife waren Standardbestandteil der aktuellen Mode. Der Zylinder oder ein flacher Hut, Handschuhe und ein Spazierstock bzw. ein Schirm vervollständigten die Ausstattung.[24]

Auf einer Kiste links im Vordergrund sitzt ein Mann im grauen Rock und grauem Zylinder. Er wendet dem Betrachter den Rücken zu und dreht den Kopf nach links in Richtung eines ausfahrenden Schiffes. Auch er hält eine Zigarre in der Hand. Zwei kleine Jungen, einer vor der Kiste, einer hinter der Kiste stehend, sind mit Strohhut und violetten Hemden ausgestattet. Im Bürgertum war eine spezielle Kinderkleidung üblich geworden. Die Kinder trugen bis zu einem bestimmten Alter noch nicht die gleiche Kleidung wie die Erwachsenen. Hier sind die kurzen, locker fallenden Hemden der Jungen ein Bestandteil dieser Kinderkleidung.[25]

Auch die Kleidung der drei Männer links neben dem Lastkran entspricht den Vorgaben der bürgerlichen Mode, allerdings sind zwei von ihnen statt mit Zylinder mit einer Schirmmütze ausgestattet. Sie wirken wie Mitarbeiter des Herrn, der mit ausgestrecktem Arm in Richtung Hafenbecken weist und anhand der Inventarunterlagen als Fabrikant Wieland identifiziert werden konnte. Einer von ihnen hält eine Papierrolle in der Hand – vielleicht handelt es sich dabei um einen zusammengerollten Plan. Alle beide tragen gerade Stöcke ohne Knauf, die wie Messstäbe aussehen

Ebenfalls der bürgerlichen Schicht zuzurechnen ist das Paar, das im Vordergrund von rechts die Szene betritt und mit dem sich der Maler zusammen mit seiner Ehefrau ins Bild setzt. Er hält ein kariertes Reiseplaid, ein Buch und einen Schirm in der behandschuhten Hand. Die mit Strohhut und blauem Reisekleid ausgestattete Frau trägt eine bunt gemusterte Tasche und hält ein Schoßhündchen auf dem Arm.

Ein Blickfang ist die Frau im weißen Kleid in der linken Bildhälfte. Sie kehrt dem Betrachter den Rücken zu und bildet zusammen mit dem weißen Leuchtturm direkt über ihr einen Akzent. Das strahlende Weiß des Kleides zieht die Aufmerksamkeit auf sich. Der Rock fällt weit und bauschig, die Form ergibt sich durch zahlreiche Unterröcke oder sogar durch Korsett und Krinoline, die zu der Zeit noch getragen wurden. Die kurzen Ärmel und der weite Ausschnitt im Rücken lassen viel Haut sehen. Die Kopfbedeckung in Schutenform ist aus Stroh und wird von einem grünen Band gehalten. Der rote Schal, auf einer Seite von der Schulter gerutscht und der rotblaue zierliche Sonnenschirm komplettieren die Ausstattung, welche die Trägerin als wohlhabende bürgerliche Dame, vielleicht sogar als Adelige ausweist, die am Arm eines Offiziers einen Spaziergang am Hafen macht und sich die Sehenswürdigkeiten zeigen lässt.

Die aktive, führende und tragende Rolle des gehobenes des Bürgertums innerhalb der Gesellschaft der Zeit wird durch die Darstellung der selbstsicher auftretenden Bürger und Beamten betont. Den Arbeitern wird im Gemälde eine unselbständige, dienende Haltung zugewiesen. Diese wird auch in ihrer gebeugten Körperhaltung zum Ausdruck gebracht. Die Landbevölkerung tritt in den Hintergrund bzw. an den Rand, ihre Existenz wird mehr als schmückendes, folkloristisches Beiwerk dargestellt. Dieser Blick könnte gleichzeitig die Sichtweise eines Auftraggebers wiedergeben, der dem Bürgertum angehörte.

DIE LANDBEVÖLKERUNG

Am linken Bildrand, betont durch eine von der Bildmitte schräg nach außen aufsteigende Linie von Gepäckstücken und zum Teil schon außerhalb des hellen Lichtkegels, ist eine Gruppe wartender Menschen zu sehen. In dieser Gruppe fällt eine junge Frau durch ihre silber-weiß verzierte Radhaube, den Spitzenkragen, ein hellblaues

Johann Georg Sauter: Oberschwäbischer Jahrmarkt, 1836, Öl / Leinwand, 70 x 84,5 cm, Zweckverband Oberschwäbische Elektrizitätswerke.
Die zahlreichen Jahrmarktbesucher geben einen Überblick über die Kleidung der ländlichen Bevölkerung der Zeit.

Schultertuch und eine rosa Schürze auf. Hier trägt wohl eine Bäuerin ihre besten, farbenfrohen Kleidungsstücke, die nur zu Festtagen und besonderen Gelegenheiten angelegt wurden. Sie hebt sich damit deutlich von dem einfacher gekleideten Mädchen ohne Kopfbedeckung ab, das rechts neben ihr steht. Die stark vom linken Bildrand angeschnittene ältere Frau bildet dazu den farblichen Gegensatz. Sie trägt eine schwarze, kleine Haube und einen blauen Rock.

Der nur in Rückenansicht zu sehende Bauer im langen schwarzen Mantel scheint ebenfalls seine beste Kleidung angelegt zu haben. Stiefel, ein schwarzer Hut und ein riesiger roter Regenschirm vervollständigen seine Ausstattung. Zwischen Stiefeln und Mantelsaum blitzen blaue Strümpfe hervor, er trägt wahrscheinliche eine lederne Kniehose darüber und entspricht so der zeitüblichen bäuerlichen Tracht im Bodenseegebiet und Oberschwaben.

Er ist als Repoussoirfigur eingesetzt, die durch ihre Dunkelheit einen Rahmen für die Szene im Vordergrund bildet und den Blick in die Tiefe führt.

In der rechten Bildhälfte fällt die aufgelockerte Gruppierung der Personen auf. Der Blick des Betrachters kann ungehinderter auf das Hafenbecken und auf die dort befindlichen Schiffe fallen. Begrenzt wird der rechte Teil des Gemäldes von einem drehbaren Lastenkran mit einem runden Dach. Der Sockel des Kranes besteht aus mehreren Stufen, die als Standort für verschiedene Personen dienen. Rechts am Krangestell lehnt ein Pfeife rauchender Mann in weißem Hemd und roter Weste. Seine Arme sind verschränkt, so als betrachte er zufrieden und abwartend etwas. Sein schwarzer Filzhut entspricht der üblichen bäuerlichen Kopfbedeckung der Zeit.

Am unteren Bildrand sitzt ein Mädchen, dessen ländliche Kleidung besonders gut zu erkennen ist. Obwohl sie dem Betrachter halb den Rücken zuwendet, sind das weiße Hemd, das rote Tuch über dem fliederfarbenen Mieder, der dunkle Rock und die grüne Schürze gut zu sehen. Die Haare sind mit einem Zopfband zu Zöpfen geflochten, das Band hält sie zusammen und hängt am Rücken herunter. Neben dem niedrigen Schemel, auf das das Mädchen Platz genommen hat, stehen ein Körbe mit Äpfeln und Birnen, die sie zum Kauf anbietet.

Hinter dem Gepäckkarren sind drei Personen pyramidenförmig angeordnet, so dass die Spitze dieser Personenpyramide den Blick auf die Hafenausfahrt lenkt. Der Landjäger bildet die Spitze, links von ihm wirft ein Mann in grauer, kurzer Jacke in gebeugter Haltung seine Angel aus. Ein junges Mädchen steht etwas tiefer auf der rechten Seite.

Sie trägt die übliche ländliche Frauenkleidung: einen dunklen Rock, ein weißes Hemd, Mieder und eine blaue Schürze.

Die Landbevölkerung als Rand- oder Hintergrunderscheinung der damaligen Gesellschaft zu zeigen entsprach ganz und gar nicht der Realität. 93% der württembergischen Bevölkerung waren 1840 noch Bauern und Handwerker.[26] Die Bauern sind jedoch auf dem Gemälde in der Minderheit, zahlenmäßig am stärksten ist das Bürgertum vertreten.

KLEIDUNG ALS AUSDRUCK EINES LEBENSGEFÜHLS

Eingefasst wird die gesamte Szene von den zwei gegensätzlichen Paaren: links der Mann in Rückenansicht mit langen schwarzen Mantel und die Frau in bäuerlicher Tracht mit Radhaube, rechts das Ehepaar Stirnbrand in Reisekleidung. Ihre Kleidung, Herkunft, gesellschaftliche Stellung und Verhalten liegen so weit voneinander entfernt wie ihre Position im Gemälde. Die Reisenden bewegen sich vorwärts, schauen sich in verschiedene Richtungen um, damit sie all das Neue, das ihnen begegnet, auch wahrnehmen. Das Paar in ländlicher Kleidung wirkt dagegen in sich ruhend. Sie stehen auf der Stelle, der Blick geht über den engen Umkreis nicht hinaus, die Handhaltung ist ruhig. Die Landbevölkerung wird als statisch-konservativ charakterisiert, während das Bürgertum aktiv-fortschrittlich erscheint. Stirnbrand gibt damit zwei Pole an, zwischen denen sich die Auffassungen und Lebensweisen der Menschen der Zeit bewegten.

Besonders hervorgehoben ist ein Jugendlicher im Vordergrund, der eine helle lange Hose und einem blauen Kittel mit einem Gürtel in der Taille gebunden trägt. Er steht in Schrittstellung, dem Bertachter halb zugewandt und ist mit einem Spazierstock, einer Umhängetasche und einer kleinen Flasche am Gürtel ausgestattet. Diese Accessoires, der Strohhut und der offene Kragen, der lediglich mit einem blauen Halstuch in Pfadfindermanier gebunden, lassen sich eventuell als Reise- oder Wanderkleidung einordnen. Es gibt verschiedene Quellen, aus denen sich diese Art der Oberbekleidung herleiten lässt. Eine eindeutige Zuordnung ist jedoch nicht möglich. Vielleicht ist der Kittel eine Weiterentwicklung der Jungenkleidung des Biedermeier, die aus einem langen Kittel mit Gürtel über langen Hosen bestand.[27]

Im Gegensatz zu den Jungen in diesem Bildbeispiel trägt Stirnbrands Jugendlicher jedoch einen wesentlich kürzeren Kittel, der nur knapp über die Hüften reicht.

Ferdinand Waldmüller: Familie Eltz: Der Notar Dr. Josef August Eltz mit seiner Gattin Caroline, geb. Schaumburg, und den acht Kindern in Ischl, 1835, Öl / Leinwand, Belvedere Wien
Hier tragen die Jungen lange Kittel über die Hose.

Struve, Hecker, Schimmelpfennig, kolorierte Radierung, 21,4 x 25,9 cm, Wehrgeschichtliches Museum Rastatt

Möglicherweise hat auch das bäuerliche Blauhemd Pate gestanden, das sich mit der Einführung des preiswerten, blau gefärbten Baumwollstoffes überall in ländlichen Gebieten als täglich getragener Arbeitskittel etablierte. Zusätzlich erinnert dieses Kleidungsstück stark an die sogenannten Blusen, die Uniform und Erkennungszeichen der Aufständischen der Revolutionsjahre 1848/49 waren.

Auffällig ist die freie Fläche hinter dem Jungen im blauen Kittel, die erst den Blick auf den Raddampfer ‚Kronprinz‘ freigibt. Da die zahlreichen Personen und Personengruppen im Vordergrund zunächst die Aufmerksamkeit auf sich ziehen, ist zu vermuten, dass der Raddampfer zwar ein wichtiges Element, aber nicht das Bildthema ist.[28] Diese optische Verknüpfung des Raddampfers und des Jugendlichen legt eine inhaltliche Deutung nahe. Es könnte sich um einen Hinweis auf den Aufbruch in technischer und politischer Hinsicht handeln. Der Jugendliche erscheint jedoch nicht bedrohlich oder gar nicht umstürzlerisch in Bezug auf die bestehende Gesellschaftsordnung. Er wirkt diszipliniert wie der Jagdhund, der gut dressiert und gehorsam an seiner Seite sitzt und auf die beiden laufenden Hunde zurückschaut. Der Hund ist vorbereitet auf eine bestimmte Aufgabe, und wenn der passende Moment gekommen ist, wird er diese Aufgabe erfüllen. Genauso könnte der junge Mann sich mit den neuen Gedanken von Freiheit und Gleichheit von der althergebrachten, bestehenden Gesellschaftsform langsam entfernen und eine ganz andere Richtung einschlagen, um in der Zukunft diese Gedanken umzusetzen. Er steht allein, weil alle anderen noch in der bestehenden Ordnung verhaftet sind.

Auf den Stufen des Lastkransockels sitzt, dem Betrachter frontal zugewandt, ein weiterer auffällig gekleideter Mann. Er trägt eine helle, eng anliegende Hose mit blauen, schmalen Seitenstreifen und aufgenähten Bändern, die in Hüfthöhe verschlungene, kleeblattförmige Muster bilden. Die Ärmel seines weiten Hemdes sind ein wenig hochgekrempelt, der braune Umhang ist nach hinten geschlagen. Der braune Hut mit großer Krempe ist sehr auffällig und außergewöhnlich. Der Mann trägt keine Strümpfe, seine Schuhe sind mit Bändern kreuzweise am Unterschenkel verschnürt. In der rechten Hand hält er eine Pfeife. Auf den Stufen hat er Drahtwaren ausgelegt, die er wohl zum Verkauf anbietet. Es handelt sich um eine Mausefalle, einen Bügeleisenuntersetzer und eine Rolle Draht. Diese Drahtrolle wurde zweimal gemalt, die erste Version einer großen Rolle ist unter der späteren Übermalung noch schwach zu erkennen. Es ist anzunehmen, dass es sich um einen Wanderhändler handelt, der außerhalb der Kleiderkonventionen der Bürger und Bauern steht. Seine Herkunft ist zunächst nicht zu ermitteln. Ähnliche Hosenformen finden sich in der griechischen Männertracht, die Ornamente erinnern an ungarische Trachten, so dass vielleicht eine Herkunft aus Österreich-Ungarn oder dem Balkangebiet anzunehmen ist.

Eberhard Emminger, Hafen von Friedrichshafen, 1825, Lithographie, Deutsches Museum München

DIE BEDEUTUNG DES FRIEDRICHSHAFENER HAFENS

Schon vor 1824, also vor der Einführung der Dampfschiffe auf dem Bodensee, war Friedrichshafen für die Lastensegler, die Getreide, Obst, Wein, Salz, Leinwand, Gips, Kalk, Holz, Metall Garne und Vieh transportierten, der wichtigste Hafen des Königreiches Württemberg, ein Verteilerkreuz auf den Handelswegen von Nord nach Süd. Mit der Zusammenlegung von Buchhorn und Hofen 1811 zu Friedrichshafen und der Festlegung zahlreicher Förderungen und Privilegien wollte König Friedrich den Handel stärken. Mit dem fahrplanmäßigen Dienst des Dampfschiffes ‚Wilhelm‘ zwischen Friedrichshafen und Rorschach war man ab 1824 unabhängig vom Wetter und konnte eine zuverlässige Verbindung in die Schweiz und damit auch für den Weg nach Italien bieten.

Eine Lithographie des Hafens von Eberhard Emminger aus dem Jahr 1825 zeigt, dass zu der Zeit in Friedrichshafen einfache, bohlenbelegte Stege ein Hafenbecken von drei Seiten umschlossen. Die Fracht wurde mit Kranen, die auf Deck der Schiffe aufgebaut waren, an Land gebracht und dann im Lagerhaus am Hafen, erst Salzstadel, dann Fruchtkasten genannt, aufbewahrt. Die Schiffe waren in diesem Hafen allerdings noch Wind und Wellen ungeschützt ausgesetzt.

In der Beschreibung des Bodensees und seiner Umgebung aus dem Jahr 1833 heißt es dazu: „Friedrichshafen hat über 800 Einwohner, eine Post, Kameralverwaltung, Oberzollverwaltung, Katholische und Protestantische Pfarreien und einen schönen, mit besonderen Privilegien begünstigten Hafen, von wo aus das königliche Dampfschiff Wilhelm seine täglichen Fahrten nach Rorschach macht. Der Ort nährt sich vorzüglich vom Speditions- und Durchgangshandel...“[29]

Mit Fertigstellung des Raddampfers ‚Kronprinz‘ 1839, dessen Rumpf aus Eisen und nicht mehr aus Holz gefertigt war, begann einen neue Ära im Schiffsbetrieb. Die ‚Kronprinz‘ hatte einen Tiefgang von 1,20 Metern, während das Vorgängerschiff ‚Wilhelm‘ lediglich einen Tiefgang von 0,90 Metern aufwies.[30] Das bedeutete, das Hafenbecken war für die ‚Kronprinz‘ nicht tief genug und musste ausgebaggert werden. Während die ‚Wilhelm‘ 40 Tonnen Nutzlast und 124 Personen befördern konnte, fanden auf der ‚Kronprinz‘ 300 Personen und 22 Tonnen Ladung Platz. Allein dies macht deutlich, dass sich der Schwerpunkt immer mehr auf den Personenverkehr verlagerte. Sogar ganze Kutschen konnten mit dem Dampfschiff befördert werden. Den Güterverkehr übernahm mehr und mehr die Eisenbahn, die 1847 auch bis Friedrichshafen geführt wurde.

In einem Reisebericht aus dem Jahr 1855 über seine Eisenbahnfahrt in den Süden notierte Friedrich Hackländer, der ehemalige Privatsekretär des Kronprinzen Karl von Württemberg: „In Friedrichshafen, wohin wir um 3 Uhr kamen, greift alles sehr gut in einander, um den Reisenden und sein Gepäck sogleich an den See und auf das Dampfschiff zu befördern, welches sich denn auch eine halbe Stunde später mit uns in Bewegung setzte und zu dem schönen neuen Hafen hinausfuhr. Die Quais desselben, seine Uferwand und der Leuchtthurm sind nun vollendet; fest und doch zierlich erbaut, geben sie der Wasserseite Friedrichshafens ein heiteres stattliches Ansehen und gewähren den Schiffen den vollkommensten Schutz gegen alles Unwetter des zuweilen sehr aufgeregten und unartigen Sees...“[31]

In Stirnbrands Hafendarstellung ist der Boden im Vordergrund unbefestigt und weist einige kleine Steine und Grasbüschel auf. Das Hafenbecken ist mit Planken aus Holz eingefasst, ausgestattet mit einem weißen, steinernen Leuchtturm und einem drehbaren Lastenkran, hinter dem ganz rechts rötlich-braune Gebäude direkt am Ufer zu sehen sind. Zu verfolgen ist links der Uferverlauf des Sees nach Osten Richtung Langenargen, das dortige weiße Schloss am Ufer ist noch sichtbar.

Im Hafen selbst befinden sich verschiedene Schiffe: rechts und links zwei beladene Lastensegler, ein auslaufendes Schiff, der einlaufende Raddampfer ‚Kronprinz‘ mit auffallend vielen Flaggen und ein weiteres Dampfschiff am Bildrand hinten links, von dem nur der graue Schiffskörper und ein Schornstein zu erkennen sind. Einige kleinere Boote segeln weit draußen auf dem See.

Die deutlich sichtbare Beflaggung von ‚Kronprinz‘ ist immer wieder Anlass zur Frage nach der Bedeutung der Flaggen. Es fehlt eine allgemeine Vorschrift der Schiffsbeflaggung aus der Entstehungszeit des Gemäldes, denn es gab erst Mitte der 1850er Jahre Verträge der Bodenseeanliegerstaaten zur Regelung des Schiffsverkehrs und 1867 konnte eine einheitliche Schifffahrts- und Hafenordnung für den Bodensee verabschiedet werden[32].

Zu erkennen sind jeweils an Bug und Heck des Dampfers ‚Kronprinz‘ sowie über der Sonnenschutzplane für die Passagiere die Flaggen des Königreichs Württemberg in den Farben Rot und Schwarz. Eventuell durch die Verwendung von Elfenbeinschwarz, dessen Farbton ins Blauschwarz tendiert oder durch eine Ausmischung von Elfenbeinschwarz mit Berliner Blau könnte der heutige dunkelblaue bzw. blauschwarze Eindruck der Flaggenfarbe entstanden sein. Diese im 19. Jahrhundert durchaus übliche Blauausmischung von Schwarz, um der Farbe mehr Tiefe zu verleihen, könnte der Grund dafür sein, dass der Betrachter heute die württembergischen Flaggenfarben nicht sofort erkennt. [33] Auch die schmalen Wimpel auf den beiden Masten zeigen die württembergischen Landesfarben, genauso wie der Leuchtturm und das Schiff links im Bild.

Zwischen den beiden Masten der ‚Kronprinz‘ sind auf gleicher Höhe eine gelb-rot gestreifte Flagge und die Fahne der Schweiz zu sehen. Da die ‚Kronprinz‘ vor allem den Rorschacher Hafen anlief, ist zu vermuten, dass die Schweizer Fahne das Land des Zielhafens angeben soll. Möglich wäre auch der Hinweis auf die Schiffsbaufirma Escher Wyss & Co. in Zürich als Erbauerin der ‚Kronprinz‘.

Die Betreibergesellschaft des Dampfschiffes, die Württembergische Bodensee-Dampfschiffahrtsgesellschaft, war sicher auch mit ihrer Flagge vertreten. Die Quellenlage erlaubt es aber bislang nicht, die an den Masten befindlichen blau-weiß, blau-gelb oder gelb-rot gestreiften Flaggen eindeutig zuzuordnen.

Das Dampfschiff ‚Kronprinz‘, Stadtarchiv Friedrichshafen

Hafenansicht um 1850, Lithographie, Stadtarchiv Friedrichshafen

Im Vergleich mit einer etwa gleichzeitigen Hafendarstellungen möchte ich herausfiltern, auf welche Elemente Stirnbrand ein besonderes Gewicht legte, indem er sie durch die Auswahl und Anordnung der Motive betonte.

In einer Lithographie um 1850 von einem unbekannten Künstler ist ein ähnlicher Ausschnitt des Hafens dargestellt, doch der Eindruck ist ein ganz anderer. Der Künstler hat seinen Standpunkt weiter hinten, in eine größere Entfernung vom Hafenbecken gewählt. Dadurch erhält er im Vordergrund eine größere Fläche, auf der die Personen klein und verloren wirken. Es werden nur wenige Personen und wenige Warenballen und Fässer gezeigt, so dass gar nicht erst der Eindruck eines Gedränges entsteht. Einzelne Motive erscheinen bei Stirnbrand in ähnlicher Form: ein Ehepaar in Reisekleidung, uniformierter Grenz-/Zollbeamte, ein springender Hund, in Zweiergruppen diskutierende Bürger. Menschen, die durch ihre Kleidung unterschiedlichen Schich-ten zuzuordnen sind, zeigt die Lithographie jedoch nicht. Die dargestellten Personen sind hier eher typisiert. Lastensegler und Raddampfer existieren in der lithographischen Darstellung gleichwertig nebeneinander, während Stirnbrand alle anderen Schiffe für den Raddampfer an die Ränder des Hafenbeckens rückt. Erstaunlicherweise finden wir die Straßenlaterne, den Leuchtturm und einen Lastkran am Hafenbecken in der Lithographie ebenfalls wieder. Der Lastkran hat aber eine andere Form als der auf dem Stirnbrand-Gemälde. Es handelt sich um den zweiten Kran im Hafen, der weiter östlich vor dem Hafenbahnhofsgebäude aufgestellt war. Auf Fotos um 1900 ist dieser Kran noch zu finden. Der Leuchtturm auf der Lithographie scheint außerhalb der hölzernen Hafeneinfassung zu stehen und wirkt kleiner und gedrungener und ist näher nach rechts Richtung Hafenausfahrt gerückt.

Das Hauptthema des Lithographen war also die topographische Aufnahme der Hafenanlage mit den Schiffen während Stirnbrand sei-

Hafenansicht mit Lastkran, Postkarte, Stadtarchiv Friedrichshafen

nen Schwerpunkt auf die Personen und ihre gesellschaftliche Stellung legte.

Die Präzisierung der Datierung des Gemäldes um 1840 ist auch nach Sichtung der Unterlagen über den Hafenausbau in Friedrichshafen möglich. Die nach der Identifizierung der Uniformen angenommene Entstehungszeit des Gemäldes zwischen 1852 und 1856 wird untermauert durch einen Plan des Architekten Beger im Staatsarchiv Ludwigsburg von November 1850. Er zeigt die Ansicht des Hafenbeckens mit dem Lagerhaus, dem Eisenbahndrehkreuz und dem Gebäude der Spedition Lanz am Ufer. Davor ist die „verbreiterte und neu hergestellte Ladebrücke" mit „Krahnenschacht und Quaimauer" sichtbar.

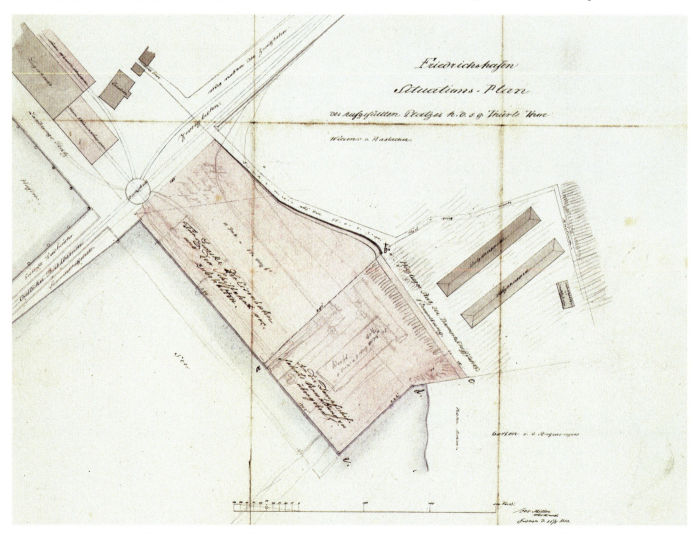

Friedrichshafen Situations-Plan des aufgefüllten Platzes p. d. s. g. Thürle Thor, 1853, Staatsarchiv Ludwigsburg E 236 Bü 3628

Nachträglich eingezeichnet und gekennzeichnet sind die von Januar bis April 1851 neu ausgebaggerten Bereiche im Hafenbecken für den tieferliegenden Raddampfer, der östliche Pfahldamm ist als „fertig" gekennzeichnet. Sichtbar ist auch der Standort des Leuchtturmes. Ein zweiter Situationsplan aus dem Jahr 1853 zeigt dann die Pläne für den Ausbau des hinteren Hafens inklusive der schon mit Bleistift eingezeichneten Werfthalle.[34] Zahlreiche Schriftstücke aus den 1840er Jahren enthielten immer noch Beschwerden über die unzureichenden Hafenanlagen und erst 1850/51 erscheinen schriftliche Kostenaufstellungen über das Einrammen der Holzpfähle für die Hafenbeckenbegrenzung.[35] Damit ist der Beginn der Endphase des Hafenausbaus in das Jahr 1850 zu datieren. Der Ausbau des Hafens hatte sich also über zwei Jahrzehnte hingezogen.

Für die neue Datierung spricht zusätzlich Stirnbrands Einnahmenliste, die mit Eintragungen von 1813 bis 1851 als Abschrift erhalten ist[36]. Dort findet sich keine Erwähnung der Hafendarstellung. Das Gemälde ist demnach mit Sicherheit nach 1851 entstanden.

Der Friedrichshafener Hafen war mit Privilegien ausgestattet, wie der ausschließlichen Berechtigung für die Abwicklung des Warenverkehrs zwischen Württemberg und der Schweiz[37], um den Handel zu fördern. Stirnbrand zeigt diesen so zentralen Hafen des Königreichs in seiner damals neuesten Ausbaustufe mit herausragenden technischen Einrichtungen und Gebäuden (Leuchtturm, Lastenkran). Die modernsten Schiffe verkehren hier und Arbeiter und Bauern, Städter, Durchreisende, Händler, Militär und Schiffsleute bevölkern den Hafen. Uniformierte Beamte der Zoll- und Hafenbehörde beobachten wachsam das Treiben und die Geschäfte. Alles scheint wohl organisiert und trotz der Menge an Personen und der Fülle der verrichteten Tätigkeiten wirkt alles geordnet und überschaubar. Trotz der vielfältigen sozialen Unterschiede werden keine gesellschaftlichen Spannungen deutlich. Stirnbrand zeigt eine erstaunlich friedliche Darstellung, wenn man bedenkt, dass zur Entstehungszeit des Gemäldes die revolutionären Bestrebungen erst wenige Jahre zurücklagen und es immer noch starke liberale und demokratische Strömungen gab.

In Stirnbrands Hafendarstellung führen einige Einzelheiten noch zu weiteren Überlegungen bezüglich einer politischen Aussage. Insbesondere die Straßenlaterne könnte einerseits den Stand des technischen Fortschritts markieren, andererseits ein politisches Symbol sein.

Technisch möglich war eine gasbetriebene Straßenbeleuchtung schon seit den 1840er Jahren, denn in Stuttgart wurden 1845 schon 80 Straßenlaternen mit Leuchtgas versorgt. Hatte diese Technik aber auch schon in der Provinz Einzug gehalten? Die demonstrative Platzierung der Laterne in der Bildmitte – sowohl bei Stirnbrand als auch in der Lithographie – und ihre alles überragende Höhe könnten dafür sprechen. Belege sind im Friedrichshafener Stadtarchiv leider nicht vorhanden. Dort ist die gasbetriebene Straßenbeleuchtung erst ab 1890 nachzuweisen. Trotzdem wäre es denkbar, dass bestimmte, besonders wichtige Bereiche, die den Fortschritt und Aufschwung in der Stadt zeigen sollten, wie der neu ausgebaute Hafen oder der Bahnhof, schon früher mit Gasbeleuchtung ausgestattet wurden. Dafür sprechen auch Darstellungen des Bahnhofsvorplatzes, die schon in der frühen Form ohne die 1899 angebauten Seitenflügel, Laternen auf dem Bahnhofsvorplatz zeigen sowie eine Darstellung des Hafens auf einer Lithogra-

Bahnhof von Friedrichshafen, vor 1899, Druck, Stadtarchiv Friedrichshafen

Erinnerung an Friedrichshafen (Ausschnitt), Lithographie, Stadtarchiv Friedrichshafen

phie, die eine Laterne entlang der Mauer am Hafenbecken deutlich wiedergibt.[38] Ein erstes kleines Gaswerk war in Friedrichshafen auf dem Flurstück zwischen Bismarck- und Charlottenstraße vorhanden.[39]

Die symbolische Bedeutung der Laterne würde sich auf die politischen Verhältnisse beziehen. Eine Laterne bringt Licht und Orientierung für die Menschen, genau wie der Leuchtturm für die Schiffe. Die Ausleuchtung des Gemäldes ist so angelegt, dass sich ein kreisförmiger Lichtkegel in der Bildmitte unter der Laterne befindet. An dem dargestellten sonnigen Tag ist die Laterne natürlich nicht in Betrieb und selbst wenn, würde der Lichtschein nicht in dieser deutlichen Form zu sehen sein. Vielleicht ist deshalb damit eher ein Stück geistige Erleuchtung im Sinne der demokratischen Bewegung der Zeit gemeint, wie beispielsweise auch in Darstellungen von Lesegesellschaften zu sehen.[40] Der Titel „Die Laterne" war gerade in den politisch bewegten Zeiten um 1848 beliebt für Zeitschriften mit Inhalten verschiedener politischen Ausrichtungen. So gab Franz von Dingelstedt[41] ab August 1848 für kurze Zeit ein konservatives, staatstreues Blatt mit diesem Titel heraus, dass ein Gegengewicht zu dem satirisch-demokratisch ausgerichteten „Eulenspiegel" 1848-53 und der demokratischen Zeitschrift „Der Beobachter", dem Organ der württembergischen Demokraten, bilden sollte.[42] 1849 erschien in der „Laterne" vom Privatsekretär des Kronprinzen Karl, Friedrich Wilhelm Hackländer, der Text „Laternenunglück", in dem es um die gleichen staatsbürgerlichen Rechte für alle geht.[43]

Johann Peter Hasenclever: Lesekabinett, 1843, Öl / Leinwand, 35 x 43 cm, Alte Nationalgalerie Berlin / Bildarchiv Preußischer Kulturbesitz Berlin

„Die Laterne" war auch der Titel einer satirischen Beilage (1846-48) der politisch-literarischen Zeitschrift „Der Leuchtturm" (1846-51), die sich für die Ziele der liberal gesinnten Politiker einsetzte.

Dass sich eine politische Aussage in dem Gemälde verbirgt, legt auch die auffallende Darstellung von verschiedenen rauchenden Männern nahe. Rauchen galt in der Revolutionszeit als Zeichen liberaler Gesinnung. Vorher wurde Rauchen in der Öffentlichkeit als politisch verdächtig angesehen, weil es angeblich Standesunterschiede verwischte. Mit der vorgeschobenen Begründung der Feuergefährlichkeit war deshalb in vielen Städten das Rauchen auf offener Straße verboten. Die Bevölkerung fasste dieses Verbot als Einschränkung der persönlichen Freiheit auf. Während der Märzrevolution 1848 wurde das Rauchverbot dann in Berlin als Zugeständnis an die revoltierende Menge aufgehoben und dieses Zugeständnis blieb auch nach der Niederschlagung der Aufstände von 1848/49 erhalten.[44]

Das allgemeine Interesse an und der Wunsch nach politischer Beteiligung ließen sich auch nach dem Scheitern der Revolution von 1848/49 nicht mehr unterdrücken. Die „… deutsche Gesellschaft kehrte nicht mehr in die vorrevolutionäre, häufig als ‚biedermeierlich' verspottete Lethargie zurück. Sie war nun vielmehr eine ‚Gesellschaft im Aufbruch'…, zunächst in wirtschaftlicher, aber auch wieder in politischer Hinsicht…"[45]
Ein Beispiel für diese Haltung waren die Auseinandersetzungen um die württembergische Landesversammlung. Die gewählte verfassungsgebende Landesversammlungen waren von König Wilhelm 1849 und ein zweites Mal 1850 aufgelöst worden, da die Abgeordneten sich nicht mit den vom König eingesetzten, beamteten Ministern einverstanden erklärten. Und obwohl die demokratischen Errungenschaften wie persönliche Freiheit, Schutz vor Willkürakten durch Regierung und Kirche, Pressefreiheit, Vereinsfreiheit 1851 und 1854 durch Bundesbeschlüsse wieder abgeschafft und in Württemberg erst 1864 nach dem Regierungsantritt von König Karl wieder zugelassen wurden, blieb die öffentliche Beteiligung der verschiedenen politischen Richtungen, den Vorläufer der Parteien, erhalten, denn das Bürgertum strebte weiterhin Reformen an.[46] Das allgemeine, gleiche und unmittelbare und geheime Wahlrecht wurde dann per Gesetz 1868 in Württemberg eingeführt.[47]

Die beiden springenden Hunde könnten in diesem Zusammenhang eine symbolische Darstellung des Verhältnisses zwischen Bür-

gertum und Adel sein. Es handelt sich um eine Dogge und einen Pinscher, die nebeneinander aus der Bildmitte nach links rennen. Ihre Sprünge wirken fast spielerisch, könnten aber auch ein Kampf zwischen ungleichen Gegnern andeuten, da Pinscher die Charaktereigenschaft haben, auch viel größere Hunde tapfer anzugreifen. Doggen wurden vom Adel als Jagdhunde genutzt, aber auch zu Repräsentationszwecken gehalten. Pinscher waren schon im 19. Jahrhundert beliebte Hunde des Bürgertums. So könnte das Miteinander dieser Gesellschaftsschichten durch die Vertreter der beiden Hunderassen verdeutlicht werden.[48]

STIRNBRAND ALS PORTRÄTMALER

Franz Stirnbrand war vor allem als Porträtmaler bekannt und geschätzt. Dass auf diesem Gebiet seine Stärke lag, ist auch der Friedrichshafener Hafenszene anzusehen. Die Gesichter der Personen sind sehr viel feiner und sorgfältiger gemalt als ihre Kleidung oder die Hafenumgebung. Die Gesichter leuchten trotz ihrer geringen Größe aus dem Gemälde heraus, manche wirken wie zum Schluss hinein gemalt. Einige Gesichter sind besonders klar zu erkennen, so dass die typische, individuelle Physiognomie sichtbar wird.
Deutlich hervor treten dagegen Unsicherheiten bei der Bewältigung der Darstellung von Größenverhältnissen und Überschneidungen in der mehrfigurigen Szene. Verschiedene Übermalung sind zu erkennen: z.B. zwischen den Beinen der zentralen Figurengruppe oder bei der Drahtrolle. Hier fehlte Stirnbrand scheinbar die nötige Routine, um die Aufgabe beim ersten Versuch befriedigend lösen zu können.

Um die Hafenansicht mit den zahlreichen Personen innerhalb seines Gesamtwerkes einordnen zu können, sollen zwei frühere Gemälde Stirnbrands betrachtet werden, die sehr deutlich seine künstlerische Weiterentwicklung bezüglich der Ausführung von großen Menschenansammlungen zeigen. Im Fall der 1829 entstandenen „„Bärengesellschaft' in Ludwigsburg" kann sogar die Entstehungsgeschichte nachvollzogen werden. Der Maler kam während seines Aufenthaltes in Ludwigsburg in Kontakt mit der „Bärengesellschaft", die sich im Gasthof „Zum Bären" traf und aus Offizieren und höheren Beamten bestand. Das Gemälde „Die Bärengesellschaft", das erste überhaupt, auf dem Stirnbrand so viele Personen darstellte, entstand eher zufällig, wie sich in den Aufzeichnungen seiner Stieftochter nachlesen lässt:

Stirnbrand hatte den Königlichen Haushofmeister a.D. Bartholomäus Fras(s)inelli, ein Mitglied der Gesellschaft, spontan aus Spaß direkt auf seine Palette gemalt. Königin Charlotte, die ihren Witwensitz in Ludwigsburg hatte und eine wichtige Auftraggeberin des Malers war, sah bei einem Besuch im Atelier das originelle Porträt. „.... ihr Auge (traf) auf die in kecken Umrissen, mit frappanter Ähnlichkeit hingeworfenen Züge, an denen sie sich höchlich ergötzte. Das Brett wurde abends in den Clubb mitgenommen und erregte, je mehr Fraßinelli schalt, desto größere Heiterkeit. Halb spielend wurde nun dem ersten Bild ein 2tes, ein 3tes, am Ende die ganze Genoßenschaft angereiht; jeder wünschte, sich in effigie unter so noblen Compagnons zu sehen; Männer, welche sonst die Gesellschaft nicht besuchten, wie General von Varnbühler u.a., hielten jetzt auf das eifrigste zu derselben, nur damit sie in dem fast improvisierten Tableau eine Stelle fänden: und

so entstand jenes vielbekannte Gemälde, das in lebendigster Auffaßung und harmonischer Gruppierung mit scharfer Portraitähnlichkeit und charakteristischer Individualität des Einzelnen mehr als 20 Figuren, Militärs und Civilisten, an einem Tisch aufgereiht oder abseits stehend, repräsentiert und in einer späteren Lithographie die allgemeinste Verbreitung fand."[49]

Dargestellt sind 35 Personen, die in einem saalartigen Raum fast nebeneinander aufgereiht sind. Nur im Vordergrund der bühnenartig wirkenden Räumlichkeit stehen ein Tisch und mehrere Stühle, die von sechs Personen besetzt sind. Die weitere Möblierung des Raumes besteht aus einem Kachelofen am linken Bildrand, einer Garderobenleiste und einer verzierten Uhr im Hintergrund. Rechts öffnet sich ein Durchgang zu einem anschließenden Raum mit Fenster, in dem

Franz Stirnbrand: Die „Bärengesellschaft", 1829, Öl / Holz, 35,5 x 48 cm, Landesmuseum Württemberg Stuttgart,

Foto: Peter Frankenstein, Hendrik Zwietasch, Landesmuseum Württemberg

eine Zimmerpflanze auf einem Tischchen steht. Die Männer sind von vorn, im Profil oder Halbprofil dargestellt, so dass die Gesichter gut zu erkennen sind. Zu dem Zweck platzierte Stirnbrand sogar einen am Tisch Sitzenden mit dem Rücken zu seinen Tischnachbarn. In der rechten Bildhälfte hat der Maler vier Männer so positioniert, dass die Situation einer Gesprächsrunde angedeutet ist. Deshalb ist auch eine Person in Rückenansicht wiedergegeben. Aber die Blickrichtungen dieser vier Männer gehen aneinander vorbei, so dass keine wirkliche Kommunikation stattfindet.

Uniformen und bürgerliche Herrenkleidung bestimmen das Bild. Die entspannte Atmosphäre wird durch teilweise aufgeknöpften Uniformjacken, die Haltung eines Mannes mit der Hand in der Hosentasche oder die eines anderen mit locker über die Stuhllehne gehängtem Arm angedeutet. Zahlreiche Männer rauchen Pfeife, einige haben Getränke auf dem Tisch stehen, es werden auch kleine Speisen serviert.

Befremdlich wirkt die fehlende Homogenität zwischen den Köpfen und den dazu gehörenden Körpern. Wie auch in manchen von Stirnbrands späteren Darstellungen wirken die Köpfe und Gesichter wie später eingesetzt. Der oft fehlende Hals und die starke Weißhöhung betonen ihre Ausschnitthaftigkeit.

Die Frisuren, Gesichtszüge und typischen Bewegungen der Personen wurden von Stirnbrand sehr genau beobachtete und detailliert, fast liebevoll wiedergegeben, manchmal auch mit einem karikierenden Zug. Die Zuordnung der drei dargestellten Hunde zu bestimmten Personen im Bild verfolgt ebenfalls eine Charakterisierung der Betreffenden. Stirnbrand selbst hat sich vor dem Kachelofen mit ins Bild gesetzt. Die Identifizierung der einzelnen Personen ist durch den Aufsatz von H. Niethammer möglich.[50]

Stirnbrands Schwierigkeiten mit der perspektivischen Darstellung zeigen sich an Details, besonders an den Epauletten, die in manchen Fällen ein Eigenleben führen – es scheint fast so, als ob sie sich einige von den Schultern abheben oder abrutschen. Auch die frontale Ansicht des sitzenden Mannes vor dem Tisch barg offensichtlich Schwierigkeiten bei der Wiedergabe der Beine und der Sitzhaltung. Der Mann wirkt, als ob er nach vorn vom Stuhl herunter rutschen würde.

Einen weiteren Entwicklungsschritt markiert ein Gemälde aus dem Jahr 1841. In diesem Jahr fand anlässlich des 25. Jahrestages der Thronbesteigung von König Wilhelm I. von Württemberg ein Ritt durch die Residenzstadt Stuttgart statt. Stirnbrand stellte den König auf einem Schimmel im Zentrum des Gemäldes dar, umringt und bejubelt von den Untertanen, die sich aus verschiedenen Schichten der Bevölkerung zusammensetzen. Es sind Uniformierte und bürgerlich gekleidete Personen ebenso zu sehen wie eine Familie in Betzinger Tracht, die stellvertretend für die Landbevölkerung steht.[51] Auch Stirnbrand selbst erscheint wieder auf dem Gemälde: Rechts von dem erhobenen Arm des Mannes im Vordergrund, der seinen Hut schwenkt, ist er zu erkennen.

Das Gemäldeformat bietet nicht so viel Raum für die Aufreihung der Personen nebeneinander wie bei der Darstellung der Bärengesellschaft. Bewusst hat Stirnbrand einen fast quadratische Format gewählt, nicht um eine Gesellschaft ohne Standesunterschiede zu suggerieren, sondern um ein Abbild des Königreichs Württemberg mit seinen Bürgern der unterschiedlichen Stände und einer herausragenden Person an der Spitze zu geben. Alle sind Mitglieder des Staates, dessen unangefochtenes Oberhaupt der König ist.

Das Gedränge des Volkes stellte Stirnbrand durch Staffelung und Überschneidungen der Personen dar, dabei achtete er darauf, dass möglichst viele Gesichter auch noch zwischen den Körpern der Dargestellten zu sehen sind. In manchen Fällen sind die Köpfe regelrecht gerahmt, z.B. durch Körperteile von Menschen oder dem Pferd. Einige Personen schauen aus dem Bild heraus, nehmen Kontakt mit den Bildbetrachtern auf und beziehen sie in die Szene ein.

Bei diesen beiden Gemälden ist anzunehmen, dass die Auftraggeber genau diese Darstellung mit zu identifizierenden Personen bei einem bestimmten Ereignis oder in einer bestimmten Umgebung anforderten. Die jeweiligen Auftraggeber sind vermutlich an herausragender Position im Gemälde selbst dargestellt. Im Fall des Rittes durch Stuttgart ist vielleicht sogar der König der Auftraggeber oder der vom Maler anvisierte Käufer des Gemäldes gewesen.

Franz Stirnbrand: König Wilhelm I. auf dem Friedensplatz am 28. September 1841, 1841, Öl / Leinwand, 80,5 x 92,5 cm, Privatbesitz, Foto: Peter Frankenstein, Hendrik Zwietasch, Landesmuseum Württemberg

SZENEN AUS DER REVOLUTIONSZEIT

Um der politischen Haltung Stirnbrands nachzuspüren, sollen zwei Gemälde aus dem Jahr 1851 betrachtet werden, die Ereignisse aus den Revolutionsjahren 1848/49 zeigen. Das Ergebnis wirft dann vielleicht ein klärendes Licht auf die vermuteten politischen Anklänge in der Hafendarstellung.

In seinem Einnahmenbuch vermerkte Stirnbrand auf Seite 22 beide Werke unter der Rubrik „In dem Jahr 1851 gemald und eingenommen" und fügt hinzu „Das Gefecht von Dossenbach und Gernspach an den König verkauft zu 800.-".[52] Es geht aus dem Einnahmenbuch Stirnbrands jedoch nicht hervor, ob die beiden fast gleich großen Gefechtsszenen als Auftragsarbeiten entstanden.

„Hauptmann Lipp im Gefecht bei Dossenbach" ist heute im Haus der Geschichte Baden-Württemberg in Stuttgart zu sehen. Bei der dargestellten Szene handelt es sich um eine Begebenheit während der Revolution in Baden im April 1848. Auf einer Hügelkuppe trafen bewaffnete Aufständische auf württembergische Truppen, es kam zu Kampfhandlungen, in deren Verlauf der Anführer der Aufständischen getötet wurde und die Revolutionstruppen zurückgeschlagen wurden. In der Geschichte des 6. Württembergischen Infanterie-Regimentes heißt es dazu „Am 27. April (1848) stieß die 6. Kompanie bei Dossenbach auf eine 1000 Mann starke Freischar und schlug sie in die Flucht, nachdem Hauptmann Lipp ihren Anführer Schimmelpfennig im Zweikampf niedergestreckt hatte."[53]

Damit sind die beiden Hauptpersonen benannt: Der Anführer der Freiheitskämpfer war der frühere preußische Offizier Reinhard Schimmelpfennig, Hauptmann Friedrich Lipp führte die württembergischen Truppen. Die Deutsche Demokratische Legion[54] unter Georg Herwegh befand sich auf dem Rückzug in die sichere Schweiz, als eine ausgeschickte Patrouille der Württemberger dabei zunächst auf die Nachhut der Freiheitskämpfer traf, einige Gefangen nahm und dann vom Hauptteil der Revolutionstrupe entdeckt wurde. Dieses eher zufällige Zusammentreffen einer Kompanie (137 Mann) des 6. Württembergischen Infanterie-Regimentes unter Hauptmann Lipp und der Deutschen Demokratischen Legion sollte entscheidend für den weiteren Verlauf des Aufstandes sein.

Auf dem Gemälde ist eine kleine Gruppe von bewaffneten Männern zu erkennen, die auf einer Anhöhe in der Bildmitte steht und in ein Handgemenge verwickelt ist. Ihre Bewaffnung besteht aus Gewehren oder Sensen.[55] Aus dem Vordergrund stürmen Uniformierte den Hügel hinauf. Einige sind vom unteren Bildrand und von den seitlichen Bildrändern ungewöhnlich stark angeschnitten, so dass manchmal nur noch Köpfe oder Oberkörper zu sehen sind. Die Uniformierten tragen lange beige Mäntel, dunkle Hosen, kurze Stiefel und hohe schwarze Tschakos. Die Offiziere sind an den dunkelblauen Uniformen und Degen zu erkennen. Drei Soldaten schauen sich zum Betrachter um, ihre Gesichter sind gut zu erkennen und auf ihren Kopfbedeckungen ist die Zahl 6 deutlich sichtbar.[56] Zusätzlich weisen zwei mit dem Finger auf die Szene auf der Hügelkuppe. Rechts unten am Bildrand ist ein Mann mit Zweispitz und blauer Uniformjacke zu sehen. Er ist umgeben von Marschgepäck und greift selbst nicht in das Kampfgeschehen ein.

Auf halbem Weg zur Kuppe sticht ein Soldat mit seinem Bajonett auf einen am Boden liegenden Mann ein. Dieser trägt eine helle Bluse mit Gürtel, helle Hosen und einen breitkrempigen Hut mit roter Feder, der ihm vom Kopf gerutscht ist. Seine Sense hält er noch in der rechten Hand. Rechts von diesem Paar knien einige Soldaten im Schutz einer niedrigen Mauer und schießen auf weitere Männer in Blusen, die ungeordnet in Richtung des Waldes im Hintergrund fliehen. Einer von ihnen trägt eine schwarz-rot-goldene Fahne.

Auf der Hügelkuppe sind einige Männer mit Federhüten von Soldaten eingekreist. Mit den Sensen und wenigen Gewehren versuchen sie eine Gegenwehr. Im Zentrum steht ein Mann mit schwarz-rot-goldener Schärpe. Er fasst sich an die Brust, aus der Blut auf seine Bluse und den Erdboden tropft. Er hat seinen Degen gesenkt, sein Kopf ist auf die rechte Schulter gesunken. Links von ihm stürmt mit weit ausholendem Schritt ein Blusenträger heran. Er richtet seine Sense auf den blau uniformierten Offizier, der mit dem Rücken zum Betrachter steht und anscheinend gerade den Mann mit der Schärpe verletzt hat. Der Offizier wehrt den Sensenangriff mit dem Degen in der linken Hand ab, seine erhobene Rechte blutet ebenfalls. In der Gruppe auf dem Hügel fallen noch zwei Personen besonders auf: Deutliche Gefühlsregungen zeigen der Bauer rechts von ihm und der sitzende Freiheitskämpfer links von Schimmelpfennig. Der Bauer hat weit aufgerissene Augen, der Mund ist zum Schrei geöffnet. Der am Boden sitzende Revolutionär stützt in melancholischer, resignierter Haltung seinen Kopf in die Hand. Sein Gewehr und seine Kopfbedeckung liegen am Boden, er leistet keine Gegenwehr mehr. Die starken Emotionen dieser Personen stehen stellvertretend für die Gefühle all der anderen Revolutionäre, die sich teils auf dem Rückzug befinden und teils noch in das Kampfgeschehen eingreifen: Angst, Resignation, Verzweiflung und wütendes Aufbegehren.

Links im Hintergrund öffnet sich die Landschaft in ein Tal, in dem sich weitere Soldaten von links nähern. Abgeschlossen wird das Tal durch zwei Bergrücken. Die starke Bewölkung lockert nur am oberen Bildrand auf und lässt etwas blauen Himmel durchscheinen.

Die Aufteilung des Bildraumes, die Staffelung der Figuren und die Ausrichtung der Gewehre und Sensen führen den Betrachterblick auf die zentrale Szene in der Bildmitte. Die Farbwahl unterstützt diese Blicklenkung, indem rote und blaue Farbflächen so verteilt sind, dass der Blick an ihnen im Zickzack den Hügel hinaufwandert und dann

Franz Stirnbrand: Hauptmann Lipp im Gefecht bei Dossenbach, 1851, Öl / Leinwand, 87 x 99 cm, Staatliche Schlösser und Gärten Baden-Württemberg

an der ruhig im Kampfgetümmel stehenden Person des Verletzten mit der schwarz-rot-goldenen Schärpe zum Stillstand kommt. Die Betonung dieser Person ist auffällig: Sie steht an der höchsten Stelle, überragt also alle anderen. Zwei gekreuzte Sensen hinter ihr bilden einen Rahmen, der von einer Sense, die von links nach rechts vor ihrem Körper geführt wird, vervollständigt wird. Die Schärpe und der Degen heben den Verletzten aus der Menge der anderen, in Blusen gekleideten Männer heraus. Es muss sich um den Anführer der Aufständischen, Reinhard Schimmelpfennig, handeln.

1850 erschien in Stuttgart ein Buch von Hauptmann Lipp mit der Beschreibung der Ereignisse bei Dossenbach. Es enthält viele Details, die sich in der Darstellung von Stirnbrand wiederfinden, so dass anzunehmen ist, dass Stirnbrand den Text als Vorlage für sein Gemälde verwendet hat. Da Stirnbrand in Stuttgart lebte, ist ihm diese Neuerscheinung sicher nicht entgangen.[57]

Hauptmann Lipp stellt das Zusammentreffen der Soldaten und der Truppe der Aufständischen ausführlich dar:

„Wer zuerst geschossen hatte, konnte nicht ermittelt werden (…)Die auf einer freien Stelle zwischen den Waldungen gelagerte Legion griff zu den Waffen. Die deutschen Banner wurden unter dem Kommandoruf aux armes! aux armes! entfaltet. Ohne sich zu ordnen und ohne ein weiteres Kommando abzuwarten, stürzte ein Schwarm mit wüthendem Geschrei aus dem Walde, die Patrouille mit einem Hagel von Kugeln begrüßend. Entfernt von der Unterstützung der Kompagnie und angesichts solcher Übermacht, eilte dieselbe in raschem Lauf zurück, ohne die Gefangenen zu vergessen, die an dieser Laufübung unfreiwillig theilnehmen mußten.(…) Im Dossenbacher Thale hörte man wegen des ungünstigen Windes nichts vom Anfang dieses Gefechts. Ein Soldat erschien endlich auf dem Höhenkamm und gab in dringenden Zeichen zu verstehen, daß die Patrouille in Gefahr sei. Rasch rückte der Hauptmann mit der halben Kompagnie gegen die Anhöhe (…) Der Hauptmann eilte voraus auf die Höhe und gewahrte in diesem Moment das Gefecht der über 300 Schritt entfernten Patrouille am Rain. (…) Glücklicherweise befanden sich auf der kleinen Hochebene große Haufen aus den Fruchtfeldern zusammengelesener Steine (Steinriegel genannt) mit einigem Gestrüpp durchwachsen. (…) Der Hauptmann rückte nun bis zu den Steinriegeln vor, nahm eine gedeckte Stellung, ließ die Gewehre auflegen und erwartete in ernster Stille den jetzt gegen ihn sich wendenden und unter stetem schießen, trommeln und Schlachtgeschrei heranstürmenden Haufen."[58]

Den weiteren Verlauf beschrieb Lipp wie folgt:

„Da der Hauptmann in jedem Augenblick den Sturm der Legion mit blanker Waffe erwartete, wollte er den Befehl zur Sammlung der Kompagnie geben, als ihm Lieutenant von Palm meldete, daß ein großer Haufen Sensenmänner (Bataillon Schimmelpenning) in die linke Flanke rückte. Sogleich eilte der Hauptmann dorthin, um den etwas entfernten Außenposten von 15 Mann näher an die Kompagnie anrücken zu lassen – aber schon zu spät. (…) Die Sensenmänner hatten die Anhöhe erreicht…"[59]

Die genannten Steinriegel mit den aus der Deckung schießenden Soldaten finden wir im rechten Bildteil von Stirnbrands Darstellung wieder. Die Szene auf dem Hügel entspricht dem nachfolgenden Textabschnitt bei Lipp:

„Die hohe athletische Gestalt Schimmelpennings und der Hauptmann (…) stürzten mit erhobenen Klingen gegen einander, maßen sich Streich um Streich (…) Schimmelpenning wurde bald vom Hauptmann durch die Hutkrempe und über den Kopf in die Schläfe herab so getroffen, daß er zu Boden sank; aber seine Klingenspitze, aus der verhängten Parade den Hieb abwehrend, drang im Moment des Streiches dem Hauptmann in den Degenkorb durch den kleinen Finger, und schnitt am goldenen Ring abgleitend, in die Weichteile der drei anderen Finger ein. Sensenmänner kamen herbeigesprungen, von denen der nächste seine Sense aufhob, um sie dem Hauptmann auf den Kopf zu schlagen. (…) Doch sollte dieser Sensenmann nicht ein zweites Mal mit seiner Waffe ausholen, er sank von dem ersten Soldaten (Mäusle), der den Hauptmann erreichte, mit dem Bajonett durch die Brust gestochen, zusammen. Der Hauptmann bückte sich schnell zu Boden, den Degen mit der linken Hand ergreifend, parierte zugleich die Sense eines anderen Legionärs, die ihm mähend gegen den Hals kam (…)"[60]

Bis dahin hält sich Stirnbrand getreulich an die Beschreibung Lipps. Die einzige Abweichung in der bildlichen Darstellung betrifft die Person Schimmelpfennigs. Im Text heißt es : „Schimmelpenning, der zu sich gekommen, und zu neuem Kampfe gegen die Soldaten stürzte, erhielt einen Bajonettstich durch Mund und Rachen, zu gleicher Zeit einen zweiten in die Brust und stürzt leblos und ohne einen Laut zusammen.[61] Diese brutale Szene schwächte Stirnbrand ab, Schimmelpfennig blutet zwar, steht aber aufrecht und ohne sichtbare Wunden im Zentrum des Geschehens.

Der weitere Ablauf wird von Stirnbrand wieder genau wie im Buch dargestellt:

„Die Soldaten unter Lieutenant v. Palm trafen auf dem Kampfplatz ein. Ein Soldat (Maier) schoß einen Sensemann nieder, der dem

Hauptmann am heftigsten zugesetzt hatte, und es entspann sich ein Einzelkampf Mann gegen Mann."

Diesen Teil der württembergischen Truppe zeigt Stirnbrand links unten im Gemälde. Lieutenant v. Palm und der schießende Soldat Maier sind gut zu erkennen. Mit dem Tod des anführenden Offiziers gaben die Freiheitskämpfer das Gefecht verloren und „die Schwärme eilten – gefolgt von ihren Schützen – dem Walde zu."[62], so wie es Stirnbrand auch im Hintergrund zeigt. Den Württembergern gelang es noch, über 400 Gefangene zu machen. Lipp vermerkte auch, dass die 11 getöteten Freiheitskämpfer nach Dossenbach zur Bestattung gebracht wurden.[63] Noch heute ist ein Gedenkstein dort zu finden.[64]

Stirnbrand vereinigt in seinem Gemälde also zeitlich nacheinander folgende Ereignisse. Eine komplexe Geschichte mit verschiedenen, aufeinanderfolgenden Szenen wurde von ihm in einem Bild zusammengefasst und doch durch die Verteilung im Bildraum in drei Bereiche unterschieden.

Lipp legt bei seiner Beschreibung besonderen Wert auf die militärische Taktik, oder besser mangelnde Taktik der Freiheitskämpfer. So ist auch zu erklären, dass die zahlenmäßig unterlegene württembergische Truppe die Revolutionsarmee besiegen und ihnen größere Verluste zufügen konnte. „Im Gefecht sterben neben Schimmelpfennig drei weitere Militärpersonen und 30 Freischärler."[65]

Hauptmann Lipp nutzt sein Buch, um den Wert der militärischen Disciplin zu betonen und die Freiheitskämpfer pauschal abzuurteilen: „Das Gefecht von Dossenbach war von großer moralischer Wirkung. Die Gegner des stehenden Heeres erkannten die Kraft der Disciplin, in derselben Zeit, als der Sirenen-Gesang der Freiheitsapostel dem Volke mit der Auflösung des stehenden Heeres goldene Berge versprach....Die Militärjacke bringt noch nicht den ächten Soldatengeist. Die planmäßige Untergrabung der Disciplin gelang erst vollkommen durch die Inkorporirung dieser Freischaren-Elemente – diesen abgerichteten Werkzeuge der Revolution – in die Reihen des Militärs....[66]

So wie sich auch die Schreibweisen der Namen oder die Anzahl der getöteten Freiheitskämpfer nicht einheitlich in der Literatur wiederfindet, gibt es auch noch eine weitere bildliche Darstellung der Ereignisse aus einem andern Blickwinkel. Im Generallandesarchiv in Karlsruhe befindet sich ein Druck mit dem Titel „Hauptmann Lipp im Gefecht mit Reinhard Schimmelpenning", versehen mit einem kurzem Erklärungstext: „Gefecht der 6. Kompagnie des Königl. Württembg. 6. Infanterie Regiments unter Anführung ihres tapferen Hauptmanns von Lipp mit den republikanischen Freischaren unter Anführung des

Republikaners Reinhardt Schimmelpenning (früher preußischer Offizier) bei Dossenbach (...) den 27. April 1848 wobei letztere mit großem Verlust gänzlich geschlagen und ihr Führer fiel."[67]

Die Darstellung in querovaler Form zeigt Hauptmann Lipp in der Bildmitte auf einer leichten Erhöhung. Mit zum Schlag erhobenen Degen stehen sich Lipp und Schimmelpfennig gegenüber. Schimmelpfennig greift gleichzeitig nach der Schärpe des Hauptmanns. Rechts liegt zu Füßen von Schimmelpfennig ein getöteter Freiheitskämpfer, von links stürmt ein Soldat mit Bajonett heran, der Lipp zur Hilfe eilen will. Im Vordergrund liegt ein verwundeter Revolutionär, der von einem zweiten Freiheitskämpfer gestützt und versorgt wird. Vor ihm liegt ein Schriftstück, dessen Text wegen der geringen Größe nicht lesbar ist. Eine Sense und ein Gewehr liegen am Boden.

Hauptmann Lipp im Gefecht mit Reinhard Schimmelpenning, Generallandesarchiv Karlsruhe J-G-D Nr. 3

Im Hintergrund sind einige Bäume zu erkennen, zwischen denen links ein schießender Soldat und rechts ein flüchtender Revolutionär zu sehen sind. Pulverdampf und einige in den Himmel ragende Sensen markieren das Kampfgeschehen.

Im Vergleich mit Stirnbrands Darstellung der Szenen ist hier alles auf den Einsatz von Hauptmann Lipp konzentriert. Den Sieg der württembergischen Truppen scheint er allein durch den Zweikampf mit dem Anführer der Freiheitskämpfer erreicht zu haben. Die Aufständischen sind geschlagen und liegen am Boden. Hauptmann Lipp wird in heftiger Bewegung und Gegenwehr in Rückenansicht gezeigt.

Obwohl er breitbeinig steht, wirkt sein Stand durch die heftige Bewegung des Oberkörpers unsicher, er scheint jedoch nicht bereit zurückzuweichen. Aus dem Zweikampf wurde dann in späteren Berichten eine Heldentat zugunsten des Hauptmanns gemacht.

Stirnbrands Darstellung ist ausführlicher, detailreicher und gibt den Gang der Ereignisse genauer wieder. Die aus militärischer Sicht entscheidenden Details nehmen einen großen Raum ein. Obwohl er sich vermutlich auf den Bericht von Hauptmann Lipp stützte, übernahm er zwar größtenteils seine Beschreibungen, wich aber an entscheidender Stelle davon ab, indem er die Rolle des Anführers der Freiheitskämpfer abwandelte. Schimmelpfennig steht in Stirnbrands Gemälde in der Mitte des Geschehens, trotzdem wirkt er geistig völlig abwesend. Er nimmt des Getümmel um ihn herum nicht wahr. Er lässt angesichts der militärischen Niederlage seine Waffe sinken, sein Blick ist nach innen gerichtet, seine linke Hand liegt auf dem Herzen. Der Typus des Revolutionärs, der sich für eine gerechte Sache einsetzt, die Niederlage akzeptieren muss, aber den Traum einer einigen deutschen Republik nicht aufgibt, wird so durch diese Figur verkörpert. Laut Hauptmann Lipps Buch lag Schimmelpfennig zu diesem Zeitpunkt jedoch schon durch einen Bajonettstich getötet am Boden. Stirnbrand zeigt Schimmelpfennig aber in einer Haltung, die an Darstellungen eines Schmerzensmannes[68], der seine Wunden zeigt, erinnert. Die Leitfigur des Gefechtes wird somit überhöht und wie ein Denkmal für die Freiheitskämpfer präsentiert, gerahmt von den Waffen der Aufständischen.[69]

Christus, erste Hälfte 14. Jahrhundert, Holz, 72 x 20 x 14 cm, Zeppelin Museum Friedrichshafen

Da die Darstellung aus dem Jahr 1851 stammt, war Stirnbrand das erneute Aufflammen der Revolution 1849 bekannt, ebenso wie der ungünstige Ausgang, die rückgängig gemachten Rechte der Bürger und der Aufschub der Gründung eines vereinigten Deutschlands. Die Person Schimmelpfennigs erscheint vor diesem Hintergrund nicht nur wie ein Denkmal, sondern auch wie ein Mahnmal.

Das 81,2 x 93 cm große Gemälde „Gefecht bei Gernsbach" gibt eine Kampfszene aus dem Revolutionsjahr 1849 wieder.[70] Es befindet sich in Ludwigsburg im Besitz der Staatlichen Schlösser und Gärten Baden-Württemberg. Zu sehen ist eine große Zahl Uniformierter, die einen flachen Wasserlauf zu Fuß durchqueren. Sie sind in lange Mäntel gekleidet und mit Bajonetten bewaffnet. Angeführt werden sie von zwei dunkelblau gekleideten Offizieren mit Degen. Die Soldaten feuern und laden nach während sie den Bach durchqueren und am Ufer wieder in Stellung gehen. Bäume und Büsche vor einem aufgestauten Seitenarm des Baches bilden dort ihre Deckung, aus der sie kniend weitere Schüsse abgeben. Ihr Ziel sind drei Häuser, aus deren Fenstern auf sie geschossen wird. Aus dem Giebelfenster des angeschnittenen Hauses mit Krüppelwalmdach weht eine rote Fahne. An zwei Fenstern dieses Hauses sind schemenhaft zwei Männer zu erkennen. Ein Mann sitzt – vielleicht von einer Kugel getroffen – gegen die Kellermauern des hinteren Hauses gelehnt. Die Aufständischen verteidigen sich aus den Häusern heraus, ihre Zahl ist aber nicht sehr groß und ihre Anführer, die Männer in der rechten Bildecke, scheinen schon den Rückzug anzutreten. Diese drei flüchtenden Revolutionäre bilden das Pendant zu der dunklen Soldatengruppe am linken Rand. Sie sind ganz rechts in die untere Bildecke zurückgedrängt und werden förmlich aus dem Bild „herausgeschoben". Einer der Aufständischen, mit blauem Hemd und einem hellen Hut mit hochgeschlagener Krempe bekleidet, schießt über das Wehr in Richtung der anrückenden Truppen. Der zweite, mit grauem Hemd, rotem Halstuch und einem dunklem Hut mit roter Feder, wendet sich schon nach rechts, vom Kampfgeschehen ab. Er schaut noch einmal zurück, sein bärtiges Gesicht ist gut zu erkennen. Zu seinen Füßen liegt ein toter Soldat auf dem Bauch, so dass nur sein Marschgepäck auf dem Rücken zu sehen ist. Der dritte Mann schaut direkt aus dem Gemälde heraus. Er trägt einen schwarzen Vollbart und eine hohe, schwarze Kopfbedeckung mit goldener kreuzförmiger Verzierung.

Ein Vergleich mit Porträts lässt die Annahme zu, dass der Mann mit dem Vollbart und der schwarzen Kopfbedeckung Ludwik Mieroslawski ist, der damalige Oberbefehlshaber der revolutionären Trup-

Franz Stirnbrand: Hauptmann Heintzmann im Gefecht bei Gernsbach, 1851, Öl / Leinwand, 81,2 x 93 cm, Staatliche Schlösser und Gärten Baden-Württemberg

pen in Baden. Der Mann mit dem Federhut sieht auf den ersten Blick Friedrich Hecker ähnlich. Hecker war jedoch schon 1848 in die USA ausgewandert, kam aber 1849 für kurze Zeit zurück, als die badische Revolution begann. Seine persönliche Teilnahme am Gefecht bei Gernsbach ist nicht möglich, denn bei seiner Ankunft in Frankreich

soll Baden schon von preußischen Truppen besetzt und die Revolution niedergeschlagen worden sein. Stattdessen war Ludwig Blenker Befehlshaber der Revolutionstruppen in Gernsbach.

Im Hintergrund sind bewaldete Hügel zu sehen. Auf dem Gipfel des Berges hinter den Häusern ist eine Burg zu erkennen. Es handelt sich um Schloss Eberstein oberhalb des Ortes Gernsbach. Der bewölkte Himmel zeigt nur am oberen Bildrand einige blaue Flächen.

Porträt von Ludwik Mieroslawski:
aus: http://de.wikipedia.org/wiki/Bild:LudwikMieroslawski.png
vom 30.08.2007

Friedrich Hecker und eine obdachlose Familie vor einem Bildstock, Lithographie, 38 x 28,5 cm, Wehrgeschichtliches Museum Rastatt

Stirnbrand setzt wieder die scheinwerferartige Lichtführung und die dunklen Repoussoirfiguren ein, die scheinbar zu seinem festen Repertoire gehören. Kreisförmig beleuchtet ist hier ein Bereich in der unteren Bildmitte. Der Fluss Murg, ein Stück des freien Uferstreifens und die herandrängenden Soldaten werden von diesem Licht erfasst, in der Mitte des Lichtkegels befindet sich ein Offizier, der mit seinem Degen auffordernd in Richtung Häuserreihe zeigt. Da als Bildtitel „Haupt-

mann Heintzmann im Gefecht bei Gernsbach" genannt wird, ist zu vermuten, dass es sich bei diesem Offizier um die Hauptperson auf der Seite der regulären Truppen handelt.

Die Soldaten in der linken unteren Bildecke bleiben dagegen völlig im Schatten. Ihre Silhouetten zeichnen sich scharf im Gegenlicht ab. Diese Repoussoirfiguren wirken dunkel und bedrohlich, verstärkt wird dieser Eindruck noch durch die zahlreichen Köpfe, Kopfbedeckungen und Bajonettspitzen der dicht gedrängten Soldaten dahinter. Auffällig ist, dass trotz der Gefechtssituation einige Soldaten aus dem Gemälde herausschauen, ihre Gesichter sind erkennbar und individuell wiedergegeben.[71] Die zahlenmäßige Übermacht der Soldaten wird durch diese Anordnung sehr deutlich, nicht einmal alle Truppen greifen in das Geschehen ein, denn es wartet ja noch eine Reserve im Hintergrund. Ihr diszipliniertes und organisiertes Vorgehen deutet auf ihren Sieg hin.

Die Auseinandersetzung zwischen den Aufständischen und den Bundestruppen endete noch am gleichen Tag mit der Besetzung Gernsbachs durch die Bundestruppen. 29 Menschen kamen ums Leben, 20 Wohnhäuser wurden durch Brände und Artilleriebeschuss zerstört. Im Anschluss wurden zahlreiche Gernsbacher Bürger als „Rädelsführer" des Aufstandes verhaftet und verurteilt. Einige Männer konnten sich dem Gerichtsverfahren durch Auswanderung entziehen. Mit der Eroberung der Festung Rastatt durch die Bundestruppen kurze Zeit später war der Kampf der Revolutionäre endgültig verloren. Das politische Leben und die demokratischen Ansätze in Baden wurden unterdrückt und die Forderung nach einer Reichsverfassung für lange Jahre zurückgestellt.[72]

Im Badischen Landesarchiv Karlsruhe befindet sich eine weitere Darstellung der Kampfhandlungen vom 29. Juni 1849 bei Gernsbach im Moment des Übergangs der Truppen über die Murg. Allerdings stellt sich hier die Szene aus einer ganz anderen Perspektive dar. Während Stirnbrand eher eine Bühne präsentiert, auf der alle Beteiligten beobachtet werden können, zeigt die Karlsruher Darstellung den Blick aus den Reihen der Bundestruppen. Der Standpunkt des Betrachters befindet sich mitten unter den Soldaten. Es sind keine Individuen zu erkennen, denn die Soldaten drehen dem Betrachter den Rücken zu oder sind in Seitenansicht ohne besondere Hervorhebung der Gesichter dargestellt. Wiedererkennbar ist das Gebäude mit dem Krüppelwalmdach, allerdings aus größerer Entfernung und von einer anderen Himmelsrichtung aus gesehen. Im Vordergrund waten die Soldaten knietief im

Übergang über die Murg bei Gernsbach am 29.6.1849, Generallandesarchiv Karlsruhe, J-G-R Nr. 10 (5)

Wasser der Murg und feuern in Richtung der Häuser. Eine wirkliche Kampfszene wird also nicht präsentiert, sondern das ungehinderte Vorrücken der Bundestruppen. Hier ist kein Vergleich zwischen der Anzahl der sich gegenüberstehenden Truppen möglich, denn es sind nur 12 Soldaten in aufgelockerter Aufstellung ohne Gegner zu sehen. Stirnbrand betont dagegen sehr deutlich die massive Präsenz der Bundestruppen und ihre Übermacht und somit die militärische Chancenlosigkeit der Revolutionäre.

Das Wehrgeschichtliche Museum Rastatt besitzt ebenfalls eine Darstellung der Vorgänge bei Gernsbach mit dem Titel „Die Kompagnie des Hauptmann Heinzmann kurz vor dem Sturm auf die Stadt am rechten Murgufer". Hier steht die zerstörte Gernsbacher Brücke im Mittelpunkt. Ihre Zerstörung sollte das Überschreiten der Murg durch die Bundestruppen verhindern. Auf der weiträumigen Darstellung ist den Gebäuden der Stadt viel Raum gegeben. Einige Vorstadthäuser sind brennend dargestellt, dies entsprach auch der Realität während der Kampfhandlungen. Ein Teil der Bundestruppen durchquert im Vordergrund gerade den Fluss, während eine Gruppe von Offizieren und weitere Truppenteile abwartend am Ufer stehen. Die Offiziere und einige Soldaten schauen aus dem Gemälde heraus, ihre Gesichter sind deutlich zu erkennen. Von den Revolutionären ist wenig zu sehen, allein bei den Figuren links im Hintergrund könnte es sich um einige Aufständische handeln. Auch Kampfhandlungen sind nicht direkt zu erkennen, einige Soldaten versuchen die zerstörte Brücke wieder passierbar zu machen und im Vordergrund wird ein verletzter Offizier von zwei Soldaten versorgt. Die Aufmerksamkeit des Betrachters wird bei dieser Darstellung auf die Gruppe der rechts im Vordergrund stehenden Offiziere gelenkt, die in ihrer ruhigen Haltung gar nicht den Eindruck erwecken, als ob sie sich in einem Gefecht befinden.

Damit ist Stirnbrands Darstellung nicht allein die Sichtbarmachung einer militärischen Aktion aus dem Jahr 1849 oder die Wiedergabe der Topographie des Ortes eines historischen Ereignisses, sondern eine sehr gut durchdachte und inszenierte Situation mit Berücksichtigung des Verhaltens einzelner, bekannter Personen. Die Wahl des Bildausschnittes geschah aus einem ganz bestimmten Grund.

In der Realität erfolgte der Übergang der Bundestruppen über den Fluss in der Nähe der zerstörten Brücke.[73] Stirnbrand zeigt diese Brücke aber nicht, denn er hätte sonst einen größeren Bildausschnitt wählen müssen. Das wiederum hätte einen größeren Abstand zu den Personen vorausgesetzt und eine individuelle Darstellung Einzelner wäre nicht mehr möglich gewesen. Deshalb rückt er Fluss, Häuser und die Truppen so eng zusammen und wählt einen Betrachterstandpunkt, der noch am diesseitigen Ufer der Murg und zwischen dem Militär und den Revolutionären liegt. Der Betrachter ist nah am Geschehen, aber er ist nicht Teil der Kampfhandlung. Er kann diese fast wie auf einer Bühne aus sicherer Entfernung verfolgen. Die Nähe zur Brücke deutet Stirnbrand mit einem Wehr an, mit dem das Wasser für die Brückenmühle direkt neben der Brücke aufgestaut wurde.[74]

Diese besondere Darstellungsweise gibt Hinweise auf den Auftraggeber. Wenn hier die Hauptperson des Geschehens, Hauptmann Heintzmann, als Auftraggeber in Betracht gezogen würde, erklärt sich die gewählte, auf die Individuen ausgerichtete Darstellungsform. Der anführende Offizier im Zentrum der Handlung, freigestellt und gut beleuchtet, eilt mit ausgreifenden Schritten und erhobenem Degen seinen Soldaten voran in den Kampf. Ihm war die individuelle Darstellung seiner Soldaten sicher wichtig, aber noch wesentlicher war die

Sichtbarmachung der berühmten Anführer der Aufständischen, auch wenn diese gar nicht am Ort des Geschehens waren. Diese Fälschung wurde vom Maler bewusst vorgenommen, um den Sieg des Hauptmanns und seiner Truppen noch bedeutungsvoller zu machen. Die im Bild anwesenden Anführer waren außerdem ein Mittel, um die Partei der Aufständischen für alle Betrachter zu personifizieren. Die Revolutionäre blieben nicht eine anonyme Menge, sondern wurden über die bekannten und in großen Teilen der Bevölkerung beliebten und bewunderten Persönlichkeiten individualisiert. So konnte auch an die politischen Ziele dieser Personen erinnert werden, die aus Reden und gedruckten Erklärungen bekannt waren.

Stirnbrand gelang es, die historischen Gegebenheiten in Gernsbach am 29. Juni 1849 facettenreich aufzuzeigen. Eine deutliche Stellungnahme für die eine oder andere Partei ist dabei nicht ersichtlich. Der Künstler bemühte sich, alle wichtigen Aspekte der Begebenheit in die Darstellung aufzunehmen und den Anteil von Hauptmann Heintzmann und seiner Truppe daran so hervorzuheben, dass sich der potentielle Auftraggeber problemlos mit der Darstellung identifizieren konnte.

Das Interesse König Wilhelms von Württemberg an dieser Darstellung, das dann auch zum Ankauf des Gemäldes führte, ist erklärbar aus der siegreichen Rolle der württembergischen Truppenteile bei der Niederschlagung der Erhebung gegen den Großherzog von Baden. Obwohl Baden in den 1840er Jahren schon ein liberale Regierung hatte, wünschte sich die junge Generation der liberalen Politiker die Öffnung für demokratische Ideen in einem schnelleren Tempo. Sie strebten zwar, wie die gemäßigten Liberalen, eine parlamentarische Demokratie und eine deutsche Republik an, wollten ihre Ziele aber nicht über langwierige Verhandlungen erreichen. Die Politiker Friedrich Hecker und Gustav Struve scheiterten mit der Durchsetzung der Verbindung der allgemein angestrebten demokratischen Regierungsform mit sozialrevolutionären Forderungen im Frankfurter Vorparlament, das die verfassungsgebende Nationalversammlung für den zu gründenden deutschen Staat wählen sollte. Daraufhin entschlossen sie sich zu einem bewaffneten Aufstand. Ausgehend von Konstanz marschierten sie im April 1848 mit ihren Anhängern Richtung Karlsruhe, um dort die Republik Baden auszurufen. Ihnen schlossen sich deutsche politische Exilanten aus Frankreich an, die Deutsche Demokratische Legion unter Führung von Georg Herwegh.[75] Der Heckerzug wurde schon nach wenigen Tagen bei Kandern von den vereinigten Truppen des Deutschen Bundes geschlagen, ein weiterer Aufstandversuch im September 1848 unter Gustav Struve endete ebenfalls nach wenigen Tagen mit einer militärischen Niederlage. 1849 kam es in Baden erbeut zur Forderung, die Reichsverfassung und die Demokratisierung der badischen Regierung mit Gewalt durchzusetzen. Ausschlaggebend für die Entwicklung war nun das Verhalten der Armee. Viele junge, neu eingezogenen Soldaten waren unzufrieden mit den Verhältnissen in der Truppe und im Land allgemein. Ein nichtiger Anlass genügte und es kam zur Meuterei der Mannschaften gegen die Offiziere. Großherzog Leopold von Baden musste mitsamt seiner

Regierung fliehen und im Mai 1849 wurde die Regierung Badens vom Landesausschuss der Volksvereine übernommen. Sofort wurden Wahlen zu einer verfassungsgebenden Versammlung organisiert. Der Großherzog rief jedoch preußische Truppen zur Hilfe, die, zahlenmäßig überlegen, die badische Revolutionsarmee bis Juli 1849 besiegten und die Rückkehr der großherzoglichen Regierung ermöglichten.

König Wilhelm gefiel sicher die Hervorhebung der Leistung der Württemberger in diesem Zusammenhang, obwohl in Gernsbach

Die Kompagnie des Hauptmann Heinzmann kurz vor dem Sturm auf die Stadt am rechten Murgufer, Wehrgeschichtliches Museum Rastatt

gleichzeitig auch hessische, bayerische, nassauische und preußische Truppen im Einsatz waren. Da in Württemberg selbst keine militärischen Auseinandersetzungen während der Revolutionsjahre auftraten, konnte König Wilhelm wenigstens über den erfolgreichen Einsatz seiner Truppen gegen die Aufständischen im badischem Gebiet seine politische Haltung deutlich machen.

ZUSAMMENFASSUNG

Franz Stirnbrand, vom elternlosen Findelkind zum gefragten Porträtmaler der gehobenen Schichten aufgestiegen, setzte sich in seinen vielfigurigen Darstellungen, die einen besonderen Platz innerhalb seines Werkes einnehmen, mit historischen Ereignissen auseinander. Im Vergleich zu Darstellungen der gleichen Themen durch andere Künstler zeichnen sich Stirnbrands Werke durch eine präzise Beobachtung aus, er komponierte aber seine Darstellungen auch mit Hilfe schriftlicher Quellen. Dabei erlaubte er sich Abweichungen von den Vorgaben der Schriftquelle, so dass beim sehr genauen Hinsehen auch Kritik an den bestehenden Verhältnissen sichtbar werden konnte. Dabei war seine Darstellungsweise nicht anklagend, sondern eher detailfreudig erzählend. Der Betrachter konnte sich mit Hilfe der „erzählten Szene" auch Stirnbrands politische Meinung erschließen und kontrovers diskutieren.

Sein Darstellungsschwerpunkt lag eindeutig auf der Wiedergabe von Personen, die er individuell und gleichzeitig als Vertreter einer bestimmten sozialen Schicht vorstellt. Er bildete bekannte Personen und Persönlichkeiten in den vielfigurigen Szenen ab, die den Zeitgenossen einen Zugang zu den Gemälden über das Wiedererkennen ermöglichten. So wurde ein besonderes Ereignis oder eine Situation in personifizierter Form festgehalten. Heute sind nur noch wenige dieser Personen in mühsamer Kleinarbeit zu identifizieren und ihre Bedeutung zur Entstehungszeit des Gemäldes ist für den heutigen Betrachter oft nicht mehr nachvollziehbar. Stirnbrands Darstellungen fesseln jedoch durch ihren Detailreichtum auch jetzt noch die Aufmerksamkeit und die Friedrichshafener Hafendarstellung ermöglicht beispielsweise eine gedankliche Annäherung an die gesellschaftlichen Zuständen der damaligen Zeit. Dabei dürfen diese Werke nicht als realistische Momentaufnahmen angesehen werden, sondern als Extrakt aus verschiedenen Begebenheiten mit realem Hintergrund im Stil eines „lebenden Bildes". Stirnbrand schuf durch seine Komposition und Malweise sehr konzentrierte Darstellungen, die auch noch über die Entstehungszeit des jeweiligen Gemäldes hinaus einen starken Eindruck hinterlassen.

Diese mehrfigurigen Darstellungen entstanden entweder direkt nach Vorgaben eines Auftraggebers oder wurden von Stirnbrand auf einen ganz bestimmten potentiellen Käufer und seine Vorlieben ausgerichtet. Anders lässt sich die auffällige Betonung jeweils einer bestimmten Person im Bild durch kompositorische Mittel nicht erklären.

Der Maler schuf „Gesellschafts- und Ereignisbilder", die herausragende Begebenheiten in der Erinnerung der Betrachter wieder aufleben ließen. Dies war ganz besonders wirkungsvoll, wenn die Betrachter sich als Beteiligte auf dem Gemälde selbst wiederfanden. Stirnbrand stellte sich auch selbst gern in den Gemälden dar. Zwar steht er immer zurückhaltend und beobachtend am Rand des Geschehens, gleichzeitig verstand er sich selbstbewusst als gleichberechtigtes Mitglied der Gesellschaft.

Bei der Wiedergabe der Ereignisse der Jahre 1848/49 leistete sich der Maler keine offene Parteinahme für die Revolutionäre, aber auch keine einseitige, zur Heldenverehrung geeignete Darstellung der Bundestruppen oder der württembergischen Armee. Die mitfühlende und im Fall von Reinhard Schimmelpfennig durchaus auch parteiische Darstellung der Ereignisse von 1848/49, zeigt eine gewisse Sympathie für die Sache der Aufständischen. Wie die meisten Bürgerlichen der Zeit war Stirnbrand wahrscheinlich auch der Idee eines geeinten Deutschlands zugeneigt und bedauerte das Scheitern der Verfassungsverhandlungen in Frankfurt. Die militärische Niederlage derjenigen, die mit Gewalt eine Reichsverfassung durchsetzen und eine nationale Einigung erzwingen wollten, war auch für ihn nur ein vorläufiger Schlusspunkt einer Bewegung, deren Ziele erst Jahre später unter anderen Vorzeichen aufgegriffen werden sollten.

Einige Jahre nach diesen Ereignissen entstand die Hafenszene. Die Gedanken, Ziele und Erfahrungen aus den Revolutionsjahren waren noch sehr präsent, die politischen Machtverhältnisse erforderten aber von den liberal und demokratisch gesinnten Kräften eher die Arbeit in kleinen Schritten, Verhandlungsgeschick und ein Arrangieren mit den Gegebenheiten. Eine positive Entwicklung der Wirtschaft schien die Lebensbedingungen der meisten Menschen auf einem erträglich Niveau zu halten, so dass die Bereitschaft vorhanden war, einen besseren Zeitpunkt für Veränderungen zur Demokratie und nationalen Einheit abzuwarten.

ANMERKUNGEN

[1] Auszug aus der Lebensbeschreibung Stirnbrands nach Aufzeichnungen seiner Tochter, in einer Abschrift von 1936 in der Staatsgalerie Stuttgart vorhanden: „...daß Stirnbrand unstreitig neben den ersten Porträtmalern der Gegenwart eine ehrenvolle Stelle einnimmt, und um so ehrenvoller für ihn, als er alles aus sich selbst geworden, dem Glück wenig, seinem Talent und seinem unermüdlichen Ringen und Streben das Meiste verdankt, nicht in den Schulen, der Akademie, in Modellsälen und unter gelehrten Exercitien, sondern unter Anleitung der Natur, Selbststudium und intelligenter Aneignung deßen, was er vermöge seines künstlerischen Scharfblicks als das Rechte und Schöne erkannte, seine Meisterschaft erlangt hat."

[2] Das Wiederaufleben dieses zwischen bildender und darstellender Kunst angesiedelten Genres Ende des 18. / Anfang des 19. Jahrhunderts wurde insbesondere von Malern, Schriftstellern und Schauspielerinnen getragen. Eine Intensivierung der Aussage eines Gemäldes oder eines literarischen Werkes konnte so erreicht werden, auch eigneten sie die Tableaux vivants gut zur Übermittlung eines historischen Ereignisses oder einer politischen Aussage. Die Weiterentwicklung zum Tableux mouvents brachte dann noch zusätzliche Ausdrucksmöglichkeiten mit sich, wie z.B. durch Musikbegleitung. Silke Köhn:

Lady Hamilton und Tischbein: Der Künstler und sein Modell. Begleitheft zur Ausstellung im Landesmuseum Oldenburg vom 20. Juni bis 26. September 1999, Oldenburg 1999, S. 57/58.

[3] Staatsarchiv Ludwigsburg E 173 III Bü 4708.

[4] Staatsarchiv Ludwigsburg E 173 III Bü 4708.

[5] Wacha, Georg: Adolf Menzel in Linz, in: Kunstjahrbuch der Stadt Linz, 1984, S. 79-83. Eine Version beruft sich auf Schmidt, Justus: Franz Stirnbrand. Ein Linzer Findelkind, Maler der Könige, in: Oberdonau-Zeitung Nr. 127 vom 9. Mai 1943, die andere auf einen Aufsatz des gleichen Autors in der Linzer Kunstchronik aus dem Jahren 1951 und 1952. Insbesondere die Geschichte der Übergabe durch seine Mutter wird in beiden Aufsätzen unterschiedlich rührselig formuliert und mit verschiedenen Abläufen beschrieben. Die Schreibweise des Namens des Pflegevaters (Reser / Röser) und von Stirnbrand selbst (Franz Xaver / Franz) sind in beiden Aufsätzen unterschiedlich und auch die Angaben zu den Lehrmeistern Stirnbrands stimmen nicht überein. Da nicht nachvollzogen werden kann, auf welche Quellen sich Schmidt stützt, verwende ich nur die mir zugänglichen Quellen des Staatsarchivs Ludwigsburg, die aus Angaben des Pflegevaters und aus Stirnbrands eigenen Angaben anlässlich seiner Einbürgerung in Stuttgart bestehen.

[6] 1824 hielt sich Stirnbrand in Rom

auf und verkehrte im Kreis der dort ansässigen deutschen Künstler. Wagner, Karl (Hrsg.): Ludwig Richter. Lebenserinnerungen eines deutschen Malers, Würzburg 1985, S. 108.

[7] Staatsarchiv Ludwigsburg E 173 III Bü 4708.

[8] s. Bildnisliste in Hans Vollmer (Hrsg.): Allgemeines Lexikon der bildenden Künste, Bd. 31/32, München 1992, S. 65/66.

[9] Eiermann, Wolf: Württemberg. Maler entdecken Land und Leute 1750 - 1900, Stuttgart 2001, S. 75. Das Porträt der Königin Katharina von Württemberg, entstanden 1819, wurde 21 Mal von Stirnbrand kopiert.

[10] Wintterlin, August: Württembergische Künstler in Lebensbildern, Stuttgart / Leipzig / Berlin / Wien 1895, S. 261.

[11] In der Gesellschaft war auch der Maler Pieter Franciscus Peters Mitglied, so dass anzunehmen ist, dass die Stuttgarter Maler sich kannten und gesellschaftliche Kontakte pflegten. Vogel, Heike: Natur, Technik, Heimatgeschichte - Einblicke in das Werk von Pieter Franciscus Peters, in: Wolfgang Meighörner Zeppelin Museum (Hrsg.), Jahrbuch 2006, S. 85/86.

[12] Wintterlin, August: Württembergische Künstler in Lebensbildern, Stuttgart / Leipzig / Berlin / Wien 1895, S. 260.

[13] Wacha, Georg: Adolf Menzel in Linz, in: Kunstjahrbuch der Stadt Linz, 1984, S. 80.

[14] Wilms, Agnes / Wildermuth, Adel-

heid: Ottilie Wildermuths Leben, Stuttgart 1888, S. 70 „.... als sie schon in gereiften Jahren zum Erstaunen, teilweise Entsetzen der Familie den Mut hatte, dem Zug ihres Herzens zu folgen und die Gattin Maler Stirnbrands zu werden, der, ohne Besitz, ohne Heimat und Familie, damals erst begann, sich als talentvoller Porträtmaler einen Namen zu erwerben... sie führte in dem Hause, das sich das Paar am Ende der damaligen Stadt unter Grün und Blumen erbaute, und das uns als ein Wunder von Schönheit und Eleganz galt, an der Seite ihres liebenswürdigen Gatten ein sehr glückliches Leben. Von wilden Launen, tollen Einfällen, die man für ein Recht und Attribut der Künstler hält, war bei dem Hausherrn keine Rede; er war eine seltene, harmonische, harmlose Natur, glücklich hauptsächlich darum, weil er in seinem Beruf, ganz abgesehen vom Silberwert des Talents, zugleich seine höchste Freude fand...Nie habe ich ihn verdrossen oder übler Laune gesehen...".

[15] Nagyrévi von Neppel, Georg : Husaren, Budapest 1975.

[16] Für diese Auskunft danke ich Dr. Kai Uwe Tapken vom Wehrgeschichtlichen Museum Rastatt.

[17] Hauptstaatsarchiv Ludwigsburg E 236 Bü 3630.

[18] Inventarakten des Zeppelin Museums, ZM 1975/1: Das Gemälde wurde aus dem Nachlass über das Auktionshaus Nagel in Stuttgart 1976 vom damaligen Bodenseemuseum angekauft.

[19] Die Wieland-Werke in Ulm wurden zur Entstehungszeit des Gemäldes von Philipp Jakob Wieland geleitet. Es handelte sich bei der Ulmer Firma um ein Familienunternehmen, dessen Anfänge bis zum Ende des 16. Jahrhunderts zurückzuverfolgen sind. Die Kunst- und Glockengießerei spezialisierte sich unter Philipp Jakob Wieland auf die Herstellung von Blechen und Drähten. http://www.wieland.de vom 15.02.2007 und http://de.wikipedia.oerg/wiki/Wieland-Werke vom 15.02.2007. Bei dem von Stirnbrand dargestellten Herrn mit Zylinder, der mit ausgestrecktem Arm Richtung Hafenbecken zeigt, könnte es sich demnach um den Ulmer Fabrikanten Wieland handeln. Ob er und die ihm zur Seite gestellten jüngeren Männer einen Anteil an den Ausbauarbeiten des Hafens hatten ist nach heutiger Kenntnis der Quellen nicht nachweisbar.

[20] Die Organisation der Landjäger wurde von König Wilhelm 1823 festgelegt und hatte bis zum Ende des 19. Jahrhunderts Bestand. Die Landjäger waren nicht mehr dem Militär unterstellt, sondern den bürgerlichen Behörden. Sie waren zwar militärisch strukturiert und organisiert, waren aber eine selbständige Polizeitruppe mit eigenen Uniformen.
Detailliert beschrieben in: Gewerkschaft der Polizei Landesbezirk Baden-Württemberg (Hrsg.), Walter Wannenwatsch (Red.): Das Württembergische Landjägerkorps, Worms 1986.

[21] Gewerkschaft der Polizei Landesbezirk Baden-Württemberg (Hrsg.), Walter Wannenwatsch (Red.): Das Württembergische Landjägerkorps, Worms 1986, S. 24.

[22] Gewerkschaft der Polizei Landesbezirk Baden-Württemberg (Hrsg.), Walter Wannenwatsch (Red.): Das Württembergische Landjägerkorps, Worms 1986, S. 104/105.

[23] Zwischen den Füßen des Fassrollers mit Lederschürze sind schemenhaft zwei Schuhe zu sehen. Unklar ist, zu wem diese Füße eigentlich gehören, denn die Proportionen erlauben es nicht, sie dem Mann hinter dem Fassroller zuzuordnen.

[24] Details der Kleidung sollten eine bestimmte politische Haltung deutlich machen. So wurden Zylinder, Spazierstock, Regenschirm und Krawatte schon in der Biedermeierzeit als Symbole des bürgerlichen, königstreuen Mannes verstanden und bewusst in Gemälden verwendet. Hagen, Rose-Marie und Rainer: Meisterwerke im Detail, Köln 2005, S. 594 und 653.

[25] Weber-Kellermann, Ingeborg : Der Kinder neue Kleider, Frankfurt/M. 1985.

[26] Borst, Otto (Hrsg.): Aufruhr und Entsagung: Vormärz 1815 – 1848 in Baden und Württemberg, Stuttgart 1992, S. 75.

[27] Deibel, Hans: Kleidung und Landes-Brauch, Diss. Marburg 2000, S. 356.
„Die Söhne gutbürgerlicher Familien trugen für Gut knielange, in der Taille mittels Gürtel oder Kordel geraffte Kittel."

[28] Der heute gebräuchliche Titel „Der Raddampfer ‚Kronprinz' läuft in den Hafen von Friedrichshafen ein" wurde wahrscheinlich lange nach der Entstehung des Gemäldes zur besseren Identifizierung eingeführt. Dafür spricht die Länge und Umständlichkeit der Formulierung.

[29] Precht, J. A.: Beschreibung des Bodensee's und seiner Umgebung, 2. Auflage Constanz 1833, Stadtarchiv Friedrichshafen A 155/1999 Teil 1, S. 72/73.

[30] Deppert, Werner: Mit Dampfmaschine und Schaufelrad, Konstanz 1975, S. 12 und 22.

[31] Hackländer, Friedrich Wilhelm, Ein Winter in Spanien, S. 12/13.

[32] Graf-Schelling, Claudius: Die Hoheitsverhältnisse am Bodensee, Zürich 1978, S. 15/16.

[33] Für diese grundlegende Information danke ich Dipl.- Restauratorin Michaela Burek-Vogel, Markdorf.

[34] Hauptstaatsarchiv Ludwigsburg E 236 Bü 3628.

[35] Hautstaatsarchiv Ludwigsburg E 236 Bü 3629.

[36] Die Staatsgalerie Stuttgart bewahrt eine maschinenschriftliche Abschrift der Einnahmenliste auf.

[37] Maier, Fritz: Friedrichshafen. Heimatbuch I, Friedrichshafen 1994, S. 158.

[38] Maier, Fritz: Friedrichshafen Heimatbuch I, Friedrichshafen 1994, S. 209 und S. 265.

[39] Erwähnt wird der Bau des Gaswerkes durch einen Bayreuther Fabrikanten 1862.
Maier, Fritz: Friedrichshafen Heimatbuch I, Friedrichshafen 1994, S. 227.

[40] Im Zuge der erwachenden politischen Beteiligung eines größeren Teils der Bevölkerung wurden zahlreiche Lesegesellschaften im Laufe des zweiten Viertels des 19. Jahrhunderts gegründet. Man abonnierte verschiedene Zeitungen, um über die politische Entwicklung informiert zu sein und über die Artikel zu diskutieren. Die politische Ausrichtung der abonnierten Blätter ließ dann schon auf die politische Einstellung der Vereinsmitglieder schließen. Die Mitglieder der Lesegesellschaft umgingen so das Verbot, sich zu politischen Vereinen zusammenzuschließen. Ein Beispiel für die Darstellung eines solchen Vereins im Bild aus dem Jahr 1843 schuf Johann Peter Hasenclever.

[41] Dingelstedt war ab 1843 Vorleser und Bibliothekar des Königs, Geheimer Hofrat und ab 1846 Dramaturg des Hoftheaters.

[42] Hackländer, Friedrich Wilhelm: Der Roman meines Lebens, Stuttgart 1878, S. 217.

[43] Abdruck in: Pfäfflin, Friedrich (Hrsg.): Marbacher Magazin, 81/1998, S. 89-96.

[44] Pohl, Oliver: Der Kampf der Nichtraucher gegen die Raucher, in: Wirtschaft im Alpenraum, April 2007, S. 222/223.

[45] Jürgen Müller, Der Deutsche Bund, in: www.thueringen.de/imperia/md/content/text/lzt/3.pdf vom 23.07.07, S. 4.

[46] Arbeitsgemeinschaft hauptamtli-

cher Archivare im Städtetag Baden-Württemberg (Hrsg.): Revolution im Südwesten, S. 27-29.

[47] Sauer, Paul: Regent mit mildem Zepter. König Karl von Württemberg, Stuttgart 1999, S. 113/114.

[48] Ebenso wie die verschiedenen Hunderassen in der Literatur des 19. Jahrhunderts als Charakterisierungsmittel für verschiedene Menschen eingesetzt wurden, ist die Verwendung des Hundes in der Malerei denkbar. Die im 19. Jahrhundert im Bürgertum modern gewordene Hundehaltung bot Raum für die verschiedenen Projektionen und symbolischen Verwendungen. Die kulturgeschichtliche Rolle des Hundes / der verschiedenen Hunderassen wird sehr ausführlich untersucht in Römhild, Dorothee: Belly'chen ist Trumpf, Bielefeld 2005.

[49] Lebensbeschreibung Stirnbrands nach Aufzeichnungen seiner Tochter, in einer Abschrift von 1936 in der Staatsgalerie Stuttgart vorhanden, S. 6.

[50] Niethammer, H.: Die Ludwigsburger Bärengesellschaft, in: Sonntags-Beilage zum Schwäbischen Merkur, Nr. 18, 22. September 1933.

[51] Im Königreich Württemberg gab es Anfang des 19. Jahrhunderts noch unzählige ländliche Kleidungsformen und -traditionen, die auf Vorbilder aus der Barockzeit zurückzuführen waren. Warum gerade die ländliche Kleidung der Einwohner von Betzingen, eines kleinen Ortes zwischen Tübingen und Reutlingen, hier als stellvertretend für die gesamte Landbevölkerung Württembergs präsentiert wurde, hat eine Geschichte, die bis ins 18. Jahrhundert zurückreicht. Besonders ausführlich und fundiert ist dies beschrieben in Keller-Drescher, Lioba: Die Ordnung der Kleider. Ländliche Mode in Württemberg 1750-1850, Tübingen 2003.

Nach dem es keine Kleiderordnungen mehr gab, wurde trotzdem von der Obrigkeit versucht, Einfluss auf die Kleidung der Menschen zu nehmen. Insbesondere die Landbevölkerung wurde durch Darstellung im Rahmen von höfischen Festen, Theaterstücken und Umzügen auf bestimmte Kleidungstypen festgelegt. Hinzu kamen die Erwähnungen in den vom Staat geförderten Oberamtsbeschreibungen und den Abbildungen ländlicher Kleidung. Diejenigen, die den größten Abstand zum Landleben hatte, projizierten ihre Wünsche und Vorstellungen von einem guten Leben (Ordnung, Sittlichkeit, Moral, Tugend) auf die Landbevölkerung. Durch die klare Ordnung der Kleidung sollte diese Lebensweise sichtbar werden. Mit der Konstruktion eines angeblichen „Nationalcharakters", der insbesondere in der Lebensart der Landbevölkerung zum Ausdruck kommen sollte, wurde diese von oben gewünschte Reglementierung aufgewertet. Während sich die städtische Mode international orientierte und die Auswahl der Kleidung vom finanziellen Rahmen der Trä-
ger/innen gesteuert wurde, suggerierten Berichte und Abbildungen, bestimmte ländliche Kleidungsformen seien überliefert, dauerhaft und typisch. Der Betzinger Frauentracht fiel durch den auffallend kurzen Rock, das geschnürte Mieder und die besondere Kopfbedeckkung eine besondere Rolle zu. Ihre Auffälligkeit trug dazu bei, dass sie als etwas Besonderes, fast Exotisches gut im Gedächtnis blieb. Die systematische Verbreitung in Abbildungen und Beschreibungen als Ausdruck des „württembergischen Nationalcharakters" sollte in dem neuen württembergischen Staat ein identitätsstiftendes Element sein. Keller-Drescher nennt dies „.... kulturelle Einigungsstrategie von Alt- und Neuwürttemberg, die von staatlicher Seite betrieben wurde." (S. 71).

[52] Maschinenschriftliche Abschrift aus dem Jahr 1936 von Stirnbrands Einnahmenbuch, vorhanden in der Staatsgalerie Stuttgart.

[53] Strebinger, Georg: Geschichte des Infanterie-Regiments König Wilhelm I. (6. Württ.) Nr. 124 1673-1895, Ulm 1896, S. 26.

[54] Badisches Landesmuseum Karlsruhe (Hrsg.): 1848/49. Revolution der deutschen Demokraten in Baden, Baden-Baden 1998, S. 240/241.

[55] Die Sensen entsprechen nicht der Form, wie sie in der Landwirtschaft üblich sind, die Schneiden sind in Verlängerung der Holzschäfte gerade aufgesetzt und als Stichwaffe - wie Lanzen - zu gebrauchen.

[56] Hier handelt es sich um die 6. Kompagnie des 6. Württembergischen Infanterie-Regiments.

Strebinger, Georg: Geschichte des Infanterie-Regiment König Wilhelm I. (6. Württ.) Nr. 124 1673-1895, Ulm 1896, S. 26.

[57] Lipp, Fr.: Georg Herwegh's Irr- und Wanderfahrt mit der Pariser deutsch-demokratischen Legion in Deutschland und deren Ende durch die Württemberger bei Dossenbach, Stuttgart 1850.

[58] Lipp, Fr.: Georg Herwegh's Irr- und Wanderfahrt mit der Pariser deutsch-demokratischen Legion in Deutschland und deren Ende durch die Württemberger bei Dossenbach, Stuttgart 1850, S. 60-63.

[59] Lipp, Fr.: Georg Herwegh's Irr- und Wanderfahrt mit der Pariser deutsch-demokratischen Legion in Deutschland und deren Ende durch die Württemberger bei Dossenbach, Stuttgart 1850, S. 74/75.

[60] Lipp, Fr.: Georg Herwegh's Irr- und Wanderfahrt mit der Pariser deutsch-demokratischen Legion in Deutschland und deren Ende durch die Württemberger bei Dossenbach, Stuttgart 1850, S. 76-78.

[61] Lipp, Fr.: Georg Herwegh's Irr- und Wanderfahrt mit der Pariser deutsch-demokratischen Legion in Deutschland und deren Ende durch die Württemberger bei Dossenbach, Stuttgart 1850, S. 78.

[62] Lipp, Fr.: Georg Herwegh's Irr- und Wanderfahrt mit der Pariser deutsch-demokratischen Legion in Deutschland und deren Ende durch die Württemberger bei Dossenbach, Stuttgart 1850, S. 80.

63 Lipp, Fr.: Georg Herwegh's Irr- und Wanderfahrt mit der Pariser deutsch-demokratischen Legion in Deutschland und deren Ende durch die Württemberger bei Dossenbach, Stuttgart 1850, S. 87.

64 An der Dossenbacher Kirche erinnert eine Gedenktafel mit folgender Inschrift an die Ereignisse:
„Hier ruhen zehn Männer der Herweg'schen Freischaar, gefallen im Kampfe am 27. April 1848
Nahmen u. Heimat konnte nur ermittelt werden von: Ordemann aus Oldenburg, Karl Musecker, Richard (?) Schimmelpfennig aus Preußen
Friede ihrem Andenken!"

65 Sauer, Paul: Das württembergisches Heer in der Zeit des Deutschen und Norddeutschen Bundes, Stuttgart 1958, S. 111-112.

66 Lipp, Fr.: Georg Herwegh's Irr- und Wanderfahrt mit der Pariser deutsch-demokratischen Legion in Deutschland und deren Ende durch die Württemberger bei Dossenbach, Stuttgart 1850, S. 103.

67 Landeszentrale für politische Bildung Baden-Württemberg (Hrsg.): „...bis es ein freies Volk geworden..." 1848/49 Revolution, Heft 35 November 1997, S. 23.

68 Seit dem Mittelalter war der gemarterte Christus als Andachtsbild bekannt. Die Betrachter sollten sich in die Leiden Christi hineinversetzen und mit ihm fühlen. Christus als Schmerzensmann erscheint nicht siegreich und triumphierend wie im Bildtypus des auferstandenen Christus, sondern geschlagen und schicksalsergeben. Auch in Ecce Homo-Darstellungen sind ähnliche Kopf- und Körperhaltungen zu finden. Stirnbrand setzt die Situation des Anführers der Aufständischen gleich mit der Situation des geschlagenen Christus.
Für die Präzisierung dieses Gedankens danke ich Dr. Verena Fuchß.

69 Der Vergleich zwischen den Aufständischen und Christus wurde auch schon zum Jahresende 1848 vom Friedrichshafener Seeblatt bemüht. Dort hieß es zu den Revolutionsereignissen: „Vor 1848 Jahren ward ein Mensch geboren und der hieß Jesus Christus; er war der erste Republikaner, der in jener Zeit den Grundgedanken der unbedingten Volkssouveränität aussprach. Er führte den Krieg mit den Wucherern und Heuchlern und dafür mußte er sterben. Er predigte die Religion der Gerechtigkeit, der Liebe, der Freiheit, der Gleichheit der Brüderlichkeit. Die größte Sittenreinheit und die reinste Menschenliebe waren die hervorragendsten Züge seines herrlichen Charakters. Nie ist ein Mensch würdiger gewesen, als Jesus. Alle echt republikanischen Tugenden vereinigte er in sich. Tut's mir nach, sprach er, geht den Weg nach Golgatha. Und er starb für seine Überzeugung, für seinen Glauben. Darum folgt ihm nach!"
zit. nach: Mayer, Fritz: Friedrichshafen Heimatbuch I, Friedrichshafen 1994, S. 176.

70 Das Gemälde hat trotz seiner Größe nur einen ungewöhnlich schmalen, einfach gearbeiteten, wenig repräsentativen Holzrahmen. Sollte es sich um den Rahmen aus der Entstehungszeit handeln, war vielleicht an eine serielle Hängung von Szenen aus der Landesgeschichte gedacht. Die ähnliche Größe der beiden Szenen aus der Revolutionszeit spricht für eine solche Planung. Die Rahmen mussten für diesen Zweck optisch unauffällig sein. Weitere Szenen, die in eine solche Präsentation gepasst hätten, sind nicht bekannt, so dass der Plan vielleicht nicht weiter verfolgt wurde.

71 Die sogenannten Reichstruppen oder Bundestruppen, die gegen die Aufständischen eingesetzt wurden, bestanden aus unterschiedlich großen Truppenteilen aus zehn verschiedenen Staaten. Nachweislich gehörte dazu das kombinierte württembergische Infanterie-Regiment, bestehend aus dem 1. Bataillon des 8. Infanterie-Regiments und dem 2. Bataillon des 4. Infanterieregiments.
Rehm, Christoph: Das Gefecht bei Gernsbach am 29. Juni 1849, in: Der Bote aus dem Wehrgeschichtlichen Museum, 38/2000, S. 30.

72 Hochstuhl, Kurt: Gernsbach 1847-1849: Schauplatz der Revolution in Baden, Gernsbach 1997, S. 112-121.

73 Ausschnitt aus dem Brief eines Teilnehmers an dem Gefecht:
Andreas Ulrich Münzmaier schrieb am 3. Juli 1849 an seine Braut Charlotte Hermann „...Während dieses Brandes rückte mein Herr mit seinem Bataillon gerade auf der Straße vor, doch als er mit seiner Mannschaft an die Brücke kam, war diese so ruiniert, dass es nicht möglich war überzusetzen. Du kannst Dir jetzt vorstellen, was die Freischaren für ein mörderisches Feuer herübergeschickt haben, es wurde aber auch von unserer Seite gut erwidert; es blieb nichts anderes übrig als in die Murg zu gehen um so hinüber zu kommen. Die Murg ist so breit wie der Neckar auch bereits so tief. Die Mannschaft ging freudig und getrost hindurch und so wurden die Freischaren mit Verlust ihrer Kanonen, und sehr vieler Mannschaft aus der Stadt gejagt."
Ruepprecht, Hans-Ulrich Frhr. v.: Das Gefecht bei Gernsbach - Brief eines württembergischen Soldaten, in: Schwäbische Heimat 2002/4, S. 422.

74 Das Gemälde „Das Gefecht zu Gernsbach am 29. Juni 1849" im Besitz der Stadt Gernsbach, abgedruckt in Hochstuhl, Kurt: Gernsbach 1847-1849: Schauplatz der Revolution in Baden, Gernsbach 1997, S. 88/89 zeigt diese Situation. Links unterhalb der Kirche sind Brücke und Mühlrad in direkter Nachbarschaft zu sehen.

75 Badisches Landesmuseum Karlsruhe (Hrsg.): 1848/49. Revolution der deutschen Demokraten in Baden, Baden-Baden 1998, S. 13-22.

Sandra Wolf

HAUTE COUTURE UND HÄNGEKLEID
MODE, REFORM UND KUNST ANFANG DES 20. JAHRHUNDERTS

Das Jahr 1908 ist nicht nur für Friedrichshafen durch die Gründung der Zeppelin-Stiftung ein Grund, sich dieser Zeit zu erinnern und zu feiern. In ganz Europa gab es in dieser ersten Dekade des 20. Jahrhunderts Neuerungen, Gründungen und Umbrüche in umfangreicher Art. Mit dem Beginn des 20. Jahrhunderts hatte sich die bürgerlich-kapitalistische Ordnung in weiten Teilen der westlichen Welt durchgesetzt und in den Metropolen Europas ergaben sich weitreichende gesellschaftliche Veränderungen. Nachdem mit der ersten Welle der Industrialisierung, Urbanisierung und Technisierung eine neue Bourgeoisie und Arbeiterschicht entstanden war, verschärften sich die sozialen Gegensätze in den wachsenden Großstädten Europas. Besonders für jene Gesellschaftsschicht aus altem Adel und wohlhabendem Bürgertum war die Mode eine Möglichkeit, den Rang und das eigene Selbstverständnis zur Schau zu stellen.

EXQUISITE MODE

Nachdem die Mode vom Adel in den Alltag der städtischen Bourgeoisie überführt wurde, etablierte sie sich zum Repräsentationsträger innerhalb der komplexen sozialen Differenzierung der Gesellschaft. Mode um die Jahrhundertwende typisierte weiterhin Status- und Geschlechterpositionen, aber auch Wert- und Normorientierung: Die Frau als „Luxusgeschöpf" wies durch Müßiggang und Reichtum die Mitgliedschaft in höhere Gesellschaftsschichten aus. Die europäische Modewelt um 1900 orientierte sich an der Haute Couture der Metropole Paris. Die dort von führenden Modehäusern präsentierten maßgeschneiderten Kreationen waren europaweit begehrt und wurden in ganz Europa nachgeahmt.[1] Als Schönheitsideal galt ein großer, schlanker Frauentyp mit betonter Taille. Das körperdeformierende Korsett kam dabei in extremen Steigerungen zum Einsatz. Um eine S-Linie zu bilden wurden Hüfte und Bauch weggeschnürt und der Busen nach oben gepresst. (Abb. re.) Stehkragen und enge Ärmel unterstützten die Streckung der Gestalt. Volants, Applikationen, hohe Frisuren und breitkrempige Hüte unterstrichen die geschwungene Umrisslinie. (Abb. S. 358) Das An- und Ablegen der Kleidung war dabei so aufwendig, dass es oft nicht ohne Mithilfe einer zweiten Person ausgeführt werden konnte. Auch in ländlicher Gegend, wo der Repräsentationsdruck nicht so hoch war, und in der Arbeiterschicht herrschte durchaus das

Korsett. Es gehörte zur Alltagskleidung von Frauen aller Schichten, lediglich die Enge der Schnürung konnte differieren. Die Männermode hatte dagegen durch Leitbilder des englischen Hofes eine zeitlose Form in den Anzügen gefunden, die neben der Pracht der Frauenmode praktisch unmodisch war.[2]

DIE REFORMMODE

So gab es zu Beginn des 20. Jahrhunderts in städtisch-bürgerlichen Kreisen Bestrebungen zur Reformation der Frauenkleidung. Man wand-

**Gustav Klimt: Portrait Emilie Flöge, 1902, Öl auf Leinwand,
181 x 84 cm, ©Wien Museum**

**Korsett, Werbeanzeige im *Seeblatt* vom 9. Mai 1908,
Stadtarchiv Friedrichshafen**

te sich gegen die überladene, lebensfremde Herstellung der Bekleidungsindustrie und besann sich auf Gesundheit und Hygiene. Natürliche Schönheit und eine sinnvolle Materialverwendung wurden angestrebt. Die Reformmode ist dabei Teil der Reform von politischen und sozialen Werten der bürgerlich-nationalen Gesellschaft. Der Begriff der Lebensreformbewegung, der im späten 19. Jahrhundert entstand, umfasst alle Bestrebungen zur Erneuerung und Verbesserung der Lebensführung. In diesem Zusammenhang gehören zum Beispiel das Aufkommen der Naturheilkunde, der Freikörperkultur und neue Tendenzen in den Bereichen Wohnen, Erziehung und Kunst. Reformierte Damenmode stand wie die Haute Couture für Statuspositionierung, Identifizierung und Orientierung. Sie befreite noch nicht von Normen und Standards, sollte jedoch für ein neues Zeitalter stehen und vorrangig emanzipatorische wie auch avantgardistische Verwirklichung ermöglichen. Eng verbunden war das Reformkleid mit den Emanzipationsbestrebungen der Frauen, die sich vermehrt organisierten und neben hygienischen auch praktische Argumente ihrer zunehmenden Berufstätigkeit ins Feld führten. In einer Zeit, in der Frauen nicht mehr nur für den Haushalt zuständig waren und zunehmend am Arbeitsleben teilnahmen, behinderte die traditionelle Kleidung und galt gerade das Korsett als Zeichen der Benachteiligung der Frau im täglichen Leben.

Die Wurzeln der Modereformbestrebungen kamen aus England. Die Anhänger des „Aesthetic movement" propagierten in den 80er Jahren des 19. Jahrhunderts gegen die zeitgenössische Mode eine Reformmode. Ihr Kleiderentwürfe orientierten sich an den mittelalterlichen und renaissanceartigen Formen der Gewänder der Praeraffaeliten.[3] Auch im deutschsprachigen Raum war die Form der neuen Kleider zunächst ähnlich dem englischen Vorbild sackartig, so dass bald die Rede vom „Anti-Modekleid" oder „schnittlosem Reformsack" war. Das Geschnürte und Hinderliche der zeitgenössischen Mode war durch weite Ärmel, fließende Röcke und lose Taillen ersetzt. Solche losen Kleider und offene Haare galten als Skandalon und wurden u.a. in zeitgenössischen Publikationen häufig verhöhnt.

KÜNSTLERISCHE REFORMMODE

Durch die Ausweitung der Kunst auf alle Lebensbereiche geriet auch der Bereich der Mode Anfang des 20. Jahrhunderts in das Blickfeld der Künstler. Das künstlerische Reformkleid sollte ähnlich den Ideen der Lebensreform gegen das Althergebrachte gerichtet, aber durch künstlerische Kreativität konkurrenzfähig zur etablierten Mode sein.

Mode in S-Linie, Werbeanzeige im *Seeblatt* vom 19. September 1908, Stadtarchiv Friedrichshafen

Werbung für Reformkorsetten, *Seeblatt* **vom 02. Mai 1908, Stadtarchiv Friedrichshafen**

Reformkleid, von Henry van de Velde entworfen, Deutsche Kunst und Dekoration, Mai 1902.

In Deutschland wurde das erwähnte Hängekleid als Grundform von etlichen Künstlern aufgegriffen und unter ästhetischen Kriterien verändert. Gemäß der Proklamation des auch in Deutschland sehr einflussreichen belgischen Künstlers Henry van de Velde (1863 – 1957) „von heute ab fallen die Kleiderausstellungen in die Kategorie der Kunstausstellungen"[4], erhoben die Künstler die Kleidung in den Stand des Kunstwerkes. Als künstlerisches Reformkleid in Krefeld 1900 zum ersten Mal ausgestellt, fand es weitere Verbreitung in europäischen Großstädten. Besonders van de Velde regte durch Veröffentlichungen die Auseinandersetzung mit der künstlerischen Reformmode an. Die Entwürfe van de Veldes zeigen weite, faltenwerfende und untaillierte Kleider.[5] (Abb. re.)

Die Gestaltung der Frauenkleidung stand auch hier im Vordergrund des Interesses. Die männliche künstlerische Kleiderreform beschränkte sich auf einige Entwürfe eines weit geschnittenen Kittels, wie ihn nur wenige Protagonisten der Kunst- und Literaturszene trugen. Allen voran Gustav Klimt (1862 – 1918), Wiener Secessionist und Anhänger der Reformbewegung, der den „Klimt-Kittel" häufig sowohl in seinem Atelier sowie bei Sommeraufenthalten am Attersee trug. (Abb. S. 360)

REFORMKLEIDER WIENER ART

Dass gerade in Wien eine besondere Form des künstlerischen Reformkleides entstehen sollte, lag sicherlich nicht zuletzt an der Salonkultur der Stadt. Wien war mit seiner Größe von zwei Millionen Einwohnern der kulturelle und intellektuelle Mittelpunkt des Österreich-Ungarischen Staates und eine der wichtigsten Metropolen Europas. Hier entwickelte sich in der Aufbruchstimmung Anfang des 20. Jahrhunderts das vielumschriebene „kreative Milieu Wiens"[6]. In einer Atmosphäre des Aufbruchstrebens schuf die bürgerliche Bildungselite wegweisende Werke in Medizin, Psychoanalyse, Musik und den bildenden Künsten. Die Mode der Reichshauptstadt mit seinen noch feudal-

**Gustav Klimt und Emilie Flöge in Reformkleidung 1905–10,
Österreichische Nationalbibliothek Wien, Bildarchiv**

aristokratischen Verhältnissen stand für erstklassige Handarbeit und der Wiener Stil für Eleganz und Charme.[7]

Die Sezessionisten Josef Hoffmann (1870 – 1956), Gustav Klimt, Koloman Moser (1868 – 1918) und Alfred Roller (1964 – 1935) standen unter den Modereformern Wiens in vorderster Reihe. Eingebettet in das Konzept der ästhetischen Revolution, die alle Lebensbereiche durchdringen sollte, wurde das Reformkleid in seine Umgebung eingefügt. Die Auseinandersetzung der Künstler mit der Damenmode hing eng mit den neuen künstlerischen Ambitionen zusammen. Richtungsweisend waren in Wien die Gründung der Künstlervereinigungen der Secession 1897 und der Wiener Werkstätte 1903.

Die Secession wurde in Folge eines mehrjährigen Interessen- und Generationenkonflikts innerhalb der führenden Künstlervereinigungen gegründet. Dies steht durchaus im europäischen Kontext, denn um 1890 schlossen sich in vielen europäischen Großstädten junge Künstler zusammen.[8] Die Secession bestand aus neunzehn Künstlern, darunter neben Malern auch Architekten, Kunsthandwerker und Akademieprofessoren. Diese Zusammensetzung hatte großen Einfluss auf die Entwicklung des „secessionistischen" Stils und wird als Ausgangspunkt für die gesamte spätere Entwicklung gesehen. Auf der Suche nach einem neuen Umgang mit der Kunst waren die Secessionisten gegen Akademismus und Eklektizismus und verfolgten das Ziel, unabhängige Ausstellungen im eigenen Gebäude zu veranstalten. Bereits ein Jahr nach ihrer Gründung eröffnete die Secession 1898 ihr eigenes, von Joseph Maria Olbricht (1967 – 1908) entworfenes Ausstellungsgebäude. In der folgenden Zeit vergrößerte sich die Künstlergemeinschaft schnell und nahm auch auswärtige Mitglieder auf. Wien sollte gegenüber der modernen und internationalen Kunst geöffnet werden. Statt einem bereiteren Publikumsgeschmack zu dienen, wollten die Künstler durch elitäre Ausstellungen international konkurrenzfähig sein. In ihrer avantgardistischen Ausrichtung entsprachen sie dem Bestreben des liberalen Bürgertums. Mit den sozialen Klassengegensätzen beschäftigten sie sich kaum, denn für sie waren diese nicht politisch oder wirtschaftlich zu lösen. Die Differenzen sollten in erster Linie durch eine Verschönerung der Umwelt und die „sittliche Hebung" der Menschen erreicht werden. „Wir kennen keine Unterscheidung zwischen ‚hoher Kunst' und ‚Kleinkunst', zwischen Kunst für die Reichen und Kunst für die Armen. Kunst ist Allgemeingut", proklamierten sie in der ersten Ausgabe ihrer ab 1898 herausgebrachten eigenen Zeitung „Ver Sacrum".[9] In ihr vermittelten sie das Programm der Künstlervereinigung, ihre intellektuellen, künstlerischen Absichten und neue künstlerische Erkenntnisse. Dabei arbeiteten die Secessionisten eng mit Kritikern und Galeristen zusammen. Die Vernetzung von Ausstellungswesen, Kunsthandel und -kritik sowie die Internationalisierung waren eine strukturelle Neuerung des Kunstbetriebes. Auch die kunstpädagogische Tätigkeit von Mitgliedern in der Kunstgewerbeschule Wien stellte einen Bruch mit Traditionen dar.

DAS KONZEPT GESAMTKUNSTWERK

Als sich 1905 eine Gruppe um den Künstler Gustav Klimt von den Secessionisten spaltete, war ein Grund die angestrebte engere Zusammenarbeit mit Kunsthandel und Kunstgewerbe. Diese sogenannten „Raumkünstler" oder „Stilisten" glaubten an die Idee des

Gesamtkunstwerks. Das gemeinsame umfassende „Kunstwollen" (Alois Riegel) sollte von der Architekturornamentik, über Möbel und Gebrauchsgegenstände bis zur Kleidung alle Lebensbereiche durchdringen. Das Palais Stoclet in Brüssel (1905 – 1911) stellt das einzige umfangreiche Gesamtkunstwerksprojekt dar, das in diesem Sinne realisiert wurde. Gustav Klimt entwarf den Beethoven-Mosaikfries für das Palais. Als erster Vorsitzender hatte er eine einflussreiche Stellung im Kunst- und Kulturschaffen der Monarchie. Eine enge Freundschaft verband Klimt mit den Gründern der Wiener Werkstätte.

Nach dem Vorbild der englischen „Arts- and Crafts-Bewegung" wurde 1903 von Josef Hoffmann, Koloman Moser und dem Industriellen Fritz Wärndorfer (1868 – 1939) die Wiener Werkstätte gegründet. Die Vereinigung hatte die Reformation der zeitgenössischen angewandten Kunst und die „Verbesserung der allgemeinen Geschmacksbildung" zum Ziel.[10] Den industriellen Massenproduktionen sollten künstlerisch und handwerklich wertvoll gearbeitete Produkte entgegengestellt werden. Neben Ateliers für Metalle, Buchbinderei und Leder umfassten die Werkstätte eine Tischlerei und Lackiererei, ab 1911 auch eine eigene Modeabteilung. Die Gründer der Wiener Werkstatt brachten sich früh in die Modedebatte ein, nicht nur theoretisch, wie Hoffmann in seinem Aufsatz „Das individuelle Kleid" von 1898, sondern auch mit eigenen Modeentwürfen, die vor der Gründung der eigenen Modeabteilung im Modesalon Flöge angefertigt wurden.

Die „Vereinigung aller Künste mit dem Leben"[11] sollte praktisch umgesetzt werden. Im 1903 formulierten Programm der Wiener Werkstätte heißt es: „Solange nicht unsere Städte, unsere Häuser, unsere Räume, unsere Schränke, unsere Geräte, unsere Kleider und unser Schmuck, solange nicht unsere Sprache und unsere Gefühle in schlichter, einfacher und schöner Art den Geist unserer eigenen Zeit versinnbildlichen, sind wir unendlich weit gegen unsere Vorfahren zurück und keine Lüge kann uns über all diese Schwächen täuschen".[12] Die Werkstätten gewährten ein Experimentierfeld, das durch Förderer auch finanziell abgesichert war. Künstler und Handwerker sollten eng bei Entwurf und Ausführung zusammenarbeiten und das Produkt den höchsten Qualitätskriterien entsprechen. Diese übergreifende Zusammenarbeit war ein Novum, an dem auch der Modesalon der Schwestern Flöge teilhaben sollte. Die Einrichtung des Modesalons war eines der ersten Aufträge an die Wiener Werkstätte, und zeigt beispielhaft den frühen Stil des strengen Formenkanons aus geometrischen Schwarzweiß-Mustern.

DER MODESALON FLÖGE

Die Schwestern Emilie, Pauline und Helene Flöge eröffneten 1904 den Modesalon „Schwestern Flöge", der sehr schnell einer der größten und bekanntesten Wiens wurde. Der Kontakt des Modesalons zu Künstlern der Secession und der Wiener Werkstätte wird der langjährigen engen Freundschaft von Gustav Klimt und Emilie Flöge (1874 – 1952) zugeschrieben. Mit der Beauftragung der Wiener Werkstätte für die Einrichtung der Geschäfträume entschieden sie sich für ein modernes Design, das auf eine bestimmte Klientel zielte. Zum Teil kam dieser aus dem Kreis der Secession und der Wiener Werkstätte, aber auch aus Geldadel, Hochfinanz und Großindustrie. Das Konzept von Hoffmann und Moser umfasste von der Einrichtung über den Tischschmuck bis zum Türschild und Firmenlogo alles, um das Erscheinungsbild des Salons übereinstimmend zu gestalten. Im Interesse der Gesamtkunstwerkidee bestand auch umgekehrt zwischen der Wiener Werkstätte und dem Salon Flöge eine enge Zusammenarbeit. Bis zur Gründung der Modeabteilung der Wiener Werkstätte sind im Modesalon einige künstlerische Reformkleider ausgeführt worden, darunter auch ein Entwurf von Eduard Joseph Wimmer-Wisgrill (1882 – 1961), dem späteren Leiter der Modeabteilung. Da die Modeabteilung erst 1911 gegründet wurde, kann dies durchaus für weitere Kleider zutreffen.[13] Es existieren noch einige Studioaufnahmen, die Emilie Flöge in Kleidern der Wiener Werkstätte zeigen. Durch Brand und den Zweiten Weltkrieg sind allerdings große Bestände der Wiener Werkstätte und aus dem Nachlass Emilie Flöges zerstört, so dass über den Umfang und die Intensität der Zusammenarbeit nur Vermutungen angestellt werden können. Gerade der Umstand, dass zum Zeitpunkt der Gründung der Modeabteilung die Kleiderreformbewegung zwar noch diskutiert wurde, der Höhepunkt der künstlerischen Variante aber bereits stattgefunden hatte, spricht dem Salon Flöge eine zentrale Rolle zu. Der Modesalon ermöglichte den Künstlern eine weitreichende Auseinandersetzung mit dem Thema Mode. Gustav Klimt war als Anhänger der Reformbewegung und enger Freund Flöges sicherlich einer der profiliertesten Künstler, die sich mit der Mode beschäftigten.

Die Forderung nach einem einheitlichen Stil ließ ein System entstehen, das die „Damen dieser eleganten Klientel ihr Haus von Hoffmann erbauen, das Portrait von Klimt malen, den Schmuck von Koloman Moser entwerfen und das Kleid von Emilie Flöge nähen ließen".[14] In diesem gegenseitigen Austausch fand die intensive praktische Auseinandersetzung mit dem künstlerischen Reformkleid Wiener Art statt.

DIE KLEIDER VON KLIMT UND FLÖGE

Dokumentiert ist die gemeinsame Arbeit von Gustav Klimt und Emilie Flöge in einer Serie von zwanzig Fotografien, die aus dem Nachlass Flöges stammen.[15] Sie zeigen Emilie Flöge im Freien, die neun verschiedene Reformkleider vorführt. Die Modelle wurden mit den sozialfunktionalen Zuordnungen Sommer-, Konzert-, Haus-, Garten- und Gesellschaftskleid betitelt. Zehn dieser Aufnahmen wurden 1907 in der Zeitschrift „Kunst und Dekoration" veröffentlicht. „Professor Gustav Klimt" wurde als Créateur angegeben, das Atelier der Schwestern Flöge als Ausführende.[16] Ein jeweiliger Anteil lässt sich schwer ermessen. Dass Klimt als Créateur angegeben wird, lässt sich wohl nicht zuletzt auch auf die Werbewirksamkeit seines Namens zurückführen.[17] Gustav Klimt zeigt in seinen Frauenportraits und -studien starkes Interesse an Stofflichkeit und Dekoration, so dass er sicherlich nicht unbeteiligt bei der Arbeit der Reformkleider war. Die gemeinsame Arbeit von Künstler und Modeschöpferin zeigt sich in den zugleich stilistisch-ästhetischen wie auch den modischen Ansprüchen der Kleider. Sie bestehen aus einem langen, weiten Rock und hoch angesetzter Taille, so dass das Oberteil vergleichsweise klein ausfällt. Es besteht nur aus Schulterpasse und Stehkragen. Der Rockteil ist bodenlang, zum Teil mit sich unten weitendem Faltenwurf, der bei einigen Kleidern durch eine Schleppe verlängert ist. Die Unterärmel sind eng, darüber liegen kaskadenartig Rüschen und Volants. Die unterschiedlichen Farben, Muster und Texturen der Stoffe werden gegeneinander gesetzt, so dass einzelne Teile austauschbar zu sein scheinen.

Die Schnittführungen der Kleider betonen durchgehend die von den Secessionisten propagierte schlanke, hochgewachsene Frauenfigur, wie sie auch dem gängigen Schönheitsideal entsprach. Neben den langen Röcken, zum Teil mit einer Schleppe zusätzlich verlängert, erreicht der halshohe Abschluss eine optische Streckung der Gestalt. Deutlich wird dies vor allem in der Frontalansicht des weißen „Sommer-Kleides" (Abb. S. 362). Durch den weiten, nach oben hin verengten Rock und den körperengen Hals- und Schulterteil (Passe) verjüngt sich die Gestalt bis zum Stehkragen nach oben hin, so dass der Kopf letztlich dem verhüllten Körper wie aufgesetzt scheint. Gemäß den Vorbildern der Reformer engen die Entwürfe den Körper nicht ein. Das Gewicht des Kleides liegt auf den Schultern der Trägerin, wie bei den reformistischen Hängekleidern. Zugunsten der ästhetischen Gestaltung sind die Forderungen nach Beweglichkeit und Natürlichkeit jedoch zum Teil in den Hintergrund gedrängt. Die Überlänge der Röcke dürfte die

Sommer-Kleid, Deutsche Kunst und Dekoration, 19.1906/07

Bewegungsfreiheit der Trägerin sehr behindern. Einige Entwürfe zeigen auch eine Schleppe, deren Abschaffung aus hygienischen Gründen von den Kleiderreformern gefordert worden war. Die schmale Silhouette der Kleider ist deutlich am Empirestil der damaligen Couturemode orientiert. Auch in den Stofffarben, die biedermeierlich zart und zurückhaltend erscheinen, kann eine Orientierung an der herrschenden Mode gelesen werden, in der matte Nuancen als elegant galten.

Der Schwarz-Weiß-Kontrast und die viereckige Brosche sind im Klimt- und Wiener-Werkstätte-Kreis beliebte Motive, die hier bei den Modellen an unterschiedlichen Stellen verwendet werden. Die Wiener Werkstätte stellte nicht nur Kleidung in Schachbrett- und Dreiecksmuster her, auch bei Gebrauchs- und Einrichtungsgegenständen taucht diese Farbkombination häufig auf. Im Sinne der einheitlichen Gestaltung aller Lebensbereiche bedeutete das in der Wiener Werkstätte, dass farbig abgeändert Musterentwürfe für Dekor-Möbel- und Kleiderstoffe sowie Tapeten hergestellt wurden. Durch die verwendeten Stoffe der

Kleider von Klimt und Flöge passen die Kleider durchaus in ein Interieur der Wiener Werkstätte.

Das geometrische Schwarz-Weiß-Muster ist hier zum einen den weiten, duftigen Ärmeln entgegengesetzt, die kaskadenartig den Unterarm bedecken (Abb. unten li.), zum anderen den zartfarbigen Kleiderstoffen (Abb. unten re.). Formale Strenge des geografischen Musters und stoffliche Auflösung durch die übereinandergelegten Tellervolants werden gegeneinander gestellt. Die viereckige Brosche ist jeweils als gestaltendes Element integriert, indem sie als Bindeglied zwischen gemusterten und einfarbigen Flächen angebracht wurde. Die Stoffentwürfe der Werkstätte zeigen deckungsgleich mit den hier verwendeten Stoffen neben geometrischen Mustern florale Designs.[18] Rankende und florale Motive waren von den Jugendstilkünstlern allgemein beliebt, denn in ihnen drückte sich zum einen eine von ihnen geforderte Natürlichkeit aus, gleichzeitig eigneten sie sich besonders für stilisierende Dekors, wie sie auch Klimt in seinem Werk häufig malte. An der seidig glänzenden Qualität des „Konzert-Kleides" (Abb. unten li.) zeigt sich besonders, dass Klimt und Flöge durchaus edle Stoffe verwendeten, was ebenfalls den Versuch des Verbindens von Reform- und Gesellschaftskleid deutlich macht.

Bei den gemusterten Kleidern liegt der Schwerpunkt weniger in der Gegensätzlichkeit, als im formalen Aufbau. Das „Haus-Kleid" (Abb. S. 364 li.) wirkt einheitlicher. Besonders hier ist der Aufbau aus geometrischen Formen sichtbar. Der dunkelfarbige Stehkragen und das Oberteil werden von dem weißen Schulterstoff begrenzt. Das kleinkarierte Element des gemusterten Stoffes wird so nicht nur in der Karierung unterschiedlicher Muster im Stoff selbst zitiert, sondern auch durch das großflächige Schachbrettmuster des Oberteils angedeutet. Gleichzeitig findet sich auch die A-Form des Rockteils verkleinert in

Konzert-Kleid, Deutsche Kunst und Dekoration, 19.1906/07

Garten-Kleid, Deutsche Kunst und Dekoration, 19.1906/07

Haus-Kleid, Deutsche Kunst und Dekoration, 19.1906/07

Garten-Kleid, Deutsche Kunst und Dekoration, 19.1906/07

einem weich fließenden dünnen Stoff. Das Spiel mit geometrischen Formen ist hier im Ganzen großflächiger: Der Stoff mit Weinrankenmuster wechselt an Ärmeln und Passe mit weißem Stoff, so dass die lange Stofffläche des Rocks oberhalb eingerahmt ist von wechselnd gemusterten und weißen Farbflächen. Die Grenze zwischen einheitlicher und aufgelöster Farbfläche ist wiederum von einer quadratischen Brosche betont.

Raffinesse und Eleganz der Modelle sind der Couturemode entlehnt. Sie stellen nicht den sozialpolitischen Anspruch der Reformer wie im englischen Vorbild William Morris dar. Statt dessen ist hier die Ästhetik das oberste Kriterium. Dies zeichnet die Kleidermodelle als ambitionierten Versuch aus Reform, Kunst und Mode zu verbinden und der Couturemode Konkurrenz zu machen. Unter diesem Aspekt können die vorgestellten Modelle, die 1907 publiziert wurden, als programmatisch eingeschätzt werden. Entworfen wurden ähnliche Kleider auch

den übereinander liegenden Ärmelvolants wieder und komplettiert somit die geometrische Konstruktion.

Als Mischform könnte das „Garten-Kleid" (Abb. oben re.) gelten. Es handelt sich hier um ein langes Kleid mit weitem überlangen Rock aus

Fotografie Emilie Flöge in einem von Eduard Josef Wimmer-Wisgrill entworfenen Kleid, Österreichische Nationalbibliothek Wien, Bildarchiv

üblichen Studio- oder Salonumgebung war ungewöhnlich. Malerisch bindet Klimt Emilie Flöge in Frontal-Profil und Dreiviertelansichten in die Umgebung ein. Die Serie gilt daher als eines der frühesten Beispiele der Modefotografie, die im eigentlichen Sinn erst um 1910 verstärkt einsetzte und die gedruckten Modezeichnungen und Modekupfer ablöste. Es waren vor allem Bilder des Barons Adolf de Meyer im Modemagazin Vogue, mit denen sich die Modefotografie zu einer eigenen Form ausbildete.[19]

Die Aufnahmen entstanden am Ufer des Attersees und der umgebenden Landschaft. Allen Fotografien ist gemeinsam, dass Emilie Flöge das zentrale Bildmotiv darstellt. Flöge blickt den Betrachter nicht an, ihr Kopf ist nach unten oder seitlich geneigt, nur von hinten sichtbar oder vom oberen Bildrand beschnitten. Während ihr Kopf meist mit der oberen Bildkante abschließt, wird der Figurenabschluss im unteren Bildteil vom Boden gebildet. Wie auf einem Podest stehend ist die Figur in die Bildmitte gerückt. So wird nicht nur das Verwachsen mit der Umgebung suggeriert, zudem wird eine symbolische Aussage geschaffen: Die Person wird unnahbar und tritt hinter das Modell zurück.

Vor einer weißen Mauer inszeniert Klimt Kleider aus unterschiedlichen Stoffen so, dass sich weiße Musteranteile der Kleider mit dem Untergrund verbinden. Das hell-dunkel gemusterte „Haus-Kleid" (Abb. S. 364 li.) verbindet die konträren Farben der Mauer und des dunklen Bodens in sich und lässt dunkles ins Weiße ranken und umgekehrt. Die weiße Passe verschmilzt in der Aufnahme mit dem Hintergrund, so dass sich lediglich die schwarzen Linien, Stoffeinsatz und Brosche vom umgebenden Weiß abstrakt absetzen. Auch in dem zweiten „Haus-Kleid" (Abb. S. 366 li.) verhalten sich die Stofffarben zum Untergrund so, dass ich die Körperlichkeit der Trägerin aufzulösen scheint. Das Weiß der großen Punkte lässt den Eindruck entstehen, sie seien Aussparungen, die den Blick auf die weiße Mauer frei geben. Das Kleid als solches löst sich durch die Musterung des Stoffes auf und wird selbst zur Fläche. In den Aufnahmen wird nicht nur das Kleid präsentiert, sondern dieses wird selbst zum Kompositionselement. Die vorangehend dargestellten Formcharakteristika zeigen gerade ein bewusstes Spiel mit Gesamtkonzeption und Perspektive, individueller Figur und Modell, Form und Detail auf.

Auf andere Art geschieht die Einbindung der Figur in den Aufnahmen in der Natur. Die überlangen Rockenden werden, wie beim Konzert-Kleid (Abb. S. 363 li.), in Falten auf dem Wiesengrund ausgebreitet und verwachsen wie durch Baumwurzeln mit der Umgebung. Das

von weiteren Jugendstilkünstlern aus dem Wiener Werkstätte-Kreis, wie eine Aufnahme von Emilie Flöge zeigt. (Abb. oben) Daneben fertigten sie kaftanähnliche Hausmäntel, wie den „Klimtkittel". Ausschließlich für den nichtöffentlichen Gebrauch bestimmt, sind diese ohne Orientierung an der herrschenden Mode und daher reformerisch konsequenter (Abb. S. 360).

DIE INSZENIERUNG DER FOTOGRAFIEN

Ein künstlerisches Interesse zeigt Gustav Klimt auch als Fotograf der Kleidermodelle. Die Verlegung der Aufnahmen ins Freie anstatt der

Haus-Kleid, Deutsche Kunst und Dekoration, 19.1906/07

Haus-Kleid, Deutsche Kunst und Dekoration, 19.1906/07

breitet beansprucht es seinen eigenen Platz. Entsprechend passen sich Haus- und Gartenkleider mit ihren floralen, Blätter und Schmetterlinge andeutenden Mustern in die natürliche Umgebung ein. Auch Nahtlinien der Kleider verbindet Klimt mit vorgefundenen Linien der Natur. Die zweifach schwarz abgesetzte Brust- und Ärmelnaht des Haus-Kleides (Abb. oben re.) nimmt die hinter der Figur verlaufende Linie der hügeligen Landschaft auf, während die weiße Passe in den Horizont verläuft. Die Kleider zitieren in Form und Farben Naturformen und stellen selbst eine dar. So sind sie mit der Umgebung verwachsen.

KLIMTS KÜNSTLERISCHES WERK

Die Fotografien lassen sich in das malerische Werk des Künstlers einreihen: Sowohl Figurenauffassung, Bildausschnitt als auch die

Lichtspiel der Äste und Blätter findet sich in der schwarz-weißen Musterung der Passe widergespiegelt und auch die lockigen Haare nehmen das Lichtspiel auf. In der Schrägstellung und Verjüngung der Figur nach oben hin im „Garten-Kleid" (Abb. S. 363 re.) wird die Assoziation eines Entwachsens aus dem Bodengrund besonders deutlich. Gleichzeitig hebt sich das helle Kleid von der umgebenden Natur ab. Weit ausge-

Komposition sind entsprechend. Diese Kriterien finden sich in zahlreichen Studien, Portraits und Landschaftsbildern wieder. In einem Portrait von Emilie Flöge von 1902 (Abb. S. 356) greift Klimt zudem den hier vorgestellten modischen Entwürfen voraus. Er stellt ein untailliertes Hängekleid dar, das sich vom damals typischen Reformkleid unterscheidet. Besonders auffallend ist die schlanke Silhouette, die nicht der Weite der Wiener Reformkleider und nicht dem Faltenstil van de Veldes entspricht. Das kurze Oberteil mit abgesetztem Muster und der breite Stehkragen ist hier wie in den späteren Modeentwürfen charakteristisch. Die Oberfläche des Kleides ist mit einer reichen Ornamentstruktur überzogen, die sich vor dem neutralen Hintergrund als Ornamentstreifen absetzt. Gleichzeitig finden sich im Gewand die Grün- und Goldtöne des Hintergrundes wieder, was eine Spannung zwischen Körper und Hintergrund bewirkt. Die Längung der Gestalt wird durch die Untersicht verstärkt und macht die Person unerreichbar. Beispielhaft verschmelzen in den Gemälden aus Klimts sogenannter „goldenen Phase" die Gewänder mit dem Hintergrund, und bleiben dabei gleichzeitig als Eigenständiges zu erkennen, wie die berühmten *Adele Bloch-Bauer I* (1907) und *Der Kuß* (1907 – 08).

Alfred Weidinger schreibt der formalen Verwandtschaft zwischen Fotografien und Gemälden eine von Klimt angestrebte Identifikation von Blume und Frau zu. Die menschliche Gestalt wirkt wie „eine einzelne Blume vor einer undurchdringbaren vegetabilen Ornamentwand".[20] In der Weise, in der Klimt in seinem Werk die Mode zur Stilisierung der weiblichen Person nutzt, lässt sich ein Zusammenhang mit zeitgenössischen philosophischen Theorien in Bezug auf Geschlechterdifferenz assoziieren. Mode dient ihm als Ornament dazu, die Dargestellte selbst zum Schmuckstück zu erheben. Darin kann die Philosophie Arthur Schopenhauers (1788 – 1860) gelesen werden, der in Bezug auf die Schönheit der Frauen von einem „Knalleffekt" ähnlich einer blühenden Blume spricht. Schopenhauers Philosophie hatte großen Einfluss auf Theoretiker um die Jahrhundertwende, die Anfang des 20. Jahrhundert populär wurden, wie Georg Simmel (1858 – 1918) und Friedrich Nietzsche (1844 – 1919), der in seiner Veröffentlichung „Also sprach Zarathustra" (1883 – 85) schreibt: „Ein Spielzeug sei das Weib, rein und fein, dem Edelsteine gleich".[21]

Sicherlich bedienten Klimt, Flöge und ihr Kreis eine Art neue Form von Identifizierung. In der Identitätskrise des liberalen Bürgertums bot die elitäre Dekorationskunst einen stilvollen Rahmen und krönende Ästhetik. Durch die Ausweitung der Kunst auf alle Lebensbereiche wurde sie zur „kulturellen Kosmetik", denn das ästhetische Ideal der Jugendstilkünstler ist als Ausdruck einer Stil- und Modeelite gegen die ansetzende Funktionalisierung aller Lebensbereiche zu sehen.

Die künstlerische Variante des Reformkleides blieb jedoch innerhalb dieses kleinen elitären Kreises und konkurrierte letztlich nicht mit der Haute Couture. Die erfolgreiche Modeabteilung der Wiener Werkstätte war bis Ende der 20er Jahre ein anderes Kapitel, das sich weniger mit der Reformmode auseinander setzte. Auch die Reformmode an sich sollte sich nach der Jahrhundertwende noch nicht durchsetzen. Erst ab ca. 1913 – 15 begann sich eine Modelinie durchzusetzen, die ohne Korsett als elegant galt.[22]

Anmerkungen

[1] Siehe Kinzel, Rudolf: Die Modemacher. Die Geschichte der Haute Couture, Darmstadt (u.a.) 1990.

[2] Vgl. Loschek, Ingrid: Reclams Mode- und Kostümlexikon, Stuttgart 2005.

[3] Vgl. Muthesius, Stefan: Das englische Vorbild, München 1974, S. 122.

[4] Henry van de Velde: Das neue Kunst-Prinzip in der modernen Frauen-Kleidung, in: Gegen den Strich. Kleider von Künstlern. 1900-1940, Bern 1992, S. 104.

[5] z.B. 1902 in der Zeitschrift *Wiener Mode*, Wien 1902.

[6] Berner, Peter u. a. (Hrsg.): Wien um 1900. Aufbruch in die Moderne, Wien 1986, S. 17.

[7] Vgl. Mode von Kopf bis Fuß 1750-2001, Ausstellungskatalog Historisches Museum des Stadt Wien, Wien 2001.

[8] Bisanz-Prakken, Marian: Heiliger Frühling. Gustav Klimt und die Anfänge der Wiener Secession 1895-1905, Wien 1999, S. 12 ff.

[9] Nebehay, Christian N.: Ver Sacrum 1898-1903, München 1975, S. 35.

[10] Die Wiener Werkstätte. Modernes Kunsthandwerk von 1903 – 1932, Ausstellungskatalog, hrsg. vom Österreichischen Bundesministerium für Unterricht, Wien 1967, S. 23.

[11] Chefredakteur Hermann Bahr im ersten Magazin der „Ver Sacrum", 1.1903.

[12] Zitiert aus: Hölz, Christoph (Hrsg.): Gegenwelten. Gustav Klimt – Künstlerleben im Fin de Siécle, München 1996, S. 51.

[13] Die Einschätzung des Umfangs geht weit auseinander, so gibt Ulrike Steiner an, dass sogar der ganze Bereich der Frauenkleidung der Wiener Werkstätte im Salon Flöge ausgeführt wurde, vgl. Hölzl, Christoph (Hrsg.): Gegenwelten 1996, S. 74.

[14] Partsch, Susanna: Gustav Klimt – „Als Person nicht extra interessant", in: Hölzl, Christoph (Hrsg.): Gegenwelten 1996 S. 45.

[15] Neben der in der fotografischen Serie dokumentierten Entwurfsgruppe werden auch etliche unsignierte weitere Modelle der Wiener Werkstätte der Zusammenarbeit Klimts mit Flöge zugeschrieben. Die Zuordnungen sind jedoch dadurch erschwert, dass Flöge auch mit anderen Künstlern der Gruppe arbeitete – was zugleich das allgemeine Engagement dieses Künstler- und Freundeskreises für eine Reform beweist. Vgl. Brandstätter, Christian: Klimt und die Mode, Wien 1998, S. 76.

[16] Im Original „Schwestern Pflüge" angegeben, weil es sich aber um einen Schreibfehler handeln dürfte, ist hier die berichtigte Form gewählt, vgl. Koch, Alexander (Hrsg.): Deutsche Kunst und Dekoration, Bd. 19, 10/1906 – 03/1907, Darmstadt, S. 65-73.

[17] Ein Vergleich mit Reformkleidern aus dem Salon Schwestern Flöge, die sie in der Zeitschrift *Hohe Warte* 1905/06 bewerben, zeigt jedoch eine andere Stoffkombination und Schnittmodelle. Vgl. Steiner, Ulrike: Die Frau im modernen Kleid – Emilie Flöge und die Lebensreformbewegung, in: Hölzl, Christoph (Hrsg.): Gegenwelten 1996, S. 71 ff.

[18] Siehe Hansen, Traude: Wiener Werkstätte. Mode, Schmuck, Accessoires, 1984, S. 139-154.

[19] Vgl. *The heartbeat of fashion. Sammlung F. C. Gundlach,* Ausstellungskatalog hrsg. vom Haus der Photographie, Deichtorhallen Hamburg, Bielefeld 2006.

[20] Weidinger, Alfred: Von Blumen und blühenden Frauen – Symbolismus in den Landschaftsbildern Gustav Klimts, in: Hölzl, Christoph (Hrsg.): Gegenwelten 1996, S. 107f.

[21] Nietzsche, Friedrich: Also sprach Zarathustra. Die Reden Zarathustras: Von alten und jungen Weiblein, in: Nietzsche, Friedrich : Sämtliche Werke, hrsg. von Giorgio Colli, München 2005.

[22] Vgl. Loschek, Ingrid: Reclams Mode- und Kostümlexikon 2005.

AUTOREN

SWANTJE KUHFUSS-WICKENHEISER
Kunsthistorikerin und Diplom-Designerin, Dr. phil.,
Autorin und Beraterin für Design und Kultur,
2000 – 2003 Vertretungsprofessorin für Designgeschichte und
Designtheorie in München. Autorin des Buches „Car Design Studies",
Delius Klasing Verlag 2007.

GUDRUN RITSCHER M.A.
Historikerin M.A.;
Promotionsvorhaben zur Geschichte der Heeres-Luftschifffahrt
an der Universität Konstanz;
weitere Publikationen zur Geschichte der Luftschifffahrt.

CHRISTIAN RAINER SALEWSKI
Historiker und Archivar i. A., Dr. phil., M. A.;
Wissenschaftlicher Mitarbeiter am
Institut Technik und Bildung an der Universität Bremen;
Inhaber der Geschichtsagentur Nordwest, Oldenburg.

HEIKE VOGEL
Kunsthistorikerin, M.A.;
Wissenschaftliche Mitarbeiterin am Zeppelin Museum
Friedrichshafen, Bereich Museumspädagogik.
Gender studies in der Geschichte der Luftfahrt und der Kunst- und
Kultugeschichte des 19. Jahrhunderts.

SANDRA WOLF
Kunsthistorikerin, M.A.;
Wissenschaftliche Volontärin am Zeppelin Museum Friedrichshafen,
Kunstabteilung.
Projektkoordinatorin der 4. Triennale zeitgenössische Kunst 2008.
Doktorandin an der Hochschule für Bildende Künste Braunschweig
zum Thema zeigenössische mexikanische Kunst.